KB041421

눈의 폄하:
20세기 프랑스 철학의 시각과 반시각

Downcast Eyes:

The Denigration of Vision in Twentieth-Century French Thought

by

Martin Jay

Cover illustration: Marcel Broodthaers, *L'œil* (courtesy Galerie Isy Brachot, Brussels)

눈의 폄하:
20세기 프랑스 철학의 시각과 반시각

마틴 제이 지음

전영백, 이승현, 안선미, 최정은, 강인혜, 김정아, 황기엽 옮김

서광사

이 책은 Martin Jay의 *Downcast Eyes: The Denigration of Vision in Twentieth-Century French Thought* (University of California Press, 1993)를 완역한 것이다.

저자 **마틴 제이**(Martin Jay)는 캘리포니아 버클리대학교(UC Berkeley)의 역사학과 명예교수다. 프랑크푸르트학파의 비판 이론, 유럽 시각문화와 비평 등 서구 지성사에 대한 많은 연구를 남겼다. 2019년에 미국철학회(American Philosophical Society) 회원으로 선출되었다. 저서로는 『변증법적 상상력 *The Dialectical Imagination*』(1973), 『마르크스주의와 총체성 *Marxism and Totality*』(1984), 『눈의 폄하 *Downcast Eyes*』(1993), 『경험의 노래 *Songs of Experience*』(2004) 등이 있으며, 『바이마르 공화국 자료집 *The Weimar Republic Sourcebook*』(1994), 『시각의 제국들 *Empires of Vision*』(2014) 등의 편집자로 참여했다.

눈의 폄하:
20세기 프랑스 철학의 시각과 반시각

마틴 제이 지음
전영백, 이승현, 안선미, 최정은, 강인혜, 김정아, 황기엽 옮김

펴낸이 | 김신혁, 이숙
펴낸곳 | 도서출판 서광사
출판등록일 | 1977. 6. 30.
출판등록번호 | 제 406-2006-000010호

(10881) 경기도 파주시 회동길 77-12 (문발동)
대표전화 (031) 955-4331 팩시밀리 (031) 955-4336
E-mail : phil6161@chol.com
http : //www.seokwangsa.co.kr | http : //www.seokwangsa.kr

제1판 제1쇄 펴낸날 — 2019년 12월 30일

ISBN 978-89-306-1220-3   93160

'본다'는 것은 무엇인가. 만만치 않은 일이다. 본다는 것에는 인식과 존재, 욕망, 그리고 권력의 문제가 개입한다. 영어에서 '내가 본다(I see)' 는 말은 눈의 지각뿐 아니라 뇌의 활동도 뜻한다. 시각은 인식과 직결돼 있는 것이다. 그래서 서구의 인식론은 일찍부터 눈의 문화를 중요하게 여겨 왔다. 오늘날 '시각철학'이란 분과가 있을 정도로 철학에서 시각의 문제는 큰 자리를 차지하고 있다. 인간이 다룰 수 있는 가장 큰 주제들 중 하나가 바로 이 시각에 관한 것이다. 그런데 미술에서는 보는 것이 핵심적이다. 대상을 보는 주체의 시각과 보는 방식의 문제는 미술의 근본 구조를 형성한다. 미술이 철학의 눈이라면, 철학은 미술의 뇌나 마찬가지다. 현상학자 모리스 메를로퐁티가 자신의 글「눈과 정신 (Eye and Mind)」에서 제시하듯, 시각과 사유는 몸을 통해 세계와 연결되며 미술과 철학은 시각이라는 주제를 중심으로 긴밀히 얽혀 있다.

우리는 우리 앞의 타자와 세상을 제대로 보기를 원하고, 우리 자신도 잘 보여지길 욕망한다. 그리고 시각의 권력이 규제하고 감시하는 사회 속에서 이를 어떻게 구현할까를 생각한다. 이 때 '시각의 헤게모니를 없애면 우리가 원하는 세계를 만들 수 있을까?' 그리고 '우리가 과연

삶을 포장해 온 환영(幻影)과 기만 없이 세상을 볼 수 있을까?' 와 같은
질문이 떠오를 것이다. 어떤 경우이든, 우리는 세상을 보는 시각과 스
스로를 보는 방식을 고민할 필요가 있다. 세상을 보는 우리의 방식이
이 세계의 생산체계와 경제 여건에 의해 영향을 받는다 하더라도, 우리
가 보는 방식 자체를 바꾼다면 세상을 변화시킬 수 있을지 모른다. 문
제는 인식이다.

 이 책의 영어 제목은 *Downcast Eyes: The Denigration of Vision in
twentieth-century French Thought*이다. 우리말로 하면 『내려뜬 눈: 20
세기 프랑스 사상에서의 시각의 폄하』 정도가 될 것이다. 저자 마틴 제
이(Martin Jay)는 역사학자로서, 비평 이론과 시각문화에 정통한 학자
이다.[1] 이 책은 20세기 프랑스 사상에 나타난 시각과 반(反)시각에 관한
담론을 주로 다루고 있다. 책의 제목이 강조하듯, 저자는 이러한 시각
의 문제를 서구철학, 특히 프랑스 사상을 중심으로 다룬다. 그에 따르
면, 프랑스 지식인들은 회화, 사진, 영화, 그리고 건축 등의 시각적인
현상에 집착하는 경향이 있다. 그런데 그 집착이 부정적 방향으로 전환
했고 이 반시각적 태도의 복잡성을 그는 하나의 '담론'이 되었다고 정
의한다.

 이 책은 시각에 대한 서구 사고의 역사를 고찰하면서 시각중심주의
의 흐름이 구축되고 이에 대한 다양한 반시각적 도전과 저항이 제기된
프랑스 철학을 다룬다. 여기서 이 책의 주안점은 후자이다. 저자는 최
근 프랑스 사상의 상당 부분이 모던 시대의 시각과 그 헤게모니적 역할

---

1 마틴 제이(1944-)는 미국 유니온대학교에서 수학한 후, 하버드대학교에서 프랑크
푸르트학파에 관한 논문으로 박사학위를 받았다. 그는 현재 버클리대학교 사학과 교수
로 재직 중이다.

에 대한 근본적이고 심오한 회의로 가득 차 있다는 점을 강조한다. 주지하다시피, 후기구조주의를 중심으로 한 포스트모던 사유는 시각과 연관된 이분법적 사고를 전면 거부하는 것이고, 이는 여전히 오늘날 철학적 시류를 주도한다. 그럼에도 불구하고, 이 책은 서구 문화에서 시각중심주의가 얼마나 뿌리 깊은가를 심층적으로 보여 준다. 그 이유로, 시각이란 양면적인 것이기에 시각과 반시각이 역사 안에서 공존해 왔기 때문이다.

저자 제이는 이 책에서 프랑스 철학자 르네 데카르트(René Descartes)가 근대 시각주의 패러다임을 처음 주창한 이후, '고귀한' 감각으로서의 시각이 계몽주의와 근대화의 흐름 속에서 그 영예의 자리를 지켜 왔음을 증언하고 있다. 그러다가 19세기 말 앙리 베르그송(Henri Bergson)의 작업에서부터 '위기'가 시작된다. 베르그송을 기점으로 시각의 우위에 대해 적대감을 표출하는 이론가들이 줄을 이었다. 제이는 조르주 바타유(Georges Bataille), 장폴 사르트르(Jean-Paul Sartre), 모리스 메를로퐁티(Maurice Merleau-Ponty), 에마뉘엘 레비나스(Emmanuel Levinas), 미셸 푸코(Michel Foucault), 루이 알튀세르(Louis Althusser), 기 드보르(Guy Debord), 자크 라캉(Jacques Lacan), 뤼스 이리가레(Luce Irigaray), 롤랑 바르트(Roland Barthes), 크리스티앙 메츠(Christian Metz), 자크 데리다(Jacques Derrida), 장프랑수아 리오타르(Jean-François Lyotard) 등을 반시각의 테마로 꿰어낸다. 시각예술, 문학, 그리고 철학의 영역에서 다양하게 펼쳐진 이들의 논의를 통해, 시각의 폄하가 가진 의미를 통찰하는 것이다. 따라서 '반시각적 도전과 저항'의 기원과 역사를 추적하는 것이 이 책의 목적이다. 동시에 최근 프랑스 사상이 시각주의의 헤게모니에 대한 근본적이고 심오한 회의로 가득 차 있음을 밝힐 것이다.

 이제 책의 내용을 간략하게 살펴보고자 한다. 책의 첫 장에서 저자는 서구 세계를 지속해 온 시각중심주의가 그리스, 중세, 근대에 어떻게 형성되는가를 개괄한다. 고전기 그리스에서 철학과 광학을 중심으로 시각에 대한 강조가 있었고, 플라톤의 이데아론에서 감각을 무시했다 하더라도 감각들 중에서 시각에 우위를 부여했다고 설명한다. 그리고 그리스의 '관조(theoria)' 개념은 대상과 거리를 두면서 무사심(無私心)하게 바라본다는 의미인데, 이는 서구의 주체/대상의 이분법과 시각의 거리두기를 형성하는 데에 근간으로 작용한다. 이는 시각에 부여한 특권인 '반사적 동일성'과 더불어 근래 20세기의 반시각적 담론에 의해 비판받는 부분이다. 또한 저자는 역사적으로 중세 기독교와 시각의 관계를 드러내는 바, 초기 기독교에서 13세기 스콜라 철학, 그리고 종교개혁에서 적극 활용한 성상, 이미지 등의 시각 도구들을 제시한다. 그리고 개신교로 인해 종교적 속박에서 해방된 회화가 가져온 시각의 독립을 강조했다.

 그리고 여기서 제이는 반시각적 입장에서 지속적인 비판의 대상으로 삼는 원근법과 르네상스 미술을 파고든다. 균질적이고 질서 잡힌 공간을 제시하는 원근법에 의해 공간의 실제 의미가 제거된 것, 또한 원근법이 외눈의 고정된 초월적 눈을 제시한 것 등을 지적했다. 더불어 17세기 바로크에서 다룬 시각의 과장과 왜곡 등으로 인해 원근법적인 시각을 벗어난 것도 설명한다. 그리고 그는 근대 시각주의 패러다임을 정립한 데카르트의 사상이 가져온 정신과 육체의 분리가 정신이 세계의 본질을 선명하게 볼 수 있다는 '동일성의 철학'을 발전시키는 데 기여한 것을 강조했다. 이러한 근대 시각주의는 계몽주의 시대를 다룬 다음 장에서 계속 논의된다.

2장에서 제이는 인간의 이성과 합리성을 강조한 18세기의 에피스테메인 계몽주의를 분석하고, 이 시대가 가졌던 시각의 특권화와 그에 대한 반작용 모두를 시간적 추이에 따라 보여 준다. 역사학자인 그의 면모가 돋보이는 이 부분은 책 전체의 큰 테제를 이룬다. 연이은 3장은 미술사와 직결된 내용이다. 즉 시각의 헤게모니와 그 시각에 대한 신뢰가 약화된 이유, 그리고 19세기 시각 경험에 큰 영향을 끼친 대도시 형성이 초래한 시각의 불확실성을 부각시킨다. 시각 경험의 대중화에 기여한 사진이라는 새로운 시각매체가 우리의 시각을 어떻게 바꿨는지도 추적한다. 그는 철학 담론에서는 19세기 말엽, 시각중심주의에 대한 본격적 도전이 이뤄졌다는 것을 보여 준다. 이 변곡점을 제대로 드러내기 위해 19세기 말에서 20세기 초반에 미술과 문학, 그리고 철학에서 동시에 나타나는 시각에 대한 의혹을 함께 다룬다. 여기서 제이는 초월적 전지적 시점을 전제로 한 원근법의 쇠퇴와 니체의 철학적 관점주의의 대두를 논한다. 무사심한 전지적 시점에 비판을 가하고, 니체 이후 베르그송이 제시하는 신체를 통한 편재된 감각을 부각시켜 특권적 시각에 대해 비판을 가했다. 즉, 그는 베르그송의 철학을 통해 시각적 관조보다는 신체적 행동을 중시하고, 공간적 현전보다 시간적 지연에 대해 힘을 싣는다.

한편, 역사에서 전쟁은 전통적 위계를 무너뜨리고 고귀한 시각도 위기에 처하게 했다. 4장에서는 20세기 전반의 역사를 기반으로 시각의 폄하를 설명한다. 1차 대전 전후에 시각의 헤게모니에 대한 비판이 본격적으로 이뤄졌고, 환상적 계시를 향한 초현실주의 기획은 이미지의 총체성을 전복하고 시각적 권력에 도전한다. 바타유는 전쟁 이후 시각체험의 충격으로부터 트라우마와 황홀경을 부각시키고 소비와 파괴를 긍정했다. 그의 반계몽적 사고는 금기에 대한 위반을 조장했고, 시각의 수직성과 그 형이상학적 의도를 조소했다. 이 장에서는 바타유의 이질성의 철학과 물질주의가 자세히 서술된다.

그리고 5장에서는 2차 대전 이후 광범위하게 확산된 반시각주의적 담론을 위해 프랑스 사상가들과 이들이 갖는 독일 철학과의 연관성을 논한다. 이를 위해 사르트르와 같이 시각에 대해 적대적인 철학자의 사상을 제시하며 그에 따른 시각의 기만과 사악함을 드러내었다. 소설을 통해 시각보다는 촉각과 청각에 주목했고, 상상력을 통해 시각적 이미지를 차단하고 자유를 갈구한 사르트르의 논지를 서술한다. 그리고 시각의 긍정적 기능을 인정했던 메를로퐁티의 사고가 어떻게 변화하는가를 추적하여, 주체와 객체, 정신과 몸 사이의 경계를 흐리는 그의 후기 이론이 부른 반시각적 양상을 읽어 냈다.

연이은 6장에서 저자는 시각에 의존적인 프로이트 정신분석학을 언어와 연계시켜 다시 읽은 라캉의 이론을 탐구한다. 포스트모던 시각의 대표적인 패러다임인 라캉의 '거울단계'와 '응시의 이론'을 분석했는데, 이를 통해 '중심화된 주체'인 데카르트적 주체에서 '탈중심화된 주체'로의 전환을 설명한다. 그리고 이렇듯 라캉이 비판한 데카르트적 주체에 대해 역시 비판적 시각을 갖고 본 알튀세르를 서술하였다. 제이는 "중심화된 주체를 상정하는 모든 철학이 이데올로기적"이라고 언급한 알튀세르의 논의를 특히 시각과의 연관성에서 자세히 설명했다.

다음의 7장은 푸코의 사유에서 시각과 관련한 대표적 논의인 벤담의 파놉티콘을 중심으로 사회적 시각을 확장시킨다. 루소로 대표되는 계몽주의의 투명한 사회라는 이상은 프랑스 혁명 이후 근대 부르주아 사회에서 권력의 감시와 훈육적 장치 속에 흡수되었다고 경고한다. 푸코가 편재하는 시각의 권력에 노출되는 위험을 비판했다면, 드보르와 상황주의는 자본주의 대도시의 삶이 만들어 낸 스펙터클의 사회를 바라보는 주체의 위험을 경고하였다. 이들에게서 시각은 단순히 폄하된 것이 아니라 위험하고 사악한 것으로 가치가 전도된 것이다.

이 책의 특징은 예술과 사상을 아우른다는 점이다. 다시 말해, 미술, 문학, 연극, 그리고 철학에 걸쳐 살펴보고, 시각과 언어의 관계를 다룬 것이다. 8장에서 저자는 앞에서 다룬 후기구조주의를 중심으로 68혁명 이후 달라진 영화매체에 주목하고 그 방식이 현상학적 사실주의에서 기호학적 해석으로 전환된 것을 분석한다. 여기서 그는 크리스티앙 메츠의 기호학적 해석과 장치 이론에 기대어 논의를 전개하였다. 이 장에서 특히 주목한 주요 이론가는 바르트로서 그의 사진론과 기호학이 중요하게 다뤄졌다. 그와 더불어, 영화 영역에서 후기구조주의의 영향을 받은 이론가들을 살펴본다.

9장은 데리다의 해체주의 및 이리가레의 페미니즘이 강력히 보여 준 시각의 메커니즘에 대한 도전과 저항을 다룬다. 제이는 시각중심주의와 남근중심주의를 합한 '남근로고스시각중심주의'가 갖는 전체화를 비판하고 동일성에 대한 차이를 강조했다. 정신과 물질, 지각과 언어, 그리고 에르곤과 파레르곤 사이의 겹침과 균열에 주목하는 데리다의 이중 독해를 소개하였다. 이에 더해 이리가레의 경우, 시각과 비시각의 이분법적 분리로 인한 성적 정체성의 규명에 반대하고, 여성성의 기호가 갖는 새로운 가능성의 모색을 보여 준다.

요컨대, 시각의 폄하는 총체적 거대 서사 및 단안적(斷案的) 초월적 응시에 대한 거부를 뜻한다. 결국 책은 레비나스와 리오타르의 윤리학

적 담론에서 마무리된다. 최종 장인 10장은 책의 첫 장에서 그리스 헬
레니즘과 유대 헤브라이즘 전통을 대비했던 것에 상응하는 내용으로,
이들의 사상에서 보이는 유대적인 반시각적 태도와 그 윤리적 함의를
강조한다. 총체적 거대서사에 반대하고 포스트모던 숭고를 제시한 리
오타르와 그에게 영향을 준 레비나스는 사회의 구조 안에서 타자를 보
는 것만이 아니라, 그를 경청하고 접촉하며 어루만지는 윤리학을 제시
한다. 이 방대한 연구의 마지막 장이 윤리학이라는 것은 지적 여정의
결말을 위해 가장 적절한 종착역이라 할 수 있다.

　이 책의 핵심은 시각의 특권화와 그 반작용이라 정리할 수 있다. 시
각은 근대화와 함께 강화되었고, 이성과 합리화를 기반으로 한 근대의
지배적 감각이었다. 제이는 시각이 헤게모니를 잡게 된 경위와 그 작용
및 효과를 다루면서 시각의 특권화를 이해하게 한다. 서구의 인식체계
는 이렇듯 주체와 대상의 분리를 전제로 하는 시각구조와 그 이분법을
공유하는 언어체계를 기반으로 오랫동안 형성되어 온 것이다. 그런데
68혁명 이후 본격화된 반시각적 사유는 특권적 시각, 주체와 대상 사
이의 이분법을 거부하였다. 후기구조주의를 중심으로 한 포스트모더
니즘으로의 지각 변동은 모더니티와 시각의 헤게모니에 대한 비판을
야기했다. 제이는 위에 언급한 주요 사상가들에 의해 제시된 시각 권
력의 정당성에 대한 회의와 비판, 그리고 새로운 도전을 다층적으로 보
여 준다.

　26년 전 미국에서 처음 출판된 이 책은 서구 철학사의 주된 흐름을
서술하고 있는 까닭에 오늘의 시점에서도 그 철학적 시의성이 뛰어나
고 최신 미술 담론과 직접 맞닿아 있다. 미술과 철학 사이에서 발견할
수 있는 지식의 스펙트럼을 거의 다 포함한다고 보아도 크게 과장이 아

니다. 어떻게 한 명의 학자가 이토록 많은 내용을 감당할 수 있는지 경이감이 들 정도이다. 독자들은 이 책을 읽으며 마치 모래 속에 숨겨둔 보물을 찾듯, 무궁무진한 내용에 매료되지 않을 수 없을 것이다.

이 책은 미술사를 기반으로 철학을 연구하는 사람에게 너무도 중요한 텍스트이다. 그러나 이 책을 제대로 읽어 내기란 쉽지 않다. 내용이 어려울 뿐 아니라 그 양이 너무 방대해서 교육 현장에서 바로 활용하기 어려웠다. 번역 문화에 발 빠른 일본에서도 이 책이 최근에야 출간된 것을 보면 그 사정을 미루어 짐작할 수 있다. 90년대 유학 시절부터 흠모하던 책을 드디어 이번에 완역하여 출간하게 되니 한없이 기쁘다. 7인의 번역자들은 미술사와 미학뿐 아니라 철학 전반에 조예가 깊은 연구자들이다. 그런데도 이 책을 나누어 번역하는 데 4년반이란 긴 시간이 들었다. 텍스트를 함께 번역하는 가운데 포기하고픈 순간이 여러 번 있었다. 그러나 시각철학 분야에서 가장 중요한 책이기에 우리는 끝까지 밀고 나갔다.

그 결과, 이 번역서에는 4년 세월의 하중이 오롯이 담겨 있는 듯하다. 각자 2장씩 맡아 책임 번역을 했는데, 그 전에 원서를 놓고 강의도 수차례 했다. 토론도 여러 번 했다. 번역의 과정에서 적합한 단어를 고르기 위해 우리끼리 논쟁도 많이 했고 때로 날선 신경전을 펼치기도 했다. 번역 팀 안에서 그간 '잔소리꾼'의 악역을 자처하면서 인심도 잃은 듯하나, 이렇게 마침내 한 권의 두툼한 책으로 나오니 여간 기쁘지 않다. 대단한 인내심으로 끝까지 따라와 준 연구자들께 진정 뜨거운 감사의 말을 전한다. 수많은 논의와 반복된 수정을 거쳤으나, 번역이란 일엔 만족이 있을 수 없다. 우리와 함께 이 책을 읽는 독자 여러분의 이해와 공감, 그리고 건설적 논의를 기대한다. 철학, 미학 그리고 미술 이론에 관심 있는 모든 독자들께 이 책이 의미 있는 지적 지침과 영감의 보고 (寶庫)가 될 수 있기를 소망할 따름이다.

　끝으로, 얇고 가벼운 책들이 선호되는 요즈음, 이렇게 무겁고 두꺼운 책을 기꺼이 내어 주신 서광사의 이숙 대표님과 매의 눈으로 오류를 잡아내어 정확하게 교정해 준 허우주 편집자께 심심한 감사를 드린다. 철학서 출판이라는 45여 년 외길을 묵묵히 걸어온 서광사의 빛난 투지에 경의를 표한다.

옮긴이들을 대표하여
전영백

| 차 례 |

일러두기

1. 각 장 앞에 있는 요약문은 원서에 없으나 번역자들이 독자의 이해를 위해 각 장의 핵심 내용을 정리해 서술한 것이다.
2. 본문 중에 숫자로 표시된 각주는 저자 마틴 제이의 것이다. 독자의 이해를 돕기 위해 번역자들이 첨가한 주석은 영문 알파벳으로 표시하고 각 장의 뒤에 미주로 넣었다.
3. 주요 인명과 서적, 작품의 제목은 국문과 원어 표기를 병기하였다. 주요 개념어의 번역어는 가급적 일치되게 하였으며, 맥락에 따라서 다른 우리말 용어가 사용되거나 필요하다고 여겨지는 곳에는 원어를 병기하였다.
4. 서적의 제목은 『』, 글과 문학작품은 「」, 다른 예술작품은 〈 〉, 전시의 제목은 《 》로 묶어 표시하였다.
5. 우리말로 옮기는 중에 발견한, 원서의 인명과 작품 제목 등의 철자 오기 몇 군데는 역자들이 바로잡았다.

일상의 언어를 잠깐만 살펴봐도 우리는 시각적 은유가 어디에나 존재한다는 것을 확인할 수 있다. 만약 우리가 언어의 표면뿐 아니라 깊숙이 내장돼 있는 그 은유를 빈틈없이 지켜보고 제대로 주목한다면, 언어와 지각 사이의 복잡한 거울반사를 환하게 비추는 영감을 얻을 수 있다. 물론, 시각적 은유가 그렇듯 널리 퍼져 있다는 것은 보는 시각에 따라 리얼리티에 대한 우리의 지식에 방해가 될 수도, 혹은 도움이 될 수도 있다. 그러나 만약 그 중요성에 눈을 감는다면, 세계를 외부에서 살피거나 내부에서 탐색하는 우리의 능력을 스스로 해치게 된다. 그리고 그렇게 주장하는 것은 게으른 사변이나 상상이 만들어 낸 허구가 아니다. 게다가 그러한 은유의 속박으로부터 벗어나기 위한 전망마저 매우 어두운 편이다. 비록 그것이 기대되는 목표라 할지라도 말이다. 이 방대한 책의 서론에서는 범위가 너무 넓어서 간단히 요약하기 불가능한 은유를 철저히 조사하는 대신, 우리의 언어적 관행에 있는 시각의 양상이 얼마나 불가피한가를 제시하고자 한다. 이제 이 책의 **눈 밝은 독자들**이 그 의미를 알아주길 바랄 뿐이다.[1]

---

1 이 문단에는 21개의 시각적 은유가 담겨 있다. 대다수는 그 파생어에 더 이상 직접

  이러한 점을 확인할 수 있는 사례는 영어 외의 다른 서구 언어들에도
풍부하다. 독일어의 경우, 순간(Augenblick)에서 눈(Augen)이나 관조
(Anshauung)에서 봄(Schau)을 빼놓을 수 없다. 또한, 불어에서도 지식
(savoir)과 권력(pouvoir)이라는 두 단어에서 보다(voir)를 지나칠 수
없다.[2] 일상의 언어가 이렇다면, 주위 세상에 대한 상식적 이해에서 벗
어나 지식인들이 우리를 고양시키려 만든 전문 언어의 경우도 마찬가
지다. 최근 이안 해킹(Ian Hacking)과 리처드 로티(Richard Rorty)가
강조했듯, 서구 철학은 가장 객관적이고 중립적일 때조차 가려져 있는
시각적 은유에 깊이 의존한다고 말할 수 있다.[3]

적으로 의존하지 않는 단어들에 내재되어 있다. 예를 들면, vigilant는 라틴어의 vigil-
are, 보다(to watch)라는 단어에서 파생되었고 이것의 프랑스어 형태는 veiller이며 그
근원은 surveillance이다. demonstrate는 라틴어의 monstrare, 보여 주다(to show)에
서 유래했다. inspect, prospect, introspect (그리고 aspect 혹은 circumspect 같은 단
어들) 모두 라틴어 specere, ~을 보다(to look at) 혹은 관찰하다(to observe)에서 파
생된 단어들이다. speculate도 같은 근원을 지니고 있다. scope는 라틴어의 scopium에
서 왔으며, 그리스어로 번역하면 ~을 보다(to look at) 혹은 조사하다(examine)이다.
synopsis는 그리스어로 일반적인 조망이라는 단어에서 유래되었다. 이 말들은 잠재적
이거나 소멸된 은유나, 영어에서 사라진 침전된 시각의 중요성을 표현하고 있다. 사용
되지 않는 시각적 은유에 대한 논의는 다음을 참고할 수 있다. Colin Murray Tur-
bayne, *The Myth of Metaphor* (Columbia, S.C., 1971).
2 프랑스어의 어원학은 이 단어들이 다르다고 확신한다 — voir는 라틴어의 videre,
savoir는 sapere 그리고 pouvoir는 potere에서 유래되었다. 그러나 가끔 추측에 의해
형성된 어원학이 거의 실제처럼 드러나기도 한다. 이 주제에 대한 참고문헌으로는 다음
을 제시한다. Derek Attridge, "Language as History/History as Language : Saussure
and the Romance of Etymology," in *Post-structuralism and the Question of
History*, ed. Derek Attridge, Geoff Bennington, and Robert Young (Cambridge,
1987). 이 글은 영화 이론가인 티에리 쿤젤(Thierry Kuntzel)의 논고와 연관된다.
"Savoir, pouvoir, voir," *Ça Cinéma*, 7-8 (May, 1975).
3 Ian Hacking, *Why Does Language Matter to Philosophy?* (Cambridge, 1975) ;
Richard Rorty, *Philosophy and the Mirror of Nature* (Princeton, 1979). 모든 인도유
럽어에서 지식(knowledge)과 시각(sight)의 연관성에 대한 연구는 다음을 참고할 수

이러한 언어의 시각적 침투 외에, 시각적으로 물들어 있다고 할 수 있는 문화적이고 사회적 관행들은 풍부하게 존재한다. 이는 문화마다 또 시기마다 서로 다르다. 이 관행들은 때때로 구술 문화에서 글쓰기에 기반한 "서체(chirographic)" 문화로, 그리고 다시 매개적 단계의 시각적 편견이 훨씬 더 견고하게 자리잡은 인쇄(typographic) 문화로 대대적인 이행을 이룬 것처럼 과장되게 해석될 수 있다.[4] 그리고 인류학자들과 사회학자들은 '사악한 눈'에 대한 널리 퍼진 믿음처럼 시각적으로 악의에 가득 찬 현상을 조사해 왔다. 그리고 이는 거기에 대항하는 일련의 대중적인 액막이 요법들을 낳았다.[5] 그 사이 어딘가에서 기술을 탐구하는 역사학자들은 망원경, 현미경, 카메라, 혹은 영화와 같은 기구를 통해 인간이 보는 역량의 확장된 의미를 숙고해 왔다. 이렇듯, 인간의 "체외 기관들"[6]의 확장이라 부를 수 있는 것은 무엇보다 우리 시야

있다. Stephen A. Tyler, "The Vision Quest in the West, or What the Mind's Eye Sees," *Journal of Anthropological Research*, 40, 1 (Spring, 1984), pp. 23-39. 그는 드라비다인의 언어(Drividian)라는 하나의 다른 어족만을 다뤘으므로 이 연관성을 보여 주기에는 부족하다.

4 이런 종류의 논쟁을 살펴보기 위해 다음의 참고문헌을 제시한다. Walter J. Ong, *The Presence of the Word* (New Haven, 1967); Jack Goody, *The Domestication of the Savage Mind* (Cambridge, 1977); and Donald M. Lowe, *History of Bourgeois Perception* (Chicago, 1982).

5 사악한 눈에 대한 최근 연구는 다음의 문헌을 참고할 수 있다. Clarence Maloney, ed., *The Evil Eye* (New York, 1976); Lawrence Di Stasi, *Mal Occhio: The Underside of Vision* (San Francisco, 1981); and Tobin Siebers, *The Mirror of Medusa* (Berkeley, 1983). 악귀를 쫓는 치료에 대한 설명을 위해서는 다음의 책이 도움을 준다. Albert M. Potts, *The World's Eye* (Lexington, Ky., 1982).

6 Robert E. Innis, "Technics and the Bias of Perception," *Philosophy and Social Criticism*, 10, 1 (Summer, 1984), p. 67. 비록 시각적 "보철물"이 인간의 감각기관들 중 가장 중요한 확장으로 보일지라도, 전화, 확성기, 청진기 그리고 음파탐지기와 같은 발명들은 청각 또한 역시 신체 외부의 것으로 증진된다는 것을 보여 준다. 다른 감각들은 그처럼 운이 좋지 않았다.

의 확장을 의미했고, 그 불완전성의 보완과 제한된 역량에 대한 대리물의 발견을 뜻했다. 이러한 확장은 그것이 조장하는 감시와 스펙터클의 실행에 복잡한 방식으로 연관돼 있다.

우리가 곧 살펴보게 될 방식이지만, 시각적 관행의 놀라운 범위와 그 다양성 때문에 많은 논평자들은 어떠한 문화나 시대가 "시각중심적"이거나[7] 혹은 시각에 의해 "지배받는다"고 주장하기 쉽다. 그들은 우리가 그런 지배의 결과를 전복할 수 있다는 명백한 결론을 도출하면서, 생리학이나 진화의 기능일 수 있는 것을 역사적인 방식으로 가장 잘 이해한다. 여기서 서로 다른 문화들이 보여 주는 감각들의 조합이 가져온 급진적 다양성이라는 인류학적 증거가 그 결과를 북돋우기 위해 제시돼 온 것이다.[8]

그러나 그렇게 많은 유사 논쟁들에서처럼, "자연적인" 것과 "문화적인" 것 사이의 경계는 결코 어떠한 확신으로도 쉽게 정할 수 없다. 예를 들어, 심리학자 마이클 아가일(Michael Argyle)과 마크 쿡(Mark Cook)은 최근 다음과 같은 결론을 내렸다. "인간의 사회적 행동에서의 응시의 활용은 각 문화마다 크게 차이 나지 않는다. 이는 문화의 보편적 특성이다."[9] 그러나 다른 심리학자 제임스 깁슨(James Gibson)의 연구는 차이를 보였다. 깁슨은 두 가지의 기본적인 시각적 실행을 대비시

---

7 문학에서는 다양한 신조어에 의해 "시각중심적(ocularcentric)" 혹은 "시각중심주의(ocularcentrism)"의 철자를 "시각중심적(oculocentric)", 혹은 드물게 "시각중심적(ocularocentric)"이라 쓰기도 한다. 나는 이전의 출판물들에서 이미 전자를 사용했고 여기서도 그 표기대로 사용하고자 한다.

8 다음의 책이 그 예이다. David Howes, ed., *The Varieties of Sensory Experience: A Sourcebook in the Anthropology of the Senses* (Toronto, 1991).

9 Michael Argyle and Mark Cook, *Gaze and Mutual Gaze* (Cambridge, 1976), p. 169. 저자들은 "응시(gaze)"라는 용어를 어떠한 종류든지 시각적 상호작용을 뜻하는 일반적 의미에서 사용한다는 것에 주목해야 한다. 후에 인용된 몇몇의 저자들과 달리 이들은 덜 고정시키는 용어인 일별(glance)과 대조시키지 않았다.

켜 제시했는데, 이는 그의 용어로, "시각 세계(visual world)"와 "시각
장(visual field)"이다.[10] 전자에서 시각은 생태학적으로 다른 감각들과
밀접하게 연결되어 "깊이가 있는 모양(depth shapes)"의 경험을 발생
시킨다. 반면 후자인 시각장에서는 눈이 "투사된 모양"을 대신 만들어
내도록 고정시킴으로써 시각은 다른 감각들과 분리된다. 예컨대, 평
평한 판은 시각 세계에서는 둥글게 경험되지만 시각장에서는 타원으
로 경험된다. 여기서는 원근법적 표상의 규칙이 우세한 것이다. 깁슨
의 주장이 함축하는 바는 시각이란 보통 다른 감각들과 교차되지만, 그
것만도 인위적으로 분리될 수 있다는 것이다. 따라서 문화들은 얼마나
근본적으로 시각장과 시각 세계 사이를 구분하는가에 따라 구별될 수
있다.

　　그러나 우리가 후자를 "자연적" 시각으로 규명할지는 자명하지 않
다. 일련의 글들에서, 철학자 마르크스 바르토프스키(Marx Wartofsky)
는 깁슨의 두 가지 주도적인 방법을 포함하여, 모든 시각 경험에 대한
급진적인 문화주의적 독해를 지지했다.[11] 그는 "시각적 자세", "시각적

10　James J. Gibson, *The Perception of the Visual World* (Boston, 1950); *Senses Considered as Perceptual Systems* (Boston, 1966); *The Ecological Approach to Visual Perception* (Boston, 1979). 깁슨의 최근 반박은 다음의 참고문헌에 나와 있다. John Hell, *Perception and Cognition* (Berkeley, 1983).

11　Marx W. Wartofsky, "Pictures, Representations and the Understanding," in *Logic and Art: Essays in Honor of Nelson Goodman*, ed. R. Rudner and I. Scheffler (Indianapolis, 1972); "Perception, Representation and the Forms of Action: Towards an Historical Epistemology," in his *Models: Representation and the Scientific Understanding* (Boston, 1979); "Picturing and Representing," in *Perception and Pictorial Representation*, ed. Calvin F. Nodine and Dennis F. Fisher (New York, 1979); "Visual Scenarios: The Role of Representation in Visual Perception," in *The Perception of Pictures*, ed. M. Hagen, vol. 2 (New York, 1980); "Cameras Can't See: Representation, Photography and Human Vision," *Afterimage*, 7, 9 (1980), pp. 8-9; "Sight, Symbol and Society: Toward a History of Visual Percep-

시나리오," "보기의 스타일" 혹은 "문화적 시각"에 대해 번갈아 이야
기하며 "인간의 시각은 그 자체가 하나의 인공물이며, 이는 다른 인공
물, 소위 그림들(pictures)에 의해 생산된다"고 결론 내렸다.[12] 그는 모
든 지각이란 표상에서의 역사적 변화가 가져온 결과라고 주장한다.
즉, 바르토프스키는 시각성에 대한 의도주의적 설명을 제시하는 것인
데, 이는 시각성을 집단적인 인간 의지의 산물로 만드는 것에 가까운
것이다.

　시각에 대한 최근의 과학적 연구는 눈의 "자연적" 역량과 한계를 개
념화하는 데에 도움을 준다. 이를 기준으로 볼 때, 인간의 시각적 경험
을 생리학적으로 설명하는 것에 대해 바르토프스키가 갖는 적대감은
너무 지나친 것이라 볼 수 있다.[13] 무언가 아주 근본적인 특성이 존재한

---

tion," *Philosophic Exchange*, 3 (1981), pp. 23-38; "The Paradox of Painting: Pic-
torial Representation and the Dimensionality of Visual Space," *Social Research*, 51,
4 (Winter, 1984), pp. 863-883. 문화주의자들의 입장을 옹호하는 유사한 주장은 다음
의 문헌을 참고할 수 있다. Robert D. Romanyshyn, "The Despotic Eye: An Illustra-
tion of Metabletic Phenomenology and Its Implications," in *The Changing Reality
of Modern Man*, ed. I. Dreyer Kruger (Cape Town, 1984); and *Technology as
Symptom and Dream* (London, 1989).

12　Wartofsky, "Picturing and Representing," p. 314.

13　시각에 관한 유용한 과학적 연구의 요약은 다음의 문헌에서 찾을 수 있다. M. H.
Pirenne, *Vision and the Eye* (London, 1967); Robert Rivlin and Karen Gravelle,
Deciphering the Senses: The Expanding World of Human Perception (New York,
1984); Anthony Smith, *The Body* (London, 1985); John P. Frisby, *Seeing: Illu-
sion, Brain, and Mind* (Oxford, 1980); Steven Pinker, ed., *Visual Cognition* (Cam-
bridge, Mass., 1985); Walter J. Freeman, "The Physiology of Perception," *Scientif-
ic American* 264, 2 (February, 1991). 노엄 촘스키(Noam Chomsky)의 영향을 받은
인지심리학(cognitive faculty psychology)은 시지각이 문화적 다양성을 초월하는 지성
의 모듈식 개념을 정립하고자 시도했다. 이에 대한 참고문헌으로 다음을 제시한다. Jer-
ry A. Fodor, *The Modularity of Mind: An Essay on Faculty Psychology* (Cam-
bridge, Mass., 1983).

다고 봐야 하며, 이는 아무리 문화적인 중재를 하더라도 크게 바꿀 수
없다. 초기의 인간은 뒷다리로 서는 주행성 동물로서, 감각중추를 개발
하여 시각에 대해 다른 네 감각들보다 월등한 역량을 부여하였는데, 이
는 대부분의 외부 자극을 구별하고 흡수하는 능력이었다.[14] 네 감각들
중 동물들에게 가장 중요한 후각은 그 중요성이 감소되었는데, 이는 바
로 프로이트가 인간 문명의 기반이 된 것이라 본 운명적 변형이었다.[15]
시각은 인간 감각들 중에서 가장 늦게 그 발전이 완성되는 감각인데,
진화 이론에서 그 시각적 복잡성은 언제나 어려운 사례로 밝혀져 왔다.
시각은 또한 태아의 발달 감각들 중 가장 늦게 발달하는 감각이면서,
출생 이후 신생아의 생존을 위해서 일정 시간이 지나야 그 진정한 중요
성을 드러내는 것이다.[16] 이렇듯 나머지 감각들과는 완전히 구별되는 시
각이 없다면 유아는 감각들의 공감각적인 혼동을 경험한다고 알려졌
다. 이렇게 아주 초기의 발달단계에서는 후각과 촉각이 기능적으로 확
실히 더 중요하기는 하다.

---

14 인류학자인 에드워드 홀(Edward T. Hall)은 인류의 조상이 뒷다리로 일어나기 이
전에도 시각이 중요했다고 추측한다. "본래 육지에 거주하는 동물, 즉 인류의 조상은
이종 간의 경쟁과 환경의 변화에 의해 육지를 버리고 나무를 선택할 수밖에 없었다. 수
상생활(樹上生活)은 예리한 시각을 더 필요로 했고 육지 생활에서는 중요한 후각으로
의 의존은 감소되었다. 이에 인류의 후각은 진화하기를 멈추고 시각의 힘은 크게 강화
되었다." 홀의 이러한 논지는 다음의 저서를 참고할 수 있다. Hall, *The Hidden
Dimension* (Garden City, N.Y., 1982), p. 39.
15 Sigmund Freud, *Civilization and Its Discontents*, trans. James Strachey (New
York, 1961), pp. 46-47.
16 Rivlin and Gravelle, p. 79. 잘 알려진 내용이지만, 이 저자들은 보편적으로 알려
진 5개의 감각보다 더 넓은 범위의 감각기관이 있다고 가정한다. 다양한 동물 시험을
기반으로 한 이 연구는 몸의 기관이 환경에 반응할 수 있는 17가지의 다른 방법이 있다
는 것을 발견했다. 이 방법들 중 몇몇은 인간의 행동에서 설명할 수 없는 역할, 즉 소위
초감각적 인식의 존재를 밝힐 수 있는 방식을 찾을지도 모른다. 그런데도 이들은 인류
가 다른 감각보다는 시각에 더 의존하는 경향을 인정한다.

그러나 아이의 성숙과 더불어, 눈은 외부에서 오는 자료를 처리하는 우월한 역량을 곧 확립한다. 시신경은 가장 가까운 경쟁자인 달팽이관 신경보다 18배 더 많은 신경종말을 갖고 80만 개의 섬유조직으로 놀라운 양의 정보를 뇌로 전이시킬 수 있고, 다른 어떤 감각기관보다 훨씬 빠른 속도로 흡수한다. 각 눈에는 1억 2천만 개가 넘는 막대(간상세포)가 대략 5백 단계의 명암에 관한 정보를 취한다. 한편 7백만 개의 원뿔(원추세포)이 우리가 백만 개 이상의 색의 조합들을 구별할 수 있게 해준다. 또한 눈이 어떤 다른 감각보다 훨씬 멀리 떨어져 있는 일들을 수행할 수 있다면, 청각이나 후각은 단지 두 번째나 세 번째로 멀리 있는 것을 실행할 뿐이다.[17]

시각을 종종 무시간적이고 정태적이라고 성격 짓지만, 눈은 항상 움직여야만 자신의 일을 할 수 있다. 눈은 "경련적(saccadic) 안구 운동"(1978년 에밀 자발에 의해 발견된 것으로, 갑작스러운 운동 내지 경련을 뜻하는 프랑스어 saccade에서 온 말이다)을 통해 고정된 한 지점에서 다른 지점으로 빠르게 이동하거나,[18] 또는 시각의 영역을 가로질러 움직이는 대상을 따라간다. 소위 '전정안구반사'는 이미지의 연속성을 확보하기 위해 빠른 머리의 움직임에 반대되는 방향으로 눈을 돌리고, '양안전도 이접운동'은 끊임없이 단(短)초점과 장(長)초점을 혼합하여 하나의 일관성 있는 시각 경험을 만들어 낸다.[19] 과학자들이 1960년대

---

17 홀에 따르면, "청각은 20피트까지 매우 효율적이다. 약 100피트의 거리에서는 일방적인 의사소통이 가능하나 대화 전달이 조금 늦어지며, 양방향의 대화는 상당히 달라진다. 이 거리 이상부터는 인류가 내는 청각 신호가 급격하게 나빠지기 시작한다. 반면에 육안의 시각은 100야드 반경 내에 엄청난 양의 정보를 쓸어 담고, 심지어 1마일 정도 떨어진 사람과의 상호작용에도 보다 효과적이다."(*The Hidden Dimension*, p. 43).

18 Émile Javal, *Annales d'oculistique* (Paris, 1878).

19 이러한 시각체계에 대한 논의를 위한 참고문헌으로 다음을 들 수 있다. Argyle

이후에야 알아낸 바에 따르면, 심지어 수면 중에도 안구는 통상 빠르게 움직인다. 물론, 시선을 고정시키는 것이 가능하지만, 우리는 엄청난 고통 없이 오랫동안 눈의 움직임을 제대로 고정시킬 수 없다.

시각의 광학적 메커니즘은 케플러(Johannes Kepler)[20] 시대 이래로 잘 이해되어 왔는데, 그는 각막, 점성액, 그리고 눈동자의 수정체를 통과해서 망막의 뒷면에 이르는 빛의 전송을 통제하는 굴절의 법칙을 정립했다. 그러나 이미지가 어떻게 정신에 의미 있게 번역되어 인식되는가는 아직 확실히 밝혀지지 않았다. 수용된 이미지는 뒤집히고 역전되었으나, 그것을 제대로 "읽는" 생리적이면서 심리적 과정은 여전히 불완전하게 알려져 있다. 그리고 두 눈에서 포착한 자료를 양안적이나 입체적으로 통합하여 뚜렷이 3차원적 깊이를 갖는 하나의 이미지로 만드는 방식 또한 여전히 완전하게 이해되지 않는다. 과학이 인간의 시각을 설명하는 데에 이룩한 모든 발전에도 불구하고, 그러한 복잡성으로 말미암아 많은 질문이 답변되지 못한 채 남아 있다. 이를 컴퓨터 시뮬레이션을 통해 복제하려는 시도가 이제껏 단지 미미한 정도의 성공밖에 이루지 못한 것은 의미심장하지 않을 수 없다.[21]

만약 과학이 눈의 권력을 인지한다면 그 한계 또한 인식할 것이다.

and Cook, pp. 16-17. Claude Gandelman, "The 'Scanning' of Pictures," *Communication and Cognition*, 19, 1 (1986), pp. 3-24.
20 케플러까지의 훌륭한 시각의 역사를 알기 위해서는 다음의 저서가 도움이 된다. David C. Lindberg, *Theories of Vision from Al-Kindi to Kepler* (Chicago, 1976). 그리고 바스코 론키(Vasco Ronchi)가 다룬 다양한 역사들 중 가장 잘 알려진 저서를 여기에 제시한다. *Optics: The Science of Vision*, trans. Edward Rosen (New York, 1957)과 *The Nature of Light: An Historical Survey*, trans. V. Barocas (London, 1975).
21 이에 대한 논의로는 다음을 참고할 수 있다. William J. Broad, "Computer Quest to Match Human Vision Stymied," *International Herald Tribune* (October 4, 1984), p. 7.

인간의 시각은 빛의 파장들로 구성된 전체 스펙트럼의 단지 일부만을 볼 수 있을 뿐이다. 사실, 우리는 다른 종들에게는 보이지만 우리에겐 차단된 자외선과 같은 현상에서 1퍼센트도 안 되는 것만을 볼 수 있다.[22] 덧붙여, 인간의 눈에는 시신경이 망막으로 연결되는 곳인 맹점이 있다. 다른 눈의 시각이 이를 보완하기 때문에 통상 간과되지만, 그럼에도 불구하고 맹점의 존재는 은유적 "구멍"을 제시한다. 앞으로 우리가 충분히 목격하겠지만, 시각중심주의의 비판자들은 이를 기꺼이 활용한다. 또한 인간의 시각은 눈으로부터 특정한 거리의 대상들에만 초점을 맞출 수 있는데, 보통 나이가 들면 그 거리도 늘어난다. 따라서 멀리 있는 대상을 감지하는 눈의 우월성은 근접해 있는 것을 잘 보지 못함으로써 균형을 이룬다. 끝으로, 우리는 환영으로 드러나는 시각 경험에 의해 종종 속아 넘어가는데, 이는 눈의 확실한 신뢰도에 대한 과도하고 관습적인 믿음에 의해 발생하는 경향이라 할 수 있다. 보통 이를 보완하는 감각이 촉각인데, 우리는 직접적인 신체 접촉을 통해 확인을 구하기 때문이다.

 이렇듯 시각에 대한 최근 자연과학적인 이해의 마지막 측면은 언급할 가치가 있다. 후각, 촉각, 혹은 미각 등의 다른 감각들과 달리, 시각과 언어 사이에는 복잡하지만 밀접한 관계가 있다. 양자가 성숙해진 시간은 거의 동일하다. 로버트 리블린(Robert Rivlin)과 카렌 그라벨(Karen Gravelle)이 언급했듯, "내면적으로 어떤 것을 시각화하는 능력은 그것을 말로 묘사하는 능력과 밀접하게 연관돼 있다. 말과 글의 묘사는 아주 구체적인 정신적 이미지를 만든다. […] 시각, 시각적 기억, 그리고 구술 사이의 연계는 상당히 놀랍다."[23] 따라서 그래픽적, 시각

22 Rivlin and Gravelle, p. 53.
23 Ibid., pp. 88-89. 목소리와 청취 그리고 의사소통의 행위적, 시각적 수단 사이의 복잡한 상호작용에 대한 논의는 다음의 문헌에서 볼 수 있다. Argyle and Cook, p.

적, 지각적, 정신적, 혹은 구술적 현상을 의미하는 "이미지"라는 말을
둘러싼 모호성에는 중요하게 시사하는 바가 있다.[24]

　이러한 최종 지점의 암시는 앞에서 제시했던 문제에 매우 중요하다.
즉, 우리가 시각이라고 부르는 것에 있는 "자연적 부분"과 "문화적 부
분" 사이 경계의 투과성이다. 비록 지각이 하나의 고유한 현상으로서
언어와 연계된다 하더라도, 다른 나라 사람들은 다른 언어를 말한다.
그 결과, 만약 그 경험이 일정 부분 언어적으로 매개된다 해도 시각적
경험의 보편성을 자동적으로 가정할 수 없다. 따라서 자연과학 자체는
최소한 문화 변수들의 가능성을 어느 정도 제시한다는 점에 주목할 필
요가 있다. 다시 말해, 그것은 시각(vision) 자체와 "시각성(visuality)"
이라 불려 온 것의 불가피한 얽힘을 암시한다. 여기서 시각성이란, 시
각 경험을 모든 가능한 방식들로 특정한 역사에서 보여 주는 것을 뜻한
다.[25] 시각의 관찰이란, 다른 방식으로 말해, 서로 다른 시각체제들이
지닌 암묵적인 문화적 규칙들을 살피는 것을 의미한다.

　만약 우리가 시각 경험의 문화적 가변성을 다른 관점에서 고려한다
면 훨씬 더 명백할 것이다. 오랫동안 눈은 빛과 색채의 수동적 수용체
이상이라고 인식되어 왔다. 또한 눈은 감각기관들 중 가장 표현적이어
서 오직 촉감만이 그 경쟁자다. 방출이론이라고 불리는, 눈에서 방사되
는 빛줄기에 대한 고대 이론이 비록 오래 전에 불신되었지만,[26] 이는 상

124.

24 이미지의 다양한 의미에 대해서는 다음의 문헌이 도움을 준다. W. J. T. Mitchell,
"What Is an Image?" in *Iconology: Image, Text, Ideology* (Chicago, 1986). 이 용어
의 문학적 사용을 비난하는 더 엄격하게 제한적인 개념을 제시한 문헌으로는 다음을 참
고할 수 있다. P. N. Furbank, *Reflections on the Word 'Image'* (London, 1970).
25 차이에 대한 논의를 위해서는 다음의 저서 중 특히 편집자의 서문을 권유한다. Hal
Foster, ed., *Vision and Visuality* (Seattle, 1988).
26 눈에서부터 나오는 빛에 대한 믿음은 특정 동물들에게서 특히 명백한데, 빛이 반

징적 진리를 나타냈다. 이를 눈동자 주위의 근육, 살, 그리고 눈썹의 복합체를 포함하는 것으로 넓게 이해할 때, 눈은 명료하게 투사하고, 신호를 보내고, 그리고 놀라운 힘으로 감정을 방출한다. "찌르는 혹은 투과하는 응시", "녹아내리는 눈빛", "요염한 시선", 혹은 "차가운 시선을 던지며" 등과 같은 일상적인 어구들은 이러한 눈의 역량을 놀랍도록 생생하게 담아낸다. 눈은 항상 적절한 수분을 공급하고 보유하는 자체 능력이 있는데 이 역량으로 말하자면 일부는 신체적이고, 일부는 감정적인(오직 인간에게서만 발견되는) 많은 자극들에 의해 유발된다. 따라서 눈이란 상투어로 말해 "세상으로 난 창문"일 뿐 아니라, "영혼의 거울"이다.[27] 동공의 팽창조차 보는 이에게 관심이나 반감을 은밀히 전하며 내적 상태를 무심코 드러낼 수 있는 것이다.

　더구나 눈을 사용하는 학습된 역량은 의도적으로 무언가를 표현하기 위한 것인데, 이는 다른 감각들보다 더 예리하게 연마된 기술이다. 무심히 보는 것에서 고정된 응시에 이르기까지 눈은 관람자의 의식적인 의지에 따를 수 있는데, 이는 눈보다 더 수동적인 감각들에는 거부된 방식이다. 여기서도 다시, 촉각만이 애무할 뿐 아니라 목을 조를 역량을 가진 유일한 경쟁자다. 위에서 언급한 바 있는, 사악한 눈이라는 현상은 강력한 메시지를 보내는 이러한 잠재성의 한 표현일 뿐이다. 그 결과 시각은 수용적인 촉각과는 달리, 종종 "감각들의 검열이고 […] 행

사로 인해 안구에서 빛나는 현상에 기인한다고 볼 수 있다. 데카르트(Descartes)는 『굴절광학 *La Dioptrique*』에서 고양이의 경우, 눈에서 빛이 방출되는 것은 이 이유 때문이라고 확신했다. 그러나 1704년의 한 실험에서는 고양이를 물 속에 담그면, 각막 굴절이 일어나지 않아 눈이 빛나지 않게 된다는 것을 보여 주었다. 위의 내용은 다음의 저서에 자세히 나와 있다. Smith, *The Body*, p. 380.

27 시각의 경험으로서 울음이 갖는 중요성에 대한 논의는 다음에서 볼 수 있다. David Michael Levin, *The Opening of Vision: Nihilism and the Postmodern Situation* (New York, 1988), 2장.

동의 중재자이며, 그에 대한 억제제 혹은 자극제"[28]로 일컫는다. 모든 동물들 중, 단지 인간과 영장류만이 응시를 위협뿐 아니라 친화적 신호로 사용할 수 있는 능력을 갖고 있다. 여기서 과학자들은 이 역량이 모성적 사랑의 시선으로 아기에게 젖을 먹이는 시각적으로 충전된 자세의 잔여물이라고 추측하고, 이것이 이후 행동에 열쇠가 된다고 여긴다.[29]

물론 메시지들은 일단 수용되면 단지 그뿐이다. 사고를 확장시킬 때, 시각의 가장 놀라운 속성 중 하나는 시각의 대상이 되는 경험이다. 여기서 그 가능한 범위는 특히 광범위하여, 지속적으로 적대적 감시하에 놓이는 편집증적 환상으로부터 모든 시선들의 눈길을 끄는 상태의 노출증자의 나르시스적인 짜릿함에까지 미친다. 또한 여기에는 상호적 응시의 변증법처럼 인간의 섬세한 상호작용이 개입할 수 있는데, 그 범위는 지배를 위한 경쟁에서 애인들 사이의 흠모에까지 이른다. "투명인간"이 된 누구라도 바로 증명하듯이, 어떤 상황에서는 심지어 보기의 대상이 되지 **못한다**는 것 자체가 강력한 메시지를 주기도 한다.

편집증, 나르시시즘, 그리고 노출증 등의 용어는 시각 경험이 우리의 심리 과정과 얼마나 강력하게 엮일 수 있는가를 보여 준다. 이 책에서 탐색하게 될 것이지만, 시각은 욕망, 호기심, 적대감, 그리고 공포 등 "정상적인" 감정에 자주 연관되어 왔다. 또한 본래는 모방적 표상이나 미적 장식으로서 구상된 이미지가 그 자체로 숭배의 토템적 대상으로

---

28 Ashley Montagu, *Touching: The Significance of the Human Skin*, 3d ed. (New York, 1986), p. 269.

29 Argyle and Cook, p. 26. 이 책은 일본 엄마들의 경우, 아이들을 등에 업기 때문에 그들의 문화가 상호적인 응시에 보다 적게 의존한다고 시사한다. 이러한 주장에 대해 말하자면, 오직 인류와 영장류만이 친화적인 신호를 보내며, 또한 개들도 최소한 인간과의 상호작용 속에서 같은 행동을 한다고 생각할 수 있다. 그러나 개들의 경우, 그들이 과연 서로에게 그런 메시지를 보내는가?

변형되는 놀라운 역량은 최면적 매혹을 유발하는 시각의 권력을 나타
낸다.[30] 그리고 관음증적 경향이나 시각공포증의 양상은 인간 심리의
근본 양상으로 널리 인식돼 왔다.[31]

물론 우리가 시각(vision)이라 부르는 현상에 대한 이 모든 차원들에
다른 차원도 추가될 수 있다. 이를 볼 때, 우리의 일상 언어, 나아가 문
화 전체가 시각의 중요성에 의해 깊이 영향받는 것은 놀랄 일이 아니
다. 그 탁월한 힘의 사례를 종교에서 찾을 수 있는데, 인간 현상에 이보
다 더 중요한 것은 없을 것이다.[32] 신성한 불의 원시적 중요성[33]에서부
터 칼데아인의 점성술이나 이집트인의 종교처럼 훨씬 더 발전된 종교
에서 빈번히 나타나는 태양숭배, 그리고 가장 발전된 신학에서의 세련
된 빛의 형이상학에 이르기까지,[34] 종교적 관행의 광범위한 변형 속에
서 시각적 현전은 두드러진다. 마니교의 그노시스주의(Gnosticism)와
같은 신앙은 그 자체를 "빛의 종교"라고 규정지었고, 다신교적 그리스

---

30 잘 알려져 있지만 '매력(fascination)'이란 단어는 그 근원이 라틴어에 있으며
마법을 걸다(casting a spell)라는 뜻으로 사용되었고, 대개 시각적인 의미를 지니고
있다.

31 인간 심리의 결과에 대한 최근의 해석은 다음을 참고할 수 있다. David W. Allen,
The Fear of Looking: On Scopophilic-Exhibitional Conflicts (Charlottesville, Va.,
1974).

32 최근의 개요로는 다음의 문헌이 도움을 준다. David Chidester, *Word and Light:
Seeking, Hearing, and Religious Discourse* (Champaign, Ill., 1992). 또 다른 명백한
분야는 시각적 이미지가 풍부한 문학이다. 여기에는 "텍스트 안의 눈(the eye in the
text)"에 대한 무궁무진한 논쟁이 있다.

33 신성한 불의 중요성에 대한 고전적인 연구로 다음을 제시한다. Numa-Denys
Fustel de Coulanges, *The Ancient City: A Study of Religion, Laws and Institutions
of Greece and Rome*, trans. Willard Small (Boston, 1873).

34 빛의 종교에 대한 연구는 다음의 문헌이 적합하다. Gustav Mensching, "Die
Lichtsymbolik in der Religionsgeschichte," *Studium Generale*, 10 (1957), pp. 422-
432.

종교는 아폴로와 같은 태양신에게 특별한 역할을 부여했다. 신의 머리를 둘러싼 초자연적인 별들의 빛, 언제나 그의 무리를 바라보는 신비한 신의 전지(全知)에 의해 추구된 신성한 빛, 초의 불꽃이 지닌 상징적 권위 등, 이 모든 것들은 무수히 많은 종교적 체계 속으로 들어갔다. 또한 거울에도 놀라운 힘이 부여되었는데, 이는 소위 수정 점을 치는 사람들이나 투명한 것으로 엿보는 점쟁이가 신성한 징표를 읽는 특별한 재능을 갖는다고 주장해 왔다. 때때로 거울 이미지의 실체가 없다는 특성은 비(非)물질화된 영혼이 지닌 순수성의 징표로 인식되었다. 또 다른 경우, "결점 없는 거울"은 성처녀 마리아의 순결한 본성으로 유추되어 왔다.[35]

종교에서 시각의 권력은 "선견자(the seer)"의 시각을 더 높게 위치시키는 예지적 전통의 경향에서도 징후적으로 나타난다. 그는 평범한 시각에는 거부된 진리를 식별할 수 있는 사람이다. 여기서 신체상의 두 눈이 지닌 불완전성을 보완하기 위해서 영혼(soul)이라는 소위 "제3의 눈"이 환기된다. 신체적 맹인은 신을 거스른 위반 행위로 인한 처벌로 치부되기도 하지만, 종종 신성한 의미를 부여받는다.[36] 토머스 칼라일(Thomas Carlyle)이 한때 "영적 시각"[37]이라 불렀던 것은, 그 본래의 종교적 근거가 대부분 적법성을 잃은 후에도 계속하여 강력한 세속적 효

---

35 거울의 종교적인 중요성에 대한 해석은 다음의 문헌에서 찾을 수 있다. Benjamin Goldberg, *The Mirror and Man* (Charlottesville, Va., 1985); Herbert Grabes, *The Mutable Glass: Mirror-Imagery in Titles and Texts of the Middle Ages and the English Renaissance*, trans. Gordon Collier (Cambridge, 1982).

36 맹인의 종교적인 함의에 대한 논의는 다음의 저서를 참고할 수 있다. William R. Paulsen, *Enlightenment, Romanticism, and the Blind in France* (Princeton, 1987), Introduction.

37 Thomas Carlyle, "Spiritual Optics," in *Thomas Carlyle, 1795-1835*, ed. James Anthony Froude, 2 vols. (New York, 1882), 2: 7-12.

과를 발휘했다.

그러나 종교에서의 시각적 현전은 그것을 그토록 깊숙이 영향 미치는 현상으로 여겼기에 적대적 반응 또한 불러일으켰다. 특히 영적 시각과 세속적 시각 사이의 간극이 연결될 수 없을 때 그 특권적 역할은 도전받았다. 사실, 이미지의 환영적 잠재력에 대한 의심은 종종 전면적인 우상공포를 초래했다.[38] 유대교에서 시작한 유일신 종교는 이교도 우상숭배의 위협을 깊이 경계했다. 인위적인 이미지의 허구적 속성은 단지 "진리"의 거짓된 모사물이 될 뿐인데, 이것은 금욕주의적인 비평가들 사이에서 표상에 대한 불신을 야기했다. 세상을 어둡게만 보도록 하는 **모호한 거울**(speculum obscurum)에 대한 성 바울의 경고는 속세의 시각에 관한 이러한 신중함을 생생하게 표현한다. 종교적 불신은 또한 아우구스티누스(Augustine)가 **시각적 욕망**(concupiscentia ocularum)이라 비난했던 것을 추구하는 시각의 역량이 불러오는데, 이는 우리의 마음을 영적인 관심사로부터 돌아서게 한다.[39] 이러한 의심은 때로 종교운동을 지배하였고, 오랜 종교적 타부를 조장했다. 금송아지에 대한 아론과 모세의 갈등, 형상의 표상에 대한 이슬람의 거부, 18세기 비잔틴 교회의 성상파괴적 논쟁, 성 베르나르의 시토 수도회의 금욕적인 수도원 생활, 영국의 롤러드파(Lollards), 그리고 마지막으로 프로테스탄트 종교개혁 등, 이 모든 것은 종교 사상의 반(反)시각적 저변을 나타낸다. 사실, 이러한 적개심은 오늘날 자크 엘륄(Jacques Ellul)과 같은 신학자들의 저술에 여전히 살아 있다. 그의 『말의 모욕 Humiliation of the Word』(1981)은 시각의 지배에 대항한 상상 가능한 모든 종교적 불만의

---

38 다음의 문헌은 "우상공포"의 다양한 징후에 대한 연구에 관한 것이다. Kenneth Clark, "Iconophobia," in *Moments of Vision and Other Essays* (New York, 1981). See also Moshe Barasch, *Icon: Studies in the History of an Idea* (New York, 1992).

39 Saint Augustine, *Confessions*, 35장.

학문적 집대성인 듯 읽힌다.[40]

⊙

그렇지만, 시각에 대한 엘륄의 반감을 종교적 성상공포(iconophobia)
라는 유서 깊은 전통의 맥락에서만 이해할 수는 없다. 왜냐하면 그것은
종교적 사유의 경계 밖까지 미치는 훨씬 더 광범위한 반시각적 담론이
기 때문이다. 그 담론은 20세기 서구 사상에는 만연하나 일반적으로 간
과된 현상이며 바로 내가 이 책에서 증명해 보이려는 것이다. 비록 어
느 지역에 국한되지 않는다 하더라도, 그것은 우리가 곧 살펴보게 될
이유로 인해, 매우 개연성 없어 보이는 한 나라에 가장 널리 퍼져 있으
며 다양하기도 하다. 그 나라는 바로 프랑스다. 이 책의 주된 목적은 첫
눈에 놀랍게 보이는 주장을 증명하고 탐구하는 것이다. 그 주장은 다름
아니라 최근 프랑스 사상의 상당 부분이 모던 시기의 시각과 그 헤게모
니적 역할에 대한 근본적이고 심오한 회의로 가득 차 있다는 것이다.[41]

　이 논의를 정립하기 위해, 나는 다양한 모습으로 나타나는 시각에 대
한 서구 사고의 역사를 일반적으로 고찰하며 시작하고자 한다. 루이 14
세와 데카르트의 시대 이래로 프랑스 문화에서 시각이 차지하는 영예
의 자리에 정확히 초점을 맞춘 후, 19세기 말에 나타나는 그 위기를 보

40　Jacques Ellul, *The Humiliation of the Word*, trans. Joyce Main Hanks (Grand
Rapids, Mich., 1985).
41　다른 국가의 전통에 친숙한 독자에게는 이와 유사한 태도의 다른 사례들이 당연히
떠오를 것이다. 예컨대, 관람자적 인식론(spectatorial epistemology)을 불신하는 미국
의 실용주의, 그리고 시각보다 청각을 일반적으로 특권화하는 독일 해석학이 그 사례들
이다. 프랑스 사상의 영향권 밖의 개개인의 사상가의 주제, 예를 들어 비트겐슈타인
(Wittgenstein)의 "보는 것(seeing)"과 "간주하는 것(seeing-as)" 사이의 구분에 대한
미묘한 반추를 탐색하는 것도 가능할 것이다.

여 줄 것이다. 이를 위해 시각예술, 문학, 그리고 철학에서의 변화를 살피고, 그 중 특히 앙리 베르그송(Henri Bergson)의 작업을 검토한다. 그리고 나서 시각의 우위에 대한 적대감을 보다 명백하게 밝힌 작업들을 살펴보게 된다. 이들은 작가이자 비평가 조르주 바타유(Georges Bataille)와 앙드레 브르통(André Breton), 철학자 장폴 사르트르 (Jean-Paul Sartre), 모리스 메를로퐁티(Maurice Merleau-Ponty)와 에마뉘엘 레비나스(Emmanuel Levinas), 사회이론가 미셸 푸코(Michel Foucault), 루이 알튀세르(Louis Althusser)와 기 드보르(Guy Debord), 정신분석학자 자크 라캉(Jacques Lacan)과 뤼스 이리가레 (Luce Irigaray), 문화비평가 롤랑 바르트(Roland Barthes)와 크리스티앙 메츠(Christian Metz), 그리고 후기구조주의 이론가 자크 데리다 (Jacques Derrida)와 장프랑수아 리오타르(Jean-François Lyotard) 등이다. 이러한 과정을 통해 나는 모더니티와 포스트모더니티에 대한 최근 논의에서 시각의 폄하가 가진 의미를 명료하게 밝히기를 희망하는 바이다.

◉

이렇듯 야심 찬 연구를 펼치기 전에 몇 마디의 방법론적 설명이 필요하다. 이 저술의 초점은 시각문화 전체에 관한 것이라기보다 담론에 관한 것이다. 사실, 프랑스 문화 전체를 시각에 대해 적대적인 것으로 성격 짓는 것은 매우 위험한 일이다. "빛의 도시" 파리는 많은 이들에게 인간이 이제까지 고안한 가장 눈부시고 찬란한 도시환경으로 남아 있다. 패션, 영화, 혹은 공공 기념식과 같은 시각적으로 지배적인 현상에 대한 프랑스인들의 매혹은 조금도 수그러들지 않은 채 있는 것이다. 그리고 코트다쥐르(Côte d'Azur)를 8월에 여행해 본 사람이라면 누구나 쉽게

확인하듯, 그들은 "태양을 경배하는" 데 있어 고대의 태양숭배자들만큼
이나 매혹돼 있다.[42] 진정, 프랑스 지식인들은 그들 중 다수가 회화, 사
진, 영화, 그리고 건축에 현저히 몰두해 있듯 시각적인 현상에 집착하
는 경향이 있다.

그런데 근본적으로 시각공포적 담론이 프랑스의 지적 삶의 틈 속으
로 스며들면서, 많은 이들에게 그 집착은 부정적 방향으로 변했다. 나
는 그 반시각적 태도의 복잡성을 하나의 '담론'이라 부르게 되면서 우
리 시대에 가장 느슨하게 사용되고 있는 용어들 중 하나를 원용한다는
것을 잘 알고 있다. 이 개념은 수많은 다른 맥락들에 채용되어, 위르겐
하버마스(Jürgen Habermas)의 의사소통적 합리주의에서 푸코의 지식
의 고고학까지, 미셸 페쇠(Michel Pêcheux)의 컴퓨터화한 알튀세르주
의에서 말콤 쿨사드(Malcolm Coulthard)의 사회언어학까지, 그리고
젤리그 해리스(Zelig Harris)의 텍스트 분석에서 하비 삭스(Harvey
Sacks)의 민속방법론에 이르기까지 사용되고 있다.[43]

이러한 대립적이고 변화무쌍한 활용에도 불구하고, 담론이란 용어는

42 다음의 논고는 앙드레 지드(André Gide)부터 시작하는 태양 숭배와 문학의 발현
에 대한 설명을 위한 참고서이다. John Weightman, "The Solar Revolution: Reflec-
tions on a Theme in French Literature," *Encounter*, 35, 6 (December, 1970), pp.
9-18.
43 Jürgen Habermas, "Wahrheitstheorien," in *Wirklichkeit und Reflexion: Walther
Schulz zum 60. Geburtstag* (Pfullingen, 1973), pp. 211-265: 다음의 글에서 "담론적
형성(discursive formation)"이란 단어가 사용되었다. Michel Foucault, *The Archaeol-
ogy of Knowledge*, trans. A. M. Sheridan (London, 1972): Michel Pêcheux, *Anal-
yse automatique du discours* (Paris, 1969): *Language, Semantics and Ideology* (New
York, 1982): Malcolm Coulthard, *An Introduction to Discourse Analysis* (Harlow,
Essex, England, 1977): Zelig S. Harris, "Discourse Analysis," *Language*, 28
(1952), pp. 1-30: Harvey Sacks, Emanuel A. Schegloff, and Gail Jefferson, "A
Simplest Systematics for the Organization of Turn-Taking for Conversations," *Lan-
guage*, 50 (1974), pp. 696-735.

이 책이 탐구하는 대상이 위치한 층위를 지시하기에 가장 적절하다. 이는 논리적으로 그 용어의 어떤 엄격한 의미보다는 연상에 의해 응집되는 다소 느슨하게 얽혀 있는 논쟁과 은유, 주장, 그리고 편견 등의 덩어리를 지칭한다고 할 수 있다. 이런 용법에서의 담론은 명백히 라틴어 **디스쿠레레**(discurrere)에서 가져왔는데, 그 의미는 사방으로 달린다는 뜻이다. 내가 탐색하고자 희망하는 반시각적 담론이 정확하게 그런 것이다. 말하자면, 엄격한 방식으로는 결코 일관적이지 않은 진술과 연상, 그리고 종종 비유가 지닌 비체계적이고, 때로 내부적으로 모순적인 텍스처라 할 수 있다. 비록 이것이 실증적 논의로서 명쾌하게 제시된다 하더라도, 어느 누구도 이 모든 차원을 표현하지 않으며 또한 누구도 이 모두를 수용하려 들지 않을 것이다. 그리고 그 유포를 결정하는 의도적인 음모 같은 것도 없었다.[44] 그러나 우리가 탐구하는 강력한 담론은, 부지불식간에 전공, 정책, 그리고 이론적 자의식에서 공유하는 바가 거의 없는 매우 다양한 프랑스 지식인들의 태도를 형성해 왔다. 때때로 그 담론은 주체성, 계몽주의, 그리고 휴머니즘과 같은 상이한 이슈들을 논하는 토론의 장에 단어를 제공하기도 한다. 또한 때로 그것은, 강력한 은유가 종종 그렇게 하듯, 그렇지 않았다면 해석이 불가능했을 논의에 감정적 색조와 비평적 에너지를 부여하면서 그와 동일한 이슈에 접근하는 길을 결정하곤 한다.

제임스 클리포드(James Clifford)가 지적한 바와 같이, "담론 분석"은 "언제나 어떤 의미에서 저자들에게 불공평하다. 그것은 그들이 주체로서 무엇을 말하고 느껴야 하는가에 흥미가 없으며, 단지 진술에 대해서 그것이 하나의 영역에서 다른 진술과 관련이 있는 경우에만 관심을

---

44 이러한 부인은 존 라이크만(John Rajchman)의 글에 명백히 나와 있는데, 나의 의도에 관한 혼란을 바로잡기 위해 필요하다. 다음은 존 라이크만의 논고이다. "Foucault's Art of Seeing," *October*, 44 (Spring, 1988), p. 90.

가질 뿐이다."[45] 따라서 내가 사용하는 담론은 프로이트가 의식, 전의식, 무의식이라 부른 영역들의 경계를 가로지른다. 그것은 페쇠가 설명하는 "1번 망각하기"와 "2번 망각하기"를 포함한다. 여기서 그의 "1번 망각하기"는 주체가 완전히 기억하지 못하는 것을 뜻하며, 그의 "2번 망각하기"는 어느 정도의 노력으로 의식의 차원에 회복될 수 있는 것을 뜻한다.[46] 그리고 아마도 오직 외부인만이 이를 더 완전하게 표면으로 드러낼 수 있다는 것은 본 연구를 정당화시켜 주는 가정일 것이다. 그리고 이 책의 연구는 그러한 담론의 숨겨진 정도를 드러내려 할 뿐 아니라 비판적 방식으로 그 함의를 파고들고자 한다.

그러한 희망을 품으며 책의 저자인 나는 반시각중심주의적 담론이 공격하는 목표물에 대한 공감보다 그에 대한 전략적 "배반"을 실행할 생각이다. 다시 말해, 불확실한 사고를 명료하게 만들기 위해 계몽주의 신념에 입각한 "각성의 이상(ideal of illumination)"을 당당히 따르고자 한다. 여기에 설상가상으로, 담론이 반대하는 지적 영역의 개요적인 조사(synoptic survey)를 배짱 있게 활용하려 한다. 이는 내가 전에 서구 마르크스주의의 전체성 개념을 다뤘던 책(『마르크스주의와 총체성 Marxism and Totality』)에 대한 반응과 유사한 비난을 불러올 것이다. 그것은 나의 내러티브가 재구성한 전체적 사고의 위기가 심각하게 문제 삼았던 전체론적 관점을 은연 중에 스스로 취하는 것이다.[47]

두 책 사이의 운명적인 연속성은 첫 번째 책의 글을 여는 비유로 예

---

45 James Clifford, *The Predicament of Culture: Twentieth-Century Ethnography, Literature, and Art* (Cambridge, Mass., 1988), p. 270.

46 Pêcheux, *Language, Semantics and Ideology*, p. 126.

47 Martin Jay, *Marxism and Totality: The Adventures of a Concept from Lukács to Habermas* (Berkeley, 1984); 비난은 다음의 사려 깊은 논평에서 제시되었다. Ferenc Fehér in *Theory and Society*, 14, 6 (November, 1985), p. 875.

시된다. 이 책은 서구 마르크스주의의 "불확실한 영역의 지도 그리기"를 요구했는데, 거리를 두고 탐색하는 풍경 속 이방인의 시각적 거리감을 즉각 환기시키는 수사적 표현이다.[48] 그런데 정직한 지리학자라면 바로 인정할 일이지만, 지도 그리기는 편견을 벗어날 수 없다. 즉, 이는 편향된 관점이라는 문자 그대로의 의미와 지도 제작자의 문화적 편견이라는 은유적 의미 양쪽에서 모두 그러하다. 가장 양심적으로 "공정한" 관찰자에게도 "아무데서도 보지 않는 관점"이란 존재하지 않는 것이다.

이러한 전체론에 대한 혐의에 대해, 나는 정상 참작이 가능한 정황을 대며 스스로의 "죄"를 인정한다. 먼저 다른 곳에서 언급했듯, 전통적인 지식인 역사가가 행하는 객관적 내용분석은 과거를 이해하는 데 필수적이다. 이는 함축적으로 의역된 내용에 대한 '건강한 불신'이 상황을 복잡하게 만들 때 요구된다.[49] 왜냐하면 그것이 역사가와 그의 주제 사이의 소통적 상호작용의 잠재성을 신중하고 낙관적 태도로 나타내기 때문이다. 한스게오르크 가다머(Hans-Georg Gadamer)가 긍정적으로 말했듯, 상호작용은 그 지평들의 융합이다. 지평이란 개요보다 총체화가 덜 되는 것이면서 그 자체가 시각적 은유라고 할 수 있다. 그것은 역사가가 과거를 "보는" 유한한 시점을 제시하는데, 이는 18세기 초 클라데니우스(J. C. Chladenius)의 시대 이래, 해석학적으로 충전된 역사가들이 이미 주지하던 통찰인 것이다.[50] 심지어 지평이 부분적으로 혼합

---

48 Jay, *Marxism and Totality*, p. 1. 지도 그리기 은유(mapping metaphor)에 대한 비평은 다음의 문헌을 참고할 수 있다. Pierre Bourdieu, *Outline of a Theory of Practice*, trans. R. Nice (Cambridge, 1977), p. 2.

49 Martin Jay, "Two Cheers for Paraphrase: The Confessions of a Synoptic Intellectual Historian," *Stanford Literature Review*, 3, 1 (Spring, 1986), pp. 47-60. 이 글은 *Fin-de-siècle Socialism and Other Essays* (New York, 1988)에 다시 인쇄되어 포함되었다.

50 클라데니우스의 역사 속에서 "관점"의 사용에 대한 논의는 다음을 참고할 수 있

될 때조차 절대적 신의 시점은 논란에서 벗어날 수 없다. 그러나 아마도 그 내용(재료)에 대한 "시각을 획득하고", 관련된 참여자들의 시점과 비교하는 시도에서 어느 정도의 이점을 얻을 수 있다. 그들이 남기고 간 재료를 우리가 재구성하게끔 허용하기 때문이다.

특히 이 경우에 나는 운이 좋았는데, 책의 논의가 다루는 몇몇 인물들과 토론할 수 있었기 때문에, 대부분의 역사가들에게 주어지는 것보다 더 적극적인 융합을, 적어도 지평의 상호작용을 경험할 수 있었다. 그들은 놀랄 만큼 많은 경우에 시각적 주제에 대한 스스로의 작업이 가진 의미에 완전히 정통했으나, 그것이 내장돼 있는 더 큰 차원의 담론은 인식하지 못했다. 비록 그들에게 그 차원이 얼마나 큰가를 보여 주려는 시도가 항상 성공적이지는 못했으나 융합은 이미 시작되었다고 할 수 있다. 나는 이러한 기회로 말미암아 이 책의 주장이 지닌 섬세함과 타당성을 증대시켰다고 여기며, 이로 인해 나의 지적인 지평이 변형되었다고 확인한다.

이 책이 개관적 접근을 유지하는 또 다른 근거는 시각적 주제에 대해 가장 신랄한 연구를 하고 이를 집필했던 프랑스 지식인 장 스타로뱅스키(Jean Starobinski)의 방법론적 성찰에서 비롯된다. 자신의 논문집 『생생한 눈 L'oeil vivant』의 서문에서 그는 자신이 "위로부터 보는 시각(le regard surplombant)"이라 부른 것의 가치와 위험에 대해 논평했다.

다. Michael Ermarth, "Hermeneutics and History: The Fork in Hermes' Path Through the 18th Century," in *Aufklärung und Geschichte: Studien zur deutschen Geschichtswissenschaft im 18. Jahrhundert*, ed. Hans Erich Bödicker et al. (Göttingen, 1987), pp. 217f. 또한 라인하르트 코젤렉(Reinhart Koselleck)의 중요한 논고를 제시한다. Reinhart Koselleck, "Perspective and Temporality: A Contribution to the Historiographical Exposure of the Historical World," in his *Futures Past: On the Semantics of Historical Time*, trans. Keith Tribe (Cambridge, 1985).

한 작품의 생동감 있는 깊이에서 길을 잃고 싶은 우리의 욕망에도 불구하고, 우리는 그 작품에 대해 말하기 위해 그로부터 거리를 두도록 제약받는다. 그런데 왜 파노라마적 시각으로, 작품이 유기적으로 연결되어 있는 상황에서 우리에게 드러날 거리를 의도적으로 마련하지 않는가? 우리는 저술가에 의해 지각되지 않은 중요한 상응을 식별하고, 그의 유동적인 무의식을 해석하며, 하나의 운명과 하나의 작품을 그들의 역사와 사회적 환경에 통합하는 복잡한 관계를 읽어 내고자 노력할 것이다.[51]

스타로뱅스키는 일방적인 위로부터 보는 시각에 내재한 위험을 인식하고, 가장 현저하게는 작품 그 자체가 그 맥락으로 사라지는 것을 인정한 후, 현명한 균형을 요구하며 다음과 같이 결론 맺는다(그리고 이것은 이 책이 유지하고자 희망하는 것이기도 하다).

완전한 비평은 (위로부터 보는 시각이 그러하듯) 전체성을 목적하지 않으며, 또한 (인식하는 직관처럼) 친밀성을 의도하지도 않는다. 그것은 진리란 전체성과 친밀성 어느 하나의 시도에 놓여 있지 않고, 하나에서 다른 것으로 지칠 줄 모르고 통과하는 움직임 자체에 놓여 있다는 것을 미리 인식하고 그들의 차례가 올 때 어떻게 전체성과 친밀성을 요구하는가를 아는 시각이다. 우리는 거리감의 현기증이나 근접성의 현기증도 거부하지 말아야 한다. 즉, 우리는 시각이 언제나 그 모든 힘을 거의 잃어버리게 되는 이중 초과(double excess)를 욕망해야 한다.[52]

이 책의 저자로서 나는 이러한 상실을 무릅쓰고라도 그러한 의지야말

51 Jean Starobinski, *L'oeil vivant: Essais* (Paris, 1961), p. 26.
52 Ibid.

로 지적인 역사가에게 담론의 영역에 비판적 방식으로 들어가도록 궁극적 힘을 부여한다는 점을 강조하며 도입부를 맺으려 한다. 물론 이러한 노력이 얼마나 성공적인가는 책을 읽어 가는 독자가 판단할 일이다.

〔번역: 전영백〕

1장
가장 고귀한 감각:
시각, 플라톤에서 데카르트까지

요약

20세기 프랑스에서 진행된 반시각 담론을 본격적으로 전개하기 전에, 1장에서 저자는 서구에서 지속되었던 시각중심주의가 그리스, 중세, 근대에 어떻게 드러났는지를 개괄한다. 시각을 중시하는 서구의 전통은 이미 그리스 시대에 마련되었다. 플라톤은 정적이고 투명한 이데아를 중시하고 감각을 무시했다 하더라도 감각 중에서 시각을 최고로 여겼다. 룩스와 루멘이라는 빛의 이중 개념을 제시한 그리스 광학은 시각중심주의에 비옥한 토대를 제공했다. 또한 그리스의 '관조(theoria)' 개념은 서구의 주체/대상의 이분법과 시각의 거리두기를 형성하는 데 작용했다. 저자는 한스 요나스의 주장을 빌려, 시각은 변화보다는 고정된 본질을 중시하고, 대상과의 거리를 둠으로써 객관성을 확보하며, 멀리까지 닿는다는 장점으로 시간적 예지력으로 이해되는 속성을 지닌다고 정리한다. 그리스인들이 시각에 대해 불안을 표명했다 하더라도, 그리스의 과학, 수학, 철학, 예술이 다른 감각들보다 시각을 우선시했다는 사실은 확실하다.

 저자는 중세 기독교 사회가 시각에 결코 적대적이지 않았다고 주장한다. 초기의 기독교는 포교를 위해 눈에 보이는 성상을 사용할 필요가 있었고, 13세기에 이르러 스콜라 철학은 선한 성상숭배와 악한 우상숭배를 구분하면서 이미지의 사용을 옹호했다. 한편 중세 과학은 플라톤 철학의 도입으로 여전히 시각을 중요시했다. 저자는 중세부터 성상혐오운동이 주기적으로 발흥했다는 사실은 시각적 유혹이 그만큼 강했다는 것을 뒷받침한다고 설파한다. 근세 르네상스에 접어들면서 시각적 경험의 가치는 더욱 중시되었는데, 저자는 미술 영역에서 원근법의 발명을 대표적 사례로 제시한다. 원근법이 제시한 공간은 마치 수학과 과학이 다루는 공간처럼 균질적이고 질서 잡힌 공간이다. 이러한 원근법은 묘사된 대상이나 주제보다 추상적인 선적 좌표라는 단일한 체제에 더 관심을 갖게 하면서, 미술의 탈서사화를 촉진시켰다는 것이다.

그런데 이러한 합리적인 시각체계와 다른 질서를 보인 시대가 있었다. 바로크와 북유럽 르네상스가 그러하다. 바로크는 다층적 공간을 창조하고 왜곡된 일그러진 형태를 만드는데, 이는 과학적 이성의 합리적인 시각질서를 전복시키는 역할을 한다. 저자는 바로크의 이질적이고 혼란스러운 시각체계는 오늘날 포스트모더니즘의 시각과 유사하다고 주장한다. 또한 17세기 네덜란드 미술은 3차원의 환영 세계를 재현하기보다 2차원 세계의 질감과 색채를 묘사하려 했다. 원근법적 시각질서에서 벗어난 바로크와 네덜란드의 미술이 근세 시각문화가 다원적이었다는 점을 시사하지만, 저자는 근세의 지배적인 시각질서는 단연코 수학적 원근법이었다고 주장한다.

근대 시각주의 패러다임의 창시자는 데카르트이다. 그는 저서 『굴절광학』에서 망막에 맺힌 이미지가 정신의 눈으로 인지되는 과정을 탐구하면서, 실제로 '보는' 것은 눈이 아닌 '정신'이라고 결론 내린다. 데카르트는 실제의 '시각 세계'를 인간의 '시각장'으로 환원시키고 실제의 눈보다는 관람자적인 고정된 응시를 정당화하면서, 서구의 지배적인 시각체계를 완성시켰다.

〔안선미 요약〕

1

가장 고귀한 감각:
시각, 플라톤에서 데카르트까지

이교도를 제외한 모든 서양의 형이상학은 틈 구멍(peephole)의 형이상학이었다. […] 마치 성벽의 총구멍처럼, 주체는 검은 하늘을 응시한다. 이데아, 또는 신의 별이 떠오르고 있다고 이야기되는 그 하늘을.

—테오도르 아도르노[1]

눈은 철학의 유기체적 원형(prototype)이다. 난제는 눈이 볼 수 있을 뿐만 아니라, 보고 있는 자기 자신을 볼 수 있다는 것이다. 이 사실은 눈이 신체의 인식 기관들 중에 가장 탁월하다는 것을 말해 준다. 철학적 사고의 대부분은 실제로 눈의 반영, 눈의 변증법, 보고 있는 자기 자신을 본다는 사실을 드러낸다.

—페터 슬로터다이크[2]

우리의 삶은 감각에 의존해서 유지된다. 그리고 시각이 가장 포괄적이고 가장 고귀한 감각이기 때문에, 시각적 능력을 향상시키는 발명들이 가장 유용하다는 사실은 의심의 여지가 없다.

—르네 데카르트[3]

"모든 것이 가시적으로 드러나는 영역에서, 인물과 사물은 그 윤곽이 분명해지고 밝게 비춰진다. 그리고 이러한 가시적 영역에서는 등장인물의 감정과 사유 또한 선명하게 드러난다. 이런 영역에서는 심지어 그 자신의 정열에 사로잡혀 있을 때조차도, 그의 감정과 사유는 매우 적절

---

1 Theodor W. Adorno, *Negative Dialectics*, trans. E. B. Ashton (New York, 1973), pp. 139-140.

2 Peter Sloterdijk, *Critique of Cynical Reason*, trans. Michael Eldred (Minneapolis, 1987), p. 145.

3 René Descartes, *Discourse on Method, Optics, Geometry, and Meteorology*, trans. Paul J. Olscamp (Indianapolis, 1965), p. 65.

하게 표현된다."⁴ 에리히 아우어바흐(Erich Auerbach)는 사실주의 문학에 대한 자신의 연구『미메시스 *Mimesis*』의 유명한 첫 장「오디세우스의 흉터(Odysseus' Scar)」에서 이와 같이 기술했다. 서구에 큰 영향을 미친 그리스 문화를 해석하는 데 있어서 지배적인 견해는 헬레닉(Hellenic) 문화가 가시적인 것을 선호했다는 것이고, 또한 이러한 가정은 널리 알려져 있다. 예를 들어, 한스 블루멘베르크(Hans Blumenberg)가 "그리스인의 주변 경관과 사물을 비추는 빛은 모든 것에 명료함과 (광학의 측면으로도) 의문의 여지 없는 현존을 부여했으며, 인간이 본질에 접근 가능한가라는 의심은 그 이후에 그리고 사유의 자기경험의 결과로서만 생긴 것이다"라고 썼을 때, 그는 전형적인 판단을 한 것이다.⁵ 비록 윌리엄 아이빈스(William Ivins)⁶처럼 가장 지속적으로

---

4 Erich Auerbach, *Mimesis: The Representation of Reality in Western Literature*, trans. Willard R. Trask (Princeton, 1953), p. 2.

5 Hans Blumenberg, *The Legitimacy of the Modern World*, trans. Robert M. Wallace (Cambridge, Mass., 1983), p. 243.

6 William M. Ivins, Jr., *Art and Geometry: A Study in Space Intuitions* (Cambridge, Mass., 1946). 아이빈스는 이 책에서 그리스인들은 시각적이기보다는 촉각적이었다고 언급한다. 그의 논의는, 시각이 집중된 주의에서 주변적 방심으로 점차 이동하는 과정을 거치면서 관계적이고 상대적이며 연속적이 된다는 주장에 근거한다. 대조적으로 촉각은 지금 여기에서 손에 쥘 수 있는 구체적인 대상과의 즉각적이고 불연속적이며 비관계적인 접촉이다. 그래서 아이빈스는 촉각은 지속이나 변화를 다루는 능력이 없고 전체의 완전한 "그림"을 얻지 못한다고 주장한다. 그래서 그는 그리스 미술이 차갑고 정적이며 역사나 발전이라는 의미가 결여되어 있다고 주장한다. 또한 그리스 기하학은 그것이 지닌 계량적 편견이 보여 주듯, 손으로 측량될 수 있는 것으로부터 유래된 촉각에 기반했다. 그와 같이, 그리스 기하학은 무한히 수렴하는 소실점을 갖는 진정한 의미의 원근법을 결여하고 있다. 그 대신 평행선은 절대 만나지 않는다는 유클리드를 믿었다. 아이빈스는 플라톤이 시각에 적대적이었다는 것을 언급하면서 그리고 모방적 예술에 부정적인 그리스인들의 태도는 그들이 변화와 성장에 만족스럽게 대처하지 못하기 때문이었다고 추측하면서, 그리스인들은 시각적이기보다는 더 촉각적이었다는 것으로 자신의 주장을 매듭짓고자 했다.

반대하는 목소리가 있다 하더라도, 고전기 그리스가 다른 감각들보다 시각에 특권을 주었다는 사실, 그리고 그들의 경쟁자라 할 수 있는 더 언어 지향적인 유대인들과는 대조적으로 그리스가 시각에 특별한 비중을 두었다는 것은 일반적으로 동의되어 왔다.[7]

사실 그리스 미술, 종교 그리고 철학을 이런 식으로 일반화하는 데에는 충분한 근거가 있다. 언어학적으로 제시된 증거를 보면, 호메로스 시대에 시각적 관행을 일컫기 위해 사용된 여러 동사들이 고전기에 이르러 단지 몇 개로 통합되면서 시각 자체를 본질화(essentializing)했다.[8]

비록 기하학에서 촉각적 특성과 시각적 특성의 대비에 대한 아이빈스의 요점이 시사하는 바가 있더라도, 그의 일반적 주장은 설득력이 없다. 첫째, 시각은 촉각이 하는 만큼 세계에 대한 차갑고 정적인 전용을 초래한다. 사실 우리는 많은 해설가들이 바로 그 이유 때문에 아이빈스의 주장을 비판하는 것을 보게 될 것이다. 둘째로, 촉각은 표면을 탐색하면서 시간의 흐름에 따른 연속의 경험을 확실히 준다. 비록 접촉하는 것 전체에 대한 감각을 제공하는 능력에 있어서는 시각보다 훨씬 뒤떨어지는 것이 확실하지만, 그러한 시각의 개괄적 관점은 움직임을 세세히 살피는 촉각보다는 공시적 입장에서 변화를 거부하게 만들 수 있다. 촉각이 아이빈스가 가정한 것만큼 관계적이고 상호적인 경험과 연관 없는 것은 아니다. 결국, 연인들의 애무는 무엇을 의미하는가? 시각에 대한 플라톤의 적대감을 아이빈스는 매우 제한된 시각 개념에 근거하여 특징지었다. 사실, 플라톤의 적대감이 무엇이었든지 간에, 시감각에서 벗어난 도피처는 정확히 아이빈스가 주장한 대로 시각이 할 수 없는 것을 향했다. 그러나 플라톤은 시각이 변화를 나타낼 수 있다고 생각했다. 왜냐하면 플라톤에게 있어서 변화는 환영의 영역이었기 때문이다.

이런 모든 이유 때문에, 시각에 대한 그리스인들의 태도에 관한 아이빈스의 주장은 영향력이 없었던 것은 아니지만 지배적인 관점이 되지 못했다. 이에 대한 예시는 다음을 참조할 수 있다. William Kuhns, *The Post-Industrial Prophets: Interpretations of Technology* (New York, 1971), p. 130; and Walter J. Ong, *The Presence of the World: Some Prolegomena for Cultural and Religious History* (New Haven, 1967), p. 4.

7 Thorlieff Boman, *Hebrew Thought Compared with Greek* (Philadelphia, 1954); Susan A. Handelman, *The Slayers of Moses: The Emergence of Rabbinic Interpretation in Modern Literary Theory* (Albany, N.Y., 1982).

8 Bruno Snell, *The Discovery of the Mind: The Greek Origins of European Thought*, trans. T. G. Rosenmeyer (Oxford, 1953), p. 4.

그리스의 신들은 인간에게 분명히 보이는 존재들이었고, 인간은 신들을 조형적 형태로 묘사했다. 또한 신들은 스스로를 구경거리로 보여 줄 뿐만 아니라, 인간 행동을 바라보는 열렬한 관객이기도 했다. 그리스 예술에 있어서 완벽하게 가시화된 이상적 형태는, 그리스인들이 사랑한 연극 공연에서 나타난다. 자주 언급되듯 극장(theater)이라는 용어는 이론(theory), 관조(theoria)와 동일한 어근을 공유하는데, 그 의미는 '주의 깊게 살펴보다' 또는 '바라보다'이다.[9] 수학적 정리(theorem) 또한 그러하다. 이러한 수학적 정리 때문에, 일부의 논평가들은 기하학과 더불어 그리스 수학에 있어서도 시각이 우월했다는 점을 강조했다.[10] 그리스 과학이 광학을 중시한 사실 역시 그들의 시각적 편향을 보여 준다. 심지어 같은 맥락에서 유대인이 옷을 입는 것을 강조하는 것과는 대조적으로, 그리스인이 나체를 이상화했던 것은 시각적 선명성과 투명성으로의 편향으로 보인다.[11]

그러나 이러한 가시적인 것에 대한 강조는 그리스의 탁월한 발명인 철학에서 가장 두드러졌다. 아낙사고라스(Anaxagoras)가 인간적 충만함에 이르는 수단으로 칭송한, 가시적인 천상에 관한 명상은 보이는 모든 것을 철학적으로 경이롭게 여기는 정도까지 확장되었다.[12] 진실은 나

---

9   어휘의 역사와 관련하여 다음을 참조할 수 있다. David Michael Levin, *The Opening of Vision: Nihilism and the Postmodern Situation* (New York, 1987), pp. 99f.

10 Abel Rey, *La science dans l'antiquité*, 5 vols. (Paris, 1930–1948), esp. vol. 2, pp. 445f, and vol. 3, pp. 17, 389. 그런데 그리스 기하학에서 증명이 순수하게 시각적인 것에서 명제적 언어로 옮겨갔다는 사실은 논의될 수 있다.

11 Mario Perniola, "Between Clothing and Nudity," in *Fragments for a History of the Human Body*, part 2, ed. Michel Feher with Ramona Naddaff and Nadia Tazi (New York, 1989), p. 238.

12 창공에 관한 그리스적 사고에 대한 논의와 관련하여 다음을 참조할 수 있다. Hans Blumenberg, *The Genesis of the Copernican World*, trans. Robert M. Wallace (Cambridge, 1987).

체처럼 '벌거벗은' 것으로 가정되었다. 브루노 슈넬(Bruno Snell)은 다음과 같이 그리스 인식론을 언급했다. "지식(에이데나이 eidenai)[a]은 보고 있는 상태이다. 그리고 누스(Nous)[b]는 이미지를 흡수하는 능력을 가진 정신이다."[13]

한스 요나스(Hans Jonas)는 자신의 주요 논문 「시각의 고귀성(The Nobility of Sight)」에서, 그리스 사상과 그 이후 서양 철학사에서 나타난 시각적 편향의 의미를 개괄했다.[14] 이러한 편향된 시각 때문에, 시각을 중시하는 성향은 확실히 그리스 사유에 영향을 미쳤다. 요나스는 시각이 한 번에 넓은 시각장을 살필 수 있는 뛰어난 동시성의 감각이라고 주장한다. 본래 시각은 청각이나 촉각 같은 다른 감각들보다 시간적 흐름을 덜 드러내기 때문에, 역동적인 변화(Becoming)보다는 정적인 존재(Being)를 승격시키는, 즉 덧없는 외양보다는 고정된 본질을 높게 여기는 경향이 있다. 파르메니데스(Parmenides)부터 플라톤(Plato)[c]에 이르는 그리스 철학은 불변하는 영원한 존재를 강조한다. 요나스는 "마치 안정적인 내용물을 지닌 자가 비시각적 감각이 유발하는 연속적인 유동성에 저항하는 것처럼, 영원성과 시간성 사이의 바로 그 대립은 시각적으로 경험된 '현존'을 이상화하느냐 그렇지 않느냐에 따라 발생한다"라고 주장했다.[15] 그리스 사상을 그렇게도 당혹스럽게 했던 제논의 역설[d]을 살펴보면, 그리스 철학이 실재에 대한 무시간적 개념에 얼마나 의존했는지를 알 수 있다(우리가 앞으로 보게 되겠지만, 프랑스의 반시각중심주의 담론은 베르그송이 제논을 비판하면서 시작했

---

13 Snell, p. 198.

14 Hans Jonas, "The Nobility of Sight: A Study in the Phenomenology of the Senses," in *The Phenomenon of Life: Toward a Philosophical Biology* (Chicago, 1982).

15 Ibid.(위와 같음), p. 145.

고 그 주요 공격 대상은 무시간적 개념이었다). 광학으로 인해 영광을 누린 그리스 과학도 역시 움직임을 성공적으로 다루진 못했는데, 특히 가속도의 문제에 있어서 그러했다.[16] 그리스 과학은 시각을 고정된 것으로, 즉 유클리드의 용어로 말하자면 광선 기하학으로 환원하여 이해했다.

요나스의 두 번째 주장은 시각의 외재성이 관찰자가 응시의 대상에 직접적으로 개입하는 것을 막아 준다는 것이다. 주체와 대상 사이의 바로 그 구분, 그래서 주체가 대상을 중립적으로 파악한다는 믿음은 그리스 시각중심주의로 인해 더욱 부추겨졌다. 이러한 구분은 이후의 서구 사상에 매우 결정적인 영향을 주었다. 요나스는 "얻게 된 것은 객관성이라는 개념, 즉 나에게 영향을 주는 사물이 아닌 사물 그 자체의 개념이다. 그리고 이러한 구분으로부터 **관조**(theoria)와 이론적 진리라는 전체 개념이 생겨났다"라고 적었다.[17] 요나스가 명명한 이러한 "역학적 중립화"로 인해 잃게 되는 것은, 아마도 인과율에 대한 명확한 감각일 것이다. 왜냐하면 이로 인해 주체와 대상 사이의 구성적 연계는 억제되고 망각되기 때문이다.

마지막으로, 요나스는 먼 거리에서 파악하는 시각의 장점은 다양한 결과를 낳는다고 주장한다. 시각적 범위가 광범위하다는 생각으로 인해, 무한성에 관한 그리스적 관념은 더욱 고무되었다.[18] 또한 눈이 먼 경관에까지 이른다는 것은, 보는 이에게 매우 중요한 예지적 "선견" 능력

---

16 이 문제를 바로잡기 위한 후대의 시도에 관한 논의와 관련하여 다음을 참조할 수 있다. Amos Funkenstein, *Theology and the Scientific Imagination from the Middle Ages to the Seventeenth Century* (Princeton, 1986), pp. 165f.

17 Jonas, p. 147.

18 대조적으로, 아이빈스는 『예술과 기하학』에서 그리스인들은 촉각적인 편견 때문에 절대 "무한이라는 관념을 증명에 사용할 수 없었다"고 주장한다(p. 50).

을 부여하는 것처럼 보였다. 그리고 이러한 능력은 도움이 되는 행위를 적용가능하게 만드는 전제가 된다. 그리스인들이 선견자를 종종 맹인(예를 들어, 테이레시아스)ᵉ⁾으로 묘사했고 그들의 신탁은 회화적 예견보다는 언어적 예언으로 전달되었기 때문에, 그리스인이 미래를 항상 "본다"고 주장하는 것은 문제의 소지가 될 수 있다. 그러나 만약 앞에 펼쳐진 개방된 경관을 보는 것이 이후에 다가올 것을 파악하는 공간적 경험과 연계된다면, 예견은 시간적 용어로 해석될 수 있고 또한 그렇게 해석되었다.

　이러한 주장에 따라 에릭 하블록(Eric Havelock)과 루돌프 아른하임(Rudolf Arnheim) 같은 논평가들은, 이런 시각적 우위로 인해 그리스는 추상을 선호했고, 영원과 변화를 변증법적으로 인식했으며, 심지어 고전기 사상에 있어서 로고스(Logos)가 미토스(Mythos)ᶠ⁾를 대체했다고 덧붙인다.¹⁹ 수사학과 청각을 옹호했던 소피스트와의 격론에서, 그리스 철학은 단순한 의견이나 억견보다 사심 없는 단일한 인식적 진리라는 시각적으로 정의되는 관념을 중시했다. 바로 플라톤의 대화록 형식으로 남아 있는 소피스트의 대안이 완전히 잊혀지지는 않았더라도, 수세기 뒤에 로렌초 발라(Lorenzo Valla)와 지암바티스타 비코(Giambattista Vico) 같은 인물들이 그들의 철학을 소생시킬 때까지 소피스트들의 명성은 낮게 평가되었다.

　플라톤의 저서 전반에 걸쳐서, 시각의 중요성은 분명하게 드러난다. 예를 들어 그는 『티마이오스 Timaeus』에서 영혼과 인간 지성의 창조를 시감각의 창조와 함께 묶고 다른 감각들의 창조를 인간의 물질적 존재와 함께 묶으면서, 시각과 다른 감각들을 구분했다.²⁰ 플라톤에게 있어

19　Eric Havelock, *A Preface to Plato* (Oxford, 1963); Rudolf Arnheim, *Visual Thinking* (Berkeley, 1969).

20　Plato, *Timaeus*, 61d-68e.

서 진리는 **에이도스**(eidos) 즉 이데아 속에서 구현되는데, 이는 자신의 색채를 지워 버린 가시적인 형상과 같다.[21] 그는 인간의 눈이 빛의 원천인 태양과 동일한 특성을 공유하기 때문에, 눈은 빛을 지각할 수 있다고 주장한다. 이 지점에서 그는 "정신의 눈(the eyes of mind)"으로 불리는 지성과 최고의 형상인 선(the Good) 사이의 유비관계를 주장한다. 비록 때때로 플라톤이 태양(또는 신)을 직접 볼 수 있는 우리의 능력을 확신하지는 않았더라도,[22] 그는 『국가 *The Republic*』에서 정의로운 사람은 태양을 정면으로 대면할 수 있고 "물속의 반사나 어떤 낯선 곳에서 보는 환영이 아니라, 태양을 그 자리에서, 그 자체로, 그리고 저절로 볼 수 있다."고 주장했다.[23]

그러나 시각에 대한 플라톤의 찬사를 더 세밀하게 검토해 보면, 그리스의 시각중심주의에 대한 평가가 너무 단편적이라는 것을 알 수 있다. 왜냐하면 플라톤의 철학에서, "시각"은 영혼의 내면적 시각만을 의미하는 것처럼 보이기 때문이다. 사실 플라톤은 두 눈의 일상적인 지각에 대해서는 상당한 의심을 표명했다. 그는 우리가 눈을 **통해서**(through) 보는 것이지 눈을 **가지고**(with) 보는 것은 아니라고 주장했다. 너무 눈부셔서 직접 대면할 수 없는 빛의 원천인 태양을 모닥불로 대체한 유명한 동굴의 우화는, 감각적 지각의 환영에 대한 의구심을 나타낸다. 결국 동굴 속 죄수들은 탈출하고 세상으로 나간다. 바깥 세계에서 초반의 어지러움을 겪은 후에 그들은 태양을 직면할 수 있게 된다. 그러나 동굴 속에서 그들의 일상적 감각 지각은 동굴 벽에 비친 일시적이고 불완전한 그림자에 대한 것이다. 서구 문화의 토대가 되는 이 신화가 지니

---

21 플라톤이 색보다 형태를 우선시했던 논의와 관련하여 다음을 참조할 수 있다. Havelock, p. 274.

22 Plato, *Phaedo*, 99e.

23 Plato, *The Republic*, 516b.

는 의미가 무엇이든 간에, 플라톤이 시각을 포함한 실제의 감각적 지각이 지니는 가치를 불신했던 것은 분명하다. 우리는 이 책의 후반부에서 이에 대한 뤼스 이리가레와 같은 프랑스의 반시각중심주의 페미니스트들의 비판을 접하게 될 것이다.

플라톤이 모방 예술에 대해 보인 악명 높은 적대감은 이러한 불신에서 시작한다.[24] 저서 『국가』를 보면, 그는 유토피아 국가에서 특히 회화를 금지시킨다. 마찬가지로 극장도 진짜 행위에 대한 허구적 시뮬레이션이라는 의심을 받았다.[25] 더 높은 형상의 영역과 모방적 관계가 아닌, 수학적 관계를 갖는 음악만이 모든 예술 중에서 기만적이지 않았다(이 부분에 있어서 플라톤의 주장은 음간 간격이 수의 본성을 지닌다는 피타고라스의 발견에 근거한다). 그래서 플라톤은 『티마이오스』에서 시각이 인간의 가장 훌륭한 재능이라고 말했지만, 또한 불완전한 눈의 환영에 대해서도 경고한다.[26] 그는 진정한 철학자는 단지 "보는 자"가 아니라고 주장하는데, 이러한 충고는 지성으로 "보기" 위해 스스로 장님이 되었다고 전해지는 데모크리토스(Democritus) 같은 이후의 사상가들에게 깊이 각인되었다.

그리스 철학에서 실제의 눈에 대해 더 긍정적인 태도를 보인 사례를 볼 수 있다. 가장 눈에 띄는 사례는, 아리스토텔레스(Aristotle)가 다른 감각보다 더 많은 정보를 구별해 내는 시각의 힘과 귀납법을 옹호한 사실이다.[27] 그러나 그렇다 하더라도 표면상 보이는 것만큼 그리스 문화

---

24 모방 예술에 대해 플라톤이 보인 적대감에 관한 일반적 논의와 관련하여 다음을 참조할 수 있다. Iris Murdoch, *The Fire and the Sun: Why Plato Banished the Artists* (Oxford, 1977).

25 극장에 대한 플라톤의 비평에 관한 설명에 관련하여 다음을 참조할 수 있다. Jonas Barish, *The Anti-Theatrical Prejudice* (Berkeley, 1981).

26 Plato, *Timaeus*, 47b.

27 시각에 대한 아리스토텔레스의 숙고는 『영혼론 *De Anima*』과 『형이상학 *Meta-*

가 시각을 칭송하는 경향이 명백한 것은 아니다. 사실 많은 주요한 그리스 신화들 특히 나르키소스, 오르페우스, 메두사[8])에는 시각의 사악한 힘에 대한 불안이 표현되었다.[28] 그리고 별명이 파놉테스(Panoptes)인 모든 것을 보는 아르고스(Argus)[h])는 결국 판(Pan)의 매혹적인 음악에 의해 잠들고 말았다.[29] 사실 BC 6세기 철학자 크세노파네스(Xenophanes)는 의인화된 이미지인 신의 모습에 의문을 제기했다. 또한 사악한 눈을 막기 위한 액막이 부적과 여러 장치들이 자주 출현했다는 사실은, 보인다는 공포가 다른 지역에서만큼이나 그리스에서도 얼마나 만연했는지를 나타낸다(그리스인들은 이 사악한 눈을 'baskanos ophthalmos' 라고 불렀다).[30]

그러나 그리스가 시각에 대해 찬사를 보냈는지 모호하게 보일지라도, 헬레닉 사상이 다른 감각보다 시각에 우선권을 주었다는 사실은 여전히 인정해야 한다. 심지어 시각이 부정적인 모습을 띨 때조차도 시각의 힘은 분명했다. 사실 우리가 플라톤의 사상에서 지적했던 바로 그 모호함이 서구 문화에서 시각의 지위를 고양시키는 데에 작용했다고

physics』에서 가장 잘 드러난다. 이에 대한 설명과 관련하여 다음을 참조할 수 있다. John I. Beare, *Greek Theories of Elementary Cognition from Alcmaeon to Aristotle* (Oxford, 1906). "먼저 감각으로 포착된 것이 아닌 것은 지성 속에도 없다"라는 아리스토텔레스의 유명한 격언을 수용해 온 역사와 관련하여 다음을 참조할 수 있다. P. Cranfield, "On the Origins of the Phrase *Nihil est in intellectu quod non prius fuerit in sensu*," *Journal of the History of Medicine*, 25 (1970).

28 이들의 의미를 시사하는 해석에 관해서는 다음을 참조할 수 있다. Hartmut Böhme, "Sinne une Blick. Variationen zur mythopoetischen Geschichte des Subjekts," in *Konkursbuch*, vol. 13 (Tübingen, 1984).

29 이 싸움의 함의를 시사적으로 분석한 것으로 다음을 참조할 수 있다. Michel Serres, "Panoptic Theory," in *The Limits of Theory*, ed. Thomas M. Kavanagh (Stanford, Calif., 1989).

30 사악한 눈에 대한 그리스인들의 액막이 행동에 관한 논의와 관련해서 다음을 참조할 수 있다. Albert M. Potts, *The World's Eye* (Lexington, Ky., 1982), 4장.

할 수 있다. 왜냐하면 만약 시각이란 것이 "정신의 눈"을 통해 완벽한
부동의 형상을 보는 이른바 순수한 시각과, 실제 두 눈을 통해 직접적
으로 경험되는 불순한 시각 둘 중 하나로 이해된다면, 한쪽의 시각이
공격받을 때 다른 쪽 시각의 지위는 올라갈 수 있기 때문이다. 어떤 경
우든, 시각이라고 불리는 것이 여전히 감각들 중에서 가장 고귀한 것으
로 여겨졌다. 데카르트 철학에서 살펴보겠지만, 근대 시각중심주의는
바로 이러한 창조적인 모호성에서 기원했다.

또한 서구 사상에서 빛 자체가 장기간에 걸쳐 개념화되는 방식도 모
호했다. 그리스 광학은 빛에 기하학적 광선이라는 특권을 부여했고, 빛
은 그러한 모델로 인식되었다. 이러한 직선은 반사광학(반사 과학) 또
는 곡광학(굴절 과학) 측면에서 연구되었다. 여기에서 완벽한 선적 형
태는 계시(illumination)의 의미로 여겨졌고, 인간의 눈이 감지하든 아
니든 이는 존재하는 것이다. 이러한 의미의 빛은 **루멘**(lumen)이다.[31] 룩
스(lux)로 알려진 또 다른 빛은 인간 시각의 실제 경험을 강조한다. 이
빛에서는 색, 음영, 움직임 등이 형태나 윤곽만큼 중요하게 고려된다.
어쩌면 더 중요할 수도 있다. 광학뿐만 아니라 회화의 역사에서도, 이
러한 두 종류의 빛은 서로 우위를 다투어 왔다.

이러한 빛의 이중 개념은 시각의 이중적 개념과 완벽히 일치하지는
않지만, 그래도 그 개념을 훌륭하게 보완해 준다. 정신의 눈으로 본다
는 **사변**(speculation)과 육체의 두 눈으로 본다는 **관찰**(observation)의
전통은 교차되어 나타났는데, 이러한 전통은 서구 문화에 깊이 스며 있
는 시각중심주의의 다양성에 비옥한 토대를 제공했다. 사실 이 개념들
을 더 세밀히 살피면, 우리는 여전히 시각에 특권을 부여한 여러 경우

---

31 룩스와 루멘의 구분에 관한 설명과 관련하여 다음을 참조할 수 있다. Vasco Ron-
chi, *Optics: The Science of Vision*, trans. Edward Rosen (New York, 1957), 1장.

들을 볼 수 있다. 사변은 깨끗한 영혼의 눈으로 본 명석하고 판명한 형상을 이성적으로 지각하는 것이다. 또는 신의 환한 빛을 통한 비이성적인 황홀경의 눈부심, 즉 선견자의 "환영"으로 이해될 수 있다. 이 지점에서 빛의 형이상학은 완숙한 빛의 신비주의로 전환된다.[32] 한편 관찰은 자극에 대한 직접적인 동화, 즉 지각이 순수 감각으로 되어 버리는 상태이다. 또는 관찰은 정신의 구성 능력 또는 판단 능력과 감각 사이의 복잡한 상호작용으로 이해될 수 있고, 이러한 상호작용은 관찰을 순수한 수동적 현상이 아닌, 그 이상으로 만드는 게슈탈트 같은(Gestalt-like) 구조를 제공한다. 그리고 이러한 넓은 범주 속에서 많은 다양한 변종들이 생겨난다. 그러나 이 모든 경우에서, 시각은 세계에 대한 지식의 근본적 토대로서 자리한다.

사변과 관찰에 대한 그리스적 모호성과 두 종류의 빛이 시각중심주의가 뿌리를 내리는 데에 도움을 주었다면, 관조(theoria)의 관념에 내포된 눈과 대상 사이의 복잡한 관계도 이러한 과정에 도움이 되었다. 이미 언급했듯, 요나스와 같은 해설가들은 그리스와 그 이후의 서구 형이상학이 전형적인 주체/대상의 이분법을 만드는 데 있어서 시각의 거리두기가 중요했다고 언급한다. 그리스인들이 이론(theory)이라고 의미한 바를 더 자세히 검토해 보면 또 다른 추론이 도출될 수 있다. 플라톤이 눈과 태양은 동일한 물질로 구성되었다고 주장했고 그리스인들이 눈은 빛을 받아들일 뿐만 아니라 발산(유출론)한다는 것을 믿었다면, 이는 시각 과정에 어떠한 참여적인 측면이 있다는 것, 즉 보는 자와 보이는 것이 잠재적으로 얽혀 있다는 것을 의미한다.[33]

---

32 Hans Blumenberg, "Licht als Metapher der Wahrheit," *Studium Generale*, 10 (1953), p. 434 참조. 여기서 그는 플라톤에게 빛의 신비주의가 있다는 것을 거부하고 오히려 빛의 형이상학이 있다고 주장한다.

33 Böhme(p. 29)에 따르면, 이러한 시각에 관한 교감 지향적 관념은 특히 소크라테

이런 가능성을 염두에 두고 한스게오르크 가다머는 관조가 근대과학적 인식론처럼 완전히 거리를 두며 바라보는 것은 아니라고 주장했다. 사실 이것은 사심 없는 명상을 넘어서는 "신성한 교감"의 순간을 내포한다. 그는 "관조는 능동적이지 않은 수동적 공유(파토스)이다. 즉 자신이 보는 것에 총체적으로 관여되고 휩쓸리는 것이다. 근래에 사람들이 이성에 대한 그리스적 관념이 종교적 배경을 갖는다고 설명하는 것은 이러한 이유에서 그렇다"고 주장했다.[34] 이론(theory)이라는 관념에 내포된 이러한 상호성의 잔재들이, 중세 말 유출설이 사라질 때까지 지속된 것은 당연하다.

요나스가 강조한 관조적 전통과는 다른 방향으로 진행되면서 사변적 전통에서 특히 중요한 계보가 등장했는데, 이는 앞으로 20세기 프랑스의 반시각적 담론의 중요한 공격 대상이 되었다. 이는 반사적 동일성(specular sameness)에 관한 논쟁이다. **사색**(comtemplatio)과 더불어 **관조**(theoria)의 번역어인 라틴어 **숙고**(speculatio)는, 거울같이 비춘다는 의미의 '**거울**(speculum)' 그리고 '**반사하는**(specular)'과 동일한 어근을 갖고 있다.[35] 이런 의미에서 사변적 전통은 주체와 대상 사이의 거

스 이전 사상에서 명백히 드러난다. 이런 해석을 지지하는 저서로는 다음과 같다. F. M. Cornford, *From Religion to Philosophy: A Study in the Origins of Western Speculation* (New York, 1957). 그는 테오리아(theoria)의 디오니소스교적 버전은 감정이 관여하지만, 반면에 피타고라스적인 대안은 그렇지 않다고 언급한다(pp. 198f). 또한 다른 의미에서, 테오리아는 대상에 대한 주체의 독립된 응시보다 더 많은 것을 제시하는 것처럼 보인다. 블라트 고드지히(Wlad Godzich)에 따르면, 그 단어는 유명 인사들의 복수 집단을 지시하는데 이들은 폴리스에 지식을 제공하는 하나의 집단이다. 이와 같이, 테오리아는 감각(aesthesis)으로 알려진 개인의 지각과는 반대되는 것이다. Godzich, "Foreword: The Tiger on the Paper Mat," in Paul de Man, *The Resistance to Theory* (Minneapolis, 1985), p. xiv.

34 Hans-Georg Gadamer, *Truth and Method* (New York, 1975), p. 111.

35 specularis에서 speculatio를 도출해 낸 사람은 키케로로 보이는데, 이는 잘못된 것

리를 의미하기보다는 둘 사이의 거리를 무너뜨리는 경향이 있다. 로돌
프 가셰(Rodolphe Gasché)가 『거울의 주석판 *The Tain of the Mirror*』
에서 주장했듯, 거울의 반사는 잠재적으로 절대적인 것이다.[36] 말하자
면 사변은 자기 반영이라는 순수한 인식, 어떠한 잔여물도 남기지 않고
자신만을 반사하는 거울을 의미한다. 알려진 바대로 중세 기독교 시대
말기에 인간이라는 거울이 지닌 물질성, 즉 창조된 거울은 단지 완벽한
진리만을 반영하는 신의 거울에 종속된다. 『천국편 *Paradiso*』에서 단테
는 자신의 여행을 인간이라는 열등한 거울(speculum inferius)로부터
천상적 빛이라는 우월한 거울(speculum superius)로 이행하는 과정으
로 기술했다.[37] 그리고 자기 반영으로서의 사변은 위대한 근대 사변철
학 특히 19세기 독일 관념론에 이르러 세속적으로 표현되었다. 가셰가
언급했듯, 이러한 과정은 분명히 다양하게 보이는 가운데에서도 동일
성을 드러내기 위해 계획되었다.

　사변적 사유는 명백히 반대쪽을 반영한다는 반사(mirroring)에 기반하고 있

일 수 있다. Rodolphe Gasché, *The Tain of the Mirror: Derrida and the Philosophy
of Reflection* (Cambridge, Mass., 1986), p. 43. 이것이 잘못된 것이라도 매우 시사적
인 어원연구이다.

36　Gasché, p. 54. 여기서 그는 "오성이 작용하는 반영은 분리와 완전히 고착된 대립
을 지속시키는 것과 달리, 절대적 반영 즉 사변은 통합적인 목표를 신중하게 추구한다"
라고 주장한다. 흥미롭게도, 니체는 거울이 반사적 동일성이라는 관념을 무너뜨렸다고
주장했다. 『서광 *Daybreak*』의 234 경구에서, 그는 "우리가 거울 자체를 검토한다면,
결국 그 위에 비치는 사물들만을 보게 된다. 만약 우리가 그 사물들을 쥐려고 한다면,
결국 거울만을 잡을 뿐이다. 가장 일반적인 용어로 말하자면, 이것이 지식의 역사이
다." *Daybreak: Thoughts on the Prejudices of Morality*, trans. R. J. Hollingdale
(Cambridge, 1982), p. 141. 내가 이 문구에 관심을 갖게 된 것에 대해 앨런 메길
(Allan Megill)에게 감사한다.

37　단테의 거울에 대한 논의에 관련해서 다음을 참조할 수 있다. James L. Miller,
"The Mirrors of Dante's Paradiso," *University of Toronto Quarterly*, 46 (1977).

다. 이는 상호적 반사와 그리고 상응하는 극점들의 통합을 의미한다. 사변적 사유를 구성하는 반사성은 다양성 그리고 구성 요소들 간의 모순을 보여 주는데, 이는 이러한 다양성이 일부분을 구성하는 전체성을 보여 주는 방식으로 드러난다. 그래서 사변은 모든 가능한 다양성, 대립, 모순이 궁극적으로 기초하는, 즉 가장 완벽한 통일을 이루는 운동이다.[38]

요약하면, 서구 문화가 계승한 그리스적 시각의 고귀성이라는 믿음은 종종 정반대의 의미를 지닌다. 주체와 대상의 관조적인 거리두기를 의미하거나, 또는 어떠한 물질적인 잔여물도 남기지 않은 채 더 높은 통합 속에서 동일한 자기 반영적 반사(가셰의 은유에서 거울의 주석판)를 의미할 수도 있다. 이는 정신의 눈에 보이는 절대적으로 순수한 기하학적이며 선적인 형상을 의미하거나, 또는 실제 감각에 비치는 음영과 색채의 불확실한 작용을 의미할 수도 있다. 이는 신성한 계시에 대한 추구 또는 인간을 위해 신으로부터 불을 얻으려는 프로메테우스적인 투쟁을 의미할 수도 있다. 그리고 메두사적인 응시와 액막이 해독제 사이의 다툼을 의미할 수 있다(근래의 페미니즘 비평이 밝혀낸 젠더적 함의와는 대조를 이룬다).[39]

고대 세계에 대한 논의를 끝내기 전에, 마지막 사항을 강조할 필요가 있다. 그리스가 시각에 부여한 특권은 다른 감각들을 종속적인 지위로 전락시킨다는 사실보다 더 많은 것을 의미했다. 이는 여러 측면에서 언어의 폄하를 불러왔다. 소피스트를 비방하는 전통을 논외로 하더라도, 언어는 진리를 향해 가는 장엄한 도정에 있어서 시각보다 열등한 것으

---

38 Gasché, p. 44.

39 여성성, 시각, 그리스 인식론 간의 연계에 관하여 다음을 참조할 수 있다. Gene-vieve Lloyd, *The Man of Reason: "Male" and "Female" in western Philosophy* (Min-neapolis, 1984), pp. 2f.

로 여겨졌다. 우리가 주목한 것처럼, 언어는 단순한 억견(의견)의 영역
이었다. 그래서 수사학은 진정한 철학에서 사라져 버렸다. 심지어 그리
스인들은 은유와 같은 언어적 현상을 논의할 때조차도, 그런 현상을 명
료한 형태, 즉 동일성과 차이 간의 상호작용이 아닌 모방적 닮음인 유사
로 환원시키는 경향이 있었다. 아리스토텔레스는 자신의 『시학 Poetics』
에서 "좋은 은유를 하는 것은 유사함을 보는 것이다"라고 주장했다.[40]

  은유에 관해 언급하는 최근 프랑스 논평가들이 그리스 학자들을 연
구할 때, 헬레닉 문화가 순수 사변을 선호했던 점을 비난하는 것은 당
연하다.[41] 반시각적 담론의 다른 이론가들은, 그리스 비극이 지닌 동일
성의 연극적 구조는 납득하기 어려운 공포를 불러온다고 주장하면서
그리스 비극의 반사적 함의에 대해 유사한 비판을 했다.[42] 이들은 시각
중심주의적 편향 속에서 그리스 형이상학과 그리스 시학이 하나가 되
었다고 비난했다. 만약 유대인들이 가장 진심 어린 기도를 "들으라, 이
스라엘이여"로 시작한다면, 그리스 철학자들은 "보라, 헬라스여"라고
촉구할 것이다.

  서구 문화는 이러한 두 개의 명령 중 어느 쪽에 호응하는가의 투쟁처
럼 보인다. 우리의 주장이 이 대립을 너무 냉혹하게 이끌고 왔다 하더
라도 말이다. 이러한 대조가 초래한 중요한 논쟁이 일어난 곳 중 하나
가 중세 기독교였다. 시각에 대해 기독교가 보인 태도의 역사를, 또는
그러한 역사 속에서 헬레닉과 헤브라이즘적 충동의 복잡한 얽힘을 세

40 Aristotle, *Poetics*, 1459a, 7-8.

41 Jacques Derrida, "White Mythology: Metaphor in the Text," in *Margins of Philosophy*, trans. Alan Bass (Chicago, 1982); Paul Ricoeur, *The Rule of Metaphor* (Toronto, 1978). 이들 논쟁에 대한 도움이 될 만한 요약으로는 다음을 참조할 수 있다. Handelman, pp. 15f.

42 Philippe Lacoue-Labarthe, *La césure de spéculatif* (Paris, 1978). 그는 비극과 사변적 사고 간의 주요 연계는 미메시스(모방)라고 주장한다. (p. 195).

세하게 나열하는 것은 이 시점에서 적절하지 않다. 그러나 프랑스에서 특히 중요했던, 그리고 널리 영향력은 있으나 지나치게 단순화된 방식에 경고하기 위해서라도, 이와 관련하여 약간의 시간을 할애하는 것은 필요하다. 이러한 논쟁은 중세 말과 근세에 관한 저명한 역사가이며 유명한 아날학파의 전문가 뤼시앵 페브르(Lucien Febvre)와 로베르 망드루(Robert Mandrou)가 주도했다.

페브르는 자신의 유명한 연구 『16세기 무신앙의 문제 *The Problem of Unbelief in the Sixteenth Century*』에서 다음과 같이 주장한다.

> 16세기는 보는 것을 먼저 하지 않았다. 그 시대는 들었고 냄새를 맡았다. 그 시대는 공기를 들이마시고 소리를 포착했다. 케플러(1571-1630)와 리옹의 데자르그(Desargues, 1593-1662)가 형태로 이루어진 세계에 집중하면서, 시대는 진지하게 그리고 능동적으로 기하학에 참여하게 되었고, 이런 현상은 17세기에 거의 다다른 16세기 후반에 이르러서 나타났다. 시각이 물리적 감각의 세계에서 그리고 또한 미의 세계에서 해방된 것처럼, 시각이 과학의 세계에서 해방된 것은 바로 그때였다.[43]

망드루도 자신의 저서 『근세 프랑스 입문, 1500-1640 *Introduction to Modern France, 1500-1640*』에서 유사한 주장을 했다. "(감각의) 위계

---

[43] Lucien Febvre, *The Problem of Unbelief in the Sixteenth Century: The Religion of Rabelais*, trans. Beatrice Gottlieb (Cambridge, Mass., 1982), p. 432. 비록 내가 중세의 감각의 위계에 관한 그의 주장에 문제를 제기할지라도, 나는 이 저서가 중요하지 않다는 인상을 남기고 싶지는 않다. 오히려 반대로 이 저서는 감각의 역사 저술이라는 도전적인 과업을 맡은 최초의 시도 중의 하나이다. 이 분야에서 가장 최근 전문가 중의 한 사람이 인정한 것과 관련하여 다음을 참조할 수 있다. Alain Corbin, *Le miasme et la jonquille: L'odorat et l'imaginaire social 18e-19e siècles* (Paris, 1982), pp. ii and 271. 여기서 그는 망드루도 역시 칭송했다.

는 (20세기와) 동일하지 않았다. 왜냐하면 오늘날 특권을 누리는 눈은
당시엔 청각과 촉각 뒤에 그것도 훨씬 뒤인 세 번째 자리를 차지했기
때문이다. 조직하고 분류하고 질서를 세우는 눈은, 청각을 선호하는 시
대에는 인기 있는 기관이 아니었다."[44] 자신의 주장에 힘을 싣기 위해,
망드루는 루터파가 귀에 특권을 부여하는 유대인의 전통을 따랐다고
주장했고 피에르 드 롱사르(Pierre de Ronsard), 조아생 뒤 벨레
(Joachim Du Bellay), 다니엘 마로(Daniel Marot)의 시는 귀에 우선권
을 주었다고 분석했다. 그는 "적어도 18세기까지 촉각은 최고의 감각이
었다. 시각이 지각한 것을 확인하고 인정해 주는 것은 촉각이었다. 촉
각은 지각을 확고히 해 주었고, 확실성을 보장하지 못하는 다른 감각들
이 제공한 인상을 견고하게 만들었다"고 결론 내렸다.[45]

　근세에 최고의 감각이 청각이었는지 또는 촉각이었는지는 모호할 뿐
만 아니라, 이러한 일반화는 단지 증거의 겉핥기에 불과하다. 그럼에도
불구하고, 이러한 일반화는 널리 통용되어 왔다. 예를 들어, 롤랑 바르
트는 반종교개혁 신학자이자 예수회의 설립자인 이냐시오 로욜라(Ig-
natius Loyola)에 대해 쓴 자신의 에세이에서 "역사가들은 중세에 가장
정교하고, 탁월한, 그리고 세계와 가장 풍부하게 접촉할 수 있는 지각
이 청각이었다고 말한다. 시각은, 촉각 다음으로 세 번째로 꼽힐 뿐이
다. 그러나 이후에 반전되어, 눈은 지각의 최고 기관이 되었다(보이는
사물을 다루는 미술인 바로크는 이 점을 입증한다)"라고 보고했다.[46] 프

44　Robert Mandrou, *Introduction à la France moderne 1500-1640: Essai de Psy-chologie historique* (Paris, 1974), p. 76. 이 주장의 또 다른 옹호는 호세 안토니오 마라발(José Antonio Maravall)의 저서에서 볼 수 있다. "La concepción dá saber en una sociedad tradicional," in *Estudios de historia del pensamiento español*, ser. 1: *Edad Media*, 2d ed. (Madrid, 1973).
45　Ibid., p. 79.
46　Roland Barthes, *Sade, Fourier, Loyola*, trans. Richard Miller (New York,

랑스어권뿐만 아니라 영어권의 많은 다른 논평가들도 중세의 반시각적 성향을 동일하게 평가했다.[47]

이 모든 경우에 중세 시각문화와 근대 시각문화 사이의 대조는 때로는 분명하게 언급되기도 하고 때로는 그렇지 않게 추정되기도 한다. 앞으로 우리가 살펴보겠지만 비록 그 징후가 똑같지는 않더라도, 근대 유럽의 시각중심주의를 강조하는 사례들은 많다. 그런데 근대 유럽의 시각중심주의를 중세의 시각혐오적 성격과 너무 경직되게 대조하는 것은 잘못이다. 왜냐하면 중세 기독교 문화는 다소 빈약한 근거에 기반한 페브르나 망드루의 견해처럼 눈에 적대적이지 않았기 때문이다.

우리가 이런 분류 체계를 계속 견지한다면, 중세의 헬레닉과 헤브라이즘적 충동은 쉽게 균형을 이루지 못한다. 유대교와 기독교의 중요한 차이 중 하나는 기독교는 신성이 인간의 형상으로 육화되었다고 믿는 것이다. 바로 이 부분이 조각상을 금지한 모세의 금기가 의심받는 지점이다.[48] 오히려 기독교에서 가시적인 성찬식과 가시적인 교회에 대한 비유대적 믿음이 싹텄다. 이러한 경향은 모든 예배자들이 바라보는 가운데 축성받는 자들을 드높이는 중세 말의 관례에서 그 절정을 이룬다.[49] 비록 오리게네스(Origen), 테르툴리아누스(Tertullian) 그리고 알

1976), p. 65.

47 예를 들어 다음을 참조할 수 있다. Donald M. Lowe, *History of Bourgeois Perception* (Chicago, 1982), p. 24; Ian Hacking, *Why Does Language Matter to Philosophy?* (Cambridge, 1975), p. 32.

48 이미지에 대항한 중세 기독교의 투쟁에 관한 최근 설명에 관련해서 다음을 참조할 수 있다. Margaret R. Miles, *Image as Insight: Visual Understanding in Western Christianity and Secular Culture* (Boston, 1985); John Phillips, *The Reformation of Images: Destruction of Art in England, 1535-1660* (Berkeley, 1973), 1장; Leo Braudy, *The Frenzy of Renown: Fame and Its History* (New York, 1986), 4장.

49 그 함의와 그에 대한 반응에 관한 논의와 관련하여 다음을 참조할 수 있다. Heath-

렉산드리아의 클레멘스(Clement of Alexandria) 같은 초기 교부[i]들이
이미지에 남아 있는 이교도적 잔재를 불신하고 지나치게 의인화된 신
의 개념을 두려워했더라도, 그들의 계승자들은 비유대적 배경을 가진
새로운 신도 집단에게 기독교를 알릴 때 시각이 힘을 발휘한다는 점을
바로 인정했다. 개종한 유대인 필론(Philo of Alexandria)이 기독교를
헬레니즘화시키기 시작한 1세기경, 청각을 강조했던 성경은 시각에 주
목하는 경향으로 바뀌고 있었다.[50] 요한복음은 "하느님은 빛이시라"라
고 말했고, 위(僞)디오니시우스(Pseudo-Dionysius) 같은 중세 사상가
는 이 표현을 문자 그대로 받아들였다. 근래에 이론가 마거릿 마일스
(Margaret Miles)는 "4세기경 예배에서 시각을 중시했던 증거들이 많
다"고 주장했다.[51] 개종한 콘스탄티누스 황제가 설립한 교회들은 빛으
로 가득 찼는데, 이는 그의 통치 초반에 있었던 태양숭배의 잔재였다.

중세 사상에 있어서 신플라톤주의는[j] 우월한 **루멘**(lumen)과 열등한
룩스(lux) 사이의 대비를 종교적 용어로 재기술했다. 시각적 열망에 비
판적인 아우구스티누스(Augustine) 조차도, 신의 우월한 빛이 경건한
인간에게 궁극적으로 세례를 내린다는 믿음을 확고하게 옹호했다. 그
는 『고백 Confessions』의 끝 부분에서 "오! 주님, 우리가 볼 수 있는 모
든 것에 대해 감사합니다"라고 말한다.[52] 13세기 로버트 그로스테스트

---

er Phillips, "John Wyclif and the Optics of the Eucharist," in *From Ockham to Wyclif*, ed. Anne Hudson and Michael Wilks (Oxford, 1987).

50 이 논의와 관련하여 다음을 참조할 수 있다. Hans Blumenberg, *The Legitimacy of the Modern Age*, p. 286.

51 Miles, *Image as Insight*, p. 5.

52 Saint Augustine, *Confessions*, trans. R. S. Pine-Coffin (London, 1983), 13장, p. 343. 아우구스티누스 사상에 있는 신플라톤주의의 잔재들은 폭넓은 논의를 초래했다. 이 잔재란 그가 시각을 눈에서 나오는 그리고 눈으로 들어가는 빛의 혼합으로 이해한 것을 말하는데, 시각에 있어서 그 잔재들의 중요성에 대한 최근의 재평가와 관련하여 다음을 참조할 수 있다. Margaret Miles, "Vision: The Eye of the Body and the

(Robert Grosseteste)는 자신의 논고 「빛에 관하여(De Luce)」에서, 복잡한 시각적 형이상학을 전개시켰다. 그의 형이상학에서는 신성한 원초적 빛과 인간의 지각에 작용하는 덜 가시적인 빛이 대조를 이룬다.[53] 이러한 이분법은 앞서 언급한 우월한 거울과 열등한 거울 사이의 구분과 유사한 것이다.

12세기 만연했던 성모에 관한 의례와 더불어, 얼룩 없이 깨끗한 거울(speculum sine macula)이라는 상징은 더 중요해졌다. 거울에 부여되는 긍정적 가치는 너무나 컸고, 예배 안내서는 때때로 거울(specula)이라고 불렸는데, 이는 예배 안내서가 진리를 반영한다고 가정되었기 때문이었다. 사실 기독교 신학자들은 가장 골치 아픈 문제를 해결할 때 종종 거울에 의지했다. 왜 완벽한 신은 불완전한 물질의 세계로 내려오셨을까? 어떻게 그는 자신보다 덜 완벽한 피조물을 사랑할 수 있을까? 폴 츠바이크(Paul Zweig)에 따르면,

거울 이미지 그리고 신이 자기 기쁨의 행위로서 이 거울 이미지에 대응하여 관대하게 바라보는 것은, 이러한 의문들에 답변을 준다. 신은 거울 속으로 내려오듯 지상에 내려왔다. 그는 신성이라는 자신의 이미지를 갖기 위해 내려왔다. 그리고 그는 성령으로 포착된 자기 이미지의 파편을 구하기 위해 인간을 "구원"할 것이다.[54]

Eye of the Mind in Saint Augustine's *De trinitate* and *Confessions*," *The Journal of Religion*, 63, 2 (April, 1983); Georges Didi-Huberman, "Le paradoxe de l'être á voir," *L'Écrit du temps*, 17 (Winter, 1988), pp. 79-91.

53 Robert Grosseteste, *On Light (De Luce)*, trans. Clare C. Riedl (Milwaukee, 1942).

54 Paul Zweig, *The Heresy of Self-Love* (Princeton, 1980), p. 30. 중세가 거울에 매료되었다는 다른 설명은 다음을 참조할 수 있다. Benjamin Goldberg, *The Mirror and Man* (Charlottesville, Va., 1985), 6장 그리고 7장; Herbert Grabes, *The Muta-*

앞서 언급했듯, 이 지점에서 거울 같은 동일성이 갖는 힘에 기발한 전환이 일어난다. 인간의 구원은 단지 신이 자기 반영을 나타내는 하나의 장치였던 것이다.

　더 세속적인 용어로 표현하면 특히 감각을 중시했던 아리스토텔레스 사상이 13세기에 다시 등장했을 때, 중세 사상에서 시각은 역시 중요하게 되었다. 광학이 그리스 과학에서 가장 발달된 분야 중 하나였다면, 그들의 중세 계승자라고 할 수 있는 사람들 사이에서도 광학은 계속해서 자부심을 주는 분야였다. 4세기에 칼키디우스(Chalcidius)가 플라톤의 『티마이오스』의 전반부를 번역했는데, 이는 유클리드 기하학과 눈에 대한 갈레노스(Galen)의 생리학이 중첩되어 가장 중세적인 광학이론들이 플라톤의 영향을 강하게 받게 된 것을 의미한다. 바스코 론키(Vasco Ronchi)와 데이빗 린드버그(David Lindberg)는 시각의 작동 방식을 이해하는 데 있어서 상당한 진보를 성취했다. 이들의 상세한 서술을 보면,[55] 로저 베이컨(Roger Bacon), 존 피챔(John Peacham), 존 디(John Dee), 그리고 특히 이슬람 사상가 알킨디(Al-Kindi)와 알하젠(Alhazen) 같은 중세 사상가들이 이룬 진보가 17세기 케플러의 위대한 이론에 얼마나 중요한 밑거름이 되었는지를 알 수 있다. 비록 이러한 성취의 길이 그리스의 유산에 대한 어떤 오해, 즉 대상에서 눈으로 "가시적인 종(visible species)"이 전달될 수 있다는 오해를 버리고 좀 더 명확해졌으면 좋았겠지만,[56] 그럼에도 불구하고 광학에 대한 그리스 과학과

ble Glass: Mirror-Imagery in Titles and Texts of the Middle Ages and the English Renaissance, trans. Gordon Collier (Cambridge, 1982).

55　Vasco Ronchi, Optics: The Science of Vision, trans. Edward Rosen (New York, 1957); David C. Lindberg, Theories of Vision from Al-Kindi to Kepler (Chicago, 1976).

56　일반적으로, 오컴이 "가시적인 종"에 대한 믿음을 종식시킨 것으로 인정받는다. 그가 이 개념을 붕괴시킨 뒤에도, 한참 동안 이 개념을 지속하려는 고집스러운 경향에 관

그들의 중세 계승자 사이의 연계는 평가절하될 수 없다. 린드버그가 적
었듯, "초기의 모든 자연 철학자들은 시각이 인간의 가장 고귀하고 의
지할 만한 감각이라는 사실과 시각의 작동을 이해하려는 노력이 약
2000년 동안 많은 학자들을 사로잡았다는 사실을 인정했다."[57] 사실 기
독교 문화에서 이러한 노력이 중요했기 때문에, 어떤 비평가는 근대과
학의 근본적인 도상적 기초는 중세 사상이 시각에 특권을 부여한 시점
으로까지 거슬러 올라갈 수 있다고 주장했다.[58] 윌리엄 오컴(William
Ockham)이 표현했듯, 지복직관(beatific vision)에 대한 믿음으로 인해
직관(intuition, 라틴어 '보다 intueri'에서 유래한)에 기초한 지적인 인
지는 신뢰를 얻게 되었다. 이러한 점은 데카르트의 본유관념론 속에도
여전히 강하게 남아 있다.[59]

해 약간 다르게 설명하는 문헌으로 다음을 참조할 수 있다. Katherine H. Tachau,
"The Problem of Species in Medio at Oxford in the Generation after Ockham,"
Mediaeval Studies, 44 (1982), pp. 394-443; "The Response to Ockham's and
Aureol's Epistemology (1320-1340)," in *English Logic in Italy in the 14th and 15th
Centuries*, ed. Alfonso Maierù (Naples, 1982); *Vision and Certitude in the Age of
Ockham: Optics, Epistemology and the Foundations of Semantics 1250-1345*
(Leiden, 1988).

57 Lindberg, p. x. 타차우 역시 14세기와 관련하여 언급한다. "전형적인 감각은 시
각이었다. 그리고 이런 과정(감각적 경향으로부터 추상화시키는 인지)의 전형적인 형
성은, 시각을 설명하고자 한 사상가들 즉 원근법주의자들에 의해 성취되었다."("The
Problem of *Species in Medio*," p. 395). 로저 베이컨, 존 피챔, 비텔로(Witelo)도 원근
법주의자들이었다는 것을 언급할 필요가 있다. 이후에 가서야, 이 용어는 광학 그 자체
보다는 알베르티의 시각 모델을 의미하게 되었다.

58 Steven Louis Goldman, "On the Interpretation of Symbols and the Christian
Origins of Modern Science," *The Journal of Religion*, 62, 1 (January, 1982). 그는
중세 기독교적 태도와 그 시기 유대 사상가들의 태도를 명백하게 대비시켰는데, 후자는
시각적 상상을 반복적 추론에 귀속시켰다.

59 이것의 중요성과 관련하여 다음을 참조할 수 있다. Funkenstein, *Theology and
the Scientific Imagination*, pp. 139, 185-186, 294.

신학과 과학 분야에서 시각이 강조되었을 뿐만 아니라, 중세 종교적 관행에 있어서도 시각의 중시는 목격된다. 이 시각적 전통은 하나님을 모방하라(imitatio Dei)는 언명을 과장되게 해석했기 때문이기도 하고 일부는 신성한 빛이라는 무색의 "백색 황홀경"에 관한 신플라톤주의 연구에[60] 기반했기 때문에, 마이스터 에크하르트(Meister Eckhart) 같은 수많은 신봉자들을 배출했다.[61] 『신곡 Divine Comedy』에서 단테는 "태양처럼, '새로운 시각(novella vista)'만이 볼 수 있는 천국의 환한 빛"인 휘황찬란한 빛(abbaglio)를 언급한다.[62] 여기서는 텍스트의 어떤 개입도 없는, 매개되지 않는 신성한 시각을 그 목표로 한다. 이러한 종교적 거장들은 항상 극소수였으나, 그들의 존재로 인해 니체(Nietzsche)와 같은 후대 사람은 시각적 용어를 사용하여 중세 인간성의 최고 열망을 풍자적으로 기술했다. 니체는 『서광 Daybreak』에서 "중세에 걸쳐, 가장 고귀한 인간성을 실제적이고 결정적으로 보여 주는 표식은 보는 능력이다. 즉 심오한 정신적 동요를 일으키는 능력! 그리고 최고(종교적인)의 삶을 위한 중세적 처방은, 사실 사람을 볼 **수 있도록** 만드는 것이다!"라고 썼다.[63] 니콜라우스 쿠자누스(Nicholas of Cusa)의 『신의

---

60 그런데 신을 닮으라는 명령은 시각적 측면에서의 모방뿐만 아니라 신의 과업을 수행한다는 보다 은유적인 의미에서 신을 닮으라는 모방을 의미할 수도 있다. W. J. T. Mitchell, *Iconology: Image, Text, Ideology* (Chicago, 1986), pp. 31-36. 참조. "백색 황홀경" 개념은 색을 분리시키는 프리즘을 통과하지 않은 순수한 빛에서 유래한 것으로 보인다. 이 개념의 중요성에 대한 최근 논의와 관련하여, 다음 문헌을 참조할 수 있다. Michel de Certeau, "Extase blanche," *Traverse*, 29 (October, 1983).

61 에크하르트의 관점에 대한 논의는 다음을 참조할 수 있다. Samuel Y. Edgerton, Jr., *The Renaissance Rediscovery of Linear Perspective* (New York, 1975), p. 60.

62 Claudio Guillén, *Literature as System: Essays Towards the Theory of Literary History* (Princeton, 1971), p. 286.

63 Friedrich Nietzsche, *Daybreak*, trans. R. J. Hollingdale (Cambridge, 1982), p. 68.

시각에 대하여 *On the Vision of God*』(1413)에서 보여 주듯, 사실 시각적 기술을 정교하게 정제시키는 것은 근세까지 그리고 근대를 넘어서까지 계속되었다.[64]

또한 중세 교회는 미천한 영혼들에게 미치는 시각적 자극의 힘을 알고 있었다. 프란시스 예이츠(Frances Yates)가 언급했듯, 고전적 기억술[k)]은 시모니데스(Simonides)가 고안했고 키케로와 다른 수사학자들이 정교화했으며 르네상스에 이르기까지 중요했는데, 이 기억술은 바퀴, 사다리, 극장의 도면과 같은 시각적 보조물을 많이 사용하는 방법이다.[65] 전성기 중세 동안 추상적 추론을 좋아하고 "단순한" 은유를 대체로 불신했던 스콜라 철학자들조차도 시각의 중요한 역할을 인정했다. 『신학대전 *Summa*』[66]에서 토마스 아퀴나스(Thomas Aquinas)는 시각을 "**더 인지적인 감각**(sensus magis cognoscitivus)"으로 불렀고 또한 선한 성상숭배와 악한 우상숭배를 구분하면서 이미지의 사용을 옹호했다. 전자가 올바르게 이미지를 공경했던 반면, 후자는 그릇되게 이미지를 숭배했다는 것이다.[67] 그레고리오 1세(Gregory the Great)가 성상을 "문맹인을 위한 책"으로 인정했듯, 대다수가 여전히 글을 읽지 못하는 사회에서 이미지 숭배는 신도들을 교육시키는 유용한 도구였다. 성경 이야기를 전하고 성인과 순교자의 삶을 조명—종종 문자 그대로—하

---

64 니콜라우스 쿠자누스에게 있어서 주목할 만한 시각적 검토와 관련하여, 다음의 문헌을 참조할 수 있다. Michel de Certeau, "Nicholas de Cues: Le secret d'un regard," *Traverses*, 30-31 (March, 1984), pp. 70-84.

65 Frances A. Yates, *The Art of Memory* (Chicago, 1966). 인쇄술의 발명 이후 이런 장치가 쓸모없는 것으로 여겨진 뒤, 흥미롭게도 이것들은 "제3의 눈"으로 보는 것이 만연했던 장미십자회의 신비사상(Rosicrucianism) 같은 주술적인 영역에 남게 된다.

66 Thomas Aquinas, *Summa Theologiae*, I, 84, 2.c, 옹(Ong)에서 인용, p. 140.

67 이러한 구분의 함의에 대한 논의와 관련하여, 다음을 참조할 수 있다. Phillips, *The Reformation of Images*, p. 15.; Michael Camille, *The Gothic Idol: Ideology and Image-making in Medieval Art* (Cambridge, 1989).

기 위해, 스테인드글라스, 저부조, 프레스코화, 제단, 목공예 등을 폭넓게 사용했다는 사실은 이미지 숭배가 얼마나 유행했는가를 알려 준다.[68] 문맹자들에게 헌신을 일깨우기 위해 기획된 신비극의 시각적 스펙터클 또한 마찬가지이다.[69] 만약 우리가 거대한 고딕 성당에 가득 퍼지는 눈부신 빛을,[70] 시각적 성물숭배를, 그리고 마침내 필사본에 생생한 삽화를 첨가한다면, 페브르와 망드루가 청각이나 촉각에 더 의존했다고 주장한 중세 문화에서 시각이 얼마나 중요한 역할을 했는지를 알 수 있다 (빛의 형이상학적 중요성은 쉬제 수도원장(Abbot Suger)[l]에 의해 강조되었다).

사실 자크 엘륄은 14세기 교회의 위기, 즉 아비뇽의 교황과 교회 대분열(The Great Schism)[m]로 인해 우상 숭배적 시각중심주의가 크게 유행했다고 주장한다. 조르주 뒤비(Georges Duby)에 따르면, 경쟁적으로 문맹자들을 미사에 끌어들이려고 하면서 교회가 감각적인 유혹에 의지하는 불행을 초래했다는 것이다.

이 시기 동안, 우리는 풍성한 이미지들을 볼 수 있고 시각화의 효과가 사람들에게 미치는 급격한 변화도 볼 수 있다. 최악의 위기에 빠졌을 바로 그 때, 교회는 자신이 확장시킨 제도와 모든 측면에서 완전히 우상 숭배적인 이미지에 온 힘을 다해 의존했다.[71]

---

68 옹은 중세 유리는 정보를 내포하기보다는 더 장식적이었다고 주장한다(p. 51). 그러나 이것이 대성당 설립자들의 의도였다는 결정적인 증거를 제시하지는 않는다.

69 신비극에 대한 논의와 관련하여 다음을 참조할 수 있다. Rosemary Woolf, *The English Mystery Plays* (Berkeley, 1972).

70 대성당 건설 이면에 있는 형이상학에 대한 논의와 관련하여 다음을 참조할 수 있다. Otto von Simson, *The Gothic Cathedral* (London, 1956); Erwin Panofsky, *Gothic Architecture and Scholasticism* (New York, 1967).

71 Jacques Ellul, *The Humiliation of the Word*, trans. Joyce Main Hanks (Grand

교회가 우상 숭배로 전락한 것에 대한 엘륄의 반시각적 설명을 받아들이든 아니든, 중세 기독교 세계가 보는 것에 도취된 것은 분명하다. 사실 교회에서 성상혐오운동이 주기적으로 발흥했던 것은 시각적 유혹이 그만큼 강했다는 것을 뒷받침한다. 비잔틴 제국의 황제 레오 이사우리우스(Leo Isaurian)의 8세기 성상파괴운동, 13세기 성 베르나르(St. Bernard)가 이끄는 시토회가 많은 이미지들을 갖고 있던 클뤼니 교단과 결별한 점, 14세기 시각적 스펙터클에 대한 존 위클리프(John Wyclif)와 영국 롤러드파의 폭로, 그리고 마지막으로 프로테스탄트 종교개혁과 같은 성상혐오운동들 말이다.

　마르틴 루터의 추종자들이 교회에 대항한 선동 과정에서 카툰과 캐리커처 같은 시각적 보조물을 사용했더라도,[72] 종교개혁은 성상숭배와 우상숭배 모두를 비난하면서 둘 사이의 차이를 없애는 경향을 보였다. 윌리엄 부스마(William Bouwsma)가 장 칼뱅(Jean Calvin) 연구에서 보여 주듯, 칼뱅은 과도하게 시각적으로 지각하는 것에 대해 적대감을 가졌기 때문에 성서 그 자체의 말씀으로 돌아가는 회귀를 주장했다.[73] 칼뱅은 육체적으로 눈이 먼다면 신의 목소리에 귀 기울일 수밖에 없기 때문에, 영혼은 더 고귀해질 수 있다고 주장했다. 유사한 태도가 영국

Rapids, Mich., 1985), p. 186.; Georges Duby, *The Age of the Cathedrals: Art and Society, 980-1420*, trans. Eleanor Levieux and Barbara Thomson (Chicago, 1981). 마거릿 마일스에 따르면, 이러한 태도는 글을 못 읽는 대중 특히 여성들에 대한 엘리트주의자적 적대감에 반한다. *Image as Insight*, p. 38 참조. 성모와 막달라 마리아에 대한 의례는 종종 시각적 형태로 이루어졌다.

72 R. W. Scribner, *For the Sake of Simple Folk: Popular Propaganda for the German Reformation* (Cambridge, 1981) 참조. 일반적으로, 종교개혁의 독일의 분파에서는 성상혐오가 덜 계획적이었다. 이런 상황으로 인해 뒤러와 크라나흐 같은 화가들은 좋은 효과를 내기 위해 새로운 인쇄문화를 이용할 수 있었다.

73 William J. Bouwsma, "Calvin and the Renaissance Crisis of Knowing," *Calvin Theological Journal*, 17, 2 (November, 1982), pp. 190-211.

의 종교개혁에도 스며들어 있다. 헨리 8세가 수도원을 해체하면서 영국
교회의 신성모독, 또는 옹호자들이 정화(purification)라고 부르곤 했던
움직임이 시작되었고, 이는 청교도들이 모든 종류의 이미지를 쓸어버
릴 때 그 절정을 이루었다. 이러한 행동은 미사의 스펙터클과 극장식
무대가 주는 환영에 대해 적대감을 표출하는 것이었다.[74]

　아이러니하게도 우리가 만약 종교개혁의 성상혐오적 충동, 르네상스
의 소피스트적 수사학에 대한 새로운 관심, 고전 문헌의 부흥에 주목한
다면, 페브르와 망드루의 의견과는 달리 중세의 쇠퇴와 더불어 시각도
쇠퇴한 것처럼 보인다.[75] 그런데 이러한 정반대의 일반화는, 이것이 대
체한 이전의 주장보다 덜 만족스럽다. 왜냐하면 종교개혁은 반종교개
혁을 낳았고, 이것은 시각적 요소를 중시한 바로크 문화와 긴밀히 연계
되었기 때문이다. 그리고 르네상스 시대는 이미지에 대한 중세적 물신
주의를 불신[76]했지만(예를 들어 에라스무스는 이미지의 특성을 폭로하
는 데 중요한 역할을 했다), 그래도 시각에 대한 의구심을 갖지는 않았
다. 사실 데이비드 서머스(David Summers)가 근래에 주장했듯, 르네

74　영국의 우상파괴에 관한 최고의 설명은 필립스(Phillips)의 『이미지의 종교개혁
The Reformation of Images』인데, 이 책은 청교도들이 오랫동안 지녔던 적대감을 통해
어떻게 종교개혁을 준비했는가를 설명한다. 그런데 배리시(Barish)는 "신앙에 있어서
가시적이고 만질 수 있는 물질에 대한 반감 때문에, 청교도들은 의복에 있어서도 이런
반감을 심하게 견지했다"라는 예리한 관찰을 보여 준다(p. 166). 왜냐하면 그들은 사치
금지법을 철저하게 지지했기 때문이다. 또한 네덜란드 칼뱅주의자들은 영국과 스위스
의 칼뱅주의자들만큼 맹렬하게 우상파괴적이지 않았다는 사실을 언급해야 한다. 이 사
실은 칼뱅파가 장악했던 시기 동안, 네덜란드에서 회화의 전통이 활발했던 것을 설명
한다.
75　확실히 르네상스 인문주의자들은 개신교 개혁자들만큼 눈에 적대적이지는 않았
다. Charles Trinkaus, Likeness and Image: Humanity and Divinity in Italian
Humanist Thought (Chicago, 1973).
76　Phillips, pp. 35f.

상스의 자연주의 미학은 시각적 경험의 가치에 강한 믿음을 보였다.[77] 르네상스 문학에는 시각적 언급들이 풍부할 뿐만 아니라,[78] 르네상스 과학은 이전보다 훨씬 충실하게 세계를 재현할 수 있는 최초의 은유리 거울을 만들었고,[79] 레오나르도 다빈치(Leonardo da Vinci) 같은 위대한 인물들은 명백하게 귀보다 눈에 우선권을 부여했으며,[80] 르네상스 시기에 서구 문화에서 가장 운명적인 혁신 중의 하나가 생겨났다. 이는 시각예술 영역에서 이론적이고 실천적인 발전이라 할 수 있는 원근법의 탄생인데, 지금부터 그 역사적 성취의 중요성에 관해 살펴보고자 한다.

이후 근대 시각중심주의 문화가 준비되는 과정에서 시각에 대한 중세와 근세의 논쟁이 기여한 바를 요약하면, 다음의 세 가지 점이 강조되어야 한다. 첫째, 중세의 형이상학은 종교적 입장에서 빛에 대한 플라톤적 잔재를 많이 채택했는데, 이는 시각이 기만의 가능성이 있고 음탕한 생각을 환기시킴에도 불구하고, 감각들 중에서 진정 가장 고귀한 것이라는 가정을 유지시켰다는 점이다. 두 번째로 그러한 형이상학이 지니는 우상숭배적인 의미와 교회의 시각적 관행에 관한 장기간의 논쟁은 재현과 페티시즘의 차이, 즉 아퀴나스가 정립한 성상에 대한 공경

77 David Summers, *The Judgment of Sense: Renaissance Naturalism and the Rise of Aesthetics* (Cambridge, 1987).

78 예를 들어 셰익스피어는 시각적 은유의 사용과 시각적 언급을 즐겼다. 최근의 설명과 관련하여 다음을 참조할 수 있다. Joel Fineman, *Shakespeare's Perjured Eye: The Invention of Poetic Subjectivity in the Sonnets* (Berkeley, 1986). 캄파넬라의 『태양의 도시 City of the Sun』 그리고 안드레아의 『기독교 도시 Christianopolis』와 같은 르네상스의 위대한 유토피아에도 역시 시각적 은유와 언급이 풍부하고, 시각에 근거한 밀교의 기억 체계만큼이나 이용되었다. Yates, *The Art of Memory*, pp. 377-378 참조.

79 Goldberg, 8장 참조.

80 Leonardo da Vinci, *Treatise on Painting*, trans. A. Philip McMachon, 2 vols. (Princeton, 1956), vol. 1, p. 23.

과 우상숭배 사이의 구분이라는 새로운 인식을 초래했다는 점이다. 이
것은 그 이후 시각이 자신의 영역으로서 이른바 세속적 자율의 길로 나
아가는 데 도움이 되었다. 근세에 이르러 텍스트로부터 시각적인 것이
분리되면서 이러한 구분은 완성되었고, 이로써 과학적 세계관이 준비
될 수 있었다. 또한 이러한 구분은 이전에 신성한 임무에 매어 있던 예
술을 해방시켰다. 존 필립스(John Philips)가 언급했듯, "개신교는 신앙
의 신비를 가르치는 데 시각적 도움을 진정 원하지 않았기 때문에 예술
은 종교로부터 벗어나 자신의 길을 갔다."[81]

세 번째 결론은 시각이 종교적인 기능으로부터 벗어나 자기 발전의
길을 추구하는 것이 가능했지만, 시각이 강력한 설득력을 지닌다는 사
실은 이미 알려졌고 결코 잊혀지지 않았다는 점이다. 정치적이고 사회
적인 목적을 위해, 시각의 능력은 즉시 다시 채택되었다. 이것이 계몽
적이었는지 아니면 반계몽적이었는지에 대해서는 여전히 뜨거운 논쟁
이 되고 있다. 그러나 약간의 확신을 가지고 말할 수 있는 바, 새로운
기술의 도움을 받으면서 시각은 근대 세계의 지배적인 감각이 되었고
새 지배자들이 시각을 이용할 때에도 그러했다.

그런데 이러한 지배가 획일적으로 진행되지는 않았다. 시대적 변화
는 다층적이고 때때로 모순적으로 일어나기 때문에, 가정되는 것보다
시각을 대하는 근대의 태도는 훨씬 더 복잡한 양상을 보였다. 재클린
로즈(Jacqueline Rose)는 근래에 "비스듬히 바라봤을 때, 우리의 이전
역사에는 불안정한 순간들이 항상 있는 것처럼 보인다. 따라서 이러한
역사는 화석화된 덩어리 같은 단일한 시각적 공간이 아니다"라고 상기
시켰다.[82] 그런 불안정한 순간은 잠재되어 있다가 바로크적 시각체제라

---

81 Phillips, p. 209.
82 Jacqueline Rose, *Sexuality in the Field of Vision* (London, 1986), pp. 232-233.
피터 드 볼라(Peter de Bolla)는 18세기 영국에서 원근법 이론이 반복적으로 주장된 것

고 불리는 것을 통해 계속 출몰했는데, 지배적인 과학적 시각질서 또는
'합리화된' 시각질서라고 할 수 있는 것은 이러한 묘한 이중성을 지니
면서 지속되었다(이후에 살펴보게 되겠지만 시각질서는 완전히 동질적
인 것은 아니다). 합리적 시각질서를 설명하는 데 훨씬 더 많은 시간이
필요하기 때문에, 시대 순으로 살펴보기보다는 바로크적 시각체제에
대한 간략한 설명부터 시작하기로 한다.

　바로크미술은 17세기 프로테스탄티즘, 과학 혁명, 신대륙 발견에 대
한 가톨릭교회의 대응과 연관을 가지면서 상당히 복잡하게 등장했기
때문에, 여기서 상세히 설명하기는 어렵다.[83] 또한 바로크미술은 절대
왕정국가의 발흥과 함께 일어났으며, 이러한 발흥을 부추기기도 했다.
바로크 교회는 시각에 대해 종교개혁이 가졌던 의심과 매개되지 않은
신의 말씀에 대한 믿음을 거부했고, 한동안 망설인 뒤[84] 신도들을 되찾
기 위해 의식적으로 감각적인 유혹을 이용했다(이러한 노력은 14세기
에도 이미 성공을 거둔 적이 있었다). 노골적인 자연주의는 카라바지오
(Michelangelo da Caravaggio)가 무미건조한 매너리즘의 기교를 멋지
게 거부했을 때 처음으로 분명하게 나타났고, 그의 자연주의는 종교적
인 목적에 이용되었다. 세속적인 것들이 승화되었는지 또는 그렇지 않
았는지는 여전히 논란이 된다. 종교적 의미가 무엇이었든, 눈에 대한

은 이것이 관습적으로 암암리에 도전받고 있었다는 것을 의미한다고 언급했다. 그의 주
장은 다음의 문헌을 참조할 수 있다. *The Discourse of the Sublime: History, Aesthetics
and the Subject* (Oxford, 1989), 8장.

83　표준적인 설명으로 다음의 문헌을 참조할 수 있다. John Rupert Martin, *Baroque*
(New York, 1977); Germain Bazin, *The Baroque: Principles, Styles, Modes, Themes*
(London, 1968).

84　마틴은 트리엔트 종교회의 직후에도 여전히 유행한 매너리즘이, 종교적 목적을 위
해 자연주의적 감정을 활용하지 않았다고 언급한다. 바로크가 가톨릭 교회 미술과 봉헌
미술을 장악하게 된 것은 16세기 말에 이르러서였다(p. 100).

강조는 명백히 고무되었다. 이냐시오 로욜라에 관한 소론에서 롤랑 바르트는 "이미지에 대한 이러한 불신에 대해 이냐시오는 이미지의 급진적인 제국주의로 대응했다"고 언급했다.[85]

이 이미지의 제국주의는 종교적 선전에만 국한된 것이 아니라, 16-17세기 가톨릭 시대의 유럽 바로크 궁정에서 보이는 과장된 화려함 속에도 등장한다. 예술과 권력 사이의 연계는 토너먼트, 축제, 웅장한 입장, 불꽃놀이, 가면, 수상 스펙터클 등이 진행되었던 르네상스 왕궁과 도시국가에서 처음 체계적으로 이루어졌는데, 이들 간의 연계는 바로크에 이르러 새로운 경지에 도달했다.[86] 스페인 역사가 호세 안토니오 마라발(José Antonio Maravall)에 따르면, 바로크의 유혹적인 스펙터클은 문제를 일으키는 세력들과의 권력 투쟁에서 사용된 의도적인 전략이었다. 사실 그는 이러한 스펙터클을 대중문화의 곪은 상처를 보여 주는 첫 사례로 지칭했는데, 이 스펙터클은 권위적인 중앙집권국가가 정치적으로 사용한 것이다.[87] 이러한 이유로 인해 바로크시대 합스부르크 제국에서는 마리아 테레지아(Maria Theresia)의 통치기(1740-1780)에 가톨릭 개혁이 시작하고 나서야 비로소, 루도비코 안토니오 무라토리(Ludovico Antonio Muratori)와 같은 학자들이 대중의 우상숭배를 비판하고 시각적 유혹을 반대하면서 텍스트적 이해를 우선시하는 변화를

85 Barthes, p. 66.
86 르네상스 시대에 이것들의 기원과 관련하여, 다음을 참조할 수 있다. Stephen Orgel, *The Illusion of Power: Political Theater in the English Renaissance* (Berkeley, 1975); Roy Strong, *Art and Power: Renaissance Festivals 1450-1650* (Woodbridge, Suffolk, England, 1984); Christopher Pye, *The Regal Phantasm: Shakespeare and the Politics of Spectacle* (London, 1990).
87 José Antonio Maravall, *Culture of the Baroque: Analysis of a Historical Structure*, trans. Terry Cochran (Minneapolis, 1986). 또한 그는 그것이 국유화를 초래하는 양가성이 있다 하더라도 본질적으로 부르조아적 현상이라고 주장한다(p. 63).

일으킬 수 있었다.[88]

프랑스 철학자 크리스틴 뷔시글룩스만(Christine Buci-Glucksmann)
은 근래 자신의 저서 『바로크의 이성 La raison baroque』, 『시각의 광기
La folie du voir』, 『그림자의 비극 Tragique de l'ombre』에서 바로크의
시각문화를 더 긍정적으로 평가하면서, 바로크 시대 시각적인 관행이
지녔던 혼란스럽지만 황홀한, 그리고 모호한 의미에 찬사를 보냈다.[89]
반시각중심주의 담론을 지지하는 뷔시글룩스만은 오늘날의 포스트모
던 시대가 바로크에 그렇게 매료되는 이유는 바로크가 과학적 이성이
지닌 지배적인 시각적 질서를 전복시키기 때문이라고 언급했다.[90] 반플
라톤주의적인 바로크 시각은 투명한 선명성과 본질적인 형태를 경멸하
고, 형태와 혼돈 사이의, 표면과 깊이 사이의, 투명성과 모호성 사이의
혼란스러운 상호작용에 찬사를 보낸다. 바로크적 시각은 장식이 많은
우의화집(emblem books)에서 나타나듯, 담론적인 것과 형상적인 것이
상호침투한다. 양자는 이런 상호침투를 통해 서로 이질적인 것을 대면
하는데, 이는 시대를 훨씬 앞서 나간 것이다. 바로크는 위로부터 총체
화하려는 모든 시각에 반대하고 다층적으로 공간을 형성하는 평면들
속에 지나치게 많은 이미지를 채우는 과도한 시각적 장치를 개발했는
데, 뷔시글룩스만은 이를 "시각의 광기"라고 불렀다.[91] 그 결과 바로크

---

88 James Van Horn Melton, *Absolutism and the Eighteenth-Century Origins of
Compulsory Schooling in Prussia and Austria* (Cambridge, 1988), 3장.

89 Christine Buci-Glucksmann, *La raison baroque: De Baudelaire à Benjamin*
(Paris, 1984); *La folie du voir: De l'esthétique baroque* (Paris, 1986); *Tragique de
l'ombre: Shakespeare et ie maniérisme* (Paris, 1990).

90 이 점에서 그녀는 바로크의 시각적으로 사실적인 측면을 그 시대의 과학의 진보와
연결시킨 마틴과 같은 해설자와 근본적인 차이를 보인다(pp. 65f).

91 이 용어는 모리스 메를로퐁티(Maurice Merleau-Ponty)가 『보이는 것과 보이지
않는 것 *The Visible and the Invisible*』에서 처음 사용했다. *The Visible and the Invisi-
ble*, ed. Claude Lefort, trans. Alphonse Lingis (Evanston, Ill., 1968), p. 75. 또한

적 시각은 외부 세계의 진리에 기초한 선명하고 평온한 원근법이 아니라 현란하고 왜곡된 것이라고 할 수 있다. 재현할 수 없는 것을 재현하려 하고 이러한 탐구에서 필연적인 실패를 겪으면서, 바로크적 시각은 그 시기의 특성인 멜랑콜리, 즉 발터 벤야민(Walter Benjamin)이 날카롭게 분석한 죽음과 욕망의 얽힘[71]을 숭고하게 표현했다.[92]

바로크의 전형적인 거울은 합리화된 원근법이 중시했던 평면의 반사 거울이 아니라,[93] 오히려 시각적 이미지를 왜곡시키는 오목이나 볼록한 일그러진 거울이라는 점이 중요하다.[94] 또한 그리스어 '다시(ana)'와 '형태(morphe)'로부터 온 왜상(anamorphosis)은 왜곡된 그림을 관람자가 평면이 아닌 거울을 사용하여 이미지를 다시 수정해서 볼 수 있는 그림을 말한다. 왜상은 1485년 레오나르도가 처음 개발했고 17세기 초반 니세롱 신부(Père Nicéron)의 『신기한 원근법 La Perspective curieuse』으로 유명하게 되었는데, 이런 그림 양식은 18세기에 이르기까지 널리 유행했다. 가장 자주 언급되는 작품은 1533년 한스 홀바인(Hans Holbein)의 〈대사들(The Ambassadors)〉이다. 호화스럽게 차려입고 캔버스 바깥을 응시하고 있는 인물들의 발밑에 왜곡된 해골이 놓여 있다. 그 해골은 세속적 지각이 믿는 영속적 실재가 공허하다는 사실을 보여 줄 뿐 아니라, 확고해 보이는 인물들이 무시할 수 없는 또 다른 시각적 질서를 불러들인다. 하나의 평면 공간에 두 개의 시각적 질

"시각의 광기(La folie de la vision)"는 메를로 퐁티에 대한 미셸 드 세르토(Michel de Certeau)의 에세이의 제목이다. *Esprit*, 66 (June, 1982), pp. 89-99.

92 Walter Benjamin, *Origin of German Tragic Drama*, trans. John Osborne (London, 1977).

93 Edgerton, p. 134.

94 왜상의 역사와 관련하여 다음을 참조할 수 있다. Fred Leeman, *Hidden Images: Games of Perception, Anamorphosistic Art and Illusions from the Renaissance to the Present*, trans. Ellyn Childs Allison and Margaret L. Kaplan (New York, 1976).

서를 결합하면서, 홀바인은 지배적인 시각체제가 힘들게 세워 놓은 통합된 주체의 개념을 전복시키고 일탈시켰다.

18세기 이후로 왜상 회화는 호기심의 대상인 경우를 제외하고는 사실 잊혀졌는데, 반시각중심주의 담론의 여러 기고자들이 이 양식을 다시 등장시켰다. 자크 라캉(Jacques Lacan)과 장프랑수아 리오타르(Jean-François Lyotard)는 왜상 회화가 중요하다고 생각했고, 사실 둘 다 홀바인의 해골을 자신들의 책 표지에 사용했다.[95] 왜상의 전통을 회복시키는 데에는 라트비아 출신의 프랑스인 유르기스 발트루셰이티스(Jurgis Baltrušaitis)의 선구적 노력이 결정적이었다.[96] 그래서 우리가 탐구해 볼 담론은 근세 초기에 거의 사라진 종속적이고 이단적인 바로크적 시각 관행을 적어도 기초 단계에서 복원시키는 것이라고 할 수 있다. 근세의 지배적인 시각체제가 너무 강력하고 만연하여 시각 그 자체와 동일시되었기 때문에, 그 이후의 바로크 시각의 복원은 때때로 "반시각적"으로 보일 수도 있다.

지배적인 시지각의 출현은 근세의 사회적, 정치적, 심리적 그리고 기술적인 일련의 혁신을 통해 마련되었다. 돌이켜 보면 그러한 일련의 혁신들은 일명 "시각의 합리화"를 위해 결합된 것들이다.[97] 이러한 사례

---

95 Jacques Lacan, *Le séminaire XI: Les quatre concepts fondamentaux de la psych-analyse* (Paris, 1973). 영역본의 표지에는 이 그림이 없다; Jean-François Lyotard, *Discours, Figure* (Paris, 1971). 라캉이 바로크에 매료된 것은 그의 글 「바로크에 관하여(Du baroque)」에도 역시 드러난다. "Du baroque," *Encore, le séminaire XX* (Paris, 1975). 이 글에서 그는 바로크를 "육체적 응시(scopie corporelle)가 영혼을 규제하는 것"으로 정의한다. (p. 105)

96 Jurgis Baltrušaitis, *Anamorphoses: Ou Thaumaturgus Opticus* (Paris, 1984).

97 William W. Ivins, Jr., *On the Rationalization of Sight: With an Examination of Three Renaissance Texts on Perspective* (New York, 1973). 그런데 합리주의자들 자신들은 변화에 관한 인식보다는 이미 내재하는 합리적 체계에 대한 믿음을 지녔다. 조엘 스나이더가 언급한 대로, "알베르티에게, 시각의 '합리화'는 문제가 되지 않았다. 왜냐

중 하나는, 점점 더 격식화되어가고 사회와 동떨어지게 된 그 시대의
궁정 사교계이다. 사회학자 노르베르트 엘리아스(Norbert Elias)는 "문
명화 과정"에 대한 자신의 고찰에서, 다음과 같이 주장했다.[98] 사회적
위계를 뚜렷이 구분하도록 고안된 세련된 궁정 의례의 과시는, 거리상
더 가까운 후각과 촉각을 평가절하시키고 더 거리감이 있는 시각을 선
호한다는 것이다. 앞서 마라발이 기술한 스페인 바로크에서 암시되기
만 했던 궁정적 스펙터클의 정치적 기능은, 태양왕 루이 14세(Louis
XIV)의 베르사유 궁전에서 최고조에 이른다. 장마리 아포스톨리데스
(Jean-Marie Apostolidès)가 주장했듯, 루이왕 궁정의 아폴론적 광휘
는 행위를 통제하는 가시적인 권력이 기계와 같은 더욱 커다란 비인격
화 장치로 변형되었음을 보여 준다.

> 그 당시 궁정 축제에서 만들어진 군주의 이미지, 즉 그의 이중적 신체 이미
> 지는 사적인 개인에서 벗어나 자율적인 방식으로 작동할 것이다. 그러면 기
> 계를 작동시키는 군주는, 유일무이한 그의 몸이 국가라는 기계와 혼동되어
> 군주/기계가 된다. 통치 말기 군주의 자리는 유효한 권력을 소유한 누구에게
> 나 허용되는 빈 공간이 된다.[99]

그런데 이러한 군주의 이미지도 여전히 시각적 경로로 짜인 거대한 연
결망의 중심으로 가정된다. 그러한 경로를 통해 주체는 영원히 시선에
노출되게 된다(이것은 훨씬 이후에 그리고 더 효과적인 감시 기술의 관

하면 우리가 보는 것이 합리적 과정에 의해 수립된 것이기 때문이다." Snyder, "Pictur-
ing Vision," *Critical Inquiry*, 6, 3 (Spring, 1980), p. 523 참조.
98 Norbert Elias, *The Civilizing Process*, trans. E. Jephcott (New York, 1973), p. 203.
99 Jean-Marie Apostolidès, *Le roi-machine: Spectacle et politique au temps de
Louis XIV* (Paris, 1981), p. 131.

점에서 푸코가 정교화시킨 주제이다).

사회적이고 정치적인 측면에서 시각적으로 정의되는 행위에 점차 의존하면서, 시각은 이전의 종교적인 것으로부터 자율성을 얻었다. 우리가 살펴본 것처럼, 중세에는 텍스트성과 형상성 사이에서 종종 한쪽으로 치우치는 진자 운동이 있었다 하더라도 어느 정도의 조화는 있었다. 노먼 브라이슨(Norman Bryson)이 캔터베리 대성당(Canterbury Cathedral)의 대형 스테인드글라스 창문에 대해 설명했듯, 창문의 시각적 화려함은 항상 그들이 보여 주고자 하는 이야기에 봉사했다.

> 그 창문은 이미지의 독자성을 주장하는 어떠한 것도 허용하지 않음을 뚜렷이 보여 준다. 창문 각각의 세부들은 종교적인 것을 지시하도록 엄격하게 계획되었다. […] 이미지는 신의 말씀을 문맹자들에게 전달하는 직무를 수행하는 조건에서만 허용되었다. 이미지는 이해하기 쉽고 구미에 맞는 대체물일 뿐이다.[100]

형상이 텍스트적 임무로부터 점진적으로 해방된 것, 소위 시각의 탈서사화는 그 수용방식이 동일하지는 않았지만 해독 가능한 텍스트로 세상을 읽는 것으로부터("자연이라는 책"으로부터), 관찰 가능하지만 의미 없는 대상으로서 세계를 바라보는 것으로의 이동이라는 큰 변화를 일으킨 중요한 요소였다. 푸코와 몇몇 학자들은 이러한 해방이 근대 인식론적 질서의 상징이라고 주장했다.[101] 근대과학에 있어서 매우 본질적인 "세계상의 기계화(mechanization of the world picture)"는 이러한

100 Norman Bryson, *Word and Image: French Painting of the Ancien Régime* (Cambridge, 1981), p. 1.
101 Michel Foucault, *The Order of Things: An Archaeology of the Human Sciences* (New York, 1973).

역사적 변화와 더불어 발생할 수 있었다.[102]

서사가 완전히 사라진 것은 먼 훗날이고, 이는 회화에서 20세기 추상 미술의 출현과 더불어 실현되었다. 앨버트 쿡(Albert Cook)이 산드로 보티첼리(Sandro Botticelli), 조르조네(Giorgione), 비토레 카르파치오 (Vittore Carpaccio), 히에로니무스 보쉬(Hieronymus Bosch)에 대한 논의에서 제시했듯, 탈서사화가 촉진된 것은 회화에서 너무 많은 기호 들의 등장, 즉 명백히 지시적이고 상징적인 의미들이 당황스러울 정도 로 지나치게 많이 만들어졌기 때문이다.[103] 시각적 기표와 텍스트적 기 의 사이의 일대일 대응은 사라지고, 이미지들은 서사적인 기능으로부 터 점차 해방되었다.

르네상스 미술의 위대한 기술적 혁신은 탈서사화가 진행되는 데 훨 씬 큰 영향을 주었는데, 이는 원근법의 발명, 발견 또는 재발견이라고 다양하게 불리는, 즉 편평한 2차원에 3차원적 공간을 가능하게 하는 기 술이었다.[104] 무엇보다 서술된 주제보다는 원근법적 환영을 만들기 위한

---

102 이 과정에 관한 고전적 연구로는 다음의 문헌을 참조할 수 있다. E. J. Diksterhuis, *The Mechanization of the World Picture*, trans. C. Dikshoorn (London, 1961).

103 Albert Cook, *Changing the Signs: The Fifteenth-Century Breakthrough* (Lincoln, Nebr., 1985). 그런데 쿡은 이들을 계승한 16세기 화가들이 브뤼겔을 제외하고 는 읽히기 쉬운 이미지들로 된 더 통제된 시각적 레퍼토리로 회귀했다고 언급한다. 쿡 은 트리엔트 공회의 이후의 교회는 이전 교회보다 이미지들을 더 잘 감시했을 거라고 추측한다.

104 브라이슨은 "원근법은 텍스트의 기능이 담당하는 부분의 반대편 부분을 그 한계 점까지 크게 확장하면서 사실주의를 강화시킨다. 그리고 이미지에 의미론적 중립이라 는 영구적인 한계점을 설정했다고까지 말할 수 있다"고 언급했다(*Word and Image*, p. 12). 원근법의 도래가 발명인가 발견인가의 문제는 파노프스키(Erwin Panofsky)가 유 명한 소론 "Die Perspektive als 'symbolische Form'"에서 처음으로 제기했다. "Die Perspektive als 'symbolische Form'," *Vorträge der Bibliothek Warburg, 1924-1925* (Leipzig, 1927), pp. 258-331. 그는 원근법이 자연적인 것이며 발견될 것이 아니라,

규칙과 절차에 더 관심을 갖게 되었다. 공간 속의 대상들보다 공간 자체가 더욱 중요하게 된 것이다. 레온 바티스타 알베르티(Leon Battista Alberti)는 필리포 브루넬레스키(Filippo Brunelleschi)의 위대한 혁신을 자신의 1435년 논고 「회화론(Della Pittura)」에서 최초로 상세히 설명한 바 있는데, 브루넬레스키가 회화의 이스토리아(istoria) 즉 고귀한 이야기의 중요성을 강조했다 하더라도,[105] 그의 계승자들이 이를 항상 따랐던 것은 아니다. 회화에서 동작을 묘사하기 위해 인물을 사용했던 초기의 시도는 곧 중단되었다. 종교개혁의 발흥에서 앞서 언급했듯, 종교적인 것과 심미적인 것이 구분되면서 원근법은 자유롭게 스스로의 길로 나아갔으며 새로운 예술질서로서 자연주의적 시각문화로 자리 잡

오히려 카시러(Ernst Cassirer)의 의미로 상징적 형태라고 주장했다. 에저튼의 책 제목이 보여 주듯, 그는 원근법을 완전히 발명으로 간주하는 것을 경계했고 르네상스 때 처음으로 발견되었다고 말하는 것에도 신중했다. 이른바 촉각적인 그리스인들과 시각적인 현대를 구분하는 데 큰 관심을 갖고 있는 아이빈스는 알베르티가 가져온 혁신의 근본적 새로움을 강조했다. 그는 "원근법 지식은 아가타르쿠스(Agatharcus), 아낙사고라스(Anaxagoras), 데모크리토스(Democritus)의 덕분이며, 400년 뒤에 살았던 비트루비우스(Vitruvius)의 일회적 언급에 완전히 근거 없는 의미를 부여한 것에 기반한, 비트루비우스도 BC 5세기 그리스인도 생각한 적이 없는 그러한 현대의 신화이다"라고 주장했다(Art and Geometry, p. 40). 다른 설명과 관련하여 다음을 참조할 수 있다. John White, The Birth and Rebirth of Pictorial Space (Cambridge, Mass., 1987), 16장.

105 이 저서는 종종 『De Pictura』로 불리는 라틴어 버전으로도 역시 출간되었다. 웬디 스타이너(Wendy Steiner)는 알베르티에게 있어서 이스토리아는 이미 시간적 서사보다는 공간적 테마를 더 많이 의미했다고 주장한다. 그녀의 논의와 관련하여 다음의 문헌을 참조할 수 있다. Pictures of Romance: Form Against Context in Painting and Literature (Chicago, 1988), p. 23. 그녀의 저서는 대체로 르네상스 시기 회화의 탈서사화와 20세기 탈추상회화에 있어서 서사의 복잡한 귀환을 다룬다. 두치오의 회화에 나타나는 완전한 탈서사화에 대한 저항에 관한 흥미로운 설명은 다음을 참조할 수 있다. Geoffrey Hawthorn, Plausible Worlds: Possibility and Understanding in History and the Social Sciences (Cambridge, 1991), 4장.

왔다.

원근법에서 특히 중요한 것은 원근법이 새로운 과학적 질서와 동일한 방식으로 작동했다는 점이다. 두 경우 모두에 있어서 추상적인 선적 좌표라는 질서 있는 단일한 체계를 이루기 위해, 공간의 실제 의미는 제거되었다. 이와 같이 공간은 이야기가 시간에 따라 진행되는 무대라기보다는, 객관적 과정을 담아내는 불변의 장소였다. 과학이 자기 이해를 하는 과정에서, 서사가 다시 중요한 위치를 얻게 된 것은 다윈의 시대에 이르러서였다. 최근까지도 여전히 과학철학자들과 과학사가들은 모든 과학적 설명 속에서 서사의 역할을 상기시키려 했다.[106] 그러나 과학혁명의 직접적인 영향하에 있던 그 시대에, 공간의 원근법적 개념으로 외부 실재의 "진리"를 구성한다는 인지 방식에서 서사는 사라져 버렸다.

간단히 요약될 수 없는 원근법적 시각의 기원, 그 전개, 함의에 관한 문헌들은 많다.[107] 그런데 눈에 띄는 몇 가지 점을 강조할 필요가 있다. 첫째, 신성의 방사(divine radiation)에 대해 긍정적으로 평가했던 중세 말 시각의 형이상학은 이 새로운 기술을 신속하고 긍정적으로 수용했다.

106　Alasdair McIntyre, "The Relationship of Philosophy to Its Past," in *Philosophy in History*, Richard Rorty, J. B. Schneewind, and Quentin Skinner, eds. (Cambridge, 1984), pp. 31-98.

107　앞서 언급한 에저튼, 아이빈스, 화이트, 파노프스키에 부가하여, 가장 중요한 설명으로는 다음의 저서가 있다. M. H. Pirenne, *Optics, Painting and Photography* (Cambridge, 1970); Lawrence Wright, *Perspective in Perspective* (London, 1983); Michael Kubovy, *The Psychology of Perspective and Renaissance Art* (Cambridge, 1986); Richard Krautheimer, in collaboration with Trude Krautheimer-Hess, *Lorenzo Ghiberti* (Princeton, 1982), 16장; Claudio Guillén, *Literature as System*, 8장. 이 저서는 문학적 은유의 사용을 분석했다.; Karsten Harries, "Descartes, Perspective and the Angelic Eye," *Yale French Studies*, 49 (1973), pp. 28-42; Hubert Damisch, *L'Origine de la perspective* (Paris, 1988).

라틴어 페르스펙티바(perspectiva)는 광학과 동의어이다(perspectiva는 '선명히 보다', '점검하다', '확실히 하다', '간파하다'의 의미인 'perspicere'에서 유래했다). 로렌초 기베르티(Lorenzo Ghiberti), 레오나르도와 같은 미술가들은 고대와 중세의 광학 이론에 정통했고 영향도 깊이 받았는데, 이 이론들은 종교적 의미로 물들어 있었다.[108] 새뮤얼 에저튼(Samuel Edgerton)이 언급했듯, "광학 원리에 의존한 선 원근법은 수학적 간결함과 바로 신의 의지 사이의 조화로운 관계를 상징하는 것처럼 보였다."[109] 시각적 소우주는 천상의 수학자가 창조한 비가시적인 대우주를 가시적으로 복제한 것으로 가정되었다. 심지어 **룩스/루멘**의 구분에 기초한 신성의 방사라는 신플라톤주의 이론이 점차 세속화되어 가는 세계에서 더 이상 설득력이 없었을 때조차, 기하학적 질서와의 적극적 연관은 여전히 지속되었다.

둘째로, 르네상스의 인본주의적 복귀와 더불어 빛이 발산한다고 추정되는 점 또는 오히려 지금은 빛이 수렴된다고 여겨지는 점에 있어서 하나의 중요한 전환이 일어났다. 왜냐하면 원근법은 캔버스 위에서 후퇴하는 중심점(또는 이후엔 소실점이라고 불린)을 꼭지점으로 하는 상상된 가시적 원뿔(유클리드의 용어) 또는 피라미드(알베르티의 용어)만을 의미하지는 않기 때문이다. 원근법은 그 꼭지점이 관람자의 눈이 되기도 하는, 역전된 피라미드나 원뿔이다. 또는 이론적 측면에서 관람자의 눈을 대체하는 무한소의 지점이다. 알베르티는 대칭적인 두 개의

---

108 Lindberg, 1, 152. 원근법의 종교적 배경에 관한 더 많은 설명은 다음의 문헌을 참조할 수 있다. Michael Baxandall, *Painting and Experience in 15th Century Italy: A Primer in the Social History of Pictorial Style* (Oxford, 1971).

109 Edgerton, p. 24. 특히 중심 광선은 중요한 종교적 의미로 여겨졌다. 우리는 "대기 원근법"으로 알려진 것이 아닌 선 원근법만을 다루고 있다는 사실을 언급해야 한다. 대기 원근법은 사물들이 멀어질수록 개개 사물의 구분이 더 어려워지는 것을 의미한다. 이것은 선 원근법과 거의 동시기에 발견되었으나, 종교적인 의미를 부여받지 못했다.

피라미드나 원뿔 사이의 평면을 자신의 유명한 은유로 투명창이라고
불렀다. 그러나 또 다른 의미로 그 평면은 하나의 피라미드를 가로지르
는 거울을 더 닮았다. 그런데 이 거울은 반대 방향에 있는 피라미드의
꼭지점을 반사한다.[110] 이러한 혁신이 중요한 것은 하나의 장면으로 그
려질 수는 있지만 결코 실제 시점이 될 수 없는 중세의 다시점을, 이제
하나의 지배적인 눈이 대체했다는 점이다. 존 버거(John Berger)는 이
변화의 함의를 다음과 같이 묘사한다.

> 유럽 미술의 고유한 그리고 르네상스 초기에 처음으로 만들어진 원근법은
> 모든 것을 보는 이의 눈에 집중시킨다. 그것은 등대의 불빛과 같다. 다만 빛
> 이 바깥으로 뻗어나가는 것이 아니라, 보이는 것들은 내부로 향한다. 관례적
> 으로, 그러한 눈앞에 보이는 것들을 실재라고 불렀다. 원근법은 외눈을 가시
> 적 세계의 중심으로 만든다. 모든 것은 무한대의 소실점처럼 그 눈에 모인
> 다. 마치 한때 우주가 신을 위해 정렬되었다고 생각했듯, 가시적인 세계는
> 관람자를 위해 정렬되었다.[111]

이제 원근법적 시각에 있어서 관람자가 특권적 중심에 있다면, 그의 관
점이 다음과 같다는 것을 강조하는 것은 중요하다. 그의 눈은 능동적이

---

110 존 화이트(John White)는, 부차적이기는 하지만 대안적인 원근법 전통을 언급
했다. 그는 이것을 "종합적" 원근법이라고 부르고, 이것을 파올로 우첼로와 레오나르도
다빈치의 작품에서 확인했다. 이것은 예상되는 시각적 경험을 주는 편평한 거울보다는
굴곡진 공간 효과를 만들어 내는 오목 거울을 필요로 했다. White, 12장. 그런데, 효과
는 뷔시글뤽스만이 논의했던 바로크의 왜상만큼 왜곡되지는 않았다. 창문 은유의 그 중
심적 역할에 도전하는 최근의 사고에 관련하여 다음을 참조할 수 있다. Joseph
Masheck, "Alberti's 'Window': Art-historiographic Notes on an Antimodernist
Misprision," *Art Journal*, 50, 1 (Spring, 1991).
111 John Berger, *Ways of Seeing* (London, 1972), p. 16.

고 입체적인 그리고 깊이에 대한 지각적 경험을 주는 구체적인 실제의
두 개 눈이라기보다는, 외눈이고 깜박거리지 않는 고정된 눈(더 정확히
말해서, 추상적인 점)이다. 이러한 가정은 시간적인 지속을 넘어서는
영속화된 눈을 상정하고, 화가와 관객의 살아 있는 몸을 공간에서 따로
떼어 놓고 생각하는 시각적 관행을 낳았다.[112] 심지어 이점 소실 원근법
(소위, 건축적 원근법 costruzione legittima)은 그 창문 면에 비스듬한
각도에서 대상을 묘사할 때조차도, 각각의 점들이 고정되고 변하지 않
는다고 가정했다.

   깁슨의 용어를 빌자면, 시각장은 이제 시각 세계를 대체했다. 우리가
요나스의 주장에서 그리스 형이상학의 핵심으로 보았던 공시적 정지
(synchronic stasis)에 특권을 부여한 시각적 잠재력은 이제 확실한 시
각적 표현을 성취했다. 그러나 관람자가 보여지는 것(장면)에서 완전히
벗어나, 알베르티의 깨지지 않는 창문에 의해 장면과 분리됨에 따라 이
제 관조(theoria)에 참여하는 순간, 즉 보는 자와 보여지는 대상이 반사
적인 동일성으로 뒤얽히는 순간은 사라졌다. 화가는 자신이 묘사한 공
간에 더 이상 감정적으로 얽히지 않고, 관람자는 더 이상 캔버스에 몰
입되지 않는 듯 보인다.[113] 시각이 메두사적 응시(또는 종종 여성의 누

112 관련된 분석은 다음의 문헌을 참조할 수 있다. Norman Bryson, *Vision and
Painting: The Logic of the Gaze* (London, 1983); Louis Marin, "Toward a Theory
of Reading in the Visual Arts: Poussin's *The Arcadian Shepherds*," in *Calligram:
Essays in New Art History from France*, ed. Norman Bryson (Cambridge, 1988). 그
런데 몸을 움직이면서 하나 이상의 관찰 지점에서 원근법의 캔버스를 성공적으로 볼 수
있다 하더라도, 실제 상황에서 이렇게 육체를 따로 떼어 놓는 것은 가능하지 않다.
Kubovy, *The Psychology of Perspective and Renaissance Art*, on the "robustness" of
perspectival beholding.
113 원근법의 공간에는 감정 개입이 결여되어 있다는 심리적 대상 관계이론(psycho-
logical object-relations theory)을 도출하는 설명과 관련하여 다음을 참조할 수 있다.
Peter Fuller, *Art and Psychoanalysis* (London, 1980), p. 87.; Pierre Francastel,

드를 생각하는 남성의 응시)로 환원되고[114] 또한 시각이 순간적 일별 속
에서 움직임을 포착하는 기능을 잃게 되었다. 이러한 경향은 적어도 원
근법적 미술의 논리—실제 관행에서 항상 그렇지는 않더라도—에서
이제 승인되었다.[115]

화가 자신의 신체는 사실상 사라져 버렸다. 앞으로 우리가 보게 되겠
지만, 지배적 시각체제에 비판적인 메를로퐁티와 20세기 다른 비평가
들은 이러한 신체의 복원을 요구하게 된다. 브라이슨은 이에 대한 대가
를 다음과 같이 요약한다.

근원지각에 있어서, 화가의 응시는 현상의 흐름을 포착한 뒤 연속되는 움직
임의 외부에 있는 소실점으로부터 비롯된 시각장을 현전의 영속적 순간 속
에서 숙고한다. 보는 순간, 보는 주체는 존재의 첫 출현을 완벽하게 재창조
하면서 자신의 응시를 근원지각과 동일시한다. 직시어(deixis)에서 통시적
인 움직임을 제거하는 것은 대상을 결국 가려 버리는 공시적 순간을, 그리고
무한히 이어지는 순수 관념으로서의 이미지, 즉 이상적(eidolon) 이미지를

Peinture et société (Lyon, 1951), p. 87. 메를로퐁티가 영향을 준 몰입과 거리두기의
변증법에 관한 논의와 관련하여 다음의 문헌을 참조할 수 있다. Michael Fried,
Absorption and Theatricality: Painting and Beholder in the Age of Diderot (Berke-
ley, 1980).

114 Svetlana Alpers, "Art History and Its Exclusions," in *Feminism and Art His-
tory*, ed. Norma Broude and Mary D. Garrard (New York, 1982). 여기서 그녀는 뒤
러의 목판화로 유명한, 원근법적 투영으로 여인의 몸을 그리는 소묘가를 논의한다(p.
187). 이 그림이 순수하게 기하학화시키는 것에 대한 반어적 경고라고 보는 설명과 관
련하여 다음을 참조할 수 있다. Steiner, *Pictures of Romance*, pp. 45f.

115 르네상스 화가들의 정적인 응시(스탠이 "계량된 관점"으로 명명한)와 총체적인
스캔과 별도로, 복잡한 시각환경에서 이동하면서 어떻게 일별할 수 있는가에 대한 르네
상스 화가들의 논의에 관련하여 다음을 참조할 수 있다. Randolph Starn, "Seeing
Culture in a Room of a Renaissance Prince," in *The New Cultural History*, ed.
Lynn Hunt (Berkeley, 1989).

응시하면서 순간적 일별을 창조하거나 또는 적어도 추구한다.[116]

그래서 이상화한 응시와 육체적 일별이 분리하면서 그리고 창문의 반대편에서 관찰한 장면과 외눈의 관객이 분리되면서, 텍스트와 시각적인 것의 구별은 강화되었다.

또한 원근법주의자들의 가정, 즉 지각 장 안에서의 가시성이라는 가정은 중요하다. 이 지각 장은 마치 격자형 좌표체계를 확장시켜 복제한 것과 같은 균질적이고 규칙적으로 질서 잡힌 공간이다(이러한 공간은 중심점에서 바닥까지 확장되고 수직을 이루는, 알베르티의 '막(velo)' 또는 실의 베일로 볼 수 있다).[117] 그 결과는 피에르 프랑카스텔(Pierre Francastel)의 용어를 쓴다면, 극장식 시노그라피(scenographic)°) 공간이다.[118] 근대의 지배적인 세계관이 그 이전의 세계관들과 차이 나는

---

116 Bryson, *Vision and Painting*, p. 94. 직시어는 표현이 일어나는 곳에 대한 정보를 지니는 언어적 발화를 가리킨다. 시각적 용어로, 직시어는 세계에 위치한 화가의 구체적인 몸을 의미한다. 또한 브라이슨은 이동하면서 발생하는 일별이 욕망을 시각적 행위로 나아가게 하는 반면, 차가운 응시는 욕망을 억제한다고 주장한다(p. 122). 이 점을 염두에 두면 시각적 욕망에 대한 아우구스티누스의 적대감은, 플라톤적 전통이 일반적으로 선호하는 고정된 응시가 만드는 영속적인 이미지에 호의적이고 일별에 대해서는 비판적인 것으로 다시 정리될 수 있다. 그래서 원근법은 움직이는 상태의 욕망하는 시각이 지니는 기만적이고 위험한 환영에 대한 전통적인 적대감을 계승하는 것으로 이해될 수 있다.

117 데카르트적 공간의 예기로서 좌표체계의 중요성에 관한 논의는 다음의 문헌을 참조할 수 있다. James Bunn, *The Dimensionality of Signs, Tools and Models: An Introduction* (Bloomington, Ind., 1981). 이런 시각체제와 근대과학의 발전 간의 관계에 관한 설명은 다음을 참조할 수 있다. Giorgio de Santillana, "The Role of Art in the Scientific Renaissance," in *Critical Problems in the History of Science*, ed. Marshall Clagett (Madison, Wis., 1959); David C. Lindberg and Nicholas H. Stenek, "The Sense of Vision and the Origins of Modern Science," in *Science, Medicine and Society in the Renaissance: Essays to Honor Walter Page*, ed. Allen G. Debus (New York, 1972).

118 Pierre Francastel, "The Destruction of a Plastic Space," in *Art History: An*

지점은 바로 동일하고 무한한 등방성의 공간인데, 이는 근대과학뿐
아니라 자본주의라고 불리며 등장하는 경제체제에도 적합한 공간개
념이었다.

원근법의 발명과 자본주의 발흥 간의 인과관계에 관한 강력한 사례
를 드는 것은 문제가 될지도 모른다. 그래서 개신교 윤리에 대한 막스
베버(Max Weber)의 잘 알려진 설명에 의거하여, 둘 사이의 '선택적 친
화성(elective affinity)'을 언급하는 것이 좋을 듯하다. 많은 관찰자들은
이 용어의 다양한 측면을 제시했다. 에저튼에 따르면, 새롭게 개발된
복식 부기를 썼던 피렌체의 사업가들은 "은행 원장에 적용되는 간결한
수학적 원리에 맞는 시각적 질서를 더 선호하는 경향"이 있었을지도 모
른다.[119] 브라이언 로트먼(Brian Rotman)은 상거래 계산에 활기를 주는
힌두 숫자 영(0)의 소개와 소실점의 발명을 암시적으로 연계시킨다. 그
리고 르네상스 시기, 금과 같은 귀금속을 지시대상으로 갖지 않는 '가
상 화폐'의 발명과도 연계시킨다.[120] 레너드 골드스타인(Leonard Gold-
stein)은 합리적 노동 분화의 인과적 중요성을 주장하는데, 그는 음악과
시의 형식에서 나타난 유사한 변화들도 이런 노동 분화의 결과로 본
다.[121]

Anthology of Modern Criticism, ed. Wylie Sypher (New York, 1963), p. 382. 사실
원근법은 르네상스 시기에 마술사의 무대를 세우는 데 실제로 사용되었다. 무대 전체를
바라볼 수 있는 영광스런 지점에는 왕의 좌석이 놓여졌다. Strong, *Art and Power*, pp.
32f.

119 Edgerton, p. 39.

120 Brian Rotman, *Signifying Nothing: The Semiotics of Zero* (New York, 1987).
그는 이 세 가지를 가상적 메타 주체가 만드는 표상적 관례로 이해하는 입장에서, 더
이상 기호를 자연적 지시체로서 보지 않게 되었음을 알리는 것으로 보았다.

121 Leonard Goldstein, *The Social and Cultural Roots of Linear Perspective* (Min-
neapolis, 1988). 이 논평가들 중에서 가장 정통적인 마르크스주의자인 골드스타인은,
17세기에 이르러 비록 음악과 시에서의 변화가 자본주의 노동 분화의 어떤 증거들보다

존 버거는 세계에 대한 알베르티의 창문의 은유보다 더 적절한 것은 "벽에 설치된 금고, 즉 가시적인 것이 비축된 금고"였다고 덧붙였다.[122] 왜냐하면 상품으로서 팔리고 소유되는 유화는 원근법적 발명(혹은 재발견)과 동시에 나타났기 때문이다. 화가와 관객이 분리되면서, 원근법적 회화에서 묘사되는 시각장은 자본주의 순환이 이용할 수 있는 하나의 분리된 상품이 될 수 있었다. 더욱이 레이먼드 윌리엄스(Raymond Williams)는 자본주의가 생산 공간과 소비 공간을 지나치게 분리시킨 것은 토지를 경작하는 것과 토지를 단지 멀리서 바라보는 것, 즉 심미적으로 "즐겁게 조망"하는 것 사이의 근본적 분리를 초래했는데, 이는 미술에서의 원근법이 부동산(real estate)의 방식으로 표현된 것이라고 주장했다.[123] 마지막으로 내 자신의 가정을 덧붙인다면, 관계를 맺고 있는 시각장에서 대상의 위치, 즉 관계를 벗어나서는 자체의 내재적 가치를 갖지 않는 대상의 위치는 자본주의에서 교환가치의 대체 가능성에 상응한다고 할 수 있다.

그런데 이러한 종류의 논쟁에 아무리 큰 비중을 두더라도, 원근법주의와 자본주의 체제라는 두 운명이 앞으로 다가올 시대에 번성할 것이라는 점에는 의심의 여지가 없다. 장 펠르랭(Jean Pelerin, 비아토르 Viator로 알려진)과 알브레히트 뒤러(Albrecht Dürer)와 같은 이후의 논

선행하지만 이러한 인과관계가 그림에 작동했기 때문에 이 인과관계는 그 이전 현상들도 역시 설명한다고 주장하기까지 했다.

122 Berger, p. 109. 이런 주장에 관한 은유적 지지와 관련하여, 다음의 문헌을 참조할 수 있다. George Lakoff and Mark Johnson, *Metaphors We Live By* (Chicago, 1980), p. 31. 이들은 "우리는 시각장을 하나의 용기(container)로 개념화하고 우리가 보는 것을 그 용기 안에 있는 것으로 개념화한다"고 주장한다.

123 Raymond Williams, *The Country and the City* (New York, 1973), p. 121. 윌리엄스는 18세기 작업장의 분화를, 그림과 같은 아름다움으로 평가할 수 있는 하나의 경관으로 설명하고 있다.

평가들은 알베르티의 이 규칙들을 자연적 시각과 동일하게 보이는 정
도로까지 정교화했고 보급시켰다.[124] 아이빈스는 재현 기술과 시각 자체
사이의 이러한 통합에는 더 큰 함의가 있다고 지적한다.

> 대상의 위치 이동으로 인해, 형태와 같은 시각적으로 알아챌 수 있는 사물의
> 외적 관계 또는 사물의 내적 관계, 둘 중의 하나는 변화한다. 만약 내적 관계
> 에 변화가 발생한다면, 공간의 균질성이나 본성의 동질성은 가능하지 않다.
> 그리고 지금 생각되는 방식의 과학과 기술도 존재하지 않게 될 것이다. 따라
> 서 공간적 위치 변화로 생긴 모든 변형에도 불구하고 내적 불변성이라는 원
> 근법의 논리적 승인 때문에, 원근법은 모든 위대한 과학적 일반화 혹은 자연
> 법의 기저에 있는 두 개의 기본적 가설을 그림의 목적에 적용한 것으로 볼
> 수 있다.[125]

확실히 아이빈스는 시각의 합리화와 그것이 증진시킨 시각문화의 옹호
자였다. 그는 근대의 모든 미술을 시각의 합리화와 동일시하려 했다.[126]

---

124 이 규칙들의 중요성과 관련하여, 다음의 문헌을 참조할 수 있다. Ivins, *On the
Rationalization of Sight*. 흥미롭게도, 그는 뒤러가 자신이 격찬한 기술에 완전히 통제
받은 것은 아니라고 주장한다. 그는 뵈시글룩스만의 "시각의 광기"를 부지불식간에 떠
오르게 하는 용어로 그 결과들을 기술했다. "그는 이 다양한 왜곡들을 일관되게 수행해
서 균질적인 공간을 방법론적으로 부정하게까지 이르게 된다. 경험이라는 위대한 직관
적 기반들 중의 하나가 일으키는 이러한 근본적 모순은, 그의 작품을 보는 관객에게 미
묘한 심리적 불안을 불러일으킨다. [...] 또한 그것은 이 기본적인 모순이 뒤러 작품을
공부하는 학생들이 원을 사각형으로 만들기와 같은 풀 수 없는 난제를 갖고 항상 작업
하는 것처럼 보이는 이유일 수 있다." (pp. 42-43).
125 Ibid., pp. 10-11.
126 예를 들어 『미술과 기하학』에서, 그는 "알베르티 이후 오백 년 동안의 미술사는,
단지 그의 사상이 프랑스 화가와 국민들에게 서서히 확산된 것에 지나지 않는다"고 주
장한다(p. 81).

그런데 스베틀라나 앨퍼스(Svetlana Alpers)가 지적했듯, 적어도 17세기 네덜란드 미술은 이탈리아 미술과는 다른 길을 따라갔다.[127] 북유럽 회화는 창문 반대편에 펼쳐진 역전된 피라미드 개념을 수용하지 않았고 '외눈'의 고정된 시점을 덜 고집했으며, 기하학적 형태의 중요성에 더 회의적이었다. 그 대신 희미하고 편평한 표면으로 된 세계의 질감과 색채를 묘사하려 힘썼다. 네덜란드 미술은 특히 3차원의 환영 세계를 재현하기보다 2차원의 세계를 그리려는 충동을 따라갔다.[128] 네덜란드 미술은 또한 실제처럼 보이는 이미지 속에 언어를 새겨 넣는 것에 관대해서, 이탈리아 미술보다 훨씬 더 기꺼이 캔버스와 물감의 물질성을 받아들였다. 이는 회화의 바깥에서 멀리 연극적인 장면을 응시하는 특권화된 관람자를 두기보다는, 장면 속에서 이동하는 존재로서의 관람자를 위치시키는 것이다. 그래서 표면의 질감보다 깊이감을 주는 소실점에 더 우위를 두지 않았고, 이 점에서 훨씬 덜 위계적이며, 전체 캔버스에 동일한 관심을 준다는 점에서 훨씬 더 "민주적"이다.

---

127 Svetlana Alpers, *The Art of Describing: Dutch Art in the Seventeenth Century* (Chicago, 1983). 네덜란드 미술과 이탈리아 미술을 매우 예리하게 구별하면서, 앨퍼스는 베르메르와 코르토나처럼 다른 화가들을 동일한 범주에 넣는 문제를 회피하고 있다. 이는 존 루퍼트 마틴(John Rupert Martin)의 『바로크 *Baroque*』와 같은 저서를 곤란하게 만든다. 확실히 마틴은 "네덜란드 학파의 냉정한 사실주의는 로마의 바로크가 지닌 과장된 형상화와 유사하지 않고 루이 14세 시대의 귀족적 고전주의에 어떠한 공감도 보이지 않았다"고 인정했다(p. 26). 그런데 그 결과, 바로크는 어떤 양식적 통일성을 전혀 갖지 않는 시대를 지칭하게 되었다.

128 네덜란드의 지도 제작 충동에 관한 논의에서, 앨퍼스는 격자의 기하학적 투사를 사용하는 프톨레마이오스 지리학의 복귀가 이탈리아 원근법 미술에서 중요했다는 에저튼의 주장을 반박한다. 그녀는 "프톨레마이오스가 제안하고 이후 메르카토르가 도입한 격자가 르네상스 원근법의 격자가 지닌 이러한 수학적 균일성을 공유한다 하더라도, 이 둘은 위치가 정해진 관객, 프레임, 그림을 외부의 관객이 보는 창으로 정의하지 않는다. [...] 이런 투사는 어디서도 볼 수 없는 것이며, 또한 어떤 수단을 통해서도 볼 수 없다고 할 수 있다. 그것은 편평한 작업 표면을 가정한 것일 뿐이다." (p. 133).

앨퍼스는 남유럽보다 북유럽에서, 적어도 경향상으로는, 훨씬 더 탈
서사적이며 비텍스트화한 결과를 낳았다고 주장한다.[129] 신화 또는 종교
이야기, 즉 알베르티가 원근법적 미술에서 필수적인 소재라고 불렀던
이스토리아의 순간을 보여 주기보다는, 북유럽 회화는 상세하게 언급
되고 정확하게 기술된 대상들의 세계를 묘사하는 데에 만족했다. 네덜
란드 미술에도 알레고리적 의미가 종종 가미되었다. 정물화는 가톨릭
을 믿던 스페인의 바니타스(Vanitas)화에 비견될 만한 죽음을 기억하라
(mementi mori)는 의미, 그리고 풍경화는 계절의 불가피한 경과를 도
덕적으로 상기시키는 알레고리적 의미를 담고 있었다. 그러나 네덜란
드 미술은 추상적 가르침보다는 구체적인 구현에 더 열중했다. 인간이
라는 주제에 초점을 맞추었을 때 네덜란드 미술은 너무나 일상적인 개
인 초상화나 집단 초상화를 그렸는데, 이는 남유럽이 보편성이라는 주
제에 더 열렬했던 것과 다르게 모델과 그 모델들의 개별적인 정체성을
강조했다.

앨퍼스는 서구 미술의 규범적인 시각 관행에 있어서 북유럽 전통보
다 남유럽 전통이 우월하다는 통념에 도전하고자 했다. "알베르티식의
그림은 르네상스 이후로 서구 전통에서 너무나 지배적이어서, 알베르
티식 방식에서 벗어난 경우는 인정받기가 힘들었고 그러한 예외를 분
석하려는 시도는 훨씬 더 드물다"라고 그녀는 불만을 토로한다.[130] 비록
앨퍼스의 일부 독특한 주장이 논란을 불렀더라도,[131] 그녀는 근대적인

---

129 아마도 앨퍼스는 서사적 미술과 묘사적 미술 사이의 균형을 잡고 전자보다 후자
를 정당화시키기 위해, 원근법적인 남유럽 미술 역시 그림을 탈맥락화시키는 과정에
있었다고 주장하는 정도까지 남유럽 미술을 실제보다 덜 중요하게 보이게 했다. 그리
고 물론 그녀도 인정했듯, 서사를 전달하는 렘브란트와 같은 북유럽의 주요 인물들도
있었다.

130 Alpers, p. 245.

131 예를 들어 다음을 참조할 수 있다. the review essay by Anthony Grafton and

시각문화가 다원적이었다는 점을 성공적으로 또다시 개진했다. 바로크적 "시각의 광기"처럼, 지배적인 전통을 비판했던 이후의 비평가들은 네덜란드의 "묘사의 미술(art of describing)"을 하나의 유용한 원천으로서 재발견한다. 우리가 앞으로 보게 되겠지만, 사실 사진은 때때로 앨퍼스가 17세기 네덜란드에서 발견한 비원근법적 미술과 같은 측면에서 이해되었다.

그럼에도 불구하고 원근법주의자들의 합리적 미술은 그 시대의 새로운 과학적 세계관과 밀접한 공생 관계에 있었기 때문에, 여전히 지배적인 시각적 관례였던 것은 분명하다.[132] 확실히 앨퍼스는 한편으로는 콘스탄틴 하위헌스(Constantin Huygens)의 과학적 열정, 케플러의 시각적 발견들, 네덜란드인들을 매료시킨 렌즈와 다른 한편으로는 묘사하는 미술을 적극적으로 연결시켰다. 지금까지 미술사학자들이 언급하지 않았던 케플러의 경우는 특히 흥미롭다. 왜냐하면 케플러는 순전히 수동적인 측면에서 시각의 메커니즘을 정의했기 때문이다. 앨퍼스는 그의 전략을 시각의 비의인화로 요약했다.

> 그는 한쪽으로 비켜서서, 눈 위에 빛과 색으로 그려지는 선행하는 세계를 언급한다. 그것은 죽은 눈이다. 그리고 시각의 모델, 또는 말하자면 회화의 모델은 수동적인 눈이다. 보는 메커니즘의 기능은 재현하는 것으로서 정의된다. 그것은 만들어진 인공물이며 광선을 그림에 녹아들게 하는 이중적 의미에서의 재현이다.[133]

Thomas Da Costa Kaufmann, *Journal of Interdisciplinary History*, 16 (1985), pp. 255-266.
132 각주 117 참조.
133 Alpers, p. 36.

앨퍼스는 케플러가 망막에 맺힌 이미지를 기술하기 위해 상(pictura)이라는 용어를 처음 사용했다고 지적한다. 그래서 네덜란드 미술은 실제 보이는 것을 수동적으로 기록한다는 점에서 어떤 의미로는 '망막적'이다. 이러한 정의는 후에 인상주의라는 매우 다른 회화에도 또한 적용된다.

그러나 이러한 수동적 개념의 시각적 경험이 과학혁명의 전형은 절대 아니다. 과학혁명은 시각적 경험을 이해할 때에도, 망막에 맺힌 이미지를 읽는 데 있어서 정신의 능동적 역할을 부여하곤 했다. 역전되고 도치된 이미지들이 정신에서는 어떻게 똑바르고 올바른 질서로 '보일' 수 있는지가 설명되었을 때, 케플러는 신중하게도 자신의 주장을 중단했다. 그러나 데카르트와 같은 이후의 사상가들은 그러한 결점을 보완하려고 노력했다. 그렇게 하면서, 그들은 알베르티적 회화의 시각적 전통과 조화를 이루게 되었고 이로써 시각적 경험은 망막에 투사된 것을 단지 기록하는 것을 넘어서게 된다. 이 두 경우 모두에 있어서, 특징들을 조사하고, 뚫어 보고, 찾아내는 시각의 능동적인 잠재력은 해방될 수 있었다.

블루멘베르크가 제시했듯, 과학혁명의 도래를 위한 전제조건 중의 하나는[134] 인간의 호기심을 그 경멸적인 지위로부터 해방시키는 것이었다. 즉 신성하게 영감을 받았든 또는 고전적으로 영감을 받았든 간에, 과거의 지혜를 숙고하지 못하게 방해하는 것으로 여겨졌던 호기심을 해방시키는 것이다. 아우구스티누스는 '나태한 호기심'의 유혹과 그 호기심이 자극하는 위험한 경험을 향한 욕구를 불신하면서, 시각적 욕망에 대해 적대감을 표명했다. 블루멘베르크가 "호기심에 대한 재판"이라고 부른 것이 끝나고 그 피고가 무죄로 판명되자, 고삐 풀린 시각이 지

---

134 Blumenberg, *The Legitimacy of the Modern Age*, part 2.

닌 지배하고 개발하고 조사하려는 잠재력은 근대과학이 출발하는 전제였다. 왜냐하면 과학은 고대의 관조보다 훨씬 더 능동적이며 개입적인 정신이기 때문이다. 이와 같이 호기심은 근세의 다른 위대한 개척적인 모험, 즉 미지의 대륙으로의 여행과 대체로 평행하게 나아갔다. 이러한 탐험은 상당한 정도로 시각적 호기심에 가득 차서 진행되었다.[135] 네덜란드 미술이 모든 것을 똑같이 편평하게 만든다는 이유로 앨퍼스는 묘사적인 그 미술과 지도제작의 충동을 연계시켰는데, 회화의 가시적 공간 위의 알베르티적 좌표를 시행한 것과 유사한 방식으로, 지도 제작의 충동 역시 지구를 통제하고 지배하려는 적극적인 추구로 볼 수 있다.[136]

"나는 눈에 대한 신뢰를 기반으로 한 것만을 수용한다"고 호전적으로 주장했던 프랜시스 베이컨(Francis Bacon)처럼, 경험주의 입장에서 과학적 방식을 주창했던 사람들 역시 적극적인 근대과학의 역동성을 지지했다.[137] 반복 가능한 실험의 옹호자인 로버트 보일(Robert Boyle)과 같은 과학자들에게, 주체 상호 간의 시각적 증언은 합법칙성의 기본적인 자료가 되었다.[138] 그리고 만약 월터 옹(Walter Ong)이 옳다면 강

---

135 식민주의자와 최근 인류학자들이 주장한 이국적 "타자"라는 시각적인 지배에 관한 최근 비평에 관하여 다음을 참조할 수 있다. Johannes Fabian, *Time and the Other: How Anthropology Makes Its Object* (New York, 1983), 4장.

136 에저튼은 콜럼버스, 원근법, 지도 제작 충동 사이의 연계를 제시한다(p. 120). 이는 그의 주장처럼 단순한 것은 아닐 수 있으나, 가치가 없진 않다.

137 Francis Bacon, *The Great Instauration* in *The Works of Frances Bacon*, James Spedding et al., eds., 14 vols. (London, 1857-1864), vol. 4, p. 30.

138 이것의 중요성에 대해선 다음을 참조할 수 있다. Steven Shapin and Simon Schaffer, *Leviathan and the Air-Pump: Hobbes, Boyle, and the Experimental Life* (Princeton, 1985). 보일의 경험주의자적 가설에 대한 홉스의 도전이 초반에는 실패했다 하더라도, 증거의 추론적이고 제도적인 구성에 관한 홉스의 이해는 결국 널리 보급되었다. 흥미롭게도, 이들은 보일의 접근법과 앨퍼스의 네덜란드 "묘사의 미술" 간의 유사성을 언급한다.

력한 교육적 도구인 16세기 라무스학파(Ramist)[p]의 연역적인 논리는 시각적으로 능동적인 추론 양식을 선호했는데, 이 방식은 소크라테스적인 논쟁과 변증법을 종식시켰다. 옹은 "라무스학파의 담론 기술은 독백적인 기술이다. 그들은 스콜라주의로부터 내려오던 설교하는 교실의 전경을 비(非)라무스학파보다 훨씬 더 발전시켰고, 결국 순수 도표학 속에서 독백의 감각을 잃어버리는 경향을 보였다. 이러한 경향은 매우 심오했고, 이는 인간 세계(목소리와 청각적 지각과 연관된)로 향하기보다는 사물의 세계(시각적 지각과 연관된)로 향하는 라무스주의적 편향의 일종이다"라고 주장했다.[139]

그래서 이런 유형의 시각 관행의 지배에 비판적이었던 옹과 당대 비평가들에게, 근대과학은 그 출생 때부터 오염된 것이었다. 블루멘베르크와 같이 시각에 옹호적인 관찰자들은 능동적으로 탐색하는 눈을 새롭게 신뢰하는 것은 과거의 목소리에 대한 "맹목적인 복종"으로부터 당당히 일어선 인본성을 해방시키는 사건이라고 답변했다. 더 이상 인간은 자신의 머리를 숙이지 않고, 애원하며 무릎을 꿇지 않으며, 그리고 신성한 텍스트를 해석하는 자들의 지시를 기다리지 않게 되었다.[140]

그것의 함의를 어떻게 판단하든지 간에, 이러한 변화가 중요했다는 것은 의심의 여지가 없다. 특히 눈의 기능을 기술적으로 향상시키는 문제에 새롭게 신뢰를 보였다는 점에서, 행동주의자들이 호기심을 다시 평가했으며 면밀히 살피는 시각에 대한 정당화가 진행된 것은 분명했다. 개략적으로 말하면, 근세의 혁신은 두 가지 양식을 가져왔다. 이는

---

139 Walter J. Ong, *Ramus, Method, and the Decay of Dialogue* (Cambridge, 1958), p. 287.
140 Blumenberg, "Licht als Metapher der Wahrheit," p. 443. 종교적 관점에서, 이런 꼿꼿한 자세는 불손하고 오만하게 보인다. Bouwsma, "Calvin and the Renaissance Crisis of Knowing," p. 194.

시각적 장치의 힘과 범위의 확대, 그리고 그 결과들을 시각적인 방식으로 보급하는 능력의 향상이다. 그중에서 전자는 16세기 베니스에서 가장 돋보였던 은판을 뒷댄 평면거울의 완성, 16세기 말 한스 얀센(Hans Jansen)과 자하리아스 얀센(Zacharais Jansen)의 현미경 발명, 그리고 바로 직후 여러 사람들이 창조한 굴절 망원경의 등장이다. 이것은 또한 카메라 옵스쿠라(camera obscura)의 함의에 점점 더 매료되어 간 것을 의미했다. 이는 일찍이 레오나르도의 시기에 과학적인 실험뿐 아니라 미술에도 사용되었던, 한쪽 면의 작은 구멍으로 반대 면에 역전된 상을 투사하는 "어두운 방"이다.[141] 더 이른 시기의 렌즈와 거울이 종종 그러했던 것처럼,[142] 이 모든 경우에 있어서 기술적 진보는 일반적으로 회피되기보다는 환영받았다. 렌즈를 깎았던 스피노자(Baruch Spinoza), 광학적 도구에 매료된 라이프니츠(Gottfried Wilhelm von Leibniz), 망원경을 만드는 데 관심이 있던 하위헌스와 같은 철학자들은 모두 이러한 혁신에서 긍정적인 감흥을 얻었다. 정상적 지각을 단련시키고 고양시키면서, 그들은 로버트 훅(Robert Hooke)이 감각의 "질환"이라고 부른 것을 치료했고 "감각의 지배를 확대"시켰다.[143]

더하여 시각에서의 기술 향상은 다른 감각들의 향상보다 훨씬 더 빨

---

141 출간된 최초의 설명은 비트루비우스의 『건축에 대한 논고 Treatise on Architecture』에 대한 체사리아노(Cesariano)의 1521년 주석에 나타난다. 다음의 논의를 참조할 수 있다. Snyder, "Picturing Vision," p. 512.

142 세속적 거울에 대한 사도 바울의 적대감은 이미 언급되었다. 아마도 르네상스 시기 거울 자체의 기술적 향상은 세속적 거울의 변화에 도움이 되었다. 망원경의 수용에 관한 설명은 다음을 참조할 수 있다. Catherine Wilson, "Visual Surface and Visual Symbol: The Microscope and Early Modern Science," Journal of the History of Ideas, 49, 1 (January-March, 1988), pp. 85-108. 망원경의 역사에 관하여 다음의 문헌을 참조할 수 있다. Reginald S. Clay and Thomas M. Court, The History of the Microscope (London, 1932).

143 Robert Hooke, Micrographia (1665), Shapin and Schaffer, p. 36 재인용.

랐기 때문에, 더욱 중요한 효과를 낳았다. 로버트 이니스(Robert Innis)
는 두 개의 유사한 결과를 제시했다.

> 지각의 도구적 보조 장치들은 감각체계와 동화되면서, 도움을 받지 못했던
> 감각기관과 그 힘을 강화시킨다. 또는 "문화적으로 야기된" 그리고 동시에
> "자연적인" 상태의 복잡한 다형적 감각 지각을, 일종의 마이너스 축약을 통
> 해 단일한 양식의 지각으로 환원시킬 수 있다.[144]

근세 혁신의 경우, 이 단일한 양식은 시각이었다.

새로운 보급 기술, 즉 가장 유명하게는 목판과 더 정교한 기계적 수
단들을 통한 인쇄기와 복제 가능한 이미지의 발명에서도 동일한 효과
가 나타났다. 마셜 매클루언(Marshall McLuhan)과 월터 옹이 너무 떠
들썩하게 알린 구텐베르크(Gutenberg)의 혁명적인 발전이 가져온 충
격은 과거 지식과 관행들의 단순한 보급보다 훨씬 더 대단했다. 매클루
언은 "인쇄의 발명 이후 첫 세기 동안 시각과 개인적 관점을 새롭게 강
조했는데, 이는 인쇄술의 확장으로 가능해진 자기표현의 수단과 연관
된다. 활자 인쇄의 확장은 사회적으로 민족주의, 산업주의, 대중 시장,
그리고 보편적인 읽고 쓰기와 교육을 초래했다. 인쇄는 반복 가능한 정
확한 이미지를 제시했기 때문에, 완전히 새로운 형태의 확장하는 사회
적 에너지를 불러일으켰다"라고 주장했다.[145] 이러한 효과들이 충분한
것이 아니라는 듯, 그는 "아마도 활자 인쇄술이 인간에게 가져다준 가
장 중요한 선물은 거리두기와 불간섭이다. [⋯] 사적인 삶과 사회적인

---

144 Robert E. Innis, "Technics and the Bias of Perception," *Philosophy and Social Criticism*, 10, 1 (Summer, 1984), pp. 76-77.

145 Marshall McLuhan, *Understanding Media: The Extensions of Man* (London, 1964), p. 184.

삶이 긴밀한 가족적 연대에 매여 있던 부족세계로부터 벗어나 글을 읽고 쓸 줄 아는 인간이 된 것은, 다름 아닌 사고와 감정을 분리시키고 외부의 반응 없이도 행동할 수 있는 능력 때문이었다"고 덧붙인다.[146] 그리스의 형이상학에 관한 요나스의 분석에서 이미 살펴보았듯 그리스인들이 이 "선물"을 이미 소유했더라도, 인쇄술이 그 선물의 수혜자 수를 크게 증대시켰다는 부분을 강조한 점에서 매클루언은 확실히 옳았다.

옹의 주장은 다소 신중하지만 지대한 영향을 미쳤다. 그는 다음과 같이 주장했다. "활자 인쇄술을 지닌 인간이 이전의 인간들보다 자신의 눈을 더 많이 사용했다고 말하는 것은 아니다. 원시인조차 감각에 있어서 상당히 시각적이어서, 이들은 문명인들이 놓칠 수 있는 미세한 모든 종류의 시각적 단서들을 추적하는 날카로운 관찰자였다. 알파벳 활자 인쇄술의 출현과 더불어 발생한 것은 인간이 자신의 눈의 용도를 발견한 것이 아니라, 시각적 지각을 이전에 알려지지 않은 정도까지 언어작업과 연계시키기 시작한 것이다."[147] 계속해서 옹은 이것이 근대 개인주의(눈=나), 외부세계의 몰개성화, 그리고 세계를 알 수 있는 유일하고 타당한 방법으로서 관찰을 칭송하게 만들었다고 강조한다. 그는 "인쇄로 인해 감각기관 내에서 일어난 변화와 더불어, 라무스가 이끌고 데카르트가 주도한 '명석판명(clear and distinct)'이라는 대규모의 캠페인이 바로 시작되었다. 그리고 이 캠페인은 시각적으로 인지된 정신을 위한 운동이다"라고 결론짓는다.[148]

인쇄술의 함의는 매클루언과 옹이 주장한 것보다 더 복잡했기 때문에, 이런 주장들의 일부가 과장되었을 수 있다. 결국 인쇄된 글자는 청각적 사건의 기록으로 여겨질 수 있고, 이는 종교개혁에 인쇄활자가 중

146 Ibid., p. 185.
147 Ong, *The Presence of the Word*, p. 50.
148 Ibid., p. 221.

요했다는 것을 설명해 준다. 엘리자베스 아이젠슈타인(Elizabeth Eisenstein)이 주목했듯, "설교와 연설이 인쇄되었어도, 단상에서 설교가 그리고 연단에서 연사가 사라진 것은 아니었다. 오히려 반대로, 목사와 연설가들은 인쇄된 활자를 통해 사적인 카리스마를 확장시키고 강화시키는 혜택을 누렸다."[149] 그리고 악보와 같이 더 분명한 청각적 현상으로 인쇄술이 확장되었다는 사실은 인쇄술의 보급으로 듣는 것 역시 촉구되었음을 의미했다. 시각의 발흥이 다른 감각들의 평가절하를 불러오는 제로섬 게임의 측면에서 인쇄술의 영향을 개념화하려는 것은 잘못일 수 있지만, 그래도 여전히 시각의 우위는 인쇄의 발명으로 도움을 받았다고 결론 내리는 것이 공정해 보인다.

실제 이미지가 기계로 복제됐을 때 발생했던 충격을 고려해 보면, 이러한 일반화는 더 확실한 근거를 갖게 된다. 인쇄된 종이에서 문자 기호들보다 실제 이미지가 훨씬 더 분명하게 시각적이다(문자 기호들은 크게 읽음으로써 결국 음향적 등가물로 전환될 수 있기 때문이다). 이것 역시 근세의 기술적 진보로 인해 혁명을 겪게 된다.[150] 구텐베르크의 인쇄술 이전에 잠깐 등장했던 그림과 도표를 복제할 수 있는 인쇄 발명

---

149 Elizabeth L. Eisenstein, *The Printing Revolution in Early Modern Europe* (Cambridge, 1986), p. 92. 일반적으로 그녀는 매클루언이나 옹보다는 더 신중하게 의견을 주장했다. 그러나 그녀 역시 새로운 기술의 중요성을 강조했다. 예를 들어, 그녀는 공간에 관한 알베르티적 개념보다 과거에 관한 통일된 역사적 원근법이 필요하다고 주장한다. "고대 유물, 장소 이름, 유명 인사, 사건들을 보는 영구적인 시간적 위치를 찾지 못한다면, '하나의 고정된 거리에서' 어떻게 고전기 과거 전체를 볼 수 있는가? 이런 방식으로 과거를 보는 것은 르네상스 미술가들이 고안한 새로운 광학 효과로 얻어질 수 없었다. 그것은 그림 속 공간의 재배열보다 오히려 문서와 유물의 재배열을 통해 얻을 수 있다."(p. 117). 그러한 혁신은 오로지 인쇄로 가능해진 기록의 합리화로 얻어질 수 있었다.

150 William M. Ivins, Jr., *Prints and Visual Communication* (Cambridge, Mass., 1953).

은 초기엔 목판에서 점차 금속판으로 발전하면서 과학 지식의 표준화
와 보급에 엄청난 영향을 미쳤다(부연하자면 미술 기법의 전파 역시도
마찬가지여서, 원근법은 1504년 펠르랭이 인쇄한 책으로 처음 전해져
서 큰 영향을 미쳤다). 실재를 직접적으로 재생해 내지 못하기 때문에
아이빈스가 "압제(tyranny)"라고 부른 통사적 방식의 교차해칭(cross-
hatching)[9]에 오랫동안 제한되었더라도,[151] 똑같은 과학적 삽화와 도표
가 광범위하게 출현하면서 언어의 경계를 가로지르는 지식은 무한히
보급될 수 있었다. 이러한 지식은 인쇄술 이전의 단순한 "구전"보다 훨
씬 더 큰 신뢰를 주게 되었다. 그래서 아이빈스는 매클루언이나 옹에
못지않게 과장하면서, "문자의 발명 이래로 정확하게 반복할 수 있는
회화적 진술의 발명보다 더 중요한 발명은 없었다고 언급하는 것은 전
혀 지나치지 않다"라고 결론 내린다.[152]

　기술적인 진보에 더 큰 비중을 부여하든, 아니면 사회적 변화에 더
큰 비중을 두든 간에, 근대의 여명은 시각에 강한 특권을 부여하면서
시작되었다는 것은 분명하다. 호기심 많고 관찰력이 좋은 과학자에서
자기과시적인 신하에 이르기까지, 활자화된 책을 읽는 개인 독자에서
원근법적 경관을 그리는 화가에 이르기까지, 또한 해외로 진출하는 지
도 제작 식민주의자에서부터 도구적인 합리성에 따라 물량화하려는 기
업가에 이르기까지, 근대의 남자와 여자들은 자신의 눈을 뜨고 베일이

151　Ibid., p. 70. 그는 "실제 어떠했는가"를 진실되게 재현하는 사진의 승리가 통사
적 대각선 교차의 "압제"를 종식시켰다고 주장한다(p. 94). 카메라가 완벽하게 모방하
는 능력을 가졌다는 순진한 관념은, 최근 이것의 함의를 공부하는 많은 이들에 의해 의
문시되었다. 예를 들어 다음을 참조할 수 있다. Snyder, "Picturing Vision."
152　Ivins, *Prints and Visual Communication*, p. 3. 이후의 과학적인 지도책들은 시
각적 "진실"을 위한 투쟁의 이면에 있는 도덕적 명령을 강조했다. 이에 관한 설명은 다
음을 참조할 수 있다. Lorraine Daston and Peter Galison, "The Image of Objectivi-
ty," *Representations*, 40 (Fall, 1992), pp. 81-128.

벗겨진 세계를 열정적으로 응시했다.

⊙

근대 시각중심주의가 프랑스만큼 분명하게 장악한 곳은 없었다. 그래서 근래 프랑스가 보인 태도의 반전은 더욱 연구할 가치가 있다. 오랜 시간 주요 사상가들을 끈질기게 사로잡은 데카르트 철학은 근대 시각중심주의가 얼마나 지배적이었는지를 보여 주는 가장 대표적인 증거다. 종종 언급되듯 데카르트는 전형적인 시각중심적 철학자로서, 관찰된 세계를 재생시키기 위해 카메라 옵스쿠라를 사용하는 원근법주의 화가들의 입장을 암묵적으로 수용했다.[153] 사실 "데카르트적 원근법주의"는 근대의 지배적인 시각체제를 특징짓는 약칭으로 기능했다. 그러므로 높은 고도에서 내려다보았던 우리의 시야를 조금 낮추고, 데카르트가 시각을 검토한 텍스트에 더 집중하는 것이 유용할 듯하다. 그 텍스트는 유명한 『방법서설 Discourse on Method』에 첨부된 세 개의 과학 논문 중 하나인, 1637년의 『굴절광학 La Dioptrique』이다.

　많은 논평가들은 데카르트를 근대 시각주의 패러다임의 창시자로 여긴다. 예를 들면, 로티는 "데카르트적 모델에 있어서, 지성은 망막에 맺힌 이미지에 근거하여 사물들을 **검토한다**. […] '근대' 인식론의 기초가 된 데카르트의 개념에 있어서, '정신' 속에 있는 것은 재현물들이다"라

---

153 예를 들어 다음을 참조할 수 있다. Jean-Joseph Goux, "Descartes et la perspective," *L'Esprit Créateur*, 25, 1 (Spring, 1985). 구는 데카르트적 단일 소실점의 원근법은 절대군주의 권력에 상응하나, 또한 누구나 그러한 원근법적 관점을 차지할 수 있다는 의미에서 민주적 대안으로의 길을 열었다고 주장한다. 데카르트 원근법주의의 전형적인 시각 장치인 카메라 옵스쿠라에 대한 논의는 다음을 참조할 수 있다. Jonathan Crary, *Techniques of the Observer: On Vision and Modernity in the Nineteenth Century* (Cambridge, Mass., 1990), 2장.

고 주장했다.[154] 이안 해킹은 "데카르트의 세계는 철저하게 시각적이고,[155] 변함없는 정신적 응시로 우리의 관념을 연구한다는 교의는 데카르트를 거쳐 포르 루아얄(Port Royal)의 『논리학 Logics』으로 계승되었다. 그리고 영국의 제자들이 이를 받아들였다"고 언급했다.[156] 가셰는 다음과 같이 주장한다.

자신에 대해 그리고 자신에게로의 회귀가 철학의 수단인 아우구스티누스의 '자신으로의 회귀(reditus in seipsum)' 개념이 반영이라는 근대적 개념을 예시했더라도, 반영 철학은 데카르트의 『제1철학에 관한 성찰 prima philosophia』에서 처음 시작되었다고 일반적으로 여겨진다. [...] 회귀(reditus)에 관한 스콜라적 관념은 데카르트에 이르러 역사적 변화를 겪는다. 이에 따라 반영은 단지 형이상학적인 수단이 아니라 형이상학의 근거가 된다. 데카르트 사상으로 인해, 사고하는 주체의 자기 확신 즉 생각하는 나를 생각한다(cogito me cogitare)는 의심할 여지 없는 확실성은 철학의 확고한 토대가 되었다.[157]

그래서 데카르트는 정신 속에서 "본다"는 관념인 근대 인식론적 습관을 철학적으로 정당화시켰다고 할 수 있다. 또한 그는 주체가 거울 속 이미지와 같은 것이라는, 즉 동일주의적(identitarian) 반사성이라는 사변 전통의 설립자이다.[158] 게다가, 데카르트는 증거(라틴어 '보다 videre'

---

154 Rorty, *Philosophy and the Mirror of Nature*, p. 45.
155 Hacking, *Why Does Language Matter to Philosophy?*, p. 31.
156 Ibid., p. 45.
157 Gasché, *The Tain of the Mirror*, p. 17.
158 "나는 나의 응시를 내면으로 돌려 그곳에 고정시키고 바쁘게 만든다"라고 쓴 몽테뉴와 같은 자기 내관의 초기 주창자들은, 확실히 주체성의 시각적 형성을 예기했다. (Michel de Montaigne, *Essays*, trans. and ed. Donald Frame [New York, 1973], p.

에서 유래한)를 시각적으로 관찰하는 방식을 통해 과학적 탐구 양식을 정당화시켰다고 여겨진다. 이러한 탐구 양식은 확실히 경험적인 방향으로 이어질 수 있었다. 만약 우리가 광학에 관한 그의 논문을 자세히 살펴본다면, 이러한 상충되는 시각적 모델들이 어떻게 도출되었는지가 분명해질 것이다.

『굴절광학』 혹은 일반적으로 『광학 Optics』으로 번역되는 이 책은 데카르트가 쓴 시각에 관한 여러 글 중 하나이다. 이 책에는 1633년 교회가 갈릴레오에게 선고를 내린 상황 때문에 발간되지 못했던 데카르트의 『세계에 대한 고찰 Treaties on the World』의 첫 번째 부분인 "빛에 관한 고찰"과 『방법서설』의 세 개의 부록 중 하나인 「기상학(Meteorology)」이 수록되어 있다. 「기상학」은 번개, 무지개, 그리고 다른 시각적 현상에 관한 논의를 다루고 있다. 데카르트는 시각을 보조하는 새로운 기계 장치들에 열광했다. 그런 장치들은 특히 네덜란드에 강한 영향을 주었는데, 데카르트는 그곳에서 성년기의 많은 시간을 보냈다. 사실 『굴절광학』을 저술하도록 자극한 것은 그가 네덜란드 도시 알크마르(Alcmar)의 자크 메티위스(Jacques Métius)가 발명했다고 생각한—이건 잘못된 사실인데—망원경이었다. 그 책의 주요 목적 중의 하나는 이러한 장치들을 만들도록 고무시키는 것이었다. 그는 매우 상세하게 그런 장치의 구성 원리를 기술했다.

『굴절광학』은 우리가 이번 장의 제명으로 쓴, 시각과 시각의 기술적 발전에 대한 찬사로 시작한다. "우리의 삶은 감각에 의존하여 유지된다. 그리고 시각이 가장 포괄적이고 가장 고귀한 감각이기 때문에, 시각적 능력을 증가시키기 위한 발명들이 가장 유용한 것이라는 사실은

---

273). 여기서의 모델은, 자신을 바라보는 순수하게 반사하는 주체보다는 대상을 관찰하는 주체에 더 가깝다.

의심의 여지가 없다."[159] 또한 그는 흥미로운 후속 사상을 다음과 같이 부연했다. "그러나 부끄럽게도, 매우 유용하고 경이로운 이 발명품(망원경)은 단지 실험과 행운에 의해 등장했다."[160]

데카르트가 말한 "부끄러움"이란 실험의 도움 없이 연역적으로 알아내야 했던 것을 운 좋게도 실험과 관찰의 귀납적 전통으로 찾아낸 것에 대한 분노를 표현한 것이다. 그의 유명한 방법론은 단연코 연역법이었다.[161] 『굴절광학』은 연역적 방식을 따르면서, 즉 정신에 내재한 관념들이 선재한다는 기반하에, 시각이 어떻게 이해될 수 있는가를 그 목적으로 한다.

그렇다면 실제 눈을 단지 도와주기만 하는 망원경을 설치하는 것이 왜 유용한가? 약간 다른 용어로 표현한다면, 명석판명한 관념을 바라보는 "변함없는 정신적 응시"인 마음의 내면적 눈으로 보는 것과 기술적으로 향상된 신체의 두 눈으로 보는 것 간의 관계는 어떤 것인가? 이 문제에 답변하기 위해, 우리는 시각에 대한 데카르트의 설명을 앨퍼스가 주장한 과학적 측면에서 가장 잘 구현된 네덜란드의 "묘사의 기술(art of describing)"인 형태에 관한 설명, 즉 케플러적 설명과 비교해야 한다.

『굴절광학』에는 기하학적으로 배열된 눈의 단면을 응시하는 케플러의 유명한 그림이 있다.[162] 명백히 데카르트는 이 위대한 전임자로부터 영향받았다는 것을 인정했다. 그러나 그들 사이에는 흥미롭고 미묘한

---

159 Descartes, *Discourse on Method, Optics, Geometry and Meteorology*, p. 65.

160 Ibid. 근세 이론가들에게 망원경에 대한 은유적 중요성은 다음 문헌에서 논의되었다. Timothy J. Riess, *The Discourse of Modernism* (Ithaca, 1980), pp. 25ff.

161 데카르트가 연역법에 보인 신뢰의 정도는 종종 논쟁거리가 된다. 폴 올스캠프(Paul Olscamp)는 위에서 인용한 영어판 서문에서, 데카르트의 작업에서 귀납법 또한 중요했다는 주장을 한다.

162 위에서 인용한 『광학』의 서문에서, 케플러 저서의 앞부분은 생략되었다. 그러나 도표는 남아 있다(p. 92).

차이점이 많다. 케플러는 망막 위의 이미지를 뒤집고 역전시키는 분석으로 자신의 연구를 완성했고, 망막의 "상"이 어떻게 시각의 실제 의식적 경험이 되는가 하는 어려운 문제는 숙고하지 않았다. 앞서 살펴보았듯, 이것이 앨퍼스가 케플러는 시각을 죽은 그리고 수동적인 눈으로 만들면서 비인격화시켰다고 주장한 이유이다. 대조적으로 데카르트는 플라톤과 유사한 방식으로, 시각 또는 다른 감각들의 감각적 경험에 만족하지 않았다. 예를 들어 『방법서설』에서, 그는 "감각으로 먼저 파악되지 않는다면, 지성으로도 알 수 없다"는 주장을 분명히 거부했다. 왜냐하면 "오성의 개입이 없다면, 상상이나 감각은 우리에게 어떠한 확신도 주지 못하기 때문이다."[163] 이러한 확신은 본유관념과 더불어 시작되는 확실한 연역적 추론으로부터만 나올 수 있다.

그러나 『굴절광학』이 뛰어난 절차의 예시들을 보여 줬음에도 불구하고, 이 책은 사실 데카르트적 방식을 따르고 있지 않다. 데카르트는 이 책이 빛의 "진정한 본성"을 설명하려는 것은 아니라고 밝히면서 시작한다.[164] 그런데 이러한 언급은 아직 출간되지 않은 「빛에 관한 고찰(treaties on light)」에서 이미 자신이 성취했던 것이라는 사실을 암시한다. 『굴절광학』의 출간 직후에 작성한 편지에서, 그는 "빛, 즉 룩스는 빛나는 물체 속에 있는 움직임이나 행동이다. 그리고 룩스는 투명한 물체 속에서의 어떤 움직임, 즉 루멘을 야기하는 경향이 있다. 그래서 룩스는 루멘보다 우선한다"고 적었다.[165] 그런데 데카르트가 룩스와 루멘 사

---

163 Descartes, *Discourse on Method*, p. 31. 그런데 데카르트는 망막 이미지의 역전이 실제로 발생하는 것이 아니라는 사실을 완전히 깨닫지 못했다. 이는 버클리가 발견했다. Michael J. Morgan, *Molyneux's Question: Vision, Touch and the Philosophy of Perception* (Cambridge, 1977), p. 61.

164 Descartes, *Optics*, p. 66.

165 Descartes's letter to Morin, July 13, 1638, *Oeuvres*, ed. Charles Adam and Paul Tannery (Paris, 1897-1913), vol. 2, p. 205.

이의 관련을 밝히고 싶어 했다 하더라도, 『굴절광학』은 기본적으로 룩스에 관해서가 아니라 빛의 전송인 루멘에 관한 것이다. 그러나 그는 완벽하게 성공하진 못했다. 마랭 메르센(Marin Mersenne)에게 1638년 5월 27일에 보낸 유명한 편지에서, 데카르트는 연역법과 실험 사이의 관계를 실제로 해명하지 못했고 또한 룩스와 루멘 사이의 관련도 명백히 설명하지 못했다고 인정했다.[166]

그렇다 할지라도, 『굴절광학』은 독자에게 빛이 "공기나 다른 투명한 물체의 매개를 통해서 우리의 눈 쪽으로 매우 빠르고 생생하게 지나가는 어떤 움직임이나 행동에 다름 아니라는 사실을, 그리고 이는 마치 맹인이 부딪치는 물체의 움직임이나 저항이 그의 지팡이를 통해서 그의 손으로 전달되는 것과 같은 방식이라는 것"을 알려 준다.[167] 많은 비평가들이 언급했듯 데카르트의 논리 전개는 연역도 귀납도 아닌, 또 다른 감각이 개입되는 비교적인 사고 실험에 기반한 유비적인 것이다. 시각과 맹인 지팡이의 촉각 사이의 유비는 아리스토텔레스의 『영혼론 De Anima』에 주석을 단 심플리키우스(Simplicius)의 유비처럼 오래된 것이다.[168] 이 비교의 요점은 시각과 촉각이 보이거나 느껴지는 자극을 압력을 통해 감각기관에 즉각적으로 전달하는 것을 밝히는 것이다. 사실 데카르트의 물리학은 빛이 눈과 대상 사이를 가득 채운 연장된 매개물(자연에는 진공이 없으므로)을 통해 즉각적으로 지나간다는 가정에 근거한다. 매개물을 통해 전달되는 압력이 없다면, 어떠한 물질도 이쪽에서 저쪽으로 이동할 수 없다. 그래서 실제 이미지가 공기를 통해 이동한다는 중세의 생각은 잘못된 것이다. 이런 "지향성을 갖는 종(species)"

---

166 Descartes, *Oeuvres*, vol. 2, pp. 135-153.

167 Descartes, *Optics*, p. 67.

168 Simplicius Cilicius, *Commentaria Semplicii in treis libros De Anima Aristotelis* (Venice, 1564).

또는 "가시적인 종"이라는 관념에 대해 윌리엄 오컴은 일찍이 의문을 제기했었다.[169] 데카르트에게 광선은 움직임 자체가 아니라, 그 자신이 명명한 것처럼 다소 모호한 "행동하려는 또는 움직이려는 경향이다."[170]

　데카르트의 다음 유비는 더 부정확하다. 『굴절광학』의 두 번째 담론에서, 그는 다른 밀도를 지닌 물체들 사이를 치고 나가는 테니스공의 예를 소개한다. 이때 그는 공의 운동 각도에 변화가 생긴다고 설명한다 (굴절 각도가 바로 그 책의 주제이다).[171] 데카르트를 비판했던 17세기 페르마(Fermat) 같은 비평가들이 바로 지적했듯, 이런 유비는 **순간적으로** 압력을 갖거나 움직이는 경향이 있는 빛의 전송을, 시간의 경과 속에서 다른 매질 사이를 지나는 테니스공의 실제 운동과 비교했다는 문제를 갖는다. 사실 데카르트는 빛의 무시간적인 전송의 문제를 결코 풀지 못했다. 이 문제는 빛 파동의 시간적 경과를 인지한 뉴턴에 의해, 즉 데카르트의 물리학이 뉴턴의 물리학에 의해 궁극적으로 대체되었을 때 해결된다.[172]

　『굴절광학』의 세 번째 담론에서, 데카르트는 빛의 굴절이라는 문제

169　데카르트에게 미친 오컴의 영향에 관하여, 다음의 문헌을 참조할 수 있다. Funkenstein, *Theology and the Scientific Imagination*, pp. 185f. 데카르트는 유출설에 관한 전유명론적 이론(pre-Nominalist theory)을 견지했다. 그러나 어둠 속에서도 볼 수 있는 고양이와 같은 동물에게만 적용했다. (*Optics*, p. 68)

170　Descartes, *Optics*, p. 70.

171　데카르트는 반사 빛보다는 굴절 빛에 훨씬 더 관심 있었고, 『광학』 직후에 출간된 니세롱의 『신기한 원근법』(1638)을 읽은 후 곧 왜상의 왜곡이 지니는 속임수에 관해 확실히 알게 되었다. Leeman, pp. 105-108.

172　스티븐 다니엘(Stephen M. Daniel)은 다음의 문헌에서 데카르트 이론의 애매성은 뉴턴의 이론보다 20세기 물리학과 더 유사하다는 것을 의미한다고 주장하면서 데카르트를 옹호한다. 빛은 동일한 매질을 통과할 때, 즉각적인 파동처럼 움직인다. 그러나 다른 매질을 통과할 때는 입자처럼 움직인다. 그런데 데카르트는 하이젠베르크가 아니기 때문에, 그는 이런 애매한 해결로도 만족했을 것이다. "The Nature of Light in Descartes' Physics," *The Philosophical Forum*, 7 (1976), pp. 323-344.

에서 눈 자체로 주제를 변경했다. 이는 케플러와 유사하게 그가 개인적으로 소의 눈을 갈라서 검토해 보았기 때문인데, 케플러와 달리 데카르트는 눈의 렌즈와 유리체의 물리적 장치를 넘어서 눈과 시각적 인식과의 관련을 고찰하는 방향으로 나아갔다. 이런 과정에서, 그는 다음과 같은 유명한 주장을 하게 된다. "감각하는 것은 몸이 아니라 정신(âme)이다."[173] 그는 계속해서 "철학자들이 공통적으로 가정하듯, 감각하기 위해서 뇌에 전송된 대상의 이미지를 정신이 반드시 지각해야 한다는 사실을 알아야 한다"고 주장했다.[174] 그는 심지어 케플러조차도 망막 스크린에 맺힌 "상(pictura)"에만 머무는 오류를 범했다고 암시했다. 이점으로 인해 케플러는 눈의 카메라 옵스쿠라가 역전되고 뒤집힌 이미지를 받아들일 때, 우리가 어떻게 똑바르게 볼 수 있는가라는 결정적인 의문을 해결하지 못했다는 것이다. 왜냐하면 정신 속의 시각은 그러한 이미지들, 즉 대상을 닮은 이미지들을 수동적으로 숙고하지 않기 때문이다. "우리는 우리의 사유를 자극하는 이미지뿐 아니라 다른 많은 사물들이 있다는 것을 고려해야 한다. 예를 들어, 기호(signs)와 말(words)은 어쨌든 그들이 의미하는 사물을 닮지는 않았다. […] 자신이 표상하는 대상을 모든 측면에서 닮아 있는 이미지는 없다. 왜냐하면 모든 측면에서 닮았다면 대상과 이미지 사이엔 구별이 없을 테니 말이다. 오히려 대상을 몇몇 방식에서만 닮는 것으로 충분하다."[175]

　이러한 점을 마무리하면서 데카르트는 완벽하게 똑같은 것을 피하면서도 정확하게 시각적 경험을 만들어 내는 장치, 즉 원근법을 그 증거로 제시했다. 20세기의 심리학자 제임스 깁슨이 "시각 세계"와 "시각

173　Descartes, *Optics*, p. 87. 정신(âme)은 영혼으로 번역되는 것이 더 나을 수 있다. 그러나 표준본에는 정신이다.

174　Ibid., p. 89.

175　Ibid., pp. 89-90.

장"을 구분하기 위해 제시했던 예시를 똑같이 사용하면서, 데카르트는
다음과 같이 언급했다. "원근법의 규칙을 따르면, 어떤 형태의 원보다
타원이 원을 가장 잘 표상한다. 그리고 어떤 형태의 사각형보다 다이아
몬드 형태가 사각형을 가장 잘 표상한다."[176] 데카르트의 주장에 의하
면, 뇌 안에서 형성된 이미지는 외부 현실의 완벽한 복제가 아닌 기호
를 읽는 것과 유사한 과정으로 나온 것이다. 그러므로 실제로 "보는" 것
은 눈이 아닌 정신이다.

그러나 여전히 해결되지 않은 문제는 본다는 물리적 방식(케플러의
차가운 눈이라 부를 수 있는)과 우리의 의식적 시각 사이의 관계이다.
실제 시각은 신뢰할 수 없고 정신적 표상은 실재를 거울처럼 반사한 지
식이라면, 이런 표상은 우리가 확신할 수 있는 진정한 실재인가?[177] 플
라톤처럼 데카르트도 실제 시각이 지닌 기만성에 대해 적대적인가? 만
약 그렇다면, 그는 왜 실제 시각에만 도움을 주는 망원경에 찬사를 보
냈는가?

사실 데카르트는 신체기관이 감지하는 것과 정신이 보는 것 사이에
확실한 연결고리를 찾았는데, 이는 송과선(松果腺, the pineal gland)[r]
에 대한 그의 악명 높은 언급에서 잘 드러난다. 그의 주장에 의하면, 송
과선이란 뇌에서 바로 그 상호작용이 일어나는 장소이다. 사실 그의 이
런 언급은 다음과 같은 주장으로 인해 더 기이해졌다. "나는 심지어 더
나아가, 어떻게 심상(心像)이 송과선에서 임신한 여성의 동맥을 통해

---

176 Ibid., p. 90.
177 이런 취지의 강력한 주장은 다음을 참조할 수 있다. Dalia Judovitz, "Vision,
Representation and Technology in Descartes," in *Modernity and the Hegemony of
Vision*, ed. David Michael Levin (Berkeley, 1993). 데카르트에 대한 메를로퐁티의
비평을 이어가는 주도비츠는 데카르트가 실제 사물을 완전히 수학적이고 비육화된 시
각의 논리적 시뮬라크르로 대체시켰다고 주장한다.

자궁 속 태아의 특정한 부위로까지 갈 수 있는지 그리고 어떻게 송과선
에서 지식인들이 그렇게 감탄한 모반(birthmark)을 형성하는지를 보여
줄 수 있다."[178] 비록 근대과학이 송과선은 실제로 "눈이나 다른 감각의
일부가 아닌 독립적 감각기관이며 비시각적 광수용기"로서 기능한다는
사실을 인정했더라도,[179] 데카르트가 송과선에 부여한 비중은 지나쳤다
고 보인다. 사유실체(res cogitans)와 연장실체(res extensa) 간의 연결
고리로서[8] 송과선은 곧 버려지고, 마찬가지로 문제 많은 대안을 제시했
던 니콜라 드 말브랑슈(Nicholas de Malebranche)의 "기회원인론
(occasionalism)"[9]이 그 자리를 차지하게 되는데, 이 이론은 둘 사이의
연결고리로 신의 중재를 도입했다.

『굴절광학』에 등장하는 또 다른 주장은 널리 입증되었다. 이 주장은
시각을 두 가지 차원으로 구분한다. 하나는 위치, 거리, 크기 그리고 모
양을 보는 차원과, 다른 하나는 빛과 색으로 보는 차원이다. 좀 더 전통
적인 철학 용어로 말한다면, 이는 제1성질과 제2성질의 차이를 의미한
다. 근대과학적 광학 용어로 말한다면, 이는 윤곽과 패턴을 처리하는
막대를 통해 보는 것과 색과 밝기의 강도를 전달하는 원뿔을 통해 보는
것의 차이와 거의 비슷하다.[1] 이러한 성질들이 모두 사물에 내재하며
기다리고 있는 망막으로 전달된다고 주장하는 케플러와 달리, 데카르
트는 색과 빛은 단지 광립자의 회전 속도로 인해 자극되는 특정한 섬유

---

178 Descartes, *Optics*, p. 100.

179 Robert Rivlin and Karen Gravelle, *Deciphering the Senses: The Expanding World of Human Perception* (New York, 1984), p. 67. 더 나아가 그들은 송과선이 빛의 정도에 따라서 졸음과 성적 환기를 초래하는 멜라토닌이라는 호르몬을 분비한다고 언급한다(p. 207). 송과선에 대한 눈에 띄는 새로운 연구와 관련된 더 대중적인 다른 설명은 다음을 참조할 수 있다. "The Talk of the Town" column of *The New Yorker* of January 14, 1985. 여전히 어느 누구도, 시각에 있어서 송과선의 역할에 관한 데카르트의 설명이 옳다고 주장하지는 못한다.

광학 신경에서 작동하는, 즉 눈의 신체적 장치일 뿐이라고 주장한다.[180]
그에 따르면 이와 같은 방식으로 우리가 경험한 것과 촉각으로 확인한
연장된 물질의 실제 세계 사이에는 어떠한 평행선도 없다. 이 점에서
그의 주장은 기만과 환영을 벗어나지 못했다.

그런데 거리, 위치, 크기, 모양은 정신과 세계 **양쪽 모두**에 있다. 이것
을 입증하기 위해, 데카르트는 또다시 촉각의 비유를 사용한다.

> 길이를 모르는 두 개의 막대기 AE와 CE를 잡고, 오직 자신의 두 손이 잡고
> 있는 A와 C 사이의 간격과 ACE와 CAE의 각도만을 아는 맹인은 자연 기하
> 학에 따라서 점 E의 위치를 알 수 있다. 이와 마찬가지로 우리는 두 개의 눈
> RST와 rst가 X를 바라볼 때, 직선 Ss의 길이 그리고 XSs와 XsS의 각도를 안
> 다면 점 X의 위치를 알 수 있다.[181]

여기서 중요한 문구는 "자연 기하학에 따라서"이다. 왜냐하면 데카르트
는 두 개의 막대기를 사용하여 거리를 감지하는 맹인의 능력의 기저에
있는 기하학적 삼각측량이라는 지성적 과정이, 합리적으로 구성된 우
리의 시각 안에서 어쨌든 다시 반복되었다고 가정하기 때문이다. 그래
서 우리는 거리, 위치, 모양, 크기에 있어서 쉽게 기만당하지 않는다.
왜냐하면 우리의 무의식과 타고난 기하학적 감각 그리고 연장된 물질
세계의 기하학적 실재는 상응하기 때문이다. 그러나 데카르트는 우리
가 항상 완벽한 존재일 수 없는 것은 뇌가 정신과 세계를 중재하기 때
문 혹은 신경의 불완전한 작용 때문이라고 밝힌다. 이러한 이유로 정신

---

180 Descartes, *Meteorology*, pp. 335f.
181 Descartes, *Optics*, p. 106. 데카르트는 라이프니츠의 자연 기하학에 대한 믿음
을 공유했다. 그러나 몰리뉴와 로크 같은 후대 사상가들은 이들의 견해에 반대했다.
Colin Murray Turbayne, *The Myth of Metaphor* (Columbia, S.C., 1970), pp. 109f.

이상적 환각과 꿈 속 환영이 생긴다는 것이다. 그러나 이런 신체적 장
애는 경험적 시각의 능력을 확장시키는 과정으로 완화될 수 있다. 그래
서 『굴절광학』의 마지막 네 가지 담론에서, 데카르트는 망원경의 발명
을 설명하는 데 전념했다.

페르마, 버클리 주교와 다수의 비평가들은 데카르트의 주장에 중요
한 문제점이 있다고 바로 지적했다. 정신 안에 자연적 기하학이 있다는
데카르트의 가정은 자연적 기하학을 유클리드 기하학과 동일시한 것인
데 그 자체로 문제가 있고,[182] 게다가 유클리드 기하학과 같지 않음에도
불구하고 이 가정을 외부 세계로 확장시키는 것은 더욱 미심쩍다는 것
이다. 이후 칸트가 성취한 코페르니쿠스적 혁명을 예상할 수 없었던 데
카르트는 정신의 구조를 상정했고, 이 구조는 반사적 방식으로 외부 세
계와 일치한다고 가정했다.

근래 몇몇의 논평가들은 데카르트가 정신이 읽어 내야 하는 기호의
도입을 지지하면서 동일성 이론을 비판했던 점에서 그는 위대한 인식
적 전환, 즉 푸코가 『말과 사물 The Order of Things』에서 닮음 혹은 상
사에서 표상으로의 이동으로 설명했던 인식적 전환의 선구자였다고 주
장했다.[183] 그래서 정신 속의 이미지는 단순한 시뮬라크르가 아닌 지각
적 **판단**이다. 이 지각적 판단이 이미지를 정확하게 읽기 위해 언어가 개

---

182 만약 아이빈스가 옳다면, 데카르트가 촉각적 유비를 사용한 것은 그가 여전히 근
대 시각적 전통보다는 그리스 촉각적 전통을 견지하고 있다는 사실을 보여 준다. 그러
나 아이빈스가 『미술과 기하학』(p. 101)에서 언급했듯, 케플러는 직선들이 결국 극한
점에서 만난다고 주장했다. 이 점에 있어서 데카르트는 케플러의 의견을 따랐고, 게다
가 최초로 원뿔 곡선(conic section)과 원근법이 유사하다고 판단한 데자르그와는 좋은
친구 사이였다.

183 John W. Yolton, *Perceptual Acquaintance: From Descartes to Reid* (Oxford,
1984); Joel Snyder, "Picturing Vision"; Charles Larmore, "Descartes' Empirical
Epistemology," in *Descartes: Philosophy, Mathematics and Physics*, ed. Stephen
Gaukroger (Brighton, 1980).

입되는데, 이것이 『굴절광학』에서 부지불식간에 스스로를 복제해 내는 통찰로 묘사된 것이다. 왜냐하면 미셸 드 세르토(Michel de Certeau)가 언급했듯, 데카르트는 자기지시적인 "나는 말한다(je dis)"와 더 객관주의적인 "당신은 본다(vous voyez)" 사이에서 동요했기 때문이다.[184] 이렇게 해서 데카르트는 『방법서설』에서 나타난 긴장감을 똑같이 드러냈는데, 이 책에서 데카르트는 증명의 수사법(나는 "여기에서 나의 삶을 회화의 방식처럼 보여 줄 것이다")과 서술의 수사법("말하자면 나는 이 작품을 역사로서 제시하고 있다. 또는 당신이 원한다면 우화로서 제시할 것이다")을 사용했고 종종 같은 페이지에서 두 수사법을 동시에 보이기도 했다.[185] 다시 말해 닮음에서 표상으로의 이동을 통해, 데카르트는 판단에 대한 비시각적이고 언어 지향적인 인식론으로 가는 문을 미묘하게 열었다고 할 수 있다.

그러나 표상을 연구한 후대의 많은 이론가들이 기호 체계를 관습적이고 자기지시적인 것으로 생각한 반면, 데카르트는 정신 속의 자연 기하학, 즉 지성의 기호 체계가 자연 세계와 일치한다고 믿으며 진리에 대한 확고한 상응 이론을 주장하는 존재론적 실재론자였다. 알베르티적 원근법주의자들과 마찬가지로, 데카르트는 특정한 시각적 관행을 도입하는 것과 그것을 역사 바깥으로 끌어내는 것에 대해 어떤 거리낌도 없었다.

"사후에 생각해 보는 유리한 위치"에서 볼 때, 우리는 시각에 대한 데카르트의 설명이 모순되고 불충분하며 "맹점"이 있음을 쉽게 알 수 있다. 데카르트의 설명은 실례를 보여 주는 연역에 근거하기보다 공격받

---

184 Conversation with Michel de Certeau, Paris, March, 1985. 데카르트의 수사학에 대한 또 다른 논의는 다음을 참조할 수 있다. Ralph Flores, "Cartesian Striptease," *Sub-stance*, 39 (1983), pp. 75-88.

185 Descartes, *Discourse on Method*, p. 5.

기 쉬운 유비추론에 더 근거를 두고 있으며, 게다가 빛은 시간성을 갖지 않는다는 것, 송과선의 기능, 그리고 다른 작은 세부사항들, 예를 들어 멀리 떨어져 있는 배를 불태우는 아르키메데스의 거대한 거울의 능력에 대해서도 실수를 범했다(데카르트는 이것이 불가능하다고 생각했다. 그러나 지금 우리는 이것이 가능하다는 것을 안다).[186] 이러한 실수들로 인해, 후대 많은 해설가들은 데카르트의 설명을 가치가 떨어지는 것으로 일축했다.

그러나 근대의 지배적인 시각중심적 편향에 대한 데카르트의 기여, 특히 그의 조국 프랑스에서의 기여는 확실히 대단했다. 이렇게 영향을 주었던 주된 원인은 아마도 그가 자신의 주장을 애매하게 했던 점에 있던 것 같다. 관념주의자들과 유물론자들이 주장하는 것처럼, 만약 데카르트가 합리주의 철학과 감각주의 철학을 위한 정당한 근거가 되었다면, 그는 바로 시각의 사변적 또는 경험적 개념 모두를 장려할 수 있었을 것이다. 데카르트가 공언한 이원론에도 불구하고, 그의 철학에서 거울적 요소는 궁극적인 동일주의적 일원론을 조성했다. 데카르트의 후기 저서들에서 언어적 중재가 발견된다 하더라도, 데카르트가 상정한 본유관념은 정신의 눈으로 "명석판명하게" 보이는 존재로서 여전히 해석되고 있다. 말브랑슈와 같은 더 종교적인 데카르트 신봉자들이 그로스테스트 같은 초기 신학자들이 주장한 빛의 특성에 대한 영혼의 형이상학을 부활시킨 것은 당연하다. 반면에 다른 학자들은 자신들의 경험주의적 성향을 고양시키기 위해 망원경에 대한 데카르트의 찬사를 받아들였다.

더욱이 근대과학과 알베르티적 미술이 공유했던 육체로부터 분리된

---

186 Descartes, *Optics*, p. 147. 그의 믿음에 대한 반박은 다음의 문헌을 참조할 수 있다. Goldberg, *The Mirror and Man*, p. 181.

눈, 즉 카르스텐 해리스(Karsten Harries)가 "천사의 눈"으로 불렀던 눈의 가치를 높였기 때문에,[187] 데카르트적 이원론은 특히 영향력이 있었다. 이 이원론은 사변적인 태도를 취하든 혹은 관찰적인 태도를 취하든 간에 육화된 눈보다는 완전히 관람자적인 눈, 즉 순간적인 일별보다는 깜빡이지 않는 고정된 응시를 정당화한다. 『방법서설』에서 데카르트는 육체가 없는 자신을 가정한 그 유명한 사고실험을 통해 이러한 해석을 예기했다. 이 사고실험에서 그는 다음과 같은 결론에 도달했다. "이러한 나, 즉 영혼에 의해 내 존재가 되는 나는 육체로부터 완전히 분리된다. 이러한 나는 육체를 가진 나보다 더 수월하게 지식을 얻는다."[188] 깁슨의 말에 따르면, 자신의 철학적 탐구를 세상사에서 "배우보다 관람자가 되고자 하는" 여정이라 불렀던 데카르트는[189] 시각 세계를 시각장으로 환원시켰으며, 육체를 시각장 속의 대상으로 치부했다.

데카르트 원근법주의에 대한 하이데거와 메를로퐁티의 20세기 현상학 비평은 시각에 대한 데카르트적 버전에 도전한 것이며, 이리가레와 같은 페미니스트들은 데카르트 철학이 지닌 젠더적 편견을 비난했다.[190] 이들의 논의는 시간적 존재론이 아닌 공간적 존재론을 상정한 데카르트의 편향을 비판한 베르그송의 초기 이론에 근거했다. 이런 논의는 근대 시각중심주의에 대한 다양한 차원의 질문을 불러들이는 담론을 보

---

187 Harries, "Descartes, Perspective, and the Angelic Eye." 해리스는 초월적이고 모든 시점 위에 있는 눈이 유한한 인간에게 전적으로 해당되지 않는 것은 아니라고 주장한다. 이는 타자의 관점에서 어떤 것을 바라보는 인간의 능력을 말한다.

188 Descartes, *Discourse on Method*, p. 28.

189 Ibid., p. 24.

190 Luce Irigaray, *Speculum of the Other Woman*, trans. Gillian G. Gill (Ithaca, N.Y., 1985), p. 180. 데카르트에 대한 또 다른 페미니즘 비평은 다음을 참조할 수 있다. Susan R. Bordo, *The Flight to Objectivity: Essays on Cartesianism and Culture* (Albany, N.Y., 1987). 이는 프랑스 정신분석보다 대상관계 이론에 더 영향받았다.

여 줄 것이다. 이러한 논쟁에는 과거의 목소리를 듣길 거부하고, 대신에 "사람은 자신의 눈으로 볼 수 있다"는 것을 유일하게 믿는 전형적인 데카르트적 제스처도 포함된다. 계몽주의가 같은 태도를 견지한다고 전제하는 한에 있어서, 반시각중심적 담론은 종종 자기 의식적인 반계몽주의 색조를 띨 것이다. 그런데 여기서 나는 앞서 나가고 있다. 시각에 대항한 20세기의 전환을 분석하기 전에, 그것의 표적이 실제로 무엇인지 분명하게 알 필요가 있기 때문이다. 그러기 위해선 우선, 긴 시간 동안 데카르트라는 출발점으로부터 크게 영향받은 시각중심주의가 프랑스에서 어떤 역할을 했는지 반드시 살펴봐야 할 것이다.

[번역: 안선미]

a 에이데나이(eidenai)는 '본다' 라는 의미의 동사로, 형상 또는 진리를 의미하는 그리스어 에이도스(eidos)는 이 동사에서 유래했다.

b 누스(Nous)는 아낙사고라스(Anaxagoras)가 최초의 작용원인 또는 사물들의 원리라는 의미로 처음 사용했고, 이후 아리스토텔레스는 지성 또는 이성 등으로, 헤겔은 정신 또는 개념을 뜻하는 말로 사용했다.

c 엘레아 학파의 시조인 파르메니데스는 변화와 운동은 인간 감각이 불러 온 환영에 불과하다고 주장하면서, 존재의 불변성을 주장했다. 이는 고정불변의 진리 세계인 '이데아'를 주장한 플라톤에 영향을 준다.

d 엘레아 학파였던 제논은 자신의 스승 파르메니데스의 이론을 옹호하고자 4가지 역설을 제시한다. 그 중 대표적인 것이 '아킬레스와 거북이의 경주' 로, 변화와 운동의 개념을 도입했을 때 모순이 발생한다. 제논은 이러한 역설을 통해 세계는 불변의 존재들로 가득 찬 빈틈없는 곳이라는 파르메니데스의 주장을 지지하고자 했다. 그러나 제논의 역설은 현실과 모순이 생기지 않기 위해서 오히려 운동 개념을 도입해야 한다는 공격을 받게 된다.

e 제우스 신을 모시는 테베의 사제로 오이디푸스의 운명을 예언한 장님이다. 그리스 비극에서는 디오니소스 신을 무시하는 펜테우스 왕에게 제사를 지낼 것을 충고하나, 펜테우스는 그의 말을 듣지 않아서 결국 죽은 운명을 맞는다.

f 역사적 사실에 대한 허구의 이야기로, 예를 들어 호메로스의 『일리아스』와 『오디세이아』 또는 헤시오도스의 『신통기』가 미토스이다. 일종의 설화를 의미한다. 그리스 철학은 일반적으로 로고스에 기반하나, 설명하기 어려운 개념을 표현할 때 미토스를 이용하기도 한다.

g 아름다운 소년 나르키소스는 샘물에 비친 자신의 모습과 사랑에 빠진다. 만질 수도 안을 수도 없는 사랑 때문에, 결국 나르키소스는 병을 앓다가 최후를 맞이한다. 음유시인 오르페우스는 자신의 아내 에우리디케가 죽자, 그녀를 찾으러 하데스를 찾아간다. 그녀를 데려가도 좋다는 허락은 받았으나, 지상의 빛을 보기 전에 절대 그녀의 얼굴을 돌아봐서는 안 된다는 약속을 지키지 못해 아내를 다시 잃게 된다. 메

두사는 그리스 신화에 나오는 마녀로, 사람들이 그녀의 얼굴을 보게 되면 돌로 변해 버린다. 영웅 페르세우스가 아테나 여신의 방패의 힘을 빌려 메두사의 목을 베게 된다. 저자는 시각이 지닌 사악한 힘을 설명하기 위해, 나르키소스, 오르페우스, 메두사를 언급하고 있다.

h 아르고스 지방의 파수꾼으로 100개의 눈을 가진 거인이다. 절대 잠을 자지 않고 경비를 섰으나, 제우스가 보낸 판 또는 헤르메스에 의해 결국 잠들게 되었다. 아르고스가 판의 음악 소리에 잠들었다는 것은, 청각이 시각의 힘을 이겼다는 의미로 볼 수 있다.

i '교회의 아버지'란 의미로, 4-6세기 초기 교회의 교리 정립에 힘쓴 사상가들을 말한다. 대표적인 교부로는 밀라노의 주교 암브로시우스(Ambrosius)와 그의 영향을 받은 성 아우구스티누스가 있다.

j 로마 시대에 플라톤주의의 부활을 주창한 철학으로, 사상가로는 플로티노스(Plotinos, 205?-270)가 대표적이다. 플라톤이 세계를 '이데아'와 '현상계'로 구분하고, 현상계는 이데아의 모방이며 이데아에 근거한다고 주장했듯이, 플로티우스는 참된 실재이자 하나의 근원은 일자(一者)뿐이며, 일자의 '유출(流出)'로 만물이 산출된다고 주장했다. 신플라톤주의는 '일자'와 '유출'이라는 개념으로 세계의 통일성과 다양성을 설명하려 시도했다.

k 영국 역사가 프란시스 예이츠는 1966년 『기억의 기술 The Art of Memory』을 출간했다. 이 책은 연상되는 기호 체계를 사용하여 기억 방식을 향상시킨 인류의 역사를 다룬 책이다. 고대 그리스의 시모니데스에서 시작하여 르네상스 시기의 지오다노 브루노(Giordano Bruno), 17세기 라이프니츠까지 다루고 있다.

l 쉬제(Abbot Suger, 1081-1151)는 1122년 파리의 생 드니(St. Denis) 대성당의 수도원장이 되었다. 생 드니 성당은 원래 3세기에 지어졌으나, 여러 번의 개증축이 이루어졌다. 수도원장 쉬제는 고딕 양식으로 생 드니 성당을 증축했는데, 이는 이전 로마네스크 양식의 어두운 실내와는 다르게 고딕 양식은 스테인드글라스를 통해 외부의 빛을 실내로 받아들일 수 있었기 때문이다. 생 드니 성당은 고딕 성당의 효시이며, 이는 그 당시 수도원장 쉬제가 신봉한 '하느님의 신성한 빛'이라는 중세 기독교 철학의 건축적 구현으로 여겨진다.

m 프랑스 왕 필리프 4세는 교황 보니파키우스 8세에 도전하여 교황권에 큰 손상을 입히게 된다. 그 뒤 교황은 프랑스인이 계승하였으며, 1305년 선출된 교황 클레멘스 5세는 프랑스 왕의 간섭을 받게 되고, 로마로 입성하지 못한 채 프랑스령 아비뇽에 머물렀다. 교황들이 아비뇽에 거주한 약 70년간을 아비뇽 유수(1309-1377)라고 부른다. 1378년 로마에서 우르바노 6세가 새로운 황제로 선출되자 이에 반발한 프랑스 계파가 아비뇽에 교황 클레멘스 7세를 내세우면서, 교회는 아비뇽의 교황과 로마의 교황으로 분열되는 시련을 겪게 되고 이를 교회 대분열(1378-1417)로 부른다.

n 발터 벤야민은『독일 비애극의 원천 *Ursprung des deutschen Trauerspiels*』(1928)
에서 '멜랑콜리'의 개념을 17세기 독일 상황에서 고찰했다. 벤야민은 바로크 시대
연극에서 당대 슬픔이 표현된 것에 주목했는데, 이는 당대 '종말론적 세계관'과
'피조물로서의 자기 인식' 그리고 '목적론적 지향성의 폐기'를 반영한 것이다. 그
러나 벤야민에 의하면, 이러한 멜랑콜리는 유희 활동을 통해 드러난다. 유희란 현
실과 다른 것들을 상상하는 일이며, 독일 비애극에서는 인간의 불가능성 너머를 인
식하고 동시에 그러한 슬픔을 벗어나는 것이 아니라 유희를 통해 그 슬픔을 반성적
으로 깨닫게 된다. 따라서 벤야민의 멜랑콜리는 슬픔과 유희의 긴장을 내포하는 변
증법적 개념이다.

o 17세기 프랑스어 scénographie에서 유래한 용어로, 연극무대의 배경 디자인이나
그림을 의미한다. 당시엔 특히 원근법을 사용하여 표현된 경관을 지칭하는 용어였
다.

p 16세기 프랑스의 논리학자이자 개혁가인 페트루스 라무스(Pierre de la Ramée,
1515-1572)가 주창한 논리학에 기초한 일군의 학자들을 지칭한다. 라무스학파는
아리스토텔레스의 철학에 영향받은 당시 스콜라철학을 비판하면서 새로운 수사학
의 기초를 세웠다. 라무스의 업적은 수사학의 기존 다섯 가지 범주에서, 표현과 실
연만을 인정하고 논거의 발견, 배열, 암기를 변증학의 영역으로 간주하면서 서구
사상사에서 이성(ratio)과 담론(oratio)의 분리를 가져왔다고 평가된다. (이영훈,
「르네상스 수사학과 텍스트 분석: 페트루스 라무스를 중심으로」,『프랑스문화예술
연구』 33, 2010. 8., pp. 709-726. 참조)

q 동판화 기법의 일종으로, 선들을 여러 각도로 교차시켜서 음영효과를 내는 기법이다.

r 송과선은 뇌의 시상하부에 있는 기관으로, 솔방울 모양을 닮았다. 주로 멜라토닌을
분비하는 곳으로 알려져 있다. 데카르트는 망막에 거꾸로 맺힌 상을 정신이 올바르
게 인지하게 해 주는 기능을 송과선이 담당한다고 주장했다.

s 사유실체(res cogitans)는 생각하는 정신, 연장실체(res extensa)는 사물을 의미한
다. 데카르트는 망막에 맺힌 이미지가 어떻게 정신으로 인식될 수 있는가의 문제를
탐구하면서, 이 두 과정을 연결시키는 매개체로서 송과선을 제시한다. 외부의 대상
이 망막에 역전되어 맺히거나 또는 대상을 닮지 않은 기호가 맺히더라도, 우리가
이 이미지를 실제 대상과 연계시켜 인지할 수 있는 것은 송과선이 작동하기 때문이
라는 것이다.

t 신체와 정신은 각각 다른 원인에 의해 작동하는 것이 아니라, 동일한 작동 근원을
지닌다는 것인데 그 근원을 신(神)으로 보는 이론이다. 이는 신체와 정신을 구분한
데카르트의 이원론을 극복하기 위해 등장했고, 대표적으로 17세기 후반의 니콜라
드 말브랑슈가 주장했다.

u '막대로 보는 것(seeing with rods)'은 간상세포로 보는 것을, '원뿔(cones)로 보
는 것'은 원추세포로 보는 것을 의미한다.

2장
계몽(EnLIGHTenment)의 변증법

요약

이 장은 18세기 계몽주의 시대가 데카르트적 시각중심적인 인식과 그
에 대한 반작용 모두를 보여 주는 시기라는 점을 시간적 추이에 따라
보여 주고 있다. 다시 말해 18세기 계몽주의 시대의 시각의 특권화와
그에 대한 어떤 반작용이 일어났는지를 둘 다 보여 줌으로써 18세기에
서 19세기에 이르는 이 시기를 변증법적이라고 보고 있다.

이 장의 초반에는 주로 계몽주의와 이후 대혁명에서의 시각의 특권
화에 대하여 보여 주고 있는데, 대표적인 예가 18세기 루이 14세의 베
르사유 궁이 상징하는 스펙터클과 장자크 루소의 투명성에의 추구를
들 수 있다. 루소의 투명성이 비단 시각적 투명성뿐 아니라 자아 스스
로가 투명해지는 순수한 현전을 추구하기 위한 것이라는 점에서 이 시
기 시각의 특권은 시각중심주의와 그에 대한 반작용 모두를 품고 있다
고 할 수 있다. 이후 혁명기에 성상파괴주의자들이 등장하게 되지만 이
들은 구습의 성상은 파괴하면서도 이 성상을 새로운 혁명을 가시화할
이미지들로 대체시켰다는 점에서 시각중심주의와 반시각적인 경향 양
자를 모두 보였다. 이러한 18세기의 변증법적인 태도를 가장 잘 나타내
는 이론가 중 하나는 바로 드니 디드로였다고 할 수 있다. 그는 여러 측
면에서 시각에 심취한 인물이었다. 그러면서도 그의 몰리뉴 문제에 관

한 논의 등에서 볼 수 있듯이 시각 이외의 다른 감각, 특히 촉각적 측면에 대한 중시, 그리고 시각적 모델이라는 것도 결국 언어적 중재를 통해야 한다는 점에서 시각적 특권화에 의문을 제기한 인물이라 할 수 있다. 아울러 연극이론에서 그의 타블로, 즉 그림화면을 바탕으로 한 이론은 시각의 강화라기보다는 오히려 관객의 존재를 잊게 한다는 점에서 회화의 시각성에 대한 도전이라고 할 수 있다.

한편 계몽주의 시기 시각에 대한 신뢰가 약화된 이유로는 평범한 시각을 넘어서려는 신플라톤주의의 영향과 당대 어둠에 대한 재평가를 들 수 있을 것이다. 이 두 요인을 기점으로 18세기 말부터는 시각보다는 보이지 않는 영역을 더 강조하는 낭만주의적 사조가 영국, 프랑스, 독일 등지에서 등장하였다. 또한 19세기에 있어서 시각적 경험에 가장 큰 영향을 끼친 사건은 도시의 재건, 즉 도시 풍경의 변화와 사진의 등장을 들 수 있다. 특히 오스만 남작의 파리 재건 프로젝트 이후, 변화된 도시에서의 경험이 얼마나 혼란, 시각적 불확실성, 신경과민을 일으키게 되었는가가 중요해졌다. 아울러 사진이라는 새로운 시각매체의 등장은 시각 경험의 대중화라는 긍정적인 영향과 동시에, 사진이 과연 진실을 반영하는가의 문제, 그리고 사진이 과연 예술인가 하는 의심을 품고 있다. 그리고 이 사진매체의 발달은 당대 제국주의의 발달이나 규율화된 근대사회의 등장과 함께했다는 점에서 타자에 대한 인류학적 응시의 확대와 동일규격의 개인 초상사진이 어떻게 경찰관서와 같은 공간 내에서 감시와 규율의 대상으로 기능했는가와 같은 부정적인 측면도 있었다. 이러한 점에서 계몽주의의 시각에 대한 관점은 기구를 타고서 아래를 바라보는 나다르의 이미지가 잘 보여 주듯, 시각중심주의적인 관점과 그러한 새로운 시각 경험이 전달하는 진실과 환영에 대한 반시각주의적인 관점 양자를 모두 보여 준다.

〔강인혜 요약〕

2

계몽(EnLIGHTenment)의 변증법

내가 만일, 내 존재의 본성을 바꾸어 살아 있는 눈이 될 수 있다면, 나는 기꺼이 바꿀 것이다.

―장자크 루소의 『신 엘로이즈 La nouvelle Héloïse』 중 볼마르(Wolmar)의 말[1]

과학과 예술의 일반 체계는 일종의 미로다. [⋯] 우리 지식의 백과사전식 정리는 [⋯]철학자를 유리한 시점, 말하자면 이 광활한 미로 위 저 높은 곳, [⋯] 주요 학문과 예술을 동시에 지각할 수 있는 곳에 두는 것이다. 또한 바로 그곳에서 철학자는 그들의 사변의 대상과 이 대상에 대하여 이루어지는 작용을 한눈에 볼 수 있다. [⋯] 이 백과사전식 정리는 주요 나라들과, 그들의 위치, 그리고 그들의 상호 의존성, 또한 서로를 직접적으로 잇는 길을 보여 주는 일종의 세계지도이다.

―장 르 롱 달랑베르[2]

사진이 예술 활동의 일부를 대신하도록 둔다면, 사진은 머지 않아 예술을 완전히 대체하거나 타락시킬 것이다. 이는 바로 사진의 본질적인 동업자인 군중의 우매함 때문이다. [⋯] 일단 사진이 무형의 상상적의 영역을 침범하는 것이 용인되고, 인간이 자신의 영혼으로부터 나온 것을 더했다는 이유만으로 가치 있는 그 무엇을 침범하는 일이 용납된다면, 우리는 곧 화(禍)를 당할지니라!

―샤를 보들레르[3]

"관념이란 무엇인가?" 볼테르(Voltaire)는 자신의 책 『철학사전 *Dictionnaire philosophique*』에서 이와 같은 질문을 던지고 곧 다음과 같이

---

1 Jean-Jacques Rousseau, *La nouvelle Héloïse*, part 4, letter 12, in *Oeuvres complètes* (Paris, 1959), vol. 2, p. 491.

2 Jean le Rond D'Alembert, *Preliminary Discourse to the Encyclopedia of Diderot*, trans. Richard N. Schwab and Walter E. Rex (New York, 1963), pp. 46-47.

3 Charles Baudelaire, "The Modern Public and Photography," in *Classic Essays in Photography*, ed. Alan Trachtenberg (New Haven, 1980), p. 88.

대답한다. "그것은 나의 머릿속에 그려지는 하나의 이미지다. […] 가장
추상적인 관념들은 내가 지각한 모든 대상들의 귀결이다. […] 오직 내
머릿속에 이미지들이 있기 때문에 내게 관념들이 있는 것이다."[4] 볼테
르 특유의 자신감으로 전달되는 이 단순한 명제들은 계몽주의가 데카
르트의 시각중심적인 인식론으로부터 받은 영향과 그로부터의 거리 모
두를 직접적으로 보여 준다.

볼테르는 데카르트처럼 인간 의식 내의 내적 표상이면서 마음의 눈
속에 있는 이미지를 나타내기 위해 "관념"이란 말을 사용했다. 이제 관
념은 플라톤적인 **에이도스**(eidos, 형상)와 같이 더 이상 주체의 마음 외
부에 있는 객관적인 현실이 아니다. 따라서 볼테르는 의식과 물질이라
는 이원론의 측면에서는 데카르트의 생각에 동의했다. 아울러 그는 우
리 관념이 갖는 진리의 궁극적인 원천이 신이라는 생각에도 동의했다.
하지만 볼테르는 정확히 어떤 식으로 신이 그런 결과를 이끌어 내는지
에 대해서는 알 도리가 없음을 인정했다. 뿐만 아니라 볼테르는 마음속
에서 관념들이 명석판명할 때, 그 관념들이 명료한 산문체로 표현될 수
있다는 점에서, (비록 이러한 구절이 정확히 명시되지는 않았지만) 데
카르트의 의견을 따랐다. 특히 이 명료한 산문은 특히 18세기 철학자들
이 가장 명료하다고 생각한 언어인 프랑스어로 표현됨을 말한다.[5]

---

4 Voltaire, *Philosophical Dictionary*, ed. and trans. Theodore Besterman (New
York, 1972), p. 236.

5 앙투안 리바롤(Antoine Rivarol)이 1784년 저술한 『프랑스어의 보편성에 대하여
De l'universalité de la langue française』에 "분명하지 않다면 프랑스어가 아니다"라는
유명한 구절이 있다. 프랑스의 유명한 격언 중에 "잘 이해한 자가 명확하게 표현한다
(ce qui se conçois bien s'exprime bien clairement.)"는 말도 있다. 18세기의 명료한
문장에 대한 집착에 대해서는 다음을 참조. Priscilla Parkhurst Clark, *Literary
France: The Making of a Culture* (Berkeley, 1987), 5장과 Daniel Mornet, *Histoire
de la clarté française: Ses origines, son évolution, sa valeur* (Paris, 1929). 20세기 들
어서 '보편적 언어'로서의 프랑스어를 계속해서 중요시 여기는 것을 그 추정적 명확함

하지만 볼테르는 데카르트와 달리 프랜시스 베이컨, 존 로크(John Locke), 아이작 뉴턴(Isaac Newton) 등의 감각론 전통을 따랐는데, 이들은 본유적인 직관이나 연역이 아닌 **오로지** 외부 대상에 대한 인식만이 우리 관념의 원천이라고 주장했다. 이안 해킹이 그 차이를 적절하게 요약한 바 있다. "데카르트적인 지각은 마음에 투명하게 비춰지는 대상을 적극적으로 파악하는 행위이다. 반면 실증주의적인 지각은 그 자체로 관찰자들에게 적극적으로 작용하지 않은 채 동떨어져서 불투명하고 빛이 투과할 수 없는 '물리적 대상들'에 대해 수동적이고 무딘 광선을 비추어 파악하는 것이다."[6] 데이비드 흄(David Hume), 에티엔 보노 드 콩디약(Étienne Bonnot de Condillac), 그리고 여타 18세기 철학자들이 그랬듯, 로크가 반영에 부여했던 정신의 능동적 기능이 일단 감소하게 되자, 관찰이라는 시각전통이 사변적 전통을 대부분 대체하게 됐다. 18세기 프랑스에서 시각에 대한 모든 데카르트적인 태도들이 버려진 것은 아니었다. 즉 몽테스키외(Charles de Secondat, Baron de Montesquieu)와 드니 디드로(Denis Diderot)같은 다양한 인물들에 그 잔재가 남아 있지만, 이 데카르트적 태도는 계몽주의 시대 후기에 상승세를 타는 보다 강경한 감각론과 승산 없는 싸움을 치르는 셈이었다.

때문으로 보는 것에 대해서는 다음을 참조. David C. Gordon, *The French Language and National Identity* (1930-1975) (The Hague, 1978). 명석판명함에 대한 근대적 집착을 월터 옹이 라무스 논법의 시각적 편향성까지 거슬러 추적한 것에 대해서는 옹의 다음 책을 참조. *Ramus, Method, and the Decay of Dialogue* (Cambridge, Mass., 1983), p. 280.

6 Ian Hacking, *Why Does Language Matter to Philosophy?* (Cambridge, 1975), p. 33. 여기에서 실증주의적(positivist)이라는 것은 감각론을 말하는 다른 방식이다. 해킹은 푸코의 『임상의학의 탄생 *The Birth of the Clinic*』에서 데카르트주의로부터의 변환에 대한 논의에 기대고 있다.

그럼에도 불구하고, 계몽주의 시대(siecle des lumières)에 시각중심 적인 편향이 암묵적으로 지속되었다는 점 또한 강조되어야 할 것이다. 데카르트와 로크의 영향을 받은 철학자들 양쪽 모두는 마음이 카메라 옵스쿠라라는 로크의 개념을 유지했다.[7] 데카르트와 로크 영향하의 철 학자들 모두 "오감의 모든 능력 가운데 단연코 시각이 가장 고귀하다" 고 했던 스코틀랜드 철학자 토머스 리드(Thomas Reid)의 말에 동의했 을 것이다.[8] 이들 양측 모두 명징함과 합리성 사이의 관련성을 신뢰했 는데 바로 이러한 점 때문에 계몽주의라는 이름이 붙게 된다. 그러면서 양자 모두 눈과 경쟁 관계의 주요 감각기관인 귀에 대해서는 불신했는 데, 이는 귀가 신뢰할 수 없는 "풍문(風聞)"만을 받아들인다고 판단했 기 때문이다. 이에 대하여 한 저명한 해석자는 다음과 같이 결론을 냈 다. "이처럼 계몽주의 시대는 이성의 선명하고 명료한 빛으로 사물을 바라보았던 시대이며, 바로 이러한 과정은 눈의 보는 작용과 밀접하게 관련돼 보였다."[9]

위 문장은『자유의 발명 L'Invention de la liberté』이라는 저작 중에 있는「보기의 기술(The Art of Seeing)」의 절정 부분 구절에서 따온 것 이다. 그 저자는 바로 장 스타로뱅스키로, 시각이란 테마에 관한 그의 연구는 18세기를 연구하는 그 누구도 무시할 수 없을 것이다. 평생에 걸쳐,『몽테스키외 그 자신 Montesquieu par lui-même』,『살아 있는 눈 L'Œil vivant』,『1789: 이성의 상징 1789: Les Emblèmes de la Raison』,

7 로크의 이 은유 사용에 대해서는, 그의 다음 책을 참조할 수 있다. *Essay Concerning Human Understanding*, ed. A. C. Fraser (Oxford, 1894), pp. 211-212.
8 Thomas Reid, *An Inquiry into the Human Mind on the Principles of Common Sense* (Edinburgh, 1801), p. 152.
9 Jean Starobinski, *The Invention of Liberty, 1700-1789*, trans. Bernard C. Swift (Geneva, 1964), p. 210.

『장자크 루소: 투명성과 장애물 *Jean-Jacques Rousseau: la transparence et l'obstacle*』, 『자유의 발명』[10]과 같은 영향력 있는 저작들을 저술한 스타로뱅스키는 당대의 문학, 회화, 건축 그리고 정치 속에 있는 시각을 주제로 한 모든 뉘앙스를 날카롭게 탐구했다. 사실 스타로뱅스키는 매우 유익한 지식 정보 안내자였기에 시각에 관한 20세기 담론에 있어서의 그의 핵심적인 입지는 때때로 잊혀졌다. 이 시점에서 이를 상기하는 것은 그의 분석들이 가지는 위상을 확인시켜 줄 뿐만 아니라 근래 프랑스 사상에서 반시각적인 경향을 과도하게 총체화하려는 논의에 경종을 울리기 위한 것이다.

스타로뱅스키는 소위 주네브 문학비평 학파의 가장 두드러지는 일원이었는데, 이 학파에 속한 권위자로는 마르셀 레몽(Marcel Raymond), 알베르 베갱(Albert Béguin), 조르주 풀레(Georges Poulet), 장피에르 리샤르(Jean-Pierre Richard), 장 루세(Jean Rousset)가 있다.[11] 발생론적인 비평가 혹은 현상학적인 비평가로 알려진 이들은 저자의 의식을 연구의 제1대상으로 간주했으며, 문학을 의식의 한 형식으로 이해하였다. 한때 주네브 학파에 관여했던 밀러(J. Hillis Miller)에 따르면 이들의 비평의 근본적인 측면은 바로 투명성에 대한 추구였다. "투명성은 저자를 간파함으로써 그리고 저자의 작품에서 표현된 의식이 지닌 개

10 Jean Starobinski, *Montesquieu par lui-même* (Paris, 1953); *The Living Eye*, trans. Arthur Goldhammer (Cambridge, Mass., 1989); 1789: *The Emblems of Reason*, trans. Barbara Bray (Charlottesville, Va., 1982); *Jean-Jacques Rousseau: Transparency and Obstruction*, trans. Arthur Goldhammer (Chicago, 1988). 그의 저작에 대한 전체 참고문헌은 다음을 참조. *Pour un Temps/Jean Starobinski*, ed. Jacques Bonnet (Paris, 1985). 이들의 중요성에 대한 논의는 위의 책에 편집된 글들과 다음 글을 참조. Philippe Carrard, "Hybrid Hermeneutics: The Metacriticism of Jean Starobinski," *Stanford Literature Review*, 1, 3 (Fall, 1984).
11 주네브 학파에 대한 논의는 다음 책을 참조할 수 있다. Sarah Lawall, *Critics of Consciousness: The Existential Structures of Literature* (Cambridge, Mass., 1968).

별 특질의 내밀한 근거를 드러냄으로써 획득된다."[12] 밀러가 언급하기를, 스타로뱅스키는 "그의 초기 저술에서부터 육체와 세계의 밀도를 완벽히 이해 가능한 것으로 만들려는 꿈에 사로잡혀 왔다. 이런 변환 속에서 정신은 투명해진 세계로 열린 맑은 투명성이 된다"고 주목했다.[13]

스타로뱅스키가 반시각중심주의를 이끌던 다른 여러 지식인들과 구별되는 위와 같은 목표를 설정했다는 점 때문에 주목받지 못한 것은 아닙니다.[14] 비록 계몽주의 시대의 시각적 복잡성의 변증법을 확실히 인지하고 있었지만, 스타로뱅스키는 동시대 지식인들이 분명히 가지고 있던 응시에 대한 깊은 의혹을 드러낸 적은 없었다. 이처럼 그는 『살아 있는 눈』 서설에서 응시(le regard)가 본래 "기대, 염려, 주의 깊음, 사려, 보호"를 나타내며 "우리가 두 눈을 뜨고 우리를 찾아내는 응시를 기꺼이 받아들이는 일은 쉽지 않다. 그러나 확실히 비판한다면, 전체적인 이해를 위해서는 우리는 다음과 같이 말해야 한다. '보아라, 그리하면 당신은 보여질 것이다.'"[15]라고 결론지었다. 스타로뱅스키가 여타 많은 동시대 프랑스 사상가들보다 훨씬 더 계몽주의의 시각적인 측면에 경도되

---

12 J. Hillis Miller, "The Geneva School," in *Modern French Criticism: From Proust and Valéry to Structuralism*, ed. John K. Simon (Chicago, 1972), p. 294.

13 Ibid., p. 300.

14 Jean Molino, "La relation clinique ou Jean Starobinski dans la critique," in Bonnet, pp. 64-65. 장 몰리노는 스타로뱅스키 작업의 아폴론적인 명료함을 사르트르 철학의 어두움과 대비시켰다. 그러나 또 어떠한 점에 있어서는 스타로뱅스키는 사르트르를 따른다. 라월(Lawall)은 따라서 "스타로뱅스키의 시각에 대한 분석은 다양한 태도들을 포함하고 있지만 그의 분석이 작품에 대한 분석이나 형식적 구조에 대한 분석보다는, 존재와 보임, 혹은 선택과 행동에 집중한다는 점에서 전형적으로 존재론자적인 태도를 보인다"고 주목한 바 있다(p. 184). 이 책에서 논의된 주요 담론의 다른 인물들에 대하여 스타로뱅스키는 거리를 유지했다. 그가 푸코, 데리다, 혹은 심지어 정신분석학에 있어서 그 누구에게나 가장 지대한 영향을 끼쳤던 라캉과도 관련 있다는 측면은 어디에도 찾아볼 수 없다.

15 Starobinski, *The Living Eye*, pp. 2, 13.

었기 때문에 우리의 분석에 균형을 맞추기 위해서는 다른 출처의 자료들의 도움을 받는 것이 필요하다. 그럼에도 불구하고 이 분석은 그의 선구적인 성과에 힘입은 것이다.

계몽주의 시대에 관한 모든 설명은 아폴론적인 태양왕 루이 14세의 통치 시기에서 시작해야 할 것이다. 무대이면서 동시에 스펙터클인 그의 궁정은 피상적인 광휘를 눈부시게 진열해 놓았고, 이는 외부인들을 당혹케 만들었지만 그 의미를 읽을 줄 아는 이들에게는 해독 가능한 것이었다. 왕의 신하들은 일종의 시각적 신호인 의복이나 제스처 등에 담긴 권력, 기품, 위계의 기호를 해독하는 법을 배웠다.[16] 이때 복식이 더 정교할수록, 가발이 더 높을수록, 화장을 한 얼굴이 더 인위적일수록 위신이 더 높은 것으로 여겨졌다. 그리고 루이 마랭(Louis Marin)이 증명한 것처럼, 군주, 혹은 그의 "제2의 신체"는 왕실의 이미지에 신성한 현전을 부여하기 위해서 성체와 같은 기독교적 전통에서 끌어온, 표상들의 원근법적 공간의 중심이 되었다.[17]

18세기는 사회 속에서 보는 능력과 보이는 능력이 현저하게 발전했던 시대로, 판유리, 안경, 실내조명 제조업에서의 빠른 물질적인 향상

---

16 이탈리아 르네상스 기간 동안 발다사레 카스틸리오네(Baldassare Castiglione)는 이미 그 자신을 시각적 전시에 올려 놓기 위해 그의 신하를 준비시켰다. 다음의 책에서 그는 그의 신하에게 "적절한 장치와 적합한 포즈를 취하고 구경꾼의 눈을, 마치 자석이 철을 이끄는 것처럼, 그에게로 이끌 만한 재치 있는 것들을 이용" 하라고 조언했다. *The Book of the Courtier*, trans. Charles Singleton (Garden City, N.Y., 1957)(p. 72).

17 Louis Marin, *Portrait of the King*, trans. Martha M. Houle, foreword by Tom Conley (Minneapolis, 1988). 마랭은 왕실 절대주의가 메달의 초상으로부터 파리의 기하학자의 지도에 이르는 모든 것에 나타나는 "왕-효과(king-effect)"라는 시각적 생산에 기반하고 있음을 보여 준 바 있다. 루이 14세 재위의 역사적 내러티브조차도 그 상징적 표상에서 절정을 이루었다. "제2의 신체"라는 문구는 에른스트 H. 칸토로비츠(Ernst H. Kantorowicz)의 고전적 연구인 다음 책과 관련 있다. *The King's Two Bodies: A Study in Medieval Political Theory* (Princeton, 1957).

이 이루어졌던 시기였다.[18] 장 바티스트 콜베르(Jean Baptiste Colbert)
가 거울에 대한 베네치아의 독점을 폐지하자, 베르사유 궁전 내에 루이
14세의 전례 없는 거울의 방이나 무한하게 반사하는 거울("glace à ré-
pétition") 혹은 조망용 거울을 만들 수 있는 길이 열렸는데, 특히 이들
무한 반복식 거울은 귀족적인 실내장식의 주요 요소가 되었다.[19] 중요한
점은 프랑스 고전기의 웅장하고 기하학적인 정원들은 눈을 만족시키고
자 설계된 것이며, 여전히 격하되었던 코를 위한 것은 아니었다.[20] 야간
에는 베르사유 궁전의 정원에 24,000개의 양초들이 불을 밝혔다.[21] 이러
한 스펙터클을 능가하는 것은 보다 더 휘황찬란했던 축제용 불꽃놀이
뿐이었다.

절대주의 국가는 스펙터클과 더불어 시각적 감시 기술을 개발하는
법 또한 알고 있었다.[22] 수천 개의 등불이 공공 법령에 따라 파리에 신
설되었고, 볼프강 쉬벨부쉬(Wolfgang Schivelbusch)에 따르면, 이 등불
은 "거리를 가로지르는 줄에 매달려서 가로의 한가운데에 매달려 있었
는데, 이는 마치 작은 태양들 같아서 '태양왕'을 나타냈다."[23] 그가 "질
서의 조명"이라 불렀던 것은 "축제의 조명"이라는 의미도 함축하였다.

---

18 이러한 물질적 변화에 대해서는 다음을 참조. Philippe Perrot, *Le travail des
apparences: Ou les transformations du corps féminin XVIIIe-XIXe siècle* (Paris, 1984).

19 Benjamin Goldberg, *The Mirror and Man* (Charlottesville, Va., 1985), p. 173.

20 Alain Corbin, *Le miasme et la jonquille: L'odorat et l'imaginaire social 18e-19^e
siècles* (Paris, 1982), p. 95.

21 Wolfgang Schivelbusch, *Disenchanted Night: The Industrialization of Light in
the Nineteenth Century*, trans. Angela Davies (Berkeley, 1988), p. 7.

22 독일 절대주의 국가들은 군중 감찰을 강조함과 동시에 시각적 통제 방식을 개발했
는데, 이는 크리스티안 볼프(Christian Wolff)의 합리주의 철학에 있어 절대적인 시각
의 지배에 의해 더 강조되었다. 이에 대한 논의는 다음 책을 참조. Howard Caygill,
Art of Judgement (Cambridge, Mass., 1988), p. 182.

23 Wolfgang Schivelbusch, *Disenchanted Night*, p. 86.

이러한 궁정 생활의 찬란함을 글로 남긴 가장 뛰어난 기록자는 피에르 코르네유(Pierre Corneille)였으며, 그의 연극은 스타로뱅스키가 "**보기의 힘**"[24]이라고 불렀던 것을 잘 보여 준다. 코르네유의 주인공들은 자신들을 위해 창조된 이미지를 화려하게 실현시킴으로써, 그리고 온 세상을 자신들을 지지하는 증인으로 만듦으로써 그들의 정체성을 획득했다. 베르사유 궁전의 빛나는 스펙터클의 중심에는 왕 자신이 있었고 잘 알려진 것처럼, 이러한 왕을 가리켜 코르네유는 모든 빛의 신적인 근원이자 만물을 볼 수 있는 눈, 다시 말해 거울적인 정체성의 가장 **탁월한** 형상이라고 묘사했다.

장 바티스트 라신(Jean Baptiste Racine)의 연극은 코르네유의 연극보다는 좀 더 소극적이었다. 타인의 응시의 대상이 되는 것에 관한 그의 얀센주의적인[a] 불안은 회한(resentment)의 연극을 창조해 냈는데, 여기서는 보이는 것이 영광의 표시이기보다 오히려 수치의 표시가 되었다. 라신의 등장인물들은 어둠 속에서 살았는데, 이로 인해 자신들의 안정적이고 투명한 정체성을 획득할 수는 없었다. 그의 **보다**(voir) 동사 사용은 채울 수 없는 욕망과 한없는 공포에 대한 의식을 나타내는 것으로, 이 공포는 시각적인 경험을 수반하는 것이었다. 라신에게 있어 햇빛의 광명은 단순한 가시성보다 더욱 많은 것을 나타냈다. 햇빛은 스타로뱅스키가 **절대적인 응시**(le regard absolu)라고 칭했던, 그리고 나중에 사르트르에게서 보게 될[25] 신 혹은 태양의 심판하는 눈을 의미했다.

구(舊)체제의 연극이 시각적인 평정심과 시각적인 불안 사이의 진자 운동을 드러낸다면, 18세기 철학자들의 저작들 또한 마찬가지였다. 몽

---

24 Starobinski, *L'oeil vivant: Essais* (Paris, 1961), p. 43. 코르네유와 라신에 관한 에세이는 영어판에는 포함되지 않았다.

25 François George, *Deux études sur Sartre* (Paris, 1976), pp. 303f.

테스키외는 코르네유를 닮았다고 스타로뱅스키는 지적하는데, 특히 멀리 떨어진 대상을 지각하는 시각적인 경험에 대한 긍정적인 태도에서 그러하다. 아이러니하게도, 눈이 멀어서 사망한 몽테스키외는 가능한 한 광대한 장면을 보는 파노라마적인 전지적 시각으로부터 쾌락을 찾았다. 그에게 있어 "명백함은 응시의 즐거움이다. 최고의 고전적 미덕인 합리성과 명료성은 지식의 유형으로서 정의될 뿐만 아니라 행복의 방법으로도 정의된다. 이 두 미덕은 대상이 희미해지기까지 멀리 뻗는 시각의 전개와 형태 파악을 보장한다. […] 보기의 문제에 있어서 몽테스키외는 더 이상 중용(中庸)을 설파하지 않는다. 우리 영혼의 행복은 '한계를 넘어서', '현전의 영역을 확장하는 데' 에 있다."[26] 그가 이해하는 방법은 세계에 대한 순간적인 파악을 바탕으로 한 것이며, 바로 이러한 점 때문에 몽테스키외는 뉴턴보다는 빛이 한 번에 전파된다고 잘못 믿었던 데카르트에 더 가까웠다. 따라서 몽테스키외가 사회, 정치적인 삶의 영속적인 형태를 추구하는 객관적인 사회과학의 아버지로서 널리 존경받게 된 것은 당연하다. 바꿔 말하면, 몽테스키외의 탁 트인 파노라마적인 시각은 소위 패인 둑(claire-voie)[b](영어로는 "ha-ha"라고 불렸다)이 설치된 귀족층 시골 별장의 넓고 세련된 전망에 비유될 수 있다. 이는 가축이 저택에 다가가지 못하게 만든 둑이면서 동시에 시야를 가리지 않는, 울타리보다 도랑에 가까운 것이었다.[27] 자연적인 풍경뿐 아니라 사회적인 풍경을 조망하는 데에서 얻는 행복에도 불구하고, 몽테스키외는 응시의 대상들에 거리를 둔 채로만 관계를 맺는 관람자로 남았다.

혹은 몽테스키외는 적어도 장자크 루소(Jean-Jacques Rousseau)라

---

26 Starobinski, *Montesquieu par lui-même*, p. 35.

27 D. G. Charlton, *New Images of the Natural in France: A Study in European Cultural History 1750-1800* (Cambridge, 1984), p. 34.

는 매우 상이한 인물과도 비교되는데, 이는 라신적인 전통을 심화시키고 복잡하게 만든다는 점에서 그러하다. 몽테스키외보다 훨씬 더 시각에 빠져 있었던 루소의 심취는 열정적이고 개인적인 것이었다. 루소의 투명성에 대한 추구는 세상의 진리를 밝히기 위한 것만이 아니라, 그 스스로의 내면적인 진리, 즉 그 자신만의 진정한 자아를 증명하기 위한 것이기도 하였다. 루소의 이러한 의식에 대해 스타로뱅스키가 현상학적으로 서술한 바 있는데, 즉 수정처럼 맑은 투명성을 위한 루소의 투쟁은 여러 형태로 나타나고 또 많은 장애물들과 맞닥뜨린다. 루소의 초기의 투명성에 대한 충동은 신 앞에서 인간의 투명성을 회복하기 위한 것으로, 이는 아마도 "거룩한 감시(holy watching)"라는 주네브의 칼뱅주의 전통에서 왔을 것이다. 비록 불투명성으로 빠져들더라도 귀환의 기쁨이 있을 수 있기에 루소에게는 다행으로 여겨졌지만,[28] 세속의 시대에 그렇게 되돌리는 문제는 쉽지 않았다. 이제 인간은 신의 눈에 보이기보다 인간 서로에게 완전히 투명해져야만 하며, 개인은 그 누구보다 스스로에게 투명해져야 했기 때문이다. 외양의 베일을 걷어 내고 그 아래에 있는 본질적인 진리를 드러내려는 루소의 욕망이 너무도 치열했기에 스타로뱅스키는 이를 주저 없이 플라톤의 욕망과 비교했다.[29]

이러한 투명성이라는 목적을 위한 노력으로 루소는 여러 방편을 고려했다. 그는 때로 신성한 전지(全知)의 눈, 즉 이는 『신 엘로이즈』에서 볼마르가 꿈꿨던 살아 있는 눈(œil vivant)으로, 이 눈과 자신을 동일시했다. 이때 모든 것을 본다는 것은 (통치 말기 때 루이 14세의 변모된

---

28 Starobinski, *Jean-Jacques Rousseau*, p. 135. 18세기 말에서 19세기 초에 우연히 좋은 운이 떨어진다는 모티브가 만연했다는 점에 대해서는 다음 책을 참조할 수 있다. M. H. Abrams, *Natural Supernaturalism: Tradition and Revolution in Romantic Literature* (New York, 1971).

29 Starobinski, *Jean-Jacques Rousseau*, p. 76.

역할과도 유사하다고 장마리 아포스톨리데스(Jean-Marie Apostolidès)가 묘사했던) 보는 자의 완전한 비가시성의 환상을 수반했다.[30] 또 한편으로는 루소는 모든 눈들이 바라보는 주목의 초점이 되어, 그 스스로의 내면의 자아가 타인들의 판단하는 응시에 완전히 보이게 되기를 열망했다. 그러나 관음증적인, 그리고 노출증적인 두 상보적 경향 사이의 이러한 진동은 루소에게는 참된 위안이 되지 못했는데, 이는 절대적인 응시(le regard absolu) 앞에 불안해하는 라신의 등장인물들과 흡사했다.[31]

　루소는 여성들이 지배하고 여타 18세기 철학자들이 자주 드나들던 파리 살롱 사교계의 허위적인 피상성에 환멸을 느꼈으며 따라서 루소는 자신의 "진정한" 자아를 찾는 외로운 탐구에서, 혹은 시각적인 투사라는 말이 더 잘 어울리는 목가적인 자연미에 대한 고독한 명상으로부터 위안을 찾았다.[32] 데카르트와 로크가 외부 세계와 관련해 사용했던 카메라 옵스쿠라라는 은유를 완전히 뒤집음으로써, 루소는 그 은유를 자신의 영혼에 대한 인식에 적용했는데, 이는 그가 세계를 향해 그 어두운 구석을 강박적으로 노출하는 것이었다. 그는 오랫동안 사교계로부터 떠나는 것으로는 만족하지 못하고, 사람들이 서로의 응시에 완전

30 Jean-Marie Apostolidès, *Le roi-machine: Spectacle et politique au temps de Louis XIV* (Paris, 1981), p. 128. 아포스톨리데스는 1674년의 축제가 시각적 전시로서의 왕으로부터 감시의 네트워크의 부재하는 중심으로서의 왕으로 변화하는 지점을 나타낸다고 주장한다.
31 다음 글에서 그는 이 용어를 사용하여 이 응시를 신적인 절대에 대한 희망과 연결시킨다. *Jean-Jacques Rousseau*, p. 251.
32 D. G. 샬톤(D. G. Charlton)이 주목한 바와 같이, 루소에게 시각은 단순히 (혹은) '보기'가 아니며, 그의 '전원적 시각(pastoral vision)'은 아울러 상상력, 통찰, 심지어 주술적 측면까지 꿈꾸는 것을 함축하는 다른 의미들이 관련되어 있다. 그의 관심은 "자연에의 회귀" 즉, "황금기"라는 과거로의 회귀에 있는 것이 아니라, "미래를 위해 소망된, 가능한 '이미지'"로서의 전원적 세계에 있는 것이다(p. 40).

히 개방되는 새로운 사회질서, 즉 비난이나 억압이 없는 상호적으로 이
로운 감시가 행해지는 어떤 유토피아를 열렬히 꿈꿨다.

루소는 인류에게 그러한 유토피아에 도달할 수 있는 완전한 수단이
부족하다고 인식했다. 왜냐하면 그는 성 아우구스티누스와 말브랑슈처
럼, 인간이 자신의 빛의 근원이 될 수 없다고 믿었기 때문이다. 이 무능
력함으로 인해 루소는 언어적인 매개, 즉, 응시들의 순수한 상호 관계
를 방해하는 기호들이 필요하다고 생각했다. 그러나 여기에서도 루소
는 원초의, 자연 언어로의 회복을 꿈꾸었는데, 이 자연 언어에서는 비
인격의 일반개념으로 이루어진 근대적인 말하기의 장애물들이 극복된
다. 루소가 주장한 직접성을 이룰 수 있는 또 하나의 수단은 음악이었
다. 음악의 특정한 멜로디는 듣는 이의 마음에 직접적으로 다다를 수
있었다. 그러므로 여타의 감각들은 투명성에 대한 장애물들을 극복함
으로써 시각을 도와줄 수 있었다.

그와 같은 음악은 루소 자신이 몹시도 싫어했던 피상적이고 환영적
인 연극과는 대치되는 이벤트, 즉 축제의 고유한 구성 요소였다. 스타
로뱅스키가 말한 것처럼, "불투명성이 투명성에 대응되듯이, 연극은 축
제에 대응된다."[33] 연극에서 관객과 배우 사이가 분리되는 것과는 달리
축제는 총체적인 참여의 전형이었다. 연극이 환영을 이용하고 감각에
영합했다면, 축제는 야외에서 건강한 도덕적 경험을 선사했다. 축제는
단순한 표상이기보다는 (루소는 정치적인 대의(political representa-
tion)만큼이나 미적인 표상에 대해서도 적대적이었다는 점에서 플라톤
적이었다) 순수한 현전이면서 목적 그 자체였고, 영혼들 간에 아무런
매개가 없는 영적 교감이었다. 따라서 『신 엘로이즈』에서의 와인 재배

---

33 Starobinski, *Jean-Jacques Rousseau*, p. 95. 루소의 연극 비평에 대해서는 다음
책을 참조할 수 있다. Jonas Barish, *The Anti-Theatrical Prejudice* (Berkeley, 1981),
9장.

장면에서 가장 두드러지게 제시된 축제는, 『사회계약론』 속 일반의지가 표출된 애국적인 공동체와 대응되었다.

축제의 전적인 투명성에 대한 이러한 루소의 찬양 때문에, 자크 데리다는 스타로뱅스키의 논거에 근거하여, 그 축제에서 시각 자체에 관한 더 이상의 특권은 없다고 주장하기에 이르렀다.

> [축제는] 바로 관람자 스스로를 스펙터클로서 내보이는 장소이며, 구경꾼이 더 이상 보는 이(voyant)도 엿보는 자(voyeur)도 아닌 곳이면서, 그가 배우와 관객, 피재현물과 재현하는 자, 보이는 대상과 보는 주체 사이의 차이를 마음속에서 지워 버리는 곳이다. [⋯] 바깥공기는 목소리의 한 요소, 즉 부분으로 쪼개질 수 없는 하나의 호흡이 주는 자유이다. [34]

말하자면, [축제에서] 보는 주체와 가시적인 대상 사이에 간극이 없다면, 그리고 거울적인 통합을 저해하지 않는다면, 축제라는 무한히 반복되는 거울 속에 무언가가 보이지 않는다면, 참된 시각적 경험이란 없는 것이다. 단지 순수한 투명성이라는 문제만이 있을 뿐이며, 데리다는 이 투명성은 말하기가 지녔을 것이라고 주장하는 현전성을 바탕으로 한다고 주장한다. 즉 계몽주의가 시각을 신성시하는 것은 역설적으로 루소에게서 그 정반대인 말하기가 된 것이다.

완전한 투명성을 목소리에 대한 암묵적인 특권화와 동일시하는 데리다의 주장이 전적으로 설득력을 갖는지의 여부와는 상관없이, 데리다의 의견은 루소가 시각에 대해 실제로 얼마나 양가적이었는지를 설명하는 데 도움이 된다(왜냐하면 루소는 주류 계몽주의와 무척 다른 지점

---

34 Jacques Derrida, *Of Grammatology*, trans. Gayatri Chakravorty Spivak (Baltimore, 1976), pp. 306과 308.

에 있었기 때문이다). 또한 데리다의 주장은 그 다음에 일어나는 일들을 이해하는 데 유용하다. 왜냐하면 순수한 현전에 대한 루소의 숭배가 소위 스타로뱅스키가 말한 "성상파괴주의의 축제(la fête iconoclaste)"[35]를 고무시켰기 때문이다. 이 "성상파괴주의의 축제"에서 프랑스 대혁명의 투사들은 이미지와 그 유혹적인 힘에 관한 자신들만의 모순적인 감정을 행동으로 보였다. 이전의 청교도들이 그랬듯, 자코뱅파는 종교와 정치 모두에서 의심받게 된 권위의 상징들에 대한 우상숭배를 열정적으로 파괴하고자 했다.[36] 이 투사들도 마찬가지로 스펙터클, 특히 구체제의 왕좌와 제단 주위의 산만함을 열렬히 비난했다. 아울러 이들은 혁명 이전의 파리에 존재하던 여성이 지배했던 살롱들의 피상적인 반짝임도 달가워하지 않았다.[37] 때문에 1793년 8월에 루브르 궁전이 공공박물관으로 전환되고, 종교적이고 귀족적인 미술 작품들이 탈맥락화되고 나서야 국가적 예술유산들은 자코뱅파의 열정을 피해 살아남을 수 있었다.

이 성상파괴적인 축제 혹은 이 순수한 영혼들의 교감은 혁명가들이 애초에 생각했던 것보다 실현시키기 훨씬 어려웠다. 스펙터클이나 연극을 폐지하기보다는[38] 그리고 목소리의 순수한 현전을 회복하기보다

---

35 Starobinski, *The Invention of Liberty*, p. 100.

36 Stanley J. Idzerde, "Iconoclasm During the French Revolution," *American Historical Review*, 60, 1 (October, 1954), pp. 13-16.

37 보다 언어지향적인 부르주아들의 공공장을 위해서, 그리고 그 시각적 화려함 때문에 귀족들의 살롱을 거부했다는 점에 대해서는 다음 책을 참조할 수 있다. Joan B. Landes, *Women and the Public Sphere* (Ithaca, 1988). 구체제의 "성상적 반영성(iconic specularity)"에 대한 자코뱅파의 반응이 공공 영역에서의 여성에 대한 그들의 거부감과 연결되어 있음을 그녀는 보여 준다. 유사한 주장으로 다음 책을 참조. Marie-Hélène Huet, *Rehearsing the Revolution: The Staging of Marat's Death*, trans. Robert Hurley (Berkeley, 1982).

38 실제로 연극은 혁명기에 융성했다. Beatrice F. Hyslop, "The Theater during a

는, 이 혁명가들은 새로운 혁명적인 가상을 창조하기에 이르렀다. 이
혁명가들의 가상은 자신들이 전복하려던 것과 마찬가지로 시각중심적
인 것이었다. 아폴론적이었던 태양왕은 "대혁명이라는 태양신화"로 대
체되었다.[39] 이제는 실로 군주가 감시의 제물이 되었는데, 이 결과는 루
이 16세가 바렌(Varennes)으로 도피하던 중, 지폐에 새겨진 그의 초상
을 알고 있던 한 애국자가 그를 알아봤던 사건이 잘 보여 준다. 모든 것
을 보고자 했던 구체제의 파괴된 등불들은 이내 그 혁명의 등불로 교체
되었다.[40] 등불을 비추고서 진리를 탐구하는 디오게네스(Diogenes)는
새로운 체제가 선호하는 상징이 되었다.[41] 그 결과는 최근의 한 논평가
가 혁명을 가리켜 "세계의 극장(theatrum mundi)", 즉 영웅적인 행동
들이 인민의 "눈앞에서" 공연되는 무대라고 일컬었던 것이었다.[42]

그렇지만 이 혁명가들이 무대에 내세운 것은 직접적이고 분명한 것
은 아니었다. [과거] 군주의 이미지는 "혁명가들이 자신들의 집권기에

Crisis: The Parisian Theater during the Reign of Terror," *Journal of Modern History*,
17 (1945), pp. 332-355.

39 Starobinski, *1789: The Emblems of Reason*, pp. 40f.

40 Schivelbusch, *Disenchanted Night*, p. 113. 랜턴을 부수고 자신들의 등불로 혁명
적으로 복구하는 동일한 사이클은 1830년의 혁명기에 일어났다.

41 다음 글을 참조. Klaus Herding, "Diogenes als Bürgerheld," in *Im Zeichen der
Aufklärung: Studien zur Moderne* (Frankfurt, 1989). 디오게네스에 대한 다른 해석,
즉 그를 몸으로 확언하는 전통, 혹은 반 연극적인 "키니시즘(kynicism)"의 창시자로 보
는 해석에 대해서는 다음을 참조. Peter Sloterdijk, *Critique of Cynical Reason*, trans.
Michael Eldred (Minneapolis, 1987). 디오게네스는 4장에서 논의될 조르주 바타유의
위반적인 반시각주의의 전신으로 설명될 수 있을 것이다.

42 Joseph Butwin, "The French Revolution as *Theatrum Mundi*," *Research Stud-
ies*, 43, 3 (September, 1975), pp. 141-152. 혁명기 이후에 등장하는 민주적 공공장에
서의 시각 정치를 "축하하는" 방식에 대비되는 "입증하는(attestive)" 방식의 등장으로
보는 좀 더 순화된 해석에 대해서는 다음을 참조. Yaron Ezrahi, *The Descent of Ica-
rus: Science and the Transformation of Contemporary Democracy* (Cambridge,
Mass., 1990), 3장.

전시했던 순수추상개념, 즉 정의, 박애, 자유, 평등"으로 대체됐다고 아 포스톨리데스는 지적한다.[43] 하지만 어떻게 해서 추상이 가시화될 수 있었을까? 로크와 콩디약의 충실한 추종자였던 살라빌(J. B. Salaville) 은 상징적인 이미지를 만들려는 모든 시도에 대해 순전히 우상숭배라 며 비난했다.[44] 그러나 그의 주장은 비현실적이어서 그 누구도 설득시 키지 못했고, 대혁명은 자체적인 시각 양식을 모색했다. 대혁명은 주로 고전기 그리스와 로마의 원형으로부터 그 양식을 찾아내어 복원했는 데, 이러한 점은 자코뱅파 투사였던 위대한 화가, 자크 루이 다비드 (Jacques Louis David)가 능숙하게 다룬 바 있다.[45] 다비드는 로베스피 에르(Maximilien Robespierre)가 설립한 '절대자의 축제(La fête de l'Être suprême)'의 기획자로서 이성이라는 우상을 위한 새로운 도상학 을 확립했다.[46] 다비드는 자신의 그림에서 혁명에 충성을 맹세하는 선 서의 순간들조차도 맹세에 관한 로마 시대의 형상(〈호라티우스 형제의 맹세〉)과 근대적 형상(〈테니스 코트의 맹세〉)모두를 부여했다.[47] 소위

---

43 Apostolidès, *Le roi-machine*, p. 159.

44 이러한 저항에 대해서는 다음 책을 참조할 수 있다. E. H. Gombrich, "The Dream of Reason: Symbolism in the French Revolution," *The British Journal for Eighteenth-Century Studies*, 2, 3 (Autumn, 1979), p. 190.

45 혁명기에서의 그의 역할에 대한 기준이 되는 논의는 다음 책 참조. David Lloyd Dowd, *Pageant Master of the Republic: Jacques Louis David and the French Revolution* (Lincoln, Nebr., 1948). 또한 Jean Duvignaud, *"La fête civique": Histoire des spectacles* (Paris, 1965) 및 Mona Ozouf, *La fête révolutionnaire 1789-1799* (Paris, 1976).

46 이성의 신격화와 더불어 혁명적 상상계에서 열정에 대한 강한 표현이 있었는데, 이 는 분명하게 위반적인 형태를 띠었다. 클로드 강델만(Claude Gandelman)이 보여 준 것처럼, 위신이 땅에 떨어진 구체제의 권위를 격하시키기 위해, 천박하고 심지어 지저분 한 이미지가 팜플렛과 신문 한 면에 사용되었다. Claude Gandelman, "The Scatological Homunculus," in *Reading Pictures, Viewing Texts* (Bloomington, Ind., 1991).

47 이에 대한 논의는 다음 책을 참조할 수 있다. Starobinski, *1789: The Emblems of Reason*, pp. 101f.

전시안(全視眼), 즉 광선으로 둘러싸이고 삼각형 속에서 모든 것을 보는 눈으로, 미합중국 대문장(大紋章)에도 도입됐으며 1달러짜리 지폐 뒷면에도 보이는 그러한 다른 시각적인 상징들은 프리메이슨 전통으로부터 채택되었다. 프리메이슨은 전시안을 이집트 상형문자만큼이나 오래된 원천들로부터 가져왔다.[48] 1789년에는 전시안이 들어간 혁명기념 대형 메달이 주조되었는데, 여기에 "선전은 민중의 보호자다(La publicité est la sauvegarde du peuple)"라는 문장이 새겨졌다. 또 다른 문장은 "자유여, 그대의 태양은 산의 눈이다(Liberté, ton soleil, c'est l'œil de la Montagne)"라고 새겨졌다(산은 의사당의 제일 높은 좌석에 앉았던 가장 급진적인 자코뱅파를 나타냈다).

혁명에 대한 열정을 옷차림을 통해 시각적으로 나타내려던 시도들 또한 중요한데, 1789년 이후 이어진 10년 동안의 정권들은 이 문제에 몰두했다.[49] 또한 새로운 삼색기가 채택되어 격하된 백합문(fleur-de-lys)을 대체했다.[50] 마리안(Marianne)이나 헤라클레스(Hercules) 같은 혁명 상징의 시각적인 재현도 마찬가지로 격렬하고 오랜 논쟁의 원인이었다.[51] 심지어 혁명의 가장 섬뜩한 측면으로 볼 수 있는 공포정치기

---

48 "전시안(eye of providence)"에 대해서는 다음 책을 참조할 수 있다. Albert M. Potts, *The World's Eye* (Lexington, Ky., 1982), 8장 참조. 혁명적 도상학에 있어서 전시안의 역할에 대해서는 Gombrich, p. 200. 프리메이슨의 정치적으로 급진적인 분파들은 의미심장하게도 "일루미나티"라고 불렸다. Margaret C. Jacob, *Living the Enlightenment: Freemasonry and Politics in Eighteenth-Century Europe* (New York, 1991).
49 Lynn Hunt, *Politics, Culture, and Class in the French Revolution* (Berkeley, 1984), pp. 75f.
50 삼색기 채택의 역사에 대해서는 다음 책을 참조할 수 있다. Raoul Girardet, "Les trois couleurs," in Pierre Nora, ed., *Les lieux de mémoire*, vol. 1, *La République* (Paris, 1984).
51 Maurice Agulhon, *Marianne au combat: L'Imaginarie et la symbolique républicaines de 1789 à 1880* (Paris, 1979); Hunt, *Politics, Culture, and Class in the*

를 지배했던 기요틴의 눈 혹은 뤼네트(lunette)도 시각적으로 표출되었다. 한 역사학자는 공포정치기를 "일반화된 시각적 편집증"의 시기라고 부를 정도였다.[52]

그러므로 계몽주의, 그리고 그것이 낳은 대혁명은 일반적으로 시각의 특권화라고 특징짓는 근대사회를 표현했다고 할 수 있다. 그러나 우리가 앞 장에서 그 양가성을 탐구했던 데카르트적인 철학과 알베르티적인 원근법주의에서 보았던 것처럼, 시각의 우위는 다른 문제들과 복잡하게 얽혀 있을 수 밖에 없다. 이 문제들 가운데 일부는 스타로뱅스키의 분석, 특히 루소에 관한 대목을 개괄한 데에서 이미 분명해졌을 것이다. 여기서 한숨 돌리고, 이 시기의 가장 주목할 만한 인물 두 명, 즉 드니 디드로와 자크 루이 다비드를 보다 면밀하게 조사한다면, 여전히 남아 있는 다른 문제들이 더 분명해질 것이다.

디드로의 시각에 대한 심취는 그의 비범한 생애 전반에 걸쳐서 매우 두드러졌다. 최초의 중요한 근대 미술 비평가 중 하나인 그는 1759년부터 시작된 『살롱 Salons』이란 연작을 썼으며, 이는 장 바티스트 그뢰즈(Jean Baptiste Greuze), 장 바티스트 시메옹 샤르댕(Jean Baptiste Siméon Chardin), 오라스 베르네(Horace Vernet) 등이 부르주아들의 생활을 그리는 화가로서 평판을 확립하는 데에 도움을 주었다.[53] 극작가로서는 평범한 재능을 보였던 디드로는 연극에 있어서는 루소보다 장 르 롱 달랑베르(Jean le Rond d'Alembert)에 더 가까웠다. 비록 루소처럼 축제에 대한 향수는 있었지만 말이다. 그의 연극이론은 연극의 시각적인

French Revolution, 3장.

52 Norman Bryson, *Tradition and Desire: From David to Delacroix* (Cambridge, 1984), p. 96.

53 미술 비평가로서의 그의 활동에 대해서는 다음 책을 참조할 수 있다. Anita Brookner, *The Genius of the Future: Essays in French Art Criticism* (Ithaca, 1988), 2장.

측면을 강조했고, [그는] 연극의 효과적인 장면을 가리켜서 한눈에 동작의 본질을 알아볼 수 있는 사실적이고 회화적인 그림(tableaux)이라고 정의했다. 디드로는 관상학에서 말하는 성격에 대한 시각적 재현을 매우 심각하게 간주하여 요한 카스파 라바터(Johann Kaspar Lavater) 그리고 프란츠 요제프 갈(Franz Joseph Gall)과 비교될 정도였다.[54] 게다가 그가 정리하고 편집하는 데에 도움을 주었던 『백과전서 Encyclopédie』는 이례적으로 전체 약 3,000개에 이르는 도판을 사용한 것으로 유명하다. 이 같은 도판 사용은 "대상이나 그 표상을 일별하는 것이 한 장의 담론보다 더 많은 것을 이야기한다"라는 그의 명제를 따른 것이다.[55]

그럼에도 불구하고, 자코뱅파의 이미지 파괴를 예견하면서 1765년에 "친구여, 만일 우리가 미술보다 진리를 더욱 사랑한다면, 신께 성상파괴주의자들을 보내달라고 함께 기도하세나"라고 썼던 사람 역시 디드로였다.[56] 이러한 글에서 디드로는 환영적인 이미지의 유혹적인 힘에 대해 루소와 유사한 적개심을 드러냈다. 그의 여타 저작들에서도 마찬가지로 시각중심주의에 관한 다른 양가적인 면들을 발견할 수 있다. 디드로의 이러한 양가성은 소위 몰리뉴 문제(Molyneux Question)에 대한 그의 논의에 잘 나타난다. 또한 디드로가 몰입적인 양태를 옹호한 것에서도 양가성이 나타나는데, 이에 대해서는 미술사학자 마이클 프리드(Michael Fried)가 회화의 연극적인 양태에 반대되는 몰입적 양태로 설명한 바 있다.[57] 우리는 이 사안들을 차례차례 검토함으로써 지배

54 Starobinski, *The Invention of Liberty*, p. 136.
55 다음에서 재인용. Daniel Brewer, "The Work of the Image: The Plates of the *Encyclopédie*," *Stanford French Review*, 8, 2-3 (Fall, 1984), p. 235.
56 Diderot, *Magazin encyclopédique*, 3 (1795), pp. 52-53. 원래는 디드로의 다음 책에서 인용. *Salon of 1765*. Idzerda, p. 13.
57 몰리뉴에 의해 촉발된 논의의 역사에 대해서는 다음 책을 참조할 수 있다. Michael J. Morgan, *Molyneux's Question: Vision, Touch and the Philosophy of Perception*

적이었던 계몽주의적인 시각중심주의에 반대되는 몇 가지 흐름들을 파
악할 수 있을 것이다.

로크에게 1693년에 쓴 서한에서 더블린의 변호사 윌리엄 몰리뉴
(William Molyneux)는 다음과 같은 질문을 던졌다. 태어나면서부터
맹인인 자가 촉각과 같은 여타 감각을 통해 세상에 대한 지식을 습득했
다가, 기적적으로 혹은 성공적인 수술을 받은 뒤에, 시각을 회복 한다
면, 과연 그는 대상들을 즉각적으로 분간할 수 있을까? 그가 손가락을
통해서 파악했던 구와 입방체를 오로지 시각만으로 구분할 수 있는가?
더 일반적으로 말해서, 정신은 감각적 경험에 선행해서 아는가? 그게
아니라면, 각각의 감각은 개별적인 지식을 제공한 후에 세상에 대한 통
일된 감각으로 조정되는가? 아니면 보다 근본적으로 말해서, 경험에 기
초한 종합적인 인식 행위인 담론적으로 구성된 개념에 앞서는 직관적
지식이란 게 있을까?[58]

푸코(Michel Foucault)는 몰리뉴의 질문은 단순한 호기심이라기보다
"18세기 철학이 그 출발점으로 두기를 바랐던 가장 위대한 신화적인 경
험 두 가지 중 하나"라고 언급한 바 있다.[59] 디드로 이전의 많은 철학자

(Cambridge, 1977). 디드로에 관한 마이클 프리드의 논의는 그의 다음 책을 참조.
Absorption and Theatricality: Painting and Beholder in the Age of Diderot (Berke-
ley, 1980).

58 이러한 방식으로, 이 논의는 뉴턴주의자 새뮤얼 클라크(Samuel Clarke)와 라이프
니츠의 시간과 공간의 특성에 대한 유명한 논쟁과 거의 유사하다. 라이프니츠는 모든
지각은 또한 개념화라고 주장한 반면에 클라크는 지각은 개념화의 담론적 행위에 앞서
는 직관적인 순간이라고 주장했다. 이에 관한 간략한 논의는 다음 책을 참조. Amos
Funkenstein, *Theology and the Scientific Imagination from the Middle Ages to the
Scientific Revolution* (Princeton, 1986), pp. 107-108.

59 Michel Foucault, *The Birth of the Clinic: An Archaeology of Medical Percep-
tion*, trans. A. M. Sheridan (London, 1973), p. 65. 타자는 미지의 나라에서의 외부
관찰자이다. 푸코는 이 둘다 순진무구한 응시의 신선함을 표상한다고 주장하는데, 이는

들은 이 문제와 씨름했다. 가장 유명한 예들만 언급하자면, 로크는『인
간오성론 *Essay on Human Understanding*』에서, 버클리는『새로운 시
각 이론에 관한 시론 *Essay towards a New Theory of Vision*』에서, 콩디
약은『인간지식의 기원에 관한 시론 *Essay on the Origin of Human
Knowledge*』에서, 그리고 볼테르는『뉴턴 철학의 기초 *Elements of the
Philosophy of Newton*』에서 각각 몰리뉴 문제를 다뤘다. 콩디약이 우리
가 [감각과 반성을] 동시에 한다기보다 먼저 무언가를 감각하고 뒤이어
그에 관해 반성한다는 로크의 논점을 비판한 예와 같이, 학자들은 여러
쟁점에 대해 의견을 달리했다. 그럼에도 그들 모두는 새로이 눈을 뜬
자가 여타 감각들을 통해 이미 알던 대상들 사이의 차이를 즉각적으로
알아차리지 못할 것이라는 데에 사실상 동의했다. 왜냐하면 감각적인
인상에 앞선 본유적인 관념이 존재하지 않으며, 마음의 눈에는 관념적
인 공간이 없기 때문이다. 1728년에 윌리엄 체즐던(William Che-
selden)이란 의사가 선천성 맹인인 소년의 백내장을 수술했는데, 이후
소년은 시각을 회복하고 나서 적응하는 데 애를 먹었다. 10년 후에 볼
테르는 뉴턴에 관한 자신의 저서에서 이 결과를 널리 알렸고, 철학자들
은 자신들의 반(反)생득설적인 신념에 대한 확증 사례를 받은 것으로
생각했다.[60]

디드로는 몰리뉴 문제에 깊은 관심을 갖고 있었고, 1748년에 앙투안
페르쇼 드 레오뮈르(Antoine Ferchault, Seigneur de Réaumur)가 맹인
소녀의 눈에서 백내장을 제거하는 것을 관찰하고자 시도했다. 비록 허

어린 시절의 선함에 대한 신뢰와 연계된다. 이 시기 눈멂에 대한 대체적인 매혹에 대한
방대한 설명에 대해서는 다음을 참조. William R. Paulson, *Enlightenment, Romanti-
cism, and the Blind in France* (Princeton, 1987).
60　오늘날의 과학자들은 그토록 확신하지는 않는다. 다음 책에서의 논의 참조. Mor-
gan, *Molyneux's Question*, p. 180.

사로 끝나긴 했지만 말이다. 대신에 그는 다른 수술들과 눈이 멀어서 고통받았던 사람들, 특히 케임브리지의 유명한 수학자 니콜라스 손더슨(Nicholas Saunderson)의 경험담에 관한 기록들을 고찰했다. 그 결과물은 1749년에 『맹인 아닌 사람들을 위한 맹인에 관한 서한 *Letter on the Blind for the Use of Those Who See*』이라는 유명하고도 논란이 많았던 책으로 출간되었다.[61] 이 책은 우주의 명백한 설계에 기초한 신의 실존에 관한 주장을 대범하게 일축한 것으로 악명 높았다. 바로 이러한 점 때문에 디드로가 수감되는 결과를 초래했지만 이 책은 또한 몰리뉴 문제에 관한 장대한 고찰을 담고 있다. 디드로의 혁신은 새로이 눈을 뜬 맹인이 실제로 즉각 모양을 구별할 수도 있다는 주장이 아니라,[62] 여타 선행 연구자들이 가정했던 시각의 우선성에 대해 암묵적으로 도전했다는 점에 있었다. 그는 감각의 위계의 맨 꼭대기로부터 시각을 폐위시킬 두 가지 근거를 제공했는데, 이는 몰리뉴 문제에 관한 『백과전서』의 항목이 훗날 "눈멂의 기적"으로 묘사한 것에 감명받아서 일어난 것이었다.[63]

디드로의 첫 번째 논의는 촉각의 가치에 관한 것으로, 그는 촉각을 시각만큼이나 강력한 지식의 근원으로 주장하였다. 근래의 프랑스 논평가 엘리자베트 드 퐁트네(Élisabeth de Fontenay)는 『맹인 아닌 사람들을 위한 맹인에 관한 서한』에서 "눈과 의식의 성이 무너진 폐허 위에 세워진 감각의 카니발에서 가장 위대한 승리자는 촉각이었다"라고까지

---

61 이에 대한 영어 번역문은 다음 책을 참조할 수 있다. Margaret Jourdain, ed., *Diderot's Early Philosophical Works* (Chicago, 1916).

62 이는 제프리 멜만의 잘못된 해석이다. Jeffrey Mehlman in *Cataract: A Study in Diderot* (Middletown, Conn., 1979), p. 13. 디드로는 체즐던(Cheselden)의 실험 결과를 받아들였다(p. 125).

63 Jourdain, *Diderot's Early Philosophical Works*, p. 227.

말한 바 있다.[64] 제프리 브렘너(Geoffrey Bremner)와 같은 혹자들은 좀
더 조심스럽게 디드로가 감각들 간의 상호 의존성을 강조한 점을 지적
하였다.[65] 그러나 디드로의 논의에서 확실한 결론은 촉각의 힘에 대한
깊은 존중이며, 손더슨의 예가 보여 주는 것같이 이 촉각은 지식의 가
장 추상적인 형태까지도 만들어 낼 수 있다는 점이다(이는 대부분 눈먼
이들은 색채에 대하여 무지하기 때문이다). 디드로와 같은 유물론자들
에게 시각의 지위 격하는 특히 흥미로운 것이었다. 왜냐하면 비록 그가
관념론을 비꼬아 "내 생각으로는, 맹목성(blindness) 그 자체의 산물에
불과한 호화로운 체계"라고 칭했지만,[66] 디드로는 정신을 특권화하는
관념과 우월하다고 추정되는 시각 간의 연결 고리를 감지했기 때문이
다. "만일 태생적으로 볼 수 없으며 들을 수 없는 어느 철학자가 데카르
트의 방식으로 한 인간을 구성해야 한다면, 그는 영혼의 자리를 손가락
끝에 둘 것이다. 왜냐하면, 바로 그 끝으로부터 감각의 대부분과 그의
지식이 나오기 때문이다."[67]라고 쓴 바 있다. 따라서 이러한 디드로의
다른 감각들의 회복, 특히 촉각에서 가장 두드러지게 나타나는 감각의
회복은 메를로퐁티와 같은 20세기 데카르트의 시각중심주의 비판의 주
요 논거를 예견하는 것으로, 메를로퐁티도 역시 감각들이 복잡하게 얽
혀 있음(imbrication)을 주장한 바 있다.

위의 『맹인에 관한 서한』에서의 기존 지식에 대한 그의 두 번째 주요
비판은 지각 일반과 언어 간의 관계를 잠정적으로 논의한 것으로 이 또

64 Elizabeth de Fontenay, *Diderot: Reason and Resonance*, trans. Jeffrey Mehl-
man (New York, 1983), p. 166.
65 Geoffrey Bremner, *Order and Chance: The Patterns of Diderot's Thought*
(Cambridge, 1983), p. 37.
66 Jourdain, *Diderot's Early Philosophical Works*, p. 104.
67 Ibid., p. 87.

한 20세기의 논의들을 예견하는 것이었다. 세상에 대한 각자 다른 감각적 경험의 근거를 이루는 내재적 공간 혹은 어떠한 통일성도 없다면, 대체 어떻게 그러한 경험들이 서로 비교될 수 있단 말인가? 디드로가 예수회의 피에르 루이 베르트랑 카스텔(Pierre Louis Bertrand Castel)이 구축하려 했던 시각적 클라브생(ocular clavecin)에 긍정적인 관심을 보였다는 점이 잘 보여 주고 있는 것처럼, 그가 하나의 지각 경험에서 다른 경험으로의 전환이 실제로 일어났다는 바를 의심한 것은 아니었다.[68] 그는 어떻게 그러한 변환이 일어나는지를 개념화하는 데 있어서, 콩디약의 통찰을 빌려 와, 몰리뉴의 질문을 다음의 두 부분으로 나누었다. 즉, 새롭게 시각을 얻은 사람은 무엇을 보는가 하는 문제와, 그의 마음은 눈으로 본 것을 즉시 **명명**할 수 있는가 하는 문제로 나눌 수 있다. 콩디약과 디드로는 모두 이 두 번째 질문을 강조했는데, 이는 타고난 관념이라는 독트린에 대한 중요한 반격으로서 두 학자 모두 이에 대한 답변은 부정적이었다. 감각의 전환은 기존의 기호를 통하여 언어적으로만 일어나는데, 이는 습득되는 것이지 타고나는 것이 아니라는 것이다. "우리의 감각은 우리의 이해와 기관의 형태에 더 적합한 기호들로 되돌려 놓는다. 우리는 이들 기호가 공통의 것이고 그 자체로, 우리의 생각을 교환하는 데 주요하게 쓰일 수 있도록 마련해 왔다."[69] 비록 디드로가 소위 상형문자라고 지칭한 완벽하게 투명한 기호를 꿈꾸

---

68 Ibid., p. 171. 볼테르와 루소 모두 이 장치에 대해서 훨씬 더 회의적이었다. 흥미롭게도 루소는 이것을 소리의 자연스러운 연속적 질서를 시각의 정적인 질서와 혼동시킨다고 비난했는데, 시각이 정적인 질서를 가지고 있다는 것은 레싱과 같은 다른 18세기 사상가의 미학에서 핵심이 되는 특성이다. 루소의 다음 책에서 이 논의를 참조. *Essay on the Origin of Languages*.

69 Jourdain, *Diderot's Early Philosophical Works*, p. 89. 『벙어리와 귀머거리에 관한 서한』에서 디드로는 언어적 중재에 앞서는 공유된 이해는 오직 기하학뿐일 것이라고 예측했다(Jourdain, *Diderot's Early Philosophical Works*, p. 165).

긴 했지만, 그는 대체적으로 감각적 경험과 언어적 중재 간의 간극은 피할 수 없는 것임을 인정했다.[70]

디드로가 시각적인 것과 언어적인 것이 상호 통할 수 있다는 점으로 부터 이끌어 낸 하나의 함의는 1751년의 『벙어리와 귀머거리에 관한 서한 Letter on the Deaf and Dumb』에서의 언어적 전복(linguistic inversion)에 대한 논의로 발전했다. 비록 그는 프랑스어가 정신적 행위의 부적절한 전복에 가장 덜 방해받는 언어라고 다소 맹목적으로 옹호한 바 있지만, 그럼에도 불구하고 그는 모든 언어의 시간성과 머릿속 그림이 갖는 공간성 사이의 긴장은 피할 수 없다고 인정했다. 디드로는 "언어가 발달하면서, 변질은 필연적이며, 그러나 대상을 **보고, 감탄하고,** 유쾌한 감각을 **느끼며,** 또한 그 대상을 **갖고 싶다고 욕망하는** 것은 순간적인 감정일 뿐이다"라고 서술했다.[71] 따라서 즉각적인 시각이라는 모델에만 기초한 인식론은 부적절한데 왜냐하면 이는 언어적 중재가 가질 수 밖에 없는 시간적 차원을 감지하지 못하기 때문이다. 아무리 계몽주의가 대체적으로 시각중심주의적이었다 하더라도, 적어도 한 사상가는 시각의 특권에 대하여 의심을 제기한 것이었다.

이와 유사하게 디드로의 예술 비평에서 회화에서의 원근법, 원근 도법 전통에 대한 도전을 찾아볼 수 있다. 마이클 프리드는 연극 무대에서 관객을 그림 화면 앞에 있는 것처럼 설정하라는 디드로의 권고에 대해 언급하면서, 이를 "시각의 강화(exaltation of vision)"라고 보는 일반적인 해석은 그릇된 것이라고 주장한다. [프리드는] "디드로가 생각

---

70 이 문제에 대한 디드로의 양가적인 사고에 대한 도움이 될 만한 논의로는 다음 책을 참조할 수 있다. Norman Bryson, *Word and Image: French Painting of the Ancien Régime* (Cambridge, 1981), 6장. 그는 1765년경의 디드로의 태도 변화를 지적하는데, 이 시기는 그의 투명성에 대한 초기의 희망이 줄어들던 시기이다.

71 Jourdain, *Diderot's Early Philosophical Works*, p. 191.

한 이 그림 **화면**의 주된 기능은 연극 관객의 시각성에 개입하거나 이를 적극 이용하는 것이 아니라, 그 시각성을 중립화하고, 무대에서 행해지는 행위로부터 분리시키고, 드라마의 페르소나와 관객 모두를 극대화하기 위해 그림 화면을 잊게 하는 것이다"라고 주장했다.[72] 그림에 있어서도 디드로는 "절대적 가상"이라고 프리드가 불렀던 관람자의 존재를 부정하는 측면을 옹호했는데, 이는 그림의 주체가 자신의 생각과 행동, 감정에 전적으로 빠져들어 관람자의 존재를 전혀 인식하지 않는 경지를 말한다. 이러한 회화-관람자 간의 관계에서의 비연극화라는 것은 관찰하는 눈과 외부의 장면 간의 거리가 없어짐을 의미하는 것으로 어떠한 점에서 루소의 축제 버전과 유사하다.[73] 이처럼 디드로의 데카르트적인 이원론에 대한 반감은 후에 메를로퐁티가 세계의 살에서 보는 자와 보여지는 자가 서로 육체적으로 뒤얽힌다고 미학적으로 예견한 것에까지 이르게 된다. 비록 연극화하는 전통은 18세기 중엽 이후에 다시 주장되고 19세기까지도 토마 쿠튀르(Thomas Couture) 같은 화가에 의해 계속되지만, 프리드는 또 다른 방식의 몰입이 귀스타브 쿠르베에 의해 재기되었다고 보았다.[74] 이에 대한 세세한 분석을 여기에서 다 논할 수는 없지만, 디드로의 글에서 그 이론적 근원을 찾음으로써, 프리드가 계몽주의라는 주류의 시각체제에 대해 이단적 태도를 가졌던 한 철학자의 관점을 분명하게 확인해 주었다는 점을 언급하는 것으로 충분할 것이다.

노먼 브라이슨은 그의 최근 저술, 『전통과 욕망: 다비드에서 들라크

---

72 Fried, *Theatricality and Absorption*, p. 96.

73 프리드는 p. 221에서 이 비교를 분명하게 한다.

74 Michael Fried, "Thomas Couture and the Theatricalization of Action in 19th-Century French Painting," *Artforum*, 8, 10 (1970); "The Beholder in Courbet: His Early Self-Portraits and Their Place in His Art," *Glyph*, 4 (1978).

루아까지 *Tradition and Desire: From David to Delacroix*』에서 프리드
의 해석을 인정하면서 다음 한 가지를 경고한다. 프리드의 관람자는 회
화 속에 혹은 밖에 있을 수 있는데, 즉 관람자가 동떨어져 있거나 완전
히 몰입되어 있을 수 있다. 그러나 "그 두 가지 경우 모두에 있어서 관
람자는 단지 본다고 하는 대리인(agent), 즉 지각의 장에 초대된 보는
주체로 남게 된다. 프리드의 주체는 현상학적으로 축소된 주체와 동일
하며, 즉 이 주체는 단항적이고 그 자체로 갇힌 그는 세계의 중심에서
그리고 일원적 관점에서 세계를 보는 주체이다. […] 이러한 측면은 다
음 (적어도) 두 가지를 제외시키고 있는데, 첫째는 시각에서의 타자의
존재이며, 이 타자의 존재는 **인간의** 시각성(카메라의 시각에 반대되는
것으로서의)을 분화된 시각성으로 만든다. 말하자면, 지각의 장에서 주
체는 혼자가 아니며, 이 주체는 상호작용해야 하는 타인의 시각들로 둘
러싸여 있기 때문에 분화된 시각성이라고 할 수 있다. 둘째로는 (당연
한 귀결로서) 시각 기호에서의 시각적 주체성을 영원히 분화시켰다는
점을 빼놓고 이야기하고 있다."[75]

프리드의 글이 메를로퐁티의 영향하에 있었다고 한다면, 브라이슨의
글에는 시각에 대한 20세기의 프랑스 담론에 동참했던 다른 이론가 한
명의 영향을 찾아볼 수 있는데, 이는 바로 자크 라캉이다. 라캉은 자신
이 눈과 응시라고 한 키아즘적인 얽힘에서 실패한 상호작용을 강조한
바 있다.[76] 브라이슨은 계몽주의 시각성에서 연극적이고 원근도법 전통

---

[75] Bryson, *Tradition and Desire*, p. 46.
[76] 라캉이 시각중심주의 비판에 기여한 바는 6장에서 논의된다. 라캉과 브라이슨이
도전했던 온화한 시각적 상호작용에 대한 신뢰에 대한 예로는, 『자유의 발명』에서 샤르
댕에 관한 스타로뱅스키의 묘사 참조. "보기와 본다는 것을 강조하기 위해서 샤르댕은
인간을 묘사해야 할 필요는 없다. 그에게 사물들은 보이는 것일 뿐 아니라, 보는 것이
다: 그들은 우리의 응시에 응답한다." (p. 127)

의 최고봉으로 간주되는 다비드의 그림에서 그러한 비상호적인, 키아즘적 긴장을 찾아볼 수 있다고 주장한다. 예를 들어, 다비드의 〈안티오쿠스 병의 원인을 밝혀낸 에라시스트라투스(Antiochus and Stratonice)〉에 대하여 "시각의 세계에 포착된 것으로 재현된 주체는 분리되고 부서지고 거기에 머무른다. 그들은 보고 보이며, 그리고 그들이 어떻게 보는가 하는 점은 보이는 방식에 따라 왜곡되고 침해된다"라고 주장한다.[77] 다비드의 〈호라티우스 형제의 맹세(Oath of the Horatii)〉에서도 알베르티식 베두타(veduta)ᶜ⁾의 3차원적 공간과 등장인물들이 서 있는 평면적인 프리즈 같은 면 사이의 화해 불가능한 긴장이 보인다고 지적한다.[78] 그 결과는 지배적인 데카르트적인 원근법 전통보다는 바로크

---

[77] Ibid., p. 49. 프리드는 다비드가 그린 또 다른 그림, 〈벨리세르(Bélisaire)〉를 유사한 방식으로 분석한다. "다비드는 신고전기의 회화의 관습들을 바꾸어 놓았는데, 신고전주의 회화의 관습은 대체적으로 그림 화면에 절대적으로 종속되는 방식이었다. [⋯] 그는 이 관습들을 마음대로 구사하고 어떤 점에서는 재해석하여 작품을 캔버스 앞에 서 있는 관람자 외에 다른 여러 관점을 향하여서도 열어 놓았다." (p. 159)

[78] 그의 분석을 스타로뱅스키와 비교해 보라. 스타로뱅스키의 다음 책을 참조. *1789: The Emblems of Reason*. 이 글에서는 영웅적이고 맹서를 하는 남성과 슬퍼하는 여인 사이의 주제적 긴장만을 볼 수 있다. 즉 영웅적이고 맹서하는 남성은 국가에 대한 충성을, 그리고 슬퍼하는 여인들은 '감각적 여성성'을 표상한다고 간주한다(p. 110). 브라이슨은 이 장면의 시각적 위계 체계를 좀 더 섬세하게 젠더의 문제와 연결시킨다.

남성들에게 시각성은 기호에 의해 지배되고 맹목적으로 변하게 된다. 강인함과 정력의 소유에 대한 상징으로, 이들은 적의 응시를 향하여 지속적인 긴장의 상태로 앞으로 뻗어야 한다. 그리고 안으로 뻗는 것은 시각의 부패함을 상징하는 것으로, 어떤 것도 순수해 보이거나 그 자체로 보이지 않는데, 왜냐하면 모든 것은 다른 기호의 기호가 되기 때문이다.(즉, 시각의 지연에서의 **차연**(différance), 즉 시각의 지연에서의 기호) 본질적으로 편집증적(paranoid) 시각이 있는데, 이 '편집증'을 기술적 의미에서, 즉 주체성에서의 표상적 위기를 의미하는 것으로 받아들인다면 말이다. 이는 물질적 삶에 기호가 침투해 가고, 기호에 의해 먹히며, 모든 것이 기호로 변하는 그러한 위기를 말한다. 여성들에게 시각성은 다른 시각의 맹목적 대상이 된다는 점에 있다. 모든 관찰자의 관찰되는 대상으로서 여성들은 보여지고, 스스로는 보지 않는다.

미술에 특징적인 시각적 복합성을 더 닮아 있다고 뷔시글뢱스만과 같은 논평가는 지적한다. 이러한 점은 또한 보기의 과정에 관람자의 몸을 회복시켜서 육체와 분리된(disembodied) 응시보다 관람자의 육체화된 일별을 이끌어 낸다. 왜냐하면 "베두타가 단안 시각의 한가운데에 서 있는 관람자에게 그 앞에 펼쳐진 장면이 완전히 읽혀질 수 있음을 약속하는 것이라면, 프리즈 또한 양안시각에서 프리즈를 따라 움직이는 관람자에게 읽힐 것을 약속하는 것"이기 때문이다.[79] 비록 정치적으로 후회하는 다비드가 〈사비느 여인의 중재(The Intervention of Sabine Women)〉 같은 그림에서 1780년대 역사화의 시각적 복합성을 다소 잃어버림을 인정하기는 하지만 20세기의 시각에 대한 논의의 프리즘을 통해 본다면, 브라이슨은 빛의 세기의 최고 거장의 작품조차도 우리 눈 앞에서 동요하기 시작했다는 점을 보여 주었다.

브라이슨의 특정한 분석은 모든 미술사가들이 그 타당성을 인정한 것은 아니어서 논란의 여지가 있다. 그렇다 하더라도 이론적인 점과 실제적인 점 모두에 있어서 근대 시각체제의 복합성을, 심지어 계몽주의가 명백히 정점에 있던 순간조차도 복합성을 띠고 있었음은 인정받고 있다.[80] 그러나 다른 시대와 비교할 때 18세기가 스타로뱅스키의 저작

또한 이들 모두에게 시각성은 표상이 되는 존재의 경험이다. 다비드의 그림에서 이 양쪽 젠더는 고통 아래서 살아가는 존재로 그려진 것인데, 따라서 이 작품이 그 자체로 문제적이 된 점은 바로 젠더와는 결정적으로 거리를 둔 점 때문이다(pp. 74-75).

여기에서 시각의 위기에 젠더 문제만이 관련됐을 뿐 아니라 디드로의 글에도 명백하게 드러난 것처럼 이 위기는 지각과 언어의 상호얽힘의 문제와도 관련돼 있다.

79 Bryson, *Tradition and Desire*, p. 78.

80 이러한 복잡성에 대한 다른 예로는 다음 책을 참조할 수 있다. Mitchell Robert Breitweiser, "Jefferson's Prospect," *Prospects: An Annual Journal of American Cultural Studies*, 10 (1985). 브라이트와이저는 제퍼슨이 몬티첼로에 있는 저택 언덕 위에서 바라보는 전망의 함의를 논의하는데, 이는 "세계에 대한 정신적 응시가 신부, 장관,

에서 잘 드러난 것처럼, 시각의 잠정적인 고귀성을 인정한 시대였다는 일반적 합의를 부인하기는 힘들다. 한편 반계몽주의는 확실히 눈보다는 귀에 대한 특권을 이미지보다는 말을 더 신뢰하려는 경향이 있는데, 이런 경향은 요한 게오르크 하만(Johann Georg Hamann)과 같은 독일 사상가들에 의해 그 세기 말에 시작되었다.[81] 혹은 반계몽주의의 대변인인 요한 고트프리트 폰 헤르더(Johann Gottfried von Herder)는 시각이 단지 겉표면만 볼 수 있기 때문에 촉각이나 청각보다 하위에 위치시켰다.[82] 프랑스에서는 루이 드 보날드(Louis de Bonald) 같은 보수적 반로크주의자가 언어의 신적인 근원을 강조했다. 19세기 초반 프리드리히 슐라이어마허(Friedrich Schleiermacher)와 함께 새 장을 열게 된 해석학적 전통 또한 엄밀하게 청각적 경험과 관련되었다. 20세기 실천가 중 하나인 한스게오르크 가다머는 "듣기의 중요성은 해석학적 현상의 근간이 된다"고 인정한 바 있다.[83]

폭군이라는 자기 이득만 챙기는 모호함에 의해 더 이상 신비화되지 않는다는 점에서," 계몽주의에 비유된다(p. 316).

81 이에 대한 고전적 설명으로는 다음 글을 참조할 수 있다. Isaiah Berlin, "The Counter-Enlightenment," in *Against the Current: Essays in the History of Ideas, ed. Henry Hardy* (New York, 1980). 말의 성체적 개념으로 돌아간다는 종교적 기반에 대한 분석에 대해서는 다음을 참조. Harold Stahmer, *"Speak That I May See Thee": The Religious Significance of Language* (New York, 1986).

82 특히 조각에 대한 헤르더의 논의는 다음 책을 참조할 수 있다. *Plastik, Werke*, 8 (Berlin, 1878). 듣기에 대한 헤르더의 논의는 다음을 참조. Michael Rosen, *Hegel's Dialectic and Its Criticism* (Cambridge, 1982), p. 95. 촉각에 대한 논의는 다음 책을 참조. Marshall Brown, *The Shape of German Romanticism* (Ithaca, 1979), p. 31. 그의 독일 계몽주의에서의 시각의 우위 비판에 대한 일반적인 설명에 대해서는 다음 책을 참조할 수 있다. Caygill, *Art of Judgement*, pp. 179f. 괴테 또한 촉각의 중요성, 특히 촉각의 에로틱한 함의를 강조한 바 있다. 괴테의 1780년대 말의 『로마 비가 *Roman Elegies*』와 다음 책을 참조. Sander L. Gilman, *Goethe's Touch: Touching, Seeing and Sexuality* (New Orleans, 1988).

83 Hans-Georg Gadamer, *Truth and Method* (New York, 1975), p. 420. 이 점에

스타로뱅스키에 따르면 18세기 말의 두 가지 경향이 시각에 대한 계몽주의의 신뢰가 약화되는 데 영향을 끼쳤다. 첫 번째 경향은 이상적 미에 대한 신플라톤주의적 욕망이 부활된 것으로 이 이상적 미는 일상적으로 관찰하는 평범한 눈으로는 감지할 수 없는 것이었다. "독해 가능한 미에 대한 갈망, 미의 통합(the unity of Beauty)에 대한 반성이 어디에서건 강력하게 부상했는데, 이는 감각적 쾌락이라는 타락한 유혹에 대한 반동 작용으로 일어난 것이었다. 사람들은 더 이상 눈에만 호소하지 않고 대신에 시각의 피할 수 없는 중재를 통해 영혼에 호소하는 예술을 열망했다."[84] 두 번째 경향은 어두움에 대한 새로운 평가로, 어둠을 반드시 필요한 보충물, 심지어 빛의 근원으로 평가하였다. 바로 여기에 요한 볼프강 폰 괴테(Johann Wolfgang von Goethe)의 색채에 대한 저술들이 있었다. 빛과 어둠의 양극성을 강조한 괴테의 글과 1800년 이후 급격하게 암울해지던 프란시스코 고야(Francisco Goya)의 그림들이 스타로뱅스키의 논거를 뒷받침하는 주요 증거 작품들이었다.[85] 이러한 변환의 원인을 그는 프랑스 혁명의 행로가 바뀌었기 때문이라고 생각했다.

실체 없는 어둠 속에서 환희하는 혁명이라는 태양의 신화. 이성이 의지에 힘입어 막 부상했을 뿐이고, 어둠은 사라졌다 […] 그 신화는 환영이었다. 원리라는 빛이 물리적 세계라는 불투명함과 합쳐졌다가 다시 잃게 되는 상징 속

대한 논의는 다음 책을 참조할 수 있다. Martin Jay, "The Rise of Hermeneutics and the Crisis of Ocularcentrism," in *Force Fields: Between Intellectual History and Cultural Critique* (New York, 1993).

84 Starobinski, *1789: The Emblems of Reason*, p. 145.

85 유명한 〈1808년 5월 3일〉에서와 같이, 고야의 그림에 강한 빛의 근원이 나타났을 때, 그 빛은 스페인 희생자들의 얼굴에 드러난 공포만을 비추고, 계몽주의 혁명의 중재자로 추정되는 프랑스 사형집행인들은 어둠에 휩싸여 있었다.

에서 프랑스는 혁명이라는 강력한 순간을 경험했다. 혁명의 빛이라는 근원에서 더 멀리 있었던 고야는 절대적으로 빛을 거부하는 찡그리는 얼굴을 그리기에 적합한 위치에 있었다.[86]

이러한 변화는 수동적 감각이 보다 적극적 의지로 바뀌는 것에 잘 나타나는데, 이는 19세기 초 지배적인 철학 사조에 있어서 주체성의 변화가 보여 준 것과 유사하다. 또 다른 것으로는 미적인 것보다는 숭고의 미학에 대한 관심이 되살아난 것인데 이는 에드먼드 버크(Edmund Burke)와 임마누엘 칸트에 기인한 것이다. 숭고란 "감각의 모든 기준을 넘어서는 마음의 한 기능을 증명해 주는 것이다."[87] 또 다른 변화의 표시는 밤을 낮에 대비되는 것으로 보는 자의식적인 낭만주의적 주제들로, 노발리스의 『밤의 찬미 *Hymns to the Night*』가 친숙한 예들 중 하나이다.[88] 실제로 일단 낭만주의가 로크의 인식론과 자연의 거울로서의 마음을 포기하게 되자, 그리고 처음의 혁명의 '개벽'에 대한 열정이 일단 시들해지게 되자, 윌리엄 워즈워스(William Wordsworth)가 『서곡 *The Prelude*』에서 그랬던 것처럼, 낭만주의자들은 생의 각 단계에서 감각 중에서 가장 독재적인 육체화된 눈에 대해 이야기하게 됐다.[89]

---

86 Ibid., p. 196.

87 Kant, *Critique of Aesthetic Judgment*, trans. J. C. Meredith (Oxford, 1911), p. 98. 버크의 경우, 숭고는 특히 말과 관련되고 미는 이미지와 관련된다. 이에 대한 논의로는 다음을 참조할 수 있다. W. J. T. Mitchell, *Iconology: Image, Text, Ideology* (Chicago, 1987), 5장.

88 밤에 대한 독일 낭만주의의 찬미의 유용한 선집은 다음을 참조할 수 있다. Hermann Glaser, ed., *The German Mind of the 19th Century: A Literary and Historical Anthology* (New York, 1981).

89 Wordsworth, *The Prelude*, ed., E. de Selincourt and Helen Darbishire, 2d ed. (Oxford, 1959), bk. 2, p. 127. 콜리지 또한 기계적 철학에서 눈의 지배를 묘사하는 데 이용했던 폭정이라는 정치적 은유는 워즈워스가 눈에 대한 그 자신의 굴복을 프랑스

그러나 만일 관찰과 유도라는 육체적 눈이 더 이상 찬양할 가치가 없어 보인다면, 계몽주의 시대에 그랬던 것처럼, 신플라톤주의의 부활은 영감받은 계시라는 "제3의 눈"이 여전히 열정을 불러일으킬 수 있음을 의미했다. 만일 낭만주의자들이 거울을 포기했다면 그들은 에이브람스(M. H. Abrams)가 윌리엄 예이츠(William Butler Yeats)로부터 끌어왔던 표현을 빌자면, 내부의 영감이라는 램프에 불을 밝히기 위해 그렇게 했던 것이다.[90] 플로티노스(Plotinus)를 따라, 이 낭만주의자들은 창조를 태양에서 뻗어 나오는 광선이라는 모델에 기초한 유출(emanation)로 보았으며, 마음은 빛의 수용기라기보다는 그것을 표출하는 투사기였다. 제프리 하트만은 이러한 측면을 개념화하여 "매개되지 않은 시각" 혹은 "특정 경험에 의해 조건 지어지지 않은 시각, 순수 재현"이라는 문구로 표현한 바 있다.[91]

영국 낭만주의에서 무엇보다도 영감받은 시각이라는 은유는 분명하게 드러난다. 윌리엄 블레이크(William Blake)는 "단일 시각과 뉴턴의 잠"을 "네 겹의 시각(four-fold vision)"이라는 이름으로 경멸했다면,

혁명을 위한 자신의 잘못 이해된 지지와 연결시킨 것처럼, 우연이 아니다.

90 M. H. Abrams, *The Mirror and the Lamp: Romantic Theory and the Critical Tradition* (Oxford, 1953). 이러한 은유에 대한 더 깊은 분석은 다음을 참조할 수 있다. Jonathan Culler, *The Pursuit of Signs: Semiotics, Literature, Deconstruction* (Ithaca, 1981), 8장. 그는 거울과 램프 간에 차이는 있지만, "이 둘 다 시각, 존재 그리고 표상에 기반한 체계를 제공하는데, 반면에 정신이나 작가는 그가 인지하고 표상하는 것을 조명한다. 미메시스의 구조는 빛을 전제로 하고, 램프는 이 구조에 들어맞는다"라고 결론내린다(p. 163). 그러나 램프의 이미지는 프랑스적이기보다 좀 더 영국적이라는 점을 주목해야 한다. 마르그리트 이크나얀(Marguerite Iknayan)에 따르면 프랑스 낭만주의는 표현성을 상징하기 위해 램프보다는 프리즘이나 볼록거울을 사용했다. *The Concave Mirror: From Imitation to Expression in French Esthetic Theory 1800-1830* (Saratoga, Calif., 1983), p. 151 참조.

91 Geoffrey H. Hartman, *The Unmediated Vision: An Interpretation of Wordsworth, Hopkins, Rilke and Valéry* (New Haven, 1954), p. 155.

반면 토머스 칼라일은 새로운 "영혼의 시각"[92]을 요구하며 이 시각이 일
상적 존재에 식상한 시각을 보충시켜 줄 것이라고 하였다. 마찬가지의
예지적인 충동은 조셉 말로드 윌리엄 터너(Joseph Mallord William
Turner)의 작열하며 빛나는 캔버스에서도 감지될 수 있는데, 터너는 존
러스킨이 지적한 것처럼 시각 미술에서의 신비를 회복한 사람이었다.[93]
당연하게도 빛에 대한 그의 경이로운 탐구는 퍼시 비시 셸리(Percy
Bysshe Shelley)의 신플라톤주의에 비견될 만한 것이었다.[94]

  독일 낭만주의의 경우 야행적인 것에 대해 몰두하고 시의 음악화에
매혹되었음에도 불구하고 시각적 순간이 없었던 것은 아니었다.[95] 필립
라쿠라바르트(Philippe Lacoue-Labarthe)와 장뤽 낭시(Jean-Luc Nan-
cy)는 예나 낭만주의(Jena Romantics)[d]에 대한 이론에서 "형상미학(ei-
daesthetics)"이라고 불렀던 것, 즉 이데아의 조형적 재현에 대한 열망
을 지적한 바 있다.[96] 게오르크 빌헬름 프리드리히 헤겔(Georg Wil-

92 뉴턴에 대한 블레이크의 참조는 그의, 1802년 11월 22일의 시, 「언덕 넘어서 뻗는
행복에 관하여(Of Happiness Stretched across the Hills)」에 나온다. 뉴턴의 시각에
대한 낭만주의의 비판에 대한 분석, 특히 무지개에 대한 그의 과학적인 감축에 관해서
는 다음을 참조할 수 있다. Abrams, *The Mirror and the Lamp*, pp. 303f. 칼라일의 문
구는 다음의 선집에 포함된 글의 제목이기도 하다. James Anthony Froude, ed.,
Thomas Carlyle 1795-1835, 2 vols. (New York, 1882), vol. 2, pp. 7-12. 이에 대한
논의는 Abrams, *Natural Supernaturalism*, pp. 356ff. 참조. 빅토리아 시대의 문학과
철학에서의 시각 이미지의 지속되는 힘은 W. David Shaw, "The Optical Metaphor:
Victorian Poetics and the Theory of Knowledge," *Victorian Studies*, 23, 3 (Spring,
1980), pp. 293-324.
93 John Ruskin, *Modern Painters*, ed. A. J. Finberg (London, 1927), pp. 236ff.
94 Hugh Honour, *Romanticism* (New York, 1979), p. 100 및 Wylie Sypher, *Roco-
co to Cubism in Art and Literature* (New York, 1963), p. 120 참조.
95 이에 대한 논의는 다음을 참조할 수 있다. Brown, *The Shape of German Roman-
ticism*. 이 책은 움직임에 관한 시에서의 공간적 형상, 특히 원과 타원에서의 공간적 형
상을 다룬다.
96 Philippe Lacoue-Labarthe and Jean-Luc Nancy, *The Literary Absolute: The*

helm Friedrich Hegel)의 "이미지 없는 진실"[97]에 대한 옹호, 즉 그가 철학적 숙고는 시각적 대응에 근거한 것이 아니라고 인식한 것은 이러한 낭만주의적 희망에 대한 비판의 일부였다. 비록 독일 버전의 터너는 없지만 카스파르 다비드 프리드리히(Caspar David Friedrich)의 잊을 수 없는 풍경의 예지적 힘 또한 언급되어야 할 것이다.[98]

비록 프랑스 낭만주의는 시각에 그다지 심취하지는 않았지만, 루소의 투명성과 불투명성의 변증법은 맹목성이라는 은유에 매혹된 빅토르 위고에 의해 다시 주목받은 바 있다.[99] 마찬가지로 도시의 연극에서의 기만적인 피상성과 시골 축제에서의 진정한 투명성이라는 반대 개념이 제라르 드 네르발(Gérard de Nerval)의 『실비 Sylvie』에 다시 등장한다.[100] 아울러 샤를 보들레르가 오노레 드 발자크(Honoré de Balzac)에 대하여 "열정적인 예지가"라고 칭했던 것보다 더한 칭찬은 찾아보기 힘들며, 아르튀르 랭보(Arthur Rimbaud)가 1871년에 폴 드메니(Paul

---

Theory of Literature in German Romanticism, trans. Philip Bernard and Cheryl Lester (Albany, N.Y., 1978), p. 53.

97 Michael Rosen, *Hegel's Dialectic and Its Criticism*, 4장 참조. 확실히 헤겔은 시각 그 자체가 본질적으로 폭압적이라고 주장하지는 않았다. 이에 대한 논의는 다음을 참조할 수 있다. Stephen Houlgate, 'Vision, Reflection and Openness: The 'Hegemony of Vision' from a Hegelian Point of View," in *Modernity and the Hegemony of Vision*, ed., David Michael Levin (Berkeley, 1993). 독일 관념론 전체에서의 시각의 문제는 이 책의 범위를 벗어나는 것이지만, 그에 대한 연구는 분명히 시각중심주의에 대한 20세기의 논의의 근원에 대한 이해에 도움이 된다.

98 Honour, *Romanticism*, pp. 75-82 참조.

99 Geoffrey Hartman, "Reflections on Romanticism in France," in *Romanticism: Vistas, Instances, Continuities*, ed., David Thorburn and Geoffrey Hartman (Ithaca, 1973), p. 50: Paulson, *Enlightenment, Romanticism, and the Blind in France*, 6장. 프랑스 낭만주의에서의 시각적 측면에 대한 논의는 다음을 참조할 수 있다. Iknayan, *The Concave Mirror*. 이크나얀은 생마르탱과 일루미니스트들은 시각예술보다는 시와 음악에 훨씬 더 관심이 있었다고 지적한다 (p. 89)

100 Gérard de Nerval, *Oeuvres complètes* (Paris, 1956), vol. 1, p. 268.

Demeny)에게 보낸 편지를 「견자(見者)의 편지(Lettres du voyant)」라고 이름 붙였다는 점은 확실히 중요하다.[101] 또한 계몽주의 시대의 감각론이 저물고 있다는 점이 시각적 메타포 전반에 대한 반박을 의미하는 것은 아니었다. 실제로, 발자크를 논하는 것은 "이미지의 문학"[102]이라는 관찰의 힘에 대한 신념을 환기시키는 것이며, 이러한 점이 리얼리즘(사실주의)으로 알려지게 됐다.

스타로뱅스키는 말 그대로 열쇠 구멍을 통해 등장인물을 보는 스탕달의 보고자 하는 관음증적 충동을 그 당시의 매음굴에서 볼 수 있었던 강력한 절시증적 행위와 관련된 것이라고 말한다.[103] 마찬가지로 설득력

---

101 Baudelaire, *L'art romantique* (Paris, 1950), p. 169. Rimbaud, Oeuvres complètes, Rolland de Renéville and Jules Moquet, eds. (Paris, 1963), pp. 272-273.

102 발자크는 그 자신의 작품을 묘사하기 위해 이 문구를 이용했다. Alan Spiegel, *Fiction and the Camera Eye: Visual Consciousness in Film and the Modern Novel* (Charlottesville, Va., 1976), p. 5에서 재인용. 리얼리즘에서 관찰에 중요성에 관한 논의는 다음을 참조할 수 있다. Martin Turnell, *The Art of French Fiction* (London, 1959), 1장. 그러나 로절린드 크라우스는 라바터의 인상학에 대한 발자크의 관심으로 인해 더 강화된 그의 관찰에 대한 신념은 심령론적 측면에 빠져든 점에 의해서도 잘 드러나는데, 이는 부분적으로는 스베덴보리의 빛의 신비주의로부터 비롯된 것이라고 논한다. 크라우스의 다음 글을 참조할 수 있다. "Tracing Nadar," *October*, 5 (Summer, 1978), pp. 38f. 그녀는 사진의 초창기 수용에 있어서 유사한 혼합이 있다고 간주한다.

103 Starobinski, *L'oeil vivant*, p. 227. 파리의 사창가에서의 숨은 관찰자를 위해 연출된 타블로 비방에 대한 설명으로는 다음을 참조할 수 있다. Laure Adler, *La vie quotidienne dans les maisons closes, 1830-1930* (Paris, 1990), p. 130. 얀 맷록(Jann Matlock)에 따르면 ("Censoring the Realist Gaze," *Spectacles Of Realism: Gender, Body, Genre* (Univ Of Minnesota Press, 1995)), 리얼리즘이 금기시된 여성의 신체를 벗기는 것과 분명히 유사성을 갖는다는 측면은 이는 1830년대, 1840년대, 그리고 1850년대에 있었던 비평가들의 저항 대부분을 설명해 준다. 불안의 근원으로서의 외설스러운 응시의 대상이 되는 발가벗겨지는 여성뿐만 아니라, 응시하는 자로서의 여성 또한 마찬가지였는데, 이 응시하는 여성은 망원경이나 안경을 통해 관음증적으로 들여다보는 것으로 그려진 여러 표상물들에 분명히 드러나는 것처럼 위협적인 존재였다.

있는 사항은 스탕달이 세계로 향한 거울이라는 은유를 빈번하게 사용
했다는 점인데, 이러한 거울의 메타포는 자신의 작품을 특징짓는 것이
기도 했다.[104] 한 비평가가 지적한 것과 같이, 이후의 소설가들은 "독자
를 스펙터클 앞에 위치시키"려는 점에 훨씬 더 신경 쓰게 되었다.[105] 아
마도 독자 수에 대해 시각적으로 가장 명민했던 것은 귀스타브 플로베
르(Gustave Flaubert)였으며, 그의 냉정하면서 냉혹한 응시는 종종 사
진가의 응시에 비유되거나, 연속시점 몽타주 때문에 심지어 영화감독
의 응시에 비교되기도 하였다.[106] 플로베르는 "나는 관능적인 감각들을
단순한 보기의 행위로부터 이끌어 낸다"[107]라고 자랑스럽게 고백한 바

104 스탕달은 그의 책 『아르망스 *Armance*』, 『루시앙 뢰방 *Lucien Leuwen*』, 그리고
『적과 흑』 서문에서 이러한 은유를 썼는데, 그는 이를 생레알(Saint-Réal)의 공으로 돌
린다. 그가 이러한 은유를 아이러니하게 썼다는 점은 사실주의자들이 사용한 시각적 은
유에 대한 즉자적 읽기에 의문을 제기하는 레이먼드 탈리스(Raymond Tallis)에 의해
추측되었다. 그의 다음 책을 참조할 수 있다. *Not Saussure: A Critique of Post-
Saussurean Literary Theory* (London, 1988), p. 101 참조.

105 Turnell, *The Art of French Fiction*, p. 24.

106 Spiegel, *Fiction and the Camera Eye*, 2장. 플로베르는 발자크가 보여 준 카메라
에 대한 미신 같은 공포는 없었는데, 발자크는 카메라가 그 피사체에서 영혼의 껍질 층
을 벗겨 낼 것이라고 생각했다. 나다르는 발자크가 『내가 사진가였을 때 *Quand j'étais
photographe*』(Paris, 1900) 같은 소설에서 보인 그의 믿음을 조롱했다. 토머스 레펜섹
(Thomas Repensek)이 축약 번역한 다음 글 참조. "My Life as a Photographer,"
October, 5 (Summer, 1978), p. 9. 나다르는 발자크가 "비록 자신의 손실에서 얻어내
기만 하면 되고, 그의 엄청난 제안들이 그로 하여금 아무 생각 없이 자신이 쌓은 것들
을 허비하게 하지만," 발자크는 진지하다고 믿는다고 비꼬아 지적했다.

107 Flaubert to Alfred Poitteven (1845) in *The Selected Letters of Gustave Flau-
bert*, ed. Francis Steegmuller (New York, 1957), p. 35: Spiegel, p. 5에서 재인용. 플
로베르의 시각적 경험에서의 관능적인 요소들은 그의 상상에서의 시각적 풍성함으로
표현되었다. 그의 작품에서 자주 출몰하는 성 안토니우스(Saint Anthony)라는 인물은
거의 환각적인 시각적 충동에 대한 유혹을 목격한다. 플로베르의 무관심한 차가움으로
보기라는 스스로 규정한 분야는 프로이트와 그의 시각적 측면에 대한 보상 혹은 시각적
측면에 대한 '부정'이라고 불렀던 것일지도 모른다.

있는데, 그 때문에 후에 사르트르 같은 비평가가 플로베르는 "고공비행 원리(principe de survol)"[108]를 통해 억지 초월성에 도달했다고 한 비난을 면할 수 없었다. 비록 플로베르의 언어적 혁신들, 즉 자유 간접 문체나 모방에 대한 문학적 토대를 무자비할 정도로 탐구한 점과 같은 혁신 때문에 "나는 눈이다(I am an eye)"[109]라고 했던 자신의 유명한 주장을 무비판적으로 받아들이기는 힘들지만, 적어도 일정 부분에 있어서 그의 소설은 그의 시대의 고양된 시각적 감각을 실제로 반영하고 있다.

공쿠르 형제와 에밀 졸라의 시대에 이르러, 소설가들이 자신들이 관찰한 세계를 '사진적'으로 서술했다는 사실을 언급하는 것은 일반화되었다.[110] 자연주의자들이 "시각적 세밀주의(scopic detailism)", 그중에

---

108 Sartre, *L'Idiot de la famille*, 3 vols. (Pairs, 1971-1972): Dominick LaCapra, *"Madame Bovary" on Trial* (Ithaca, 1982), p. 99에서 재인용. 그러나 피에르 부르디외(Pierre Bourdieu)는 플로베르의 소설은 사르트르가 제시하는 것보다 훨씬 덜 총체적인 시각을 보여 준다고 논한다. "좀 더 후의 마네처럼, 플로베르는 하나의 고정된, 중심 시각으로 보는 통일된 관점을 포기했는데, 이러한 고정된 관점은 에르빈 파노프스키(Erwin Panofsky)를 따라, '집적 공간(aggregated space)'이라고 불릴 만한 것으로 대체되었다. 이러한 공간이 선호하는 관점 없이 병치된 부분들로 이루어진 공간을 뜻한다면 말이다." "Flaubert's Point of View," *Critical Inquiry*, 14 (Spring, 1988), p. 652.
109 César Graña, *Modernity and Its Discontents: French Society and the French Man of Letters in the Nineteenth Century* (New York, 1964), p. 131에서 재인용. 사실주의 소설에서의 미메시스의 비시각적인, 언어적인 기반에 대한 분석, 그리고 이러한 아포리아에 대한 플로베르의 노출을 내세우는 연구에 대해서는 다음을 참조할 수 있다. Christopher Prendergast, *The Order of Mimesis: Balzac, Stendhal, Nerval, Flaubert* (Cambridge, 1986). 그는 시각적 은유를 사용한 것은 작가의 재능의 진정한 자기 이해적인 방편이라기보다는, 일종의 검열을 피하는 방편이었을 것으로 추측한다(p. 60).
110 공쿠르 형제가 시각에 사로잡힌 측면은 다음의 글에서 주목되었다. Paul Bourget in *Nouveaux essais de psychologie contemporaine* (Paris, 1883), pp. 137-198. Debora L. Silverman, *Art Nouveau in Fin-de-siècle France: Politics, Psychology, and Style* (Berkeley, 1989), pp. 33f 참조. 졸라 스스로가 카메라의 열렬한 추종자였다. François Émile-Zola and Massin, *Zola Photographer*, trans. Liliane Emery Tuck (New York, 1988)과 Jean Adhémar, "Émile-Zola, Photographer," in *One*

서도 여성의 몸에 대해 페티시즘적으로 집착했다는 점은 자연주의에 대한 작품 비평에서 여전히 지배적이어서 오늘날까지도 이어지고 있다.[111] 와일리 사이퍼(Wylie Sypher)가 "19세기는 정확한 관찰이라는 이상에 관심을 쏟았던 서구 문화에서 가장 시각적인 시대 중 하나이다. 관람자적인 시각은 소설가, 화가, 과학자, 그리고 어떤 점에서는 '예견자(visionary)'가 된 시인들까지도 공유했던 시각이다. 물론 시적인 시각이 언제나 관찰을 의미하는 것은 아니지만 말이다"라고 했던 점은 어쩌면 정확한 지적일 것이다.[112]

◉

시각 경험이라는 바로 그 속성, 그리고 그로부터 이끌어진 함의는 간단한 공식으로 감축시킬 수 없다. 근대의 지배적인 시각체제라고 불렸던 데카르트적 원근법주의는 19세기 무렵 전례 없이 흔들리기 시작했다. 위에서 말한 플로베르의 응시와 카메라의 응시 사이의 비교가 그 주된 이유를 밝히는 데 도움을 주는데, 이는 테크놀로지가 가져온 본다

Hundred Years of Photographic History: Essays in Honor of Beaumont Newhall, ed., Van Deren Coke (Albuquerque, 1975) 참조. 폴 발레리(Paul Valéry)는 후에 사진은 사실주의 문학과 자연주의 문학에 이로운 영향을 끼쳤다고 주장한 바 있다. 그의 1939년 다음 글을 참조할 수 있다. "The Centenary of Photography," in *Classic Essays on Photography*, ed. Trachtenberg, p. 193.

111 예를 들면, 다음을 참조할 수 있다. Emily Apter, *Feminizing the Fetish: Psychoanalysis and Narrative Obsession in Turn-of-the-Century France* (Ithaca, 1991), p. 33. 그는 세세한 것에 매료되어서 후기자연주의자, 혹은 조리스 카를 위스망스(Joris-Karl Huysmans)나 옥타브 미르보(Octave Mirbeau) 같은 세기말의 퇴폐적 문학으로 나아가게 된다.

112 Wylie Sypher, *Literature and Technology: The Alien Vision* (New York, 1971), p. 74.

는 능력에서의 현저한 변화 때문이었다. 이러한 혁신들은 종종 프랑스에서 시작되었을 뿐 아니라, 이 혁신들의 문화적인 의미에 대하여 그 어디에서도 프랑스에서만큼 광범위하게 논의된 바 없었다. 아울러, 급격한 도시화가 일상에서의 시각적 경험에 미치는 놀라운 영향을 인정한다면, 프랑스의 강력한 시각에 대한 탐구의 근원은 더 분명해질 것이다. 비록 이 복잡한 변화들의 정확한 영향을 가늠하기는 어렵지만, 20세기 시각에 관한 프랑스의 담론에 대해서 설명한다면 그 변화들을 무시할 수는 없을 것이다.

먼저, 도시 풍경의 변화부터 시작하기 위해서 프랑스 사상가들의 관심을 시각적 이슈들에 집중시켰던, 발터 벤야민이 유명하게도 "19세기의 수도"[113]라고 했던 파리의 중요성을 인정해야만 한다. 비교할 수 없는 다양성과 자극이라는 스펙터클로서, 파리는 이 책에서 마주치게 될 시각에 관한 많은 논의들에 있어서 꼭 필요한 배경이었으며 현재까지도 그러하다.

베르사유 궁과는 달리, 구체제의 파리는 쉽게 읽혀지지 않는 시각적 경험을 제공했다. 1783년에 이미 루이 세바스티앙 메르시에(Louis-Sebastian Mercier)는 "수많은 굴뚝에서 나오는 멈추지 않는 연기, […] 밀집된 가옥 위로 형성되는 엷은 연기를 보게 되며, 문자 그대로 연기를 뿜는 도시를 보게 된다"[114]라며 파리의 매연에 대하여 불평한 바 있다. 루소가 꿈꾸었던 고유한 투명성의 장면이 도시의 풍경으로부터 멀리 떨어진 곳을 배경으로 한 것은 우연이 아니며, 이 도시환경 속에서,

---

113 Walter Benjamin, *Charles Baudelaire: A Lyric Poet in the Era of High Capitalism*, trans. Harry Zohn and Quintin Hoare (London, 1973), p. 155.

114 Mercier, Tableaux de Paris (Paris, 1783); Louis Chevalier, *Laboring Classes and Dangerous Classes: In Paris During the First Half of the Nineteenth Century*, trans. Frank Jellinek (Princeton, 1973), p. 147에서 재인용.

볼마르(Wolmar)가 쥘리(Julie)에게 "나는 오직 내 눈에 들어오는 환영
만을 볼 뿐이며, 내가 이를 잡으려는 순간 사라진다"[115]라는 말을 했던
것이다. 비록 에티엔루이 불레(Étienne-Louis Boullée), 클로드니콜라
르두(Claude-Nicolas Ledoux)[e] 그리고 피에르쥘 들레핀(Pierre-Jules
Delespine) 같은 건축가들에 의해 '기하학적 도시'[116]를 건설하고자 했
던 많은 계획이 있었지만, 18세기 동안에 그리 많이 실행되지는 않았
다. 심지어 혁명기에도 건설된 것은 매우 적어서, 생트 주느비에브(St.
Geneviève) 성당 같은 건물을 판테온으로 변환시켜 놓은 것 등이 주목
할 만하다. 조명탑을 만들어 온 파리를 불 밝히려 했던 동데뒤프레
(Dondey-Dupré)의 계획 같은 유토피아적인 프로젝트는 실현되지 못
했다.[117]

　파리는 19세기까지도 많은 점에서 여전히 중세 도시였고, 근대 도시
에 상응하는 합리적인 격자형 가로나 트인 전망이 부족했다. 비록 루이
필리프(Louis Philippe)의 7월 왕정 동안 유리로 덮인 상업 아케이드가
지어져서 **산책자**(flâneur)가 여유롭게 거니는 것을 가능하게 한 점도 있
지만,[118] 대부분의 거리는 여전히 시각적 쾌락에 적합하지 않았다. 1849
년에 작가 샤를 앙리 르쿠튀리에(Charles Henri Lecouturier)는 18세기
메르시에의 통탄을 반복했다.

115　Rousseau, *La nouvelle Héloise*, part 2, letter 17. Marshall Berman, *All That Is Solid Melts into Air: The Experience of Modernity* (New York, 1982), p. 18.

116　Starobinski, *1789: The Emblems of Reason*, pp. 67f.

117　Schivelbusch, *Disenchanted Night*, p. 121.

118　산책자의 특히 남성적인 정체성은 다음의 글에서 논의되었다. Janet Wolff, "The Invisible Flâneuse: Women and the Literature of Modernity," *Theory, Culture and Society*, 2, 3 (1985), pp. 37-46. 공공의 영역에서 점잖은 여성들은 1850년대에 백화점이 등장하기 전까지는 갈망하며 응시할 수 있는 권리가 부인되었다.

몽마르트 언덕의 정상에서부터 파리를 내려다본다면, 밀집된 집들이 수평선 곳곳마다 쌓여 있어, 무엇을 관찰한단 말인가? 위에는 언제나 구름 낀, 심지어 맑은 날조차도 뿌연 하늘이 있다. 스모그로 된 구름은 마치 검은 커튼처럼 떠돌아다녀서 하늘이 시야를 가린다. […] 사람들은 이 거대한 미로로 나아가기를 꺼려하며, 이 미로 속에는 수백만 명의 사람들이 서로서로 밀쳐 대고 공기는 해로운 발산물에 의해 오염되어 매연 구름으로 떠올라 거의 태양을 가린다.[119]

파리에서의 시각 경험을 좀 더 가까이서 본다면 마찬가지로 판타스마고리아적인 혼돈이 압도적이었다.[120] 발자크의 소설은 왕정복고기의 사회 세계가 구체제의 사회만큼 투명하게 읽힐 수 있는 사회였으면 하는 희망을 바탕으로 했지만, 그 결과는 빈번히 기대를 저버리는 것이었다.[121] 어느 논평가가 '환경주의자의 시각'[122]이라고 부른 발자크의 소설

---

119 Chevalier, p. 374에서 재인용. 코르뱅은 "연기는 이 당시에 더 이상 그 악취 때문이 아니라, 검고 뿌연, 그리고 폐에 붙거나 얼굴을 그을리고 대기를 뿌옇게 만든다는 점 때문에 관심의 대상이 되었다. 당시 한편으로는 투명성에 대한 우려가 진행되었다" 라고 덧붙인다. Le miasme et la jonguille, p. 157.

120 판타스마고리아(phantasmagoria)라는 용어는 19세기에 고안된 많은 환영의 기계 중 하나를 지칭하는 것이었음을 주목해야 한다. 이는 투명한 스크린 뒤쪽으로부터 슬라이드를 다른 편에 있는 관객 쪽으로 쏘아서 작동하는 것이다. 이는 특히 20세기 들어서 벤야민과 아도르노에 의해 비판적 카테고리로 발전되었다. 이에 대한 근래의 논의로는 다음을 참조할 수 있다. Terry Castle, "Phantasmagoria: Spectral Technology and the Metaphorics of Modern Reverie," Critical Inquiry, 15, 1 (Autumn, 1988), pp. 26-61.

121 발자크의 소설이 그의 의도와 결과 사이에 차이를 강조한다는 점에 대한 연구로는 다음을 참조할 수 있다. Prendergast, The Order of Mimeis, 3장. 그는 발자크가 의복이나 인상 등등에서의 의미의 시각적 기호를 읽을 수 있는 자신의 능력에 대한 신념이 결국에는 흔들렸는데, 이는 "근대 도시의 더 커져 가는 불투명성에 대한 기호"를 의미한다고 결론 내렸다(p. 95).

122 Nicholas Green, The Spectacle of Nature: Landscape and Bourgeois Culture in

은 도시를 위험하고 질병에 걸린, 더러운 장소로 염려스럽게 시각화하였다. 명확하고 명료히 파악할 수 있다는 희망은 교외에 아름답게 건설된 자연으로 투사되어, 바르비종 화파 같은 화가들에 의해 천명되었다. 퐁텐블로숲은 **능산적 자연**(能産的自然, natura naturans)으로서 잘 가꾸어진 피난처가 되었는데, 여기에서 혼란스러웠던 도시인들의 눈이 안식을 찾을 수 있었다.

새로운 도시의 군중들은 사실상 완전히 새로운 종류의 감각적 과부하에 직면했다. 이러한 특징에 대해서는 19세기에 호프만(E. T. A. Hoffmann)과 에드거 앨런 포(Edgar Allan Poe)에 의해 인상적으로 그려졌으며, 더욱 통찰력 있는 분석은 20세기에 와서 게오르크 짐멜(Georg Simmel)과 벤야민에 의해 이루어졌다. 짐멜은 그의 『대도시와 정신적 삶 *The Metropolis and Mental Life*』이라는 고전적 연구에서 다음과 같이 적고 있다.

> 대도시에 사는 개인들에 있어서의 심리적 기반은 **신경과민**(intensificaiton of nervous stimulation)이라고 할 수 있는데, 이는 외적, 내적 자극들이 빠른 속도로 그리고 끊임없이 바뀌는 데서 기인한다. […] 오래 지속되는 인상, 다른 인상들과는 단지 아주 조금만 다른 인상, 그리고 규칙적이고 습관적인 경로를 택해서 일정하고 습관적 대조를 보이는 인상들, 이 모든 것은 말하자면, 변화하는 이미지들의 급속한 밀집이나 한 번 힐끗 보면서 파악하는 예리한 불연속성, 그리고 예기치 못한 돌진하는 인상들보다 의식을 덜 소진시킨다. 이러한 것들은 대도시가 만들어 내는 심리적 조건들이다.[123]

Ninettenth-Century France (Manchester, 1990), p. 66. 그는 환경적 눈과 소비하는 응시(consuming gaze)를 대비시켰는데, 이는 새로운 도시 광경으로부터 쾌락을 끌어냈다.

123 Georg Simmel, *The Sociology of Georg Simmel*, trans. and ed. Kurt H. Wolff

느릿느릿 움직이는 **산책자**를 더 광적인 속도로 걷는 도시 군중으로 만들려는 시도에도 불구하고, 감각에 대한 격동과 쇼크는 방어적 반응을 불러일으키는 듯하다고 짐멜과 벤야민 모두 지적한 바 있다.

　제2제정 시기에는 더 큰 혼란이 계속되어 파리의 진정한 근대화 작업이 시작되었다. 1859년 조르주 외젠 오스만 남작(Baron Georges-Eugène Haussmann)이 센주의 주지사가 되었는데, 6년 후 그는 방대한 재건 혹은 보다 냉소적이었던 당대인들이 수도의 "전략적 미화"라고 부른 재건을 시작했다.[124] 벤야민은 오스만 남작의 도시적 이상을 "길게 뻗은 거리 전망을 내려다보는 관점에서의 시야"라고 묘사한다. 이는 나아가 "19세기 동안 반복적으로 나타나는 경향에 부합하는 것으로 바로 기술적 진전을 예술적 목표로 잘 치장하려 했던 경향을 말한다"라고 서술한다.[125] 단호히 직선으로 뻗은 새 광장들은 오스만의 군사적 의도로 생겨났으면서 철도선의 예를 바탕으로 한 것이며, 이 철도선들은 그 자체가 자연 풍경을 깔아뭉개고 건설되었던 것이다. 이 도로의 부수적 목적 중 하나는 파리를 투명하고 분명하게 만들기 위한 것이었다. 이러한 점에서 볼 때, 19세기 중반에 있었던 노동자의 조건에 대한 조사와 이

(New York, 1950), pp. 409-410. 짐멜과 근대 도시에 대한 더 깊은 논의는 다음을 참조할 수 있다. David Frisby, *Fragments of Modernity: Theories of Modernity in the Work of Simmel, Kracauer and Benjamin* (Cambridge, Mass., 1986), 2장. 시각에 대한 관점으로는 다음을 참조. Deena and Michael Weinstein, "On the Visual Constitution of Society: The Contributions of Georg Simmel and Jean-Paul Sartre to a Sociology of the Senses," *History of European Ideas*, 5 (1984), pp. 349-362.

124　이에 대한 최적의 설명으로는 다음을 참조할 수 있다. David H. Pickney, *Napoleon III and the Rebuilding of Paris* (Princeton, 1958) 참조. 또한 J. M. and Brian Chapman, *The Life and Times of Baron Haussmann* (London, 1957), 그리고 Françoise Choay, *The Modern City: Planning in the Nineteenth Century* (New York, 1969).

125　Benjamin, *Charles Baudelaire*, p. 173.

도로망에 대한 물리적인 연관을 들 수 있는데, 역사가들은 이 노동 조건에 대한 조사가 명백하게 시각적 관찰을 바탕으로 했음을 지적한 바 있다.[126] 여기서 어쩌면 데카르트적 원근법적 시각체제가 완벽한 도시적 형태를 찾았다고 할 수도 있는데, 이는 1853년에야 파리가 처음으로 전체적으로 조사되고 명확하게 지도로 그려졌다는 사실이 상징적으로 뒷받침하고 있다.

그러나 그 결과는 모든 이의 취향에 맞는 것은 아니었는데, 이러한 불만은 그 도시계획 때문에 발생한 이동(대부분이 노동자들)과 변칙적인 자금 조달 때문만은 아니었다. 일찍이 1865년부터 빅토르 푸르넬(Victor Fournel) 같은 비평가들은 그들이 사랑했던 파리의 파괴를 애도했다.[127] 벤야민에 따르면, "파리인들에 관한 한, [오스만 남작은] 파리인들이 자신들의 도시에 대해 소외감을 느끼게 만들었다. 도시인들은 더 이상 그곳에서 편안함을 느낄 수 없었다. 그들은 이 위대한 도시가 인간미가 없다고 의식하기 시작했다."[128] 루이 슈발리에(Louis Chevalier)는 덧붙인다.

도시의 구(舊)구역을 그토록 철저히 파괴하여 파리의 지도에서 지움으로써, 오스만은 빈민가와 도둑들의 주거지가 뒤엉킨 한 구역, 그보다 훨씬 더 한 것을 파괴시켰다. [⋯] 그는 바로 그 이미지, 그 구역이 상기시키고 불러 일으킨 바로 그 이미지, 그리고 파리인들의 기억에 연관되었던 그 이미지를 파괴 시켰다. 이 이미지들은 이 집단 기억으로부터 다른 종류의 기억으로 넘겨 주었는데, 즉 이는 골동품상의 그림 같은 전통, 다시 말해 망각이라는 가장

---

126 예를 들어, 다음을 참조할 수 있다. Michelle Perrot, *Enquêtes sur la condition ouvrière en France au XIXe siècle* (Paris, 1972), pp. 11, 21, 26, 28.
127 Victor Fournel, *Paris nouveau et Paris futur* (Paris, 1865), pp. 218-229.
128 Benjamin, *Charles Baudelaire*, p. 174.

확실한 형태의 기억으로 넘겨 주었다.[129]

또 다른 논평가 볼프강 쉬벨부쉬는 기차 여행이 일으키는 공간-시간적 충격에 집중한 바 있는데, 그의 작품에서 "1850년대에서 1860년대 사이에 파리인들이 겪은 상당한 방향감각 상실(disorientation)은, 철거와 재건축을 거치면서 기존의 파리가 또 다른 파리와 교차되고 충돌하는 것을 그들이 봤기 때문이다"라고 지적한다.[130]

파리가 오스만화(化) 한 결과에 있어서 보다 더 놀라운 점은 오스만의 시각의 그 모든 합리성과 명료함에도 불구하고, 적어도 단기적으로는, 빈번하게 시각적 불확실성과 혼란을 악화시켰다는 점이다. 미술사학자 T. J. 클라크(T. J. Clark)가 지적했듯, 거대한 재건이 야기한 일상생활의 끊임없는 혼돈은 "도시가 비가독적으로(illegible)"[131] 되었음을 의미하며, 또 이러한 새로운 상황은 곧 인상주의자들의 삼차원적 공간의 파괴로 나타났다. 클라크는 계속해서 다음과 같이 주장했다. 1860년대의 매스 미디어에 등장한 파리의 이미지는,

퍼레이드였으며, 판타스마고리아, 꿈, 무언극, 신기루, 가장무도회였다. 대도시를 방편으로 삼은 전통적 아이러니는 특히 시각적으로 진실하지 않은 새로운 은유와 섞이게 되었다. 이 은유들은 새 거리와 아파트먼트 블록의 단순한 과시와 조잡함을 강조하기 위한 것이었다. 그리고 이를 넘어서 도시 내에 내장되어서 그 사용법을 결정하게 되는 점점 침투해 가던 환영의 장치를

---

129   Chevalier, *Laboring Classes and Dangerous Classes*, p. 100.

130   Wolfgang Schivelbusch, *The Railway Journey: The Industrialization of Time and Space in the 19th Century* (Berkeley, 1986), p. 185.

131   T. J. Clark, *The Painting of Modern Life: Paris in the Art of Manet and his Followers* (Princeton, 1984), p. 47.

나타내려는 것이었다.[132]

이로 인한 결과 중 하나는 도시 관람자에 대한 논의가 약해진 것이다. 푸르넬이 1858년에 지적한 바와 같이, 관찰하는 능력을 스스로 소유한 **산책자**는 멍한 **구경꾼**(badaud), 즉 자신이 본 것에 완전히 압도되어 멍하니 보는 구경꾼으로 대체되고 있었다. "단순한 **산책자**는 언제나 그의 개인 주체성을 완전히 가지고 있는데 반해 '멍한 **구경꾼**'의 개인 주체성은 사라진다. 외부 세계에 의해 흡수되고 […] 이 외부세계는 이 구경꾼이 자기 자신을 잊게 될 때까지 빠져들게 만든다. 자신의 앞에 펼쳐진 스펙터클의 영향하에 멍한 구경꾼은 몰개성적인 창조자가 되며 그는 더 이상 인간이 아니라 공공 대중의, 군중의 일부가 된다."[133]

　산책자에서 **멍한 구경꾼**으로의 변화는 도시가 빠르게 변화하는 풍경을 새로이 상업적으로 이용함에 따라 더 가속화됐다. 오스만의 작업 결과로 등장한 파리는 단지 강박적으로 곧게 뻗은 대로, 모두 같은 높이의 빌딩, 그리고 모두 광장에서 끝을 맺는 그러한 거대한 대로만을 의미하는 것은 아니었다(다른 감각, 즉 냄새에 미친 우호적인 영향이 곧바로 평가받았던 최초의 근대적 하수 시스템만을 의미하는 것도 아니었다).[134] 이는 바로 1860년대에 가장 패셔너블한 거리에 줄지어 들어서기 시작한 새 백화점의 파리였다.[135] 여기에 욕망의 시각적 스펙터클은

132　Ibid., pp. 66-67.

133　Victor Fournel, *Ce qu'on voit dans les rues du Paris* (Paris, 1858), p. 263. Benjamin, *Charles Baudelaire*, p. 69.에서 재인용.

134　콜뱅은 대중을 그들이 함께 살아가는 데 익숙해하던 배설물들로부터 분리시키기 위해 어떠한 투쟁이 있었는지를 보여 준다. *Le miasme et la jonquille*, pt. 3, 5장. 참조.

135　가장 첫 번째는 BHV(Bazar de l'Hôtel de Ville)와 봉 마르세였다. 이에 대한 설명으로는 다음을 참조할 수 있다. Michael B. Miller, *The Bon Marché: Bourgeois*

왕궁으로부터 부르주아들의 공간으로 옮겨갔는데 그곳의 거대한 크기의 유리 창문에는 어마어마하게 매혹적인, 그리고 여유만 있다면 소비할 수 있는 상품들이 진열되어 있었다. 여기서 멋쟁이들(dandies)은 패션의 뉘앙스나 취향이나 스타일 같은 시각적 기호로 차별화되고 싶어 했는데, 이는 대중들에게 매력적인 가능성으로 작동했다(특별히, 이러한 새 여성 소비자는 『여인들의 행복 백화점 Au Bonheur des Dames』에 생생하게 묘사되었다).[136] 여기에 기차 여행에서 보였던 파노라마적인 시각이 당혹스러울 정도로 어마어마한 상품들의 진열에서 다시 반복된다.[137] 한편 당시 부르주아 계층의 실내는 "시각적 불협화음"[138]이라고 불릴 정도로 작은 장식품으로 가득 차곤 했는데, 이 많은 것들은 실제로 구입된 것이다. 그러나 모든 사람들이 자신의 눈의 유혹을 상업적으로 만족시킬 수는 없었다. 1827년에 보헤미안 시인 피에르-장 드 베랑제(Pierre-Jean de Béranger)가 "보는 것은 소유하는 것이다(voir, c'est avoir)"[139]라고 했다면, 세기말 무렵에는 "그저 보기"가 실제로 소유하는 것과 동일한 것은 아니라는 것이 점점 더 명백해졌다.[140]

Culture and the Department Store, 1869-1920 (Princeton, 1981).

136 Émile Zola, *Au bonheur des dames* (Paris, 1882): 가장 최근의 영어번역본 『여인들의 행복 백화점 The Ladies Paradise』(Berkeley, 1992)은 크리스틴 로스(Kristin Ross)의 서문을 싣고 있다. 이 서문은 백화점의 매력을 앙리 르페브르와 기 드보르가 발전시킨 스펙터클의 측면에서 분석하고 있다.

137 Schivelbusch, *The Railway Journey*, p. 189.

138 Apter, *Feminizing the Fetish*, p. 40.

139 Béranger, *Oeuvres complètes* (Paris, 1847), Chansons, p. 418: Dolf Sternberger, *Panorama of the 19th Century*, tran. Joachim Neugroschel (Oxford, 1977), p. 198에서 재인용.

140 이러한 측면의 문학적인 영향의 분석에 대해서는 다음을 참조할 수 있다. Rachel Bowlby, *Just Looking: Consumer Culture in Dreiser, Gissing and Zola* (New York, 1985). 새로운 상업문화에 의해 탄생된 논의에 대한 설명으로는 다음을 참조할 수 있다. Rosalind H. Williams, *Dream Worlds: Mass Consumption in Late Nineteenth-*

백화점에서 나타난 시각적 욕망이 직접적인 자극이라면, 신문과 잡지의 폭발적인 광고 이미지는 간접적인 자극들이었다. 바이에른 출신의 극작가 알로이스 제네펠더(Alois Senefelder)가 1797년 발명한 석판화는 나폴레옹의 침공시에 프랑스로 가져와서 장 오귀스트 도미니크 앵그르(Jean-Auguste-Dominique Ingres), 외젠 들라크루아(Eugène Delacroix)와 테오도르 제리코(Théodore Géricault)와 같은 몇몇 거장들이 예술적 목적으로 제한된 경우에 처음 사용했다. 그런데 들라크루아가 그린 1828년의 유명한 괴테의 『파우스트』의 삽화 이후에 석판화는 어마어마하게 인기를 끌었다. 곧 이 석판화는 샤를 필리퐁(Charles Philipon)의 『르 샤리바리 Le Charivari』, 『라 카리카튀르 La Carica-ture』, 그리고 에밀 드 지라르뎅(Émile de Girardin)의 혁신적인 『라 프레스 La Presse』 같은 잡지의 중심 역할을 했으며, 특히 1836년 시작한 『라 프레스』는 구독보다는 광고에 의해 운영되는 최초의 신문이 되었다.[141] 장 이냐스 이지도르 그랑빌(Jean-Ignace-Isidore Grandville)이나, 보들레르에 의해 "근대 생활의 화가(painter of modern life)"[142]라는 이름으로 영원히 남게 된, 제라르 콩스탕탱 기(Gerard Constantin Guys)와 같은 인기 있는 삽화가들은 엄청난 매력이 있었다. 심지어 사실주의 소설가들조차도 이들로부터 영향받았다.[143] 의미심장하게도, 도미에의 풍자그림이나 필리퐁(Philipon)을 위해 그렸던 다른 캐리커처 화가들에 의해 자극받은 프랑스 정부가 삽화가 들어간 정부 잡지 『라

Century France (Berkeley, 1982).

141 석판화의 발전과 확산에 대한 논의로는 다음을 참조할 수 있다. William M. Ivins, Jr., Prints and Visual Communication (Cambridge, 1985), 5장.

142 Charles Baudelaire, *The Painter of Modern Life and Other Essays*, trans. Jonathan Mayne (New York, 1965). 그랑빌에 대한 보들레르의 반응은 훨씬 더 긍정적이었음에 주의해야 한다. 같은 책에 포함된 그의 글 "Some French Caricaturists" 참조.

143 M. Mespoulet, *Images et romans* (Paris, 1939) 참조.

샤르즈 *La Charge*』를 발행하기 시작하였다.[144] 바로 이 시기는 "문화를 관리하는 통제력을 국가가 발견한 듯이 보였다." 벤야민의 "기술 복제 시대"가 바야흐로 시작된 것이다.

얼마 지나지 않아, 이미지를 복제하는 기술은 1839년의 다게레오타입에 의해 더욱 발전했다. 흑백의 사진제판 기술이 다음 십여 년 후에 완벽해졌을 때(색깔은 수작업으로 덧입히는 것이 가능했다), 이미지 복제라는 혁신은 대량 광고에서만 가능한 것이 아니라 예술책이나 과학책에서도 사용 가능해졌다. 그 결과 이 기술의 유혹과 위험성을 모두 감지한 보들레르가 "이미지의 숭배"라고 불렀던 것을 초래했다.[145] 익명의 **판화제작자들**이 시장으로 몰려들어 가장 최악의 경우에 시각적 오염이라는 새로운 형태, 즉 곧 키치(kitsch)라고 불리는 것이 나타나 시장을 메웠다. 이 키치라는 용어는 1860년대에 아마도 영어의 "스케치"의 왜곡된 형태로 뮌헨에서 만들어진 것이다.[146]

다른 측면에서 볼 때, 이미지의 숭배는 시각적 경험의 민주화로 해석될 수 있는데, 이는 지금까지는 오직 엘리트 계층에만 가능했던 기회들이 좀 더 일반 대중으로까지 확대된 것을 의미한다.[147] 이러한 결론은 우

144 Richard Terdiman, *Discourse/Counter-Discourse: The Theory and Practice of Symbolic Resistance in Nineteenth-Century France* (Ithaca, 1985), p. 158. 터디먼은 7월 왕정 시기 동안의 저널리즘적 이미지의 전복적인 특성에 대한 정확한 설명을 제공한다.

145 Baudelaire, *Mon coeur mis à nu*, Beatrice Farwell, *The Cult of Images: Baudelaire and the 19th-Century Media Explosion* (Santa Barbara, Calif., 1977), p. 7에서 재인용. 보들레르는 숭배를 찬사하는 것은 "나의 유일하고 위대하며 독창적인 열정이다"라고 주장했다.

146 이 개념의 시작에 대한 설명으로는 다음을 참조할 수 있다. Matei Calinescu, *Faces of Modernity: Avant-Garde, Decadence, Kitsch* (Bloomington, 1977), p. 234.

147 이 시기의 모든 시각적 혁신들이 다 빠른 속도로 확산된 것은 아니었다. 다음을 참조할 수 있다. *France Fin de Siècle* (Cambridge, Mass., 1986). 여기에서 유진 웨버

리가 앞에서 일상의 '수준 낮은 주제'라고 조롱했던 것들이 복제 가능한 매체의 주요 목록에 포함된 것을 고려한다면, 이러한 민주화라는 측면은 더 강화되었다고 할 수 있다. 이에 상응하는 현상으로 문학에서도 사실주의의 발전과 함께 소설 내에서 이 유사한 일상적 주제를 끌어들였다.[148] 심지어 죽음조차도 대중들에게 인기 있는 구경거리가 되어서, 파리의 시체 안치실에서는 유리창을 통해 죽음이 직접적으로 전시되고, 혹은 1882년 설립된 그레뱅 미술관에서는 밀랍인형이라는 시뮬라크라의 형태로 구경거리가 되었다.[149]

또 다른 19세기의 혁신 중 하나는 비견될 만한 균일화 효과(leveling effect)라고 할 수 있다. 인공 조명이 점차 완벽해짐에 따라 모든 이들이 낮과 밤의 자연적 리듬을 거의 초월하게 되었다.[150] 1805년 이후에 파리와 같은 도시에서 가스 등불의 사용은 더 빈번해졌다. 1869년에는 더 밝고 안전한 등유램프가 도입되어 그 효율성이 확대되었다가, 마침내

(Eugen Weber)는 "1900년에는 전깃불이 들어오는 집은 거의 없었으며, 화려한 상점과 가장 관련되는 판유리와 거대한 거울은 부유한 계층을 위한 것이었다"라고 주목한다. (p. 165)

148 이미지의 확장된 레퍼토리에 무엇이 있었고 무엇이 포함되지 않았는지를 구분하는 분석에 대해서는, Raymond Grew, "Images of the Lower Orders in Nineteenth-Century French Art," in Art and History: Images and Their Meaning, ed. Robert I. Rotberg and Theodore K. Rabb (Cambridge, 1988). 그는 비록 많은 노동자들이 다양한 자세로 그려졌지만 빠진 점은 이들이 배태되었던 사회적 관계에 대한 어떠한 묘사도 없다고 주장한다. 아울러 일하는 자는 일반적으로 공장에서 노동자라기보다는 장인으로 취급되었다.

149 이러한 발달에 대한 설명으로는, Vanessa Schwartz, "Spectacular Realities: Early Mass Culture in Fin-de-Siècle Paris," Ph. D. diss., University of California, Berkeley (1998). 19세기 초반에는 해부학적 왁스 박물관인 뒤퓌트랑 박물관(the Mueée Dupuytren)이 있었는데, 이는 의과대학생들에 의해 사용되고 일반 대중에게 오픈된 곳은 아니었다.

150 William T. O'Dea, The Social History of Lighting (London, 1958), 그리고 Schivelbusch, Disenchanted Night 참조.

1890년 토머스 에디슨(Thomas Edison)의 전등 발명은 밤을 낮으로 만들어 버리는 듯했다.[151] 이러한 혁신은 노동시간이 규율화됨에 따라, 증대되는 시간적 합리성만을 의미하는 것이 아니라, 일과 후의 새로운 유흥거리의 가능성을 열어 놓았다는 것을 의미했다. 파리 오페라 극장의 앙리 뒤보스크(Henri Duboscq)가 만든 극장 조명의 발전은 카페 콘서트에서의 야외 조명에 발맞추는 것이었다. 백열의 석회를 등대로부터 빌려 와서, 1850년대에는 연극의 석회광 조명을 내는 데 사용되었는데, 등대의 석회등은 1796년에 영국인 토머스 드러먼드(Thomas Drummond)가 발명한 것이다. 곧 전기의 시대가 시작되었으며 에펠탑의 정상 부분은 전기등불로 밝혀져 1889년에는 거의 120마일 정도의 반경까지 비추어 저 멀리 오를레앙과 샤르트르 지역까지도 보이게 되었다.[152]

에펠탑을 논하는 것은 19세기의 프랑스에 있어서 여전히 이례적이었던 또 다른 시각 경험을 상기시키는 것이었는데, 이는 바로 1855년,

---

151   쉬벨부시가 보여 주는 것처럼, 이러한 은유는 17세기부터 지속된 공공의 조명을 개선하는 데에 대부분 사용되었다. 도시 전체를 비추기 위한 거대한 조명탑, 즉 1880년에 제안된 세빌로의 소위 태양 타워라고 불리는 것 같은 탑을 만들려는 시도는 성공적이지 못했다. Schivelbusch, pp. 128-34 참조. 그러나 인공조명의 효율성이 높아지면서 한스 블루멘베르크(Hans Blumenberg)가 주목했듯, 중요한 결과를 가져왔다. 조명의 힘 때문에 도시지역에서 별을 조망하며 보는 것은 더 이상 가능하지 않게 되었다. 그는 도시는 "무사심한 호기심과 혹은 보는 데 있어서의 쾌락과 같은 인간적 가능성 중의 하나로부터 분리된 구역을 만들어 냈다. 이는 왜냐하면 별이 빛나는 하늘은 매일 매일의 현상으로서 탁월한 외딴 느낌을 제공했기 때문이다."("Anachronism as a Need Founded in the Life-World: Realities and Simulation," *Annals of Scholarship*, 4, 4 (1987), p. 14.) 플라네타리움은 일종의 보상으로서 창안되었는데, 이는 "순수직관이라는 이상으로서의 별이 빛나는 하늘의 무덤으로" 기능하게 되었다(p. 16). 블루멘베르크에 따르면, 플라네타리움은 또한 현대 시각 경험 중 하나인 실제와 시뮬라크르 간의 혼돈을 일으키는 원인이 되기도 하는데, 이는 플라네타리움은 가능한 인간의 시각을 복제하기보다는 증강시키기 때문이다.

152   Joseph Harriss, *The Tallest Tower: Eiffel and the Belle Epoque* (Boston, 1975), p. 100.

1867년, 그리고 1900년에 개최되었던 국제 박람회였다.[153] 이 박람회가
매력적인 상품과 화려한 진기품들의 전시를 통해 시각적 욕망을 조작
하면서 불러일으키는 또 다른 장소가 되었고 동시에, 이 전시회들은 건
축적 실험의 중심지였는데, 특히 조셉 팩스턴(Joseph Paxton)이 처음
으로 완성하여 1851년 수정궁 박람회에 사용했던 것과 같은 거대한 유
리와 철로 된 구조물이 대표적으로 선보였다. 전례 없이 엄청난 양의
불빛을 받아들여서 눈부시게 빛났던 이들 박람회는 터너의 그림에서부
터 기차 여행에서 오는 방향감각 상실에 이르기까지 모든 것에 비유되
었다.[154] 당연하게도 이 경험들은 다른 여러 가능한 원인들과 함께, 데카
르트적 원근법에 대한 인상주의의 도전을 초래한 원인 중 하나로 제시
되었다.[155]

  회화의 역사에 있어서 세기적 사건의 중요성을 평가하기 이전에, 잠
시 멈추고 19세기 동안 일어난 시각에서의 가장 엄청난 기술 혁신, 실
제로 인간 역사 전체에 있어서도 아마도 가장 중요했던 혁신의 영향에
대하여 되짚어 볼 필요가 있는데 이는 바로 카메라의 발명이다. 20세기
프랑스 철학자들의 시각의 탐구에 있어서 사진의 함의가 심오했음은
의심할 여지가 없다. 많은 저술들이 특히나 프랑스에서[156] 사진의 발전

---

153 Raymond Isay, *Panorama des expositions universelles*, 3d. ed. (Paris, 1937)와
Philippe Hamon, *Expositions: Littérature et architecture au XIXᵉ siècle* (Paris,
1989) 참조. 에펠타워는 1889년 박람회를 위해 건설되었다.
154 이에 대한 첫 번째 비교는, Berman, *All That Is Solid Melts into Air*, p. 237: 기
차 여행의 측면에 대해서는 Schivelbusch, *The Railway Journey*, p. 47 참조.
155 Schivelbusch, p. 49.
156 예를 들어 다음을 참조할 수 있다. Claude Nori, *French Photography: From Its
Origins to the Present*, trans. Lydia Davis (New York, 1979); Gisèle Freund, *Pho-
tography and Society*, trans. Richard Dunn, Yong-Hee Last, Megan Marshall, and
Andrea Perera (Boston, 1980); Beaumont Newhall, *The History of Photography:
From 1839 to the Present Day* (New York, 1964); *Regards sur la photographie*

과 그의 역사를 기록하고 있지만 여기에서는 잠시 몇 가지 점만을 짚어 보기로 하자.

조제프 니세포르 니엡스(Joseph Nicéphore Nièpce)와 이지도르 니엡스(Isidore Nièpce), 그리고 루이 자크 망데 다게르(Louis Jacques Mandé Daguerre)와 그리고 윌리엄 헨리 폭스 탤버트(William Henry Fox Talbot)는 모두 거의 동시적으로 1830년대경에 이미지를 영구적으로 기록하는 기술을 완성시켰다.[157] 이들의 발명이 대중적으로 알려졌을 때, 프랑스에서의 반응은 그 어느 곳에서보다 빠르고 활기찼다. 『가제트 프랑스 Gazette de France』지는 1839년 1월 6일의 기사에서 "이 발견은 천재적이다. 이는 빛과 시각에 관한 모든 과학적 이론들을 전복시키고, 그리기 기술을 혁신할 것이다"[158]라고 보도했다. 국민의회의 저명한 천문학자이자 하원의원이었던 프랑수아 아라고(François Arago)의 촉구하에 프랑스 정부는 다게르와 이지도르 니엡스에게 (그의 아버지 조제프 니엡스는 1833년에 사망하였다) 개인 특허에 대한 권리를 포기하는 조건으로 연금을 수여하였다. 사진이라는 기술은 1839년 8월 19일, 프랑스 과학 아카데미의 회의에서 공식적으로 발표되어, 이후 즉시 공공의 영역이 되었다.

이 새로운 시각적 기적에 대한 일반적인 반응은 상당히 긍정적이어

---

en France au XIXe siècle: 180 chefs-d'oeuvre de la Bibliothèque nationale (Paris, 1980)

157 대체적으로 니엡스가 비투멘의 작용에 의해 빛에 민감한 땜납 판 위의 이미지를 1826년에 고착시키는 데 처음 성공했다고 알려져 있다. 그러나 이것이 드러나게 된 것은 1830년대 후반 아들 니엡스와 다게르가 1830년에 기법을 더 정교화하고 난 후였다. 탤보트의 위대한 공헌은 그가 네거티브를 만들었다는 것이고 이로써 같은 사진을 여러 벌 인쇄할 수 있게 되었다.

158 "The Fine Arts: A New Discovery," reprinted in Photography: Essays and Images, ed. Beaumont Newhall (New York, 1980), p. 17.

서, 1840년대에는 "다게레오타입 마니아(Daguerreotype-mania)"라는
현상도 낳았다.[159] 그러나 지식인들 사이에서는 세 가지 이슈가 등장해
서 이는 심지어 오늘날까지도 논쟁을 일으킨다. 첫 번째는 사진과 시각
적 진실 혹은 환영과의 관계에 관한 것이며, 두 번째는 더 골치 아픈 질
문, 즉 사진이 예술인가 하는 질문에 관한 것이었다. 이는 사진이 회화
에 미친 영향은 그리고 그 반대의 영향은 무엇인가 하는 질문과 당연히
얽혀 있는 것이었다. 그리고 세 번째 이슈는 이 새로운 발명이 사회에
미치는 영향에 관한 것이었다. 이들 쟁점들을 다루면서 19세기의 사상
가들은 좀 더 광범위한 의미에서 20세기의 시각에 관한 탐구를 대비하
게 됐다.

　낭만주의에 대한 사실주의의 반작용이 한창이었던 시기에 탄생한 사
진에 관한 상식적인 관점은 말할 것도 없이 이 기술이 실재의 순간을
있는 그대로 기록하고 있다는 것이다.[160] 다게르의 카메라는 즉각적으로
세계의 "거울"이라고 불렸으며, 이 은유는 오늘날까지도 종종 반복되었
다.[161] 프랑스의 이폴리트 바야르(Hippolyte Bayard), 빅토르 레뇨(Vic-
tor Regnault) 그리고 샤를 네그르(Charles Nègre) 같은 많은 최초의
사진가들은 세계를 있는 그대로 복제한다는 신념을 가지고 작업하였
다. 후세인들이 이들의 작업을 다른 방식으로 해석했어도 이러한 점 때
문에 이들은 "원시적"이라는 별명을 얻게 되었다.[162]

159　1840년의 모리셋(T. H. Maurisset)의 동명의 석판화 참조. 이는 다음 책으로 다
시 출간되었다. Freund, *Photography and Society*, p. 27.
160　새로운 기술의 최초의 수용에 대한 사실주의자들의 맥락에 대한 논의는 다음을
참조할 수 있다. Victor Burgin, "Introduction" to Victor Burgin, ed., *Thinking Pho-
tography* (London, 1982), p. 10 참조.
161　Richard Rudisill, *Mirror Image* (Albuquerque, 1971) 참조.
162　다음 카달로그 참조. *French Primitive Photography*, intro. Minor White, com-
mentaries by André Jammes and Robert Sobieszek (New York, 1969).

사진이 시각 경험의 진실에 충실하다는 추정은 너무나 강력한 것이어서 영화 비평가이면서 동시에 관찰자로서의 앙드레 바쟁(André Bazin)은 "처음으로 세계의 이미지가 자동적으로, 인간의 창조적 개입 없이 형성되었다. […] 사진은 자연현상처럼 우리에게 영향을 끼친다"고 주장했다.[163] 심지어 롤랑 바르트조차도 그의 「사진적 메시지(The Photographic Message)」라는 초기 글에서 "분명히 이미지는 실재는 아니다. 그러나 그것은 적어도 완벽한 유사물(analogon)이며, 상식에 따르면 사진을 정의하는 것은 바로 이 완벽한 유사성이다. 그러므로 사진적 이미지의 독특한 위치는, 바로 **코드 없는 메시지**로 간주될 수 있을 것이다"라고 한 바 있다.[164]

사진이 이러한 명성을 얻게 된 맥락에 대해 노엘 버치(Noël Burch)는 다음과 같이 요약한다.

19세기는 재현이라는 전형적인 부르주아 이데올로기의 거대한 열망이 일련의 단계로 진입했던 시기였다. 초기 창안자들은 (또한 영화 홍보자들 역시) 다게르의 디오라마에서부터 에디슨의 발성영화촬영기(Kinetophonograph)에 이르는 영화의 전사(前史)의 각 단계를 각 계층을 대표하는 것으로, 그리고 실재의 "재창조(re-creation)"를 향해 혹은 지각계의 "완벽한 환영(perfect illusion)"을 향해 한 발짝 나아가도록 했다.[165]

---

163 André Bazin, "The Ontology of the Photographic Image," in *What Is Cinema?*, ed. and trans. Hugh Gray, foreword by Jean Renoir (Berkeley, 1967), p. 13 바쟁은 물론 그의 사실주의 미학은 영화에까지 확장되었다.

164 Roland Barthes, *Image-Music-Text*, trans. Stephen Heath (New York, 1977), p. 17.

165 Noël Burch, "Charles Baudelaire versus Doctor Frankenstein," *Afterimage*, 8/9 (Spring, 1981), p. 5. *The World Viewed: Reflections on the Ontology of Film* (Cambridge, Mass, 1979). 이 책에서 스탠리 카벨(Stanley Cavell)은 "사진이 소망을

이러한 진보에서 입체경이나 컬러 영화와 같은 각 기술에서의 새롭게 개선된 점은 무엇이 '실제로' 거기 있었나를 기록하는 그 이전의 결점을 점차 보완했다는 것이다.

카메라 옵스쿠라에 포착된 이미지를 영원히 지속시키는 방식 때문에, 사진은 다소 15세기 르네상스 시대 이후 시각 그 자체로 동일시되는 원근법적인 시각체제를 승인하는 것처럼 보인다.[166] 카메라의 눈은 작은 구멍을 통해 보는 단안 시각 그 자체로, 완전히 외부의 장면을 움직이지 않은 채로 바라보는 비육체화된 응시를 생성한다(이러한 효과는 필름속도의 발전이 무한히 앉아서 기다리는 작업을 종식시키기 이전에 특히나 효과적이었다). 탈보트의 유명한 문구를 이용하자면 "자연의 연필"로서의 카메라는 아이빈스가 "구문 없는 회화적 진술(pictorial statement without syntax)"이라고 부를 만한 것, 즉 지각 세계의 진정한 표면과 3차원적 깊이에 대한 직접적인 이미지를 제공했다.[167] 이러한 생각은 적어도 사진 발명이 처음 알려졌을 때 너무도 지배적이어서, 관

만족시키는 한, 화가에게 한정된 것이 아니라, 인간의 소망을 충족시키며, 서구에서는 종교개혁 이래로 주체성과 형이상학적 고립을 피하기 위해 이 세상으로 뻗는 힘에 대한 소망, 그토록 오랫동안 추구되었고 결국에는 절망적으로 다른 이에게 충실함을 증명하기 위한 소망이라는 점은 더 강화되었다"고 덧붙인다(p. 21).

166 이러한 추정에 대한 예로는, Ivins, Prints and Visual Communication, p. 138; Victor Burgin, "Looking at Photographs," in Burgin, *Thinking Photography*, p. 146; Steve Neale, *Cinema and Technology: Image, Sound, Colour* (London, 1985), p. 20.

167 Fox Talbot, *The Pencil of Nature* (London, 1844); Ivins, *Prints and Visual Communication*, 6장. 아이빈스가 언급하는 구문은 전통적인 인쇄에서 빛과 어두움을 표현하기 위해 사용되는 도트나 직교 음영(cross-hatching)을 말한다. 유사한 분석으로, 1890대의 대중매체의 사진에서 망판 인쇄물 스크린의 사실주의를 강조하는 것에 대해서는 다음을 참조할 수 있다. Estelle Jussim, *Visual Communication and the Graphic Arts: Photographic Technologies in the Nineteenth Century* (New York, 1974), p. 288.

람자는 화면의 작은 얼굴이 너무도 생생해서 자신들을 되돌아볼 것만 같다고 걱정하기도 하였다.[168] 심지어 보들레르조차도 사진이 자연을 충실하게 반영한다는 점은 인정했지만, 사진이 예술인 척하는 데에는 반감을 보였다.[169]

그러나 1860년대 부각됐던 3차원적 입체경같이, 사진과 사진의 기술적 개선이 보이는 세계를 더 충실히 복제하는 이유로 칭송되었다면 또 다른 한편으로 회의적인 기류가 시작되었다. 가장 유명한 카메라 발명가 다게르는 어찌되었건 환영의 마스터로서 여겨졌다. 아론 샤프(Aaron Scharf)가 논하기를,

> 루이 자크 망데 다게르는 자신의 발명 훨씬 이전에 화가로서 그리고 파노라마에서의 환영적인 효과를 제작하는 이로서 상당히 알려져 있었고, 1816년부터는 파리 오페라 극장 무대 세팅을 위한 디자이너로 잘 알려졌다. 다게르는 디오라마(diorama)라는 19세기 초기의 가장 유명한 **눈속임** 오락거리 중 하나를 발명했고 이와 거의 동시에 그는 사진적 과정을 실험하기 시작했다.[170]

그의 유명한 디오라마들이 환영적인 기교를 보여 주었기 때문에 "기적의 방"[171]으로 불렸다는 점은 중요하다. 카메라의 판에 빛의 파동이

---

168 사진가 다우텐다이(Max Dauthendey)에 대한 코멘트 참조. Walter Benjamin, "A Short History of Photography," *Screen* (Spring, 1972), p. 8에서 재인용.
169 1865년의 어머니에게 보낸 편지를 참조할 수 있다. 여기에서 그는 자신의 어머니에게 아무리 사진가가 자신의 주름과 실수를 잡아낼까 봐 걱정하더라도 작업실로 가도록 권한다. Baudelaire, *Correspondance* (Paris, 1973), vol. 2, p. 554.
170 Aaron Scharf, *Art and Photography* (London, 1983), p. 24.
171 Sternberger, *Panorama of the 19th Century*, p. 9. 판옵티콘과 스펙터클의 사회에 대한 예측으로서의 파노라마와 디오라마에 대한 분석으로는, Éric de Kuyper and

물리적으로 각인되었기 때문에, 즉 대상과 시각적 기호 간에 물질적인 측면에서 인과적으로 연결된다는 바로 그 점 때문에 근대 언어학자들은 사진을 "지표성(indexicality)"[172]으로 불렀으며, 이제 **눈**은 다게르의 새로운 발명품에서 **속임수**가 아닌 것처럼 보였다. 그럼에도 불구하고 의심들은 곧 불거져 나왔다.

1840년대 중반의 사진가들은 자신의 사진에 덧칠하거나 심지어 사진들을 합하여 합성사진을 만들 수 있음을 발견했다. 이러한 기술들은 1855년의 세계 박람회에서 뮌헨의 사진가 함프슈탱글(Hampfstängl)이 소개하여 프랑스 관객들을 경악시킨 바 있다.[173] 곧 초상화에 있어서 단순히 대상 인물을 기록하기보다는 그 대상 본래의 모습을 보정하는 것이 하나의 기준이 되었다. 어떤 논평가들은 이미지를 합성하는 능력을 이 새 매체가 가진 예술적 잠재성을 옹호하기 위하여 사용했다.[174] 그러나 세계의 겉모습의 "진정한" 닮음을 변형시키는 기능은 사진이 갖고

Émile Poppe, "Voir et regarder," *Communications*, 34 (1981), pp. 85-96.

172 "지표(index)"라는 용어는 C. S. 퍼스가 소개한 것으로 참조물에 직접 혹은 동기가 되어 연결되는 기호를 지칭한다. 그는 '상징(symbol)'이라는 용어를 전적으로 관습적이고 인공적인 것으로 지칭하고, '도상(icon)'은 참조물의 형상을 닮은 것을 의미한다. 그의 "Logic as Semiotic: The Theory of Signs," in The *Philosphy of Peirce: Selected Writings*, J. Buckler, ed. (London, 1940), pp. 98-119 참조. 사진사가들은 사진의 지표적 특성을 지칭했는데, 예를 들어 로절린드 크라우스는 그의 'Tracing Nadar(p. 34)'라는 글에서 나다르가 지표성의 중요성을 인지하고 있었다고 주장한다. 크라우스는 근대 미술의 일종을 서술하기 위하여 이 지표성이라는 아이디어를 더 발전시켜 나갔다. 다음 참조. "Notes on the Index, Parts I and II," in *The Originality of the Avant-Garde and Other Modernist Myths* (Cambridge, Mass., 1985). 퍼스 자신은 사진을 지표적인 특성과 도상적인 특징을 합한 것으로 간주한다. 다음을 참조. Mitchell, *Iconology*, pp. 56-63.

173 Freund, *Photography and Society*, p. 64.

174 James Borcoman, "Notes on the Early Use of Combination Printing," in Van Deren Coke, ed., *One Hundred Years of Photographic History: Essays in Honor of Beaumont Newhall* (Albuquerque, 1975).

있는 지속적인 가능성이라는 점 또한 분명해졌다. 그리하여 미국의 사기꾼 멈러(W. H. Mumler)가 1860년 소위 심령 사진에서 이중 노출을 통해 유령의 존재를 표현하여 대중을 기만한 바 있다. 1880년대 대량 생산된 코닥 사진을 사용하던 아마추어 사진가들이 필름을 넘기는 것을 잊고서 이중노출이라는 똑같은 결과에 도달했을 때에야 결정적으로 그 속임수가 풀리게 되었다. 그러나 그 당대의 드레퓌스 사건에서처럼 순진한 관람자들이 꾸며진 이미지에 속지 않도록 여전히 경고할 필요가 있었는데, 이는 『르 시에클 Le Siècle』지의 첫 페이지에 실린 "사진의 거짓말"이라는 기사가 잘 보여 주고 있다.[175]

여전히 더 중요한 점은, 심지어 보정이 가해지지 않은 사진조차도 사물에 대해서건 혹은 사물에 대한 인간의 지각에 대해서건 완벽한 재현보다는 덜한 것으로 이해된다는 것이다. 일찍이 1853년 프랜시스 웨이(Francis Wey)는 그가 "헬리오그래피(heliography)"라고 칭했던 것의 한계에 대해 다음과 같이 논했다. "우선, 시각의 정확도는 단지 상대적일 뿐이다. 우리가 바로잡지만, 그러나 우리가 완벽하게 교정하지는 않았다. 둘째로, 헬리오그래피는 색조들 사이의 관계에 대해 우리를 속인다. 이는 푸른빛을 옅게 하고 초록과 그린 색을 검정에 가깝게 하며, 그리하여 흰색의 미묘한 그늘을 포착하기는 어렵다."[176]

환영에서 깨어나는 단계를 재구성하기는 어려운 일인데, 바쟁과 초기 바르트가 보여 주는 사례들이 결코 완벽하지는 않기 때문이다. 그러

175 "Les mensonges de la photographie," *Le Siècle*, January 11, 1899. Norman. L. Kleeblatt, ed., *The Dreyfus Affair: Art, Truth and Justice* (Berkeley, 1987), p. 212에 재출간. 이 글에는 친구처럼 보이는 이 사건에서의 상대방 얼굴을 18장의 합성 사진으로 만들어 제시하고 있다.

176 Elizabeth Anne McCauley, *A. E. E. Disdéri and the Carte de Visite Portrait Photograph* (New Haven, 1985), p. 193에서 재인용.

나 20세기 말까지 사실주의 패러다임은 사실 잊혀졌다. 일군의 현대 비평가들은 사실주의 패러다임이 사라짐을 입증해 보인 바 있다. 의식적으로 순수 기호학적 분석을 선호하며 바르트를 거부했던 움베르토 에코는 자신 있게 다음과 같이 주장했다. "이미지에서 우리에게 여전히 유사하고 지속적으로 보이고, 구체적이지 않으며, 동기가 부여되고, 자연스럽게 보이는, 따라서 '비합리적'으로 보이는 모든 것들은, 단지 현재의 지식 상태와 현재 우리의 역량으로는 개별적이고 디지털적인, 그리고 순수하게 차별적인 것들로 환원시키는 데 **아직 성공하지 못한** 그 어떤 것들일 뿐이다."[177] 그는 그리고 나서 최소 10개 이상의 코드의 카테고리를 열거하여 이를 사진적 메시지에 적용했는데, 이를 "실재"의 단순 복제라고까지 할 수는 없다.

마찬가지로 조엘 스나이더(Joel Snyder)는 사진 이미지의 모방적 측면에 대해 적대적이었으며, 사진 이미지와 인간의 시각적 경험을 구별하는 차이를 다음과 같이 요약한다.

우선, 우리의 시각은 사각형 틀로 프레임 지어지지 않기 때문에, 아리스토텔레스에 따르면, 우리의 시각은 제한이 없다. 둘째로 우리가 한쪽 눈을 감고 원래의 네거티브 필름과 같은 크기의 직사각형 프레임을 눈 위에 놓더라도, 또한 렌즈의 초점 길이와 동일한 거리로 눈으로부터 떨어져서(원근법 구성에 있어서의 소위 소실점), 다시 그림에 재현된 들판을 본다 하더라도 우리는 여전히 그림 상에 보여지는 것을 보는 것이 아니다. 사진은 모든 것을 한쪽 모서리에서 다른 모서리까지 날카롭게 묘사하고 있지만, 우리의 눈은 오목하게 생겼기 때문에, 우리의 시각은 단지 "중심부"만 날카롭게 주시할 뿐

---

177 Umberto Eco, "Critique of the Image," in Burgin, *Thinking Photography*, p. 34.

이다. 사진은 단색조인 반면에 우리는 대부분 자연의 색채로 본다(또한 사진에서 컬러가 있다면, 덜 리얼하게 보인다고 주장하는 비평가들도 있다). 마지막으로, 사진은 대상을 각각의 면마다 그리고 가장 가까운 곳으로부터 가장 멀리까지 모두 샤프 포커스로 보여 준다. 우리에게는 이것이 불가능하기 때문에 우리는 이러한 방식으로 사물을 보지 않는다.[178]

제임스 E. 커팅(James E. Cutting)에 따르면 "눈은 셔터나 노출 시간이란 것이 없어서 시각체계가 우리로 하여금 움직이는 물체를 또렷하게 보게 하는 반면에 정지카메라는 이를 흐리게 기록한다. 나아가 투사하는 표면의 형태도 다르다. […] 사진, 캔버스, 그리고 스케치패드는 편평하다. 눈의 망막은 거의 구체에 가깝다는 것을 확증한다."[179] 그리고 크레이그 오웬스(Craig Owens)는 다음과 같이 덧붙인다. "사진적 이미지가 가지는 특성이 매체 자체의 특징에서부터 나오는 것이 아니라 기계적으로 감광면에 기록되는 실재의 구조로부터 나온다는 주장은, 사진의 기술적 과정을 묘사해 줄지도 모른다. 그러나 이는 사진이 내부적으로 조직하는 의미에 대한 사진의 역량에 대해서는 설명하지 못한다."[180]

비록 많은 19세기의 논평가들이 사진과 "자연스러운" 시각 경험 간의 구분에 관해 이들 저자들처럼 명확했는지는 의심스럽지만, 모든 사람들이 초기 지지자들이 주장한 사진의 사실주의에 매혹되지는 않았다. 점점 더 그럴듯하게 보이기 위해 기술적으로 개선된다는 꿈은 결코 사라지지 않았지만, 각각의 기술적 혁신은 질문을 잠재우는 것만큼이

---

178 Joel Snyder, "Picturing Vision," *Critical Inquiry*, 5, 3 (Spring, 1980), p. 505.

179 James E. Cutting, *Perception with an Eye for Motion* (Cambridge, 1986), pp. 16-17.

180 Craig Owens, "Photography *en abyme*," *October*, 5 (Summer, 1978), p. 81.

나 많은 질문을 일으키는 듯했다.[181] 의문이 제기되는 과정은 영화라는 기술혁신으로 더 강화될 뿐이었다. 따라서 역설적으로 사진의 카메라는 시각적 경험의 카메라 옵스쿠라 모델을 불신하게 하는 데 큰 역할을 했다고 할 수 있다.

　이러한 기술적 혁신이 [시각체제] 기반을 흔드는 효과를 낳았다고 해석하는 방식 중 하나는 시각전통의 재발견이 카메라 옵스쿠라에 기반한 시각체제와 맞지 않는다고 논하는 경우이다. 스베틀라나 앨퍼스가 분석한 네덜란드의 "묘사의 미술"이 바로 그러한 전통이다. 1860년대에 얀 베르메르(Jan Vermeer)나 프란스 할스(Frans Hals)와 이들의 동료들에 대한 관심이 되살아났는데, 이러한 재발견이 카메라의 영향이 있었던 직후에 발생했다는 점은 우연이 아니다.[182] 앨퍼스에 따르면, "사진의 많은 특징들, 그 중에서도 그토록 사실적으로 만드는 바로 그 특질은 북유럽의 묘사적인 방식과 일치한다. 즉 파편성, 임의적인 프레임, 인간의 개입 없이 자연을 복제한다고 주장하는 식의 즉각성 등이 일치한다. 사진적 이미지의 역사적 선행이 있었다면, 이는 바로 17세기 이미지에서 보였던 보기, 알기, 그리기의 풍부한 혼합일 것이

181　예를 들어, 입체경의 발명은 사진 이미지의 인덱스적 특성이나 물질적 인과관계성으로 추정하는 데에 복잡한 영향을 끼쳤다. 왜냐하면 입체경의 3차원적인 효과는 오직 머릿속에서만 생산되었기 때문이다. 더구나 장 클레르(Jean Clair)도 주목한 바와 같이, 사진은 그 상업적 가능성과 더불어 영원한 이미지라는 물신숭배를 약화시켰는데, **왜냐하면 입체경은 물질적 실체가 없기 때문에 상징적 교환을 허용하지 않기 때문이다. 가상** 이미지로서, 비물직적 가짜는 완전히 투명하고, 너무나 완벽한 실재의 기만이며, 종이 위의 물질적 도큐먼트와는 달리, 누군가가 물질을 그림자로 바꾸기를 허용하지 않는다." ("Opticeries," *October*, 5 [Summer, 1978], p. 103. 그는 계속해서 뒤상의 반망막적 미술은 그의 입체경 이미지에 대한 매료와 이후에 등장하는 입체사진(anaglyph)으로 알려진 시각물들에 빚진 것이라고 주장했다.

182　이러한 관련성은 앤 홀랜더가 제시한 바 있다. Anne Hollander in "Moving Pictures," *Raritan*, 5, 3 Winter, 1986), p. 100.

다."[183] 따라서 카메라의 탄생 주위를 맴돌았던 것은 데카르트나 알베르티라기보다는 케플러의 혼령이다. 망막 위의 죽은 이미지, 즉 그가 픽투라(pictura)라고 불렀던 죽은 이미지는 따라서 데카르트적 원근법주의로 구성된 합리화된 공간의 중재 없이 이제 기계적으로 고정된 것이다(그러나 시각체제의 다양성의 또 다른 예는 종종 근대기에 와서는 같은 것으로 간주되었다).[184]

사진이 남부 회화 전통보다는 북부 전통에 더 적합한지 아닌지에 상관없이 분명한 점은 사진이 인간의 시각적 경험의 범위를 엄청나게 확대시켰다는 점이다. 벤야민이 지적한 바와 같이 "사진은 마치 정신분석학이 본능적 무의식을 발견한 것같이, 처음으로 시각적 무의식을 의식하게 하였다."[185] 이 무의식의 층들은 1850년대 인공 조명이나 1870년대와 1880년대 순간-정지 크로노포토그래피와 같은 새로운 기술적 진보에 의해서 하나씩 층들이 벗겨지게 됐다. 가장 잘 알려진 예로는 영국의 에드워드 마이브리지(Eadweard Muybridge)와 프랑스의 에티엔쥘 마레(Étienne-Jules Marey)가 있다. 그때까지는 인간의 맨눈으로는 감지할 수 없었던 움직임의 측면들을 드러냄으로써 이 사진들은 기존의 시각적 경험을 비자연화시키고 고정된 형태로 여겼던 시각을 분리

---

183 Svetlana Alpers, *The Art of Describing: Dutch Art in the Seventeenth Century* (Chicago, 1983), pp. 43-44. Carl Chiarenza, "Notes on Aesthetic Relationships between Seventeenth-Century Dutch Painting and Nineteenth-Century Photography," in Coke, ed., *One Hundred Years of Photographic History*.

184 대상과 그것에 대한 정신적 표상 간의 완벽한 닮음은 데카르트식의 광학이 추정한 바는 아니었음을 상기시키는 것도 중요하다. 그는 영혼은 눈을 보는 것이 아니며, 마찬가지로 영혼은 물질적 시각장치가 기하학적으로 보내는 것이 아니라 자연적 기하학을 제공한다. 사진 이미지에서 자연 기하학의 부재는 데카르트적 원근법을 약화시키는 데 도움을 주었다.

185 Benjamin, "A Short History of Photography," p. 7.

시키도록 했다.[186] 아론 샤프가 지적한 바와 같이, "마이브리지의 사진은 작가들의 가장 정확한 최신의 관찰들을 반박하였을 뿐 아니라 시각적 한계점을 넘어서는 기관차의 단계까지 밝혀냈다. '자연에 충실'이라는 말의 의미는 그 힘을 잃었다. 진실이라는 것은 항상 보일 수는 없으며 보여질 수 있는 것이 언제나 진실은 아니었다."[187]

그러나 더 빨라진 필름의 속도가 덧없는 찰나의 순간을 영속적으로 포착하는 것을 가능하게 했을 때 또 다른 전복적인 효과가 일어났다. 그 기술의 함의는 다양했다. 하나는 일종의 시각적 사후경직을 도입하여 삶에서의 흘러가는 시간성을 명백하게 빼앗는다는 점이었다. 이러한 사후강직의 개념은 1841년의 랄프 왈도 에머슨(Ralph Waldo Emerson)이 주목하여 카메라와 죽음을 연결하였고 이는 최근 프랑스의 사유에서도 여전히 유효하다.[188] 19세기 말의 소위 회화주의 사진가들이

---

186 시각의 속도와의 새로운 관련성에 대한 마레의 중요성에 대한 논의로는 다음을 참조할 수 있다. Paul Virilio, *The Aesthetics of Disappearance*, trans. Philip Beitchman (New York, 1991), p. 18.

187 Scharf, *Art and Photography*, p. 211. 티에리 드 뒤브(Thierry de Duve)는 "움직이는 사진의 등장과 함께, 리얼리즘 이데올로기에 몰두해 있던 작가들은 실제를 표현하면서 동시에 사진의 판단을 동시에 따를 수 없음을 발견했다. 왜냐하면 달리는 말을 찍은 마이브리지의 스냅샷은 동물의 움직임이 어떤 것인지를 보여 주지만, 말의 움직임의 감각을 전달하지는 못하기 때문이다"라고 덧붙인다("Time Exposure and Snapshot: The Photography as Paradox," *October*, 5 [Summer, 1978], p. 115)

188 Ralph Waldo Emerson, *Journals of Ralph Waldo Emerson, 1841-1844*, ed. Edward Waldo Emerson and Waldo Emerson Forbes (Boston, 1912), vol. 6, pp. 100-101. 아마도 카메라와 죽음에 관한 관계가 가장 통렬하게 논의된 것은 롤랑 바르트의 책 『카메라 루시다: 사진에 대한 노트 *Camera Lucida: Reflections on Photography*』 trans. Richard Howard (New York, 1981) 일 것이다. 또한 다음 글을 참조할 수 있다. Thierry de Duve, "Time Exposure and Snapshot: The Photograph as Paradox." 스티브 닐(Steave Neale)이 주목한 바와 같이 영화의 발명은 이미지를 살아 움직이게 한다는 희망을 펼쳐 놓았다면 스틸 사진의 뻣뻣한 경직은 그 반대를 불러일으킨다. 이에 대한 논의는 다음 참조. *Cinema and Technology*, p. 40.

자신들의 이미지에서 소프트 포커스를 사용하여 이미지에서의 시간 개념을 재도입한 것도 사실이지만, 스냅샷의 하드에지적인 힘이 사진매체에 더 특징적인 것으로 보였다. 덧없는 순간을 고정시켜 버린다는 점에서 도출되는 또 다른 함의는 영원성을 통해 같은 장면을 바라보는 초월적인 주체라는 허구에 의문을 제기하게 되었다는 점이다. 존 버거는 다음과 같이 주장했다.

카메라는 순간적인 모습들을 고립시키고, 그렇게 함으로써 이미지들은 영원하다는 생각을 파괴했다. 혹은 달리 말한다면, 카메라는 흘러가는 시간이라는 개념이 시각 경험과 (회화에서의 시각 경험을 제외하고) 불가분의 관계라는 점을 보여 줬다. 당신이 본 것은 전적으로 당신이 어디에 언제 위치하였는지에 달려 있다. 당신이 본 것은 당신의 시간과 공간에서의 위치에 따라 상대적인 것이다. 따라서 더 이상 모든 것이 한데 모이고 무한대로 뻗는 소실점으로서의 인간 눈을 상상하기는 힘들게 됐다.[189]

브라이슨의 말을 빌리자면 카메라는 비육체화된 응시보다 육체화된 일별의 권리를 회복하게 도와주며, 그렇게 함으로써 모두 본다는 "직시적(deictic)" 시간성에 대한 의식을 재도입했다.[190]

---

189 John Berger, *Ways of Seeing* (London, 1972), p. 18.

190 Norman Bryson, *Vision and Painting: The Logic of the Gaze* (New Haven, 1983), 5장. 브라이슨은 과학에 대해서가 아니라 예술에 대해 논의하였는데, 과학은 여전히 오랫동안 객관적이고 무사심한 주체에 의존하는 것으로 남아 있었다. 브라이슨은 나아가, 직시(Deixis), 즉 모든 시각적 행위의 여기와 지금에 관한 인식은 지배적인 서구의 회화적 전통에서 억압되어 왔다고 주장한다. 로저 스크루톤은 또한 사진과 그려진 초상화 간의 주요 차이는 그려진 그림이 대상 인물의 시간의 흐름 동안 대표되는 이미지를 포착하고자 하는 것이지 대상의 순간적인 인상을 포착하는 것이 아님에 있다고 주목한다. 그의 다음 책을 참조할 수 있다. *The Aesthetic Understanding: Essays in the Philosophy of Art and Culture* (London, 1983), p. 110. 브라이슨과는 달리, 그는 이

이는 바로 순수 현재성이라는 시간을 만들어 냄으로써 가능했고, 이 순수 현재성에는 내러티브 시간이라는 역사적 과정이 제거된 것이다. 1927년의 지크프리트 크라카우어(Siegfried Kracauer)가 인식한 바와 같이, 사진의 공간화 효과는 아무리 그것이 기억에 도움을 주는 듯 보여도, 진정한 기억에는 방해가 되었다. "삽화가 들어간 신문에서, 세계는 사진 찍힐 수 있는 현재로 변하게 되고 사진 찍혀진 현재는 다시 완전히 영속화 된다. 사진 찍힌 현재는 마치 죽음으로부터 낚아챈 것처럼 보이며, 실제로 그 스스로를 그렇게 내맡겼다."[191] 말하자면 시간의 흐름을 폭력적으로 멈춤으로써, 사진은 시각 경험에서의 메멘토 모리를 도입했다. 다음 장에서 명확해지겠지만, 사진과 영화에 대한 베르그송의 비평은 이러한 분석을 예견하는 것이었다. 8장에서 다루어질 카메라와 사진과의 연결에 대한 바르트의 숙고는 이러한 점을 좀 더 분석하고 있다.

결국에는 카메라의 발명이 눈이라는 권위에 대한 신뢰를 침해했으며, 이러한 점으로 인해 20세기 프랑스 지성에서 시각에 대한 탐구를 위한 기반이 마련됐다. 자연과 사회를 알 수 있다는 눈의 능력을 확증하기보다는 사진은 정확히 그 반대 효과를 가지고 있었다. 왜냐하면 초현실주의자들이 사진에 대해 열광한 점에 대해 다룰 때 언급하겠지만, 자연의 연필은 놀랍게도 비자연적인 것들을 만들어 냈던 것이다.

카메라의 발명이 불러일으킨 두 번째의 큰 논란은 사진과 예술과의 관계에 관한 것이다.[192] 여기서 문제는 이러한 문제가 여러 층위가 있다

주장을 사진에 대한 예술적 지위를 부정하기 위해 이용하는데, 그는 사진을 의도적인 (상징적) 매체라기보다는 인과 관계적(인덱스적)인 것이라고 본다.

191 Siegfried Kracauer, "Die Photographie," in *Das Ornament der Masse: Essays* (Frankfurt, 1963), p. 35.

192 이러한 논란은 다음 책에 가장 잘 요약되어 있다. Scharf, *Art and Photography*.

는 것으로 흔히 이론적인 중요성뿐 아니라 법률적인 측면을 띠고 있
다.[193] 제작과정에서 예술적인 수작업이 부재함에도 불구하고, 사진이
정말로 예술작품이었을까? 만일 그러하다면, 전통적인 회화는 이제 세
계를 캔버스 위에 충실히 재현한다는 오랜 시간 지켜 온 임무로부터 벗
어나게 되는 것인가? 사진이 여전히 이런 식으로든 저런 식으로든 시각
적 경험을 기록하려 한다면, 어떻게 사진이 드러내는 시각적 무의식은
그러한 노력에 영향을 미치는가? 그리고 마지막으로 다른 매체의 예술
작품을 사진으로 복제하는 것의 효과는 무엇인가?

　사진이 처음으로 대중화됨에 따라 자주 인용되는 진술에서, 화가 폴
들라로슈(Paul Delaroche)는 "오늘부터 회화는 죽었다"고 천명했다.[194]
즉자적인 의미에서 수많은 세밀화 화가의 사업이 끝나게 된 점도 있지
만, 그의 발언은 실수였다.[195] 그러나 회화가 이 새로운 매체에 의해 엄
청나게 변화하였다는 데에는 의심의 여지가 없다. 많은 화가들, 즉 초
상화가에서부터 들라크루아와 앵그르에 이르기까지 이들은 자신의 작
품을 위해 사진을 적극 이용했다. 몇몇 작가들은 확실히 자신들이 본

또한 Paul C. Vitz and Arnold B. Glimcher, *Modern Art and Modern Science: The Parallel Analysis of Vision* (New York, 1984) 참고.

193 "메이어 앤 피에르송 대(對) 티에보, 벳베데르, 그리고 슈와베 케이스(Mayer and Pierson v. Thiebault, Betbeder, and Schwabbé)"라고 불리는 1862년의 중요한 판결에서 프랑스 법원은 이미지의 저작권을 보호하기 위해서 사진은 사실상 예술이라고 결정했다. 이 결정이 가지는 함의에 대해서는 다음 책을 참조. Bernard Edelman, *The Ownership of the Image: Elements of a Marxist Theory of Law*, trans. E. Kingdom (London, 1979).

194 다음의 글에서 재인용되고 논의되었다. Gabriel Cromer, "L'original de la note du peintre Paul Delaroche à Arago au sujet du Daguerréotype," *Bulletin de la Société Française de Photographie et de Cinématographie*, 3d ser., 17 (1930), pp. 114f.

195 Freund, *Photography and Society*, p. 10.

것에 영향을 받았다. 예를 들어, 인공조명이 만들어 낸 색조의 거친 구분은 에두아르 마네에게 영향을 준 것으로 보이며, 느리게 움직이는 필름에서 나타나는 움직이는 물체의 흐릿한 이미지는 장바티스트 카미유 코로(Jean-Baptiste-Camille Corot)의 1840년대 프로토 인상주의에 영향을 끼친 것으로 여겨졌다.[196] 마찬가지로 종종 일본 미술에 대한 새로운 관심의 영향을 반영하는 것으로 해석되었던 인상주의의 납작해지는 공간 또한 사진에서의 원근법주의가 무너진 것으로부터 기인한 것이었다.[197] 에드가 드가(Edgar Degas)가 무용수나 말이 움직일 때 한 순간을 포착한 이미지는 종종 스냅샷과 비교되었는데, 이 스냅샷은 더 빠른 속도의 필름이 완벽해짐에 따라 가능하게 된 것이다. 후에 마이브리지와 마레가 했던 동작이 분할된 이미지는 마네(Edouard Manet), 폴 세잔(Paul Cézanne), 그리고 마르셀 뒤샹의 이질적인 "분열된 공간(fractured space)"에 명백하게 영향을 끼쳤다.[198] 심지어 마네의 〈풀밭 위의 점심(Dejeuner sur l'herbe)〉과 〈올랭피아(Olympia)〉에서 관람자를 빤히 바라보는 뻔뻔스러운 누드는 종종 제2제정기의 포르노 사진들과 연관되었다.[199]

이 모든 추정되는 영향들을 아이러니하게 만드는 것은 인상주의자들 스스로가, 그 시대의 지배적 긍정적인 이데올로기에 영향을 받고 있음에도 불구하고, 그들이 본 것의 수동적인 기록자로 간주되었다는 점이

---

196 Scharf, *Art and Photography*, pp. 62 and 89.

197 Vitz and Glimcher, *Modern Art and Modern Science*, p. 50. 인상주의에 있어서의 사진의 중요성에 대한 좀 더 회의적인 해석으로는 다음 글을 참조할 수 있다. Kirk Varnedoe, "The Artifice of Candor: Impressionism and Photography Reconsidered," *Art in America*, 68 (January, 1980).

198 Vitz and Glimcher, *Modern Art and Modern Science*, pp. 118 및 123; Scharf, *Art and Photography*, p. 255.

199 McCauley, *A. A. E. Disdéri*, p. 172.

다. 심지어 세잔조차 "화가로서 나는 나 자신을 그 무엇보다도 시감각
에 소속시킨다"[200]라고 주장하곤 했다. 나아가 다른 아이러니는 카메라
의 초기주창자의 편에서 자연주의자들이 주장한 수동적 중립성이라는
동일한 핑계가 사실주의의 모방 이데올로기에 대해 반감을 가졌던 예
술가들의 비난을 낳았다는 점이다. 다게르가 프랑스 과학아카데미에서
발표한 지 3주 후에 『르 샤리바리』의 한 기자는 "예술로서 고려한다면
다게르씨의 발견은 멍청함 그 자체다. 그러나 신체에 대한 빛의 행위로
서 고려한다면 다게르 씨의 발견은 거대한 진보이다"라고 주장했다.[201]
도미에는 후에 "사진은 모든 것을 모방하고 표현은 하지 않는다. 그것
은 영혼의 세계에서는 눈이 먼 것이다"라고 후에 불평했다.[202] 그리고
시인 알퐁스 드 라마르틴(Alphonse de Lamartine)은 사진에 대해 "결
코 예술일 리 없는 우연한 발명, 그러나 단지 렌즈를 통해 자연을 표절
한 것에 불과"하다고 지칭했다.[203]

그러나 사진을 예술로 주장하는 것을 경멸하는 데 있어서 보들레르
만큼 유명한 사람은 없어서, 그는 1859년의 살롱 리뷰에서 자연주의 우
상숭배의 승리에 대해 큰 목소리로 한탄했다.[204] 비록 사진이라는 새로

---

200 에밀 베르나르(Émile Bernard)와의 대화로부터 재인용된 것으로 다음 책을 참
조할 수 있다. Herschel B. Chipp, *Theories of Modern Art: A Source Book by Artists
and Critics* (Berkeley, 1968), p. 13.

201 Heinrich Schwarz, *Art and Photography: Forerunners and Influences*, ed.
William E. Parker (Chicago, 1987), p. 141에서 재인용.

202 ibid., p. 140에 재인용.

203 Freund, *Photography and Society*, p. 77에서 재인용. 이러한 언급은 1858년에
한 것이다. 얼마 후 라마르틴은 앙투안 사뮈엘 아당살로몽(Antoine Samuel Adam-
Salomon)의 매우 인상적인 작품을 본 후, 그의 언급을 뒤집었다.

204 Baudelaire, "The Modern Public and Photography," 그러나 앙드레 잠므
(André Jammes)는 1859년까지는, 보들레르만이 사진에 대해서 비판적인 것은 아니었
다고 지적한다. 사실상 그는 나다르를 위해 포즈를 취하기도 했으며, 보들레르는 처음

운 기술의 과학적이고 상업적인 사용은 인정했지만, 보들레르는 사진
이 "무형의 것 그리고 상상의 영역에 침입해 들어온 것에 대해 강력하
게 비난하였다."[205] 자연을 완벽하게 복제하려는 대중의 천박한 욕망에
대하여 "응징의 신은 이 많은 이들의 기도를 들었다. 다게르는 그들의
메시아다. [⋯] 얼마 지나지 않아 수천 개의 욕심 많은 눈들은 입체경의
구멍에 달라붙어 있을 것이다"라고 썼다.[206] 비록 대중을 향한 보들레르
의 경멸과 이 새 기계에 관한 그의 혐오를 따로 떼어 놓기는 힘들지
만, 보들레르가 예술에 대한 사진의 함의를 가슴 깊이 경멸한 것은 분
명하다. 이러한 태도는 꽤 뿌리 깊어서 심지어 후에 사진가들이 이미
지의 예술적 꾸밈을 위해 자의식적으로 자연주의를 회피했을 때, 마
르셀 프루스트와 같은 작가는 여전히 보들레르가 가졌던 의심을 반복
했다.[207]

그러한 불만은 근본적으로 한 가지 중요한 측면에서 잘못 제기된
것이다. 상상에서 비롯된 예술은 카메라에 의해 전멸될 리는 없다고
하는 측면이다. 왜냐하면 실재에 대한 카메라적 시각은 있는 그대로
모방적이지도 전적으로 인덱스적이지도 않기 때문이다. 하인리히 슈
바르츠(Heinrich Schwarz)나 피터 갈라시(Peter Galassi) 같은 최근의
논평가들은 사진의 전(前)매체가 단순히 카메라 옵스쿠라와 같은 시각

으로 중동 지역을 방문한 프랑스 사진작가였던 막심 뒤캉에게 그랬던 것처럼, 「악의 꽃
(Fleurs du Mal)」에서 나다르에게 시를 바치기도 했다. 『프랑스의 원시주의 사진
French Primitive Photography』 카탈로그의 잠므의 글 참조.

205 Baudelaire, p. 88.

206 Ibid., p. 87.

207 사진을 유화에서부터 석판화에 이르기까지 모든 것과 닮게 만들도록 하려 했다
는 시도에 관한 논의는 다음 책을 참조할 수 있다. Freund, *Photography and Society*,
p. 88. 이 사진에 대한 프루스트의 비판적 반응에 대해서는 다음 책을 참조. Susan
Sontag, *On Photography* (New York, 1978), p. 164.

적 도구일 뿐만 아니라, 회화 그 자체의 전통이기도 하다는 점을 설득력 있게 증명한 바 있다.[208] 예를 들어 존 컨스터블(John Constable)의 풍경은 "즉각적이고 대략적인 인식과 비연속적이고 예상치 못한 형태라고 하는 새롭고 근본적으로 근대적인 구문을 선보인다. 이는 보편적이고 안정적인 것보다는 단일하고 그때그때 달라지는 것들에 더 충실한 예술적 문법이다. 이것이 또한 사진이라는 구문이다."[209] 즉 사진 이미지를 인공적인 이미지 만들기에 대한 사실주의적 안티테제로 간주하기보다는 인상주의와 후기 인상주의에서 드러난 원근법적 공간과의 결정적인 결별과 (네덜란드의 "묘사의 미술"이나 컨스터블의 풍경에서 가장 잘 드러나는) 초기의 비(非)알베르티적 예술 사이의 일종의, 적어도 부분적으로는, 미학적인 도정 정도로 이해될 수 있을 것이다.

　사진의 영향이 예술을 타락시키는 것으로 보았던 보들레르식의 경멸은 또 다른 점에서 잘못된 것이었다. 사진이 회화와 다른 예술작품을 복제하는 1862년에 아돌프 브라운(Adolphe Braun)에 의해 시작되었다는 점에서 앙드레 말로의 유명한 "상상의 미술관"과 같은 방식은 이미 예견된 것이다. 즉 여기에서는 복제를 통한 세계 예술에 대한 접근이 보편화되게 된다.[210] 이러한 보편화의 결과로 이국적인 민속품의 사진 기록들은 예술적 실험을 자극했는데, 이 이국적 물품들은 19세기에 설립된 민속 박물관의 전시에 실제 제공된 것들이었다. 따라서 카메라의

208　Schwarz, *Art and Photography*; Peter Galassi, *Before Photography: Painting and the Invention of Photography* (New York, 1981).

209　Galassi, *Before Photography*, p. 25. 그러나 크라우스는 원근법적이기를 추구했던 티모시 오설리번(Timothy O'Sullivan)의 사진과 같은 입체경 사진에 있어서는, 갈라시의 논의를 받아들이는 데에 주의해야 한다고 주장했다. *Originality of the Avant-Garde and Other Myths*, 135f.

210　André Malraux, *The Voices of Silence* (Princeton, 1978).

발명이 서구의 시각을 새로운 미적 가능성에 대해 교육시키는 데 도움을 주었다고 할 수 있을 것이다.[211]

그러나 또 다른 관점으로는 이러한 서구의 미적 경험의 영역의 확대를 "타자"에 대한 지배적인 인류학적 응시의 한 예로 해석할 수 있는데, 이는 최근의 요하네스 파비안(Johannes Fabian)이나 스티븐 타일러(Stephen Tyler) 같은 비평가들이 날카롭게 살펴본 바 있다.[212] 1850년대에 소위 '사진적 오리엔탈리즘'[213]이 막심 뒤 캉(Maxime du Camp)의 이집트, 누비아, 팔레스타인, 그리고 시리아를 찍은 사진들, 그리고 루이 드 클레르크(Louis de Clercq)의 경이로운 예루살렘의 초상 같은 사진들에서부터 시작되었다. 뒤이어 또 다른 이국적인 장면과 개인들, 그리고 대상 이미지들이 복제되었다. 타자를 호기심 어린 눈으로 본다는 세계박람회의 논리를 연장하여, 사진이라는 신기술은 역사가들이 "전시로서의 세계(world as exhibition)"라고 불렀던 보기를 더 확장시켰다.[214] 이국적인 지역의 시각적 차용을 기반으로 하는, 그리고 마찬가지로 그 지역에 거주하는 포토제닉한 원주민(혹은 지역 동물)을 기반으

---

211 Ivins, *Prints and Visual Communication*, p. 147. 또한 다른 민족 타입 이미지에 대한 노출은 완화시키는 효과가 있다는 점에 주목해야 한다. 한 예로, 앤 맥컬리(Anne McCauley)는 라바터의 인상학적 연구들이 빈켈만이 말한 그리스적 모델에 의해 정해진 형식과는 다른 형태를 평가하도록 했다고 주장한다. McCauley, *A. A. E. Disdéri*, p. 168 참조.

212 Johannes Fabian, *Time and the Other: How Anthropology Makes Its Object* (New York, 1983); Stephen A. Tyler, "The Vision Quest in the West or What the Mind's Eye Sees," *Journal of Anthropological Research*, 40, 1 (1984), pp. 23-40.

213 Sobieszek, "Historical Commentary," *French Primitive Photography*, p. 5.

214 Timothy Mitchell, "The World as Exhibition," *Comparative Studies in Society and History*, 31 (1989). 또한 미첼의 다음 책 참조. *Colonizing Egypt* (Cambridge, 1988). 이국적인 타자를 시각적으로 차용하는 것에 대한 또 다른 설명은 이들 간의 젠더적 역학을 강조한다. Malek Alloula, *The Colonial Harem*, trans. Myrna and Wlad Godzich (Minneapolis, 1986).

로 하는 대중 관광산업 역시도 이에 뒤쳐지지 않았다.[215]

또 다른 효과가 비전(秘傳)의 서구 미술의 영역에 명확하게 나타났다. "원시" 민속품에 대한 미학화는 원래의 기능적, 제의적 등의 문맥으로부터 떼어 낸 것을 의미하며, 그리고 이를 단지 추상적인 형태로만 음미하는 것이다. 근대 이전의 전사(前史)에 대한 어떠한 설명도 원시주의의 재평가에 대한 영향을 무시할 수 없으며, 이러한 재평가는 종종 그보다 좀 더 이전의 "순수한" 시각의 힘에 대한 낭만주의적 신념에 기반한 것이다. 그러나 이에 대한 정치적 모호성 또한 최근에는 부정할 수 없게 되었다.[216]

그러나 이국적 "타자"에 대한 사진적 차용이 19세기 감각에 그리 문제를 일으키지 않았다면, 이 사진이라는 신기술의 다른 사회적 결과 또한 적어도 처음에는 그다지 문제가 되지 않았다. 실제로, 우리의 시각적 경험을 놀랄 정도로 확장시킨 것이 사회에 끼친 영향은 무엇이었나? 하나의 차원에서 사진가는 이미 자리 잡은 시각적 관행들을 단순히 지속시켰다고 간주할 수 있을 것이다. 일례로 수전 손택(Susan Sontag)은 "사진은 처음에는 보들레르가 이미 정확히 서술한 바 있는 중산층 **산책자**의 눈의 확장 그 자체로 간주되었다. 사진가는 정찰하고, 스토킹을 하며, 도시의 화재 현장을 구경하는 무장된 버전의 고독한 행인이며, 즉 관음증적인 산책자로서 도시를 극도의 육감적인 풍경으로 새롭게 바라본다"라고 주장했다.[217] "더 낮은 차원"의 이국 취향에 매료되었던 자연

215 이에 대한 비판으로는 다음을 참조할 수 있다. Kenneth Little, "On Safari: The Visual Politics of a Tourist Representation," in *The Varieties of Sensory Experience: A Sourcebook in the Anthropology of the Senses*, ed. David Howes (Toronto, 1991).
216 이러한 모호성에 대한 최근의 논의로는 다음을 참조할 수 있다. James Clifford, *The Predicament of Culture: Twentieth-Century Ethnography, Literature and Art* (Cambridge, Mass., 1988), 9장.
217 Sontag, *On Photography*, p. 55. 이러한 비교는 1850년 빅터 푸르넬에 의해 이

주의 소설가들처럼, 사진가는 슬럼가의 지금까지 숨겨졌던 "그림 같은" 면모를 드러내고 동시에 즐긴다. 이 신기술의 놀라운 다큐멘터리적인 가능성은 즉각적으로 이 기술이 대체했던 더 비용이 많이 들고 성가신 과정들과 비교되어 찬사를 받았다. 물론 이미 지적한 바와 같이 사진은 나폴레옹 시대 이후에 석판화에 의해 이미 혁신화되었던 광고의 시각적 효과를 더 확장시키기 위해 이용될 수 있었다.

　그러나 이 새 매체의 새로운 사용 또한 가능했다. 1854년에 디스데리 (A. A. E. Disdéri)라는 초상화 사업가가 사진의 표준 크기를 줄이고 12분의 1 가격에 네거티브를 인쇄하는 **개인 명함판 사진**을 발명했다.[218] 이 혁신은 당시 새로 생기는 수많은 사진 스튜디오와의 과도한 경쟁으로 파산의 위기에 처한 그를 부자로 만들었을 뿐 아니라, 명백하게 평등주의적인 효과를 가지고 있었다.[219] 황제에서부터 제2제정기의 **화류계**의 **매춘부**에 이르기까지 누구나 카메라 앞에 앉았다. 고로 그는 미국인 조지 이스트먼과 1880년대 코닥사(社)에 의해 시작된 두 번째 기술혁신의 물결이 일고서야 완전히 이룩되는 카메라의 민주화를 예견했다. 그림엽서가 **벨 에포크** 시절에 전성기를 맞아, 파리와 다른 지역의 아름

미 이루어졌는데, 그는 **산책자**를 "움직이는 무사심한 다게레오타입"이라고 칭했다. *Ce qu'on voit dans les rues de Paris*, p. 261.

218　McCauley, *A. A. E. Disdéri*; 또한 Freund, *Photography and Society*, pp. 55f 참조.

219　카메라가 생산해 낸 평등주의는 사진이 그리는 사회에 대한 태도에 따라 긍정적으로 혹은 부정적으로 해석될 수 있을 것이다. 사회의 경직된 계층화된 구조를 강조하는 사람에게는 사진적 민주화는 단지 이데올로기적일 뿐이다. 이러한 종류의 논의로는 다음을 참조할 수 있다. Neale, *Cinema and Technology*, p. 23. 유사한 걱정 또한 훨씬 일찍 출현했다. 미국적 맥락에서 그들의 다양한 형태에 대한 흥미로운 설명으로는 다음을 참조할 수 있다. Neil Harris, "Iconography and Intellectual History: The Half-Tone Effect," in John Higham and Paul K. Conkin, *New Directions in American Intellectual History* (Baltimore, 1979).

다운 장면을 간직한다는 시각적 쾌락은 그 어느 때보다도 보편적인 것
이 되었다.[220]

그러나 디스데리의 발명에는 또 다른 그다지 친절하지 않은 함의가
있다. 개인 명함 카드로 시작된 이 기술은 곧 공공의 기록물이 되어 면
허, 여권 그리고 신원 확인과 감시라는 국가의 다른 규제를 위한 형식
에 사용되었다. 푸코의 관점에서 서술하는 존 택(John Tagg)이 주장한
바와 같이 이러한 명함사진 양식이 만들어 낸 표준화된 이미지는 근대
권력의 기술이 생산한 규율화되고 규격화된 주체의 대표적인 예이다.
"신체는 대상화되고, 파일 인덱스로 된 건축 공간 내의 한 구조 내에 갇
혀서 분류되고, 검색된다. 신체는 순종적으로 되어 진실을 만들어 내는
데 바쳐진다. 신체는 분류되고, 개별화되고, 주체화되고 주체를 만든
다. 이러한 이미지들이 축적되었을 때 이들은 사회의 새로운 재현체계
를 이룩하게 된다."[221] 앤 맥컬리(Anne McCauley) 또한 마찬가지의 냉
소적인 함의를 발견한다.

중산층 사람들이 명함사진을 교환의 아이템으로 수용하고, 혹은 수집하고,
뒤이어 노동자들이 이 관행을 자신들 스스로를 위해 받아들였다는 것은 한
개인이 서서히 쉽게 조작할 수 있는 상품으로 변형됨을 나타낸다. 인간의 직
접적 관계는 어떠한 점에서 상호작용에 의해 기계가 만든 그리하여 거부할
수 없이 정확한 또 다른 자아(alter ego), 만들어진 '타자'로 대체됐다. 따라
서 제2제정기의 초상사진의 탄생과 그 대중화는 개개인의 복합성을 즉각적

220 엽서의 중요성에 대해서는 다음을 참조할 수 있다. Naomi Schor, "Carte Post-
ales: Representing Paris 1900," *Critical Inquiry*, 18, 2 (Winter, 1992). 쇼어의 주장
은 존 탁의 작업이나 반시각적 담론에 영향을 받은 여타 다른 글들이 카메라를 푸코식
으로 읽는 것에 강하게 반대한다.

221 John Tagg, *The Burden of Representation: Essays on Photographies and Histo-
ries* (London, 1988), p. 76.

으로 이해 가능하고 잘 통제된 행위자로 단순화하는 것의 초기 단계를 의미
하며, 이러한 행위자는 행동보다는 얼굴로 선거에서 이기게 된다.[222]

경찰의 목적을 위해 사진이 사용되는 점 또한 마찬가지로 불길한 것
으로, 이러한 사진 이용은 1871년 파리 코뮌 이후에 본격적으로 시작되
었다.[223] 골상학으로 범죄자와 아나키스트들을 가려낼 수 있다고 주장
한 문제적인 인류학과 결합하여 그리고 1880년대에 알퐁스 베르티옹
(Alpohonse Bertillon)에 의해 완성된 이 기술은 마찬가지로 정치적 함
의를 지니고 있었으며, 이 함의는 최근의 버거, 손택, 택과 같은 논평가
들에 의해 계속해서 논의되고 있다.[224] 나아가, 대략 인구의 절반 정도
가 문맹인 상태에서, 이 새 매체는 교묘하게 정치적 선전을 위해 많이
이용되기도 하였다. 이러한 사진의 정치적 선동 도구로서의 특징은 사
진가 외젠 아페르(Eugène Appert)가 파리 코뮌 시기의 사건들을 편향
적으로 복합 재구성한 사진들이 잘 보여 주고 있다.[225] 후에 조르주 블
랑제 장군(General Georges Boulanger)의 지지와 같은 정치적 움직임
은 사진의 교조적인 선동적 사용을 확대시켰다.

　　카메라 눈에 대한 또 다른 연구는 정신 이상의 시각적 재현을 기록하
기 위해 이용되었다는 점이다. 첫 번째 시도는 영국의 서레이 정신 병
동에 있던 휴 웰치 다이아몬드(Hugh Welch Diamond)에 의해 이루어
졌다가, 이러한 기술은 샤르코(Jean-Martin Charcot)의 살페트리에르

222　McCauley, *A. A. E. Disdéri*, p. 224.
223　Donald E. English, *Political Uses of Photography in the Third French Republic 1871-1914* (Ann Arbor, Mich., 1984).
224　Berger, *About Looking*, pp. 48f.; Sontag, *On Photography*, p. 5; Tagg, *The Burden of Representation*, 3장 참조.
225　Nori, *French Photography*, p. 21.

병원에서 알베르 롱드(Albert Londe)라는 사진가에 의해 1880년대에
진가를 발휘하게 됐다.[226] 여기서 마레의 순간 정지의 크로노포토그래
피 기법은 정신질환자의 얼굴의 각 세부를 정지시켜 기록한 것인데, 17
세기의 샤를 르 브룅(Charles Le Brun)이나 19세기의 제리코와 같은
유명 화가들이 발전시킨 정신병을 그림으로 그리는 예전 방식을 손쉽
게 능가하는 것이었다.[227] 그 결과에 대해서는 어느 논평가가 "히스테리
의 발명"이라고 부르기도 했는데, 이는 말하자면 여성에 적용된 시각적
병리학이었다. 그러한 정신병의 모습은 샤르코의 임상실험 교실에서
펼쳐지는 시각중심적 세계에서 때로는 황홀경의 순간에 있는 종교적
모습을 흉내내는 것처럼 보였다. 질병을 시각적으로 보여 주는 방식은
기 드 모파상(Guy de Maupassant)과 같은 작가를 포함하여, 더 많은
대중에게 설득력이 있어서 사진의 형태로 더 널리 퍼지게 되고 대중 문
화적으로 차용되기도 하였다(질병을 시각화하는 방식은 한 세대 후에
초현실주의자들에 의해 재발견되기도 하였다). 중요한 점은 프랑스에
서의 정신분석학의 도입은 우리가 살펴보고 있는 바와 같이 반시각중
심주의 담론을 이끄는 데 중요한 역할을 했는데, 이 정신분석학의 도입
은 광기를 연극적으로 눈앞에 펼쳐지게 해야 한다는 샤르코의 신념을

---

226 Sander L. Gilman, ed., *The Face of Madness: Hugh W. Diamond and the
Origins of Psychiatric Photography* (New York, 1976) 참조. Georges Didi-Huber-
man, *Invention de l'hysterie: Charcot et l'iconographie photographique de la
Salpêtrière* (Paris, 1982). 그리고 Elaine Showalter, *The Female Malady: Women,
Madness and English Culture, 1830-1980* (New York, 1985) 참조. 샤르코는 또한 히
스테리적인 포즈를 묘사하기 위해 폴 리셰르(Paul Richer)라는 작가와 함께 작업했다.
Apter, *Feminizing the Fetish*, p. 28. 카메라는 간질과 같은 정신 질환을 기록하기 위해
일찍부터 사용되었음을 주목해야 한다.
227 정신병을 그리려는 시도의 전통에 대해서는 다음을 참조할 수 있다. Sander L.
Gilman, *Seeing the Insane: A Cultural History of Psychiatric Illustration* (New York,
1982) 참조.

전적으로 거부하는 것이었다. 즉, "상담 치료(talking cure)"는 더 이상 알베르 롱드와 같은 사진가가 치료를 위해 상처의 증후를 시각적으로 나타낼 필요가 없다는 것을 의미했다.

　해부하는 듯한 이러한 사진적 응시의 대상이 됐던, 보다 "정상적인" 주체들은 자신들을 통제하는 방식으로 발전되어 갔다. 마이브리지와 마레의 혁신은 뒤샹의 〈계단을 내려오는 누드(Nude Descending a Staircase)〉 같은 작품만을 이끌어 낸 것이 아니라, 시간과 움직임에 대한 연구를 통해 일의 과정을 합리화하는 데에도 도움을 주었다. 실은 마레는 피로를 이겨내고 효율성을 높이고자 했던 유럽식 "노동의 과학"에서의 선구자 중 하나였다.[228] 미국에서는 프레더릭 윈슬로 테일러(Frederick Windslow Taylor) 또한 사진의 가치를 깨닫게 되었다. 그의 제자 프랭크 길브레스(Frank B. Gilbreth)는 "순환그래프(cyclegraph)"를 발명했는데, 불빛이 작업자의 신체 부위들에 부착되어, 장시간 노출을 이용하여 그들의 움직임을 차트로 나타냈고 비효율성은 시정되었다.[229]

　카메라의 사회적 이용에 대하여 논의할 마지막 지점은 **고공비행** 원리(principe de survol)를 실현시키는 것으로 간주될 만한 것인데, 이는 몽테스키외부터 플로베르에 이르기까지 여러 사상가들이 칭송했다가 후에 메를로퐁티와 같은 이들에 의해 공격받았던 것이다. 이 카메라의 사회적 이용은 나다르라고 알려진 19세기의 위대한 사진가이자 탐험가

228　이러한 운동에 있어서의 마레의 역할에 대해서는 다음을 참조할 수 있다. Anson Rabinbach, *The Human Motor: Energy, Fatigue, and the Origins of Modernity* (New York, 1990), 4장. 그는 효율성을 최대화하고자 하는 유럽식 "노동의 과학"과 프레더릭 윈슬로 테일러와 관련된 "과학적인 경영(scientific management)" 간의 차이를 강조하는데, 테일러식은 이윤을 최대화하는 데에 더 관심이 있었다.

229　이에 대한 논의로는 다음을 참조할 수 있다. Stephen Kern, *The Culture of Time and Space 1800-1918* (Cambridge, Mass., 1983), p. 116.

중 하나인 가스파르펠릭스 투르나숑(Gaspard-Felix Tournachon), 일
명 나다르(Nadar)가 제시한 것이기도 하다.[230] 나다르는 1856년 인공조
명을 이용하여 파리의 지하묘지를 기록하기 위해 이미 땅 밑으로 들어
간 바 있으며, 또한 열기구에서 지상을 보기 위해 하늘로 올라갔다. 첫
번째 항공사진에서 대대적으로 성공을 거두어서, 그는 1863년에 "거인
Le Géant"이라고 알려진 거대한 비행선의 건설을 도맡았다. 이 항공선
은 그에게 행운을 가져다주기도 했고, 기술적인 어려움 때문에 복잡한
결과를 안겨 주기도 하였다. 그러나 이 항공선은 인간과 자연에 대한
저 높은 곳에서의 감시라는 전통의 시작을 알리는 것으로, 이는 1968년
에 미국 우주비행사가 촬영한 첫 번째 지구 사진에서 절정을 이루었다.

보다 즉각적으로 항공사진의 이용에 대해 인지한 프랑스 정부는 나
다르에게 1859년 이탈리아와의 분쟁 기간 동안 군대의 움직임을 촬영
하는 조건으로 5만 프랑을 제안한 바 있다. 나다르는 이 제안을 거절했
지만 1870년 프로이센의 파리 포위 기간 동안에는 전쟁을 위해 사진을
이용하는 것을 그다지 꺼려하지 않았다. 1859년에 시작한 지도를 제작
하기 위해 사진을 이용한 것이나 1861년 디스데리의 제안으로 시작된
모든 군사 연대마다 사진가들을 배치한 것 등과 더불어 항공사진은 이
새로운 매체의 군사적 가능성을 보여 주는 것이었다.

또한 나다르가 높이 나는 기구를 타고 있는 모습은 도미에의 유명한
석판화의 주제가 되어 에티엔 카르자(Etienne Carjat)가 새로이 창간한
『르 불바르 Le Boulevard』지에 1863년 게재되었다. "사진을 예술의 높
이로 끌어올리는 나다르(Nadar raising photography to the height of

---

230 나다르에 관한 많은 연구 중 다음을 참조할 수 있다. Jean Prinet and Antoinette
Dilasser, *Nadar* (Paris, 1966); Nigel Gosling, *Nadar* (London, 1976); Philippe
Néagu et al., *Nadar*, 2 vols. (Paris, 1970); 그리고 Roger Greaves, *Nadar ou le
paradox vital* (Paris, 1980).

art)"라고 장난스럽게 캡션을 단 이 석판화는 나다르가 위태하게 흔들리는 자신의 기구에 올라타고 있는 모습을 그린 것으로, 그가 아래에 보이는 사진 스튜디오가 들어선 도시 광경을 포착하려는 순간 그의 모자가 바람에 날려 가는 장면을 나타낸다. 하인리히 슈바르츠는 이 석판화의 여러 함의를 관찰한 바 있는데,

> 이 석판화는 항공사진을 다루고 있는 것으로, 이 항공사진은 일본 미술의 침투와 함께 인상주의 화가들에게 조감도(鳥瞰圖)라는 새로운 시각적 방식에 결정적인 영향을 끼친 것이다. 이 그림은 초기 프랑스 사진가들 사이에 알려진 그의 실제 성격과 쇼맨십에 대한 열정을 풍자한 것이다. 아울러 이는 사진 관련 직업의 급성장을 조롱한 것으로 이러한 비꼬는 투로 사진이 예술로 간주되어야 하는가 혹은 순수 기계적 과정으로 보아야 하는가 하는 진지한 질문을 던지고 있다.[231]

약간의 확신을 갖고 본다면, 도미에의 그림 또한 19세기 말의 시각중심주의의 상태를 상징적으로 나타내는 것이라고 해석될 수 있을 것이다. 멀리서부터 보는 움직이지 않는 이러한 응시는, 디드로와 같은 경우는 예외로 하더라도, 계몽주의가 무사심한 인식과 동일시했던 시각으로 새로운 문화적 힘에 의해 흔들리기 시작했다. 기술적 변화뿐 아니라 사회적 변화에 의해 야기된 새로운 시각 경험이 널리 퍼짐에 따라 또한 눈이 전달하는 진실과 환영에 대한 불확실성이 커져 갔다. 비록 1890년대까지도 지배적인 분위기는 관찰 위주의 접근방식, 즉 문자 그대로 자연주의와 연관된 실증주의 방식이었지만, 새로운 태도가 수면 위로 떠올랐다. 데카르트적 원근법주의라 불리던 것의 헤게모니는 서서히 붕

---

231 Schwarz, *Art and Photography*, p. 141.

괴되고 대안적 시각체제에 대한 탐구로부터 시작하여 (초기 시대에 회복되기를 기다리던 시각체제들을 포함하여) 마침내 20세기의 시각중심주의에 대한 완전한 비판에까지 이어지게 되는데, 이 비판은 명백하게 반계몽주의적인 태도를 취하고 있었다. 이러한 태도의 명백한 첫 번째 징표는 인상주의로부터 후기 인상주의에 이르는 프랑스 미술사조의 흐름, 그리고 근대 문학이론과 실제의 전개, 아울러 앙리 베르그송의 새로운 철학들에 분명하게 드러난다. 다음 장에서는 20세기 프랑스 사상에서의 시각에 대한 좀 더 근래의 탐구들을 세세하게 들여다보기 전에, 먼저 이러한 전환기적 현상에 눈을 돌려 보고자 한다.

〔번역: 강인혜〕

| 역자 주 |

a '얀센주의'라는 용어가 최초로 사용된 것은 1640년경 출판된 얀센의 유작 『아우구
   스티누스 *Augustinus*』를 금서로 규정한 1642년 교황의 대칙서에서였다. 종교개혁
   이래 가톨릭 내부에서는 아우구스티누스주의를 신봉하는 신학자들과 예수회 측 사
   이의 논쟁이 치열하게 진행되었는데, 특히 얀센주의는 신의 은총을 절대시하며 내
   적으로는 개인적 양심의 성찰을 추구하고 외적으로는 교회제도를 비판하던 경향을
   일컫는다. 얀센주의가 예수회에 의해 다소 경멸적인 의미로 지칭되었던 것과는 달
   리, 얀센주의자들은 아우구스티누스의 문화생들 혹은 '포르루아얄 수도원의 은자
   들' 즉, 포르루아얄 수도원이라는 작은 공간 안에 당대 최고의 지성들이 모여 깊은
   내면적 성찰에 몰두하며 절대군주정의 압제에 항거한 자유의 보루라는 측면에서
   해석되기도 했다. 이에 대한 자세한 논의로는 다음 논문을 참조. 이영림, 「프랑스
   의 얀센주의: 신학에서 정치로」, 『서양사론』, 67권 (2000년), pp. 155-179.
b 푹 패인 둑 모양으로 된 일종의 울타리를 말한다. 정원 주변을 에워싸는 울타리 벽
   이 수직으로 땅 밑으로 들어가 있어서 전체적 전망을 해치지 않도록 설계되었다.
c 베두타(Veduta)는 이탈리아어로 전망(view)을 의미하며, 주로 도시 전경이나 마
   을, 혹은 다른 장소를 사실적으로 자세하게 나타내는 그림을 의미한다. 18세기 베
   네치아의 안토니오 카날레토(Antonio Canaletto)가 지형학적 원근법에 맞추어 그
   린 풍경이 대표적이다.
d 독일 초기 낭만주의를 지칭하며, 당시 대학 도시 예나를 중심으로 이루어져서 '예나
   낭만주의'로 불리기도 한다. 문학작품 생산보다는 이론과 비평 작업에 집중됐다.
e 클로드니콜라 르두(Claude-Nicolas Ledoux)가 원문에 샤를르 니콜라 르두
   (Charles Nicholas Ledoux)로 잘못 표기된 것으로 보인다.

3장
구 시각체제의 위기:
인상주의부터 베르그송까지

요약

이 장에서는 1차 대전을 전후한 시기에 서구에서 지배적이었던 시각체제에 대한 폄하가 본격화되는 것을 당시 프랑스의 미술, 문학, 철학에서 나타난 변화를 통해서 설명한다. 이를 위해서 다른 장들과는 달리 뒤샹과 프루스트 등의 예술가들을 사상가인 베르그송과 함께 다루고 있다.

　회화에 있어서 인상주의로부터 시작된 모더니즘은 결과적으로 클레멘트 그린버그에 의해서 순수한 시각성의 승리로 정의되었다. 그러나 그린버그 이후의 학자들에 의해서 모더니즘 미술의 반시각적인 면이 부각되었고, 그 대표적인 작가는 세잔과 뒤샹이었다. 세잔은 시각적인 매체를 모든 감각으로 드러내는 문제에 도전했고, 뒤샹은 회화에서 그 불가능성을 선언한 셈이었다. 뒤샹은 작품을 통해서 시지각의 통일성과 투명성을 문제시했으며, 심지어 시각뿐 아니라 언어마저 의문시했다. 그는 무심하다고 여겨지던 시각을 육욕적으로 다루었고, 사실상 모더니즘 이후에 나타난 시각에 대한 다양한 훼손과 변화를 예시했다.

　한편 문학에서 19세기 리얼리즘 소설은 "자연 앞의 거울"이라는 스탕달의 말처럼 시각적이었으나 에밀 졸라에 이르면 이미 객관적인 지각보다 오히려 작가의 주관적인 감각이 우선시되었다. 이러한 주관성의 중시로 상징주의 시에 와서는 언어의 명료성이나 소통 기능이 거의 무시되었다. 말라르메에 이르러 언어는 더욱 불투명해지고 그 물질성이 부각되면서 이제 글은 담론과 형상의 혼성물이 되었다. 프루스트의 작업은 양안의 교차되는 시각을 요구하는 글을 쓰지만 시각의 투명성은 결과적으로 더욱 훼손되었다.

　철학적 담론에서는 19세기 말엽에 시각중심주의에 대한 본격적 도전이 이루어졌고, 이는 시점의 탈초월화, 인식주체의 재신체화, 공간 대비 시간의 재평가라는 세 가지 움직임으로 나타났다. 초월적인 전지적 시점을 전제했던 원근법주의가 쇠퇴하면서 철학에서는 니체에 의해 관점주의가 대두되었다. 모든 시점에는 가치가 개입되면서 더 이상 무사심한 전지적 시점은 존재하지 않는다. 니체 이후 베르그송에 오면 모든 지각의 근거는 행동의 수단으로서의 신체가 되고, 신체를 통한 지각에 있어서 모든 감각은 동근원적으로 작용하면서 시각의 특권은 인정되지 못한다. 또한 관조보다 신체의 행동을 중시하면서 시간의 철학적 중요성을 복원했고, 시간을 시각적으로 공간화시키는 근대과학을 비판했다. 공간보다 시간을 강조하면서 스냅샷의 조합 형식으로 이루어지는 영화를 비판했고, 시간의 무형의 흐름에 대한 공감을 중시했다. 회화에 있어서 그의 영향은 지속으로서의 시간을 묘사하고자 했던 세잔이나 푸앵카레의 공간에 대한 전감각적 지각을 옹호했던 큐비즘 등에서 나타난다. 결과적으로 베르그송의 철학에서 공간적 현전보다 시간적 지연을 강조하고 양적 균일성보다 질적 차이의 중요성을 중시한 것은 이후의 사상가들에게 심대한 영향을 미쳤고, 시각중심주의에 가한 비판은 2차 대전 이후 광범위하게 확산되었다.

〔이승현 요약〕

3

구(舊) 시각체제의 위기: 인상주의부터 베르그송까지

우리는 두뇌가 표상의 수단이
라기보다 행위의 수단이라고
간주한다.
—앙리 베르그송[1]

프랑스의 영화 제작자이자 이론가인 장루이 코몰리(Jean-Louis Co-
molli)는 "19세기의 후반은 일종의 시각적인 것의 광란이었으며, 이는
이미지가 사회적으로 크게 증가하면서 생긴 결과"라고 적었다.[2] 그러나
아이러니하게도 우리가 이미 지적한 바와 같이 그 광란은 관람자인 인
간이 갖는 자기 확신을 훼손시켰다.

그 응시 아래로 수많은 장면을 펼쳐 내는 광학기구의 증가에 매혹되고 즐거
워하는 바로 그 순간에, 인간의 눈은 태고의 특권을 상실했다. 그리고 이제
사진기의 기계적인 눈이 어떤 측면에서는 더 큰 확실성을 갖고 인간의 눈 대
신 보게 되었다. 사진은 눈의 승리이면서 무덤인 셈이다. 르네상스 이래로
시선이 지배해 온 주인의 자리가 거칠게 탈중심화되고 있다. 시각적인 것의

---

1 Henri Bergson, *Matter and Memory*, trans. N. M. Paul and W. S. Palmer (New York, 1988), p. 74.
2 Jean-Louis Comolli, "Machines of the Visible," in *The Cinematic Apparatus*, eds. Teresa de Lauretis and Stephen Heath (New York, 1985), p. 122.

완전히 새로운 마술에 의해 혼돈에 빠지고 패닉 상태로 탈중심화되면서, 인간의 눈은 일련의 한계와 회의에 직면하게 되었다.[3]

『카이에 뒤 시네마 *Cahier du Cinéma*』의 편집자 중 한 명인 코몰리는 우리가 이 연구에서 살펴보고 있는 반시각중심주의적인 논조로 쓰고 있으며, 그래서 그의 일반화는 다소 극단적으로 보일 수 있다. 그러나 19세기가 저물어 가면서 우리가 데카르트적 원근법주의라고 불러온 근대의 특권화된 시각체제에 대한 추궁이 더욱 심화되어 왔음을 보여 주는 증거는 넘쳐난다. 그리고 우리가 보여 주려 했던 것처럼 카메라와 같은 기술혁신들은 시각의 특권적인 지위를 훼손시키는 데 기여했다.

그러나 이런 사건의 와중에서 의혹뿐 아니라 새로운 시각적 경험을 탐구하려는 기개도 나타났다. 사진이 네덜란드의 "묘사의 미술"을 부활시키는 데 도움을 주었을 거라고 앞에서 지적한 것처럼, 예술적 실험의 폭발적인 증가는 과거의 시각문화를 회복시키고 새로운 시각문화를 발전시켰다. 시각예술과 문학에서 이런 혁신은 모더니즘이라 불리는 놀라운 미학적 발흥에 기여했다. 철학에 있어서 이러한 혁신은 데카르트 인식론과 신뢰를 잃은 "관람자적" 인식론을 다른 대안으로 대체하려는 대담한 시도를 유발했다. 그리고 그 대안은 체화되고 문화적으로 매개된 시각의 성격을 탐구하는 것이었다.

그러나 이런 많은 사례에서, 애초에 새로운 시각적 실천에 도취되었던 탐구는 결국 20세기 말 프랑스에서 도래한 훨씬 급진적인 반시각적 담론을 만들어 낸 환멸을 낳았다. 그리고 여기서 시각중심주의에 대한 확신이 위기에 처해 있다고 본 코몰리의 통찰은 옳았다. 이때 지배적인 시각체제의 지위 격하는 시각적인 것의 보다 근본적인 폄하를 의미하

---

3 Ibid., p. 123.

게 되었다. 이 장에서는 1차 세계대전을 전후한 시기 프랑스에서 시각
예술, 문학, 그리고 철학에서 나타난 이런 결정적인 변천의 과정을 비
록 완전히 포괄하지 못하더라도, 추적해 볼 것이다. 마르셀 뒤샹의 "반
망막적" 미술을 이끌어 낸 회화에서의 진전으로부터 시작하여 마르셀
프루스트의 소설에서 가장 잘 표현된 시각적인 것에 대한 문학에서의
태도 변화를 살펴보고 끝으로 앙리 베르그송의 철학에 대해 설명하겠
다. 비록 늘 명백하게 수긍된 것은 아니지만 베르그송의 노골적인 시각
의 평가절하는 20세기 프랑스 사상에 깊은 영향을 끼쳤다.

◉

미술사가 조나단 크레리(Jonathan Crary)가 밝힌 바와 같이,[4] 19세기
과학은 기하학적인 광학 법칙과 기계적인 빛의 전송에서 인간 시력의
물리적 차원으로 관심을 전환했다. 1820년대와 1830년대에 이미 "시각
적인 것은 카메라 옵스쿠라의 무시간적이고 비물질적인 질서에서 이탈
해서, 인간 신체의 불안정한 생리 기능과 시간성 안의 또 다른 장치에
안착하게 되었다"고 그는 적고 있다.[5] 관심의 초점은 앞에서 기술한 중
세식 구분에 따라, 신적인 방사(放射) 또는 자연의 조사(照射)로 이해되
었던 **루멘**에서 구체적인 관람자의 눈에 지각된 빛인 **룩스**로 대체되었
다. 실제로 1820년대에 오귀스탱 장 프레스넬(Augustin Jean Fresnel)
의 빛 파동이론의 발전은 **루멘** 자체의 직선적 개념을 훼손시켰다.
　이런 전환의 중대한 함의 내지 심지어 그 원인은 색채의 새로워진
위상이다. 이는 데카르트가 오류를 범하기 쉬운 인간 눈의 불확실한

4 Jonathan Crary, *Techniques of the Observer: On Vision and Modernity in the Nineteenth Century* (Cambridge, Mass., 1990).
5 Ibid., p. 70.

작용의 탓으로 돌리면서, 순수한 형태와 대비하여 폄하했던 것이다. 괴테의 『색채론 Farbenlehre』은 뉴턴 광학에 도전했고, 슈브뢸(M. E. Chevreul)과 같은 화학자들은 과학적 정밀성으로 색채를 탐구했다. 1867년에 발간된 『회화와 판화의 문법 Grammer of Painting and En-graving』의 저자 샤를 블랑(Charles Blanc)과 같은 작가가 대중적으로 알려지면서 이런 발견은 프랑스 회화에 강한 영향을 끼쳤다.[6] 잔상 이미지와 양안융합과 같은 시각적 현상을 분석했던 조제프 플라토(Joseph Plateau)와 얀 푸르키네(Jean Purkinje), 구스타프 페흐너(Gustav Fechner), 요하네스 뮐러(Johannes Müller), 그리고 헤르만 헬름홀츠(Hermann Helmholtz)와 같은 생리학자와 심리학자의 연구도 역시 영향을 끼쳤다. 입체경(stereoscope)과 같은 기구의 발명은 18세기에 몰리뉴 문제를 훨씬 넘어서는 시각의 본질에 대한 논쟁에 불을 지폈다. 입체경은 그 삼차원적 이미지가 오직 관람자의 지각 속에서만 나타나므로 만져서 확인하는 과정을 생략하고, 그로 인해서 세계의 기하학과 마음속 눈이 상정하는 자연적인 기하학 사이에 추정되었던 일치를 의문시했다. 입체경의 경험에서 물리적인 두 눈의 역할이 명백해지면서 더 이상 단일 시점에 특권을 부여하는 것이 가능하지 않게 되었다.

신체의 귀환은 또한 시각의 시간적 차원에 더욱 민감해짐을 의미하

---

6 Paul C. Vitz and Arnold B. Glimcher, *Modern Art and Modern Science: The Parallel Analysis of Vision* (New York, 1984), p. 36 참조. 형태보다 색채를 새로이 강조하는 것은 형태에 대한 감각은 촉각도 제공하는 데 반해 색채는 오직 눈만이 기록할 수 있기 때문에 순수 시각의 승리에 기여했다고 생각할 수 있다. 그러나 역설적으로 바로 그런 촉각적 확인의 결여는 관람자 혼자만의 생리적 장치에 의존해서 "바깥 저기에" 있는 어떤 객관적 실재로부터의 시각 체험을 단절함을 보여 줌으로써 시각의 권위를 훼손시킬 수 있다. 일단 그러한 경험의 문제적인 위상이 명백해지면, 시각의 인식론적 위상도 흔들린다. 색채에 대한 강조는 그러한 결과에 기여하거나 적어도 그런 징후를 드러내 왔다.

며, 이는 노먼 브라이슨이 제안한 용어에 따르면 응시(gaze)에 반대되는 일별(glance)을 의미한다. 체험된 시간에서의 감각의 흐름은 초월적이고 무시간적인 관람자 주체가 포착한 얼어붙은 "장면"을 풀어놓기 시작했다. 프랑수아피에르 멘 드 비랑(François-Pierre Main de Biran)과 같은 철학자들은 내면의 경험을 결정짓는 데 있어서 의지와 능동적 신체의 역할을 강조했다. 여기서 덧없이 사라지는 순간을 정적이고 고정된 표상으로 만들어 내는 사진의 복합적인 영향을 또한 고려해야만 한다. 욕망하는 성애화된 신체를 시각적 경험의 원천으로서 명백히 인식하는 것에 대해 말하기는, 그런 인식이 뒤샹과 여타 20세기의 작가들의 도래한 후에야 나타나기 때문에 아직은 섣부른 것이다. 그렇지만 특히 뮐러의 작업에서 확립된 자기 고유의 리듬을 가지는 내면의 생리적 자극의 중요성은 이제 처음으로 시각의 결정 인자로서 인정되었다.

이런 변화에 대해서 보다 정치적으로 굴절된 또 다른 해석은 후기 자본주의의 과학적 물화와 경제적 물화 사이의 관계를 강조한다. 조지프 콘래드(Joseph Conrad)의 "인상주의" 문체에 대한 논의에서 마르크스주의 문학비평가 프레드릭 제임슨(Fredric Jameson)은 "과학의 탈지각화"를 시장 관계의 강화와 침투에 관련지었는데 이 둘은 모두 시각적 경험에 영향을 준다. 그는 다음과 같이 주장한다.

관념적인 수량을 다루는 과학의 세계에서 감각 지각의 활동은 들어설 곳이 없으며, 계산과 측정, 이윤 등의 고려가 지배하는 화폐경제 안에서 교환가치를 거의 지니지 않게 된다. 이런 사용되지 않은 감각 지각의 역량은 스스로를 새로운 거의 자율적인 행위로 재조직한다. 그리고 그 행동은 과거의 구체적인 단위들이 이제 한편으로는 측정 가능한 차원으로, 다른 한편으로는 순수한 색채(또는 순수하게 추상적인 색채의 경험)로 갈라지도록 하는 추상화와 물화 과정의 결과 그 자체로서의 새로운 대상, 즉 그 자신의 특정적인 대

상을 산출한다.[7]

회화에서 이들 과학적, 기술적, 경제적 발전의 영향은 1870년대와
1880년대까지 단지 서서히 그리고 불완전하게만 나타난 것 같다. 들라
크루아와 같은 낭만주의 작가들은 확실히 색채를 선에 대한 종속으로
부터 점차 해방시켰다. 사실상 보들레르는 1846년 살롱에 대한 비평문
에서 들라크루아의 움직임과 분위기 묘사에 있어서 색채의 중요성을
명백히 인식했으며, 색채주의자를 서사 시인에 비유했다.[8] 터너가 레오
나르도의 **스푸마토**(sfumato) 기법을 부활시킨 것도 원근법 전통의 기
하학적 광학에 대한 도전으로 간주될 수 있다.[9] 그리고 쿠르베의 자화
상들은 데카르트적인 이원론을 극복했고, 마이클 프리드의 표현을 따
르면, "그림에서 자신의 살아 있는 육화된 존재에 대한 강력한 몰입을
환기시키려는 시도였다고 볼 수 있다."[10] 그러나 인상주의라고 알려진
"새로운 회화"가 등장하고 나서야 지배적인 시각체제는 코몰리가 말한
"거친 탈중심화"를 실제로 겪기 시작했다.[11]

---

7 Fredric Jameson, *The Political Unconscious: Narrative as a Socially Symbolic Act*
(Ithaca, 1981), p. 229. 제임슨은 또한 세속화된 시장체제의 우중충함에 대한 저항으
로서 색채의 해방에 대한 유토피아적인 함축을 언급하고 있다. 그의 언급은 p. 237
참조.

8 Charles Baudelaire, "The Salon of 1846," in *The Mirror of Art*, trans. Jonathan
Mayne (New York, 1956), 그에 대한 논의는 Elisabeth Abel, "Redefining the Sister
Arts: Baudelaire's Response to the Art of Delacroix," *Critical Inquiry*, 6, 3(Spring,
1980), pp. 363-384 참조.

9 크레리는 그가 쓴 다음 글에서 이를 밝히고 있다. "Modernizing Vision," in *Vision
and Visuality*, ed. Hal Foster (Seattle, 1988), p. 47.

10 Michael Fried, "The Beholder in Courbet: His Early Self-Portraits and Their
Place in his Art," *Glyph*, 4 (1978), p. 97.

11 *The New Painting: Impressionism 1874-1886*, catalogue by Charles S. Moffett,
Ruth Berson, Barbara Lee Williams, and Froma E. Wissman (San Francisco,

이 글은 그토록 많이 연구되었던 인상주의 운동의 역사와 의미를 전면적으로 제시하려는 자리가 아니지만 모든 문화사가에게 친숙한 몇 가지 일반적 관점을 밝힐 필요가 있다. 인상주의자들은 멀리서 보는 것처럼 창/캔버스의 반대편의 관념적이고 기하학적으로 구획된 공간 안에 연극적인 장면을 그려 넣기보다, 그들 눈의 망막 위에 남겨진 빛과 색채의 경험을 복제하고자 했다. 자연에서 직접 스케치를 하고 이후에 작업실에서 매끄럽게 완성하는 전통적인 작업 방식을 거부하고, 그들은 1820년대 바르비종 화파의 선례를 추종했고 작품을 마치 완성되지 않은 듯이 보이게 놔두었다. 붓 자국은 여전히 확연히 드러나고 형태의 윤곽선은 희미하며 색상은 부드럽게 섞이기보다 종종 병치되었다. 사진과 일본 판화의 사례에서 배운 그들은 삼차원성, 키아로스쿠로 모델링과 계층화된 구성을 강조하지 않았고 그 대신 평면화되고 단축된 공간, 자율적인 세부에 대한 고양된 관심, 그리고 소재의 상대적인 민주화 등을 옹호했다.

사실상 인물이나 이야기 또는 자연의 사물보다 시각적 경험이 그들 예술의 주제가 됨에 따라서, 무엇을 그렸는가는 종종 어떻게 그렸는가보다 덜 중요해 보였다. 모네(Monet)의 널리 알려진 건초더미나 루앙 성당 파사드 연작의 사례에서처럼 외부의 모델은 망막의 자극제 이상이 아니었다. 비록 T. J. 클라크 같은 근래의 연구자들이 근대적 삶의 볼거리라는 인상주의자들의 소재가 여전히 중요하다는 사실을 환기시키지만,[12] 인상주의자들은 그럼에도 불구하고 전성기 모더니스트의 형식주의와 종종 동일시되는 순수하고 자기지시적인 예술로 향하는 도정의 중간 기착지로 이해될 수 있다. 그러나 이와 동시에 덧없고 일시적

1986).

12 T. J. Clark, *The Painting of Modern Life: Paris in the Art of Manet and His Followers* (Princeton, 1984).

이며 쉽게 사라지는 일별에 대한 그들의 강조는 우리가 잠시 후 보게
될 전성기 모더니즘이 때때로 간과했던 신체적으로 위치 지어진 시각
의 성질을 그들이 어떻게든 의식하고 있었음을 뜻한다. 사실상 그들의
작품은 그들의 관찰하는 시각이 지닌 냉정하고 관조적인 거리감과 긴
장 관계에 있는 촉각적이라고 할 수 있는 차원을 때때로 회화에 회복시
켜 주는 듯이 보인다.[13] 마네의 작품에서 관람자의 응시를 충격적으로
되돌려 준 것은 무사심한 시각의 특권에 대한 도전 이상이었다. 그 중
〈풀밭 위의 점심〉과 〈올랭피아〉에서의 누드들이 가장 현저했는데, 이는
전통적인 원근법 회화에서의 일방적인 주체-대상 관계를 문제 삼은 것
이었다.[14]

　이런 여러 가지 유산을 이해하기 위해서 우리는 잠시 후기 인상주의
라고 느슨하게 통칭되는 인상주의의 혁신에 대한 복잡한 반작용을 돌
아볼 필요가 있다. 대략적으로 본다면 그 계승자는 인상주의가 순진한
감각주의적 인식론에 근거한다고 간주했다. 이는 이폴리트 텐느(Hip-
polyte Taine)와 에밀 리트레(Émile Littré), 그리고 오귀스트 콩트(Au-

13　예를 들어서 피에르 프랑카스텔(Pierre Francastel)은 르누아르에 대해서 "그는 모
델에게 다가가서, 그의 눈과 손으로 만지고, 느낀다: 드가처럼 윤곽선이라는 일상적 측
면보다 접촉이라는 성질에 더욱 예민하게 거기에 매달린다"고 썼다. "The Destruction
of a Plastic Space," in *Art History: An Anthology of Modern Criticism*, ed. Wylie
Sypher (New York, 1963), p. 394 참조.

14　흥미롭게도 15세기 동안에는 막상 이런 일방성은 아직 확립되지 않았다. 종종 캔
버스 위의 중요한 사건을 가리키고 있는 "증언자" 인물은 종종 관람자를 정면으로 바라
보고 있었다. 1500년이 지나서야 이런 장치가 더 이상 필요하지 않게 여겨졌으며, 카라
바조의 매력적인 소년들과 같은 예외를 제외하고는 마네 이전까지 관람자의 응시를 거
의 되받지 않았다. "증언자"에 대한 흥미로운 논의는 Claude Gandelman, "The
'Scanning' of Pictures," *Communication and Cognition*, 19, 1 (1986), pp. 18ff 참
조. 〈올랭피아〉의 시각적 역동성에 대한 최근의 논의는 Mieke Bal, "His Master's
Eye," in *Modernity and the Hegemony of Vision*, ed. David Michael Levin (Berke-
ley, 1993) 참조.

guste Comte)의 여타 후계자들이 지지하는 당시 지배적이었던 실증주의에 비교할 만한 것이었다. 1880년대와 1890년대의 실증주의처럼 그것은 강렬한 반작용을 유발했다. 조르주 쇠라(Georges Seurat)로 대표되는 하나의 대안은 인상주의 운동의 과학적 의도를 수용했다. 하지만 1880년대에 다비드 쉬테르(David Sutter)와 샤를 앙리(Charles Henry)에 의해 개발된 바와 같이 슈브뢸의 색채 이론을 더욱 정밀하게 적용해서 그 의도를 구현하고자 시도했다.[15] 인상주의의 일별의 외관상 즉흥성은 시각적 경험에 대한 보다 신뢰할 만한 표상을 만들기 위해 의도된 색점의 수고스러운 병치로 대체되었다. 그러나 신인상주의, 분할주의 또는 점묘주의 등으로 다양하게 알려졌던 이 운동은 오래 지속되지 못했다. 최근 한 논평가가 언급한 바와 같이, 쇠라는 "근본적으로 상반되는 두 가지 보는 방식 사이의 모순에 봉착했다. 그 하나는 유동적이고 불연속적이며, 다른 하나는 안정적이고 영원한, 그 두 개의 모순되는 과정은 함께 기능해서 하나의 논리적인 시각적 구상으로 조합될 수 없었다."[16]

또 다른 대안은 인상주의의 감각주의적인 체하는 태도를 훨씬 강력하게 거부했다. 이 대안은 조리스카를 위스망스(Joris-Karl Huysmans)가 샤르코의 "망막 질환"이라는 개념을 환기시켰던 것처럼[17] 그들의 작업이 사실상 시각의 교란을 드러냈다고 불평하거나 아니면 회화는 어

---

15   David Sutter, "Les phénomènes de la vision," L'Art, 1 (1880); Charles Henry, *Cercle Chromatique* (Paris, 1888), *Rapporteur esthétique* (Paris, 1888), *Eléments d'une théorie générale de la dynamogénie autrement dit du contraste, du rythme, de la mésure avec application spéciales aux sensations visuelle et auditive* (Paris, 1889)

16   John Alsberg, *Modern Art and Its Enigma: Art Theories from 1800 to 1950* (London, 1983), p. 125.

17   Joris-Karl Huysmans, *L'art moderne* (Paris, 1975), p. 103.

쨌거나 단지 표면의 외양만이 아니라 그 사상에 초점을 맞추어야 한다
고 주장했다. 통상 상징주의자라고 불리는 화가들에게 영감을 주었던
이 후자의 비판은 고갱(Gauguin)이 인상주의를 일축한 다음의 성격 규
정에 의해 예시된다. "그들은 오로지 눈에만 주의를 기울이고, 사고의
신비스러운 핵심을 무시했다. 그래서 단지 과학적 추론에 빠지게 되었
을 뿐이다. 그들이 자신들의 예술에 대해 말할 때, 그것은 도대체 무엇
인가? 가식으로 충만하고 물질적이기만 한 순전히 피상적인 예술이지
않은가? 거기에 생각이란 존재하지 않는다."[18]

위에 기술된 생각이 정확히 무엇인가는 전혀 자명하지 않다. 일부 상
징주의자들은 오딜롱 르동(Odilon Redon)의 유명한 글처럼 "시각의
논리를 비가시적인 것에도 사용하면서" 주술적이거나 다른 신비한 진
리를 환기시키고자 열망했던 반면,[19] 다른 후기 인상주의자들은 비록 그
모방적인 함의는 회피하고자 했지만, 이상적인 선형성의 순수한 기하
학적 표상에 대한 관심으로 회귀했다. 여기에는 흥미롭게도 1881년부
터 1909년까지 제3공화국의 예술교육을 관장했던 외젠 기욤(Eugène

---

18 Paul Gauguin, *Diverses Chose*, 1896-97, reprinted in *Theories of Modern Art:
A Source Book by Artists and Critics*, ed. Herschel B. Chipp (Berkeley, 1975), p.
65. 인상주의자들이 단지 수동적인 "눈"이었다는 주장에는 반박이 없지 않았다. 예를
들어 모네를 "완전한 인간"으로 활기차게 옹호한 것은 Roger Shattuck, *The Innocent
Eye: On Modern Literature and the Arts* (New York, 1984), pp. 221f 참조. 모네 작
업에서의 신체적인 함축을 알아보고, 그는 "그 시각은 우리를 우리 자신의 육체라는 물
리적 세계에 가까이 연결시키는 듣기와 심지어 촉각의 형식과 닮을 정도로 강렬하다"
라고 썼다. (p. 234) 참조.
19 Odilon Redon, *À Soi-même: Journal* (1867-1915), cited in Chipp, p. 119. 예
를 들어 그의 1879년《꿈 속에서 *Dans le rêve*》연작 중〈시각〉이라는 판화에서 강력한
상징으로서의 눈에 대한 르동의 매혹은 면밀하게 연구를 해 볼 가치가 있다. 그가 같은
기간 동안 종종 그렸던 세례 요한의 목이 잘린 머리처럼 아마도 그 적출된 눈은 메두사
의 응시가 그렇게나 데카당들을 집착하게 했던 살로메의 팜므 파탈이 환기시키는 것과
동일한 거세 갈망을 표현한다.

Guillaume)이란 인물과 관련된 프랑스 학교에서의 드로잉에 대한 지배적인 교육론과 어떤 연속성이 존재했다. 시각적 언어로서의 기하학적 형태에 대한 기욤의 비망막적 강조는 산업 기술 디자인의 필요뿐 아니라 보편적 합리주의라는 공화정의 이데올로기와도 훌륭하게 부합했다.[20] 로절린드 크라우스(Rosalind Krauss)가 기술한 바와 같이 "평면화되고, 기하학적이고, 질서 지어진, [⋯] 반자연적, 반모방적, 반사실적인" 것으로 그리드를 특권화시켰던 모더니즘의 그 계보는 인상주의적 시각 경험의 일별에 대한 이런 개념주의적 반작용으로부터 자양분을 획득할 수 있었다.[21]

그러나 "새로운 회화" 직후에 이 행로만이 열려 있던 것은 결코 아니었다. 작가와 관람자의 체험된 신체에 대하여 새롭게 획득한 감수성을 잃지 않으면서, 인상주의의 주관주의적 깨달음을 그려진 대상의 물질적인 사물성에 대한 인식과 조합하려는 시도를 해 볼 수 있었다. 이 불가능한 기획의 주창자는 세잔이었으며, 이를 성취하는 데 대한 그의 의구심은 메를로퐁티의 유명한 에세이의 주제였다.[22]

메를로퐁티에 따르면, 세잔은 인상주의자들로부터 "눈에 보이는 세계에 대한 헌신"과 "외양의 정확한 연구"라는 회화에 대한 믿음을 계승했다.[23] 그러나 그는 곧 매개되지 않은 지각에 대한 인상주의자들의 순

20 제3공화국의 일반적인 역사에 대해서는 Miriam R. Levin, *Republican Art and Ideology in Late Nineteenth-Century France* (Ann Arbor, Mich., 1986) 참조.

21 Rosalind E. Krauss, *The Originality of the Avant-Garde and Other Modernist Myths* (Cambridge, Mass., 1985), p. 9.

22 Maurice Merleau-Ponty, "Cézanne's Doubt," in *Sense and Non-sense*, trans. Hubert L. Dreyfus and Patricia A. Dreyfus (Evanston, Ill., 1964). 세잔 평론이라는 관점에서 이에 관한 논의는 Judith Wechsler, *The Interpretation of Cézanne* (Ann Arbor, Mich., 1981) 참조.

23 Merleau-Ponty, "Cézanne's Doubt," p. 11.

진한 믿음을 포기하고 그 대신 그들이 해체시켜 버린 대상을 재발견하고자 했다. 세잔에게 "대상은 더 이상 반영들로 가려지거나 대기와 다른 대상들과의 관계 속에서 사라지지 않고, 내부로부터 미묘하게 밝혀져서 거기로부터 빛을 발하며, 그 결과 견고성과 물리적인 실체라는 인상을 준다."[24] 일곱 가지 주요 색상으로 제한된 인상주의자의 팔레트를 거부하면서 그는 갈색조와 하얀색, 검은색을 추가했고, 이 색은 캔버스에 그려진 대상의 밀도를 회복시켰다. 그러나 그는 원근법적인 공간 속에서 멀리 떨어진 채로 대상을 볼 수 있는 거리를 둔 관람자라는 허구를 함께 복구시키지 않았다. 19세기의 비유클리드 수학자처럼 그는 세계 내에 복수의 공간적 질서가 있다는 것을 깨달았다.[25] 메를로퐁티는 그가 또한 "근래 심리학자들이 공식화시킨, 우리가 실제로 지각하는 체험된 지각이 기하학적이거나 사진적인 것이 아님을 발견했다"고 주장한다.[26] 이런 체험된 지각은 사실상 감각들을 인위적으로 구분하고 시

---

24 Ibid., p. 12.
25 최초의 비유클리드 기하학은 로바쳅스키(N. I. Lobachevsky)와 퍼르커시 보여이(Farkas Bolyai)에 의해서 1830년대에 전개되었다. 그러나 거의 세기말까지 철학자들과 과학자들은 그 중요성을 깨닫지 못했다. 새로운 깨달음에 대한 중요한 진술은 앙리 푸앵카레(Henri Poincaré)의 『과학과 가설 La Sceince et l'hypothèse』(Paris, 1902)이었다. 『사차원으로 떠난 여행 Voyage au pays de la quatrieme dimension』(Paris, 1912)의 저자인 가스통 드 파블로브스키(Gaston de Pawlowski)와 같이 문학으로 대중화시킨 인물들도 있었다. 큐비스트들과 뒤샹은 비유클리드 기하학에 의해 제시된 사차원(또는 n차원)의 공간이라는 개념에 매우 관심이 있었다. 그 영향과 수용에 관한 충실한 설명은 Linda Dalrymple Henderson, The Fourth Dimension and Non-Euclidean Geometry in Modern Art (Princeton, 1983) 참조. 그는 이러한 개념들의 중요성은 이들과 때때로 융합되었던 아인슈타인의 상대성이론의 수용보다 먼저 알려졌음을 보여 주고 있다.
26 Merleau-Ponty, "Cézanne's Doubt," p. 14. 문제의 심리학자들은 게슈탈트 학파와 연관된 사람들이다. 그러나 메를로퐁티는 그의 "시각장"과 "시각 세계"의 구분이 자신의 주장과 잘 부합하는 제임스 깁슨에 대해서도 이야기하고 있다.

각이 패권적인 자율성을 갖기 이전의 경험에 기반하고 있다. 그래서 세잔은 모든 감각에 동시에 현전하는 대상을 제시하고자 했다. "우리는 대상의 깊이, 매끄러움, 부드러움 그리고 단단함을 **본다**. 세잔은 심지어 우리가 그것의 냄새를 본다고까지 주장했다."[27] 그렇게 하면서 세잔은 보는 자와 보이는 것 사이의 거리를 극복하고자 했고, 그래서 관람자를 그 반대편의 장면으로부터 분리시키는 창의 유리를 깨부쉈다. 따라서 그의 임무는 세상이 주체와 객체의 이원론이나 또는 분리된 감각의 양상들로 갈라지기 이전, 세계가 새로 생겼던 바로 그 순간을 재포착하는 것이었다.

그렇게 야심찬 계획이 성공적으로 완수되지 못한 것은 그다지 놀랍지 않다. 고집스럽게 시각적으로 남아 있는 매체에 그 모든 감각적 표현으로 실제를 드러내는 일은 아주 다루기 어려운 문제임이 입증되었다. "세잔의 어려움은 처음 말문을 여는 어려움이다. 그는 스스로를 강력하다고 생각했는데, 그가 전지전능하지 않고 신이 아님에도 불구하고 세상을 그려서 이를 완전히 볼거리로 변화시키고, 세상이 어떻게 우리에게 **만져지는가를 볼 수 있도록** 했기 때문"이라고 메를로퐁티는 결론짓는다.[28] 그의 성공이 아무리 부분적이었다 해도 세잔의 의구심은 이후의 화가에게 엄청난 자극을 주었다. 클라크가 언급하듯이, "시각에 대한 의심은 그리는 행위에 관련된 거의 모든 것에 대한 의심이 되었다. 그리고 조만간 그 불확실성은 하나의 가치가 되었다. 우리는 그것이 하나의 미학이 되었다고 말할 수 있다."[29] 그 미학은 용인된 시각적 질서에 대한 세잔의 파괴를 큐비즘, 미래파, 그리고 소용돌이파와 같은 운동에서 더욱 심화시킨 모더니즘이었다.

---

27 Ibid., p. 15.
28 Ibid., p. 19.
29 Clark, *The Painting of Modern Life*, p. 12.

모더니즘 미학은 확실히 오직 형식적인 광학적 문제에만 관련이 있는 순수한 시각성의 승리라고 전통적으로 이해되어 왔다.[30] 이런 입장의 가장 권위 있고 영향력 있는 주창자는 미국 비평가 클레멘트 그린버그(Clement Greenberg)였다. 그는 메를로퐁티의 글에서 찬사했던 신체적이고 전(全)감각적인 바로 그 차원을 세잔에게서 일소했다.[31] 그린버그에게 세잔은 순수한 공간적 형태를 위해 경험된 빛과 색채에 대한 인상주의자의 강조와 싸운 사람이었다. 큐비스트들은 자신들이 촉각적인 가치와 다른 감각적 가치를 도입했다고 생각했을 텐데, 그린버그에 따르면 "큐비즘은 문자 그대로 눈으로 보는 것 이외의 모든 경험에 대한 훨씬 극단적인 거부로 귀착되었다. 세상은 그 표면과 그 피부가 벗겨졌으며, 그 피부는 회화 평면의 평평함 위에 납작하게 펼쳐졌다. 회화 예술은 시각적으로 증명 가능한 것으로 완전히 감축되었으며, 서구 회화는 촉각성을 불러오는 데 있어서 조각과 겨루었던 500년간의 노력을 최종적으로 포기해야만 했다."[32] 그는 심지어 모더니즘 조각마저 "그 본질에 있어서는 회화 자신과 마찬가지로 거의 전적으로 시각적인 것이 되었다"고 주장했다.[33]

만약 모더니즘에서 시각을 특권화했다는 그린버그의 형식주의적 해석이 이야기의 전부라면, 우리는 20세기의 반시각적 담론이 동시대의

---

30 이런 해석은 적어도 클라이브 벨(Clive Bell)의 영향력 있는 저서 『미술 *Art*』(New York, 1958)만큼이나 오래되었는데, 그것은 1913년에 처음 나타났다. 세잔에 대해서 그는 "모든 것은 순수한 형태로 볼 수 있으며, 순수한 형태 뒤에 활홀경의 짜릿함을 느끼게 하는 신비로운 의미가 숨어 있다"고 썼다.

31 Clement Greenberg, "Cézanne," in *Art and Culture: Critical Essays* (Boston, 1965).

32 Greenberg, "On the Role of Nature in Modernist Painting," *Art and Culture*, p. 172.

33 Greenberg, "The New Sculpture," in *Art and Culture*, p. 142.

지배적인 예술적 관행과 완전히 어긋난다는 모순에 직면할 것이다. 그러나 레오 스타인버그(Leo Steinberg), 로절린드 크라우스, 빅터 버긴(Victor Burgin), 할 포스터(Hal Foster), 티에리 드 뒤브(Thierry de Duve), 애덤스 시트니(P. Adams Sitney) 등 그린버그에 대한 근래의 비판자들은 모더니즘에 있어서 시각의 순수성에 대한 의문을 다시 제기했다.[34] 지금까지 평가절하되었던 반대 경향의 중요성을 강조하면서, 그들은 모더니즘 프로젝트에서 결과적으로 소위 포스트모더니즘을 위한 길을 마련한 명백하게 반시각적인 충동의 기원을 밝혀냈다. 그들은 실체를 항상 전적으로 시각적으로 표현하라는 그린버그의 명령을 거부했고 또한 크라우스가 "모더니즘의 시각에 대한 물신화"라고 부른 것에 명백히 의문을 제기했다.[35] 그 대신 그들은 인상주의와 메를로퐁티가 읽은 세잔 양자에서 공히 볼 수 있는 살아 있는 신체를 회복시키려는 충동을 강조했다.[36] 그 극단에 있어서 우리 시대의 프랑스 반시각적 담

34 Leo Steinberg, *Other Criteria* (New York, 1972); Krauss, *The Originality of the Avant-Garde and Other Modernist Myths*; Victor Burgin, *The End of Art Theory: Criticism and Postmodernity* (London, 1986); Hal Foster, *Recodings: Art, Spectacle, Cultural Politics* (Port Townsend, Wash., 1985); Thierry de Duve, *Pictorial Nominalism: On Marcel Duchamp's Passage from Painting to the Readymade*, trans. Dana Polan (Minneapolis, 1991); P. Adams Sitney, *Modernist Montage: The Obscurity of Vision in Cinema and Literature* (New York, 1990). 그린버그에 대한 보다 정치적인 비판은 Serge Guilbaut, *How New York Stole the Idea of Modern Art: Abstract Expressionism, Freedom, and the Cold War*, trans. Arthur Goldhammer (Chicago, 1984) 참조, 그리고 Craig Owens, *Beyond Recognition: Representation, Power, and Culture* (Berkeley, 1992) 참조.
35 Krauss, "Antivision," *October*, 36 (Spring, 1986), p. 147. 또한 그녀의 다음 토론의 내용 참조. "Theories of Art after Minimalism and Pop," in *Discussions in Contemporary Culture*, 1, ed. Hal Foster (Seattle, 1987)
36 이 살아 있는 신체는 여기서 작업의 주체가 아니라 창작과 수용 과정의 양상으로서 이해된다. 가장 추상적인 수준에서 모더니즘의 비구상적이고 반모방적인 충동은 쓸 만한 소재로서 인간의 형상을 거부함을 의미했다. 결과적으로 일부 평론가들은 모더니

론에 영향을 받은 이런 수정주의적 예술사 기술은 눈의 자리에 대신 신체를 놓고자 했다. 그리고 이는 적어도 회화에 있어서는 역설을 낳았다.

사실상 그 역설은 너무 심각해서 종종 전통적으로 생각해 왔던 회화의 종말만이 해결할 수 있을 것처럼 보였다. "모던 예술에 대한 반작용"으로 불려왔던 뒤샹의 작품("반예술작업")에서 자기부정의 외적 한계가 가장 엄밀하게 탐구되었다.[37] 그의 〈계단을 내려오는 누드〉가 1913년 뉴욕 아모리 쇼에서 스캔들로 회자되고, 오랫동안 그린버그와 같은 비평가는 뒤샹을 모더니즘의 역사에서 주변적으로 격하시켜서 취급했다. 그러나 근래에 뒤샹은 탈원근법적 시각의 회복이라는 모더니즘의 개념에 대한 그의 후기 작업에서의 급진적인 도전으로 인해서 모더니즘 전통에 있어서 가장 전복적인 인물로서 칭송되고 있다. 그 도전은 무수하게 다양한 형태로 이루어졌으며 욕망하는 신체를 회복시킨 데서 그 절정에 달했다.

그의 초기 도발 중 하나는 예술작품의 전통적인 지위 자체를 공격했다. 예술에 대한 보다 존재론적 관점으로서, 그는 자의적인 지시가 미학적 정수를 추출하는 노력을 대신하는 "회화적 유명론"을 제안했다. 큐비즘의 콜라주에서 행해졌던 일상사물의 채용을 극단으로 가져가서 뒤샹의 "레디메이드"는 천재 개인의 손으로 만들어진 "예술작품"의 전통적인 아우라 개념을 조롱하는 동시에, 표상(representation)과 제시(presentation) 사이의 차이를 문제 삼았다. 자전거 바퀴나 변기와 같은 대량생산된 사물들은 작가의 사인에 의해서 미학적이라고 추정되는 지

즘에서 "성상파괴적" 충동까지 이야기했다. 예를 들어 José Ortega y Gasset, *The Dehumanization of Art*, trans. Helene Weyl (Princeton, 1968), p. 40 참조.
37 Octavio Paz, *Marcel Duchamp: Appearance Stripped Bare*, trans. Rachel Phillips and Donald Gardner (New York, 1978), p. 174.

위를 부여받는다. 여기서 그 사인은 예술 제도 자체를 훼손시키고자 하는 일종의 자기 패러디적인 인가행위이다.[38] 그것은 일상생활의 맥락에서 그 대상을 떼어 내서 오직 검증된 "위대한 작품"만이 전시되는 미술관이라는 맥락 속에 다시 위치시킴으로써 이루어졌다. 그 과정에서 그린버그가 모더니즘 프로젝트에서 근본적이라고 보았던 아방가르드와 키치 사이의 경계가 사실상 문제시되었다.[39]

반시각적인 맥락이라는 틀의 중요성 때문에 레디메이드는 순전히 시각적 현상만은 아니었다. 어떤 오브제를 선택하느냐고 피에르 카반(Pierre Cabanne)이 물었을 때 뒤샹이 답변한 것과 같이, "일반적으로 작가는 '외양'을 경계해야만 한다. 수 주일 후에 당신이 그것을 좋아하거나 아주 싫어하게 되기 때문에 오브제를 선택하는 일은 어렵다. 당신은 당신에게 너무 무사심한 것이어서 아무런 미적 감정도 가지지 않을 것을 택해야 한다. 레디메이드의 선택은 언제나 좋거나 나쁜 취향의 완전한 부재뿐 아니라 시각적 무심함에 근거해야 한다."[40] 크라우스에 의하면 레디메이드는 사진, 더 구체적으로는 스냅샷의 영향을 받았다. "레디메이드와 사진 사이의 유사성은 제작과정에 의해서 확립된다. 그것은 실재의 연속체로부터 선택과 고립의 순간에 예술 이미지로 고착되는 상태로 대상의 물리적인 전위가 일어나는 과정이다."[41] 두 경우 모두, 원래의 맥락에서 분리된 이미지 자체의 불충분성으로 인해 당신이

---

38 뒤샹의 레디메이드가 기여한 바 있는, 예술 제도에 문제를 제기하는 다다이스트들의 프로젝트에 대한 논의는 Peter Bürger, *Theory of the Avant-Garde*, trans. Michael Shaw (Minneapolis, 1984), pp. 51f. 참조.

39 Greenberg, "Avant-garde and Kitsch," in *Art and Culture*. 뒤샹이 그 경계를 지운 것에 대한 논의는 Matei Calinescu, *Faces of Modernity: Avant-Garde, Decadence, Kitsch* (Bloomington, 1977), pp. 254-255 참조.

40 Pierre Cabanne, *Entretiens avec Marcel Duchamp* (Paris, 1967), pp. 83-84.

41 Krauss, *The Originality of the Avant-Garde*, p. 206.

보는 것은 당신이 아는 그것이 **아니다.**

다다 진영의 여타 작가와 마찬가지로 뒤샹의 도발은 그가 전복하고
자 했던 제도의 이데올로기적이고 상업적인 압력에 의해서 곧바로 다
시 포섭될 수 있었다. 뒤샹 자신이 예상했던 대로, 그의 레디메이드 "원
본"을 오늘날 미술관이 자랑스럽게 전시하는 것을 보는 일은 다반사가
되었다.[42] 당시 뒤샹의 좀 더 급진적인 제스처는 그가 매우 잘했던 체스
게임을 위해서 1924년 이후 잠정적으로 예술 작업을 포기한 일이다.
1926년 브루클린에서의 전시 후 운송 도중 훼손된 채로, 그가 의도적으
로 미완성으로 남겨둔 〈큰 유리(Large Glass)〉(〈심지어, 그녀의 독신자
들에 의해 벌거벗겨진 신부(The Bride Stripped Bare by Her Bache-
lors, Even)〉라고도 불리는)는 이러한 거부를 상징하는 것으로 보이게
되었다. 또는 적어도 그의 유명한 〈주어진: 1. 폭포, 2. 가스등(Etant
donnés: 1. la chute d'eau 2. le gaz d'éclairage)〉이 그의 사후 1969년
에 필라델피아 미술관에서 전시되기 전까지는 그렇게 보였다. 놀랍게
도 그 작품은 그가 사실상 지난 20년간 무언가 작업을 하고 있었다는
것을 보여 주었다.

뒤샹은 예술작품과 예술 제도에 대한 관습적인 개념에 대한 도전자
로서뿐 아니라 19세기 후반의 기술적이고 예술적인 혁신들에 의해 만
들어진 시각적인 것의 난문제에 대한 가장 집요하고 상상력 풍부한 탐
구자 중 한 명으로서 이해되어야 한다. 예를 들어 그는 입체경이 내포
하는 의미와 이후의 입체사진(anaglyph)과 같은 삼차원적 환영 기구에
매혹되었는데, 그것들은 그 배후에 아무런 물질적 실체 없이 두뇌 속에
시각적인 효과를 산출했다.[43] 그는 또한 삼백 년 전에 전성기를 누린 이

---

42 카반에게 했던 그의 언급을 참조. Cabanne, *Entretiens avec Marcel Duchamp*, p.
139.
43 입체경과 입체사진에 대한 그의 관심에 대한 논의는 Jean Clair, "Opticeries,"

후 거의 잊혀진 왜상적 원근법(anamorphic perspective)에 정통했으며, 비유클리드 기하학이 함축하는 내용에 매혹되었다. 그리고 프란티섹 쿠프카(Frantisek Kupka), 로베르 들로네(Robert Delaunay) 그리고 미래주의자들과 함께 그는 마이브리지와 마레의 크로노포토그래피(chronophotography) 실험을 따라서 그렸다. 〈계단을 내려오는 누드〉는 가장 널리 알려진 작품이다.[44]

그러나 뒤샹 자신은 "미래파는 기계에 대한 인상이다. 이는 엄밀하게 인상주의 운동의 연속이다. 나는 거기에 관심이 없으며, 그리는 육체적인 행위에서 벗어나고 싶다. 나는 회화에 있어서 아이디어를 재창조하는 데에 더 관심이 있다. 내게 제목은 매우 중요하다. 나는 단지 시각적 산물이 아니라 아이디어에 관심이 있다. 나는 그림을 다시금 정신에 봉사하는 자리에 놓아두고 싶다"라고 주장하면서 자신의 작품과 이들 여타 작가의 것들 사이에 거리를 두었다.[45] 왜냐하면 뒤샹은 움직이거나 정지 상태의 시각적 경험에 대한 좀 더 신뢰할 만한 표상을 발견하고자 애쓰지 않고, 인상주의와 후기 인상주의(초현실주의라는 현저한 예외를 포함한)를 포함하는 전통적인 예술에서의 "망막의 전율"을 거부했기 때문이다.[46] 그 자리에 그는 시각적 형식 자체의 우월성을 의식적으

October, 5 (Summer, 1978), pp. 101-112 참조. 그는 사진과 달리 입체경 이미지의 비물질성은 상업적으로 가치 있는 "예술작품"에 대한 뒤샹의 조롱과 잘 부합한다고 보았다. 그것은 교환가능한 상품이 되는 것에 저항했기 때문이다.

44 예를 들어 Vitz and Glimcher, *Modern Art and Modern Science*, p. 127 참조. 흥미롭게도 메를로퐁티는 베르그송의 영화 비판에 호응하여 영화가 실재 운동을 보여 주는 데는 실패했다고 생각했다. 그는 제논의 역설을 언급하면서, "그들은 운동에 관한 제논의 망상을 제공한다"고 적었다. "Eye and Mind," in *The Primacy of Perception*, ed. James M. Edie (Evanston, Ill., 1964), p. 185.

45 Duchamp, "Painting […] at the service of the mind," in Chipp, *Theories of Modern Art*, pp. 393-394.

46 Duchamp to Cabanne, *Entretiens avec Marcel Duchamp*, p. 74.

로 폄하하는 예술을 놓았다.

그래서 시각의 물신화에 대한 뒤샹의 비판은 그린버그의 모더니즘 구축에 주요한 반대 사례를 제공한다(의미심장하게도 그린버그의 『예술과 문화 *Art and Culture*』에서 그의 이름은 전혀 언급되지 않는다). 그것은 넓게는 문학적인 것과 심리적인 것으로 나뉘어지는 다양한 비시각적인 원천을 기반으로 한다. 뒤샹은 장피에르 브리세(Jean-Pierre Brisset)와 레이몽 루셀(Raymond Roussel)이라는 두 작가의 "상상의 착란"이 영감을 준다고 생각하며 이들의 중요성을 인정했다.[47] 이 둘 모두에게서 착란은 본질적으로 언어적이며, 언어의 순수한 의사소통 기능을 훼손시키는 동음이의어를 이용한 말장난이거나 단어의 철자순서 바꾸기, 또는 그와 유사한 것들이 지닌 힘에 대한 인식이었다. 뒤샹의 〈큰 유리〉와 같은 작품은 그 수단을 시각적 기록으로, 더 정확하게는 시각적이면서 언어적인 기록으로 전위시킨 것으로 해석되어 왔다.[48] 장 클레르(Jean Clair)는 뒤샹의 〈빈혈증 영화(Anémic Cinéma)〉에서 나타난 공간적 효과를 푸코가 루셀에게서 발견하려 했던 "비유적/위상기하학적(tropological)" 공간에 비유했다.[a] 즉 "시작도 없고 끝도 없이 단어와 형상이 무한히 순환하는 평평한 공간, 모든 의미가 확실히 부재한 가운데 의미가 끝없이 미끄러지는 효과에 완전히 종속된 공간이다."[49]

제목과 작품 사이의 복잡한 관계를 강조하고,[50] 〈에로스 셀라비

---

47 Duchamp, "Painting [⋯] at the service of the mind," p. 394. 브리세와 루셀을 다루는 20세기 프랑스 문학에서 착란이라는 주제에 대한 논의는 Jean-Jacques Lecercle, *Philosophy Through the Looking-Glass: Language, Nonsense, Desire* (London, 1985), pp. 17-27 참조.

48 Paz, *Marcel Duchamp*, p. 11.

49 Jean Clair, "Opticeries," p. 112.

50 아마도 가장 악명 높은 사례는 프랑스어로 외설적 말장난인 LHOOQ라고 불리는

(Rrose Sélavy))의 페르소나에서 가장 잘 드러난 것처럼 작가의 이름과
정체성으로 유희하고,[51] [b] 의미론적 해독을 유발하기도 하고 거부하기
도 하는 말 수수께끼를 만들면서, 뒤샹은 감각의 표상(망막적 예술)뿐
아니라 관념의 표상까지도 의문시했다. 종종 그는 회화는 수많은 말을
필요로 하며, 심지어 그래도 의미가 명확한 대상으로 쉽게 번역되지 않
는다는 것을 보여 주는 듯했다. 벨기에의 초현실주의자인 르네 마그리
트(René Magritte)만이 그가 발명한 시각적 말장난과 의미론적으로 불
투명한 은유에 필적할 수 있을 것이다. 그러나 뒤샹은 회화적인 그림에
대한 적대감에 있어서 마그리트보다 훨씬 더 나아갔다.

　뒤샹은 인상주의자와 이를 계승한 형식주의자들의 미술을 모두 "망
막적"이라고 주장했는데, 그가 순수한 시각성을 무시한 것은 언어적인
틀과 중재를 도입한 것에서뿐만 아니라 욕망하는 신체가 회화적인 풍
경 속으로 들어가는 방식에 집착한 것에서도 드러난다. 그의 친구인 이
탈리아 화가 지안프랑코 바루켈로(Gianfranco Baruchello)는 "뒤샹은
테스트 씨(M. Teste)라기보다 어떤 면에서 육체 씨(M. Corps)이다"라
고 언급한 바 있다.[52] [c] 시각의 욕망이라는 개념에 어법적으로 모순되는
것은 물론 없다. 브라이슨은 "시각적 삶은 영원한 방랑벽의 일종이며,
그것의 육욕적인 형태에 있어서 눈은 단지 욕망일 뿐이다."라고 주장하

콧수염을 단 모나리자이다. 뒤샹과 미로나 마그리트와 같은 초현실주의자들에게 제목
의 중요성에 대한 일반적인 평가는 Laurie Edson, "Confronting the Signs: Words,
Images, and the Reader-Spectator," *Dada/Surrealism*, 13 (1984), pp. 83-93 참조.

51　Rrose Sélavy는 성정체성을 세심하게 교란시키는 작품으로 영어명의 발음을 프랑
스어로 표기할 경우, "Eros, c'est la vie." (에로스, 그것은 인생)이 되는 동음이의어의
문구이다. 뒤샹은 여장한 모습을 만 레이가 사진으로 찍도록 했고, 스스로를 벨 알렌
(Belle Haleine)이라고 불렀다. Arturo Schwartz, "Rrose Selavy: Alias Marchand de
Sel alias Belle Haleine," *l'Arc*, 59 (1975) 참조.

52　Gianfranco Baruchello and Henry Martin, *Why Duchamp? An Essay on Aes-
thetic Impact* (New York, 1985), p. 95.

기에 이르렀다.[53] 그러나 데카르트의 원근법적 시각체제를 특징지었던 것은 대체로 육욕적이지 않은 눈이었다.[54] 예를 들어 관습적인 누드의 묘사에서 욕망은 억제되었고, 이는 〈풀밭 위의 점심〉이나 〈올랭피아〉 같은 작품이 1860년대에 충격이었던 이유를 설명해 준다.

형식주의적 관점에서 읽자면, 전성기 모더니즘은 이런 경향을 지속했다. 메를로퐁티가 세잔이 그렇다고 주장한 방식으로 모더니즘이 신체의 중요성을 재확립하도록 허용했음에도 불구하고 그 신체는 에로틱하지 않게 남아 있었다. 마이어 샤피로(Meyer Schapiro)가 지적한 대로, "세잔은 평행선이 깊이 들어가면 모이는 것을 둔화시키고, 견고한 대상을 회화평면으로부터 멀리 떨어뜨리고 멀리 있는 대상을 가까이 끌어와 원근법의 강도를 감소시킨다. 그로 인해 욕망이 그 속에서 유예되는 관조적인 효과를 창출했다."[55]

그러나 뒤샹에게 있어서 욕망의 존재는 언어적 기호의 개입으로 유발된 시각적 "소음"을 훨씬 더 복잡하게 만들었다. 그는 전통 회화의 이상화된 누드를 좌대가 아닌 계단을 밟아 내려오게 했는데, 거기에서 그녀는 훨씬 뚜렷하게 에로틱한 반응을 유발할 수 있었다. 그러나 그는 그녀를 바라보는 데서 직접적인 감각적 쾌락을 얻으려는 시도를 비웃으며 욕망의 대상으로서의 그녀의 형태를 해체시켰다. 만약 그가 에로

---

53 Norman Bryson, *Tradition and Desire: From David to Delacroix* (Cambridge, 1984), p. 209.

54 전형적이라는 것이 배타적이라는 의미는 아니다. 예를 들어서 브라이슨은 『전통과 욕망 Tradition and Desire: From David to Delacroix』에서 들라크루아와 앵그르에서 욕망의 도입을 보여 주고 있다.

55 Meyer Schapiro, *Modern Art 19th and 20th Centuries: Selected Papers* (New York, 1982), pp. 87-88. 이 내용은 반 고흐에 관한 에세이에 실린 것으로, 거기에서 반 고흐 그림의 아주 감상적인 성질을 정립해 주었지만, 그 구성 요소들의 하나로서 성적 욕망을 강조하지는 않았다.

스 셀라비(에로스, 그것은 인생)와 동일시했다면, 뒤샹이 그 말장난을 통해서 제시한 인생은 에로틱한 충만함의 삶은 분명 아니었다. 그의 작품에 도입된 시각적 욕망은 만족감을 주는 직접적인 에로틱한 자극에 대한 욕망은 아니었다. 많은 평론가들이 지적하듯이, 그는 완성되지 않은 작품, 성취되지 않은 절정, 실제 사정이 없이 반복되는 자위적인 제스처의 대가였다. 옥타비오 파스(Octavio Paz)가 보았듯이, "뒤샹은 가속의 현기증에 반대되는 지연의 현기증을 만들었다."[56] 무한한 지연은 어떤 행동도 성공적으로 수행되는 것을 막는다. 〈큰 유리〉에서의 "신부"는 영원히 벌거벗겨지는 과정에 남겨져 있다.

사실상 윗부분은 "신부", 아랫부분은 "독신자들"의 것으로 이루어진 작품의 두 영역은 시각적 통일성을 거부하는 두 개의 공약 불가능한 공간적 투사를 통해서 주어진다. 유리 위에 파인 원근법적이거나 왜상적인 선과 작품의 투명한 "캔버스"를 통해서 보이는 "실제 세계" 사이의 차이 또한 그렇다. 그 결과는 시각적 충만함의 거부이며, 이는 주제에서 뚜렷하게 드러나는 끝없는 성적 흥분과 좌절의 패턴을 다시 강화한다.

모든 종류의 광학적 기계에 매료되었던 뒤샹은 1850년에 과학자 플라토가 처음 탐구한 소위 회전하는 부조, 즉 나선형 또는 기이한 형태의 원형의 회전하는 원반들에도 관심이 있었다.[57] 그 원반들은 철자 위치를 바꾸어서 〈빈혈증 영화〉라고 이름을 지은, 그가 1925-1926년에 제작한 영화에서 중요한 역할을 했다.[d] 그 영화는 또한 원반 위에서 회전하는 동음이의어의 말장난을 포함하고 있다. 크라우스에 의하면 그런 패턴의 최면이 일으키는 반복은 "욕망의 박동"을 유발하는데, "그 욕망은 이미 잃어버린 것을 발견할 뿐이기 때문에, 욕망은 발견한 것을 끊

---

56 Paz, *Marcel Duchamp*, p. 2.
57 Vitz and Glimcher, *Modern Art and Modern Science*, pp. 196f. 참조.

임없이 잃어버리는 하나의 동일한 제스처 속에서 대상을 만들었다가 잃어버린다."[58] 게다가 유발된 욕망은 젠더 특정적이지 않고, 성차로 감축되지도 않는다.[59] 뒤샹의 유명한 계단을 내려오는 누드가 망막적 쾌락에 저항하는 형식과 형태로 분해된 것처럼 뒤샹의 "정밀 광학"에서의 욕망의 유발은 성적 만족으로 거의 이어지지 않는다. 그러나 이는 보다 육욕적이지 않은 순간의 시각적인 것에 대한 모더니즘 숭배에 근간이 되는 무시간적이고 영원한 형식의 꿈속으로 시간적 파열을 도입한다.

20세기 예술에 대한 뒤샹의 이별 선물이었던, 1968년 그가 죽은 다음 해에 필라델피아에서 처음 공개된 〈주어진〉의 함의는 못지않게 불편한 것이었다. 방문객이 격식을 갖추지 않은 채로 작고 어두운 방으로 들어가면 그 끝에는 벽돌 아치로 둘러싸인 대충 깎은 문이 있다. 그리고 그 문에는 두 개의 눈구멍이 뚫려 있어서 그 안으로 놀라운 광경을 볼 수 있다. 비록 어떤 말이나 사진도 이를 제대로 기술하지 못하지만, 파스의 다음 글이 거의 비슷하게 묘사하고 있다.

우선 구멍이 뚫린 벽돌담, 그리고 그 구멍을 통해서 밝고 마법에 홀린 듯이 보이는 넓고 개방된 공간이 있다. 관람자의 바로 가까이에, 그러나 또한 "반대편"으로부터는 아주 멀리 벌거벗은 소녀가 일종의 침대 또는 나뭇가지와 나뭇잎의 더미 위에 사지를 펴고 있다. 그녀의 얼굴은 금발의 머리카락으로 거의 완전히 가려지고 양 다리는 구부리고 살짝 벌어진 채, 그녀의 머리카락의 풍성함과는 대조적으로 음모는 기이하게 밋밋한데, 그녀의 오른팔은 시

---

58 Rosalind Krauss, "The Im/pulse to See," *Visions and Visuality*, ed. Hal Foster, p. 62. 또한 그의 "The Blink of an Eye," in *Nature, Sign, and Institutions in the Domain of Discourse, Program in Critical Theory*, University of California, Irvine (Berkeley, 1989) 참조.

59 이 문제에 대한 분석은 Dalia Judovitz, "Anemic Vision in Duchamp: Cinema as Readymade," *Dada/Surrealism*, 15 (1986), p. 48 참조.

선의 바깥에 놓여 있고, 왼쪽 팔은 살며시 든 채로 그녀의 손은 금속과 유리로 만들어진 자그마한 램프를 쥐고 있다. […] 저 오른편, 몇 개의 바위들 사이에 폭포가 불빛을 받고 있다. 정적, 시간의 한 부분이 움직이지 않고 멈춰 서 있다. 움직이지 않는 벌거벗은 여인과 풍경은 폭포의 움직임 그리고 램프의 깜박거림과 대조를 이룬다. 정적은 절대적이다. 모든 것이 실제여서 거의 진부하다고 할 수 있다. 모든 것이 가상이라면 이는 대체 무엇이겠는가?[60]

그 가치를 폄하하는 자에게 〈주어진〉은 뒤샹의 또 다른 장난일 뿐이다. "예술과 그 상부구조 전체에 대한 최후의 속임수이면서, '작가'의 명성과 작품에 권위를 부여하는 영민한 문구를 동원해서 명망 있는 미술관에 떠넘긴 외설적인 모형 세트이다."[61] 그보다 덜 적대적인 이에게 그것은 시각과 욕망의 불편한 융합에 대한 뒤샹의 가장 심오한 탐구를 나타낸다. 관람자는 명백한 핍쇼의 관음증자로 전락하는데, 이는 뒤샹이 사실상 〈큰 유리〉에서 이미 다루었던 주제로, 거기에서 "시각적인 목격자"는 "신부"가 그녀의 "독신자들"에 의해서 벌거벗겨지는 것을 보게 된다. 그러나 여기서 관람자는 모든 시각적 쾌락에 수반되는 난처한 행동을 하게 되면서 곧바로 절시증 환자로 전락한다. 또는 더 정확하게 그 행동은 인용 부호 속에 들어간다. 왜냐하면 달리아 주도비츠(Dalia Judovitz)가 보았듯이 "그 장면에 있어서 문제는 에로티시즘을 '너무' 분명한 볼거리로서 연출하는 그 '극사실성', 과도한 사실주의이기 때문이다. 그 장면의 모형세트와 같은 성격은 거의 눈을 멀게 하는 빛, 과잉 조명에 의해서 훨씬 더 강조된다."[62] 더구나 다리를 벌리고 있는 모델의

60 Paz, *Marcel Duchamp*, p. 96.
61 Shattuck, *The Innocent Eye*, p. 291.
62 Dalia Judovitz, "Rendez-vous with Marcel Duchamp: *Given*," *Dada/Surreal-*

음모가 없는 성기는 관람자의 응시에 너무나 뻔뻔하게 노출되어 있다. 이는 마치 한때 노출된 성기로 인해 충격적이었던 쿠르베의 〈세상의 기원(Origin of the World)〉이 보라고 하는 관음증적 독촉을 모의하는 일종의 과잉 노출로 유명한 것과 같다. 문의 눈구멍을 통해서 관음증자는 장면의 정중앙에 있는 "볼 것이라고는 아무것도 없는" 소실점인 여성의 "구멍"을 응시한다.

그 설치는 또한 주체성을 독백적이고 관조적인 응시, 또는 변증법적 반영성과 전통적으로 동일시해 왔던 것을 전복시킨다. 상호적 가능성을 보여 주는 마네의 〈올랭피아〉처럼 관람자의 응시를 되돌려 주는 그림이라기보다, 관람자는 그 핍쇼를 보기 위해 기다리고 있는 사람이 자신의 등 뒤에서 바라보고 있는 응시의 불편한 대상이 된다. 파스가 지적하듯이, 그 문은 응시하는 관람자를 다른 사람의 바라보기의 대상으로 전환시키는 서로 교차하는 시각적 장면 사이의 경첩과도 같다. 결과적으로 주권적인 "눈"과 "나"의 등식은 저절로 경첩이 풀리게 된다.

굳이 의도한 것은 아니지만, 뒤샹은 여기서 사르트르와 라캉과 같은 프랑스의 반시각적 담론의 주요 기여자들이 실존주의와 정신분석학의 관점에서 탐구한 시각의 상호작용을 예시하고 있다. 이후의 반시각적 담론에 참여하여, 담론과 형상과 욕망의 교차에 대한 그의 매혹을 공유했던 리오타르 또한 당연히 그의 작품을 칭찬했다.[63] 리오타르에게 공약 불가능한 공간의 다양한 변형과 시각적 충만함에 대한 뒤샹의 저항은 심지어 건전한 정치적 함의를 지닌 것이었다.[64] 게다가 최근의 다른

ism, 16 (1987), p. 187.

63 Jean-François Lyotard, *Les transformateurs Duchamp* (Paris, 1977).

64 Ibid., p. 31. 그는 또한 뒤샹의 시각적 통일성의 해체, 총체화에 대한 신랄한 거부를 데카르트주의를 넘어선 새로운 시각적 질서에 대한 메를로퐁티의 보다 희망적인 추구를 뛰어넘는 개선이라고 칭찬했다.

논평가들은 〈큰 유리〉를 말하자면 데리다의 『조종(弔鐘) Glas』을 예시하고, 지배적인 남성의 응시에 대한 프랑스 페미니즘의 비판을 예견한 것이라고 보았다.[65]

이런 인물들을 언급하는 것은 분명히 이야기를 앞서 가는 것이다. 그들의 반시각중심주의 담론의 복잡한 변형을 추적하려고 하기 전에 그 기원을 보다 확고하게 정립할 필요가 있다. 넓게 생각해서 모더니즘 회화의 역사가 뒤샹에서 절정에 달한 노골적인 반망막주의라는 물 밑에서의 흐름과 함께 원근법주의 이후 시각적 실험의 연구실로 이해될 수 있다면, 대략 이와 병행하는 발전을 프랑스 아방가르드의 문학적 실험에서도 확인할 수 있다. 그리고 무리하게 일치를 강요하지 않더라도 프랑스 철학에서까지 이런 유사성은 명백할 것이다.

⊙

르네상스 인문주의자들이 호라티우스(Horace)가 그의 『시학 Art of Poetry』에서 "시는 그림처럼"(ut pictura poesis)이라고 주장한 것을 재발견한 이래로 문학과 시각예술의 관계는 활기차고 지속적인 미학적 관심의 주제가 되어 왔다.[66] 특히 프랑스에서는 스퀴데리(Scudéry) 양과 같이 교양 있는(précieuse)[e] 여주인이 문인과 화가를 한 자리에 불러

---

65 Carol P. James, "Reading Art Through Duchamp's Glass and Derrida's Glas," Substance, 31 (1981), pp. 105-128; Judovitz, "Rendez-vous with Marcel Duchamp: Given," p. 200, n. 11.

66 이 논쟁의 역사에 대해서는 Rensselaer W. Lee, "Ut Pictura Poesis: The Humanistic Theory of Painting," Art Bulletin, 22 (1940), pp. 197-269; Mario Praz, Mnemosyne: The Parallel Between Literature and the Visual Arts (Princeton, 1967) 참조. 호라티우스의 요점은 두 예술이 서로 다른 수단에도 불구하고, 고귀한 행동들을 모사해서 가르침을 주려는 목적을 공유하고 있다는 것이다.

모은 17세기의 살롱 시기부터 이런 관계가 흔해졌다.[67] 그 역사나 또는 심지어 더 야심차게, 실제 예술 실천에서의 변형을 개괄하려는 시도는 분명 우리의 논의 범위를 넘어선다. 추가적인 고려를 요하는 수많은 난해한 질문을 제기하지 않으면서 그 이야기에서 미학적 모더니즘의 기간에 일어난 혁신의 전체 범위를 제대로 다루는 것은 사실상 불가능할 것이다. 예를 들어서 문학적이고 시적인 "이미지"와 "그림" 간의 관계는 무엇인가?[68] 회화에 있어서의 원근법(perspective)이 문학에 있어서의 "시점(point of view)"과 비교될 수 있는가?[69] 모더니즘에 와서 모습을 드러내는 시각예술과 문학에서의 공간적 형식 사이에 유사성이 존재하는가?[70] "수사의 색채"는 시각예술에 있어서의 지각된 색채와 비교될 수 있는가?[71] 시인이 "바람으로 울리는 하프(Aeolian Harp)"에 귀기울이도록 쓴 시와 각자의 상상이라는 "프리즘"을 통해 눈으로 보도록 쓴 시 사이의 예로부터 내려온 갈등의 모더니즘적 버전이 있는가?[72] 특

---

67 이들 간의 교류에 대한 설명은 Helen Osterman Borowitz, *The Impact of Art on French Literature* (London, 1985) 참조.

68 이 질문에 답하려는 전혀 다른 시도들에 대해서는 P. N. Furbank, *Reflections on the Word "Image"* (London, 1970) and W. J. T. Mitchell, *Iconology: Image, Text, Ideology* (Chicago, 1986), 1장 참조.

69 이 이슈를 처음 끄집어 낸 것은 헨리 제임스(Henry James)였다. 보다 최근의 논의는 Percy Lubbock, *The Craft of Fiction* (New York, 1957); David Caroll, *The Subject in Question: The Languages of Theory and the Strategies of Fiction* (Chicago, 1982) 참조.

70 이와 관련해서 중요한 텍스트는 Joseph Frank, "Spatial Form in Modern Literature," reprinted in *The Avant-Garde in Literature*, ed. Richard Kostelanetz (Buffalo, N. Y., 1982), pp. 43-77 참조. 이 글은 그에 대한 호응으로 하나의 작은 산업을 낳을 정도였다.

71 "수사의 색채"라는 구절은 초서(Chaucer)에서 비롯되었다. 그 현대적 의미에 대한 통찰력 있는 논의는 Wendy Steiner, *The Colors of Rhetoric: Problems in the Relation Between Modern Literature and Painting* (Chicago, 1982) 참조.

72 이 논쟁에 대한 알려진 역사는 John Hollander, *Vision and Resonance: Two*

히 미장아빔(mise en abyme)이 모더니즘 반영성의 자의식적인 산물이
된 이후에 문학적 텍스트에서 반사하는 오목하거나 왜상적 반영의 역
할은 무엇인가?[73 f] 시각예술에서의 인상주의와 큐비즘과 같은 모더니
즘 운동에 대한 문학적 대응물이 있는가?[74] 사진과 영화와 같은 새로운
시각기술의 문학적 반영은 무엇인가?[75] 총체예술(Gesamtkunst)의 창
작에 영감을 주는 공감각 기법을 통한 의도적인 감각의 혼합 또는 통합
의 함의는 무엇인가? 마지막으로 비평가는 문학 분석의 해석학이나 기
호학을 시각예술을 "읽는" 데 전용하거나 그 반대로 할 수 있는가?

　쉽사리 고안해 낼 수 있는 엄청난 질문의 목록을 가지고 씨름하기보
다 이 복잡한 이야기에서 몇 가지 줄거리만을 추려서 시각예술 자체와
동시대 철학 각각에서 비견될 만한 발전들 간의 유사성을, 혹시 그런
것이 존재한다면, 찾아보는 것이 훨씬 유익할 것이다. 그렇게 하는 가
운데, 한 세대 또는 그보다 더 뒤에야 모습을 드러내는 반시각주의 담
론의 기원에 대해 보다 명확하게 이해할 수 있을 것이다. 왜냐하면 위
에서 논의한 회화에서의 실험처럼 문학이 소위 모방하는 기능으로부터
해방되면서 창조적 에너지는 분출했고, 그로 인해 시각과 텍스트 사이
의 관계에 대해 대담한 탐구가 이루어졌기 때문이다. 그러나 또한 회화

Senses of Poetic Form, 2nd ed. (New Haven, 1985) 참조.

73 미장아빔을 최초로 주제로 다룬 것은 앙드레 지드였다. 그 중요성에 대한 최근의
논의는 Lucien Dällenbach, *Le récit speculaire* (Paris, 1977); Linda Hutcheon,
Narcissistic Narrative: The Metafictional Paradox (New York, 1980) 참조.

74 그런 주장에 대하여 Wylie Sypher, *From Rococo to Cubism in Art and Literature*
(New York, 1960) 참조.

75 Alan Spiegel, *Fiction and the Camera Eye: Visual Consciousness in Film and
the Modern Novel* (Charlottesville, Va., 1976), Bruce Morrissette, *Novel and Film:
Essays in Two Genres* (Chicago, 1985); Ralph F. Bogardus, *Pictures and Texts:
Henry James, A. L. Coburn, and New Ways of Seeing in Literary Culture* (Ann
Arbor, Mich., 1984).

의 경우에서와 같이 이런 새로운 실험의 함의에 대한 우려가 표면화되기 시작했다. 이러한 증거들은 스테판 말라르메(Stéphane Mallarmé)와 마르셀 프루스트에게서 볼 수 있다.

19세기의 리얼리즘 소설은 지난 장에서 이미 언급한 바와 같이 소설은 "자연 앞에 거울을 들고 있다"는 스탕달(Stendhal)의 유명한 문구처럼 재현된 현실의 효과를 창출하기 위해서 저자의 시각적 예리함을 요청했다.[76] 실증주의 생리학자인 클로드 베르나르(Claude Bernard)의 모델을 따르고, "순전히 상상에 의한 소설을 관찰과 실험의 소설로 대체하라"는 자연주의자 에밀 졸라의 명령은 돌이켜 보면 이러한 경향의 절정이면서 동시에 도래하는 위기의 전조로 이해될 수 있다.[77] 그와 자주 비교되곤 하는 인상주의자와 같이 자연주의자는 리얼리스트가 선호하는 심층 구조를 드러내는 꿰뚫어보는 응시보다 표면적인 외양의 생생한 묘사에 특권을 부여한 시각에 의존했기 때문이다.[78] 다시 말하자

---

76 애니타 브루크너(Anita Brookner)에 의하면, "그 생각은 조르주 상드(George Sand)가 취해서 대중화시켰으며, 플로베르에 의해서 완전히 구현되었다." *The Genius of the Future: Essays in French Art Criticism* (Ithaca, 1971), p. 53 참조. 스탕달은 또한 예술의 모방적 성격뿐 아니라 표현적 성격도 강조했다. 그 논의에 대해서는 Marguerite Iknayan, *The Concave Mirror: From Imitation to Expression in French Esthetic Theory* (Saratoga, Calif., 1983), pp. 49ff. 참조.

77 Émile Zola, "The Experimental Novel," in *Documents of Modern Literary Realism*, ed. George J. Becker (Princeton, 1963), p. 172.

78 현상학적인 자연주의와 본질주의적인 리얼리즘 사이의 이런 대비에 있어서는 루카치의 옹호가 고전이다. Georg Lukács, *Studies in European Realism* (New York, 1964) 참조. 비록 루카치의 헤겔적 마르크스주의에 의한 리얼리즘의 옹호가 상당한 비판을 받아 왔지만, 표면 지각과 심층 지각의 이슈만큼은 여전히 설득력을 지니고 있다. 인상주의와 자연주의에 관한 최근의 논의는, 그들의 표면의 물신화에 대한 자신의 주장을 펼친 제임슨의 『정치적 무의식 *Political Unconscious*』 참조. 시각적 은유를 넘어서서 리얼리즘과 자연주의의 관계를 추구하는 대안적인 글은 Christopher Prendergast, *The Order of Mimesis: Balzac, Stendhal, Nerval, Flaubert* (Cambridge, 1986) 참조.

면 졸라가 소설가의 실험을 단순히 감각의 수동적인 기록이 아닌 "강요된 관찰"로서 이야기할 때조차 그의 방법은 종종 무차별하게 묘사적으로 보인다.[79] 즉 경험된 세계에 대한 충실성에 있어서 너무나 "망막적"이다.

그리고 인상주의의 사례에서와 같이 과학적으로 통제되었건 아니건 간에 생생한 경험에 대한 강조는, 묘사되는 대상보다는 묘사하는 사람의 감각에 대한 물신숭배적인 집착을 초래할 수 있다. 폴 부르제(Paul Bourget)는 1883년에 이미 『당대 심리학에 관한 새로운 논고들』에서 공쿠르 형제의 시각적 세부에 대한 강박적인 관심을 그들의 과도하게 미학적이고 엘리트적인 자기 몰입과 연계시키고 있다.[80] 확실히 1887년 졸라의 과거 제자들의 반란 선언이었던, 유명한 "『대지 La Terre』에 반대하는 다섯 명의 선언"에서 그들은 "'하나의 기질을 통해 본 자연의 한 귀퉁이'가 졸라의 경우에는 '**병든 감각기관**을 통해 본 자연의 한 귀퉁이'로 변형되었다"고 불평할 수 있었다.[81]

자연주의가 병들었건 아니건 저자의 감각기관을 강조하는 것은 표면 효과에 대한 관심의 증대를 의미했고, 그것은 무엇보다 우리가 이미 인상주의에서 지적한 바 있는 형태에 대한 색채의 우위를 가져왔다. 그래서 아직 데카당이 되기 이전의 조리스카를 위스망스는 졸라의 『목로주점 L'Assommoir』에 대한 1876년의 칭찬조 리뷰에서 "우리는 파랑뿐 아니라 검정까지 팔레트의 모든 색을 사용한다. 우리는 리베라(Rivera)와

---

79 Zola, "The Experimental Novel," p. 163.

80 Bourget, *Nouveaux essais de psychologie contemporaine* (Paris, 1883), pp. 137-198. 공쿠르 형제의 시각적 집착과 그들의 탐미주의와의 연관에 대한 근래의 논의는 Debora L. Silverman, *Art Nouveau in Fin-de-Siecle France: Politics, Psychology and Style* (Berkeley, 1989), pp. 33f. 참조.

81 "Manifesto of the Five against La Terre," in Becker, *Documents of Modern Literary Realism*, p. 349.

바토(Watteau)를 구분 없이 존경한다"고 자랑스럽게 주장할 수 있었
다.[82] "졸라가 존경했던 인상주의 화가들의 방식대로, 시각화의 강조점
을 대상 그 자체에 고유한 성질로부터 관찰자의 수용 기관에 의해 주로
결정되는 성질로 옮긴 것이 그의 특징(예를 들어서 색상은 대상 그 자
체의 성질이 아니다. 색채의 경험은 주관적이다)"이라는 데 후대의 비
평가들은 동의할 것이다.[83]

　형태에 반하여 색채를 문학에서 재발견한 것은 자연주의에 국한되지
않았다. 이미 지적했듯이 보들레르는 들라크루아의 그림에서 색의 부
활을 칭찬했으며, 이후로는 자신이 색채의 환기시키는 잠재력을 사용
한 것으로 칭찬받아 왔다. 로저 샤툭(Roger Shattuck)은 보들레르에 대
한 슈브뢸의 있을 법한 영향에 대해 연구하면서, "그들의 과학적 실험
의 전성기에 가장 극단적인 인상주의자처럼 보들레르는 분자와 빛의
고루 퍼지는 진동을 전달하기 위해 대상의 윤곽을 지우고자 열망했다"
고 주장한다.[84] 그의 색채에 대한 매혹은 감각적 현상과 초월적 현상 사
이의 조응이라는 난해한 이론과 연결되어 있기 때문에 자연주의자와는
다른 것이었다. 그러나 그는 이후의 자연주의자와 같이 "실재" 세계의
형식적 규칙성을 언어로 표상하는 작가의 역량에 대한 믿음을 철회했
다. 그리고 그 세계는 리얼리스트가 보다 안전하게 느꼈던 데카르트의
원근법적 공간 속의 세계였다.

　색채의 복권이 함축하는 바는 상징주의자의 시에서 훨씬 명백했다.
여기서 감각에 대한 강조는 역설적으로 반실증주의적인 방향으로 이끌
었다. 지각된 감각과 외부 대상 사이의 관계는 이미 후기 실증주의의

82　Huysmans, "Émile Zola and L' Assommoir," in Becker, *Documents of Modern Literary Realism*, p. 233.

83　Spiegel, *Fiction and the Camera Eye*, p. 42.

84　Shattuck, *The Innocent Eye*, p. 143.

일부 유파에서는 거의 붕괴되었기 때문이다. 프랑수아즈 멜처(Fran-
çoise Meltzer)가 주장했듯이, "색채는 보편적인 정신적 위기, 즉 인식
론의 위기를 예증하는 전형적인 문학적 표현이기 때문에, 그것은 상징
주의의 핵심과 맞닿아 있다."[85] 이 위기는 로크가 말한 제1성질, 즉 데카
르트의 원근법적 시각체제에서의 형식적 규칙성뿐 아니라 자연주의자
가 여전히 똑같이 기술할 수 있다고 믿었던 제2성질까지 묘사하는 능력
에 대한 신뢰의 상실을 의미했다.

상징주의 미학에서 대상이 완전히 사라진 것은 아니었지만 그 대상
은 참조되는 지주로서보다 암시적이고 연상적인 능력으로 칭송받는 경
향이 있었다. 비록 젊은 말라르메가 망막에 맺힌 실재의 "양상"에 대한
인상주의자의 강조를 높이 평가했음에도,[86] 그가 그 유명한 "모든 부케
에서 부재하는 꽃"에 가치를 부여했을 때 실제 시각의 자극은 거의 잊
혀진 듯했다. 색채는 관찰된 대상의 성질이라기보다는 말의 효과가 되
었다. 폴 드 만(Paul de Man)은 말라르메가 자연 세계의 존재론적 우위
를 결코 완전히 내던지지 않았다고 주장하면서도, 그가 명료한 시적 깨
달음의 요구를 위해 대상의 안정성을 희생하는 데 있어서 어느 누구보
다 진보적인 19세기 시인임을 수긍했다.[87]

상징주의자들이 형태보다 색채에 매혹되고 인상주의와 자연주의에
남아 있는 모방적 잔재에 적대적인 것은, 그들이 시의 음악성을 찬양한

85 Françoise Meltzer, "Color as Cognition in Symbolist Verse," *Critical Inquiry*,
5, 2 (Winter, 1978), p. 254.
86 다음 글에 재출간된 말라르메의 1876년 인상주의에 대한 리뷰 참조. 거기서 그는
"나는 회화의 분명하고 지속되는 거울 위의 반영에 자족한다. 그것은 영원히 살면서 매
순간 죽으며, 관념의 의지에 의해서만 존재하고, 그럼에도 불구하고 나의 영역 속에 유
일하게 진실되고 확실한 자연의 가치로서 양상(Aspect)을 구성한다"라고 적고 있다.
"The Impressionists and Edouard Manet" in *The New Painting*, p. 34.
87 Paul de Man, *The Rhetoric of Romanticism* (New York, 1984), p. 8.

것에 비견된다.[88] 여기서 상징주의자들은 선견자의 "매개되지 않은 시각"을 숭배했음에도 불구하고 낭만주의에서 태동기부터 이미 뚜렷했던 경향을 실현하고자 노력했다. 실로 그들은 체계적인 "감각의 교란"을 추구하는 데 있어서 훨씬 더 나아갔다.

상징주의자들이 리하르트 바그너(Richard Wagner)에게 바친 헌사는 보들레르의 1861년 〈탄호이저(Tannhäuser)〉에 대한 옹호에서 시작해서 1885-1888년의 『바그너 평론 Revue wagnérienne』에서 절정에 달했는데, 이는 그들이 소리를 신격화하고 더불어 시각의 특권을 박탈했음을 보여 주고 있다.[89] 멜처가 지적했듯이, "상징주의 시에서 주요한 역할을 하는 색채도 역시 미리 규정된 **기의**(signifié)가 없이 **기호**(signe)에서 직접 함의로 움직이기 때문에 음악의 시적 등가물이자 언어적인 유사물로 볼 수 있다."[90] 그러나 상징주의자들은 음악에서 근저에 깔린 형식적 구조보다 청중에게 미치는 감각적 효과를 더 중시했다. 폴

---

88 인상주의자들도 음악적 효과에 깊은 관심이 있었다. 와일리 사이퍼가 지적하듯이, "인상주의자들의 색채의 예술은 손쉽게 청각적 효과로 미끄러져 들어갔다: 모네와 휘슬러의 최후의 조화들을 보라. 거기서 기하학적 원근법은 중요하지 않다. 말기의 채색 기법에서, 모네는 매클루언이 시각적이라고 간주했던 문화로부터 실제로는 결코 배제된 적이 없었던 청각적 가치를 구원해 냈다." *Literature and Technology: The Alien Vision* (New York, 1971), p. 113.

89 Gerald D. Turbow, "Art and Politics: Wagnerism in France," in *Wagnerism in European Culture and Politics*, ed. David C. Large and William Weber (Ithaca, 1984). 비록 총체예술의 이상이 순수 음악에 반대되고 따라서 음악 연주에서 익숙하지 않게 중요한 역할로 시각적인 것을 격상시켰지만, 바그너는 형태나 선보다 분위기와 색채를 선호했다. 음악 자체에서 색채는 역시 지배적이었는데, 이는 판타스마고리아와 같은 효과를 내는 데 기여했다. Theodor W. Adorno, *In Search of Wagner*, trans. Rodney Livingstone (London, 1981) 참조. 그러한 작품들, 예컨대 〈트리스탄〉 제2막의 연인들이 횃불을 급히 끄는 유명한 장면에서, 바그너의 프로젝트가 지닌 반계몽주의적 함의가 가장 뚜렷하게 드러난다.

90 Meltzer, "Color as Cognition in Symbolist Verse," p. 259.

베를렌(Paul Verlaine)은 시인들에게 "모든 것에 앞서 음악"을 기억하라고 충고했고, 말라르메는 "음악과 문학은 내가 이데아라고 불렀던 유일하게 진실된 현상의 움직이는 단편이어서 불명료하게 어렴풋이 나타나기도 하고 반짝반짝 반사하기도 한다"고 주장했다.[91] 그들이 의미한 것은 **루멘**이라기보다는 **룩스**의 청각적 버전으로, 이는 보에티우스(Bo-ethius)가 6세기에 **인간의 음악**(musica humana)과 **세상의 음악**(musica mundana)을 대비시켰을 때 이미 만들어진 구분이었다.[92]

상징주의자들은 말의 색과 음악의 암시적 효과를 강조하면서 당연히 프랑스 문학에서 그토록 오랫동안 중시되었던 언어적 명료성이라는 의사소통 규범에서는 의식적으로 후퇴했다. "달변가를 데려다 그 목을 비틀라"는 베를렌의 영향력 있는 명령은 과거의 진부한 상투어를 버리라는 요청만 의미하지는 않았다. 그것은 또한 손쉬운 이해보다 비밀스런 불명료함에 대한 선호를 나타냈다. 아이러니하게도 언어를 순화하려는 열망에서 상징주의자들은 순수함을 명료함과 분리했고, 그렇게 해서 텍스트의 시각적 차원이 의식에 주어지면 그것은 의사소통의 투명성보다 무의미한 불투명성을 산출한다는 믿음을 가지게 했다.

사실상 시의 음악화에 대한 강조에도 불구하고 상징주의는 때때로 정확히 이런 방식으로 문학의 시각적 차원을 탐구했다. 결국 공감각은 또 다른 감각의 층위로 어떤 감각을 전복시키는 것이 아니라 감각들의 창조적 혼합을 의미했다. 특히 말년의 말라르메에게서 시의 시각적 측

---

91 Verlaine, "Art poétique"; Mallarmé, "Music and Literature," reprinted in *Modern Continental Literary Criticism*, ed. O. B. Hardison, Jr. (New York, 1962), p. 183. 말라르메의 이데아에 대한 강조는 그의 사유에 있어서 플라톤적인 충동을 표현한 것일 수 있다. 그러나 그는 플라톤과는 달리 이데아의 지적인 현시보다는 감각적인 현시를 평가했음을 언급하는 것이 중요하다.

92 관련 논의는 Hollander, *Vision and Resonance*, p. 13 참조.

면에 대한 새로운 이해를 볼 수 있다. 그러나 이는 음악적으로 공명하는 모음들의 색조를 "보려는" 시도로서 색채와 울림 사이의 조응을 탐구하는 것이라기보다는 페이지에 인쇄된 텍스트의 실제 겉모습, 즉 비표상적인 실체로서의 물질적 실재 그 자체에 대한 민감성이었다. 사실상 여기에 시는 의미를 전달하는 것이 아니라 존재하는 것이라는 전형적인 모더니즘적 주장의 초기 버전이 있다.[93]

시각적 시는 모더니즘 시기의 발명이 아니라 기원전 300년경 로도스 섬의 그리스인 시미아스(Simmias)에까지 올라가는 오래된 족보를 지니고 있다.[94] 그것은 각 행의 첫 글자 또는 마지막 글자를 짜 맞추면 하나의 말이 되는 희시(acrostics)가 애호되던 카롤루스 왕조 시대에 융성했고, 반도상적인 이슬람 시들에서 유행했으며, 비용(Villon), 라블레(Rabelais) 그 외 다른 이들이 그 가능성을 즐겼던 르네상스와 바로크 시대에 다시 등장했다. 18세기에 와서 비록 대중적인 여가로는 완전히 사라지지 않았음에도 불구하고 고급 예술로서는 너무 경망스러워서 애호되지 못했다. 그러나 진지한 형식으로의 부활은 1897년 말라르메의 「한 번의 주사위 던지기가 결코 우연을 저버리지 않을 것이다(Un coup de dés jamais n'abolira le hazard)」의 출판까지 기다려야만 했다.

말라르메의 가장 수수께끼 같은 작품 중 하나인 「주사위 던지기」는 정성스러운 해독을 위한 노력에 영감을 제공했으나 여기서는 그중 단지 몇 가지 요점만을 밝힐 것이다.[95] 『가르강튀아와 팡타그뤼엘 *Gargan-*

---

93 이러한 명령은 예를 들어 월리스 스티븐스(Wallace Stevens)의 "사후 작품(Opus Posthumous)" 중에 나온다. "시는 사건의 외침이다/ 사건에 대한 것이 아니라 물자체의 일부이다."

94 Richard Kostelanetz, ed., *Visual Literary Criticism: A New Collection* (Carbondale and Edwardsville, Ill., 1979); "Visual Poetics," special issue of *Dada/Surrealism*, 12 (1983); Hollander, *Vision and Resonance*, 12장.

95 아마도 가장 철저한 연구는 Robert Greer Cohn, *Un coup de dés jamais*

tua and Pantagruel』에서 병 모양으로 음주가(飮酒歌)를 적었던 라블레
와 달리 말라르메는 단어의 배열에 있어서 대상의 가시적인 형태를 모
방하지 않았다. 대신 그는 넓게 트인 개방된 공간에 둘러싸여 펼쳐진
책 양면에 흩어져 있는 서로 다른 단어들의 활자체를 변화시켰다. 정상
적인 구문이 아니라 공간에서의 관계가 단어들을 서로 연결하는 기능
을 했다. 그래서 전통적인 시각적 시에서처럼 단어들의 기호학적 의미
를 더 강화하는 것이 아니라 그 의미를 가로지르고 심지어 방해하는 효
과를 낳았다. 시의 행을 따라 직선으로 나아가는 통상적인 읽기를 방해
하면서, 그 의미를 깨닫는 데 필요한 지연을 창출한 것이다. 의사소통
을 평가절하한 말라르메의 숭배자인 리오타르에 따르면, "단어가 사물
로 만들어질 때, 그것은 가시적인 사물을 모방하는 것이 아니라 가시적
인 것을 비가시적인, 잃어버린 사물로 만드는 것이다.[96] 단어는 그것이
말하고 있는 가공의 것에 형태를 부여한다." 그러나 이 형태는 투명하
기보다는 불투명하다. 만약 페이지 위에 적힌 단어의 물질성이 텍스트
의 의미를 반영한다면, 그것은 단지 키아즘적으로만 반영하는 왜상적
거울을 통해서 그렇다고 말할 수 있다. 그 결과는 "빈칸들과 글들과 페
이지의 접힌 면들을 통해서 표현하는" "담론/형상"의 혼성물이다.[97]

　말라르메의 목적은 확실히 그의 작품이 항상 환기시키려고 했던 신
비로운 이데아에게로 독자의 내면이 열리도록 하는 것이었다. 그래서
그의 작품의 물질적 차원은 결코 의도적으로 작품의 아우라 있는 제의
적인 소망을 깎아내리지 않았다. 또한 말라르메는 뒤샹이 레디메이드
로 했듯이 초월적이고 자기 목적적인 태도를 가장함으로써 예술 제도
자체에 도전하지 않았다. 그래서 그의 작품은 비록 언어의 의사소통적

---

n'abolira le hasard (Paris, 1952) 참조.

96 Jean-François Lyotard, *Discours, Figure* (Paris, 1985), p. 69.

97 Ibid., p. 68.

기능을 문제시했음에도 불구하고 뒤샹의 "반망막적" 회화의 문학적 등
가물은 결코 아니었다.

그러나 「주사위 던지기」가 상정할 수 있는 하나의 방향은 소위 관념
을 물질화하기(chosiste) 또는 이후 모더니즘에서의 "구체시"였다.[98] 여
기서 단어들은 어떤 의사소통적이고 재현적이고 또는 심지어 청각적인
잠재력도 거의 없이 (그것들은 큰 소리로 읽는 것이 불가능했다) 페이
지 위에 물질적인 사물성으로 감축되는 경향이 있었다. 이 완전히 시각
적인 시를 향한 길에서 훨씬 멀리 나아간 정거장은 큐비스트와 미래파
화가들의 반서사적 동시성에 영향을 받았던, "화가이자 시인"인 기욤
아폴리네르(Guillaume Apollinaire)의 패턴화된 칼리그람이었다.[99] 마
리네티(F. T. Marinetti)와 같은 미래파 시인들, 트리스탕 차라(Tristan
Tzara), 휴고 발(Hugo Ball), 그리고 라울 하우스만(Raoul Hausmann)
과 같은 다다이스트들, 그리고 20세기 일군의 다른 작가들은 말라르메
가 부활시킨 시각적 시의 또 다른 변형을 발전시켰다. 비관습적인 활자
체를 사용하지는 않았지만, 알랭 로브그리예(Alain Robbe-Grillet)도
시각적으로 자의식적인 소설에서 「주사위 던지기」의 반소통적인 불투
명성을 드러내고자 했다.

사실상 우리는 말라르메의 모델이 가진 위력을 깨닫고 나서, 비로소
다음에서 보듯 잘못 도출된 결론(non sequitur)처럼 보이는 것을 이해

---

98 Augusto de Campos, "Points-Periphery-Concrete Poetry," in Kostelanetz, ed.,
The Avant-Garde Tradition in Literature, 그리고 다음 편저의 많은 논문들 참조.
Kostelanetz, ed., *Visual Literary Criticism*.
99 로저 샤툭은 다음 저술 중 아폴리네르에 대한 논의에서 그를 "화가-시인"이라고
불렀다. *The Banquet Years: The Origins of the Avant-Garde in France 1885 to
World War I* (New York, 1968), 10장. 그의 예술 비평에 대해서는 르로이 브로이니
(LeRoy C. Breunig)의 *Apollinaire on Art: Essays and Reviews 1902-1918*, trans.
Susan Suleiman (New York, 1972) 참조.

할 수 있다. 즉, 시각적으로 집착하는 모더니즘 문학이 종종 우리가 이 연구에서 살펴보고 있는 반시각적 담론들에 기여하는 사태를 이해하게 된다. 다른 사례들은 영미 이미지주의나 이탈리아 미래주의와 같은 비 프랑스적 전통들에서 쉽게 찾을 수 있을 것이다.[100] 그러나 만약 다음의 두 입장 사이에 존재하는 근본적인 차이를 상기한다면 그 모순은 바로 해소된다. 한편에는 모든 것을 보고 있는 해설가가 관찰하는 가시적인 현실을 투명한 언어로 기술하려는 리얼리즘 또는 심지어 여전히 객관적인 세계의 덧없는 겉모습에 충실하고자 하는 자연주의가 있고, 다른 한편에는 우리가 모더니즘이라고 부르는 반모방적인 다시점주의, 왜상, 자기 반영적인 미장아빔, 담론/형상의 키아즘, 그리고 구체시에서의 실험들이 있었다. 빅토리아 시대 영국 문학의 여파에 대한 글에서 평론가 쇼(W. D. Shaw)는 대륙의 문학에도 적용될 만한 사실을 관찰했다.

1870년 이후 형식주의 전통의 부상은 과학철학과 종교에서의 상징적 허구의 이론에 근거해서 예술가의 이미지를 그 스스로의 권리를 지닌 물질적 실재로서 다룬다. 이러한 이미지를 단지 원본의 복제나 그림자에 비유하는 대신 형식주의는 실재를 전복하는, 즉 실재를 그림자로 바꾸는 강력한 수단이 된다. 입체경의 공간적 깊이와 시간이 소요되는 사진의 시간적 깊이와 같은 깊이의 차원이 사라짐은 새로운 공존의 영역을 나타내는데, 그것은 만화경(kaleidoscopes)의 단지 이차원적인 표면을 닮은 것이다.[101]

---

100 프랑스에서 이미지즘 미학은 1890년대 후반에 상징주의의 환기시키는 음악성으로부터 덜 감정적인 시각적 은유에의 강조로 전환한 레미 드 구르몽(Remy de Gourmont)에 의해 가장 잘 표현되었다. 파운드나 엘리엇 같은 시인들에 끼친 그의 영향은 Sanford Schwartz, *The Matrix of Modernism: Pound, Eliot, and Early 20th-Century Thought* (Princeton, 1985) 참조.

101   W. D. Shaw, "The Optical Metaphor: Victorian Poetics and the Theory of

모더니즘 회화에서처럼 시각적 실험의 폭발은 시각적인 희열뿐만 아니라 시각적 불쾌감도 야기할 수 있다는 것이 놀랄 일이겠는가?

다양한 논평가들이 마르셀 프루스트가 시각적인 관심 내지는 심지어 시각적 강박을 가졌다고 이야기했는데, 그에게서 이런 탈환영의 가능성은 뚜렷하게 나타난다. 러스킨의 미술비평에 대한 그의 평가와 샤르댕(Chardin), 모네, 렘브란트(Rembrandt), 귀스타브 모로(Gustave Moreau), 장 앙투안 바토에 대한 1890년대의 그의 글들이 철저하게 조사되었는데, 이는 그들이 프루스트의 소설에 끼친 영향을 밝히기 위해서였다.[102] 그리고 그의 시대 거의 모든 시각적 경험과 시각을 향한 태도가 그의 작품에서 확인되었다. 그의 심리적, 사회적, 그리고 심지어 기이한 초자연적인 경험에 초점을 맞추는 "다시점"은 근대 프랑스 소설의 감정이 개입되지 않은 관찰적 기법의 집대성으로 칭찬받았다.[103] 그의 "병적일 정도로 강한 시각적" 집착은 망원경과 현미경적 관음증 양쪽 모두에 비유되곤 했다.[104] 시각적인 것뿐만 아니라 유명한 마들렌 묘사가 보여 주듯이 감각적 인상의 환기시키는 힘에 대한 그의 매혹은 그를 인상주의자나 점묘주의자와 비교되게 했다.[105] 이는 마치 다시점의 만화경

Knowledge," *Victorian Studies*, 23, 3 (Spring, 1980), p. 320.

102   예를 들어 Borowitz, *The Impact of Art on French Literature* 참조.

103   Martin Turnell, *The Art of French Fiction* (London, 1959), pp. 13-14.

104   Harry Levin, *The Gates of Horn: A Study of Five French Realists* (New York, 1966), p. 387. 그의 관음증에 대한 다른 논의는 Dennis G. Sullivan, "On Vision in Proust: The Icon and the Voyeur," *Modern Language Notes*, 84, 4 (May, 1969), pp. 646-661 참조.

105   예를 들어 J. Theodore Johnson, Jr., "Proust's 'Impressionism' Reconsidered in the Light of the Visual Arts of the Twentieth Century," *Twentieth Century French Fiction*, ed. George Stambolian (New Brunswick, N.J., 1975); Eloise Knapp Hay, "Proust, James, Conrad and Impressionism," *Style*, 22, 3 (Fall, 1988) 참조. 이 두 편의 에세이 모두 프루스트의 인상주의 순간에서 시작해서 큐비즘과 같은 후기

에 대한 그의 감수성이 그를 큐비스트와 비교되게 만든 것과 같다.[106] 『잃어버린 시간을 찾아서 *Remembrance of Things Past*』말미에서의 회고적인 총결은 시간의 연속이기보다 병치된 순간들에 밀리서 바라보는 신의 시점이 만들어 낸 무시간적이고 공간화된 형식의 승리로 해석되었다.[107] 그리고 그가 현미경적으로 살핀 사건을 확대한 것은 영화에서의 클로즈업에 비유되곤 했다.[108] 심지어 프루스트의 기괴하게 남다른 "의상의 광학"은 그의 작품에 있어서 주요한 요소로 분석되어 왔다.[109]

프루스트가 시각적 강박이라는 논박할 수 없는 중심성을 지녔다는 것을 증명하기 위해 이외에도 수많은 다른 논의와 비유들이 인용되었다. 그러나 우리가 모더니즘 시대에 나타난 것으로 보았던 시각중심주의에 대한 많은 의구심과 불확실성을 그가 어느 정도까지 수용하고 있는가는 충분히 평가되지 않았다. 예를 들어서 19세기의 새로운 시각적 기술에 대해서 프루스트는 일종의 양가적인 회의론을 견지했다. 그에 앞선 보들레르처럼 그는 카메라에 대해 우려했으며 카메라의 거리감을 두는 냉정함을 몹시 불신했다.[110] 수전 손택에 의하면 "프루스트가 사진

인상주의에 가까운 다른 순간들에 대해 논한다. 『잃어버린 시간을 찾아서』에 등장하는 작가 엘스티르(Elstir)는 샤르댕의 강한 잔재를 지닌 다양한 인상주의 작가들의 복합이다.

106 예를 들어 Claude Gandelman, "Proust as Cubist," *Art History*, 2, 3 (September, 1979); Stephen Kern, *The Culture of Time and Space 1880-1918* (Cambridge, Mass., 1983), p. 148 참조.

107 Frank, "Spatial Form in Modern Literature," pp. 52ff. 이 주제에 대한 보다 포괄적인 연구는 Georges Poulet, *L'Espace proustienne* (Paris, 1963) 참조.

108 Siegfried Kracauer, *History: The Last Things Before the Last* (New York, 1969), p. 161.

109 Diana Festa-McCormick, *Proustian Optics of Clothes: Mirrors, Masks, Mores* (Saratoga, Calif., 1984).

110 카메라를 다룬 부분은 *The Guermantes Way, Remembrance of Things Past*, trans. C. K. Scott-Moncrieff (New York, 1934), 1, pp. 814-815; 그리고 p. 332 및

에 대해 언급할 때마다 그는 못마땅하게 얘기하곤 했다. 피상적이고 너무 전적으로 시각적이며 과거에 대해 단지 자발적(voluntary)으로만 연관되며, 그 결과물은 그가 '비자발적(involuntary) 기억'이라고 부른 기법, 즉 모든 감각이 제공해 주는 신호에 응답함으로써 얻는 심오한 발견에 비교하면 무시할 만하다."[111] 그리고 레미 드 구르몽(Remy de Gourmont)과 같은 그 시대의 다른 많은 지식인처럼[112] 그는 영화의 함의를 매우 불신했다.[113]

뒤샹이 〈주어진〉에서 관음증에 대해 아이러니하게 초연했던 것만큼은 아니지만, 프루스트의 관음증도 욕망과 통제에 모호하게 연결되어 있다. 『잃어버린 시간을 찾아서』에서의 관음증적 응시는 불길한 의미를 가지는 것으로 이해되곤 했다. 한 비평가가 썼듯이 "시각에 의해 정의되는 주체는 폭력에 의해서도 정의된다. 그리고 우상으로서의 알베르틴은 동시에 죄수가 되기도 했다. [⋯] 이런 맥락에서 시각은 **행위**의 지위를 갖는다. 프루스트에게 시각은 공격이라는 범주 속에 직접적인 모든 양상으로 위치한다."[114] 여기서 우리는 사르트르가 나중에 『존재와 무 Being and Nothingness』에서 탐구했던 "응시"의 잔혹한 변증법을 기

---

pp. 897-898 참조. 이 구절들 중 첫 번째 구절에 대한 논의는 Alan Spiegel, *Fiction and the Camera Eye*, pp. 83ff 참조.

111 Susan Sontag, *On Photography* (New York, 1978), p. 164.

112 Remy de Gourmont, "L'image," *Le Film* (May 22, 1924); reprinted in *Intelligence du cinématographe*, ed. Marcel L'Herbier (Paris, 1946). 지식인들의 태도 변화는 루이 델뤽(Louis Delluc)의 작품과 함께 제1차 세계대전이 끝나고 나서야 나타났다. 그 논의는 Stuart Liebman, "French Film Theory," *Quarterly Review of Film Studies*, 8, 1 (Winter, 1983), pp. 1-23 참조.

113 Proust, *Remembrance of Things Past*, 2, pp. 1003-1004; 그리고 3, p. 917. 그의 경멸에도 불구하고, 비평가들은 그의 작품에서 영화적 기법들을 찾아냈다. 예를 들어 Johnson, Jr., "Proust's 'Impressionism'," pp. 44ff 참조.

114 Sullivan, "On Vision in Proust," pp. 660-661.

대하게 된다. 프루스트에게 연인들의 시선이 갖는 온화한 상호 관계란 없었다.

그러나 프루스트의 시각에 대한 양가적 태도는 시간과 시각의 관계에 대한 그의 심오한 탐구에서 가장 뚜렷이 나타난다. 시각이 공간적으로 추정되는 반면 시간성에는 저항한다는 이슈는 오랫동안 결론이 나지 않은 채 논의되어 왔다. **시는 그림처럼**의 전통에서 그 이슈를 다룬 것은 고트홀트 에프라임 레싱(Gotthold Ephraim Lessing)의 『라오콘 *Laokoön*』(1766)이 가장 유명하며, 거기서 그는 그림의 정지 상태와 시의 역동성을 전적으로 대비시켰다.[115] 이런 엄격한 대립은 종종 넌지시 또는 드러나게 도전받았으나 프루스트 자신은 거기에 전혀 영향을 받지 않았다. 『잃어버린 시간을 찾아서』에서 시간은 특히 눈의 방식으로 전개되었다.

샤툭이 증명했듯이 시간화된 시각의 모델은 근본적으로 단안적이기보다는 양안적이다.[116] 단일 사진보다는 입체경이 프루스트에게는 시각적 경험을 해방시키는 열쇠였다. 타인에게 당황스러운 혼돈 상태를 초래할 뿐인 단일하지만 평면적인 이미지로 시각을 감축시키기보다 입체경은 두 개의 이미지를 의미 있게 병치시켜 조합함으로써 깊이를 만들어 냈다.

입체경의 원리는 시간에 저항하는 포획된 형태를 만들어 내기 위해서 운동의 묘사를 포기한다. 그것은 연속적인 운동의 효과를 일으키지 않도록 서로

115 최근에 레싱을 다룬 글은 Jeoraldean McClain, "Time in the Visual Arts: Lessing and Modern Criticism," *The Journal of Aesthetics and Art Criticism*, 44, 1 (Fall, 1985) 그리고 Mitchell, *Iconology*, 4장 참조.

116 Roger Shattuck, *Proust's Binoculars: A Study of Memory, Time and Recognition in A la recherche du temps perdu* (Princeton, 1983).

가 충분히 다르면서, 동시에 식별 가능한 패턴으로 서로 연계될 수 있을 만큼 충분히 관련이 있는 몇 개의 이미지나 인상들을 선별한다. 입체경의 원리는 우리의 양안적(또는 다안적)인 마음의 시각이 시간 속에서 지속적인 부각(relief)과 인식의 관점에서 사물들의 모순되는 면모들을 포착하도록 허용한다.[117]

그래서 프루스트의 쌍안경은 인상주의자의 덧없음이나 후기 인상주의의 만화경과 같은 파편화의 현기증에 굴복하지 않으면서 데카르트적인 단일 시점의 확실성을 붕괴시키는 수단이었다. 그러나 두 개의 이미지를 조율하기 위해서는 지각하는 데 있어서 미세한 지연이 요구되기 때문에 그 기술은 시간과 공간 양자에게 각자의 몫을 제공한다. 샤툭은 조지프 프랭크(Joseph Frank)가 오직 공간적 형식만을 강조한 것에 명백히 반대하면서, 『잃어버린 시간을 찾아서』가 시간적이고 공간적인 두 관점 모두를 긍정한다고 주장한다. "한편으로 그것은 사물들의 실제로 발생한 시간적 질서를 강조하는데, 이는 현실의 느린 조절 감각에 맞춰서 각각의 진행을 결합시킨다. 다른 한편으로는 예정된 시점을 벗어난 과거를 힐끗 보여 주면서 본질이라고 불릴 만큼 확실한 패턴들을 만들어 내는 우발적 복원에 초점을 맞춘다."[118]

그러나 우리는 이런 두 개의 (또는 더 많은 수의) 시점들의 통합이 얼마나 성공적인지 물을 수 있다. 양안적 시각은 데카르트적 시각체제 이후의 혼돈과 불확실성을 정말 얼마나 잘 보상해 주는가? 소설 자체의 시간성의 맨 끝에서 "높은 조망의" 회고적 총체화가 과연 전체의 개요를 잘 요약해 주는가? 샤툭 자신은 이러한 질문들에 대해서 대체로 긍

---

117 Ibid., p. 51.
118 Shattuck, *Proust* (London, 1974), p. 119. 프랭크를 덜 비판적으로 다룬 것은 그의 *Proust's Binoculars*, pp. 112-113 참조.

정적으로 답변한다.

마르셀과 독자는 콩브레의 천국을 힐끔 열어 본 이후, 한쪽 눈만을 뜨고 세계 속으로 들어간다. 시간 속에서의 부각, 즉 현실의 양안적 시각은 낯선 환경(마차, 기차, 호텔)이나 음악이 유발하는 불가사의한 쾌락의 순간에만 일어난다. 그러면 우리가 그 눈이 퇴화되었다고 확신할 때, 갑자기 마침내 다른 쪽 눈이 비로소 열린다. 그리고 마르셀은 그 자신과 그의 세계를 알아보는 시각의 총체성과 함께 동시에 자신의 사명에 대한 최종적인 확신을 얻는다.[119]

그러나 그는 동시에 그 일이 예술가가 되는 것임을 인정한다. 이는 마르셀이 이룬 해결이 "삶 속"에서의 해결이 아니라 예술작품 안의, 전적으로 미학적인 것임을 의미한다. 그의 긴 주석 중 하나에서 샤툭은 그런 해결이 여전히 문제가 있음을 인정하고 있다.

빛이란 우주를 아는 데 있어서 가장 중요한 단 하나의 요소이다. 그러나 프루스트의 모든 페이지에서 명백하게 알 수 있듯이 이 관찰의 매체는 최종적 앎에 결국 장애가 된다. 이중으로 교차되는 시각으로 바라볼 것을 요구하는 인간 시각의 양안적인 본성은 우리 의식에 본질적인 불일치, 즉 중요한 오류의 원리를 가져온다. 만약 우리가 그것을 이해하기 위해 공간으로 나아가 그 오류의 본성을 탐구할 수 없다면 3차원에서의 부각이라는 환영은 만족스럽지 못할 것이다.[120]

---

119 Shattuck, *Proust's Binoculars*, p. 96.

120 Ibid., pp. 143–145.

통상적인 방식과 다르게 읽는다면, 프루스트의 일견 성공적으로 보이는 공간성과 시간성, 시각과 언어의 입체경적인 통합은 훨씬 덜 안전하게 보인다. 왜냐하면 그의 사변적이고 미학적인 총결은 엄밀하게는 그러한 운동 감각적인 확인을 결여하고 있기 때문이다. 신뢰를 잃은 데카르트적 원근법주의의 여타 모더니즘 후계자들처럼, 새로운 시각 질서에서의 그의 실험은 21세기의 반시각적 담론을 초래한 당황스러운 "시각적인 것의 광란"을 길들이는 방법을 실제로 제공할 수 없었다.

⊙

프루스트의 시간성의 광학은 지속(durée), 즉 앙리 베르그송이 주장한 체험된 시간의 복권과 종종 비교된다.[121] 근대 프랑스 철학에 있어서 시각중심주의에 대한 최초의 정면공격을 우리는 그의 작업에 와서야 비로소 마주하게 된다. 한나 아렌트(Hannah Arendt)가 옳다면, 베르그송은 시각의 고귀함을 논박한 사실상 최초의 근대 철학자이다.[122] 비록 니체가 이 영광을 차지할 라이벌로 간주되어야 하겠지만, 우리가 추적하고 있는 반시각중심주의적 담론에 미친 니체의 영향은 프랑스에서는 그 비판에 있어서 훨씬 더 분명하게 적대적이었던 베르그송의 영향보다 한참 뒤에야 나타났다.

서구 철학의 발전은 이러저러한 시각적 은유에 습관적으로 의존해야

---

121 에를 들어 Floris Delattre, "Bergson et Proust: Accords et Dissonances," *Les Études Bergsoniernes*, 1 (1948), pp. 13-127 참조. 여기에 동의하지 않는 관점에 대해서는 Gandelman, "Proust as Cubist," p. 361 참조. 그는 프루스트의 시간 개념이 베르그송의 개념보다 훨씬 구축주의적이라고 주장한다.

122 Hannah Arendt, *The Life of the Mind: Thinking* (New York, 1978), p. 122; Jacques Ellul, *The Humiliation of the Word*, trans. Joyce Main Hanks (Grand Rapids, Mich., 1985), p. 37, 엘륄은 여기서 키르케고르를 최초라고 주장한다.

만 이해할 수 있다. 플라톤의 동굴 벽에 비친 그림자와 아우구스티누스의 신의 빛에 대한 칭송으로부터 "불변하는 정신적 응시"를 믿을 수 있게 했던 데카르트의 사상과 우리의 감각데이터에 대한 계몽주의의 믿음에 이르기까지, 우리의 철학 전통에서 시각중심적인 토대는 거부할 수 없이 지배적이었다. 사변(speculation), 관찰, 또는 계시적 조명, 그 어느 것이든 서구 철학은 의심 없이 전통적인 감각의 위계를 수용하는 경향이 있었다. 그리고 만약 "자연의 거울"에 대한 리처드 로티의 주장이 옳다면, 근대 서구 사상가들은 특히나 그들의 지식에 관한 이론을 훨씬 더 확고하게 시각적 토대 위에서 구축해 왔다.

비록 시각중심주의의 전성기에도 청각중심적인 해석학과 같은 대안적인 전통이 있었지만, 적어도 철학적 담론의 주변에서는 19세기가 저물 무렵에야 비로소 시각의 헤게모니에 대한 합의된 도전이 성공적으로 제기되었다. 회화와 문학의 사례에서와 같이 그 적대감은 먼저 우리가 데카르트적 원근법주의라고 부르는 지배적인 구 시각체제를 겨냥했고, 이어서 시각중심주의의 모든 변형을 포함하는 것으로 확대되었다. 다른 어느 곳보다 뚜렷하게 프랑스에서 이 모든 공격의 상호작용은 적어도 지식인 사이에서 시각에 대해 널리 공유된 의구심을 낳았다. 코몰리에게 양해를 구하자면 그것은 반시각적인 것의 광란이라고 불릴 수 있을 것이다.

철학에서는 세 가지 변화를 하나씩 특별히 언급할 필요가 있다. 첫째는 시점의 탈초월화, 둘째는 인식주체의 재신체화, 셋째는 공간에 대비하여 부각된 시간의 재평가라고 불릴 만한 것들과 각각 관계가 있다. 세 개의 길 모두에 있어서 시각의 우위라는 지위는 의문시되었다. 비록 메를로퐁티와 같은 특정한 후속 철학자들이 오래된 개념의 잔해로부터 시각에 대한 보다 활기 있는 개념을 추출하려고 노력했지만, 다음 장들에서 보여 주는 바와 같이 파괴 행위는 너무 결정적이어서 돌이킬 수 없었다. 그럼에도 불구하고 프랑스 사상가들은 우리 시대에까지 여전히 시각적 의문들에 사로잡힌 채 서구 전통의 시각중심주의적인 가정들을 결정적으로 폐기했다.

그런 결과를 초래한 이야기에서의 아이러니는 19세기 말에 회화에서 원근법적 그리드와 문학에서 저자 또는 화자 시점이 해체되면서, 철학에서는 오히려 자의식적인 "관점주의(perspectivism)"가 동시에 등장했다는 사실이다. 여기서 그 첫발은 1882년에 나온 구스타프 타이히뮐러(Gustav Teichmüller)의 『실제 세계와 표면상의 세계 *Die wirkliche und die scheinbare Welt*』에서 그 용어가 처음 만들어진 독일에서 시작했다.[123] 이전의 라이프니츠의 단자론적 관점주의와 달리 이 버전은 서로 다른 관점 간에 미리 확립된 조화를 가정하지 않았다. 『도덕의 계보학 *The Genealogy of Morals*』을 쓴 니체는 타이히뮐러를 크게 칭찬하며 이 책에서 다음과 같이 썼다. "'순수이성', '절대 지식', '절대 지성'과 같은 모순되는 개념의 촉수에 대해 알아보자. 이 모든 개념은 어떤 살아 있는 생명체가 상상할 수 없을 그런 눈을 전제한다. 그 눈은 어떤 지향성도 가지지 않고, 그것의 활동적이고 해석적인 힘, 정확하게는 보기를 어떤 것의 보기로만 만드는 그러한 힘을 없애야 하는 눈이다." 모든 보기는 본질적으로 관점적이며, 모든 지식 또한 그렇다.[124]

『선악의 피안 *Beyond Good and Evil*』, 『즐거운 학문 *The Gay Science*』 같은 저작에서 니체는 관점주의를 인식뿐 아니라 규범의 이슈로 다룬다. 게리 샤피로(Gary Shapiro)가 지적하듯이, 그는 착하거나 사악한 어느 하나의 해석에 반대하면서 규범의 이슈를 진짜 시각 그 자체의

---

123 철학적 관점주의의 기원에 대한 논의는 Claudio Guillén, *Literature as System: Essays Toward the Theory of Literary History* (Princeton, 1971), pp. 318f 참조.
124 Nietzsche, *The Genealogy of Morals*, trans. Francis Golfing (New York, 1956), p. 255.

본질로 적용하고자 했다.[125] 호세 오르테가 이 가세트(José Ortega y Gasset)와 같은 후기의 사상가는 모더니즘 철학이 근본적으로 관점주의적이라는 견해를 대중화시켰다.[126]

그러나 만약 우리가 데카르트의 원근법적 시각체제가 전제하는 초월적인 가정을 기억한다면, 다른 곳에서 그것이 붕괴하는 순간에 철학에서 관점주의가 발흥한 외견상의 아이러니는 해소될 것이다. 즉 데카르트는 모든 이의 마음의 응시가 명석판명한 관념을 정확히 동일하게 볼 것이며, 이는 연장된 사물의 세계와 그 관념 사이에 신에 의해 보장된 합치가 있기 때문이라고 가정했다. 따라서 주체의 직시적인(deictic) 특정성은 인식 과정에서 제외될 수 있기 때문에 개별적인 관점은 중요하지 않다. 동일한 가정이 알베르티적인 회화적 원근법 개념에도 영향을 주어서, 모든 관람자는 만약 그가 소위 동일한 카메라 옵스쿠라를 통해서 바라볼 경우에 동일한 소실점에서 모이는 직교하는 선의 동일한 그리드를 보게 된다. 이런 의미의 원근법은 무시간적이고, 비신체적이며, 초월적이다.

관점의 탈초월적인 해석이 처음으로 두각을 나타낸 것은 데카르트가 철학보다 열등한 것으로 경멸했던 지식, 즉 역사의 영역에서였다.[127] 적

---

125   Gary Shapiro, "In the Shadows of Philosophy: Nietzsche and the Question of Vision," in *Modernity and the Hegemony of Vision*, ed. David Michael Levin (Berkeley, 1993).

126   Ortega y Gasset, *The Modern Theme*, trans. James Cleugh (New York, 1961), 10장. 토론은 Guillén, pp. 334f 참조. 그는 안토니오 로드리게즈 우에스카르 (Antonio Rodriquez Huéscar)의 오르테가에 관한 작품을 인용하는데, 거기서 그의 단어 "관점"(perspective)에 관해 약 13가지의 의미를 열거하고 있다.

127   확실히 다른 영역에서의 예시들이 있었다. 몽테뉴의 글들과 니콜라우스 쿠자누스의 우주론적 사변은 한정되고 국지적인 관점의 함축에 대한 깨달음을 보여 준다. 데카르트가 관점을 초월화시킨 것은 관점을 그렇게 사용함에 의해 제기되는 상대주의의 위협에 대한 방어적 반응으로 해석할 수 있다. Karsten Harries, "Descartes, Perspec-

어도 18세기 클라데니우스의 시대 이래로 과거에 대한 개별 역사학자가 지닌 시각의 독특성은 그가 구축하는 서사의 중요한 결정 요인으로 간주되었다.[128] 후속 역사가들이 관점주의를 재구축하기 이전에는 "그 자체로서의" 실제 역사라는 가정이 존속했다. 비록 전지적인 관점을 획득하는 꿈이 완전히 사라지지는 않았지만 헤겔의 역사철학이 증명하듯이 부분적인 관점과 총체적으로 추정되는 관점 사이에는 적어도 어떤 간극이 생겼다.

니체의 보다 급진적인 제스처는 역사적 현실 "그 자체"라는 가정을 부인하고, 그러한 부인을 "부드러운" 역사적 지식의 영역을 넘어 철학과 과학의 소위 "단단한" 지식의 영역에까지 확장한 것이다. 이제 그 정확성을 측정할 기준이 되어 줄 외부 대상도 없는 채로 돌이킬 수 없이 비초월적인 해석의 반란만이 남게 되었다. 신의 죽음은 신의 시점의 종언을 의미했다.[129] 관찰하는 주체의 부정확한 감각에 주어진 착각을 일으키는 외양과 "마음의 눈"으로 "보는", 즉 지성 또는 이성에 주어지는 좀 더 심오하고 본질적인 진리 사이의 구분은 무너졌다. 한스 요나스의 주장에서 보듯이 고대 그리스의 시각의 특권화와 함께 시작된 이원론, 즉 주관적 의식과 모방적으로 복제된 대상 사이의 거리도 함께 사라졌

---

tive and the Angelic Eye," *Yale French Studies*, 49 (1973), p. 29.

128 Reinhard Koselleck, *Futures Past: On the Semantics of Historical Time*, trans. Keith Tribe (Cambridge, Mass., 1985), pp. 130f.

129 그 대신 세속적이고 개인적인 관점이 그 자리에 남아 있는지조차 명확하지 않다. 라스헨리크 슈미트(Lars-Henrik Schmidt)가 지적한 것처럼, "니체의 '관점'은 절차상 모순적인 범주이다. 관점주의는 관점을 위한 중심이 없다는 자체의 모순을 만든다. 그러나 관점이라는 개념 자체는 거기로부터 원근법이 발생하는 중심을 요구한다. 이 모순적 관계는 니체의 모든 '범주들'에 적용되며, 언어를 사용하는 것이 이미 과도하며, 즉 이미 거짓말이라는 사실을 알려 준다. 모순적 범주는 그 자신의 불가능성을 지시한다." *Immediately Lost: Constuction of the Social in Rousseau and Nietzsche* (Copenhagen, 1988), p. 147.

다. 플라톤에서 형상의 실재를 비춰 주는 단일한 진리의 태양은 서로 다른 복수의 실재에 빛을 비추는 무수한 태양으로 대체되었다.[130]

반시각적 담론에 대한 이후의 기여자는 당연히 니체의 탈초월적 관점주의를 높이 존중했다. 예를 들어서 사라 코프만(Sarah Kofman)은 마르크스의 이론과 같은 이데올로기 이론의 근저에서 진리와 허위를 식별하는 방법으로서 카메라 옵스쿠라 모델의 권위에 대한 니체의 폄하를 지지했다.[131] 코프만은 또한 은유가, 종종 시각의 은유가 불가피하게 지시적으로 가장 중립적인 철학적 언어를 알려 준다는 니체의 솔직한 인정을 환영했다.[132] 리오타르는 공약 불가능한 공간적 투사에 대한 뒤샹의 변형을 니체의 주인 시점의 파괴와 비교했다.[133]

니체의 비판은 실증주의자와 실증주의의 미학적 상관자인 인상주의자 및 자연주의자에 의해 가정되었던 부분적인 원근법적 응시의 사심 없는 순수성에까지 확대되었다. 자기 자신이 열두 살 이래로 나빠진 시력으로 괴로움을 겪었던 니체는 단지 시각적 경험에만 의존하는 위험을 알고 있었다.[134] 자신이 냉소적으로 "오류 없는 지각"의 원리라고 불렀던 것을 비웃으며,[135] 니체는 모든 시점은 항상 가치가 개입되며 결코 무사심하지 않다고 주장했다. 시각은 그래서 수용적이면서 투사적이고, 수동적이면서 능동적이다. 미학적 관점에서 자기 해체적인 디오니소스적 에너지의 맹목적인 힘과 개별화된 순수한 형태에 대한 아폴론

130   니체에 있어서 다수성의 은유에 대한 논의는 Bernard Pautrat, *Versions du soleil: Fiqures et système de Nietzsche* (Paris, 1971), pp. 288f 참조.

131   Sarah Kofman, *Camera obscura: de l'idéologie* (Paris, 1973).

132   Sarah Kofman, *Nietzsche et la métaphore* (Paris, 1983).

133   Lyotard, *Les transformateurs Duchamp*, pp. 49 and 154.

134   Ronald Hayman, *Nietzsche: A Critical Life* (New York, 1980), p. 24.

135   Friedrich Nietzsche, *Thus Spoke Zarathustra*, trans. R. J. Hollingdale (London, 1961), p. 149.

적인 꿈을 창조적으로 혼합한 것은, 인식의 측면에서는 생명을 긍정하는 본능의 고집스러운 목소리가 바라보는 혹은 관찰하는 중립성의 이상을 파열시켰음을 의미했다. 이들은 빛 속에서뿐만 아니라 그림자 속에서도 나타났고, 또는 대낮의 작열하는 태양 아래나 새벽의 희미한 여명 속에서도 나타났다.[136]

중립성이라는 이상의 파열을 기록하는 또 다른 방법은 육체를 가지지 않는다고 추정되는 앎의 주체의 근저에 있는 구체적인 신체의 존재를 인정하는 것이다. 니체는 그 중요성을 언급한 최초의 인물은 분명 아니었다. 루트비히 포이어바흐(Ludwig Feuerbach)와 그의 뒤를 따라서 마르크스는 관조적이기보다는 실천적인 주체의 유물론적 개념을 발전시켰고, 이는 부분적으로 이론을 살아 있는 신체적 경험의 맥락 속에 위치시키는 것을 의미했다. 프랑스에서 프랑수아 피에르 멘 드 비랑도 신체에 대한 엄격하게 유물론적인 독해에는 저항하면서도 콩디약과 그 신봉자들인 피에르 카바니스(Pierre Cabanis)와 앙투안 데스튀 드 트라시(Antoine Louis Claude Destutt de Tracy)의 감각주의를 심리생리학적으로 수정하면서, 의지하는 신체의 중요성을 강조했다.[137] 그러나 신체는 베르그송에 와서야 눈의 독점에 뚜렷하게 맞서게 되었다. 관점주의가 지닌 시각적 함의의 잔재를 넘어서 그는 니체의 비판을 능가하는 시각중심주의에 대한 근원적인 비판을 발전시켰다.[138]

베르그송 스스로 인정한 펠릭스 라베송(Félix Ravaisson) 같은 "유심

---

136 게리 샤피로는 『방랑과 그의 그림자 *The Wander and His Shadow*』, 『우상들의 황혼 *The Twilight of the Idols*』, 『서광』과 같은 작품들에서 이러한 은유의 중요성에 대해 언급한다.

137 베르그송과 멘 드 비랑의 관계에 대한 논의는 Henri Gouhier, "Maine de Biran et Bergson," *Études Bergsoniennes*, 1 (1948), pp. 131-173 참조.

138 『베르그송 선집 *Les Etudes Bergsoniennes*』 6권(1961)에 실린 그의 선집의 색인에는 관점 또는 관점주의라는 항목이 없다.

론자"로부터의 영향, 그가 가톨릭에 매료되었던 점, 그리고 베르그송주의라고 불리게 된 종교적으로 굴절된 반유물론을 그가 쉽게 수용했던 점 등을 회상하는 이들에게는 베르그송을 눈에 대항하는 신체의 수호자로 해석하는 것이 부당하게 보일 것이다.[139] 그가 자연주의적 진화보다 창조적 진화를 상정하고, 영혼의 불멸성을 믿으며, 실증주의자들이 정신을 뇌로 감축하는 것을 불신한 것 등도 역시 그를 신체의 옹호자로서 제시하지 않을 것이다. 그리고 확실히, 그가 동시대의 빈 사람이었던 지그문트 프로이트와 같이 신체를 젠더화되고 리비도적으로 충전된 욕망의 원천으로서 깊이 생각했다는 증거는 거의 없다.[140]

그러나 몇몇 근본적인 방식들로, 베르그송은 철학적 질문이 물질로부터 마음이 분리되기 이전의 의식과 얽혀 있는 신체로 다시 향하도록 도움을 주었다. 1896년에 최초로 출판된『물질과 기억 *Matter and Memory*』에서 그는 신체가 물질적 세계의 수많은 "사물들" 중 하나일 뿐이며 외부로부터 분석될 수 있는 대상이라는 실증주의자들의 이미지에 도전했다. 그 대신 그는 신체를 우리의 모든 지각의 근거라고 주장했다. "내 신체가 공간 속에서 움직임에 따라 다른 모든 이미지는 변화한다. 그러나 그 이미지, 즉 나의 신체는 변화하지 않은 상태로 남아 있다. 따라서 내 신체를 다른 모든 이미지를 참조하는 중심으로 삼아야만 한다. […] **나의 신체**는 이 지각의 중심으로서 우뚝 서 있는 것이다."[141]

베르그송은 신체를 관조의 대상으로 해석하기보다 오히려 세계 속

139 Bergson, "The Life and Work of Ravaisson," *The Creative Mind*, trans. Mabelle L. Andison (Totowa, N.J., 1975)

140 베르그송은『창조적 정신 *The Creative Mind*』75페이지의 프로이트에 대한 언급에서 보듯이 정신분석학을 전혀 모르고 있지 않았으나 결코 이를 그의 작품에 수용하지 않은 듯하다.

141 Bergson, *Matter and Memory*, pp. 46-47.

우리의 행동 근거로서 이해해야 한다고 주장한다. "우리의 신체는 행동의, 오로지 행동만의 수단이다. 어떤 정도로도, 어떤 의미에서도, 어떤 측면에서도, 신체는 표상을 준비하거나 심지어 설명하는 데 소용되지 않는다."[142] 관조의 대상으로서의 신체와는 반대로 체험된 신체가 지니는 근원적인 진실은 신체 자신이 세계 안에서 움직이고 있다는 사실이며, 인간의 선택에 따른 용기(用器)가 될 수 있는 능력이다. 이런 움직임 때문에 신체는 단순히 외부 자극의 즉각적인 수용이 아닌 회상과 기대에 의해서 정보를 제공받아야만 하는 지각을 우리에게 제공한다. 베르그송에게 기억은 지성에 의한 자발적 회상으로 얻을 수 있는 이미지들과 "신체 안에 축적되는" 신체적으로 각인된 습관들로 이루어진다.[143] 전자가 마음속의 그림과 같다면, 후자는 어떤 이미지의 개입이 없이 반복되는 행동이다. 베르그송은 "**그리는** 것은 **기억하기**(to remember)가 아니다"라고 주장했다.[144]

베르그송이 "진실한 기억"이라고 부르고자 했던 것은 단지 신체적 습관으로 감축되지 않는다. 왜냐하면 이는 신체의 어딘가에 저장되어 있는 것들을 다시 모아서 의식으로 회복시키는 것을 의미하기 때문이다. 그러나 비록 그 어설프게 정의된 "어딘가"가 신체로 감축되지 않는다 할지라도, 신체가 없다면 기억은 의식 속에 들어올 수 없다.

신체적 기억은 습관에 의해서 조직된 감각-운동 체계의 총합으로 구성되므로, 과거에 대한 진정한 기억을 기반으로 하는 거의 순간적인 기억이다. 그 두 기억은 별개로 구분되어 있는 것이 아니기 때문에, 즉 신체적 기억은 경험이라는 이동하는 평면 속에서 진정한 기억이 삽입하는 항상 움직이는

---

142   Ibid., p. 225.
143   Ibid., pp. 81-82.
144   Ibid., p. 135.

지향점에 불과하기 때문에, 이 두 기능이 서로의 지주가 된다는 것은 자연스럽다. [⋯] 기억이 응답하는 호출은 현재로부터 일어나며, 기억이 거기에 생명을 불어넣는 온기는 현재 행동의 감각-운동적 요소에서 빌리는 것이다.[145]

이 두 번째 방식으로 기억을 회상할 수 있는 신체에서 모든 감각은 동근원적이다. 청각적, 촉각적, 미각적, 그리고 후각적 기억이 시각적 기억만큼이나 결정적 역할을 한다. 테오뒬 리보(Théodul Ribot)와 같은 실증주의 심리학자가 "의식의 메커니즘은 은유 없이도 시각의 메커니즘에 비유될 수 있다"고 주장하면서[146] 기억을 자아의 시각적 구성과 연계시켰는데, 이는 잘못된 해석이다. 그래서 베르그송이 선호한 사례가 장미의 냄새였던 반면,[147] 프루스트는 마들렌의 맛으로 마르셀의 어린 시절을 환기시켜서 베르그송의 의도를 저버리지 않았다. 베르그송은 세계 속에 존재한다는 바로 그 경험은 감각의 분화에 앞선다고 공감각적으로 주장한다. 몰리뉴 문제(각각의 감각이 개별적으로 그것을 경험하기 전에 공간에 대한 타고난 앎은 없다)에 대한 감각론자의 답변을 명백히 거절하면서, 그는 당대 심리학, 특히 폴 자네(Paul Janet)와 윌리엄 제임스(William James)의 작업은 다른 결과를 보여 주었다고 주장했다.[148] "공간은 우리 안에 존재하지 않듯이 우리가 없이 존재하지도 않고, 공간은 하나의 특권화된 감각군에 속하지 않는다는 것이 진실이다. **모든** 감각은 공간성에 참여하고, 모두가 어느 정도 거기에 깊이 뿌

---

145   Ibid., pp. 152-153.

146   Théodul Ribot, *Les maladies de la mémoire* (Paris, 1881), p. 83.

147   Bergson, *Time and Free Will: An Essay on the Immediate Data of Consciousness*, trans. F. L. Pogson (New York, 1960), p. 161.

148   Bergson, *Matter and Memory*, pp. 215 and 259.

리를 내리고 있다"라고 그는 주장한다.[149]

　이런 주장을 통해 베르그송은 관념론과 유물론 양자가 지닌 잘못된 전제를 극복하기를 희망했다. 전자는 정신 속에 있는 이미지의 존재론적인 우선성을 믿었으며, 후자는 하나의 중심적 이미지, 즉 물질적인 것으로서의 신체 이미지의 존재론적 우선성을 신뢰했다. 베르그송에 있어서 이 각각은 지나치게 인지적이며, 지나치게 지성적 이미지를 신뢰한 것이다. 또한 이들은 직관의 전체론적인 이해로만 얻을 수 있는 구체적이고 체험된 실재의, 생명력이 충만한 기저를 충분히 감지하지 못했다.[150] 간단히 말해서 관념론자와 유물론자 모두 시각에 대한 의심스러운 신격화에 근거하여, 관조적 오성보다 체험된 행동이 우선한다는 것을 제대로 평가할 수 없었다.

　관조보다 행동을 옹호함으로써 베르그송은 체험된 시간의 철학적 중요성을 복원시켰다. 이는 시각의 비대해진 역할에 노골적으로 맞선 복원이었다. 우리가 앞서 주목해 온 것처럼, 시각과 정지 상태를 동일시하는 것은 엄밀히 말해서 잘못되었지만, 즉 눈의 비약 운동, 이미지 스캐닝, 응시뿐만 아니라 일별의 능력과 기타 등등의 모든 것이 이런 동일시를 반박하지만, 다른 어떤 감각보다 시각은 공시성과의 연관성을 드러내는 것처럼 보인다. 우리의 문화는 일별하는 행위를 응시로 고정시키면서 이런 연관성을 종종 이용해 왔다.

　역설적으로 이런 연관성은 가장 통시적(通時的)으로 보이는 영역, 즉

149　Ibid., p. 216.
150　베르그송은 부정확하기로 악명 높은 "직관"이라는 용어를 선견자의 시각에 비유되는 일종의 내적인 시각으로 정의했다. 예를 들어 『사유와 운동자 La pensée et le mouvant』(Paris, 1934)에서 그는 그것을 "영혼에 의한 영혼의 직접적인 시각"이라 불렀다(p. 35). 그러나 즉시 그는 그것이 그 대상과 너무 가까워서 직접적인 접촉이라고 첨언하고, 따라서 시각적이라기보다는 촉각적인 것을 시사했다(Ibid).

시간의 측정에서 스스로 명백하게 드러났다. 중세 후기에 시간을 기록하는 기계적인 도구의 발전으로 인해,[151] 자연의 시간적 리듬과 개인이 경험하는 독특한 시간성은 일방향의 선 위에 정확하게 동일하게 늘어선 일련의 점들에 종속되게 되었다. 이제 우리는 그것을 너무나 자동적으로 시간 그 자체와 동일시한다. 시계의 정면에서 공공연하게 볼 수 있는 시간, 그리고 기하학적으로 정확한 원 주위를 도는 시곗바늘의 기계적인 운동에 의해 측정되는 시간은 그래서 본질적으로 공간적인 방식으로 표현되었다.

흔히 알베르티적 원근법의 승리와 아주 잘 어울리는 바로 그 부르주아 관행이 확산되는 것과 종종 연계되는 이 시간의 공간화는 19세기에 가장 확장되었다. 개인의 감정적 파토스, 흔히 멜랑콜리적인 파토스로 시간을 물들이려는 낭만주의의 시도에도 불구하고, 시간은 자본주의 산업화라는 긴급한 사태에 휩쓸렸다. 리처드 글래서(Richard Glasser)가 관찰해 왔듯이, "안전에 대한 일반적인 요구를 충족시키기 위해 시간은 공간화되었다. 미래의 가능성은 몇 가지 경로로 제한되었다. 미래를 시간과 공간을 모두 최대의 정확도로 대하는 것으로 정의하는, 사물에 대한 이런 개념은 철도 시스템과 열차 시간표가 상징적으로 보여 준다."[152] 죄르지 루카치(Georg Lukács)와 같은 마르크스 이론가들은 시간의 공간화를 당연히 자본주의의 물화분석, 특히 노동자들의 노동력에 관한 분석에 가져오곤 했는데 이것은 20세기의 성과 관리에서 테일러주의 방법론의 도입을 통해 훨씬 더 엄격하게 관리되었다.[153]

151 David S. Landes, *Revolution in Time: Clocks and the Making of the Modern World* (Cambridge, Mass., 1983), 3장.

152 Richard Glasser, *Time in French Life and Thought*, trans. C. G. Pearson (Totowa, N.J., 1972), p. 288.

153 Georg Lukács, *History and Class Consciousness*, trans. Rodney Livingstone

루카치는 베르그송의 비판을 잘 알고 있었다.[154] 알프레드 드 비니
(Alfred de Vigny)와 같은 낭만주의 시인이 이미 시간의 공간화에 저항
했을지라도,[155] 시간의 공간화와 시각의 지배를 분명하게 연결시킨 것은
오직 베르그송에 의해서였다. 1889년 자신의 박사학위 논문「시간과 자
유의지: 의식에 직접 주어진 것들에 관한 에세이(Time and Free will:
An Essay on the Immediate Data of Consciousness)」에서, 베르그송
은 시간성을 수치, 즉 연장적인 크기로 환원시키는 것이 시각에 특권을
부여한다고 주장했다. 왜냐하면, "숫자에 대한 모든 명석한 사고는 공
간에서의 시각적 이미지를 내포하기" 때문이다.[156] 더군다나 각각의 숫
자는 다른 어떠한 숫자와도 교환될 수 있는 추상적인 단위이기 때문에
이런 이미지는 질적인 차이라기보다는 양적인 차이의 일종이다. 질보
다 양을 선호하는 편견은 칸트 철학과 같은 철학의 특징인 균일한 공간
성이라는 바로 그 개념에 이미 나타난다고 베르그송은 주장한다. "동질
적인 표면에 있는 두 개의 점이 우리의 망막 위에 만들어 놓은 인상의
차이를 더 크게 주장할수록, 당신은 질적인 이질성으로서 주어진 그 차
이를 연장적인 동질성의 형식으로 인식하는 정신 활동에 더욱 치중하
게 된다."[157] 이런 활동에 너무 많은 특권을 부여한 것은 시간 자체를 동
질의 매체로 생각하는, 즉 베르그송이 이른바 "칸트의 거대한 실수"라
고 부른 결과를 초래했다.[158] 이와 관련하여 칸트보다 먼저 이런 주장을

(Cambridge, Mass., 1968), p. 90.
154 사실 그는 "반과학적인" 베르그송으로부터 너무 많은 것을 흡수한 것에 대해 다
른 마르크스주의자들로부터 공격을 받았다. 예를 들어 Lucio Colletti, *Marxism and
Hegel*, trans. Lawrence Garner (London, 1973), 10장 참조.
155 Glasser, Time in French Life and Thought, p. 29.
156 Bergson, *Time and Free Will*, p. 79.
157 Ibid., p. 95.
158 Ibid., p. 232.

했던 사례로 제논의 역설을 들 수 있는데, 베르그송은 분할할 수 없는 시간의 움직임과 그 시간의 움직임이 일어나고 있는 균질적으로 분할이 가능한 공간을 엄격하게 구분해서 이를 논박했다(베르그송의 주장에 따르면, 제논의 화살은 결코 하나의 공간적인 점에 놓일 수 없고 항상 움직이고 있는데 그래서 화살이 자신의 목표를 맞출 수 있다는 것이다).

체험된 시간의 질적인 감축이 불가능하다는 베르그송의 주장은, 시각이 이런 시간을 쉽게 포착할 수 없다는 것을 의미했다. 오히려 다른 감각이 시간을 우리에게 더 분명하게 보여 줄 것 같다. "우리가 눈을 감은 채로 우리의 손이 표면을 따라 움직일 때, 손가락이 표면을 문지르는 행위와 특히 관절의 다양한 작용은 일련의 감각들을 제공하는데, 이것들은 오직 그 **질**에서만 차이가 드러나며, 시간상의 특정한 순서를 드러낸다."[159] 아마도 촉각보다 훨씬 더 청각은 시간적 지속의 경험을 제공한다. 그리고 그 두드러진 사례는 과거, 현재 그리고 미래를 하나의 의미 있는 전체로 묶어 주는 선율일 것이다.

또한 베르그송은 이러한 전체론적인 통일성이 진정한 자아의 기반이라고 주장한다. "자아의 내부에서 **서로 연이어 일어나는 것은 서로에게로 스며드는** 것을 의미하고, 결국 하나의 유기적인 전체를 구성하는 것을 의미한다. [...] 순진한 의식만이 이러한 자아를 지각하기 때문에, 이런 근원적인 자아를 회복하기 위해서는 분석을 위한 왕성한 노력이 요구된다. 이는 유동적인 내적 상태를, 먼저 굴절되었다가 이어서 균질적인 공간 속에 응고된 그 이미지로부터 분리한다."[160] 우리의 실수는 우리의 자아를 개별적으로 겪은 시간의 내적인 경험 즉 **지속**의 사적인 실

---

159 Ibid., p. 99.
160 Ibid., pp. 128-129.

재가 아니라 사회적 세계에서 타인에게 보여지는 외적인 이미지와 동일시하는 것이다.

베르그송은 인간의 자유가 시간성을 공간성으로 변형시킬 수 없다는 사실과 황제적인 눈의 지위를 폐위시키는 것에 달려 있다고 보았기 때문에, 그에게 이런 구별은 매우 중요했다. 그는 "자유는 구체적인 자신과 그 자신이 행하는 행위와의 관계이다. 그리고 이 관계는 정의될 수 없다. 왜냐하면 우리는 **지금** 자유롭기 때문이다. 다시 말해 우리는 하나의 사물을 분석할 수는 있지만 하나의 과정을 분석할 수는 없고, 즉 공간의 연장을 분절할 수는 있지만, 지속을 분절할 수는 없기 때문이다."[161] 따라서 인간 행위의 인과적인 패턴에 대한 추정적 지식에 근거하여 예측하려는 과학의 꿈은 오도된 것이다. "인간 행위가 수행되기 전에 그 행위를 예측하는 것이나, 또는 행위가 수행된 이후에 그 반대 행위의 가능성을 추론하는 것 모두 생각할 필요조차 없는 일이다. 왜냐하면 구체적인 지속 안에 모든 조건이 주어져 있다는 것은, 자기 자신을 행위의 바로 그 순간에 위치시키는 것이지 그것을 예측하는 것은 아니기 때문이다."[162] 시각에 대한 여타의 부적절한 용법처럼, 예측은 인간 자유에 위배되는 것이다. 공간적인 방식으로 시간을 표상하는 것은, 오직 이미 흘러간 시간에만 적합할 뿐 시간의 실제 흐름에는 적합하지 않다. 즉, 죽음에는 적합하지만 생명에는 적합하지 않다.

"생명"에 대한 베르그송의 생기론자적인 편향, 즉 눈의 지배를 죽음과 같은 사후강직과 암묵적으로 연결시킨 것은 그의 독자들에게 널리 알려진 1907년의 저서 『창조적 진화 *The Creative Evolution*』에서 가장 설득력 있게 표현되었다. 여기서 그는 생명의 약동(élan vital)이라는

---

161 Ibid., p. 219.
162 Ibid., p. 239.

애매하기로 악명 높은 자신의 개념을 발전시켰다. 이것은 다윈이 자연 선택이라는 맹목적 기제에만 탓을 돌렸던 과정에 방향성을 부여해 준 본능에 따른 생명 충동 개념이다. 그가 주장하는 범신론적이고 우주론 적인 함의는 테야르 드 샤르댕(Teilhard de Chardin)의 이단적인 신학 에서 간헐적으로 등장한 것 외에는 이후 수년간 좋은 성과를 내지 못했 다.[163] 궁극적으로 보다 중요한 것은, 베르그송이 공간화시키는 지성과 그것의 한계를 특징짓기 위해 새로운 은유를 자기 시대 시각 경험의 기 술혁신에서 가져와 도입한 것이었다. 제논의 역설에 깔려 있는 잘못된 전제를 다시 기술하면서 베르그송은 다음과 같이 주장했다.

우리 자신을 사물의 내적인 생성과 밀착시키는 대신 우리는 사물의 생성을 인위적으로 재구성하기 위해 사물 밖에 위치한다. 우리는 말하자면 지나가 는 실재의 스냅샷을 찍는다. 스냅샷이 실재의 속성이므로 이런 생성 자체의 속성을 모방하기 위해서, 우리는 지식이라는 장치의 뒤편에서 이 스냅샷을 추상적이고 균일하며 보이지 않는 하나의 산물로 엮어 넣기만 하면 된다. 지 각 작용, 지적 작용, 그리고 언어는 일반적으로 그와 같이 진행된다. […] "우 리의 일상적인 지식의 작동 방식은 영화 촬영술과 같은 종류의 것이다."[164]

영화는 시간성에 대한 잘못된 인식을 나타내기 위한 강력한 은유로 서 기능한다. 왜냐하면 영화는 부동의 영역에 있는 정지 이미지들을 비

163 그들 사유의 비교를 위해서는 Madeleine Madaule-Barthélémy, *Bergson et Teilhard de Chardin* (Paris, 1963) 참조.

164 Bergson, *Creative Evolution*, trans. Arthur Mitchell (London, 1919), pp. 322-323. 원문의 강조. 그는 이미 『물질과 기억』(p. 38)에서 공간화된 지각을 기술하 기 위해서 사진의 은유를 사용한 바 있었다. 여기서 새로운 것은 그가 영화를 도입한 것이다.

인간적이고 추상적인 기계장치의 "생성"과 조합하고, 그것들을 통합해서 실시간의 시뮬라크르를 창조하기 때문이다. 이것은 마치 시간성을 여러 분리된 순간들로 환원시키는 마이브리지와 마레의 크로노포토그래피가 기계의 공간화된 시간으로 기만적으로 되살려진 것과 같다.

  이 은유를 통해서 베르그송은 눈의 독재에 대해 특별히 급진적인 주장을 하는 듯이 보인다. 그는 지적 작용뿐만 아니라 감각기관을 통한 모든 지각은, "일상적인" 인지적 양상에 있어서 본질적으로 영화적이라고 주장하는 듯하다. 들뢰즈(Gilles Deleuze)가 근래에 고찰한 것처럼,[165] 이런 주장은 후대의 현상학자들과 달리 베르그송이 건강한 자연적 지각과 왜곡된 인위적인 지각을 대립적으로 보기를 거부했다는 것을 뜻할 수도 있다. 그러나 베르그송이 항상 영화적이지 않은 용어로 기술했던, 시각이 아닌 지각 작용에 관해서 행한 다른 논의의 맥락에서 볼 때 이 한 구절을 너무 단정적으로 해석하기는 어려워 보인다. 『창조적 정신 The Creative Mind』과 같은 이후의 저서에서 베르그송은 비공간적인 지각의 사례로 듣는 선율을 계속 제시했는데, 이는 절대로 영화에 비견되는 것으로 볼 수 없다.[166] 영화적일 수밖에 없는 단 하나의 감각은 시각이다. 그리고 여기서 들뢰즈의 논점이 옳을 수도 있는데, 이것은 시각에 대한 새로운 존재론을 발전시키려는 메를로퐁티의 의식적인 비(非)베르그송적(Non-Bergsonian) 시도를 검토할 때 분명해질 것이다.

  논란의 여지가 적은 것은 베르그송이 영화적인 사고방식이 활동사진의 발명에 앞선다고 믿었다는 사실이다. 그는 이것이 이미 그리스 철학, 특히 이데아에 대한 플라톤의 교의에서 드러난다고 주장한다. "에이도스(Eidos)는 사물의 불안정성에서 얻어 낸 안정된 모습이다. [⋯] 우

165 Deleuze, *Cinema 1: The Movement-Image*, trans. Hugh Tomlinson and Barbara Habberjam (London, 1986), p. 57.
166 Bergson, *The Creative Mind*, p. 147.

리가 지성의 영화적인 작동 방식을 실재의 분석에 적용할 때, 우리는 결국 이데아의 철학으로 끝나게 된다."[167] 근대과학이 추상적 기호인 언어에 의존하기 때문에, 근대과학 역시 영화의 덫에서 벗어나지 못하고 있다.[168] 실제로 모든 지적 작용의 양상은 상징화에 기반하고 있기 때문에 이런 경향에 영향을 받기 쉽다. 왜냐하면 언어는 시지각의 대안이라기보다는 오히려 무시간적 추상화에 대한 취약성을 시지각과 공유하기 때문이다. 오직 유동적이고 창조적이며 생동하는 실재에 대한 전(前)언어적 파악만이 카메라의 시선 너머로 우리를 데려다 줄 것이다.[169] "**형태는 경과하는 것의 단지 하나의 스냅샷일 뿐이기** 때문에, 오직 시간의 무형의 흐름에 대한 공감만이 우리의 시각중심적인 편견을 넘어서게 할 것이다."[170]

영화에 대한 베르그송의 반응에 관한 들뢰즈의 근래의 해석에 따르면, 스크린 상의 이미지의 기만적인 움직임과 실제 지속 사이의 엄격한

---

167 Bergson, *Creative Evolution*, p. 332.

168 아이러니하게도 베르그송이 시각과 추상적인 언어에 대한 의존을 이유로 과학을 비난했던 바로 그 순간에 물리학에서는 명백히 반시각적인 혁명이 일어났는데, 그것은 1920년대 베르너 하이젠베르크와 닐스 보어의 양자역학에서 절정에 달했다. 전반적인 설명은 Arthur I. Miller, *Imagery in Scientific Thought: Creating 20th-Century Physics* (Boston, 1984) 참조. 게다가 심지어 기하학도 비표상적인 용어로 재기술되고 있었다. 이론물리학에서 시각적 관찰의 역할에 대한 신뢰의 약화는, 비록 우리가 살펴보고 있는 프랑스 사상가들이 그것을 거의 강조하지 않았음에도 시각중심주의 자체의 위기에 기조적인 영향을 끼쳤을 것으로 볼 수 있다.

169 베르그송 자신이 자기 사상을 전달하기 위해 불가피하게 언어에 의존한 것에 대해 많은 이야기가 있었다. 예를 들어 Leszek Kolakowski, *Bergson* (Oxford, 1985), p. 33 참조. 베르그송은 이 이율배반을 잘 인식하고 있었으며, 그 위험을 최소화해 줄 자신을 표현하는 예술적으로 호소하는 방법을 찾으려 애썼다.

170 Ibid., p. 319. 원문의 강조. 베르그송은 시간의 격렬한 중단이라는 의미로서 스냅샷의 은유를 자주 사용했다. 예를 들어 『창조적 정신』(p. 16) 참조. 그리고 그는 자연의 거울로서의 마음과 같은 인식에 관한 다른 시각적 은유들에도 도전했다. 『창조적 정신』(p. 211)에서 윌리엄 제임스에 대한 그의 논의 참조.

모순에 대한 가정은 사실상, 『물질과 기억』에서 나타난 초기의 주장에
서 한발 후퇴한 것이다. 이 책은 영화의 발명에 앞서 쓴 것인데, 거기엔
'이미지-움직임(image-movements)'이 실제로 존재한다. 들뢰즈에게
그 설명은 초창기 영화의 제한된 기술에 해당한다. "한편으로 시점
(prise de vue)은 고정되었고, 그러므로 쇼트는 공간상 확고하게 움직
이지 않고, 다른 한편으로 촬영 장비(appareil de prise de vue)는 균일
한 추상적 시간을 부여받으면서 영사 장비와 조합되었다."[171] 그래서 비
록 『창조적 진화』에서 여러 자격 요건을 주장하고 있음에도, 들뢰즈는
이부분이 종종 간과된다고 주장하는데, "베르그송이 장비에서 일어나
는 일, 즉 이미지 처리의 균질적이고 추상적인 움직임만을 생각했기 때
문에, 그는 영화가 움직이는 이미지를 만들 능력이 없다고 믿었다. 그
러나 사실 그 장비는 신체나 움직이는 사물로부터 추출된 순수한 움직
임의 이미지를 만드는 데 가장 능력 있고 가장 뛰어난 것이다"라고 결
론짓는다.[172] 들뢰즈는 『물질과 기억』과 베르그송의 다른 저서에서 움직
이는 이미지의 분석과 사물 위를 비추는 빛에 선재하는 사물 안에 내재
하는 광휘를 재치 있게 찾아내서 이것이 실제 모습 그대로의 영화를 훌
륭하게 특징짓는다고 주장했다. 비록 들뢰즈의 주장이 사실이라 해도,
베르그송이 서구 형이상학, 근대과학 그리고 심지어 일상적인 언어 자
체의 시각중심주의적 편향을 깎아 내리기 위해 "영화적"이라는 용어를
선택했을 때, 그는 확실히 새로운 시각기술의 발현에까지 확장되고 있
던 시각의 우위에 대해서 의구심을 표현한 것이었다.

사실 어떤 의미에서 베르그송은 시각의 우세에 대한 비판에서 니체
보다 훨씬 더 나아갔다. 니체의 급진적인 관점주의는 아무리 부분적이

171 Deleuze, *Cinema 1*, p. 3.
172 Ibid., p. 23.

어도 결국 시각적인 중재가 불가피하다는 점을 함축하고 있다. 『비극의 탄생 The Birth of Tragedy』에서 예술은 디오니소스적인 광란만으로는 탄생할 수 없고 아폴론적인 형식의 규율을 요구하듯이, 인식과 아마도 윤리적 판단 또한 주체가 위치한 시점을 완전히 배제할 수는 없는 것이다. 그러나 베르그송은 진정한 실재와의 형이상학적인 접촉을 재정립시키기 위해, 이런 주장의 상대주의적 함의를 벗어나려고 노력했다. 그래서 그는 "철학자는 사물을 아는 두 가지 방식을 구분하는 데 동의한다. 첫 번째는 사물 주위를 도는 방식이고, 두 번째는 사물 내부로 들어가는 방식이다. 첫 번째는 선택된 시점과 채용된 상징에 좌우되는 반면, 두 번째는 어떤 시점에서 구하지도 어떤 상징에 의지하지도 않는다. 우리는 첫 번째 종류의 지식에 대해 **상대적인** 지점에서 멈췄다고 말할 수 있고, 두 번째 종류의 지식에 대해서는 그것이 가능한 곳이라면 어디에서나 **절대성**을 얻는다고 말할 수 있다"라고 주장했다.[173]

더구나 부분적인 시점을 조화롭게 결합해서 통합된 전체로 만드는 방식으로 절대성에 도달하는 것은 불가능하다. 이는 그의 "관계주의"가 정확히 이러한 방식으로 상대주의를 극복하려고 했던 카를 만하임(Karl Mannheim)과 같은 이후의 철학자가 제시한 술책이었다. "모든 가능한 시점에서 찍은 도시의 모든 사진을 차례차례 무한히 붙여 나간다 하더라도, 그 사진은 그 거리를 따라서 사람이 걸어 가며 보는 대상과는 차원이 다르다. […] 어떤 한 시점에서 그린 표상이나 어떤 상징으로 이루어진 번역은 그 그림이 그리고 그 상징들이 표현하려 한 원래의 대상과 비교하면 여전히 불완전한 채로 남는다. 그러나 절대적인 것은 그것이 완전히 그 자체라는 점에서 완벽하다."[174] 베르그송은 오직 직관만이 지

173   Bergson, *The Creative Mind*, p. 159.
174   Ibid., pp. 160-161.

적 분석과 언어적 상징화 그리고 시각적 표상에 의해서 방해받는 그 사물 내부로의 공감적 진입을 제공할 수 있다고 설득력 없이 결론지었다.

베르그송이 시각중심주의에 적대적이었다 하더라도, 그가 은연중에 의존한 감각이 확실히 있었다. 특히 가장 과학적인 언어의 개념적 추상화에 대해 적대감을 지니면서, 그는 이에 대한 가능한 해독제로서 종종 구술 이미지를 불러들였다. 예를 들어 『시간과 자유의지』에서 그는 "시인은 자신의 감정을 이미지로, 그리고 이미지를 리듬의 규칙에 맞춰서 말로 번역하는 사람이다. 우리 눈앞으로 지나가는 이러한 이미지를 보면서, 이번엔 시를 읽는 우리가 그런 이미지의 감정적 등가물인 느낌을 경험한다."[175] 그러나 거기서 그는 상징주의자가 시의 음악성을 찬미하는 바로 그 방식으로 다음과 같이 덧붙인다. "우리의 영혼이 자기 망각 속에 침잠해서 꿈속에서와 같이 시인과 함께 생각하고 보게 되는 규칙적인 리듬의 운동이 없다면 우리는 이런 이미지를 강렬하게 인식할 수 없을 것이다."[176] 더구나 예술은 우리에게 느낌을 제시하며 "더 효과적인 수단을 발견했을 때 예술은 기꺼이 자연의 모방이 아니어도 된다."[177]

그래서 베르그송이 모더니즘 운동의 이미지즘 시에 끼친, 널리 알려진 영향은 흄(T. E. Hulme)에 의해서 엘리엇(T. S. Eliot), 에즈라 파운드(Ezra Pound), 윌리엄 카를로스 윌리엄스(William Carlos Williams) 같은 영미 시인들에게 계승되어서,[178] 이들을 모방적인 표상에서 벗어나

---

175 Bergson, *Time and Free Will*, p. 15. 그러나 이 구절을 『물질과 기억』에서 두 개의 의식 사이의 공감적인 생각은 그 둘을 소통시키는 구술 이미지에 선재해야 한다는 주장과 비교해 보라. "두 개의 구술 이미지 사이에는 아무리 많은 구체적인 표상으로도 채울 수 없는 간극이 있기 때문에 내가 구술 이미지 자체만을 가지고 시작한다면, 그것을 결코 이해할 수 없을 것이다."(p. 125).

176 Bergson, *Time and Free Will*, p. 15.

177 Ibid., p. 16.

178 최근의 설명에 대해서는 Schwartz, *The Matrix of Modernism; Paul Douglas*,

구술 이미지의 흡인력 있는 병치를 통한 체험의 즉각적 제시나 또는 환기 쪽으로 나아가도록 했다. 베르그송에 따르면 "어떠한 이미지도 지속의 직관을 대체할 수는 없다. 그러나 사물의 다양한 계열로부터 가져온 많은 이미지는, 행동의 수렴을 통해서 직관이 포착될 수 있는 곳으로 의식을 안내할 수 있다."[179] 이런 행동에서의 시간화하는 함의 때문에, 이미지즘은 종종 그들의 목표로 여겨지는 공간화된 형식을 수용하는 것을 넘어 유동적임을 의미하는 일종의 개방성을 도입했을 것이다.[180]

더구나 미첼(W. J. T. Mitchell)이 최근에 강조했듯이,[181] "이미지"라는 바로 그 용어는 순수한 시각적 경험에 대한 언어적 기술 그 이상을 의미할 수도 있다. 이미지는 또한 언어의 문자 그대로의 사용에 반대하는 언어의 은유적, 장식적, 수사학적으로 비유적인 사용을 의미할 수 있다. 비록 이미지주의자들이 구체적이고 장식적이지 않은 시각적 묘사를 그들의 시에 사용하려 노력했어도, 베르그송이 존중을 나타내며 이미지라는 용어를 사용했을 때 그의 용법은 종종 훨씬 더 전통적인 수사학처럼 보이는 듯하다.[182] 그리고 이런 사실은 명석한 산문과 정확하

Bergson, Eliot and American Literature (Lexington, Ky., 1986) 참조. 더글러스는 1925년작 『미국의 낱알에서 *In the American Grain*』에서 윌리엄스가 쓴 베르그송적인 한탄을 인용하고 있다. "사람은 온전히 소유하게 훈련받기보다 단지 보도록 훈련받는다. 이것이 과학자를 만들고 그것이 마조히스트를 만든다. [···] 우리의 삶은 우리를 떨어뜨리고, 접촉으로부터 떼어 내서 과학과 발명으로 몰아간다." (p. 167)

179 Bergson, *An Introduction to Metaphysics*, trans. T. E. Hulme (London, 1946), pp. 15-16.

180 이런 맥락에서의 조셉 프랭크의 비판은 Douglass, *Bergson, Eliot and American Literature* 참조.

181 Mitchell, *Iconography*, 1장.

182 로메오 아부르(Romeo Arbour)는 베르그송에 있어서 그 용어의 세 가지 다른 용법을 구분한다. "이미지-감각", "내적 이미지", "언어적 표현"이 그것이다. Romeo Arbour, *Henri Bergson et les lettres françaises* (Paris, 1955), p. 121 참조. 이중 첫 번째가 가장 부정적으로 굴곡된 것이다.

게 정의된 개념을 지지하는 쥘리앵 뱅다(Juilen Benda)와 같은 합리주의 옹호자가 보이는 적대감을 설명하는 데 도움이 된다. 사실 에밀 브레이에(Émile Bréhier)에 따르면, 베르그송의 이미지는 "거의 시각적이지 않다. 대개의 경우 그것은 작용, 행동, 움직임, 활동 등의 이미지이고, 동적이라고 부를 수 있는 것이다."[183] 간략히 말해서, 베르그송이 개념에 대한 대안으로서 이미지를 아무리 많이 내세웠다 하더라도, 그는 이 이미지와 시각의 정적이고 공간화하는 힘과의 연계를 최소화시키려 애썼다.

베르그송의 사상을 시각예술 그 자체에 적용시키는 것도 가능한가? 비록 그가 회화에 대해서 거의 글을 쓰지 않았지만,[184] 베르그송은 1911년 옥스퍼드에서 행한 '변화의 지각(The Perception of Change)'에 관한 강의에서 터너와 카미유 코로(Jean Baptiste Camille Corot)에 대해 언급했고, 라베송에 대한 자신의 에세이에서 레오나르도 다빈치의『회화에 대한 논고 Treatise on Painting』에 관해 논의했다.[185] 그는 다음과 같이 적었다. 위대한 예술가 중에서 "만약 우리가 레오나르도 다빈치를 인정하고 존경한다면, 그것은 그가 우리가 이미 지각하고 있었던 무언가를 우리에게 보여 주기 때문이다. 그러나 우리는 보지 않은 채 지각하고 있었다. […] 화가는 이를 분리해 내고, 캔버스 위에 아주 잘 고정시켜서 우리는 화가 자신이 직접 본 것을 실제로 보지 않을 수 없게 된다."[186] 레오나르도가 자기 예술의 근거로서 지각적 이미지보다 정신적

---

183 Émile Bréhier, "Images plotiniennes, images bergsoniennes," in Les Études Bergsoniennes, 2 (1949), p. 113. 그의 논문에 관한 후속 논의에서 브레이에는 동적 이미지의 이율배반적 성질을 인정했다. "우리가 아는 한, 이미지는 동적인데, 이는 이미지가 동적이어서가 아니라 우리가 동적이어서다." (p. 221)
184 그의 선집의 색인에는 단 두 건만 있다.
185 Bergson, The Creative Mind, pp. 135-136, 229ff.
186 Ibid., p. 136.

이미지에 더 많이 의존했다는 사실에 지지를 보내면서, 베르그송은 더 나아가 "진정한 예술은 모델의 개별성을 그리고자 한다. 그리고 그 목적을 위해 진정한 예술은 사람이 보는 맥락의 이면에서, 눈이 보지 않는 움직임을 찾게 될 것이다"라고 주장했다.[187] 미술교육에 관한 라베송의 관점에 대해서, 베르그송은 외젠 기욤이 옹호한 원근법이라는 기하학적 규칙보다 인간 신체의 우아한 곡선을 가르치는 교수법을 선호한 라베송을 칭찬했다. 비록 눈은 기계적이고 정적인 경향이 있다고 해도, 적어도 회화의 소재는 유기적이고 생명체 같을 수 있다.

회화에 대한 그런 숙고는 확실히 그다지 깊이 있는 것은 아니다. 그래서 우리의 질문에 대한 대답은 베르그송의 시각예술에 대한 생각이 지닌 간접적인 함의에 달려 있다. 시간적 **지속**과 공간적 형태를 화해시키기 위한 프루스트의 야심찬 시도에서처럼, 모더니즘 화가 중에도 그의 작업에서 동일한 것을 시도했다고 볼 수 있는 작가가 있을 것이다. 그래서 예를 들어 세잔은 정지 상태의 공간화된 시간 속에 달아나는 순간을 포착하려는 인상주의자의 목표를 넘어 그 대신 "순간의 연속이 아닌 지속으로서의 시간을 회화적으로 구현하는 일을" 다양한 집중도와 성취도로 이뤄냈다고 인정받았다.[188] 비록 세잔이 베르그송의 저서를 읽었다는 증거가 없다 하더라도, 세심하게 구축된 세잔의 작품들은 캔버스 위에 흐름을 포착하기보다는 작가 자신이 지낸 시간의 경험을 관객에게 생생하게 되살리려는 시도로서 이해될 수 있다. 더구나 감각의 분할과 주체와 객체의 균열 이전의 세계의 모습을 표현할 수단을 세잔이 영웅적으로 추구했다는 메를로퐁티의 주장이 옳다면, 여기서 세계를 이해하는 데 있어서 감각의 동근원성에 대한 베르그송 자신의 주장과

---

187 Ibid., p. 230.

188 George Hamilton Heard, "Cézanne, Bergson and the Image of Time," *College Art Journal*, 16, 1 (Fall, 1956), p. 6.

유사성이 개연성 있게 도출될 수 있다.

큐비즘에 있어서 베르그송의 중요성을 제시하는 증거는 훨씬 더 많이 있다.[189] 상징주의 시인 탕크레드 드 비장(Tancrède de Visan)은 1910년경 알베르 글레즈(Albert Gleizes)와 장 메챙제(Jean Metzinger)에게 자신의 생각을 소개했다. 1912년의 영향력 있는 소고 『큐비즘 Cubism』에서 이들은 앙리 푸앵카레의 이론에서도 도출된 바 있는 공간에 대한 전(全)감각적 지각을 지지했으며, 이는 공간적 표상에 대한 훨씬 질적이고 직관적으로 도출된 개념을 위해 선 원근법의 폐기를 정당화하는 데 도움이 되었다. 그들은 또한 지속의 역동성에 충실한, 화가에 의해서 시작된 경험을 완성하기 위해서 관객의 창조적인 직관이 요구된다고 주장했다.

그런데 만약 세잔이나 큐비즘 화가보다 뒤샹이 베르그송에 비견되는 화가라면, 그 결론이 타당하다고 자신 있게 말하기는 어려울 것이다. 〈큰 유리〉에 대한 근래의 분석에서, 루시아 베이어(Lucia Beier)는 베르그송의 회화에 관한 생각이 갖는 보다 논리적인 함의는 캔버스 위에 지속을 묘사하기가 불가능하다는 것이라고 제시했다. 뒤샹은 세잔보다는 훨씬 더 실제로 베르그송의 저서를 읽었을 것 같은데, 그는 〈계단을 내려오는 누드〉를 완성하려 했던 자신의 노력이 헛된 것이었다는

---

189 Robert Mark Antliff, "Bergson and Cubism: A Reassessment," *Art Journal*, 47, 4 (Winter, 1988): Christopher Green, *Léger and the Avant-Garde* (New Haven, 1976). 그러나 베르그송 자신은 그 영감에 있어서 너무 공간적으로 동시적이라고 보았던 그들의 작품을 받아들이지 않았다. Edward F. Fry, ed., *Cubism* (New York, 1966), p. 67. 혹자는 캔버스나 조각 형태에서 운동을 묘사하고자 했던 자코모 발라, 움베르토 보치오니와 같은 미래주의 예술에 대한 베르그송의 중요성을 탐구할 수 있을 것이다. 20세기 조각이 공간/시간의 대립을 해결하고자 했던 무수한 방법에 대한 분석은 Rosalind E. Krauss, *Passages in Modern Sculpture* (Cambridge, Mass., 1977) 참조. 장 아르프, 바바라 헵워스, 헨리 무어와 같은 작가들에 끼친 베르그송의 영향은 141페이지에서 논의되고 있다.

인식하에 〈큰 유리〉를 의도적으로 미완성으로 남겨두었다는 것이다. 루
시아 베이어에 의하면 다음과 같다.

　　그 〈누드〉는 "운동의 정지 이미지"였다. 동시적 이미지들을 사용해서 하나의
　　물리적 자세를 또 다른 자세 속으로 사라지게 함으로써, 뒤샹은 베르그송이
　　『창조적 진화』에서 영화적이라고 기술했던 방식을 채용했다. 그와 같은 운
　　동의 재현은 직관의 기능이 아니라 지성의 기능이라고 주장한 베르그송의
　　설명을 나는 뒤샹이 읽었다고 믿는다. 미술에서 직관적 수단을 사용하려는
　　바람으로, 뒤샹은 객관적인 움직임의 묘사를 피하고 관객의 잠재적인 운동
　　이나 동작의 지각을 자신의 새 작품인 〈큰 유리〉에 포함시켰다.[190]

　　그는 "독신자들"을 베르그송의 바라보는 지성으로, "신부"를 직관으
로 해석하면서, 그들 각자의 기하학성과 생명력 사이의 타협할 수 없는
긴장이 시간성을 제대로 표상하려는 시각 미술의 기획으로부터 뒤샹이
물러선 징표라고 보았다. 그는 "뒤샹은 미술 작품 속에서 지속의 경험
을 포착하는 것은 사실상 불가능하다고 주장했고, 그런 시도를 조롱했
다. 말하자면 베르그송이 정말로 완전히 결정 내리지 못했던 질문에 대
해서 뒤샹이 대답을 한 것이다"라고 결론짓는다.[191]
　　베르그송과 프루스트, 엘리엇, 세잔, 뒤샹 같은 작가들 간에 직접적
인 영향 관계를 정립하려고 하는지 여부와 상관없이 시각중심주의에

190　Lucier Beier, "The Time Machine: A Bergsonian Approach to the 'Large
Glass' Le grand verre," *Gazette des Beaux-Arts*, 88 (November, 1976), p. 196.
191　Ibid., p. 199. 신부와 그녀의 독신자들 간의 대비를 해석하는 또 다른 방법은 독
신자들을 관례적인 삼차원 공간에 존재하는 것으로 보고, 신부는 비유클리드 기하학에
관해 그가 읽어서 알게 된 사차원의 대안 공간에 존재한다고 보는 것이다. Henderson,
The Fourth Dimension and Non-Euclidean Geometry in Modern Art, p. 156 참조.

대한 베르그송의 신랄한 비판은 이후 수십 년 간 깊고 폭 넓은 영향을 주었다. 양차대전 사이에 쥘리앵 뱅다와 자크 마리탱(Jacques Maritain)이 베르그송을 비합리주의라고 명명하면서 비판했고 또한 전후의 분위기 변화로 그의 명성이 실추했을 때조차도, 베르그송은 기저에서 상당한 영향력을 계속해서 행사했다.[192] 비록 현상학자들과 실존주의자들이 베르그송의 형이상학적 갈망을 경멸했고 그의 낙관적인 우주론을 거부했으며 역사와 정치에 대한 그의 무관심을 조롱했을지라도, 이들은 시각적으로 구성된 주체성의 오류에 반대한 그의 주장 다수를 수용했다.[193] 초현실주의자들이 무의식에 관한 프로이트적 버전을 선호하고 베르그송이 무시한 리비도로 충만한 욕망의 개념을 주장했을지라도, 이들은 명석판명한 개념에 관한 집착과 추상적 형태에 대한 편견을 지닌 지성을 거부한 베르그송의 입장을 공유했다.[194] 그리고 생기론적 직접성에 관한 베르그송의 찬미를 경멸한 훨씬 더 후대의 후기구조주의자들조차도, 공간적 현전에 반대되는 시간적 지연의 중요성과 양적인 균일성보다는 질적인 차이의 중요성에 관한 베르그송의 강조에 친연성을 드러냈다.[195]

---

192 다양한 영역에 그의 사상이 침투한 것에 대한 많은 문헌이 있다. 예를 들어 Thomas Hanna, ed. *The Bergsonian Heritage* (New York, 1962); Shiv K. Kumar, *Bergson and the Stream of Consciousness Novel* (New York, 1963); Anthony Pilkington, *Bergson and His Influence: A Reassessment* (Cambridge, 1976) 참조.

193 Jeanne Delhomme, "Le problème de l'intériorité: Bergson et Sartre," *Revue internationale de philosophie*, 48, 2 (1959), pp. 201-209; Jean Hyppolite, "Henri Bergson et l'existentialisme," *Les Études Bergsoniennes*, 2 (1949), pp. 208-212; Augustin Fressin, *La perception chez Bergson et chez Merleau-Ponty* (Paris, 1967) 참조.

194 베르그송과 초현실주의자들과의 뚜렷한 비교는 Arbour, *Henri Bergson et les lettres françaises*, pp. 317ff. 참조.

195 후기구조주의자 중 가장 분명하게 베르그송 주의자는 베르그송 철학에서 차이의

확실히 베르그송은 답변되지 않은 다수의 질문을 이후의 세대에게 물려주었다. 그가 관조적인 눈에 반대되는 행동하는 신체를 더 민감하게 대했던 것은 이전의 많은 철학자를 넘어서는 진전이었다. 그러나 그 신체와 그것의 의식과의 관계는 여전히 상당 부분 말 그대로 미흡한 채로 남아 있다. 그래서 시각과 언어 사이의 관계에 관한 그의 설명 역시 바로 순진하고 시대에 뒤처진 언어적 가설에 근거한다고 보일 것이다. 한편으로는 본질적으로 정적이고 죽음 같은 이미지를 저주하는 것과, 다른 한편으로는 미술가에 의해 능숙하게 채용되었을 때 움직이거나 적어도 움직이는 경험을 일으키는 진정한 능력을 소유하는 것 사이에서 그의 글에서 보이는 동요 역시 애매했다. 그가 『창조적 진화』에서 주장했듯이, 모든 시각적 지각은 경향상 영화적인가? 또는 시지각이 지배적 역할로 고양되기 이전의 동근원적 감각의 경험을 재포착하기 위해서, 시지각은 다른 감각과 공감각적으로 재통합될 수 있는가? 그가 때때로 암시했듯이, 눈의 독재는 나쁜 습관의 작동인가,[196] 아니면 세계를 지각하는 시지각의 방식에 더 근원적인 문제가 무언가 있는 것인가?

우리가 베르그송이 시각중심주의에 가한 비판의 복잡한 영향을 어떻게 판단하든지 간에 제1차 세계대전과 그 여파는 베르그송의 영향을 더 광범위하게 확산시켰고, 이전에 없던 절박함을 고취시켰다. 양차대전

중요성을 강조했던 들뢰즈이다. 그의 *Bergsonism*, trans. Hugh Tomlinson and Barbara Habberjam (New York, 1991) 참조. 『시간과 자유의지』에서 지속이라는 개념을 "완전히 질적인 복수성, 서로에게 겹쳐지는 요소들의 절대적인 이질성"이라고 설명하는 데서 데리다를 예견하는 내용을 듣는 것은 어렵지 않다.

196 예를 들어 *The Creative Mind*, p. 147 참조. 이와 같은 순간에 베르그송은 관습적인 시각과 낭만주의적 사고에서 특징적인 신선하고 무구한 시각 사이의 대조에 빠져 있다. 후자에 대한 주석은 Simon Watney, "Making Strange: The Shattered Mirror," *Thinking Photography*, ed. Victor Burgin (London, 1982), p. 136 참조. 아마도 그 둘을 분리시키는 것은 베르그송의 소위 어린아이의 시각적 무구함에 대한 감상적이지 않은 무관심이었다.

사이 다른 많은 문화 생활에서처럼 시각의 폄하는 거의 폭력적인 수준의 강렬함으로 표현되었다. 사실 다음 장에서 보게 될 조르주 바타유와 초현실주의자들의 사례에서처럼 그 경계는 종종 의도적으로 위반되었고 감각 중에서 가장 고귀한 시각은 거친 폄하의 의례를 뚜렷하게 겪게 되었다.

〔번역: 이승현〕

| 역자 주 |

a   'tropological'이라는 단어는 "성서의 비유적 해석의", "비유적인"이라는 의미를
    갖고 있으나, 철자 "r"을 하나 뺀 'topological'이라는 단어는 "위상기하학의"라는
    의미를 지니고 있어서, 원문의 tropological space라는 문구는 비유적 말장난이면
    서 동시에 위상기하학적 공간이란 중의적 표현으로 쓰이고 있다.
b   이는 프랑스 발음으로 "Elle a chaud au cul"로 읽혀서 "그녀는 엉덩이가 뜨겁다",
    즉 "그녀는 화끈 달아올라 있다"는 성애적 의미를 중의적으로 담고 있는 제목이다.
c   M. Teste는 폴 발레리의 산문에 나오는 주인공의 이름으로 수학적 원칙과 거리두기
    를 좋아하는 인물이다. 여기서는 바루켈로가 이 인물을 인용해서 비유하고 있다.
d   철자 위치를 바꾸어서 만든 이름이라고 한 것은 "cinema"와 "anemic"이 같은 철
    자들을 사용하면서 철자들의 위치만 바뀐 것을 의미한다.
e   précieuse는 원래 '귀중함', '값비쌈' 등을 의미하며, 1650년에 이러한 도도하고
    고결한 태도를 취하는 여성들에게 붙여지기 시작했고, 1660년에 명사형 préciosité
    가 당시 살롱의 귀부인들 사이에서 유행한 재치 있고 교양 있는 귀족적, 유미주의
    적인 어문학 및 생활 전반의 미학관을 일컫게 되었다. 따라서 여기서는 '귀중한'이
    아닌 '교양 있는'으로 해석했다.
f   미장아빔은 한 작품 안에 또 하나의 작품을 넣는 예술적 기법을 말한다. 즉 그림
    속에 그림, 이야기 속에 이야기, 음악 속에 음악, 영화 속에 영화를 집어넣는 기법
    이다.

4장
눈의 환멸:
바타유와 초현실주의자들

요약

제1차 세계대전은 유럽인의 삶에서 전통적 위계를 무너뜨렸으며 '가장 고귀한 감각'인 시각도 마찬가지로 위기에 처했다. 반시각적 담론이 팽배한 양차대전 사이 프랑스에서는 두 진영이 각각 데카르트적 원근법주의에 비판을 가했다. 앙드레 브르통과 초현실주의자들 같은 일부 비판자들은 급진적인 계몽의식을 갖고 해방적인 시각을 모색했다. 한편 조르주 바타유 같은 반계몽적 비판자들은 빛을 비추는 이성이라는 기획 자체의 폐기를 폭발적으로 도모했다. 제1차 세계대전으로 촉발된 시각 경험에서는 참호전의 효과가 특별했다. 서부전선의 참호전은 어슴푸레한 형상들과 눈부신 섬광들로 비춰진 혼란스러운 광경을 자아냈다. 이와 반대로 공중전에 임하는 비행사의 시점은 명료한 풍경을 제시했으며, 지상의 참혹함과 대비되었다.

전쟁 이후의 시각적 변화로부터 바타유는 트라우마와 황홀경을 동시에 발견하고 강조했다. 바타유는 시각중심주의적 태양의 은유를 합리성의 빛 대신 소모적이고 파괴적인 폭력과 희생 편에 위치시킨다. 관습적인 시각 경험과 그 은유적 전유에 대한 절하와 이질성에 대한 추구는 그의 전 저작에 걸쳐 지속적으로 천명된다. 바타유는 이전에 합리적 의식 바깥으로 제거되었던 것을 사유 안으로 끌어들인다. 그가 그 매료를 기술했던 오염, 배설, 쓰레기, 하강, 폭력 등은 참호전의 특징으로, "죽음 앞의 기쁨"이란 그의 언명은 모든 것을 아우르는 하늘, 그리고 눈멀게 하는 눈부신 섬광의 이미지로부터 왔다. 악명 높은 바타유의 저작 『눈 이야기』는 문자 그대로 물리적 육체와 기표적 언어가 중첩되는 지대의 성적 배설적 과잉을 다루며, 폭력적인 방식으로 시각의 우위에 도전한다. 『눈 이야기』는 반시각적 텍스트로서 '보이지 않는 눈'을 다루며 원근법주의를 격하하고 현상학적 시각이란 도래할 대안을 또한 앞서 비판한다.

저자는 초현실주의를 상대적으로 일관된 현상으로 묘사하는 데 있어 바타유와 브르통을 대립적으로 조명하는 전형적 패턴이 존재한다고 보았고, 그 접근을 위해 두 분파 사이의 논쟁에 초점을 맞춘다. 초현실주의자들은 극단적 폭력과 소진적 파괴를 긍정한 바타유에 동의하지 않았다. 그러나 환상적인 계시를 향한 그들의 몰두는 바타유와 마찬가지로 반시각 담론에 일조했으며 시각중심주의를 위기에 빠뜨렸다. 반시각적 경향 가운데서도 여전히 초현실주의자들은 아방가르드의 낙관적인 기획을 옹호했고 실천을 도모했다. 그 방법으로 그들은 콜라주와 영화에 몰두했으며 환상이라는 세 번째 눈을 뜨기를 촉구했다. 브르통은 원초적인 시각으로서의 데자뷔(déjà-vu, 이미 봄)의 대리보충으로서 자메뷔(jamais-vu, 본 적 없음)를 회복하고자 했고 이를 위해 우연성이 만드는 언캐니한 아름다움, 즉 '경이'를 추구하면서 시적 언어와 함께 시각예술로부터 초현실적인 이미지들을 얻고자 여러 기법을 고안해 냈다. 그러나 자동기술법, 콜라주, 프로타주, 데칼코마니 등의 기법들은 일상적 시각의 표상을 의문시하고 눈의 자족성, 필연성과 더불어 환상적인 계시의 전통마저도 의심했다. 〈안달루시아의 개〉 같은 영화는 영화적 쾌락, 이미지의 총체성을 전복하고자 시도한다. 궁극적으로 브르통도 원초적 시각 즉, "순수한 눈"에 대해 환멸을 느끼며 눈멂에 대한 추구로 기울게 된다.

〔황기엽·최정은 요약〕

4

눈의 환멸:
바타유와 초현실주의자들

문명인들의 세계와 그 빛을 저
버릴 때가 왔다.
—조르주 바타유[1]

나는 명료함을 가치 없는 것으
로 여겼다. 어둠속에서 작업할
때 나는 빛을 발견했다.
—앙드레 브르통[2]

종종 주장되었듯 만일 제1차 세계대전이 유럽인의 삶에서의 전통적 위
계질서에 도전했고 몇몇 경우에 그 질서를 무너뜨렸다고 한다면, "가장
고귀한 감각"도 결코 그 영향으로부터 자유롭지 않았을 것이다.[3] 전쟁
이전에 철학과 예술의 일부 작업에서 주춤거리며 나타난 시각에 대한
의문은 전쟁으로 인해 격렬하고 폭력적인 굴절을 겪었다. 또한 이러한
변화는 이 의문의 함의에 대한 진가를 알리는 데도 일조했다. 우리가
데카르트적 원근법주의라고 불렀던 시각의 구체제는 그 헤게모니의 유

1 Georges Bataille, "The Sacred Company," in *Visions of Excess: Selected Writings, 1927-1939*, ed. Allan Stoekl, trans. Allan Stoekl, Carl R. Lovitt, and Donald M. Leslie, Jr. (Minneapolis, 1985), p. 179.

2 André Breton, Jean Shuster 공저, "Art Poétique"(1959); in Breton, *What Is Surrealism?: Selected Writings*, ed. Franklin Rosemont (London, 1969), p. 299.

3 폴 비릴리오(Paul Virilio)에 따르면, "1914년은 수백만 명의 남자들이 전장으로 향
한 신체적 추방이었을 뿐만 아니라, 지각의 추방이라는 대재앙, 또 다른 종류의 디아스
포라였다. 즉, 미국과 유럽의 대중들이 더 이상 스스로의 눈을 믿지 않았던 공황 상태
의 순간이었다." *La Machine de la vision* (Paris, 1988), p. 38.

산을 잃었으며, 시각중심주의가 견지했던 전제들은 여러 맥락에서 빠르게 의문시되었다. 어떤 경우에는 시각적 우위의 위기가 직접적으로 나타나기도 했고, 또 다른 경우에 그 위기는 패배한 것처럼 보이는 시각체제를 대체하기 위해 하나의 대안적인 시각체제에 대한 보상적인 옹호를 이끌어 내기도 했다. 몇몇 이들은 급진적인 계몽주의 정신으로 시각중심주의 비판을 수행했다. 그러면서 여전히 해방적인 결과를 꿈꾸었다. 한편, 이와 다른 견해를 가졌던 이들은 빛을 비추는 이성이라는 기획을 포기하는 반계몽주의를 견지했다.

양차대전 사이 이러한 효과는 프랑스에서 가장 분명하게 나타났다. 우리가 19세기에 주목했던 시각에 대한 집착이 이 시기 프랑스에서 새로이 격화되었다. 그 결과 다양한 진영의 지식인들은 눈에 대해 지니고 있었던 자신감을 확연하게 잃었고, 아니면 적어도 눈의 관례적인 기능에 대한 확신이 상실된 것을 느꼈다. 이 장에서는 조르주 바타유와 초현실주의자들의 복잡한 반응이 전후에 있을, 시각에 대한 새롭고 더욱더 격렬한 의문으로 나아가는 길을 제시할 것이다. 이어지는 다음 장에서는 이와 동일한 충격에 대한 더 직접적인 철학적 표현인 사르트르와 메를로퐁티의 현상학으로 넘어갈 것이다. 이 기초 작업은 제2차 세계대전의 종전 이후 오늘날까지 수십 년간 있었던 반시각적 사유의 무수한 갈래의 탐구를 위한 것이며, 이 책의 나머지 부분도 이 문제를 다룰 것이다.

◉

제1차 세계대전에 의해 촉발된 시각적인 경험의 효과와 그 경험에 대한 담론적인 반향에 대해 일반화하는 것은 매우 위험하다. 그렇지만 폴 퍼셀(Paul Fussell), 에릭 J. 리드(Eric J. Leed), 스티븐 컨(Stephen

Kern), 모드리스 엑스테인스(Modris Eksteins), 케네스 실버(Kenneth Silver), 사이드라 스티치(Sidra Stich) 같은 근래의 비평가들은 도발적인 첫걸음을 내딛었다.[4] 그들이 지적한 바, 끝없이 계속되는 서부전선의 참호전은 알아볼 수 없는 어슴푸레한 형태들로 이뤄진 혼란스러운 풍경을 자아냈다. 이 풍경은 눈부실 정도로 강렬한 섬광들로 비춰져 마치 판타스마고리아 같았고, 가스가 만들어 낸 연무로 인해 어두웠다. 참호전이 만든 이러한 효과는 철도, 카메라, 혹은 영화와 같은 19세기의 기술적인 혁신이 초래한 효과들보다 더욱 시각적으로 갈피를 못 잡게 만들었다. 군인이 눈으로 볼 수 있던 것이라고는 위의 하늘과 아래의 진흙이 전부였을 때, 생존을 위해 시각적인 증거에 의지했던 전통은 더 이상 아무 소용이 없었다. 위장술의 발명, 그리고 병사와 장교 간에 군복의 차이를 없앤 일은 전쟁이 무서운 현실이자 동시에 초라한 환영이라는 사실을 일깨웠다. 리드에 따르면 "적이 보이지 않는다는 것, 그리고 군대가 지하로 퇴각한다는 것은 전쟁이 서로 싸우는 인간들의 스펙터클이라는 인식을 파괴했다. […] 적의 비가시성은 청각적인 신호를 중시하도록 만들었으며, 전쟁 경험을 유별나게 주관적이면서도 포착불가능한 것으로 만든 것 같았다."[5]

한 가지 반응은 비행사의 공중 시점이라는 보상적인 비상이었는데, 비행사들, 즉 "하늘의 기사들"은 지상의 온통 진흙투성이 전투원들이

---

4 Paul Fussell, *The Great War and Modern Memory* (London, 1975); Eric J. Leed, *No Man's Land: Combat and Identity in World War I* (Cambridge, 1979); Stephen Kern, *The Culture of Time and Space: 1880-1918* (Cambridge, Mass., 1983); Modris Eksteins, *Rites of Spring: The Great War and the Birth of Modern Age* (New York, 1989); Kenneth E. Silver, *Esprit de Corps: The Art of the Parisian Avant-Garde and the First World War, 1914-1925* (Princeton, 1989); Sidra Stich, *Anxious Visions: Surrealist Art* (New York, 1990).
5 Leed, *No Man's Land*, p. 19.

처한 혼란을 벗어나 하늘 위로 떠오를 수 있었다. 나다르의 열기구 조
종사는 이카로스의 자유라는 고대 신화를 영웅적으로 구현한 앙투안
드 생텍쥐페리(Antoine de Saint-Exupéry)의 비행사가 되었다.[6] 공중
에서 보면 미궁과 같은 참호들은 마치 문양을 수놓은 융단처럼 보이기
도 했을 것이다. 아마도 거트루드 스타인(Gertrude Stein)이 "큐비즘
전쟁(the Cubist war)"[7]이라고 불렀던 것은 이와 같은 시점일 것이다.
사실 큐비즘은 그 의미가 파리에서 약화되고 있던 반면, 전선에 있던
미술가들 사이에서는 점점 더 인기를 얻고 있었다.[8] 하지만 큐비즘이
지상의 시점에서는 공간적 질서의 해체를 표현했던 반면, 공중에서는
예상 밖의 뚜렷한 풍경을 제시했다. 큐비즘 자체의 내적 역사에서 그러

---

6 리드가 지적한 것처럼, 생텍쥐페리는 공중전에 참여하기에는 무척 나이가 어렸지
만, 그가 1920년대에 썼던 글들은 공중전에 관한 여러 실제적인 설명을 바탕으로 했다.
엑스테인스는 1927년에 있었던 찰스 린드버그(Charles Lindbergh)의 대서양 횡단 비
행에 대한 생텍쥐페리의 놀라운 응답을 전쟁에 대한 그의 지연된 반응이라고 설명한다.
Modris Eksteins, *Rites of Spring*, 8장 참조. 물론 이카로스적인 비상에도 불구하고 많
은 전투기 조종사들은 결과적으로 고통받았다. 약 5만 명의 비행사들이 전쟁 막바지에
사망했다. J. M. Winter, *The Experience of War* (London, 1988), p. 108 참조.

7 Gertrude Stein, *Picasso* (New York, 1959), p. 11. "큐비즘 전쟁"이라는 정확한 어
구는 사실 스티븐 컨의 『시공간의 문화: 1880-1918 *The Culture of Time and Space:
1880-1918*』 (Cambrige, Mass., 1983), p. 288 속 구절을 달리 표현한 것이다. 존 웰
치먼(John Welchman)이 지적했듯이 항공사진과 큐비즘 (그리고 미래주의) 사이의 유
사성은 전쟁 기간 동안 비행사들을 위한 훈련 매뉴얼에서 생겨났다. 웰치먼의 "Here
there and otherwise," *Artforum International* (September, 1988), p. 18 참조. 전쟁
이후 어니스트 헤밍웨이도 유사한 비유를 한 바 있다. 헤밍웨이의 "A Paris to Stras-
bourg Flight," in *By-Line Ernest Hemingway* (New York, 1968), p. 38 그의 견해를
참조. 다른 모더니즘 운동 또한 전쟁기의 시각적 경험을 전유했다. 엘 리시츠키(El Lis-
sitzky) 같은 구축주의자와 카지미르 말레비치(Kasimir Malevich)는 공중사진이 함축
하는 의미들에 매료되었다. 바로 1939년 툴리오 크랄리(Tullio Crali) 같은 이탈리아
미래주의자들은 기하학적으로 표현된 도시 풍경 속으로 비행사들이 급강하는 현기증
나는 장면을 그렸다.

8 Silver, *Esprit de Corps*, p. 79.

한 전환은 어쩌면 분석적인 단계에서 종합적인 단계로의 이행을 반영한 것일지도 모른다.

또 다른 출구는 적어도 가스나 연기가 방해하지 않을 경우 참호 속에서도 여전히 볼 수 있었던 한 가지에 초점을 맞춤으로써 주어졌다. 이것은 끝없이 펼쳐진 하늘이었다. 창공의 몽환적인 아름다움은 지상전의 잔혹한 현실과 역설적으로 병치되었다. 그러한 의미의 하늘은 또한 희생자가 스스로의 운명에 대한 관조자가 되는 중심지이자, 투영되고 분열된 시각을 위한 중심지가 될 여지가 있었다. 리드는 "하늘에는 중요한 의미가 있다. 그것은 전쟁의 악몽 속에서 고군분투하는 자신을 바라보는 관찰자가 머무는 곳이 **틀림없다**. 왜냐하면 그래야만 눈이 신체의 절단에도 불구하고 살아남을 수 있기 때문이다"라고 썼다.[9]

아방가르드 시각예술 자체에서 나타난 또 다른 반응은 시각적인 선명함과 명료함으로 자발적으로 회귀한 것이다. 실버가 입증했듯이 이 회귀는 예술 전반에 있어 내셔널리즘적으로 변형된 새로운 고전주의를 수반했다. 파리에서는 큐비즘의 인기가 줄고, 베르그송적이지 않은 입장에서 세잔을 재평가했으며, 쇠라의 차분한 캔버스에 대한 관심이 다시 일었고, 로베르 들로네(Robert Delaunay), 파블로 피카소(Pablo Picasso), 후안 그리(Juan Gris) 같은 미술가들에 새삼스레 진지하게 몰두하는 새로운 분위기가 분명하게 나타났다. 이 새로운 분위기는 1910년대 후반 아메데 오장팡(Amédée Ozenfant)과 르 코르뷔지에(Le Corbusier, 본명 샤를 에두아르 자느레Charles Édouard Jeanneret)의 완고한 순수주의에서 절정에 이르렀다.[10] 그들은 전후 재건에 통일된 시각체

---

9 Leed, *No Man's Land*, p. 137.

10 Kenneth E. Silver, "Purism: Straightening Up After the Great War," *Artforum* (March, 1977). "순수주의자들은 비결정성, 동시성, 시공간의 가변성 대신에 안정적이고 지속가능한 무언가로 그것들을 대체하고자 한다. 자느레와 오장팡은 큐비즘적인 복

제의 복원이 필요하다고 판단했으며, 이 복원은 대화재의 잿더미로부터 등장한 규율적인 집산주의(集産主義) 사회와도 양립이 가능했다. 일부 모더니스트들이 선구자들의 작업 속 폭발적이고 해체적인 함의들을 억누르고자 애썼기 때문에, 이 지점은 1920년대 위태로운 "질서로의 회귀"의 기원 중 하나이다.

하지만 그와 같은 보상적인 신화 그리고 향수를 불러일으키는 정화 운동에도 불구하고, 일상의 시각적인 경험이 주는 실제적인 피폐함은 또한 보다 직접적으로 불안감을 주는 효과를 불러왔다. 리드는 다음과 같이 언급한다.

> 참호전에서 많은 이들이 경험한 시각장의 퇴보는 관찰자로 하여금 무엇이 먼저 왔고 나중에 왔는지를 주목하게 만드는 시각적인 표시들을 없앴다. […] 시각적 제약은 개인들이 합리적인 수순에 따라 해결될 문제들에 대한 경험을 총괄해서 정리할 수 있는 기호 대부분을 제거했다. […] 자연스럽게 이 혼돈세계를 전적으로 개인의 관점에서 판단했고, 이러한 관점은 깊숙이 켜켜이 쌓인 불안과 애니미즘적인 이미지, 놀랍고도 예상을 벗어난 연상물들을 총동원하는 것이었다.[11]

따라서 "큐비즘 전쟁"은 이미 니체가 이론적으로 기초를 흔들었던, 공통된 관점이라는 초월적인 개념의 실질적인 붕괴를 의미했다. 그러한 붕괴가 동반되고 나서야, 냉정한 응시의 지배에 근거했던 "문명화 과정"으로 억압된 것으로 보이는 악령들이 귀환할 수 있었다.

잡성 대신에 정신적이고 도덕적인 올곧음으로 새로이 견고해진 이미지들을 제공하자고 한다. 동시에 '위대한 집단 흐름(the great collective current)'의 확신과 방향성을 보여 줄 것이다." (p. 57).

11 Leed, *No Man's Land*, pp. 130-131.

그 뒤 몇 십 년 동안 조르주 바타유만큼 강력하게 그러한 해방이 지닌 트라우마와 황홀경을 표현한 인물은 없었다. 확실히 바타유만큼 이런 해방을 눈의 폐위와 분명히 관련지은 사람은 없었다. 하지만 바타유 자신의 전쟁 경험은 그를 다룬 오늘날의 방대한 문헌에서 제대로 다뤄지지 않았고, 그 경험이 남긴 직접적인 영향에 대해 단지 짐작할 수 있을 뿐이다. 그의 친구 피에르 앙들레르(Pierre Andler)에 따르면, 전쟁 경험으로 인해 바타유는 파시즘에 반대하기 위해 폭력적 수단을 지지했던 자신의 의지를 포기하고 본능적인 반전주의에 몸담게 됐다는 것이다.[12] 하지만 심층적인 수준에서 전쟁은 어떤 긍정적인 매료를 일으킨 것처럼 보인다. 바타유의 강박적인 테마 대부분이 참호 속에서의 생활을 특징짓는 하락, 오염, 폭력, 그리고 공동의 유대 경험들과 밀접했고, 그것이 은연중에 드러나는 점은 인상적이다. 그 테마들 가운데 전쟁의 충격과 가장 극적으로 뒤얽혔던 것은 눈의 테마였다.

모든 논평가들이 똑같이 믿었던 것은 아니지만 바타유의 증언에 따르면, 그는 1897년에 태어나 1914년에 독일군이 침공하자 피난했고 1916년 1월에 군에 소집되었으나 심한 병세로 1년 뒤에 제대하게 되었다.[13] 그가 전투 경험이 있었는지는 불분명하지만, 20년 후 또 다른 전쟁 직전에 전투에서 목숨을 위협받는 상황을 오히려 사소하고 이기적인 걱정들로부터 벗어나는 해방처럼 여기고 기뻐했다는 점은 중요하다.[14] 바타유는 "갈등이 곧 삶이다. 인간의 가치는 그의 공격적인 힘에

---

12 앙들레르의 개인적 회고는 Rita Bischoff, *Souveränität und Subversion: Georges Batailles Theorie der Moderne* (Munich, 1984), p. 292에서 논의된다.

13 Georges Bataille, "Autobiographical Note," *October*, 36 (Spring, 1986), p. 107.

14 Georges Bataille, "The Threat of War," *October*, 36 (Spring, 1986): 원문은 1936년에 작성; 그리고 "The Practice of Joy Before Death," *Visions of Excess*. 원문은 1939년에 작성. 그러나 1941년에 작성된 글들을 보면 바타유는 전쟁과 자신 사이의

달려 있다. 살아 있는 인간은 죽음을 삶의 완성으로 여긴다. 그는 죽음을 불운으로 보지 않는다"라고 주장했다.[15]

"죽음 앞의 환희"라는 신비한 경험을 환기시키면서, 바타유는 만물을 아우르는 하늘과 눈멀게 하는 빛이라는 제1차 세계대전의 전형적인 이미지들에 의지했다. 그러나 바타유식의 하늘은 보편적인 파괴로부터의 도피로서 제시되기보다는 오히려 파괴에 관여했다. "나는 하늘에서 현기증 나도록 빙빙 도는 지구를 상상한다. 나는 미끄러지고 돌면서 길을 잃은 하늘을 상상한다. 술과 같은 태양이 빙빙 돌면서 숨차게 폭발한다. 얼어붙은 빛의 난교 같은 하늘의 깊은 곳은 길을 잃었다."[16] 그는 **"나 스스로가 곧 전쟁"**이라고 선언했고 다음과 같이 덧붙였다. "사방에는 곧 나의 눈을 멀게 할 폭격들이 있다. 나는 내 두 눈을 파괴하지 않을 대상들을 고집스럽게 갈망하는 내 눈을 생각할 때 웃음이 나온다."[17]

바타유에 관한 논평가 대부분이 언급했듯이, 바타유가 눈멂에 열정적으로 심취한 데에는 또 다른 기원이 될 만한 일이 있다. 그것은 눈이 멀고 마비증상을 보였던 그의 아버지로, 그는 1916년 11월에 정신이상으로 사망했다. 그런데 여기서도 전쟁 경험이 어떤 역할을 한 것처럼 보이는데, 왜냐하면 1914년 8월에 독일이 랭스(Rheims)를 침공했을 때

사적인 관련성이 언제나 외부자의 것이었다고 주장한다. 즉, 전선에서의 황홀한 해방 경험을 느껴 본 적 없는 이의 것이라고 말한다. "전쟁에 있어서 나를 사로잡은 것은, 전쟁이 내게는 고통에 찬 명상의 수단이었다는 점이다. 나에게 그러한 명상은 황홀경 상태를 그리워하는 향수와 여전히 연결된다. 그러나 오늘날 이 향수는 의심스럽고 음울하다. 단언컨대 이 향수는 아무런 실제적인 가치도 없었다. 나는 내가 참전했을지도 모르는 전쟁들에서 싸운 적이 결코 없다"고 바타유는 전한다. Denis Hollier, ed., *The College of Sociology (1937-1939)*, trans. Betsy Wing (Minneapolis, 1988), p. 139에서 재인용.

15 Bataille, "The Threat of War," p. 28.
16 Bataille, "The Practice of Joy Before Death," p. 238.
17 Ibid., p. 239.

바타유와 그의 모친이 부친을 버려두고 떠났기 때문이다. 바타유는 아들로서 어느 정도 동질감을 느꼈던 아버지의 주검을 찾아 2년 뒤에야 돌아왔다.[18] 그는 1943년에 다음과 같이 썼다. "오늘날 나는 내가 헤아릴 수 없을 정도로 '눈이 멀었다'는 것을 안다. 나는 N에서의 아버지처럼 지구상에 '버려진' 사람이다. 지구상의 그 누구도, 천국의 그 누구도 나의 죽어가는 아버지의 공포에 대해서 개의치 않았다. 지금도 나는 믿는다. 아버지가 언제나 그랬듯이 공포를 마주했었다고. 때때로 아버지의 눈먼 미소는 얼마나 '끔찍한 오만'이었던가."[19]

그러나 바타유가 부친에 대해 동질감을 느끼기 이전에, 그는 대신에 어머니에 대해서 더욱 가깝게 느꼈던 것 같다. 그가 1920년 출판한 첫 번째 에세이는 독일 침공 동안 파괴되었던 랭스의 노트르담 성당에 대한 서정적인 회상이었다.[20] 드니 올리에(Denis Hollier)에 따르면,[21] 그 성당은 바타유에게 모성에 대한 시각적인 은유, 연속과 휴지(休止)의 퇴행하는 상징으로 기능했다. 분명히 그것은 또한 빛의 이미지들과도 연관되었다. "4년이 지난 뒤에도 여전히 나를 전율케 하는 잔 다르크

---

18 리타 비쇼프(Rita Bischoff)에 따르면, 바타유의 전쟁 혐오는 또한 전쟁을 낳은 부성적 질서, 즉 자신의 아버지로 대표되는 질서를 향한다. 그러므로 바타유가 첫 저작에서 필명을 쓴 점은 아버지로부터 물려받은 이름을 부분적으로 거절한 것이었다. 그가 천상의 가치에 반하는 "대지"의 가치 같은 특정한 모성적 가치와 강하게 동일시했던 점은 이런 선택을 했던 이유를 보이는 것일지도 모른다. Bischoff, *Souveränität und Subversion*, p. 293 참조. 비록 바타유는 전통적 견지에서의 부성적 권위에 확실히 동조하지 않았지만, 아버지의 눈멂에 관한 한, 부친과의 동일시도 이뤘음을 역시나 어렵지 않게 알아차릴 수 있다.

19 Bataille, "W.C. Preface to *Story of the Eye*," appended to *Story of the Eye*, trans. Joachim Neugroschel (New York, 1982), p. 123.

20 바타유의 사망 이후로 유실되었던 이 원고는 Denis Hollier, *Against Architecture: The Writings of Georges Bataille*, trans. Betsy Wing (Cambridge, Mass., 1989), pp. 15-19에 재출간되었다.

21 Ibid., p. 19.

(Jeanne d'Arc)의 모습은 내가 당신의 욕망에 바치는 빛, 즉 태양빛에 휩싸인 랭스의 노트르담의 모습이다"[22]라고 젊은 바타유는 기록했다. 얼마 안 가서 분명치 않은 이유로 인해 바타유는 이 모성적인 동일시와 더불어 명료한 시각들에 관한 자신의 예찬을 철회했다. 올리에는 "바타유의 저작들은 모두 이 성당의 파괴를 목표로 했을 것이다. 그것을 침묵으로 환원하고자 그는 이 첫 번째 에세이에 반하여 쓰려고 했을 것이다"[23]라고 결론지었다. 사실 그는 모든 "건축에 반하여" 쓰고자 했는데, 왜냐하면 건축은 시각적 질서 및 가독적인 공간을 대변했기 때문이다. 건축이 혐오하는 무덤 같은 지하의 무질서를 은폐하면서 말이다.

고통에 시달리면서도 동시에 의기양양한 바타유의 차후 작품들 속 죽음, 폭력, 에로티시즘, 종교적인 위반,[24] 눈멂의 사적인 원천이 무엇이든 간에, 결과적으로 전통적인 시각의 특권화에 대한 그 저작들의 함의를 이해할 수 있는 안목이 있는 독자층이 서서히 나타났다. 바타유가 그와 같은 독자들을 겨냥했던 첫 시도는 1926년 트로프만(Troppman)이라는 필명으로 쓴 얇은 책 『베세 W.C.』를 구성하면서였다. "모든 형태의 존엄성을 격렬하게 반대했던"[25] 이 저작은 결코 완성되지 않았으며, 그 단편들은 저자가 불태워 없앴다. 이 책에는 눈에 대한 중요한 드로잉이 있는데, 이는 그가 니체의 "영원회귀"에 헌사한다고 밝혔던 교수대의 눈이다. 바타유는 후일 회상하기를, "고독하고, 태양 같은, 채찍질로 가득 찬 그 눈은 단두대의 뤼네트(lunette, 단두대의 반달 모양 구

---

22 Ibid., p. 16.
23 Ibid., p. 15.
24 바타유는 1917년에 수도승이 되고자 마음먹은 적이 있으며, 1920년에는 와이트 섬(Isle of Wight)에 있는 베네딕트 수도원에서 머물고자 했다. 그 목적은 오로지 신앙을 버리기 위해서였는데, 그 이유는 "자신이 믿던 가톨릭이 사랑하는 여성으로 하여금 눈물을 흘리도록 만들었기 때문"이다(*Autobiographical Note*, p. 107).
25 Ibid., p. 108.

멍)에서 응시하고 있었다."[26] 그에 따르면 자신의 마음속에서 이 뤼네트
는 눈 먼 아버지가 배설하기 위해 앉았던 화장실 변기와 뒤섞였다. 그
러므로 공포적 감시의 상징이었던 그 구멍은 바타유가 소비(dépense)
로서 찬양한 배설물이 그것을 폭발적으로 관통함으로써 해방적인 눈멂
을 의미하게 되었다.

1년 뒤에, 로드 오슈(Lord Auch)라는 필명으로 비공개 판의 얇은 책
134부가 출간되었고, 이 책에는 바타유의 친구 앙드레 마송(André
Masson)이 그린 8점의 판화가 첨부되었다. 『눈 이야기 *Histoire de
l'oeil*』라고 불린 이 책은 너무나 위반적인 포르노그래피였기 때문에 바
타유의 생애 동안 저자의 이름을 결코 밝힐 수 없었다.[27] 하지만 그의
사후 1967년에 재출간된 이 책은 롤랑 바르트, 미셸 푸코, 수전 손택 등
여러 학자들의 논평을 끌어낸 고전으로서 폭넓게 논의되었다.[28] 많은

---

26 Bataille, "W.C. Preface to *Story of the Eye*," p. 120.

27 바타유 생전에는 두 개의 다른 판본이 파리에서 출간되었는데 하나는 1940년 판이
고 또 다른 하나는 1943년 판이다(그러나 이 두 판본은 각각 부르고스와 세비야에서 출
판된 것으로 나와 있다). 바타유가 죽은 지 5년 뒤인 1967년에 갈리마르사가 출판한
『작품집 *Oeuvres*』에서는 1928년판과 이후에 나온 판본들이 상호 독립된 텍스트로 소
개된다. 영역본은 1928년판을 바탕으로 한다. 1943년, 바타유는 스스로가 정한 필명의
유래를 다음과 같이 설명한다. "로드 오슈는 한 친구의 습관에서 비롯되었다. 그 친구
는 화가 날 때 '오 시오트(aux chiottes! 똥간에나 가라)'라고 말하는 대신에 줄여서
'오 슈(aux ch.)'라고 한다. '로드'는 영어로 (성경에서) 하나님을 뜻한다. 로드 오슈
(Lord Auch[osh])는 말 그대로 하나님이 대소변을 보는 것이다." (W. C. Preface to
Story of the Eye, p. 120)

28 Roland Barthes, "The Metaphor of the Eye," in *Critical Essays* (Evanston, Ill.,
1972), first publication in 1963; Michel Foucault, "A Preface to Transgression," in
Language, Counter-Memory, Practice: Selected Essays and Interviews, ed. Donald
F. Bouchard, trans. Donald F. Bouchard and Sherry Simon (Ithaca, N.Y., 1977);
Susan Sontag, "The Pornographic Imagination," in *Styles of Radical Will* (New
York, 1981); 보다 학문적인 주석 중에서는 Michele H. Richman, *Reading Georges
Bataille: Beyond the Gift* (Baltimore, 1982), 3장; Brian T. Fitch, *Monde à l'envers*

진지한 해설을 이끈 사드 후작의 저작들 이래로 이러한 장르에서의 작품은 사실 드물었다.

다양한 이유로 인해서 『눈 이야기』는 눈에 대한 탐구서를 위한 중추적인 텍스트가 된다. 브라이언 피치(Brian Fitch)의 문장을 빌리자면, 이 이야기에서 눈은 그 무엇이 되든지 간에, **볼 수 없는 눈**(l' oeil qui ne voit pas)이 된다.[29] 바타유는 교수형 당한 사제의 적출된 눈이 항문에 삽입되고, 그 다음에 여주인공의 질에 삽입되는 것으로 그의 이야기를 끝낸다. 그러면서 화자는 다음과 같이 깨닫는다. "단두대가 목을 베기를 기다리는 것과 같은 방식으로, 내가 기다려 왔던 것을 나는 마주하고 있다. 나는 마치 내 눈이 머리로부터 툭 튀어 나온 것처럼 공포로 발기되는 것을 느끼기도 했다."[30] 적출은 사실상 이 이야기의 중심 주제로 바타유가 1922년 세비야에서 목격했던, 투우사 그라네로(Granero)의 눈이 소뿔로 인해 튀어 나온 실제 일화를 재구성한 것이다. 바타유는 1928년 살바도르 달리(Salvador Dali)와 루이스 부뉴엘(Luis Buñuel)의 초현실주의 걸작 〈안달루시아의 개(Un chien andalou)〉에서 가로로 베인 안구를 볼 때까지[31] 시각의 폭력적인 최후에 관해 자신을 강박적으로 매혹시키는 그보다 더 생생한 이미지를 발견하지 못했다. 이 적출된 눈은 데카르트적인 전통에서 특징적인 몸으로부터 시각을 분리한 것을

/ texte réversible: la fiction de Georges Bataille (Paris, 1982), 4장과 5장; Peter B. Kussel, "From the Anus to the Mouth to the Eye," Semiotext(e), 2, 2 (1976), pp. 105-119; Paul Foss, "Eyes, Fetishism, and the Gaze," Art & Text, 20 (February-April, 1986), pp. 24-41; Susan Rubin Suleiman, "Pornography, Transgression and the Avant-Garde: Bataille's Story of the Eye," in The Poetics of Gender, ed. Nancy K. Miller (New York, 1986) 참조.

29 Fitch, Monde á l' envers, 4장.

30 Bataille, Story of the Eye, p. 103.

31 바타유의 1929년 글 "The Eye" 참조. Visions of Excess, pp. 17-19에 재출간.

패러디한 버전이었다. 더 이상 볼 수 없는 이 눈은 질 또는 항문을 통해 몸에 다시 쑤셔 넣어졌는데, 이는 메를로퐁티가 온건하게 표현한 "세계의 살" 속으로 눈이 다시 몸에 돌아오는 것(reembodiment)을 앞서 조롱한 식이었다.

이 소설은 보다 미묘한 방식으로 시각의 우위에 도전한다. 바르트가 어느 맥락에서든지 매우 중요하다(seminal)고 자신의 에세이에서 지적했듯이, 이러한 바타유의 언급은 단지 사도마조히즘적이고 에로틱한 몽상일 뿐만 아니라 언어적인 모험으로도 읽힐 수 있다. 즉 이 이야기는 표면상의 주인공들이 행하는 점점 더 엽기적이 되는 성교보다도 그들이 페티시적으로 집착하는 대상의 은유적인 변형에 의해 동기가 유발된다. 가장 주목할 만한 [은유적인] 연쇄는 눈 자체와 연결되는 것으로, 이는 달걀, 고환, 태양의 이미지와 얽혀 있다. 두 번째 연쇄는 그러한 대상들과 관련된 액체(눈물, 달걀노른자, 정액), 그리고 오줌, 피, 우유 같은 여타 액체다. 바르트에 따르면, 이 용어들 중 그 아무것에도 특권이 부여되지 않았으며, 그 어떤 것도 일차적인 우선권을 갖지도 않는다. "중요한 것은 안구를 뜻하는 용어와 성기를 뜻하는 용어의 등가성이지, 그 중 하나의 용어가 우선시되는 것은 아니다. 즉, 계열체(paradigm)는 그 어디에서도 **시작하지** 않는다. […] 모든 것이 위계 없이 표면상에 주어지며, 그 은유는 온전하게 그대로 드러난다. 우회적이면서도 분명한 은유는 아무런 비밀도 말하지 않는다."[32] 그러므로 기저에 있는 본질을 '보기 위해' 외양을 관통하여, 꿰뚫어 보는 응시의 관례적인 기능은 명백하게 거부되었다.

더 나아가 바타유는 두 은유적인 연쇄를 환유적인 방식으로 서로 연결시키는데, 이는 한 은유의 기표(예를 들어 달걀)가 다른 은유의 기표

---

32 Barthes, "The Metaphor of the Eye," p. 242.

(예를 들어 방뇨)와 한 쌍을 이루도록 만들기 위해서이다. 바르트에 따르면 그러한 연결의 결과는 급진적으로 탈맥락화된 병치를 통해 만들어진 전형적인 초현실주의적 이미지들(가령, 우는 태양, 거세되거나 오줌을 누는 눈, 유방처럼 빨리는 달걀)이다. 따라서 여기서는 단지 보통의 성행위뿐만 아니라 관습적인 언어의 규칙들도 위반되었다. 프랑스어로 고환(couille) 같은 단어들은 여성의 음부(cul)와 눈(oeil)의 철자를 바꾼 애너그램(anagram)이기 때문에, 언어적인 난교의 효과는 보다 노골적인 성적 난교만큼이나 강력하다.

경험적이기보다 엄밀하게 글 중심적(textualist)인 편향을 지닌 바르트의 구조주의적인 독해에는 결점이 있을 수 있지만,[33] 그의 독해는 이 소설의 한 가지 중요한 함의를 보여 준다. 문자 그대로 이해되었든지 아니면 은유적으로 이해되었든지 간에, 눈은 감각들의 위계 가운데 특권적인 자리로부터 끌어내려져서 더욱더 "저급한" 인간 행동과 연관된 대상 및 기능과 연결되었다.[34] 이는 실로 상상이 가능한 가장 저급한 눈

---

[33] 바르트에 대한 비판으로는 상기한 슐레이만, 쿠셸, 피치의 텍스트를 참조. 슐레이만은 바르트식 독해의 맹점이 육체를 바라보는 행위의 중요성을 놓친 데에 있다고 보았다. 특히 바르트는 『눈 이야기』 속 여성 신체에 대한 응시를 간과하는데, 슐레이만은 어머니의 성기를 바라봄으로써 생겨난 바타유의 거세 불안과 이 응시를 연관시켜서 설명한다. 쿠셸은 바르트가 바타유 내면에 있는 눈멂에 대한 진짜 공포를 과소평가한다고 주장한다. 바타유는 훗날에 쓴 서설들에서 아버지에 관한 자전적인 정보를 주면서 이 공포를 강조한 바 있다. 한편 피치는 "눈(l'oeil)"에서 쟁점이 되는 것이 오브제 자체가 아니라 단어라고 주장한다. 그는 바르트가 소설 속 텍스트로 된 단어보다 오브제에 너무 많은 관심을 기울인다고 주장한다.

[34] 저급하고 위반적인 인간행위에 대한 바타유의 가치부여는 페터 슬로터다이크가 디오게네스(Diogenes)의 '견유철학'까지 거슬러 올라간다고 주장한 오랜 전통을 계승한다. Peter Sloterdijk, *Critique of Cynical Reason*, trans. Michael Eldred (Minneapolis, 1987) 참조. 슬로터다이크의 설명은 분열적인 견유철학과 오늘날에 만연한 현상태─긍정적인 냉소주의를 대립시키는데, 이상하게도 여기에는 바타유가 이 전통의 연속선상에 없다.

이다.

그 저급함의 깊이를 완전히 이해하기 위해 우리는 프로이트가 『문명과 그 불만 Civilization and Its Discontents』(1930)에서 사실상 동시에 개진했던 사변적인 주장을 상기해야만 한다.[35] 프로이트가 추측한 바, 인간 문명은 인류가 스스로 땅바닥에서 일어서서, 동료들의 사타구니 냄새 맡기를 멈추고 우월한 위치로 시선을 격상시켰을 때에야 시작됐다. 그러한 격상이 있고 나서 성적이고 공격적인 욕동에 수반되는 억압, 그리고 몸의 "저급한" 기능들과 종교적이고 정신적인 보다 "고귀한" 능력들의 근본적인 분리가 일어났다.

『눈 이야기』를 집필할 때 바타유는 아드리앵 보렐(Adrien Borel) 박사와 함께 자가정신분석을 하고 있었다. 후일 그는 "1927년 즈음 내가 허우적거리던 일련의 음울한 불상사와 실패가 끝났다. 그러나 여전히 계속되는 지적인 강렬함의 상태는 끝나지 않았다"[36]고 주장했다. 바타유는 프로이트의 생각에 계속 매료되어, 평생에 걸쳐 그의 생각에 의지했다. 비록 바타유가 격상된 시각과 억압 사이의 연계에 대한 프로이트의 구체적인 추론을 알았다는 증거는 없지만, (사실, 바타유와 프로이트가 쓴 각각의 저작의 연도는 다른 의견을 제시한다. 프로이트의 발상이 출판되기 이전부터 분석가들 사이에서 회자됐다는 개연성이 있다 하더라도 말이다) 『눈 이야기』는 인간 발달의 가장 운명적인 반전에 대한 암묵적인 진술처럼 읽힐 수 있다. "제한(restricted)" 경제에 반하여

---

35 Sigmund Freud, *Civilization and Its Discontents*, trans. James Strachey (New York, 1961), pp. 46-47. 이 같은 생각이 가장 먼저 드러난 기록은 프로이트가 1897년 11월에 빌헬름 플리스(Wilhelm Fliess)에게 보낸 편지다. Sigmund Freud, *The Origins of Psychoanalysis, Letters to Wilhelm Fliess, Drafts and Notes: 1887-1902*, ed. Marie Bonaparte, Anna Freud, and Ernst Kris, trans. Eric Mosbacher and James Strachey (New York, 1954), pp. 230-231 참조.

36 Bataille, "Autobiographical Note," p. 108.

바타유가 '일반적(general)'이라고 불렀던 것은 생산, 교환, 보존, 도구적 합리성보다 소비(낭비 혹은 소모), 손실, 위반, 초과에 기반을 두었으며, 이에 대한 그의 옹호는 시각의 우위에 대한 비판과 밀접한 관련이 있다.[37] 그가 무척 매혹적인 것으로 보았던, 포틀래치(potlatch) 의식이 만들어 낸 유일한 빛은 재산을 소진해서 태워 버리는 불꽃에 의해 만들어졌다. 잘 알려진 대로 헤겔이 탐구했던 절대지(absolute knowledge)에 대한 바타유의 비판 또한 유사했는데, 그는 명석판명하게 사유하는 능력을 언제나 좌절시키는 "알지 못함" 또는 "무지"를 지지했다.[38] 로베르 사소(Robert Sasso)가 지적한 것처럼, 만일 바타유가 "앎에서 알지 못함으로(du savoir au non-savoir)"[39] 가고 싶었다면, 그는 "앎(savoir)"을 위한 "보기(voir)"의 중요성을 확실히 이해하고 있었다. 그 중요성은 오로지 폭발적인 웃음소리와 눈물로 흐려진 시각을 통해서만 훼손될 수 있었다.[40]

태양에 관한 친숙한 은유를 바타유가 전례 없는 방식으로 변형시킨 것도 전통적인 시각중심주의에 대한 전복이었다. 1927년에 쓴 단편이

---

37 이 개념들에 관한 요약적인 소개로는 Bataille, "The Notion of Expenditure" in *Visions of Excess* 참조. 이 개념들이 인류학, 특히 마르셀 모스(Marcel Mauss)의 인류학에 관한 바타유의 독해로부터 파생되었음을 지적한 좋은 개설로는, Richman, *Reading Georges Bataille* 참조. 제한경제와 일반경제 간의 구분은 후기구조주의 사상에 폭넓은 영향을 주었다. 예를 들어 영향력 있는 논문인 Jacques Derrida, "From Restricted to General Economy: A Hegelianism without Reserve," in *Writing and Difference*, trans. Alan Bass (Chicago, 1978) 참조.

38 예를 들어 투명성을 향한 헤겔의 추구를 논한 바타유의 글로는, Bataille, *L'expérience intérieure*, in *Oeuvres complètes*, vol. 5 (Paris, 1973), p. 141 참조. 그리고 그의 "Un-knowing" in *October*, 36 (Spring, 1986)에 관한 세 편의 소론 참조.

39 Robert Sasso, *Georges Bataille: Le Système du Non-Savoir* (Paris, 1978), 4장.

40 Bataille, "Un-Knowing: Laughter and Tears," *October*, 36 (Spring, 1986), pp. 89-102.

자 4년 후 마송의 삽화와 함께 출간된 『태양 항문 *L'Anus solaire*』에서 그는 스스로를 태양과 동일시했다. 그러나 이 태양은 온화한 조명이 아닌 폭력적인 공격성을 띠는 것이었다. 즉, "작열하고 눈멀게 하는 태양에 대한 오염된 패러디"였다.[41] 그것은 밤을 사랑하고 밤과 성교하길 바라는 태양이었다. 바타유는 "'너는 밤이다'라고 내가 말을 건넬 소녀를 범하는 동안 나는 내 목이 베이길 원한다"고 서술한다.[42] 그러한 태양은 따라서 구멍 중 가장 어두운 구멍인 항문과 결합될 수 있었다.

1930년에 쓴 짧은 글에서 바타유는 "썩은 태양"을 지배적인 서양 전통에서 격상된 태양에 대한 해독제로서 언급했다.[43] 격상된 태양이 태양에 대한 직시를 분별 있게 거부하는 것이라면, 썩은 태양이란 태양을 직시하려는 자기 파괴적인 의향에 근거했다. 이에 따라 합리적인 태양 중심주의라는 플라톤적인 전통은 바타유가 미트라교의 태양숭배와 동일시했던 신화적인 대안에 의해 전복될 수 있었다.

> 만일 태양이라는 개념을 어떤 이가 자신의 나약한 눈 탓에 그 앞에서 무력해질 수밖에 없다는 생각으로 묘사한다면, 그와 같은 태양은 수학적인 차분함, 정신적인 고양과 같은 시적인 의미를 가질 것임에 틀림없다. 하지만 다른 한편 누군가가 굳이 태양에 주목한다면, 여기에는 어떤 광기가 암시되는데, 이때의 태양이라는 개념은 다른 의미를 갖게 되어서 더 이상 빛 가운데 나타나는 생산이 아니라, 밝은 아크등에서 뿜어져 나오는 공포로 적절히 대변되는 쓰레기 혹은 연소가 된다. 실제로 유심히 직시된 태양은 정신적인 사정(射精), 입에 문 거품, 간질병의 발작과 같은 것이다. (사람이 볼 수 없는) 직시할 수 없는 태양이 완벽히 아름다운 것과 같은 방식으로, 유심히 직시된 태

---

41 Bataille, "The Solar Anus," in *Visions of Excess*, p. 9.

42 Ibid.

43 Bataille, "Rotten Sun," in *Visions of Excess*.

양은 무시무시하게 추한 것으로 여겨질 수 있다.[44]

태양을 상상하는 이 두 가지 방식은 이카로스의 신화에서 표상되는데, 이카로스는 격상된 아름다움의 태양을 향했지만 복수심에 불타는 연소하는 태양에 의해 파괴되고 만다. 어떤 면에서 바타유식의 이카로스는 한 논평가가 지적한 것처럼 "전복되었다"고 할 수 있다.[45] 왜냐하면 이카로스는 다시 지면을 향해 추락하기보다 태양으로 빠져 버리기 때문이다.

바타유는 더 나아가 "썩은 태양"을 쳐다볼 수 있는 능력을 예술가의 창조성과 연결했다. 이 글은 그 자체가 피카소에게 보내는 짧은 헌사였는데, 피카소가 했던 형태의 해체는 고양된 아름다움을 향한 아카데미 회화의 추구에 도전했다. 이후에 바타유는 블레이크(William Blake)를 예찬하면서 블레이크의 「호랑이(The Tyger)」에 대해서 다음과 같이 썼다. "잔혹한 태양을 바라보는 눈이 가장 부릅뜬 눈이다."[46] 하지만 빈센트 반 고흐(Vincent Van Gogh)에 관한 1930년과 1937년의 글 두 편에서 바타유는 비로소 태양 바라보기, 자기파괴, 미적인 창조성 간의 관계를 강력하게 밝혔다.[47]

보렐과 두 명의 공동 저자에 의해 작성된 가스통 에프(Gaston F.)라는 자기 신체절단 환자에 대한 사례연구에 의거해 바타유는 반 고흐의 자기 신체절단의 함의에 관해 깊이 생각했다.[48] 가스통 에프는 태양을

---

44 Ibid., p. 57.

45 Jonathan Strauss, "The Inverted Icarus," *Yale French Studies*, 78 (1990).

46 Bataille, *Literature and Evil*, trans. Alastair Hamilton (New York, 1973), p. 73.

47 Bataille, "Sacrificial Mutilation and the Severed Ear of Vincent Van Gogh," in *Visions of Excess*; "Van Gogh as Prometheus," *October*, 36 (Spring, 1986).

48 H. Claude, A. Borel, and G. Robin, "Une automutilation révélatrice d'un état

바라본 직후에 자신의 손가락 하나를 도려냈는데, 이는 눈멂과 거세 사
이의 정신분석학적인 상관관계를 다룬 상징적인 사례가 된다. 바타유
에게 있어 반 고흐가 그린 태양 그림과 그의 잘려나간 귀는 유사한 희
생적인 절단을 행한 셈이다. "고대인들이 태양과 혼동했던 독수리신,
만물 중에서도 홀로 '영광 중에 있는 태양'을 바라보면서 주시하는 독
수리, 천상의 불을 찾아 나선 그 이카로스적인 존재는 모두 단지 자기
신체절단자이며, 빈센트 반 고흐, 가스통 에프와 다를 바 없다."[49] 바타
유의 '일반경제' 논리에 따르면, 이 같은 희생은 자유를 탈개별화하는
(deindividuating) 행위이자, 무아지경의 "절대적" 이질성의 표현이었
다. 반 고흐가 자신의 작품에 태양을 드러냈을 때, "그의 모든 그림들은
발광(發光), **폭발**, **화염**이 되었으며, 그 자신은 **빛을 발하며, 폭발하고,
불에 타오르는** 생명의 원천 앞에서 황홀경에 빠졌다."[50]

　만약 태양을 직시할 수 없는 고양되고 고귀한 이성적인 광원으로 보
는 한편, 직시하는 자들을 쉽사리 눈멀게 하는 공격적이고 절단시키며
희생과 관련된 파괴의 원천이라는 두 가지로 구분한다면, 바타유에게
있어서 눈도 마찬가지로 상충되는 여러 의미를 갖게 된다. 『도퀴망
Documents』에 실린, 「눈」이라는 간략한 제목으로 1929년에 쓴 글에서
그는 시각적인 감시의 경험에 의해 생겨난 공포와 불안의 사례들을 탐
구했다.[51] 바타유는 그랑빌(Grandville)의 석판화 〈첫 꿈: 죄와 속죄
(First Dream: Crime and Expiation)〉, 위고의 시 「양심(La Con-

---

schizomaniaque," *Annales médico-psychologiques*, vol 1 (1924), pp. 331-339. 바타
유는 반 고흐의 자기 신체절단을 스스로의 개념인 태양적 강박과 처음 연결지어서 자신
이 생각해 낸 이후에야 보렐이 이 사례에 대해 얘기했다고 지적한다.

49　Bataille, "Sacrificial Mutilation," p. 70.

50　Bataille, "Van Gogh as Prometheus," p. 59.

51　Bataille, "Eye," in *Visions of Excess*.

science)」, 삽화가 실린 주간지 『경찰의 눈 *The Eye of The Police*』 등 "눈의 양심"에 대한 예시들을 인용하면서, 처벌하는 응시의 대상이 되는 사디즘적인 함의들을 강조했다. 그의 주장에 따르면 루이스 부뉴엘과 살바도르 달리의 "이토록 비범한 영화"[52] 〈안달루시아의 개〉에서 눈을 베는 행위는 눈이 피해자 겸 가해자로서 절단과 어떻게 연관되는지를 보여 주었다. 그러나 바타유는 이 같은 폭력에 긍정적인 함의가 없는 것은 아니라고 결론을 내린다. "베어져 열린 눈을 촬영한 뒤에 부뉴엘 자신이 1주일간 아팠다고 한다면 […] 공포가 얼마나 매혹적인가? 그리고 이 공포만으로도 모든 것을 깨부술 정도로 잔인하지 않은가?"[53] 바타유에게 있어 "절단하는" 응시의 공격적 힘에 굴복하는 것은 눈멀게 하는 태양의 힘에 굴복하듯 해방시키는 전복의 원천일 수 있다.

1930년 즈음하여 쓴 두 편의 글에서 바타유는 데카르트 철학에서 중심적인 역할을 했던 "송과안(松果眼, pineal eye)"이라는 또 다른 개념으로 옮아갔다.[54] 엄밀히 말하면 데카르트는 그것을 단지 분비선으로만 알았지 흔적기관으로서의 퇴화된 눈으로 알고 있지는 않았다. 퇴화된 눈으로서의 송과안은 오직 19세기 과학에 의해서만 이해되었다. 그러나 의미심장하게도 데카르트는 육체적인 두 눈의 시각적인 경험에서 정신 혹은 영혼의 통일되고 일관된 시각으로의 변형에 있어서 송과안이 중추적인 역할을 한다고 보았다. 따라서 송과선은 합리적 사고작용이 일어나는 소재지였다. 그에 반해서 바타유는 송과선으로 두 눈의 일

---

52 Ibid., p. 19.

53 Ibid.

54 Bataille, "The Jesuve" 및 "The Pineal Eye," in *Visions of Excess*. 바타유의 송과선 개념 사용을 데카르트의 송과선과 비교한 글로는, David Farrell Krell, "Paradoxes of the Pineal: From Descartes to Bataille," in *Contemporary French Philosophy*, ed. A. Phillips Griffiths (Cambridge, 1987) 참조.

상적 시각과 정신의 눈이라는 합리적인 시각에 모두 맞서 겨루면서 몽환적 인류학(phantasmatic anthropology)을 만들어 냈다.

흥미롭게도 바타유는 이를 위해 프로이트가 상정했던, 각각 문명성과 동물성이 연결되는 것과 같은 수직성과 수평성의 축들을 미묘하게 반전시킴으로써 몽환적 인류학을 만들어 냈던 것이다. 그의 주장에 따르면 정상 시각은 인류의 원래 수평적이고 동물적인 지위의 흔적이다. 하지만 그것은 축복이기보다 부담이었다. "인간이 동물적 본성을 고통스럽게 거부하는 동안, 인체구조가 강하게 종속 유지되어 왔던 시각의 수평축은 일견 평온함과 혼동된다는 점에서 더욱 더 억압적인 비참함을 표시한다."[55]

이와는 대조적으로 송과안은 자신의 구속에서 벗어나고 이성적 태양중심주의에 의해 무시된 그 파괴적인 태양을 쳐다봄으로써 스스로 눈이 멀기를 갈망한다. "정수리에 달려 있는, 암담한 고독 속 눈부시게 밝은 태양을 바라보기 위해 열려 있는 눈은 이해의 산물이 아니다. 오히려 그것은 즉각적인 실존이다. 눈은 마치 대화재처럼 혹은 존재를 먹어 치우는, 더 정확히 말하면 머리를 먹어 치우는 열병처럼 스스로 눈뜨고 스스로 멀게 된다."[56] 프로이트에게는 실례지만, 이러한 식의 수직성은 인간의 "저급한" 기능들로부터 도피하기보다 그 기능들과 밀접하게 연관된다. 그 화산과도 같은 분출물은 "몇몇 유인원들의 항문돌기를 끔찍하게 보이게 하는 분비물만큼이나 폭력적이고 추잡한 분비물"이다. 두개골을 뚫고 터져 나오는 이 분출작용은 마치 "나로 하여금 장엄하지만 악취를 풍기는 사정을 할 때의 그 지독한 비명을 지르게 하는 진동하는" 발기(勃起)와도 같다.[57]

55 Bataille, "The Pineal Eye," p. 83.
56 Ibid., p. 82.
57 Bataille, "The Jesuve," p. 77.

그와 같은 폭발을 통해 송과안이 도달하고자 했던 태양은 태양의 항문(solar anus)이면서 동시에 분변적 혹은 구릿빛 눈이다. 이 때 정상 시각의 거리두기 기능과 이성적 태양중심주의의 상승시키는 전통은 눈, 태양, 항문이 황홀한 이질성의 일반경제 안에서 차별 없이 뒤섞이며 무화된다. 여기서 눈멂과 거세는 두려움의 대상이 되기보다는 굴종적 시각의 까다로운 차별에 기초한 제한경제 속 노예상태에서 평범한 자아를 해방시키는 수단으로서 환영받는다.

관습적인 시각 경험과 그 은유적인 전유에 대한 바타유의 과격한 평가절하는 그의 전 작업에 걸쳐 계속하여 천명되었다. 예를 들면 1930년경 마르크스주의 시기 동안에 그는 종래의 철학적인 유물론과 전혀 다른 버전의 "저급한" 유물론을 옹호한 바 있다. 그는 "저급한" 유물론을 명료함과 빛에 대한 고대 그리스의 숭배에 반대하는 그노시스주의의 어둠의 원리와 연결했다.[58] 비록 그 유사성을 인정하지는 않지만, 베르그송과 마찬가지로 바타유는 물질성의 신체적인 경험으로부터 나온 유물론을 찬성하며, 물질의 시각적인 이미지에 기초한 유물론을 거부했다. 이와 비슷하게 그는 시각적 거리에 매우 의존적이었던 형태에 대한 고전적인, 그리고 전성기 모더니즘의 물신을 인정하지 않았다. 대신 그는 **"비정형(informe)"**, 즉 가래와 부패에서 나타나는 무형성에 특권을 부여했다.[59] 로절린드 크라우스가 밝힌 것처럼 이와 똑같은 정서는 바타유와 여타 『도퀴망』 기고자들의 원시미술에 대한 매혹을 불러일으켰다.[60] 대개의 모더니스트들이 원시 공예품으로부터 보편적이고 추상적인 형태에 관한 모델들을 발견했던 것과는 달리, 바타유 일파는 그것을

---

58 Bataille, "Base Materialism and Gnosticism," in *Visions of Excess*, p. 47.

59 Bataille, "Formless," in *Visions of Excess*.

60 Rosalind E. Krauss, *The Originality of the Avant-Garde and Other Modernist Myths*(Cambridge, Mass., 1985), pp. 67ff.

절단, 낭비의 희생제의와 연결시키는 데에 의미를 두었다.

1930년대 후반에 바타유는 머리가 없는 사람, 즉 "무두인"(無頭人, acephalic)의 이미지를 콜레주 드 소시올로지(Collège de sociologie)를 중심으로 그와 친구들인 미셸 레리스(Michel Leiris)와 로제 카이와(Roger Caillois)가 만들고자 했던 모임의 핵심적인 상징으로서 채택했다.[61] 그들의 저널인 『무두 *Acéphale*』는 1936년과 1939년 사이에 4호를 발간했다.[62] 여기서 송과안의 폭발은 눈의 헤게모니에 기반을 둔, 이성과 정신성의 상징인 머리를 함께 날려 버린 것으로 이해될 수 있다. 단두대의 섬뜩한 작업이 여전히 콩코르드 광장을 떠나지 않는다는 점도 마찬가지로 환기되었다. 바타유에 따르면, 오늘날 이 광장은 "8명의 무장을 한 무두인"들이 지배했는데, 이들이 쓴 투구는 "사형집행인이 그들에 앞서 왕을 참수했던 날처럼 비어 있었다."[63] 바타유 일파가 애착을 가졌던 또 다른 상징인 미노타우로스에 붙어 있던 황소 머리조차도 사라졌다.[64]

그가 부활시키기를 원했던 성스러운 공동체는 "사형수가 탈옥하듯이 인간이 스스로의 머리로부터 탈출할" 때에야 비로소 도래할 것이다.

---

61 콜레주 드 소시올로지의 역사에 관해서는 Denis Hollier, ed., *The College of Sociology* 참조.

62 『무두』의 강령에 관해서는 *October*, 36 (Spring, 1986), p. 79 참조. "The Sacred Conspiracy" in *Visions of Excess*에는 머리 없는 사람을 묘사한 마송의 삽화가 있는데, 이 무두인은 한 손에 칼을 쥐고 있으며 다른 한 손에 불타는 성스러운 심장을 들고 있다. 이 이미지는 또한 미궁 같은 창자들을 드러내 놓고 있으며 음부에는 해골이 있다.

63 Bataille, "The Obelisk," *Visions of Excess*.

64 『미노토르 *Minotaure*』는 바타유의 동료들이 1920년대와 30년대에 종종 기고하던 잡지였다. 『미노토르』 제7호(1935)에 출판된, 머리가 어둠 속에 가려진 토르소를 황소의 머리로 변형한 만 레이의 경이로운 사진은 황소의 머리라는 상징조차도 무두와 관련이 있음을 암시한다. 이 시기 동안 황소 머리 이미지가 만연한 점은 피카소가 1937년 이후로 이 이미지를 채택한 데서도 드러난다.

"[…] 그는 탄생과 죽음이라는 동일한 분출 안에서 재결합한다. 그는 인간이 아니다. 더구나 신도 아니다. 그는 내가 아니지만 나 이상이다. 그의 위장은 그가 길을 잃고 헤매던 미궁이며, 그와 함께 나를 잃어버리는 미궁이다. 또한 나 자신을 그에게서, 다시 말해 괴물로 발견하는 그런 미궁이다."[65] 공중비행을 통해 미궁을 탈출하는 길을 찾기보다 (이는 서부 전선의 참호들에 있는 수많은 참전용사들을 버티게 해 준 보상적인 신화이다) 바타유는 미궁의 구불거림에 기쁘게 얽혀들 것을 역설했다.[66] 올리에가 지적했듯이, 미궁은 시각적인 원뿔과 유사하게, 견고함과 실체로서의 건축적 상징인 피라미드에 대한 해독제 역할을

---

65 Bataille, "The Sacred Conspiracy," p. 181.

66 사실 미궁은 제임스 조이스(James Joyce)부터 보르헤스(Jorge Luis Borges)까지 이르는 여러 모더니즘 작가들이 빈번하게 활용한 이미지다. 가이 데이븐포트(Guy Davenport)는 더 나아가 미궁을 "우리 세기의 시대적 상징"이라고까지 부른다. Davenport, *The Geography of the Imagination* (San Francisco, 1981), p. 51 참조. 돌돌 말려 있는 미궁의 복잡함은 마치 귀와도 같은데, 이카로스는 눈에 특권을 부여함으로써 이러한 귀의 힘으로부터 벗어나고자 했다. 수년 후에 자크 데리다는 미궁과 귀를 연결 지어 서술하게 된다. *The Ear of the Other: Otobiography, Transference, Translation,* ed. Christie McDonald, trans. Peggy Kamuf and Avital Ronell (Lincoln, Nebr., 1985), p. 11 참조. 미궁 이미지에 대한 환기는 뤼스 이리가레의 작업에서도 보이는데, 이리가레는 미궁의 어원이 "입술, 음순(lips)"을 가리키는 라브라(labra)와 같을지도 모른다고 생각했다. 라브라의 자위는 여성 섹슈얼리티의 상징이다. Luce Irigaray, "The Gesture in Psychoanalysis," in *Between Feminism and Psychoanalysis,* ed. Teresa Brennan (London, 1989), p. 135 참조. 또 한 가지 지적할 것은 미궁이 이미 니체가 선호하던 상징이라는 점이다. 니체에 따르면, "우리는 미궁 속을 탐험하는 일을 특히나 알고자 한다. 우리는 남들이 끔찍이도 험담하는 미노타우로스 씨를 알기 위해 애쓴다. […] 당신은 이 실타래로써 우리를 구원하고자 하는가? 우리는 성심으로 기도한다. 실타래를 버리라고!" *Werke,* ed. Alfred Kroner, 2d ed., 20 vols. (Leipzig, 1901-1913, 1926), vol. 16, pp. 439-440. 아리아드네도 니체의 여성 영웅 중 하나이며, 니체는 코지마 바그너(Cosima Wagner)와 아리아드네를 동일시했던 것으로 보인다. 세계 문학 속 미궁에 관한 개략적인 설명으로는 Gustav René Hocke, *Die Welt als Labyrinth* (Reinbeck, 1957).

했다.[67] 미궁에 대한 가치설정은 또한 달랑베르의 『백과전서 서론 *Preliminary Discourse to the Encyclopedia*』이 밝힌 바, 철학자를 지식의 미궁보다 높이 위치시키려 했던 계몽주의에 대한 바타유의 거부를 나타내기도 한다.[68]

제2차 세계대전이 끝난 뒤에도 바타유가 가졌던 양차대전 사이의 환상의 애매모호한 정치적인 함의들이 그에게 일종의 각성효과를 주었고, 그는 서양 문화의 시각중심적인 전통을 계속하여 다양한 방식으로 비판했다. 그는 사르트르가 투명한 산문을 하나의 주체성에서 다른 주체성으로 명백히 이어지는 사고의 통로로서 변호하는 계몽주의에 의해 여전히 고무된 점을 특정하면서, 심층적 층위의 진정한 의사소통은 불명확함을 요구한다고 주장했다. 그가 『문학과 악 *Literature and Evil*』에서 썼듯이, "내 생각에 의사소통은 소통이 실패하고 어둠의 등가물이 될때만큼 강한 것이 없다. 이는 세속어의 의미에서, 혹은 사르트르가 말한 산문이란 미약한 의미에서의 의사소통이며 우리와 타인들이 간파될 것처럼 보이게 한다."[69] 바타유가 1940년에 친분을 맺은 모리스 블랑쇼(Maurice Blanchot)처럼 그는 문학을—운문만큼이나 산문도—불명확한 의사소통을 위한 특권적인 중심지이자, 최고의 위반적인 악으로 가득 찬 범죄의 보고(寶庫)로 여겼다.

이 동일한 현상에 대해서는 시각적인 표시도 있었는데, 그 이유는 한 논평가가 반(反)관념론적인 "이질성의 도상학"이라고 불렀던 것의 가능성에 바타유가 깊이 매료되었기 때문이다.[70] 라스코에서 발견된 원시

67 Hollier, *Against Architecture*, p. 72.

68 이 책 2장의 제사로 제시된 달랑베르의 말을 참조.

69 Bataille, *Literature and Evil*, p. 170.

70 Bischoff, *Souveränität und Subversion*, 1장. 이 글은 시각에 관한 바타유의 몰두를 다룬 철저한 탐구를 제공한다. 올리에는 또한 회화에 대한 바타유의 관심을 "인간

동굴벽화에 매료된 바타유는[71] 인간이 동굴을 떠나 햇빛의 명료함 속에
서 그림을 그리려 했던 시각적인 전통과, 어둠과 불명확함이 여전히 가
장 우선시되던 전통을 불공평하게 대조했다. 1955년에 나온 바타유의
마네에 관한 책조차도, 크라우스가 지적했듯이 여러 가지 면에서 모더
니즘 시각성에 대한 관례적인 평론이기는 했지만 고야에 대한 짧은 찬
가를 실었다. 고야의 과잉과 폭력의 예술은 바타유가 양차대전 사이 반
고흐와 피카소에 대해 예찬했던 것과 비견될 만한 대항모델을 제공했
다.[72] 요컨대 바타유가 1960년대에 그의 철학적, 문학적, 인류학적인 선
도를 따르기를 열망했던 포스트구조주의 세대에게 발굴되었을 때, 시
각에 대한 바타유의 반계몽주의적인 비판은 눈에 대한 포스트구조주의
자들의 가차없는 탐구에 핵심적인 영감을 쉽게 줄 수 있었다.

◉

시각에 대한 바타유의 강박적인 관심은 그의 눈먼 아버지에 대한 회고
가 암시하는 것처럼 개인적인 원천을 지닌 것이었을 수도 있다. 그러나
그의 작업 속에서 빈번히 나타나는 주제들은 그와 동세대였던 많은 이

형상의 파손"이라고 언급했으며, 이를 건축에 대한 바타유의 혐오와 대조했다. 올리에
에 따르면 "회화의 공간은 오이디푸스처럼 스스로의 눈을 찢어낸 이가 길을 찾는 곳이
다. 눈이 먼 채로 말이다. 그러므로 회화에 부합하는 것은 눈이 아니라, 부재하는 눈이
다. [⋯] 자기 신체절단은 회화적인 행위로 여겨져야 하며, 심지어 가장 탁월한 회화적
행위로 받아들여져야 한다. 왜냐하면 회화는 인체의 건축을 공격하지 않는 이상 아무것
도 아니기 때문이다."(pp. 79-80).

71 Bataille, *Lascaux ou la naissance de l'art* (Paris, 1955).

72 Bataille, *Manet*, trans. Austryn Wainhouse and James Emmons (Geneva,
1955); Rosalind Krauss, "Antivision," *October*, 36 (Spring, 1986), p. 152. 상기할
만한 점은 장 스타로뱅스키가 『1789: 이성의 상징』에서 고야를 언급한 방식이 이와 유
사했다는 것이다.

들의 전쟁 경험으로 추적할 수 있기에 그러한 주제들이 특별히 그만의 것이 아님을 보여 준다. 초현실주의자로 불리게 된 화가와 문인 집단은 그러한 경험들로 어려움을 겪던 이들이었다. 그들을 기록한 첫 역사가인 모리스 나도(Maurice Nadeau)는 다음과 같이 통찰했다. "브르통, 엘뤼아르(Éluard), 아라공(Louis Aragon), 페레(Benjamin Péret), 수포(Phillippe Soupault)는 전쟁에서 심대한 영향을 받았다. 그들은 의무적으로 그리고 억지로 참전했다. 그들은 전쟁을 혐오하며 벗어났다. 그 이래로 그들은 그 정당성을 잃은 문명과 일맥상통하는 그 어떤 것도 원하지 않았으며, 그들의 급진적 허무주의는 예술뿐만 아니라 드러난 모든 문명에까지 확대되었다."[73] 과연 시각중심주의는 그들이 거부하기로 한 표명 중의 하나였을까? 사이드라 스티치가 논한 것처럼, 만약에 전쟁의 트라우마가 초현실주의 미술의 "불안한 환상"에서 재생산되었다면, 과연 그 트라우마는 시각 자체의 불안으로 이어졌을까? 그리고 만일 그랬다면, 주류 초현실주의자들도 바타유만큼이나 눈의 헤게모니에 공격적으로 적대적이었을까?

　이러한 질문에 답하는 것은 간단한 일이 아니다. 왜냐하면 초현실주의자들은 운동이 지속되는 오랜 시간 동안 수많은 내분과 의견번복이 있던 광범위하고 이질적인 예술가 집단이었기 때문이다(오늘날에도 초현실주의의 망령은 제거되지 않고 있다). 이들의 "교황" 격이었던 앙드레 브르통이 질서를 유지하기 위해 최선을 다했지만, 그들은 규율에 복종하기를 근본적으로 내키지 않는 무질서하고 소란스러운 개인들의 집합으로 오랫동안 남았다. 초현실주의자들이 아무리 예술적인 천재성과 작품을 한데 묶는 전통적인 관념을 억누르고 싶었다 하더라도, 사소한

73　Maurice Nadeau, *The History of Surrealism*, trans. Richard Howard, intro. Roger Shattuck (London, 1987), p. 45.

차이가 있는 나르시시즘이 그들에게 종종 개입했다. 게다가 그들과 관련된 많은 화가, 사진가, 영화 촬영감독, 자신만의 매체를 창안한 이들과 같은 시각예술가들은 분명히 상이하고 개성적인 양식을 전개했다. 그 누구도 에른스트를 달리와, 미로를 마그리트와 혼동하지는 않을 것이다. 선언문, 회고록, 인터뷰, 전시 도록에는 그들의 의도가 담긴 언술 자료가 전혀 부족하지 않지만, 그 시각적인 결과물들을 그들이 공히 말했던 목적들과 연계하거나 그 목적들의 예시가 된다고 추정할 수는 없다. 따라서 시각적인 것에 대해 단일한 통일체로서 초현실주의적인 태도를 자리매김하는 척하는 것은 참으로 어리석은 일일 것이다.

그럼에도 역사가들(그리고 초현실주의의 신봉자들)이 여전히 초현실주의를 상대적으로 일관된 현상으로 부르는 것에는 반복되는 패턴이 포착된다. 이는 전형적인 유인을 지닌다. 이러한 패턴에 접근하는 한 가지 방법은 바타유와 브르통 사이의 논쟁 지점에 초점을 맞추는 것인데, 그 중에서도 시각에 관한 견해 차이에 주목하는 것이다.[74] 바타유가 회고하듯이, 그 논쟁은 1925년경에 시작되었지만 1929년에 그 정점을 이루며 곧바로 결별로 이어졌다. 그러나 1935년에 '반격(Counterattack)'이라는 정치 집단에서의 연합회원제를 계기로 조심스러운 관계 회복이 이뤄졌다.[75]

부분적으로 이 긴장은 브르통이 바타유가 브르통의 지도력에 도전하며 라이벌 집단을 결성하길 원한다고 의심하면서 발생했다. 그리고 그 의심은 카이와, 레리스, 마송, 로베르 데스노스(Robert Desnos), 로제 비트락(Roger Vitrac), 조르주 랭부르(Georges Limbour) 등 브르통에게 반감을 가진 초현실주의자들이 바타유를 중심으로 집결했을 때 자

---

74 이 논쟁에 관한 개설로는 다음을 참조. Richman, *Reading Georges Bataille*, pp. 49ff.

75 Bataille, "Autobiographical Note," *October*, 36 (Spring, 1986), pp. 108-109.

기실현적 예언이 되었다. 또 하나의 이유는 바타유의 도착적이고 포르
노적이며 분변적인 강박에 대한 브르통의 사적인 불쾌감이었다.[76] 또한
브르통은 폭력에 대한 바타유의 옹호와 그의 국립도서관 사서로서의
전문적인 경력 간의 위선적인 모순에 대해서도 불쾌해했다. 그렇지만
시각에 대한 그 둘의 상이한 태도와 관계된 본질적인 쟁점들도 마찬가
지로 결부되어 있었다.

　바타유에 대한 브르통의 거부는 『제2차 초현실주의 선언 *Second
Manifesto of Surrealism*』에서 공식화되었는데, 이 글에서 브르통은 그
가 바타유의 "'모든 온전성을 향한 불결한 탐색'에 […] 반하는 터무니
없는 캠페인"이라고 불렀던 것으로부터 스스로를 변호했다.[77] 브르통은
바타유가 가장 더럽고 부패한 것들에만 오로지 관심을 기울이며, 모든
유용한 것들에 무관심하며, 단지 관념론을 거꾸로 뒤집은 유물론이라
는 낡고 반(反)변증법적인 개념으로 회귀했다고 주장했다. 더욱이 합리
성이라는 동질화하는 힘에 대한 바타유의 전면적인 거부는 수행적인
모순을 낳았다. 왜냐하면 그와 같은 거부를 표현하려면 의사소통이 가
능한 합리성에 그가 개입해야 하기 때문이다(수년 뒤 위르겐 하버마스
에 의해 다시 반복될 바타유에 대한 비판이 이것이다).[78]

---

76 살바도르 달리는 바타유가 강박적으로 매달렸던 분변학적이고 도착적인 현상에
대한 브르통의 인내심의 한계를 다음과 같이 말한다. "피는 참을 수 있었다. 약간의 분
변도 괜찮았다. 그러나 분변만 단독으로 있는 것은 용납할 수 없었다. 나는 성기를 그
릴 수 있었지만 항문지향적인 시각적 환영은 그리지 않았다. 항문은 불쾌감을 준다! 레
즈비언은 환영받았지만 게이는 그렇지 못했다." *Journal d'un génie* (Paris, 1964), p.
23.
77 André Breton, *Manifestoes of Surréalism*, trans. Richard Seaver and Helen R.
Lane (Ann Arbor, Mich., 1972), p. 180.
78 Jürgen Habermas, *The Philosophical Discourse of Modernity: Twelve Lectures*,
trans. Frederick Lawrence (Cambridge, Mass., 1987), pp. 235-236. 이와 비슷한 불
만이 이미 1939년에 레몽 크노(Raymond Queneau)로부터 나왔다. 크노에 따르면,

바타유 씨의 불행은 그가 논리적으로 따지는 데에 있다. 인정하건대, 그는 "코 위에 파리가 앉은" 사람처럼 논리를 따진다. 그는 산 자보다는 죽은 자와 더 밀접히 연대하지만, 그는 **논리적으로 따지기는 한다**. 그는 완전히 망가지지 않은 내면의 자그마한 기계장치의 도움을 받아서 자신의 강박을 공유하려 한다. 이와 같은 사실은 그가 무엇을 주장하든, 그가 **논리적이지 않은 야만인처럼** 어떠한 체계에도 대항한다고 주장할 수 없음을 입증한다. 바타유 씨의 사례에서 역설적이고 당황스러운 것은 "관념"에 대한 그의 공포증이, 그가 "관념"과의 의사소통을 이루려는 찰나에 이데올로기적으로 돌아설 수 있다는 사실이다.[79]

바타유는 즉각 출간되지는 않았지만, 1930년경에 출간된 두 편의 글에서 이에 대해 답변했다. 하나는 「D. A. F. 사드의 사용가치(현재의 동료들에게 보내는 공개서한) The Use Value of D. A. F. Sade(An Open Letter to My Current Comrades)」이고, 다른 하나는 「'늙은 두더지' 그리고 초인(Surhomme)과 초현실주의자(Surrealist)란 단어에서의 접두사 쉬르(Sur) (The 'Old Mole' and the Prefix Sur in the Words Surhomme[Superman] and Surrealist)」였다.[80] 첫 번째 글은 사드에 대한 올바른 독해를 둘러싸고 진행 중인 전쟁에서 여타 많은 전투원들이 참군한 일제사격(salvo)으로,[81] 시각의 쟁점과 관계된 내용을 거의 담지

"이성, 그리고 이성을 초과하는 것 사이에는 아무런 걸림돌이 없다. 그 까닭은 반(反)이성이 적출을 통해서만 근시를 치료하고 단두대로써만 두통을 치료하기 때문이다." Hollier, ed., *The College of Sociology*, p. 161에서 재인용.

79 Breton, *Manifestoes of Surrealism*, p. 184. 이 비난의 아이러니는 브르통이 바타유의 논리적 일관성을 문제 삼으면서 그 자신이 그러한 논리적 일관성의 한계를 절실히 넘고자 했다는 점이다.

80 Bataille, *Visions of Excess*에 두 편의 글이 모두 번역되어 있다.

81 사드는 로트레아몽과 랭보와 더불어서 초현실주의가 극찬했던 저주받은 시인

않고 있다.[82] 그러나 두 번째 글은 고귀하게 만드는 시각과 저급한 형태
의 지식(혹은 비지非知) 간의 대조에 대한 바타유의 초기 사유를 다루
고 확장했다. 여기서 그가 도입한 은유는 독수리와 "늙은 두더지"를 대
결시켰는데, 늙은 두더지는 『루이 나폴레옹의 브뤼메르 18일 *The Eigh-
teenth Brumaire*』속 프랑스 혁명에 대한 마르크스의 유명한 이미지로
부터 나왔다.

바타유가 지적한 대로 독수리는 두더지보다 화려하며 웅건한 상징이
다. 갈고리 같은 부리를 가진 독수리는 "태양과 연합을 맺었다. 이 동맹
은 마찰을 빚는 모든 것들(이카로스, 프로메테우스, 미트라 신화의 황
소)을 거세시킨다."[83] 이와 같이 태양이 어느 편과 동맹을 맺는지에 따
라 때로는 플라톤적이고 때로는 "썩은" 태양이 되는 것처럼, 바타유는
독수리를 양가적인 존재로서 해석했을 것으로 예상된다. 하지만 이 글
의 논쟁적인 목적으로 인해 바타유가 강조하려고 했던 것은 독수리에

(poète maudit)의 대표적 사례였다. 1930년 10월 이후로 발행된 『혁명에 봉사하는 초
현실주의 *Le Surréalisme au service de la revolution*』를 참조. 당대의 사드 석학은 모
리스 엔(Maurice Heine)으로 바타유와 절친한 사이였다. 바타유는 한 소론에서 사드
가 장미의 꽃잎을 액상형 비료에 담갔다는 이야기를 한 적이 있는데, 브르통은 그 일화
의 신빙성을 의심했다. 그래서 바타유는 엔에게 그러한 사드의 이야기를 입증해 달라고
부탁했지만, 엔은 그럴 수 없었다. 사드의 유산을 둔 투쟁은 전후에도 계속되었다.
Pierre Klossowski, *Sade, mon prochain* (Paris, 1947). 그리고 바타유의 『문학과 악』
속 사드에 관한 장을 참조. 이 논쟁의 이해관계에 관한 적절한 해명으로는 Carolyn
Dean, "Sadology," in *History of French Literature*, ed. Denis Hollier (Cambridge,
Mass., 1989) 참조.

82 그렇지만 이 글은 수행적 모순이 있는 브르통의 비난에 대한 일종의 대답을 포함
한다. "합리적 이해를 향한 노력이 모순으로 그치자마자 지성적 분변학의 실천은 동화
될 수 없는 요소들을 배설하기를 요청한다. 이는 웃음이 철학적 사변의 유일하게 상상
가능한 (수단이 아닌) 결과이자 확실히 궁극적인 결과라는 점을 천박하게 표명하는 다
른 방식이다."("The Use Value of D. A. F. Sade [An Open Letter to My Current
Comrades]," p. 99).

83 Bataille, "The 'Old Mole' and the Prefix *Sur*," p. 34.

관한 불쾌한 함의들이었다. "정치적으로 독수리는 제국주의로 여겨진 다. 다시 말해 개인의 권위주의적인 권력이 무소불위로 여겨지며, 모든 장애물을 이긴다. 그리고 형이상학적으로 독수리는 **이데아**로 간주된다. 독수리는 젊고 사나울 때에는 아직 순수 추상의 상태에 다다르지 못했 다."[84] 혁명적인 비행을 하는 독수리에 올라타려는 브르통의 욕망은 따 라서 참담하다. "혁명적 이상주의는 혁명을 독수리 중의 독수리로, 권 위주의적 제국주의를 강타하는 **초(超)독수리**(supereagle)로, 유토피아 적인 계몽을 위해 웅변적으로 권력을 장악하는 한 청년처럼 빛나는 이 상으로 만들려는 경향이 있다. 그 우회로는 이상주의에 대한 고양된 요 구의 충족인 군사적 파시즘의 도움으로 자연스럽게 혁명의 실패로 이 어진다."[85] 바타유에 따르면 니체는 "최고(highest)" 이상의 저급한 근 본을 이해했음에도 불구하고, 그조차도 초인 개념으로 동일한 유혹에 빠지고 말았다.

대신에 대혁명은 눈 먼 두더지가 굴을 파고 있는 대지의 가장 깊은 곳을 바라봐야 한다. 대혁명의 유물론은 그 저급한 세계를 이상화하는 그 어떤 이카로스적인 전략도 배격해야 한다. "헤겔 철학으로부터 유물 론으로 이어지는 경로는 (유토피아적 혹은 이카로스적인 사회주의로부 터 과학적 사회주의로의 경로처럼) 파열과 같은 필수적인 성질을 명시 한다."[86] 비록 헤겔에 대한 바타유식의 수용이 1930년대 중반 알렉상드 르 코제브(Alexandre Kojève)의 유명한 강의들을 들은 이후에 보다 복 합화되긴 했지만, 초월과 지양이라는 헤겔적인 테마에 관한 초현실주

---

84 Ibid.

85 Ibid.

86 Ibid., p. 43. 헤겔적 변증법의 순환적 본성을 눈과 동일시한 바타유의 사유에 관 해서는 Allan Stoekl, *Agonies of the Intellectual: Commitment, Subjectivity, and the Performative in the 20th-Century French Tradition* (Lincoln, 1992), p. 288 참조.

의적인 차용에 대해 그가 가졌던 경멸은 여전했다. 독수리와 헤겔의 동일시는 (특히 이 두 단어의 발음이 같았기 때문에 이러한 동일시는 프랑스어로 더욱 설득력이 있었는데)[a] 바타유가 그 확산에 일조했던 반시각 담론에서 오래토록 지속될 것이었다. 가령 이는 1974년에 데리다의 『조종』에서 화려하게 재등장했다.

여기서 반드시 질문해야만 한다. 초현실주의를 가리켜 이질적이고 위반적인 물질을 단지 이상주의적인 방향으로 변형시키려는 이카로스적 운동으로 규정한 바타유의 노력은 과연 정당한가? 시각적인 숭고함이라는 긍정적인 개념이 초현실주의의 추종자들을 어떻게 사로잡았던 것일까? 혹은 새로운 시각 경험, 초현실주의자들이 환상적인 구원이라 곧잘 불렀던 무언가를 향한 초현실주의적인 모색이 오히려 시각중심주의의 위기에 역설적으로 기여했던 것은 아닐까?

◉

서양 문화 전반에 걸친 시각중심주의에 대한 집착은, 거듭 말하자면 사변, 관찰, 그리고 계시라는 모델들 사이에서 동요하면서 추동되어 왔다. 한두 가지 모델이 주춤하면 나머지 모델이 여전히 시각적으로 특권화된 지식의 질서에 근거로서 내세워졌다. 초현실주의의 경우 마음의 눈에 반사된 명석판명한 관념들의 빛으로 둘러싸인 사변적인 이성과, 생리적인 두 눈에 분명하게 드러나는 대상들의 반사된 빛을 신뢰하는 모방적인 관찰 양자가 모두 노골적으로 무시되었다. 확실히 환상적인 계시라는 제3의 전통이 그 둘을 대신하여 명예로운 지위로 격상되었다.

1920년대 초에 초현실주의의 모태가 되었던 다다이즘의 보다 허무주의적이고 파괴적인 충동들이 극복되자마자(혹은 적어도 그렇게 보였는

데), 초현실주의 운동은 예술이 가진 구원적인 힘을 불어넣어서 일상의
실존을 변형하는 아방가르드의 낙관적인 기획을 실현시키고자 했다.
초현실주의자들은 종종 바타유에 비견되는 도발적인 언어적 폭력을 사
용했지만,[87] 그렇다고 쓰레기, 소비, 그리고 파괴 그 자체를 목적으로
흔쾌히 예찬한 것은 결코 아니었다. 널리 알려진 브르통의 표현처럼,
"삶을 바꾸자"는 랭보의 명령과 "세계를 변화시키자"는 마르크스의 요
청을 함께 결합하면서[88] 그들은 단지 미학적인 유행 이상의 것을 변혁
하길 희망했다.

 이러한 야망은 초현실주의자들로 하여금 공산주의, 트로츠키주의 정
당과의 일련의 희비극적인 동맹으로 이끌었을 뿐만 아니라,[89] 그들이
선견자라는 자아상을 채택하게 했다. 이 자아상은 초기의 예언적인 종
교들처럼 아주 오래된 것일 뿐 아니라 랭보의 「선견자의 편지」에서만큼
이나 최근의 것이기도 했다. 1925년에 쓴 브르통의 초기 선언문들 중
하나는 사실 「선견자에게 보내는 편지(A Letter to Seers)」로 불렸으며,
1934년에도 다음과 같은 주장을 계속 했다. "우리는 **선견자**가 되어야만
하며, 우리 스스로를 선견자로 만들어야만 한다. 왜냐하면 우리에게
는 랭보의 표어를 적용할 수단을 찾는 것만이 관건이었기 때문이
다."[90] 1931년에 블레즈 상드라르(Blaise Cendrars)는 이를 다음과 같

---

87 예를 들어 Nadeau, pp. 233ff.에 정리된 초현실주의자들의 일화를 참조. 그들은
1924년에 아나톨 프랑스(Anatole France)의 시신에 대해서 맹비난을 퍼부었었다. 하
지만 바타유와 초현실주의자들 사이의 중대한 차이는 전쟁에 관한 각자의 태도다. 바타
유가 희생 경험을 미화했다면, 초현실주의자들 대부분은 반전주의자였다.

88 Breton, "Speech to the Congress of Writers" (1935), in *Manifestoes of Surreal-
ism*, p. 241.

89 초현실주의와 공산주의 정당들 사이의 정치적 제휴에 관해서는 Helena Lewis,
The Politics of Surrealism (New York, 1988) 참조.

90 Breton, "Surrealist Situation of the Object," *Manifestoes of Surréalism*, p. 274.

이 표현했다. "이 환상이라는 세 번째 눈을 뜨자. 그리하여 초자연화 하자."[91] 막스 에른스트(Marx Ernst)는 1936년에 여기에 덧붙여, "앞 못 보는 유영자, 나는 내 자신을 선견자로 만들었다. 마침내 **나는 보았다.**"[92] 나아가 1943년에 뱅자맹 페레는 "참으로 사유하는 사람은 선견 자이다"라는 노발리스(Novalis)의 격언을 수용했다.[93]

초현실주의자들이 환상적 모델을 채택한 것은 언어적인 창작물과 조 형적인 창작물 모두에서 분명하게 나타났다. 사실상 초현실주의는 거 의 그 시작부터 눈과 텍스트의 상호작용에 매혹되었다.[94] 말라르메의 「주사위 던지기」는 그들이 가장 선망했던 시 중 하나였다. 아폴리네르 의 『칼리그람 Calligrame』도 마찬가지로 칭송받았다. 1917년작 연극 〈테이레시아스의 젖가슴(Mamelles de Tirésias)〉에서 초현실주의라는 용어를 만들었던 아폴리네르는 프랑스어 시가 상징주의자들의 음악성 에 대한 강조에서 벗어나도록 하는 데 있어서 주된 역할을 수행했다.[95] 1924년에 『초현실주의 Surréalisme』 편집자들이 쓴 바에 따르면, "20세 기가 시작될 때까지 귀가 리듬, 울림, 운율, 두운, 각운과 같은 시의 특 성을 결정했다. 모든 것이 귀를 위한 것이었다. 그리고 지난 20년 동안 눈은 귀에 복수해 왔다. 이제는 영화의 세기이다."[96] 음악에 대한 브르

---

91 Blaise Cendrars, *Aujourd'hui* (Paris, 1931), p. 31.

92 Max Ernst, *Au-delà de la peinture* (Paris, 1936): Patrick Waldberg, *Surrealism* (New York, 1971), p. 98에서 재인용.

93 Benjamin Péret, "A Word from Péret," in *Death to the Pigs and Other Writings*, trans. Rachel Stella et al. (Lincoln, Nebr., 1988), p. 197.

94 눈과 텍스트 사이의 상호작용이라는 주제에 관한 탐구로는 Mary Ann Caws, *The Eye in the Text: Essays on Perception, Mannerist to Modern* (Princeton, 1981) 참조.

95 아폴리네르 시의 시각적 측면에 관한 분석으로는 Timothy Mathews, *Reading Apollinaire: Theories of Poetic Language* (Manchester, 1987), 특히 2장 참조.

96 "Manifeste du surréalisme," *Surréalisme*, 1 (October, 1924), p. 1. 이 창간호만 이 이반 골(Ivan Goll)이 편집한 유일한 호였는데, 종래에 그는 브르통 일파와 연이 없

통의 개인적인 싫증은 널리 알려져 있으며,[97] 분명히 초현실주의적인
음악의 작곡은 거의 없었다. 브르통이 『광란의 사랑 L'amour fou』에서
표현한 바, 대신에 초현실주의는 순진무구한 시각, 즉 데자뷔(déjà vu,
이미 봄)의 언캐니한 대리보충물이 될 자메뷔(jamais vu, 본 적 없음)의
회복을 추구했다.[98]

이와 같은 환상적 기획은 랭보가 이미 개척한 자의식적인 감각적 교
란과 평범하고 합리적인 자아에 대한 억압이라는 두 가지 길을 포함하
곤 했다. 1925년에 브르통은 명시적으로 다음과 같이 주장했다. "모든
감각의 체계적인 교란, 즉 랭보가 권장하고 초현실주의자들이 유행시
킨 이 교란을 돕기 위해, 내 의견은 우리가 주저 없이 **감각을 당혹케 해
야** 한다는 것이다."[99] 초현실주의 화가 폴 누제(Paul Nougé)는 관람자
에게 근본적으로 새로운 경험을 만드는 것은 오로지 금지된 이미지를,
즉 "어리둥절하게 만드는 대상들"을 창조함으로써만 이룰 수 있다고 덧
붙였다.[100]

합리적인 자아에 대한 억압은 자동기술이라는, 칭송되면서도 논쟁적
인 기법을 통해 모색되었는데, 이는 의식의 창조적인 노력에 의해 얻을

었다. 이 선언문 바로 뒤에는 영화에 관한 짤막한 글이 실렸다. 이 글은 미국이나 독일
영화보다 프랑스 영화의 미덕을 격찬했다.

97 가령 르네 엘드(René Held)는 브르통의 "음악을 향한 혐오"에 대해 논한다. René
Held, *L'oeil du psychanalyste: Surréalisme et surréalité* (Paris, 1973), p. 164. 그러나
제2차 세계대전 이후에 브르통과 초현실주의자들은 미국의 재즈음악을 인정하기 시작
했고, 그 이유의 일부분은 재즈의 흑인적 뿌리 때문이었다. André Breton, "Silence Is
Golden" (1946), in André Breton, *What Is Surrealism?* 참조.

98 Breton, *Mad Love*, trans. Mary Ann Caws (Lincoln, Nebr., 1987), p. 90. 브르
통은 프랑시스 피카비아(Francis Picabia)를 인정한 이래로 자메뷔라는 말을 썼다.
What Is Surrealism?, p. 14 참조.

99 Breton, "The Surrealist Situation of the Object," p. 263.

100 Paul Nougé, *Histoire de ne pas rire* (Brussels, 1956), p. 239.

수 없는 매력적인 이미지들을 생산하기 위해서 자유연상을 허용했다.[101]
따라서, 말라르메가 주사위 던지기에 의해서 결코 무효화될 수 없다고
깨달았던 우연은 의도적인 조작보다 나았다.[102] 다른 기법들로는 "우아
한 시체(exquisite corpse)"로 알려진 게임이 있었다.[103] 이는 서로 다른
시인들이 앞이나 뒤의 내용을 모르는 상태에서 임의로 선택한 문장들
을 하나로 연결하는 것을 의미했다. 그리고 한 문장으로 시작해서 그와
소리는 같지만 뜻이 서로 다른 문장으로 끝나는 레이몽 루셀의 소설 작
법도 다른 기법들에 포함되었다. 이러한 모든 기법들의 고안 중에서 우
연의 정확한 비율은 계속 논쟁거리이지만, 그 결과물은 이전의 서양 문
학과 사실상 전혀 다른 놀랍도록 예상을 벗어난 이미지들이었다.

언어적인 그리고 회화적인 초현실주의 이미지의 본질은 광범위한 비
판적 성찰의 주제가 되었는데, 그 결론 중 일부만을 이 글에서 제기하고
자 한다.[104] 베르그송의 경우에서처럼 "이미지"는 "개념"에 반대되는 용

---

101 자동기술의 기원은 프랑스의 정신의학자 피에르 자네(Pierre Janet)가 탐구한
"정신적 자동증," 그리고 19세기에 있었던 몽유병과 히스테리에 관한 논쟁, 프로이트가
자유연상의 선구자 중 하나로 인정했던 독일 작가 루트비히 뵈르네(Ludwig Börne)의
문학적 실험 등으로 알려져 왔다.
102 만 레이는 1920년대 후반에 〈주사위 성의 미스터리(Le mystère du Château de
Dés)〉라는 제목의 영화를 제작했는데, 이는 노골적으로 말라르메의 시를 참고한 것이
다. 이를 논한 Steven Kovács, *From Enchantment to Rage: The Story of Surrealist
Cinema* (London, 1980), p. 143.
103 "우아한 시체"라는 용어는 초현실주의들이 했던 첫 놀이에서 나온 문장("우아한
시체가 새로운 포도주를 마시리라")에서 비롯되었다. 1950년대에 성장한 미국인들은
이와 관련된 놀이인 "매들립스(Madlibs)"가 도입되었던 것을 기억할 것이다. 매들립스
는 한 서사의 공백에 임의적으로 선택된 단어들을 삽입하는 놀이다. "우아한 시체"의
결과물은 종종 우스꽝스러웠지만 드물게 발터 벤야민이 말한 초현실주의의 "세속적 조
명"에 접근했다.
104 이에 관한 참고가 될 만한 설명은 다음을 참조. J. H. Matthews, *The Imagery of
Surrealism* (Syracuse, 1977).

어였고, 개념은 초현실주의가 전체적으로 폄하했던 합리주의의 답답한 논리와 동일시되었다.[105] 초현실주의자들이 "이미지"를 가리켜 외부 대상, 세계 속 사물, 모방적인 감각에 대한 정신적 표상과 동일시하기를 거부했던 것도 이미지라는 용어를 존중해서 사용했던 베르그송을 연상시켰다. 대신에 "이미지"는 의식적 숙고에 감춰진 심리적인 진실, 즉 내적 상태를 드러내는 것을 지칭했으며, 이는 매리 앤 코스(Mary Ann Caws)가 "외관(outlook)" 대신 "내관(inscape)"이라고 불렀던 것이다.[106]

전형적인 초현실주의 이미지에서 자주 인용되는 고전적 예시는 로트레아몽 백작 이지도르 뒤카스(Isidore Ducasse, le Comte de Lautréamont)의 『말도로르의 노래 Chants de Maldoror』에 나오는 "해부용 선반 위의 우산과 재봉틀의 우연한 만남"이었다. 그 말이 브르통과 그의 동료들을 매료시킨 것은 서로 어울리지 않고 무관해 보이는 두 사물이 그들의 일상적인 맥락과 완전히 상이한 공간에서 병치됨으로써 생산되는 효과였다(비록 그들은 그 예의 노골적인 성적 함축도 좋아했을지 모르지만 말이다). 브르통이 표현한 것처럼, 이러한 종류의 이미지들은 "현실의 두 요소를 연결시키는 눈부신 섬광이다. 이 요소들은 서로 멀리 떨어진 각자 다른 범주들에 속한 탓에 이성은 이 두 범주를 연결하는 일에 실패하고, 그 둘을 함께 연결시키기 위해서는 비판적 태도의 순간적인 유예가 반드시 요구된다."[107] 엄밀히 말해서 두 사물 간의 관계는 계열체적인(paradigmatic) 유사성의 원칙이 작동해서 하나의 통일된 상징을 만들지 않기 때문에 은유적이지 않다. 또한 그 이미지들은

---

105 초현실주의의 경우에는 의미가 한정될 필요가 있다. 왜냐하면 바타유에 대한 브르통의 비판에서 보듯이, 초현실주의는 필요시에 합리적인 주장들을 펼쳤기 때문이다.

106 Caws, *The Eye in the Text*, 6장 참조.

107 Breton, "On Surrealism in Its Living Works" (1953), in *Manifestoes of Surrealism*, p. 302.

사실주의 산문에서 그렇듯 통합체적인 연쇄를 따른 환유적인 결합을
통해서도 의미를 나타내지 않는다. 그 대신 그 사물들의 말로 표현할
수 없는 효과는 그런 전통적 의미화 방식에 대한 저항에 의해서 만들어
진다. 그것들이 성공적일 때의 힘은 브르통이 "경이(the marvelous)"라
고 불렀던 언캐니한 "발작적인 아름다움"의 환기를 통해서 발생한다.
브르통이 주장하길, 그것들은 "그것들이 일으킨 최초 충격의 격렬함에
비례해서만 설득력을 지닌다. 그러므로 그들이 **계시된** 사물들의 성질을
나타내게 되는 것은 바로 그런 가까이 두기이다."[108]

  초현실주의자들이 정신분석 그리고 잠재의식을 다룬 마이어스(F.
W. H. Myers)의 "고딕 심리학"에 매료되었기 때문에,[109] 그들에게서 종
종 드러난 것은 무의식적인 욕망의 직접적인 표출로서 이해되었다.[110]
"눈의 색욕"에 관한 성 아우구스티누스의 염려와는 반대로 초현실주의
자들은 브르통이 지적한 대로 "눈이 볼 수 있는 한, 그것은 욕망을 되살
린다"는 사실에 즐거워했다.[111] 보다 정확하게 말하자면 초현실주의 이
미지는 욕망으로 하여금 아무런 의식적인 개입 없이 조형적이고 언어

---

108 Breton, *Mad Love*, p. 88.

109 Breton, "The Automatic Message," in *What is Surrealism?*, p. 100. 파라노멀
한 것을 연구한 영국 심리학자인 마이어스는 『인격, 그리고 육체적 죽음에 대한 그것의
생존 *The Human Personality and its Survival of Bodily Death*』(London, 1903)을 저
술했다. 마이어스의 책이 브르통에게 얼마나 중대한 의미를 갖는지에 관해서는, Jenni-
fer Munday, "Surrealism and Painting: Describing the Imaginary," *Art History*,
10, 4 (December, 1987), p. 501 참조.

110 언어가 욕망을 드러내는 투명한 매체가 될 수 있다는 믿음은 초현실주의 운문과
산문의 모호한 속성과 대립되었다. 사실 초현실주의 문학은 언어의 임의적이고 비표상
적인 특징에 민감했고, 이 때문에 소쉬르와 그 추종자들 같은 체계적인 언어학자들이
거의 동시기에 발견한 것을 이해했다고 예찬받았다. 당연하게도 초현실주의와 구조주
의라는 두 지성적 조류는 라캉 같은 사상가 안에서 훗날 조우하게 된다.

111 Breton, *Mad Love*, p. 15.

적인 형태로 표현되도록 하는 꿈의 신비한 작용을 복제하고자 했다. 초
현실주의자들은 인간 의지의 중심지가 지속(durée)이라는 베르그송의
형이상학적인 믿음을 거부하면서, 꿈 이미지들의 엄습이 의식적인 의
지를 압도하는 일종의 욕망의 인과관계를 보여 준다고 주장했다. 비록
초현실주의자들이 "경이"를 만들어 내기 위해 조작할 수 있는 메커니즘
들을 고안했지만, 일단 "경이"가 만들어지면 의식적인 자유의지는 거기
에 크게 미치지 못했다. 브르통은 외부 세계의 목소리를 전하는 그릇에
불과한 심령술사들과의 유사성을 거부했겠지만,[112] 초현실주의 시인들
은 그럼에도 불구하고 자신의 의식적인 통제를 넘어서는 강력한 힘들
에 굴복했다. 마약의 효과에 관한 보들레르의 글을 인용하면서 브르통
은 다음과 같이 주장했다. "아편이 주는 이미지처럼 초현실주의 이미지
도 인간이 불러낸 이미지가 아니다. 오히려 그에게 '자발적이고 독재적
으로 나타난다. 이제 제 의지가 힘을 잃고 스스로의 능력을 통제할 수
없기 때문에 인간은 그 이미지를 내쫓지 못한다.'"[113] 이 과정은 브르통
이 생전에『광란의 사랑』에서 나자를 예로 들며 묘사했던 것처럼 뜻밖
의 만남들이 "경이"를 만드는 "객관적 우연"의 법칙에 상응한다.

초현실주의는 초현실주의 이미지를 가장 잘 표현할 수 있는 매체로
시적 언어를 강조하면서 시작되었다. 그러나 이내 그 강조는 시각예술
도 포함하는 쪽으로 이동했다. 브르통 자신은 자동기술이 시각적 환각
을 유발할 수 있다고 지적했다.[114] 무의식은 또한 히스테리 증상에서도

112 Breton, "The Automatic Message"(1933) in *What Is Surrealism? Selected Writings*, ed. Franklin Rosemont (London, 1978), p. 105. 이 대목에서 브르통은 다음과 같이 말한다. "유심론이 주체의 심리적 인격 분열을 제안 하는 것과 달리, 초현실주의는 순전히 그 인격의 **통일**을 제안한다."

113 Breton, "Manifesto of Surrealism," p. 36.

114 Breton, "The Automatic Message," p. 108.

시각적으로 나타날 수 있는데, 이는 1928년에 브르통과 아라공이, 프로이트보다는 샤르코에 가까운 어투로 "19세기 후반의 가장 위대한 시적 발견"이라고 칭송했던 것이다.[115] 회화와 같이 보다 관습적인 시각적 수단을 통해서 발작적 아름다움을 성취하는 것도 가능했을까? 엘뤼아르의 표현에 따라 **보이도록 하는**(donner à voir)[116] 것이, 즉 세속적인 계시의 번개와 같은 섬광을 보여 주는 것이 가능한가? 모든 초현실주의자들이 바로 확신한 것은 아니었다. 『초현실주의 혁명 *La Révolution sur-réaliste*』 제3호에서 피에르 나빌(Pierre Naville)은 이 잡지가 그저 또 다른 하나의 예술 잡지가 되어 버리고, 혁명적인 사명을 배반할 것을 염려하면서, "초현실주의 **회화가 없다**는 것을 모두가 알고 있다"고 주장한 바 있었다.[117] 나빌의 반론이 묵살됐을 때조차 브르통은 여전히 회화를 가리켜 "가련한 편법"이라고 불렀으며, 후일 『초현실주의와 회화』로 발전된 글들에서 미술관에서 느꼈던 자신의 지루함을 고백했다.[118] 그러나 그 책의 표제가 된 글은 1928년에 나왔고, 이는 이미 실제로 분명해진 다음 사실을 인정하고 있다. 즉, 초현실주의가 언어적인 만큼이

---

115   Editorial entitled "The Fiftieth Anniversary of Hysteria," *La Révolution sur-réaliste*, 11 (1928), in *What Is Surrealism?*, p. 320. 원문에는 알베르 롱드(Albert Londe)의 『살페트리에르 병동의 사진 도상학 *Iconographie photographique de la Salpêtrière*』을 출처로 하는 6개의 도판이 있다. 다른 초현실주의자들도 마찬가지로 히스테리의 도상학을 참고했다. 예를 들어 Salvador Dali, "Phénomène de l'ecstase" in *Minotaure* (December, 1933).

116   Paul Eluard, *Donner à voir* (Patis, 1939).

117   Pierre Naville, "Beaux-Arts," *La Révolution surréaliste*, 1,3 (April, 1925), p. 27 회화에 관한 논쟁은 보다 포괄적인 정치적 논쟁의 일부였으며, 이로 인해 결국 나빌은 1929년에 초현실주의와 연을 끊게 된다.

118   Breton, *Surrealism and Painting*, trans. Simon Watson Taylor (London, 1972), p. 3. 브르통은 초현실주의 회화라는 범주보다 초현실주의와 회화를 두 개의 구분된 범주로 여전히 어색하게 연결시켰다.

나 시각적인 현상이었다는 것이다. 몇 년 지나지 않아서 브르통은 "오늘날 폴 엘뤼아르나 뱅자맹 페레의 시가 가진 야망과 막스 에른스트, 미로, 탕기의 캔버스에서 보이는 야망 사이에 근본적인 차이가 전혀 없다"고 단언할 수 있었다.[119] 브르통 자신도 콜라주 제작 및 그가 "시-오브제(poem-objects)"라고 불렀던 레디메이드와 시를 결합하는 작업을 시도했다. 그와 동료들은 자신들의 이미지를 세상에 드러낸 무수히 많은 개인 및 단체 초상화의 모델이 되거나 이를 직접 그렸다.[120]

나도가 언급한 것처럼, 시각적인 것을 뒷문으로 들여보낸 한 요인은 "회화 너머"[121] 혹은 "거부된 회화"[122]라며 초현실주의자들이 옹호했던 것을 정의하는 방식이었다. 그리고 그들이 무척이나 그 작업을 동경했던 뒤샹처럼, 초현실주의는 실제로 시각적인 아름다움의 창조에 관한 통상적인 진리 중 다수에 도전하고자 했다. 심지어 그들의 자화상조차도 그 장르가 지닌 나르시시즘적인 전제들을 문제시했다. 마르틴 앤틀 (Martine Antle)이 말한 것처럼 그 자화상들은 "'지금의 나' 대신 '내가 홀린 사람'으로, 보이는 것 대신 보이지 않는 것으로, '형상적인' 것 대신 '유령적인' 것으로" 가차 없이 대체했다.[123]

만일 초현실주의자들이 시각적 관습들을 급진적으로 거역했다면, 그들은 적어도 처음에는 낭만주의자들이 옹호했던 이상인 "순수한 눈"의

---

119   Breton, "Surrealist Situation of the Object," p. 260.

120   Martine Antle, "Breton, Portrait and Anti-Portrait: From the Figural to the Spectral," *Dada/Surrealism*, 17 (1988), pp. 46-58 참조.

121   Nadeau, *The History of Surrealism*, p. 110. 『회화를 넘어서 *Beyond Painting*』는 막스 에른스트의 책 제목이다. Max Ernst, *Beyond Painting*, trans. Dorothea Tanning (New York, 1948). 에른스트는 이 말을 일찍이 1920년에 자신의 전시 발표 때 쓴 적이 있다.

122   Aragon, *La peinture au défi* (Paris, 1926).

123   Antle, "Breton, Portrait and Anti-Portrait," p. 48.

태고의 순수함을 회복하길 바랐기에 그랬을 것이다.[124] 그들이 믿었던 대로 초현실주의자들은 일상생활의 타락한 습관적인 시각을 격렬하게 교란시킴으로써 유년기의 환상적인 놀라움을 되찾을 수 있었다. 브르통은 『초현실주의와 회화』를 다음의 선언과 함께 시작했다. "눈은 원시적인 상태로 존재한다."[125] 그가 폄하했던 음악과는 달리, 회화는 영적인 계시를 제공할 수 있었다. "사실 청각적 이미지는 시각적 이미지보다 명료하거나 엄밀하지 않다. 극소수의 음악애호가들에 대해 응당한 존경을 표함에도 불구하고, 그들은 인간의 위대함이라는 생각을 어떤 식으로든 강화하려는 듯이 보이지 않는다. 따라서 오케스트라는 계속해서 밤에 연주하고, 여전히 이 세상에서 무언가를 추구하고 있는 나는 환한 대낮에 눈을 뜨거나 감은 채로 고요한 명상에 잠기게 되기를."[126]

어떻게 해서 회화는 (혹은 회화 "너머로" 가는 것은) 눈이 그 순수함을 회복하도록 고무시키는 계기를 제공하는가? 모더니즘 추상이 의심했을 법한 은유를 다시 활성화시키면서 브르통은 다음과 같이 시인했

---

124 "순수한 눈"의 역사 및 초현실주의를 비롯한 20세기 사진에서의 "순수한 눈"의 부활에 관해서는 Simon Watney, "Making Strange: The Shattered Mirror," in *Thinking Photography*, ed. Victor Burgin (London, 1982) 참조. "야생의 눈(oeil sauvage)"이라는 관념은 야성을 내포할 뿐만 아니라 순수함도 함축한다. 초현실주의적 눈은 시각의 잔혹한 잠재성과 결코 동떨어진 것이 아니었다. 이는 아마도 아르토와 바타유의 작품에서 가장 노골적으로 주제로서 제시되었다.

125 Breton, *Surrealism and Painting*, p. 1. 야생상태(l'état sauvage)라는 문구는 폴 클로델(Paul Claudel)이 예지자 랭보를 묘사한 대목에서 참조됐다. Mundy, "Surrealism and Painting," p. 498 속 논의 참조. 브르통은 1946년의 인터뷰에서 비유럽권 미술에 대한 초현실주의자들의 관심을 여전히 옹호하며 다음과 같이 주장했다. "20세기의 미술가는 오로지 원시적 시각을 회복함으로써 합리주의와 공리주의가 휩쓸면서 만든 영감의 고갈을 떨쳐 낼 수 있다. 이 원시적 시각은 감각 인식과 정신적 표상을 종합한다."(Breton, "Interview with Jean Duché," in *What Is Surrealism?* p. 263).

126 Breton, *Surrealism and Painting*, pp. 1-2.

다. "나로서는 그림을 하나의 창문으로 생각할 수밖에 없다. 거기서 나의 첫 번째 관심은 그 창문이 무엇을 **향해 있는지**를 아는 것이다. 달리 말하자면, 내가 있는 곳으로부터 '아름다운 광경'이 있는지 여부를 알아내는 것이다. 왜냐하면 내 앞으로 뻗어 나와서 **시야에서 사라지는** 광경만큼이나 내가 사랑하는 것이 없기 때문이다. 이름 없는 형상이나 육지 또는 바다의 경치를 그린 그림틀 안에서 나는 장대한 스펙터클을 즐길 수 있다."[127] 하지만 여기서의 창문은 데카르트의 원근법적인 공간에 위치한 외부 세계를 드러내기보다는 내면의 정신적인 세계로 열려 있다. "모든 실제 가치들을 철저히 수정하려는 절대적인 필요에 호응하기 위해 조형예술작품은 **순수하게 내면적인 모델**을 가리키거나 그렇지 않으면 소멸할 것이다."[128]

　수전 해리스 스미스(Susan Harris Smith)가 근래에 증명했듯이,[129] 사실 초현실주의자들은 창문에 변함없이 몰두해 있었다. 창문의 복잡한 의미를 분석하는 것은 순수한 눈에 대한 그들의 환상적인 예찬에 내재한 긴장상태의 해명에 도움을 줄 수 있다. 무의식에 이르는 왕도로서 자동기술을 생각해 내기 전에 브르통 스스로가 겪었던 직관적 통찰의 경험은 "**창문을 두드리고 있었던** [⋯] 한 구절"에서 그에게 갑자기 떠오른 하나의 이미지, 즉 창문으로 인해 두 동강이 난 남자의 이미지에 의

127　Ibid., pp. 2-3

128　Ibid., p. 4.

129　Susan Harris Smith, "The Surrealists' Windows," *Dada/Surrealism*, 13 (1984), pp. 48-69. 창문은 보들레르와 아폴리네르처럼 초현실주의자들이 동경하던 시인들이 애호하는 은유이기도 했다. 보들레르의 창문 은유 활용에 관해서는 Sima Godfrey, "Baudelaire's Windows," *L'Esprit Créateur*, 22, 4 (Winter, 1982), pp. 83-100 참조. 아폴리네르의 1913년 작품 〈창(Les Fenêtres)〉을 동일한 주제를 그린 로베르 들로네의 큐비즘적 캔버스와 연결해 서술한 포괄적인 분석으로는, Mathews, *Reading Apollinaire*, pp. 132ff 참조.

해 만들어졌다.[130] 많은 초현실주의 화가들이 이후에 창문이란 주제를 현실과 상상, 전경과 후경, 외부와 내면세계 사이의 과도적이거나 경계 적인 평면으로 이용하곤 했다. 종종 초월적인 것에 대한 갈망을 암시하 기 위해서 사용하면서, 화가들은 창문을 또한 얼굴이 무의식의 그늘진 방 안을 볼 수 있는 구멍으로도 활용했다.

마그리트 같은 초현실주의자들이 창문을 사용한 용법은 더욱 심란한 것이었다. 〈인간의 조건 I(La Condition Humaine I)〉(1933), 〈아른하 임의 영토(The Domain of Arnheim)〉(1949), 〈유클리드적 산책(Eu- clidean Walks)〉(1955) 같은 많은 작품에서 마그리트는 시각적인 역설 또는 말장난, 그리고 자신의 눈에 대한 관객의 믿음에 도전하기 위해 이접적으로 조합된 통약불가능한 공간 질서를 창조하고자 창문을 활용 했다.[131] 때로 초현실주의자들은 뒤샹의 〈큰 유리〉에서 문자 그대로 구 현된 바 있는 산산이 부서진 창문, 혹은 뒤샹의 〈신선한 과부(Fresh Widow)〉(1920)에서와 같은 불투명한 창문이라는 주제로 작업했다. 그 럼으로써 이러한 작품들은 선견자의 시각적 경험이 지닌 투명성을 가 장할 때조차도 투명성이란 개념을 문제시했다.

이 마지막 용법들은 초현실주의 회화가 순수한 시각성이라는 전성기

---

130 Breton, "Manifesto of Surrealism," p. 21. 진한 글씨는 원문 그대로.

131 마그리트는 〈인간의 조건〉을 다음과 같이 묘사했다. "나는 방 안에서 바깥을 향 해 나 있는 창문 앞에 있었다. 이 창문 위에는 창밖을 바라보았다면 보였을 풍경을 그 대로 재현한 그림이 있었다. 그러므로 창에 보이는 나무는 그 뒤 너머 밖에 있는 진짜 나무를 재현했다. 나무는 본래 그랬듯이 관객을 위해 실존하며 동시에 관객의 마음속에 실존한다. 방 안에 있는 그림 속에서, 그리고 동시에 바깥의 실제 풍경에서 실존한다. 이것이 우리가 세상을 보는 방식이다. 우리는 우리가 보는 대상이 우리 내면에서 경험 하는 정신적 표상임에도 불구하고 그것을 우리 외부에 존재하는 것으로 여긴다." Suzi Gablik, *Magritte* (London, 1970), p. 184에서 재인용. 라캉은 자신의 1962년 세미나 에서 환상을 논할 때 마그리트의 창문을 원용하려 했다. David Macey, *Lacan in Con- texts* (London, 1988), p. 45 참조.

모더니즘의 규범을 거부할 수 있었던 몇 가지 방식들을 우리에게 알려 준다. 시각을 갱신하기 위해 자의식적으로 탐구했던 순간에도 초현실 주의자들은 그 기획의 기저에 놓인 많은 가정들을 의심했다. 그들은 어 느 정도 소재(subject matter)를 복귀시킴으로써, 그리고 완전한 시각적 현전과 자기충족적인 형태라는 꿈에 기초한 비재현적인 추상의 유혹은 거부함으로써 이를 실천했다. 소재의 복귀는 순진한 미메시스의 회복 을 의미하지 않았고, 오히려 대상들을 본래의 맥락에서 비틀어 떼어 내 서 초현실주의 이미지의 언캐니한 논리를 따르도록 허용하는 것을 뜻 했다. 재현은 단지 의문에 부쳐지기 위해 재생되었으며, 시각적인 기호 의 자의성을 드러냈다. 1929년 『초현실주의 혁명』에 실린 「말과 이미 지」에서 마그리트가 표현했듯이, "모든 정황은 대상과 그 재현 사이에 어떤 관계도 거의 없다는 사실을 가리킨다."[132] 사실주의 미술의 관행과 관련해서 보면, 초현실주의 회화는 마그리트의 가장 유명한 작품 중 하 나의 제목처럼 "이미지의 배반"처럼 보일 수 있었다.

사실 제목 자체는 이런 노력에서 중요한 역할을 수행했다. 제목은 이 미지의 명백한 의미를 훼손하거나 그와 다투려는 목표 아래 선택되었 다. 또한 작품의 제목은 미로(Miró)의 〈새가 꿀벌을 쫓아 낙하시킨다 (Un oiseau poursuit une abeille et la baisse)〉(1941)처럼 그림에 직접 삽입될 수도 있었다.[133] 아니면 단어들이 회화의 명백한 시각적 의미를 의문시하면서 회화에 도입될 수 있었다. 가장 유명한 사례는 1928년에

---

132   Magritte, "Les mots et les images," *La Révolution surréaliste*, 12 (December 15, 1929), p. 32. 마그리트가 파리의 초현실주의자들과 맺었던 친분은 1927년부터 1930년까지 단지 3년밖에 지속되지 못했다. 그리고 결국 마그리트는 그들과의 교류를 후회했다. 하지만 브르통은 항상 마그리트의 작업을 좋아했다.

133   초현실주의 작품에서 제목이 갖는 기능에 관해서는, Laurie Edson, "Confront-ing the Signs: Words, Images and the Reader-Spectator," *Dada/Surrealism*, 13 (1984), pp. 83-93 참조.

그려진 파이프 이미지 아래에 적힌 마그리트의 "이것은 파이프가 아니다(ceci n'est pas une pipe)"이다.[134] 뒤샹의 경우처럼 담론적인 것은 형상적인 것의 자기충족성을 급진적으로 훼손시키기 위해 허용되었다. 마그리트가 말하기 좋아했던 "불가능함을 그리기"는 "그림보다 시에 우위"를 부여하는 것을 의미했다.[135] 브르통이 간파했듯이, 마그리트는 "시각적인 이미지를 법정에 세워서 그 약점을 강조하고 말과 생각에 대한 형상의 종속적인 성격을 입증했다."[136] 초현실주의자들이 말하고 있는 것은 아마 눈이 텍스트 안에 있어야 할 뿐 아니라, 텍스트도 눈 안에 있어야 한다는 사실이었을 것이다.[137]

한편, 콜라주, 프로타주, 데칼코마니, 퓌마주(fumage), 쿨라주(coulage), 에트레시스망(étrécissements) 등의 기법[138]을 통해 매력적인 시

---

134 말이 이미지로 편입되는 작용에 관해서는 John Welchman, "After the Wagnerian Bouillabaisse: Critical Theory and the Dada and Surrealist Word-Image" in *The Dada and Surrealist Word-Image*, ed. Judi Freeman (Cambridge, Mass., 1990) 그리고 Georges Roque, "Magritte's Words and Images," *Visible Language*, 23, 2/3 (Spring, Summer, 1989) 참조. 이 주제에 관한 초기의 연구로는 Michel Butor, *Les mots dans la peinture* (Geneva, 1969) 참조.

135 마그리트가 1965년 5월에 제임스 스롤 소비(James Thrall Soby)에게 보낸 편지, Matthews, *The Imagery of Surrealism*, p. 34에서 재인용. 마그리트가 불가능한 것을 그리도록 만든 것은 분명히 데키리코의 〈사랑의 노래(The Song of Love)〉 속 광경으로, 이 그림에는 외과의사의 수술장갑과 고대 조각상이 함께 조합되어 있다. 이에 관한 논의로는 Gablik, *Magritte*, p. 25 참조.

136 Breton, "Genesis and Perspective of Surrealism in the Plastic Arts," in *What Is Surrealism?*, p. 226.

137 본질적으로 초현실주의 회화가 "이미지가 반드시 보이는("Surrealism and Painting," p. 499)" 투명한 내적 지각 작용이라는 먼디의 주장은 이런 연유로 인해 수용되기 어렵다.

138 콜라주는 발견된 오브제들을 캔버스에 우연하게 병치하고 재조합하는 기법으로, 큐비즘의 파피에 콜레와는 달리 트롱프뢰유 효과를 산출하는 것을 목표로 하지 않는다. 프로타주는 나뭇결이나 잎맥 같은 질감 있는 표면을 문지르는 것을 뜻한다. 데칼코마니

각 효과를 만들어 내는 초현실주의 실험 또한 마찬가지로 시각적 경험
의 진실성에 도전했다. 그 기법들의 촉각성은 계몽주의 시대에 디드로
가 옹호했던 시각에 대한 촉각의 헤게모니를 불러냈다.[139] 이러한 기법
들 중 일부를 개발하는 데 선구자였던 에른스트는 이 기법들을 자동기
술에 대한 시각적인 등가물로 보았으며, 브르통은 이들을 "우아한 시
체" 놀이의 그래픽 버전에 비유했다.[140] 루마니아 태생의 초현실주의 화
가 빅토르 브라우너(Victor Brauner)는 눈을 완전히 감은 채로 그림으
로써 그 기법들을 극단으로까지 밀고 갔다. 이러한 기법들은 지각 일
반, 특히 시각의 적합성 및 자족성을 문제시했으며, 브라우너의 경우에
는 심지어 그 필연성까지 문제시했다. 예를 들어 콜라주는 전성기 모더
니즘이 소거하려 했던, 현전과 부재, 현시와 재현의 변별적인 역할을
명백하게 보여 주는 시각적인 것에 관한 일종의 메타언어를 제공했다.
크라우스는 다음과 같이 언급했다.

콜라주는 지각의 완전성과 확실한 자기현전에 대한 모더니즘의 추구와 완전

는 종이 위에 물감을 바르고 그 위에 또 다른 종이를 얹은 다음에 두 장의 종이를 분리
해서 우연한 무늬를 나타내는 기법이다. 퓌마주는 연기의 흔적을 이용한다. 쿨라주는
잭슨 폴록(Jackson Pollock)의 기법보다 앞서 나온 캔버스 위에 흩뿌리는 기법이다. 마
르셀 마리앵(Marcel Marien)이 1960년대에 개발한 에트레시스망은 원본의 잘린 부분
들로 구성된 광고 사진을 말한다(에트레시스망이란 단어는 rétrécissements에서 첫 글
자를 가위로 잘라 낸 것이다).

139　브르통은 "원시적 수단으로써 대상을 파악하는 것을 목표로 하고, 시각 영역에서
폭압적이고 퇴폐적인 모든 것들을 거부하는 순수하게 촉각적인 미술의 가능성"을 디드
로가 고취시켰다며 그를 분명히 예찬했다("Genesis and Perspective of Surrealism in
the Plastic Arts" [1942], in *What Is Surrealism?*, p. 220). 브르통의 이 글은 디드로
의 생각과 미래주의를 결부시킨 것이었지만 몇몇 초현실주의적인 실천도 이와 잘 들어
맞는다.

140　Ernst, *Au-delà de la peinture*, in Waldberg, *Surrealism*, p. 98; Breton, *Le
Cadavre Exquis: Son Exaltation*, in idem, p. 95.

히 반대로 작동한다. 모더니즘의 목표는 주어진 매체의 형식적인 구성 요소들을 대상화하는 데에 있으며, 그것들의 실존적인 기원이 되는 토대로부터 시작해서 이 요소들을 시각의 대상으로 만든다. 콜라주는 현전 대신에 담론을 설정함으로써 그 목표를 문제시한다. 이 담론은 묻혀 버린 기원 위에 세워지고 그 부재에 힘입은 것이다.[141]

프로타주와 퓌마주 같은 여타의 기법들은 원재료의 물리적인 잔여와 관객들이 '발견한' 패턴에 의해 만들어진 지표적인 의미의 조합을 통해서 의미를 생성해냈다. 이와 같이 그 기법들은 "경이"를 향한 추구에 도움이 되고자 초현실주의자들이 의지했던 또 다른 매체인 사진과 관계된다.[142] 사진이 지닌 보다 도상적인 성질, 즉 유사에 의한 의미화 작용에도 불구하고, 종종 초현실주의 예술가들은 그 지표적인 특질을 분명히 중시했다.

초현실주의 기획에서의 이 매체에 관한 중요성은 최근에 와서야 주목을 받았다. 초현실주의 화가들의 스케치만큼이나 만 레이의 사진이 없었더라면 이 운동의 첫 번째 잡지인 『초현실주의 혁명』은 다다 선배들의 타이포그래피가 보여 준 것 같은 기지의 발휘가 전혀 없었던 탓에 진지한 과학전문지처럼 보였을 것이라고 지적되어 왔다.[143] 또한 브르통의 『연통관(連通管)』(1932), 『광란의 사랑』(1935), 『나자』(1928)와 같은 많은 초현실주의 텍스트들이 자크앙드레 부아파르(Jacques-An-

---

141 Krauss, *The Originality of the Avant-Garde and Other Modern Myths*, p. 38.

142 폭넓게 선별된 초현실주의 사진작품들과 그에 대한 뛰어난 주해를 보고자 한다면, Edouard Jaguer, *Les mystères de la chambre noire: le surréalisme et la photographie* (Paris, 1982) 참조.

143 베르나르 페레(Bernard Péret)와 더불어 초창기의 편집자였던 피에르 나빌은 의도적으로 과학저널을 모방하고자 했으며, 따라서 "눈의 쾌락"을 일절 용납하지 않았다. (Nadeau, *The History of Surrealism*, p. 98).

dré Boiffard), 브라사이(Brassaï), 만 레이의 사진들과 함께 실렸다는 사실도 언급되었다. 그리고 초현실주의자들이 사실 당시 거의 잘 알려지지 않았던 외젠 앗제(Eugène Atget)를 발견한 것도 마찬가지로 주목받았다.[144]

하지만 브르통 자신이 사진은 리얼리즘 회화를 약화시키는 데에 기여했다고 인정했듯이,[145] 일반적으로 모방적 혹은 도상적으로 보이는 사진매체의 어법은 초현실주의의 목적에 부합하지 않는 도구처럼 보였다. 때문에 사이먼 와트니(Simon Watney)는 다음과 같이 주장하여 잘 알려진 추정을 표명했다. "사진은 초현실주의적인 상상력에 대해 대체로 저항적임을 보여 주었다. 그리고 만 레이의 사진들은 초현실주의보다는 큐비즘 회화로부터 나온 모더니즘 미학과 더욱 관련이 있다. […] 대개의 경우 초현실주의의 장기적인 영향은 픽처레스크에 대한 확장된 의미의 창조에 지나지 않는다."[146] 초현실주의 사진과 러시아 미래주의

---

144 Walter Benjamin, "A Short History of Photography," Screen, 3 (Spring, 1972), p. 20; 그리고 Watney, "Making Strange: The Shattered Mirror," p. 171. 외젠 앗제의 네 개의 작품이 1926년에 나온 『초현실주의 혁명』에 재수록되었다. 만 레이의 조수 베레니스 애보트(Berenice Abbot)는 1930년대에 앗제의 작업을 미국에 갖고 들어왔다. 이는 미국에서 초현실주의 사진이 고무되도록 영향을 주었다. 하지만 다른 관점에서 보면 앗제는 1920년대 독일의 새로운 시각(the German New Vision)의 신즉물주의(neue Sachlichkeit) 감수성을 선구적으로 개척한 사진가로 여겨질 수 있다. 앗제에 관한 이해가 어떻든지 간에 그의 작업은 사라질 위기에 놓인 도시 생활에 대한 일종의 관음증적 포착을 종종 나타냈으며, 그것은 현대 도시 속을 방황하는 것에 매료되었던 초현실주의자들과 일치했다.

145 Breton, "Max Ernst," in What Is Surrealism?, p. 7; 그리고 "The Surrealist Situation of the Object," in Manifestoes of Surrealism, p. 272. 확실히 브르통은 사진매체의 비모방적인 잠재성을 인정하기는 했다. 이는 만 레이의 레이요그램에 대한 그의 감격에서 잘 드러난다. 또한 그는 사진과 자동기술 사이의 닮음을 발견하기도 했는데, 에른스트에 관한 글에서 그는 그러한 유사성을 "사유의 진실한 사진"이라고 불렀다.

146 Watney, "Making Strange: The Shattered Mirror," pp. 170-171. 이러한 주장

자들 같은 여타 모더니즘 예술가들이 추구했던 정치적 동기에서 비롯
된 낯설게 하기 효과 사이의 연관성이 인정되었을 때조차도, 초현실주
의 사진의 궁극적인 효과는 제한적인 것으로 보였다. 급진적인 사회 계
몽의 도구로서 그것은 그다지 직접적인 성공을 거두지 못했다.

그러나 이 책에서 다루는 시각에 대한 의문이라는 다른 맥락에서 보
면 사진매체에 관한 초현실주의자들의 실험은 훨씬 더 중요하게 간주
될 여지가 있다. 크라우스가 암시적으로 보여 주었듯이[147] 초현실주의
사진은 데카르트적 원근법주의의 잔해로부터 새로운 시각적인 질서를
얻고자 분투했던 전성기 모더니즘의 시도에 대하여 이중적인 도전을
제시했다. 첫째, 사진 이미지의 내재적인 몽타주라 불릴 수 있는 일종
의 시간적인 지연 혹은 "간격내기(spacing)"[148]를 도입했다. 둘째, 브르
통의 "무구한 눈"에 대한 추구보다 바타유의 작업에서 분명한 반시각적
인 함의들에 더 의존했다.

자크앙드레 부아파르의 엄지발가락 클로즈업부터 만 레이의 솔라리
제이션(solarization, 노출과도에 의한 반전현상)까지 초현실주의 사진
의 실천이 다 제각각으로 보임에도 불구하고, 크라우스는 그들 모두로

들은 낯설게 만들기가 사회적 모순을 폭로하는 수단으로서 정치적으로 충분한지를 의
심하는 포괄적인 주장의 일부분이다. 와트니는 수용이 이뤄지는 서로 다른 맥락들이 설
명되어야 한다고 주장한다. 왜냐하면 몇 가지 특정한 맥락이 여타 맥락보다 충격을 쉽
게 흡수하기 때문이다. 광고에서 초현실주의의 역사가 재기능하고 있는 점은 와트니의
경고를 확증한다.

147 Krauss, "The Photographic Conditions of Surrealism" in *The Originality of the Avant-Garde and Other Modernist Myths*; "Corpus Delicti," *October*, 33 (Summer, 1985), pp. 31-72; 그리고 Jane Livingston, *L'Amour Fou: Surrealism and Photography* (New York, 1985).

148 "간격내기"라는 용어는 데리다가 창안했는데, 이는 부재와 현전의 상호작용이자
가장 분명하게 정적인 공간성 속에도 숨어 있는 연속적인 시간성으로 "현전의 형이상
학"을 좌절시킨다.

부터 하나의 공통된 테마를 발견한다. 초현실주의 사진은 손대지 않고 가공되지 않은 이미지에 다다 포토몽타주의 원칙을 은연중에 도입하면서 전통적인 스냅샷의 시간적인 즉각성을 경감시켰다.

예외 없이 초현실주의 사진가들은 간격내기를 통해 한 장의 인화지에 침투했다. […] 가장 중요한 것은 이중화(doubling) 전략이다. 왜냐하면 이중화야말로 간격내기의 형식적인 리듬을 생산하기 때문이다. 이 두 단계 리듬은 단일한 순간이라는 조건을 떨쳐 내며 순간 **속에** 분열의 경험을 만들어 낸다. 이중화야말로 원본에 복제가 더해졌다는 생각을 일으키기 때문이다.[149]

이 기법의 가장 유명한 사례는 만 레이가 찍은 〈카자티 후작 부인(La Marquise Casati)〉 초상으로, 그것은 서로 중첩된 둘 혹은 세 쌍의 눈을 가진 듯이 보인다.

간격내기의 중요성은 그것이 시각과 순수하고 동시발생적인 현전 사이의 운명적인 결합을 파괴하고, 담론성의 간섭 혹은 크라우스가 채택했던 데리다의 용어인 **에크리튀르**(écriture)를 도입하는 데에 있다. 특히 사진은 지표적이면서 도상적인 기호로서의 이중적인 지위 때문에 글쓰기의 지연과 이중화를 예시하기에 적합한데, 이 이중적 지위는 빛의 파동이 남긴 물리적인 흔적이라는 측면과 그 파동이 반사된 피사체와 사진 이미지 간의 유사성의 측면 모두에 의해 의미화된다.

말하자면 초현실은 일종의 글쓰기로써 발작을 일으킨 자연이다. 이러한 경험에 대해 사진이 가진 특별한 접근방법은 실재와의 특권적인 연관성이다.

---

149 Krauss, "The Photographic Conditions of Surrealism," p. 109. 원본 이미지의 부분이 절개되고 다시 종합되는 데이비드 호크니(David Hockney)가 제작한 근래의 몽타주 사진은 간격내기 기법을 극한까지 밀어붙인 것이다.

우리가 이중화와 간격내기라고 불러 온, 사진에서 쓸 수 있는 조작법들은 이와 같은 발작의 기록으로 보인다. 그 사진은 하트필드의 포토몽타주에서처럼 실재를 탈코드화하는 실재의 **해석**이 아니다. 그것은 배열되고, 코드화되고, 쓰여진 현실의 현시이다.[150]

초현실주의 이미지를 외부적인 실재로부터 완전히 독립되고 전적으로 상상력에만 기반을 둔 것으로 보았던 통상적인 개념은 사진의 혼합된 특성에 의해 명백하게 의심받았다. 초현실주의 사진은 선견자의 "순수한 눈"이 자신의 내면의 무의식 속의 경이로운 이미지를 "보도록" 하는 것이기보다는, 암실의 창조물만큼이나 내면 혹은 외부의 현실을 향한 창문이었다. 사진은 그림보다 훨씬 더, 형상적인 것과 담론적인 것의 중첩뿐 아니라 내면과 외부 대상들의 복합적 특성을, 그리하여 시각 자체의 순수하지 않은 지위를 보여 주었다.

브르통보다 바타유가 초현실주의 사진에 더 영향을 준 것처럼 보인다는 크라우스의 설명은, 초현실주의가 단지 환상적인 시각을 찬미했다는 가정을 더욱 붕괴시킨다. 브르통에 의해 파면당한 마송, 데스노스, 부아파르와 같은 많은 시각예술가들이 잡지 『도퀴망』을 거점으로 한 바타유의 주변으로 모인 것을 지적하면서, 크라우스는 심지어 그들이 초현실주의 주류와 결별하기 전에도 이미 이들과 만 레이 같은 다른 초현실주의자들은 신체의 통합된 형태를 탈이상화시킨 변형으로서 바타유의 비정형 개념을 옹호했다고 지적한다. 바타유의 영향은 1933년에 간행된 『미노토르』에 실린 사진들에서도 뚜렷하게 나타나는데, 그 사진들은 인간의 신체를 동물 같은 이미지들로 비하시켜서 변형하거나 입이나 항문과 같은 신체기관들을 혼동했다. 부아파르, 벨머(Bellmer),

150   Ibid., p. 113.

라울 위박(Raoul Ubac) 같은 사진가들은 신체를 『눈 이야기』를 연상시키는 일련의 폭력적인 시각적 공격의 대상으로 만들었다. 그들은 "어지럽게 중력에 굴복하는 신체, 왜곡된 원근법에 포획된 신체, 그림자의 투사에 침식된 신체, 열 또는 빛이 삼켜 버린 신체의 이미지들을 만들어 냈다."[151] 그 이미지들이 익숙한 인체를 종종 페티시적이고 성적으로 전치시킨 것은 원래 인체가 놓여 있던 공간적인 질서의 언캐니한 탈자연화를 수반했다. 그 결과는 눈과 응시의 비상호적인 키아즘적 상호 얽힘을 예시했다. 눈과 응시는 같은 시기, 같은 환경에서 라캉이 탐구하기 시작했던 상이한 시각적 원뿔의 꼭지점들이었다.[152]

그 결과, 초현실주의 사진은 관람자를 여전히 데카르트적 원근법주의 전통의 통일된 주체로 가정하는 "스트레이트 사진"의 지배적 전통이라는 것이 스캔들이었음을 증명했다. "현실에 깊숙이 뛰어드는 시각으로 무장한, 그리하여 사진의 작인으로써 현실을 지배한다는 환상이 부여된 주체는 범주들을 지워 버리고, 그 대신 페티시, **비정형**, 언캐니한 것을 확립하는 사진을 견딜 수 없는 것 같다"고 크라우스는 결론을 짓는다.[153]

---

151 Krauss, "Corpus Delicti," p. 44. 벨머의 사지가 잘린 인형들에서 가장 분명해 보이는 몸에 대한 이러한 공격에서의 젠더적 측면은 많은 논쟁을 불러왔다. 크라우스는 그 중요성에 반대했지만 여타 평자들은 그에 동의하지 않는다. 예를 들어, Steve Edwards, "Gizmo Surrealism," *Art History*, 10, 4 (December, 1987), pp. 511ff 참조. 에드워즈의 비평은 브르통과 바타유 각자의 정치적인 함의 때문에 바타유보다 브르통을 높이 평가한다. Hal Foster, "L'Amour Faux," *Art in America*, 74, 1 (January, 1986)도 마찬가지로 참조.
152 정확하게 말하자면 크라우스가 환기하는 키아즘적 얽힘은 라캉의 후기작인 『정신분석학의 네 가지 근본개념』에서만 나타난다. 하지만 1930년대에는 라캉의 거울단계 이론이 이미 전개가 되었으며, 바타유 일파가 이 이론을 적용할 수 있었다. 사실 『미노토르』는 피에르 마비유(Pierre Mabille)가 1938년에 쓴 소론 「거울(Miroirs)」을 실었으며, 이 글은 라캉의 거울단계에 관해 논했다.
153 Ibid., p. 72

따라서 오래도록 다른 시각적인 관행의 그늘 아래 있던 초현실주의 사진은 20세기의 시각중심주의 위기에 있어서 그 운동의 가장 중요한 공헌 중 하나로서 간주되어야 한다.

과연 초현실주의의 시각적 실험의 또 다른 영역인 영화에 대해서도 같은 이야기를 할 수 있을까?[154] 초현실주의자들은 우리가 베르그송에서 보았던 회의론을 피하며 영화라는 새로운 매체를 열렬히 포용했다. 최초의 프랑스 선구자들 중 하나는 아폴리네르였다. 그는 영화적 효과들을 「변두리(Zone)」와 같은 시들에 도입하고 손수 영화 스크립트를 쓰기도 했다. 1917년에 이미 필립 수포는 "영화적 시(cinematographic poems)"를 대상들의 몽타주 같은 전환과 갑작스러운 변형에 기초해서 썼다. 그는 또한 영화 대본을 쓰기도 했다. 고뇌로 자살하고 만 부조리주의자로서 초현실주의자들에게 강한 영감을 주었던 자크 바셰(Jacques Vaché) 또한 영화에 경도되었다. 브르통이 1916년 낭트에서 바셰와 지낸 그해는 그를 열렬한 전향자로 만들었다. 그 결과 그는 친구들과 함께 곳곳의 영화관을 돌아다니며 할 수 있는 한 많은 단편 영화들을 보았다. 초현실주의의 가장 진지했던 영화 비평가 로베르 데스노스는 그러한 많은 영화들을 옹호하면서 다음과 같이 열변을 토했다. "우리를 위해서, 오직 우리를 위해서 뤼미에르 형제가 영화를 발명했다. 그곳이 우리의 집이다. 그 어둠은 우리가 잠들기 직전에 방을 덮은 어둠이다.

---

154 초현실주의 영화에 대한 문헌은 현재 매우 방대하다. 가장 도움이 될 만한 글로는, J. H. Matthews, *Surrealism and Film* (Ann Arbor, Mich., 1971); Steven Kovács, *From Enchantment to Rage: The Story of Surrealist Cinema* (Rutherford, N. J., 1980); Linda Williams, *Figures of Desire: A Theory and Analysis of Surrealist Film* (Urbana, Ill., 1981); 그리고 특집호 *Dada/Surrealism*, 15 (1986)을 참조. 이 특집호는 참고문헌 목록을 완전히 갖췄다. 영화에 관한 초현실주의의 1차 문헌을 보려면, Paul Hammond, ed., *The Shadow and Its Shadow: Surrealist Writings on Cinema* (London, 1978). 참조.

아마도 스크린은 우리가 꾸는 꿈에 필적할 것이다."[155]

　프랑스의 1920년대는 특히 실험 영화를 만들기에 적합했는데, 일정 부분 널리 퍼진 시네-클럽 운동이 비상업적인 영화의 유통을 용이하게 했기 때문이다.[156] 프랑시스 피카비아(Francis Picabia)와 르네 클레르(René Clair) 같은 다다 예술가들은 〈막간(Entr'acte)〉 같은 작업에서 트릭 사진에 적합한 새로운 매체의 가능성을 이용했다. 그러나 그것은 뤼미에르 형제의 사실주의보다는 조르주 멜리에스(Georges Méliès)의 시각적 마술로부터 영향을 받은 것이었다. 어떤 사람들은 뒤샹의 〈빈혈증 영화〉에서 발전된 것과 같은 영화의 완전히 비모방적이고 기계적인 잠재력과 비서사적이고 비논리적인 효과들을 이용했다. 일례로 만 레이의 첫 영화 〈이성으로의 회귀(Le retour à la raison)〉(1921)는 애니매이션화된 레이요그라프를 포함한다. 하지만 다다이스트들은 청중을 과하게 수동적으로 만드는 공감각과 총체예술(Gesamtkunstwerk)이라는 19세기적 이상에 대한 영화의 스펙터클과 같은 인접성을 이내 불신하게 되었다.[157]

　한편 초현실주의자들은 바로 그런 결과를 찬미했다. 그들은 서사, 캐릭터 그리고 시각적인 사실주의를 복원했지만 그것들을 그들이 다른 곳에서 시적이고 조형적인 수단을 통해서 모색했던 몽상적인 효과들로 가득 채웠다. 1911년에 이미 평론가 쥘 로맹(Jules Romains)은 영화 관

155　Robert Desnos, *Cinéma*, ed. André Tchernia (Paris, 1966), p. 154; Kovács, p. 15에서 재인용.

156　프랑스 영화사에 관해서는, Richard Abel, *French Cinema: The First Wave, 1915-1929* (Princeton, 1984); Roy Armes, *French Cinema* (New York, 1985); 그리고 Alan Williams, *The Republic of Images: A History of French Filmmaking* (Cambridge, Mass., 1992) 참조.

157　영화에 대한 다다이스트들의 환멸에 관해서는 Thomas Elsaesser, "Dada/Cinema?" in *Dada/Surrealism*, 15 (1986), pp. 13-27.

객들에 대한 논의에서 영화와 꿈 사이의 연계를 언급했다.

"집단적 꿈이 이제 시작되었다. 관객들은 잠든다. 그들의 눈은 더 이상 보지 않는다. 관객은 더 이상 그들의 몸을 의식치 못한다. 대신 거기엔 오로지 지나가는 이미지들, 꿈들의 미끄러짐과 바스락거림만이 있다."[158] 당연히 초현실주의와 영화 사이의 친연성은 빠르게 인식되었다. 그 고전적인 언급은 그 자신은 초현실주의의 일원이 아니었던 장 구달(Jean Goudal)이 1925년에 쓴 널리 인용되는 글에서 나왔다.[159] 그는 영화가 자아를 억압하는 의식적인 환각을 촉진한다고 주장했다. "우리의 신체는 스스로의 실존 감각을 빼앗는 일종의 일시적인 주체감 상실을 경험한다. 우리는 10미터짜리 하얀 스크린 앞에 고정된 두 눈일 뿐이다."[160] 그는 영화가 관습적인 언어의 논리적 함의에 기대지 않고도 의미 생성에 대한 초현실주의적인 기획을 훌륭하게 실현시킨다고 주장했다. 영화는 시각적인 병치를 통해서 초현실주의 시 속 언어적 심상보다 훨씬 생생하게 세속적인 조명을 만들 수 있었다.

이 같은 약속을 실현시키는 데 있어 초현실주의자들은 영화 제작에서 얼마나 성공적이었을까? 사실 그들의 재능은 대부분 실제 영화 제작보다는 시나리오를 구상하는 데, 즉 시각적인 노력보다는 언어적인 노력에 쓰였다. 영화 저널에서 시네로망(ciné-romans)으로 종종 출간되었던 그들의 대본은 대중 시장의 전형적인 서사영화(film raconté)의

---

158 Jules Romains, "La Foule au cinématographe," *Puissances de Paris* (Paris, 1911), p. 120. 린다 윌리엄스는 초현실주의 영화가 꿈의 내용을 재현하려 했다기보다 꿈 작용 자체의 과정을 환기하고자 했다고 근래에 주장했다. Linda Williams, *Figures of Desire*, pp. 17ff 참조.

159 Jean Goudal, "Surréalisme et cinéma," *Revue Hebdomadaire*, 34, 8 (February 21, 1925), pp. 343-357. 영역본으로는 Hammond, ed., *The Shadow and Its Shadow*. 160. Ibid., p. 308 참조.

160 Ibid., p. 308.

안정적이고 관습적인 기능을 위반하고자 했다.[161] 결과적으로 그들 중
일부, 예를 들어 1차 대전 이후 크게 유행했던 고공 비행이라는 주제로
작업했던 앙토냉 아르토(Antonin Artaud)의 작품들은 큰 관심을 얻었
다.[162]

그러나 미학적인 이유와 함께 재정적인 이유로 인해 대부분의 대본
을 영화화하지 못한 점은 이내 타격이 되었다. 유성 영화의 발명으로
대중 관객이 찾지 않는 난해한 실험을 허용하지 않을 정도로 제작비가
올랐다. 1930년대 초반이 되자 초현실주의자들의 영화에 대한 심취는
수그러들기 시작했다. 브르통 자신은 제작을 후원하겠다는 새파란 열
정을 표현한 것 외에 한 것이 거의 없었다. 영화 감상과 그것을 제작하
는 것은 전혀 별개의 문제였다. 아르토는 1933년 「영화의 이른 노쇠
(The Premature Senility of the Film)」라는 글에서 다음과 같이 주장했
다. "영화의 세계는 죽은 세계다, 실체가 없고 단축된. […] 우리는 영화
가 우리에게 인간의 신화와 오늘날의 삶을 회복해 주기를 기대해서는
안 된다."[163] 그러나 대부분은 뱅자맹 페레의 이후의 탄식을 공유하게

161 이에 관한 설명으로는 Richard Abel, "Exploring the Discursive Field of the
Surrealist Scenario Text," *Dada/Surrealism*, 15 (1986), pp. 58-71 참조.
162 Kovács, *From Enchantment to Rage*, p. 170. 180페이지에 있는 주석에서 코바
치(Steven Kovács)는 영화와 비행 사이의 관계를 상정한다. 이는 영화와 비행이 섹슈
얼리티 면에서 공통점이 있다는 프로이트의 생각을 참고한 것이다. 그러나 코바치는 비
행사의 시각이 미화되었던 전후의 특정한 맥락을 무시한다.
163 Antonin Artaud, "La vieillesse précose du cinéma," *Les cahiers jaunes*, 4
(1933), in *Oeuvres complètes* (Paris, 1970), pp. 104와 107. 영화에 관한 아르토의 환
멸을 설명한 문헌으로는 Kovács, *From Enchantment to Rage*, 5장, 그리고 Sandy Flit-
terman-Lewis, "The Image and the Spark: Dulac and Artaud Reviewed," *Dada/
Surrealism*, 15 (1986), pp. 110-127. 후자의 글은 아르토가 〈조개와 성직자(The Sea-
shell and the Clergyman)〉(1927)를 제작하면서 했던 제르멘 뒬락(Germaine Dulac)
과의 실패한 합작에 주목한다.

되었다. "영화처럼 하나의 표현 수단에 이토록 많은 희망을 목격했던 적은 없었다. […] 그리고 이토록 엄청난 가능성과 하찮은 결과들 사이의 불균형을 관찰한 적도 없었다."[164]

비록 성공작은 소수였지만 초현실주의는 그 관심이 시들기 전에 널리 찬사를 받은 두 편의 대표작을 제작했다. 〈안달루시아의 개〉(1929)와 〈황금시대(L'age d'or)〉(1930)가 그것이다. 이 두 영화는 스페인의 예술가 루이스 부뉴엘과 살바도르 달리의 작품이었고, 이 두 사람은 당시 파리의 아방가르드 집단의 일원이었다. 이들 두 작품에 수많은 비평적 관심이 집중되었으며, 이 두 협업자의 상대적인 역할에서부터 두 영화 사이의 정치적 함의의 변화에 이르는 모든 것이 논의되었다.[165] 그 모든 논의를 다시 설명하기보다 나는 이 두 영화의 중심 에피소드들 가운데 하나의 의미를 탐구하고자 한다. 이는 〈안달루시아의 개〉에서 유명한 눈을 베어 긋는 장면으로, 시각중심주의의 위기에 대한 초현실주의적인 공헌에서 특별히 중요한 것이다.

이 영화는 꿈의 세계에 대한 초현실주의자들의 매료를 강력하게 환기시키는 일련의 느슨하게 연결된, 수수께끼 같은 장면들로 이뤄져 있다. 부뉴엘에 따르면, "플롯은 **의식적인 심리적 자동기술**의 결과이며, 그러한 한에서 그것은 꿈을 이야기하려 하지 않는다. 다만 플롯은 꿈과 유사한 기제로 이익을 얻을 뿐이다."[166] 이 작품의 가장 열광적인 지지자 중 하나인 바타유는 그 힘을 다음과 같이 말했다. "여러 개의 명백한

---

164   Kovács, *From Enchantment to Rage*, p. 250에서 뱅자맹 페레의 말 재인용.

165   방대하게 엄선된 문헌으로는 다다와 초현실주의 영화에 관한 루돌프 쿠엔츨리 (Rudolf Kuenzli)의 참고문헌 목록 중에 부뉴엘과 달리를 다룬 표제어를 참조. *Dada/Surrealism*, 15 (1986).

166   Luis Buñuel, "Notes on the Making of *Un chien andalou*," *Art in Cinema*, ed. Frank Stauffacher (New York, 1968), p. 29.

사실들이 그것이 진실이라는 논리적 연관이 없는 채로 연속적으로 등장
한다. 그러나 이 장면들이 공포 속으로 깊숙이 파고들기 때문에 관객들
은 모험영화에서처럼 직접적으로 사로잡히게 된다. 이 사로잡힌 관객들
은 심지어 어떠한 계략에도 넘어가지 않고서 정확하게 목덜미를 그러잡
혔다. 과연 이 관객들은 이 영화의 제작자들, 혹은 그와 비슷한 사람들이
언제 멈출지를 알까?"[167]

〈안달루시아의 개〉가 지닌 매력의 또 한 가지 원천은 그것이 작품 해
석의 시도를 끈질기게 부추기면서도 작품을 해석하려는 시도에 대해
저항하는 데 있었다. 부뉴엘은 "영화 속의 **그 무엇도 그 어떤 것을 상징하
지 않는다**"고 주장했다.[168] 하지만 그는 정신분석학이 이것을 이해하는
데 도움이 될 수 있다고 인정했다. 영화의 가장 널리 해석된 에피소드
는 영화의 프롤로그라고도 불리는 도입부에서 일어난다. 신화적인 시
간성을 환기시키는 "옛날 옛적에"라는 자막이 나오면서, 구름 하나가
달을 가로질러 지나간다. 이어서 여성의 안구를 면도날로 천천히, 신중
하게, 주저없이 베는 장면이 등장한다. 바타유에 따르면 부뉴엘은 그에
게 "가늘고 긴 구름이 달 표면을 가로지르는 실제의 모습에서 달리가
직접 아이디어를 얻었다"[169]면서 그 장면이 달리의 창안이라고 말했다.
그리고 몇 년이 지난 후에 부뉴엘은 그가 스스로 그런 꿈을 꿨다고 말
했다.[170] 그 기원이 무엇이건 간에, 몽타주의 마법으로 여자의 눈을 대체
한 죽은 소의 눈이 충격적으로 소름끼치는 공포와 함께 산산이 파열되

---

167 Bataille, "Eye," *Visions of Excess*, p. 19.

168 Luis Buñuel, "Notes on the Making of *Un chien andalou*," p. 30

169 Bataille, "The 'Lugubrious Game,'" *Visions of Excess*, p. 29.

170 Carlos Fuentes, "The Discreet Charm of Luis Buñuel," *New York Times Magazine* (March 11, 1973), p. 87, Kovács, *From Enchantment to Rage*, p. 191에서 재
인용.

었을 때, 그것은 효과적으로 실현되었다.

이 장면은 그 중에서도 특히 여성에 적대적인 성적 잔혹함의 시뮬라크르, 남성적 거세 불안의 상징, 태아의 잉태, 동성애적인 양가성의 암시, 확장된 언어유희 등으로 다양하게 해석됐는데,[171] 이 행위의 액면 그대로의 차원은 빈번히 간과되었다.[172] 즉 그것은 바타유의 포르노그래피적 소설에 강박적으로 나왔던 테마인 눈에 대한 폭력적인 절개로, 여기서는 역설적으로 화면에서 눈을 돌릴 용기가 없는 자들의 시야에서 보인다. 순화시켜 말하자면 거기엔 시각적 쾌락이라고는 거의 없다. 이는 결국 크리스티앙 메츠와 같은 평론가들이 그처럼 강하게 비판했던 영화의 매혹적인 유혹을 조소한다.

메츠의 주장을 따르는 최근의 논자인 린다 윌리엄스(Linda Williams)는 초현실주의 회화가 영화적 쾌락의 지배 체제를 전복하려는 하나의 시도였다고 도발적으로 해석했다. 윌리엄스는 메츠가 채택한, 다음 장에서 살펴볼 라캉의 용어로 이를 설명한다. 그에 따르면 비록 초현실주의 시인들이 영화가 성문화된 언어의 경직성으로부터 벗어날 수 있는 탈출구를 마련해 준다고 느꼈기 때문에 처음에 영화로 돌아섰지만, 그들의 영화 이미지 활용법은 관객 스스로의 이미지에 대한 오인을 드러내는 매우 정교한 시도가 되었다. 그래서 라캉이 상상계라고 부르는 것에 대한 초현실주의자들의 구축은 언어에서 작동하는 것과 유사한 과정들을 거쳐서 이미지가 구조화되는 방식을 드러내는 것을 목표

---

171 부뉴엘 자신은 이와 같은 모든 해석들에 대해 불만을 표했다. 프랑스와 트뤼포(François Truffaut)에 대한 부뉴엘의 의견을 참조. "Rencontre avec Luis Buñuel," *Arts* (July 25, 1955), p. 5, Kovács, *From Enchantment to Rage*, p. 245에서 재인용.
172 근래에 나온 하나의 예외적인 설명으로는 Mary Ann Caws, "Eye and Film: Buñuel's Act," in *The Art of Interference: Stressed Readings in Verbal and Visual Texts* (Princeton, 1989).

로 한다.[173] 〈안달루시아의 개〉에 대한 윌리엄스의 독해에 따르면 눈을
베는 장면은 이미지즘적 전체성의 경험에 수반되는 시각적 쾌락의 파
열에 대한 비유다.

사실 눈은 초현실주의 영화에서뿐만 아니라 초현실주의 이미지에서
중심적이었으며, 20세기 시각예술에서 많이 발견된다.[174] 오딜롱 르동
(Odilon Redon)은 풍선, 꽃, 하늘을 바라보는 키클롭스 같은 외눈에
대한 뇌리를 떠나지 않는 이미지들로 선례를 보였으며, 조르조 데 키리
코(Giorgio De Chirico), 에른스트, 달리, 만 레이, 마그리트 같은 예술
가들은 눈에 관한 풍부한 도상학을 전개했다. 대부분의 경우 두 눈, 혹
은 종종 외눈은 적출되거나 시력을 잃거나 절단되었다. 또는 『눈 이야
기』에서처럼 내부의 액체가 쉽게 유출될 수 있는 계란 같은 여타 형태
로 변형되었다. 투명한 머리들이 불투명한 고글을 쓰고 있는 에른스트
의 〈두 개의 모호한 형상(Two Ambiguous Figures)〉(1919), 애인의 사
진에서 눈을 잘라 메트로놈에 붙인 만 레이의 〈파괴의 오브제(Object
of Destruction)〉(원작 1923년), 거세와 적출이라는 으스스한 이미지들
이 혼합된 달리의 〈음울한 놀이(The Lugubrious Game)〉(1929), 공이
에로틱하게/사디즘적으로 반월형 쐐기에 의해 갈라진 알베르토 자코메
티(Alberto Giacometti)의 〈매달린 공(Suspended Ball)〉(1930-1931)
등[175]은 모두 부뉴엘의 면도날에서 절정에 달한 시각에 대한 폭력적인

---

173 Williams, *Figures of Desire*, p. 41.

174 이에 관한 논의로는, Jeanne Siegel, "The Image of the Eye in Surrealist Art
and Its Psychoanalytic Sources, Part One: The Mythic Eye," *Arts Magazine*, 56, 6
(1982), pp. 102-106 and "Part Two: Magritte," 56, 7 (1982), pp. 116-119; 그리고
Gerald Eager, "The Missing and Mutilated Eye in Contemporary Art," *The Journal
of Aesthetics and Art Criticism*, 20, 1 (Fall, 1961), pp. 49-59.

175 이 조각을 『눈 이야기』 및 〈안달루시아의 개〉와 관련시킨 분석으로는, Krauss,
The Originality of the Avant-Garde, p. 58 참조.

폄하라는 특징을 드러낸다.

이 때 선견자의 제3의 눈은 본연의 영적이고 고양시키는 기능이 박탈되고 사디즘적이고 에로틱한 충동과의 친연성을 드러내게 된다. 브르통의 선견자가 했던 이카로스적인 비상은 바타유의 미궁의 내부에서 끝난다.[176] 잔 시겔(Jeanne Siegel)이 옳다면, 정신분석가 루돌프 라이틀러(Rudolf Reitler)가 1913년에 주장한 제3의 눈과 위반적인 섹슈얼리티 사이의 명백한 연계는 막스 에른스트에게 직접적인 영향을 주었을 것이며, 그를 통해서 다른 초현실주의자들에게 이 영향이 전파되었을 것이다.[177] 그 기원이 무엇이든, 초현실주의 예술가들에게 눈은 숭배의 대상이나 순수하고 고귀한 시각기관이라기보다 절단과 경멸을 위한 표적이거나 그 자신의 폭력적인 기관인 듯이 보였다는 것은 확실하다. 초현실주의적 눈 이미지에 관한 분석을 근간으로 미술사가 제럴드 이거(Gerald Eager)는 20세기의 모든 회화를 다음과 같이 일반화한다.

그의 눈들은 뻑뻑하고 움직일 수 없으며, 그 눈들은 살아 있지 않고 되돌아보고 바라보는 능력을 잃은 것처럼 보인다. 관객이 그 눈들을 바라볼 때 그것들은 시선을 되돌릴 능력이 없다. 따라서 시선의 마주침이 가진 개별적이거나 신성한 섬광은 상실되거나 절단된 눈에서 존재하지 않는다. 시선의 마주침 대신 거부가, 시각 대신 전적인 눈멂이 있다.[178]

---

176 〈황금기〉를 바타유의 세계관으로 해석한 독해로는 Allen Weiss, "Between the Sign of the Scorpion: L'Age d'or," *Dada/Surrealism*, 15 (1986), pp. 159-175.

177 Siegel, "The Image of the Eye in Surrealist Art," p. 106. 라이틀러의 소론은 Reider, "On Eye Symbolism," *Internationale Zeitschrift für Ärztliche Psychoanalyse*, 1 (1913).

178 Eager, "The Missing or Mutilated Eye in Contemporary Art," p. 59.

비록 초현실주의 회화, 사진, 영화의 함의에 관한 이 분석이 브르통에 대한 바타유의 승리를 입증한다고 이해되더라도 결론적으로 브르통도 마찬가지로 시각의 특권화를 의문시했다는 점이 지적되어야만 한다. 브르통은 「자동적 메시지(The Automatic Message)」(1933)에서 "언어적 영감은 소위 시각적 이미지보다 시각적 의미에 있어 한없이 더 풍부하면서도 눈에는 한없이 더 저항적이다."[179]라고 인정했다. 그런 다음 그는 그러한 자신의 믿음이 "시인이 지닌다고 가정되는 '환상적' 힘에 대한 나의 부단한 저항의 근원이다. 로트레아몽과 랭보는 묘사한 것을 **본 것**이 아니다. 즉 그들은 대상과 결코 **선험적으로** 대면하지 않았다. 말하자면 그들은 어떤 것도 **묘사하지** 않았다. 두 시인은 자신을 존재의 어두운 심연 속에 던졌다. 그들은 희미하게 들었을 뿐이다"[180]라고 고백했다. 따라서 바타유처럼 브르통이 주름 잡히고 구불구불하면서 빛이 없는, 초현실주의자들이 무의식과 대면하는 곳으로서 미궁이라는 은유를 쓴 것은 놀랍지 않다.[181]

시적 창조의 "환상적" 모델에 대한 브르통의 저항이 스스로의 주장처럼 부단했든 그렇지 않든 간에(이미 지적했듯이 그는 1935년의 글 「대상의 초현실주의적 상황(Surrealist Situation of the Object)」에서 랭보의 「선견자의 편지」를 예찬하면서 인용했다), 브르통은 다음과 같

---

179 Breton, "The Automatic Message," p. 107.

180 Ibid.

181 브르통이 미궁 은유를 다양하게 쓴 점에 관한 논의로는 John Zuern, "The Communicating Labyrinth: Breton's 'La Maison d'Yves'," *Dada/Surrealism*, 17 (1988) 참조. 존 주언(John Zuern)은 브르통이 스스로를 미노타우로스보다는 테세우스와 동일시했다고 지적한다. 하지만 "이 초현실주의자 테세우스, 이 혁명가는 미궁에 들어가서 괴물을 죽임으로써 세계를 압제로부터 해방시키지 않는다. 다만 그는 세계 전체를 미궁 속으로 데려감으로써 해방을 꾀한다. 이 미궁 속에서 해방적인 무의식과 혼동된 세계는 이윽고 변형된다." (p. 118.)

이 주장하며 자신이 우선시하는 것들을 분명히 밝혔다. "나는 내가 10년 전에 그랬듯이 시각적으로 증명할 수 없는 것의 승리를 오늘날에도 **청각적으로** 완전히 믿는다. 맹목적으로 믿는다. 모든 가시적인 것들을 은폐하는 눈멂으로 맹목적으로 믿는다."[182] 그러므로 초현실주의 화가들이 집단창작의 원칙을 지키기보다 오히려 완강한 자기중심주의자로 남으면서 브르통을 완전히 실망시켰을 때에도(심지어 많은 찬사를 받았던 에른스트조차도 1953년의 베니스 비엔날레에서 대상을 수상했다는 이유로 제명당했다), 브르통은 경이의 직접적인 시각 표현인 "가련한 편법"에 대해 원래 갖고 있던 불신을 나타냈다.[183]

요컨대 〈안달루시아의 개〉에서 소/여자의 눈을 베는 도발적인 장면은 데카르트의 『굴절광학』에서 소의 눈(oeil de boeuf)을 고요하게 해부하는 대목과 판이하다. 반시각적 담론이 프랑스 지성계의 여러 분야로 확산되면서 데카르트적 원근법주의 전통의 기초가 된 문헌인 『굴절광학』은 보다 노골적인 비판의 주제가 되었다. 데카르트의 이 책은 특히 현상학으로 알려진 철학 운동 내에서 시각중심주의를 비판하는 프랑스 사상가들의 편리한 공격 대상이 되었다. 다음 장에서 논증하려는 장폴 사르트르와 모리스 메를로퐁티의 작업에서는 눈과 그 응시에 대한 의문이 새롭고도 열렬하게 탐구된 영역으로 확장되었다.

[번역: 최정은, 황기엽]

---

182 Breton, "The Automatic Message," p. 107.
183 화가들에 대한 브르통의 환멸로는 Breton, "Against the Liquidators," (1964) in *What is Surrealism?* 참조.

| 역자 주 |

a   '독수리'를 뜻하는 프랑스어 aigle의 발음 /ɛgl/(에글)과 헤겔의 프랑스어식 발음 /egɛl/(에겔)은 매우 유사하다.

5장
사르트르, 메를로퐁티 그리고
시각에 관한 새로운 존재론적 탐구

요약

저자는 5장에서 시각중심적 편향에 대해 본격적으로 의문을 제기한 프랑스 사상가 사르트르, 메를로퐁티와 이들에게 영향을 준 독일의 후설과 하이데거의 이론을 살펴본다. 현상학의 주창자인 후설은 대상으로 향하는 '지향성'을 제시하고 '사물 그 자체'로 돌아가자고 주장하면서, 보는 주체와 보여지는 대상이라는 이분법을 약화시켰다. 또한 하이데거는 그리스에서 시작한 시각중심주의적인 서구 형이상학을 강하게 비판한다. 그는 대상을 마주하는 배타적 응시가 아닌 둘러보고 배려하는 시선이 존재를 밝히고 드러나게 한다고 주장하면서, 존재론으로의 길을 열게 된다. 이러한 현상학은 프랑스로 전해져서 반시각적 담론의 토양을 제공한다.

저자는 사르트르만큼 시각에 적대적인 사상가는 없었다고 소개한다. 사르트르는 주체와 대상 간의 응시를 서로 기만하고 약탈하는 것으로 규정한다. 사르트르의 시각에 대한 혐오는 너무 지나쳐서, 사르트르 개인적 경험에 기반한 것이 아닌가 하는 의문이 들 정도이다. 따라서 저자는 먼저 사르트르의 개인적인 경험에 초점을 맞추면서 정신분석적으로 접근한다. 저자는 어려서부터 가족들이 한 칭찬과 찬사가 기만적이었다는 사실을 깨달은 사르트르가 시각이 갖는 사악한 성격을 탐구하게 된 계기라고 설명한다. 또한 저자는 인식론적인 측면에서 상상력을 통해 시각적 이미지를 차단하고 자유를 갈구하는 사르트르의 논지를 서술한다. 사르트르는 지각대상과 이미지를 분리시켰고, 이미지와 분리된 지각은 상상력을 통해 행위의 지향성을 갖게 된다. 따라서 사르트르에게 상상력이란 지각된 세계의 실재를 초월하거나 무화시키는 의식의 능동적인 기능이다. 이로써 우리의 지각은 시각에서 해방되어 행동으로 나아가는 단초가 된다. 저자는 사악한 눈이라는 사르트르의 논의는 반시각중심주의 담론에 중요한 토대가 된다고 설명한다.

메를로퐁티의 초기 저작은 시각에 대해 적대적이지 않았다. 오히려 그는 시각을 주체 간의 상호성을 증진시키고 공동체 형성을 가능하게 하는 긍정적인 것으로 보았다. 따라서 메를로퐁티는 시각이 유익한 사회적 의미를 지닐 수 있다는 대안적 철학을 제시한다. 그의 『행동의 구조』와 『지각의 현상학』은 사르트르의 설명보다 시각의 역할에 대해 더 희망적인 결론을 내린다. 그러나 이러한 그의 입장은 변화한다. 지각을 회복시키려는 초기의 노력들과는 다르게, 단지 지각의 회복만으로는 "진리"에 접근할 수 없다고 깨달은 메를로퐁티는 정신분석적 모티프와 언어적 모티프를 사용하여 '살(chair)'의 개념으로 세계를 설명한다. 따라서 체험된 신체 상호 간의 얽힘을 강조한 그의 초기 논의는 후기에 이르러 존재의 주름이자 교차이며 경첩과 같이 얽힌 '세계의 살'을 제시하면서, 주체와 객체, 보는 자와 보이는 대상, 정신과 신체의 분리를 붕괴시킨다. 다시 말해, 메를로퐁티의 후기 이론은 관찰하는 주체를 폐위시킨다. 저자는 지각의 현상학적 복원이라는 본래의 의도에서 출발한 메를로퐁티의 여정은 시각과 언어 사이의 관계에 대해 해결해야 할 많은 것을 남겼음에도 불구하고, 이후 세대에게 반시각적 담론을 형성하는 데 영향을 주었다고 마무리한다.

〔안선미 요약〕

5

사르트르, 메를로퐁티 그리고
시각에 관한 새로운 존재론적 탐구

> 그러나 갑자기 나는 거실에서
> 발자국 소리를 듣는다. 어떤 사
> 람이 나를 보고 있다! 이것은
> 무엇을 의미하는가?
> —장폴 사르트르[1]

> 나는 더 명확하게 보고 싶다.
> 그러나 나는 안다. 그 어느 누
> 구도 더 명확하게 볼 수 없다는
> 사실을.
> —모리스 메를로퐁티[2]

1차 세계대전 이후 베르그송의 도전이 있었고 그 뒤에 초현실주의자들
이 헤겔 철학을 수용했음에도 불구하고, 주류 프랑스 철학은 1930년대
에 접어들 때까지도 신칸트주의와 실증주의적 경향에 사로잡혀 있었
다. 사실 넓은 의미에서, 프랑스 철학은 데카르트주의를 계승한 많은
기본적인 가정들을 절대 버릴 수 없었다.[3] 그 중에서도 객관적인 외부
세계를 반영한다는 주체적 자아에 기초한, 프랑스 철학의 관람자적이
고 지성주의적인 인식론이 가장 끈질기게 유지됐다. 레옹 브륑슈비크
(Léon Brunschvicg)가 이 점을 가장 열렬히 옹호했는데, 소르본에서
그의 영향력은 1909년부터 독일이 파리를 점령했던 1940년까지 계속되

---

1   Jean-Paul Sartre, *Being and Nothingness: An Essay on Phenomenological Ontology*, trans. Hazel E. Barnes (New York, 1966), p. 319.

2   Maurice Merleau-Ponty, *The Primacy of Perception*, ed. James M. Edie (Evanston, Ill., 1964), p. 36.

3   사실 오늘날까지도, 프랑스에서 데카르트는 여전히 무시할 수 없는 인물이다. Vincent Carraud, "The Relevance of Cartesianism," in *Contemporary French Philosophy*, ed. A. Phillips Griffiths (Cambridge, 1987).

었다.[4]

가브리엘 마르셀(Gabriel Marcel), 폴 니장(Paul Nizan), 장 발(Jean Wahl), 장 이폴리트(Jean Hyppolite), 클로드 레비스트로스(Claude Lévi-Strauss), 시몬 드 보부아르(Simone de Beauvoir), 특히 장폴 사르트르, 모리스 메를로퐁티 같은 젊고 비범한 사상가들은 양차대전 사이에 꾸준하게 탐구를 이어갔는데, 이들이 브룅슈비크의 헤게모니와 제3공화국 철학의 정통성에 어떻게 저항했는지에 대해서는 자주 언급되어 여기서 반복할 필요는 없다.[5] 이들이 알렉상드르 코제브의 강의에서 헤겔 변증법을 학습했다는 것, 역사와 정치학을 재발견했다는 것, 유럽 중심적 문화 모델을 더 이상 참을 수 없어 했다는 것, 그리고 신칸트주의의 진부한 추상 작업을 대체할 구체적인 철학을 추구했다는 것은 이제 널리 알려져 있다.

그런데 이들이 시각중심적인 지배적 전통에 대해 근본적인 의문을 제기했다는 사실은 잘 알려져 있지 않다. 그러나 이들의 문제 제기는 이전 장들에서 살펴보았던 비평들을 중요한 방식으로 보완해 줄 것이다. 사르트르와 메를로퐁티는 자신들이 종종 비난했던 바타유와 초현실주의자들과는 매우 다른 입장에서 시각에 대해 상세히 조사했고,[6] 이

4 브룅슈비크의 역할에 대하여 다음을 참조할 수 있다. Colin Smith, *Contemporary French Philosophy* (London, 1954); Jacques Havet, "French Philosophical Tradition between the Two Wars," in *Philosophic Thought in France and the United States*, ed. Marvin Farber (Albany, N.Y., 1950).

5 Mark Poster, *Existentialist Marxism in Postwar France* (Princeton, 1975); Vincent Descombes, *Modern French Philosophy*, trans. L. Scott-Fox and J. M. Harding (Cambridge, 1980).

6 사르트르는 특히 초현실주의에 대해 비판적이었다. 바타유의 *L'expérience intérieure*에 대한 사르트르의 비평은 다음을 참조할 수 있다. "Un nouveau Mystique" in *Situations I* (Paris, 1947). 초현실주의에 대한 사르트르의 비평은 다음을 참조할 수 있다. *What Is Literature?*, trans. Bernard Frechtman (New York, 1949). 사르트르의

는 이 책의 중심적인 에피소드로 이해되어야 한다. 비록 많은 기본적인 관점에서 의견이 달랐을지라도, 사르트르와 메를로퐁티는 데카르트적인 원근법적 응시를 상당히 의심했고 이는 시각의 우위성 그 자체에 대한 불신으로까지 확장되곤 했다.

또한 사르트르와 메를로퐁티는 시각중심주의에 관해 독일 비평가들에게 상당한 영향을 받았고 그들의 사상을, 종종 윤색되었더라도, 프랑스에 널리 확산시키는 데 기여했다. 종교개혁 이래로 독일 철학은 프랑스보다 확실히 시각에 덜 치우쳤던 것처럼 보인다. 일반적으로 독일 사상가들은 그들의 저서에서 회화보다 시나 음악에 더 주의를 기울이는 경향이 있는데, 이는 그들이 시각적 경험보다는 청각적 경험을 더 우선시했기 때문이다.[7] 쇼펜하우어(Schopenhauer), 니체, 아도르노(Adorno)는 음악에서 예술 형태의 정수를 발견했다고 주장한 대표적인 독일 철학자들이다. 왜냐하면 음악은 회화보다 의지를 더 직접적으로 표현한다고 여겨졌고, 또한 음악의 비표상적 성격은 기존 세계를 지나치게 모방하는 자연주의자가 되는 위험을 막아 주기 때문이다.[8] 슐라이어마허(F. Schleiermacher)와 빌헬름 딜타이(Wilhelm Dilthey)부터 가다머에 이르는 해석학 사상가들은 이미지보다 말(word)을 더 신뢰했다. 루트비히 클라게스(Ludwig Klages)와 같은 생철학자들은 영혼의 생기를

입장에 관한 일반적인 설명은 다음을 참조할 수 있다. Michel Beaujour, "Sartre and Surrealism," *Yale French Studies*, 30 (1964). 메를로퐁티는 그들의 생각에 적극적으로 참여하진 않은 것으로 보인다. 각주 19 참조.

7 물론 이런 경향에는 예외가 있었다. 예를 들면, 프리드리히 실러(Friedrich Schiller)는 자신의 미학에서 시각의 중요성을 강조했다. *On the Aesthetic Education of Man in a Series of Letters*, trans. Reginald Snell (New York, 1965), p. 126.

8 독일 음악 문화가 프랑스보다 더 발전했다는 것은 문화사의 상투적인 생각이다. 독일 음악의 우수성에 관한 설명은 다음을 참조할 수 있다. Marcel Beufils, *Comment l'Allemagne est devenue musicienne* (Paris, 1983).

지배하려는 경직된 지적 관념과 시각의 우위를 서로 연관지었다.[9] 이미지의 금지(성상숭배 금지, Bilderverbot)는 명백하게는 고대 유대의 금기로부터 왔고 암묵적으로는 오래된 독일적 성향과 일치하는 것으로 볼 수 있는데, 그러한 금지가 지니는 힘을 프랑크푸르트학파 같은 마르크스주의자까지도 이해했다.

그런데 라인강을 건너서 사르트르와 메를로퐁티의 세대에게 주요한 영감을 준 것은 현상학, 특히 에드문트 후설(Edmund Husserl)과 마르틴 하이데거(Martin Heidegger)의 현상학이었다. 1930년대 초반 사르트르와 메를로퐁티는 처음에는 후설을 시각중심주의를 비판한 사상가로서 인지하지 않았던 것 같다. 후설은 1931년 『데카르트적 성찰 Cartesian Meditations』에서 신데카르트주의의 한 종류로서 현상학을 정의했는데,[10] 신데카르트주의는 개념적으로 명석판명한 관념들을 엄밀하게 과학적으로 탐구하는 사상이었다. 더구나 후설은 데카르트 철학이 진정으로 초월적이려면 그 속에 숨어 있는 심리학적인 잔재를 일소시킬 필요가 있다고 주장했다. 그는 현상학이 본질을 꿰뚫어 직관적 통찰을 얻어 낼 수 있는 소위 "형상적 과학(eidetic science)"이 되어야 한다고 말했다. 베르그송의 직관과는 다르게, 후설의 직관은 체험된 시간성의 내적 경험을 더 잘 드러낼 수 있었다. 현상학적 "환원"(그가 종종 **판단중지**epoché라고 지칭한)은 존재와 의미의 근원으로 돌아가는 것(라틴어 reducere)이다. 일상적인 지각 경험을 당연시하고 경험된 "사실들" 전체를 실재와 동일시하는 "자연적 입장"을 보류시키고, 남아 있는 의

---

9 Ludwig Klages, *Der Geist als Widersacher der Seele*, 2 vols., 3d ed. (Munich, 1954), vol. 1, 30장. 유사한 정서는 다음의 문헌에서도 볼 수 있다. Oswald Spengler, *The Decline of the West*, vol. II, trans. Charles Francis Atkinson (New York, 1950), pp. 6ff.

10 Edmund Husserl, *Cartesian Meditations*, trans. D. Cairns (The Hague, 1970).

식의 자료들을 기술함으로써, 후설은 더 근본적인 수준의 실재에 접근
할 수 있었다.

후설이 형상적 직관을 **베젠샤우**(Wesenschau, 문자 그대로 해석한다
면, 본질을 들여다봄)로 불렀다는 사실을 보면, 그의 사상에서 시각중
심적인 전제들이 고수되고 있었다는 것을 알 수 있다. 조셉 코켈만(Jo-
seph J. Kockelmans)이 언급한 것처럼, "후설은 우리의 모든 합리적인
주장의 궁극적인 토대를 직접적인 시각, 즉 진술하고자 하는 사물에 대
한 본래적인 직관에서 찾았다."[11] 사실 몇 년에 걸쳐 후설의 입장이 바
뀌었다 할지라도, 예를 들어 심리학과 현상학 사이의 관계에서도 입장
변화가 있었다 하더라도, 많은 논평가들은 후설이 지속적으로 시각에
특권을 부여했다고 언급한다. 예를 들어 입문서인 『현상학 *La Phénom-
enologie*』에서, 리오타르는 "실재에서 합리적이고 확실한 증거를 얻기
위한 궁극적인 토대는 일반적으로 '시각'이다. 즉 본래적인 근본적 의
식(이념들, Ideen)에 있다"고 적었다.[12] 그리고 쿠엔틴 로어(Quentin
Lauer)도 후설에게 있어서 "철학은 보는 것이다. 만약 그렇지 않다면
철학은 절대로 학문이 아니다"라고 덧붙였다.[13]

사실 일부 프랑스 비평가들은 후설 사상에서 시각이 확실히 중심적
역할을 했다고 비판했다. 이들은 시각의 고귀성이라는 가정을 더욱 분
명하게 거부했다. 일찍이 1930년에 후설을 프랑스에서 최초로 인정한
에마뉘엘 레비나스의 『후설 현상학에서의 직관론 *Theory of Intuition*

---

[11] Joseph J. Kockelmans, "What Is Phenomenology?" in *Phenomenology: The
Philosophy of Edmund Husserl and Its Interpretation*, ed. Joseph J. Kockelmans
(Garden City, N.Y., 1967), p. 29.

[12] Jean-François Lyotard, *La phénoménologie* (Paris, 1954), p. 12. 그의 첫 저서인
이 책에서 리오타르는 자신을 현상학자라고 적고 있다.

[13] Quentin Lauer, "On Evidence," in Kockelmans, ed., *Phenomenology*, pp. 155-
156.

in Husserl's Phenomenology』에서,[14] 레비나스는 후설이 직관과 이론을 기술할 때 시각적인 은유를 사용했다고 비판했다. 1967년 출간된 저서 『말과 현상 *Speech and Phenomena*』에서, 데리다는 후설이 눈 깜박임이라는 **순간**(Augenblick)[a]에 특권을 부여했다고 비판했다. 후설의 **순간**이란 "이상적인 대상의 장면(scene of ideal objects)"이 의식에 떠오르는 순간으로, 데리다는 그 순간이 현전이라는 서구 형이상학과 공모 관계에 있다고 비판했다.[15] 또한 1976년 메를로퐁티의 추종자 마크 리시르(Marc Richir)는, 후설의 큰 실수는 "절대적 개관의 위치(**고공비행**, survol)에서 세계를 대면한다는 순수한 보기를 상정했다는 것이다"라고 주장했다.[16]

그렇다면 사르트르와 메를로퐁티가 시각중심주의에 반대하는 논의를 전개할 때, 어떻게 후설이 영향을 주었는지 질문해야 한다. 두 가지 이유가 중요하다. 첫째로 후설이 **베젠샤우** 개념에서 시각적 편향을 견지했다 하더라도, 그리고 그의 수사학이 명석한 시각적 은유에 잠겨 있다 하더라도, 후설은 데카르트적 인식론에서의 보는 주체와 보여지는 대상이라는 관람자적 거리를 약화시켰다. 후설이 현상학을 하나의 학

---

14 Emmanuel Levinas, *The Theory of Intuition in Husserl's Phenomenology*, trans. André Orianne (Evanston, 1973).

15 Jacques Derrida, *Speech and Phenomena and Other Essays on Husserl's Theory of Signs*, trans. David B. Allison (Evanston, 1973). 데리다도 역시 후설이 현전의 형이상학에 굴복한 것은 쓰기와 대조를 이루는 목소리의 즉각성을 신뢰했기 때문이었다고 믿는다. 이 비판에 대한 논의는 다음을 참조할 수 있다. Rudolf Bernet, "Is the Present Ever Present? Phenomenology and the Metaphysics of Presence,"; Leonard Lawler, "Temporality and Spatiality: A Note to a Footnote in Jacques Derrida's *Writing and Difference*," in John Sallis, ed., *Husserl and Contemporary Thought* (Atlantic Highlands, N.J., 1983).

16 Marc Richir, *Au-delà du renversement copernicien: La question de la phénoménologie et de son fondement* (The Hague, 1976), p. 8.

문으로 만들고자 했지만, 그는 학문을 갈릴레오적 버전과 동일시하지 않으려고 신경을 썼다. 왜냐하면 의식은 대상으로부터 독립된 것이 아니고, 대상은 단지 멀리서 보이는 분리된 사물도 아니기 때문이다. 의식은 항상 그 무엇에 대한 의식이다. 후설이 프란츠 브렌타노(Franz Brentano)로부터 수용한 지향성(intentionality)이라는 복잡한 개념은 주체로부터 발산되는 빛이나 광선으로 이해될 수도 있다. 그러나 그럼에도 불구하고, 지향성은 재현이라는 전통적인 철학적 개념이 수정되어야 한다는 점을 시사한다.

이러한 측면에서 정신은 이미지로 재현되는 세계와 완전히 분리되어 있지 않다. 세계는 정신이라는 은유적인 눈을 통해 이미지로 정신에 표상되기 때문이다. 또한 대상의 한 측면만을 보는 생리적인 경험을 신뢰할 수도 없다. 왜냐하면 지향된 대상이라는 것은 어떤 특정한 윤곽이나 재현을 초월하기 때문이다. 내적 **지속**(durée)의 직관적 경험과 외부 대상에 대한 지성적 지식을 구분했던 베르그송도, 분기하기 이전 모든 의식의 원초적인 단일성을 표명하지는 못했다. "사물 그 자체"로 돌아가자는 후설의 유명한 주장은 모든 이분법 철학이 잃어버렸던 주체와 대상의 뒤얽힘에 관한 경험을 되찾는 것이다.

두 번째로 비록 후설의 초기 저서가 데카르트적 **코기토**의 잔류로 이해되는 초월적 자아의 개념을 옹호했다 하더라도, 그의 후기 저서 특히 1936년의『유럽학문의 위기와 초월적 현상학 *The Crisis of the European Science and Transcendental Phenomenology*』은[17] 전(前)반성적 **생활세계**(Lebenswelt)[b]를 강조했다. 여기에선 일상생활의 문화적/역사적 변수들과 체험된 몸이 중심 역할을 한다.(여기에서 변수란 과학의 **에피**

---

17 Edmund Husserl, *The Crisis of the European Sciences and Transcendental Phenomenology*, trans. D. Carr (Evanston, 1970).

스테메°에 선행하는 **독사**doxa를 말한다.) 비록 대부분의 논평가들이 후설사상에서 **생활세계**가 단순히 초월적 자아를 대체한 것만은 아니라고 했더라도, 메를로퐁티는 현상학에서 데카르트적 잔재를 없애는 수단으로 **생활세계**를 포착했다.[18] 게다가 이제 현상학은 형상적 직관을 통해 순수한 본질을 추구하는 것을 의미하게 되었다. 또한 현상학은 순수하지 않은 존재를 탐구하는 것으로 이해될 수도 있는데, 왜냐하면 현상학적 응시이든 그렇지 않든 현상학은 일단 응시의 대상으로 환원되는 것에 저항하기 때문이다.

메를로퐁티가 후설을 이런 방식으로 해석할 수 있었던 것은 1930년대 프랑스에 이미 소개되었던 하이데거의 현상학이 시각적 우위를 비판했던 점을 메를로퐁티가 접했기 때문이다. 하이데거 사상이 프랑스로 수용되는 과정에서, 하이데거를 "실존주의자" 또는 "인본주의자"로 심각하게 잘못 이해했던 복잡한 과정을 여기서 모두 서술할 수는 없다. 또한 아직도 일부만 출판된 하이데거 저서의 방대한 자료 속에서 전개됐던 시각적 주제를 모두 제시할 수도 없다. 다만 사르트르와 메를로퐁티가 반시각중심적 담론에 기여한 점을 살펴보기 전에, 우리는 몇 가지 중심 주제만을 조명해 볼 것이다.

어떤 의미에서 하이데거의 사상이 그리스적 모델에 심취해 있었더라도, 그의 사상은 신의 현현을 보는 것보다는 그의 말씀을 듣자는 유대적 강조를 복원시켰다. 한스 요나스는 하이데거가 기독교 신학자들에게 호소했던 것에 주목하면서 다음과 같이 고찰했다.

하이데거는 철학적 전통이 무시했거나 보류했던 것에 주목했는데, 즉 형상

---

18 메를로퐁티가 후설의 후기 이론을 활용한 것과 관련하여 다음을 참조할 수 있다. James Schmidt, *Maurice Merleau-Ponty: Between Phenomenology and Structuralism* (London, 1985), pp. 35ff.

(form)의 순간에 반대하여 부름(call)의 순간을, 현전(presence)의 순간에 반대하여 사명(mission)의 순간을, 개괄하는 것에 반대하여 포착되는 것을, 사물에 반대하여 사건을, 자율적 이성의 자부심에 반대하여 응답(response) 을, 주체의 자기 확신에 반대하여 독실한 태도를 중시했다. 오래 유지된 "보기"의 우세와 시각이 사유에 덮어놓은 대상화라는 저주 이후, 마침내 […] 억압되었던 "듣기"가 발언의 기회를 얻었다.[19]

하이데거가 청각을 부활시킨 것이 우상을 금지했던 구약에서 왔든 아니든(그가 유대인을 대한 일반적 태도는, 순화해서 말하면, 존경하는 정도는 아니었는데), 그는 서구 시각중심주의의 원천이라고 불리는 그리스 사상에 확실히 비판적이었다. 그리스가 아름다운 형태에 특권을 부여했던 점과 더불어 그리스 미술에서 보이는 아폴론적인 충동과 시각 지향적인 관조(theoria) 개념을 하이데거는 주요하게 공격했다.[20] 분

---

19 Hans Jonas, *The Phenomenon of Life: Toward a Philosophical Biology* (Chicago, 1982), p. 240.

20 그는 「예술작품의 기원(The Origin of the Work of Art)」(1935)에서, "형식과 내용은 가장 진부한 개념이다. 어떤 것도 그리고 모든 것이 그 개념 아래 포함될 수 있다. 그리고 만약 형식이 이성적인 것과 연관되고 소재가 비이성적인 것과 연관된다면, 그리고 이성적인 것이 논리적인 것으로 이어지고 비이성적인 것이 비논리적으로 이어진다면, 게다가 주체-대상 관계가 형상-질료와 개념과 결부시킨다면, 표상은 어떤 것도 저항할 수 없는 자체적인 개념적 시스템을 갖는 것이다"라고 적었다. Martin Heidegger, *Basic Writings*, ed., David Farrell Krell (New York, 1977), p. 158.

하이데거는 「과학과 반영(Science and Reflection)」(1954)에서, " '이론(theory)' 은 그리스어 테오레인(theorein, 관조)에서 유래했다. 여기에 속하는 단어가 테오리아(*theoria*)이다. 이 단어들 특유의 고상하고 신비한 의미가 있다. 동사 테오레인은 '테아(thea)' 와 '호라오(horao)' 의 어근을 합성해서 만들어졌다. '테아(cf. theater)' 는 외부를 향한 시선, 즉 사물이 스스로 드러나게 만드는 양상이다. 플라톤은 현존하는 것이 무엇인지를 보여 주는 이러한 양상을 에이도스(eidos)라고 명명했다. 이 양상을 보는 것, 즉 에이데나이(eidenai)는 아는 것(wissen)이다. '테오레인' 의 두 번째 어근 '호라오' 는 어떤 것을 집중적으로 보는 것, 살펴보는 것, 가까이서 보는 것을 의미한다."라고

명히 그는 특권화된 시각을, 그리고 주체와 대상의 이분법을 거부했으며, 플라톤의 태양중심적 합리주의에 대해 적대감을 가졌다. 또한 베르그송과 마찬가지로, 하이데거는 서구의 형이상학이 시간성을 소홀히 하는 것에 개탄했다. 그는 그 원인으로 헤라클레이토스 이래로 서구 형이상학이 고정된 응시의 동시성에 근거하여 공간화하는 존재론에 편향되었기 때문이라고 주장했다.

소크라테스 이후 그리스 사상이 보인 시각중심주의에 대한 하이데거의 이러한 비판은 지배적인 서구 철학적, 과학적 전통으로 확장되었다. 하이데거는 "관조(theoria)ᵈ)가 관찰(contemplatio)로 바뀌는 과정에서, 분리시키고 분류하는 보기의 충동이 표면화되었다. 이러한 충동은 이미 그리스 사상에서 시작했다. 눈이 사물을 포착할 수 있다는 믿음이 계속 진행되면서 일종의 잠식이 초래됐는데, 이것이 앎의 규범으로 자리 잡았다"고 적었다.[21] 보려는 충동은 관조가 관찰과 혼동될 때 한 단계 더 나아갔는데, 독일어로 관찰(Betrachten)은 라틴어 취급하다(tractare)의 잔재인 '조작하다'와 '작업하다'의 의미를 갖는다. 따라서 시각적으로 조작하려는 학문은 결코 무사심하지 않다는 것이다.

하이데거는 사물을 그대로 두는 경이감이라는 초기 그리스의 태도와 사물이 어떻게 작동하는지 알고자 하는 호기심이라는 그리스적 태도를 대비시키면서, 호기심을 시각의 비대증과 연계시켰다. 『존재와 시간

적었다. Martin Heidegger, *The Question Concerning Technology and Other Essays*, ed. William Lovitt (New York, 1977), p. 163. 그런데 하이데거는 그리스인들이 테오리아를 "현존하는 것의 비은폐성에 경건한 주의를 기울이는 것"으로도 썼다는 것을 인정했다(p. 164). 그러나 그런 대안적 의미는 로마인들이 이 단어를 콘템플라티오(contemplatio, 관조)로 번역하면서 상실되었다.

21 Heidegger, "Science and Reflection," p. 166. 그는 라틴어 콘템플라리(contemplari)가 템플룸(templum)에서 유래했다고 주장한다. 이는 모든 곳에서 보이고 모든 곳을 볼 수 있는 장소이다.

Being and Time』에서 그는 "시각의 기본 상태는 일상성에 속하는 존재의 독특한 경향, 즉 '보고자' 하는 경향에서 드러난다. 우리는 이러한 경향을 '호기심'이라는 용어로 명명하는데, 특성상 이 호기심은 본다는 것에 한정되지 않고 지각 과정에서 세계를 우리와 마주보게 만드는 독특한 경향을 드러낸다"고 적었다.[22] 경이감에 대한 호기심의 궁극적인 승리는 근대 기술적 세계관의 헤게모니에 있어서 본질적인 요소였다.[23]

하이데거는 기술을 매우 심각한 문제로 생각했는데, 왜냐하면 기술이 주체와 대상 사이의 거리두기를 극단으로 끌고 가기 때문이었다. 데카르트를 포함한 근대철학 이래로 기술의 이러한 성격은 두드러졌다. 기술은 하이데거가 **객체존재성**(Vorhandenheit)이라고 부른, 즉 사물이 보이도록 앞에 위치하는 존재와의 관계 양식을 중요시했다. 어떤 것을 시각화하지 않은 채로 실제 사용하는 것을 의미하는 **도구용재성**(Zuhandenheit)[e]보다 말이다. 심지어 니체도 권력에의 의지라는 교의를 제시했고 가치에 대한 관점주의를 정의했기 때문에, 하이데거는 니체조차도 근대 기술적 세계관과 연관을 갖는다고 주장했다.[24]

---

22 Heidegger, *Being and Time*, trans. John Macquarrie and Edward Robinson (New York, 1962), p. 214. 호기심의 해방에 관한 다른 분석은 다음을 참조할 수 있다. Hans Blumenberg, *The Legitimacy of the Modern Age*, trans. Robert M. Wallace (Cambridge, Mass., 1983).

23 이 주제에 관한 유용한 설명은 다음을 참조할 수 있다. Harold Alderman, "Heidegger's Critique of Science and Technology," in *Heidegger and Modern Philosophy*, ed. Michael Murray (New Haven, 1978); Michael E. Zimmerman, *Heidegger's Confrontation with Modernity: Technology, Politics, Art* (Bloomington, Ind., 1990).

24 Heidegger, "The Word of Nietzsche 'God is Dead'" (1943), in *The Question Concerning Technology and Other Essays*. 그는 "가치의 본질은 가치가 있는 지점에 있다. 가치는 눈이 고정되어 있는 그 곳을 의미한다"라고 언급한다. (p. 71).

하이데거는 존재를 형상으로 보는 플라톤적 교의가 잠재되어 있다
가, 자신이 "세계상(world picture)의 시대"라고 부른 근대에 이르러 완
전히 발현했다고 생각했다.[25] 이러한 진전은 너무나 숙명적이어서 그는
"상(像)으로서의 세계 정복이 근대의 기반이 되었다"고 주장했다. 이
점은 매우 중요한데, 왜냐하면 조사하고 조작하는 세계로부터 분리된
채 서 있는 근대 인본주의적 주체를 탄생시켰기 때문이다. 소피스트인
프로타고라스(Protagoras)가 "인간은 만물의 척도"라고 선언했을 때에
도, 진리 개념은 표상된 것이 아니었다. 다시 말해 진리 개념은 사물과
정신적 이미지 사이의 대응 관계에 아직 기초하지 않았다. 근대에 이르
러 오만한 인간은 세계를 지배하기 위해 "준비된 비축물"로 세계를 전
환시키면서, 하이데거가 틀지우기(Enframing, Ge-stell)라고 지칭한
것이 근대를 완전히 장악하게 되었다. 그러한 태도는 "세계는 절대 우
리와 마주 서 있는, 보여질 수 있는 대상이 아니다. 탄생과 죽음, 즉 축
복과 저주 사이의 여정에서 우리가 존재하는 한, 세계는 언제나 비대상
적인 것이다"라는 사실을 잊어버렸다.[26]

시각의 우위에 대한 하이데거의 비판은 너무 전면적이어서, 앞서 언
급했듯 많은 논평가들은 하이데거가 귀에 우위를 부여했다고 강조했
다. 예를 들어, 존 카푸토(John D. Caputo)는 다음과 같이 썼다. "하이
데거는 거리두기와 분리를 전제하는 시각적 은유에서 음향적이고 청각
적 은유로 전회했다. 하이데거는 현존재(Dasein)가 존재(Being)에 **귀
속된다**(belonging)는 것을 강조하는 청각적 측면의 은유를 계속해서 반
복했다. 그래서 하이데거는 어휘 '**듣다**(hören)', '**경청하다**(horchen)',

---

25 Heidegger, "The Age of the World Picture" (1938), in *The Question Concern-ing Technology and Other Essays*, p. 134.

26 Heidegger, "The Origin of the Work of Art" (1935), in *Basic Writings*, p. 170.

그리고 '**속하다**(gehören)' 사이의, 즉 영어로 '듣다(hearing)', '경청하다(hearkening)', 그리고 '속하다(belonging)' 사이의 유대관계를 환기시킨다."[27] 여러 측면에서 이러한 주장이 타당하다는 것은 의심의 여지가 없다. 특히 1930년대 하이데거가 시, 특히 횔덜린(Friedrich Hölderlin)의 시에 점차 매료되었던 것을 상기한다면 말이다. 그러나 이것이 이야기의 전부는 아니다. 하이데거 또한 지배적인 형이상학적/과학적인 전통에 대한 대안으로, 시각적인 은유를 때때로 사용했다. 이러한 이유로 심지어 일부 논평가들은 하이데거를 예지적 순수라는 낭만적 계보에 넣기도 했다.[28]

존재론으로의 길, 즉 존재를 밝히는 것은 감춰져 있는 것을 드러냄이라는 하이데거의 주장은 후설의 "현상학적 보기(phenomenological seeing)"로부터 영향을 받았다.[29] "**로고스**는 어떤 것이 드러나게 하기 때문에, **따라서** 대상은 진실 또는 거짓이 된다. 그러나 '상응' 또는 '조

---

27 John D. Caputo, "The Thought of Being and the Conversation of Mankind: The Case of Heidegger and Rorty," in *Hermeneutics and Praxis*, ed. Robert Hollinger (Notre Dame, Ind., 1985), p. 255; David Michael Levin, *The Listening Self: Personal Growth, Social Change and the Closure of Metaphysics* (London, 1989). 복종을 의미하는 단어 'Gehorsam'도 추가시킬 수 있다.

28 예를 들어 다음의 문헌을 참조할 수 있다. Allan Megill, *Prophets of Extremity: Nietzsche, Heidegger, Foucault, Derrida* (Berkeley, 1985), p. 156. 시각에 대한 하이데거의 다른 태도, 즉 시각의 긍정적인 순간을 강조하는 태도는 다음 문헌에서 볼 수 있다. David Michael Levin, "Decline and Fall: Ocularcentrism in Heidegger's Reading of the History of Metaphysics," in *Modernity and the Hegemony of Vision*, ed. David Michael Levin (Berkeley, 1993) 참조. Zimmerman, *Heidegger's Confrontation with Modernity*, pp. 95ff. 여기에서 짐머만은 오이디푸스는 "너무 많은 외눈을 가졌다"는 횔덜린의 견해에 대한 하이데거의 생각을 논의했다.

29 하이데거는 자신의 1947년 저서 「휴머니즘에 관한 편지 *Letter on Humanism*」에서, "현상학적 보기가 결정적 도움을 주지 못하고 '과학'과 '탐구'에 관한 부적절한 관심을 없애지 못한다면, 『존재와 시간』의 언어 역시 잘못된 것이다"라고 주장했다. *Basic Writings*, p. 235.

응'으로 이해되는 진리 개념 없이도 모든 것은 존재한다"고 그는 『존재
와 시간』에 적었다.[30] 만약 '상응'보다 현시 또는 드러냄(aletheia)으로
서의 진리 개념을 옹호한다면, 진리를 근대 기술적 세계관과 연계시키
는 것보다 매력적인 **테크네**(techne) 개념과 연계시키는 것이 더 설득력
을 갖는다. "테크네라는 용어가 기술만을 의미하지 않은 시대가 있었
다. 예전엔 진리가 화려하게 빛나는 모습으로 드러나는 것을 **테크네**라
고 불렀다. […] 플라톤은 『파이드로스 *Phaedros*』에서 시적 표현을 쓰
면서 이러한 진리를 가장 순수하게 빛나는 **에크파네스타톤**(ekphanesta-
ton)이라는 광휘로 묘사했다."[31]

그런 빛남은 하이데거가 '빈터(Lichtung)' 또는 '벌목지'로 불렀던,
존재가 스스로를 드러내는 곳에서 발생한다. 하이데거는 "자유롭고 개
방된 의미의 빛(light)은 '밝은(bright)'을 의미하는 형용사 '빛나는
(light)'과 언어적으로나 실제적으로 전혀 관련이 없다. […] 하지만 둘
사이의 사실적인 관련은 여전히 가능하다. 빛은 빈터로 흘러들어가고,
개방된 곳으로 흘러가고, 그 곳에서 밝음이 어둠과 함께 어울리게 할
수도 있다. 그러나 빛은 먼저 빈터를 만들지는 않는다. 오히려 빛은 빈
터를 전제한다"고 강조했다.[32] 사유하는 주체는 침묵하는 불투명한 대
상에 자신의 호기심으로 가득 찬 탐조등을 비추지 않는다. 오히려 존재
는 **현존재**(Dasein)로서 자신을 드러내도록 허락된다. 전통적인 철학은
"이성의 빛에 대해 말했지만, 존재의 열림에 주의를 기울이지는 않았

30 Heidegger, Introduction to *Being and Time*, in *Basic Writings*, p. 80.
31 Heidegger, "The Question Concerning Technology," in *Basic Writings*, p. 315-316.
32 Heidegger, "The End of Philosophy and the Task of Thinking" (1966), *Basic Writings*, p. 384. 하이데거는 빈터가 또한 메아리와 공명이 일어나는 장소라고 첨언한다.

다. **자연의 빛**(lumen naturale)은 빈터에만 빛을 보낸다. […] 빛 없이
어떠한 외부적 모습도 가능하지 않다는 것은 이미 플라톤도 알았다. 그
러나 존재의 열림 없이는 어떠한 빛도 그리고 밝음도 있을 수 없다"고
하이데거는 불만을 토로했다.[33]

하나는 인식론적이라고 할 수 있고 다른 하나는 존재론적이라 할 수
있는 이러한 두 가지 시각 양식의 중요한 차이는 후자가 내재화되는 것
에 비해 전자는 관람자적 거리를 갖는다는 것이다. 데이빗 마이클 레빈
(David Michael Levin)은 인식론적 시각의 문제점에 관한 하이데거의
주장을 다음과 같이 제시한다.

가시적인 것은 우리가 습관적으로 대상화시키려는 시도에 강하게 **저항한다**.
그것은 우리의 욕망 앞에 자신을 완전히 드러내지 않을 것이고, 완전히 굴
복하지 않을 것이다. 이러한 점은 우리가 집중적으로 주시(staring)하는 활
동, 즉 "순수하게 객체로 존재하는(vorhanden) 것을 고정된 채 주시"할 때
가장 극단적으로 드러난다. "재현(re-presentation)"이라고 번역되는 단어
는, 독일어로 **표상**(Vorstellung)이다. 이 단어는 앞에(vor) 놓는(stellen) 동
작을 의미한다. 그 동작은 근대 허무주의적 세계의 "정면적(frontal)" 존재론
에 상응한다. 나는 이러한 해석을 통해서, **주시**라는 단어 속에서 "재현(re-
presentation)"이라는 단어의 숨겨진 본질이 드러나기 시작했다는 점을 제시
한다.[34]

대상을 호전적으로 주시하지 않고 보다 호의적으로 바라보는 시각은
감각이 분화하기 이전의 존재를 향한 근원적인 열림이 일어날 때 가능

---

33 Ibid., p. 386.

34 David Michael Levin, *The Opening of Vision: Nihilism and the Postmodern Sit-
uation* (New York, 1988), p. 68.

하다. 감각이 분화한 이후에도, 이런 시각은 하이데거가 『존재와 시간』에서 "**둘러봄(Umsicht)**"이라고 칭했던 전(前)반성적이고 신중한 시선을 견지한다. 보는 자는 시각장 바깥이 아니라 시각장 내부에 위치한다. 그의 지평은 그가 주변에서 볼 수 있는 것에 제한된다. 더구나 그가 속한 맥락과 그가 맺는 관계는 통제적인 것이 아니라 돌보는 것이다. "어떤 것을 만나는 것은 기본적으로 둘러보는 것이다. 그것은 단지 감각하거나 응시하는 것을 의미하지 않는다. 그것은 둘러보는 배려이다."[35]

레빈은 하이데거의 두 가지 시각 양식 사이의 대립을 "단언적 응시(assertoric gaze)"와 "진리적 응시(aletheic gaze)"로 구분한다.[36] 단언적 응시는 추상적이고 단안적이며 경직되고 고정된 엄격한 자기 논리적인 배타적 응시이다. 진리적 응시는 복합적이고 맥락을 아는, 통합적이며 지평적인 배려하는 시선이다. 비록 하이데거가 서구 사상과 관행에서 전자의 세력을 유감스러워했더라도, 그는 여전히 후자의 복귀에 대한 희망을 피력한다. 그는 단순히 시각 **그 자체**를 적대시한 것이 아니라, 천년 동안 서구 형이상학을 지배해 온 시각의 변종에 대해 적대적이었다.

하이데거의 관념들이 프랑스에 수용되는 과정에서 그의 글이 드문드문 유입된 탓에, 그의 사상의 양쪽 측면들이 항상 똑같이 평가받은 것은 아니었다. 메를로퐁티가 "진리적 응시"라고 불리는 것을 선호한 반면, 사르트르는 시각의 모든 구원적인 개념에 적대감을 나타냈다. 우리가 추적하고 있는 반시각중심적 담론에서 하나의 본질적이고 분명한 표현을 찾게 된다면, 그것은 사르트르가 자신의 연구 내내 타협 없이

35 Heidegger, *Being and Time*, p. 176.
36 Levin, *The Opening of Vision*, p. 440.

끈질기게 **응시**(le regard)를 사악하게 평가했다는 사실이다.

◉

다른 비평가들이 표명한 시각에 대한 많은 불만들을 사르트르는 끈질기고 강력한 하나의 고발로 통합시켰기 때문에, 시각중심주의에 대한 그의 비판은 특히 영향력이 있었다. 그는 시각의 비대증이 문제 있는 인식론을 야기하고 자연에 대한 지배를 부추기며 공간이 시간을 장악하도록 만들고, 주체 간의 관계를 심각하게 교란시키며 위험할 정도로 진실하지 않은 자아상을 만든다고 주장했다. 그래서 눈에 대한 사르트르의 탐구는 사회적, 심리학적, 그리고 실존적 측면들을 포괄한다. 그는 자신의 연구에서 시각을 가장 위협적이고 부정적인 용어로 일관되게 묘사했다.

예전엔 "**나는 나의 눈으로 생각한다**"고 공언했던 사르트르는,[37] 하이데거가 『존재와 시간』에서 정의한 이 용어의 의미에 깊은 호기심을 가졌다. 그는 세계의 비밀을 꿰뚫어 보고자 했고, 자신의 냉혹한 응시를 통해 그 비밀들이 드러나기를 열정적으로 원했다. 한 논평가는 그를 "세기의 가장 다면적인 관음증자"로 부르기까지 했다.[38] 그러나 사르트르는 시각적으로 촉발되는 호기심이 응시자와 응시의 대상 모두에게 위험하다는 사실을 감지했다. 그 결과 사르트르는 매료되면서도 혐오하는, 즉 인정하면서도 부정하는 개인적이고 지적인 변증법을 도출했는데, 이는 스타로뱅스키가 묘사한 루소의 변증법에 필적할 만한 것이었다.

---

37 Sartre, *The War Diaries of Jean-Paul Sartre: November 1939/March 1940*, trans. Quinton Hoare (New York, 1984), p. 15.
38 William F. Redfern, *Paul Nizan: Committed Literature in a Conspiratorial World* (Princeton, 1973), p. 214.

사르트르가 시각에 대해 가진 강박적 적대감이 너무 끈질겨서, 이것을 개인적인 문제로 설명하고 싶을 정도이다. 한 추산에 따르면 그의 저서들에서 "보기(the look)"라는 언급이 7천 번이 넘는다.[39] 분변적(scatological)이고 폭력적인 집착이 개인적 문제라는 추측을 낳았던 바타유의 경우처럼, 사르트르의 시각 혐오증은 심지어 그의 외모 때문이라는 설명까지 첨가되어 자전적인 측면에서 해석되었다. 그리고 상대적으로 경력이 알려지지 않았던 바타유와 달리, 사르트르는 의도적으로 자신을 대중의 시선에 노출시키면서 이러한 해석을 야기하기도 했다.

일찍이 1952년 르네 헬드(René Held)는 사르트르의 시각의 현상학을 정신분석적 자료로 여겼다. 헬드는 사르트르의 저서 『존재와 무』 속의 "보기"를 다룬 자신의 유명한 논의에서, 자신이 표면상 드러난 주제보다 저자의 문제를 더 많이 밝혀냈다고 주장했다.[40] 헬드는 시각적 상호작용에 관한 사르트르의 소름끼치는 묘사가 극심한 거세 불안, 자아로부터 몸이 분리된다는 나르시스적 공포, 그리고 지배적 인물에 노예화되는 마조히즘적 환상을 드러낸다고 주장했다. 사르트르는 굴욕감을 주는 타자의 응시를 과장되게 설명하는데, 헬드는 이러한 설명이 악마의 눈에 관한 원시 신앙의 마법 이론을 상기시킨다고 했다. 비록 사르트르가 시각의 심리적인 함의를 심오하게 드러냈고 또한 그것을 증명하기 위해 다니엘 라가슈(Daniel Lagache)와 같은 분석가들의 저서를 인용했더라도, 헬드는 사르트르의 설명이 병적이라 할 만큼 편파적이라고 주장했다.

헬드에 비해서 프랑수아 조르주(François George)는 사르트르가 매

---

39 Alain Buisine, *Laideurs de Sartre*(Lille, 1986), p. 103. 뷔진은 이 수치가 익명의 미국 정신분석가로부터 나왔다고 했다.

40 René Held, "Psychopathologie du regard," *L'evolution psychiatrique* (April-June, 1952), p. 228.

우 불신했던 프로이트주의에 영향을 적게 받았는데, 그는 1976년에 사르트르의 "절대 응시(le regard absolu)"를 탐구했다.[41] 조르주가 이 용어의 유래를 밝히진 않았지만, 이는 원래 스타로뱅스키가 라신(Racine)에 관해 논의할 때 쓴 용어이다. "절대적 보기"는 모든 인간의 행동을 관찰하고 판단하는 전지적 신의 시각을 의미한다. 조르주는 1964년 출간된 사르트르의 어린 시절 회고록『말 The Words』에서 신성한 눈 이면에 있는 아버지의 눈을 포착했다. 좀 더 정확하게 말하자면, 그는 고아인 사르트르의 상상 속에서 죽은 아버지의 응시의 잔재를 볼 수 있었다. 사르트르의 아버지 장밥티스트 사르트르(Jean-Baptiste Sartre)는 아들이 겨우 15개월이었을 때 죽었다. 고아는 부재한 부모 앞에서 특히 죄책감을 느낀다고 조르주는 적었다. "그것은 아버지가 자식에게 보낸다고 가정되는 상상적 시선, 즉 자식을 저버리는 선고를 내리는 시선이 야기하는 문제이다."[42] 아버지 죽음이 정신적 외상이었다는 사실을 사르트르가 강하게 부정했더라도,[43] 조르주는 그 영향을 분명히 보았다. "보기는 항상 절대적이다. 그것은 상호성을 생각할 수 없는 측은하고 죽어 있는 초월적인 것으로부터 발산된다."[44]

사실『말』이 제공하는 많은 자료를 검토하면, 사르트르의 시각적 강박에 대한 이러한 해석이 가능하기도 하다. "몇 년 동안 나는 나의 머리 위에 실물처럼 보이는 둥글고 머리가 벗겨진 두툼한 콧수염의 왜소한

41 François George, *Deux études sur Sartre* (Paris, 1976), pp. 303-339.

42 Ibid., p. 307.

43 Sartre, *The Words*, trans. Bernard Frechtman (New York, 1964), p. 11. 여기서 그는 말이 자신에게 자유를 주었고 어떠한 초자아도 부과하지 않았다고 주장한다. 또한 자신의 아버지는 "심지어 그림자가 아니라 하나의 응시였다"고 단언했다(p. 12). 이 주제에 관한 철저한 분석은 다음을 참조할 수 있다. Robert Harvey, *Search for a Father: Sartre, Paternity, and the Question of Ethics* (Ann Arbor, Mich., 1991).

44 George, *Deux études sur Sartre*, p. 307.

장교의 사진을 볼 수 있었다. 그 사진은 어머니가 재혼했을 때 사라졌다"고 사르트르는 회상했다.[45] 자신의 어머니가 오피크(Aupick) 장군과 결혼했을 때 배신감을 느꼈던 보들레르와는 다르게, 사르트르는 자신이 10살 때 일어난 이 사건을 사실상 언급하지 않았다. 망시(Mancy)라는 이름의 해군 엔지니어였던 그의 계부는 『말』에서 중요하게 언급되지 않는다. 그러나 사르트르는 아버지가 죽은 이후, 자신과 어머니가 함께 살았던 외조부 샤를 슈바이처(Charles Schweizer)의 역할에 대해서는 많이 기술한다. 죽은 아버지로부터 더 이상 나오지 않는 절대적 응시는 "하나님 아버지를 너무나 닮아서 종종 신으로 여겨졌던" 또 다른 근원을 찾았다고 사르트르는 회상했다.[46]

사르트르는 그 턱수염의 노인이 신을 명백히 닮았다는 사실뿐 아니라, 그 외조부가 자기표현에 취약했다는 사실도 언급한다. "외조부는 좋게든 나쁘게든 사진을 잘 받는 사람이었다. 집은 그의 사진으로 가득 차 있었다. 스냅사진을 찍지 않았던 시대였기 때문에, 외조부는 포즈를 취하는 것과 활인화 사진(tableau vivant) 찍기를 좋아했다. 그가 동작을 멈추고 자세를 취하고 돌처럼 되기 위해 모든 것이 맞춰졌고, 이는 하나의 위장이었다."[47] 이상하게도, 메두사와 같은 카메라의 힘은 외조부와 손자 사이의 관계에 관여하곤 했다. "카메라가 우리를 보자마자, 아무리 멀리 떨어져 있더라도 보이지 않는 사진사의 명령에 복종하여 할아버지는 '자세를 취했고' […] 이 신호에 나는 동작을 멈추고 몸을 앞으로 기울이면서 준비 자세를 취하는 주자(runner)가 되었다. 카메라에서 막 튀어 오르려는 작은 새처럼."[48]

---

45 Sartre, *The Words*, p. 12.

46 Ibid., p. 13.

47 Ibid., p. 15.

48 Ibid. 자세를 취하는 것의 함의에 관한 분석은 다음을 참조할 수 있다. Owens, "Pos-

여기서 어린 사르트르는 타자를 돌로 바꿔놓는 카메라 눈에 포획된다. 그는 응시의 장에서 포착되는 그런 순간이 자신을 규정하는 느낌을 자주 받았던 것처럼 보인다. "나의 진실, 나의 성격, 나의 이름은 어른들의 손 안에 있었다. 나는 그들의 눈을 통해 내 자신을 보았다. […] 그들이 없을 때조차도 그들의 응시는 남아 있었고 응시는 빛과 뒤섞였다. 나는 그런 응시를 가로질러 달리고 뛰어 오르곤 했다. 이로 인해 나의 성격은 모범적인 손자에 적합하게 되어 갔다"라고 그는 회상했다.[49] 이러한 경험에 너무 심취해서, 사르트르는 심지어 가족들의 주장대로 자신이 잘생긴 소년이라고 믿었다. "나를 찍은 수십 장의 사진이 있었고, 어머니는 색연필로 사진을 수정했다. […] 나의 입은 위선적인 오만으로 부풀어 올랐다. '나는 나의 가치를 안다'는 듯이."[50]

곧 뒤이어 환멸이 그 자신에게서 생겨났고, 그래서 일생 동안 사르트르는 시각적 환영과 타자의 응시가 만들어 낸 기만을 불신하게 된 것처럼 보인다. 자신의 못생긴 외모는 "나의 드러나지 않은 원리, 즉 나의 외모는 마치 훌륭한 아이가 그 속에 녹아 있는 석고와 같은 것이었다"고 그는 슬프게 결론짓는다.[51] 이 함의들은 근래 알랭 뷔진(Alain Buisine)이 쓴 사르트르의 시각적 강박에 관한 가장 광범위한 전기적 설명인 『사르트르의 추함 *Laideurs de Sartre*』에서 매우 세밀하게 탐구되었다.[52] "공공의 철학자", "사시 눈의 철학자",[53] "눈먼 철학자" 세 부분으로 되어 있는 이 책은 사르트르에게서 드러나는 시각적 주제에 관한 일련의

---

ing" in *Beyond Recognition*. 그는 라캉과 바르트를 인용하지만, 사르트르는 간과한다.

49 Ibid., p. 52.

50 Ibid., p. 17.

51 Ibid., p. 158.

52 각주 39 참조.

53 '의심 많은', '다의적인', 심지어 '기묘한 보기'를 의미하는 사시(louche)는, 사르트르 자신이 가장 좋아하는 단어들 중 하나이다.

변형들을 검토했다. 첫 부분은 대중들에게 투명해지려는 사르트르의
충동에 관한 것이다. 이는 200년 전 루소가 추구했던, 대중을 향한 자기
과시적인 개방성을 상기시킨다. 뷔진은 다음과 같이 사르트르를 인용한
다. "나는 가능한 투명해지려고 노력한다. 왜냐하면 우리와 타자 모두에
게 잘 보이지 않는 우리 내면의 모든 어두운 부분은, 우리 자신이 타자를
위해 그 부분을 선명하게 하려 노력할 때 비로소 밝혀지기 때문이다."[54]

루소의 투명성과 유사하게, 완벽하게 투명해지려는 사르트르의 욕망
은 자신이 완전히 극복할 수 없었던 장애물들로 인해 좌절되었다. 사르
트르는 자학적으로 다음과 같이 고백했다. "무자비한 선명성은 나의 영
혼을 지배했다. 그것은 그림자도 없고, 어두운 구석도 없는, 그리고 미
생물도 하나 없는, 차가운 불빛 아래의 무균의 수술시연대(operating
theater)와 같았다. 그러나 진정하게 공개적 고백을 했음에도 불구하고
나는 일종의 잘못된 신념을 갖고 있었는데, 그것은 내 자신의 내밀함을
완전히 제거하지 못했기 때문이었다."[55] 세계에 자신을 드러내기 위해
사르트르가 노력하는 동안에도, 지성적 거장으로서, 유명 인사로서, 심
지어는 권위자로서 그의 명성은 그를 방해했다. 뷔진은 완전한 투명성
을 보이겠다는 이러한 기획은 본래적으로 실현될 수 없다는 것을 사르
트르가 이해하게 되었다고 결론 내렸다. 왜냐하면 엄밀히 말해서 만약
모든 주체들이 서로에게 완전히 투명해진다면, 볼 수 있는 것은 아무것
도 남지 않기 때문이다. 사실 글쓰기, 즉 말에 전념하려 한 사르트르의
초기 결정은 투명성을 실현하려고 했던 가망 없는 기대에서 나온 것이
다. 사르트르는 자서전에 "나는 글쓰기로부터 태어났다. 그 이전에는
오직 거울 놀이밖에 없었다"고 적었다.[56] 사르트르가 가장 호전적이었

---

54 Buisine, *Laideurs de Sartre*, p. 29.
55 Ibid., p. 37.에서 인용.
56 Sartre, *The Words*, p. 95.

을 때 주창했던 행동들과 비교해 볼 때 그가 단순한 글쓰기는 아무 쓸모없다고 개탄했더라도, 그는 어릴 적 갇혔던 거울의 방으로 돌아가는 것을 결코 원치 않았다.

사실 사르트르에게 거울은 위험투성이였는데, 왜냐하면 거울은 타자의 시선이 진실이라고 받아들이게 했던 잘못된 믿음을 상기시키기 때문이다. 그는 다음과 같이 고백했다. "거울은 내가 언제나 알고 있었던 것을 나에게 알려 줬다. 나는 끔찍하게 생겼고, 그것을 절대 극복하지 못했다는 것을."[57] 자신의 저서 두 번째 부분에서 뷔진은 사르트르가 전개시킨 사시가 지닌 함의를 탐구했는데, 이 함의는 사르트르가 가족들이 그를 이상적으로 바라봤던 응시로부터 벗어난 이후 논의한 것이다. 거울 보기는 타자의 응시와 동일시하는 실수를 바로잡아 주고, 게다가 육체적 존재의 무의미에 대한 근거도 제공한다. 뷔진은 사르트르의 소설 『구토 *Nausea*』에서 주인공 로캉탱이 자신의 얼굴을 살피는 장면을 논평하면서, 사르트르에 대해 다음과 같이 언급한다. "거울로 오랜 시간 자신을 응시한 겁에 질린 그 주체는 감각 너머에 있는 살(flesh)의 외설적인 귀환을 도왔다. 즉 그 얼굴에 반영된 유기체적, 심지어 비유기체적, 지질학적, 원초적, 수중적인 것의 쇄도 등을 그야말로 대수롭지 않게 귀환시켰다."[58] 바타유처럼 사르트르도 눈을 어머니와 연결된 태아 또는 자궁의 액체 이미지와 동일시했지만, 사르트르는 혐오감을 주는 방식으로 동일시했다. "사르트르의 환경에서, 거울 속 자신을 응시하는 것은 **잠망경적 몰입**이다. [⋯] 거울 속 내 자신을 보는 것은 깊은 심연 속으로 빠지는 것과 같다."[59]

책의 마지막 부분에서, 뷔진은 인생 말기에 거의 맹인이 된 사르트르

---

57 Ibid., p. 69.

58 Buisine, *Laideurs de Sartre*, p. 96.

59 Ibid., p. 98.

를 고찰했다. 틴토레토(Tintoretto)와 티치아노(Titian)와 같은 화가들에 대한 사르트르의 저서들을 논하면서, 뷔진은 색채는 오직 눈에 의한 경험이기 때문에 사르트르가 색을 혐오했다고 주장한다. 더 나아가 뷔진은 추상화는 촉감과 중량감이 부족하기 때문에 사르트르는 추상화를, 예를 들어 피카소의 추상화를 경멸했다고 주장한다. 그래서 그는 "장폴 사르트르만큼이나 눈의 힘을 부인하고 폄하하는 예술 비평가는 아마도 절대 없을 것이다"라고 결론 내린다.[60] 뷔진이 묘사한 사르트르의 마지막 이미지는, 가장 시각적으로 자극적인 도시 베니스의 한 호텔에 앉아 라디오에서 나오는 음악을 들으면서 안식을 느끼는, 시력을 거의 완전히 잃은 노인 사르트르의 모습이다. 그는 "음악은 거세의 고통에서 사르트르를 구원하는 힘을 지닌다. [···] 마침내 음악과 함께 아름다움과 추함의 '미학적' 분류는 타당성을 잃게 되는데, 왜냐하면 음악의 탈물화는 모든 동일화 작용을 무효화시키는, 즉 모든 (자동) 모방적 참조를 막기 때문이다"라고 적는다.[61]

시각을 향한 사르트르의 매우 격한 태도를 이렇게 심리적이고 자서전적으로 논의하는 것은 정신분석적 측면뿐만 아니라 사르트르 자신의 신뢰할 만한 기억의 측면에서도 설득력을 갖는다. 『말』의 저자가 자신의 후기 이론들을 어린 시절의 경험에 투사시킨 것은 당연할지도 모른다. 그러나 그러한 기원이 이해되더라도, 사르트르의 경험이 결과적으로 이 책에서 논의되는 담론을 강하게 자극했다는 것은 의심의 여지가 없다. 바타유의 경우처럼, 개인적인 강박은 눈의 헤게모니에 의심을 품을 준비가 되어 있는 관객을 맞이했다. 시각의 폄하에 기여한 이후의 학자들, 예컨대 라캉과 푸코 그리고 이리가레 사이

---

60 Ibid., p. 133.
61 Ibid., p. 162.

에 분명한 차이가 있더라도, 이들에게서 발견되는 사르트르의 비판의 잔재를 인정하지 않고서는 이들을 이해할 수 없다.

이러한 비판의 본질은 정확하게 무엇인가? 사실 이러한 비판은 많은 형태로 나타났다. 사르트르가 후설의 현상학에서 많은 영향을 받았더라도, 그는 후설이 시각적 용어로 해석한 초월적 자아라는 관념이 지닌 문제를 바로 감지했다. 사르트르는 자신의 첫 번째 주요 저서인『자아의 초월성 The Transcendence of the Ego』(1936)에서, 후설이 강력하게 주장한 "나(I)"라는 개념은 의식에 명확히 떠오르지 않는다고 다음과 같이 불만을 제기했다. 자기 반성적 자아를 상정하면서, "사람들은 의식을 고착시키고 어둡게 만든다. 그래서 의식은 더 이상 자발적인 것[1]이 아니다. 의식은 자신 안에 불투명성의 싹을 지니고 있다."[62] 오히려 진정한 의식은 순수하게 투명하고, 자신을 드러내면서 부담을 벗었다. 예컨대 정신분석학처럼 의식을 불명료한 것들로 채우려는 시도도 마찬가지로 유해했다.[63] 투명한 의식과 외부로부터 도입된 이질적인 불투명성이라는 범주적 대립이 후기 사르트르에게 모호해졌더라도, 그의 작업 초기 단계에서 그 대립은 절정에 달했다.

그런데 사르트르가 순수의식을 불투명하지 않고 투명하다고 이해했다면, 어떻게 그를 반시각적이라고 할 수 있는가? 그는 사물을 간파하는 좋은 시각과 사물의 불투명한 표면 너머에 도달하지 못하는 나쁜 시각을 단지 대비시킨 것인가? 이에 대한 대답은, 이미지와 상상력의 문제를 다룬 사르트르의 두 개의 철학서『상상력: 심리학적 비평 Imagi-

---

62 Sartre, *The Transcendence of the Ego: An Existentialist Theory of Consciousness*, trans. Forrest Williams and Robert Kirkpatrick (New York, 1957), pp. 41-42.

63 주체의 의식에 타자의 시점을 도입하는 정신분석에 대한 사르트르의 언급은 다음을 참조할 수 있다. *Being and Nothingness*, trans. Hazel E. Barnes (New York, 1966), p. 699.

nation: A Psychological Critique』(1936)과『상상력의 심리학 *The Psychology of Imagination*』(1940)에서 나타난다.[64] 여기서 사르트르는 지각과 상상력 사이에 근본적 차이가 있다고 상정한다. 베르그송처럼 사르트르도 이미지는 외부 대상을 닮은 것이 의식에 반영된 것일 뿐이라는 믿음을 비판했다. 그가 언급하기를, "우리는 닮음들로 가득 찬 하나의 장소로서 의식을 묘사했고, 이러한 닮음들이 이미지들이다. 그러나 이러한 잘못된 관념은 확실히 의식을 공간 속 또는 공간적 측면으로 생각하는 우리의 습관으로부터 발생했다. 우리는 이를 **내재성의 환영**이라고 부르자."[65] 흄과 같은 철학자들은 이미지를 감각적 재료와 혼동하는 잘못을 저질렀는데, 왜냐하면 이미지는 부재하거나 존재하지 않는 대상을 지향할 때 가장 잘 이해되기 때문이다. 이 지점에서는 지향성(intentionality)에[8) 대한 긍정적인 이해가 부족했던 베르그송보다 후설이 더 좋은 길잡이가 되었다.[66]

사르트르가 지각 대상과 이미지를 유비적 관계로 보았더라도, 그에게 이미지 자체는 실재가 아니다. 사실 상상력이란 지각된 세계의 실재

---

64 Sartre, *Imagination: A Psychological Critique*, trans. Forrest Williams (Ann Arbor, Mich., 1962); *The Psychology of Imagination*, trans. Bernard Frechtman (New York, 1948). 이 저서들에 관한 도움이 되는 분석으로는 다음을 참조할 수 있다. Hide Ishiguro, "Imagination," in Mary Warnock, ed., *Sartre: A Collection of Critical Essays* (Garden City, N.Y., 1971); Thomas R. Flynn, "The Role of the Image in Sartre's Aesthetic," *The Journal of Aesthetics and Art Criticism*, 33 (1975), pp. 431-442; Eugene F. Kaelin, "On *Meaning* in Sartre's Aesthetic Theory," in *Jean-Paul Sartre: Contemporary Approaches to His Philosophy*, ed. Hugh J. Silverman and Frederick A. Elliston (Pittsburgh, 1980).

65 Sartre, *The Psychology of Imagination*, p. 5.

66 Ibid., p. 85. 흥미롭게도, 메를로퐁티는 이 자서전에 대한 리뷰에서 사르트르에 반대하며 베르그송을 옹호한다. *Journal de Psychologie Normale et Pathologique*, 33 (1936), p. 761.

를 초월하거나 무화시키는 의식의 능동적인 기능이다. 그렇기 때문에 사르트르는 곧이어 『존재와 무』에서 "대자(for-itself)"와 동일시했던 부정과 결여의 모델로서 상상력을 작동시킨다. 사르트르의 방대한 논의를 이해하기 위해서 필수적인 것은, 그가 시각적이든 그렇지 않든 간에 지각으로부터 이미지를 분리시켰고 그 대신 이미지를 행위의 지향성과 동일시했다는 점이다. 그 결과 그는 의식을 시각적 투명성이라는 측면보다는 순수하게 무화시키는 행위의 측면에서 기술할 수 있었다. 지각되지 않은 이미지는 외부 세계에 대해서 아무것도 알려 주지 않는다. 그렇다 하더라도 사르트르가 해석한 것처럼, 바로 그 '비사물성(no-thing-ness)' 혹은 비가시성은 인간의 자유와 중요하게 연결된다. 간단히 말해 말(words)에 몰두함으로써, 거울 놀이와 어른들의 응시의 힘으로부터 벗어날 수 있었던 사르트르는 자서전에서 "상상력이 풍부했던 나는 상상력으로 내 자신을 방어했다"라고 썼다.[67] 이는 시각과 의식 사이의 근본적 균열을 상정하면서 "나"와 "눈"을 동일시하는 시각중심적 전통에 직접적으로 도전하는 것이다.

사르트르는 의식에 대한 이러한 새로운 관점이 지니는 존재론적 함의를 『존재와 무』에서 설명하기 이전에, 소수만이 알던 철학자에서 본격적인 문화 영웅으로 그를 격상시킨, 1938년 출간된 문학 작품 『구토』에서 이런 새로운 관점에 대한 논의를 예고했다.[68] 여기서도 역시 시각적 주제들이 지나치게 두드러진다. 하이데거가 도구용재성과 객체존재성을 구분했던 것을 암시적으로 끌어와서, 사르트르는 시각적 경험과 촉각적 경험을 대비시킨다. 알랭 로브그리예가 이 소설에 대한 자신의 글에서 언급했듯, "책의 초반에 적힌 최초의 세 가지 지각은 시각이 아

67 Sartre, *The Words*, p. 71.
68 Sartre, *Nausea*, trans. Lloyd Alexander (New York, 1949).

니라 모두 촉각이다. 사실상 폭로를 촉발시키는 대상은 해변의 자갈, 문의 빗장, 독학하는 사람의 손이다."[69] 그래서 사르트르는 논쟁에 휘말리지 않은 채 사색만 하는 관찰자의 깨끗한 손에 반대했고 "더러운 손"을 지지하는 자신의 정치적 입장을 예고했다.[70] 그러나 지금 그런 손을 대단하게 만든 것은, 정치적 진실보다 그 손이 눈에 보이지 않는 실존적 진실을 드러내기 때문이다.

시각적 거리두기에 대한 사르트르의 비판은 로캉탱이 밤나무 뿌리의 무의미한 사물성을 이해함으로써 자신의 실존적 구토의 원인을 알게 된 유명한 장면에서 가장 잘 드러난다. 로캉탱은 다음과 같이 사색한다. "심지어 사물을 바라보고 있을 때조차, 나는 그것이 존재한다고는 꿈에도 생각하지 않았다. 그것들은 내게 무대 배경처럼 보였다. 손으로 잡으면 사물은 도구의 역할을 했고, 나는 사물의 저항을 예감했다. 그러나 이 모든 것은 사물의 표면에서 일어났다."[71] 검은 뿌리를 만지고 냄새 맡으면서, 로캉탱은 시각 그 자체만으로는 불충분하다는 것을 깨달았다. "나는 그 검은 것을 **보고**만 있었던 것이 아니다. 시각은 추상적 발명품으로, 깨끗하게 씻겨진 단순화된 관념, 즉 인간 관념 중의 하나일 뿐이다. 형태 없이 힘없이 현존하는 그 검은 것은 시각과 후각 그리고 미각으로 넘쳐흘렀다."[72]

---

69 Alain Robbe-Grillet, "Nature, Humanism, Tragedy" in *For a New Novel: Essays on Fiction*, trans. Richard Howard (New York, 1965), p. 65.

70 Sartre, "Dirty Hands," in *No Exit and Three Other Plays*, trans. Lionel Abel (New York, 1949).

71 Sartre, *Nausea*, p. 171. 여기서 물건을 손으로 집어 올리는 것으로는 충분하지 않다. 왜냐하면, 대상은 여전히 보여지는 목적으로서의 도구인 **객체존재성**의 양식으로 이해되기 때문이다.

72 Ibid., p. 176. 흥미롭게도 로브그리예는 이 문구에 주목했으나 그는 이 구절이 "모든 것에 불구하고 시각은 우리의 가장 좋은 무기이며 […] 가장 효과적인 작전"임을 보여 준다고 주장했다("Nature, Humanism, Tragedy," p. 74). 비록 로브그리예의 저

깨달음의 경험은 로캉탱으로 하여금 다음과 같이 느끼게 했다. "그곳에는 더 이상 아무것도 없었으며, 나의 눈은 공허했고, 나는 해방되어 황홀했다."[73] 그러나 로캉탱이 나뭇가지들의 움직임을 주목했을 때, 시각은 다시 한번 간섭한다. "나의 모든 희망이 사라지는 데에는 3초면 충분했다. 마치 맹인처럼 주변을 더듬거리며 멈칫거리는 나뭇가지들을 바라볼 때, 나는 실존으로의 이행 과정을 포착할 수 없었다."[74] 그가 눈을 감았을 때조차 도움이 되지 않았다. 왜냐하면 "앞서 경고했듯이 이미지들은 갑작스럽게 몰려왔으며, 눈을 감아도 나의 눈은 존재들로 가득 찼다. 존재는 인간이 도저히 빠져나갈 수 없을 만큼 가득 찼다. 기묘한 이미지들. 이것들은 많은 사물들을 나타낸다. 실제 사물이 아니라, 실제 사물처럼 보이는 다른 것들이다."[75] 심지어 여기에는 현실감을 상실시켜, 고통으로부터 로캉탱을 해방시킬 상상력조차 없었다. 왜냐하면 상상력은 의미 없는 물질로 된 선행하는 존재에 기생하고 또한 이러한 존재는 주로 시각을 통해 우리에게 다가오기 때문이라고 그는 깨닫는다. "무(無)를 상상하기 위해서는 세계의 한복판에서 이미 눈을 부릅뜨고 있어야 했다. 무는 내 머릿속에 있는 하나의 관념이며, 광대함 속에 떠도는 기존 관념일 뿐이다. 이 무는 존재에 **선행하지 않는다**"라고 로캉탱은 통탄한다.[76]

자신의 구토를 이해하려는 로캉탱의 분투에 대한 하나의 설명으로, 다음과 같은 결론이 도출될 수 있다. 인간 상호작용의 가장 기본적인

서가 시각에 찬성하는지 애매하게 보일지라도, 이런 해석은 사르트르에 대해서보다 로브그리예에 대해서 더 많은 것을 알려 준다.

73 Ibid., p. 177.

74 Ibid., p. 178.

75 Ibid., p. 180.

76 Ibid., p. 181.

전(前)반성적 단계는 본질적으로 촉각적 혹은 본능적이다. 왜냐하면 몸 담고 있는 끈적끈적한 점성질의 실재 속에서, 우리는 눈 먼 채로 배회 하기 때문이다(로캉탱이 사는 마을 부빌Boueville은 진흙boue을 의미 한다). 그래서 **객체존재성**으로서의 의식인 시각적 반영은 이러한 경험 들을 개념적 관념들로 전환시키면서, 이 경험을 통제하려고 한다. 오로 지 원초적 존재 덩어리만 있는 곳에서, 본질들을 찾으려고 애쓰면서 말 이다. 그런데 이런 노력은 세계의 무의미하고 부조리한 사물성을 극복 하지 못한다. 그래서 사르트르는 은유를 써서, 관념이 실재를 "소화"할 수 없다고 주장했다. 그래서 이는 실존의 구토이다.

그러나 위에서 언급한 거울 속 로캉탱의 경험을 회상시키는 또 다른 설명은, 시각 역시 개념화가 지니는 오류를 바로잡아 줄 수 있다고 주 장한다. 왜냐하면 우리의 추함 혹은 육체의 사물성 그 자체를 볼 수 있 다면, 우리는 타인의 아첨 섞인 응시가 우리 자신에게 잘못 부여한 이 상화된 이미지를 거부할 수 있기 때문이다. 시각은 부조리한 존재를 결 정화시키는 수단이기보다, 오히려 인간 고뇌의 원천이 '무엇임(what-ness)'보다 '그것임(thatness)'[h]이라는 것을 드러낸다. 그래서 어떻게 이해되느냐에 상관없이, 시각은 우리가 소외된 존재라는 딜레마에서 벗어날 방법이 없다는 것을 알려 준다.

지금까지 우리는 사르트르가 시각에 대해 비판한 중요한 세 가지 표 명들을 확인했다. 첫 번째는 순수하고 능동적인 의식의 투명성을 침해 하는 모호한 초월적 자아에 대한 거부이다. 두 번째는 지각이 시각적이 든 그렇지 않든 간에, 현실감을 상실시키고 무화시키는 상상력과 지각 을 근본적으로 구분하는 것이다. 그러한 지각은 결국 『구토』에서 근본 적으로 순수하지 않은 것으로 드러났다. 그리고 세 번째는 물질세계가 주는 견딜 수 없는 무의미에 개념과 관념을 부여하고자 했던 시각의 시 도가 실패했다는 것이다. 물질세계에 있어서 다른 감각들이 시각보다 더 직접적으로 유효하다. 또는 더 적절히 말한다면 물질세계는 감각의 분화에 선행하는 원초적인 실재이다. 그래서 시각은 주체 혹은 "대자" 를 인식하는 수단으로서 불충분하고, 대상 혹은 "즉자"를 개념화하려는 시도에 있어서도 문제를 일으킨다.

"대자"와 "즉자" 사이의 대립은『존재와 무: 현상학적 존재론에 관한 소론 Being and Nothingness: An Essay on Phenomenological Ontology』(1943)에서 가장 분명하게 개진되었다. 사르트르는 이 저서에서 이 모든 주제들을 반복했으며, 그의 초기 작업에 누락되었던 상세한 존재 론을 제공하면서 이 주제들을 구체화했다. 게다가 그는 응시의 교환에 기초한 주체 간의, 그리고 주체 내부의 상호작용에 대한 상당한 논란거 리를 제공했다. 헤겔의 유명한 주인-노예의 변증법을 타자로 인해 초래 되는 상호 간의 인지보다는 상호 간의 폭력성을 극대화시키는 것으로 해석한 코제브의 주장을, 사르트르는 이 책에서 시각의 측면에서 다시 논의했다. 그런데 이는 앞서 상술한 심리학적인 설명을 끌어들이는 우 려할 만한 결과를 초래했다.

거리를 두는 주체가 시각의 헤게모니를 통해 대상 세계를 지배한 다는 사르트르의 생각은 주체 간의 관계에 있어서도 하나의 모델이 되었다. 상호 공감을 통해 대인 관계가 상호작용한다는 후설의 논의 와는 다르게, 사르트르는 경쟁하는 주체 간의 적대적 다툼을 강조한 다.[77] 대타존재(being-for-others)[i]의 본래 의미로서 충돌을 선호하고 "공존재(Mit-sein)"라는 하이데거의 평화적 개념을 완전히 거부하면 서,[78] 사르트르는 시선의 희생자로서 자신의 경험을 보편적 인간 조건

---

[77] 이 주제에 관해 두 사상가를 비교하는 자료로는 다음의 문헌이 있다. Frederick A. Elliston, "Sartre and Husserl on Interpersonal Relations," in Silverman and Elliston, eds., *Jean-Paul Sartre: Contemporary Approaches to His Philosophy*.

[78] Sartre, *Being and Nothingness*, p. 525.

으로 승격시켰다. 어떻게 우리가 타아(other selves)를, 즉 타자의 내면을 알 수 있는가 하는 진부한 철학적 질문을 하면서, 사르트르는 다음과 같이 주장한다. "내가 인간이 되는 **가능 존재**(probably being)로서 세계 속의 대타자를 파악한다는 것은, 내가 '**보여지는 존재**(being-seen-by-him)'가 되는 영속적 가능성을 시사한다. 즉 나를 보는 주체는 내가 보는 대상이 될 수 있다는 영속적인 가능성을 알려 준다. '타자에 의해 보여지기(being-seen-by-the-Other)'는 **진실로** '타자 보기(seeing-the-Other)'이다."[79] 타자와 관련된 이러한 두 가지 양태 사이의 진자 운동은 언제나 존재한다. 발자국 소리 혹은 커튼의 움직임과 같은 다른 지각적 경험이 있을지라도, "시선이 **가장 자주** 드러나는 것은 두 시각적 세계가 나에게로 수렴할 때이다."[80]

이러한 수렴이 발생할 때, 보여지는 느낌의 묘한 경험은 응시를 되돌려 줄 가능성을 완전히 없애 버린다. 중요하게도 사르트르는 시선의 대상으로서 눈과 시선 그 자체를 구분한다(이 구분은 라캉에 의해 다시 반복된다). 사르트르는 "당신이 눈의 아름다움과 추함을 발견하고 눈의 색에 대해 말할 수 있는 것은 그 눈이 당신을 보지 않을 때이다"라고 적는다. "타자의 시선은 자신의 눈을 숨긴다. 타자는 자신의 **눈앞으로까지** 나간 듯이 보인다."[81] 사르트르는 이렇게 응시를 되돌려 줄 수 없는 이유가 지각과 상상력 사이에 공통 부분이 전혀 없기 때문이라고 주장했고, 이는 그의 『상상력의 심리학』에서 검토되었다. "왜냐하면 지각하는 것은 **보는 것**이고, 시선을 포착한다는 것은 하나의 대상으로서 시선을 포착하는 것이 아니기 때문이다(만약 시선이 우리를 향해 있다면). 그

---

79 Ibid., p. 315.
80 Ibid., p. 316.
81 Ibid., pp. 316-317.

것은 '**보여지는 것**'을 의식하는 것이다."[82] 그러나 지각은 응시의 대상을 변형시킨다는 의미에서 행동으로 이해할 수 있고, 반면에 상상력은 자유를 상실시키기보다는 타자의 응시가 내면화되는 것을 막는다고 할 수 있다.

시선과 눈 사이의, 즉 주체와 응시 대상 사이의 비상호성은 사실 권력의 근본적인 투쟁과 관련 있다. 왜냐하면 시선을 보내는 자는 언제나 주체이고, 그것의 목표는 대상이기 때문이다. 또는 적어도 "대자"의 구성적 무(constitutive nothingness)라는 최종적인 장벽에 부딪치더라도, 결국 시선의 궁극적 목적은 대상화이다. 그러나 주체의 이러한 근본적인 특성은 자아가 타자의 시선과 자신을 동일시할 때 위험하다. 이 지점에서 타자의 응시로 구성된 자아가 데카르트의 자기 반성적인 "코기토"를 대체한다. 프랑수아 조르주가 잘 표현했듯, "타인이 나를 본다, 고로 나는 존재한다.(l'Autre me voit, donc je suis.)"[83]

자아는 자신의 순수한 투명성과 대립되는 대상의 불투명성에 자신을 맡기면서, 후설이 상정한 초월적 자아라는 잘못된 개념처럼 되어 버렸다. 이 과정은 사르트르의 유명한 장면인 열쇠 구멍을 통해 보는 것을 들킨 관음증자의 모습으로 묘사된다. 이는 앞서 언급했듯, 후에 뒤샹의 작품 〈주어진〉에서 나타났다. 들키기 이전, 무언가를 보는 자는 질투와 같은 감정을 무의식적으로 경험하는 순수하고 능동적인 의식이었다. 반면에 들키는 순간, 그는 다른 것으로 변한다. "우선, 지금 나는 비반성적 의식의 **자아**로 존재한다. […] **어떤 누군가** 나를 보기 때문에 나는 **내 자신을** 본다."[84] 둘째로, 결과적으로 자아는 수치심이라는 새로운 감정으로 물든다. "이 수치심은 대타자가 바라보고 판단하는 대상이 나라

82 Ibid., p. 317.

83 George, *Deux études sur Sartre*, p. 321.

84 Sartre, *Being and Nothingness*, p. 319.

는 사실의 인식이다."[85] 수치심은 위협적인 응시라는 사르트르적 세계의 초월적인 감성적 선험성으로 불릴 수 있다. 그래서 보여지는 존재가 어떠한 결과를 초래하는지에 대한 그의 설명 속에 수치심은 곳곳에서 등장한다.

그러나 사태는 단지 곤란함이나 창피함보다 더 심각하다. 대타자의 시선으로 훼손되는 것은 인간 자유 그 자체이기 때문이다. "**행동**하는 중에, 나는 나의 가능성을 고착시키고 소외시키는 대타자의 시선을 포착한다. [⋯] 시선을 보내는 대타자는 오로지 초월된 나의 초월성(my transcendence transcended)이다. 물론, 여전히 나는 나의 가능성**이다**. 가능성 중에서 의식부재의 의식(non-thetic consciousness)$^{i)}$의 양식으로 존재하는. [⋯] 그러나 이와 동시에 그 시선은 나에게서 가능성들을 멀어지게 만든다."[86] 베르그송처럼, 사르트르는 시각의 공간화가 어느 정도 인간 자유를 상실시킨다고 보았다. "대타자의 시선은 나에게 공간성을 부여한다. 보여지는 대상으로서 자신을 파악하는 것은, 공간화시키면서 공간화되는(a spatializing-spatialized) 자신을 파악하는 것이다."[87] 사르트르가 심지어 이것이 시간에 따라 흐르는 것이라고 덧붙였을 때조차도, 그는 "대자"에 부여된 시간은 동시성의 시간이라고 주장했다. 그리고 이런 시간은 개인적 잠재성이 앞으로 나아가고자 하는 추진력을 막는다는 것이다.

또한 응시의 사악한 변증법은 우리의 육체적 자의식과 관련하여 발생한다. 몸이 대타자의 응시에 노출되었을 때, 그것은 타락의 대상이 된다. 이는 우리 감각이 지니는 본래적 의미로서 발가벗겨진 존재의 수치심이다. 사르트르가 주장하길, "옷을 입는 것은 대상이 되는 것을 감

---

85 Ibid., p. 320.
86 Ibid., p. 322.
87 Ibid., p. 327.

추는 것이다. 그것은 보여지지 않은 채, 보는 권리를 주장하는 것이다. 즉 온전한 주체가 되는 것이다. 이는 성서에서 원죄 이후 타락의 상징이, 왜 아담과 이브가 '자신들이 벌거벗은 것을 알았다'고 했는지를 설명해 준다."[88] 또한 여기서 수치심을 일으키는 대타자의 시선을 내면화하는 것은 우려할 만한 결과를 낳는 것처럼 보인다. 이는 몸이 인간 행위의 작인(agency)이라는 기본적 기능을 잃었기 때문이다(이전에 베르그송이 이 점을 언급했었다). 그 대신 몸은 그 자체로 타자의 시각적 대상이 된다.

사르트르는 이러한 자기 물화의 수용이 망막에 맺힌 도치되고 역전된 이미지가 어떻게 정상적인 시각으로 전환될 수 있는지를 궁금해 했던 전형적인 데카르트적 문제에 뿌리를 두고 있다고 주장한다. 이러한 문제에서 비롯된 시각적 버전이 카메라 옵스쿠라이다. 그러나 이는 주체의 보는 경험을 카메라 렌즈나 스크린에 비유되는 대상으로서의 눈과 일치시키는 잘못된 시도였다. 사르트르에게 있어서 "이 세계의 가시성을 설명하기 위해, 우리가 가시적 세계 한가운데 있는 하나의 죽은 눈을 생각한 것"은 잘못이었다. "(데카르트에게) 절대적 내면이었던 의식이 스스로가 이런 대상과 묶이기를 거부했을 때, 우리는 과연 놀랐겠는가?"[89]

짐작컨대 이런 철학적 실수들은 신뢰할 수 없는 데카르트적 이원론을 버리고 나서야 개선될 수 있었다. 그러나 사르트르가 이해했던 것처럼 시각으로 맺어지는 사회적 상호작용은 데카르트적 이원론을 극복하기가 쉽지 않았다. 하나의 중요한 예는 의미 있는 공동체를 만들지 못하는 것이다. 이런 공동체의 성립은 사르트르가 현상학을 배울 때 헤겔

---

88 Ibid., p. 354.
89 Ibid., p. 374.

용어에서 가져온 것으로, 총체화(totalization)의 기획^{k)}으로 불린다. 사
실 『존재와 무』에서부터 『변증법적 이성 비판 Critique of Dialectical
Reason』(1960)에 이르기까지, 만약 인생의 말년이 아니었더라면, 사르
트르는 실재(또는 적어도 사회적 세계)에 대한 전체적 지식을 얻는 문
제와 인간 실존의 다양한 소외를 극복하는 규범적인 총체화의 가능성
에 대한 문제에 사로잡혔을 것이다.⁹⁰ 비록 그가 전후에 마르크스주의
를 수용하기 전까지는 자세히 깨닫지 못했더라도, 인식을 총체화하는
것과 행동을 총체화하는 것은 동전의 양면과 같이 변증법적으로 서로
밀접하게 관련된다.

하이데거가 **둘러봄**(Umsicht)에 대한 논의에서 지적했듯, 전체를 파
악하는 데 주요한 장애물은 우리의 개인적 시점, 즉 위치 지어진 특성
이다. 이 개인적 시점은 앎의 제한된 지평 너머를 볼 수 없다. 사르트르
는 이 특수성을 초월하는 것은 불가능하다고 주장한다. "왜냐하면 나는
이러한 전체의 토대 위에 존재하며, 내가 관여할 수 있는 정도까지만
존재하기 때문이다."⁹¹ 사실상 신의 시점조차도 전체를 보는 시점이 아
니다.

어떤 의식도, 심지어 신의 의식도 "이면을 볼 수"는 없다. 즉, 전체를 파악하
는 것 말이다. 왜냐하면 신이 의식이라면 신은 총체성 안에 통합되기 때문이
다. 그리고 만약 그의 본성상 신이 **의식을 넘어선 존재**(즉, 스스로 근거가 되
는 즉자)라면, 여전히 총체성은 신에게 오로지 **대상**(이 경우 신은 자신을 다

90 실행 가능한 개념으로서의 총체성에 관한 서구의 일반적인 마르크스주의 연구에
있어서, 이 주제를 해결하기 위한 사르트르의 시도에 관한 설명은 다음을 참조할 수 있
다. Martin Jay, Marxism and Totality: The Adventures of a Concept from Lukàcs to
Habermas (Berkeley, 1984), 11장.
91 Sartre, Being and Nothingness, p. 370.

시 이해하려는 주체적 노력으로 총체성을 내부적으로 분해시킬 수 없다)이
거나 또는 주체(이 경우 신은 이 주체가 아니기 때문에, 신은 총체성을 알 수
는 없고 단지 경험할 뿐이다)이다. 따라서 총체성에 관한 어떠한 관점도 불
가능하다. 총체성은 "외부"를 갖지 않는다. 또한 "기저"의 의미를 찾는 것도
무의미해진다.[92]

1950년대에서 1960년대 사이 사르트르가 마르크스 운동에 빠져 있을
때에도, 그는 이러한 비관적인 결론을 극복하지 못했다. 모든 것을 총
체화하고 그런 총체화를 바라보는 메타주체, 예컨대 루카치와 같은 헤
겔적 마르크스주의자들이 상정했던 프롤레타리아는 불가능했다. 태고
의 **빈터**(Lichtung)에서 존재의 진실을 드러내는 진정한 시각을 생각한
하이데거적 신념도 없앤 채, 사르트르는 시각의 구원적 개념을 단호히
거부했다.

　만약 이와 같은 결과가 총체성을 알 수 있는 "거시적" 수준에서 거부
된다면, 이것은 또한 가장 상호적이라고 여겨지는 인간관계의 "미시적"
수준, 즉 연인 간의 상호작용에서도 거부된다. "응시"라는 애매모호한
의미 속에서 포착된 애정 어린 그들의 상호적 눈길도, 사르트르가 상정
한 주체와 대상 간의 위협적인 변증법을 극복할 수는 없다.[93] 그가 주장
하길, 욕망은 항상 상대방의 주체성을 소유하고자 하는, 즉 그 또는 그
녀를 살(flesh)로 전용하려는 갈망이다. 마르틴 부버(Martin Buber)의

---

92 Ibid.

93 응시의 주제에 초점을 맞춘 시각적 상호작용에 관한 짐멜의 개념과 사르트르의 개
념의 비교는 다음을 참조할 수 있다. Deena Weinstein and Michael Weinstein, "On
the Visual Constitution of Society: The Contributions of Georg Simmel and Jean-
Paul Sartre to a Sociology of the Senses," *History of European Ideas*, 5, 4 (1984),
pp. 349-362. 그들은 시각의 상호 위치가 시각이 사회적 상호작용에 어떻게 기여하는
지를 알려 준다고 주장한다.

친근한 용어를 빌리면, 가장 그럴듯한 "나-당신" 관계조차도 "나-그 것"의 상호작용에 기반을 두고 있다. 욕망의 표현 방식은 애무를 통해서 종종 촉각적일지라도, 필연적으로 시각적 요소를 가지고 있다. 사르트르는 "나는 대타자에 의해 소유된다. 대타자의 시선은 나의 몸을 발가벗기고, 태어나게 하고, 조각하며, 몸 **그 자체**로 만들고, 내가 나의 몸을 결코 보지 못하기 때문에 대타자는 나의 몸을 본다. 대타자는 비밀, 즉 나란 무엇인가에 관한 비밀을 쥐고 있다"고 적었다.[94] 사르트르에게 있어서, 연인은 소유의 상호 변증법에 개입한다. 이러한 관계는 헤겔의 주인-노예의 상호작용을 넘어선다. 왜냐하면 "사랑하는 사람은 사랑받는 사람의 자유를 **가장 그리고 우선적으로** 원하기 때문이다."[95] 즉 자신을 위해서 상대방의 자유를 완전히 소유하기를 원하기 때문이다.

결과적으로 일련의 행동과 그 행동에 대한 반응이 초래된다. 이는 응시의 경쟁을 통해 나온 사디즘-마조히즘적 측면으로만 설명될 수 있다. 그러나 시선을 통해 사랑하는 자가 사랑받는 자의 자유를 소유하는 데 성공했더라도, 이는 언제나 오래가지 못한다. 마치 "대자"의 궁극적인 주체성이 대상화를 통해 완전히 소멸될 수 없는 것처럼 말이다. 상호적 욕망의 좌절에 대한 사르트르의 주장을 요약하면 다음과 같다.

대타자의 시선에 대한 원초적인 반응으로, 나는 내 자신을 하나의 시선으로 만든다. 그러나 만약 내 자신을 보호하고 나의 자유를 위해 그리고 내 자신을 초월하기 위해, 대타자의 자유에 저항하며 그의 시선을 바라본다면, 대타자의 자유와 시선은 무너진다. 나는 눈을 본다. 나는 세계 한 가운데의 존재를 본다. 그래서 대타자는 나를 놓아준다. 나는 그의 자유에 의거하여 행동

---

94 Sartre, *Being and Nothingness*, p. 445.
95 Ibid., p. 452.

하고, 그의 자유를 전용하고, 또는 적어도 그의 자유가 나의 자유를 인지하도록 만들고자 한다. 그러나 그의 자유는 죽는다. 내가 대상으로서의 대타자(the-Other-as-object)를 만나는 **세계 안에**, 그의 자유는 더 이상 존재하지 않는다. 왜냐하면 대상으로서의 대타자의 특성은 세계를 초월해 있기 때문이다.[96]

그래서 소유하기 위한 욕망과 인간의 자유를 조화시키는 방법이 없는 것처럼, 시선의 사디즘-마조히즘적 변증법은 연인 모두에게 작동할 수밖에 없다. 자신의 요점을 명확히 하기 위해, 사르트르는 포크너(Faulkner)의 『8월의 빛 *Light in August*』에서 발췌한 구절을 인용한다. 거세된 채 죽어가는 흑인 크리스마스는 "의식만 남은 채 공허한 눈으로, 사형 집행인들을 바라보고 있다. […] 한참 동안 그는 평화롭지만 이해할 수 없는 그리고 참을 수 없는 눈으로 그들을 올려다보았다."[97] 그리고 사르트르는 "여기서 한 번 더, 우리는 보는 행위의 존재에서 보여지는 존재로 인지된다. 우리는 그 순환으로부터 빠져나올 수 없다"고 결론 내린다.[98]

이 순환에서 절대 나올 수 없을 거라 느낀 사르트르는, 자신의 이후 저서에서 시각에 대한 많은 언급을 하면서 자신의 생각을 충분히 설명했다. 그의 문학작품은 시각에 대한 언급으로 가득 찼다. 예를 들어 1943년 사르트르의 희곡 『파리 떼 *The Flies*』에서, 왕 아이기스토스(Aegisthus)는 "**나는 그들이 나를 보는 대로, 내 자신을 보게 된다.** 나는 그들의 영혼의 검은 구멍을 자세히 응시한다. 그리고 그 깊은 곳에서 내가 만든 이미지들을 보게 된다. 나는 전율한다. 그러나 그곳에서 나는

---

96 Ibid., p. 481.
97 Ibid., p. 496.
98 Ibid., p. 497.

눈을 뗄 수 없다. 전능하신 제우스여, 나는 누구입니까? 다른 이들이 두려워하는 나 이상의 그 어떤 것입니까?"라고 한탄한다.[99] 1945년의 소설 『집행유예 The Reprieve』에서, 동성애자 다니엘은 "**그들이** 나를 본다. 아니다. 그것도 아니다. **그것이** 나를 본다. 그는 바라봄의 **대상**이었다. […] 이제 내가 **보여진다**. 투명하게, 투명하게, 꿰뚫어져서. 그런데 누구에 의해서인가?"라고 절규한다.[100]

사르트르의 문학비평도 자주 시각적 문제에 집중했다. 1939년 소론 「프랑수아 모리악과 자유(François Mauriac and Freedom)」에서, 그는 전지적 시점의 서술을 비판하며 "특권을 가진 관찰자란 어디에도 없다"고 결론 내렸다.[101] 1947년 저서 『보들레르 Baudelaire』에서, 사르트르는 불만을 드러내며 다음과 같이 주장했다. 보들레르는 "일생동안 **자기 자신**을 다른 사람들의 눈과 자신의 눈 속의 하나의 **사물로 만들려고** 노력했다. 그는 조각상처럼 또는 완전히 동화될 수 없는 완벽하고 희미한 어떤 것처럼, 성대한 사교적 축제로부터 거리를 둔 곳에 있기를 원했다."[102] 말년의 사르트르는 플로베르에 대한 방대한 미완성된 연구에서도, 신의 시점과 같은 **고공비행적 시선**(survol)이라는 무사심한 위치를 채택한 플로베르에게 분노를 표출했다. 사르트르는 이러한 신의 시점을 의도적으로 거부한 키르케고르(Kierkegaard)와 같은 인물들에게 찬사를 보냈다.[103]

---

99 Sartre, *The Flies*, trans. Stuart Gilbert (London, 1946), p. 71.

100 Sartre, *The Reprieve*, trans. Eric Sutton (New York, 1947), p. 135.

101 Sartre, "M. François Mauriac et la liberté," *Situations I* (Paris, 1947), p. 46.

102 Sartre, *Baudelaire*, trans. Martin Turnell (New York, 1950), p. 79.

103 Sartre, *The Family Idiot: Gustave Flaubert, 1821-1857*, trans. Carol Cosman (Chicago, 1981), vol. 2, 11장. 키르케고르가 "위에서 내려다보는 사유"를 거부한 것과 관련한 사르트르의 평가는 다음의 문헌을 참조할 수 있다. "Kierkegaard: The Singular Universal," *Between Existentialism and Marxism*, trans. John Matthews (New

사르트르의 정치적인 글들에도 응시에 대한 비판은 이어졌다. 예를 들어 레오폴 상고르(Leopold Senghor)가 편집한 아프리카 문학선집의 1948년 서문에서, 사르트르는 프랑스 독자들에게 다음과 같이 말했다.

나는 나와 마찬가지로 당신들도 보여지고 있다는 것을 느끼길 원한다. 왜냐하면 3천 년 동안 백인은 보여지지 않은 채 본다는 특권을 누려 왔다. 그것은 순수하고 단순한 보기였다. 백인의 눈빛은 원시의 암흑으로부터 모든 사물들을 끌어낸다. 그의 흰 피부색은 응집된 빛이라는 시각의 한층 진전된 측면이다. 인간이기 때문에 흰, 낮과 같이 흰, 진리가 하얀 것처럼 흰, 미덕과 같이 흰, 모든 창조의 횃불같이 빛나는 백인은, 존재의 본질 즉 비밀이자 흰색이라는 본질을 드러낸다. 오늘날 흑인들은 자신들의 응시를 우리에게 고정시키고, 우리의 응시는 우리의 눈으로 되돌아온다. [⋯] 지속적이며 잠식시키는 이러한 응시는 우리의 뼛속까지 관통한다.[104]

여기서 사르트르는 이후 에드워드 사이드(Edward Said)가 『오리엔탈리즘 Orientalism』에서 상세히 다룬 제국주의자와 인종차별주의자의 지배에서 계속되는 응시의 힘에 대한 분석을 예고했다.[105]

사르트르는 1952년 작가 장 주네(Jean Genet)에 대한 연구 『성인 주네: 배우와 순교자 Saint Genet: Actor and Martyr』에서 시각과 현상학을 가장 일관되고 창의적으로 접목시켰다.[106] 그는 주네의 인격 형성에

York, 1974), pp. 154-155.

104　Sartre, *Black Orpheus*, trans. S. W. Allen (Paris, 1976), pp. 7-11.

105　Edward W. Said, *Orientalism* (New York, 1979), pp. 239ff. 사이드는 본질화된 공시적 시각을 열거식의 서사와 대비시켰다. 그리고 전자를 동양의 "타자"에 대한 서구의 전용과 연관시켰다.

106　Sartre, *Saint Genet: Actor and Martyr*, trans. Bernard Frechtman (New York, 1963).

있어서 근원적이고 결정적인 순간을 『존재와 무』에서 열쇠 구멍을 보던 관음증자의 측면에서 묘사했다. 10살 소년이 의식하지 않고 서랍장으로 다가갔을 때, 그는 갑작스럽게 **"현장에서 걸렸다**. 누군가가 들어와서 그를 보고 있었다. 이 응시 아래에서 어린 소년은 정신을 차렸다. 바로 그 아이는 갑자기 장 주네가 되었다. […] 어떤 목소리가 공개적으로 선언한다. '너는 도둑이다.'"[107] 비록 이 규정짓기가 언어적이더라도, 의심의 여지 없이 처음 떠오른 것은 다음과 같은 사실이다. "코르크 위에 고정된 나비처럼, 핀으로 고정된 듯 시선에 의해 그는 발가벗겨졌고 모든 사람들이 그를 볼 수 있었으며 침을 뱉을 수 있었다. 어른들의 응시는 그를 '**구성된 성질**(a constituted nature)'로 변화시키는 '**구성하는 힘**(a constituent power)'이다."[108]

타자의 시선 탓에 주네의 정체는 도둑이 되어 버렸고, 또한 그의 성적 자아 이미지도 시각적 대상화, 즉 관통에 의해 고정되었다. "무엇보다도 성적으로 주네는 강간당한 아이이다. 그 첫 번째 강간은 타자의 시선이다. 타자는 기습적으로 다가와서 그를 관통했고, 그를 하나의 대상으로 영원히 변형시켰다."[109] 결국 주네는 이러한 대상화를 자신의 정체성으로, 기꺼이 그리고 심지어 의연히 받아들였다. "그가 욕망하는 것은 대타자에 의해 수동적으로 다루어져, 그가 자신의 눈 속에서 하나의 사물이 되는 것이다."[110] 한편으로 굴복이지만, 다른 한편으로 이런 결정을 통해 주네는 『존재와 무』에서 사르트르가 도출한 절망적인 결론에 똑같이 도달했다. "지쳤지만 위로받지 못한 채, 주네는 자신이 도달할 수 없는 곳에 있는 아름답고 평온한 형태를 응시한다. 그리고 그는

---

107 Ibid., p. 17.
108 Ibid., p. 49.
109 Ibid., p. 79.
110 Ibid., p. 81.

'사랑은 절망이다' 라는 결론을 내린다. 그러나 이제 우리는 이 절망은 의도된 것이며, 주네가 사랑을 통한 구원의 유일한 기회, 즉 상호성을 거부했다는 것을 안다."[111] 그의 동성애적 관계는 아마 다른 남자들과 소통하기 위해 한때 시도되었을 수 있다. 그러나 사르트르에 따르면, 주네는 그러한 노력이 실패할 것임을 알았다. "그는 그 자신으로부터 벗어났다. 그리고 그의 동료에게로 향해 갔으며, 단지 표면적으로만 만났다. 이제 다시 그 자신으로 돌아간다. 주네는 계속해서 자신을 관통하는 고정된 빛 아래, 홀로 있었다."[112]

그래서 주네는 예지적 구원을 쫓는 초현실주의자 같은 사람들보다 뛰어나다. "브르통은 비록 초현실을 보지 못하더라도, 적어도 시각과 존재는 하나가 되며 똑같아지는 그러한 통일체 안에서 초현실과 결합되길 희망했다. 주네는 초현실의 즐거움이 자신에게는 원칙상 허락되지 않는 것을 알았다. […] 고귀한 것과 천박한 것이 모순되는 것으로 인식되지 않고, 가장 위대한 악이 동시에 가장 위대한 선이다. […] 브르통의 초현실은 접근하기 어렵고 실질적인 반전으로서 인지되는 것인데, 주네의 성스러움도 그러하다."[113]

악마적인 성스러움에 매료되지는 않았더라도, 사르트르는 말을 통해 자신의 실존적 딜레마를 다루는 주네의 시도와 어린 사르트르가 구원을 위해 몰두했던 문학적 상상의 시도를 완전히 동일시했다. "매력적인

---

111 Ibid., p. 114. 아마도 사르트르는 상호성을 통한 구원의 기회를 진지하게 받아들이지는 않은 것 같다.

112 Ibid., p. 137.

113 Ibid., p. 244. 사르트르가 여기서 기술했듯, 바타유와 주네 사이의 대응 관계를 보는 것은 어렵지 않다. 사실 이 책의 이후 몇 페이지에 걸쳐서 사르트르는 "성스러움이 명백하게 드러나는 곳에서는 나는 그 성스러움을 거부한다. 주네뿐만 아니라 공인된 성자에게서도 말이다. 그리고 나는 심지어 바타유, 지드, 주앙도의 세속적 가면 아래에서도 성스러움의 냄새를 맡는다"라고 말한다. (p. 246)

말은 삭제되는 동안 본래적인 위기를 반복한다. 그러한 말은 주네의 얼굴을 심하게 가격했으며, 또 다른 타자 즉 주네를 향한 응시의 존재를 드러낸다. 그러나 이 대타자는 또 다른 나(I-who-is-Another)이기 때문에, 그것은 주네 자신이다."[114] 중요하게도 주네의 시는 전통적 찬사인 형식적 아름다움과는 전혀 관련이 없다. "몰락, 공허 그리고 무지의 밤은 찬란하게 가시적 이미지들로 빛나는 아폴론적인 시의 소재가 아니다. [⋯] 주네에게 있어서 이미지는 거의 시각적이지 않다. 이미지는 말 속의 은밀한 갈라진 틈이다."[115] 사르트르에게 있어서, "주네의 예술은 우리로 하여금 보도록 만들지 않는다. 그리고 앞으로도 그럴 것이다. [⋯] 주네는 실재를 소멸시키고 시각을 해체하기 위해서, 과장된 방식을 사용한다."[116] 그래서 그는 말씀(The Word)의 계시적인 시각을 드러내고자 말을 사용한 브르통과 대립된다. 오히려 주네는 실재를 무화시키기 위해, 즉 드러나게 될 모든 상위의 실재 가능성을 거부하기 위해 언어를 사용했다. "주네는 어떠한 시적 **직관**도 가지고 있지 않다. 초현실주의자 브르통은 자신의 이미지로 가득 차 있다. [⋯] 주네의 시는 그 자신에게서 빠져나와 대타자의 의식 속으로 도망쳤다. 그리고 그는 어둠 속에서 앞이 보이지 않은 채 시를 써 내려갔다. 앙리 토마(Henri Thomas)의 시보다 주네의 시가 훨씬 더 '맹인의 작품 Blind Man's Work'으로 불릴 가치가 있다."[117]

"맹인의 작품" 역시 응시에 대한 사르트르의 끈질긴 비판의 모토가 될 수 있다. 신뢰할 수 없는 데카르트적 원근법주의 시각체제에 대한

---

114 Ibid., p. 298.
115 Ibid., pp. 298-300.
116 Ibid., p. 440.
117 Ibid., p. 514. 1912년 출생한 토마는 프랑스 시인이자 소설가이다. 그는 1941년 『맹인의 작업 Travaux d'aveugle』을 출간했다.

사르트르의 거부에 프랑스 현상학자들이 대체로 동의했지만, 그들 모두가 사르트르만큼 시각에 무자비하게 적대적이지는 않았다. 역설적으로 그들은 사르트르가 지각과 상상력을 범주적으로 대립시키고 게다가 "대자"와 "즉자"를 근본적으로 구분한 것이, 데카르트의 이원론적 잔재라고 여겼다. 오히려 사르트르가 부여한 끊임없는 갈등보다 더 근본적인 사회적 **공존재**(Mitsein)에 대한 하이데거의 믿음, 그리고 주체와 대상 사이의 분열 이전의 존재라는 하이데거적 개념을 받아들일 준비가 되어 있는 사람이 있었다. 이러한 하이데거의 개념들은 환영을 깨트리는 거울과 무수히 쏟아지는 상처투성이의 응시로 구성된 사르트르적 극장의 시각보다 좀 더 온화한 시각적 개념과 조화될 수 있는가? 모든 현상학자들이 그렇게도 원했던 시각에 대한 새로운 존재론이 문제 많은 관람자적 인식론을 대체할 수 있는가? 이 질문의 답은 메를로퐁티의 저서에서 지속적으로 발견된다. 사실 프랑스에서 반시각중심적 담론을 검토하려는 진지한 철학적 시도가 있었다면, 이는 스스로 "시각의 광기"라고 불렀던 메를로퐁티의 주목할 만한 탐구일 것이다.[118]

◉

사르트르가 투명할 정도로 자기 고백적이어야 한다고 강박적으로 요구했던 것과는 달리, 메를로퐁티는 사르트르의 『말』에 필적할 만한 자전적인 이야기가 반영된 저서를 남기지 않았다.[119] 메를로퐁티는 1차 세계

---

118 Maurice Merleau-Ponty, *The Visible and the Invisible*, ed. Claude Lefort, trans. Alphonso Lingis (Evanston, Ill., 1968), p. 75.

119 메를로퐁티의 초기에 대한 가장 영향력 있는 자서전은 다음과 같다. Theodore F. Geraets, *Vers une nouvelle philosophie transcendentale: La genèse de la philosophie de Maurice Merleau-Ponty jusqu'à la Phénoménologie de la perception* (The

대전에서 6살 때 아버지를 잃었음에도 불구하고, 어린 사르트르를 고통받게 했던 시각적 굴욕을 겪지 않은 채 상대적으로 자유롭고 안전하고 행복한 어린 시절을 보낸 것 같다.[120] 메를로퐁티가 타자의 응시가 야기하는 희생시키고 대상화하는 개인적 감각을 사르트르보다 덜 느꼈다면, 그의 저서가 시각의 사회적 함의뿐 아니라 존재론적 함의에 있어서도 덜 암울한 분석을 제시했다는 것은 당연할지도 모른다. 사실 메를로퐁티도 시각의 문제를 사르트르만큼 강박적으로 끈질기게 탐구했지만, 자신의 동료인 사르트르와는 정반대의 결론에 도달했다. 그래서 메를로퐁티의 현상학은 신뢰를 잃어버린 데카르트적 원근법주의 전통이 제공하는 토대보다 더 단단하고 새로운 기반 위에 시각의 고귀성을 다시 재정립하려는 영웅적인 시도라고 할 수 있다.

그러나 시각중심주의를 비판하는 20세기 프랑스 비평가들을 괴롭히는 의문과 불신은 메를로퐁티에 있어서도 결국 표면화되었다. 이 책의 후반부에서 살펴볼 반시각담론의 기여자들이 메를로퐁티가 시각의 복귀에 대해 가졌던 지나친 희망을 비난했는데, 메를로퐁티 역시 이 학자들이 느낀 우려를 자신의 저서에서 이미 예고했다. 그래서 메를로퐁티는 이 책에서 중심적인 자리를 차지한다. 그는 지배적인 시각적 체제의 몰락을 표명하면서도, 시각이 유익한 사회적 함의를 지닐 수 있다는 대안적 철학을 제시한다. 그러나 53세에 갑작스러운 죽음으로 중단된 그의 계획은 만족스럽게 완결되지 못했다. 이후 세대가 그의 계획을 실패로 여겼다는 사실로 판단컨대, 그가 사망했던 1961년에 이르러 반시각중심적 담론의 누적된 힘이 상당히 강력했다는 것을

Hague, 1971); Barry Cooper, *Merleau-Ponty and Marxism: From Terror to Reform* (Toronto, 1979); Schmidt, *Maurice Merleau-Ponty*.
120 사르트르는 메를로퐁티가 행복한 유년시절을 보냈다고 주장했다. "Merleau-Ponty," *Situations*, trans. Benita Eisler (New York, 1965), p. 296.

알 수 있다.

메를로퐁티는 경력 초반부터, 즉 후설의 영향을 받지 않았을 때에도 이미 지각 특히 시각에 매료되었다. 1933년 메를로퐁티는 「지각의 본성에 관하여(On the Nature of Perception)」를 구상했는데, 이 글에서 그는 감각적 지각의 세계가 궁극적으로 지적 관계와 과학적 지식으로 환원될 수 있다는 브륑슈비크의 주장을 논박했다.[121] 이 부분에 있어서 메를로퐁티는, 이후 자신이 결정적으로 빠져들었던 현상학보다 아론 구르비치(Aron Gurwitsch)가 당시 프랑스에 소개한 게슈탈트심리학(Gestalt psychology)과 영미 철학의 "리얼리즘(실재론)"에 이론적으로 영감을 받았다. 메를로퐁티가 현상학을 접한 것은 후설의 『유럽학문의 위기와 초월적 현상학』을 읽었을 때였다. 이후 그는 후설의 나머지 저서들을 탐독했고 벨기에 루뱅에 신설된 기록 보관소에서 미출간 필사본을 찾기까지 했다. 동시에 그는 하이데거의 현상학에도 탐닉했는데, 이는 다가올 수십 년 동안 시각에 대한 자신의 숙고에 점차 강력한 영향력을 끼치게 되었다.

"메를로퐁티는 항상 똑같은 곳을 파고들었다"는 사르트르의 언급[122]이 말해 주듯, 메를로퐁티는 경력 내내 자신의 주장을 고집스러울 정도로 고수했다. 그렇다 하더라도 그의 논의는 일반적으로 두 개의 중요한 국면으로 나뉜다.[123] 첫 번째 국면은 가장 주목할 만한 성취인 『행동의 구조 The Structure of Behavior』(1942)와 3년 뒤 발간된 『지각의 현상학 Phenomenology of Perception』(1945)에서 드러나는데, 그는 지각에 토대를 둔 후기-데카르트 철학의 가능성 안에서 자신의 가장 낙관적인

---

121 논의를 위해서 다음의 문헌을 참조할 수 있다. Geraets, pp. 9-10.

122 Sartre, "Merleau-Ponty," p. 322.

123 만약 메를로퐁티의 정치적 방랑이 검토된다면, 시대 구분이 다르게 될 수도 있다. 그러나 여기서는 지각에 대한 그의 태도만을 기준으로 보겠다.

희망을 피력했다.[124] 역사, 마르크스주의, 당대 정치학[125]에 관한 숙고로
공백기를 보낸 후, 메를로퐁티는 자신의 초기 철학적 관심으로 되돌아
왔다. 『기호들 Signs』(1960), 「눈과 정신」(1961), 사후에 출간된 미완성
원고 『보이는 것과 보이지 않는 것』과 같은 여러 글에서, 그는 1930년
대와 40년대 초기의 자신의 논의들을 심화시켰고 또한 문제 삼았다.[126]

1952년 콜레주 드 프랑스(Collège de France)에 낸 지원서에서, 메를
로퐁티는 다음과 같은 언급으로 자신의 진전된 국면들을 구분했다. "나
의 초반 두 저서는 지각의 세계를 회복시키려 했다. 지금 준비 중인 저
서들은 타자와의 소통과 사유가 지각의 영역을 어떻게 차지하고 넘어
서는지를 보이고자 한다. 처음 우리를 진리로 인도했던 지각의 영역을
말이다."[127] 여기서 질문해야 할 점은 단지 지각의 회복만으로는 "진리"
에 접근할 수 없다는 그의 인식이 데카르트주의의 몰락 이후 시각의 고
귀성이 다시 거듭날 수 있다는 가정에서 어느 정도까지 벗어난 것인가
이다. 메를로퐁티가 상호 주체적인 소통과 그 자신이 명명한 "세계의
산문(prose of the world)"[128]이라 불렀던 것에 기울인 관심이, 자신이

124 Merleau-Ponty, *The Structure of Behavior*, trans. Alden L. Fisher (Boston, 1963); *Phenomenology of Perception*, trans. Colin Smith (London, 1962). 앞서 논의한 「세잔의 의심」도 이 시기에 나온 것인데, 1945년에 첫 출판되었다.

125 이러한 노력의 가장 중요한 결과로는 다음과 같은 저서들이 있다. *Humanism and Terror*, trans. J. O'Neill (Boston, 1969); *Sense and Non-Sense*, trans. H. L. Dreyfus and P. A. Dreyfus (Evanston, 1964); *The Adventures of the Dialectic*, trans. J. Bien (Evanston, 1973).

126 Merleau-Ponty, Signs, trans. Richard C. McCleary (Evanston, 1964); "The Eye and the Mind," in *The Primacy of Perception*, trans. James M. Edie (Evanston, 1964); *The Visible and the Invisible*, ed. Claude Lefort, trans. Alphonso Lingis (Evanston, 1968).

127 Merleau-Ponty, "An Unpublished Text by Merleau-Ponty: *A Prospectus of His Work*," in *The Primacy of Perception*, p. 3.

128 이것은 결코 완성될 수 없는 저서를 예상하면서 붙인 제목이다. 이 저서의 일부

초기에 보인 지각에 대한 찬사에 어떤 영향을 주었는가? 새로운 존재론의 토대로서 지각의 현상학에 가졌던 자신의 신념이 약화되면서, 정신분석적 모티프와 언어적 모티프를 통합하려는 메를로퐁티의 시도는 프랑스에서 그의 사후에 더 큰 영향력을 갖게 되는데, 이런 시도는 어떤 중요성을 갖는가? 즉 그의 분명한 의도와는 반대로, 그의 사상에서 결코 해결되지 않았던 모호성들은 어떻게 작용했는가? 그리고 이런 모호성이 의도치 않게 시각중심주의의 위기가 지속되도록 기여했는가?

지각이라는 수수께끼와 분투했던 메를로퐁티의 첫 번째 결실인 『행동의 구조』는 전쟁 중에 출간되었으나, 사실 그가 후설과 하이데거의 세계를 받아들인 1938년에 이미 완성되었다. 이 책은 대체로 실험심리학의 담론으로 저술되었는데, 실험심리학은 현상학자들이 "심리주의(psychologism)"라고 일축했던 바로 그 방식으로 정신에 접근했다. 메를로퐁티는 이러한 적대적인 일축에 동의하기보다, 오히려 당시 심리학 연구의 통찰을 이용했고, 한편 비반성적이고 환원주의적인 존재론적 가정들을 비판했다.

메를로퐁티는 파블로프의 반사 요법과 원자론적 행동주의 같은 경쟁적인 학파들을 주의 깊게 검토하면서, 게슈탈트심리학자 볼프강 쾰러(Wolfgang Koehler), 막스 베르트하이머(Max Wertheimer), 아데마르 겔프(Adhémar Gelb), 쿠르트 골드슈타인(Kurt Goldstein), 쿠르트 코프카(Kurt Koffka)의 접근법이 가장 유망하다고 결론 내렸다. 이들은 지각의 구조적 요소와 반사 행동의 형식적 결정성을 강조했는데, 이는 신칸트주의 같은 선험철학이 제시한 주지주의자적 범주 없이도 정신이 능동적이라는 것을 의미했다. 게슈탈트심리학자들은 감각적 경험의 순환적이고 상호작용적인 본성을 주장했기 때문에, 지각에 관한 일방적

는 1969년에 출판되었다.

인 인과적 설명, 즉 정신분석[129]을 포함하는 감각적 인식론과 같은 설명
을 극복할 수 있었다. 게슈탈트심리학자들이 보여 주었듯이 형태는 배
경을 필요로 하고 그 역도 또한 그러하다. 그래서 인간의 망막은 단순
히 외부의 인상을 보여 주는 수동적인 스크린이 아니다. 사실 탐구하는
대상이 무엇이든, 무생물의 물리적 세계이든, 생물의 세계이든, 또는
인간의 상징적 교환의 영역이든 상관없이, 관계적 구조주의가 가장 적
절한 접근법이었다.

　더구나 메를로퐁티는 지각의 구조적 차원이 우리가 지각하는 유의미
성과 완전히 양립한다고 주장했다. 1960년대 구조주의자들과 다르게,
메를로퐁티는 적어도 인간의 질서 속에서는 형식적 구조와 주관적 의
미가 대립하는 것이 아닌 서로 얽혀 있다고 믿었다. 이 부분에서 메를
로퐁티는 후설의 영향을 받은 것이 분명한데, 왜냐하면 구조화는 하나
의 지향적인 현상이기 때문이다. 그는 "자연적 '사물', 유기체, 타인의
행동과 우리 자신의 행동은 스스로의 의미에 의해서만 존재한다"고 주
장했다. 그리고 "이것들 속에서 도출되는 의미는 칸트적인 대상이 아니
다. 이것들을 구성하는 지향적 삶은 표상이 아니다. 그리고 이들에게
접근할 수 있도록 해 주는 '이해'는 지적 작용이 아니다"라고 덧붙였
다.[130] 현상을 개념화하고 현상과 우리의 관계를 개념화하는 이러한 방
식이 존재하기 이전에 의미화의 원초적인 질서가 선행하는데, 이러한
질서는 초월적 감각주의 철학이 산산조각을 내 버렸던 것을 다시 묶는
역할을 했다.

　게슈탈트심리학은 이러한 이해에 도달하는 데에는 유용했으나, 메를

129　메를로퐁티에 따르면, 프로이트는 일방향의 원인이라는 범주를 채택하는 잘못을
했다. 왜냐하면 프로이트는 구조보다는 힘의 은유를 사용했기 때문이다. *The Structure
of Behavior*, p. 220.
130　Ibid., p. 224.

로퐁티가 "외부 관람자"[131]라고 명명한 실재론적 인식론, 즉 자신이 본 구조가 자신의 구성 능력과 완전히 독립되어 있다고 믿는 인식론을 거부하는 데에는 충분하지 않았다. 사실 베르그송이 인식했듯, 지각은 관조적이기보다는 활동적이다. 비록 베르그송이 그런 행동을 생명의 영역에만 국한시키는 잘못을 범했더라도 말이다.[132] "생명"은 인간성을 배태시키고 지각적 경험을 구성하는 데 있어서 중심 역할을 하는 풍부한 "의미화의 질서"를 포착하기에는 불충분한 범주이다.

　이런 경험을 설명하면서, 메를로퐁티는 시각적 요소들에 관한 여러 매력적인 결론에 도달했다. 『행동의 구조』는 그가 "실재의 빛"이라 명명한, 즉 중세에 루멘으로 부른 빛에 대한 과학적 이해와 그가 "현상적 빛"이라 명명한, 즉 중세 사상가들이 룩스로 부른 빛을 일상적으로 의식하는 질적인 경험을 구별하면서 시작한다. 메를로퐁티는 과학적 이해와 질적인 경험 사이에는 근본적인 균열이 존재한다는 것을 받아들이기보다, 비과학적 지각이 지니는 게슈탈트적인 성질은 이 둘 사이에 연속이 존재한다는 것을 알려 준다고 주장했다. 그래서 과학은 자연에 대한 반테제이거나 혹은 자연을 바로잡는 것이 아니라, 자연적 지각으로부터 나왔다는 것이다. 메를로퐁티가 곧이어 설명했듯, "지각된 세계란 모든 합리성, 모든 가치, 모든 존재를 위해 항상 전제된 토대이다. 이러한 테제는 합리성이나 절대자를 훼손하지 않는다. 다만 이러한 것들을 땅으로 끌어내리려고 한다."[133] 그래서 빛의 두 가지 개념에 관한

131　Ibid., p. 162.

132　Ibid., pp. 164-165. 지각에 대한 두 사상가들의 태도를 비교한 자료로 다음을 참조할 수 있다. Augustin Fressin, *La perception chez Bergson et chez Merleau-Ponty* (Paris, 1967).

133　Merleau-Ponty, "The Primacy of Perception and Its Philosophical Consequences," *The Primacy of Perception*, p. 13. 이 텍스트는 『지각의 현상학』의 출판 직후인 1946년에 쓰였다.

표면상의 불일치는 시각이 자기 모순적이거나 심지어 "비합리적"인 것
을 의미하는 것이 아니라, 오히려 주관적인 시각적 경험과 그것을 과학
적으로 다시 기술하는 것이 궁극적으로 동일한 의미화 질서의 한 부분
이라는 것을 의미한다.

둘째로 메를로퐁티는 본다는 것이 어쩔 수 없이 원근법주의적 측면
을 지닌다는 함의에 대해 논의했다. 선험주의자들은 이러한 인식이 인
지적 상대주의를 초래한다는 사실을 두려워했고, 니체주의자들은 이들
과 동일한 결론에 도달하나 그 결과를 환영했다. 이 양쪽 모두에게 반
대하면서, 메를로퐁티는 후설에 동의하며 다수의 윤곽선들(Abschat-
tungen)은 사물의 모든 측면을 초월해서 실제 "사물"의 존재를 드러낸
다고 주장했다. 그는 "나에게 원근법은 사물을 주관적으로 왜곡하는 것
처럼 보이지 않는다. 오히려 그와 반대로 원근법은 사물의 속성들 중
하나, 아마도 그 본질적인 속성을 보여 준다. 바로 이 속성 때문에, 지
각된 사물은 숨겨진 그리고 고갈될 수 없는 풍요를 자신의 내부에 소유
한다. 이 속성이 바로 그 '사물'이다"라고 주장했다.[134] 비선험적 원근법
주의는 인간이 만든 작은 카메라 옵스쿠라 속에 인간을 가두기보다는
인간과 객관적 세계를 재결합시켰다. "그것은 지각에 주관성이라는 계
수를 부여하는 것이 아니라, 그와 반대로 세계와 소통할 수 있다는 확
신, 우리가 알고 있는 세계보다 더 풍요로운 세계, 즉 실제 세계와 소통
할 수 있다는 확신을 지각에 부여한다."[135]

셋째로 이후의 여러 경우에서도 계속 그랬던 것처럼, 메를로퐁티는
『굴절광학』을 비판적으로 검토하면서 시각에 대한 데카르트적 설명에
직접적으로 도전했다. 그는 데카르트가 대상으로부터 공기를 통해 눈

---

134   Ibid., p. 186.
135   Ibid.

으로 들어온다는 "지향적 종(intentional species)"이라는 중세적 개념
과 시각의 동일성 이론을 포기했다는 점에서 옳았다고 주장했다. 왜냐
하면 만약 그런 실체들이 존재한다면, 지각의 다른 원근법적 윤곽들이
불가능하기 때문이다. 그러나 데카르트는 여전히 실재론적 패러다임에
지나치게 의존했고, 이런 패러다임으로 인해 시각은 세계 **안**에서의 관
점보다는 세계에 **대한** 관점으로 바뀌었다. 망막 위에서 거꾸로 그리고
뒤집힌 이미지가 정신 속에서 어떻게 통합된 이미지로 전환되는가를
해명하려는 데카르트의 분투는 송과선이라는 무모한 편법으로 나아갔
고, 관람자라는 시각의 낡은 개념을 버리지 못했다. 메를로퐁티는 이와
동일한 가정이 실험심리학의 소위 연상 구역에 오늘날에도 남아 있다
고 비판한다. 이 연상 구역은 송과선의 기능적 대응물이라 할 수 있
다.[136]

　또한 "지향적 종"에 대한 데카르트의 비판은 관찰된 세계에 기하학
을 투사하는 지성, 즉 **코기토**에 지나치게 구성적 역할을 부여하는 실수
를 범했다. 실제로 보는 것은 눈이 아니라 영혼이라는 데카르트의 유명
한 주장을 말장난 삼아서, 메를로퐁티는 영혼의 범주를 자신의 용어로
재해석하고 다른 것들과 대비시켰다. "보는 것은 영혼이지 뇌가 아니
다. 어떤 특정한 상황에서 시각장의 한 지점에 부여된 공간적 가치를
설명할 수 있는 것은 지각된 세계와 그 세계의 적절한 구조를 통해서이
다."[137] "영혼"은 이해 가능한 본질을 보는 것이 아니라, 오히려 실존 즉
실재의 현존을 보는 것이다. 그는 "**코기토**가 드러내는 의식적인 우주,
그리고 그 통합 속에서 지각조차 필연적으로 갇힌 듯 보이는 의식적인
우주는 단지 제한된 의미에서 사유되는 우주일 뿐이다. 그 우주는 본다

136　Ibid., p. 192.
137　Ibid., pp. 192-193.

는 것에 관한 생각을 해명할 순 있다. 그러나 본다는 사실과 실존적 앎의 조화를 설명하진 못한다"고 비판했다.[138]

시각에 대한 데카르트적 설명이 보고 있는 대상의 실존적 현존에 주의를 기울이지 않기 때문에 미흡하다면, 사르트르가 진행했던 동시대의 실존주의적 대안은 무엇인가? 앞서 우리가 기술한 도출된 설명이 여전히 형성되는 중에 있더라도, 메를로퐁티는 이 함의들에 의문을 품은 자신의 친구 사르트르의 초기 저서를 충분히 접했다. 비록 후설의 선험적 자아에 관한 사르트르의 혐오에 동의했더라도, "체험된 몸"에 대한 사르트르의 강조를 인정했더라도, 그리고 초현실주의에 대한 사르트르의 비판을 예상했더라도,[139] 메를로퐁티는 두 가지 기본적인 논점에서 그 친구와 거리를 두었다.

첫째, 사르트르가 현실감을 상실시키는 상상력과 지각적으로 관찰되는 일상세계를 불쾌하게 비교했다면, 메를로퐁티는 두 영역을 그렇게 범주적으로 분리하는 것을 거부했다. 동일한 주제에 대한 이후의 논의

---

138 Ibid., p. 197.
139 대상의 "경이로운" 잠재성을 해방시키기 위해 인간의 사용 가치라는 맥락으로부터 대상을 분리시킨 초현실주의자들에 대해서, 메를로퐁티는 다음과 같이 적었다. "성인에 있어서, 정상적인 실재는 인간적 실재이다. 그리고 장갑, 신발과 같은 인간이 표식을 붙인 사용할 대상들은 자연 대상들 사이에 위치하고, 처음으로 사물로서 고려된다. 또는 군중과 같은 거리의 사건들이 소리는 들리지 않은 채 창문의 한 구획을 통해 보이면서 순수한 스펙터클로서 전달될 때 그리고 영속적인 느낌이 부여될 때, 우리는 다른 세계 즉 초현실로 들어가는 인상을 받는다. 왜냐하면 우리와 인간 세계를 묶는 연계성이 처음으로 깨지는 것이고 자연 '그 자체(en soi)'가 보이기 때문이다." (p. 167). 그런데 『보이는 것과 보이지 않는 것』에서 메를로퐁티는 막스 에른스트의 문구를 긍정적으로 인용하면서 다음과 같이 주장했다. "화가의 역할은 보이는 것에 경계를 두고 자신의 내면으로 투사시키는 것이다." (p. 208). 여기서 초현실주의는 스펙터클을 관찰하려고 하기보다는, 능동적인 주체를 보류시키려는 의도가 있다고 이해된다. 이는 시인이 자동 연상 글쓰기를 위해 언어를 작동하는 방식과 유사하게, 화가가 "보기" 위해서 시각을 작동시키는 방식이다.

에서 언급했듯, 사르트르는 환영에 관한 자신의 주장에서 이 둘 사이에 어떤 혼동이 있었다는 것을 인정했다. 그래서 그는 "초반에 생각한 상상력과 지각 사이의 명확한 구분에 선행하는 어떤 상황의 가능성을 제시한다."[140] 메를로퐁티는 지각은 과학적이고 합리적인 지성뿐만 아니라, 예술적인 상상력과도 얽혀 있다고 암시했다. 세잔에 대한 그의 초기 에세이에 대해 앞서 언급했듯, 메를로퐁티는 위대한 예술가는 지각을 부정하지 않는다고 생각했다. 그 또는 그녀는 우리를 상상력과 감각, 표현과 모방이 분리되기 이전의 원초적인 경험으로 회귀시키면서 우리의 지각을 갱신시킨다는 것이다.

메를로퐁티는 지각과 상상력을 구분한 사르트르에 반대했고, 또한 사르트르의 이분법적 존재론이 불가피하게 도출한 비상호적인 사회적 관계와 미묘하게 거리를 두었다. 메를로퐁티는 헤겔의 인식적 변증법과 하이데거의 **공존재**에 사르트르가 보인 신뢰보다 더 큰 신뢰를 보이면서, 공유된 의미화를 통한 소통의 잠재성을 강조했다. 이런 소통의 잠재성은 지각의 전(前)반성적인 수준에서 분명하게 드러났다.

타자의 행위는 사유의 방식을 드러내기 전에 존재 방식을 먼저 표현한다. 그리고 대화 중에도 이런 행위는 나에게 보여지고 이 행위가 내 생각에 반응하기 위해 나의 생각을 포착할 때, […] 그 때 나는 공존재와 얽히게 된다. 공존재 속에서 나는 독자적인 구성체가 아니다. 그리고 지각적 경험이 물리적 성질의 현상을 만들 듯, 공존재는 사회적 성질의 현상을 만든다.[141]

---

140 Merleau-Ponty, "Phenomenology and the Sciences of Man," in *The Primacy of Perception*, p. 74. 그는 『보이는 것과 보이지 않는 것』에서 유사한 관점을 보였다. p. 39, p. 266.

141 Merleau-Ponty, *The Structure of Behavior*, p. 222.

그래서 상호 주체적인 관계는 대상화시키는 응시의 대립으로 형성되는
것이 아니다. 이 관계는 시각적 구성 요소들로 환원될 수 없다. 또한 지
각 전체로 환원될 수도 없다. 메를로퐁티는 자신의 텍스트 끝부분의 주
석에서 하이데거의 주장, 즉 우리는 "세계"에 대한 원초적 지각을 갖는
다는 주장을 숙고했다. 이것이 무엇을 의미하는지에 대한 판단은 보류
한 채, 메를로퐁티는 "분명한 것은 지각된 것이 내 눈에 들어오는 것에
만 국한되지는 않는다는 사실이다. 내가 책상에 앉아 있을 때, 나의 뒤
에서 공간은 관념적으로뿐만 아니라 실재에 있어서도 닫혀 버린다"고
결론 내렸다.[142] 즉 세계에 대한 우리의 경험을 "이해하기" 위해, 시각은
다른 감각들과 통합되어야 한다는 것이다.[143]

『행동의 구조』가 실험심리학의 시도와 지각 경험을 개념화하려는 철
학에 집중됐다면, 메를로퐁티의 다음 저서는 지각 경험 그 자체에 관심
을 기울였다. 아마도 지각의 모호성을 범주적으로 명확히 구분하기보
다는 그냥 인정하려고 했기 때문에, 이전 책보다 훨씬 더 두껍고 몹시
고된 작업이며 난해한 『지각의 현상학』은 다양한 해석을 낳았다고 할
수 있는데, 이 책에 대한 부연 설명으로만 구성된 책이 나올 정도이
다.[144] 여기서는 『지각의 현상학』에 대한 복잡한 논쟁을 모두 다룰 필요

142 Ibid., p. 249.
143 프랑스어 감각(sens)이 지니는 다층적 의미에는 방향이라는 관념이 들어 있다.
이는 지향성에 대한 메를로퐁티의 강조와 잘 어울린다. 이 단어의 다양한 의미에 대한
이후의 논의에 관해 다음을 참조할 수 있다. Jacques Rollande de Renéville, *Itinéraire
du sens* (Paris, 1982).
144 Monika M. Langer, *Merleau-Ponty's Phenomenology of Perception: A Guide
and Commentary* (London, 1989). 다른 유용한 논의로는 다음의 저서들이 있다.
Gary Brent Madison, *The Phenomenology of Merleau-Ponty: A Search for the Lim-
its of Consciousness* (Athens, Ohio, 1981); Remy C. Kwant, *The Phenomenological
Philosophy of Merleau-Ponty* (Pittsburgh, 1963); Garth Gillan, ed., *The Horizon of
the Flesh: Critical Perspectives on the Thought of Merleau-Ponty* (Carbondale, Ill.,

는 없다. 오히려 가장 핵심적인 몇 가지를 강조할 것이다.

메를로퐁티는 『지각의 현상학』을 "지각된 세계의 목록"[145]으로 시작하면서, 지각에 관한 고전적 편견을 체계적으로 비판한다. 그는 그 편견을 "경험주의자"와 "지성주의자"로 불리는 두 개의 그룹으로 나눈다. 전자는 완전히 처음부터 감각 중추의 수동적인 수용체가 자극되면서 감각이 생성된다고 가정한다. 그래서 이들은 시각을 관찰의 유형으로 환원시킨다. 후자는 절대적인 주체를 상정한다. 그런데 이 주체는 자기 자신의 내재성만으로 지각한 세계를 구성한다. 이러한 세계에서 사변이 우세한 위치를 점하는데, 이런 사변은 주체가 자신의 거울 이미지만을 보는 것을 의미한다.

메를로퐁티는 두 전통 모두 실제의 지각 현상이라는 변수를 제외시키는 오류에 빠졌다고 주장한다. 경험주의는 주체를 세계 속의 다른 타자들처럼 하나의 대상으로 여기기 때문이고, 지성주의는 지각을 단지 사고의 기능, 즉 판단의 결과로 여기면서 인지적 주체를 전능하게 만들기 때문이다. 두 경우 모두에 있어서, 육체와 분리된 채 정신은 멀리 떨어져서 관찰의 대상으로서 세계를 이해한다. 그러나 대상으로서의 몸과 합리적 주체로서의 **코기토를** 구성하기 이전의 지각적 경험을 탐구하는 것이 필요하다. 비록 메를로퐁티 자신의 철학적 도구가 어쩔 수 없이 반성적이더라도, 그는 자신이 "세계에의 존재"[146]로 명명한 전(前)반성적인 현상적 장을 탐구하고자 했다. 메를로퐁티는 지각 장애를 심리학적으로 검토했는데, 그 결과 그는 "정상" 지각이라는 억압된 가설들

1973); Samuel B. Mallin, *Merleau-Ponty's Philosophy* (New Haven, 1979); Albert Rabil, Jr., *Merleau-Ponty: Existentialist of the Social World* (New York, 1967); Schmidt, *Maurice Merleau-Ponty: Between Phenomenology and Structuralism*.

145 Merleau-Ponty, *Phenomenology of Perception*, p. 25.

146 Ibid., p. xiii.

을 밝혀냈다. 그런데 그가 현상학으로 해석한 이러한 비정상 지각은 불완전한 존재의 세계를 벗어나 더 순수한 형상적 본질의 세계로 향하고자 한 후설의 목표를 확실히 일축시켰다.

메를로퐁티가 관찰과 사변으로 불리는 시각적 전통을 거부했다면, 그는 제3의 대안, 즉 거의 비슷한 시기에 초현실주의자들이 복구시키려고 애썼던 계시적 조명을 채택했는가? 만약 보는 것으로 완벽한 투명성, 신성한 빛과의 결합, 투시적인 순수를 얻고자 하는 사람들이 있다면, 시각적 경험이 주는 계속되는 모호성에 찬사를 보내는 메를로퐁티는 그런 부류에 속하지 않는다. 특정 해석들과는 반대로[147] 그는 천상적 광휘 속에서 모든 그림자를 녹여 버리는 그런 신비한 통합을 추구하지 않았다. 비록 지각이 우위를 회복하길 원했고 감각 분화 이전의 원초적인 감각 중추에 대해 언급했더라도, 메를로퐁티는 지각이 완벽한 조화를 이룬 신비한 의미를 갖는 구원의 영역이라고 생각하지 않았다.

시각적 전통의 특정 잔재들이 두 가지 방식으로 여전히 메를로퐁티의 저서에서 발견되는데, 이는 그의 이후 저서에서 훨씬 더 분명하게 나타난다. 첫째, 보는 자와 보이는 세계를 얽히게 하는 메를로퐁티의 주장은 주체를 적극적으로 탈중심화시킨다. 이는 아무리 능동적인 지

---

147 예를 들어 다음을 참조할 수 있다. Eugenio Donato, "Language, Vision and Phenomenology: Merleau-Ponty as a Test Case," *Modern Language Notes*, 85, 6 (December, 1970). 이 글은 메를로퐁티에게 "시각은 주체와 대상의, 즉 자아와 타아의 통합에 참여한다. 반면 담론의 세계는 모순의 세계이다"라는 점을 두고 논쟁한다.(p. 804) 그 대신에 클로드 르포르는 다음과 같이 주장하는데 이점에서 그는 옳았다. "메를로퐁티는 어디에서도 직관, 즉 대상과의 일치나 혼합을 언급하지 않았다. 이는 질문을 잠재우고 언어를 불신하는 것일 수 있다. 반영 철학처럼 일치의 철학, 즉 상공에서 내려다보는 존재가 가진 직관과 같은, 그러한 존재의 직관은 오로지 자신의 눈 속에서만 두 가지 형태로 실증될 수 있다. 세계 속에서는 우리의 내재적 속성을 알 수 없는 그런 두 가지 방식 말이다." *Sur une colonne absente: Écrits autour de Merleau-Ponty* (Paris, 1978), p. 26.

각이더라도 지각은 강한 자아를 포기하는 것, 즉 기꺼이 사물을 그 자체로 인정하는 것을 말하는데, 이런 의미는 마이스터 에크하르트의 관념들과 비교될 수 있다.[148] 둘째, 사르트르와 달리 메를로퐁티에게 있어서 가시적 세계와의 접촉은 구토를 유발하지 않는다. 오히려 경이로움을 준다. 그가 어린 시절 배웠던[149] 가톨릭 신앙에서 완전히 벗어나지 못한 메를로퐁티는 눈에 보이는 창조되고 구현된 존재의 풍요로움에 몰두했다.

대체로 『지각의 현상학』에 지각의 회복에 대해 분명하게 시각적으로 해석한 부분은 없다. 이 책은 전통적 편견을 붕괴시키기 위해 써진 긴 서론 뒤에, 체험된 몸을 생리적, 심리적, 성적, 표현적 유형의 측면에서 꼼꼼하게 점검하면서 시작한다. 책의 두 번째 부분은 감각한다는 것에 초점을 맞추면서 지각된 세계, 즉 공간, 자연 세계, 인간세계를 검토한다. 책의 마지막 부분에서 **코기토**, 시간성 그리고 인간 자유에 관한 쟁점에 특히 관심을 기울이면서 대자존재와 세계에의 존재를 다룬다.

메를로퐁티의 이러한 논의는 이미 『행동의 구조』에서 도출했던 결론들을 여러 측면에서 심화시킨 것이다. 예를 들어 그는 감각의 중첩구조을 자주 강조했는데, 이는 각 감각들이 자신만의 지각 세계를 만들고 동시에 통합된 경험 세계를 형성하는데 기여한다는 개념이다. 바타유와는 달리, 그는 시각을 폄하시키는 것 그리고 시각을 소위 저급한 기

---

148 Michel de Certeau, "The Madness of Vision," *Enclitic*, 7, 1 (Spring, 1983), p. 28. 세르토는 이 개념이 하이데거의 '내맡김(Gelassenheit)'에서 유래했다고 주장한다. 「눈과 정신」에 실린 다음과 같은 문구들은 이러한 해석이 타당하다는 것을 보여 준다. "시각에 종속되는 사유는 스스로에게 부여하지 않은 프로그램과 법칙에 따라 기능한다. 그런 사유는 자신의 전제들을 갖지 않는다. 그것은 현전의 그리고 실제의 사유가 전혀 아니다. 그런 사유의 중심에는 미스테리한 수동성이 있다." (p. 175)
149 종교와 관련하여 그의 복잡하고 양가적인 관계는 다음을 참조할 수 있다. Rabil, *Merleau-Ponty: Existentialist of the Social World*, 9장.

능들과 연계시키는 것에 반대했다. 그러나 확실히 그는 전통적인 감각
의 위계를 무너뜨리려 했고 다른 감각들보다 우위에 있는 시각에 의문
을 제기했다. 메를로퐁티는 우리가 색채를 지각하는데 촉각이 작용한
다는 주장을 하면서까지 특히 촉각의 역할을 강조할 필요를 느꼈는데,
촉각이 대상의 질감 있는 표면에 닿는 빛에 좌우되기 때문이다.[150]

　원초적이고 전(前)반성적인 지각이 세계와 연관된다는 사실이 인정
되면서, 로크에게 보내는 몰리뉴의 유명한 편지[1]의 오래된 수수께끼,
즉 새롭게 시력을 찾은 맹인에 관한 의문은 해결됐다. 각 감각들이 완
전히 분리되어 있다는 경험주의자의 해결책과 감각적으로 경험하기 전
에 공간에 관한 선험적 지식이 존재한다는 지성주의자들의 대안 모두
적절하지 않다. 왜냐하면 그들은 감각의 분화 이전에 상호감각적인 경
험의 근본 층이 있다는 것과 각 감각들이 반성적 사고 단계에서 다시
통합되는 것을 밝히지 못했기 때문이다. 메를로퐁티는 통합은 두 눈의
시각이 한 눈의 시각으로 합쳐지는 것 같은 것이며, 정신과 물질이 분
리되기 전에 일종의 몸의 지향성이 이런 통합을 만든다고 주장했다. 그
는 "감각들은 어떤 해석자의 도움 없이 서로 소통하며, 어떤 관념의 개
입 없이 상호적으로 이해 가능하다"고 주장했다.[151]

　지각에서 지향적인 요소가 중요하기 때문에, 베르그송처럼 메를로퐁
티는 지향적 구성 요소 중의 하나로 시간성을 강조한다. 체험된 몸은
처음에 관찰된 정적인 이미지로 환원될 수 없다. 그래서 인간의 동작에
적용시킨 제논의 역설은 크로노포토그래피(chronophotography)[152]처
럼 동작을 연속적인 정지 상태로 보는 지적인 판단으로 환원시키는 오
류를 범한다. 영화에 대한 베르그송의 불신에 메를로퐁티가 동의하지

150　Merleau-Ponty, *Phenomenology of Perception*, pp. 209ff.
151　Ibid., p. 235.
152　Ibid., p. 268.

않았더라도, 그는 "우리가 실제로 지각하는 체험된 시점은 기하학적 시점이나 사진적 시점이 아니다"라는 점에는 동의했다.[153] 그래서 그는 「눈과 정신」에서 동작의 묘사에서 마레(Marey)와 같은 사진가보다는 제리코(Géricault) 같은 화가의 입장을 옹호했고, "화가는 진실한 반면 사진은 허위이다. 왜냐하면 실재에서 시간은 절대 차갑게 멈춰 있지 않기 때문이다"라는 로댕(Rodin)의 의견을 인용했다.[154]

체험된 몸과 자연 환경을 완전히 통합시키지 않더라도 연계시키는 현상적 장이 감각들의 상호작용에 기초한다면, 생활세계 역시 갈등보다는 상호성을 수반할 것이다. 보면서 동시에 보이는, 만지면서 동시에 만져지는 존재의 체험된 경험은 사실 인간 상호주체성에 기반하여 타자성을 내재화하기 위한 존재론적 전제조건이다. 그래서 타자의 정신이라는 낡은 철학적 문제는 거의 제기되지 않는다. 왜냐하면 공감적 이해의 기본적 경험은 전(前)반성적이고 신체적이기 때문이다. 사르트르와의 의견 차이, 그리고 『행동의 구조』에서 암시적으로 내비쳤던 의견 차이가 여기서는 제대로 된 비판으로 등장했다. 상호 대상화하는 "무자비한 응시"[155]는 상호작용하는 현존의 수준에서가 아니라 사고의 수준에서 존재한다. 의식을 몸의 경험으로 상정하는 사르트르의 모든 언급에도 불구하고, 그는 따로 떨어져 있는 듯 보이는 주체에 대응하는 존재의 상호 주체적 또는 상호 신체적 측면을 놓쳤다. 자신이 데카르트주의자임에도 불구하고, 사르트르는 신체 지향적인 변증법적 상호작용보

---

153 Merleau-Ponty, "Cézanne's Doubt," in *Sense and Non-sense*, p. 14. 영화에 대한 그의 태도와 관련하여 다음을 참조할 수 있다. "The Film and the New Psychology". 그는 베르그송에 **반대하여**, "영화는 이미지의 전체 합이 아니라, 순간적인 **게슈탈트이다**"라고 주장했다.(p. 54)

154 Merleau-Ponty, "The Eye and the Mind," pp. 185-186.

155 Merleau-Ponty, *Phenomenology of Perception*, p. 361.

다 공격적인 응시의 대립을 우선시했다.

　결과적으로 사르트르가 공동체를 개념화할 수 있는 유일한 방법은 취약한 집단적 주체의 외부에 만들어 놓은 제3자의 응시를 통해서다. 이와 대조적으로 메를로퐁티는 더 낙관적으로 상호주체 간의 협력적이고 보완적인 세계를 상정했다. 이런 세계 속에서 상호적 응시는 감성적인 현상일 뿐만 아니라 시각적 현상이다. 그가 "텔레-비전(tele-vision)"[156]이라고 부른 것은, 일종의 고립된 주체를 초월하는 것과 타자의 주체성 속으로 공감을 하면서 진입하는 것을 의미한다. 공동존재의 개념이 애매해서 이 개념이 지닌 잠재성을 실현시키는 것이 여전히 역사적 과제(메를로퐁티가 마르크스에 더 심취했던 시기에, 그는 이 과제를 프롤레타리아에게 부여했다)가 되더라도, 그는 사르트르가 **공존재**의 가능성을 원천적으로 묵살한 것과는 조심스럽게 거리를 두었다. 메를로퐁티는 타자를 대상화하는 시선이 "소통의 가능성을 없애기 때문에" 견뎌내기 힘들지만 "소통의 거부도 […] 여전히 소통의 형태이다"라고 주장했다.[157]

　그래서 『지각의 현상학』은 인간의 자유를 증진하는 데 있어서 시각의 역할에 대해 사르트르의 설명보다 훨씬 더 희망적으로 결론짓는다. 두 사람 간의 이견에도 불구하고, 이들은 프랑스 해방 후 잡지 『레 탕 모데른 *Les Temps Modernes*』을 함께 발행했다. 그러나 몇 년 후 이론적 논쟁이 섞인 정치적인 다툼으로 인해, 그들의 우정은 깨졌다. 메를로퐁티의 말년에 이르러 비로소 조심스러운 화해가 시작됐다. 의미심장하게도 시각에 대한 이들의 상이한 태도는 이들의 정치적 입장 차이에도 스며 있다. 메를로퐁티가 1955년 저서 『변증법의 모험 *The Adventures*

156　이 용어는 그의 저서 전반에 걸쳐 여러 곳에서 나타난다. 다음의 문헌에서 그 사례를 볼 수 있다. *Signs*, p. 16; *The Visible and the Invisible*, p. 273.

157　Merleau-Ponty, *Phenomenology of Perception*, p. 361.

of the Dialectic』에서, 사르트르의 "울트라 볼셰비즘(Ultra-Boishe-vism)"을 공격한 것은 가장 적합한 사례이다. 사르트르가 공산당에 동조적 지지를 보인 점에 대해, 메를로퐁티는 그가 마치 반항적이고 모호한 대상을 외부에서 멀리서 응시하는 순수하고 초월적인 주체와 동일시하고 있다고 비판했다. 그 대상은 프롤레타리아이고, 이들은 결과적으로 주체성을 박탈당한다. 메를로퐁티는 "사르트르에게 있어서 계급 간의 관계, 프롤레타리아 내에서의 관계, 그리고 역사 전체의 관계는 긴장과 이완이 내포되고 연결된 관계가 아니라 우리 응시의 즉각적이고 마법적인 관계이다"라고 불만을 토로했다.[158] 사르트르는 자신이 자신의 응시를 공산당의 응시에 종속시키고 따라서 사회의 가장 억압받는 피해자들의 비판적 응시와 동일시했다는 사실에 반대했을 수도 있다. 그러나 결과적으로 이는 일종의 유아론이다. "대타자는 겉으로 보임에도 불구하고, 용인되기보다는 일반적인 양해를 통해 상쇄된다. 코기토는 용기와 같이 비어 있다. 대타자의 응시로 벌어진 틈 사이의 용기와 같이 말이다. 그러나 역사 속에서 가시적으로 드러나지 않기 때문에 사르트르는 바로 그 자신의 관점, 즉 자기 자신과 대면해야 하는 자신의 관점에 사로잡혔다."[159] 사르트르가 무화시키고 대상화하는 응시와 모호하고 무의미한 대상 사이를 중재하는 데 또다시 실패함에 따라, 다루기 어려운 역사적인 것들로 구성된 권위 있는 상호 세계는 상실되었다.

결국 사르트르는 메를로퐁티의 비판이 지니는 힘을 알게 되었고, 『변증법적 이성 비판』에서 자신의 사유에 남아 있던 데카르트적 잔재를 없애려고 했다. 이러한 그의 노력이 얼마나 성공적이었는가는 그 이후로

---

158   Merleau-Ponty, *The Adventures of the Dialectic*, p. 153.
159   Ibid., p. 195.

계속 논란의 여지를 남긴다.[160] 주체와 대상 사이를 중재하는 상호세계에 무관심하지 않았고 자신의 초기 저서가 지니는 실존적 절망과 거리를 두었지만, 사르트르는 응시가 지니는 대상화하는 힘에 관한 자신의 가혹한 기술을 분명하게 부인하지 않았다.

이와는 대조적으로 메를로퐁티는 이를테면 새로운 시각을 갖고서 지각의 우위를 주장했던 자신의 초기 진술로 다시 돌아왔다. 그리고 그의 작업이 갑작스럽게 중단되었던 1961년 5월, 그는 자신의 사유를 신중하게 재검토하기 시작했다. 자신의 기획을 실현시키려는 초기 노력의 결실, 즉 1952년 이전에 쓴 미완성 원고 「세계의 산문」이 「간접적인 언어와 침묵의 목소리(Indirect Language and the Voices of Silence)」라는 제목의 장문의 글로 메를로퐁티 생전에 출판됐다.[161] 1960년의 「눈과 정신」은 그의 전반적인 결론에 대한 예비 진술처럼 보인다. 메를로퐁티 사후, 클로드 르포르(Claude Lefort)는 후속편이라 할 수 있는 『보이는 것과 보이지 않는 것』의 발간을 위해 메를로퐁티의 초기 원고와 노트들을 모았다.

단편적이고 미완성이며 그리고 때로는 애매한 이 저서의 본문을 명확히 해석하기는 쉽지 않다. 어떤 관점에서 보면, 이 저서는 메를로퐁티가 시각의 구원을, 그리고 심지어 새로운 시각중심적 존재론을 계속해서 찾고 있다는 주장을 뒷받침하는 것처럼 보인다. 메를로퐁티는 이 책에서 감각의 위계를 암묵적으로 없애면서 전반적으로 지각에 대해 말하기보다는 다른 어떤 감각들보다 시각에 더 집중했다. 자신이 참을 수 없었던 관람자적 인식론 위에 토대를 둔 게슈탈트심리학을 벗어나면서, 메를로퐁티는 존재의 탐구로 들어가는 특권적 길로서 가시성과

---

160 그의 성공에 관한 분석과 관련하여 다음을 참조할 수 있다. Jay, *Marxism and Totality*, 11장.

161 이는 『기호들』에 나타난다.

비가시성의 수수께끼에 이전보다 더 깊이 빠져들었다. 그리고 그는 음악 같은 다른 예술들과 다르게 회화의 특별한 역할을 옹호했는데, 그는 회화 이외의 다른 예술들을 진지하게 분석한 적이 없다.[162]

이런 해석을 가장 잘 뒷받침하는 텍스트는 「눈과 정신」이다. 이 저서는 과학과 회화 사이의 껄끄러운 비교로 시작한다. 과학이 위에서 사물을 보는 반면, 회화는 보는 이를 보이는 세계 속으로 침잠시킨다. 화가는 정신으로 표상을 묘사하지 않고, 지각된 세계와 뒤얽힌 자신의 몸으로 그림을 그린다. 그래서 그림으로 드러난 자아는 "사유와 같이 투명한 자아가 아니다. 투명한 자아는 대상을 사유와 동화시키면서, 대상을 구성하면서, 대상을 사유로 전환시키면서, 대상에 대해 단지 생각만 한다. 그러나 이 자아는 혼란과 나르시시즘의 자아, 즉 자신이 보고 있는 것 안에서 보는 자의 속성을 지닌 자아이다."[163]

"세계는 몸과 같은 물질로 구성된 것"이기 때문에 "시각의 나르시시즘"이라는 표현은 적절하다.[164] 그러나 화가는 세계와 하나라고 할 수 있지만, 또한 세계와 거리를 두고 있다. 이것이 역설적이고 수수께끼적인 시각의 "광기"이다. "회화는 시각 그 자체인 섬망(delirium)을 일으키며 절정으로 나아간다. 왜냐하면 보는 것은 **거리를 두고 소유하는 것**이기 때문이다. 회화는 이처럼 이상한 소유를 존재의 모든 측면으로 확장시킨다. 예술작품이 되기 위해서 어떤 방식으로든 가시적이 되어야

---

162 메를로퐁티가 음악을 간과했다는 비판과 관련하여 다음 문헌을 참조할 수 있다. Claude Lévi-Strauss, "Musique, peinture, structure," *L'esprit*, 66 (June, 1982), pp. 76-77.

163 Merleau-Ponty, "Eye and Mind," pp. 162-163.

164 Ibid., p. 163. 이 주제에 대하여 다음을 참조할 수 있다. David Michael Levin, "Visions of Narcissism: Intersubjectivity and the Reversals of Reflection," in *Merleau-Ponty Vivant*, ed. M. Dillon (Albany, 1990), pp. 47-90.

만 한다."[165] 회화의 놀라운 점은 바로 존재의 일자성과 다수성을 드러내는 것이다. 그래서 바타유를 소름끼치게 했을 만한 밝은 낙관주의를 지닌 채, 메를로퐁티는 다음과 같은 결론을 내린다. "눈은 영혼에게 영혼이 아닌 영역, 즉 사물과 그것의 신인 태양의 환희의 영역을 열어 주는 엄청난 작업을 한다."[166]

회화를 옹호하면서, 메를로퐁티는 세잔, 앙리 마티스(Henri Matisse), 파울 클레(Paul Klee)와 같은 모더니스트들뿐만 아니라 흥미롭게도 네덜란드 예술 또한 끌어왔다. 네덜란드 예술은 알베르티적인 원근법주의의 대안으로 스베틀라나 앨퍼스가 "묘사의 미술"이라 부른 것이다. 다수의 네덜란드 회화에서 보이는 "거울의 둥근 눈"을 통해 그림의 빈 내부가 "이해"된다는 폴 클로델(Paul Claudel)의 설명을 인용하면서, 메를로퐁티는 다음과 같이 언급했다. "화가가 사물을 보는 방식은 인간이기 이전의 보는 방식이다. 거울은 빛, 그림자, 반사보다 더 완벽하게 사물 속에서 시각 작용을 예기한다. […] 거울은 등장한다. 나는 보는 동시에 보이기[voyant-visible] 때문에 그리고 감지할 수 있는 반사물이 있기 때문에 말이다. 거울은 이 반사물을 변형하거나 재생산한다."[167] 이 점과 관련하여 곡면 거울의 효과는 특히 강력하다. 왜냐하면 곡면 거울의 촉각적 측면이 육체와 분리된 알베르티적인 화가의 눈과 그의 앞에 놓인 장면 사이의 메울 수 없는 거리를 붕괴시키기 때문이다. 즉 화가 반대편의 창문과 같은 캔버스와의 거리를 말이다.

마르크 리시르(Marc Richir)가 언급했듯, 메를로퐁티는 이러한 "창

165 Merleau-Ponty, "Eye and Mind," p. 166.
166 Ibid., p. 186.
167 Ibid., p. 168.

밖에 내던져진" 화가의 눈을 철학가의 눈에도 적용시켰다.[168] 사실 「눈과 정신」은 네덜란드 회화에 대한 고찰에서 데카르트의 『굴절광학』에 대한 검토, 즉 "더 이상 가시적 것에 머무르지 않고 사유의 틀에 따라 가시적인 것을 구축하고자 하는, 사유의 성무일과서(聖務日課書, breviary)" 같은 검토로 넘어간다.[169] 데카르트의 실패는 회화의 존재론적인 중요성을 인정하지 않은 데 있다. "그에게 있어서, 회화는 존재로 다가가는 것을 도와주는 중심적인 기제가 아니었다. 그것은 사유의 한 방식 혹은 변종이었다. 그리고 그런 방식 속에서 사유는 지적인 소유와 증거에 따라 규범적으로 정의된다."[170] 드러난 것으로 보건대, 데카르트는 공간적 기획을 위해서 색을 중시하지 않았고, 형태를 위해서 질감을 폄하했다. 비록 그가 표면적 외양에 대한 경험주의자의 페티시로부터 공간을 해방시킨 것이 옳았더라도, "그의 실수는 공간을 모든 관점의 외부에, 그리고 모든 깊이와 잠재성을 넘어선, 어떤 두께도 갖지 않는 분명한 존재로 만든 것이다."[171] 메를로퐁티는 후기 유클리드 시대에 사는 우리가 더 이상 데카르트가 보았던 방식으로, 즉 바라보는 장면의 외부에 또는 위에 있는 기하학자의 눈으로 공간을 보지 않는다고 주장한다. "이는 오히려 공간성의 영점(zero point) 혹은 영도(degree zero)인 나로부터 시작되는 숙고된 공간이다. 공간의 외부 막을 따라가면, 나는 공간을 보지 못한다. 나는 내부에서 공간을 체험한다. 나는 공간 안에 침잠한다. 결국 세계는 내 앞에 있는 것이 아니라, 나를 완전히 둘러싼 것이다."[172]

---

168   Marc Richir, "La défenestration," *L'Arc*, 46 (1971).

169   Merleau-Ponty, "Eye and Mind," p. 169.

170   Ibid., p. 171.

171   Ibid., p. 174.

172   Ibid., p. 178.

그래서 「눈과 정신」은 데카르트의 **상공에서 내려다보는 사유**(pensée au survol)보다 하이데거의 지평적 **둘러봄**(Umsicht)에 더 가까운 일종의 시각적 절정으로 보일지도 모른다. 그러나 그의 미완성된 기획의 다른 글들과 함께 읽는다면, 「눈과 정신」은 처음 볼 때와 달리 관습적 의미의 시각에 열정적인 지지를 보내지 않는 징조일 수 있다. 사실 메를로퐁티의 후기 작업은 이후에 탈시각중심적 담론에 기여한 논평가들의 일부 주제들을 예고하고 있다. 그의 후기 작업은 세 가지 방식으로 해석될 수 있다. 첫째, 그는 체험하고 지각하는 신체보다 "세계의 살(the flesh of world)"을 강조했는데, 이는 시각의 개념 자체가 일종의 포스트휴머니즘 양상을 띠기 시작했다는 것이다. 이런 이유로 하이데거와 비교해 볼 때, 메를로퐁티의 시각 개념은 세계를 보는 인간을 언급하는 용어가 아니다. 둘째, 정신분석, 특히 라캉의 저서에 점차 공감적 관심을 갖게 된 메를로퐁티는 시각적으로 구성되는 자아라는 문제 많은 함의들을 인정하게 되었다. 그리고 마지막으로 메를로퐁티는 언어에 점점 더 매료되었는데, 이는 비록 그가 잘못 이해했더라도 소쉬르의 저서를 열정적으로 읽게 되면서이다. 언어에 대한 그의 관심은 지각과 표현, 즉 형상성과 담론성 사이에 잠재적인 긴장을 도입했는데, 이후 사상가들은 이런 긴장을 탈시각중심적 방향으로 발전시켰다.

세계의 살이라는 메를로퐁티의 개념이 지니는 포스트 휴머니즘적 함의는, 『보이는 것과 보이지 않는 것』 이전에 이미 여러 방식으로 예고되었다. 그는 「인간과 역경(Man and Adversity)」이라는 제목의 1951년 소론에서 다음과 같이 적었다.

만약 오늘날 휴머니즘이 있다면, 이는 발레리가 "우리가 항상 상정하는 인간 속의 작은 인간"을 언급하면서 명시했던 환영, 그 환영이 제거된 휴머니즘이다. 때때로 철학자들은 망막에 맺히는 이미지 혹은 반영된 사물로 우리의 시각을 설명하려 한다. 이는 그들이 망막 이미지 뒤에 제2의 인물, 즉 첫 번째 본 것을 반영하는 다른 눈과 다른 망막 이미지를 갖는 사람을 상정하기 때문이다.[173]

이런 가정은 잘못된 것이다. 만약 휴머니즘이 존재한다면, 그 휴머니즘은 육체와 분리되어 정신으로 바라보는 관찰자라는 개념 위에 기반할 수 없다.

메를로퐁티가 휴머니즘의 근거로서 데카르트의 나/눈 개념을 배제했다면, 그는 마찬가지로 사르트르가 「실존주의는 휴머니즘이다(Existentialism Is a Humanism)」에서 제시한 실존주의적 대안도 배제했다.[174] 앞서 언급했듯, 메를로퐁티는 사르트르가 주체와 무화시키는 "대자"를 동일시한 점에 동의하지 않았다. 즉, 사르트르가 지각과 상상력을 대립시키듯이 존재와 대립시켰던 "대자" 말이다. 『기호들』 서문에서, 메를로퐁티는 "'존재와 무'를 말하는 것보다, 서로 모순적이지 않은 '가시적인 것과 비가시적인 것'을 언급하는 것이 더 타당하다"고 주장했다.[175] 그리고 그는 『보이는 것과 보이지 않는 것』에서 다음과 같이 덧붙였다. "존재와 무에 대해 분석하는 것은 자신이 신체를 가지고 있다는 사실 그리고 자신이 언제나 자신이 보는 것만큼 보지는 못한다는 사실을 망각하고, 순수한 시각에 자리를 잡으면서 순수한 존재와 순수한 무로 향하려는, 그 스스로 예지자가 되려는, 그러나 보는 자로서는 자신을 감추고 존재의 깊은 곳으로 되돌아가려는 것과 같다."[176]

173 Merleau-Ponty, "Man and Adversity," *Signs*, p. 240.
174 Sartre, "Existentialism Is a Humanism," in *Existentialism from Dostoevsky to Sartre*, ed. Walter Kaufmann (Cleveland, 1963).
175 Merleau-Ponty, *Signs*, p. 21.
176 Merleau-Ponty, *The Visible and the Invisible*, p. 88.

또한 메를로퐁티는 주체에 대한 후설의 현상학적 설명도 시각적으로 구성된 휴머니즘, 즉 여전히 의식과 반성의 관념주의 철학에 지나치게 의존한다는 것을 깨달았다.[177] 지향성이라는 바로 그 개념이 지나치게 중심적인 지향적 주체를 상정했다. "순수 주체 앞에 관념적 대상, 즉 **사유대상**(cogitata) 또는 **지향대상**(noemata)만을 남기는 반성으로 전환하면서, 결국 우리는 애매한 지각적 신념을 낳게 된다."[178] 따라서 후설의 철학을 포함한 모든 반성적 철학은 부적절하다. "우리는 반성 철학을 비판한다. 왜냐하면 이런 철학은 세계를 지향대상으로 바꿔 놓고, 반성하는 '주체'가 스스로를 '사유' 자체로 생각하게끔 왜곡시키며, 마침내 같은 세계 속에 있는 다른 '주체들'과의 관계를 생각할 수 없도록 만들기 때문이다."[179]

마지막으로 메를로퐁티가 호전적인 마르크스주의자였을 때 조심스럽게 지지했던 역사의 집단적 메타주체는 실행 가능한 휴머니즘이라는 주제만큼이나 문제 있어 보인다. 역사에 대해 회고하는 총체적 지식은 가능하지 않으며, 어떤 절대 권력 또는 전체를 살피는 신의 눈은 프롤

---

[177] 메를로퐁티가 정확히 어느 정도까지 후설을 거부했는지는 논란의 여지가 있다. 매디슨의 저서 후반부에서 매디슨과 제라츠의 의견 교환은 다음을 참조할 수 있다. *The Phenomenology of Merleau-Ponty*; Jacques Taminiaux, "Phenomenology in Merleau-Ponty's Late Work," in *Life-world and Consciousness: Essays for Aron Gurwitsch*, ed. Lester E. Embree(Evanston, Ill., 1972); Frederic L. Bender, "Merleau-Ponty and Method: Toward a Critique of Husserlian Phenomenology and Reflective Philosophy in General," *Journal of the British Society for Phenomenology*, 14, 2 (May, 1983), pp. 176-195.

[178] Merleau-Ponty, *The Visible and the Invisible*, p. 30. '노에마타(noemata)'는 '노에시스(noesis)'와 '노에마(noema)'에 대한 후설의 구분과 관련된다. 노에시스는 지각의 개별적 행동을, 노에마는 지각 행동이 지향하는 대상 전체를 의미한다. 노에마는 개개의 프로파일을 하나의 대상 속에서 통합한다. 노에마타는 노에마의 복수형이다.

[179] Ibid., p. 43.

레타리아 즉 역사의 주체/객체 역할을 주장하는 어느 누구에게도 허용되지 않을 것이다. 자연 세계의 살처럼 역사의 살(the flesh of history)도 측량할 수 있는 것이 아니다. 언제나 우리는 키아즘(chiasmus)이라는 비유로 이해되는 다층적 과정의 한가운데에 있다. 보이는 것과 보이지 않는 것은 멀리 떨어져 관찰되는 편평한 경관이 아닌, 존재의 주름이자 교차이며 경첩과도 같은 것이다.

　데카르트적 주체든, 사르트르적 주체든, 후설적 주체든, 혹은 마르크스적 주체든, 메를로퐁티는 관찰하는 주체를 폐위시켰는데, 이것이 때때로 그가 시각과 정신 사이뿐 아니라 시각과 체험된 신체 간의 연계를 부정하는 것처럼 보이게 했다. 『보이는 것과 보이지 않는 것』에서 그는 "여기에 '타아(alter ego)'[18)]의 문제는 없다. 왜냐하면 우리에게는 익명의 가시성이 있기에, 보는 것은 '나'도, '그'도 아니기 때문이다. 살에 귀속되는 원초적 특성 덕분에 우리는 지금 여기에 존재하며, 모든 곳에 영구히 방사하는 덕분에 그리고 하나의 차원과 하나의 우주로 존재하는 덕분에 개별자로 존재한다"고 주장했다.[180] 보는 자와 보이는 대상이 아닌 완전히 비인격적 현상인 "보이는 것과 보이지 않는 것"을 메를로퐁티가 말하기 시작한 것은 바로 이러한 놀라운 익명성 때문이다. 그래서 그는 표상만으로 충분히 세계를 포착할 수 있다는 가정에 이의를 제기했다. 그리고 다음과 같이 주장했다. "내가 하고자 하는 것은 '표상된 것' 즉 수직적 존재로서의 세계가 아닌, 하나의 존재로서의 세계를 회복하는 것이다. '표상'이 고갈시킬 수 없고 야생의 존재에 완전히 '도달하는' 존재로서의 세계 말이다."[181]

　그래서 야생의 존재, 즉 세계의 살은 주체와 객체, 보는 자와 보이는

180　Ibid., p. 142.
181　Ibid., p. 253.

대상 그리고 정신과 신체의 분리를 붕괴시키면서 메를로퐁티의 근본적
인 범주가 된다. 그러나 앞에서 언급한 것들이 궁극적으로 하나여서 시
각의 나르시시즘을 초래하더라도, 살은 거울 같은 통합체 혹은 관념주
의적 실체가 아니다. 오히려 살은 내부적 분절과 분화를 포함한다. 이
개념은 메를로퐁티가 열개(dehiscence),[n] 틈(écart), 잠재성, 가역성,
순환성과 같은 용어로 포착하려고 애썼던 것이다. 순수하게 투명하지
도 완전히 불투명하지도 않은 살은 빛과 그림자의 상호작용이다. 의식
은 온전한 현전으로서의 실재를 완전하게 드러나는 시각을 절대 가질
수 없다. 왜냐하면 의식은 필연적으로 **암점**(punctum caecum)을 갖기
때문이다. "의식이 보지 못하는 **것**은 의식으로 하여금 보도록 만드는 **것**
이다. 의식이 보지 못하는 것은 의식이 존재와 얽히는 지점, 즉 자신의
육체성이다. 의식이 보지 못하는 것은 세계를 가시적이게 만드는 실존
들이며 대상(ob-ject)[o]이 태어나는 공간인 살이다. 필연적으로 의식은
혼란스럽고 전도되며 간접적이다. 왜냐하면 원칙적으로 의식은 **반대편
끝에서** 사물을 보고, 존재를 무시하며 대상으로서의 존재를 선호하기
때문이다."[182] 이 문구에서 추론할 수 있는 분명한 양극성에도 불구하
고, 존재는 검은 색과 하얀 색처럼 대상성의 단순한 정반대가 아니라
오히려 대상이 설정되는 거대한 맥락이다. 의식이 존재에서 놓치는 것
은 보이는 것과 불가분하게 뒤얽힌 보이지 않는 것이다. 이 뒤얽힘은 결
코 변증법적 부정이 아닌 키아즘적인 교환이다. 존재는 보이는 것과 보
이지 않는 것의 상호작용 속에 있다. 휴머니즘적 주체는 이 상호작용을
절대 볼 수 없다.

그래서 세계의 살에 대한 메를로퐁티의 숙고가 보는 주체라는 전통
적 개념을 일관되게 약화시키고 비가시성을 가시성과 동등한 존재론적

---

182   Ibid., p. 248.

지위로 승격시켰다면, 그가 조심스럽게 정신분석학을 수용할 때도 이런 점이 나타났다. 프로이트에 대한 그의 태도 변화는 너무 복잡해서 여기에 상술할 수 없지만, 경력의 말기에 이르러 그가 정신분석학적 관념에 더 공감했던 것은 분명하다. 『행동의 구조』에서 비난했던 인과론적 심리학 버전으로서 프로이트주의를 이해하기보다, 메를로퐁티는 자신이 강박적으로 탐구한 철학적 문제에 대해 프로이트주의가 실질적으로 기여한 점을 인정하기 시작했다. 게리 브렌트 매디슨(Gary Brent Madison)이 정확히 언급한 것처럼 "메를로퐁티의 관점이 바뀌고 그가 살을 발견(그로 하여금 현상학의 "전(前)반성적인 코기토"를 완전히 바꾸게 만든 발견)하면서, 그는 정신분석학과 특히 정신분석학의 **무의식** 개념에 대해 깊게 공감하게 되었다."[183]

　메를로퐁티가 적절하다고 생각한 무의식의 한 측면은 아동 인지 발달에 대한 그의 초기 관심을 보완해 주었는데, 이는 인지적 자아가 형성되는 소위 거울단계의 역할을 말한다. 1960년의 소론「아동의 타자와의 관계(The Child's Relations with Others)」에서, 메를로퐁티는 거울 이미지의 인지적 함의를 논했던 앙리 왈롱(Henri Wallon)과 폴 기욤(Paul Guillaume)과 같은 심리학자들을 인용했다.[184] 메를로퐁티가 "자기 상(像) 환시(autoscopy)"라고 부른 것, 즉 자아의 외부에서 자기를 지각하는 것은 다른 대상들 주위에 관념적이고 단일한 공간개념을 만든다. 이 공간개념은 아동의 이미지가 어디에서 나타나든지 동일하다고 가정하게 만든다. 또한 이것은 순수 인지 심리학이 설명하지 못한, 깊은 영향력 있는 함의를 지닌다.

183　Madison, *The Phenomenology of Merleau-Ponty*, p. 192.
184　Merleau-Ponty, "The Child's Relations with Others," in *The Primacy of Perception*, pp. 125ff. 그는 심리적인 현상인 "반사적 이미지"와 단지 신체적인 현상인 "거울 속의 이미지" 사이를 구분했다.

특히 자크 라캉의 정신분석은 유용한 해결책을 제공했다. 라캉의 세미나 원고 「상상 상태의 심리적 영향(The Psychic Effects of the Imaginary Mode)」과 「자아의 기능 형성기로서 거울단계(The Mirror Stage as Formative of the Function of the I)」를 읽고, 메를로퐁티는 이들 원고가 왈롱이 언급은 했으나 설명하지 않았던 반사성을 해명한다고 주장했다. 이 반사성은 처음으로 자신을 본 아동이 느끼는 기쁨을 말한다. 메를로퐁티는 이에 동의하며 다음과 같이 언급한다. "라캉은 아이가 거울에서 자신의 모습을 보고 자신의 이미지라는 것을 인식하는 것은 **정체성**에 관한 문제라고 답변한다. [⋯] 거울 이미지가 나타나는 순간 이전에, 아이의 몸은 강력하게 느끼기는 하지만 혼란스러운 실재이다. 거울 속 자신의 이미지를 인지하고 나서, 아이는 **자신에게 지정된 관점이 존재할 수 있다**는 것을 알게 된다."[185] 그래서 이는 나르시시즘적 기쁨을 준다.

그러나 메를로퐁티는 거울단계가 지니는 긍정적인 감정의 함의뿐 아니라 부정적인 측면도 포착하면서 라캉의 뒤를 이었다. "곧 나는 내 자신을 관념적, 허구적, 상상적 **나**로 만들기 위해, 체험하는 **나**의 실재를 떠난다. **거울** 이미지는 상상적 나에 대한 첫 번째 모습이다. 이러한 의미에서 나는 내 자신으로부터 분리된다. 그리고 거울 속 이미지는 나에게 훨씬 더 심각한 소외를 주게 되는데, 이는 타자로부터 오는 소외가될 것이다. 왜냐하면 타자는 나의 외부 이미지만을 갖기 때문인데, 이 외부 이미지는 거울에 보이는 자와 유사한 것이다."[186] 이는 자아의 내부적 의미와 외부적 의미 사이의 갈등을 초래하는데, 이 갈등은 나르시시즘적 기쁨뿐 아니라 공격적인 감정도 초래한다. 그리고 또 다른 결과

185 Ibid., p. 136.
186 Ibid.

로 "내부 수용적 **나**"와 구별되는 "반사적 **나**"를 형성한다.

메를로퐁티는 라캉의 설명을 열광적으로 수용하게 되면서 한편으로는 슬그머니 사르트르의 시각의 암울한 변증법을 인정하는 셈이 되었다(사실, 사르트르의 시각적 버전은 라캉에게 영향을 주었다). 그러나 매디슨에게는 **유감이지만**, 메를로퐁티는 시각으로 자아가 구성되기 이전의 전(前)반성적 자아의 존재에 대한 자신의 초기 현상학적 믿음의 잔재를 계속해서 견지했다. 그는 "거울 이미지의 출현 이전 인격은 성인에 있어서 정신분석학자가 부르는 자아(soi), 즉 혼란스러운 충동의 집합이다. […] 거울 이미지는 자신에 대한 이상적 이미지의 가능성, 즉 정신분석적 용어에서는 초자아의 가능성으로 보인다"라고 적었다.[187] 그러나 라캉은 거울단계에서 이상적 자아, 즉 초자아가 발생한 것으로 보지 않았다. 라캉은 거울단계를 자아 자체와 정확하게 동일시했다. 그래서 그는 **코기토**에 선행하는 자아라는 메를로퐁티의 현상학적 개념을 분명히 거부했다. 따라서 자신의 업적에 대해 메를로퐁티가 긍정적으로 인정한 점을 감사히 여겼지만, 라캉은 메를로퐁티의 죽음에 바치는 헌사와 자신의 이후 언급에서 메를로퐁티의 자아 개념과 신중하게 거리를 두었다.[188]

시각에 대한 라캉의 입장은 이후의 장에서 설명될 것이다. 그러나 지금 여기서 중요한 것은 메를로퐁티가 라캉의 난해한 주장을 불완전하게 이해했더라도, 그는 거울단계가 소외된 자아의 원인일 수 있고 시각적으로 구성된 자아들 사이의 갈등을 초래할 수 있다는 인식을 라캉으

---

187 Ibid.

188 Jacques Lacan, "Maurice Merleau-Ponty," *Les Temps Modernes*, 184-185 (1961), pp. 245-254. 이런 판단에 대해서는 다음 문헌에서 확인할 수 있다. *Four Fundamental Concepts of Psycho-analysis*, ed. Jacques-Alain Miller, trans. Alan Sheridan (New York, 1981), p. 119.

로부터 영향받았다는 사실이다. 또한 메를로퐁티는 무의식이 "언어와 같이 구조화되었다"라는 라캉의 유명한 주장을 호의적으로 인용하였는데, 이를 통해서도 알 수 있듯이 그는 라캉이 무의식의 언어적 차원을 강조한 것에 깊이 감명받은 것으로 보인다.[189] 또한 장자크 르세르클(Jean-Jacques Lecercle)의 용어에 따르면,[190] 메를로퐁티가 섬망(délire)이라는 라캉의 복잡한 언어학을 이해했는지는 불확실하지만, 언어의 역할을 강조함으로써 지각에 찬사를 보냈던 자신의 초기 주장과 미묘한 거리를 둔 것은 확실하다. 사후에 출간된 해설서에 적혀 있듯, "지각에 대한 연구는 '좋지 않은 애매함(bad ambiguity)'이 있다는 것을 알려 준다. 이에는 유한성과 보편성, 내면성과 외면성이 섞여 있다. 그러나 표현의 현상에 있어서는 '좋은 애매함'이 있다."[191]

세계는 의미로 가득 찼고 지각이 의사소통의 토대임을 주장하면서, 메를로퐁티는 처음부터 의미화의 중요성을 강조해 왔다. 그러나 경력 말기에, 그는 지각과 서로 다르게 작용하는 언어적 방식을 조심스럽게 탐구하기 시작했다. 그가 원래 입장에서 어느 정도까지 변화했는지는 확실하지 않다. 왜냐하면 다른 경우들과 마찬가지로 그의 마지막 연구는 미완성이고 단편적이기 때문이다. 게다가 언어 이론에 대한 메를로퐁티의 차용, 특히 소쉬르의 이론을 차용한 것은 불완전하며 종종 오해에 기초한 것처럼 보인다.[192] 여전히 몇몇의 일반화는 확신 있게 말하기

---

189 Merleau-Ponty, *The Visible and the Invisible*, p. 126. 사르트르는 이 주제와 관련하여, 메를로퐁티는 라캉의 의견에 동의했다고 주장했다. "Merleau-Ponty," p. 306.

190 Jean-Jacques Lecercle, *Philosophy Through the Looking-Glass: Language, Nonsense, Desire* (London, 1985). 그는 정신착란을 "반영적 섬망증"으로 정의했다.

191 Merleau-Ponty, "An Unpublished Text by Maurice Merleau-Ponty: A Prospectus of His Work," p. 11.

192 그가 소쉬르를 해석하는 데 있어서 보인 혼동에 대해서는 슈미트의 저서를 참조

가 어렵다.

감각의 분화 이전의 원초적인 지각 경험을 일으키는 화가의 힘에 매료되었음에도 불구하고, 메를로퐁티는 화가들이 전달하는 의미가 무언의 것이라는 사실을 인정하게 되었다.[193] 지각의 의미를 분명한 말로 바꾸는 데 언어는 필수적이다. "후설이 말했듯, 어떤 의미에서 모든 철학은 의미화하는 힘, 즉 의미의 탄생을 회복시키고, 야생의 의미, 다시 말해 경험으로 경험을 표현하는 그 의미를 회복시킨다. 이 과정에서 특히 언어라는 특별한 영역이 명확해진다. 그리고 또 다른 의미에서는 발레리가 말했듯, 언어는 어느 누구의 목소리도 아닌 파도와 숲과 같은 사물의 목소리이기 때문에 언어는 모든 것이다."[194] 메를로퐁티에게 특히 문학적 언어는 보이지 않는 것을 보이는 것으로 새기는, 즉 지시적인 이야기를 제공한다.[195] 여기서 언어는 "존재의 집"이라는 하이데거의 유명한 주장이 다시 반복되는데, 이는 메를로퐁티가 의미와 감각이 상호적으로 수반되지 않는다는 사실을 알게 되었기 때문이다.

어떤 경우에 있어서, 메를로퐁티는 시각적 상호작용의 부적절성에 대한 해결책으로 언어의 치료 능력에 의지했다. 그래서 "텔레-비전"의 수수께끼를 언급한 『기호들』의 서문에서, 그는 다음과 같은 사르트르적인 질문을 했다. "타자 중 하나가 나와 마주하고, 내 응시와 만나며, 그의 응시가 내 몸과 얼굴에 고정될 때 어떤 느낌인가?"[196] 이에 대한 메를로퐁티의 답은 다음과 같다. "우리와 제3자 사이에 사유의 공통 영역

할 수 있다. *Maurice Merleau-Ponty*, pp. 105ff.

193 Merleau-Ponty, "Eye and Mind," p. 169.; "Indirect Language and the Voices of Silence," p. 81.

194 Merleau-Ponty, *The Visible and the Invisible*, p. 155.

195 드 세르토가 이 주장을 발전시켰다. "The Madness of Vision," p. 30.

196 Merleau-Ponty, *Signs*, p. 16.

을 상정할 때, 말하기 전략을 이용하지 않는다면 그런 경험은 견딜 수 없게 된다. 보는 것에는 시선만이 남는다. 보는 자와 보여지는 대상은 정확하게 상호 교환될 수 있다. 두 개의 일별이 상대방에게 고정된다. [⋯] 시각은 반성이 절대 이해하지 못할 것을 만들어 낸다. 즉 때때로 승자 없는 전투 [⋯] 말하기는 [⋯] 이러한 마력에 개입한다."[197]

그러나 다른 한편으로 메를로퐁티는 음성 언어이든 그렇지 않은 언어든, 언어는 지각의 보충물이 되기보다는 잠재적으로 지각과 상충될 수 있다는 점을 인정했다. 둘 사이의 모든 상호작용에도 불구하고, "지각과 언어 사이에는 항상 차이가 있다. 나는 지각된 사물을 **본다**. 그러나 이와 반대로 의미화는 보이지 않는다. 자연적 존재는 그 자체로 머물며, 나의 시선은 그 곳에서 멈출 수 있다. 언어라는 집을 가진 존재는 고정될 수 없으며, **보이지 않는다**."[198] 여전히 이 둘은 반대 혹은 부정의 측면에서 개념화되지 않는다. "의미는 보이지 않는다. 그러나 비가시적인 것은 가시적인 것과 모순되지 않는다. 가시적인 것 그 자체는 보이지 않는 내부 막을 갖고 있으며, 내부에서 보이는 것(the in-visible)은 가시적인 것(the visible)의 비밀스러운 대응물이다."[199] 만약 지각이 온전히 말하기로 바뀔 필요가 있는 언어의 무언적 버전이라면, 언어 역시도 자신의 조용한 전임자[P]의 잔재를 품는다. 이는 우리의 운명이자 의미로 가득한 드라마를 시작하는 것이다.

요컨대 지각의 현상학적 복원이라는 본래의 의도에서 출발한 메를로퐁티의 여정은 최종 목적지에 도달하지 못한 채, 시각과 언어 사이의 정확한 관계에 대해 그가 해결해야 할 많은 것을 남겼다. 클로드 르포르는 이러한 갑작스러운 단절을 상세한 내용으로 공개했다. 메를로퐁

---

197 Ibid., pp. 16-17.
198 Merleau-Ponty, *The Visible and the Invisible*, p. 214.
199 Ibid., p. 215.

티가 갑작스럽게 죽은 1961년 5월 3일, 그의 책상 위에 한 권의 책이 있었다. 이 책은 데카르트의『굴절광학』으로, 메를로퐁티를 수년 동안 괴롭혔던 주제에 대해 새로운 사유를 여전히 불어넣는 자료였다.

메를로퐁티가 지각과 언어의 관계를 정의한다고 주장했던 "좋은 애매함"도 아마도 확실하게 해결되지 못했을 수 있다. 또한 그 모호함은 메를로퐁티의 사유를 받아들이는 데 있어서 결국 그렇게 좋은 것이 아닐 수 있다. 메를로퐁티가 죽은 뒤 그의 명성은 급속히 희미해졌는데, 이는 이후 세대가 단지 그의 우유부단함을 참지 못했기 때문만은 아니었다.[200] 리시르와 르포르 같은 충실한 제자를 제외하고, 프랑스 지성인들은 의미와 표현을 강조하는 현상학에 흥미를 잃었으며 메를로퐁티와는 매우 다른 방식으로 소쉬르의 교훈을 이해했다. 그래서 철학을 지각이나 존재의 기반 위에 세우려는 그러한 기획은 모든 토대주의자(foundationalist)의 사유를 경멸하는 사상가들에게는 문제 있어 보였다.

그러나 많은 사상가들이 메를로퐁티의 유산에 환멸을 느꼈는데, 이들은 아마도 우리가 살펴본 것처럼 메를로퐁티의 후기 저서에 반시각중심적 경향이 나타났음에도 불구하고 그의 연구가 지나치게 시각중심적이라고 믿었기 때문이다. 그들은 세계의 살에서 담론적인 것과 형상적인 것 사이의 상호중첩구조를 높게 평가하기보다는, 이 둘 사이의 갈등에 어떤 긍정적인 해결책이 있을까 하는 의구심을 가졌다. 심지어 그들은 그 해결책에 메를로퐁티가 분명하게 거부했던 완전한 변증법적 지양이 빠진 점도 의문시했다. 그래서 현상학의 초기 옹호자인 리오타르는 세잔을 옹호한 메를로퐁티를 다음과 같은 이유로 비판했다.

---

200 1960년경 프랑스의 정치적이고 이론적인 환경에서, 이러한 급진적인 변화에 대한 적절한 설명은 다음을 참조할 수 있다. Descombes, *Modern French Philosophy*.

감각할 수 있는 것의 진정한 질서에 대한 세잔의 무질서를 재발견하고, 데카르트와 갈릴레오가 경험의 세계에 드리웠던 장막을 걷어 내면서, 시각을 승인하는 지각철학은 문제의 소지를 남긴다. 우리는 세잔의 공간 속 **굴곡**, 그 공간의 내재적인 불균형, 유연한 공간을 바로크적으로 조직하면서 세잔이 느낀 격정이 [⋯] 다른 화가들과 달리 세잔에게는 욕망의 표식을 면제시켜 주고, 세잔이 감각할 수 있는 것을 경이로울 정도로 더 잘 복원시켰다고 믿을 근거는 없다.[201]

그 밖에도 리오타르는 메를로퐁티가 뒤샹과 입체파 화가들을 외면했다고 비판했는데, 그는 이들 작품이 현상학적 미학이 놓친 타자성과 이종성을 탐구했다고 주장했다.[202]

앞서 논의했듯 형상이 풍부한 것을 경멸했던 르네 마그리트는 「눈과 정신」이 가시적인 세계를 다른 영역으로 전환시켰다고 불만을 토로했는데, 이 영역이 가시적 세계에서 뿌리 깊은 수수께끼를 제거하고 지나치게 의미 있고, 균질적이며, 표현적이라는 것이다. 1962년에 알퐁스 드 발렌스(Alphonse de Waelhens)에게 보낸 편지에서 마그리트는 다음과 같이 적었다. "메를로퐁티가 다룬 유일한 종류의 회화는 진지하지만 쓸모없는 일종의 오락과 같고, 또는 선의를 가진 사기꾼이나 관심을 기울이는 것이다. 볼 만한 가치가 있는 회화는 세계의 **존재 이유**(rasion d'être), 즉 미스터리와 같은 존재의 이유를 지닌다."[203]

---

201 Jean-François Lyotard, *Des dispositifs pulsionnels* (Paris, 1980), pp. 77-78. 이 둘 사이의 비교는 다음 저서에서 볼 수 있다. Jean-Loup Thébaud, "Le chair et l'infini: J. F. Lyotard and Merleau-Ponty," *Esprit*, 66 (June, 1982), pp. 158-162.

202 Jean-François Lyotard, "Philosophy and Painting in the Age of Their Experimentation: Contribution to an Idea of Postmodernity," *The Lyotard Reader*, ed. Andrew Benjamin (Oxford, 1989), p. 189.

203 René Magritte, Letter to Alphonse de Waehlens, April 28, 1962; Harry Torc-

뤼스 이리가레는 메를로퐁티가 성(性)을 반영하지 않은 채 시각의 나르시시즘에 대해 사유하면서 만든 "미로 같은 유아론"을 공격했다. 그리고 그는 메를로퐁티가 "시각에 과도한 특권을 부여했다. 또는 오히려 우리 문화 속 시각의 과도한 특권을 드러냈다"라고 결론지었다.[204] 푸코는 지각에서 잃어버린 기원을 찾으려는 메를로퐁티의 탐구를 "초월적 나르시시즘"의 범주에 포함시켰는데, 『지식의 고고학 *Archeology of Knowledge*』에서 이 범주를 비판했다.[205] 같은 입장에서 크리스티앙 메츠는 지각에 관한 현상학적 설명과 영화에 매혹되는 경험을 혹평하면서, "영화 이론에서 이상주의적 주요 형식이 현상학인 것은 우연이 아니다"라고 주장했다.[206]

비록 비평가들이 메를로퐁티가 일반적으로 지각의 우위에 대해, 특히 시각의 우위에 대해 가졌던 의심을 간과했더라도, 이들은 메를로퐁티 사후 시대의 특징인 "가장 고귀한 감각"[9]에 대한 전면적인 폄하를 분명히 반영했다. 사르트르의 설명보다 시각을 더 애매하고 덜 적대적

---

zyner, *Magritte: Ideas and Images*, trans. Richard Miller (New York, 1977), p. 55 재출간.

204 Luce Irigaray, *Éthique de la différance sexuelle* (Paris, 1984), pp. 148 and 163. 메를로퐁티의 또 다른 페미니즘적 분석에 관하여 다음 문헌을 참조할 수 있다. Judith Butler, "Sexual Ideology and Phenomenological Description: A Feminist Critique of Merleau-Ponty's *Phenomenology of Perception*," in *The Thinking Muse: Feminism in Modern French Philosophy*, ed. Jeffner Allen and Iris Marion Young (Bloomington, Ind., 1989)

205 Foucault, *The Archaeology of Knowledge and the Discourse on Language*, trans. A. M. Sheridan Smith (New York, 1972), p. 203. 회화에 대한 의문과 관련하여 이 둘을 훌륭하게 비교한 자료는 다음을 참조할 수 있다. Stephen Watson, "Merleau-Ponty and Foucault: De-aestheticization of the Work of Art," *Philosophy Today*, 28, 2/4 (Summer, 1984), pp. 148-166.

206 Christian Metz, "The Imaginary Signifier," *Screen*, 16, 2 (Summer, 1985), p. 54.

으로 설명한 메를로퐁티의 노력은 성공하지 못했다고 평가된다. 1960
년대에 이르러 바타유 같은 시각의 초기 비평가들이 진가를 발휘하자,
항상 일관성 있고 자의식적으로 분명한 특징을 지니지는 못했더라도
프랑스 지성계에서 반시각중심적 담론은 만연해지기 시작했다. 서구
문화의 지배적인 지성적 전통과 문화적 관행을 정치적으로 변형하여
고발하면서, 반시각중심적 담론은 시각중심주의뿐만 아니라 모든 형태
의 시각성에 대한 공격으로 뭉쳤다. 68혁명 세대의 급진적 정치사상이
약해졌을 때에도 시각에 대한 의심은 프랑스 사유의 강력한 주제였다.
사실 그것은 오늘날에도 여전히 그렇다.

[번역: 안선미]

a 과거와 미래 사이에 있는 '지금'이라는 짧은 순간을 규정하는 용어이다. 단순한 시
   간적 규정을 나타내는 말이라기보다, 질적으로 영원한 현재를 의미하는 용어이다.

b 후설은 수학적 명증성과 과학의 객관화라는 방법론이 인간 경험과 사고 영역에까
   지 침투하는 것을 비판하면서, 세계를 생활세계와 객관적 세계로 구분했다. 생활세
   계는 직관적으로 체험되는 세계이다.

c 원래 에피스테메는 그리스 철학의 용어로, 감성에 기반한 억견(doxa)에 비견되는
   참된 지식을 의미했다. 현대에 이르러 미셸 푸코는 에피스테메를 사물들에 질서를
   부여하는 각 시대의 무의식적인 기초, 즉 우리의 인식, 실천, 문화를 가능하게 하는
   감춰진 질서로 규정했다.

d 저자는 이 책의 1장에서 '테오리아(관조, theoria)'를 설명했다. 50쪽 참조. 5장의
   이 부분에서는 사물을 그대로 놔두고 바라본다는 '관조'의 개념이, 사물이 어떻게
   작동하는지를 알고자 하는 호기심인 '관찰'로 바뀌면서 시각이 초래한 문제가 가
   중되었다는 하이데거의 의견을 인용하고 있다.

e 하이데거는『존재와 시간』에서 도구의 존재 양식을 용재성으로 규정한다. 사물은
   주체와 분리된 채 바라보는 관계인 객체존재성이 아닌, 주체와의 연계 속에서 그
   자체의 즉자적 성격을 지닌다는 의미이다. 단순히 인간을 위한 도구로 사용된다는
   의미는 아니다.

f 사르트르의 '자발성'은 반성적 인식으로 발전하기 이전의 의식 상태를 의미한다.

g 후설의 '지향성(intentionality)'은 주체가 모든 편견을 버리고(판단중지) 대상을
   향해 전면적으로 나아가는 의식의 경향을 의미한다.

h '무엇임'은 사물의 본질, '그것임'은 사물의 존재 조건, 즉 실존을 의미한다.

i 타자에 대한 나의 존재라는 뜻. 사르트르는『존재와 무』의 제3부에서 타자론을 집
   중적으로 다루고 있다. 사르트르는 세계의 존재를 크게 나, 사물, 타자의 영역으로
   나누는데, 특히 나의 존재를 규정하는 타자의 존재와 그러한 타자의 시선에 의해 규
   정되는 나의 존재라는 측면에서 나와 관련을 갖는 의미로서 개념이 대타존재이다.

j 의식부재의 의식(non-thetic consciousness)은 존재가 대상을 인지하고는 있으나,

의식적으로 집중하지 않는 상태를 의미한다. "의식부재의 의식의 양식으로 존재하는 나의 가능성"은 반성 이전의 단계로, 존재가 자신을 자아로 인식하지 않고 단지 바라보고 있는 대상으로 의식하는 상태를 말한다.

k   'Gemeinschaft'는 영어로 'community'로 번역된다. 헤겔에게 있어서 의미 있는 공동체는 개인의 이익과 사회 전체의 이익을 분리해서 생각하지 않는 전통적 공동체이다.

l   선천적으로 맹인인 사람이 우연하게 시력을 갖게 되었다면, 그는 육면체나 구 같은 사물을 만져 보지 않고 눈으로만 구별해 낼 수 있는가 하는 몰리뉴의 질문(2장 145쪽 참조)에 로크는 구별할 수 없다고 답했다. 왜냐하면 시각과 촉각의 감각 소여는 다르기 때문에, 맹인 시절에 만져 본 사물은 시력을 갖게 된 후에 만져 보지 않고 시각만으로는 판단할 수 없다는 것이다. 그러나 메를로퐁티는 이에 반대하면서 모든 감각의 소여는 몸 안에서 통합된다고 주장하기 위해서 '몰리뉴의 수수께끼'를 언급한다.

m   '타아'란 주체가 만든 타인의 '자아'이다.

n   '열개'는 하나의 덩어리가 두 개로 찢어져서 벌려지는 것을 나타낸다. 두 개체 간의 거리가 벌어졌다는 개념과는 달리, '열개'는 근본적으로 하나였던 '세계의 살'이 분열, 절개되는 상황을 의미한다.

o   접두사 'ob'는 '향하여' 또는 '반대하여'라는 의미이고, 'ject'는 '던지다'이다. 'ob'를 강조하는 것은 'object'는 살에서 기원하여 다른 방향을 향하는 사물임을 의미하고자 한 것으로 보인다.

p   여기서 언급하는 언어의 전임자는 지각을 의미한다. 즉 언어도 지각의 잔재들을 내포하고 있다는 것이다.

q   이 책의 1장 제목이기도 한 '가장 고귀한 감각'은 시각을 의미한다.

6장
라캉, 알튀세르, 그리고
이데올로기라는 거울 같은 주체

요약

마틴 제이는 6장에서 라캉 정신분석학과 시각 이론의 특성을 라캉 이론을 형성한 반시각적 사유의 계보들로부터 설명하고 있다. 그것은 프로이트의 지적 계보이기도 한 반시각적 사유의 유대적 우상숭배 금기까지도 거슬러 올라간다. 라캉 사유에는 헤겔의 정신현상학, 바타유의 비정형(informe), 앙리 왈롱과 피에르 자네의 심리학, 로제 카이와 등이 영향을 미쳤다. 저자는 무엇보다 프로이트와 구별되는 라캉 정신분석학의 구축과 전회의 이유를, 프로이트 사유의 반시각적이고 반미메시스적 측면들을 라캉이 극한까지 밀고 나가 탐구한 데서 찾고 있다.

이 장의 전반부는 정신증적 범죄들에 대한 라캉의 복잡한 탐구에 초점을 맞추고 있는데, 라캉의 정신증 폭력에 대한 탐구가 거울단계 논의의 핵심을 제공하고 또한 반시각적 담론의 영향을 보여 주기 때문이다. 다음으로 라캉의 거울단계 이론의 형성 및 응시 이론의 형성 부분이 설명된다. 라캉의 논문 「거울단계, 정신분석학적 경험과 학설에서 구상된, 현실의 구성에서의 구조화 및 발생론적 계기에 관한 이론」(1936)은 1949년의 거울단계에 대한 소론을 거쳐 거울적 동일시와 나르시시즘에 대해 쓴 글에서 보충되었고 이 글들은 『에크리』(1966)에 수록되었다.

1949년 최종 정식화된 거울단계 논의는 거울단계를 신체적으로 무력한 생후 6개월에서 18개월 사이 유아의 시각적 체험으로서 설명한다. 라캉은 거울단계의 오인과 앞서 정신증적 범죄 사례들 간의 상관관계를 상정했다. 거울단계의 동일시 역학과 나르시시즘 및 공격성에 대한 성찰을 바탕으로 라캉은 그 자신의 시각 이론을 전개한다. 눈과 응시는 균열되며, 라캉이 응시라 부른 대상 a는 주체의 거울이미지가 아니며 주체의 눈과의 키아즘적 교차이다. 거울적 투사의 이자 관계는 이중 역삼각형 도식으로 대체되었다.

라캉은 그렇게 시각을 상징계의 구조화 논리와 연관시켰다. 이제 광학 너머 기호학이 시각 영역의 구조를 밝혀 주게 되며, 기표만이 시각을 가능하게 만든다고 선언되고, 그 관계는 콥젝을 통해 설명된다. 콥젝의 주장은 프랑스 영화 이론의 라캉 전유에 대한 비판으로 제기되었고, 그것은 1970년대 영화 이론의 정신분석학의 수용과 맞물리는 가운데 또다른 논의의 쟁점을 형성한다. 왜냐하면 영화 이론가들이 거울단계 이론과 라캉의 후기 응시 이론을 혼동했기 때문이다. 그러한 비판은 크리스티앙 메츠, 장루이 보드리, 장루이 코몰리와 같은 영화 이론가들을 경유하게 되고, 라캉 이론의 언어학적 편향성과 함께 기하학적 구조로 표현되는 위상학적 특성을 좀 더 드러내게 된다.

이 장의 후반부는 마르크스주의로 돌아가 정신분석학을 반시각 담론의 틀에서 편향적으로 수용한 알튀세르의 상상계 전유와 이데올로기 비판에 초점이 맞춰져 있다. 알튀세르의 자기 자신의 신체 및 타인의 신체와의 접촉의 회복에 대한 소망은 그의 사상적 전회에 있어 중요한 유인으로 다뤄지고 있다. 저자는 헤겔의 후예들이 낳은 이데올로기 비판의 자아심리학적 오인과 그것이 시각중심적 전통과 맺는 관계와 한계 간의 상관관계를 논하며 이 장을 맺는다.

〔최정은 요약〕

6

라캉, 알튀세르, 그리고
이데올로기라는 거울 같은 주체

눈은 예방적일지는 모르겠지만 선이 아니라 악을 불러일으킵니다. 성경 특히 신약에서조차 선한 눈은 그 어디에서도 찾아볼 수 없는 반면, 사악한 눈은 곳곳에서 발견됩니다.
—자크 라캉[1]

여러분에게 광학에 대해 깊이 숙고해 볼 것을 적극 권장합니다.
—자크 라캉[2]

고전 정치경제학이 보지 않은 것은 그것이 보지 않는 것이 아니라 **보는 것**이다. 또한 그것이 결여한 것이 아니라 오히려 **결여하지 않는 것**이다. 그것이 놓친 것이 아니라 **놓치고 있지 않는 것**이다. 그렇다면 간과는 누군가가 보는 것을 보지 않는 것이 아니다. 간과는 더 이상 대상을 문제 삼지 않고 **보기** 그 자체를 문제 삼는다. 간과는 **시각**을 문제 삼는 간과이다. 따라서 비(非)시각은 시각 내에 있으며, 그것은 시각의 한 형식이자 시각과 필연적 관계를 갖는다.
—루이 알튀세르[3]

프로이트는 『꿈의 해석 *Interpretation of Dreams*』에서 쓰기를, "나는 아버지의 장례식 전날 밤 기차역 대합실에 붙어 있는 플래카드인지 포

---

1 Jacques Lacan, *The Four Fundamental Concepts of Psycho-analysis*, ed. Jacques-Alain Miller, trans. Alan Sheridan (New York, 1981), pp. 118-119.

2 Lacan, "The Topic of the Imaginary," in *The Seminar of Jacques Lacan*, Book I, *Freud's Papers on Technique, 1953-1954*, ed. Jacques-Alain Miller, trans. John Forrester (New York, 1991), p. 76.

3 Louis Althusser and Étienne Balibar, *Reading Capital*, trans. Ben Brewster (London, 1970), p. 21.

스터인지 금연 푯말 같은 문구에 대한 꿈을 꿨다. 거기에는 '두 눈을 감으시기 바랍니다' 혹은 '한쪽 눈을 감으시기 바랍니다' 라고 써 있었다."[4]

프로이트는 책의 해설에서 이 요청이 지닌 이중적 진술의 애매함에 대해 고찰했다. 이 애매함은 결정 불가능성 혹은 노골적인 모순조차도 용인하는 꿈-작업(dream-work)의 의도를 묘사하고자 프로이트가 사용한 것이다.

이런 표현이 허락된다면, 이 애매함은 시각에 대한 복잡다단한 정신분석학적인 태도를 표현하고 있다고 해석될 수 있다. 어떻게 보면 프로이트는 무의식의 작동을 이해하려면 우리의 두 눈을 감아야 한다고 제안하는 듯하고, 또 다르게 보면 그는 우리가 한쪽 눈을 뜨고 있도록 마지못해 허용한다. 그러나 한눈을 뜨는 경우라도 프로이트가 『꿈의 해석』에서 그랬던 것처럼 만약 불쾌한 시각적 경험을 "눈감아 주거나", "보고 넘기는" 것이라고 해석한다면 이 역시도 반시각적 함의를 포함한다고 할 수 있다.

프로이트의 작업에서 시각적인 것에 대한 적대감이 어느 정도였든지, 시각의 중요성에 대한 인식은 프랑스에서 정신분석학이 수용되는 데 상당한 시간이 걸린 데에 일정 역할을 했던 것으로 보인다. 왜냐하면 1960년대에 정신분석학적 사유가 프랑스 지성계 일반에 침투해 들어가고 나서야 반시각적 담론이 그 진가를 발휘할 수 있었기 때문이다.[5] 이때

4 Sigmund Freud, *The Interpretation of Dreams*, trans. James Strachey (New York, 1965), p. 352. 1896년 11월 23일의 이 꿈은 프로이트의 친구였던 빌헬름 플리스(Wilhelm Fliess)에게도 며칠 후에 편지로 전해졌다. 이 꿈의 중요성에 관한 광범위한 논의로는 Marthe Robert, *From Oedipus to Moses: Freud's Jewish Identity*, trans. Ralph Manheim (New York, 1976), 4장 참조.
5 프랑스에서의 가장 포괄적인 수용사에 대해서는 Elisabeth Roudinesco, *La Bataille de cent ans: Histoire de la psychanalyse en France*, vol. 1, 1885-1939 (Paris, 1982),

의 주요 인물은 의심의 여지 없이 자크 라캉이었으며, 무의식적인 것이 언어처럼 구조화된다는 그의 유명한 언명은 무엇보다도 지각에 관한 철학을 통해서만 주체의 구성을 이해할 수 있다는 희망이 사그러들고 있음을 의미했다. 라캉은 그 같은 기획의 실패로부터 나온 부정적 교훈들의 많은 부분을 받아들였으며, 그 교훈들과 함께 양차 대전 사이의 시각적인 것에 관한 초현실주의의 의문으로부터 나온 다른 교훈들을 조합했다. 그 결과 시각이라는 쟁점에 대해 그만큼 주목한 적이 없었던 프로이트 사상에 대한 급진적 개작이 이루어졌다.

　말하자면 정신분석학에 대한 라캉의 수정은 루이 알튀세르 같은 마르크스주의 정치 이론가들부터 크리스티앙 메츠 같은 영화 비평가들까지 다양한 분야의 여러 프랑스 지성인들에게 심대한 영향을 주었다. 그리고 뤼스 이리가레 같은 페미니스트들이 라캉의 작업 속 젠더적 함의에 도전했을 때조차 이들은 주체성의 시각적 형성에 관한 라캉의 비판을 존속시키고 실제로 강화시켰다. 이번 장은 반시각 담론에 대해 라캉이 끼친 중대한 기여를 탐구하고, 그 주요 분파 중 하나인 알튀세르의 이데올로기 분석을 검토할 것이다. 또한 다음 장의 감시와 스펙터클에 관한 푸코와 드보르의 작업에 관한 논의 후에 라캉이 영화 이론과 페미니즘에 미친 영향을 다시 분석할 것이다.

　비록 정신분석학이 자의식적으로 반시각적이 된 것은 라캉이 정신분석학을 언어학적으로 방향을 전환시킨 데에 있지만, 프로이트 작업에

vol. 2, 1925-1985 (Paris, 1986) 참조: 그 수용사가 라캉으로의 전조라는 목적론적 독해에 관한 비판으로는 Paul Bercherie, "The Quadrifocal Oculary: The Epistemology of the Freudian Heritage," *Economy and Society*, 15, 1 (February, 1986), pp. 23-70 참조. 또한 Sherry Turkle, *Psychoanalytic Politics: Freud's French Revolution* (New York, 1978); 및 Marion Michel Oliner, *Cultivating Freud's Garden in France* (Northvale, N.J., 1988) 참조.

서도 이와 유사한 [반시각적] 해석의 경향이 있었다. 라캉을 살펴보기 전에 고전 정신분석학 역시 우리에게 (한 눈 혹은 두) 눈을 감도록 암묵적으로 요청했음을 잠시 논할 필요가 있다. 의미심장하게도 이 방식들 중 몇 가지는 프랑스의 시각중심주의를 비판하는 자들에 여타 동시대의 논자들에 의해 먼저 명시적으로 논의되었다.

조르주 디디위베르만(Georges Didi-Huberman)의 문구를 다시 가져오자면 "히스테리의 발명"은 살페트리에르병원 장마르탱 샤르코의 병동의 극장 같은 원형 임상 강당과 사진 스튜디오에서 이루어졌다. 그곳에서 머물며 목도한 것들에 과학적 호기심을 갖게 된 프로이트는 이후 샤르코의 관찰 기술에 감탄하며 말했다.

> [샤르코는] 스스로를 "시각형 인간(visuel)"이라 일컬었던 것처럼 보는 자였다. [⋯] 그는 자신이 이해하지 못한 것들을 계속해서 보고 또 보았는데, 어느 순간 그러한 것들에 대해 이해가 분명해질 때까지 자신의 인상을 매일 심화시키기 위해 보고 또 보았다. 그의 마음의 눈에서는 동일 증상의 반복으로 나타나는 명백한 혼돈이 결국 질서에 굴복했다. [⋯] 아마도 인간이 누릴 수 있는 가장 큰 만족은 새로운 것을 보는 일, 즉 무엇인가를 새롭게 인식하는 일이라는 말을 그는 들었을지 모른다. 그리고 그는 이런 종류의 "보기"가 가지는 어려움과 가치에 대한 의견을 계속해서 피력했다.[6]

프로이트의 지적 호기심은 충족되지 못했고, 꾸준히 임상 관찰을 가치 있게 여겼다. 하지만 그는 샤르코의 시각중심적 방법으로부터 점차 거리를 두었다. 그는 앎 욕동(Wisstrieb)이 순수하다기보다 성적

---

6 Sigmund Freud, "Charcot" (1893), *The Standard Edition of the Complete Psychological Works of Sigmund Freud*, vol. 3 (London, 1962), pp. 12-13.

기원을 가진, 보고자 하는 유아적 욕망으로부터 궁극적으로 파생됐다
고 믿게 됐다.[7] 따라서 섹슈얼리티, 주인지배(mastery), 시각은 "건강
한" 만큼이나 문제적 영향을 초래할 수 있는 방식으로 얽혀 있었다.
유아기 절시증(Schaulust)은 성년기 관음증 혹은 노출증과 절시 공포
증(보임에 대한 공포) 같은 여타 도착적 질환을 초래할 수 있다.[8] 쥐인
간(Rat Man) 같은 그의 유명한 사례 연구들은 강박적인 시각 환상에
중점을 두고 있으며, 그는 외설적 농담을 전치된 절시증적 욕망의 일
환으로 해석했다. 그에 따라 새뮤얼 웨버(Samuel Weber)가 통찰한 것
처럼, 재치(Witz)와 지식(Wissen)은 보다(videre)라는 공통 어근을 갖
는다.[9]

   프로이트는 또한 눈에 관한 강력하고 상징적인 공명을 탐구했다. 예
를 들어 눈먼 오이디푸스 전설이나 E. T. A. 호프만의 이야기 「모래
인간(The Sandman)」에서처럼 거세를 암시할 수 있다. 「모래인간」에
대한 프로이트의 논의는 1919년에 발표한 유명한 「언캐니(The Uncan-
ny)」라는 글에서 나타났다. 그는 프리드리히 셸링(Friedrich Schelling)
을 따라 언캐니를 "비밀로 남고 은폐되었어야 했지만 이내 밝혀지는 모
든 것을 명명하는 이름"[10]으로 정의했다. 꿰뚫어 보는 "남근적" 응시가

---

7 Freud, "Five Lectures on Psychoanalysis," *Standard Edition*, vol. 11, p. 44.

8 보다 최신의 정신분석학적 논의로는 David W. Allen, *The Fear of Looking: Or
Scopophilic-exhibitionist Conflicts* (Charlottesville, Va., 1974) 참조. 그는 *Schaulust*
의 역어가 때때로 scoptophilia라고 지적하지만 scopophilia가 더 낫다고 말한다.

9 Samuel Weber, *The Legend of Freud* (Minneapolis, 1982), p. 172. 웨버는 현대
프랑스 사상에 의지하여 프로이트의 시각 비판에 관한 여러 타당한 견해를 말한다.

10 Freud, "The Uncanny," *Standard Edition*, vol. 17, p. 224. 이 소론은 지대한 비
평적인 주목을 야기했다. 가령 Samuel Weber, "The Sideshow, or: Remarks on a
Canny Moment," *MLN* (1973), pp. 1102-1113 참조; Neil Hertz, "Freud and the
Sandman," *Textual Strategies*, ed. Josué V. Harari (Ithaca, 1979), pp. 296-321 참
조; 및 Bernard Rubin, "Freud and Hoffmann: 'The Sandman'," and Françoise

가진 가학적 함의는 "메두사의 응시"[11] 같은 현상에서도 마찬가지로 분명했다. 이 때 적출이 이루어진 눈은 거세 행위의 상징이라기보다는 오히려 거세의 근원이었다. 그리고 마침내 거울 이미지 속 자아에 대한 몰입은 1차, 2차 나르시시즘의 기초적 특성이 되었다. 이는 프로이트가 1910년 이래로 탐구했으며, 이후 정신분석학자들이 결코 그 해석을 멈추지 않았던 것이다.[12]

프로이트는 한층 더 사변적인 수준에서 종의 계통발생을 코에 대한 눈의 승리라고 설명했다. 그는 『문명과 그 불만』에서 문명은 "인간이 스스로를 지면으로부터 일으킨 결과이자 직립보행을 결행한 결과이며,[a] 이는 이전에는 숨겨져 있던 인간의 생식기를 눈에 보이게 하고 보호가 필요하게 만들었다. 이로써 그에게 수치심이 생겨났다"라는 유명한 논의를 주장했다. 인간의 직립 자세는 "후각적 자극을 폄하했고, 월경 기간을 시각적 자극이 최고조이며 생식기가 가시화되는 시기로부터 격리시켰다. 그로 인해 성적 흥분이 지속되고 가족이 확립되었

Meltzer, "The Uncanny Rendered Canny: Freud's Blind Spot in Reading Hoffmann's 'Sandman'," *Introducing Psychoanalytic Theory*, ed. Sander L. Gilman (New York, 1982)에 수록된 두 글 참조. 이에 관해 글을 쓴 이론가로는 Hélène Cixous, "Fiction and Its Phantoms: A Reading of Freud's *Das Unheimliche* (The Uncanny)," *New Literary History*, 7 (1976), pp. 525-548; 그리고 Jacques Derrida, *Dissemination*, trans. Barbara Johnson (London, 1982) 참조.

11 Freud, "Medusa's Head" (1922), *Standard Edition*, 18. 프로이트가 메두사의 전설을 사용한 점에 대한 비평적 분석으로는 Tobin Siebers, *The Mirror of Medusa* (Berkeley, 1983), 5장 참조.

12 이 논쟁에 관한 최신의 요약으로는 C. Fred Alford, *Narcissism: Socrates, the Frankfurt School, and Psychoanalytic Theory* (New Haven, 1988) 참조. 또한 청년들의 욕망하는 봄보다 노인들의 이상화시키는 응시에 기초해 유순한 버전의 나르시시즘을 옹호한 것으로는 Kathleen Woodward, "The Look and the Gaze: Narcissism, Aggression, and Aging," *Working Papers of the Center for Twentieth-Century Studies* (Fall, 1986), no. 7 참조.

으며 그 결과 인류 문명이 발생하게"[13] 되었다. 따라서 문명은 생식기가 가시화됨으로써 생겨난 수치심과, 생식기에서 나는 "더러움"과 불쾌한 냄새들로부터 거리를 둬야 하는 필요성을 바탕으로 한 것이다. 이 주장에 대한 바타유의 『눈 이야기』속의 함축적 응답은 이미 논의된 바 있다. 이에 대한 이리가레의 명쾌한 비판도 이후의 장에서 논의될 것이다.

확실히 프로이트는 바타유도 이리가레도 아니었으며, 문명 속의 다양한 불만에도 불구하고 직립 자세라는 가설에 따라 생겨난 시각중심적 문명을 근본적으로 해체하려는 어떠한 희망도 갖지 않았다. 사실 여러 방면에서 그는 계몽주의의 계승자로 남았지만, 적어도 18세기의 선배들보다 좀더 냉철했으며 환상에서 깨어나 있었다. 마음의 어두운 구석에 빛을 비춘다거나, 여성 섹슈얼리티라는 "암흑의 대륙"을 조명한다는 등 그가 자주 사용한 은유는 마음에 관한 미지의 지형도를 그리겠다는 그의 한 조각 희망이었다.[14]

그러나 과학적 전통의 계몽적 가치에 대한 금욕적인 프로이트의 몰두는 시각중심주의적 전제들의 한계를 때로는 명시적으로, 때로는 모호하게 실현함으로써 약화되었다. 따라서 프로이트의 사유는 시각형 인간 샤르코로부터 벗어나 후대 프랑스 사상가들이 시각적 헤게모니를 비판할 때 프로이트를 자신들의 동맹으로 여기기에 충분하게 만들었다. 꿈이나 말실수같이 언어적으로 재생산된 현상에 대한 프로이트의 강조는 히스테리 증상이나 관상을 단순 관찰과는 반대로 듣기가 보기

---

13 Freud, *Civilization and Its Discontents*, trans. James Strachey (New York, 1961), pp. 46-47.

14 이들 은유에 관한 분석으로는 David Macey, *Lacan in Contexts* (London, 1988), 6장 참조.

보다 더 중요함을 의미했다.[15] 비록 꿈속에 시각적 표상들이 있다 할지라도 그것들이 분석 가능해지기 위해서 언어적 형식으로 다시 표현되어야만 했다.[16] 또한 프로이트는 가장 철저한 꿈의 해석조차도 하나의 맹점, 즉 그가 "꿈의 배꼽(navel)"이라고 불렀던 어떤 것과 직면한다고 인정했다. 그 곳은 "모호하게 남겨져야 하는 장소이자 […] 미지의 것 저변까지 도달하는 지점이다."[17]

프로이트가 시각적인 것으로부터 돌아서게 되는 또 하나의 지점은 정신분석용 소파를 환자와 분석가 간의 시선 회피를 위한 방편으로 고집하는 데에서도 나타난다. 이 장치는 "대화 치료" 중에 환자가 하는 자유연상을 방해하는 지각적 자극을 감소시켰을 뿐 아니라, 좀더 대면적인 치료를 하는 중 나타날 수 있는 절시증적-노출증의 잠재성을 차단했다. 더구나 그것은 전이 과정에서 중요한 분석가의 백지상태를 도모했다. 불가피하게 모종의 시각적 상호작용이 일어나야 한다면, 프로이트는 "의사는 환자들에게 불투명해야 하며, 마치 거울처럼 자신에게 보이는 것만 환자들에게 드러내야 한다"[18]고 단언했다.

프랑스의 프로이트 추종자들은 정확히 이러한 반시각적 함의들을 예찬했다. 예를 들어 미셸 드 세르토는 프로이트가 『모세와 일신교 Moses and Monotheism』에서 소개했던 소설의 개념을 그의 작업 전체에 적용했다. 세르토는 다음과 같이 결론짓는다. "소설의 양식을 채택한 것은 샤르코가 그의 정기 화요일강의(ses Mardis)에서 제시하고 실천했던

---

15 이 쟁점에 관한 좋은 논의로는 Weber, *The Legend of Freud*, pp. 17ff. 참조.
16 라캉의 작업 가운데 언어가 가진 중심적인 역할은 John Forrester, *Language and the Origins of Psychoanalysis* (New York, 1980)에서 강력히 논증되었다.
17 Freud, *The Interpretation of Dreams*, p. 564.
18 Freud, "Recommendations to Physicians Practicing Psychoanalysis" (1912), *Standard Edition*, vol. 12, p. 118.

바의 '사례 연구'를 포기한다는 뜻이다. 사례 연구는 '관찰 결과'로 이루어졌는데, 이는 질병의 공시적인 전형과 관련 있는 사실들을 적시함으로써 구성된 일관성 있는 도표나 그림을 말한다."[19] 이와 유사하게 데리다는 프로이트가 『꿈의 해석』에서의 정신에 대한 시각적 은유("복합현미경 혹은 사진적 장치")에서부터 그가 "신비한 글쓰기판(mystic writing pad)"(밀랍으로 된 평판 위에 있는 투명한 셀룰로이드로, 지워지지만 사라지는 것들의 흔적을 남기는 도구)이라고 불렀던 글쓰기에 관한 은유들로 이동한 사실을 긍정적으로 언급했다.[20] 이때 데카르트의 유명한 밀랍덩어리로부터 제거되었던 시간성, 간격내기, 차이는 프로이트가 "우리를 위해 글쓰기의 장면을 보여 주면서"[21] 복원되었다. 이는 부재와 현전을 결합한 에크리튀르(écriture)이자 그 어떤 직접적인 시각적 표상도 무산시키는 것이었다.

　프랑스에서 프로이트의 반시각적 함의를 인정했던 것은 프로이트의 유대인 배경을 점차 긍정적으로 받아들이려고 했던 사실을 보면 알 수 있다. 정신분석학은 초기에 종종 "유대인 과학"[22]으로 불리며 낙인이 찍혔던 반면, 현대 프랑스 사상에서는 이 [유대적] 속성이 찬사를 받았다. 이러한 변화의 주된 이유는 우상에 대한 유대인들의 금기가 점차 인정받는 데에 있었고, 프로이트도 이를 공유했다고 추정된다.

19 Michel de Certeau, *Heterologies: Discourse on the Other*, trans. Brian Massumi, foreword by Wlad Godzich (Minneapolis, 1986), p. 20.

20 Derrida, "Freud and the Scene of Writing," in *Writing and Difference*, trans. with intro., Alan Bass (Chicago, 1978). 데리다는 『꿈의 해석』에 앞서 프로이트가 1895년 작 『과학적 심리학을 위한 소고』에서 순전히 광학적이라기보다 그래픽적이었던 절합된 지연(articulated defferal)이라는 모델을 이미 도입한 바 있다고 지적한다. 『꿈의 해석』 속 광학적 은유에 관한 라캉의 주해로는 "The Topic of the Imaginary," pp. 75ff. 참조.

21 Ibid., p. 227.

22 프랑스에서의 수용에 미친 영향에 관해서는 Roudinesco, vol. 1, pp. 395ff. 참조.

1965년에 앙드레 그린(André Green)은 라캉의 세미나를 듣는 그의 청중들에게 "프로이트가 말년에 가졌던 모세에 대한 관심"에 주목하도록 강권하였는데, "이는 단지 프로이트가 유대인이어서일 뿐 아니라 유일신교가 우상숭배 금지와 밀접한 관련이 있는 것처럼 보였기 때문이었다."[23] 1970년에 장프랑수아 리오타르는 『햄릿 Hamlet』을 표상불가능성이라는 히브리적 윤리를 바탕으로 정신분석학적으로 해석한 「유대인 오이디푸스(Jewish Oedipus)」라는 제목의 논문을 출판했다.[24] 이어서 마르트 로베르(Marthe Robert)는 「프로이트의 유대인 정체성(Freud's Jewish Identity)」[25]을 탐구하는 데 집중한 단행본을 펴냈다. 몇 년 후에 장조제프 구(Jean-Joseph Goux)는 「모세, 프로이트: 성상파괴적 규정(Moses, Freud: The Iconoclastic Prescription)」에 관한 논문을 썼다. 이 글은 미켈란젤로의 모세 조각상에 대한 프로이트의 비평이 우상숭배를 금지하는 신의 계명을 인간에게 전달하는 바로 그 인물[모세]을 긍정적으로 묘사하는 데 적대감을 표시하는 것에서 비롯됐다고 주장한다.[26] 『정신분석은 유대인의 이야기인가? Is Psychoanalysis a Jewish Story?』, 『표상의 금지 The Interdiction on Representation』라는 주제를 다룬 [이후에 책으로 출판된] 콜로키움은[27] 1980년과 1981년에

---

23 André Green, "The Logic of Lacan's *objet (a)* and Freudian Theory: Convergences and Questions," in *Interpreting Lacan*, ed., Joseph H. Smith and William Kerrigan (New Haven, 1983), p. 188.

24 Jean-François Lyotard, "Jewish Oedipus," *Driftworks*, ed. Roger McKeon (New York, 1984); 원문의 출처는 *Critique*, 277 (June, 1970). 리오타르는 1984년의 소론 "Figure Foreclosed," in *The Lyotard Reader*, ed. Andrew Benjamin (Cambridge, Mass., 1989)에서 같은 주제로 되돌아갔다.

25 각주 4 참조.

26 Jean-Joseph Goux, *Les iconoclastes* (Paris, 1978).

27 Adélie and Jean-Jacques Rassial, eds., *La psychanalyse est-elle une histoire juive?* (Paris, 1981); *L'interdit de la représentation* (Paris, 1985).

많은 유대인 및 비(非)유대인 학자들이 비슷한 주제를 가지고 토론하도록 결집시켰다.

사실 이 모든 사례들에서 프로이트 자신이 물었던 유명한 질문, 즉 왜 정신분석이 "전적으로 무신론자인 유대인"에 의해서 만들어졌는가에 대한 대답이 시각이란 쟁점과 관련해서 제시되었다. 그 중 리오타르가 한 대답이 가장 설득력이 있었다.

> 유대인이기를 기다렸어야만 했다. 왜냐하면 그 누군가는 종교적인 화해("승화")가 금지된 자여야 했으며, 예술, 표상 자체가 진리의 그리스적 기능을 충족시킬 수 없는 자여야 했기 때문이다. 그렇게 **기다려야만** 했다. 왜냐하면 그 누군가는 오이디푸스의 끝이자 연극의 끝이 곧 그 시작이 되는 민족에 속한 자여야 했기 때문이다. 이 민족은 **듣기**를 바라기도 전에 **행하기**를 원할 정도로 보고자 하는 욕망을 포기한 자들이다(왜냐하면 듣기 안에는 아직도 보기가 많기 때문이다). […] 그리고 이 유대인은 이미 포기된 보려는 욕망이 알고자 하는 욕망으로 바뀌기 위해서 반드시 무신론자여야 했다. […] 하지만 대화를 하는 중에 그 혼자만 등을 돌렸다. 보지 않고, 제3의 눈 없이, 오로지 제3의 귀로만 [듣는다].[28]

유대인의 금기에 대한 프랑스적 전유가 가진 함의에 관한 논의는 이후의 장에서 보다 풍부하게 다루어질 예정이다. 지금 지적할 중요한 사항은 1970년대에 등장했던 정신분석학의 수용과 유대인 우상파괴주의 사이의 확실한 관련성이다. 그 다음은 어떻게 해서 이러한 결과가 "프로이트 사유의 반시각적이고 반미메시스적인 측면들을 극한까지" 밀고 나간 라캉에 의해 시작된, 언어학적으로 경도된 "프로이트로의 회귀"로

---

28 Lyotard, "Jewish Oedipus," p. 53.

전개되는지 제시할 것이다.[29]

⊙

이야기는 유명한 범죄 사건으로 시작한다. 1933년 2월 겨울, 르망(Le Mans)에서였다. 뇌우가 지나고 난 뒤, 랑슬랭(Lancelin)이란 이름의 변호사의 아내와 딸 주느비에브가 집에 돌아왔을 때 집은 어둠 속에 잠겨 있었다. 이 모녀는 하녀였던 크리스틴(Christine)과 레아 파팽(Léa Papin) 자매에게 정전이 된 탓을 했는데, 아마도 이것이 하녀 자매들의 신경을 거슬리게 했는지 이들은 모녀를 잔인하게 살해했다. 이 범죄는

---

29 Susan A. Handelman, *The Slayers of Moses: The Emergence of a Rabbinic Interpretation in Modern Literary Theory* (Albany, N.Y., 1982), p. 155. 핸들먼은 그가 현대 프랑스 사상에서 많이 반복된다고 본 이단적 랍비 해석학의 전통 가운데 라캉을 위치시키려 한다. 장조제프 구 또한 마찬가지로 "성상파괴주의자들보다 더욱 성상파괴적이고자 하는" 라캉의 시도를 모세의 금기에서 기인한 것으로 본다. 그의 "Lacan Iconoclast," in *Lacan and the Human Sciences*, ed. Alexandre Leupin (Lincoln, Nebr., 1991), p. 115 참조. 이와 대조적으로 미셸 드 세르토는 라캉이 베네딕트 수도회 가톨릭으로부터 받은 영향을 강조한다. 그의 주장은 "Lacan: An Ethics of Speech," in *Heterologies: Discourse on the Other*, trans. Brian Massumi, foreword Wlad Godzich (Minnesota, 1985), pp. 58ff. 참조. 프로이트 사유의 유대인적 차원에 관한 라캉만의 생각에 대해서는 그가 미드라쉬(Midrash)의 중요성에 관해 소견을 밝힌 제프리 멜먼(Jeffrey Mehlman)과의 *Yale French Studies*, 48 (1975), pp. 32ff. 인터뷰 참조. 멜먼은 *Legacies of Anti-Semitism in France* (Minneapolis, 1983), chap. 2에서 라캉과 유대인들에 관한 문제로 다시 돌아가는데, 이 글에서 그는 라캉이 레옹 블루아(Léon Bloy)의 반(反)유대인적 『유대인들에 의한 구원 *Le salut par les Juifs*』을 인용한 데에서 생긴 애매한 함의들을 숙고했다. 라캉이 자신의 아내 실비 마클레스 바타유(Sylvie Maklès Bataille)를 비롯한 유대인과 지녔던 관계 및 유대인적 주제에 대한 더 많은 정보를 얻고자 하면 Roudinesco, vol. 2, p. 161 참조. 루디네스코는 비록 라캉이 레지스탕스의 일원은 아니었지만, 전쟁 초기에 유대인 난민들이 비시 프랑스령으로 망명할 수 있도록 서류를 갖추는 일을 도와주었다고 전한다.

초현실주의 저널 『미노토르』 12월호에 실린 글에 생생하게 묘사되었다.

> [자매는] 각자 피해자들을 붙잡고 그들의 숨이 아직 붙었을 동안 안와에서
> 눈을 뜯어낸다. 이는 그 어떤 살인 기록에서도 들어 본 적이 없었다. 그런 다
> 음에 자매는 망치, 백랍제 주전자, 칼 등 손에 잡히는 모든 것들을 써서 피해
> 자들의 몸에 내던지면서 그 얼굴을 때려 부수고, 성기를 드러내고, 허벅지와
> 둔부를 갈기갈기 찢고, 피해자들 서로의 피를 그들의 몸에 발랐다. 그 후에
> 둘은 그들의 잔혹한 제의를 위해 썼던 도구들을 닦아 내고, 몸을 씻은 뒤에
> 한 침대에 자러 갔다.[30]

예상할 수 있듯이 이 자매는 즉각 초현실주의자들의 영웅이 되었다.
이제 적출에 대한 환상이, 사회적으로 탄압받은 것이 분명한 희생자들에
의해 실제로 이루어진 것이다.[31] 초현실주의자들은 이것이 강력한 강박
적 아름다움이었다고 환호하였다. 수년 후에도 이 행위의 공포는 프랑스
인의 집단 심리를 계속해서 사로잡았는데, 장 주네의 1947년 연극 『하
녀들 Les bonnes』에서 [파팽] 자매가 클레르(Claire)와 솔랑주 르메르시
에(Solange Lemercier)라는 이름으로 다시 등장한 점이 그 증거이다.[32]
이 이야기가 이례적으로 중요성을 갖는 이유는 『미노토르』에 글을
실은 필자가 33세의 자크 라캉이었기 때문이며, 그가 파팽 자매가 저지

---

30 Jacques Lacan, "Motifs du crime paranoïaque: le crime des sœurs Papin,"
Minotaure, 3/4 (December, 1933), p. 25. 이 에피소드와 그 함의에 관해서는 Roudi-
nesco, vol. 2, pp. 138ff.; Macey, *Lacan in Contexts*, pp. 69ff. 참조.

31 Macey, *Lacan in Contexts*, p. 69.

32 두 쌍의 자매들 사이의 유사성과 차이에 관한 논의로는 Philip Thody, *Jean Gen-
et: A Study of His Novels and Plays* (New York, 1970), pp. 164ff. 참조. 사르트르도
마찬가지로 이 범죄에 대한 주네의 전유에 관해 *Saint Genet: Actor and Martyr*,
trans. Bernard Frechtman (New York, 1963), pp. 617ff.에서 논평했다.

른 범죄의 (은유적이면서도 문자 그대로의 뜻인) 불분명함(obscurity)
으로부터 얻은 교훈이, 이것이 프로이트에 대한 프랑스적 수용 가운데
가장 강력한 개념, 즉 "거울단계"에서 가장 핵심적이기 때문이다. 자아
형성에 있어 시각의 역할은 "거울단계"에서 지금까지 없었던 중요성을
얻게 된 것이다.

라캉이 매료된 또 다른 잔악한 범죄는 여배우를 칼로 찌르고 자살하
려 했으나 미수에 그쳤던 에메(Aimée)라는 철도 사무원의 살해미수 사
건이다. 편집증 환자로 진단받았던 에메는 1932년에 라캉이 가에탕 가
시앵 드 클레랑보(Gaëtan Gatian de Clérambault)의 지도 아래 쓴 박
사학위 논문에서 다룬 주요 사례였다.[33] 편집증의 시각적 차원에 관해
라캉이 가졌던 관심은 시각에 과도하게 집착했던 클레랑보로부터 자극
을 받았던 것 같다.[34] 엘리자베트 루디네스코(Élisabeth Roudinesco)에
따르면, 클레랑보의 치료실에서는 "응시에 대한 숭배가 절정에 달했다.
클레랑보의 [치료실에서] 관찰의 기술은 샤르코가 검토하고 루셀이 수
정한 눈에 관한 이야기와 뒤섞였다. […] 사적 내담자 없이, 클레랑보는
자신의 날카로운 관찰력을 연마하면서 생을 보냈다. 그는 질환에 대해
전혀 듣는 일 없이 그 병을 다루고 관찰했다."[35] 그러나 클레랑보는 가
장 극적인 시각적 행동을 맨 마지막에 남겨 두었다. 백내장으로 시력을

---

33 Lacan, *De la psychose paranoïaque dans ses rapports avec la personnalité* (Paris, 1932).

34 가령, 클레랑보는 모로코를 여행하는 동안 천을 걸친 인물을 찍은 약 40,000장의
사진을 연출하거나 모았다. 몇몇 사진들은 클레랑보에 관한 *Tumult: Zeitschrift für
Verkehrwissenschaft*, 12 (1988)의 특집호에 전재(轉載)되었다. 라캉주의 범주를 활용
해 이 사진들을 해석한 창의적인 시도로는 Joan Copjec, "The Sartorial Superego,"
October, 50 (Fall, 1989), pp. 55-95 참조.

35 Roudinesco, vol. 2, pp. 120-121. 또한 여성 페티시즘 이론에 대한 라캉의 기여
도를 논한 글로는 Emily Apter, *Feminizing the Fetish: Psychoanalysis and Narrative
Obsession in Turn-of-the-Century France* (Ithaca, 1991), p. 106 참조.

잃게 되자 그는 심지어 1934년 11월 17일에 스스로 삶을 끝냈다. 그는 정면에 거울을 마주하고 안락의자에 앉아 입 안에 총을 쏘았다. 그의 사후에 발견된 문건에서 클레랑보는 자신의 눈을 진찰하는 데 관심이 있는 동료라면 누구라도 초청했음이 확인되었다.

라캉은 1928년 이래로 클레랑보와 함께 일했으며, 그를 정신의학에서의 유일한 스승으로 여겼다. 이를 통해 볼 때 라캉은 시각과 공격성 사이의 관련성에 일찍이 민감하게 반응했으며, 자신이 고찰한 범죄 사건들은 그의 민감함을 더욱 첨예하게 했다. 그 관련성을 해석하기 위한 일환으로 그는 자가 체벌, 색정광, 정신적 자동증에 관해 당시에 유행하던 이론들을 포함한 다양한 자료들을 참고했다.[36] 편집증과 환시(幻視) 사이의 관련성에 대한 살바도르 달리의 초현실주의적 사색도 그 증거가 된다.[37] 하지만 그의 분석을 통합했던 것은 편집증을 억압된 동성애욕에 저항하는, 실패한 방어기제로 본 프로이트의 설명이다.[38]

프로이트에 따르면 방어가 실패하는 이유는 그것이 불안을 야기하는 소망(the anxiety-producing wish)을 부인하고, 그 소망의 투사가 종종 자아를 쳐다본다고 느끼게 하는 박해하는 타자 쪽으로 투사되기 때문이다. 프로이트가 일컬었듯이 이 같은 환영적인 "피(被)주시 망상(delusions of observation)"[39]은 편집증 환자가 자신이 사랑하는 사람과 투

---

36 Carolyn Dean, "Law and Sacrifice: Bataille, Lacan, and the Critique of the Subject," *Representations*, 13 (Winter, 1986), pp. 42-62, 그리고 *The Self and Its Pleasure: Bataille, Lacan, and the History of the Decentered Subject* (Ithaca, 1992), 참조.

37 Roudinesco, vol. 2, p. 125.

38 Freud, "Psychoanalytic Notes on an Autobiographical Account of a Case of Paranoia (Dementia Paranoides)" (1911), in *Standard Edition*, vol. 12, trans. James Strachey (London, 1953-1974).

39 비록 1차적으로는 시각적이지만 이와 같은 망상들은 『존재와 무』에서 사르트르가 생각한 "응시"의 경우에서처럼 청각적일 수도 있다. 청각적 피(被)주시 망상에 관한 정

사된 박해자를 혼동함으로써 복잡하게 뒤얽히게 된다. 이는 궁극적으로 자아와 타자를 구별하지 못하는 나르시시즘적 실패를 반영했다.

정서적 샴쌍둥이였던 파팽 자매의 경우, 라캉은 이들이 분리를 견디지 못했기 때문이라고 강조했다. 서로 다른 감방에 수감됐을 때 그들은 극심한 어려움을 겪었다. 크리스틴은 심하게 환각을 경험했고, 자신의 눈을 도려내려고 시도했다. 에메의 경우 그 분리불가한 점은 피습당한 여배우를 포함한 다른 인물들과 얽혀 있었는데, 이들 모두는 그녀의 어머니와 일차적으로 강하게 동일시된 대리자들이었다. 두 가지 사례에서 정신증은 타자와의 매우 강하고 긴밀한 동일시이자, 이에 따라 나르시시즘적 이중화로부터 탈출하지 못한 결과였다. 아니면 이보다는 "탈출"할 수 있는 유일한 방법이 이 분신을 폭력적으로 파괴하는, 자가 거세와 유사한 일종의 자가 체벌이었다. 라캉이 파팽 자매에 대해서 지적했듯이 "그들은 디오니소스의 여사제들이 자신들의 희생자들을 거세했듯이 피살자들의 눈을 적출했다."[40] 하지만 여기서 피살자는 궁극적으로 자아였으며 처벌받았다. 왜냐하면 투사된 박해하는 타자와의 나르시시즘적 동일시가 참을 수 없는 동성애욕을 함축하고 있기 때문이다.

라캉이 이끌렸던 범죄들에 대한 그의 복잡한 설명이 특별히 중요한 이유는 이것이 그의 야심찬 논의의 핵심을 제공했기 때문이다. 이 논의가 반시각적 담론에 상당히 중요한 영향을 주었다는 점은 증명되었다. 프로이트가 그의 히스테리 연구로부터 "정상적" 마음의 작용에 대한 단

신분석학적 논의로는 Otto Isakower, "On the Exceptional Position of the Auditory Sphere," *International Journal of Psychoanalysis*, 20, 3/4 (July-October, 1939), p. 346 참고. 틀림없이 라캉은 자신이 연구한 사례들에서 청각적 차원보다도 시각적 차원을 강조했을 것으로 보인다.

40 Lacan, "Motifs du crime paranoïaque," p. 28.

서를 찾았듯이, 라캉의 편집증 분석은 그에게 모든 인간이 거치는 어떤 보편적인 단계, 즉 파팽 자매와 에메가 저지른, 거울 같은 반사적 폭력을 쓴 병리적 범죄들과 유사성을 보이는 하나의 단계를 상정하도록 이끌었다.

1936년 8월 3일 라캉은 마리앵바드(Marienbad)에서 개최되고 어니스트 존스(Ernest Jones)가 사회를 보았던, 제14회 국제 정신분석학회 총회에서 논문을 발표했다. 그 제목은 「거울단계. 정신분석학적 경험과 학설에서 구상된, 현실의 구성에서의 구조화 및 발생론적 계기에 관한 이론(The Mirror Stage. Theory of a Structuring and Genetic Moment in the Constitution of Reality, Conceived in Relation to Pscyhoanalytic Experience and Doctrine)」[41]이었다. 비록 발간되지 않았던 원고이지만 이는 1949년의 제16회 총회에서 발표된 이후 저작의 전작(前作)이었으며, 1966년에 발간된 라캉의 매우 영향력 있는 선집 『에크리』에 포함됐다.[42] 비록 이 두 판의 원고 사이의 정확한 관계는 라캉의 수수께끼 같은 저작의 연구자들 사이에서 추측을 부르지만, "거울단계" 논의에 관한 주요한 기초들은 1930년대 중반 즈음에 이미 준비된 것으로 보인다.[43]

---

41 이 논문은 "The Looking-Glass Phase" in *The International Journal of Psycho-Analysis*, 18 (1937), p. 78로 색인에 올랐으나, *Écrits: A Selection*, trans. Alan Sheridan (New York, 1977), p. xiii의 편집자들의 주장과는 반대로 이 글은 영역본으로 출판된 적이 없다. 이 텍스트와 그 인용에 관한 미스터리 같은 역사를 흥미롭게 논한 글로는 Jane Gallop, "Lacan's 'Mirror Stage': Where to Begin," *SubStance*, 37/38 (1983), pp. 118-128 참조.

42 이때의 제목은 「정신분석경험에서 드러난 자아 기능 형성 모형으로서의 거울단계」였다.

43 1936년에 라캉은 논문 "Au-delà du 'Principe de réalité,'" *Evolution psychiatrique*, 3 (1936), pp. 67-86을 출판했는데, 이 글에서는 거울단계 이론이 간접적으로 개관되었다. 거울단계 이론이 더 명시적으로 등장하는 것은 그의 1938년 소론 "Les

디디에 앙지외(Didier Anzieu)에 따르면, 기존 정신분석학에 반대되
는 라캉의 가장 큰 이단(異端)인[44] 거울단계에 대한 보편화와 표준화는
여타 여러 영향을 라캉이 수용한 데에서 추동됐다. 이 중 어떤 영향은
심리학적이었고 나머지는 대개 문화적이었다. 그 가운데는 동물의 모
방에 대한, 특히 비둘기나 메뚜기를 다룬 과학적 연구들 및 『미노토르』
에 게재된, 인간행동과 곤충을 비교한 로제 카이와의 연구가 있다.[45] 이
러한 작업들은 형태상의 의태를 통한 타자와의 시각적 융합이 지니는
중요성을 라캉에게 일깨워줬을 것으로 보인다. 하지만 카이와에 따르
면 이 같은 시각적 융합에는 정신 에너지의 손실이 따랐다. 피에르 자
네(Pierre Janet)의 용어를 빌려서 카이와는 이러한 상태를 "정신쇠약
(psychasthenia)"이라고 불렀는데, 이는 자아 강도의 저하를 의미했
다.[46] 이때의 시각적 경험은 경계 지어지고 건전하게 형성된 자아의 위
기를 뜻했으며, 바타유의 비정형 개념과도 비교될 만하다.[47]

---

complexes familiaux en pathologie," republished in *Les complexes familiaux dans la formation de l'individu. Essay d'analyse d'une fonction en psychanalyse* (Paris, 1984)에서다.

44 라캉에 관한 앤서니 와일든(Anthony Wilden)의 서문에서 재인용, *The Language of the Self*, p. xiii. 이 주장이 특히 흥미로운 이유는 와일든이 언급하지 않은 앙지외의 정체성 때문인데, Roudinesco, vol. 2, p. 135에 따르면 그는 에메의 아들이었다. 라캉은 그가 누군지도 모르는 채로(혹은 그를 억압하지 않고서) 수년 동안 분석했다. 앙지외 스스로도 훗날 정신분석가가 되었다.

45 Roger Caillois, "Mimétisme et Psychasthénie Légendaire," *Minotaure*, 7 (June, 1935); 이 연구와 라캉의 주장 사이의 관련성에 대한 시사적 분석으로는 Rosalind Krauss, "Corpus Delicti," *October*, 33 (Summer, 1985), pp. 46ff.; 그리고 Paul Foss, "Eyes, Fetishism, Text," *Art and Text*, 20 (February–April, 1986), pp. 27ff. 참조.

46 이 주장에 대한 분석으로는 Denis Hollier, "Mimesis and Castration, 1937," *October*, 31 (Winter, 1985), pp. 3–16 참조.

47 Krauss, "Corpus Delicti," p. 49.

하지만 라캉은 자아의 와해만큼이나 그 취약한 형성에, 그리고 자아의 엔트로피적 쇠퇴만큼이나 그 에너지학에 관심이 있었고, 그 부분에 대한 설명을 위해 유아심리학으로 눈을 돌렸다. 1931년 프랑스 심리학자 앙리 왈롱(Henri Wallon)은 「아이가 자신의 신체에 대한 생각을 발달시키는 방법(How the Child Develops the Notion of His Own Body)」[48]이라는 제목의 논문을 발표했다. 비록 라캉의 "거울단계" 소론의 출판된 판본이 잠깐 왈롱을 거론하지만, 라캉은 그가 1928년에서 1934년까지 들었던 왈롱의 강연에서만큼이나 이 논고의 주장에서 크게 영향받았음이 분명하다.[49] 왈롱은 거울 앞에서의 동물과 인간의 유년기 행동 사이의 차이에 관하여 실험했는데, 전자가 반영(反影)을 자신으로 보는 데 실패한 반면, 후자는 성공했다. 그리하여 자아에 관한 시각적으로 구성된 사유가 탄생했다. 왈롱은 또한 아이들이 종종 타인의 감정에 긴밀하게 동일시한다는 것을 지적했다. 그 예로는 다른 아이가 아파할 때 우는 경우가 있다. 샤를로테 뷜러(Charlotte Bühler)와 엘자 쾰러(Elsa Köhler) 같은 여타의 유아심리학자들이 탐구한 "전가(transitivism)"로 알려진 이 현상은 자아상과 타자 이미지의 일시적 혼동이 건강한 자아를 창출하는 데에 기능적일 수도 있음을 제시했다.

---

48 Henri Wallon, "Comment se développe chez l'enfant la notion du corps propre," *Journal de Psychologie* (November–December, 1931), pp. 705–748. 이 글은 후일 왈롱의 저서 *Les Origines du caractère chez l'enfant* (Paris, 1949)에서 재출간되었으며, 이 책이 메를로퐁티에 미친 영향에 대해서는 앞서 언급했다.
49 메이시는 거울단계에 관한 설명에서 왈롱의 역할을 축소하는 것이 선구자들의 의의를 소홀히 다루는 라캉의 의도적인 자기 신화화에서 전형적이라고 주장한다. (*Lacan in Contexts*, p. 4 참조.) 라캉의 솔직한 "표절"을 가리켜 타자의 병합에 의해 항상 자아가 구성된다는 자신의 주장을 수행적으로 예시한 것으로 변호하는 주장으로는 Mikkel Borch-Jacobsen, *Lacan: The Absolute Master*, trans. Douglas Brick (Stanford, 1991), p. 2 참조.

왈롱이 이러한 경험들을 의식의 성숙에 있어서 본질적으로 긍정적인 경험들로 구상했던 반면, 라캉은 이를 보다 더 암울하게 해석했다. 루디네스코가 이 차이를 잘 요약했다.

만일 왈롱의 관점과 라캉의 관점을 비교한다면, 라캉은 하나의 심리적 경험을 인간 주체의 상상적 조직화에 관한 이론으로 급진적으로 변모시켰다고 인정된다. 용어상의 변화가 나타난 결과, 경험(épreuve)은 하나의 단계(stade)가 된다. 따라서 구체적 경험에 대한 하나의 묘사에서 하나의 원리에 관한 진술로 옮겨진다. [⋯] 라캉은 더 이상 의식에서 온 과정이 아닌 무의식에서 오는 과정을 묘사함으로써, 그리고 자아에 대한 원초적 정체성이 표현된 거울적 세계가 타자를 포함하지 않음을 단언함으로써 스스로 왈롱의 관점과 멀어졌다. 라캉은 상상계에 대한 생각을 고수하지만, 그것을 부정성의 범주하에 정의한다.[50]

그러한 부정성에 대한 함의들을 탐구하기에 앞서 라캉이 1949년 소론에서 최종적으로 정식화하여 상정한 거울단계에 관한 묘사를 분명히 하고 넘어가도록 하자. 유기체적 불충분함을 극복해 내기 전에 태어난 인간의 유아는 처음부터 생후 "태아화(fetalization)"의 상태에 놓여 있다. 하지만 생후 6개월에서 18개월 사이에 유아는 거울 속 자신의 이미지와의 시각적 동일시를 통해 자아에 대한 보상적인 감각을 얻는다. 그리하여 이미지를 일관된 자아의 실제로 대함으로써 프로이트가 일차적 나르시시즘이라고 불렀던 것을 얻게 되는데, 이 이미지는 여전히 의존적이고 미숙한 신체를 보상해 준다.[51] 신체적 온전함이라는 **게슈탈트**

---

50 Roudinesco, vol. 2, p. 157.
51 나르시시즘에 관한 라캉의 주해로는 그의 두 세미나 "On Narcissism" 및 "The Two Narcissisms," in *The Seminar of Jacques Lacan, Book 1, Freud's Papers on*

(Gestalt)는 또한 아동의 직립한 자세를 예기하는데, 이는 프로이트가 후각과 촉각에 대한 시각의 특권화와 동일시했던 인류 역사 속의 운명적 단계를 개인의 수준에서 개괄한다. 아이가 이러한 온전함이라는 새로운 감각을 "운동신경의 무력함과 양육에의 의존성"[52]에 대한 극복으로서 경험하기 때문에, 아이는 라캉이 말한 "그 자신의 거울 이미지를 환호한다는 가정"[53]을 즐거워한다. 비록 이 이미지가 프로이트가 1914년의 소고 「나르시시즘론(On Narcissism)」에서 소개했던 개념인 이상적-나(Ideal-I) 혹은 9년 후에 『자아와 이드 The Ego and the Id』[54]에서 제시하는 초자아의 출처로 이해될 수 있지만, 라캉은 신중하게도 자아 그 자체가 결정적이라고 주장하는 데에 유의했다. 거울 이미지를 봄은 "자아를 그 사회적 결정 이전에 허구적인 방향으로 위치 짓는다. 이는 언제나 개인만으로 감축될 수 없는 무엇으로 남을 것이다."[55]

이제 물어야 할 질문은 다음과 같다. 거울단계는 파팽 자매나 에메의 사례에서 보이는 정신증적 폭력과 어떠한 관련이 있는가? 라캉은 어떻게 해서 거울적 동일시에 관한 왈롱의 긍정적인 묘사를 부정적인 방향으로 바꾸었는가? 이에 대한 대답은 1930년대 중반 사회과학고등연구원(École des Hautes Études)에서 알렉상드르 코제브가 강연한

Technique, 1953-1954, ed. Jacques-Alain Miller, trans. John Forrester (New York, 1991).

52 Lacan, "The Mirror Stage as Formative of the Function of the I as Revealed in Psychoanalytic Experience," Écrits, p. 2.

53 Ibid. 환희에 대한 이 같은 주장 및 거울단계 논의에서의 여타 주장들이 갖는 경험적 타당성에 관한 비판으로는 Raymond Tallis, Not Saussure: A Critique of Post-Saussurean Literary Theory (London, 1988), pp. 142ff. 참조.

54 다시 상기시키자면, 메를로퐁티는 「아동의 타자와의 관계」에서 이 같은 방식으로 해석한 바 있다.

55 Lacan, "The Mirror State," p. 2.

헤겔의 주인-노예 상호작용에 관한 해석을 라캉이 수용한 점에 있다.[56] 『정신현상학 The Phenomenology of Spirit』을 욕망, 폭력 그리고 상호 주체적 인정의 변증법으로 본 코제브의 영향력 있는 인간학적 독해는 프랑스 지성인들의 세대 전체에 강한 영향을 남겼고, 라캉에게도 마찬가지였다.

코제브에 따르면 인간 의식은 어떤 결여, 즉 생물학적인 원(原)주체(proto-subject)가 느낀 불완전성을 극복하려는 시원적인 욕망에 반응하면서 발현한다. 하지만 동물적인 욕망에 반하여 인간의 욕망을 규정하는 것은 그 실현이 타자의 욕망과의 상호작용, 즉 역사의 기초가 되는 상호작용을 수반해야만 한다. 자아에 대한 일관된 감각을 얻으려는 최초의 시도는 왈롱과 같은 유아심리학자들이 지적했던 투사적 전가와 유사한 방식으로 타자를 자아에 대한 이미지로 감축하면서 구성된다. 그러나 타자에 대한 폭력적 현실감 상실(derealization)은 불충분한 것으로 드러나는데, 왜냐하면 타자가 자아로부터 진정 분리되어 있을 때에만 자아가 그 인식으로부터 유익함을 얻기 때문이다. 따라서 변증법의 제2단계는 거울 같은 분신(specular double)으로의 감축을 막는 비아(非我)의 절대적인 타자성에 대한 인정을 수반한다. 코제브의 표현으로 하면, "보다 상위의" 자아는 유아론적인 시각적 투사를 대신하는 타자의 인식을 획득하는 욕망의 변증법에 의해서 구성된다. 그러나 이 부정변증법은 헤겔의 체계에서 통상 이해되는 차이의 궁극적 **지양**(Auf-hebung)에 저항한다. 즉, 타자성은 주체와 대상의 거대한 통합 가운데

---

56 코제브의 강의가 라캉에게 미친 영향에 대한 해명으로는 Roudinesco, vol. 2, pp. 149ff. 참조. 더불어 Wilfried Ver Eecke, "Hegel as Lacan's Source for Necessity in Psychoanalytic Theory," 그리고 Edward S. Carey and J. Melvin Woody, "Hegel, Heidegger, Lacan: The Dialectic of Desire," both in Smith and Kerrigan, *Interpreting Lacan*도 참조.

지양할 수 없는 것으로 남는다.[57]

타자성을 보존하고 거울적 정체성을 좌절시키는 데 있어서 언어의 역할은 라캉에게 필수적이었는데, 이는 곧 논의될 것이다.[58] 그에 앞서 시각을 통한 자아의 구성에 대한 라캉의 비판의 범위를 명확히 하는 일이 필요하다. 여기서는 코제브의 또 다른 청중 중 하나였던 사르트르와의 비교가 유용할 것이다. 왜냐하면 응시에 대한 그들의 유사한 태도는 널리 인정되었기 때문이다.[59] 라캉은 1949년의 논문에서 사르트르를 특히 비판했는데(15년 뒤에 라캉은 메를로퐁티에게도 그랬다), 그 이유는 사르트르가 상호 주체적 욕망의 변증법에 앞선 주체적 자율성의 감축될 수 없는 핵심, 즉, "의식의 자기충족"[60]을 상정했기 때문이다. 라캉에 따르면, 현상학 내에 잠재하고 있는 데카르트적 '코기토'의 잔여는 엄격하게 거부되어야만 한다. 하지만 라캉은 타자 응시의 내면화에 의해 창조된 초월적 자아의 급진적 파괴라는 사르트르의 생각은 거부하지 않았다. 메이시(David Macey)가 지적한 것처럼, "[사르트르와] 거울단계에 있는 자아의 유사성은 대단히 놀랍다. 말하자면 두 경우 모두에

---

57 루디네스코는 왈롱과 라캉 사이의 차이점이 자아의 통일성에 관한 헤겔의 낙관적인 버전과 코제브의 비관적인 버전 사이의 상이함으로서 부분적으로 이해될 수 있다고 지적한다. (vol. 2, p. 157).

58 마르크스주의자였던 코제브에게 노동이 언어보다 더욱 중대했지만, 라캉은 노동의 역할을 무시했다.

59 가령 Macey, *Lacan in Contexts*, p. 103 참조; Anthony Wilden, notes to Lacan, *The Language of the Self: The Function of Language in Psychoanalysis*, trans. Anthony Wilden (New York, 1968), pp. 160ff.; Leo Bersani, *Baudelaire and Freud* (Berkeley, 1977), p. 112; 그리고 Fredric Jameson, "Imaginary and Symbolic in Lacan: Marxism, Psychoanalytic Criticism, and the Problem of the Subject," *Yale French Studies*, 55/56 (1977), p. 379. 하지만 제임슨은 사르트르의 『성 주네』가 그 자체로 매우 헤겔적이기 때문에 상상계에 사로잡혀 있다는 제프리 멜먼의 주장을 계속 지지한다(p. 380).

60 Lacan, "The Mirror Stage," p. 6.

서, 자아는 환영적 표상이자 소외의 원천과 초점으로 여겨진다. 두 저자 모두 시각적인 은유를 활용하며, 자신들의 이론화 작업을 랭보의 공식(**나는 타자다** *Je est un autre*)과 연관시킨다."[61]

또한 사르트르와 라캉은 물화시키는 응시에 의해 생긴 공간화된 자아에 대한 불신, 말하자면 베르그송과 하이데거의 시간성의 재평가에로 소급되는 불신을 공유했다.[62] 사르트르와 라캉 모두 욕망하는 주체를 상정했는데, 이는 타자의 응시를 내면화하거나 거울상에 대한 "오인"의 수용으로는 결코 충족될 수 없는 원초적인 결여를 가진 주체다.

오해(misprision)라는 말로도 번역이 가능한 오인(méconnaissance)이라는 용어는 라캉이 도입한 것으로, 그것을 라캉은 특히 자아 구성에

---

61 Macey, *Lacan in Contexts*, p. 103. 랭보의 공식은 "나"가 타자의 응시를 내면화함으로써 나온 산물임을 보이고자 인용되었을 것으로 보인다. 그러나 라캉의 유동적인 어휘에서 "je"는 종종 말하는 주체를 의미하기도 했다. 라캉의 사유에서 ["je"가] "moi"와 가지는 복합적인 관계에 대해서는 Ellie Ragland Sullivan, *Jacques Lacan and the Philosophy of Psychoanalysis* (Urbana, 1987), pp. 58ff. 참조. 루디네스코는 프로이트의 Ich가 je와 moi로 분리되는 것이 —그는 je와 moi를 무의식의 주체와 상상적인 자아로 간주한다— 에두아르 피숑(Edouard Pichon)에 의해 예기되었음을 지적한다 (vol. 2, p. 311).

62 베르그송의 동시대적인 중요성에 관한 라캉의 지적에 대해서는 *Écrits*, p. 28 참조. "근대인의 불안은 [기계적인 시계의] 이 같은 정밀함이 그 자체로 그에게 해방적인 요인이라는 점을 바로 보여 주지 않는다"(*Écrits*, p. 98)라는 라캉의 매우 베르그송적인 견해 역시 참조. 한편 래글랜드설리번(Ragland-Sullivan)은 생의 약동(élan vital) 같은 여타 베르그송적인 관념에 대한 라캉의 혐오를 지적한다. *Jacques Lacan and the Philosophy of Psychoanalysis*, p. 197 참조. 라캉이 하이데거로부터 받은 영향은 보다 폭넓게 논평된 바 있다. 가령 William J. Richardson, "Psychoanalysis and the Being-question," in Smith and Kerrigan, *Interpreting Lacan* 참조. 하이데거의 시각 비판으로부터 특히 라캉이 영향받은 사례는 「상상계의 장소론」에서 다음과 같이 언급됐다. "모든 과학은 주체를 하나의 눈으로 환원시키는 것에 근거합니다. … 과학이 여러분 앞에 투사된다고, 다시 말해 객관화된다고 할 수 있는 것은 바로 이 때문이지요."(p. 80).

연관시켰다.[63] 라캉은 자아가 단지 신체적인 온전함을 가진 거울 상에
대한 거짓 믿음에 근거한 환영적인 구성체에 지나지 않는다고 단언하
면서 단호히 자아 심리학에 등을 돌렸다. 자아 심리학의 주도적인 옹호
자 중에는 사실 라캉을 분석했던 루돌프 뢰벤슈타인(Rudolph Loewen-
stein)도 있었다.[64] 라캉은 다음과 같이 썼다.

거울단계란 그 내적 분출이 결핍으로부터 예기(anticipation)로 가는 드라마
인데, 이는 공간적 동일시의 미혹에 사로잡힌 주체에게 파편화된 신체-이미
지에서 내가 교정적(orthopaedic)이라고 부르고자 하는 몸의 총체적인 형상
에 이르는 환상들을 만들어 낸다. 그리하여, 마침내 주체의 정신 발달 전체에
견고한 구조를 새기게 되는 소외시키는 정체성이라는 갑주를 입게 한다.[65]

그러므로 견고하고 통합된 자아라는 치료의 목표는 오도된 것이다.

---

63 Lacan, "The Mirror Stage," p. 6. 특별히 언급하자면, méconnaissance는 에메의
자아형성과 관련하여 처음 사용되었다. 놀랍게도 언어유희에 빠졌던 라캉은 voir와
non-savoir를 연결하려 하지 않았다. 아마도 코제브의 인정 변증법에 더 적합했던
connaissance이라는 말이 인정으로서의 앎이라는 함의를 지니고 있었기 때문이 아닐까
추측된다.

64 뢰벤슈타인은 1925년에 파리에 도착했다. 그러나 결국 미국으로 이민을 간 그는
하인츠 하르트만(Heinz Hartmann), 에른스트 크리스(Ernst Kris)와 함께 자아심리학
이 헤게모니를 잡도록 했다. 라캉은 자아심리학을 미국의 것으로 여겼으나, 그 기원은
명백히 유럽이었다. 라캉은 1932년부터 뢰벤슈타인에게 정신분석을 받았을 것으로 보
인다. 루디네스코에 따르면, 이는 그의 지적인 발전에 별다른 역할을 못했으며, 그의
분석가와 가졌던 관계는 클레랑보와의 관계보다 훨씬 냉담했다. Roudinseco, vol. 2,
pp. 132ff.

65 Lacan, "The Mirror Stage," p. 4. 갑주라는 말은 빌헬름 라이히(Wilhelm Reich)
를 암시하는 것일 수도 있지만, 라캉은 그에 대해 훗날에 쓴 소론 "The Function and
Field of Speech and Language in Psychoanalysis," *Ecrits*, pp. 101 & 109에서 그 위
상을 구별한다.

왜냐하면 통합된 자아는 소외의 역경으로부터의 탈출구를 보여 주기보
다 그 자체로 모든 소외 가운데 가장 큰 소외이기 때문이다. 거울상의
신기루, 즉 영화에서처럼 "동작 중에 갑자기 멈춘"[66] 신체의 죽은 이미
지와의 동일시를 통해 만들어진 이 자아는 사르트르가 "나쁜 믿음(bad
faith)"[67]이라고 불렀던 것의 구체적인 예시와 다름없다. 사실 임상적인
견지에서 라캉은 "자아는 증상의 치료에 대한 모든 **저항**(resistances)의
중심을 표상한다"[68]고 주장했다.

   이제는 편집증적인 폭력에 대한 라캉의 작업과 거울단계에 대한 논
의 사이의 관련성을 이해하기가 보다 용이해졌다. 만일 거울상 동일시
가 정신 구조의 경직되고 "교정적인(orthopaedic)"[69] 속박을 의미한다
면, 거울단계 너머로 넘어가는 데 실패한다는 사실은 그 공격성의 반복
으로 이어질 수도 있다. 즉, 만일 자아가 동성으로 간주된 타자에 스스
로를 나르시시즘적으로 투사한다면, 거부된 동성애욕에 대한 자가 처
벌은 그 욕망들이 투사된 근원을 향한 폭력을 일으킬 수 있다. 이상화
된 타자가 그 이상적인 지위를 상실하게 되면 이상과의 동일시에 기반
을 두었던 자아의 통일성은 위협을 받게 될 것이고, 공격성은 "외부로"
폭주할 것이다. 에메가 여배우에게 칼부림을 하고 파팽 자매가 자신들
의 고용주를 죽인 행위는 상호 주체적인 것처럼 보였지만 사실상 내부

---

66 Lacan, "Aggressivity in Psychoanalysis," *Écrits*, p. 17.

67 Ibid., p. 15. Lacan, "나쁜 믿음"으로부터 벗어날 수 없다는 사르트르의 비관론
을 라캉이 적잖이 오랫동안 공유하고 있었음을 지적해야 한다. 그는 완전히 성공적인
"인정(recognition)" 혹은 "인지(cognition)"를 거울단계의 "오인"과 결코 비교하지 않
았다.

68 Ibid., p. 23.

69 교정적인 것의 함의에 대한 흥미로운 논의로는 Catherine Clément, *The Lives
and Legends of Jacques Lacan*, trans. Arthur Goldhammer (New York, 1983), p. 90
참조.

주체적(intrasubjective)이었다.

라캉이 추론하기를, 그와 같은 역학은 정신증에만 한정된 것이 아니라 모두가 겪는 거울단계의 통과에서도 명백히 드러난다. 그것은 라캉이 "침입 콤플렉스(intrusion complex)"[70]라고 불렀던 형제자매 사이의 경쟁처럼 사실상 보편적인 경험들로부터 기인한다. 그 결과 라캉이 "상상계"[71]라고 부른 이미지의 차원 혹은 영역은, 지각되었건 상상되었건 또는 의식적이거나 무의식적이거나 간에 이는 욕동들의 조직화에 선행하는 인간 정신의 항상적인 차원[72]으로서 "실재", 즉 '날 것'의 표상불가능한 충만함의 영역에 도달하지 못한다. 하지만 그럼에도 불구하고 정상 행동과 정신증적 행동 사이에는 차이가 있다. 이 차이는 상상계에서 그 다음 단계, 즉 라캉이 "상징계"라고 정의했던 것으로의 부분적인 이행에 달려있다. 오이디푸스 콤플렉스적 해소와 일치하는 이 상징계

---

70 Lacan, "La Famille," *Encyclopédie Française*, 8 (Paris, 1938), p. 840. 이에 대한 논의로는 Alphons De Waelhens, *Schizophrenia* (Pittsburgh, 1978), pp. 76-79 참조.

71 이에 대한 그의 가장 잘 정리된 해명은 「상상계의 장소론」이라는 표제하에 묶인 세미나들에 있다. "The Topic of the Imaginary" in *The Seminar of Jacques Lacan*, Book 1.

72 엘리 래글랜드설리번은 설득력 있게 다음과 같이 주장한다. "상상계를 가리켜 유아가 최초로 동일시하는 생경한 이마고(imagos)만을 지시한다고 받아들임으로써 많은 라캉주의 평자들은, 나르시시즘적인 관계를 종결지을 때 성인들을 끌어들이는 신경적인 기능으로서 이 상태를 감축시켜 왔다. 신경증 혹은 유아론적 환상으로 한정되도록 처해진 상상계는 심리적인 의식과 자유로 가는 도중에 초월되어야 하는 어떤 단계로 여겨진다. 라캉의 텍스트에 관한 나의 독해는 상상계의 반경을 보다 확장한다. 보이지 않는 다양한 이음매들을 통해 무의식과 의식적인 삶을 연결시킴으로써 상상계는 상징계의 관습에 정동적인 가치를 부여하며, 이로써 담론 속으로 이질성을 넌지시 비춘다. 억압되었음에도 활동적인 표상, 그리고 동일시적 '앎'의 운반자(purveyor)로서 상상계는 보이지 않는 공명들에 비추어 사람과 경험을 '직관적으로' 판단한다. 대상화된 나(moi)처럼 상상계도 마찬가지로 그 실존이 말없이 증명하는 무의식적인 앎을 지우도록 기능한다." ("Counting from 0 to 6: Lacan and the Imaginary Order," *Working Papers of the Center for Twentieth Century Studies*, Fall, 1984, p. 8).

는 아이의 언어로의 진입을 의미한다.

라캉이 상상계보다 상징계에 더 명백히 비중을 두었다는 것은 널리 인정된 사실이다. 일례로 앙투안 베르고트(Antoine Vergote)는 다음과 같이 썼다. "그것은 우상들을 부순 부정신학을 떠올리게 한다. 나르키소스의 거울을 부순 성상파괴주의자로서 라캉은 거울상의 이중화라는 덫에 걸린 인간학을 잠에서 깨운다."[73] 미셸 드 세르토는 라캉 이론의 윤리적인 측면은 언어의 이름으로 "소외시키는 상상"[74]을 기각한 데에서 기인한다고 첨언했다. 라캉의 유명한 공개 세미나들이 히스테리에 관한 샤르코의 강연들을 얼마나 많이 닮았고,[75] 응시를 다룬 클레랑보의 정신의학으로부터 얼마나 많은 영향을 받았고,[76] 또 그가 말년에 무의식의 지형학적인 표상에 얼마나 많이 매료되었는지와 상관없이,[77] 라캉은 시각중심주의에 대한 탁월한 비판자로서 존재한다. 가장 과학적인 면모를 보였던 때조차 그는 프로이트에 잠복한 무사심한 관찰의 잔재들을 단호히 거부했다.[78] 그리고 비록 소쉬르와 로만 야콥슨(Roman Jakobson)의 구조주의 언어학에 그가 빚을 진 바 있지만, 라캉은 언어

---

73 Vergote, Foreword to Anika Lemaire, *Jacques Lacan*, trans. David Macey (London, 1977), p. xix.

74 de Certeau, "Lacan: An Ethics of Speech," p. 61.

75 비교를 하려면 Macey, *Lacan in Contexts*, p. 15. 참조.

76 Roudinesco, vol. 2, p. 142는 라캉이 "언제나 클레랑보에게 배운 응시의 윤리를 지켜 왔다"고 주장한다.

77 구는 후기 라캉의 수학적이고 지형학적인 사유가 시각에 대한 라캉의 적의를 강화시켰다고 주장한다. "라캉적인 사유는 기술적인 성상파괴주의다. …. 기계가 자연을 지배하고 물질에 형상을 부여하는 기술의 승리를 조건으로 하는 시대 속에서 라캉은 초(超)성상파괴주의(supericonoclasm)를 포고한다. 이는 인간 주체를 초월하는 상징적인 질서를 나타내는 기계 기록적인 기능에 근거한다."("Lacan Iconclast," p. 116).

78 차이에 관한 논의로는 Shoshana Felman, *Jacques Lacan and the Adventure of Insight: Psychoanalysis in Contemporary Culture* (Cambridge, Mass., 1987), pp. 61ff. 참조.

적 실행이 지니는 착란(délire)을 깔끔한 이항 대립으로 환원시킬 수 있
는 즉, 무사심한 구경꾼이 자리한 냉정하게 거리를 둔 시점(vantage
point)을 상정하지 않았다.[79] 만일 라캉만의 언어에 일말의 명료함(clar-
té)이 있다고 한다면 그것은 주해자 중 하나가 언급했듯, 마그리트가 그
린 언뜻 보기에 명쾌한 캔버스가 지닌 명료함, 시각적인 말유희로 가득
한 명료함이었다.[80]

　여기서는 상징계에 관한 라캉의 복잡하고도 모호하면서 미끄러운 분
석에 대해 과감히 단언하기란 적절치 않다. 또한 초현실주의자들과 하
이데거로 시작해서, 라캉으로 하여금 무의식의 언어적인 작동을 상정
하게 한 소쉬르와 야콥슨에 이르는 이질적인 원천들로 엮인 관계망을
해명하기도 어렵다. 라캉에게 있어 오이디푸스적인 연극의 **삼자적인**
상호작용이 거울단계의 환영적이고 **이자적인** 거울의 성질인 반영성
(specularity)을 초월할 때에만 비로소 비(非)나르시시즘적인 상호 주체
성, 즉 비(非)자아의 타자성이 파괴되기보다 보존되는 상호 주체성이
가능해진다고 언급하는 것만으로도 충분하다. 근친상간에 대한 아버
지의 금지를 **내투**(introjection)함으로써 이뤄지는 초자아의 형성은 2
차적 동일시를 만드는데, 이는 거울적 **투사**에 근거한 1차적 동일시를
대체한다.

　말하자면, (자아의 이미지와의 융합 혹은 보다 이른 시기 어머니와의
융합이든지 간에) 융합을 향한 욕망이 아버지의 "안 돼"로 나타나는 그
러한 욕망에 대한 금지를 받아들이는 것으로 대체될 때에만 건강한 주

79 언어에 대한 라캉의 과학적인 접근보다 시적인 접근을 강조하는 해명으로는 Mac-
ey, Lacan in Contexts, 5장; 그리고 Jean-Jacques Lecercle, *Philosophy Through the
Looking-Glass: Language, Nonsense, Desire* (London, 1985), 4장 참조.
80 William Kerrigan, "Introduction," Smith and Kerrigan, *Reading Lacan*, p.
xxiv.

체는 거울단계의 "오인된" 주체를 대신할 수 있다. 아버지의 "안 돼"가 발화 행위이고, 프랑스어로 하는 이 말은 아버지의 이름과 발음이 똑같기 때문에("non-du-père"와 "nom-du-père"), 금지의 내투는 근본적으로 언어적인 현상이며, 이는 상징계로의 진입이 오이디푸스 콤플렉스와 어떤 관련이 있는지를 설명한다. 그러므로 이에 따라 생산된 건강한 주체는, 그 얼마나 역설적으로 보이든 간에, 분열되고 탈중심화된 주체이자, 머리 없는 신체에 대한 바타유의 은유를 상기시키자면, "무두의(acephalic)"[81] 주체이다. 이 주체는 거울단계가 유리에 비친 온전한 이미지와의 1차적 나르시시즘의 동일시를 통해서 극복하고자 했던 무한한 욕망의 상태를 받아들인다. 보다 정확히 말하자면, 이 주체는 라캉이 "요구(demand)"[82]라고 칭했던 2차적이고 "환유적인" 욕망을 위해서 거울단계의 1차적 욕망을 뒤에 둔다.

자아의 분열은 편집증에서 여전히 분명한, 거울단계에서의 공격적 잠재성을 약화시키는 데에 도움을 준다. 분열된 자아는 온전함에 관한 자신의 이상을 스스로와 혼동하는 타인에게 투사할 위험에 더 이상 처해 있지 않기 때문이다. 그와 같은 자아는 또한 그 자신이 외부에 투사한 위반적 동성애욕으로부터 위협을 느낄 때 자가-처벌을 할 위기에 처해 있지도 않다. 오이디푸스 콤플렉스의 해소는 어머니의 "거세된" 몸을 완전케 할 상상적 남근이 되고자 노력하기보다, 아이가 아버지의 남근을 상징적 기표로 내투함에 따라 거세 불안을 극복함을 의미한다. 따라서 언어적 욕망의 내면화된 대상으로서 남근을 "갖는" 일은 자아와

---

81 이 용어는 라캉 자신이 사용한다. *The Seminar of Jacques Lacan, Book II, The Ego in Freud's Theory and in the Technique of Psychoanalysis 1954-1955*, ed. Jacques Alain-Miller, trans. Sylvia Tomaselli (New York, 1991), p. 167. 참조.

82 르메르에 따르면, "라캉에게 요구는 원초적 욕망이 점차 소외되는 상징적인, 의미의 자리를 나타내는 포괄적인 명칭이다."(*Jacques Lacan*, p. 165).

그 이미지를 혼동하는 것보다 우월하다. 이미지보다 말과의 2차적 동일시는 거울 같은 분신의 눈을 뜯어내는 식의 행동에서 분명한 자가-거세가 더 이상 위협적이지 않음을 뜻한다. 요컨대, 무의식이 거울이 아닌 언어처럼 기능할 때에만 성숙한 주체, 즉 그 자신을 타자에 투사하기보다는 타자와 분리된 채 그 타자를 내투하는 주체가 달성될 수 있다.

하지만 만일에 주체가 거울단계를 성공적으로 통과했을 때조차 무의식이 그 자체의 비언어적이면서 시각적인 차원을 완벽하게 초월할 수 없다면 어떻게 될 것인가? 만일에 마음(mind/psyche)의 눈이 상징계에서조차 잔존한다면 어찌 될 것인가? 즉, 만에 하나 발달 과정에서의 두 개의 뚜렷한 시간적인 단계를 겪는 대신에, 무의식이 오이디푸스기의 해소 이전과 이후 사이에 아무런 단절 없이 공시적으로 구조화되었다면 어떻게 될 것인가?

◉

이 질문들에 대한 답은 라캉의 여타 작업에서 기술되었는데, 왜냐하면 시각의 우위가 가진 위험성에 대한 비판은 거울단계와 상상계에 관한 그의 영향력 있는 설명에서 그치지 않았기 때문이다. 적어도 다른 두 계기에서 라캉은 시각이라는 주제로 돌아갔다. 하나는 그가 "암점화(scotomization)"란 개념을 정신증 분석에 통합시켰을 때이며, 나머지 하나는 그가 메를로퐁티의 보이는 것과 보이지 않는 것의 키아즘적 존재론을 비판적으로 전유했을 때로, 라캉은 이를 "눈"과 "응시"라는 말로 다시 기술했다.[83] 두 경우 모두에서 라캉은, 자아와 그 변천이 구성

---

83 이에 더해 세 번째 계기도 텔레비전에 관한 말년의 세미나에서 나타났는데, 이는

될 때 시각이 지니는 다의적인 함의를 의문시했다. 더욱이, 이 두 주장
은 서로 관련이 있는데, 왜냐하면 에밀리 앱터(Emily Apter)가 지적했
듯이, "암점화된 라캉적 주체는 샤르코식의 절시증과 암점화 사이의 변
증법과도 유사한, 주인지배를 향한 눈과 응시 사이의 호전적 투쟁에 빠
지기"[84] 때문이다.

　암점화는 1880년대에 샤르코가 히스테리 환자의 시각을 묘사하기 위
해 안과술로부터 차용한 말이었는데, 이후 1920년대에 와서는 프랑스
의 정신분석가 르네 라포르그(René Laforgue)와 에두아르 피숑(Ed-
ouard Pichon)이 이를 다시 사용했다.[85] 엄밀히 말해서 망막에 맹점을
만드는 병변을 가리키는 말인 (어둠을 뜻하는 그리스어 **스코토스**(sko-
tos)에서 온) [암점화는] 앞의 분석가들이 프로이트가 정의한 바의 억
압(repression)과는 다른 정신증적 몰인식의 한 양태를 나타내기 위해
서 쓴 것이다. 억압이 본능이나 그 심리적 파생물로 인해 의식에 접근
하지 못하도록 부인하는 것을 뜻했다면, 암점화는 "개인이 그 자아와
갈등을 일으키는 모든 것을 부인하려 시도함으로써 생기는 심리적 위
축의 과정이다. […] 보통의 억압에서 벌어지는 것과는 반대로, 겉보기
와는 상관없이 마음은 좌절감을 견뎌야만 하면서도 하나의 거세라고
이해되는 상황을 정말 단순히 회피하려 든다."[86]

"Television" trans. by Denis Hollier, Rosalind Krauss, and Annette Michelson in
October, 40 (Spring, 1987)으로 번역되었다. 이 세 번째 계기와 시각에 관한 라캉의
여타 작업 간의 연관을 분석한 글로는 Shoshana Felman, "Lacan's Psychoanalysis, or
the Figure in the Screen," *October*, 45 (Summer, 1988) 참조.

84　Apter, *Feminizing the Fetish*, p. 149.

85　이에 관한 논의로는 Roudinesco, vol. 1, pp. 388ff., Macey, pp. 35ff., Apter,
pp. 147ff., Dean, pp. 107 ff. 참조.

86　Laforgue, "Scotomization in Schizophrenia," *International Journal of Psycho-
analysis*, 8 (1927), p. 473, Macey, p. 35에서 재인용.

프로이트는 공적, 그리고 사적으로 라포르그와 계속 의견을 교환하면서 그와 같은 구별을 거부하며 다음과 같이 주장했다. "나한테 있어 '암점화'는 적합하지 않은 것으로 느껴진다. 왜냐하면 그 개념은 시각적 인상이 망막의 맹점에 맺힐 때와 마찬가지로 지각이 완전히 일소되는 결과를 낳기 때문이다."[87] 비록 프로이트가 당시의 논쟁에서 이겼고, 암점화가 정통 정신분석학의 용어에서 탈락했지만, 이는 라캉에게 부단한 영향을 미쳤던 것으로 보인다. 일찍이 1938년에 피숑은 라캉의 작업 속 암점화의 잔존을 지적했으며, 10년 후 「정신분석학에서 말하는 공격성(Aggressivity in Psychoanalysis)」과 같은 글들에서 이 용어는 명백하게 다시 드러났다. 라캉은 이 글에서 프로이트가 자아가 암점화할 수 있다는 점을 오인(méconnaissance)이라고 알아차리지 못했음을 역설했다.[88]

또한 라캉은 그 시기 사이에 피숑으로부터 또 다른 전문용어를 채택했는데, 이 말, 즉 "폐제(廢除, foreclosure)"는 암점화와 유사하게 쓰였다.[89] 폐제(forclusion)는 프로이트가 말한 Verwerfung의 프랑스어 번역어로서 제안된 말로 이는 억압(프로이트의 Verdrängung은 프랑스어에서 refoulement으로 번역되었다)과는 뜻이 달랐다. [폐제가 억압과] 다른 점은 폐제된 기표들이 무의식에 통합되지 않는 데에 있다. 즉, 신경증적 증상으로서 이 기표들이 재발하지 않도록 미연에 방지하는, 문자 그대로 ver-werfen(멀리 던지다)이란 의미에서 그 기표들을 '내던지는(casting-out)' 것이다. 그 대신에 폐제된 기표는 실재의 영역에서

---

87 Freud, "Fetishism," *Standard Edition*, 21, pp. 153-154.

88 피숑의 통찰은 Macey, p. 37에 인용되어 있다: 라캉이 암점화를 사용한 대목은 "Aggressivity in Psychoanalysis," p. 22에 있다.

89 이에 관한 유용한 해명으로는 John P. Muller, "Language, Psychosis and the Subject in Lacan," in Smith and Kerrigan, *Reading Lacan*, 참조.

환각의 형태로 빈번하게 다시 나타났다. 대표적으로 슈레버(Schreber)의 사례가 그러했다.[90] 그러므로 억압보다는 폐제가 정신증, 특히 편집증의 방어기제가 된다.

폐제와 억압 사이의 차이를 묘사하는 또 다른 방식은, 억압이 지각적 경험을 상징계로 변환하는 반면(이때 반드시 그 경험에 대한 "승인Bejahung"이 먼저 있어야 하는데, 실제로 승인은 억압 이전에 존재한다), 암점화와 폐제는 그렇지 않다는 것이다. 왜냐하면 암점화와 폐제의 경우에는 애초부터 부인되어야 할 것이 있을 수도 혹은 없을 수도 있기 때문이다. 따라서 정신증은 아이가 어머니에게 남근이 결여함을 봄에 따라 생겨난 거세 불안이라는 트라우마적 경험의 해소, 즉, 아버지의 언어적 금지의 내투를 통해서만 이뤄질 수 있는 해소에 실패함으로써 유발될 수 있다. 아이는 대신에 어머니와의 이자적 통일 가운데 남는데, 이때 아이는 모성적 욕망의 대상일지도 모른다고 추정하는 상상적 남근과 자신을 동일시한다. 거울단계 시기의 이 동일시는, 하나의 발기된 게슈탈트가 또 다른 게슈탈트로 미끄러지듯이, 아이가 똑바로 서있으면서 완전한 스스로의 거울 이미지를 볼 때 느끼는 의기양양함에 의해 추동된다. 앞서 언급한 것처럼, 아이는 어머니의 분명한 결여를 충족시킬 수 있을 것 같은 대상으로 **있으려** 애쓰면서도, 아버지가 규정한 근친상간을 금지하는 법을 결코 받아들이려 하지 않는다. 따라서 상징계의 거세를 표상하는 아버지의 이름은 무의식으로의 통합이 좌절된 기표가 된다. 그 결과, 아이는 남근이 자아를 분열시키면서 충족시킬 수 없는 욕망의 기표로서 작동하는 상징계 안으로 결코 진입하지 않는다. 대신에 그는 이미지와 현실이 혼동되는 상상계의 관계 가운데 갇힌

---

90 라캉이 슈레버의 사례를 다룬 내용으로는 "On a Question Preliminary to Any Possible Treatment of Psychosis," *Écrits* 참조.

채로 있게 된다.

정신증의 궁극적 근원은 어머니의 태도, 즉, 아이에게 그녀의 결여를 충족시키도록 하는 어머니의 강요로 보인다. 아니카 르메르(Anika Le-maire)가 라캉의 논점을 요약한 부분은 다음과 같다. "만약에 어머니가 자신의 결여를 보충해 주는 존재로서 아이를 대한다면, 즉 아이가 자신을 동일시하고자 하는 남근으로 그를 대한다면, 만약 그래서 아이가 어머니의 전부가 되어서 그와 막연한 통합을 이루려 한다면, 아이는 결코 개별성을 해결할 수 없다."[91]

욕망하는 "거세된" 어머니가 그러한 결여를 느낀다는 가정에 근거한, 정신증의 기원에 관한 라캉의 설명은 젠더 편견을 표현한다고 읽힐 여지가 있다. 라캉에 대한 페미니즘 비판자들은 이를 의문시하곤 했다. 하지만 그들도 폐제 개념 속에 여전히 있는 암점화의 잔여에서 분명한, 시각적 경험에 관한 라캉의 평가절하에 대해서는 그다지 논박하려 하지 않았다. 다시 얘기하겠지만 암점화는 무언가를 보는 것이 매우 위협적일 때 실제로 맹점이 발생함을 시사한다. 폐제는 여기서 더 나아가 분명하게 어머니의 거세를 본 "광경(sight)"이 거부된 이미지를 몰아내도록 촉발함을 뜻한다. 보다 정확하게 말하자면, 폐제는 그 거부된 이미지가 상징적이고 언어적으로 통합되지 못하게 하고, 실재의 질서에 따라 그 이미지가, 때로는 시각적이고 때로는 청각적인(환청을 듣게 되

91 Anika Lemaire, *Jacques Lacan*, trans. David Macey (London, 1970), p. 234. 라캉은 또한 이와 유사한 방식으로 도착을 설명한다. 그가 쓴 바, "도착의 모든 문제는 모자관계에 있어서(정신분석에서 이 관계는 어머니에 대한 아이의 생명 유지적 의존성이 아니라 어머니의 사랑에 대한 아이의 의존, 말하자면 어머니의 욕망을 욕망하는 것으로 형성된다), 아이가 스스로를 이 욕망의 상상적 대상과 어떤 식으로 동일시하는지에 달려 있다. 이는 어머니 자신이 그 상상적 대상을 남근 가운데 상징화하는 한에 있어서다."("On a Question Preliminary to Any Possible Treatment of Psychosis," *Écrits*, p. 198).

는) 하나의 환각으로 다시 나타나도록 촉발시킨다. 이 두 경우 모두에
서 정신증은 시각의 교란과 관련된 것으로 보이는 반면, 건강함은 언어
적 내투와 동일시된다. 엄밀하게 말하자면, 심리적 손상을 일으키는 요
인은 시각적인 것 혹은 상상계가 방해함으로써 발생하는 언어 또는 상
징계의 교란이다.

그러나 라캉의 주장은 일견 보이는 것보다 더욱 복잡하다. 시간순으
로 들리는 단계에 관한 그의 주장이 시사하는 것처럼, 앞서 말한 그와
같은 교란이 이전 단계의 귀환 이상의 의미를 가질지도 모른다는 사실
은 어머니 몸의 결여를 아이가 시각적으로 지각했다고 추정하는 이면
의 전제가 증명한다. 왜냐하면 시각만으로는 언제나 이미 상징적 개념
인 결여의 감각이 생길 수 없기 때문이다.[92] 그러므로 언어적인 것과 시
각적인 것의 공시적인 중첩은 라캉이 암점화와 폐제를 하나로 합친 생
각에 함축되어 있다.[93] 이를 염두에 둔다면, 거울 상태의 오인을 시각적

---

[92] 상상계와 상징계를 공시적인 것으로서 암암리에 독해해야만 쇼샤나 펠먼(Shosha-na Felman) 같은 라캉주의자들이 다음과 같이 주장할 수 있다. "고로 거울은 지각을 혹자의 거세에 관한 오도된 지각(즉 부인) 가운데 고정된 중심으로 축약해 버린다. 거울 이미지에서 분명한 충만함은 이미지를 대상으로서 실체화한다는 점에서 응시의 대상화이며, 이 대상화는 주체가 경험한 결핍을 생략해 버린다"("Lacan's Psychoanaly-sis, or the Figure in the Screen," p. 103). 즉, 상징계와 상상계가 중첩된다고 여겨질 때에만 유아의 운동능력 부족으로 인한 불완전성의 느낌이 거세불안으로 전환되며, 온전함이라는 시각적 게슈탈트로 이 느낌을 극복하는 것이 부인으로 이해될 수 있다.
[93] 라캉의 작업 속에서 두 단계의 공시성이 암시된 또 다른 계기는 프로이트가 『쾌락원칙을 넘어서 Beyond the Pleasure Principle』에서 분석했던 유명한 "포르트-다" 놀이를 그가 다양하게 논의한 대목에서 찾을 수 있다. 프로이트의 설명에 따르면 아이는 "포르트!(가 버린)" 그리고 "다!(거기)"라고 외치면서 지배의 느낌을 획득한다. 라캉은 아이가 마치 그의 시각장 안팎으로 오갈 수 있다는 듯 끈으로 묶은 나무 실패로 놀이하는 이 과정을 거울단계 논의로 끌어들인다. 라캉의 평자들 중 몇몇은 이 논의를 상징계의 패러다임으로 해석한다(e.g., Ragland-Sullivan, Jacques Lacan and the Philosophy of Psychoanalysis, p. 171). 다른 이들은 이를 상상계의 표징으로 읽는다(e.g., Tobin Siebers, The Mirror of Medusa, pp. 163-164).

인 것과 항상 뒤얽힌 언어적 계기의 차폐(occlusion)로 다시 정식화할 수 있다.

이 공시적 주장은 [상상계와 상징계] 양쪽에 똑같이 적용된다. 말하자면, 상징계로 "진입"하고 난 뒤에도 상상계는 그에 수반하는 모든 문제들을 안고서 여전히 영향력을 가진다. 라캉의 암점화에 대한 주장만큼이나 이러한 결론에서 연상되는 것은 이후 프랑스에서의 반시각 담론에 더욱 많은 영향을 주었던, 1964년에 그가 네 차례의 세미나에서 제시했던 "눈"과 "응시"의 키아즘적 뒤얽힘에 관한 뛰어난 사유였다. 9년 후, 이 생각은 그의 사위 자크알랭 밀레(Jacques-Alain Miller)가 「대상 a로서의 응시에 관하여(Of the Gaze as Objet Petit a)」란 표제하에 『정신분석학의 네 가지 근본 개념 *The Four Fundamental Concepts of Psycho-analysis*』이란 선집에 포함시켰다. 이 네 편의 세미나는 중요하기 때문에 그 복잡한 주장을 주의해서 분석해야만 한다.

라캉은 메를로퐁티의 시각에 대한 선구적 탐구, 특히 근작 『보이는 것과 보이지 않는 것』에 경의를 표하면서 그의 첫 번째 세미나 「눈과 응시의 분열」을 시작했다. 메를로퐁티의 이 책이 지향적 주체의 구성적이면서도 형태를 부여하는 힘을 부정했기 때문에 라캉은 이를 가리켜 메를로퐁티의 전작인 『지각의 현상학 *Phenomenology of Perception*』을 넘어섰다고 찬사를 보냈지만, 그럼에도 그는 자신의 관점에서 그 의미를 재해석했다.

여러분은 메를로퐁티가 인도하는 길이 단순히 현상학의 차원에만 속한 것이 아님을 확인하게 될 겁니다. 왜냐하면 그 길은 우리 눈에 보이는 것은 누군가의 눈이 우리를 보고 있다는 점에 의존한다는 중대한 사실을 재확인하는 쪽으로 나 있기 때문입니다. 이것이 핵심입니다. 그럼에도 이는 좀 지나친 표현일 텐데, 왜냐하면 그 눈이란 제가 오히려 보고 있는 자의 "발아(pousse)"

라고 부를 수 있는 것, 즉 그의 눈에 앞서는 무언가에 대한 은유에 불과하기 때문입니다. 메를로퐁티를 따라 우리가 한정해야 할 것은 응시의 선재(先在)입니다. 나는 단지 한 지점에서 볼 뿐이지만, 나의 실존 속에서 나는 사방에서 응시당하고 있습니다.[94]

이를테면, 메를로퐁티가 시각적 장(scopic field)을 나눈 것은 타당했다. 그러나 그가 그것을 가시성과 비가시성의 키아즘으로 해석했던 점은 오류였다. 라캉은 그것을 눈과 응시로 개념화하는 편이 차라리 낫다고 주장했다.

눈과 응시란 말로 자신이 뜻했던 바를 설명하기 위해 라캉은 『미노토르』의 공동 기고자인 로제 카이와를 다시 한번 참조했다. 동물의 의태를 논한 『메두사와 그 일당 *Méduse et compagnie*』이라는 저작에서 카이와는 몇몇 동물들이 포식자나 먹잇감을 겁주기 위해 쓰는 모조 눈인 **홑눈**(ocelli)이 진짜 눈을 닮았기 때문에 그 효과를 일으키는지 아니면 닮지 않았기 때문인지를 물었다. 다시 말해, 진짜 눈이 그 자체로 매혹시키기 때문인가 아니면 그 눈이 그 시뮬라크르를 흉내 내기 때문인가? 이 질문에 대한 답이 무엇이든지 간에, 그 함의는 진짜 눈이라 함은 가짜 눈의 "응시"에 의해 시각적 장 내에서 교차된 것으로 이해되어야 한다는 것이다. 그러므로 카이와의 예시는 "[내가] 보이는 것(a given-to-be-seen)이 [내게] 보이는 것(the seen)보다 앞선다고 알려 주었다는 점에서 가치"[95]가 있다.

상상계에 대한 그의 비판으로 돌아간 라캉은 거울단계에 사로잡힌다는 것의 문제, 즉 서구 철학의 시각중심주의 전체를 특징지은 이 문제

---

94 Lacan, *The Four Fundamental Concepts of Psycho-analysis*, p. 72.
95 Ibid., p. 74.

가 응시의 역할을 인정하지 않은 채 눈의 역할을 과장한 데에 기인한다고 설명했다. 즉, 이는 메를로퐁티가 다음과 같이 지적했던 바를 인식하는 데 실패하기 때문이다. "우리는 세계의 스펙터클 속에서 누군가에게 응시되는 존재입니다. 우리를 의식이 있는 존재로 만드는 것은 동시에 우리를 세계의 거울(speculum mundi)로 위치시킵니다."[96] 이러한 실패는 우리가 깨어나는 경험과 잠드는 경험을 대조함으로써도 이해할 수 있다. 깨어 있는 의식이 오로지 보는 눈으로 작동하는 반면에, 꿈속에서 이미지는 우리의 무의식에 나타난다. "꿈속에서 우리는 결국 보지 못하는 자의 위치에 놓이고 맙니다. 주체는 그것이 자신을 어디로 이끄는지를 알지 못한 채 따라갑니다. […] 꿈속에서는 어떤 경우에도 데카르트의 코기토가 사유를 통해 스스로를 파악하는 것처럼 자신을 파악할 수 없습니다."[97] 일반적으로 깨어 있는 의식에 특권을 주기 때문에, 우리는 분석에 있어서 시각적 충만함과 주인지배를 지지하지 않으면서도 눈과 응시의 교차를 표면화할 필요가 있다. 라캉은 "분석이 얼굴을 맞대지 않고 이뤄지는 데에는 그럴 만한 이유가 있습니다. 곧 보시겠지만, 응시와 눈이 분열되어 있기 때문에 욕동의 목록에 시각 욕동이 추가됩니다"[98]라고 말했다.

---

96 Ibid. 이 구절에 대해 논평하면서 알렉산더 겔리(Alexander Gelley)는 다음과 같이 썼다. "세계의 거울 혹은 세계의 이미지로서의 인간이라는 구절은 인본주의적인 뜻을 나타낸다고 할 수 있다. 하지만 라캉은 라틴어 어근 speciēs에서 나온 파생어들에 내포된 비활성화된 중의성을 강조한다: (1) 보이는 것, 광경 (2) 연극적인 환영, 단순 효과라는 의미에서의 구경거리 (3) 관망하는 심급에서 보고 있는 스스로를 되받아치는 반사 혹은 반영 작용"(*Narrative Crossings: Theory and Pragmatics of Prose Fiction* [Baltimore, 1987], p. 27).

97 Lacan, *The Four Fundamental Concepts of Psycho-analysis*, p. 75.

98 Ibid., p. 78. 프로이트는 구강, 항문, 성기의 욕동을 제시한 바 있지만, 또한 절시증 욕동에 대해서도 썼다. Sigmund Freud, *Three Essays on Sexuality, Standard Edition*, vol. 7, pp. 191-192. 그럼에도 라캉은 자신이 보다 친숙한 욕동들에 절시증 욕동

그러한 욕동의 함의를 탐구하기 위해 라캉은 다음 세미나에서 왜상
(anamorphosis)에 대한 주제로 넘어가는데, 그가 왜상을 강조한 것은
유르기스 발트루샤이티스(Jurgis Baltrušaitis)의 영향력 있는 연구로 인
해서였다.[99] 이를 직접 논하기 전에, 라캉은 폴 발레리(Paul Valéry)의
『젊은 파르크 La Jeune Parque』를 언급하면서 글을 시작한다. 이 시에
서 주인공은 보고 있는 자신을 보는 것에 대해서 이야기한다. 라캉이
암시한 바, 이러한 정식화가 가진 문제는 이것이 오로지 눈에 의해서만
구성된 주체라는 데카르트적 개념에 여전히 빚지고 있다는 사실이었
다. "주체의 특권은 내가 지각하자마자 그 표상들을 내게 속하도록 만
드는 양극적인 반영 관계로부터 나오는 것처럼 보입니다."[100] 데카르트
적 주체의 특권화를 약화시키는 점에서 메를로퐁티의 현상학적 대안은
뛰어났지만, 라캉에 따르면, 그 키아즘적 결론을 비(非)상호적인 극단
으로까지 가져갈 만큼 대담하지는 못했다. 라캉은 메를로퐁티가 반영

을 추가했다고 주장했다. 그는 또한 목소리와 연관된 기원적 욕동(invocatory drive)을
상정하기도 했다. 라캉주의 이론에 따르면, "욕동은 심리적인 것에서의 섹슈얼리티의
원인을 표상한다. 그것은 단지 부분적으로 표상할 뿐이지만, 그럼에도 불구하고 우리의
경험과 섹슈얼리티를 잇는 유일한 연계를 구성한다."("The Phallic Phase and the
Subjective Import of the Castration Complex," in *Feminine Sexuality: Jacques
Lacan and the École Freudienne*, eds. Juliet Mitchell and Jacqueline Rose, trans.
Jacqueline Rose [New York, 1982], p. 119. 이 논문은 라캉의 저널 『즉 Scilicet』 1968
년 호에 실린 익명의 기고문이었다.) 시각을 시각적 욕동으로서 해석한 것의 중요성은
그 욕동이 충족을 얻기 위해 성애적인 대상을 스스로의 외부에서 찾아야만 하기 때문이
다. 이것이 응시의 역할이다. 라캉에 따르면 욕동은 실현될 수 없기에, 눈과 응시는 영
구적인 부조화 가운데 나타난다. 라캉의 욕동이론에 대한 유용한 해설로는 Juliet Flow-
er MacCannell, *Figuring Lacan: Criticism and the Cultural Unconscious* (Lincoln,
Nebr., 1986), pp. 161ff. 참조.
99 Jurgis Baltrušaitis, *Anamorphoses: ou Perspectives curieuses* (Paris, 1955); the
3rd edition (Paris, 1984)은 라캉의 전유와 더불어 롤랑 바르트, 장 콕토, 장프랑수아
리오타르 같은 여타 동시대 지식인들의 전유도 언급한다.
100 Lacan, *The Four Fundamental Concepts of Psycho-analysis*, p. 81.

에 선행한다고 추정되는 어떤 저변으로 후퇴했다고 비판했다. "여기서 문제는 몸이 아니라 메를로퐁티 자신이 세계의 살이라고 부른 것으로부터 시각의 원점이 나타나는 과정을 복원하고 재구성하는 것입니다. [...] 저는 이를 **봄**(voyure) 기능이라고 부르고자 합니다."[101]

그러나 정신분석학은 눈과 응시 사이의 분열에 선행하는 시원적 봄(voyure)을 찾는 일을 의문시한다. 라캉에 따르면, 그 이유는 정신분석학이 "의식을 철저하게 한계 지어진 것으로" 간주하고, "의식을 이상화의 원리만이 아니라 오인의 원리로 규정하며, 혹은 시각 분야에서 쓰이게 되면서 새로운 가치를 지니게 된 하나의 용어를 사용하자면, 의식을 암점으로서 규정하기"[102] 때문이다. 이때 라캉은 프로이트가 불필요하다며 저버렸던 시각적으로 변형된 범주를 다시 도입했는데, 암점을 단지 정신증에 대한 해명으로 수용한 게 아니라 마음 그 자체의 차원으로 받아들였다. 그는 맹점이란 치유할 수 없다고 암시했다. 앞서 라캉이 폐제의 기제에 관해서 주장했듯이, 시각적으로 구성된 의식이 만든 오인은 동일시를 통해 의식이 느꼈던 불완전함을 극복하기 위해 작동한다. "주체가 자기 자신의 분열로부터 얻는 이익은 그 분열을 결정짓는 무언가와 연결되어 있습니다. 다시 말해, 실재가 근접함에 따라 이뤄진 자가-절단, 그 근원적 분열로부터 출현한 어떤 특권적 대상과 연결되어 있다는 것입니다. 그것이 바로 저의 대수학에서 대상 a(*objet a*)라 불리는 것입니다."[103]

대상 a는 결여의 대상, 혹은 충만함을 향한 욕동을 만족시킬지도 모르는 잃어버린 대상을 가리키는 라캉의 용어로, "a"는 프랑스어 단어인

---

101 Ibid., pp. 81-82.
102 Ibid., pp. 82-83.
103 Ibid., p. 83.

"타자"(l'autrui)의 첫 글자다.[104] 가장 근본적인 수준에서 보면, 대상 a
는 (라캉에 따르면, 성별에 상관없이) 아이가 어머니에게 있을지도 모
르는 결여, 즉, 어머니의 거세를 만회하기 위해 되고자 하는 남근이다.
그런 다음에야 이 대상 a는 절대 이룰 수 없는 통일을 향한 분열된 주체
의 한없는 추구를 추동하는 욕망의 환유적 대상으로서 상징계 속에 등
재될 수 있다. 하지만 대상 a는 상상계에서도 마찬가지로 작용한다. 상
상계에서 "주체가 어떤 본질적 흔들림 가운데 매달려 있게 되는 그 환
상이 의존하는 대상은 바로 응시입니다. […] 이 응시가 나타나는 순간
부터 주체는 응시에 적응하고자 노력하고, 그는 점 형태의 대상, 즉 소
실점이 되어 주체는 그 소실점을 자신의 실패와 혼동합니다.[105]

시각적 관계에서 응시가 대상 a로서 기능한다는 자신의 수수께끼 같
은 주장을 설명하기 위해 라캉은 응시의 물화시키는 힘을 탐구한 사르
트르의 『존재와 무』 속 "뛰어난 구절을"[106] 참조했다. 눈은 스스로를 바
라보는 눈을 볼 수 없다는 사르트르의 주장에 이의를 제기했음에도 불
구하고, 그는 응시가 보이지 않는 특질을 지닌다는 점에 동의했다. "사
르트르의 글에서 볼 수 있듯이, 내가 대면하는 이 응시는 내가 보는 응
시가 아니라 내가 대타자의 영역에서 상상해 낸 응시입니다."[107] 이러한

---

104 이것이 문자(letter)라는 사실이 지적되어야만 한다. 구가 지적했듯이, 이미지에
반대되는 것으로서 문자는 꿈작업에 관한 라캉의 분석에서 우선시된다. 이는 꿈이 시각
적 글자 수수께끼를 사용할 때에도 마찬가지다. Goux, "Lacan Iconoclast," pp. 110-
111. 참조. 이후의 장에서 보겠지만, 리오타르는 문자에 선(the line)을 대립시킴으로
써 무의식에 모종의 시각적인 개념을 회복시키고자 했다.

105 Lacan, *The Four Fundamental Concepts of Psycho-analysis*, p. 83.

106 Ibid., p. 84.

107 Ibid. 이 구절은 후술할 래글랜드설리번의 또 다른 정확한 논평과 미묘하게 차이
가 난다. "실존주의 철학자들은 응시가 언제나 '저 밖에' 있다고 논증한다. 라캉은 응
시를 꿈과 연결하며 그것이 또한 언제나 '이 안에' 있다고 표명한다. 이것이 대타자(A)
의 응시다." *Jacques Lacan and the Philosophy of Psychoanalysis*, p. 44.

이유 때문에 응시(le regard)에는 나뭇잎이 바스락거리는 소리와 같은 보이지 않는 현상도 포함될 수 있다. 응시의 보이지 않는 특성은 그것이 반드시 원래의 주체를 위협적으로 바라보는 또 다른 주체의 응시일 필요는 없다는 것을 의미했다. 오히려 그것은 원래 주체의 욕망, 대상 a를 향한 욕망, 혹은 심지어 그러한 욕망을 한정하는 대문자 "A"를 향한 욕망이 가진 하나의 기능으로 이해될 수 있다.[108]

이 관계에 관해서 더 잘 설명하기 위해 라캉은 『정신분석학의 네 가지 근본 개념』의 프랑스어판 표지 그림이었던 한스 홀바인의 〈대사들〉로 예시되는 왜상이란 주제로 옮겼다.[109] 그가 주지한 바, 일반 원근법은 데카르트적 주체의 공간에 기초한 기하학적 지도 그리기(geometrical mapping)에 대응되었으며, 이러한 기하학화는 디드로가 『맹인에 관한 서한』에서 지적한 것처럼 맹인의 촉각에 기반을 두었을 수 있다.[b] 라캉이 시사한 바에 따르면, 그처럼 경직되고 선형적인 시각의 감축은 발기한 페니스, 보다 정확하게 말하면 어머니의 상상계 속에서 결여를 채우

---

108 스티븐 멜빌(Stephen Melville)은 이 쟁점에 관한 라캉과 사르트르 사이의 의견 차를 강조하면서 응시가 "다른 사람의 응시가 아니라 **바깥**, 라캉의 바깥일 뿐 아니라 어부의 바깥에 있는 정어리 깡통이 반짝이는 **저기에서의 응시다**"라고 넌지시 주장한다. "이 응시는 (소)타자가 아닌 대타자에게 속한다. 즉 언어, 세계, 그리고 인간적 의미를 넘어선 의미화의 운동이 일어난다는 사실인 대타자에게 속한다. 라캉이 칠판에 그린 이 종이면체의 두 개의 마주보는 꼭짓점은 따라서 마주 보는 두 눈이 아니라 눈과 눈 자체의 마주 봄, 시각과 시각 자체의 마주 봄을 재현한 것에 가깝다."("In the Light of the Other," *Whitewalls*, 23 [Fall, 1989], p. 20).

109 데이비드 메이시는 이 작품이 초현실주의자들이 좋아하는 그림이라고 지적했다 (*Lacan in Contexts*, p. 46). 의미심장하게도 리오타르는 대사들의 발치에 있는 왜곡된 해골을 그의 책 *Discours, Figure*, 4th ed.(Paris, 1985)의 표지에 실었는데, 그것은 일정 부분 라캉에 대한 비판이었다. 크리스틴 뷔시글뤽스만에 따르면, 라캉이 왜상에 매료되었던 것은 그의 장황한 문체적 수사와 동일하며, 그 양자는 라캉과 바로크 사이의 친연성을 암시한다. Buci-Glucksmann, "Une archéologie de l'ombre: Foucault et Lacan," *L'écrit du temps*, 17 (Winter, 1988), p. 34 참조.

는 남근으로 나타난 그 페니스와 비교될 만했다. "어떻게 여기서 기하
학적 차원에 (이 차원은 응시의 장 속의 일부일 뿐이며 시각 그 자체와
는 무관합니다) 내재한 결여의 기능을, 즉 남근적 유령의 출몰을 상징
화하는 것을 보지 못할 수 있단 말입니까."[110]

〈대사들〉에서 지배적인 데카르트적 원근법주의의 시각 체제에 속한
이 남근적 응시는 캔버스 하단에 있는 왜곡된 두개골로 표현된 또 다
른 시각 체제로부터 도전받았는데, 이 두개골의 본래 모양은 오로지
그림의 가장자리에서 비스듬히 일별함으로써만 복원될 수 있었다. 라
캉이 달리의 녹아내린 시계와 같은 초현실주의 이미지들과 비교했던[111]
그러한 대상은 남근적 충만함을 추구하는 것과는 또 다른 욕망을 나타
냈다. 대신에 그것은 주체가 탈중심화되고 분열되고, 자신의 불완전함
을 받아들이게 되는 상징계의 욕망을 암시했다. "홀바인은 무화된 것으
로서의 주체에 다름 아닌 무언가를 가시화해서 보여 주고 있습니다. 주
체는 엄밀히 말해 거세라는 '마이너스 파이$(-\varphi)$'를 이미지로 구현하는
어떤 형상 속에서 무화된 주체입니다. 이때 거세는 근본적 욕동들의 틀
을 통해 우리에게 욕망이 조직되는 전 과정의 중심축을 이룹니다."[112]

이 두개골 왜상은 기하학적으로 작용하는 주체의 남근적 눈에 보이
는 이미지가 되기보다 비인격적이고 분산된 "이 그림에서처럼 박동하
면서 눈부시고 펼치는 기능을 수행하는 응시 자체"[113]로 발견된다. 달리
표현하자면, 눈이라는 것은 거울 같은 충만함과 남근적 온전함을 욕망

---

110 Lacan, *The Four Fundamental Concepts of Psycho-analysis*, p. 88.
111 달리의 많은 그림들은 왜상을 도입했다. 그것이 라캉에게 미친 영향에 관해서는
Allen S. Weiss, "An Eye for an I: On the Art of Fascination," *SubStance*, 51
(1986), pp. 87-95 참조.
112 Lacan, *The Four Fundamental Concepts of Psycho-analysis*, pp. 88-89.
113 Ibid.

하면서 자신의 거울 상으로부터 스스로를 찾을 수 있다고 믿는, 반사적 데카르트적 주체에 속한다. 그 반면에 응시는 순수한 드러남의 장 안에 있는 객관적 타자의 것이다. 메를로퐁티의 봄(voyure)에서처럼, 키아즘 적으로 교차하는 시각적 장의 이 두 가지 차원이 조화롭게 화해될 수 있다는 믿음은 라캉이 코제브의 강의실에서 받아들였던 교훈, 즉 진정한 상호성은 환영에 불과하다는 사실을 망각하는 일이다. 전통적 광학 용어로 표현하자면, 루멘과 룩스를 화해시킬 방도 및 뉴턴의 빛과 괴테의 색채를 결합시킬 방법은 전혀 없다.[114]

「선과 빛 *The Line and the Light*」이라는 제목의 다음 세미나에서 라캉은 눈과 응시의 키아즘적 뒤얽힘을 도해하는 삼각형으로 된 도식을 이용하여 자신의 주장을 재정의하고 확장한다. 눈에 관한 것인 첫 번째 도식은 데카르트적 원근법의 시각을 나타냈으며, 여기서 보는 이의 단안적 눈은 삼각형의 정점에, 그리고 대상은 밑변에 있었다. 이미지는 밑변에 평행하는 또 다른 선 위에 있었으나, 밑변과 눈/정점 사이의 중앙에 놓였다. 응시에 관한 두 번째 도식은 빛의 점을 정점에, 그림을 밑변에 두었으며, 그 둘 사이에는 라캉이 스크린이라고 불렀던 것이 있었다. 여기서 주체는 정점에 놓이지 않았고, 보는 눈이 아닌, 마치 일반화된 지각장에 있는 스크린 속 이미지처럼 중간 지점에 있게 됐다. 라캉이 주장한 바, 이 주체는 "시각장 속에 사로잡히며 그것에 의해 조종되고 매혹"되었다.[115] 죽음의 무상함을 환기시키는 홀바인의 두개골 왜상은 이 주체가 제 스스로 지배할 수 없는 시각의 장 안에 갇혀 있음을 표현한다. 라캉이 주장한 바, 실로 "보이는 것의 영역에서는 모든 것이 덫입니다. […] 시각 기능에 의해 나타나는 분할된 부분, 이 이중 국면 속

---

114 라캉과 괴테에 관한 논의로는 Melville, pp. 26ff. 참조.
115 Lacan, *The Four Fundamental Concepts of Psycho-analysis*, p. 92.

에는 모든 것이 미궁처럼 보입니다."[116] 신의 눈으로 본 세계관이라는 가정적 명료함에 도전하기 위해 바타유와 초현실주의자들이(그리고 훗날에 데리다와 이리가레가) 사용한 강력한 비유인 미궁은 여기서 다시 등장하는데, 라캉은 시각장을 가리켜 빛이 "물론 직선으로 전파되지만 굴절되며 확산되고 우리의 눈을 가득 채우거나 넘치기도 합니다. 우리의 눈이 주발 모양이어서 빛은 이 주발로부터 흘러넘칩니다. 이에 따라 어쩔 수 없이 안구 주변에 일련의 방어 기관들, 장치들이 필요하게 됩니다"[117]라고 상정했다.

라캉의 친구 중 하나였던 카이와가 『미노토르』에 소개한 바 있는, 잇따른 또 다른 비유가 눈과 응시의 관계를 밝히기 위해 다시 표면화되었는데, 그것은 두 평면이 교차한 부분인 이면체(dihedron)였다. 라캉의 "거울단계"에 영향을 준 것으로 이미 언급된 바 있는 작품인 1935년의 글 「의태와 전설적 신경쇠약(Mimétisme et psychasthénie légendaire)」에서 카이와는 동물의 의태를 설명하고자 이면체를 사용했다.[118] 라캉은 두 개의 시각적 삼각형을 반전된 형태로 중첩하기 위해 이면체를 활용했다. 두 평면의 키아즘적 간섭은 두 삼각형의 중간부, 즉 눈에서의 이미지와 응시에서의 스크린이 분리된 주체의 형태로 일치하는 새로운 형상을 만들어 냈다. 그 중앙에는 알베르티적 주체의 세계관에서 전형적인 투명한 창과는 전혀 다른 불투명한 선이 있었다.[119]

---

116 Ibid., p. 93.

117 Ibid., p. 94.

118 *Minotaure*, 7 (June, 1935). 이 글의 중요성을 논한 것으로는 Hollier, "Mimesis and Castration, 1937," pp. 3–16, and Rosalind Krauss, "Corpus Delicti," pp. 31–72 참조.

119 이 구분은 다음 글에서 창안되었다. Kaja Silverman, "Fassbinder and Lacan: A Reconsideration of Gaze, Look and Image," *Camera Obscura*, 19 (January, 1989), p. 74.

라캉은 그 이면체가 지닌 함의를 명시하기 위해서 시각적 도식의 영역에서 서사의 영역으로 이동했으며, 그가 사실로 벌어졌다고 주장했던 한 일화를 제시했다. 수년 전 그가 브르타뉴(Bretagne)의 먼 바다에서 낚시를 할 때, 한 친구가 물에 있는 정어리 통조림을 가리키며 웃으면서 말했다. "저 깡통을 보시나요? 그것을 보시냐구요. 그런데 깡통은 당신을 보고 있지 않는답니다."[120] 떠다니는 깡통에서 친구가 이끌어 낸 교훈을 반추하면서 라캉은 그 생각이 틀렸다고 결론 내렸는데, 그 이유는 이 깡통이 "나를 똑같이 응시하고 있기 때문입니다. 깡통은 빛의 지점에서 나를 응시하고 있습니다. 이 광점에서는 나를 응시하는 모든 것이 자리 잡고 있습니다. 이는 은유가 결코 아닙니다."[121] 즉, 라캉은 자신이 대립적 시각장의 중심에 놓였다고 느꼈다. 이 중심은 깡통을 보는 눈이기도 하고 비인격적인 순수한 드러남의 장에 있는 스크린이기도 하다. 그의 주체성은 눈의 삼각형 끝에 있는 정점과 응시의 삼각형 중앙에 있는 선 사이에서 분열되었다. 그는 홀바인의 그림을 보는 관객이자 그 그림의 시각장 안에 있는 문질러진 두개골이었다.

이러한 지양 없는 변증법의 또 다른 변형은 사실 회화의 영역에서 분명하게 나타났으며, 라캉은 이 세미나의 결론부와 「그림이란 무엇인가(What Is a Picture?)」라는 제목의 다음 세미나에서 이 주제로 전환했다. 그는 메를로퐁티가 세잔과 같은 화가들의 미술을 봄으로써 눈과 마음이라는 전통적인 동일성을 전복시켰음을 청중들에게 상기시켰다. 그에 따르면, 그림에서는 응시와 관련한 뭔가가 언제나 드러나지만, 관객은 "마치 무기를 버리듯이 응시를 내려놓기를" 미술가로부터 권유받는다. "바로 여기에 회화가 발휘하는 아폴론적 진정 효과가 있습니다. 응

---

120 Lacan, *The Four Fundamental Concepts of Psycho-analysis*, p. 95. Italics in original.

121 Ibid.

시가 아닌 눈에 무엇인가가 주어지며, 즉 그것은 응시의 포기와 투항을 의미합니다."[122] 그러나, 이 모든 일에는 어떤 이중성이 있으며, 이를 가리켜서 라캉은 "미혹"이라는 개념으로 제안했다(leurre라는 말은 유혹, 유인책, 미끼라는 뜻도 가졌는데, 라캉은 이를 오인과 연결시켰다). 특히 눈속임(trompe l'oeil) 회화에서, 응시는 실상 눈을 이겨 낸다. 그 결과는 사르트르가 묘사한 연인들의 부정 변증법과 유사하다. "사랑에 빠진 내가 보기를 요구할 때 근본적으로 충족되지 않고 항상 결여되는 것이 있다면 이는 **당신은 절대로 내가 당신을 보고 있는 곳에서 나를 보지 않기 때문입니다**. 역으로, **내가 바라보는 것은 결코 내가 보고자 하는 것이 아닙니다**. […] 화가와 관객의 관계는 사람들이 뭐라고 하든지 간에 눈속임의 놀이입니다."[123] 눈속임 미술에서 지배하고자 하는 눈의 패배를 가리켜 라캉은 "응시의 길들임(dompte-regard)"이라고 이름 붙였다. 도상, 유대교의 이미지에 대한 금기,[124] 공공장소에서의 회화의 역할에 관해서 수수께끼 같은 가벼운 언급을 한 후, 라캉은 그가 "눈의 식욕"이라고 불렀던 욕망과 시각 사이의 연계에 대한 논의로 되돌아감으로써 결론지었다. 그가 설명한 바, "무의식적인 것으로서의 욕망에 부여했던 '**인간의 욕망은 대타자의 욕망**'이라는 공식을 바꿔서 말하자면, 이때 주안점은 이를테면 대타자 **쪽의** 욕망의 문제이며 그러한 욕망의 끝에는 '보여 주기(le-donner-à-voir)'가 있다고 말할 수 있습니다."[125] 말하자면, 응시는 스스로를 보여 주려는 대타자의 욕망에 의해 초래된, 즉, 보려는 눈의 욕망만이 필적할 수 있는 어떤 욕망이 일으킨 것으로

122   Ibid., p. 101.
123   Ibid., p. 103.
124   유대교의 하나님에 대해 라캉이 매혹을 느낀 지점, 그리고 이미지보다 언어를 강조했던 점에 대해서는 MacCannell, *Figuring Lacan*, p. 16 참조.
125   Lacan, *Four Fundamental Concepts of Psycho-analysis*, p. 115.

여겨질 수 있다. 그러나 보여 줌과 봄은 서로를 조화롭게 보충하거나 주체에서의 분열을 극복하지 못한다. 그 둘 간의 투쟁이 지닌 폭력성은 사악한 눈에 대한 신화들이 어느 곳에나 있다는 사실에서 드러난다. 라 캉은 이에 대해 "결국 눈은 분리 능력을 타고나며 (이때 내가 다양한 영 역에 걸쳐 이야기하는 것을 양해해 주기를 바랍니다) 그리하여 치명적 인 기능을 갖추고 있다"[126]는 점을 나타낸다고 해석했다. 라틴어로 질시 를 뜻하는, 보다(videre) 동사에서 파생한, 질투(invidia)는 이러한 분리 를 극복하려는 열망을 암시한다. 라캉이 주장한 바, 진정한 질시는 "주 체가 이렇듯 하얗게 질리게 만듭니다. 그 이유는 그 앞에 그 자체로 완 결된 충만함의 이미지가 있기 때문입니다. 자신이 매달려 있는 분리된 소문자 a가 어떤 타자에게는 그 타자를 만족시키는 소유물이 될 수도 있다는 사실 때문입니다."[127] 그러한 만족은 불가능할 뿐만 아니라, 그 만족에 도달하려는 분명한 시도가 부추긴 분노는 치명적 결과를 낳을 수도 있다. 사악한 눈은 "운동을 멈추게 하고 생명을 죽이는 효과를 지 니는"[128] 마법(fascinum)으로 작동하기 때문이다. 은유적일 수도 있지 만, 이런 힘은 시각의 공격적 잠재성, 즉, 편집증과 거울단계 사이의 연 계를 다룬 1930년대의 초기 연구 이래로 라캉이 민감해 했던 잠재성을 포착한다. 의미심장하게도, 시각에 관한 이 마지막 세미나에 대한 강의 록은 자크알랭 밀레의 질문으로 끝난다. 밀레는 건강한 시각적 존재론 에 대한 메를로퐁티의 예찬을 향한 라캉의 비판이 시각에서의 비(非)변 증법적 키아즘을 인정한 『보이는 것과 보이지 않는 것』의 출간으로 인 해 바뀌었는지 궁금해했다. 고집스러운 라캉의 대답은 다음과 같았다. "전혀 없습니다."

---

126   Ibid., p. 115.
127   Ibid., p. 116.
128   Ibid., p. 118.

비록 눈과 응시에 대한 라캉의 복잡한 변증법을 하나의 단순한 공식으로 요약하는 것은 불가능하지만, 그의 사유가 거울단계에 관한 초기의 논의를 넘어섰다는 점은 분명하다. 첫째, 거울단계 주장에서 시각이 온전한 신체라는 게슈탈트와의 상상적 동일시, 즉 나르시시즘적 정체성에 대한 거울의 투사가 야기하는 동일시에 관여했던 반면에, 이제 시각이 타자를 향한 욕망과도 연계되었다. 재클린 로즈가 언급했듯이, 라캉은 프로이트를 "욕망의 축이 동일시의 축을 향해 점진적으로 침입한다는 측면에서" 이해했으며, "이 침입은 (구강적, 항문적) 요구(demand) 욕동에서 (시각적, 기원적) 욕망(desire) 욕동으로의 변환이다. 이 변환은 대상과의 물리적 거리는 주체와 대상 간의 관계가 필연적으로 이접적(disjunct)임을 드러낸다."[129] 다시 말해서, 라캉이 응시라고 부른 대상 a는 주체의 거울 이미지가 아니다. 그것은 주체의 눈과 키아즘적으로 교차한 것이다. 거울적 투사의 이자 관계는 이중의 역삼각형 도식으로 대체되었으며, 이는 오이디푸스 콤플렉스의 해소와 관련된 아버지의 이름이라는 삼자적 내투보다도 복잡했다. 우리는 상상계 속 거울의 이중화에서 욕망하는 주체와 포착 불가능한 대상 사이의 분리된 영역 너머로 이동했을 뿐만 아니라, 명백히 상호 주체적 관계로 막 들어서려는 지점에 있다.[130] 즉 사르트르에 대한 라캉의 환기가 명시하듯이, 시각은 보는 이의 신체가 언제나 관찰되는 대립적 장으로 이해될

---

129 Rose, *Sexuality in the Field of Vision*, p. 182. 라캉의 어휘에서 요구와 욕망 사이의 차이에 관해서는 Lemaire, *Jacques Lacan*, pp.166ff. 참조.

130 혹자는 라캉에게 있어 어떤 수준의 상호 주체성이 애초부터 마음에 실존한다고 주장할지도 모른다. 하지만 상호 주체성은 상징계로 진입함으로써 더욱 중요성을 획득한다. 상호 주체성의 중요성에 관한 라캉의 인식은 그가 위르겐 하버마스와 뜻밖에 비교되도록 만들었다. 하버마스도 마찬가지로 주체의 철학을 넘어서려고 했다. Peter Dews, *Logics of Disintegration: Poststructuralist Thought and the Claims of Critical Theory* (London, 1987), pp. 234ff. 참조.

여지가 있다. 비록 어떤 면에서 비인격적 응시는 분열된 주체의 내적 역학이 작동한 것, 즉 결여를 보상하고자 대상 a를 향한 그의 욕망이 작동한 것이긴 하다. 하지만 또 다른 면에서 보면, [응시는] 상호 주체적 응시들의 지양 없는 변증법, 즉, 라캉이 카이와에게서 빌려 와 헤겔에 관한 코제브의 암울한 버전을 묘사하기 위해 사용했던 중첩된 시각적 삼각형들로 이뤄진 이면체로 표현됐다.

이처럼 시각은 언어가 최상위를 차지한 상징계로 필연적으로 진입한다.[131] 결국, 결여라 함은 보일 수 없는 것이다. 그것은 시각의 영역을 초과한다. 근래의 평자인 조안 콥젝(Joan Copjec)은 이면체 속 두 삼각형이 광학과 기호학을 대치시키는 것으로 이해될 수 있다고 주장했다. 그결과 그는 다음과 같이 논했다.

광학이 아닌 기호학이야말로 시각 영역의 구조를 우리에게 밝히는 과학이다. 그 이유는 기호학만이 사물에 의미를 주는 것이 가능하고, 기표만이 시각을 가능하게 만들기 때문이다. 날것의 시각(brute vision), 의미 없는 시각이란 없으며 있을 수도 없다. 그렇다면 회화, 드로잉, 모든 형태의 그림 제작은 본질적으로 그래픽 예술이다. 그리고 기표는 물질이기에, 즉 반투명하다기보다 불투명하기 때문에, 기의를 직접적으로 지시하기보다 오히려 다른 기표들을 지시하기 때문에, 시각장은 명확하지 않으며 쉽게 가로지를 수도 없다. 대신에 그것은 모호하고 기만적이며 덫으로 가득하다.[132]

---

131 줄리엣 플라워 맥커넬(Juliet Flower MacCannell)에 따르면 라캉은 "욕동을 기표가 기의가 되고자 하는—이미지가 개념이 되고자 하는 열정에 관한 최소한의 방정식으로 환원한다."(*Figuring Lacan*, pp. 67-68).

132 Joan Copjec, "The Orthopsychic Subject: Film Theory and the Reception of Lacan," *October*, 49 (Summer, 1989), p. 68.

콥젝의 주장은 프랑스 영화 이론이 라캉을 전유한 것에 대한 비판으로 제기됐는데, 그 이유는 [영화 이론가들이] 라캉의 거울단계 이론과 그의 후기 응시 이론을 혼동했기 때문이었다. 그러한 비판이 가진 타당성은 이후 장에 나오는 크리스티앙 메츠, 장루이 보드리(Jean-Louis Baudry), 장루이 코몰리 같은 영화 이론가들에 관한 논의에서 설명될 것이다. 지금 지적할 요점은 종종 수수께끼와도 같았던 라캉의 작업이 정확히 이해되었더라도, 시각중심주의를 해체하는 강력한 무기로 변함없이 받아들여졌다는 사실이다.

비록 라캉의 진료소가 프랑스 미술 잡지『눈 L'Œil』의 최신호들을 소장했고,[133] 조반니 로렌초 베르니니(Giovanni Lorenzo Bernini)가 만든 성 테레사 조각상에 대한 라캉의 욕정에 찬 시각적 향유가 페미니즘적 분노를 일으켰을지 모르지만,[134] 라캉이 응시에 대해 근본적으로 의심했다는 점은 널리 인정받았다. 그가 무의식의 작동을 묘사하기 위해 클라인 병, 뫼비우스의 띠, 보로메오 매듭과 같은 복잡한 위상학적 사례에 의지했을 때조차, 라캉은 "프로이트보다 더 급진적인" 성상파괴론, 즉 시각에 "편집증적 채색(paranoid coloration)"을 한 한 명의 시각중심주의 비판자로만 이해되었다.[135] 이와 같은 일반화에 대한 좋은 예는 라

---

133 스튜어트 슈나이더만(Stuart Schneiderman)이 이처럼 기록했다. *Jacques Lacan: The Death of an Intellectual Hero* (Cambridge, Mass., 1983), p. 130.

134 이 조각상을 찍은 사진이『세미나 20』의 표지에 있다. 페미니즘적인 응답으로는 Clément, *The Lives and Legends of Jacques Lacan*, pp. 65ff. 참조.

135 편집증에 대한 설명으로는 Norman Bryson, "The Gaze in the Expanded Field," in *Vision and Visuality*, ed. Hal Foster (Seattle, 1988), p. 104참조. 프로이트와의 비교로는 Goux, "Lacan Iconoclast," p. 114 참조. 라캉의 위상학 활용에 대한 독해의 또 한 예로는 Juan-David Nasio, "Topologerie," *L'interdit de la representation* 참조. 이 글의 저자는 라캉이 공간에 대한 시각적 이미지를 곧이곧대로 활용했다기보다 그의 위상학적인 도구들이 실재에 관한 공상적인 묘사를 제공하기 위해 상상계를 초월하려는 시도들이었다고 주장한다. 보통 언어학과 라캉의 작업을 구별하기 위해 신조어

캉을 전유함으로써 1960년대 프랑스의 급진주의 주류에 들어올 수 있었던 마르크스주의 이론가인 루이 알튀세르다.

⊙

거울단계에 관한 라캉의 논의는 현상학과 실존주의의 전성기 동안에 이미 프랑스에서 영향을 미치기 시작했다. 메를로퐁티는 아동의 타인과의 관계에 대한 논의에서 그것을 참고했으며, 시몬 드 보부아르도 마찬가지로 『제2의 성 The Second Sex』이라는 자신의 선구적 페미니즘 분석에서 거울단계를 참고했다.[136] 하지만 잘 알려졌듯이, 구조주의라는 느슨하게 결집된 운동에 의해 현상학이 물러나게 됐을 때에야 비로소 시각에 대한 라캉의 의문은 가장 널리 알려졌다. 비록 구조주의가 시각에 대해 뚜렷이 적대적이었다고 할 수는 없지만(한편 클로드 레비스트

"랭귀스트리(linguisterie)"가 쓰이듯이, 그는 보통 위상학과 라캉의 작업을 구분하기 위해 "토폴로주리(topolologerie)"라는 용어를 만들었다.

　의미심장하게도 라캉이 그의 다이어그램에 관해 논설했을 때, 그는 그 도식들이 초현실주의 회화, 짐작건대 라캉이 매우 감탄했던 시각적인 수수께끼와 말장난을 했던 마그리트의 그림과 관계가 있다는 점을 인정했다. Jacques Lacan, "Of Structure as an Inmixing of an Otherness Prerequisite to Any Subject Whatever," The Structuralist Controversy: The Languages of Criticism and the Sciences of Man, eds. Richard Macksey and Eugenio Donato (Baltimore, 1970), p. 197 속 논의에서 그의 언급을 참조.

　아마도 라캉을 시각중심주의에 대한 비판자로 읽는 규칙의 한 주요한 예외는 질 들뢰즈(Gilles Deleuze)와 펠릭스 가타리(Félix Guattari)의 Anti-Oedipus: Capitalism and Schizophrenia, trans. Robert Hurley, Mark Seem, and Helen R. Lane (Minneapolis, 1983)에서 찾아볼 수 있다. 그들은 정신분석학이 오이디푸스 콤플렉스를 특권화하기 때문에 어떤 형식의 정신분석학이든지 간에 이미지와 연극성의 지배에 굴복한다고 주장한다. 그들의 독해에 대해 라캉을 변호한 논의로는 Ragland-Sullivan, Jacques Lacan and the Philosophy of Psychoanalysis, p. 272 참조.

136　Simone de Beauvoir, Le deuxième sexe (Paris, 1949), vol. 1, pp. 287-288.

로스의 인류학은 완전히 양가적인 것으로 해석될 수 있다),[137] 구조주의
가 지각보다 언어를 강조했다는 것은 이 책에서 논하는 경향에 잘 들어
맞는다.

1946년에 그가 레비스트로스로부터 받아들였던 소쉬르에 대한 관심
그리고 후일 1950년대에 있었던 야콥슨에 관한 그의 독해에 비춰서, 라
캉은 종종 구조주의자로 불렸다.[138] 이러한 그의 위상은 후일 도전받았
는데, 이는 언어에 관한 그의 강한 흥미가 과학적이라고 할 수 있는 **언
어**(la langue)보다 그가 **라랑그**(lalangue)라고 불렀던 정신착란적인 버
전과 관계된 것으로 밝혀졌기 때문이었고, 이 이유는 어느 정도 타당했
다.[139] 그러나 1960년대에 그러한 구분이 분명해지기 전에 라캉은 구조
주의적 마르크스주의의 주창자인 루이 알튀세르와 협력할 수 있었다.[140]

이들의 첫 만남은 알튀세르가 주선한 것으로 보이는데, 정신분석학

---

137 레비스트로스가 시각적인 유비보다 음악적인 유비를 선호했다는 점은 주지의 사
실이다. 그가 가졌던 과학의 관찰적인 규범에 대한 적대감, 해석의 지각적인 차원에 대
한 지성적인 무관심도 마찬가지로 잘 알려졌다. 그럼에도 불구하고 그의 작업은 개관적
인 총람(synoptic overview)에 대한 믿음을 종종 표현했는데, 그의 근간 선집의 제목
중 하나인 『먼 곳에서의 시선 Le regard éloigné』은 이런 믿음을 잘 포착했다. 후기 구조
주의 비평가들은 구조주의 일반이 서양의 시각중심주의에 충실한 기하학화된 형식주의
에 빚을 졌다고 자주 주장해 왔다. 예를 들어 Derrida, *Writing and Difference*, trans.
Alan Bass (Chicago, 1978), pp. 15ff. 참조.
138 이 언어학자들에 관한 라캉의 독해에 대해서는 Françoise Gadet, *Saussure and
Contemporary Culture* (London, 1986), p. 153 참조. 라캉의 구조주의적인 자격에 대
한 대표적인 분석으로는 Edith Kurzweil, *The Age of Structuralism: Lévi-Strauss to
Foucault* (New York, 1980), 6장 참조.
139 그 차이에 대해서는 Jacques-Alain Miller, "Théorie de lalangue (rudiment),"
Ornicar?, 1 (Paris, 1975) 참조.
140 알튀세르의 이력에 관한 일반적인 설명으로는 Ted Benton, *The Rise and Fall of
Structural Marxism: Althusser and His Influence* (London, 1984); Gregory Elliott,
Althusser: The Detour of Theory (London, 1987); 그리고 Robert Paul Resch,
Althusser and the Revival of Marxist Social Theory (Berkeley, 1992) 참조.

에 관한 그의 관심은 지적 충동만큼이나 개인적 충동에서 비롯되었다.[141] 루디네스코에 따르면, "알튀세르의 관점에서 라캉의 작업은 가장 중요한 전략적 위치를 차지했다. 공산주의 운동은 파블로프 조건반사처럼 프로이트주의를 '부르주아 과학'이라고 비난해 왔는데, 알튀세르는 라캉의 작업으로 이 조건반사적 사고를 비판할 수 있었을 뿐만 아니라 미국 학파[자아심리학]의 적응에 관한 사고에 이의를 제기할 수 있게 되었다."[142] 라캉이 정통 정신분석학의 위계와 부딪히고 있다는 사실을 넌지시 알고 있었던 알튀세르는 1964년 1월, 라캉에게 고등사범학교에서 세미나를 열도록 자리를 제안했다. 그 결과, 초기에 정치적 공감대가 애매하게 우파로 향해 있던 라캉은 갑자기 프랑스 좌파의 정신적 지도자가 되었다.[143] 1966년 즈음하여 라캉은 사르트르적 마르크스주의에 반대하는 알튀세르적 마르크스주의를 공식적으로 지지했다.[144]

---

141 알튀세르는 심각한 조울증 발병으로 고통을 받았다. 결국 이는 1980년에 있었던 아내 엘렌에 대한 그의 비극적인 살인을 불러왔다. 이에 대한 논의로는 Roudinesco, vol. 2, pp. 384ff. 참조. 루디비스코는 세간의 소문과 달리 알튀세르가 라캉에게 사적으로 정신분석을 받지 않았다고 지적한다.

142 Ibid., p. 386. 이 동맹이 지닌 반-미국적인 국면은 중요했던 것으로 보인다. 터클(Turkle)에 따르면 "1964년에 라캉은 미국이 정신분석학을 왜곡했다는 이유로 그것을 거부한 소련을 비난하기까지 했다. 이 같은 입장은 공산당이 정신분석학과 화해함에 있어서 라캉과 그 학파를 통하도록 하는 데에 더욱 용이하게 작용했다."(*Psychoanalytic Politics*, p. 92).

143 청년기 동안에 라캉은 악시옹 프랑세즈(Action Française)와 샤를 모라스(Charles Maurras)에 끌렸다. 라캉의 동료였던 라포르그와 피숑 같은 여타 프랑스 정신분석가들도 마찬가지로 우파의 편에 있었다. 하지만 1930년대 후반 즈음에 라캉이 그들의 입장에 대해 환멸을 느낀 조짐이 있었다. Elisabeth Roudinesco, "M. Pichon devant la famille," *Confrontations* (Spring, 1980) 참조.

144 다음 기사를 참조. "Lacan juge Sartre," in *Le Figaro littéraire*, December 29, 1966, p. 4.

알튀세르는 좀 더 일찍이 라캉에 대한 강력한 지지 선언을 한 바 있다. 1964년 1월에 그는 프랑스 공산당 기관지 『신비평 La Nouvelle Critique』에 「프로이트와 라캉(Freud and Lacan)」이라는 제목의 논쟁적 원고를 게재했다. 이 글은 조르주 폴리처(Georges Politzer) 이후 당에서 지속됐던, 정신분석학에 대한 오래된 비난을 역전시키고자 계획한 것이었다.[145] 알튀세르가 라캉을 완전히 이해했는지는 의문의 여지가 있지만,[146] 그는 라캉의 시각중심주의 비판의 중요성을 분명히 파악했다. 알튀세르에게 있어 그것은 전통적 마르크스주의가 이데올로기를 공산주의가 극복해야 할 "허위 의식"으로 보는 입장과 급진적으로 결별할 수 있는 새로운 이데올로기론의 실마리였다.[147]

「프로이트와 라캉」은 알튀세르의 가장 영향력 있는 글 중 하나였는데, 1969년에 『뉴 레프트 리뷰 New Left Review』에 번역 게재됐을 때 더욱 큰 국제적 명성을 얻었다.[148] 이 글은 현상학적이고 실존주의적인 마르크스주의의 잔재에 맞섰을 뿐만 아니라 서구 마르크스주의에서의 헤겔에 대한 평가에도 타격을 주었다. 상상계라는 라캉적 개념의 도움으로 반영(reflection)이라는 헤겔의 동일주의(identitarian) 철학이 거

---

145 이 텍스트는 알튀세르가 1969년 2월에 교정하여 Lenin and Philosophy and Other Essays, trans. Ben Brewster (New York, 1971)에서 다시 출판되었다. 폴리처의 공격은 1924년에 개시되었고, 1960년대까지 줄곧 당의 신조로 있었다. Turkle, Psychoanalytic Politics, pp. 88ff. 참조.

146 메이시는 『『자본』을 읽어야 한다는 자신의 주장에도 불구하고 알튀세르는 라캉을 상세하게 읽었다는 표가 안 난다'고 논했다. (Lacan in Contexts, p. 18).

147 알튀세르는 또한 라캉에게서 여타 개념들을 빌려 왔다. 그 예로는 Reading Capital, written with Étienne Balibar, trans. Ben Brewster (London, 1970), p. 188에서 사용한 개념인 환유적 인과성이 있다. 그는 또한 라캉이 "모범적인 강독 강습"(p. 16)을 제공한 점을 높이 샀으며, 이는 맑스에 대한 그만의 "징후적인" 독해의 모델이 되었다.

148 알튀세르가 영국에 미친 영향에 대한 설명으로는 Elliott, Althusser: The Detour of Theory, pp.334ff 참조.

울단계에 대한 분명한 표현에 지나지 않는다고 비판할 수 있게 되었다.[149] 따라서 헤겔적 절대 주체 혹은 그 마르크스주의적 대리자인 역사의 주체-대상으로서의 프롤레타리아는 자아심리학에서의 중심화된 자아와 다를 바 없는 오인이었다. 그러므로 여타 논평가들이 그의 진리 개념을 단호하게 무(無)이미지적이라고 칭했던 헤겔은 시각중심적 사변이라는 권위가 실추된 서양적 전통에 동화되었다.[150]

  이데올로기는 진리에 대한 (주체가 대상 세계를 자신의 거울 같은 분신으로 이해할 때 참된 지식을 갖는다는) 사변적 개념, 혹은 (정신이 외부 세계를 반영하는 거울이라는) 진리에 대한 관찰적 개념에 반대된다는 관념을 수용한 점에서 마르크스주의는 그 자체로 [시각중심적] 전통에 빚지고 있었다. 마르크스 자신은 『독일 이데올로기 The German Ideology』에서 카메라 옵스쿠라 은유를 가져와 진리에 대한 이 같은 시각적 해석의 근거를 마련했다. 그가 논한 바, "만약 모든 이데올로기 속에서 인간 및 그들의 환경이 마치 카메라 옵스쿠라처럼 거꾸로 전도되어 나타난다면, 마치 눈의 망막에 비친 대상물의 전도가 눈의 육체적 생명 과정에서 기인한 것처럼, 이런 현상은 인간의 역사적 삶의 과정 때문에 생겨난다."[151]

---

149 예를 들어 Jameson, "Imaginary and Symbolic in Lacan," p. 391 참조. 반영성에 대한 라캉의 버전과 자기-반영이란 전통 사이의 차이는 Felman, *Jacques Lacan and the Adventure of Insight*, pp. 60-61에서 탐구되었다. 데리다적인 입장에서 헤겔을 비판한 유사한 관점은 Rodolphe Gasché, *The Tain of the Mirror: Derrida and the Philosophy of Reflection* (Cambridge, Mass., 1986)에서 볼 수 있다.
150 예를 들어 Michael Rosen, *Hegel's Dialectic and Its Criticism* (Cambridge, 1982), 4장 참조.
151 Karl Marx and Friedrich Engels, *The German Ideology*, ed. C. J. Arthur (London, 1970), p. 47. 이 은유에 관한 최근의 고찰로는 W. J. T. Mitchell, *Iconology: Image, Text, Ideology* (Chicago, 1986), 6장; Martin Jay, "Ideology and Ocular-centrism: Is There Anything Behind the Mirror's Tain?" in *Force Fields: Between*

이 시각적 은유에 관한 정확한 함의는 마르크스주의자들 사이에서
널리 논의됐으며,[152] 프랑스의 반시각 담론 내에서 논쟁을 집중적으로
유발하는 역할을 계속하여 제공했다.[153] 알튀세르가 지배적 전통으로부
터 이탈한 것은 이중적 성격을 지닌다. 첫째로 그는 가리워진 시각과
분명한 시각 사이의 구분을 폐기했고 이데올로기를 모든 종류의 시각
에 의존하는 것으로 보았다. 과학이 알튀세르에게 어떤 의미였든지 간
에(이에 관한 해명은 얼마든지 있다)[154] 과학은 지각으로 관찰된 대상과
그 정신적 표상 사이의 대응을 의미하지 않았다. 그가 주장하기를, 현
실의 대상은 지식의 대상과 혼동되어서는 안 된다. 더욱이 "징후적 독
해(symptomatic reading)"라는 마르크스의 방법은 문제를 간과하는 데
에 실패했던 초기 저자들의 "간과"를 교정하지 못했다. 『자본을 읽는다
Reading Capital』에 알튀세르가 쓴 것처럼, "우리는 우리의 지식에 대
한 생각을 완전히 재조직해야 한다. 우리는 무매개적 시각과 독해라는
거울 신화를 단념해야 하고, 지식을 생산으로서 생각해야만 한다."[155]

둘째로, 알튀세르는 상상계가 불가피하게 생산한 이데올로기적 오인
들로부터 우리가 진정으로 탈출할 수 없다고 염세적으로 결론 내렸다.
『독일 이데올로기』가 사실 전(前)마르크스주의적 문헌이었다고 논하면
서[156] 그는 사회가 얼마나 완벽하든지 간에 상관없이 이데올로기는 인간

Intellectual History and Cultural Critique (New York, 1993) 참조.

152 반영을 둘러싼 마르크스주의에서의 논쟁에 관한 설명은 Raymond Williams,
Marxism and Literature (Oxford, 1977), pp. 95~100 참조.

153 예를 들어 Sarah Kofman, *Camera obscura: de l'idéologie* (Paris, 1973) 참조.

154 예를 들어 Alex Callinicos, *Althusser's Marxism* (London, 1976) 참조. 이 글에
서 캘리니코스는 알튀세르에게 "과학성에 대한 일반적인 기준이 없다"(p. 59)라고 결
론을 내린다.

155 Althusser and Balibar, *Reading Capital*, p. 24.

156 Althusser, "Ideology and Ideological State Apparatuses," *Lenin and Philoso-
phy*, p.158.

의 상수(常數, constant)라는 점을 주장하고자 라캉에 의거했다. 그는 이데올로기를 "개인이 자신의 실존적 실제 조건들과 맺는 상상적 관계"[157]로 정의하면서, 이데올로기의 구성적 범주가 하나님 혹은 플라톤적 영혼처럼 다른 이름으로 기능할 수 있는 주체임을 주장했다. 주체의 형성에는 언어적 차원이 개입한다. 알튀세르는 이를 호명(interpellation) 혹은 부름(hailing)이라고 명명했는데, 출생 이전에 이미 성씨(姓氏)가 미리 상정하는 "이봐, 거기 너!"와 같은 것이다. 하지만 이데올로기적 주체성의 근본 기제는 거울단계의 오인이었다. 그가 주장하기를, "유일한 절대 주체(Unique and Absolute Subject)라는 이름으로 개인을 주체로서 호명하는 모든 이데올로기의 구조는 **반영적**이며, 즉 거울구조이며, **이중적으로** 반영적이다. 이 거울 이중화는 이데올로기를 구성하며 그 기능을 보장한다."[158] 이데올로기를 이중으로 만든 것은 자신의 거울 이미지에 대한 주체의 예속과 더불어, 그에 대한 모방이 가치화된 메타-주체(가령 하나님)에 대한 예속이었다.

따라서 중심화된 주체를 상정하는 모든 철학은 이데올로기적이었다. "헤겔은 (자신도 모르게) 이데올로기에 있어서 뛰어난 '이론가'이다. 이는 불행히도 그가 절대지(Absolute Knowledge)라는 이데올로기로 결론을 내린 보편적 인정(Universal Recognition)의 '이론가'인 한에서 그러하다. 포이어바흐(Feuerbach)는 거울적 연계에 관한 놀라운 생각을 펼친 '이론가'이지만, 불행하게도 그는 인간 본질이라는 이데올로기로 귀결된다."[159] 라캉이 "비타협적이고 명징한, 그리고 다년간 고립되었던 이론적 노력"[160]을 기울여서 해석한 스피노자, 마르크스, 프로이

---

157 Ibid., p. 162.

158 Ibid., p. 180.

159 Ibid., p. 181.

160 Althusser, *Reading Capital*, p. 16. 라캉은 고집스럽고 때로 고립되었을지도 모

트만이 "진정한 주체는 탈중심화되며, 이는 역시 '중심'이 없는 구조
에 의해 구성된다. 다만 '자아'의 상상계적 오인, 즉 자아가 스스로를
'인정하는' 이데올로기적 형성에서는 그렇지 않다"[161]고 전적으로 통
찰했다.

그들[스피노자, 마르크스, 프로이트]의 저서에 기반한 과학이 상상계
의 미혹을 피할 수 있고 주체를 구조적 관계 체계 속에 해소시킬 수 있
다 하더라도 평범한 인간에게 있어서 이데올로기는 불가피한 것이다.
알튀세르에 따르면, 이데올로기는 의식의 양태로서 계몽될 여지가 있
는 것이 아니라 "(전(前)마르크스주의 철학에서처럼) 반영된 형태로 나
타날 때조차도 심층적으로 **무의식적**이다. […] 데카르트주의자가 2백
보 떨어져 있는 달을 '보았'든 또는 — 그가 달을 바라보고 있지 않았다
면 — 보지 않았던 것처럼, 인간은 자신의 이데올로기를 '살아간다'. **결
코 의식의 형태로서가 아니라 자기 '세계'의 대상으로서, 즉 '세계' 그 자체
로서 '살아간다'.**"[162] 알튀세르가 시사한 바, 비록 브레히트(Brecht)[163]
같은 소수의 이론가와 예술가들이 상상계의 세계 속에서 '살아감'을 완
전히 벗어날 수 있을지라도 대다수의 인류는 그럴 수 없다. 대신에 그
들은 자각 없는 데카르트주의자나 헤겔주의자처럼 이데올로기적 거울
의 방에 갇힌 채로 있게 될 것이다.

이러한 너무도 비관적 예후(prognosis)와 마르크스주의의 구원적 충
동 사이의 긴장을 알튀세르는 완전히 포기한 적이 없는데, 이러한 긴장
이 그의 1970년대 작업에서 드러나는 커져 가는 위기에 일조했을 것이
다. 그 원인이 무엇이었든지, 1970년대 말에 이르러 알튀세르의 초창기

르나, 그는 결코 명징했던 적이 없었다!
161 Althusser, "Freud and Lacan," pp. 218-219.
162 Althusser, *For Marx*, trans. Ben Brewster (New York, 1970), p. 233.
163 Ibid., p. 144.

체계는 흔들렸고, 그가 세운 학파는 어지러이 분산됐다. 자신의 "이론주의적 경향"에 대해 사과하면서 그는 우연히 "구조주의라는 어린 강아지가 내 다리 사이로 빠져나갔다"[164]라고 인정했다. 그 잔재 가운데 그가 이제 떨쳐 버리고 싶었던 것은 라캉주의 정신분석학이었다. 「프로이트 박사의 발견(La découverte du docteur Freud)」[165]이라는 제목의 1976년 소론에서 알튀세르는 「프로이트와 라캉」에서 표명한 찬사를 철회했다.

사실대로 말하자면, 알튀세르는 라캉의 작업을 매우 심층적으로 살핀 적이 없다. 예를 들어 그는 시각과 언어의 변증법을 보다 풍부하게 이해하기 위해 『정신분석학의 네 가지 근본 개념』에 의존한 적조차 없었다. 정작 그가 했던 일은 시각중심주의에 대한 라캉의 비판과 마르크스주의 간에 다리를 놓는 것이었다. 이에 따라 1960년대와 70년대 프랑스 마르크스주의 사상에는 모종의 반시각적 정념이 더해졌다. 장조제프 구 같은 이들은 상상계와 상징계라는 라캉의 범주를 자신들이 해석한 마르크스주의에서 유용한 도구로 여겼다.[166]

---

164 Althusser, *Essays in Self Criticism*, trans. Grahame Lock (London, 1976), p. 124.

165 Althusser, "La découverte du Dr. Freud," in *Dialogue Franco-Soviétique sur la Psychanalyse*, ed. Léon Chertok (Toulouse, 1984). 이 글의 출판과 그 중요성에 대해서는 Roudinesco, vol. 2, pp. 645-647, 그리고 Elliot, *Althusser: The Detour of Theory*, p. 321 참조.

166 『성상파괴주의자 Les iconoclastes』의 「유토피아의 신전」에서 구는 포이어바흐의 종교 비판이 소외된 전체성에 대한 상상계의 복원을 기초로 했다고 주장한 반면, 마르크스의 비판은 거울적인 이중화로서의 교환가치에 대한 상징계적 비판에 근거를 둔 것이었다고 말한다. 구에 따르면 "페티시즘을 비난하는 것은 상상적인 형성 배후에 구조적으로 상징적인 관계를 발견하는 일이다."(p. 38)
반드시 모든 알튀세르주의자들이 시각 이미지에 대해 명백하게 비판적이었던 것은 아니다. 예를 들어 문학비평가 피에르 마슈레(Pierre Machery)는 레닌의 반영론적인 문학관에서 장점을 찾고자 했다. 그의 1964년 논고인 "Lenin, Critic of Tolstoy," in *A*

라캉의 영향 없이도 1960년대 프랑스의 급진적 담론은 시각중심주의
에 대한 비판에 의존했다. 사실『에크리』(1966)가 출판되던 같은 시기
에, 시각에 대한 서양의 특권화를 더 위태롭게 했던 두 권의 강력한 저
작들이 등장했다. 바로 미셸 푸코의『말과 사물 *Les mots et les choses*』
(1966)과 기 드보르의『스펙터클의 사회 *La Société du spectacle*』
(1967)였다. 이 저작들과 이들 이론가 및 동료들이 1960년대와 1970년
대에 출간한 저작에서 시각중심주의에 관한 사회적이고 정치적인 함의
들이 새로이 긴급하게 탐구되었다. 이제 응시는 상상계의 심리적 미혹
과 응시(the look)의 상호인간적 변증법뿐만 아니라 감시와 스펙터클
의 사회제도와도 연관되었다. 가장 음험한 방식으로 사회통제와 정치
억압의 지배적 은유가 되기 위해 사악한 눈은 미신의 영역에서 벗어
났다.

⊙

구조주의 마르크스주의의 전개에서 반시각중심주의가 했던 역할의
이야기에는 매력적인 후기가 있다. 알튀세르의 사후 2년, 그리고 그가
자신의 아내 엘렌(Hélène)을 죽인 혐의로 정신병원에 수용된 지 12년
이 지난 1992년에, 두 권의 주목할 만한 자서전, 즉 1985년에 작성된
『미래는 오래 지속된다 *L'avenir dure longtemps*』와 1976년에 쓴『사실

Theory of Literary Production, trans. Geoffrey Wall (London, 1978) 참조. 마슈레에
게 있어 문학 텍스트는 대상 세계를 반영한 것이 아니라 모순의 세계를 반영한 것이다.
문학은 그와 같은 세계의 이데올로기적 차폐를 폭로한다.

프랑스의 모든 좌익이 상상계를 소외 및 이데올로기와 동일시했던 것이 아님도 마찬
가지로 인정되어야 한다. 하나의 중요한 반례가 코르넬리우스 카스토리아디스
(Cornelius Castoriadis)다. 그의「사회의 상상적인 제도(L'institution imaginaire de
la société)」(Paris, 1975)는 오히려 상상계의 창조적인 잠재력을 강조했다.

Les faits』이 예상치 않게 등장해서 프랑스 지성계에 충격을 주었다.[167] 가감 없이 자학적으로 솔직하게 쓴 자서전에서 알튀세르는 형언할 수 없는 범죄로 이어진 심리적으로 고통스러웠던 생애를 감동적으로 드러냈다. 또한 그는 젊은 시절이던 1947년에 가톨릭에서 마르크스주의로 전향하게 된 지적 원천과 더불어 그 심리적 원천을 털어놓기도 했다. 단지 몇 안 되는 마르크스의 텍스트에만 익숙했다고 시인하면서(불명예스럽기 그지없게도, 그는 자신의 문하생들에게 정독법을 가르치던 『자본』 제1권에만 익숙했다), 그는 또한 자신이 마르크스에 이끌렸던 것을 친숙한 방식으로 기술했다.

친근한 인간 접촉에 대한 젊은 시절의 공포를 어머니가 가졌던 친밀함에 대한 두려움에서 기인했다고 말하면서, 알튀세르는 자신도 모르게 촉각 대신에 눈에 특권을 부여했다고 설명했다.

> 눈은 수동적이며, 대상과 멀리 떨어져, 접근이나 접촉, 조작 등 그 어떤 과정에 작용할 필요없이, 그리고 자신이 개입하지 않고 대상의 이미지를 받아들인다(더러운 손, 더러움은 어머니에게는 병적인 공포였다. 그렇기 때문에 나는 더러움에 일종의 안도를 느낀다). 이렇게 눈은 플라톤과 아리스토텔레스로부터 성 토마스 아퀴나스와 그 이후까지 전형적인 사변의 기관이었다. 어렸을 때 나는 그 어떤 여자아이의 '음부에 손을 댄' 적이 결코 없었을 것이다. 하지만 나는 상당한 관음증자였고, 그런 경향은 오랫동안 남아 있었다. [⋯] 그렇게 나는 아무런 접촉도 육체도 없는 채로 눈에만 의존한 아이였다. 왜냐하면 모든 접촉은 바로 육체를 통해 일어나기 때문이다.[168]

---

167 Louis Althusser, *L'avenir dure longtemps suivi de Les faits*, ed. Olivier Corpet and Yann Moulier Boutang (Paris, 1992).

168 Ibid., pp. 205-206. 눈에 반대하여 몸을 높이 평가한 현상학과의 공명은 이 문장에서 특히 두드러지며, 전체성에 대한 라캉적인 비판의 흔적이 거의 없다. 글의 다른

알튀세르는 자신의 몸과의 접촉 그리고 타인의 몸과의 접촉이 회복되
길 바라면서, 자신이 어떻게 모든 종류의 신체적 활동을 하려 했고, 여
성의 육체(그리고 체취)에 대한 혐오를 제어하려고 분투했는지를 설명
했다. 지적 측면에서 보자면, 눈의 소외적 거리두기를 넘어서려는 동
일한 욕망은 처음에는 스피노자로 그 다음에는 마르크스주의로 이어
졌다.

> 마르크스주의와 "조우했을 때" 나는 내 몸으로써 거기에 가담했다. 마르크
> 스주의가 모든 '사변적' 환영을 급진적으로 비판했기 때문만이 아니라, 마
> 르크스주의가 모든 사변적 환영을 비판함으로써 적나라한 현실과 맺는 진정
> 한 관계를 체험하게 하며, 더 나아가 그런 물리적 관계(접촉, 하지만 특히 사
> 회나 여타 분야에 관한 작업)를 **사유 자체 속에서** 체험할 수 있게 해 주었기
> 때문이다. 마르크스주의에서, 마르크스 **'이론'** 속에서 나는 수동적이고 사변
> 적 의식보다 활동적이고 노동하는 육체의 우위를 인정하는 사유를 발견했으
> 며, 그런 관계를 유물론 자체로 생각했다. […] 따라서 내가 마르크스주의에
> 서 실천을 가장 우위에 두고 다른 모든 범주를 하위에 둔 것은 우연이 아니
> 다.[169]

알튀세르가 마르크스주의를 포용하면서 자신의 심리적 문제들을 성
공적으로 해결했는지와는 상관없이(어쨌든 『미래는 오래 지속된다』는
여전히 자신의 행위를 무책임한 것으로 여기는 폭력적 범죄자의 고백
이다), 그 같은 포용을 해명하려는 그의 결정은 1980년대에도 계속 이
어지는 반시각중심주의 담론의 힘을 증명한다. 알튀세르의 개인사가

대목에서 알튀세르는 사르트르와는 달리 메를로퐁티를 "진짜 위대한 철학자, 데리다라
는 거인이 나오기 전 프랑스의 마지막 철학자"로서 예찬했다.
169 Ibid., pp. 207-208.

얼마나 특이했든지 그리고 그의 심리적 붕괴의 근거가 얼마나 독특했
든지 간에, 그보다는 근심이 적었던 동지들을 고무시켰던 시각에 대한
의심을 알튀세르가 동일하게 표명했다는 사실은 놀랍다. 그의 자서전
에 대해 많은 논평자들이 주목했듯이, 만약 자서전의 묵시적 전범 중
하나가 푸코가 편집했던 이전 시대의 "실성한" 살인자의 비범한 고백록
인 『나, 피에르 리비에르… I, Pierre Rivière…』[170]였다면, 알튀세르는 또
한 푸코가 "응시의 제국"이라고 음울하게 불렀던 것에서 발견되는 위
험, 즉 사회만큼이나 "주체"에게도 미치는 위험을 이해했을 것으로 생
각된다.

〔번역: 최정은, 황기엽〕

---

170 Michel Foucault, ed., *I Pierre Rivière, having slaughtered my mother, my sister and my brother…*, trans. Frank Jellinek (New York, 1975).

| 역 자 주 |

a   독일어 원어는 '결심, 결정; 결단, 결의'를 뜻하는 Entschluss이다. 한편, 영역판의
    초기 번역자 조운 리비어(Joan Riviere)의 역어는 훗날에 제임스 스트래치가 사용
    한 단어인 assumption이 아니라 adoption이었다. Freud, *Civilization and Its Dis-*
    contents, trans. Joan Riviere (London, 1946) p. 66. 국역본은 리비어의 영역본을
    따라 '채택'으로 번역하였다. 지그문트 프로이트, 김석희 역, 『문명 속의 불만』(열
    린책들, 2003), p. 275 참조.

b   여기서 말하는 기하학은 정확히 말하면 사영(射影)기하학이다. 즉 이는 평면에 3
    차원을 기하학적으로 투영하는 것을 의미한다.

7장
응시의 제국으로부터 스펙터클의 사회로:
푸코와 드보르

요약

이 장에서는 이 책의 중심주제인 시각중심주의에 대한 폄하가 아니라
시각의 부정적 함의에 대해서 다룬다.

푸코에 대한 논의는 그의 주요 저작들을 연대기순으로 따라가면서
시각과 언어에 대한 그의 사유를 살펴보고 있다. 푸코에 의하면 중세시
대와 르네상스 시대에 말과 이미지는 통합되어 있었다. 16세기 말 고전
주의 시대가 도래하면서 이 통합관계는 붕괴되어 언어는 의사소통을
위한 중립적인 매체가 되었고, 시각도 해방되어 도표 속의 항목으로 분
류되었다. 고전주의 시대의 종말과 함께 만개한 인본주의가 등장하는
데, 인간과학은 의학적 응시와 연결되면서, 초월적인 메타주체이면서
동시에 보여지는 대상으로서 인간이 등장한다. 그러나 레이몽 루셀의
소설과 마그리트의 그림, 그리고 바타유의 사유에서 나타나는 언어의
자기지시성과 비결정성, 그리고 말과 시각의 무관계성, 눈의 불투명성
은 시각적으로 결정되던 인본주의의 쇠퇴를 가져왔다. 그러나 푸코의
사유에서 시각과 관련하여 가장 주목할 것은 파놉티콘이라는 벤담의
모형을 통해서 프랑스 혁명 이후의 근대사회가 이러한 응시를 통한 감
시와 규율화를 실현하고 있음을 경고한 부분이다. 그리고 우리가 이런
감시 사회에 감금된 것이 사악한 의도가 아니라 계몽주의와 대혁명의

선량한 이상, 즉 루소의 투명한 사회라는 유토피아가 초래한 것이라는 점을 주목했다.

푸코가 편재하는 응시의 대상이 되어 훈육되고 규율화되는 위험을 비판했다면, 기 드보르와 상황주의는 근대 생활의 스펙터클을 바라보는 주체가 되는 위험을 비판했고, 더 나아가 이런 체제의 전복을 위해 직접적인 행동으로 나아가고자 했다. 그들은 스펙터클을 단순히 이미지들의 집적이 아닌 이미지로 매개된 사람들 간의 사회적 관계로 보았고, 소외된 사회경제적 관계들의 물적 대상화로 간주했다. 그리고 르페브르의 영향을 받아서 일상생활, 대량소비와 함께 지배의 주된 장소인 도시의 공간적 환경에 주목했다. 그들이 최종적으로 예술의 폐지를 선언했지만, 초기 그들의 작업은 스펙터클을 자신의 악취와 대면시키기 위해 전용(데투르느망)이라는 전략을 통해서 스펙터클 위에 덧칠을 하거나 글자를 쓰면서 훼손했고, 도시의 진부화에 저항하기 위해 심리지리적인 충동에 따라 목적 없이 도시를 표류했다. 또한 기 드보르가 마지막까지 작업을 계속했던 영화에서는 문자주의 영화에 영향을 받아 세계의 무의미한 실재를 부조리한 모방을 통해서 그려 내고자 청각과 소리로 훼손되는 차용된 시각 재료들로 영화를 제작했다. 그들이 꿈꾸었던 자율적인 노동자 평의회에 의한 비국가적인 사회와 이를 위한 혁명의 열정은 사그라들었지만, 스펙터클에 대한 논의는 70년대 이후 사회경제 논의에서 빠지지 않은 주요 이슈로 자리 잡았고, 보드리야르는 오늘날의 사회를 자발적이고 체험된 경험이 타락하고, 순수하게 가상의 극사실적인 효과들만이 남았다고 진단하기에 이르렀다.

〔이승현 요약〕

7

응시의 제국으로부터
스펙터클의 사회로: 푸코와 드보르

우리 사회는 스펙터클의 사회가 아니라 감시의 사회다. [⋯] 우리는 원형 경기장에 있는 것도 무대 위에 있는 것도 아니고 파놉틱한 장치 안에 있다.[a] 우리가 그 장치의 일부이기 때문에 우리는 우리 스스로 그 효과를 유발하게 되는 권력의 영향 속에 놓여 있다.
―미셸 푸코[1]

근대적 생산 조건이 지배하는 모든 사회에서 삶 전체는 스스로를 **스펙터클**의 거대한 집적으로 드러낸다. 직접적인 삶의 일부였던 모든 것은 표상으로 바뀌었다.
―기 드보르[2]

1973년 2월 라캉의 사위이자 『오르니카르? *Ornicar?*』의 편집인인 정신분석학자 자크알랭 밀레는 「제러미 벤담(Jeremy Bentham)의 파놉틱 장치」라는 글을 썼고 2년 후 출판했다.[3] 모형감옥에 관한 벤담의 1791년 논문을 분석하면서 밀레는 그 의도가 "사람들을 집단적으로 배치하는 데 있어서의 다기능 감시장치, 혹은 보편적 시각 기계"에 대한 일반

---

1 Michel Foucault, *Discipline and Punish: The Birth of the Prison*, trans. Alan Sheridan (New York, 1979), p. 217.

2 Guy Debord, *Society of the Spectacle* (Detroit, 1977), par.1.

3 원래는 「유용한 독재: 제러미 벤담의 파놉틱 기계(La despotisme de l'utile: la machine panoptique de Jeremy Bentham)」란 제목으로 출판되었다. *Ornicar?* 3 (May, 1975), pp. 3-36. 영문은 다음에 실렸다. *October*, 41 (Summer, 1987), 거기에 원문의 작성 날짜가 언급되어 있다. 다음의 인용 부호는 영문 텍스트로부터 가져온 것이다.

안내서를 제공하는 것이라고 밝혔다.[4] 벤담은 감옥 중앙의 탑에 있는 간수가 모든 감방을 볼 수 있도록 탑을 중심으로 감방들을 원형으로 배치했다. 거기서 중앙의 간수 자신은 죄수들에게서 되돌아오는 응시로부터 차단되어 가려진다. 이것은 라캉이 눈과 응시의 이론에서 상정한 비상호적인 시각적 변증법을 돌과 금속으로 구현한 사악한 구축물이자, 메를로퐁티가 주장한 세계의 살에서의 가시적인 것과 비가시적인 것의 좀더 유연한 상호작용의 안티테제라고 밀레는 넌지시 내비치고 있다.

> 배치는 폭력적인 시각의 비대칭성을 설정한다. 둘러싸인 공간에는 깊이가 없다. 그 공간은 중앙에 홀로 있는 하나의 시각에 펼쳐지고 노출되어 있다. 그 공간에는 빛이 가득하다. 그 내부에서는 응시, 즉 보이지 않지만 모든 것을 지켜보는 관찰자 자신을 제외하고는 아무것도 누구도 숨을 수 없다. 감시는 응시를 자신의 이익을 위해서 몰수하고 전유해서, 수감자를 응시 앞에 위치시킨다.[5]

밀레가 파놉티콘을 다시 불러온 것은 시각적인 것의 건강한 변증법을 복구하려는 현상학자들의 시도에 암묵적으로 도전했을 뿐 아니라 이성을 빛과 연결시킨 더 오래된 계몽주의의 기획에도 공격을 가했다. 그는 "파놉티콘은 이성의 사원, 모든 면에서 빛나고 투명한 사원이다. 우선 거기엔 숨을 수 있는 어떤 그늘도, 아무 장소도 없기 때문에 보이지 않는 눈의 지속적인 감시에 노출되며, 그와 더불어 환경에 대한 총체적인 지배가 비합리적인 모든 것을 배제하기 때문에 어떤 불투명성

---

4 Ibid., p. 3.
5 Ibid., p. 4.

도 논리에 저항하지 못한다"라고 적었다.[6] 심지어 간수마저도 규범을
일탈하면 결국 도덕적 제재를 가하는 공공의 통제하는 응시 아래 종속
된다.

벤담은 밀레가 지적했듯이 감시의 조작적 능력에 더하여 범죄자의
신체에 그의 범죄에 상응하는 기호를 새겨 넣어서 동종 처벌을 행하는
오래된 관행을 예비적 통제 수단으로서 보유했다. 밀레에 따르면 "동종
처벌의 장점 중 하나는 그 처벌의 장면이 즉각적으로 그 원인을 환기시
켜서 곧바로 처벌의 정당성을 제공하고, 역으로 범죄행위는 그에 대한
최종적 처벌을 떠올리게 해서 그 범죄에 대한 억제력을 강화시킨다는
점이다."[7] 따라서 감시와 함께 상징적인 의미를 지닌 볼거리는 계몽주
의하의 사회 통제의 강력한 메커니즘을 제공한다.

밀레가 프랑스 바깥에서 이미 관심을 끌었던 벤담의 파놉틱한 꿈에
함축된 강압성을 비판했던 최초의 인물은 아니며,[8] 그의 비판이 가장
영향력이 컸다고 할 수도 없다. 오히려 그 영예는 1975년에 출판된 『감
시와 처벌 Discipline and Punishment』에서 훨씬 방대한 논의를 펼친
미셸 푸코에게 돌아가야 할 것이다.[9] 그러나 여기서 앞 장의 알튀세르

---

6 Ibid., pp. 6-7.

7 Ibid., p. 13.

8 유사한 결론에 도달한 더 이전의 분석은 다음을 참조. Gertrude Himmelfarb, "The
Haunted House of Jeremy Bentham," *Ideaas in History*, eds. Richard Herr and
Harold T. Parker (Durham, N. C. 1965). 밀레는 결코 이 글을 인용하지 않았으며,
푸코도 파놉티콘을 설명하면서 이를 인용하지 않았다.

9 Foucault, *Discipline and Punish*, 거기서 밀레의 글은 인용되지 않았다. 대체로 푸
코와 프로이트 학파 사이에 명시적인 교류는 거의 없었다. 라캉은 다음의 단 하나의 에
세이를 제외하고는 푸코를 거의 언급하지 않았다. "De Rome 53 à Rome 67: La
psychanalyse raison d'un échec," *Scilet*, 1 (1968), pp. 42-50. 그러나 그의 눈과 응시
에 대한 분석은 부분적으로는 푸코의 표상에 대한 설명에 대한 중요한 반응이었다. 이
영향에 대한 논의는 다음을 참조. Pierre-Gilles Guégen, "Foucault and Lacan on

에 관한 논의 말미에 지적한 내용을 상기하여 강조할 가치가 있다. 즉 라캉의 시각에 대한 심리학적 분석은 "**보다**"(voir)가 "**지식**"(savoir)과 "**권력**"(pouvoir) 양자 모두에 연결되는 사회정치적 비판으로 쉬이 흡수 될 수 있다. 왜냐하면 시각은 자아라는 이데올로기적인 개념을 구축하 는 역할로 인해 비판받을 수 있을 뿐 아니라, 근대 세계에서 훈육적이 고 억압적인 권력의 유지에 핵심적인 감시와 스펙터클의 보완적 장치 에 연루되어 있다고 여겨질 수 있기 때문이다.

1960년대와 1970년대 프랑스 지식인들 중에서 감시의 응시를 가장 드러나게 깊이 파고들었던 이는 미셸 푸코였으며, 스펙터클의 시각을 탐구했던 이들은 기 드보르와 그의 상황주의 인터내셔널 동료들이었 다. 이들은 모두 눈의 헤게모니에 대항하는 수많은 논의를 펼쳤고, 이 책에서 이미 다뤘거나 앞으로 만나게 될 논의를 더욱 확대하고 연장시 켰다. 그들의 작업으로 "시선의 고귀함"을 칭송했던 이들의 시각중심주 의는 거부되기보다 가치의 전도가 일어났다. 시각은 여전히 특권화된 감각이다. 그러나 근대 세계에서 그 특권이 만들어 낸 것은 완전히 치 명적일 정도로 저주스러운 것이었다. 이 장에서는 푸코가 "거침없는 응 시의 제국"이라고[10] 부른 영역과 드보르가 "스펙터클의 사회"라고[11] 부

Velázquez: The Status of the Subject of Representation," *Newsletter of the Freudian Field*, 3, 1 and 2 (Spring, Fall, 1989). 푸코의 편에서는 그가 "라캉의 가르침에 대해 철저한 경험"이 있었음을 부인하고 있다. Foucault, *Remarks on Marx: Conversations with Duccio Trombadori*, trans. R. James Goldstein and James Cascaito (New York, 1991), p. 73. "구조주의" 스타들 중의 한 명으로 대중언론에서 라캉과 연계됨에도 불 구하고, 그는 그 경험에 의해 거의 영향을 받지 않은 듯하다.

10 Foucault, *The Birth of the Clinic: An Archaeology of Medical Perception*, trans. A. M. Sheridan (London, 1973), p. 39.

11 Debord, *Society of the Spectacle*. 프랑스에서의 최초 출간은 1967년에 이루어졌 으나 그 용어는 훨씬 일찍부터 사용되었다. 예를 들어서 드보르의 1967년 다음 글을 보 라. "Toward a Situationist International," *Situationist International Anthology*, ed.

른 영역으로 들어가서 그렇게 판단한 이유를 알아볼 것이다.

⊙

1984년 푸코가 죽은 후에 질 들뢰즈는 자신의 친구 푸코의 작업을 언술의 명료화와 "가시성"의 장이라는 두 가지 주제에 대한 탐구로 특징지었다. 비록 푸코가 점진적으로 전자를 더 강조하였음을 인정하면서도 들뢰즈는 그가 "듣거나 읽은 것만큼이나 보는 것에도 지속적으로 매료되었으며 그가 구상한 고고학은 시청각적 아카이브였다. […] 푸코는 그가 철학을 새로운 스타일의 언술로 나타낸 순간조차 **보는 자**가 되기를 결코 멈춘 적이 없었다"라고 주장했다.[12] 미셸 드 세르토는 푸코의 전 작업에서 시각적 성격, 즉 "시각적 양식"을 못지않게 강조했다. "그의 작품은 도표와 삽화로 채워져 있다. 문장은 또한 장면과 인물에 따라 나뉘어지고, […] 전체 담론은 이런 방식으로 시각에서 시각으로 나아간다. 담론이 앞으로 전진하는 리듬으로 이루어진 각 단계들은 그 동력과 지지를 바로 시각적 순간에서 발견한다."[13] 크리스틴 뷔시글룩스만에게 푸코의 글은 라캉의 글과 함께 바로크의 "시각의 광기"를 회상시키는 "그림자의 고고학"이라고 불릴 수 있었다.[14] 존 라이크만은 푸코

and trans. Ken Knabb (Berkeley, 1981), p. 25.

12 Gilles Deleuze, *Foucault*, trans. and ed. Sean Hand (Minneapolis, 1988), p. 50.

13 Michel de Certeau, "The Laugh of Michel Foucault," in *Heterologies: Discourse on the Other*, trans. Brian Massumi (Minneapolis, 1986), p. 196.

14 Christine Buci-Glucksmann, "Une archéologie de l'ombre: Foucault et Lacan," *L'Écrit du Temps*, 17 (Winter, 1988), pp. 21-37. 메를로퐁티의 "시각의 광기"라는 용어는 그의 이전 저서의 제목을 떠올리게 한다. *La folie du voir: De l'esthétique baroque* (Paris, 1986).

의 작업에 있어서 이러한 시각의 중심성을 진정한 "보기의 예술"로 찬
양했고, 토머스 플린(Thomas Flyn)은 이를 포스트모더니즘의 공간화
하는 논리의 장을 여는 것으로 간주했다.[15]

푸코는 이 세기의 다른 많은 프랑스 사상가들처럼 확실히 시각적 이
슈에 매혹되었고, 청각적인 이슈에는 상대적으로 무관심했다.[16] 위에서
언급된 표와 삽화의 빈번한 사용 외에도 그의 마그리트에 대한 저서와
마네에 관한 미완성 원고는 그가 시각적 표상의 역사에 심취했음을 증
명한다.[17] 또한 그가 근대의 공간에 있어서 권력의 근대적 제도화에 "강
박적인" 관심을 보이고, 역사에 비해 지리학의 중요성이 간과되어 있었
음을 강조한 것은 시각적 분석의 가치를 날카롭게 깨닫고 있었음을 보
여 준다.[18] 근래에 앨런 메길(Allan Megill)이라는 논평가는 비록 푸코

15 John Rajchman, "Foucault's Art of Seeing," *October*, 44 (Spring, 1988);
Thomas Flynn, "Foucault and the Eclipse of Vision," *Modernity and the Hegemony
of Vision*, ed. David Michael Levin (Berkeley, 1993)

16 피에르 불레즈(Pierre Boulez)가 지적한 것처럼 푸코는 비록 음악을 듣는 것을 즐
겼음에도 불구하고 그의 작품 어디에서도 음악에 대한 이야기는 거의 없다.
"Queleques souvenirs de Pierre Boulez," *Critique*, 471-472 (August-September,
1986), p. 747. 불레즈는 동시대 프랑스 지식인들 중에 음악적 이슈에 진지한 관심을
지닌 이가 거의 없었음을 유감스럽게 지적했다.

17 Foucault, *This Is Not a Pipe*, trans. and ed. James Harkness (Berkeley, 1982);
Le noir et le couleur, 1967년 튀니지에서 썼으나 폐기되었다. "Michel Foucault: A
Biographical Chronology," in *Philosophy and Social Criticism*, 12, 2-3 (1987), p.
273. 그는 1955년부터 1956년까지 스웨덴 웁살라에서 머무르는 동안 메종 드 프랑스
에서 마네와 인상주의, 그리고 자코메티에 관한 토론을 조직했다. Jean Piel, "Foucault
à Uppsala," *Critique*, 471-472 (August-September, 1986), p. 749 참조.

18 예를 들어 다음을 참조. "The Question of Geography," in *Power/Knowledge:
Selected Interviews and Other Writings* 1972-1977, ed. Colin Gordon, trans. Colin
Gordon et al. (New York, 1980). 여기서 그는 자신의 "공간적 강박"을 인정한다.
"Space, Knowledge, Power," in *Foucault Reader*, ed. Paul Rabinow (New York,
1984). 그의 "헤테로토피아(heterotopias)"에 관한 논의는 다음을 참조. "Of Other

가 후기 저작에서는 그런 시도를 포기했어도 초기의 좀더 구조주의적 경향이 강한 시기에는 시각중심주의가 중립적으로 받아들여지는 가운데 "투명하고 아폴론적인 세계"를[19] 묘사하는 데 집중했다고 주장했다. 그러나 계보학자인 푸코조차도 식별하고 나누고 분산시키는 일별의 예리함, 즉 그 자체를 해체할 수 있는 일종의 분리된 관점에 해당하는 수단을 필요로 했을 것이다.[20]

푸코가 시각의 중요성을 날카롭게 인식했음에도 불구하고, 그의 작업은 그가 시각이 순진무구하다는 것을 경계했음을 풍부하게 보여 주었다. 그는 현상학을 통해서 처음 시각의 중요성을 이해하게 된 듯하며, 그 현상학은 그의 멘토인 장 이폴리트가 주창하는 헤겔식 현상학뿐 아니라 하이데거, 메를로퐁티, 그리고 심리학자인 루트비히 빈스방어(Ludwig Binswanger)와도 연계된 것이었다. 푸코의 저작 중 최초로 1954년에 출판된 빈스방어의 『꿈과 실존 The Dream and Existence』의 프랑스어 번역본 서문에서 그는 무의식을 설명하기 위해서 라캉을 비롯한 전통적인 정신분석학이 시각보다 언어에 특권을 부여한 것을 비난했다.[21]

Spaces," *Diacritics*, 16 (1986), pp. 22-27. 지리학에 관한 새로운 사고를 자극하는 데 있어서 푸코의 역할에 대한 평가는 다음을 참조. Edward W. Soja, *Postmodern Geographies: The Reassertion of Space in Critical Social Theory* (London, 1989), pp. 16ff. 그의 공간적 관심에 대한 분석은 다음을 참조. Paul Rabinow, "Ordonnance, Discipline, Regulation: Some Reflections on Urbanism," *Humanities in Society*, 5, 3/4 (Summer/Fall, 1982), pp. 267-278.

19 Allan Megill, *Prophets of Extremity: Nietzsche, Heidegger, Foucault and Derrida* (Berkeley, 1985), p. 218. 메길의 이런 성격규정에 영감을 준 것은 다음 책에 실린 데리다의 『광기의 역사 Madness and Civilization』에 대한 비판에서 온 것이다. *Writing and Difference*, trans. Alan Bass (Chicago, 1978).

20 Foucault, "Nietzsche, Genealogy, History," in *Language, Counter-memory, Practice: Selected Essays and Interviews*, ed. Donald F. Bouchard (Ithaca, 1977), p. 153.

21 Foucault, "Introduction" to *Ludwig Bingswanger, Le rêve et l'existence*, trans.

그러나 푸코는 정신분석학이 수용했어야 할 시각은, 세계와 뒤얽힌 신체로부터 나온다는 체험된 공간적 경험이라는 것을 고려해서 현상학적으로 이해되어야 한다고 주장했다. 그리고 만약 시각이 주체와 객체의 이원론에 근거한 전통적인 데카르트적 관조의 역할로 감축된다면, 경험의 "진정한" 버전은 훼손될 것이라고 주장했다. 푸코는 메를로퐁티를 연상시키는 관점에서 빈스방어의 환자 중 한 명이 **"상공에서 내려다 보는**(une existence de survol)" 삶을 살고자 하는 신경증적 소망과 세상으로 추락할 것이라는 두려움 때문에 장애를 겪었다는 점을 지적했다.[22] 그리고 그는 꿈에서 나타나는 상상을 단지 이미지로 감축시키는 것은 잘못이라고 경고했다. 푸코는 이 오류에 대한 사르트르의 비난을 긍정적으로 인용하면서 그는 꿈이 그 시각적 내용을 초월해서 감각적 경험 너머의 존재론적 진리를 가리킨다고 주장했다.[23]

비록 푸코가 "높은 고도"에서의 사고와 순수한 이미지의 물신화를 경계했지만, 그는 곧 주체의 확실성과 존재론적 진리에 대한 추구를 포함해서 이런 자신의 초기 작업에서 분명했던 현상학적 전제들 중 많은 것을 폐기했다.[24] 들뢰즈가 지적하듯이 푸코는 시각과 언어의 이중화(doubling)와 함께 하이데거와 메를로퐁티의 "존재의 주름"이라는 개념에서 영감을 받았지만 현상학에서 상정하는 양자의 조화로운 뒤얽힘

Jacqueline Verdeaux (Paris, 1954), p. 27.

22 Ibid., p. 101.

23 Ibid., p. 107.

24 드니 올리에(Denis Hollier)에 의하면, 심지어 빈스방어의 서문에서조차 시각적 주제에 관한 비현상학적인 글들에 대해 푸코가 관심을 보였다는 증거가 있는데, 대표적인 글은 라캉에게도 중요했던 로제 카이와의 모방행동에 관한 글이었다. 그 결과 이 글에서 이미 푸코는 "중대한 차이들이 그 안에서 방황하기 시작하는 미로와 같은 일련의 면경들"을 적소에 배치해 두었다. Hollier, "The Word of God: 'I am Dead," October, 44 (Spring, 1988), p. 77.

에 대해서는 의문을 품었다. "하이데거와 메를로퐁티에서 빛은 보기뿐 아니라 말하기도 개방시킨다. 마치 의미작용이란 것이 결국은 의미를 중얼거리는 가시적인 것에 집착하듯이 말이다. 그러나 푸코에게는 그렇지 않았다. 왜냐하면 그에게 빛-존재(light-being)는 가시성에만 관여하고, 언어-존재(language-being)는 언술에만 관여하기 때문이다."[25] 결과적으로 푸코는 메를로퐁티와의 거리를 과도하게 강조한 셈이지만,[26] 푸코는 지각의 현상학을 그것이 극복한다고 주장한 "초월적 나르시시즘"의 마지막 변종이라고 비판했다.[27]

푸코가 현상학을 포기한 것이 소쉬르에 빚진 1960년대 프랑스에서의 구조주의적 전환의 탓이라고 종종 애기하지만, 그의 환멸은 사실 훨씬 일찍부터 전혀 다른 구성의 토양에 뿌리내린 것이었다. 그 하나는 장 카바예스(Jean Cavaillès), 가스통 바슐라르(Gaston Bachelard), 조르주 캉길렘(Georges Canguilhem)과 연관된 프랑스의 과학철학 전통이며,[28] 다른 하나는 바타유, 블랑쇼, 브리세, 그리고 루셀에서 예시되는

---

25 Deleuze, *Foucault*, p. 111.

26 현상학에 대한 푸코의 과장된 거부에 대한 비판은 다음을 참조. Richard A. Cohen, "Merleau-Ponty, The Flesh and Foucaoult," *Philosophy Today*, 28, 4, 4 (Winter, 1984).

27 Foucault, *The Archaeology of Knowledge and the Discourse of Language*, trans. A. M. Sheridan (New York, 1972), p. 203. 메를로퐁티는 다음 저서에서 "모든 시각의 근원적 나르시시즘"에 대해 쓴 적이 있음을 떠올릴 수 있을 것이다. 그러나 그는 그것이 초월적이라고 생각하지 않았다. *The Visible and the Invisible*, ed. Claude Lefort, trans. Alphonso Lingis (Evanstone, III., 1968), p. 139.

28 1979년 캉길렘의 다음 저서에 대한 서문에서 푸코는 프랑스 사상이 양분되어 있다고 기술한다. "경험, 감각, 그리고 주체의 철학과 지식, 이성, 그리고 개념의 철학으로 구분되어, 한편은 사르트르와 메를로퐁티의 네트워크이고, 다른 한편은 카바예스, 바슐라르, 캉길렘의 네트워크이다." 이 중 후자는 1960년대의 위기와 그 이후에 보다 영향력이 있었다고 그는 주장한다. *The Normal and the Pathological*, trans. A. M. Carolyn R. Fawcett and Robert S. Cohen (New York, 1989), p. 8.

모더니즘과는 다른 후기-니체적인 문학적 실험이었다. 언어학보다 이 두 가지 원천에서 푸코는 시각의 육화된 존재론에 대한 현상학적 추구를 불신하게 되었다.

푸코는 빈스방어 책의 서문에서 이미 바슐라르가 주장한 상상력에 대한 분석에 관심을 보였다.[29] 이후에 푸코는 많은 평론가들이 지적하듯 지식의 역사에 있어서 파열, 불연속, 분산, 그리고 오류의 중요성을 역설한 프랑스 과학철학에 이끌렸다.[30] 그러나 푸코가 시각의 헤게모니를 비판하는 데 가장 많이 영향을 준 것은 과학의 인식론적 발전이 자연세계를 지각적으로 관찰하는 그 어떤 토대로부터도 근본적으로 반(反)경험주의적으로 분리된다는 사실이었다. 왜냐하면 만약 과학의 역사가 감각 자료에 의한 실제증명이 부재한 일련의 개념적 구축물, 즉 바슐라르의 용어를 빌어 "문제적인 것(problematics)", 또는 "추론적

---

29 Foucault, Introduction to Bingswanger, p. 116. 그는 바슐라르의 『공기와 꿈』을 언급하는데, 이는 과학의 역사보다는 상상력과 시를 탐구하는 그의 뛰어난 일련의 저서들 중의 하나이다. 이 중에서 가장 중요한 저서 중 하나가 『공간의 시학』으로 바슐라르는 근대형이상학은 논증적이어야 한다고 주장했다. "기하학적 직관의 성질인 증거의 특권을 알아야 한다. 시각은 동시에 많은 말을 하지 않는다. 존재는 스스로를 보지 않는다. 아마도 그것은 스스로를 들을 것이다." The Poetics of Space, trans. Maria Jolas (Boston, 1964), pp. 214-215.

30 예를 들어 다음을 참조. Charles C. Lemert and Garth Gillan, Michel Foucault: Social Theory and Transgression (New York, 1982), pp. 14ff.; G. Merquior, Foucault (London, 1985), p. 39. 그 관계를 알튀세르식으로 읽은 것은 다음을 참조. Dominique Lecourt, Marxism and Epistemology: Bachelard, Canguilhem, Foucault, trans. Ben Brewster (London, 1975). 또 다른 설명은 다음을 참조. Mary Tiles, "Epistemological History: The Legacy of Bachelard and Canguilhem," in Contemporary French Philosophy, ed. A. Phillips Griffiths (Cambridge, 1987). 푸코는 인식론적 균열이라는 관념에 결코 알튀세르만큼 신세지지 않았다는 것을 지적할 필요가 있다. 인터뷰에서 자크알랭 밀레와의 대화는 다음을 참조. "The Confession of the Flesh," in Power/Knowledge: Selected interviews and Other Writings, 1972-1977, ed. Colin Gordon (New York, 1980), p. 211 .

담론(veridical discourses)"으로 취급될 수 있다면, 베이컨주의적인 과학의 초월적이고 관찰하는 눈의 역할은 헛된 것이기 때문이다. 그런데 메를로퐁티가 말하는 세계의 살에 내장된 원근법적 눈의 역할도 마찬가지로 헛된 것이다.

과학사 전통의 주요한 함의 한 가지는, 사실, 존재론으로부터 인식론으로의 후퇴였다. 그러나 여기서 인식론은 마음속의 사유를 "실재 세계"에서 그 사유가 추정한 대상과 연결시키는 어떤 반영적이고 사변적인 순간이 제거된 인식론이다. 바슐라르, 캉길렘, 그리고 나중에 푸코가 이해한 과학적 "증거"는 "보다(to see)"의 어원인 라틴어 동사 videre에 더 이상 순진하게 연관되어 있지 않다. 왜냐하면 자연적 지각이라고 생각되는 것은 문화적으로 구성된 것이므로, 우리가 보는 것은 그런 문화적 구축에 의해서 매개되기 때문이다. 라이크만이 지적하듯이 푸코는 우리의 시각적 경험에 있어서의 기만을 강조하기 위해서 "자명함"이라는 단어를 종종 역설적으로 썼다. 자연스러운 것으로 간주되는 자명한 것은 의문을 제기해야 하는 것이다.[31]

1957년 캉길렘은 소르본 대학에서 서구 인식의 모델로서 시각의 역할에 대한 강의를 했다.[32] 비록 푸코가 당시에 스웨덴의 웁살라 대학에서 가르치고 있었지만 그 내용을 곧 알게 되었을 것으로 보인다. 왜냐하면 그가 "고전적인" 이성의 시대의 광기의 역사에 관한 작업을 시작한 것이 바로 그 즈음이었고, 1961년 이를 푸코의 **박사학위 논문**으로 공식적으로 지도했던 사람이 캉길렘이기 때문이다.[33] 『광기의 역사 *Mad-*

---

31 Rajchman, "Foucault's Art of Seeing," pp. 93ff.

32 사라 코프만(Sarah Kofman)은 이 강의에 대해 다음 저서에서 언급하고 있다. *Camera obscura: De l'ideologie* (Paris, 1987)

33 웁살라 대학에서의 첫 번째 노력이 무산된 이후에, 푸코는 그 원고를 이폴리트에게 주었고, 그는 이것이 철학논문으로 받아들여질 수 없다고 생각했다. 그는 푸코를 다

ness and Civilization』,[b)] 또는 프랑스어 제목『광기와 비이성, 고전시대 광기의 역사 *Folie et déraison. Historie de la folie à l' âge classique*』는 문화적 범주를 구축하는 데 있어서 시각의 역할, 정확하게는 특정한 시각체제가 담당한 역할을 푸코가 얼마나 중시했는가를 보여 준다.[34] 그것은 시각중심주의적인 이성개념을 보편적 진리로 고양시킨 계몽주의의 전체화하는 주장에 대한 그의 저항을 생생하게 보여 준다.[35]

푸코는 정신이상의 근대적인 범주는 중세와 르네상스의 말과 이미지 통합의 해체에 근거를 두며, 이는 광기의 수많은 이미지들을 해방시키고 거기서 어떤 종말론적인 의미도 제거했다고 주장했다. 결과적으로 광기는 순수한 스펙터클, 즉 비이성의 극장이 되었다. "고전주의 시대에 광기는 보였지만 차단봉 저편에서 보였다. 만약 광기가 나타나면, 멀리서 그와는 아무런 관련도 없다고 느끼고 결코 너무 비슷한 닮음(resemblance)으로 체면을 손상하지 않는 이성의 눈 아래에서 보였다. 광기는 바라보는 대상이 되었다."[36 c)] "고전주의적"인 정신에서 정신이상의 본질은 눈멂이거나 눈부심이다. 눈멂은 "광기의 이미지들을 감싸

시 캉길렘에게 보냈고, 캉길렘은 그의 원고를 과학사의 입장에서 열정적으로 지지했다. Sheridan, *Foucault: The Will to Truth* (London, 1980), p. 6 참조.

34 프랑스어 원본은 파리에서 1961년에 출간되었다. 리차드 하워드에 의한 영어번역본(뉴욕, 1965)은 축약편역본으로 1964년에 출간되었다.

35 흥미롭게도 푸코가 1970년대 후반에 계몽주의의 문제로 돌아왔을 때, 그는 계몽주의가, 적어도 칸트는 수시로 자신의 철학적 사유의 역사적 특정성을 스스로 인식했다고 지적했다. 그의 다음의 저술을 참조. "What Is Enlightenment?" in *The Foucault Reader*, ed. Paul Rabinow (New York, 1984), p. 38. 푸코가 쓴 캉길렘 글의 서문에서 그는 프랑스 과학철학은 프랑크푸르트 학파의 비판이론처럼 계몽의 변증법의 자기비판적인 측면에 충실하다고 주장했다(pp. 10-12). 그러나 그의 초기 작업에서 이성의 시대는 그렇게 차별화된 방식으로 취급되지 않았었다.

36 Foucault, *Madness and Civilization*, p. 70. "고전주의 시대"라는 말로 푸코는 대략 데카르트부터 계몽주의의 마지막까지를 의미했다. 그 시기를 고전주의로 인식하는 것은 그의 일반적인 분석에서 얼마나 프랑스 역사가 중심적인가를 보여 준다.

고 그들에게만 따로 보이지 않는 주권을 부여하는 유사 수면상태의 밤을"지칭하며,[37] 눈부심은 "광인이 이성적 인간이 보는 것과 동일한 자연광을 본다. 즉 양자 모두 동일한 밝음 안에서 산다. 하지만 그는 같은 빛을, 오직 그 빛만을 보면서 그것을 공허로 밤으로 아무것도 아닌 것으로 본다"[38]는 것을 의미한다.

눈이 멀거나 눈이 부신 광기에 반대되는 빛을 비추는 이성이라는 개념은 데카르트의 철학에서 가장 분명히 나타난다. 비록 실제 감각의 증거를 불신했음에도 불구하고 데카르트주의는 실성한 것을 배제하는 시각적 편견을 드러냈다.

데카르트는 정수로서의 자연광의 진정한 밝음을 더 잘 보기 위해서 자신의 눈을 감고 귀를 막는다. 그래서 눈을 뜨고서도 오직 밤만을 보고 아무것도 보지 못하면서도 자기가 상상하는 것을 본다고 믿는 광인의 눈부심으로부터 벗어난다. [⋯] 눈부심이 자연광의 밝음 그 자체와 갖는 관계는 비이성이 이성에 대해서 갖는 관계와 같다. 그리고 이것은 은유가 아니다. 우리는 모든 고전주의적 문화에 영혼을 불어넣는 거대한 우주론의 중심에 있다.[39]

또한 광인 보호원의 탄생에는 정신이상의 시각적 정의에 대한 제도적 표현이 있었다. 광인 보호원에서 "광기는 보이지 않고는 더 이상 존재하지 않는다. 정신질환의 과학은 정신병원에서 발달하기 때문에 항상 관찰과 분류의 체계일 뿐이다. 그것은 대화가 아닐 것이다."[40] 탈고전주의시대의 선구적인 정신과 의사인 개혁가 필리프 피넬(Philippe Pinel)

---

37 Ibid., p. 106.
38 Ibid., p. 108.
39 Ibid., pp. 108-109.
40 Ibid., p. 250.

에게 환자는 더 이상 타자의 정밀한 조사의 대상일 뿐만 아니라, 시각
적 통제의 희생자였다. 왜냐하면 피넬이 환자를 자기 반영적 거울로 만
들어서 "광기는 자기를 보고 자신에게 보이는 순수볼거리이자 절대 주
체가 되었기" 때문이다.[41] 그리고 비록 프로이트가 그의 정신분석에 언
어적 차원을 도입하였지만, 그는 정신과에서의 전통적인 눈에 대한 편
향을 결코 완전히 포기하지 않았다. "정신분석은 관찰자의 절대적인
관찰을 피관찰자의 끝없는 독백으로 배가한다. 그래서 비상호적 관찰
이라는 광인 보호원의 오랜 구조를 유지하면서도 비대칭적인 상호성
안에서 응답 없는 언어 활동이라는 새로운 구조로 균형을 잡는다고 하
는 것이 더 공정하다"라고 푸코는 주장했다.[42] 사실상 사드 후작, 고야,
아르토 같은 작가의 비정신의학적인 담론 속에서만 주변화되었던 어
두움과 밤의 주장들이 근대 세계에서 다시 부각될 수 있었고, 그것은
광기의 이면으로서 예술에서의 "비이성"을 회복하기 위한 전형을 제공
했다.

1963년 출간된 『임상의학의 탄생 The Birth of the Clinic』은 『광기의
역사』의 "확장된 후기"라고 불려왔는데,[43] 근대 의학의 부상과 시각적
우위의 공모관계에 대해 집중적으로 다룬 점을 감안할 때 이는 특히 적
절한 설명이라 할 수 있다. "의학적 응시의 고고학(archéologie du re-
gard médical)"이라는 부제가 말해 주듯이 푸코는 사르트르가 『존재와
무』에서 논의한 이후 "응시(le regard)"를 둘러싼 모든 부정적 함의를
사용하고 있다.[44] 푸코는 나중에 "응시"가 그것의 분산을 나타내는 "언

41 Ibid., p. 262.
42 Ibid., pp. 250-251.
43 Sheridan, Michel Foucault, p. 37.
44 사르트르에 대한 푸코의 일반적인 비판적 관계는 마크 포스터(Mark Poster)에 의
해 연구되어 왔다. 그의 저서 *Foucault, Marxism and History: Mode of Production*

표적인 양상(enunciative modalities)"보다 통합된 주체를 의미하는 것으로 느꼈기 때문에 이 단어의 선택을 후회하게 되었다.[45] 그러나 그의 분석은 고전주의 시대의 의학적 혁신이 시각적 명증성에 대한 믿음의 강화를 예시한다는 주장에 근거하고 있다.

푸코에 의하면 임상에서의 의학적 실험은 "주의 깊은 응시"와 동일시되었고 거기서 "눈은 명료성의 저장고이면서 원천이 되었다. 눈은 진리를 밝히는 힘을 갖고 있다. 눈은 자기가 진리를 밝힌 범위 한도 내에서 진리를 받아들인다. 눈을 뜨면 눈은 먼저 진리를 개시한다. 그것은 고전주의적인 명증성의 세계, 즉 '계몽주의'로부터 19세기로의 이행을 보여 주는 변곡점이다."[46] 새로운 의학적 응시는 실제 감각을 희생해서 내면적 시각에 특권을 부여하는 데카르트주의와 다르며, 초월적이고 이상적인 관람자에 대한 데카르트주의의 믿음을 거부한다. 대신 이 응시는 관찰자들의 전체성을 강조하는데 그 "경험적 응시의 주권적 힘"은 신체의 견고하고 불투명한 표면에 행사한다.[47] "어떤 빛도 그 표면을 이념적 진리 안에서 해소시킬 수 없다. 신체의 표면을 향했던 응시는 결국 그 표면을 깨우고, 그것을 객관성이라는 배경 앞에 부각시킨다. 응시는 더 이상 [이념으로] 감축하는 기능을 갖지 않으며 오히려 감축될

versus Mode of Information (Cambridge, 1984), 1장 참조. 부제의 영어번역에서는 "응시(regard)"를 "응시(gaze)"나 "보기(look)"가 아니라 "지각(perception)"으로 번역해서 오해를 불러일으킬 수 있다.

45 Foucault, *The Archaeology of Knowledge*, trans. A. M. Sheridan Smith (London, 1972), p. 54. 이 자기비판에 응답하면서, 들뢰즈는 다음과 같이 썼다. "푸코는 더욱 더 그의 초기 저술들이 보기나 지각의 다른 방법들에 대한 언술체계의 우위를 보여 주지 못한다고 믿었다. 이는 그의 현상학에 대한 반작용이다. 그러나 그에게 언술의 우위는 시각적인 것의 역사적인 불가역성을 결코 침해하지 않았다. 실제로는 오히려 그 반대였다."(Foucault, p. 49.)

46 Foucault, *The Birth of the Clinic*, p. xiii.

47 Ibid.

수 없는 성질을 지닌 것으로서 그 각각을 확립시킨다."[48]

그러나 이 개별화된 응시가 "보는" 것은 사실 계몽주의와 낭만주의 모두가 높게 평가했던 순수한 어린아이의 눈처럼 무구한 눈에 드러난 객관적으로 주어진 실체가 아니다.[49] 오히려 그것은 시각적으로 구축된 만큼이나 언어적으로도 구축된 인식론적 장이다. 그러나 언어의 구성적 역할은 언어와 시각은 하나라는 가정, "순수한 응시는 곧 순수한 언어라는 위대한 신화, 즉 말하는 눈"에 의해 차단된다.[50] 푸코에 의하면 그 결과는 그것이 대체했던 에피스테메의[d] 체제보다 "진리"에 더 가깝지도 더 멀지도 않았다. "응시는 그 주권적 행사에 있어서 지각의 장에 저장해 두었던 가시성의 구조를 다시 한번 가져 온다."[51]

비록 18세기의 가시적 표면과 증상에 대한 초기의 강조는 푸코가 "비샤(Bichat)의 시대"[52]라고 불렀던 시기에 시체의 해부를 통해서 유기체의 내부를 조망하는 좀더 관통하는 응시에 자리를 내 주었지만, 그것은 여전히 "보이지 않는 시각성"[53]에 대한 추구였다. 푸코는 신체에 대한

---

48 Ibid.., p. xiv.

49 아이에 대한 숭배는 눈의 특권과 연결되어 있다. "인간이 어린 시절과의 접촉을 재개하고 진리의 영원한 탄생을 재발견하게 하는 것은 이 밝고 거리가 있고 열린 응시의 천진난만함이다. 그래서 18세기의 철학이 그 시원을 정초하고자 했던 두 가지 위대한 신비스러운 경험은 외계의 관조자와 맹인으로 태어났다가 다시 빛을 볼 수 있게 된 인간(몰리뉴 문제)이었다. 그러나 스위스의 교육자 페스탈로치와 교양소설(Bildungsromane) 또한 아이-응시라는 거대한 주제와 관련된다. 세계에 대한 담론은 눈을, 매순간 최초로 열리는 눈을 통과한다. (p. 65)

50 Ibid., p. 114.

51 Ibid., p. 117.

52 마리프랑수아자비에 비샤(Marie-François-Xavier Bichat)는 1800년경 프랑스 의학계를 지배하게 된 새로운 세대의 내과 의사들의 지도자였다. 그에 대한 논의는 다음을 참조. John E. Lesch, *Science and Medicine: The Emergence of Experimental Physiology.* 1750-1855 (Cambridge, Mass., 1984), 3장.

53 Foucault, *The Birth of the Clinic*, p. 165.

이런 호기심 어린 시각적 침투의 예기치 못한 결과는 환자의 생명이 아닌 죽음에 초점이 맞춰지는 것이었다고 언급한다.

> 숨기고 감싸는 것, 진실을 가리는 밤의 커튼은 역설적으로 생명이다. 반대로 죽음은 신체의 검은 상자를 대낮의 빛 앞에 노출시킨다. 불명료한 생명과 명료한 죽음, 서구 세계의 가장 오래된 상상적 가치들은 병리학적 해부라는 말의 의미처럼 기이하게 역전된 구조로 교차하게 된다. [⋯] 19세기 의학에서는 생명을 시체로 만들고, 그 사체 속에서 연약하고 부서진 삶의 잎맥을 다시 발견하는 그 절대적인 눈이 떠나지 않았다.[54]

의학적 실험이라는 제한된 영역에서의 이 발전은 모든 "인간 과학(sciences of a man)"의 장래 연구를 위한 모델로 기능한다는 점에서 푸코에게 결정적으로 중요했다. "개인에 관한 그 첫 번째 과학적 담론이 이런 죽음의 단계를 통과해야만 한다는 것은 의심할 바 없이 우리 문화에 있어서 결정적인 사실로 남을 것이다"라고 그는 냉엄하게 결론지었다.[55] 심리학이 정신이상이라는 시각적으로 구축된 관념에서 태어난 것처럼 개인에 관한 근대과학도 사체(死體)의 시각적 관통에서 등장했다. 그리고 이렇게 생명을 사체로 만드는 과정에 있어서 지각의 중요성, 특

---

54 Ibid., p. 166.

55 Ibid., p. 197. 시각과 죽음의 관계는 푸코가 존경했던 모리스 블랑쇼 같은 다른 프랑스 사상가들을 사로잡았던 주제였다. 예를 들어 다음을 참조. 그의 저술 "The Two Versions of the Imaginary," in *The Space of Literature*, trans. Ann Smock (Lincoln, Nebr., 1982). 여기서 블랑쇼는 이미지들과 시체들의 상사를 그들의 원 대상들로부터 살짝 분리된 닮음으로 제시한다. 확실히 블랑쇼는 삶의 원본성이나 즉각성을 이미지나 죽음의 양가적인 이중성와 거리감에 비해 특권화시키지 않았다. 사실 푸코도 그렇게 하지 않았다. 양자 간의 주된 차이는 그 주제에 대한 블랑쇼의 사유가 푸코 사유의 역사적 특정성을 결여하고 있는 것으로 보인다.

히 시각의 중요성이 너무 크기 때문에 현상학자들이 순진하게 희망했던 것처럼 실증주의의 물화에 대한 해독제를 얻기 위해서 시각으로 향하는 것은 불가능할 것이라고 푸코는 덧붙인다. 은연중에 메를로퐁티에 반대하는 구절에서 그는 다음과 같이 썼다.

이 실증주의를 수직적으로 검토해 보면, 실증주의에 의해 가려지지만 동시에 실증주의가 태동하는 데 필수불가결한 일련의 전체적인 형상들이 드러나는 것을 보게 된다. 그리고 그 형상들은 나중에야 공개되어서 역설적으로 실증주의에 반하여 사용된다. 특히 현상학이 실증주의에 그토록 집요하게 반대하면서 사용한 형상은 실증주의의 기저에 위치한 구조 속에 이미 존재했다. 그 형상은 즉 지각된 것의 고유한 힘과 경험의 원초적 형식에 있어서 언어와의 상관관계였다.[56]

그래서 만약 근대의 과학적 실험의 역사가 푸코에게 시각의 특권화와 언어적인 것의 억압이 의심스러운 인식론을 초래하고 그 잘못을 현상학이 치유할 수 없다는 것을 보여 주었다면, 아마도 근대의 문학적 실험은 그럴듯한 대안을 제공했을 것이다. 언어와 시각의 복잡한 얽힘은 푸코가 임상의학의 탄생에 대해 연구했던 것과 같은 시기에 전혀 다른 종류의 연구로 행했던 레이몽 루셀의 작품에서 중심적인 주제였다.[57]

---

56 Foucault, *The Birth of the Clinic*, p. 199

57 Foucault, *Raymond Roussel* (Paris, 1963). 영어번역은 *Death and Labyrinth: The World of Raymond Roussel*, trans. Charles Ruas (New York, 1986). 다음 인용문은 원문에서 가져온 것이다. 앨런 스퇴클(Allan Stoekl)에 의하면, 그것은 "이 작가의 작업에 관한 가장 완전한 평론"으로 남아 있다. Stoekl, Politics, *Writing, Mutilation: The Cases of Bataille, Blanchot, Raymond Roussel, Leiris, and Ponge* (Minneapolis, 1985), p. 37. 푸코는 또한 그의 정교한 언어적 실험이 종종 루셀의 실험과 비교되는 장피에르 브리세에 대한 헌사를 출판했다. Foucaut, "Sept propos sur le 7e

푸코의 주된 관심사와는 관계가 없어 보인다는 이유로 종종 간과되지만,[58] 군이 영어 제목을 달자면, 『죽음과 미로 *Death and the Labyrinth*』는 시각적 이슈에 대해 그가 깊이 매료되어 있었다는 것을 보여 준다.

그가 시각적 이슈를 루셀의 작품에서 근본적이라고 생각했던 것은 그 책이 나오기 일 년 전에 루셀에 있어서 특히 말하기와 보기에 관한 짧은 글을 출판한 것에서 증명된다.[59] 좀더 긴 연구에서 푸코는 작가의 전체 작품을 모두 다루는 것으로 그의 분석을 확장했다. 루셀은 그의 실험적 산문과, 작가로서 오랫동안 우울했고 예상치 못하게 1933년 63세의 나이에 자살했던 그의 굴곡진 삶이 초현실주의자들로부터 로브그리예까지 프랑스 지성인들을 매료시킨 바 있었다.[60] 루셀은 소설의 첫 문장과 소리는 반복되면서도 하나의 구성 요소만을 바꾸어서 두 문장이 완전히 다른 의미를 갖도록 하는 문장을 마지막에서 다시 반복하는 "수

ange," preface to Brisset, *La Grammaire logique* (Paris, 1970). 자신의 〈큰 유리〉의 영감을 루셀에게 받았다고 했던 마르셀 뒤샹도 확실히 루셀과 브리세의 "상상의 무아경"을 크게 경탄했다. 그의 1946년 인터뷰 참조. "Painting [⋯] at the service of the mind," reprinted in *Theories of Modern Art: A Source Book by Artists and Critics*, ed. Herschel B. Chipp (Berkeley, 1975), pp. 394-395.

58 근래의 예외는 들뢰즈의 푸코에 관한 책으로, 거기서는 『레이몽 루셀』의 중요성을 이해한다. 또 다른 예외는 올리에의 "The Word of God: 'I am Dead'"로 그는 그것이 『임상의학의 탄생』의 쌍둥이로 이해되어야 한다고 주장한다.

59 Foucault, "Dire et voir chez Raymond Roussel," *Lettre ouverte*, 4 (Summer, 1962), pp. 38-51; 약간의 수정으로 이것은 그 책의 첫 장이 되었다.

60 초현실주의 문헌들에서 루셀에 대한 긍정적인 언급들이 많이 발견된다. 예를 들어 다음을 참조. André Breton, *What is Surrealism?: Selected Writings*, ed. Franklin Rosemont (London, 1978). 로브그리예의 평가에 대해서는 그의 글 참조. "Enigma and Transparency in Raymond Roussel," in *For a New Novel: Essays on Fiction*, trans. Richard Howard (New York, 1965). 비록 이 글이 실제로는 *Critique*, 199 (December, 1963)에 실린 푸코의 책에 대한 서평이었지만 로브그리예는 특이하게 결코 그의 이름을 언급하지 않고 있다.

법"으로 가장 칭송받았다.[61] 그는 언어의 소통적, 표상적, 또는 지시적
인 기능을 고의적으로 무시했고, 이는 언어의 완전한 자기지시성 또는
언어의 다의적이고 오용되는 비결정성에 특권을 부여하고자 했던 사상
가들이 그를 칭찬하는 계기가 되었다.[62]

그러나 푸코에게 의미심장하게도, 루셀은 『시각 *La Vue*』과 『태양의
먼지 *La poussière de soleil*』와 같이 심지어 그의 일부 작품의 제목에서
도 표현되는 시각에 대한 편향을 드러냈다. 푸코의 글을 읽은 후에 로
브그리예는 "루셀에게서 특권적 감각인 **시각**은 과도한 예리함을 순간
적으로 획득하여 무한으로 확산된다"고 언급했다.[63] 그러나 만약 시각
이 그의 글에 나타난다면, 그것은 단어의 무의미함을 보상하는 방식으
로서가 아니라 의미에 더 심한 장애물로서 도입된 것이다. 루셀의 난해
한 산문의 숨겨진 의미를 찾으려 했던 초현실주의자들과 달리 푸코는,
"그의 작품이 비밀을 숨기려 하기보다 오히려 가장 시각적인 형식들을
중첩하고 변형하고자 하면서, 체계적으로 무정형하고 일탈적이며 원심
성을 갖는 불편함을 부과한다"고 주장했다.[64] 따라서 그것은 그 안에서
어떤 실오라기조차 명료하고 밝은 "바깥"으로 인도해 주지 않는 끝없는
미로, 즉 바타유의 **비정형**(informe)에 대한 언어적 등가물이다.

푸코는 "정확하게 동일한 직조, 동일한 부동의 실체" 안에서 가시적

---

61 루셀은 사후에 출판되도록 의도했던 다음 저서에서 그의 수법을 밝혔다. *Comment j'ai écrit certains de mes livres* (Paris, 1963).
62 헤이든 화이트(Hayden White)에 의하면, 푸코는 루셀에 대해서 그의 눈앞에 드러나는 말의 오용으로 높게 평가했던 사람들 중 하나이다. "Michel Foucault," in *Structuralism and Since: From Lévi-Strauss to Derrida*, ed. John Sturrock (Oxford, 1979), pp. 87ff. 푸코가 장피에르 브리세의 유사한 언어적 유희에 대해 경탄한 것을 다룬 또 다른 분석은 다음을 참조. Jean-Jacques lecercle, *Philosophy Through the Looking-Glass: Language, Nonsense, Desire* (London, 1985), 1장.
63 Robbe-Grillet, "Enigmas and Transparency in Raymond Roussel," p. 86.
64 Foucault, *Raymond Russel*, pp. 19-20.

인 것과 비가시적인 것의 "뒤얽힘"을 기술했다.[65] 그리고 그는 『시각』이 원근법, 좀더 정확하게는 "(원 안에서와 같이 모든 것을 수용하도록 허용하는) 수직적 관점과 (눈을 지표면에 위치시켜서 시각에 오로지 일차원만을 제공하는) 수평적 관점을 잘 결합해서 모든 것이 시야에 들어오면서도, 완전한 맥락 속에서 각 사물이 그려지도록 하는 원근법이 부재하는 세계를 보여 주었다"고 주장했다.[66] 이런 곳에서 그는 메를로퐁티의 용어를 차용하는 듯하다. 들뢰즈는 사실상 푸코가 루셀에게서 시각의 주름에 대한 현상학적 믿음의 실천적인 구현을 보았다고 주장했다. 그것은 "응시 또는 응시의 대상물들의 차원과 전혀 다른 차원 위로 끊임없이 자신을 비틀어서 '스스로를 보는' 실체, 즉 존재론적 시야(視野)이다."[67]

그러나 푸코는 루셀이 메를로퐁티의 존재론을 전적으로 포용하지 못한 것은 세계의 유의미성에 대해서 그가 강하게 신뢰하지 못했기 때문이라고 보았다. 그리고 그 세계는 "오로지 응시를 되받아치는 빛 속에 있어서, 번쩍이는 섬광 속에서 가독성 없이 주어지는, 눈에 보이지 않고 지각은 되지만 해독되지 않는 이미지들"만을 가지고 있는 세계이다.[68] 비록 푸코가 루셀의 초기와 후기 사이의 전환을 언급하지만 그 함축은 동일하다. 루셀의 『시각』까지의 작품들은 현혹시키는 동질적인 빛에 의해서 밝혀졌고, 태양의 빛은 너무 밝아서 그림자의 어떤 미묘한 차이도 허용하지 않았다. 반면 그 이후에 쓰여진 모든 글들은, 가장 현저하게 『아프리카의 새로운 인상 Nouvelles impressions de l'Afrique』은 "닫힌 태양"(soleil enfermé)의 어둠 속에 가려져 있다. 루셀에게 시각은

---

65 Ibid., p. 132.
66 Ibid., p. 138.
67 Deleuze, *Foucault*, p. 111.
68 Foucault, *Raymond Roussel*, p. 75.

명료하고 또렷한 세계에 초점을 맞출 수 없는 "속이 빈 렌즈"(*lentille vide*)만을 제공했다.[69] 확실한 진실 또는 단호한 의미를 드러내기 위해 완전히 사라져 버리는 용재라는 의미의 온전한 투명성은 따라서 언어와 지각 양쪽에서 모두 부인되었다. 근대과학의 담론이 경험적 응시를 위해서 언어를 지우려 하고 따라서 관찰의 진실성에 오인된 믿음을 조성한 반면, 루셀에서 예시되는 근대 문학은 말하기와 보기, 양자 간의 지양되지 않는 변증법을 회복시켰다. 그리고 거기서 어느 한쪽도 "대상의 침묵"을 극복하지 못했다.[70]

푸코는 스스로 글자조합 수수께끼 같은 성질이라고 불렀던 언어 자체의 시각적으로 불투명한 차원을 항상 의식하고 있었기 때문에,[71] 아무리 이교적인 유형이라고 해도 사실상 그를 주로 구조주의자라고 분류하기는 어렵다.[72] 그가 의학적 응시를 상정하는 데 있어서 현상학적 잔재에 아무리 의구심을 가지고, 구성적 주체라는 인본주의적인 허구를 아무리 약화시키려 했어도, 푸코는 그 대신 **랑그**와 같은(langue-like)

---

69 "Le Soleil enfermé"는 그 책의 8장 제목이고, "La lentille vide"는 7장의 제목이다.
70 Foucault, *Raymond Roussel*, p. 154.
71 Ibid., 글자조합 수수께끼에 대한 유사한 강조는 다음의 글에도 나온다. Jean-François Lyotard, *Discours/figure* (Paris, 1971), pp. 295ff.
72 아마도 그가 『레이몽 루셀』을 다루지 않았기 때문에 앨런 메길은 그의 『극단의 예언자들 Prophets of Extremity』의 5장에서, 『말과 사물』에서 가장 현저하게 나타나는 초기 푸코의 공간에 대한 몰두가, 메길이 데리다로부터 가져온 "그 자신에도 불구하고(malgre lui)"라는 말의 특별한 의미에서, 푸코를 정당하게 구조주의자로 부를 수 있게 한다고 보았다. 예를 들어 그는 그 책의 서문에서(p. xviii) "말들이 그에 따라 공간을 가로지르는 표"에 관한 푸코의 언술을 인용한다. 그러나 그는 푸코가 그 문장을 루셀에 대한 언급에서 시작한다는 사실과 루셀이 "표"라는 단어를 로트레아몽의 유명한 재봉틀과 우산이 만나는 가상의 공간처럼 말을 잘못 사용하는 방식으로 쓰고 있다는 사실을 무시한다. 달리 말하자면 그것은 공간적 형식과 언어구조 사이의 상동관계가 아니라 긴장관계의 문제이다. 푸코가 『레이몽 루셀』에서 말한 바와 같이 "이 담론은 언어의 구조가 이미 시각적인 것의 계통과 교차하며 짜여진 하나의 직물이다."(p. 148).

구분체계를 놓으려 하지 않았다. 그에게는 그 아래에 존재하는 패턴을 발견함으로써 해독해야 할 어떤 표면의 수수께끼도, 이차원으로 나타내야 할 어떤 공간적 일관성도 존재하지 않았다.

푸코가 이끌렸던 이런 꿈을 폭로한 것은 루셀만이 아니라 벨기에의 초현실주의 화가 르네 마그리트도 있었다. 1968년에 쓰고 오 년 후에 작은 책으로 나온 증보판에서 푸코는 그가 루셀에서 밝혀냈던 상호작용의 보다 더 확실한 시각적 버전을 탐구했다.[73] 마그리트의 캔버스가 사실주의적 회화의 모방적 관습을 훼손시키므로 **눈속임**과는 반대된다고 설명하면서, 그는 그 그림들이 이미지와 언어 사이의 간극을 메우기를 거부하므로 "풀어져서 분리된 칼리그람"이라고 불렀다. 루셀과 마그리트에 관한 연구의 중간에 쓰여진 『말과 사물』에서 소개했던 용어로 말하자면, 초현실주의자는 어떤 외부의 지시체 없이 시각적이고 언어적인 일련의 기호들을 순회하는 반복적인 "상사(similitudes)"를 위해 외부 세계의 재현적인 "닮음"을 제공하고자 하는 예술의 요청을 저버렸다.[74] 닮음은 항상 대상의 원래 상태에 기초한 이미지와 대상의 바꿀 수

---

73 Foucault, *This Is Not a Pipe*. 유용한 논의를 위해 Guido Almansi, "Foucault and Magritte," *History of European Ideas*, 3(1982), pp. 305-309 이 책에 첨부된 1966년 6월 4일자 푸코에게 보낸 편지에서 마그리트는 다음과 같이 적었다. "나는 당신이 루셀과 내 생각들 중 무언가 가치 있는 것 사이의 유사성을 인식한 것에 기쁩니다. 그가 상상한 것은 어떤 가상적인 것을 환기시키는 것이 아니라, 경험과 이성이 혼란스러운 방식으로 다루고 있는 세계의 실상을 환기시켜 줍니다(p. 58)."

74 『말과 사물』과 『이것은 파이프가 아니다』에서 그 용어들은 동일하지만 그 의미는 약간 이동했다. 전자에서 "닮음"과 "상사"는 기표와 기의의 소위 내재적 관계를 지시하며 거의 동의어로 사용된다. 그래서 그것들은 연계의 자의성이 강조되는 "표상"과 대비되었다. 그러나 마그리트에 관한 책에서 푸코는 다음과 같이 적고 있다. "닮음은 표상에 봉사하며, 표상은 닮음을 지배한다. 반면 상사는 반복에 봉사하며 반복은 상사의 전 영역에서 일어난다. 닮음은 그것이 반드시 돌아와서 드러내야 하는 모델에 자신의 근거를 두며, 상사는 비슷한 것과 비슷한 것끼리의 무한하고 역전 가능한 관계로 시뮬라크르를 선회한다." (p. 44). 아이러니하게도 이 책의 마지막에 첨부된 1966년 5월 23일자

없는 동일성을 확실하게 주장하는 반면, 상사는 "기울어지고 서로 뒹굴면서 함께 춤을 추는 수많은 다른 확인들을 증식시킨다"고 푸코는 주장한다.[75] 볼 수 있는 것의 질서와 말할 수 있는 것의 질서는 마그리트의 이미지들과 그것들의 난해한 제목들 간의 상사의 부조화에서 가장 뚜렷하게 상충되며, 따라서 "무-관계"를 증명한다.[76]

푸코가 루셀과 마그리트에서 담론적인 것과 형상적인 것 사이의 이질적인 개입을 칭찬한 것은 1963년 『크리틱 Critique』지의 작고한 창간인에 대한 오마주로 기고한 글에서 명백하게 드러난다.[77] 바타유에게서 부여받은 "내적 경험의 형상으로서의 […] 눈에 대한 고집스러운 특권"을 지적하면서,[78] 그는 한편으로 성찰하는 데카르트적 철학 또는 관찰하는 과학에서의 시각과, 다른 한편으로 소비(dépense)로서의 위반적인 시각 사이의 차이를 강조했다. "전자는 순수한 투명성과 진리를 추구하는" 반면,

후자는 이 전체의 방향을 전복시킨다. 시각은 눈의 구면의 한계를 횡단해서, 순간적인 존재로서 눈을 구성한다. 시각은 눈을 이 빛의 흐름(터져나오는 샘, 흐르는 눈물, 그리고, 간단히, 피) 속에서 운반하고, 그 바깥으로 눈을 내

편지에서 마그리트는 푸코가 닮음과 상사를 구분한 것에 대해 비난하고 있다. 마그리트는 사물들은 서로 간에 상사성을 갖기도 하고 가지지 않기도 하는 반면, 오직 생각만이 세계 속의 대상을 닮을 따름이라고 주장한다. 그들 간의 관계를 해명하려는 시도를 제안하는 것은 다음을 참조. Silvano Levy, "Foucault on Magritte and Resemblance," *The Modern Language Review*, 85, 1(January, 1990).

75 Foucault, *This Is Not a Pipe*, p. 46.

76 Ibid., p. 36. (p. 140) 들뢰즈는 여기서 블랑쇼의 다음 글과의 어떤 평행관계를 언급한다. "Speaking Is Not Saying" in *L'entretien infini* (Paris, 1969)

77 영어번역은 다음 글에 실렸다. "A Preface to Transgression," in *Language, Counter-Memory, Practice*.

78 Ibid., p. 44.

던지며, 그 존재의 즉각적으로 사라지는 섬광 속에서 터져버리는 극한까지
가져간다. 오직 하나의 작고 하얀 공만이, 이제 모든 시력이 거부된 궤도를
벗어난 눈만이, 핏줄로 연결되어 남겨져 있다. […] 이런 폭력과 뿌리째 뽑혀
져서 생겨난 거리감 속에서 눈은 절대적으로 보이지만, 어떤 시력의 가능성
도 거부된다. 철학적 주체는 박탈당했고 그 한계까지 밀려났다.[79]

체험된 경험에서 의미를 추구하고, 세계의 살 속에 눈의 겹침을 추구했
던 현상학적 주체 또한 그러했다. 그 대신 올리에의 지적대로[80] 바타유
와 푸코에게서 살아 있는 눈은 아이러니하게도 누구에게도 보이지 않
는 익명의 시각장(視覺場)을 위해 부정되었다.

더구나 푸코는 바타유에게서 뒤집혀서 보지 않는 눈은 또한 언어의
의미부여 능력의 한계, 즉 "언어가 그 경계에 이르러서 그 자신을 뛰어
넘거나, 웃음과 눈물, 황홀경에 빠진 전복된 눈, 그리고 희생제의의 말
없는 엄청난 공포 속에서 폭발하여 자신에게 극단적으로 도전하는 순
간"을 표시한다고 보았다.[81] 따라서 그것은 변증법적으로 극복될 수 없
는 인간의 유한성, 즉 언어의 한계와 "회전하는 태양과 세계를 뒤덮는
거대한 눈꺼풀"로서의 신의 죽음 사이의 연계를 암시한다.[82]

태양의 신성함의 실추는 바타유에게 그랬듯이 푸코에게도 그 세속적
유비로서의 인간에 관한 인본주의적 관점의 쇠퇴와 연결되었다. 시각
의 우월성이라는 전통적 개념에 대한 적대감과 인본주의에 대한 비판
은 푸코의 반인본주의자로서의 자격을 가장 생생하게 확립해 주었던,
[영어로는]ᶜ⁾ 『사물의 질서 *The Order of Things*』로 번역된 1966년의

79   Ibid., pp. 45-46.
80   Hollier, "The Word of God: 'I am Dead'," p. 84.
81   Foucault, "A Preface to Transgression," p. 48.
82   Ibid.

『말과 사물 *Les mots et les choses*』에서 밀접하게 결부되어 있다.[83] 의미
심장하게도 이 책은 푸코가 가장 칭송했던 시각적 회화 중 하나인 벨라
스케스(Velázquez)의 〈시녀들(Las Meninas)〉에 대한 기술로 시작해서
그에 못지않게 빈번히 인용되는 시각적 은유인 바닷가의 파도에 의해
서 지워지는 모래 위에 새긴 사람의 얼굴로 끝난다.

푸코의 디에고 벨라스케스에 관한 논의는 이를 위한 소규모 산업이
존재할 정도여서,[84] 이 글에서는 널리 논의되어서 틀이 잡힌 순간들에
초점을 맞추기보다 그 대신 행간의 논의들에 대해 그것들이 시각의 문
제에 관련이 있는 한에서 고찰하고자 한다. 메길이 데리다를 따라 주장
한 것처럼 이 저작이 보여 주는 공간에 대한 몰두가 아폴론적인 구조주
의에 대한 친연성을 예시하는 것이건, 아니면 푸코가 나중에 주장한 바
대로 단지 그의 주제를 반영한 것이건 간에,[85] 『말과 사물』은 그의 앞선
작품처럼 **응시**에 강박적으로 집착하는 것 같지 않다. 혹은 오히려 푸코
의 고전주의 시대에 대한 설명에서만 집착하는 것 같다. 그는 그 시대
의 출발을 『광기의 역사』에서와 같이 16세기 말 이전에 가정되었던 언

---

83 Foucault, *The Order of Things: An Archaeology of the Human Sciences* (New York, 1970).

84 예를 들어 John R. Searle, "Las Meninas and The Paradoxes of Pictorial Representation," *Critical Inquiry*, 6 (Spring, 1980), pp. 477-488; Joe Snyder and Ted Cohen, "Reflections on Las Meninas: Paradox Lost," *Critical Inquiry*, 7 (1981), pp. 429-447; Svetlana Alpers, "Interpretation Without Representation, or the Viewing of Las Meninas," *Representations*, 1 (February, 1983), pp. 31-42; Claude Gandelman, "Foucault as Art Historian," *Hebrew University Studies in Literature and the Arts*, 13, 2 (Autumn, 1985), pp. 266-280; Hubert L. Dreyfus and Paul Rabinow, *Michel Foucault: Beyond Structualism and Hermaneutics* (Chicago, 1982), pp. 21-26; Merquoir, *Foucault*, pp. 46-50; and Guégen, "Foucault and Lacan on Velázquez: The Starus of the Subject of Representation." 참조.

85 Foucaut, "Space, Knowledge, Power" in *The Foucault Reader*, p. 254.

어와 이미지의 통합성이 붕괴되는 것으로 기술한다. 의미론적 닮음에 기초한 문화에서 이미지는 의미의 해독 가능한 상형문자로 이해되었다. 그 결과는 보는 것과 읽는 것 사이의, 그리고 관찰과 관계 지음 사이의 구분 없음이며, 결과적으로 관찰과 언어가 무한하게 교차하는 단일하고 온전한 표면을 구성한다.[86]

명확하지 않은 그리고 불행히도 푸코조차 설명할 가치가 없다고 생각했던 이유로, 그 통합성이 깨지고 이미지가 더 이상 읽는 텍스트를 닮지 않았던 때에 고전주의 시대가 등장했다. 데카르트와 베이컨도 비록 다른 이유에서였지만, 닮음과 상사를 통한 사유를 비난했으며 (푸코가 이 책에서 동의어로 사용했던 것을 기억할 것이다) 그것이 이끄는 환영들에 대해 경고했다. 미겔 데 세르반테스(Miguel de Cervantes)에 의해 처음 명백하게 드러난 이러한 통합성 붕괴의 한 가지 함의는 기호의 이항적이고 표상적인 성격에 대한 점증하는 인식이며, 이러한 인식은 기호가 의미하는 것과 내재적으로 형상적이고 도상적으로 닮았다는 가정에서 자유롭게 한다. 자의적인 인간의 도구로서 언어는 의사소통의 중립적인 매체로서 이해되었다. 유명론에 경도되어 고전시대의 언어는 가능한 한 가장 중립적인 동사인 "이다(to be)" 동사를 특권화했다.

붕괴의 또 다른 함의는 외부세계에 대한 믿을 만한 지식을 확증하는 유일한 수단으로서 지각 일반, 그 중에서 특히 시각의 보상적인 해방이었다. 푸코에 의하면 "진리의 현시와 기호는 확실하고 뚜렷한 지각에서 발견되는 것이다. 언어의 과제는 할 수 있다면 진실을 번역하는 것이지만 더 이상 그것의 표식으로서 고려될 권리를 가지지 못한다. 언어는 존재들 속에서 *끄집어 내어져서* 투명성과 중립성의 시대로 진입했다."[87]

---

86   Foucault, *The Order of Things*, p. 39.

87   Ibid., p. 73. 고전주의 시대에 언어의 실추에 대한 푸코의 분석은 존 욜턴(John W. Yolton)의 다음 저서에서 논박되었다. *Perceptual Acquaintance from Descartes*

따라서 직접적이고 기술적으로 개선된 관찰의 힘에 대한 새로운 믿음과 그에 수반해서 그 발견들을 도표라는 가시적인 공간 안에 분류학상으로 정리하는 것이 고전주의 시대를 지배한다. 비록 그러한 표들이 필연적으로 언어적이지만 공간적 관계에 따라서 배열한 그 이름들은 전혀 그 자신의 두께를 지니지 않는다고 가정된다. 박물학의 승리는 따라서 새로운 시각적 질서의 승리였다.

> 태초부터 언제나 보였던 것이었지만 인간 눈의 피할 수 없는 일종의 산만함 앞에서 침묵하고 있었던 것을 투른포르(Tournefort)나 린네(Linnaeus) 또는 뷔퐁(Buffon)과 함께 누군가 드디어 부르기 시작했다는 인상을 받는다. 사실 이것은 오랜 세월의 부주의가 갑자기 일소된 것이라기보다는 새로운 시각의 장이 온전한 밀도로 구성된 것이었다.[88]

과학적인 언어가 관찰하는 응시의 투명한 기록으로 최대한 스스로를 전환하려 애쓰면서, 촉각이나 청각과 같은 여타의 감각들은 권위가 실추되었다.

더구나 시각적 지식이 고전주의 시대에 지배적이었던 만큼 관찰하는 눈은 시각적인 도표를 그 외부의 위치로부터 볼 수 있는 능력을 갖고 있는 것으로 가정되었다. 이러한 가정을 너무 생생하게 예시하고 있기 때문에 푸코는 벨라스케스의 〈시녀들〉이 고전주의 시대의 표상을 탁월하게 표상한 것으로 보았다.[89] 왜냐하면 화가의 스튜디오 뒷벽

---

to Reid (Oxford, 1984). 거기서 율턴은 데카르트뿐 아니라 그의 후계자들에서도 지각에는 의미론적 차원이 존재한다고 주장한다.

88 Foucault, *The Order of Things*, p. 132.

89 1656년에 그려진 〈시녀들〉은 고전 미술보다는 바로크 미술의 사례로 통상 해석되고, 벨라스케스는 주관적인 투시법을 위해서 현상적 세계의 객관성에 대한 어떤 확신을

에 걸린 작은 거울 속에 비친 모습을 통해서만 볼 수 있는, 그 안에 부재하는 왕과 왕비는 우리의 바로 앞에서 그림을 "보고 있는" 자들이다. 그러나 이 이중의 표상공간 속에서 보고 있는 주체는 직접적으로 인지되기보다는 단지 추정될 따름이다. 우리는 그래서 인간의 직접적인 등장으로 특징지어지는 인본주의 시대에 아직 완전히 들어온 것은 아니다.

> 고전주의적 사유에서 그 표상이 그를 위해 존재하고 그 안에서 이미지나 반영으로 자신을 식별하고 자신을 드러내는 사람, "그림이나 표의 형식으로 되어 있는 표상"이라는 실타래에 매인 그는 그 표 안에서는 결코 발견되지 않는다. 18세기까지 인간은 존재하지 않는다.[90]

만약 완전히 만개한 인본주의의 등장이 고전주의 시대의 시각적 제국의 종말과 함께 온 것이라면, 푸코에게 있어서 시각중심주의와 인간의 부상 사이의 관계는 무엇인가? 언뜻 보기에 적어도 이 단계에서는 푸코의 작품에서 반시각적 담론의 의의에 의문을 제기할 만한 어떤 점도 없는 듯하다. 왜냐하면 그가 조르주 퀴비에(Georges Cuvier)의 시대에 박물학의 종말과 생물학에 의한 그의 대체를 기술했을 때, 그는 고전주의적 도표의 경험적인 분류를 대신해서 비가시적인 해부학적이고 유기적인 구조에 새로운 강조를 뚜렷하게 보이기 때문이다. 그는 "가시적인 질서는 구분들의 영원한 그리드와 함께 이제는 단지 심연 위의 피상적

전복시킨 것으로 이해된다. 예를 들어 José Antonio Marvell, *Velázquez y el espiritu de la modernidad* (Madrid, 1960) 참조. 그러나 푸코는 바로크시대와 고전주의 시대를 구분하지 않았고, 이는 그의 프랑스중심주의를 반영한다. 이 이슈에 대한 성찰은 Gandelman, "Foucault as Art Historian," p. 268 참조.

90 Foucault, *The Order of Things*, p. 308.

인 반짝거림일 뿐"이라고 적고 있다.[91] 그에 수반하는 역사적 의식의 등장과 함께 기능적 유비와 연계, 즉 공간적 가치보다 시간적 가치가 고전주의 시대의 정적인 질서를 대체했다. 생명과 노동 그리고 언어는 모두 분류학적인 응시의 지배로부터 자유로워졌다. 언어에서 추정되던 투명성은 말라르메의 순수한 "문학"의 도래에서 절정에 달한 점증하는 불투명성에 자리를 내주었다.

그러나 푸코가 기술한 것처럼, 탈고전주의시대의 인본주의적인 **에피스테메**는 새로운 시각체제에서 동원되었음에도 불구하고, 여전히 미묘한 방식으로 시각의 주도권에 볼모상태였다. 담론적 형성에 있어서 갑작스러운 파열로 보이는 것들 간에 걸쳐 있는 이러한 연속성은『광기의 역사』에서 비샤, 피넬, 프로이트에 대한 그의 논의와『임상의학의 탄생』에서 인간에 관한 이후의 과학과 의학적 응시 사이의 연결에 관한 그의 매우 사변적인 주장에서 비로소 확실해진다. 이 글들에서 그는 심지어 신체의 표면을 관통해 들어가서 여태까지 볼 수 없었던 것들이 비로소 정밀한 조사의 대상이 되고, 언어가 정신의학적 응시를 보충하는 것으로 도입되었어도 시각은 지배적인 인식적 감각으로서 전혀 흔들리지 않았다고 주장한다. 이러한 이유 때문에 근대 생물학이 "생명"을 그 대상으로 받아들임과 동시에 역설적으로 그 중심에서 "죽음"을 발견한 것이었다.[92]

그러나 심지어 더욱 근본적인 의미에서 시각의 우월성은 푸코의 인간과학의 발흥에 대한 설명에 보존되어 있다. 왜냐하면 고전주의 시대의 몰락과 함께,

---

91 Ibid., p. 251.
92 Ibid., p. 232.

인간은 그가 아는 주체이자 지식의 대상, 즉 예속된 주권자이자 관찰된 관조자로서의 양가적인 위치로 나타난다. 그는 〈시녀들〉에서 미리 그에게 할당된 왕에 귀속하는 자리에서 나타나지만, 그의 실제 존재는 거기로부터 오랫동안 배제되어 왔다. 마치, 벨라스케스의 전체 그림이 향하고 있는, 그러나 그럼에도 불구하고 거울의 우연적인 존재에 의해서만 반영하는 빈 공간에서처럼, 그리고 마치 몰래 보듯이, 그의 변경과 상호 배제와 엮임과 흔들림을 상상했던 모든 인물들(모델, 화가, 왕, 관람자)은 갑자기 그들의 감지할 수 없는 춤을 멈추고, 하나의 실체로서의 인물로 고정되어, 표상의 전체 공간이 마침내 하나의 신체적인 응시 앞에 느슨하게 풀어지기를 요구한다.[93]

이 매우 중요한 구절에서, 부재하는 관람자인 왕을 "관찰된 관람자", 즉 여전히 시각적으로 구성된 인식론적 장 속에 있는 인간으로 대체하는 데에 어느 정도 인본주의가 의존하고 있는가를 푸코는 보여 주고 있다. 따라서 이 "낯선 경험적이면서 동시에 초월적인 이중체"의 도래는 인간이 지식에 대한 소위 중립적인 메타주체와 멀리서 보여지는 그의 적절한 대상 양자로서 동시에 기능한다는 것을 의미했다.[94] 심지어 현상학마저도 "인간에 관한 경험적 분석에 대하여, 은밀한 친족적 유대감과 함께 기대되면서도 위협적인 인접성"을 드러내며, 세계를 지각하는 이런 방식에 사로잡히게 되었다고 푸코는 다시 한번 주장한다.[95]

불투명하고 자기지시적인 언어 개념이 승리를 거둔 이후에야 비로소 시각적으로 결정되던 인본주의적인 **에피스테메**가 사라지기 시작했고, 그로 인해 푸코는 "인간은 언어의 두 가지 양식 사이에서 나타난 얼굴

---

93   Ibid., p. 312

94   Ibid., p. 318.

95   Ibid., p. 326.

이었다"고 주장할 수 있었다.[96] 루셀과 바타유 같은 작가들, 그리고 푸코가 언급한 아르토와 블랑쇼와 같은 여타 작가들과 함께, 시각중심주의의 위기도 인본주의로부터 에피스테메가 전환하는 지점에 마침내 도달했다. 광기, 차이, 그리고 위반적 에로티시즘과 같이 고전주의 시대가 도래한 이후 어둠의 영역에 자리매김 되었던, 여태까지 금지된 것들이 빛과 투명성, 동일시하는 "같음"의 지배로부터 구원되었다. 고전주의 시대와 인본주의적인 패러다임이 약화되면서, 말과 이미지의 전고전주의적 통일성이 붕괴된 이후 언어에 따라다닌 반(半)투명성이라는 성질이 함께 의문시되었기 때문이다. 그러나 탈인본주의의 상황은 내재한 의미를 해독할 수 있었던 타락 이전 상태로의 복귀라기보다는 루셀과 마그리트의 연구에서 푸코가 기념했던 상호 불투명성으로 더 잘 설명될 것이다.

『말과 사물』은 그의 방법론적인 논고였던 『지식의 고고학』에서 마무리되는 '푸코의 고고학적 시대'로 알려진 시기의 마지막 위대한 저술로 기록된다. 이 책의 끝 무렵에서 그는 회화란 "물질적 공간 속에 그대로 전사되어야 하는 순수한 시각이 아니라 [⋯] 지식(savoir)의 실증성을 통해서[97] [⋯] 사진 찍힌 [⋯] 하나의 담론적 실천"으로 개념화될 수 있다고 주장한다. 그리고 다른 곳에서 그는 앞에서 언급한 대로, 그는 『임상의학의 탄생』에서의 "의학적 응시"라는 용어에 대해 유감을 표시한 바 있다. 이 두 가지 언급은 모두 그의 시각에 대한 관심의 약화로 해석할 수 있다. 전자는 시각의 질서를 담론의 질서로 감축시키기 때문이며, 후자는 그가 설명한 바대로의 자연과학과 인간 과학의 특징인 메타주체적인 관찰자에 대한 강조를 약화시키기 때문이다. 그러나 사실상

---

96 Ibid., p. 386. 프랑스어로 모습(figure)은 물론 얼굴(face)을 의미하며, 그것은 이 책 마지막의 유명한 은유를 암시한다.

97 Foucault, *The Archaeology of Knowledge*, p. 194.

그 양자가 함축하는 것은 종합적이고, 통합된 주체 또는 심지어 바라보기를 수행하는 좀더 현상학적으로 근거 지어진 존재를 상정할 때 수반되는 인간중심적인 오류를 훨씬 잘 인식하게 된 것이었다. 왜냐하면 『말과 사물』에서 이 초월적인 주체를 시각 자체의 선행조건이기보다 특정한 시각체제의 함수라고 주장했기 때문이다. 푸코는 이제 그의 응시가 시각장을 총결하는 부재하는 주권 또는 그 인간적 대리물의 암묵적인 존재가 없어도 시각이 **에피스테메**를 만드는 데 도울 수 있다고 제안하는 듯하다. 여기서 그는 사르트르와 친자관계에 있음을 계속해서 보여 주고 있다. 『존재와 무』에서 사르트르가 제시한 응시의 편집증적인 존재론은 대상화된 타자를 바라보는 실재하는 주체를 요구하지 않았다. 또한 그는 눈과 응시 사이의 구분을 통해서 라캉과의 유사성도 드러내고 있다.

사실상 알 수 없는, 편재하는 "눈"에 의해 관찰되는 존재의 일반화된 경험은 그의 다음 주요 저작인 1975년 『감시와 처벌』의 파놉티콘에 관한 영향력 있는 연구에서 푸코가 분석했던 바로 그것이었다.[98] 그는 사회정치적인 제약 조건과 응시의 대상화하는 힘 사이의 관계에 대해서 『임상의학의 탄생』에서부터 이미 민감하게 다룬 바 있다. 거기서 그는 근대의학의 부상을 프랑스혁명의 개혁과 직접적으로 연계시켰다.

어떤 장애나 변경도 없이 응시가 완전히 고루 미칠 수 있는, 오염되지 않은 진리로 회복된, 이 의학적 장은 그것이 암시하는 기하학에 있어서는 혁명이 꿈꾸었던 사회적 공간과 이상하게도 유사했다. [⋯] 1789년부터 테르미도르

---

98 Foucault, *Discipline and Punish: The Birth of the Prison*, trans. Alan Sheridan (New York, 1979)

2년차까지 모든 구조적 개혁을 이끌었던 이데올로기적 주제는 진리의 주권
적 자유라는 주제였다. 그것은 그 자체로서 최상위에 있으면서, 특권화된 지
식의 무한한 어둠의 왕국을 종식시키고, 응시의 방해받지 않는 권력을 확립
하는 빛의 장엄한 폭력이었다.[99]

그러나 푸코가 보다 세심한 사회적 메커니즘을 분석했던 것은 그의 소
위 계보학적 방법론의 첫 번째 주요한 결실이었던 『감시와 처벌』에서였
다. 그리고 그 메커니즘이 모든 것을 보는 주권적인 또는 전제적인 혁
명정부라는 한계를 넘어서 지배력을 확장할 수 있게 해 주었다.[100]

푸코는 고전주의 시대의 최고 권력의 스펙터클을 환기시키는 것에서
시작했다. 왕권이 처벌받는 사람의 맨살 위에 문자 그대로 각인되는
"고통의 극적인 표상"으로서, 그는 1757년 미수에 그친 국왕시해범 데
미안의 고문과 처형을 특유의 시각적 선명함으로 묘사했다.[101] 광기의
구성, 임상에서의 의학적 응시, 박물학의 분류학적인 체계에 관한 그의

---

99 Foucault, *The Birth of the Clinic*, pp. 38-39.

100 주로 니체로부터 파생되어서 계보학은 전통적인 역사학의 거리를 두는 관조적인
응시를 역전시켰다. 실로 그것은 "그 시각을 신체, 신경체계, 영양, 소화와 에너지와 같
이 시각에 가장 가까운 사물들에게로 단축시켰다. 그것은 데카당스의 시대를 폭로하고,
만약 고상한 시대를 만나면, 야만적이고 치욕스러운 혼란을 발견할 거라는 혐의를 갖
고, 앙심을 품기보단 즐거운 마음을 갖고 대한다. 효과적인 역사는 멀리서 그것을 포착
하기 위해서, 그러나 느닷없는 탈취를 통해서, 가장 가까운 것을 연구한다." Foucault,
"Nietsche, Genealogy, History," in *Language, Counter-memory, Practice*, pp. 155-
156.

101 Foucault, *Discipline and Punish*, p. 14. 드 세르토가 언급한 바와 같이 『감시와
처벌』은 그러한 표상적인 타블로를 다른 시각적 특징들, 즉 "분석적인 타블로(단일한
현상에 관계되는 이데올로기적인 '규칙들'이나 '원칙들'의 리스트) 및 형상적인 타블
로(17-19세기 판화와 사진들)와 결합했다." De Certeau, "Micro-techniques and
Panoptic Discourse: A Quid Pro Quo," *Humanities in Review*, 5 (Summer and
Fall, 1982). p. 264.

그 이전의 설명들에서와 같이, 시각적 관찰의 특권화는 명백했다. 그것은 구체제의 "교수대의 스펙터클"에서 나타났을 뿐 아니라, 대혁명의 단두대라는 "거대한 연극적 제의"를 통해서도 계속해서 나타났다.[102]

그러나 그의 이전 분석들에서 그랬던 것처럼 푸코는 더욱 복잡하지만 여전히 시각적으로 결정되는 19세기의 대안을 위하여 고전주의적 양식의 쇠락을 언급했다. 그는 권력이 구사하는 새로운 시각적 기술의 원형을 사관학교, 군사캠프, 그리고 18세기의 임상병원에 두고 있음을 인정했다. 그리고 거기에 루이 14세 통치 말년의 궁정사회를 추가할 수 있을 것이다.[103] 그럼에도 불구하고 그는 자크알랭 밀레와 같이 그 가장 뚜렷한 사례로서 벤담의 모형을 선택했다.[104] 왜냐하면 응시의 훈육시키고 규범화시키는 기능이 가장 노골적으로 드러나는 것이 이 곳이기 때문이다. 지하 감옥의 원리를 역전시켜서, 숨어서 보이지 않는 신이 있는 파놉티콘은 "절대적인 보기"에 관한 가장 편집증적인 사르트르적 환상의 건축적 구현체였다. 훈육의 과정에서 실제 존재가 바로 필요치 않

---

102 Ibid., p. 15.

103 1674년 근방으로 이야기되는 루이 14세의 궁정에서의 스펙터클에서 감시로의 이행에 대한 분석을 위해서는 다음을 참조. Jean-Marie Apostolidès, *Le roi-machine: Spectacle et politique au temps de Louis XIV* (Paris, 1981) 참조. 그는 태양왕이 그의 지배의 마지막까지 볼거리의 위치에서 부재함으로써 왕정의 권력 구조에서는 빈 자리로 보여지지 않은 채 볼 수 있다는 인상을 주었다고 주장한다. 동일한 패턴이 〈시녀들〉에서의 왕의 역할을 나타낸다고 크리스틴 뷔시글뤽스만에 의해 주장된 바 있다. 이에 대해서는 다음을 보라. "Une archéologie de l'ombre," p. 24. 만약 스펙터클에서 감시로의 인식론적/실천적 이행에 대한 이런 예측이 정확하다면, 푸코의 시기 구분의 정확성은 의문에 부쳐지게 된다.

104 이후의 인터뷰에서 푸코는 밀레의 1973년 논문보다 훨씬 이전에 임상에 대해 연구하는 동안 파놉티콘을 떠올리게 되었다고 주장했다. 다음을 참조. "The Eye of Power," in *Power/Knowledge*, p. 46.

게 되는 분산되고 익명적인 권력이 베푸는 가학적 응시가 어디에서나 권력의 대상을 꿰뚫어 본다. 파놉티콘은 "비대칭과 불균형 그리고 차이를 보장해 주는 장치이다. 결과적으로 누가 권력을 행사하느냐는 문제되지 않는다. 임의로 선택된 어느 누구라도 이 장치를 운영할 수 있다"라고[105] 푸코는 적고 있다.

범죄자의 통제와 교정에 있어서 응시의 역할, 또는 항상 응시의 대상이 된다는 느낌이 하는 역할을 보완하는 것은 법률의 잠재적 위반을 예방하기 위해 설계된 감시(super-vision이라는 단어의 뜻 그대로 최상의 위치에서 보기)의 예방 능력이다. 여기서 외부의 눈길은 가장 사소한 세부사항에서조차 여전히 "신이 보는 앞에서" 어마어마한 힘을 지니는 오래된 종교적 선입견을 확장시킨 내면화되고 스스로 규제하는 메커니즘이 된다.[106] 비록 결코 그 시각적 차원에만 한정되는 것은 아닐지라도,[107] 이 새로운 통제 메커니즘은 근대 세계의 시각의 체제에서 최초의 가장 중요한 부분이 되었다.

푸코에 의하면, 감시 제도와 관행의 규범적 효력은 충분히 성공적이어서 과거에 사람들을 고분고분하게 다루기 위해 필요했던 왕권의 훨씬 엄중한 과시가 필요치 않게 되었다. 그는 나폴레옹의 통치가 과도기적인 것이었다고 주장했다. 왜냐하면 황제가 "그의 상징적이고 궁극적인 모습 안에, 일상적인 감시의 행사와 상호교차하는 응시의 철저한 경

---

105 Foucault, *Discipline and Punish*, p. 202.

106 Ibid., p. 140.

107 "권력의 눈"이라는 인터뷰에서 푸코와의 면담자들 중 하나인 미셸 페로(Michelle Perrot)는 벤담이 시각뿐 아니라 소리를 통해서도 주 감시자가 각각의 죄수들과 연결될 수 있도록 깡통관을 사용하라고 제안했음을 푸코에게 상기시켰다 (p. 154). 전자도청과 같은 그런 장비들의 시대에 감시는 물론 시각적일 뿐 아니라 청각적이다. 이에 대한 논의는 David Lyon, "Bentham'a Panopticon: From Moral Architecture to Electronic Surveillance," *Queen's Quarterly*, 98, 3 (Fall, 1991) 참조.

계로 태양도 독수리도 쓸모없게 만드는 파놉티콘 속에서 통치자의 장엄함과 권력의 스펙터클한 과시가 하나씩 사라져 버린 전체의 과정을 담고 있기 때문이다."[108] f) 그래서 곧 논의하게 될 드보르의 주장을 은연 중에 문제시하면서, 푸코는 "우리사회는 스펙터클의 사회가 아니라 감시의 사회이다. 우리는 원형극장에 있는 것도 무대 위에 있는 것도 아니고 파놉틱한 장치 안에 있다"고 결론지었다.[109]

이러한 장치 속에 우리를 감금하고 있는 것은 계몽주의와 그것이 태동시켰던 대혁명의 선량한 이상에 기인한다는 사실을 푸코는 의심치 않았다. "자유를 발견한 '계몽주의'는 동시에 훈육을 발명했다"고 그는 주장한다.[110] 스타로뱅스키의 분석에 명시적으로 의존해서, 그는 파놉티콘을 루소의 수정 같은 투명성의 유토피아적 시각과 연결시켰다.

나는 벤담이 루소에 대한 보완이었다고 말하고자 한다. 수많은 혁명가들을 자극했던 루소주의의 꿈은 사실상 무엇이었는가? 그것은 투명한 사회에 대한 꿈이었고, 이는 그 각각의 부분들을 볼 수 있고 읽을 수 있어서 어디에서나 어떤 어두움의 영역도 존재하지 않는 사회였다. […] 벤담은 그와 그 반대 양쪽 모두였다. 그는 시야(視野)의 문제를 제기하지만 지배하고 감독하는 응시 주위를 완전히 둘러싸고 조직된 하나의 시야를 생각한다. 그는 엄격하고 세밀한 권력에 봉사하기 위해 존재하는 보편적인 시야의 프로젝트를 구현한다. 그래서 벤담이 집착한 "모든 것을 보는" 권력의 실행이라는 기술적인 아이디어는 혁명의 시적 기록이라고 할 수 있는 위대한 루소주의의 주제와 접목된다.[111]

---

108 Foucault, *Discipline and Punish*, p. 217.

109 Ibid.

110 Ibid., p. 222.

111 Foucault, "The Eye of Power," p. 152. 고전시대의 스펙터클한 시각적 양식의

근대의 모든 권력의 기술이 루소와 벤담의 완전한 시야의 원칙으로부터 유래된 것이라는 암시를 애써 피하고자 했음에도[112] 푸코는 그가 탐구했던 그 다음 현상, 즉 성(性)의 현상을 구성하고 또한 통제하는 데 있어서 그 원칙의 중요성을 인정했다. "이러한 감시라는 주제들에 있어서, 그리고 특히 학교에서, 성에 대한 통제는 건축 안에까지 새겨져 있는 듯하다. 사관학교들에서는 바로 그 벽들마저 동성애와 자위행위에 대한 고투를 말해 주고 있다"고 그는 주장했다.[113] 개인들의 미시논리적인 규범화뿐 아니라 인구의 거시논리적인 통제에 도움을 주고자 의도된 인간에 관한 과학은 푸코가 『임상의학의 탄생』에서 이미 정신분석을 가지고 파악한 응시와 담론의 혼합체에 의존했다. 그가 성이라는 개념을 구성하는 데 있어서 고백과 같은 담론의 힘을 강조하고 있음에도 불구하고, 그는 그것을 감시하는 데 공간적이고 시각적인 통제의 중요성을 강조했다. "비밀은 항상 스스로를 누설하는 것이기 때문에" 그의 일탈이 "바로 그의 얼굴과 신체에 분별없이 쓰여지는" 성 "도착자"를 추방하는 데서 이 기능은 가장 뚜렷하게 드러난다.[114] 그렇게 주장하면서, 푸코는 『성 주네 Saint Genet』에서 주네의 성정체성이 그를 뒤로부터 "겁탈했던", 타자의 응시에 의해서 만들어졌다고 한 사르트르의 주장을 암묵적으로 보완했다.[115]

잔재인 혁명 시기 단두대의 극적 스펙터클에 대한 여기 『감시와 처벌』에서의 강조로부터 루소에 의해 예견되었던 19세기의 반연극적 감시로의 이동에는 확실히 어떤 어긋남이 있다.

112 「권력의 눈」에서의 그의 주장을 참조, p. 148.

113 Ibid., p. 150

114 Foucault, *The History of Sexuality*, vol. 1, An Introduction, trans. Robert Hurley (New York, 1982), p. 43

115 푸코는 비록 그가 "우리 문화의 위대한 남성동성애 작가들"에 장 콕토, 윌리엄 버로스(William Burroughs)와 함께 주네를 포함시켰지만, 주네를 직접적으로는 거의 다루지 않았다. 푸코의 인터뷰 "Sexual Choice, Sexual Act: Foucault and Homosexual-

주네를 언급하는 것은 시각적으로 유발된 대상화와 규범화 과정에 대해 있을 수 있는 저항의 문제를 제기하는 것이다. 장 콕토(Jean Cocteau)와 함께 만들었던 영화, 〈사랑의 노래(Un chant d'amour)〉와 같은 그의 작품들 중 일부가 근대문화의 관음적 가학증에 대한 도전으로 해석된 바 있다.[116] 푸코가 스스로 응시의 훈육적인 권력에 대해서 어떤 시각적 해독제, 혹은 어떤 해독제라도 제공한 적이 있다고 말할 수 있을까? 신체와 그것이 거주하는 공간에 대한 시각적 감시를 무력화시키는 데 그의 "보는 기술"은 어느 정도 강력한 무기였던가? 또는 자아형성에서 성의 우세에 대한 평형추로 그가 유명한 "신체와 쾌락"을 환기했을 때, 그는 암묵적으로 다른 감각에 의존했던가?

때때로 우리가 지적한 대로 푸코는 완전히 자족적이고 자립적인 체계를 표상하기 위하여 특히 언어의 주장에 반대하여 이미지의 파열적인 권력을 명백히 요청했다. 푸코가 빈스방어를 소개할 때 그가 꿈의 돌이킬 수 없이 시각적인 차원을 인정하지 않은 것에 대해 정신분석 일반, 그리고 특히 라캉을 비판했다는 것을 기억할 것이다. 루셀과 마그리트에 대한 푸코의 분석은 시각적 직접성에 반대하여 대신 언어를 지목했던 것처럼, 표상의 순진한 언어적 해석에 내재하는 "같음"을 향한 동일시의 충동을 전복시킬 시각의 권력을 또한 강조했다. 『말과 사물』에서 푸코가 "헤테로토피아(heterotopia)"라고[117] g) 불렀던 것들은 지배적인 시각체제의 추정된 정합성을 훼손하는 일관되지 못한 불편한 공간적 구성들이었다. 실제로 언어적, 시각적 **눈속임** 모두에 반대해서 그

ity," in Politics, Philosophy, Culture: Interviews and Other Writings, 1977-1984, ed. Lawrence D. Kritzman, trans. Alan Sheridan et al. (New York, 1988), p. 297 참조.
116 Laura Oswald, "The Perversion of I/Eye in Un chant d'amour," Enclitic, 7 (Fall, 1983).
117 Foucault, The Order of Things, p. xviii.

는 양가성과 타자성, 그리고 카아즘적인 교류를 보존한 일종의 말의 오용을 선호했다고 말할 수 있다. 그래서 푸코에게 보기란 "우리의 보기에서는 생각하지 않았던 것을 보고자 하고, 아직까지 보지 못한 보기의 방식을 시작하고자 하는 기술"이었다고 말한 라이크만의 주장에는 진리의 순간이 존재한다.[118]

그러나 주어진 시각적 질서를 문제시하고 볼 수 있는 것의 경계를 확장하려는 그의 모든 시도에서 푸코는 결코 진정으로 긍정적인 대안을 제공하지 않았다. 고고학이거나 계보학이거나, 또는 그가 마지막으로 공식화한 것 중 하나인, "분석"이거나,[119] 푸코 자신의 방법은 이론과 시각의 오래된 결탁 때문에 단호히 반(反)이론적이었다.[120] 메를로퐁티에 대한 그의 빈번한 비판에서 증명되듯이 그는 또한 어떤 탁월한 지각이 문제적인 "높은 고도"의 의식의 철학을 대체하는 체화된 시각의 존재론에 저항했다. 그가 언어의 자족성에 반대해서 시각을 언급할 때, 그것은 항상 투명성이나 명료성이 결코 아닌 그림자 또는 불투명성으로서의 세계를, 아마도 그것의 구축보다는 그것의 폭로를 강조한 것이었다. 빌헬름 미클레니치(Wilhelm Miklenitsch)가 말한 대로 "그의 관심은 실제로는 항상 유한성과 존재를 포착하는 사유 속에서 눈의 맹점(punctum caecum), 즉 시신경이 생기는 망막 위의 한 점에서 발견되

---

118 Rajchman, "Foucault's Art of Seeing." p. 96.
119 그의 다음 인터뷰에서 그는 이론이 아니라 "권력의 분석"을 요청했다. "The Confession of the Flesh," in *Knowledge/Power*, p. 199.
120 이 문제에 대한 논의는 다음을 참조. David F. Gruber, "Foucault and Theory: Genelogical Critiques of the Subject"; Ladelle McWhorter, "Foucault's Move Beyond the Theoretical"; and Peg Birmingham, "Local Theory," all in *The Question of the Other: Essays in Contemporary Continental Philosophy*, eds. Arleen B. Dallery and Charles E. Scott (Albany, N.Y., 1989). 푸코의 의도에도 불구하고 이론의 전체화하는 응시는 그의 작품에 다시 등장했다는 반대의견에 대해서는 다음을 참조. de Certeau, "The Black Sun of Language:Foucault," in *Hererologies*, p. 183.

는 보이지 않는 지점의 경험을 승인하는 것이었다."[121]

그래서 푸코는, 특유의 금욕적 단호함으로 시각의 상호적이고 간주체적인 의사소통의 가능성, 즉 서로 바라보는 가능성의 탐구를 거부했다. 응시는 그에게 있어서 프랑스어와 영어에서 가지는 또 다른 의미인, '다른 사람에게 주의를 기울이다' 또는 '돌보다'란 의미를 상정하지 않았다. 그가 마지막 작품에서 탐구했던 "자기에의 배려"는 "다른 사람이 볼 수 있는 특정 행동 방식"을 포함하는 정도로만 시각적 차원을 포함하고 있었다.[122] 그러나 그가 그토록 중요하게 보았던 윤리적이면서 미학적인 자기연출은, 가족 내에서와 같은 훨씬 상호적인 감성적 연대가 누락된, 일종의 신사다운 과시를 넘어서지 않았다.[123] 드 세르토가 지적한 대로,[124] 푸코는 파놉티콘의 위험에 과도하게 주목해서 그 권력을 전복시킬 일상생활의 다른 미시적 실천들은 보지 못했다. 그가 밝힌 저항에 관한 모든 관심에도 불구하고, 푸코는 모든 권력 관계를 너무 서둘러서 하나의 패권적인 시각적 장치에 흡수시켰다.[125] 비록 파놉티콘의

---

121 Wilhelm Miklenitsch, "La pensée de l'épicentration," *Critique*, 471-472 (August-September, 1986), p. 824.

122 Foucault, "The Ethic of the Card for the Self as a Practice of Freedom: An Interview," *Philosophy and Social Criticism*, 12, 2-3 (1987), p. 117. 다음 책은 그의 마지막 주저이다. *The Card for the Self*, trans. Robert Hurley (New York, 1986).

123 마크 포스터가 지적한 바와 같이 푸코는 가족을 주로 상호배려라는 차원을 포함하는 내부적 역동성이 없는 채로 거기에 행사하는 외부 담론의 관점에서 다루었다. Poster, "Foucault and the Tyranny of Greece," in *Foucault: A Critical Reader*, ed. David Couzens Hoy (New York, 1986), p. 219.

124 De Certeau, "Micro-techniques and Panoptic Discourse: A Quid Pro Quo," pp. 259-260.

125 제프리 민슨(Jeffrey Minson)에 의하면 "감시의 강압적 이미지로서 파놉티콘은 모든 유형의 감시를 그대로 유지하는 경향이 있다. 다만 회사 구조 그리고 시나 정부 부처들에 대한 권력과 권위의 집중화와 정치적으로 구별되지 않게 이들 단위 내의 중앙에 집중된 계층화된 권위를 만들어서 지배자에 대한 감시뿐 아니라 피지배자에 대한 감

훈육적 사회가 적어도 들뢰즈가 주장했듯이 시각적 감시보다 훨씬 컴퓨터화된 감시에 기반하는 새로운 "통제사회"로 대체될 것이라고 믿었음에도 불구하고,[126] 푸코는 시각적 경험이 이러한 새로운 통제사회에 저항하기 위해서 할 수 있는 역할에 대해서는 결코 깊이 생각해 본 적이 없었다.

더구나 일부 프랑스 페미니스트의 경우처럼 그가 눈의 헤게모니에 대한 해독제로서 또 다른 감각에 어떤 희망을 드러냈던 것 같지는 않다. 그들은 남성보다 여성과 더욱 어울리는 촉각이나 후각으로 전환할 것을 선택한 듯하지만, 푸코는 본질화하는 직접성에 대한 어떤 추구에도 항상 회의적이고 또한 여성의 성차 경험에 너무 무관심해서, 이 선택이 해답을 제공할 것이라고 느끼지 않았다. 실제로 그가 그의 마지막 인터뷰들 중 하나에서 강조한 바와 같이, "나는 대안을 찾고 있지 않다. […] 내가 원하는 것은 해답들의 역사가 아니다. 그것이 내가 **대안**이라는 단어를 받아들이지 않는 이유이다. 나는 문제들의, 즉 **문제적인 것들**의 계보학을 하고자 한다. 내 요점은 모든 것이 나쁘다는 것이 아니라 모든 것이 위험하다는 사실이다."[127] 따라서 현재의 "응시의 제국"에서 더 온화한 헤테로토피아적인 대안으로의 실제 탈출은 없었다. 왜냐하면, 푸코가 어디를 보건, 그가 볼 수 있는 모든 것은 **"악의/감시**

시를 하나로 합친다. 파놉티콘은 또한, 왕권의 거울이미지로서 그리고 훈육적 사회의 전체화하는 이미지로서 근대의 권력-지식이 기능하는 모든 훈육적 권력을 초청하는 은유를 제공한다. 마지막으로 권력(사회)이 그를 통해 자신의 형태를 인식할 수 있는 하나의 거대한 양극의 움직임으로서 훈육적 감시는 권력 일반을 이해하는 데 열쇠로 제공될 수 있다." Minson, *Genealogies of Morals: Nietzsche, Foucault, Donzelot and the Eccentricity of Ethics* (London, 1985), p. 97.

126 Gilles Deleuze, "Postscript on the Societies of Control," *October*, 59 (Winter, 1992)

127 Foucault, "On the Genelogy of Ethics: An Overview of Work in Progress" in *The Foucault Reader*, p. 34.

(malveillance)"의[128] [h)]시각체제들뿐이기 때문이다.

⊙

지배적인 시각체제에 대한 푸코의 비판이 응시의 대상이 됨으로써 훈육되고 규범화되는 데 초점을 맞추었다면, 드보르와 그의 상황주의자 동료들은 보는 주체가 되는 위험을 강조했다. 말하자면 그들에게 근대 생활의 스펙터클에 의한 유혹은 빅 브라더의 편재하는 감시보다 정치적으로 훨씬 사악한 것이었다. 더구나 푸코와 달리 그들은 참여적인 축제가 관조적인 스펙터클을 대체하고, 새롭고 더 건강한 주체가 등장하는 현재 체제의 유토피아적인 전복에 대한 희망을 완강하게 드러냈다. 따라서 그들은 현재의 시각체제가 그 자신에게 등을 돌리기를 희망하면서, 이러한 목적을 실현하기 위해 푸코보다 훨씬 직접적인 행동주의 방식으로 개입하고자 했다.

그들의 구원적인 계획이 1968년 5월의 후유증으로 인해 다른 많은 계획들처럼 흔들리면서, 결과적으로 그들의 유산은 건설적이기보다는 비판적인 것이 된 듯하다. 20년이 지난 이후 삶과 예술의 통합을 통하여 그토록 열광적으로 혁명을 추구했던 상황주의는 그 급진성에 있어서 앞선 선행자를 추월하고자 하면서 모더니즘 운동의 음울한 계보에 또 다른 정사(正史)로서 등록되는 변질의 위험에 처했다.[129] 거리의 과

---

128 Foucault, "The Eye of Power," p. 158.
129 1989년 상황주의자들의 "작품"은 파리의 퐁피두 센터, 런던의 ICA, 그리고 보스톤의 ICA에서의 전시주제였다. 비록 이들은 예술제도를 해체하고자 했던 운동에 대해서 미학적 자격을 부여하는 행위의 아이러니를 인식하고 있었으나, 기획자였던 피터 월런(Peter Wollen)과 마크 프랜시스(Mark Francis)는 그들의 생각들을 다시 꺼내서 그들의 프로젝트를 구원할 수 있는 다른 방법은 없다고 느꼈다. 이 전시 개최와 동시에 훌륭한 도록이 발간되었다. *On the Passage of a Few People Through a Rather Brief*

격한 "상황"은 미술관의 "예술작품"으로 대체되었다. 심지어 스펙터클이라는 그들의 중심적인 개념조차, 포스트모더니스트들이 그것을 부끄럼 없이 유순한 현상으로 포용하고 그 설명력이 20세기의 세기말적인 분위기에서는 더 이상 적절하지 않다고 주장했을 때, 그 비판적 힘을 상실하기 시작했다.

부르주아 사회를 전복하려는 상황주의 프로젝트의 복합적인 결과가 무엇이건 간에, 그것이 지배적인 시각적 질서를 크게 훼손시키는 데 기여했다는 것은 의심의 여지가 없다. 그 기원은 사실상 시각의 헤게모니에 도전했던 수많은 이전의 운동과 담론에 근거하고 있다.[130] 비록 오래된 천년의/무정부주의적인 종교적 운동들과 근원적인 친연성을 부인할 수 없으나, 보다 직접적인 정치적 관점에서 상황주의는 1923년 죄르지 루카치의 『역사와 계급의식 History and Class Consciousness』에서 시작

Moment in Time: The Situationist International, 1957-1972, ed. Elisabeth Sussman (Cambridge, Mass., 1989), 이 도록의 몇 논문들은 상황주의를 "볼거리화"시키는 난제와 씨름했다고 말하고 있다.

130 그 운동에 대한 최고의 역사적 설명은 Peter Wollen, "Bitter Victory: The Art and Politics of the Situationist International," in *On the Passage of a Few People Through a Rather Brief Moment in Time* 참조. 월런은 그들의 서구 마르크스주의와 초현실주의에 대한 빚을 강조한다. Edward Ball, "The Great Sideshow of the Situationist International," *Yale French Studies*, 73 (1987), pp. 21-37; Mark Shipway, "Situationism," in *Non-Market Socialism in the Nineteenth and Twentieth Centuries*, ed. Maximilien Rubel and John Crump (London, 1987); 그리고 Greil Marcus, *Lipstick Traces: A Secret History of the Twentieth Century* (Cambridge, Mass., 1989) 참조. 여기서는 그들을 중세적인 천년왕국설에서부터 펑크록에 이르는 반율법주의적 저항의 전통에 위치시킨다. 그리고 월런과 달리 그는 초현실주의보다 다다와의 연계를 더 강조하고, 서구 마르크스주의에 있는 그들의 뿌리는 일반적으로 무시한다. 그들의 역사에 대한 보다 덜 동정적인 평가는 "Specto-Situationists" in Stewart Home, *The Assault on Culture: Utopian Currents from Lettrism to Class War* (London, 1988) 참조. 그는 1962년 제2 상황주의 인터내셔널을 만들기 위해 드보르와 결별한 반대자들의 입장에서 쓰고 있다.

된 서구 마르크스주의 전통의 산물이었다.[131] 상황주의자들은 루카치의
사회적 관계의 총체성에 관한 비판, 주체와 객체의 통일성에 대한 희
망, 그리고 노동자 협의회에 대한 칭송[132] 등에 대한 강조를 공유할 뿐
아니라, 혁명적 변화의 주된 장애요인인 물화에 대한 그의 비판을 도입
했다. 루카치의 물화 개념이 베르그송의 시간의 공간화에 대한 공격에
빚지고 있는 만큼, 상황주의자들은 그의 주장의 반시각적 열정의 일부
를 수용했다.[133]

　푸코처럼 그들도 저항뿐 아니라 지배의 주된 장소로서 공간을 조사
해야 할 가치를 이해하게 되었다. 비록 상황주의자들이 그와 공유하는
이념에 있어서 우선순위에 관한 논쟁을 벌였지만, 여기서 프랑스 마르

131　그 역사를 추적한 나의 시도는 *Marxism and Totality: The Adventures of a Concept from Lukács to Habermas* (Berkeley, 1984) 참조. 월런은 페리 앤더슨(Perry Anderson), 마크 포스터, 그리고 러셀 자코비(Russel Jacoby)가 기술한 그 전통에 대한 다른 설명들처럼 마르크스주의는 초현실주의와 상황주의를 주변적인 것으로 취급하고 있다고 정확하게 지적하고 있다.

132　확실히 루카치는 레닌주의당을 위해서 평의회에 대한 믿음을 바로 포기했다. 상황주의자들은 코르넬리우스 카스토리아디스와 클로드 르포르의 지도하에 결성된 사회주의냐 야만이냐(Socialisms ou Barbarie)처럼 평의회의 중요성에 대한 훨씬 확고한 신봉자들이었다. 그러나 그들은 이론과 실천의 조직화된 매개자로서 급진적인 지식인을 위한 역할을 또한 추구했다. 예를 들어 그들의 유명한 1966년 팜플렛 "On the Poverty of Student Life," reprinted in *Situationist International Anthology*, ed. and trans. Ken Knabb (Berkeley, 1989), p. 334 참조. 상황주의 이론에서 종종 인용되는 이율배반은 그것이 한편으로는 놀이와 소비를 높이 사면서 다른 한편으로는 노동자 평의회에 대한 생산주의적인 의존을 보인다는 점이었다.

133　이들 간의 연계를 밝히려는 가장 끈질긴 시도는 다음 글에서 볼 수 있다. Lucio Colletti, "From Bergson to Lukács," in *Marxism and Hegel*, trans. Lawrence Garner (London, 1973). 베르그송의 영향에 대한 다른 평가는 다음을 참조. Andrew Feenberg, *Lukács, Marx and the Sources of Critical Theory* (Towata, N.J., 1981), p. 208. 그는 그의 비이성주의적인 함의로 인해서 그들간의 연계를 거부하지만 시간의 공간화 문제에 대해서는 논하지 않고 있다.

크스주의자 앙리 르페브르(Henri Lefebvre)의 저작은 특별히 중요하다.[134] 1920년대에 초현실주의의 주변부에 한때 머물렀던 르페브르는 정통 스탈린과 마르크스주의 휴머니즘의 단계를 지나 1960년대에 신좌파의 지도적 인물로 등장했다. 르페브르는 에드가 모랭(Edgar Morin), 코스타스 엑셀로스(Kostas Axelos), 장 뒤비뇨(Jean Duvigneaud)와 피에르 푸제롤라스(Pierre Fougeyrollas) 등이 참여한 아르귀망(Arguments) 그룹의 일원으로서, 루카치의 헤겔적 마르크스주의를 대중화하고 변형하는 데 도움을 주었다. 상황주의자들에게 특별히 중요했던 것은 혁명적 투쟁의 거점으로서의 일상생활, 대량소비, 그리고 도시의 공간적 환경에 대한 르페브르의 강조였다.[135] 그가 "관리되는 소비의 관료화된 사회"라고 부른 것에서 소외는 점증하고 있었고, 무랭(Mourenx)처럼 불모의, 기능적인 신도시들에서는 소외가 하루하루의 생활로부터 모든 자발성을 차츰 앗아갔다. 그러나 르페브르와 상황주의자들에게도, 일단 근대 스펙터클의 상품 물신화가 약화된다면, 도시의 권리를 재정립하는 도시축제는 여전히 그럴 듯한 가능성이었다.[136]

---

134 예를 들어 다음 글에서의 어떤 영향에 대해서도 독설을 퍼붓는 거부는 다음을 참조. "The Beginning of an Era," from *the Internationale situationniste*, 12 (September, 1969), reprinted in Knabb, ed., *Situationist International Anthology*, p. 228. 르페브르의 경력에 대해서는 다음을 참조. *Marxism and Totality*, 9장. 그의 시각의 이슈에 관한 지속적인 관심은 다음과 같은 후기 저작에서 볼 수 있다. *The Production of Space*, trans. *Donald Nicholson-Smith* (Oxford, 1991), originally published in 1974, 예를 들어 다른 감각들에 대해 눈이 행사하는 전체화하는 헤게모니의 사악한 효과에 대한 르페브르의 논의는 286페이지 참조.

135 Henri Lefebvre, *Everyday Life in the Modern World*, trans., S. Rabinovitch (New York, 1971). 프랑스에서 르페브르는 『일상생활의 비판 *Critique de la vie quotidienne*』이란 제목으로 여러 권의 책을 발간했으며, 그중 가장 이른 것은 1947년에 발간되었다.

136 Lefebvre, *Le droit à la ville* (Paris, 1968).

마르크스주의건 아니건, 물신화에 대한 어떤 비판도 우상숭배에 대한 비판과 강하게 연관되기 때문에 혁명을 위해서 시각적 경험이 주된 전쟁터가 되는 것은 불가피했다.[137] 인간의 생산에 기원한다는 사실이 종종 간과되고 억압되는 사회과정의 가시적인 겉모습인 한에서, 상품은 보이지 않는 신을 대신하여 숭배하는 우상과 같다. 게다가 프랑스에서 **스펙터클**이라는 단어가 동시에 연극적 시연을 의미한다는 사실은 르페브르와 상황주의자들이 축제에 대한 반(反)명제로서 스펙터클을 환기시킬 때, 루소와 그 이전 시대에 뚜렷했던 연극적 환영에 대한 오래된 의구심에 기대고 있음을 시사한다.[138]

그들은 또한 전후 시기 몇몇 정치색을 지닌 모더니즘 운동에서 나타난 바 있었던 초현실주의의 우상파괴적인/인습타파적인 충동에 명백히 빚지고 있다. 그 하나는 덴마크의 아스거 요른(Asger Jorn), 벨기에의 크리스티안 도트르망(Christian Dotrement), 그리고 네덜란드의 콘스탄트 니우엔하위스(Constantin Nieuwenhuys) 등이 이끌었던 소위 코브라 그룹의 작가들로 이들은 1948년부터 1951년까지 여러 나라에서 활동했다. 다른 하나는 요른과 이탈리아의 주세페 피노갈리치오(Giuseppe Pinot-Gallizio)가 이끌고 1953년부터 1957년까지 활동했던 이미지주의 바우하우스였다.[139] 1957년 코시오 다로시아(Cosio d'Arroscia)에서 공식적으로 출범하여 그로부터 15년 후에 해체된 상황주의 인터내셔널을 드보르와 함께 설립하고자 했던 인물들 중 다수는 이미

---

137 예를 들어 다음을 참조. David Simpson, *Fetishism and Imagination* (Baltimore, 1983), and W.J.T. Mitchell, "The Rhetoric of Iconoclasm: Marxism, Ideology and Fetishism," in *Iconography: Image, Text, Ideology* (Chicago, 1986).

138 Jonas Barish, *The Anti-Theatrical Prejudice* (Berkeley, 1981).

139 요른의 삶과 작업에 대해서는 다음을 참조. Guy Atkins, ed., *Jorn in Scandinavia: 1930-1953* (London, 1968); *Asger Jorn: The Crucial years: 1954-1964* (London, 1977); and *Asger Jorn: The Final Years: 1963-1973* (London, 1980).

이러한 운동들에서 활발하게 활동하고 있었다.

세 번째 영향은 이차대전 중에 루마니아에서 이지도르 이주(Isidore Isou, 원이름은 장이지도르 골스탱 Jean-Isidore Golstein)에 의해 발족된 국제적 그룹인 문자주의였다.[140] 다다의 스캔들 전통에 영향을 받아서 문자주의자들은 1946년 파리에서 미셸 레리스의 다다에 관한 강의를 방해하는 것으로 프랑스에서 처음으로 주목을 받았다. 1931년에 태어난 젊은 드보르는 자신이 전혀 공감하지 못한 프로이트의 무의식에 매혹되었던 초현실주의보다 문자주의의 활동 범위에 바로 이끌렸다. 그러나 그 특유의 논쟁적인 성격으로 인해 그는 바로 이주와 부딪혔고 1952년 문자주의 인터내셔널이라고 불리는 정치적으로 훨씬 과격한 분파 모임의 결성을 도왔다.[141] 의미심장하게도 그들이 창간한 잡지는 『포틀래치 Potlatch』라고 명명되었다.[142] 그래서 바타유를 그토록 사로잡았던 반사적인 상호관계 및 교환과 똑같은 낭비적인 파괴를 떠올리게 했다.

그러나 드보르가 이주와의 결별 이전에 시작하거나 참여했던 여러

---

140 문자주의의 기원과 발전에 대한 설명은 스티븐 포스터(Stephen C. Foster)가 편집한 에세이들을 참조. 1983년 아이오와 대학교 미술관에서의 전시도록 참조. *Lettrism: Into the Present*. 이 도록은 다음의 책으로 출판되었다. *Visible Language*, 17, 3 (1983). 또한 이주에 대한 설명은 Marcus, *Lipstick Traces*, pp. 246ff 참조.

141 결별의 직접적인 원인은 1952년 10월 찰리 채플린에 의한 기자회견을 방해하는 것을 이주가 묵인하지 않은 데 있었다. 다음을 참조. *Documents relatifs à la foundation de l'internationale situationniste*, ed. Gérard Berreby (Paris, 1985), pp. 147ff. 드보르와 함께 미셸 베른스타인(Michèle Bernstein), 세르주 베르나(Serge Berna), 장 루이 브라우(Jean-Louis Brau), 질 월만(Gil J. Wolman)이 이주의 그룹을 떠났다. 문자주의 인터내셔널은 매우 유동적인 회원을 가지고 있었으며, 첫 두 해 동안 12명이 추방되었다. Home, *The Assault on Culture*, p. 17 참조.

142 이 이슈들은 다음 책에 모아 두었다. *Potlatch*, ed. Guy Debord (Paris, 1985) 참조.

분파적 논쟁들 중 최초였던 문자주의는 그의 이론과 실천에 중요한 영
향을 주었다. 이주 그 자신은 루마니아에서 공산주의자였기에 정치적
함의를 갖는 파열적인 미학적 상황들을 만들어 내는 모델을 제공한 것
외에도, 문자주의자들은 드보르와 그의 동료들이 수많은 상이한 매체
상의 시각적 이슈에 주목하도록 도왔다. 문자주의 시는 페이지 위에 기
표의 물질적인 중요성을 강조하는 것으로 유명하다. 그리고 그 강조는
그들의 작품 속에 모스 부호, 브라유 점자, 깃발 신호, 상형문자와 같이
표준적이지 않은 철자를 도입하는 것을 포함했다. 시각적으로 지향된
또 다른 "구체시"의 경우에서와 같이 그들은 단어의 의미론적 투명성을
"글자 바꿔쓰기"(hypergraphy, métagraphie) 또는 "덧-쓰기(super-
writing)"로 대체함으로써 훼손시키고자 했다.

이와는 반대로, 모리스 르메트르(Maurice Lemâitre)의 그림으로 가
장 유명한 이들의 회화는 종종 수수께끼 같은 글자조합이나 그림문자
로 문자와 단어들을 도입함으로써 시각적 순수성을 파열시키고자 했
다. 장폴 퀴르테(Jean-Paul Curtay)에 의하면 비록 조르주 브라크, 피
카소, 클레와 같은 이전의 작가들이 그들의 조형적 가치를 위해서 문장
과 기호들을 사용했으나, "덧쓰기가 등장한 이후에 비로소 비평가들이
그들의 캔버스에서 기호들을 보고, 그것들을 '시각적 텍스트들'로 읽기
시작했다. 이주는 그래서 예술의 패러다임을 이동시켰다. 그린다는 것
은 기호들을 조직하는 것이 되었다."[143] 그들의 작품은 또한 풍자만화와
같은 대중문화의 기호/이미지들을 종종 체제 전복적인 명제를 달고 가
져오는 데 개방적이었고, 그것은 상황주의자들에게 강한 영향을 미쳤다.

문자주의자들의 시각적 실천은 실험적인 영화 또는 그들이 '어긋나

---

143 Jean-Paul Curtay, "Super-Writing 1983-America 1963," in Foster, ed., *Let-
trism: Into the Present*, p. 23.

는' 영화라고 부른 것을 포함하는데, 이는 1920년대와 1930년대 초현
실주의자들의 자주 중단되었던 노력을 그 너머로 확장시켰다.[144] 1951
년에 이주는 〈침과 영원에 관한 논고(Traité de bave et d'étenrité)〉를,
르메트르는 〈영화가 벌써 시작했나?(Le film est déjà commencé?)〉를
제작했다. 여기서 그들은 이주가 예술 형식의 건설적인 또는 "정초하고
확장하는"(amplique) 단계에서 "파괴하기"(ciselante) 단계로의 이행이
라고 부른 것을 보여 주고자 시도했다. 그의 1952년 「영화의 미학(Es-
thetics of the Cinema)」과 또 다른 글에서,[145] 이주는 균열을 내는 행위
는, 예를 들면 셀룰로이드 필름스트립을 긁거나 찢는 것과 같이 작품이
근거하는 매체에 직접적인 공격을 가하거나 심지어 파괴하는 행위를 포
함한다고 설명한다. 소리와 이미지가 동기화되지 않는 이접적인 편집이
나 온전함을 훼손시키는 사운드트랙의 균열 내기와 함께, 이미지의 외
견상의 투명성과 우월한 지위에 대한 이러한 공격은[146] 이미지가 제공한
표상의 환영을 깨뜨리기 위해 고안되었다. 르메트르가 영화 속 배우들
을 실제 관중이 있는 공간에 등장시켜서 수동적인 관람자와 그 또는 그

144 Frederique Devaux, "Approaching Lettrist Cinema," in Foster, ed., Let-
trisme: Into the Present. 또한 Dominique Noguez, "The Experimental Cinema in
France," Millennium Film Journal, 1 (Spring-Summer, 1978). 비록 수년간 거의 잊
혀졌지만, 문자주의 영화는 1950년대 초반에 중요하다고 인정받았다. 장 콕토는 1951
년 칸느 영화제에서 이주의 최초의 노력에 대해서 아방가르드상을 수여했다.
145 그가 발표한 글의 목록은 드보(Devaux)의 글에 부록으로 달린 참고문헌을 참조.
거기에는 드보르와 결별 후에 쓰여진 다음 글도 포함되어 있다. Contra le cinéma
situationniste, néo-Nazi (Paris, 1979)
146 이주의 〈논고〉에서의 목소리가 말하듯이 "말을 위해서 사진을 파괴하라. 이 영역
에서 해왔던 것, 즉 영화가 무엇일거라고 생각했던 것의 반대를 수행하라. 운동이라는
의미를 가진 영화를 누가 말의 운동이 아니고 절대적으로 사진의 운동이어야만 한다고
말한 적이 있는가? […] 영화에서 사진은 나를 불편하게 한다." Isou, Traité de bave et
d'éternité, in Oeuvres de Spectacle (Paris, 1964), p. 17.

녀의 응시의 대상과의 간극을 메우는 행위예술, 즉 "공(共)영화(syncin-ema)"에 대해 가진 생각도 또한 같은 것이었다. 1962년에 그는 〈영화에서의 어떤 저녁(Un soir au cinéma)〉이라는 작품을 선보였는데, 그것은 관중들 자신의 몸 위에 이미지와 때때로 상형문자들을 영사했다.

그가 이주와 결별하기 직전에, 드보르는 〈사드를 위한 절규(Hurle-ments en faveur de Sade)〉라는 제목의 실험적인 "영화" 시리즈의 첫편을 완성했다.[147] 비록 그 첫 버전은 흠집이 난(chiseled) 이미지들을 보여 주었지만, 그 마지막 버전은 관람자의 시각적 기대에 공격을 가하는 데서 훨씬 더 과격했다. 그 사운드 트랙은 다수의 무표정한 목소리로 지껄이는 수많은 이질적인 원천에서 나온 말들을 포함하고 있다. 그들이 말할 때 화면은 하얀색이다. 그리고 그들이 침묵하는 영화의 1시간 20분 중 5분의 4가량을 차지하는 동안에 화면은 검은색이다. 당연히 그 영화가 1952년 런던의 ICA(Institute for Contemporary Art)에서 문자주의자들이 아닌 관중들에게 처음 상영되었을 때, 그 사건은 드보르가 기대했던 스캔들을, 즉 관중을 그렇게 가학적으로 마음 졸이게 만드는 경험을 하게 함으로써 유발된 절규를 일으켰다.[148] 그 뒤에도 그는 주류 영화에 대해서뿐 아니라 장뤽 고다르(Jean-Luc Godard)와 같은 주류 영화에 대한 비판자들에 대해서도 끊임없이 적대적이었다.[149]

---

147 Guy Debord, *Oeuvres cinématographiques complètes: 1952-1978* (Paris, 1978). 그의 영화들에 대한 뛰어난 설명은 Thomas Y. Levin, "Dismantling the Spec-tacle: The Cinema of Guy Debord," in *On the Passage of a Few People Through a Rather Brief Moment in Time* 참조.

148 드보르가 사드의 절규를 옹호했던 최초의 인물은 아니었다. 드니 올리에에 의하면 바타유의 글 「음울한 놀이」의 첫 버전은 「달리가 사드와 절규한다(Dali hurle avec Sade)」라고 불렸다. 그의 글 *Against Architecture: The Writing of George Bataille*, trans. Betsy Wing (Cambridge, Mass., 1989), p. 122 참조.

149 예를 들어 다음 글에 실린 그가 1966년에 쓴 고다르에 대한 신랄한 비판을 참조. Knabb, *Situationist International Anthology*, pp. 175ff.

토머스 레빈(Thomas Levin)에 따르면, 문자주의보다 오히려 다다적
인 영감에 기초한 드보르의 초기 영화들은 세계의 무의미한 실재를 타
협하지 않는 엄정함으로 복제하는 "부조리한 모방"이라고 불릴 수 있는
논리를 따랐다.[150] 나중에 그는 영화의 정치적 기능은 재현적 이미지들
을 완전히 지워 버리는 것보다 그것들을 재기능화함으로써 훨씬 잘 작
동한다는 사실을 깨달았다. 〈사드를 위한 절규〉에서 뚜렷했던 이미지에
대한 소리의 우위는 비록 역전되지 않았지만, 〈비교적 짧은 시간 동안
소수의 사람들만이 지나간 길에서(Sur le passage de quelques per-
sonnes à travers une assez courte unité de temps)〉(1959), 〈분리에 대
한 비판(Critique de la séparation)〉(1959), 〈스펙터클의 사회(La so-
ciété du spectacle)〉(1973), 〈영화 "스펙터클의 사회"에 대한 찬사로 가
득한 만큼이나 적대적인 평가에 대한 논박(Réfutation de tous les juge-
ments, tant élogieux qu'hosties, qui ont été jusqu'ici portés sur le
film 'Société du spectacle')〉(1975), 그리고 〈우리는 밤중에 배회하고
소멸한다(In girum imus nocte et consumimur igni)〉(1978) 등의 드
보르의 이후 영화들은 소리로 된 해설과 병치되어서 종종 아이러니하
게 훼손되는 차용된 시각적 재료들을 포함하고 있었다.[151]

여기서 드보르는 종종 불법적인 목적을 위한 전환(diversion), 우회
(deflection), 또는 납치(hijacking) 등을 의미하는 **전용**(데투르느망 dé-
tournement)이라고 알려진 상황주의자들이 좋아하는 기법을 활용했
다.[i] 로트레아몽의 창의적인 표절이나 다다의 포토몽타주, 뒤샹의 레디

---

150 Levin, "Dismantling the Spectacle," p. 90.
151 그 시나리오와 몇몇 스틸사진들은 다음에 실려 있다. *Oeuvres cinématogra-
phiques complètes: 1952-1978*. 그의 영화들 자체는 1985년 그의 친구이자 후원자인
제라드 르보비치(Gerard Levovici)의 의문의 살인사건 당시 그에 대한 빈정거림에 대
한 응답으로 드보르는 그 배급을 중단했다. Marcus, *Lipstick Traces*, p. 452 참조.

메이드, 그리고 브레히트의 기능변경(Umfunktionerung) 등에 의해서
예기되었듯이, 그것은 스펙터클을 그 자신의 악취와 대면시키고 그것
들의 정상적인 이데올로기적 기능을 전복시키는 것을 의미했다. 아스
거 요른은 "전용된 회화(detourned painting)"를 주장하고 실천했다.[152]
거기서 이전 예술작품의 요소들은 풍자적으로 인용되어 비하되고, 새
로운 조합으로 통합되면서 신선한 의미를 다시 부여받는다. 그는 또한
키치 회화 위에 덧그림을 그리고 이를 "수정(modifications)"이라고 불
렀다. 그리고 이를 통해서 키치 회화의 유토피아적인 가능성을 열어 주
고자 했다. 드보르와 그 운동의 주요한 동료들인 라울 바네겜(Raoul
Vaneigem), 미셸 베른스타인(Michèle Bernstein, 1954년부터 1971년
까지 드보르의 아내),[153] 르네도나시앵 비에네(René-Donatien Viénet),
그리고 아틸라 코타니(Attila Kotányi)는 그 기법을 만화책에서 벽포스
터, 빌보드에서 포르노그라피, 영화에서 그래피티까지 시각문화의 전
영역으로 확산시켰다. 그들은 다음과 같이 주장했다. "우리는 오직 스
펙터클의 폐허 위에서만 만들 수 있다."[154]

일상생활의 예술이라는 유토피아적 약속을 실현하라는 그들의 명령
에 따라서 그들은 또한 운동감각적인 관점에서도 스펙터클에 도전하고
자 했다. 이반 체체로프(Ivan Chtcheglov)의 「새로운 도시생활을 위한
처방서(formulary for a new urbanism)」에 따라,[155] 그들은 그들의 "심

---

152   Asger Jorn, *Peinture détournée* (Paris, 1959). 또한 "Detournement as Nega-
tion and Prelude" in *International Situationniste*, 3 (December, 1959), reprinted in
Knabb, ed., *Situationiste International Anthology*, pp. 55-56 참조.
153   운동에서의 그녀의 역할에 대한 가장 좋은 설명은 다음을 참조. Marcus, *Lipstick
Traces*, pp. 374ff.
154   "Questionnaire" in *Internationale Situationniste*, 9 (August, 1964), reprinted
in Knabb, ed., *Situationist International Anthology*, p. 139.
155   1953년에 쓴 이 문건은 다음에 실려 있다. Knabb, ed., *Situationist International*

리지리적" 충동에 의해 개별적으로 또는 집단으로 그 사이를 무작정 방황함으로써 도시의 "진부화"에 대항하고자 했다. 그들이 **표류하기 (drifting, dérive)**"라고 부른 것은 **산책자(flâneur)**의 구경하며 거닐기나 심지어 초현실주의자들의 정처 없이 전원을 소요하기를 능가했다.[156] 체체로프에 의하면 그 희망은 도시 공간 속에 숨겨져 있는 경이로움과의 만남을 통한 완전히 해방된 방향감각의 상실이었다. "이 기획은 비록 그 정원들은 항상 그 안에서 살 수 있도록 설계되지 않았다는 차이를 지니지만, 환영적인 투시법(**눈속임의**)에 의한 중국이나 일본의 정원과 비교될 수 있거나, 또는 그 입구에 '**미로 안에서 게임은 금지된다**' 라고 쓰여 있는 (아리아드네가 없는 불합리의 절정) 식물원 내의 터무니없는 미로와 비교될 수 있다'라고 그는 쓰고 있다.[157] 바타유나 다른 프랑스의 시각중심주의에 대한 비판자들의 구미에 맞을 동일한 이미지를 이용해서 말하자면, 미로로 변해 버린 도시는 상황주의자들에게 상점 앞의 유리창이나 네온사인 박살 내기와 같은 게임이 벌어질 장소였다. 오스망의 "대로화된" 파리의 억압적인 시각적 질서, 르 코르뷔지에의 순수주의적(purist) 도시라는 환상의 끔찍한 불임증에서 논리적 귀결에 도달한 그 질서는 오직 거기서만 좌절시킬 수 있다. 그리고 거기에서만 도시적 유목주의의 실천으로 근대의 도시풍경을 일종의 해방구로 **전용**

Anthology, p. 1-4. 질 이반(Gilles Ivan)이라는 가명으로 이 글을 썼을 때 그는 19살이었다. 수년 후 문자주의 인터내셔널은 그를 비판했고, 그는 망명했다. 상황주의 인터내셔널과의 관계는 1950년대 후반에 다시 재개되었으며, 이는 그의 영향력 있는 글이 이들의 잡지에 실리도록 했다. 이에 대한 간략한 논의는 다음을 참조. Christopher Gray, ed. and trans., *The Incomplete Work of the Situationist International* (London, 1974), p. 4; and Home, *The Assault on Culture*, pp. 18ff.

156 Debord, "Theory of the Derive," *International Situationniste*, 2 (December, 1958), reprinted in Knabb, ed., *Situationist International Anthology*, pp. 50-54. 앙드레 브르통의 『나자 *Nadja*』는 어느 정도 도시에서 표류하기의 전조로 볼 수 있다.

157 Chtcheglov, "Formulary for a New Urbanism," p. 3.

시킬 수 있다. 그 해방구에서는 진정한 삶이 생기 잃은 이미지의 반사 상태를 해방시킬 것이다.

1958년부터 1969년까지 발간된 그들의 잡지, 『상황주의 인터내셔 널 *Internationale Situationniste*』 열두 편과,[158] 다른 많은 비정기적 팜 플렛들에서 반복적으로 환기되었지만, 스펙터클이라는 개념은 드보 르가 1967년에 발간한 『스펙터클의 사회』에서 가장 폭넓게 설명되었 다. 그의 라이벌들 중 일부, 가장 유명하게는 덴마크의 요르겐 내시 (Jorgen Nash)가 그 운동으로부터 축출되고 몇 년 후에 출간된[159] 그 책 은, 초현실주의 서클에서의 브르통에 비교되는, 운동의 중심 대변인으 로서의 그의 역할을 공고히 하는 데 도움을 주었다.[160] 그것은 또한 상 황주의의 역사에서 다른 어느 것보다도 운동의 중심 개념을 더 많은 일반 청중들에게 소개했다. 『새로운 관찰자 *Le Nouvel Observateur*』지 는 그것을 "새로운 세대의 『자본론』"이라고 부르기까지 했다.[161] 1968년 5월의 사건들은 결코 상황주의자의 선동의 결과물이 아니었지만, 그 사 건들은 드보르와 그의 동료들의 사상에 의해 이론적으로 굴절되었다.

『스펙터클의 사회』는 루트비히 포이어바흐의 『기독교의 본질 *The Essence of Christianity*』에서 표상의 환영에 의혹을 표하고 성스러운 이 미지의 숭배를 비난한 인용문구로 시작한다. 그리고 9장으로 나뉜 221

---

158 그것들은 다음의 책 한 권으로 재발간되었다. *International Situationniste 1958-1969*, (Paris, 1975).

159 "내시주의자"들로 알려진 회원들과의 분열은 1962년에 일어났다. 정통 상황주의 인터내셔널의 설명은 다음을 참조. "The Countersituationist Campaign in Various Countries," in Knabb, ed., *Situationiste International Anthology*, "두번째 인터내셔 널의 정당성"을 옹호하는 설명은 다음을 참조. Home, *The Assault on Culture*, 7장.

160 그런 비교는 일찍이 야스거 요른의 다음 글에서 이루어진 바 있다. *Signes gravés sur les églises de l'Eure et du Calvados* (Copenhagen, 1964), p. 294.

161 *Le Nouvel Observateur*, November 8, 1971, cited in Knabb, ed., *Situationist International Anthology*, p. 387.

개의 숫자로 표시된 단락으로 이루어져 있다. 비록 두 개의 영역본은 텍스트 안에 다양한 사진과 그래픽 자료들을 함께 배치했지만, 원래의 프랑스어본은 그렇지 않았다.[162] 첫 장은 드보르가 물화와 물신숭배에 대한 서구 마르크스주의의 총체화된 비판에 반시각적 담론을 접목시킨 방식을 보여 준다. 첫 문장은 이렇게 시작한다. "근대적 생산 조건이 지배하는 모든 사회에서 삶 전체는 스스로를 **스펙터클**의 거대한 집적으로 드러낸다. 직접적인 삶의 일부였던 모든 것은 표상으로 바뀌었다."[163] 이 축적은 그들의 원래의 맥락으로부터 떨어지고, 삶으로부터 떼어 낸 각각의 이미지들로 구성되었으며, 체험된 경험과는 별개의 자율적인 세계로 재통합된다. "사회의 부분으로서 그것은 특히 일체의 시선과 일체의 의식이 집중되는 영역이다."[164]

드보르는 시각을 그 자체로 악마로 묘사하기보다 서구 사회에서 그것이 기능하는 방식을 악마로 묘사하는 용의주도함을 보여 주었다.[165] "스펙터클은 이미지들의 집적이 아니라 이미지들에 의해 매개된, 사람들 간의 사회적 관계"라고 그는 경고한다.[166] 그것은 소외된 사회경제적 관계들의 물리적 대상화이며, "사물의 생산의 참된 반영이며 생산자들의 허위적인 대상화이다."[167] 그것은 과격하게 개인들을 분리시키고, 대

---

162 Debord, *La Société du Spectacle* (Paris, 1967; 1st trans. Detroit, 1970; 2d trans. Detroit, 1977). 모든 인용은 개선된 두 번째 번역본에서 가져옴.

163 Ibid., par. 1.

164 Ibid., par. 3.

165 라울 바네겜은 이와 유사하게 조심스럽게 시각의 악의적인 버전과 온화한 버전을 구분했다. 그의 1979년 작품 *The Book of Pleasure*, trans. John Fullerton (London, 1983)에서 그는 "권력의 눈은 그것이 응시하는 대상을 파괴한다" 그러나 "연인의 불편스럽게 깊은 응시는 지울 수 없는 감각적 무아경으로 기록된다. 어떻게 모든 일이 하루에 이루어지겠는가"라고 주장했다. (pp. 83-84).

166 Ibid., par. 4.

167 Ibid., par. 16.

화를 방해하고, 통일된 계급의식을 좌절시킴으로써 작동한다. 그것을 수동적으로 소비하는 이들의 생산적 삶으로부터 스펙터클의 분리는 노동의 분화와, 지배적인 생산양식에 의해 야기되는 사회와 국가 사이의 분열을 반영한다. 그리고 그 생산양식을 스펙터클은 전도된 형태로 복제한다. 따라서 스펙터클은 화폐의 다른 면, 즉 **"사람들이 오직 바라보기만 할 뿐인 화폐**인데, 왜냐하면 스펙터클 속에서 사용의 총체성은 이미 추상적 표상의 총체성과 교환되어 있기 때문이다."[168] 간략하게 말하자면 스펙터클은, "하나의 이미지가 될 정도로 축적된 **자본**이다."[169] 그 성숙한 형태에 있어서 그것은 "상품이 사회적 삶을 **총체적으로 점령하기**에 이른 계기"에 다다른다.[170]

그러나 비록 이미지들 스스로의 폭정이라고 감축할 수는 없지만, 드보르가 설명하는 스펙터클은 확실히 서구 사유에 있어서 전통적인 눈의 특권화에 의지하고 있다. 그는 주장하기를, 그것은 **"보기라는 범주**의 견지에서 지배되어서 활동을 파악하고자 한 서구 철학체계가 지닌 모든 취약점을 상속하고 있다. 나아가 그것은 이 사유로부터 자라나온 정밀한 기술적 합리성의 끊임없는 확산에 기반을 두고 있다."[171] 이러한 전개에 특징적인 것은 베르그송이 비판했던 시간의 사악한 공간화와 기억의 파괴이다. 드보르는 이 스펙터클을 "허위적인 시간 의식"이라고 썼다.[172] 이와 마찬가지로 특징적인 것은 행동에 대한 관조의 승리다. 스펙터클의 사회는 "상품이 자신이 만들어 낸 세계 속에서 자신을 관조하

---

168 Ibid., par. 49.

169 Ibid., par. 34.

170 Ibid., par. 42. 비록 드보르의 분석 대부분이 서구 소비사회를 다루고 있지만, 그는 전체주의적 또는 "관료적 자본주의" 사회도 포함했다는 것을 지적할 필요가 있다. 전자는 "산재된 스펙터클들" 그리고 후자는 "집중된 스펙터클들이다." par. 64 and 65.

171 Ibid., par. 19.

172 Ibid., par. 158.

는" 바로 그런 곳이다.[173] 그런 세계가 제공하는 어떠한 쾌락도 단지 실제의 시뮬라크르, 즉 "억압적인 사이비 즐거움"일 뿐이다.[174] 허버트 마르쿠제(Hertbert Marcuse)의 당시 널리 언급되던 "일차원적 사회"에 대한 비판에 호응하는, 드보르의 일상생활의 신비화와 거짓된 필요에 의한 참된 필요의 지배에 대한 암울한 진단은 낙관적인 반론이 없었던 것은 아니었다. 정상적인 형태의 노동자 계급의 조직은 붕괴했다. 그는 볼셰비즘이 "근대 스펙터클의 지배"와 공모하고, "노동자 계급의 대표가 급진적으로 자신을 노동자 계급과 대립시킨다"라고 쓰고 있다.[175] 그러나 대중들이 그들을 노예화시키는 환영을 벗도록 도와주는 새로운 지배하지 않는 전위에 대한 희망이 있었다. 최종 목적은 공간적 분할과 스펙터클의 수동적 사유를 그치게 할 자율적인 노동자 평의회에 의한 비국가통제적인 사회였다.

문화적인 관점에서 그 과업은 예술과 사회 간의 구분을 대대적인 지양을 통해서 종식시키는 것이며, 실로 문화만의 독자적 영역을 넘어서는 것이다. 흥미롭게도 이어지는 포스트모더니즘의 바로크에 대한 재발견에 비추어 드보르는 이를 역사적인 것과 미적인 것을 혼합한 최초의 시도라고 칭찬하면서 자기만의 영역으로서의 예술의 부정을 예견했다. 보다 근래의 아방가르드 운동들이 그 프로젝트를 심화시켰지만, 여전히 한계를 지닌 것이었다. "다다는 **예술을 실현하지 않고서 예술을 억압**하고자 했고, 초현실주의는 **예술을 억압하지 않으면서 예술을 실현**하고자 했다. 후에 상황주의자들이 정밀하게 체계화한 그런 비판적 입장은 예술의 억압과 예술의 실현은 예술을 넘어서는 단일한 사태의 불가

173 Ibid., par. 53.
174 Ibid., par. 59.
175 Ibid., par. 100.

분한 측면들임을 입증했다."[176] 이 극복은 생각으로만 이루어질 수 있는 것이 아니라, 이미지에 의해 지배되는 사회적 관계를 급진적으로 재구축함으로써 이루어질 수 있다. 오직 그때에서야 인류의 탈소외가 일어날 것이며, "대화가 스스로를 무장시켜서 이기는 조건을 만든다"라고[177] 드보르는 책을 결론짓는다.

드보르의 비판에서 새로운 것은 사회가 **전체적으로** 거대한 스펙터클로 전환되었고, 거기에서는 상품의 가시적인 형태가 생산과 소비를 하나의 괴물 같은 체계로 통합시키면서 일상생활을 전면적으로 점령한다는 과장된 주장이었다. 조나단 크레리가 지적하듯이, 그 이전의 누구도 "스펙터클"에 대한 명쾌한 논문을 발표한 적이 없었고, 그렇게 철저하게 이를 악마로 만들지 않았다.[178] 그럼에도 불구하고 그의 분석에서 반시각적 담론에서 익숙한 많은 모티프들을 포착해 내기는 쉽다. 한 편으로는 체험된, 시간적으로 의미 있는 경험과 언술의 직접성, 그리고 집단적인 참여, 그리고 다른 한편으로는 "죽은" 공간화된 이미지들과 함께 응시의 소격하는 효과, 개별화된 사유의 수동성, 이 둘의 대비와 같은 것이 그렇다. 소외되지 않은 존재의 축제에서 누리는 행복에 대한 그들의 모든 희망에도 불구하고, 현재의 시각적 쾌락에 대한 상황주의자들의 가차 없는 적대감에는 "눈의 유혹"에 대한 신랄한 의심이 존재

---

176 Ibid., par. 191.

177 Ibid., par. 221. 확실히 대화는 현재의 진정한 혁명가들에게게만 허용된 것이 아닌 미래의 가능성이다. 상황주의자들은, 내부의 반대자들을 배제하는 그들의 빈번한 행위를 옹호하면서, "대화의 이데올로기"를 비난하곤 했다. 다음을 참조. Knabb, ed., *Situationist International Anthology*, p. 177.

178 Jonathan Crary, "Spectacle, Attention, Counter-Memory," *October*, 50 (Fall, 1989), p. 97. 그는 1924년 화가 페르낭 레제의 다음 글에서 이 용어의 보다 긍정적인 용법을 언급하고 있다. "The Spectacle," in *Functions of Painting*, trans. Alexander Anderson (New York, 1973).

한다. 드보르가 "혁명은 사람들에게 삶을 '보여 주는' 것이 아니라 그
들을 살게 하는 것"이라고 주장할 때,[179] 거기에는 그들이 원하든 원치
않든 사람들이 환영을 보지 않도록 강제함으로써 그들을 자유롭게 하
라는 루소주의의 엄중한 명령의 손길이 느껴진다.

1966년 스트라스부르의 학생시위에서 이미 영향력이 있었던 상황주
의의 급진적인 비판은 1968년 5월의 축제 한가운데에서 가장 수용적인
청중들을 만났다. 그 명칭에서 인터내셔널이라는 단어는 다른 나라에
지부 조직들이 등장하고, 그의 저작이 열개가 넘는 언어로 번역되면서
추가적인 의미를 획득했다. 그러나 학생운동의 패배와 함께 그 역사적
운동은 바로 막을 내렸다. 저널은 1969년에 종간되었고, 마지막 회의가
같은 해 베니스에서 열렸다. 더욱 빈번해진 내부의 다툼과 베른스타인,
바네겜과 같은 중심인물들의 사퇴에 이어서 상황주의 인터내셔널은
1972년 해산되었다.[180] 십오 년의 역사에서 오직 칠십 명만이 실제 공식
회원이었으며, 빈번한 분열과 배제로 인해서 한 시기에 이십 명 이상의
회원이 속했던 적이 전혀 없었다.

비록 드보르가 스펙터클에 대해 타협하지 않는 비판을 고수했지만,[181]
그는 단지 간헐적인 영화로 그의 존재를 대중들에게 환기시켰을 뿐 곧
시야에서 사라졌다. 같은 시기에 반시각적인 이데올로기 비판으로 영
향력을 떨쳤던 알튀세르처럼 그의 운명은 마르크스주의에 대한 프랑스

179 Debord, "For a Revolutionary Judgement of Art" (February, 1961), in
Knabb, ed., *Situationist International Anthology*, p. 312.
180 드보르가 말하는 마지막 몇 년은 "Notes to Serve toward the History of the
S.I. from 1969-1971," in *The Veritable Split in the Internaitonal* (Pais, 1972) 참조.
181 예를 들어 그의 글들 참조. *Préface à la quatrième edition italienne de "La
Société du Spectacle"* (Paris, 1979), and *Commentaries sur la société du spectacle*
(Paris, 1988).

의 탐닉과 연계되어 있었다.[182] 그것이 붕괴되었을 때, 그는 당대의 문제
들에 대해 더 이상 적절하지 않게 보였다. 권력의 편재와 감시의 불가
피성에 대한 푸코의 반유토피아적인 수용과 그의 "특수한 지성"은 총체
성을 위해서 총체성에 관해 말하는 드보르의 불굴의 요구와 그의 여전
히 "보편적인 지성"보다 1970년대와 1980년대의 정서를 훨씬 정확하게
포착했다. 필리프 라쿠라바르트(Philippe Lacoue-Labarthe)와 같은 더
욱 회의적인 사상가들은 상황주의자들을 "차용(appropriation)에 대한
일종의 루소주의적 망상에 사로잡혀 있었다"고 손쉽게 책망할 수 있게
되었다. "그것은 결과적으로 이미지로부터 권력의 위임에 이르는 모든
형식의 **표상**에 반대할 따름이었다."[183] 상황주의 운동의 분노와 파괴적
에너지가 펑크 록과 같은 대중문화 현상에 흘러 들어갔음에도 불구하
고,[184] 그의 정치적 분석은 더 이상 큰 관심을 끌지 못했다.

상황주의는 시작부터 결국 좌절할 운명이었다. 놀이와 축제에 대한
강조는 노동자 평의회에 대한 칭송과 역사의 주체로서의 프롤레타리아
에 대한 고집스러운 믿음과 일관성 없이 관련되어 있다. 전통적인 노동
자계급 정당의 엘리트주의에 대한 그들의 경멸은 반대자에 대한 그들
자신의 분파적인 불관용으로 훼손되었다. 그들의 총체화된 비판과 구
원적인 정책에 대한 경도는 현재 상태를 유토피아적으로 전복하지 않

---

182 월런은 그들을 "서구 마르크스주의의 분열된 단일성의 보완적인 절반들로서 서
로를 비춰 주는 거울이미지들이라고, 말하자면 하나는 추상적으로 낭만적이고, 다른 하
나는 추상적으로 고전적이라고 불렀다." ("Bitter Victory," p. 56). 그러나 그들을 결
합시킨 것은 눈의 헤게모니에 대한 불신을 공유한 것이었다.

183 Philippe Lacoue-Labarthe, *Heidegger, Art and Politics: The Fiction of the
Political*, trans. Chris Turner (Cambridge, Mass., 1990), p. 65.

184 영향 관계에 대해서는 다음을 참조. Marcus, *Lipstick Traces*. 그는 상황주의의
부정적인 면뿐 아니라 그의 천년왕국의 희망 중 일부가 섹스 피스톨스와 같은 그룹들에
잔존하고 있다고 주장한다.

는 모든 것을 패배로 간주했다. 그들의 대중문화의 비판적 전용은 종종 성차의 문제를 간과했으며, 그로 하여금 성차별적인 여성의 이미지들을 거리낌 없이 재활용하게 했다. 그리고 마지막으로 예술과 삶을 지양 시켜서 진부한 생활세계를 다시금 매혹적으로 만들고자 하는 그들의 소망은 하버마스가 근대성의 완결되지 않은 과정이라고 부른 것을 특 징짓는 복잡한 차이들을 정당하게 다루지 못했다.[185]

그러나 정치적 운동으로서의 상황주의의 난파 이후에도 살아남은 것은 스펙터클에 대한 그들의 공격이었다. 그리고 그것은 근래의 프랑스 사상에서 보다 광범위하게 이루어지는 시각에 대한 폄하와 잘 맞아 떨어졌다. 따라서 미셀 드 세르토처럼 일상생활을 비판했던 후속의 비평 가들은 다음과 같이 주장하는 데서 드보르에 공명하고 있다. "TV에서 신문까지, 광고에서 모든 종류의 상업적인 현현들에 이르기까지, 우리 사회는 모든 것을 보거나 보여지는 능력으로 평가하고 의사소통을 시각적 여행으로 변질시키는, 시각의 암적인 성장으로 특징지어진다."[186] 또한 도시에 대한 "이카로스"적인 높은 고도에서의 조망을 하찮게 여기면서, 드 세르토는 그 대신 미로의 공간들을 서성거리는 다이달로스와 같은 보행자를 칭송했다.[187] 모리스 블랑쇼와 같은 이들은 "일상은 우리에게 도달할 어떤 힘도 상실했다. 그것은 더 이상 사는 것이 아니라 어

---

185 하버마스의 예술과 삶을 통합하려는 또 다른 시도, 가장 현저하게는 초현실주의 자들에 대한 비판은 그의 글 "Modernity versus Postmodernity," *New German Critique*, 22 (Winter, 1981)참조.; 그 글이 야기한 논의의 예는 다음을 참조. Richard J. Bernstein, ed., *Habermas and Modernity* (Cambridge, Mass., 1985). 그 사실을 인정 하고 있지는 않으나, 하버마스 자신의 작품은 드보르의 주요한 개념 중 하나인 "일상생 활의 식민화"와 공명한다. 하버마스의 용어에서 이는 "생활세계의 식민화"라고 불렀다.
186 Michel de Certeau, *The Practice of Every Life*, trans. Steven F. Rendall (Berkeley, 1984), p. xxi.
187 Ibid., pp. 92-93. 이카로스/다이달로스의 대비는 물론 드보르뿐 아니라 바타유 로부터 가져온 것이다.

떤 활동적인 관계도 없이 보이거나 스스로를 보여 주는 스펙터클과 그 설명일 뿐이다. 전체 세계는 우리에게 제공되었지만 오직 겉모습을 통해서만 제공되었다."라고 동의할 수 있었다.[188] 1970년대까지 프랑스나 다른 곳에서 대중문화의 조작적인 힘에 대한 어떠한 논의도 그것의 스펙터클한 차원을 비난하지 않을 수 없었다.[189]

드보르는 완전히 만개한 스펙터클의 사회가 1920년대에 비로소 등장했다고 주장했지만, 장마리 아포스톨리데스와 같은 역사학자들은 정치에 있어서 스펙터클의 역할을 심지어 루이 14세 치하 때까지 과거로 투사할 수 있었다.[190] 한때 상황주의 인터내셔널의 영국지부 회원이었던 T. J. 클라크 같은 다른 이들은 인상주의자들의 파리를 설명하는 데 그 개념을 채용했다.[191] 프랑스 파시스트들이 홀로코스트의 존재를 부정하려는 경향을 앨리스 예거 캐플런은 스펙터클의 사회에서의 기억의 폄

---

188 Maurice Blanchot, "Everyday Speech," *Yale French Studies*, 73 (1987), p. 14. 블랑쇼는 일상이라는 주제에 대한 관심에서 드보르보다는 르페브르를 보다 신임했다.
189 다니엘 부어스틴(Daniel Boorstin), 리처드 세넷(Richard Sennett), 다니엘 벨(Daniel Bell), 크리스토퍼 래시(Christopher Lasch), 그리고 제리 맨더(Jerry Mander)와 같은 미국 저자들의 작품에서 그 기능에 대한 개요는 Patrick Brantlinger, *Bread and Circuses: Theories of Mass Culture and Social Decay* (Ithaca, 1983), 8장 참조. 그들은 영화에 주로 관여했던 상황주의자들보다 텔레비전의 영향에 더 주목하는 경향이 있었다. 드보르의 분석을 19세기 영국문화에 적용하는 흥미로운 시도는 다음을 참조. Thomas Richards, *The Commodity Culture of Victorian England: Advertising and Spectacle, 1851-1914* (Stanford, 1990).
190 Apostolidès, *Le roi-machine*, pp. 148ff. 드보르가 연도를 언급한 것은 다음을 참조. *Commentaries sur la société du spectacle*, p. 13.
191 T. J. Clark, *The Painting of Modern Life: Paris in the Art of Manet and His Followers* (Princeton, 1984), pp. 9ff. 다른 두명의 영국 회원들과 함께 그가 1967년에 제명된 것을 기술한 자료는 다음에 포함되어 있다. Knabb, ed., *Situationist International Anthology*, pp. 293-294. 독설을 퍼부으며 비난하고 처벌하는 논조는 상황주의자들의 가장 분파적인 모습을 포착한다.

하에 근거해서 비난한다.[192] 심지어 자크 엘륄과 같은 신학자들도 드보르의 "엄격하고 설명적인" 사유를 칭찬하고 이미지로부터 말씀을 종교적으로 옹호하기 위해서 이를 채용했다.[193]

상황주의자들의 중심 개념에 대한 느슨하고 산만한 수용은 사실상 "반 스펙터클적인 태도가 서구의 삼대 주요 종교의 금욕적인 분파들에서 발견되는 우상숭배에 대한 성상파괴적인 공포로부터 어느 정도나 기원하고 있는지, 그리고 '실재'적인 것은 표상될 수 없는 것인지" 관찰자로 하여금 의구심을 갖게 만든다.[194] 이것이 사실이건 아니건, 스펙터클이라는 개념은 그것의 전복적인 정치적 기능으로부터 떼어 내서 단지 현재의 문화적 조건을 설명하는 기술적 도구가 될 수 있다는 것이 명백하다. 1980년대에 장 보드리야르(Jean Baudrillard)와 같은 포스트모더니즘 저자들은 근심을 멈추고 드보르와 그의 동료들이 그토록 불편하게 생각했던 지시대상 없는 이미지들의 편재와 경험의 물화를 수용하고 심지어 칭송하는 방법을 발견해 냈다. 그의 독자들에게 "푸코를 잊으라"고[195] 강권했던 보드리야르는 현실의 "극사실적인 허상"을 혹평

---

192 Alice Yaeger Kaplan, *Reproductions of Banality: Fascism, Literature and French Intellectual Life* (Minneapolis, 1986), p. 168. 이와 유사한 분석이 다른 파시즘에 대해서도 적용된 바 있다. 예를 들어 다음을 참조. Russell Berman, "Written Right Across Their Races: Ernst Jünger's Fascist Modernism," in *Modernity and the Text: Revisions of German Modernism*, eds. Andreas Huyssen and David Bathrick (New York, 1989). 그리고 좀 더 근래의 예술에 관해서는 예를 들어 다음을 참조. Hal Foster, "Contemporary Art and Spectacle," in *Recordings: Art, Spectacle, Cultural Politics* (Port Townsend, Wash., 1985).

193 Jacques Ellul, *The Humiliation of the Word*, trans. Joyce Main Hanks (Grand Rapids, Mich., 1985), p. 115.

194 John Erickson, review of Greil Marcus, *Lipstick Traces*, in *Discourse*, 12.1 (Fall-Winter, 1989-1990), p. 135.

195 Jean Baudrillard, *Oublier Foucault* (Paris, 1977).

하기보다 가볍게 포용했다.

일부 평론가들은 보드리야르가 드보르의 통찰을 그냥 지나쳐 버린 것을 비난했지만,[196] 다른 이들은 우리 앞에 어렴풋이 나타나기 시작한 데이터 플로우(data flows)의 보이지 않고 고정되지 않은 세계에 더 이상 적합하지 않은 스펙터클이라는 비판적 개념을 넘어선 것은 옳다고 주장한다.[197] 상황주의가 전성기이던 시절 라울 바네겜은 "스펙터클의 타락은 사물의 본성에 속하는 것이며, 수동성을 강요하는 죽은 무게는 반드시 가벼워질 것이다. 체험된 경험에 의해 제기된 저항으로 주어진 배역은 부식되고, 자율성은 가식과 사이비 행동이라는 종양을 결과적으로 잘라 낼 것이다"라고 낙관적으로 예견했다.[198] 보드리야르는 실제로 타락한 것은 자발적이고 체험된 경험이며, 남겨진 모든 것은 "그 작동이 원자적이고 일반적이며, 더 이상 반영적이거나 담론적이지도 않은" 순수한 가상의 극사실적인 효과들뿐이라고 냉소적으로 응수했다.[199]

보드리야르의 드보르 비판이 포스트모더니스트들 간에 더욱 폭넓게 공유되는 이미지 권력의 복권을 나타내는가 여부는 마지막 장에서 다루어야 할 주제이다. 여기서는 푸코의 감시에 대한 비판과 드보르의 스

---

196 예를 들어 다음을 참조. Douglas Kellner, *Jean Baudlrillard: From Marxism to Postmodernism and Beyond* (Cambridge, 1989), p. 214 참조.

197 Jonathan Crary, "Eclipse of the Spectacle," in *Art After modernism: Rethinking Representation*, ed. Brian Wallis (New York, 1984), p. 287; and "Spectacle, Attention, Counter-Memory," p. 107. 확실히 크레리는 사려 깊게 이 변화로부터 보드리야르처럼 느긋한 결론을 도출하지 않았다.

198 Raoul Vaneigem, *The Revolution of Everyday Life*, trans. Donald Nicholson Smith (London, 1983), p. 98. 원제는 *Traité de savoir-vivre à l'usage des jeunes génération* (Paris, 1967).

199 Jean Baudrillard, "Simulacra and Simulation," in *Selected Writings*, ed. Mark Poster (Stanford, 1988), p. 167.

펙터클에 대한 비판이 한 세대의 비평가들에게 시각의 헤게모니에 대한 그들의 싸움에 새로운 탄약을 제공했다는 점을 말하는 것으로 충분할 것이다. 근대 세계에서 시각적 경험의 최고의 기술적 확장인 사진과 영화에 대해서는 평론가들로부터 훨씬 더 많은 내용들이 제공되었다. 롤랑 바르트와 크리스티앙 메츠는 푸코나 드보르에게 직접적으로 영향을 받지는 않았다. 그럼에도 불구하고 그들의 작업은 20세기에 프랑스의 사상을 물들인 응시의 폄하를 공유하고 있다.

〔번역: 이승현〕

| 역자 주 |

a panoptic은 "모든 것이 한눈에 보인다"는 의미를 지닌다. 그러나 panoptic, pan-opticon 등은 푸코에 의해서 널리 알려지면서 하나의 일반용어가 되었으므로 이 글에서 panoptic이라는 단어는 그대로 파놉틱이라고 표기한다.

b 이 책은 불어본과 영어본, 그리고 한국어본의 제목이 모두 상이하다. 이 번역에서는 영어본의 제목『광기와 문명』대신 한국 독자들의 혼란을 피하기 위하여 한국어본의 제목『광기의 역사』로 번역하였다.

c 푸코는 resemblance는 원본과의 유사성으로, similitude는 원본이 따로 없이 서로 간의 유사성으로 구분하여 사용한다. 그동안 불문학자 김현의 번역에 따라 전자를 유사, 후자를 상사로 주로 번역하였으나, 통상 번역어로 번역할 때 양자를 모두 유사라고 번역하여 혼돈의 여지가 있으므로 여기서는 전자는 "닮음", 그리고 후자는 "상사"로 번역하였다.

d 그리스어로는 인식, 지식의 의미를 지니며, 푸코에서 에피스테메란 한 시대에 담론의 형성을 가능하게 해 준 조건들의 집합 또는 어떤 시대 변환에서 담론의 변환을 가능하게 해 준 조건들의 집합이다. 그래서 그는 르네상스시대에는 '유사성', 고전 시대에는 '표상', 그리고 근대에는 '실체'의 에피스테메가 지배했다고 보았다. 이 책에서 푸코의 고유용어로 쓰이는 경우 이를 따로 번역하지 않고 그냥 에피스테메로 표기했다.

e 이 책은 영어로는『사물의 질서』로 제목을 바꾸어서 출간되었지만, 한국어 번역은 원제를 그대로 직역해서『말과 사물』로 출간되었다. 따라서 본 번역에서는 한국 독자들을 위하여 한국어본을 기준으로『말과 사물』로 번역하였다. 따라서 "영어로는"은 의미의 혼선을 피하기 위해서 영어본 원문에 없는 문구를 역자가 삽입한 것이다.

f 여기서 태양과 독수리는 모두 태양왕, 즉 황제를 상징하는 것들이다.

g 푸코의 헤테로토피아에 대한 논의는『말과 사물』, 같은 해의 논문「헤테로토피아」, 「유토피아적 몸」, 1967년의 논문「다른 공간들」에 등장한다. 한편 1982년의 대담 「공간, 지식, 권력」에도 이에 대한 간략한 논의가 등장한다. 헤테로토피아는 단적

으로 '주어진 사회 공간에서 발견되지만 다른 공간들과는 그 기능이 상이하거나 심지어 정반대인 단독적 공간'이다. 헤테로토피아는 무엇보다 유토피아에 대비되는 개념인데, 유토피아가 현실에 존재하지 않는 공간인 반면, 헤테로토피아는 현실에 존재하는 공간이다. 달리 말해 헤테로토피아는 한 사회 내의 여타 공간들과는 어떤 방식으로든 구분되는 '절대적으로 다른' 공간, 복수적·다수적·분산적 곧 이질적 공간이다. 이때의 이질성이란 헤테로토피아가 결국 한 사회가 '일상적인 것' 혹은 때로는 '정상적인 것'으로 규정한 한계의 바깥에 위치하는 무엇인가에 관련되는 공간임을 의미한다. 헤테로토피아는 한 사회의 동질적 기능 작용에 균열을 내는 이질화, 복수화, 다수화의 기능을 수행한다. 따라서 헤테로토피아의 기능은 공간과 관련된 한 사회의 정상적 기능 작용에 균열을 내는 이의 제기 작용, 곧 기존의 '당연'에 대한 문제 제기를 수행하는 것이었다고 말할 수 있다.

h 프랑스어 malveillance는 영어 malice에 해당한다. 따라서 영어로 하면 "악의"라고 번역해야 하지만, 한편으로 프랑스어를 그대로 쓴 것은 그 단어가 영어 surveillance와 뒷부분이 같기 때문에 그가 말하는 파놉티콘의 감시를 연상시킨다. 따라서 프랑스어를 일부러 쓴 저자의 의도를 살려 이 두 가지 의미를 중의적으로 표현하기 위해서 여기서는 두 가지를 "악의/감시"라고 함께 표기하여 번역했다.

i 데투르느망의 한국어 번역은 '변환', '전회', '우회하기' 등 문맥에 따라서 다양하게 번역되어 사용된다. 프랑스어로는 하나의 단어로 전용, 우회 등 전혀 다른 의미를 모두 포함하고 있어서 한국어 번역이 쉽지 않은 탓이다. 여기서는 '데투르느망'이라는 단어를 명사로 그대로 쓸 때는 '전용'으로 그리고 이를 동사로 쓸 때는 문맥에 따라 '전용', '우회하기' 등으로 다르게 번역했다.

8장
메멘토 모리로서 카메라:
바르트, 메츠 그리고 『카이에 뒤 시네마』

요약

이 장은 사진과 영화라는 두 시각매체에 관한 반(反)시각주의를 롤랑
바르트와 크리스티앙 메츠를 중심으로 다루고 있다. 우선 바르트에 대
해서는 「사진적 메시지」와 「이미지의 수사학」과 같은 사진에 관한 초창
기 대표적 글들에서부터 그의 사망 직전에 썼다고 알려진 『카메라 루시
다』에 이르기까지 바르트의 사진과 시각성에 관련한 모든 저술을 총 망
라하고 있다. 이처럼 그의 이론의 궤적을 살펴봄으로써 저자가 주목하
는 점은 바르트에게 있어서 사진이란 매체는 처음부터 말년까지 불안
함의 근원이었다는 점이다. 이 불안함은 말년의 『카메라 루시다』에서뿐
아니라, 초창기 그의 사진 이론에서부터 등장하는 대상이 '그곳에 있었
음'을 내포하는 존재, 즉 상실과 부재, 죽음 그 자체가 사진의 본질이라
는 점에서 비롯된다. 이러한 사진과 관련한 죽음에 관한 인식은 『카메
라 루시다』에서 절정을 이룬다. 이처럼 사진과 이미지에 관한 그의 수
많은 글을 남겼던 바르트는 대체적으로 시각 중심적이며 시각에 대하
여 긍정적이라고 인식되어 왔던 반면에, 사진이 보는 것에 관한 것이
아니라, 오히려 부재하는 것, 그리고 죽음에 관한 것이라는 그의 의견
을 전면에 내보임으로써, 저자는 바르트의 이론에서 관통하는 반(反)
시각주의적 관점을 이끌어 낸다.

한편 영화매체에 관한 부분에서는 50년대까지 영화 이론은 앙드레 바쟁류의 현상학적 사실주의와 작가주의가 주류를 이루었다면 저자는 60년대, 특히 68혁명 이후에 등장한 여러 변화들에 주목한다. 60년대 들어 현실을 그대로 재현한다는 영화의 현상학적 사실주의 측면보다는 영화를 텍스트로 보고 영화의 의미화작용을 독해하고자 하는 크리스티앙 메츠의 기호학적 해석이나, 영화 감독들의 작가주의적 측면보다는 영화의 제도, 물질, 심리적 측면, 특히 '장치(apparatus)' 이론에 주목하는 방향으로 흘러가게 된다. 이러한 변화의 중심에는 메츠와 그의 지지자들을 중심으로 모인 『카이에 뒤 시네마』라는 영화잡지의 비평가들이 있었다. 무엇보다 『카이에 뒤 시네마』의 비평가들은 68혁명 이후 알튀세르와 라캉의 이론을 적극적으로 수용하게 되는데, 그 중에서도 장루이 보드리의 '장치' 이론이 두드러지는 예이다. 이 장치 이론은 카메라의 시각을 전성기 르네상스의 원근법적 코드를 계승하는 것으로 보고, 또한 라캉의 거울 이론을 통해 영화 관람자의 시각을 분석함으로써 영화 장치를 알튀세르가 말한 학교, 교회, 신문 등과 동등한 장치의 하나로 읽고 그 이데올로기적 기능에 대하여 비판한다. 아울러, 이 시기 크리스티앙 메츠 또한 유사하게 페티시즘과 부인이라는 정신분석학적 틀을 통하여 영화 작용을 분석하는데, 이는 무엇보다도 영화의 작동 방식을 눈속임, 즉 속고 속기를 기대하는 관객의 작용에 기반한 것으로 간주한다. 이처럼 60년대 후반 이후의 영화 이론가들이 영화 장치의 이데올로기적 함의와 정신분석학적 측면에 주목했는데 그 결과 매체 자체의 영향을 부정적으로 바라보게 됐다. 물론 이 장치 이론이나 정신분석학적 틀은 이후 그 한계점들이 드러나 비판받게 되지만, 메츠와 그의 추종자 그룹 『카이에 뒤 시네마』의 이론가들의 분석은 당시 영화매체에 대한 반시각주의적 경향을 말해 준다.

[강인혜 요약]

8

메멘토 모리로서 카메라: 바르트, 메츠 그리고 『카이에 뒤 시네마 Cahiers du Cinéma』

나는 이미지의 절제를 갈망하고 원한다. 왜냐하면 모든 이미지는 나쁘기 때문이다.

—롤랑 바르트[1]

반드시 알아야 할 것은 영화는 전체적으로 어떤 의미에서 거대한 속임수라는 점이다.

—크리스티앙 메츠[2]

시각에 대한 논의는 지금까지 살펴본 바와 같이 더욱 확대되어 눈을 기술적으로 확장시키는 정도까지 나아가게 되었다. 망원경, 현미경, 그리고 카메라 옵스쿠라와 같은 발명품들은 근대기 지배적이었던 데카르트적 시각체계를 발전시키는 데 있어서, 은유적인 의미에서뿐 아니라 문자 그대로 유용한 도구가 되었다. 사진과 입체경 같은 다른 발명품 역시도 19세기에 들어 확대되던 시각체계의 위기를 초래하는 데에 일조했다. 기술의 혁신과 이를 둘러싼 과학적 담론이 자아낸 복잡한 함의는 시각 경험에 의문을 야기했고, 이는 시각중심주의 전체에 대한 비판을 강하게 부추겼다.[3]

---

1 Roland Barthes, "The Images," *The Rustle of Language*, trans. Richard Howard (Berkeley, 1989), p. 356.

2 Christian Metz, "*Trucage* and the Film," *Critical Inquiry*, 3, 4 (Summer, 1977), p. 670.

3 이에 대한 일반적인 설명 중 가장 탁월한 것으로는 다음을 참조할 수 있다. Jona-

그 결과 앞서 살펴본 이론가들은 인간의 보는 능력의 확장이 갖는 의미에 대해 고찰해야만 했다. 이들은 문화적으로 가장 강력한 두 가지 발명에 집중했는데, 이는 사진과 영화였다. 베르그송은 시간적 지속의 흐름에 대한 스냅샷의 폭력적 개입과, 생명력을 불어넣는다는 영화의 시도 모두에 대해 비판을 가해서 그를 따르는 많은 이들에게 기준을 제공했다. 초현실주의자들과 사르트르 같은 이들은 개인적으로는 영상과 사진에 매료되었으나 곧 자신들이 초기에 가졌던 매혹에서 벗어났다.[4] 문자주의자와 상황주의자의 영상 작업은 영상의 해방적인 잠재성을 신뢰하기보다 매체 자체에 대해 분노했다. 클로드 시몽(Claude Simon)과 알랭 로브그리예 같은 작가는 자신의 문장 기법에 이 새로운 시각매체를 포함시키거나, 심지어 스스로 이 새로운 기술을 습득하고자 하였다.[5] 이러한 현상에 주목한 논평가들이 주장한 대로 텔레비전, 영화, 포토저널리즘의 도움 없이는 오늘날과 같은 형태의 스펙터클과 감시란 상상조차 할 수 없게 되었다. 아울러, 사진과 영화는 모두 어디서나 흔히 볼 수 있다는 점 때문에 더 큰 비난을 받았다.

---

than Crary, *Techniques of the Observer: On Vision and Modernity in the Nineteenth Century* (Cambridge, Mass., 1990).

4 Glenn Willmott, "Implications for a Sartrean Radical Medium: From Theatre to Cinema," *Discourse* 12, 2 (Spring-Summer, 1990); Robert Harvey, "Sartre/Cinema: Spectator/Art That Is Not One," *Cinema Journal*, 30, 3 (Spring, 1991); 그리고 Gertrud Koch, "Sartre's Screen Projection of Reud," *October* 57 (October, 1991) 코흐(Koch)는 영화와 응시 사이의 연결에 대한 사르트르의 이해는 라캉의 영화 이론을 예견한다고 주장한다. (p. 16) 한편, 메를로퐁티는 그의 열정을 잃지 않았다. "The Film and the New Psychology," in *Sense and Non-sense*, trans. Hubert L. Dreyfus (Evanston, Ill., 1964).

5 이에 대한 분석으로는 다음 책을 참조할 수 있다. Bruce Morrissette, *Novel and Film: Essays in Two Genres* (Chicago, 1985); David Carroll, *The Subject in Question: The Languages of Theory and the Strategies of Fiction* (Chicago, 1982).

그러나 시각중심주의에 대한 비판이 사진과 영화에 **전적으로 주의를 쏟을 수** 있었던 것은, 구조주의, 정신분석학, 마르크스주의 이론이 1960년대 후반과 1970년대 초에 합쳐지고 난 후의 일이었다. 60년대 후반과 70년대 초의 이들 이론은 인간 주체에 반하는 알튀세르와 라캉의 이론으로 무장하고, 또 그 바로 전 세대에 있었던 소위 **누보 로망**(nouveau roman)에서 이루어졌던 주체의 해체에 심적으로 공감하면서, 나아가 이데올로기를 "허위의식"이 아닌 물질적 장치 내에 위치시키고자 했다. 바로 이러한 이론들로 인해 새로운 시각기술이 갖는 문제적 함의는 과거 어느 때보다 심도 깊게 연구되었다.

사진과 영화를 고찰한 모든 이론가들과 그 이론의 세밀한 차이를 제대로 살펴보는 것은 불가능할지라도, 다음의 두 이론가는 특별히 주목할 만하다. 바로 사진에 대해 논의한 롤랑 바르트와 그리고 영화에 대해 고찰한 크리스티앙 메츠다. 16살의 나이 차이에도 불구하고 이 둘은 돈독한 친구이자 협력자로 지냈으며 서로의 작업에 상당한 영향을 끼쳤다.[6] 이 장은 평생 동안 사진에 매료되었던 바르트에 대한 분석, 특히 그의 최후 저작 『카메라 루시다 *Camera Lucida*』에서 정점을 찍었던 바르트에 대한 논의로 시작하고자 한다. 그리고 나서 메츠와 그의 『카이에 뒤 시네마』 동료들이 라캉과 알튀세르의 영향권 아래 발전시킨 반(反)시각중심주의 영화 이론을 탐구하며 마무리하고자 한다.

⊙

롤랑 바르트에 대한 방대한 문헌들은 그의 작업이 불안정하며 예측하

---

6 나이가 더 어렸던 메츠에게 바르트의 중요성은 메츠의 작품 전체를 통해 명백하게 드러나는데, 여기에는 많은 긍정적인 참조가 포함돼 있다. 메츠에 대한 바르트의 평가에 대해서는 다음의 글 참조. "To Learn and to Teach," *The Rustle of Language*.

기 어렵다는 점을 습관처럼 강조한다.[7] 바르트는 진지한 구조주의적 해독가였다가 쾌락주의적 "욕망의 교수"로 변화하여 단순한 이항대립의 즐거움(plaisir)을 넘어 무아경의 **주이상스**(jouissance)를 탐색했다. 말하자면 "과학성이라는 행복한 꿈"[8]을 꾸는 전투적인 마르크스주의자가 사랑의 단상에 대한 자의식적 전문가가 된 것이다. 또한 텍스트성의 찬미자였다가 신체를 옹호하는 자가 된 것인데, 이 신체는 가독성의 텍스트로도 읽혀지고, 동시에 가독성의 한계로서 읽혀졌다. 바르트는 상호텍스트성의 바다 속에 익사한 저자의 죽음을 완고히 주장했지만, 그 자신은 사르트르나 말로 수준의 국제적으로 저명한 "저술가"의 지위에 올랐다. 바르트는 결핵 요양소에서 유년기의 대부분을 보냈으며 거리를 두고 바라보는 수줍은 관찰자였다가 이제 자서전적 "소설"에서 주인공으로 자신을 대중에게 드러낸다.[9] 요약하면, 바르트에 대한 전형적인 평가는 다음과 같다. "바르트는 처음부터 기호를 깨부수고, 의미를 증폭시키고, 구조와 분류, 그리고 고정 관념을 넘어서기 위해 분투했다."[10]

---

7 예를 들어 다음을 참조. Philip Thody, *Roland Barthes: A Conservative Estimate* (Atlantic Highlands, N. J., 1977) 참조. 그 외에도 다음을 참조. Annette Lavers, *Roland Barthes: Structuralism and After* (London, 1982); Jonathan Culler, *Roland Barthes* (New York, 1983); Steven Ungar, *Roland Barthes: The Professor of Desire* (Lincon, Nebr., 1983); Philippe Roger, *Roland Barthes, roman* (Paris, 1986); Ginette Michaud, *Lire le fragment: Transfert et théorie de la lecture chez Roland Barthes* (Ville LaSalle,Quebec, 1989); Steven Ungar and Betty R. McGraw, eds., *Signs in Culture: Roland Barthes Today* (Iowa City, 1989). 1982년까지의 바르트의 작품과 2차 자료에 대해서는 다음 책을 참조할 수 있다. Sanford Freedman and Carole Anne Taylor, *Roland Barthes: A Biographical Reader's Guide* (New York, 1983).

8 Roland Barthes, "Réponses," *Tel Quel*, 47 (Autumn, 1971), 97.

9 *Roland Barthes*, trans. Richard Howard (New York, 1977)의 제사(題辭)는 다음과 같이 쓰고 있다. "모든 것은 마치 소설 속의 주인공이 이야기하는 것처럼 간주되어야 한다."

10 John O'Neill, "Breaking the Signs: Roland Barthes and the Literary Body," in

그러나 바르트의 정체성의 이러한 변화무쌍함과 여러 분열을 겪으면
서도 그는 자신과 동료들을 매료시켰던 한 가지 주제에 대해 지속적으
로 관심을 가졌다. 이는 바로 동시대 문화에서의 시각적인 것의 입지였
다. 또한 어렸을 때부터 피아노와 성악을 배웠던 그는 음악과 청각은
물론 미각과 후각까지도 관심을 가졌다.[11] 그러나 바르트가 무엇보다도
이끌렸던 것은 그가 "굴절 광학 예술(dioptric arts)"[12]이라고 부른 연극,
회화, 영화, 문학이었다. 그 자신 또한 화가가 되어 그림을 그렸고, 그
가 죽은 후 얼마 되지 않은 1980년에 그의 회화와 스케치를 보여 주는
전시가 로마에서 열렸다.[13] 그의 열렬한 관심사였던 언어에 대해서도 바
르트는 다음과 같이 서술한다. "나에게는 병이 있다. 나는 언어를 **본다**.
[…] 듣는 것은 보는(scopia) 방향으로 나아간다. 나는 내 자신이 언어
의 예견자이자 관음증자로 느껴진다."[14]

바르트의 태도가 명백한 적대감이라고 일괄하여 말할 수는 없지만,
앞서 살펴본 시각적 현상에 대한 비판은 바르트의 작업에서 다시 나타
난다. **아날**학파(Annales school)의 역사가들과 게오르크 짐멜의 논의
를 기반으로 하여, 그는 근대에는 중세시대의 감각의 위계가 전복되어,
시각이 청각과 촉각보다 우위의 자리에 놓이게 되었다고 주장한다.[15] 또

The Structural Allegory: Reconstructive Encounters with Recent French Thought, ed.
John Fekete (Minneapolis, 1984), p. 195.

11 바르트는 『기호의 제국 The Empire of Signs』에서 일본 음식에 대하여 저술한 바
있으며, 그는 브리야 사바랭(Brillat Savarin)의 『미각의 생리학 Physiologie du goût』에
굉장히 관심이 많았다. The Rustle of Language 참조.

12 Barthes, "Diderot, Brecht, Eisenstein," in Image-Music-Text, trans. and ed.
Stephen Heath (New York, 1977), p. 70

13 "Roland Barthes: Carte Segni," at the Casino dell'Aurora in Rome, February-
March, 1981; Ungar, Roland Barthes, p. 85에서 재인용.

14 Barthes, Roland Barthes, p. 161.

15 Barthes, Sade, Fourier, Loyola, trans Richard Miller (New York, 1976), p. 65;

한, 바르트는 언어의 명확성에 대한 프랑스의 고전적인 물신을 강하게
폭로했으며, 로브그리예의 시각적으로 자의식적인 소설을 일찍부터 높
이 평가한다. 그는 로브그리예의 작품에서 불투명한 사물의 세계를 드
러내는 시각은 "반영으로 이어질 수 없음"을 의미한다고 감탄한다.[16] 나
아가 바르트는 바타유의 적출된 눈의 잔혹한 서사의 중요성을 최초로
지적한다.[17] 아울러 바르트는 근대 "신화학"이 유지되는 데 있어서 시각
적 경험의 역할에 주목했다. 이로부터 그는 사진 전시《인간 가족 The
Family of Man》과 잡지『파리 마치 Paris Match』의 표지에 등장하는 프

와 "Taking Sides," in *Critical Essays*, trans. Richard Howard (Evanston, Ill.,
1972), p. 164.

16 명료성(clarity)의 위험성에 대해서는 다음을 참조할 수 있다. Barthes, *Writing
Degree Zero*, trans. Annette Lavers and Colin Smith (Boston, 1970)과 "Roland
Barthes on Roland Barthes" (April, 1979 interview in Lire) in *Grain of the Voice:
Interviews 1962-1980*, trans. Linda Coverdale (New York, 1985), p. 332. 로브그리
예에 대해서는 "Literal Literature," "There is No Robbe-Grillet School,"과 "The
Last Word on Robbe-Grillet," in Barthes, *Critical Essays*와 함께 Bruce Morrissette,
The Novels of Robbe-Grillet (Ithaca, 1975)에 쓴 바르트의 서문 참조. 위의 인용구는
"There is No Robbe-Grillet School," p. 92에서 따 온 것이다. 로브그리예에 대한 바
르트의 논의 중 작가가 지식으로부터 시각을 분리시킨 점을 강조하는 논의에 대해서는
다음 책을 참조할 수 있다. Claudio Guillén, *Literature as System: Essays Toward the
Theory of Literary History* (Princeton, 1971), pp. 355ff. 가장 근래에는 프레드릭 제
임슨이 로브그리예의 작품은 "오늘날 다른 감각에 대한 시각의 확언이라기보다는 현상
학적 지각에 대한 급진적 거부 자체로 해석될 수 있다"고 지적한다. *Postmodernism, or
the Cultural Logic of Late Capitalism* (Durham, N. C., 1991), p. 135 참조.

17 Barthes, "The Metaphor of the Eye," *Critical Essays*. 그는 또한 바타유가 "엄지
발가락(the Big Toe)"에 대한 인정을 통해 일반적인 신체의 위계질서를 전복시킨 점을
감탄하며 서술한 바 있다. Barthes, "Outcomes of the Text," in *The Rustle of Lan-
guage* 참조. 바타유에 관한 그의 형식적 읽기에 대한 비판적 분석으로는 다음 글 참조.
Brian T. Fitch, "A Critique of Roland Barthes' Essay on Bataille's *Histoire de
l'oeil*," in *Interpretation of Narrative*, eds. Maio J. Valdés and Owne J. Miller
(Toronto, 1978).

랑스 군복을 입은 흑인병사에 대한 설득력 있는 비평을 이끌어 냈다. 이는 바로 드보르의 『스펙터클의 사회』를 한 세대 전에 예견하는 것이었다.[18]

기호학의 열정적인 주창자였던 바르트는 이 담론을 "인간의 이미지 레퍼토리(image-repertoire)의 언어"[19]라 칭하고 영상부터 패션을 아우르는 모든 것에 활용하고자 했다. 바르트는 또한 신체와 제스처가 시각적 텍스트와 같이 취급될 수 있다는 주장으로 인해 라바터 같은 골상학자와 비교되기도 한다.[20] 사르트르의 상상력에 대한 논의나 라캉의 거울단계와 같이 이미 앞에서도 보았던 많은 시각에 대한 연구는 바르트에게 비판적 틀을 제공했는데, 그러한 틀은 소쉬르, 그레마스(A. J. Greimas), 그리고 루이 옐름슬레브(Louis Hjelmslev)와 같은 그보다 앞선 언어학자들의 논의에는 없던 것이다.

바르트는 간혹 시각 경험을 코드로 환원시켜 읽는 것처럼 보였지만, 이는 기호론적 분석에 그 어떤 것보다도 잘 들어맞았다. 그러면서도 한편으로는 시각적인 면을 포함한 언어 자체의 물질성이 가지는 저항을 인식하기도 했다. 예를 들면 그는 "에로토그래픽(erotographic)"[a]적이고 "기호파괴적(semioclastic)"인 문자를 여성의 신체로 변형시켜 장식한 패션디자이너 에르떼(Erté)의 알파벳의 모호한 함의에 매료되었다.[21]

18 Barthes, *Mythologies*, trans. Annette Lavers (New York, 1972; original ed., 1957).

19 Barthes, "Semiology and the Cinema," interview in *Image et Son* (1964). 이는 다음의 책에 재출간되었다. *The Grain of the Voice*, p. 37.

20 Michael Shortland, "Skin Deep: Barthes, Lavater and the Legible Body," *Economy and Society*, 14, 3 (August, 1985).

21 Barthes, "Erté, or à la lettre," *The Responsibility of Forms: Critical Essays on Music, Art and Representation*, trans. Richard Howard (New York, 1985); 이에 대한 분석으로는 다음 책 참조. Betty R. McGraw, "Semiotics, Erotographics, and Barthes' Visual Concerns," *Substance*, 26 (1980). pp. 68-75. 그리고 Ungar, *Roland*

그는 또한 주세페 아르침볼도(Giuseppe Arcimboldo)와 같은 바로크
화가들의 시각적 수사법에 감탄하기도 했다.[22] 일본에서 불투명한 "기
호의 제국"을 접한 그는 컬러 사진으로 화려하게 꾸민 책으로 이 기호의
제국에 대하여 멋지게 저술하기도 했다.[23] 시각에 대한 그의 관심은 지
대하여, 그의 사후에는 시각에 대한 바르트의 글과 오브제들을 모아《롤
랑 바르트: 텍스트와 이미지 *Roland Barthes: Le Texte et l' Image*》라는
제목의 전시가 구성되었다.[24]

시각에 관한 바르트의 관심이 가장 분명히 드러나는 지점은 사진에
관한 그의 논의들이다. 특히 바르트가 가장 애착을 가졌으며 자서전적
인 텍스트였던 『카메라 루시다』에서 그의 시각에 대한 관심은 절정에
달했다.[25] 바르트가 죽은 뒤인 1977년에 그의 「바로 눈앞에(Right in
the Eyes)」라는 제목의 에세이가 출간되었는데, 이는 리처드 애브던
(Richard Avedon)의 사진들을 다룬 것으로, 여기서 그는 다음과 같이
자신의 관심에 대해 설명했다. "과학은 응시를 세 가지 방식으로 해석

Barthes, pp. 91ff, 그리고 "From Writing to the Letter: Barthes and Alphabetese,"
in *Visual Language*, 11, 4 (Autumn, 1977). "기호파괴주의(Semioclasm)"는 엉거의
용어이다.

22 Barthes, "Arcimboldo, or Magician and Rhétoriqueur," *The Responsibility of
Forms*.

23 Barthes, *The Empire of Signs*, trans. Richard Howard (New York, 1982).

24 이 전시는 파리의 파비용 데 쟈르에서 1986년 5월 7일부터 8월 3일까지 개최되었
으며, 그해에 같은 제목의 카달로그가 출판되었다.

25 Barthes, *Camera Lucida: Reflections on Photography*, trans. Richard Howard
(New York, 1981). 비록 바르트가 영화에 대하여 간헐적으로 글을 쓰기는 했지만, 그
는 분명히 스틸사진에 더 관심을 보였다. 이에 대한 비교로는 다음 책을 참조할 수 있
다. Steven Ungar, "Persistence of the Image: Barthes, Photography and the Resis-
tance to Film," in Ungar and McGraw, eds., *Signs in Culture*. 확실히 바르트는 극장
에 더 애착을 가졌는데, 이에 대해 그는 아마도 "전체 저작의 갈림길에 있는 것"이라고
인정했다. (Roland Barthes, p. 177)

한다. 정보와 관련된 응시(응시는 정보를 전한다), 관계에 관련된 응시(시선은 서로 교차한다), 소유에 관련된 응시(응시를 통해 만지고, 소유하고, 쟁취하고, 쟁취당할 수 있다). 응시의 세 가지 기능은 시각적, 언어적, 그리고 촉각적 기능이다. 하지만 응시는 무언가를, 누군가를 **탐색한다**. 응시는 **불안한** 기호이며, 기호에게는 단일한 역학이며, 응시의 힘은 기호를 넘어 범람한다."[26] 여기서 탐색하는 응시의 불안감은 무엇을 의미하며, 이는 특히 사진에서, 그가 이해한 바대로라면, 어떻게 나타나는가에 대해 물어야 할 것이다.[27]

위의 질문에 대해 답하려는 바르트의 초기 시도 중 하나는 학술지 『코뮈니카시옹 *Communications*』의 첫 호에 실린 1961년의 글 「사진적 메시지」에서 찾을 수 있다.[28] 이 글은 바르트의 기호학과 이데올로기 비판이 절정에 달하던 시기에 저술된 것이면서, 그가 이전 시기에 받았던 현상학적 교육의 잔재가 드러나는 글이다. 여기에서 그는 사진의 자율적인 구조는 "사진적 모순"을 구성하는 두 가지 요소로 나뉠 수 있다고 주장한다. 첫 번째 요소는 세계를 모방하는 사진의 외연적인(denotative) 역량이다. "분명히 (사진) 이미지는 실재가 아니다. 하지만 최소한 그 이미지는 그것의 완벽한 **유사물**(analogon)이며, 바로 이런 유사의 완벽함이 사진을 정의내리는 요소이다. 이 때문에 사진 이미지는 특

---

26 Barthes, "Right in the Eyes," *The Responsibility of Forms*, p. 238.

27 왜 바르트가 응시를 기호로 지칭했는지에 대해서는, 특히 이 글이 그의 죽음으로 미출간 상태였으며 아마도 출판되지 못했을 수도 있을 시점에 썼다는 점에서 흥미로운 질문일 수 있다. 그는 "기호는 그 스스로를 반복하는 것이다. […] 응시는 모든 것을 말할 수 있으나 그 스스로를 '글자 그대로' 반복할 수는 없다. 따라서 응시는 기호가 아니며, 그러나 이는 의미화한다. […] 응시는 그 단위가 기호는 아니지만 (불연속성), 그러면서 벵베니스트가 제시한 이론에서의 의미화작용(signifying, signifiance)이다"라고 서술한다(p. 237). 이 응시에 대한 적절한 용어가 무엇이든 간에, 바르트에게 중요한 점은 응시를 둘러싼 불안감이었다.

28 Barthes, "The Photographic Message," in *Image-Music-Text*.

별한 지위를 갖는다. 사진 이미지는 **코드 없는 메시지다.**"[29] 또한 사진은
이차적인 지시의 역량이 있는데, 이는 바르트가 사진의 내포적인(con-
notative) 힘이라고 말했던 것으로, 이는 바로 사진을 볼 때 발생하는
문화적 공명이다.

사진은 매체 자체가 가지는 유사적인 성격에서 발생하는 힘, 즉 순수
한 외연이라는 인상을 남기는데, 바로 이러한 측면 때문에 사진은 내포
적 측면의 수사학적인 힘과는 거리가 먼 것처럼 보인다. 사진의 이러한
특성은 바르트에게 신화학적 분석의 원천이면서, 만들어진 것을 자연
스러운 현상으로 혼동하게 하며, 즉 그가 일컬은 "실재 효과(the reality
effect)"를 만들어 낸다.[30] 과연 사진은 신화를 벗어나 코드화에 매개되
지 않은 진정한 세계의 시뮬라크르가 될 수 있을까? 흥미롭게도 바르트
는 특별히 언론 사진에 주목하며, 사진이 외상적(traumatic)인 사건을
포착하였을 때 시뮬라크르로서의 가능성이 희박하게나마 있음을 인정
했다. 왜냐하면 "트라우마는 어떠한 언어적 표현도, 의미도 차단하기
때문이다 […] 이와 관련해서는 다음과 같은 법칙을 떠올려 볼 수 있을
것이다. 트라우마가 더욱 클수록, 내포적 의미는 더욱 불가능해진다.
혹은, 사진의 '신화적인' 효과는 트라우마적 효과에 반비례한다."[31]

그리하여 바르트의 수많은 저서들에 있어서, 사진의 유사적이며 외
연적인 측면과 내포적이며 사회적으로 구성된 측면의 구분이 여러 번
재등장했다.[32] 움베르토 에코(Umberto Eco)는 현상학적으로 순수한

---

29 Ibid., p. 17
30 Barthes, "The Reality Effect," *The Rustle of Language*. 이 1968년의 글에서 바
르트는 19세기 사실주의 소설을 상기시키는 분위기의 사진을 포함시켰다.
31 Barthes, "The Photographic Message," p. 31.
32 예를 들어 이는 1977년에 가졌던 인터뷰에 다시 재등장했다. 이 인터뷰는 "On
Photography," in *The Grain of the Voice*, p. 353에 재출간. 『신화론』에서 처음으로
대립항으로 내세웠던 이 개념은 루이 옐름슬레브의 언어 기호학에서 끌어온 것이지만

메시지, 즉 코드화 과정을 거치지 않은 코드 없는 메시지는 없다고 주장한 절대적인 기호론자라 할 수 있는데, 그 같은 절대적 기호론자들조차도 사진에 대한 바르트의 논의를 비판하지는 못했다.[33] 이들 간의 논쟁이 사진의 외연적 측면과 내포적 측면 간의 구분을 약화시켰는가에 대한 문제는 여기서 판가름 낼 수는 없겠지만, 앞서 두 번째 장에서 살펴본 찰스 샌더스 퍼스의 상징, 도상, 지표 개념이 도움을 줄 것이다. 여기에서 중요한 점은 바르트가 사진적 외연을 정서적인 트라우마로 규명했다는 점이고, 이는 탐색하는 응시가 왜 불안함을 불러오는가 하는 문제에 대한 단서를 제공한다.

바르트가 1964년에 쓴 같은 주제를 다룬 또 다른 글, 「이미지의 수사학(Rhetoric of the Image)」[34]은 지금껏 살펴본 논의와는 다른 설명을 제공한다. 「이미지의 수사학」은 광고 이미지를 중심적으로 다루었는데, 바르트는 이미지가 세 가지 메시지를 표명한다고 주장했다. 즉, 언어적(linguistic), 코드화된 도상적(coded iconic), 코드화되지 않은 도상적(noncoded iconic) 메시지이다. 다시 한번 그는 코드화되지 않은 도상의 유사성의 특징, 즉 외연적인 것을 앞의 두 가지의 수사학적이고 기호학적으로 읽을 수 있는 특징, 즉 내포적인 것과 대비시켰다. 나아가 **"외연적 메시지의 통합체(syntagm)가 내포적 메시지의 체계를 '자연스럽게' 만든다"**라고 하며 자신의 주장을 되풀이했다.[35] 「이미지의 수사학」에서 새로운 점은 보는 이의 눈에 제시된 사진적 외연에 대한 설명이었

외연 보다는 내포에 더 중점을 둔다는 일반적인 믿음을 역전시켰다. 그의 논의는 다음 책 참조. *S/Z*, trans. Richard Miller (New York, 1974), p. 7.

33 Umberto Eco, "Critique of the Image," in *Thinking Photography*, ed. Victor Burgin (London, 1982), pp. 33ff.

34 Barthes, "Rhetoric of the Image," *Image-Music-Text*.

35 Ibid., p. 51.

다. 바르트는 다음과 같이 서술했다. "이는 대상이 **그곳에 있음**(being-there)에 대한 의식이 아니라 (이러한 의식은 어떤 표상물이라도 상기시킬 수 있다), **그곳에 있었음**(having-been-there)의 의식을 발현한다. 우리가 마주하는 것은 새로운 공간-시간의 범주이다. 그것은 공간적 즉각성과 시간적 선재성이다. 사진은 **여기-지금**과 **그곳-그때** 사이의 비논리적인 결합이다."[36] 이러한 주장의 함의는 심오한데, 왜냐하면 바르트는 사진적 이미지를 에워싸는 불안함에 대한 근원을 한 겹 더 벗길 수 있었기 때문이다. 말하자면 명백한 트라우마를 포착할 때 사진의 외연적인 힘이 가장 분명히 드러난다는 사실을 넘어서, 모든 사진들에 내포된 잃어버린 과거에서 발생하는 기운은 내포된 트라우마를 암시하였다. 이는 상실의 애도와 관련된 고통이었다.

이러한 새로운 통찰에서 바르트가 도출해 낸 결론은 사진과 영화의 차이점이었다. "영화는 더 이상 움직이는 사진으로 보이지 않는다. **그곳에 있었었음**은 사라지고 사물의 **그곳에 있음**만이 내세워지게 된다."[37] 차후 1970년에 쓴 소론에서 바르트는 러시아 영화감독 세르게이 에이젠슈타인(Sergei Eisenstein)의 〈폭군 이반(Ivan the Terrible)〉의 스틸컷을 다루며 이 논의의 함의를 상세히 서술한다.[38] 그는 움직이는 장면이 드러내지 않는 무언가가 스틸컷에서는 드러난다고 설명한다. 또한 그는 이 무언가를 영상의 정보 제공이나 상징적 차원을 넘어서는 "제3의 의미(the third meaning)"라고 이름 붙였다. 그 차원을 그는 의미화작용(signification)이나 커뮤니케이션(communication)과 구별하여, 쥘리아 크리스테바(Julia Kristeva)의 용어를 가져와 **의미생성**(signifiance)의 차원

36 Ibid., p. 44.
37 Ibid., p. 45.
38 Barthes, "The Third Meaning: Research Notes on Some Eisenstein Stills," *Image-Music-Text*.

이라고 불렀다. 의미화작용이나 커뮤니케이션은 관객을 필요로 하는 "분명한(obvious)" 기호를 생산하는 반면, 의미생성은 오로지 "무딘(ob-tuse)" 기호만을 산출했다. 무딘 기호를 뭉툭하고 둥그스름한 형태로 정의하며 서사의 "직각(right angle)"보다 큰 것이라 본 바르트는 이를 바타유의 소비(expenditure) 개념과 미하일 바흐친(Mikhail Bahktin)의 카니발 개념과 연결시켰다. 무딘 의미는 시각적인 반서사로서, 메타언어적 번역에 저항하고 의미 체계 외부에 존재하며 현실 세계의 그 어떤 복제도 아니었다. "산재되어 있으며 역전 가능하며 자신만의 시간성에 맞춰져 있고 […] 반논리적이지만 '진실'이다."[39] 무딘 의미는 영화적 장치의 움직임 속에서 절대로 합쳐질 수 없는 전체 속 한 파편으로 남는다.[40]

앞서 살펴본 세 편의 에세이에서 사진의 언캐니한 이중성, 즉 사진의 자기 모순적이며 불안감을 일으키는 효과에 대한 바르트의 논의의 원천을 찾아볼 수 있다. 사진이 전달하는 의미 있고 의사소통적이며 내포적인 "분명함"은 사진에 이데올로기적 위력을 부여하며 사진을 기호학적 탈신화화에 무방비하게 노출시킨다. 그러나 사진은 이 "분명함"을 넘어서, 언어적 차원의 서술에 저항하는 "무딘" 의미를 내포한다. 하지만, 비록 한 편에서는 그러한 뭉툭함이 신화와 이데올로기의 매끄러운 결합을 방해하는 기능을 했지만, 다른 편에서는 더욱 깊은 문제를 의미했다. 직접적인 유사적 재현이 되는 대신 이미 지나가 버려 더 이상 그곳에 없는 트라우마적인 실재, 드러날 수 없는 전체의 부분을 가리키게 되었다.

---

39 Ibid., p. 63.
40 바르트의 전체 저작에 있어서의 파편의 중요한 역할에 대한 심도 깊은 논의로는 다음 책을 참조할 수 있다. Michauld, *Lire le fragment*. 디테일에 대한 주해적 논의로는 다음 책 참조. Naomi Schor, *Reading in Detail: Aesthetics and the Feminine* (New York, 1987), 5장.

바르트에게 있어 그러한 부재가 상처가 된 부분은 1975년에 출간한 그의 자서전적 "소설"인 『롤랑 바르트 *Roland Barthes*』에서 명확하게 드러났다. 책은 바르트의 어린 시절 사진들과 함께 시작한다. 이 사진들의 역할을 이해하기 위해서는, 프랑스의 반시각중심주의적 논의에 가장 큰 영향력을 끼친 라캉의 거울단계 이론을 바르트가 열정적으로 수용했다는 점에 주목해야 한다. 바르트의 증언에 따르면, 그는 1977년에 출간된 『사랑의 단상 *A Lover's Discourse*』을 작업할 당시 심리학을 "필요로 했다." 그리고 라캉의 정신분석학이 특별히 유용하다는 점을 발견했다.[41] 하지만 이 라캉적 테마는 이미 1970년에 출간한 『S/Z』에서뿐만 아니라, 1968년에 쓴 바르트의 초기 소논문들에서도 발견되었다고 바르트의 대표적 논평가 스티븐 엉거(Steven Ungar)는 지적한다.[42]

바르트는 그의 '이미지 레퍼토리' 개념이 라캉의 "상상계"만큼이나 부정적으로 굴절되지는 않았다고 주장했다.[43] 하지만 바르트의 용어는 1960년대 후반 알튀세르와 같은 학자들이 열렬히 이용한 이데올로기의 함의를 끌어들일 수밖에 없었다.[44] 예를 들면 바르트가 텍스트와 작품을 차별적으로 비교한 방식은 이미 잘 알려져 있는데, 이는 텍스트가 상징계에 속했다면 작품은 오직 "텍스트의 상상계적 꼬리"일 뿐이라는 주장에 근거를 두고 있다.[45] 이와 비슷하게, 바르트는 "나(je)"라는 것

---

41 Barthes, "Of What Use Is and Intellectual?" (1977 interview) in *The Grain of the Voice*, p. 274.

42 Ungar, *The Professor of Desire*, p. 81. 이에 대한 확인으로는 1970년 인터뷰, "*L'Express* talks to Roland Barthes," in *The Grain of the Voice*, p. 93.

43 Barthes, "Of What Use Is an Intellectual?" p. 275.

44 그레고리 울머(Gregory L. Ulmer)는 "바르트의 상상계에 대한 관심은 프랑스의 68운동 이후에 불거진 '상상계의 정치학'의 일환으로 볼 수 있다"고 주장한 바 있다. ("The Discourse of the Imaginary," *Diacritics*, 10 [March, 1980], p. 60).

45 Barthes, "From Work to Text," *Image-Music-Text*, p. 157.

은 오직 제한된 "쾌락(pleasure)"만 경험하도록 구성되었으며, 이 쾌락
은 다시 탈중심적이고 언어적 낭비의 "환희(bliss)"에 의해 약화되는 것
이라고 주장하여, 주체의 총체성이라는 자아심리학적 개념에 공격을
가한 라캉의 의견을 따랐다. 1975년 인터뷰에서 바르트는 다음과 같이
서술했다. "라캉이 '상상계'라고 한 것이 의미하는 바는 이미지 간의
유사와 긴밀한 관련이 있는데, 이미지의 레퍼토리는 주체가 동일시라
는 움직임, 특히 기표와 기의에 의존하는 동일시의 움직임 속에서 한
이미지에게 고착되는 목록과 같은 것이기 때문이다. 여기서 우리는 표
상과 형상(figuration), 그리고 이미지와 모델의 동질성이라는 주제를
다시 조우한다."[46] 여기서 바르트는 서사화된 이데올로기의 "분명한"
작동에 대한 "무딘" 해독제로서 사진의 유사적 기능을 환기시키기보다,
라캉의 상상계와 연결시켜서 사진이 만들어 낸 오인(méconnaissance)
이 내포하는 불신을 암시했다.

『롤랑 바르트』에서 바르트는 "환희(bliss)의 문제가 아닌 이미지, 이
미지 레퍼토리에 대한 문제"[47]를 다룬다고 설명하고 여러 방식을 통해
중심화 된 "나(je)"를 분해했다. 프랑스어로는 "롤랑 바르트에 의한 롤
랑 바르트(Roland Barthes par Roland Barthes)"였던 책의 제목과 "마
치 소설 속 주인공이 말하는 듯"[48]한 내용으로 생각하라는 책의 요구는
저자와 주체의 위치에 문제를 제기한다. 『롤랑 바르트』는 이처럼 아폴
론적 자아의 평온한 이미지에 가한 디오니소스적 도전 때문에, "에케
호모(Ecce Homo, 이 사람을 보라)[b)]의 패러디"라고 불리기도 했다.[49]

---

46 Barthes, "Twenty Key Words for Roland Barthes" (1975 interview), *The Grain of the Voice*, p. 209.

47 Ibid., p. 232.

48 Barthes, *Roland Barthes*, 제사.

49 Gregory L. Ulmer, "Fetishism in Roland Barthes's Nietzschean Phase," *Papers*

책에서 바르트는 그 "자신"을 "나(I)", "그(he)", "R. B.", "당신 (you)" 네 가지 방식으로 지칭했다. 그는 네 가지 방식 중에서 "나"만이 이미지 레퍼토리의 인칭대명사라고 강조하는데, 이 이미지 레퍼토리란 "정신구조를 통해 자신을 되돌려 놓고 풀어헤치고 해체하려는 것이다. 그리고 정신구조는 결국 진실의 구조가 아니면서도 더 이상 이미지 레퍼토리만도 아닌 상태"를 말하는 것이었다.[50] 바르트는 결정된 의미가 없는 이 대명사에 대해 로만 야콥슨의 잘 알려진 "전환사(shifters)"라는 용어를 장난스럽게 사용하여 자신의 정체성이 더 자유롭게 펼쳐지도록 했다.

『롤랑 바르트』 자체는 의미 있는 전체로의 통합을 저해하는, 예컨대 바르트가 저서 『사드, 로욜라, 푸리에 Sade, Loyola, Fourier』에서 "전기적인 의미소(biographemes)"[51]라 불렀듯이, 느슨하게 관계된 파편들로 구성돼 있었다. 이 책은 제목이 있는 페이지 앞에 설명 없는 하나의 사진으로 시작하고, 뒤이어 다양한 길이의 설명이 부여된 35개의 이질적인 이미지들이 이어졌다. 이는 어린 바르트와 가족들, 친구들, 그가 어린 시절을 보냈던 장소들, 그리고 두 개의 글 이미지와 하나의 병원 차트들이었다. 이 이미지들은 "저자가 책을 끝마친 자신에게 주는 보상이다. […] 이들은 알 수 없는 이유로 나를 매혹시키는 것들이다"라고 바르트는 독자에게 알렸다.[52] 이미지의 뒤에는 225개의 작은 섹션들이 이

---

in Language and Literature, 14, 3 (Summer, 1978), p. 351. 저자를 니체와 비교하는 『롤랑 바르트』에 관한 해체적 읽기에 대해서는 다음 책 참조. Paul Jay, *Being in the Text: Self-Representation from Wordsworth to Roland Barthes* (Ithaca, 1984), p. 175.

50 Barthes, "Twenty Key Words for Roland Barthes," *The Grain of the Voice*, p. 215.

51 Barthes, *Sade, Loyola, Fourier*, p. ix.

52 Barthes, *Roland Barthes*, 두 번째 사진 다음의 페이지 번호 없는 장.

어지며, 이들은 사진과 낙서로부터 시작해 만화, 디드로의 『백과사전』의 해부학 스케치에 이르는 더 많은 시각 자료와 섞여 있다. 텍스트와 이미지는 서로에 대한 도해로만 볼 수는 없다. 오히려 논평가들은 이들의 연속되는 배열에서 특정한 패턴을 찾아냈는데, 이는 라캉에게서 영감을 받은 순서대로 배열된 듯 보였다.

그 패턴은 첫 부분에 이미지가 나오고 두 번째 부분에 텍스트가 나오는 것으로, 이러한 주된 구조가 완전하지는 않을지라도 상상계에서 상징계로 넘어감을 암시한다는 것이다. 이를 더욱 분명히 나타내는 것처럼 첫 타이틀 페이지 전에 등장하는 사진은 캡션이 달리지 않은 이미지로, 카메라를 향해 성큼 다가오는 젊은 여인을 소프트 포커스로 찍은 것이다. 책의 끝부분에 삽입된 도판 리스트에서 그녀는 "서술자의 어머니"라고 밝히고 있다. 책 내부의 앨범에는 젖먹이 바르트를 안고 미소 짓고 있는 어머니를 찍은 타원형 사진이 있다. 사진 아래에는 바르트가 삽입한 다음과 같은 캡션이 있다. "거울단계, '이것은 너다.'" 한 논평가에 의하면 이 사진은 "'표류하는 네덜란드 유령선'임을 보여 주는 '고대의 표시'와 같은 것으로 이는 어린 시절의 자신을 상상계라는 신에게 바치는" 것이다.[53] 한편으로, 다른 이들이 지목하였듯, 이 사진은 바르트 책에서 실제 시작 부분에 위치한 것이 아니라 사진 앨범의 한가운데에 위치하고 있다는 점이 중요하다.[54] 이를 통해서 바르트는 거울단계가 수립되는 순간에서 정체성에 대한 근원을 추구하는 것을 환기시키기도 하고, 이를 외면하기도 한다. 어머니와 아들이 담긴 타원형 사진은 다른 사진들의 네거티브로 기능하거나 왜상적으로(anamorphically) 연결될 수 있다. 마치 그 사진들이 반영하는 현실과 다른 차원의

53 Lynn A. Higgins, "Barthes' Imaginary Voyages," *Studies in Twentieth Century Literature*, 5, 2 (Spring, 1981), p. 163.

54 Michaud, *Lire le fragment*, p. 111.

현실을 가리키듯 말이다.

나아가 바르트는 그가 마지막으로 결핵 요양소를 떠난 1945년경이 이미지 레퍼토리에 빠져 있던 시기에서 글쓰기로 대체한 시기로 넘어가는 개인적 전환기였다고 주장했다.[55] 당시 스무 살의 나이로 엄밀한 정신분석학적 해석이 통하기에는 조금 늦은 감이 있었기에, 바르트는 라캉 이론을 엄격하게 준수하지는 않았다. 그렇지 않다면, 그가 강조하고자 한 것은 상상계를 완전히 넘어서는 것이 불가능하다는 점일 수도 있다. 이러한 해석은 바르트 자신을 찍은 두 장의 사진에 삽입된 캡션에서 더욱 타당성을 가진다. 각각 1942년과 1970년에 찍은 사진에 대해 그는 사진 속의 자신이 실제의 모습이라는 것을 믿지 못했던 경험을 서술했다. "당신은 자신의 모습을 이미지를 통하지 않고서는 볼 수 없는 단 하나의 사람이다. 당신은 거울이나 렌즈를 통해 와 닿는 응시 외에는 결코 당신의 눈을 볼 수 없다. […] 특히 당신의 신체조차도 이미지의 레퍼토리에서 벗어날 수 없다."[56]

이처럼 바르트는 이미지 레퍼토리에 사로잡혀 있었고, 어린 시절에도 이미지에 매혹되어 있었지만, 그는 기호학자이자 문화 비평가로서의 자신의 역할 내에서 이미지들의 유혹에 저항하거나 적어도 저항하려 했다고 주장했다. 바르트는 소쉬르가 혐오하는 것이 유사성이라는 점에 주목하면서, "내가 유사성에 저항하는 것은 실제로 상상계에 저항하는 것이다. 다시 말해, 그것은 기호의 유착, 기표와 기의의 유사성, 이미지의 동종 변이(homeomorphism), 거울의 작용(the Mirror), 매력적인 미끼인 것이다."[57]

그러나 바르트는 상상계를 떠나는 것이 얼마나 어려운지를 솔직하게

---

55 Barthes, *Roland Barthes*, p. 3.
56 Ibid., p. 31.
57 Ibid., p. 44.

인정했다. 그는 구조주의적 입장이 절정에 이른 시기에, 마치 에펠탑의
꼭대기에서 보는 것처럼 대상을 파노라마적으로 보려는 유혹에 빠졌음
을 인정한 바 있다. 심지어『롤랑 바르트』에서 했던 것과 같은 파편적인
실험적 글쓰기라는 후기구조주의적 시도는 완전히 성공적이지는 못했
다. "나의 담론을 허물어뜨리면 나 자신에 대한 상상계적 담론을 멈추
고 초월의 위험성도 감소시킬 것이라고 착각했다." "그러나 파편적 문
구들이란 **결국** 수사학의 장르이며, 수사학은 해석에 의해 가장 잘 드러
나는 언어의 층이기 때문에, 내가 내 자신을 분산시킨다고 가정하지만,
나는 결국 상상계라는 원천으로, 꽤나 순순히 되돌아가게 된다"라고 그
는 인정했다.[58]

　이와 관련하여,『롤랑 바르트』는 "전체성의 괴물(the monster of to-
tality)"이라 불리는 짧은 문장으로 끝난다. 이 문장에서 바르트는 전체
적 안정에 대한 위협과 약속 모두를 양가적으로 유발했는데, 이는 보들
레르가 말한 '호화, 고요 그리고 쾌락(luxe, calme, et volupté)'과 거의
유사한 것에 근거한다. 더 정확히 말하면 텍스트는 거기서 끝나는데,
그 뒤에는 세 개의 마지막 이미지들이 나오고 이 이미지들은 아이러니
하게도 이미지의 총체화하는 힘에 의문을 제기하기 때문이다. 그 첫 번
째는 18세기의 대정맥에 대한 해부학적 드로잉으로 여기에는 다음과
같은 캡션이 달려 있다. "신체를 글로 쓴다는 것. 이는 피부도 근육도,
혹은 뼈나 신경이 아닌, 그 이외의 잔여물: 어색하고, 섬유질을 가진,
털이 일어난 엉킨 것, 광대의 외투."[59] 두 번째 이미지는 그가 기의 없는
기표라고 부른 두 건의 낙서다. 그리고 세 번째는 바르트의 친필 기록
으로, 이는 다음과 같은 반항적인 주장으로 끝난다. "사람은 자신의 욕

58　Ibid., p. 95.
59　Ibid., p. 180.

망으로 글을 쓴다. 그리고 나는 욕망하기를 그치지 않는다."[60]

그러나 주목할 만한 것은 시각적 총체화에 의문을 제기하고, 상징적으로 생성되어 삶을 긍정하는 욕망을 의미 있게 만드는 이 마지막 이미지들이 사진은 아니라는 점이다. 바르트가『카메라 루시다』에서 사진의 주제로 회귀할 때, 사진이 결코 삶에 대한 긍정은 아니라는 그의 신념이 전보다 더 분명해진다.『카메라 루시다』에 관한 무수한 논평들은 바르트의 단상들이 그가 사랑했던 어머니가 최근 사망한 데서 느낀 개인적 슬픔을 드러낸다는 보편적 인식을 바탕으로 깔고 있다.[61] 사진에서 트라우마의 일반적 중요성, 특히 그의 가장 초기 사진에 대한 저작에서 강조한 그 트라우마의 중요성은 이제 특정한 경험의 차원에서 놀랍게도 확증되었다. 바르트는 1980년 2월 콜레주 드 프랑스(Collège de France)에서 강의를 마친 후에 세탁소 트럭에 치었고, 그 사고가 있은 지 한 달 후 사망했는데, 책의 출간 이후에 일어난 바르트의 예기치 못한 죽음은 이후 독자들에게 그의 주장을 더욱 신랄한 것으로 받아들이게 만들었다. 어느 비평가는 "『카메라 루시다』만큼 우울한 텍스트도 거의 없다"라고 언급하기도 했다.[62]

그 어떤 텍스트도『카메라 루시다』만큼 철저하게 해석된 바 없는데, 왜냐하면 이 책은 오랜 시간 동안 반시각중심주의 담론에 몰두해 왔던

60 Ibid., p. 187-188.
61 위에 열거된 책들에서 논의된 사항과 더불어 다음 책들 참조. Jean Delord, *Roland Barthes et la photographie* (Paris, 1981); Tom Conley, "A Message Without a Code?" *Studies in Twentieth Century Literature*, 5, 2 (Spring, 1981); Chantal Thomas, "La photo du Jadin Hiver," *Critique*, 38, 423-424 (August-September, 1982); Ralph Sarkonak, "Roland Barthes and the Specter of Photography," *L'Esprit Créateur*, 32, 1 (Spring, 1982); Jacques Derrida, "The Death of Roland Barthes," *Philosophy and Non-Philosophy Since Merleau-Ponty*, ed. High J. Silverman (New York, 1988)
62 Conley, "A Message Without a Code?" p. 153.

이들의 생각을 정확히 강타했기 때문이다. 제목(원제는 프랑스어이고, 라틴어가 아니며, 말하자면 프랑스어는 바르트에게 모국어다)에서부터 사르트르에 대한 헌정(사르트르의 『상상적인 것 L'Imaginaire』에 대한 오마주로 이는 현상학적인 관점으로 회귀한 것을 보여 준다)에 이르는 모든 측면의 의미가 논의되었다. 『롤랑 바르트』에서는 자주 등장했던 그의 사진이 『카메라 루시다』에서는 한 장도 없는 점에 대해서도 분석됐다. 더 중요한 것은 그의 어머니 사진의 부재로, 사진에서 나타나는 어머니의 현전은 기술했지만, 그 사진은 보여 주지 않았다. 심지어 48개라는 소단원의 숫자조차 해석의 대상이 되어 돌아가신 당시의 어머니의 나이를 거꾸로 한 것처럼 보였다.

여기에서 바르트의 책에 대한 더 자세한 분석을 하지는 않겠지만, 어떤 지점은 우리의 더 큰 주제와 관련해 강조할 필요가 있다. 첫째로, 바르트는 또다시 사진의 내포적 특성보다는 외연적 특성, 기호적 기능보다는 유사적 기능이라 부르는 것에 집중하고 있는 것처럼 보인다. 이후 그는 인터뷰에서 책의 제목 자체는 바로 사진의 외연적 특성을 환기시키고자 한 것이라 설명했다. "나는 사진에서 끔찍한 점은 그 안에 깊이가 없다는 점, 즉 거기에 있었다고 하는 **명백한 증거**라는 것을 말하려고 했다."[63] 그러나 1961년의 소론 「사진적 메시지」와 달리, 유사적이고 외연적인 것은 단순히 코드 없는 메시지보다 더 많은 것을 의미한다. 오히려 그들은 문제적인 모든 유혹을 안고 있는 상상계를 암시했다. 바르트는 이 사례에 대해 보다 더 냉철하게 떨어져서 분석해야 할 필요를 느

---

63 Barthes, "From Taste to Ecstasy" (1980 interview), in *The Grain of the Voice*, p. 352. 또한 이 제목은 다른 어떤 것을 표현한다. 바르트에게 이미지를 고정시키는 화학적 과정은 궁극적으로 카메라 옵스쿠라 광학의 원근법 체계보다 더 중요한데, 이는 그가 아래에 설명한 식으로 관람자를 '상처를 주는' 이미지의 역량에 있어서 핵심으로 보았던 지시체의 잔여를 가능하게 하기 때문이다.

껐다. 그는 스스로를 가장 동요시킨 사진 몇 장을 선택하고, 매체의 본
질에 대해 알아내기 위해 그 사진들에 대해 숙고하였다. 그는 "이것은
현상학적이고 주관적인 방법이다"라고 인정했다.[64] 그러나 이는 "막연
하고 경쾌하며 심지어 냉소적인 현상학"[65]으로, 고전적 현상학이 가리
고 있었던 두 주제, 즉 욕망과 애도와 관련된다.

　그 결과는 두 가지로 나누어졌다. 처음 24개의 섹션은 바르트의 초기
「텍스트의 즐거움」에 필적할 만한 "이미지의 즐거움"에 관한 것이고,
나머지 24개 이미지는 고통을 강조했다. 처음 부분에서는 바르트가 죽
음에 대해 병적으로 사로잡혀 있음이 명백했다. 바르트는 사진의 지시
체를 "빛의 띠(Spectrum)"라고 서술하면서, "이 단어는 그 어근이 '스
펙터클'과 관련이 있어서, 모든 사진에는 사자(死者)의 귀환이라는 다
소 끔찍한 것이 따라붙게 된다"라고 언급했다.[66] 사르트르가 『말』에서
할아버지의 카메라 앞에서 포즈를 취했던 경험에 대해 했던 설명을 따
라서, 바르트는 "카메라 렌즈가 나를 바라보고 있다는 것을 내가 느끼
자마자, 모든 것이 변한다. 나는 '포즈를 취하는' 모습으로 나 자신을
바로잡고, 순간적으로 나의 신체를 다르게 만들어 내며, 미리 나 자신
을 이미지로 변신시키기 때문이다. […] 갑작스러운 변화에 따라, 나는
사진이 제멋대로 내 신체를 만들어 버리거나 뻣뻣하게 만든다고 느낀
다. […] 사진은 타자로서 자기 자신의 도래이며, 의식을 정체성으로부
터 교활하게 분리시키는 것이다."[67] 그러므로 주체를 객체로 변모시킴

64　Barthes, "On Photography" (1980 interview), in *The Grain of the Voice*, p. 357

65　Barthes, *Camera Lucida*, p. 20.

66　Ibid., p. 9.

67　Ibid., pp. 11-12. 바르트의 사르트르와의 복잡한 관계는 다음의 책에서 다뤄졌다. Lavers, *Roland Barthes*, pp. 66ff. 한 가지 중요한 전기적 유사성은 이들이 매우 어렸을 시기 즉, 사르트르가 15개월이었을 때, 그리고 바르트가 3살이었을 때 해군 장교이

에 따라, 그 스스로가 유령이 됨에 따라, 바르트는 "나는 완전한 이미지
(Total-Image), 즉 다시 말해 개인적으로는 죽은 것이다. […] 결국 나
를 찍은 사진에서 내가 추구하는 것(내가 그것을 바라보는 '의도')은
죽음이다. 왜냐하면 죽음은 이 사진의 **에이도스**(eidos, 본질)이기 때문
이다"라고 썼다.[68]

그러나 바르트에게 사진을 죽음도착적(necrophilic)으로 인식시켰던
것은 카메라의 눈앞에서 바르트 스스로가 물화됨으로써 생겨난 메멘토
모리만이 아니다. 왜냐하면 최소한 타자의 어떤 이미지들은 죽음의 유
령을 깨웠던 방식으로 그에게 상처를 입히기도 했기 때문이다. 또다시
이분법적 논리를 펼치면서, 혹은 데리다식으로 대리보충적 논리를 작
동시키면서,[69] 바르트는 사진에서 "스투디움(studium)"이라 칭한 것과
"푼크툼(punctum)"이라 부른 것을 구별한다. 스투디움을 통해 이미지
는 공적으로 가능한 의미를 갖게 되는데, 이것의 내포적 주제는 그 이
미지가 수용되는 문화적 맥락에 의해 결정되는 것이다. 그가 「제3의 의
미」라는 글에서 "명백한 감각"이라고 표현한 것과 같이, [스투디움의]
이미지는 언제나 코드화되고, 따라서 기호학적 분석으로 해석될 수 있
는 기호학적 방식으로 의미화된다. 사진의 "스투디움"이란 인식할 수
있는 제한된 기쁨만을 생산하는데, 이는 『S/Z』에서 바르트가 묘사한
"독자 입장의(readerly)" 텍스트에 견줄 만한 것이었다.

푼크툼은 이와는 대조적으로 뜻밖의 찌르기, 쏘기, 혹은 자르기를 의

던 아버지를 여의었다는 점이다. 바르트가 자신의 죽은 어머니의 사진에 매료되었다
는 점에서, 흥미롭게도 사르트르는 자신의 아버지에 대한 질문에 "그는 우리 어머니의
침실에 있던 사진일 뿐이었다"고 무미건조하게 말했다. (Annie Cohen-Solal, *Sartre:*
A Life, ed. Norman Macafee trans. Anna Cancogni [New York, 1987], p. 4에서 재
인용.

68 Ibid., p. 15.
69 Derrida, "The Deaths of Roland Barthes," p. 285.

미하는 것으로, 문화적으로 내포된 의미로 읽히기를 저해하는 요소이다. 종종 그 힘을 보는 모든 이에게 일반화하는 것이 불가능한 디테일로서 그것은 코드로 환원되는 것에 저항하고 코드화 이전의 것과 유사한 대리물로 기능한다. 푼크툼은 **주이상스**라는 경험으로 "저자 입장의 (writerly)" 텍스트 혹은 일본의 하이쿠와 같은, 감정의 강도에 있어서 더 높은 단계를 만들어 낼 수 있다. 이러한 감정의 강도는 에로틱한 사진에서 명백한 것으로, 에로틱한 사진은 보는 이를 보이지 않은 것에 대한 욕망으로 가득 찬 "보이지 않는 영역(blind field)"으로 이끌어 낸다는 점에서 명백히 포르노 사진과는 다른 것이다. 이 푼크툼은 또 다른 종류의 이미지에서도 볼 수 있는데, 즉 돌이킬 수 없는 상실을 의미하는 이미지이다. 그가 「이미지의 수사학」에서 주장한 바와 같이, 그토록 날카롭게 찌르는 것은 사진적 이미지의 "그곳에 있었음"이라는 특성이다.

바르트가 애도하는 정확한 대상은 사실 알아내기 어렵지 않다. 『카메라 루시다』의 첫 번째 부분에서, 바르트는 풍경에 대한 푼크툼을 언캐니한 것을 불러일으킨다고 말하는데, 이 언캐니란 모체의 그것과 같은, 혹은 보들레르의 유토피아적 환희와 같은 판타지를 말하는 것이었다.[70] 두 번째 부분에서, 바르트는 개인적 상실이라는 자신의 어머니의 죽음과 관련한 경험을 좀 더 분명하게 발전시켰다. 바르트는 사진의 '푼크툼'이 잃어버린 대상에 대한 그의 연관성을 되살릴 만한 사진을 찾으면서 당시 5살인 어머니와 당시 7살인 외삼촌이 함께 1898년에 '겨울 정

---

70 린 A. 히긴스(Lynn A. Higgins)에 따르면, 일본과 중국에 관한 바르트의 여행기는 유사한 감정을 보인다. 이러한 나라들은 "지속적으로 모성적으로 경험되었다. 오직 '판타지화된 일본', '환각의' 중국을 묘사하기 위해서라고 중립적으로 주장하며, 그는 그의 여행 관련 텍스트를 상상계의 영역에 위치시킨다."("Barthes' Imaginary Voyages," p. 163.)

원'이라 불리던 온실에서 촬영한 사진을 발견했다. 그 사진은 데리다가 말한 것처럼, 책 전체의 푼크툼으로 작용하게 된다.[71] 아이로서의 어머니 이미지, 즉 바르트가 독자들의 무사심한 '스투디움'을 위해서 복제하기를 거부한 이 이미지에서, 그는 '아리아드네의 실'이라 부를만한 것을 찾아내는데, 이는 세상의 모든 사진이라는 미로를 통해 사진의 본질을 찾게 하는 실이었다.

한편 바르트는 장조제프 구가 유대교는 성모 마리아(the Mother)를 숭배할 위험을 피하기 위해 이미지를 거부한 반면에, 기독교는 아버지의 법 이상의 차원으로 이미지 레퍼토리를 올려놓는다고 주장한 데 대하여 견해를 밝히면서, '겨울 정원' 사진에 대한 자신의 매혹이 가톨릭에 일정 정도 빚지고 있음을 인정했다. 그리고 나서 그는 당시 자신의 반응이 너무나 특수한 것이어서 그저 일반적인 현상으로 일축할 수는 없었다고 항변했다. "어머니에게는 빛나면서 환원할 수 없는 핵심이 있었다. 나의 어머니. […] 내가 가진 것은 인물(어머니)이 아니라, 하나의 존재이다. 더 나아가 하나의 존재가 아닌 **특성**(영혼)이다. 필수 불가결한 것이 아니라 대체 불가능한 것이었다."[72] 즉, 사진의 구체적 참조물의 실질적 현전, 다시 말해 실제로 한동안 거기 있었다고 하는 점이 가장 그를 감동시킨 것이다. 사진이 대상의 신체 외부에 있는 층들을 제거한다는 별난 두려움을 가졌던 발자크가 그랬던 것처럼,[73] 바르트는 사진으로 남겨진 객관적인 흔적의 존재를 믿었다. 바르트는 심지어 그

---

71 Derrida, "The Deaths of Roland Barthes," p. 286.

72 Barthes, *Camera Lucida*, p. 75. 데리다는 "바르트가 자신의 어머니와 어머니의 형상 사이의 혼돈에 저항하는 것은 옳다. 그러나 환유적 힘(전체를 대변하는 한 부분 혹은 다른 이를 대변하는 이름 없음 등등)은 언제나 관계없는 이러한 관계에서 둘 다를 각인하게 된다."("The Deaths of Roland Barthes," p. 287.)

73 이러한 믿음은 나다르가 다음의 글에서 보고한 바 있다. Nadar, "My Life as a Photographer," *October*, 5 (Summer, 1978), p. 9.

가 컬러 이미지보다 흑백 이미지를 선호한다고 말하기까지 했다. 왜냐하면 컬러 이미지는 원래 지시체에 물리적인 잔여물이 덧붙여진 것처럼 보이기 때문이다.

엄격하게 말해서, 사진은 잃어버린 시간에 대한 프루스트의 회상과 다르다. 사진은 과거와 현재 사이의 거리두기를 없애면서 향수에 대한 실행 그 이상이다. 바르트는 대신에, 사진이 있었던 것의 존재를 승인한다고 논했다. 그는 초기의 자신의 생각을 더 자세히 설명하면서, 다음과 같이 말했다. "내가 사진이 코드가 없는 이미지라고 단언했을 때, 나는 이미 사실주의자였고 지금도 그러하다. 설령 코드가 사진 읽기에 영향을 미치는 것이 분명하다 할지라도, 사실주의자들은 사진을 현실의 모사로 생각하는 게 아니라, 오히려 **과거 실재**의 발산물(emanation)로 간주한다. 예술이 아닌 **마술**로 말이다."[74]

그러나 마술의 형태일지라도, 사진은 보상 또는 비극적 카타르시스를 위한 것은 아니다. 그것은 기억에 대한 총체성을 제공하지 않으며, 개인적 또는 집단적 역사를 읽을 수 있는 수단도 제공하지 않는다. 죽음이라는 부정성에 대한 변증법적 회복을 구하기보다는, 사진은 그저 죽음을 기록한다. 바르트는 "사진은 비변증법적이다"라고 주장한다. "말하자면 사진은 죽음이 숙고될 수도, 반사될 수도, 내면화될 수도 없는 비자연적 무대이다. [⋯] 사진은 폭력적이다. 이는 사진이 폭력을 보여 주기 때문이 아니라, 매번 그것이 **시각을 힘으로 가득 채우고**, 그 안에서는 아무것도 거부될 수 없고 변형될 수도 없기 때문이다."[75] 그리고

---

74 Barthes, *Camera Lucida*, p. 88. 바르트는 사진의 의미 없는 비의도성에 대해 강조하면서, 사진을 사실주의 소설의 비사적인 '자유로운 간접적 스타일'에 비유하는데 이에 대해 추천할 만한 자료로는 다음 글을 참조할 수 있다. Ann Banfield, "L'Imparfait de l'Objectif: The Imperfect of the Object Glass," *Camera Obscura*, 24 (1991).
75 Ibid., pp. 90-91.

결코 무시할 수 없는 것은 바르트가 "죽음 그 자체(flat death)"라고 불렀던, 죽음 그 자체 이외에는 어떤 의미도 생산하지 않는 것에 관한 메시지이다. 바르트는 다음과 같이 고백했다. "어렸을 적 어머니의 사진 앞에서, 나는 내 스스로에게 말했다. 어머니가 곧 죽을 것이다. 나는 위니코트(Donald W. Winnicott)의 정신병 환자처럼, **이미 일어난 재앙을 생각하며** 전율했다. 사진의 주체가 이미 죽었든 죽지 않았든 모든 사진은 이와 같은 재앙이다."[76]

그러한 경험이 사진을 "현실에 분노한 광기의 이미지"로 가득 찬 기이한 매체로 만든다는 사실은 놀랍지 않다.[77] 예를 들어 영화에서와 같이, 사회는 단지 사진을 예술 형태로 변화시킴으로써 사진의 위협을 다룬다. 또는 사진을 더 널리 전파함으로써 모든 다른 이미지들을 주변으로 밀어내거나, 편재되고 지루한 일상생활의 현실로 만들어서 위협을 다룬다. 바르트는 사진이 미치거나 길들여진 것이라는 주장으로 『카메라 루시다』를 끝낸다. "사진의 사실주의가 미학적이거나 경험적인 습관에 의해 상대적인 것으로 남아 있다면 이는 길들여진 것이고 […] 이 사실주의가 절대적이고 말하자면 근원적인 것이어서 사랑하고 두려워하는 의식이 시간이라는 바로 그 글자로 되돌아오게 한다면 사진은 미친 것이다. 이는 사물의 흐름을 역전시키는 완전히 반항을 일으키는 움직임이자, 결론적으로 내가 사진적 **황홀함**(ecstasy)이라고 부르고자 하는 것이다."[78]

그러므로 황홀함, 즉 중심화된 자아의 소멸은 사진의 광기가 관습화되고 문화적으로 코드화된 인식에 구멍을 내고, 관객이 우리 모두를 기다리고 있는 비변증법적이고 회복 불가능하며 이해할 수 없는 소멸을

---

76 Ibid., p. 96.
77 Ibid., p. 115.
78 Ibid., p. 119.

직면한 이후에 나타난다. 탐색하는 응시가 "불안한 기호"이고 그 힘이 스스로 넘쳐흐른다는 것은 당연하다. 거울단계의 총체성이라는 위안이 되는 경험의 이미지 레퍼토리를 통해 보면서, 그리고 황홀한 모체와의 재통합을 꿈꾸면서 응시는 그 대신 어떠한 종류의 회생도 격렬하게 거부하는 "완전한 죽음"을 발견한다. 사진적 이미지에 대한 바르트의 모든 명백한 매혹과 그것이 가하는 환희로운 상처를 받아들이는 그의 모든 개방성에도 불구하고, 결과는 차가운 애도, 즉 시각의 사망론이다. 이 사망론은 시각의 우세로 불안해진 합창에 새로 슬픈 분위기를 더한다.[79]

1963년과 1964년에, 바르트는 영화 잡지 『카이에 뒤 시네마』와 『이미지와 사운드 Image et Son』에서 두 번의 인터뷰를 진행하였는데, 여기서 그는 조심스럽게 영화의 기호학적 전망에 대한 낙관론을 언급했다.[80] 적어도 일주일에 한 번은 영화를 보러 갔다고 언급하면서, 그는 필름 이미지가 외연적이고 유사적인 힘을 지녔음에도 불구하고 영화 이미지의 내포적 함의, 특히 몽타주의 사용에서 가장 잘 드러나는 그러한 함

---

79 물론 바르트는 죽음으로부터 탈출하기보다는 대면하려고 하는 하이데거를 뒤잇는 프랑스 저자들의 전통, 특히 블랑쇼가 대표적인 예인, 그러한 전통 내에 위치 지을 수 있을 것이다. 그래서 울머는 "경구와 파편을 의도적으로 사용하는 바르트의 죽음과의 대면은 죽음으로부터의 도피가 아니라 치료적인 인정으로 간주되어야 한다."(Ulmer, "Fetishism in Roland Barthes' Nietzschean Phase," p. 349.) 그러나 『카메라 루시다』는 단순한 인정이라기보다는 대리자 같아 보인다. 어떤 경우에든, 우리의 맥락에서 중요한 것은 바르트가 죽음과 사진 이미지 간의 병적인 연결을 짓는다는 점이다.

80 Barthes, "On Film," *Cahiers du Cinéma*, 147 (September, 1963)과 "Semiology and Cinéma," *Image et Son* (July, 1964): 둘 다 *The Grains of the Voice*에서 재출간 되었다.

의가 문학의 해독과 유사한 해석을 가능하게 한다고 주장했다. 이런 접근법은 영화 내러티브에서 환유적 구조를 강조하기 마련인데, 이 환유적 구조란 의미화작용의 계열적인 수단보다는 통합적인 수단의 발견을 필요로 하는 것이다(이는 곧 분석하게 될 메츠의 작업에서 이루어진 구분이다). 그러나 영화가 다른 많은 내포적 시스템에 의지했을지라도 바르트는 "아마도 이 모든 것을 넘어서는 인간의 이미지 레퍼토리라는 위대한 '언어'가 있다. 이것이 바로 핵심이다"라며 결론지었다.[81]

그러나 1975년에 바르트는 급격히 변화된 어조로 매우 다른 결론의 글을 출판했다. 특히「영화관을 나오면서(Leaving the Movie theater)」라는 제목의 글은 그가 편집을 도운 잡지 『코뮈니카시옹』의 "정신분석학과 시네마(Psychoanalysis and Cinema)"를 다룬 특별호를 위한 기고문이었다.[82] 영화관으로부터 빠져나올 때 느낀 그의 안도감을 고백하면서, 그는 영화보기를 최면에 걸려 있는 상태에 비교했다. 왜냐하면

> 영화보기는 내 안에 머물며 에고에 고착된, 그리고 이미지 레퍼토리에 고착된 오독(misreading)을 지속시킨다. 영화관에서 내가 아무리 멀리 떨어져 앉더라도, 나는 스크린이라는 거울에 대고, 그리고 '타자'라는 이미지 레퍼토리에 대고 나의 코를 맞붙이게 되는데 나는 나 스스로를 나르시시즘적으로 이 이미지 레퍼토리와 동일시하게 되는 것이다. [⋯] 그 이미지는 나를 유혹하고 나를 사로잡는다. 나는 그 재현물에 딱 **달라붙게** 되며, 촬영된 장면의 자연스러움(혹은 의사擬似-자연)을 만들어 내는 것은 바로 이 달라붙게 하는 점 때문이다. [⋯] 이 이미지가 법적으로, 이데올로기적인 것의 모든 특징

---

81 Bartes, "Semiology and Cinéma," p. 37.
82 Barthes, "En sortant du Cinéma," *Communications*, 23 (1975). 이에 대한 번역은 "Leaving the Movie Theatre," in *The Rustle of Language* 참조.

을 갖지 않았던가?[83]

영화의 이데올로기적 최면 상태를 피하는 길은 스크린/거울을 응시하는 "나르시시즘적 신체"를 "삐딱한 신체(perverse body)"로 대체하고, 스크린 자체가 **아니라** 영화 보기 경험의 모든 것에 집중하는 방법밖에 없을 것이다.[84]

　어느 논평가가 바르트의 새로운 "영화에 대한 저항"[85]이라 칭한 이러한 언급은 『코뮈니카시옹』에서 표명했던 의견과 뚜렷한 공통점이 없었다면 아마도 기이하게 여겨졌을지도 모른다. 영화에 대한 정신분석학적 함의의 도입은 실로 다양한 사상가들에게 영화 자체에 대해 놀라울 정도의 적대감을 일으켰다. 이러한 적대감은 단지 펠릭스 가타리와 쥘리아 크리스테바와 같은 비영화 비평가들의 텍스트에서만 분명하게 감지되는 것이 아니라, 평생의 업적을 영화에 대한 글쓰기에 매진했던 크리스티앙 메츠,[86] 장루이 보드리, 티에리 쿤젤(Thierry Kuntzel), 레이

---

83 Barthes, "Leaving the Movie Theatre," p. 348.

84 바르트가 나르시시즘적 신체와 삐딱한 신체를 대조한 것은 그 이전의 심리학자 앙리 왈롱이 관람자의 "시각적 시리즈"와 그의 "자기수용적(proprioceptive)" 시리즈 간의 구분을 지은 것을 상기시킨다. 시각적 시리즈가 스크린에 펼쳐진 "비현실적" 디에게시스적 행동을 보는 것에 관계된다면 자기수용적 시리즈는 관람을 행하고 있는 실제 자신의 신체의 감각과 관련된다. Wallon, "L'acte perceptif et le cinéma," *Revue internationale de filmologie*, 13 (April–June, 1953)

85 Ungar, "Persitence of the Image: Barthes, Photogrpahy, and the Resistance to Film."

86 가타리는 「가난한 자의 소파(Le divan du pauvre)」에서, 그가 질 들뢰즈와 『안티 오이디푸스』에서 1972년 시작한 고전적 정신분석학에 대한 비난을 계속하면서 "영화는 사회적 리비도를 형성하는 거대한 기계가 되었는데, 반면에 정신분석학은 소수의 엘리트들에게만 국한된 작은 영세 사업 이상은 되지 못했다"고 주장했다(p. 96). 그는 "가족주의적, 오이디푸스, 그리고 보수적"인 영화는 "대량 정신분석을 수행하여 인간을 프로이트주의의 낡은 고식에 적응하게 하는 것이 아니라 자본주의적 (혹은 관료주

몽 벨루(Raymond Bellour)와 같은 이들의 글에도 다양한 강도로 감지
된다. 바르트가 그 당시 "영화관을 나오면서" 불안감을 느낀 유일한 프
랑스 사상가는 아니었다.

1960년대 후반과 1970년대 초반의 영화 연구에서의 변화를 이해하
기 위해서는 당시 프랑스 영화 비평과 이론의 역사에 대해서 잠시 되돌
아볼 필요가 있는데, 이러한 변화는 바르트의 인터뷰와 이전 글들 사이
의 차이에 확연히 드러난다. 매체의 발달에 있어서 선구자이기도 했던
프랑스인들은 영화의 미학적, 문화적, 사회적 그리고 심지어 철학적 의
미를 논하는 데 있어서도 최전방에 있었다.[87] 제1차 세계대전 이후, 루
이 델뤽(Louis Delluc), 에밀 뷔예르모(Émile Vuillermoz), 레옹 무시

의적 사회주의적인) 생산에 함의된 것들에 적응하게 한다(p. 103)"고 썼다. 「공포와 거
울적 유혹에 대한 생략법(Ellipse sur la frayeur et la séduction spéculaire)」에서 크리
스테바는 일반적으로 거울성과 특히 영화 모두는 그가 '기호학적(semiotic)'이라고 부
르는 것, 즉 어머니와 관계된 의미화작용의 전(前)상징 단계로부터 나오는 위반적인 충
동—크리스테바의 용어를 빌자면 '표현할 수 있는 흔적(lektonic traces)'—을 표현하면
서 또한 완화시킨다. 성 아우구스티누스를 인용하며, 크리스테바는 영화는 유일신적이
며 상징적인 초월성을 경험하는 아우구스티누스의 프로젝트를 실현시킨다고 주장한다.
단지 웃음에 의해 방해받을 때만 영화는 권위와 질서와의 공모관계로부터 탈출할 수 있
다. 그리고 "그러한 탈신비화작용이 아니라면, 영화는 교회나 다름없을 것이다." 이 글
의 영어번역본은 다음의 글로 출간되었다. "Ellipsis on Dread and the Specular
Seduction," *Wide Angle*, 3, 3 (1970).

87 뤼미에르 형제와 조지 멜리에스로부터 시작하는 프랑스 영화에 관한 유용한 연구
로는 다음 책을 참조할 수 있다. Roy Armes, *French Cinema* (New York, 1985) 참조.
조금 이른 시기로는 Richard Abel, *French Cinema: The First War, 1915-1937*
(Princeton, 1984). 고전적인 비판적 텍스트 선집에 대해서는 다음 책 참조. Richard
Abel., *French Film Theory and Criticism: 1907-1939*, 2 vols (Princeton, 1988) 참
조. 영화의 제작과 해석은 종종 같은 인물에 의해 행해졌는데, 이러한 관습은 1950년대
의 『카이에 뒤 시네마』지의 장 프랑수아 트리포, 클로드 샤브롤(Claude Chabrol), 장
뤽 고다르(Jean-Luc Godard), 에릭 로메르(Eric Rohmer) 같은 감독의 개입에서 지속
되었음에 주목해야 한다.

나크(Léon Moussinac), 장 엡스탱(Jean Epstein), 그리고 앙리 디아망
베르제(Henri Diamant-Berger)와 같은 저술가들은『필름 *Le Film*』과
『시네마 클럽 저널 *Le Journal du Cinéma-club*』과 같은 잡지를 일종의
토론의 장으로 바꾸어 놓았다. 이 토론에 대해 한 비평가는 "당시로서
는 가능한 가장 포괄적이고 정교한 영화 이론"이라고 했다.[88] 그 이후
블레즈 상드라르(Blaise Cendrars)와 초현실주의자들처럼 영화의 아방
가르드적 가능성을 옹호하는 이들이 합류하게 되었는데, 이 초현실주
의자들의 열광(그리고 환멸)에 대해선 앞선 장에서 살펴보았다.

1945년 이후, 프랑스 영화 이론은 점차 현상학의 영향을 받아 메를로
퐁티의 다음과 같은 주장을 따르게 됐다. "영화는 특히 정신과 몸, 정신
과 세계의 통합, 그리고 타자에 있어서의 누군가의 표현을 분명히 하는
데 적합하다. […] 철학자와 영화 제작자는 존재에 대한 어떤 방식, 즉
한 세대가 가질 수 있는 일정한 세계관을 공유하고 있다."[89] 현상학적
사실주의라 불릴 만한 가장 강력하고 영향력 있는 주창자는 앙드레 바
쟁으로, 그는 "사진과 영화는 사실주의에 대한 우리의 집착을 최종적으
로 그리고 근본적으로 만족시킨다"라고 주장했다.[90] 바쟁에게 있어서
서구 회화를 지배했던 데카르트적 원근법주의라는 독재는 주체와 대상
을 분리하는 회화 프레임에 의해 해방되었지만, 이는 다시 영화 스크린
으로 대체되어 주체와 대상을 다시 결합하도록 하였다.

바쟁은 베르그송의 영화에 대한 불신은 거부했지만, 베르그송의 초

---

[88] Stuart Liebman, "French Film Theory 1910-192," *Quarterly Review of Film Studies*, 8/1), p. 2.
[89] Merleau-Ponty, "The Film and the New Psychology," pp. 58-59. 현상학의 중요성에 대해서는 다음 글을 참조할 수 있다. Dudley Andrew, "The Neglected Tradition of Phenomenology in Film Theory," *Wide Angle*, 2, 2 (1978).
[90] André Bazin, "The Ontology of the Photographic Image," in *What is Cinema?* trans. Hugh Gray (Berkeley, 1967), pp. 12.

창기 사례들의 영향을 받아 그는 살아 있는 유동의 세계를 묘사하는 영
화의 역량을 "시간 안에서의 객관성"이라고 강조했다.[91] 따라서 그는 과
학적으로 영화적 경험들을 분석하는 시도들을 별로 믿지 않았으며 그
리고 영화의 발달에서 나타난 병치된 이미지라는 몽타주의 중요성도
폄하했다. 바쟁이 총체 영화(total cinema)라는 꿈을 완벽한 표상의 이
상주의적 신화라고 간주했을지라도, 그는 촬영된 이미지들의 존재론적
힘에 대해선 명백한 놀라움을 나타냈다. 그와 종종 비교되는 위대한 독
일 영화 비평가이자 이론가 지크프리트 크라카우어처럼, 바쟁은 영화
가 "물리적 현실을 복원한다는 점"[92]에 경이로워했다. 연극에서는 우리
가 무대 위 공연자와 함께 자의식적 인식을 상호 간에 공유하는 반면에
"영화에서는 그 반대이다. 홀로 어두운 방안에 숨겨져서 우리는 반쯤
열린 블라인드를 통해 스펙터클을 바라본다. 스펙터클은 우리의 존재

---

91 Ibid., p. 14. 바쟁이 베르그송으로부터 받은 영향에 대해서는 다음 책을 참조할
수 있다. Dudley Andrew, *André Bazin* (New York, 1978), pp. 20ff. 초기 프랑스 영
화 비평가들, 즉 장 엡스탱이나 에밀 뷔예르모 같은 비평가들이 간혹 질 들뢰즈가 1980
년대에 그랬던 것처럼 베르그송에게서 영감을 찾을 수 있었다는 점에 주목해야 한다.
그들의 관심에 대한 증거로는 다음 책을 참조. Abel, ed. *French Film Theory and
Criticism*, vol. 1, pp. 108, 148, 205. 들뢰즈의 보다 광범위한 베르그송 복원은 다음
책에 나온다. *Cinema I: The Movement Image*, trans. Hugh Tomlinson and Barbara
Hammerjam (Minneapolis, 1986), pp. 8ff. 현상학적 사실주의의 또 다른 예측으로는
델뤽의 포토제니(photogénie) 개념에서 찾아 볼 수 있다. Abel, ed., *French Film The-
ory and Criticism*, vol. 1, pp. 107ff.

92 Siegfired Kracauer, *Theory of Film: The Redemption of Physical Reality*
(Oxford, 1960); 간단한 비교로는 다음 참조. Andrew Tudor, *Theories of Film* (Lon-
don, 1964), 4장과 V. F. Perkins, *Film as Film: Understanding and Judging Movies*
(London, 1972), 2장. 그러나 크라카우어에 관한 좀 더 최근의 연구는 좀 다른 측면을
강조한다. Miriam Hansen, "Decentric Perspectives: Kracauer's Early Work on
Film and Mass Culture," *New German Critique*, 54 (Fall, 1991). 비기호학적 관점으
로부터 바쟁의 입장에 대한 비판은 다음 책을 참조할 수 있다. Noël Carroll, *Philo-
sophical Problems of Classical Film Theory* (Princeton, 1988), 2장.

를 알지 못하며 이는 세계의 일부분이다. 그 어떤 것도 상상 속에서 우리 스스로를 우리 앞의 움직이는 세계와 동일시하는 것을 막지 못하며, 그 움직이는 것이 바로 그 세계가 된다"고 주장했다.[93]

현상학적 사실주의는 당시의 영화 동향의 중요성을 가장 잘 설명해 주는 이론이었다. 현상학적 사실주의는 장 르누아르(Jean Renoir)의 영화나 이탈리아 신사실주의 감독 로베르토 로셀리니(Roberto Rosselini)의 영화들에서 잘 나타나는데, 바쟁과 아메데 에프르(Amédée Ayfre)와 같은 바쟁 추종자들은 이들의 영화가 당시 전후 유럽문화에 활기를 불어넣어 주리라 기대했다.[94] 동떨어져 있는 관찰자의 묘사를 기반으로 하는 사실적 다큐멘터리와는 달리, 신사실주의는 딥포커스(deep-focus) 촬영 기법을 선호하는 사실주의 영화로 메를로퐁티의 용어를 빌리자면 이는 세계의 살 안에서 보는 자와 보이는 것을 재결합시키는 체제라고 할 수 있었다. 영화매체에 대한 현상학적 경의를 품고 있던 또 다른 비평가 에드거 모랭(Edgar Morin)은 다음과 같이 결론지었다. "시네마는 융합적 결합(syncretic conjunction)인 실제 지각과 환영의 시각을 가상적으로 거의 정확하게 중첩시킴으로써 세계에 대한 고대적 시각을 환생시키는 데 도달했다."[95]

---

93 Bazin, "Theater and Cinema, Part Two," *What is Cinema?* vol. 1, p. 102.
94 Bazin, "An Aesthetic of Reality: Neo-Realism (Cinematic Realism and the Italian School of the Liberation)," in *What is Cinema?* vol. 2, trans. Hugh Gray (Berkeley, 1971) 와 Ayfre, "Neo-Realism and Phenomenology," in *Cahiers du Cinéma: The 1950's Neo-Realism, Hollywood, New Wave*, ed. Jim Hillier (Cambridge, Mass., 1985).
95 Edgar Morin, *Le cinéma ou l'homme imaginaire: Essai d'anthropologie* (Paris, 1956), p. 160. 모랭은 자신이 '시네마토그라프(cinématographe)'라고 부른 것에서 나타나는 영화의 뿌리를 강조하는데, 이 시네마토그라프는 19세기의 기술적 혁신을 통해 지각을 확장시킨 것들이었다. 이후에 와서야 이러한 것들이 영화 언어 자체의 토대가 되었다고 모랭은 주장한다.

전(前) 프랑스 공산당 멤버였던 모랭은 여전히 마르크스주의자로서 1950년대 후반 좌파 학술지 『아귀망 *Arguments*』에서 바르트와 협업하였다. 하지만 바쟁은 에마뉘엘 무니에(Émmanuel Mounier)의 가톨릭 잡지 『에스프리 *Esprit*』 등에도 기고하였고 에프르는 신부였다. 따라서 현상학적 사실주의는 많은 경우 종교적인 아우라와 플라톤적 이상주의에 둘러싸여 있었고, 이러한 이유로 1960년대 후반 격렬해진 영화 비평의 정치화로부터 살아남기 힘들었다.[96] 1950년대의 바쟁의 잡지 『카이에 뒤 시네마』의 주요 기고문들 역시 마찬가지로 정치화로부터 안전하지 못하였는데, 이 저널은 감독 그 이상으로서의 창의적인 영화제작자인 바쟁과 그의 고유한 미장센을 기념하기 위해 만들어진 것이었다.

소위 **작가주의**(politique des auteurs)라는 것은 하워드 혹스(Howard Hawks) 감독을 자크 리베트(Jacques Rivette)가 신격화시킨 1953년의 글이나 이듬해의 프랑수아 트뤼포(François Truffaut)가 전통적인 프랑스 감독들에게 가한 신랄한 비난의 글을 통해 시작되었다.[97] 비록 바쟁

---

96 에프르가 1963년 사망한 이후, 그의 추종자 중 하나였던 앙리 아젤(Henri Agel)은 『시학과 영화 *Poétique et Cinéma*』(1956)에서 현상학적 전통을 지속하려 시도했지만, 별로 성공하지 못했다. 다른 현상학적 이론가들로는 로제 뮈니에(Roger Munier)의 『역상 *Contra l'image*』(Paris, 1963) 장 피에르 뫼니에(Jean-Pierre Meunier)의 『경험의 구조 *Les structures de l'expérience*』(Louvain, 1969) 등이 있다. 다음 책에서의 논의 참조: J. Dudley Andrew, *The Major Film Theorists: An Introduction* (Oxford, 1976), 9장. 영어권 국가에서는, 현상학적 방식, 특히 이 경우에는 하이데거의 현상학에 영향받은 가장 중요한 영화 이론가로는 스탠리 카벨이 있다. 그의 다음 책 참조. *The World Viewed: Reflections on the Ontology of Film* (Cambridge, Mass., 1979).

97 Rivette, "The Genius of Howard Hawks" (May, 1953), in *Cahiers du Cinéma: The 1950's: Neo-Realism, Hollywood, New Wave*, 와 Truffaut, "A Certain Tendency of the French Cinema" (January, 1954), in *Movies and Methods: An Anthology* ed. Bill Nichols (Berkeley, 1976).

자신은 비교적 초연한 태도로 일관했지만[98] 이 잡지는 거대 스튜디오에서 제작되는 영화들의 상업적 압박을 영웅적으로 이겨 낸 할리우드 **오퇴르**(auteurs, 작가, 이하 **오퇴르**로 칭함)의 능력을 격찬하는 글들로 채워졌다. 『카이에 뒤 시네마』는 심지어 극단적으로 **작가주의적**인 일군의 컬트적 (또한 정치적으로 보수적인) 이론가들에 대한 장을 잠시 열기도 했는데, 이 컬트적 이론가들은 파리의 마크마옹 극장(MacMahon Theater)과 연관되었기에 마크마옹인들(MacMahonians)로 알려진, 미셸 무를레(Michel Mourlet)가 이끄는 이론가들이었다.[99]

10여 년이 흐른 뒤, 그러한 찬사는 천재라는 개인에 대한 부르주아 인본주의적 물신에 너무나 치우쳤던 것으로 보였다. 또한 이 찬사는 낭만적 주체성을 의심하고, 마르크스적 미학(더 자세히 말하자면 모더니스트적 마르크스 미학)을 영화에 적용하고자 애썼던 비평가들을 만족시키는 데에만 너무도 주력한 것처럼 보였다.[100] 이러한 비판에는 브레

---

98 Bazin, "On the *politique des auteurs*" (1957), in *Cahiers du Cinéma: The 1950's*, ed. Jim Hillier.

99 Michel Mourlet, *Sur un art ignoré* (Paris, 1965). 동일한 제목의 그의 글은 편집자들의 다소 거리를 둔 소개글과 함께 1959년에 『카이에』에 출판된 적이 있다.

100 정치화에 대한 설명으로는 다음 책을 참조할 수 있다. D. N. Rodowick, *The Crisis of Political Modernism: Criticism and Ideology in Contemporary Film Theory* (Urbana, Ill., 1988). 또한 이러한 변화들을 에이젠슈타인을 필두로 시작된 정치화된 영화라는 거대 프로젝트 내에 위치시키는 다음 책을 참조. Dana B. Polan, *The Political Language of Film and Avant-Garde* (Ann Arbor, Mich., 1985). 관련 텍스트 중 다수는 다음에 수록. Hillier, ed., *Cahiers du Cinéma: 1960-1968*. 존 코위(John Caughie)가 그의 『저자의 이론 *Theories of Authorship*』(London, 1981)에서 지적한 바와 같이, 이미 1960년 무렵에는 페레이둔 호베이다(Fereydoun Hoveyda)와 같은 비평가의 글들에서, 살아 있는 인간으로서의 오퇴르는 핵심적인 작품으로서의 오퇴르로 대체되었으며, 미장센은 상대적으로 자동적인 개념이 되었다.

7장에서 다루었던 문자주의자와 상황주의자 감독들의 보다 급진적인 실험들은 『카이에 뒤 시네마』 비평가들에 의해 무시되었음에 주목해야 한다. 드보르와 그의 동료들은 누벨바그 영화의 혁명적인 영화 제시 방식을 폄하함으로써 대응했다. 이들은 "최종

히트(Bertolt Brecht)적 아이디어의 도입이 결정적이었는데, 특히 이는 비교적 드러나지 않게 정치적이었던 감독 조지프 로지(Joseph Losey)에 의해 가장 먼저 소개되었고, 이후 바르트와 베르나르 도르(Bernard Dort)[101]에 의해 더욱 과감하게 다루어졌다. 또한 브레히트적 연극의 기술을 영화 스크린으로 옮기려 했던 장뤽 고다르(Jean-Luc Godard) 감독이 영화적 소외 속에서 행한 자의식적인 정치적 실험 역시 어느 정도 기여했다. 그 시점에서 "누벨바그" 프랑스 영화가 나타나 **오퇴르** 이론이 떠받들었던 웰스(Welles), 히치콕(Hitchcocks), 프레밍거(Premingers), 호크(Hawks), 풀러(Fullers), 레이(Rays) 등과 같은 고전적 할리우드 감독들의 영화에 대한 대항수단을 제공하는 듯했다.

1960년대 초반의 프랑스 영화 이론은 이미 현실을 마술처럼 환기시키는 영화매체의 이상화를 폭로하고 지각을 의미화작용보다 더욱 중시하는 행위에 반문했다. 이와 더불어 문학과 철학 내에서 바르트와 푸코에 의해 주창되었던 '저자의 죽음'은 영화 이론에서는 **오퇴르**의 죽음으로 나타났다. 저자의 죽음과 **오퇴르**의 죽음 모두 저자의 의도와 창의적

분석에서 고다르디즘의 현재 기능은 영화의 상황주의적 이용을 미연에 방지하는 것"이라고 주장했다. ("The Role of Godard" [1966], in *Situationist International Anthology*, ed. Ken Knabb [Berkeley, 1981], p. 176).

101 Losey, "The Innocent Eye" (1960), in *The Encore Reader*, ed., Charles Marowitz, Tom Hale, and Owen Hale (London, 1965); Dort, "Towards a Brechtian Criticism of Cinema" (1960), in *Cahiers du Cinema: 1960-1968: New wave, New Cinema, Reevaluating Hollywood*, ed. Jim Hillier (Cambridge, Mass., 1986); Barthes, "Mother Courage Blind" (1954), "The Brechtian Revolution" (1955), 그리고 "The Tasks of Brechtian Criticism" (1956): 이 글들은 모두 *Critical Essays*에 수록되었으며, 또한 다음 글을 참조할 수 있다. "Diderot, Brecht, Einstein," in *Image-Music-Text*. 브레히트의 수용에 대한 논의는 다음 글을 참조. Hillier's introduction to *Cahiers du Cinema: The 1960's*, pp. 10ff.; 그리고 George Lellis, Bertolt Brecht, *Cahiers du Cinema and Contemporary Film Theory* (Ann Arbor, Mich., 1982).

인 관점이 갖는 권위를 부인했다.[102] 그래서 로브그리예 같은 '신소설
(혹은 누보로망)'의 몰아적(self-effacing) 행위자들의 시나리오가 환영
받았다는 것은 당연한 결과였다.[103] 바르트가 1963년과 1964년 인터뷰
에서 조심스럽게 옹호했던 영화의 리얼리티 효과의 작동을 폭로하는
기호학적 시도는 브레히트가 기술을 드러내고 관객에게 영화의 스펙터
클로부터 비판적인 거리를 제공했던 작업과 비견될 만하다. 물리적인
현실의 유사적 재생산에 기반한 시각적 경험이 아니라, 영화는 이제 해
독되어야 할 텍스트가 되었다. 그렇기에 영화는 존재론적 현시보다는
관습적인 언어로 이해되었다.

　이러한 시도 안에서 새로운 세대의 비평가들이 『카이에 뒤 시네마』
를 장악하게 되었다. 1958년 바쟁의 사후에는 에릭 로메르(Eric Rohm-
er)와 잠시 동안 자크 리베트가 그 뒤를 이었다. 하지만 1960년대 중반
에 들어서자 장 루이 코몰리, 장 나르보니(Jean Narboni), 장앙드레 피
에스키(Jean-Andre Fieschi)가 가장 영향력 있는 편집자가 되었다. 그
들이 가장 지지했던 이론가는 크리스티앙 메츠였다. 메츠는 바르트와
『코뮈니카시옹』 그리고 사회과학고등대학원(École des Hautes Etudes
en Sciences Sociales)의 대중 커뮤니케이션 연구센터(Centre d'Etudes
de Communications de Masse)에서 협업하기도 했다. 파스칼 보니체

102　이러한 비판에 대한 이후의 버전은 다음 글을 참고할 수 있다. Jean-Louis
Baudry, "Author and Analyzable Subject," in *Apparatus: Cinematographic Appara-
tus: Selected Writings*, ed. Theresa Hak Kyung Cha (New York, 1980).

103　Jacques Doniol-Valcroze, "Istanbul nous appartient," *Cahiers du Cinema*, 143
(May, 1963), pp. 55ff. 로브그리예가 자기 작품에서 보이는 만큼이나 절제적이었는지
아닌지는 그의 자서전 『오는 거울 Le miroir qui revient』 (Paris, 1985)에서 "나는 내
자신을 제외한 어떤 것에 대해서도 이야기해본 적 없다(I have never spoken of any-
thing else but myself)" (p. 10)라고 한 부분에서 제기되었다. 그러나 확실히 1950년대
와 60년대의 맥락에서 그는 작가적 관점의 산물로서의 내러티브를 약화시키는 것으로
간주되었다.

(Pascal Bonitzer), 장 피에르 우다르(Jean-Pierre Oudart), 장 루이 보드리, 마르슬랭 플레네(Marcelin Pleynet)도 이에 가세하여, 현상학적이고 **작가주의적** 영화 이론에 대한 저항을 강화했다. 한편, 보드리와 플레네는 『카이에 뒤 시네마』보다는 『시네티크 Cinéthique』지 및 『텔켈 Tel Quel』지와 더욱 연관되었다.[104] 그들은 영화 텍스트에 대한 기호학적 해독으로부터 영화의 제도적, 물질적, 심리적인 측면에 대한 비판으로 옮겨감으로써, 질베르 코앵세아(Gilbert Cohen-Séat)가 "필름적 사실(filmic fact)"이라고 불렀던 편협한 초점으로부터 벗어나 "시네마적 사실(cinematic fact)"을 추구해 갔다.[105] "장치(apparatus)"의 이데올로기적 함의들이 전체적으로 드러났을 때, 이는 1968년 이후 정치적으로 고조된 적대적 항의들로 이어졌는데, 이러한 항의는 특히 『코뮈니카시옹』지가 정신분석학과 시네마를 다뤘던 발행호에서 극에 달했다.

하지만 그러한 극단적인 결론에 이르기 전에 메츠의 1964년에서 1968년까지 글에서[106] 가장 심층적으로 다루어진 영화의 기호학적 분석은 다음과 같은 몇 가지 근본적인 문제들을 냉정하게 다루고자 했다. 시네마에 대한 연구가 얼마만큼 과학적일 수 있을까? 시네마의 의미화 작용에서 외연과 내포가 가지는 기능은 무엇인가? 시네마적 서사의 본질은 무엇이며 시네마적 서사의 코드는 어떻게 분류될 수 있을까? 영상

---

104 『카이에 뒤 시네마』, 『시네티크』, 『텔 켈』과의 관련에 대한 논의는 다음을 참조. Rodowick, *The Crisis of Political Modernism*, 3장.

105 Metz, *Language and Cinema*, trans. Donna Jean Umiker-Sebeok (Bloomington, Ind., 1974) 이 책은 이러한 차이에 대해서 9페이지에서 논의하는데, 여기서 그는 기호학은 그 자체가 주로 영화적 사실과만 관련되어야 한다고 말한다. 1968년 이후에는 영화적 사실에 관한 논의가 재등장한다.

106 이 글들은 다음 책에서 볼 수 있다: Metz, *Film Language: A Semiotics of the Cinema*, trans. Michael Taylor (Oxford, 1974), 그리고 *Language and Cinema*와 *Essais Sémiotiques* (Paris, 1977).

의 본질은 몽타주인가, 이미지인가? 시네마 분석에서 가장 근본적인 구
성단위는 무엇인가? 메츠가 여러 글에 걸쳐서 애타게 시도한 위의 질문
의 대답은 길고도 예리한 비평들을 이끌어 냈다.[107]

1968년 이후 프랑스 영화 이론의 전환으로 넘어가기 전에 위에 언급
된 몇 가지 논의만을 강조하고자 한다. 첫째로, 기호학이 현상학적 영
화 해석을 순수하게 구조주의적이며 형식주의적 해석으로 대체하는 것
처럼 보였지만, 바르트가 그랬듯이 메츠도 어느 정도 현상학적 가정들
을 유보했다. 그러한 현상학적 가정들은 메츠가 외연과 내포, 유사적인
의미화작용과 코드화된 의미화작용의 관계에 대하여 씨름할 때마다 드
러났다.[108] 특히 그는 언어로 감축될 수 없는 장면의 본질을 강조하며 몽
타주에 지나치게 의존하는 것을 거부하며, 서사의 "디에게시스적(di-
egetic)" 기반의 중요성을 상기시켰다. 에티엔 수리오(Étienne Souriau)
가 영화 연구에 처음 도입한 디에게시스 개념은 영상 속 외연의 총체를

---

107 Andrew, *The Major Film Theories*, 8장과 *Concepts in Film Theory* (Oxford,
1984), 4장 참조. 그리고 Richard Thompson, "Introduction: Metz Is Coming," Cin-
ema, 7, 2 (Spring, 1972); Alfred Guizetti, "Christian Metz and the Semiology of
the Cinema," *Journal of Modern Literature*, 3, 2 (April, 1973); Stephen Heath,
"The Work of Christian Metz," *Screen*, 14,3 (1973); Michel Cegarra, "Cinema and
Semiology," *Screen*, 14, 1-2 (1973); Brian Henderson, "Metz: Essais I and Film
Theory," *Film Quarterly*, 28, 3 (Spring, 1975); James Roy MacBean, *Film and
Revolution* (Bloomington, Ind., 1975), 16장; Sol Worth, "The Development of a
Semiotic of Film," *Semiotica*, 3 (1976); 그리고 Mary C. Baseheart, "Christian
Metz's Theory of Connotation," *Film Criticism*, 4, 2 (1979) 참조. 마지막으로, 폭풍
우가 잠잠해진 후 주체적으로 뒤를 훑어 본 점에 대해서는 다음 책을 참조할 수 있다.
Jean Mitry, *La sémiologie en question: langage et cinema* (Paris, 1987).
108 메츠는 이 문제를 다루는 효과적 방법을 찾기 위해 1970년대까지 지속적으로 고
군분투했다. 그의 1972년 다음 글을 참조. "Connotation Reconsidered," *Discourse*, 2
(Summer, 1980). 비록 에코의 바르트에 대한 비평에 대해서 입 발린 말만 했지만
(*Film Language*, p. 113) 그는 외포(denotation)는 근본적으로 아직 독해되지 않은 내
연(connotation)일 뿐이라는 결론은 거부했다.

구성하는 표상된 물질, "전(前)영화적" 사건들, 등장인물들, 풍경들을 뜻하며, 또한 영상의 기표가 지시하는 기의들, 서사된 허구의 함축된 공간을 의미한다.

메츠에 의하면, 디에게시스의 중요성은 영화와 정적인 사진의 근본적인 차이를 시사한다. 바르트의 초기 연구를 근거로 하여, 메츠는 사진은 인덱스적 흔적을 물리적으로 전사시켜서 외연적인 힘을 얻는 반면 영화는 시간에 걸쳐 연계되는 이미지의 움직임이 자아내는 누적효과에서 외연을 얻는다고 주장했다. 이는 실제 눈에서 지속되는 시각과 유사한 결과이기도 하다.[109] 메츠의 주장에 따르면 바르트가 사진은 과거 사건을 환기시키는 반면에, 영화는 살아가고 있는 현재의 감각을 제공한다고 한 점은 옳았다. 이러한 효과의 차이는, 실제 삶에서 움직임은 눈을 통하여 우리에게 전달되고, "움직임은 **항상** 시각적인 것이기 때문에, 움직임의 모습을 재생산하는 것은 곧 현실을 복제하는 것"이기 때문이다.[110]

비록 이러한 주장은 움직임의 시각적인 측면 이외의 촉각적, 청각적, 나아가 운동감각적인 측면에서는 가치가 없어지긴 하지만, 메츠가 애초부터 영화의 신비한 실재 효과를 설명하려 했음을 보여 준다는 점에서 의의가 있다. 이는 연극에서는 관람객 눈앞의 실제로 살아 있는 배우들이 역설적으로 너무나도 현실적이며 피와 살이 있는 실체여서 오히려 그들이 제공하고자 하는 서사 공간의 현실적인 효과가 떨어지는

---

109 Metz, *Film Language*, p. 98.

110 Ibid., p. 9. 메츠의 입장을 뒷받침하는 영화에서의 움직임과 일반 지각과의 관계에 대한 근래의 과학적인 논의에 대해서는 다음 글을 참조할 수 있다. Joseph Anderson and Barbara Anderson, "Motion Perception in Motion Pictures," in *The Cinematic Apparatus*, ed. Teresa de Lauretis and Stephen Heath (New York, 1980), p. 87.

반면에, 영화적 스펙터클은 강력한 현실적 인상을 제공하였다. 장 미트리(Jean Mitry)가 출간한『영화의 미학과 심리학 Esthetique et psychologie du cinéma』[111]에서 보인 심리학적이며 메를로퐁티적인 논의를 뒤따르며 메츠는 다음과 같이 주장했다.

"영상적 상태(filmic state)"를 쳐면, 모방, 혹은 관객을 완전히 수동적 상태로 만드는 여타 수단으로 설명하려는 시도는 관객의 참여를 결코 설명하지 못하며, 단지 관객의 참여가 불가능하지 않게 만드는 상황만을 설명할 뿐이다. 관객은 그야말로 실제 세계에서 "단절"되었다. 하지만 그는 무언가 다른 것과 접속하여 **실재**를 **전이**하여, 모든 정서적, 지각적, 지적인 행위에 관계하게 되는데, 이러한 전이는 실제 세계의 스펙터클을 아주 조금이라도 닮은 스펙터클에 의해 발생하는 것이다.[112]

여기서 문제는 그러한 전이가 어떻게 일어나며, 어떻게 관객이 스크린에 실재 효과를 투영하는가 하는 점이었다. 메츠의 이 초기 논문에서 영화의 "비밀"의 일부로 시간과 움직임의 중요성을 지적할 뿐이지만, 그

111 Mitry, *Esthetique et psychologie du cinéma*, vol. 1 (Paris, 1963). 두 번째 권은 메츠의 글 바로 다음인 1965년에 출간되었다. 미트리의 중요성에 대해서는 다음 책을 참조할 수 있다. Andrew, *The Major Film Theorists*, 7장 및 Brian Lewis, *Jean Mitry and the Aesthetics of the Cinema* (Ann Arbor, Mich., 1984). 심리학을 영화에 적용시키는 시도는 휴고 뮌스터버그(Hugo Munsterberg)의 1916년 책, 『영화: 심리학적 연구 The Film: A Psychological Study』에까지 거슬러 올라간다. 영화와 정신병동 간의 상호관계의 역사에 대해서는 다음 책을 참조. Krin Gabbard and Glen O. Gabbard, *Psychiatry and the Cinema* (Chicago, 1987).
112 Metz, *Film Language*, pp. 11-12. 그의 동료 중 하나인 레이몽 벨루는 영화와 최면술간의 유사성에 대한 관심을 주장했다. 이에 대해서는 다음 글을 참조할 수 있다. Janet Bergstrom, "Alternation, Segmentation, Hypnosis: Interview with Raymond Bellour," *Camera Obscura*, 3, 4 (1979).

러한 설명은 몇 년 후 심리학적 차원을 끌어들이면서 사라지고 말았다.

이러한 초기 작업 이후의 글들에서 메츠는 시네마적 경험의 현상학적이고 심리학적인 근원들은 잠시 제쳐 두고, 대신 의미화작용의 형식적인 체계를 해독하는 데 집중하였다. 하지만 그는 실물과 똑같고 현재 중심적인 움직임을 영화의 본질로 보는 자신의 주장은 유지했다. 이러한 점은 서사가 영화의 필수적인 기반이라고 하여 논란을 일으킨 그의 주장에서 나타났으며,[113] 나아가 계열적 의미화작용보다는 통합적 의미화작용이 영화가 읽혀질 수 있는 근본적인 출처라고 여긴 메츠의 신념에도 드러났다(이는 사실주의 소설에서의 내러티브 이론과도 유사한 것이다). 계열적 관계가 부재하는 용어를 유의나 반의 관계를 통해 현존하는 용어로 대체할 가능성을 내포하고 있는 반면, 통합 관계는 시간의 흐름에 따른 선형적 변화를 통해 연결된, 이미 존재하는 용어들을 결합시켰다. 통합적 분석은 왜 서사의 한 구성단위가 다른 단위로부터 이어지거나 다른 단위에 의해 이어지는가를 주목하는데, 예를 들면 이는 공간적 공시성(spatial synchronicity), 시간적 연계, 그리고 인과 관계 등에 의해 이어진다. 서사영화를 통제하는 "대 통합체(large syntagmas)"를 분석하기 위하여 메츠는 여덟 개의 기본 변수들로 구성된 복잡한 체계를 확립하였다. 이에 대하여 세부적으로 알아볼 필요는 없지만, 여기서 주목할 것은 가장 엄격하게 기호론적이던 시기에도 메츠는 영화의 코드화된 언어가 의존하는 것은 시간에 걸친 움직임의 유사적이며 외연적인 기반에서 생산되는 실생활의 시뮬라크르라고 보았던 점이다. 그의 논의가 레비스트로스를 중심으로 한 1960년대에 큰 영향력을 행사했던 공시적 구조주의와 유사하였음에도, 메츠는 통시적 관점

---

113 메츠의 서사에 대한 강조는 세가라(Michel Cegarra)의 「영화와 기호학(Cinema and Semiology)」에서 공격받았다.

을 유지하고 결코 포기하지 않았다.

바르트가 한때 라캉의 상상계를 전용하여, 사진매체 자체가 가지는 문제적인 함의들을 강력하게 공격할 수 있게 한 것은 바로 사진의 유사적이며 외연적인 기능에 대한 그의 완고한 신념이었다. 메츠의 영화 분석 역시 바르트와 비슷한 논리 체계를 가지고 있다. 물론 바르트가 주목한 사진이 죽음을 상기시키는 측면과 메츠가 본 영화의 삶을 상기시키는 측면 사이에는 중요한 차이점이 있다. 하지만 두 경우 모두 각 매체의 함의에 대한 정신분석학적 접근이 1960년대 초반 이들이 지지했던 기호학의 "과학적인" 중립을 벗어나 급진적인 비판을 이끌었다. 얼마 전까지만 해도 영화의 이데올로기적 함의들을 간과했다는 비난을 받은 메츠는[114] "영화를 사랑하는" 일반적인 태도를 "관람자의 카메라와 (혹은 이차적으로 영화 속 인물들과의) 동일시하는, 즉 영화의 이데올로기적 효과라는 거울 복제에 지나지 않는다고 비판하였다."[115]

---

114 예를 들어 세가라의 「영화와 기호학」과 맥빈(MacBean)의 『영화와 혁명 Film and Revolution』에서 그러했다.

115 Metz, The Imaginary Signifier: Psychoanalysis and the Cinema, trans. Celia Britton, Annwyl Williams, Ben Brewster, and Alfred Guzzetti (Bloomington, Ind., 1977), p. 14. 메츠는 그의 작품에서의 두 시기가 급진적으로 상이하다는 주장을 거부했다. 그는 언제나 상당히 비판적이라고 주장했다. "시초부터 기호학은 주요 영화를 탈신화화하기 위한 노력이었다. 그리고 이 점은 1963년이나 64년에 바로 서사영화의 이데올로기적 지배의 주요 원리가 코드화되지 않는 체할 때 내러티브시네마가 코드화되었다고 주장하는 것은 쉬운 일이 아니었다." ("Discussion," in The Cinematic Apparatus, ed. de Lauretis and Heath, p. 168). 그러나 한편으로는, 그는 인터뷰에서 다음의 질문에 언제나 중립적인 과학자가 되고자 했다고 항변했다. "작품이 가치나, 윤리적, 미학적인 것을 지향하기보다는 서술이나, 제시, 그리고 과학을 지향한다고 한다고 말할 때 이것이 옳은 것인가?" 그는 "그렇다, 과학은, 과학이 거대한 개념이라는 점을 제외하고는, […] 과학은 목표로 남아 있다. 그러나 나는 매우 멀리 있는 대상, 즉 나의 지향점으로서의 과학을 제외하고는 나는 과학이라는 단어를 사용하기를 주저할 것이다"라고 답했다. ("The Cinematic Apparatus as Social Institution — An Interview with Christian Metz," Discourse, 1 [1979], p. 30).

위와 같은 변화는 비록 브레히트에 대한 초기 관심으로부터 예견되
었다 할지라도, 1968년의 사건들과, 영화학 내에서 알튀세르와 라캉 이
론을 급격히 수용한 이후에서야 일어난 것들로, 대개는 필리프 솔레르
스(Philippe Sollers)를 중심으로 한 『텔켈』지의 급진적 모더니즘을 거
쳐서 이루어진 것이었다.[116] 또한 일관된 독해의 산종 개념으로서의 데
리다의 **에크리튀르**(*écriture*)는 프랑스 영화 연구에서 지배적이었던 서
사성 비판에 영향을 주었다.[117] 『카이에 뒤 시네마』의 새로운 방향은 에
이젠슈타인과 지가 베르토프(Dziga Vertov)와 같은 러시아의 혁명 영
화감독들을 긍정적으로 재평가함과 동시에 할리우드로부터 등을 돌렸
다. 이 같은 전환은 "시네마/이데올로기/비평(Cinema/Ideology/Criti-
cism)"이라는 제목으로 1969년 10월호와 11월호에 실린 코몰리와 나르
보니가 서명한 두 편의 사설에서 표명됐다.[118] 이 사설에 자극제 역할을
한 것은 일 년 전에 창시한 급진적인 영화 잡지 『시네티크』였고, 이 잡
지는 하나의 기관으로서 영화의 경제적인 기반을 강조하였다.[119] 『시네

---

116 이에 대한 설명으로는 다음 글을 참조할 수 있다. Lellis, *Bertolt Brecht, Cahiers
du Cinema and Contemporary Film Theory*, 6장; Rodowick, *The Crisis of Political
Modernism*, 3장; William Guynn, "The Political Program of the Cahiers du Cine-
ma, 1969-1977," *Jump Cut*, 17 (1978); 그리고 Maureen Turim, "The Aesthetic
Becomes Political: A History of Film Criticism in *Cahiers du Cinema*," *The Velvet
Light Trap*, 9 (Summer, 1973).

117 데리다의 개념의 영화에 있어서의 첫 번째 주요 영향은 아마도 다음 책에 등장한
것이다: Jean Louis Baudry의 글, "Ecriture/fiction/ideologie," *Tel Quel*, 31
(Autumn, 1967). 그 중요성에 대한 논의는 다음 책을 참조. Rodowick, *The Crisis of
Political Modernism*, pp. 23ff. 데리다와 영화이론에 대한 일반적인 분석으로는 다음
을 참조. Peter Brunette and David Wills, *Screen/Play: Derrida and Film Theory*
(Princeton, 1989).

118 영어로는 다음을 비롯, 여러 곳에 수록되어 있다. *Screen*, 12, 1 (Spring, 1971)
와 Bill Nichols, ed., *Methods and Movies* (Berkeley, 1976).

119 이에 대한 설명으로는 다음 글들을 참조할 수 있다. Thomas Elsaesser, "French

티크』에서 플레네, 보드리, 장폴 파르지에(Jean-Paul Fargier)와 같은 비평가들이 영화의 본질에 대한 토론을 활성화했고, 영화를 자본주의의 기원보다도 먼저 형성된 이데올로기적 과제들의 정점이라고 보았다. 그들의 프로젝트는 세르주 다네(Serge Daney)가 서구 시각중심주의의 "가시적인 것의 이데올로기"와의 관계에 대해 명백히 설명했던 1970년 『카이에 뒤 시네마』에 쓴 글에 명백하게 표명되어 있다.[120] 이 글에서 다네는 다음과 같이 시사했다. "(우리는) 카메라를 뒷받침하는 것과 카메라 이전에 있는 모든 것을 문제 삼는다. 가시적인 것에 대한 맹목적인 신념, 다른 감각들 우위에 놓인 눈의 헤게모니, 사회가 스펙터클에 자신을 배치하여야 하는 필요와 취향 등등 […] 그리하여 영화는 보기(seeing)와 보기가 실현하는 광학적 소명의 시각이라는 서구 형이상학적 전통에 얽매여 있다."[121]

비록 『카이에 뒤 시네마』의 편집자들이 『시네티크』의 특정 영화들에 관한 의견에 모두 동의하지는 않았지만, 이 두 학술지와 이를 따르는 영국의 『스크린 Screen』지[122]와 같은 다른 학술지들은 이전 영화 비평사

Film Culture and Critical Theory: Cinethique," *Monogram*, 2 (Summer, 1971). 중요한 글로는 다음을 참조. Marcelin Pleynet and Jean Thibaudeau, "Économique, idéologie, formel," *Cinéthique*, 3 (1969).

120 특히 보드리의 1970년 글 참조. "Ideological Effects of the Basic Cinematographic Apparatus," *Film Quarterly*, 27, 2 (Winter, 1974-1975). 보드리의 이 시기의 글은 『영화 효과 *L'effet cinema*』(Paris, 1978)에 수록되어 있다.

121 Serge Daney, "Sur Salador," *Cahiers du Cinema*, 222 (July, 1979), p. 39. 이는 다음 글에서 재인용. Jean-Louis Comolli, "Machines of the Visible," in *The Cinematic Apparatus*, ed. de Lauretis and Heath, p. 125. '시각적인 것의 이데올로기 (the ideology of the visible)' 라는 문구를 만들어 낸 것은 코몰리였다.

122 영국에서의 프랑스 영화 이론의 수용에 대해서는 다음 책을 참조할 수 있다. Colin MacCabe, *Tracking the Signifier: Theoretical Essays: Film, Linguistics, Literature* (Minneapolis, 1985). 이에 대한 비판으로는 다음 참조. Andrew Britton, "The Ideology of Screen: Lacan, Althusser, Barthes," *Movie*, 26 (Winter, 1978/1979).

에서 전무했던 영화매체 비평의 결정적인 함의들을 펼쳐 갔다. 특정한 영화나 특정한 기법, 혹은 작가주의나 현상학적 사실주의와 같은 이상적인 영화 이론이 문제가 아니라, 영화적 "장치(apparatus, appareil 혹은 dispositif)" 그 자체가 논의되었다.[123] "장치"라는 용어는 비록 영화매체의 기술적인 발전을 내포하고는 있으나, 화학작용과 기계에 대한 단순한 매료 이상의 것이었다. 사실, 영화 기술이 중립적이며 순수 과학의 발달에 기반한다는 주장이야말로 장치 이론이 반박하고자 한 점이다.[124]

---

123 조안 콥젝(Joan Copjec)이 주목한 바와 같이, 이 두 불어 용어는 약간의 다른 의미가 있다. appareil는 기계나 장치의 의미를 내포한다면, dispositif는 이런 의미들뿐 아니라 배치나 배열의 의미를 품고 있다. 콥젝은 "appareil는 주로 기계적인 혹은 재생산의 기관과 관련된 해부학적인 의미에서 사용된다. 반면에 dispositif는 바슐라르, 캉길렘, 푸코 등과 같은 경험주의적 입장에 반대하여 사실이 사실을 발견하는 과학 바깥에 존재한다고 주장하는 철학적 전통과의 관련성을 의미하기 위해 사용된다. 이러한 이론에 따르면 (즉, 장치 혹은 현상-기술 또는 진실 담론) 진실은 진실을 구성하는 의미화작용 행위 내부에 있는 것이다"라고 서술한다(Copjec, "The Anxiety of the Influencing Machine," *October*, 23 [Winter, 1982], p. 57). 아래에서 논의될 보드리의 두 개의 중요한 에세이는 첫 번째 글에서는 제목에 appareil를 사용하고 ("Cinema: effets produits par l'appareil de base"), 두 번째 글에서는 dispositif라는 점에서 상이하다. "Le dispositif: Approches metapsychologiques de l'impression de realite."

124 기술의 문제에 대해서는 다음 글들을 참조할 수 있다. Jean-Louis Comolli, "Technique et ideologie: Camera, perspectif, profondeur de champ," *Cahiers du Cinema*, 229 (May, 1971): 230 (July, 1971): 231 (August, 1971): 233 (November, 1971): 234-235 (December, 1971-January, February, 1972) 그리고 241 (September, 1972). 이 글들은 "Technique and Ideology: Camera, Perspective, Depth of Field," *Film Reader*, 2 (January, 1977)에 영어로 요약 번역되어 있다. 아울러 다음을 참조. Stephen Heath, "The Cinematic Apparatus: Technology as Historical and Cultural Form," in de Lauretis and Heath, eds., *The Cinematic Apparatus*. 이 시기 기술에 관한 좀 더 중립적인 시각을 제시한 중요한 프랑스 이론가 장파트리크 르벨(Jean-Patrick Lebel)이 있었다. 그의 『영화와 이데올로기 Cinema et ideologie』(Paris, 1971)는 매체를 전체로서 주장하는 플레네의 의견을 내세운다. 이 이론은 위에 인용된 코몰리의 아티클에서 비판받는데, 특히 영화의 창조에 있어서 과학의 역할을 왜곡했다

1968년 혁명 이후 프랑스에 만연하였던 "장치"라는 용어는 바슐라르
가 직접적인 현상학적 지각이 아닌 "현상적 기술(phenomeno-technol-
ogies)"을 연구하기 위해 사용했던 개념이다. 아울러 "이데올로기적 국
가 장치"를 명시하기 위해 알튀세르가 사용했으며, 권력과 성의 장치에
대하여 논하기 위해 푸코가 사용했다. 하지만 그 어느 것보다 프로이트
에 대한 새로운 관심이 영화 이론가들이 "장치"를 접목하는 데 가장 큰
영향을 끼쳤다. 『꿈의 해석』에서 폭넓게 논의된 대목에서 프로이트는
정신을 획일적이며 분화되지 않은 것으로 개념화하기보다는 다음과 같
이 주장했다. "우리는 우리의 정신적인 기능들을 수행하는 도구를 복합
현미경, 혹은 사진적인 장치, 또는 그러한 종류의 것을 닮은 것으로 상
상해야 한다. 그렇게 할 때 심리적인 장소성(locality)이 그 장치 안의
하나의 장소와 상응할 수 있고, 이 장소에서 이미지가 예비된 단계들
중의 하나로 생성될 수 있다."[125]

이 대목에 주목하며 데리다는 1966년의 글 「프로이트와 글쓰기의 장
(Freud and the Scene of Writing)」에서 프로이트가 시각적인 비유로
부터 "신비한 글쓰기 판"과 같은 글쓰기의 비유로 옮겨갔다는 점에 찬
사를 보냈다.[126] 반면 보드리와 그의 추종자들은 정신이 역동적인 시각

는 점에서 공격받았다.

125 Freud, *Standard Edition*, vol. 5, trans. and ed. James Strachey (London,
1973), p. 536. 영화와 정신분석학의 만남은 1920년대부터, G. W. 파프스트(G. W.
Pabst)의 영화 〈영혼의 비밀(Secrets of a Soul)〉 등의 예에서 시작되었다. 이에 대한 논
의로는 다음 글을 참조할 수 있다. Anne Friedberg, "Unheimliche Maneuver between
Psychoanalysis and the Cinema: Secrets of a Soul (1926)," in *The Films of G. W.
Pabst: An Extraterritorial Cinema*, ed. Eric Rentschler (New Brunswick, N.J.,
1990).

126 Derrida, "Freud and the Scene of Writing," *Writing and Difference*, trans.
AlanBass (Chicago, 1978). 프로이트의 시각적 은유에 대한 또 다른 해체주의적 비판
으로는 다음 책을 참조. Sarah Kofman, *Camera obscura: de l'ideologie* (Paris,

기계로 구성될 수 있다는 생각에 여전히 매료되어 있었는데, 왜냐하면 그러한 생각은 영화 역시 정신이라는 장치의 외적인 시각 기계로 이해될 수 있음을 암시하는 것이었기 때문이다. 사실, 장치가 카메라, 스크린, 영사기, 그리고 관객의 의식 간의 복잡한 상호 작용을 수반하게 됨으로써, 바로 그 내부와 외부 간의 구분이 문제시되는 것이었다. 또한 라캉의 거울단계에 대한 논의는 내부와 외부가 투사적으로 뒤얽혀 있다는 것에 대한 신념을 더욱 강화할 뿐이다. 이에 대해서는 잠시 뒤에 살펴보려 한다.

이와 더불어, 현미경과 같은 시각 향상 기술에 대한 프로이트의 논의는 이러한 기술들의 발전과 더불어 부상한 데카르트적 원근법 시각체제와 영화 사이의 연관을 시사했다. 바쟁이 영화 스크린이 전통적인 회화의 틀과 다르다고 주장한 데 반대하여, 보드리와 그의 추종자들은 고정되고 독점적인 눈을 특권화하는 표상의 원근법적 방식이 사진과 영화에서도 이어졌다고 주장했다. 플레네의 설명에 의하면, 그들은 미술사가 피에르 프랑카스텔(Pierre Francastel) 같은 선구자들의 논의로부터 추론하여 다음과 같이 주장했다.[127] "영상 카메라는 그 자체로서 이데올로기적 도구이다. 그것은 그 어떤 것보다 먼저 부르주아 이데올로기를 표명한다. [···] 영상 카메라는 1400년대 이탈리아(Quattrocento)의 과학적 시각 모델을 직접적으로 계승한 원근법의 코드를 생산해 낸다."[128] 그렇기에 카메라는 가시적인 것의 이데올로기에 연루되어 있다

1973), 2장.

127 Francastel, *La figure et la lieu* (Paris, 1967). 그러나 미트리에 따르면, 영화 이론가들은 원근법은 형상화된 공간이라는 프랑카스텔의 주장을 영화의 실제 공간이 원근법적이라는 자신들의 주장과 혼동했다. 미트리의 다음 글 참조. *La semiologie en question*, p. 61.

128 Pleynet with Thibaudeau, "Économique, idéologique, formel," p. 10.

고 그들은 주장하였다. 그러한 이데올로기 안에서 "인간의 눈은 표상
체계의 중심에 있다. 그러한 중심성은 다른 표상 체계를 배제하며 눈이
다른 감각기관보다 우위에 있다는 것을 확신시키며, 눈을 철저하게 신
성한 곳에 위치시킨다."[129]

보드리는 에세이 「기본 영화 장치의 이데올로기적 효과(The Ideo-
logical Effects of the Basic Cinematographic Apparatus)」에서 카메라
의 단안(單眼)적 시각이 "이상적인 시각 공간을 펼치고, 이로 인하여 초
월의 필연성을 보장"한다고 주장하였다. 또한 이러한 초월성은 "코앵세
아나 바쟁의 글에서 찾을 수 있는 모든 이상적인 찬가에 영감을 주는
듯 보인다"고 서술했다.[130] 이러한 시각체제는 모든 존재가 동질하다는
이상적인 신념과, 이를 멀찍이 떨어져서 바라보는 초월적 주체에 대한
신념을 바탕으로 한 것이다. 눈의 초월은 더 이상 특정한 시간과 공간
에 고정된 육체에 매여 있지 않고 카메라가 향하는 곳이면 어디든지 배
회할 수 있다는 점에서 더욱 강화됐다. 움직이는 카메라는 다중적이고
대립되는 관점을 제시하기보다는 차이점을 무력화시키고 단일한 주체
효과를 생산해 내었다. 이러한 주체는 연속적이며, 일직선적이며, 일관
된 것처럼 보이나, 사실은 논평가 장피에르 우다르가 이데올로기적 "봉
합(suture)"이라고 부른 것에 의해 생산된 주체다.[131] 라캉주의자 자크
알랭 밀레로부터 빌려온 "봉합"이라는 용어는 언어가 사실상 메꿀 수
없는 부족과 부재를 마치 "꿰매는" 듯한 기표를 의미한다.[132] 우다르는

---

129 Ibid.

130 Baudry, "The Ideological Effects of the Basic Cinematographic Apparatus,"
p. 42.

131 Oudart, "Cinema and Suture," *Screen*, 18,4 (Winter, 1977-1978). 원래는 다
음 저널에 게재되었다: *Cahiers du Cinéma*, 211 (April, 1969) and 212 (May, 1969).

132 Jacques-Alain Miller, "Suture(Elements of the Logic of the Signifier),"
Screen, 18, (1977-1978); 이 글의 원 출처는 다음 참조. *Cahiers pour l'analyse*, 1

쇼트-리버스 쇼트(shot/reverse shot)와 같은 기법은 시각적 봉합을 조성한다고 주장했다. 시각적 봉합은 중심적이고 통합된 주체로부터 오는 듯한 응시, 즉 영화 속 등장인물들의 응시와 실재 관객의 응시가 순차적으로 동일시되도록 함으로써, 관객이라는 분산되고 대립하는 주체들을 허위의 조화로운 전체로 함께 꿰맨다.

이러한 영화 기법에 내재된 동일화의 근본적인 과정을 설명하기 위해 보드리, 플레네, 우다르, 그리고 그들 이후의 학자들은 더욱 라캉적 정신분석학에 의존하게 되었다. 영화를 해독의 대상인 텍스트로 간주하는 기호학적 접근법에서 벗어나 그들은 베르트랑 오귀스트(Bertrand August)가 "관람자의 메타심리학(a metapsychology of the spectator)"이라 부른 방식을 추구하였다.[133] 그들이 보기에 관람자라는 불쌍한 존재는 불 꺼진 방에서 스크린 위에 투영되는 스펙터클에 의해 "결박당해 있고, 잡혀 있고, 넋을 빼앗겨 버린다."[134] (보드리가 지적하기를, "넋을 빼앗는다(captivate)"는 단어는 매우 적절한 것으로 왜냐하면 머리와 관련된 이 말은 정확히 바타유가 자신의 무두의 이미지, 혹은 상처 나고 피 흘리는 신체 이미지로 무효화시키려 한 바로 그 위계화를 의미하는 것이기 때문이다.) 이로 인한 결과는 꿈과 같은 의식 상태였다. 꿈은 영화 이론의 역사에서 익숙한 비유였으나 퇴행을 내포하고 있다는 점에

(1966). 이에 대한 논의로는 다음 글들 참조. Stephen Heath, "Notes on Suture," *Screen*, 18, 4 (1977-1978); 이 글은 스티븐 히스의 다음 책에 재출간. *Questions of Cinema* (Bloomington, Ind., 1981); Daniel Dayan, "The Tutor-Code of Classical Cinema," 와 William Rothman, "Against the System of Suture" 이 둘 다 다음 책에 출간. *Movies and Methods*, ed. Bill Nichols; Kaja Silverman, *The Subject of Semiotics* (New York, 1983), 5장과 그리고 Noel Carroll, *Mystifying Movies: Fads and Fallacies in Contemporary Film Theory* (New York, 1988), pp. 183ff.

133 August, "The Lure of Psychoanalysis in Film Theory," in Cha, ed., *Apparatus*, p. 421.

134 Baudry, "Ideological Effects of the Basic Cinematic Apparatus," p. 44.

서 불길한 어조를 가지게 되었다. "영사기, 어둑한 공간, 스크린과 같은 상이한 요소의 배열은 인상적인 방식으로 플라톤의 동굴(이상주의의 모든 초월적이고 위상학적 모델의 원형)의 미장센을 재생산해 냄과 더불어 라캉이 발견한 '거울단계'가 구현되는 데에 꼭 필요한 상황을 재구성한다."[135]

그 거울단계의 재구성이 발생하는 이유는 영화관의 관객이 마치 어린아이와 같이 신체적인 이동에 제한을 받고 검증될 수 없는 현실에 관한 초현실적 감각을 생산하는 비대해진 시각 경험에 의존하게 되기 때문이다.[136] 이에 따른 결과로, 영화의 실재 효과는 재구성된 거울단계의 오인에 궁극적으로 기반하며, 이 단계에서 두 유형의 동일화가 일어난다. 부수적인 차원의 동일화는 브레히트가 연극에서 공격했던 동일화의 유형과 비슷한 것으로, 스크린 속 등장인물의 이미지를 기반으로 하는 단계이며, 이는 영화에 고유한 보다 근본적인 차원을 바탕으로 한다. 이 근본적 단계에서 관객은 카메라의 눈을 초월적이며 전지적인 주체로 동일시한 단계이다. 이에 대해 보드리는 다음과 같이 설명한다. "그렇기 때문에 관객은 표상된 것, 즉 스펙터클 그 자체보다는 그 스펙터클을 조성하고 보이게 만드는 것과 동일시되어, 카메라 눈은 자신이 보고 있는 것을 관객 역시 보게 만든다. 이것이야말로 일종의 릴레이처럼 카메라가 인계받은 기능이다."[137]

거울의 동일화 과정에서 오인을 재현하기 때문에 영화는 "지배적인

---

135 Ibid., p. 45.

136 관람자가 스크린에 묘사된 디에게시스적인 실재가 '실제' 비행기 사고인지 단지 모델일 뿐인지, 테스트해 보지 못하도록 하는 것으로 이해된다면 그리고 프로젝터 앞에서 손을 흔들어서 테스트해 볼 수 있는 그러한 '실제 삶'과는 상반된 영화를 보는 경험이 아니라면 이 주장은 설득력 있다.

137 Baudry, "Ideological Effects of the Basic Cinematic Apparatus," p. 44.

이데올로기에 필수적인, 명확한 이데올로기 효과를 수반할 수밖에 없다는 점을 상기시켜야 한다. 영화는 주체를 환상화하고, 효과적으로 이상주의를 지속시킨다."[138] 요약하자면 영화에서 정치적으로 부정적인 함의를 생산하는 것은, 영화가 함축된 의미가 풍부한 상징계 언어로서 "읽힐 수 있는" 점보다는 영화가 상상계와 그것의 모든 이데올로기적 기능들과 공모한다는 점이었다. 영화 이론가 벨루의 "상징적 차단 (symbolic blockage)"이라는 용어가 의미하는 것은 영화가 언어의 분열적인 함의를 가지고 있으며, 대신 평형성과 재결합화를 회복하는 서사를 만들어 낸다는 것이다.[139] 그렇기에 영화는 학교, 교회, 신문 등 알튀세르가 현상유지를 위한 필수적인 버팀목이라고 주장한 다른 이데올로기적 장치들과 동등하게 기능한다.[140]

혹은, 1970년대 초 보드리와 그의 몇몇 추종자들은 영화의 지배적인 사실주의적 형식이 그러한 이데올로기적 기능을 수행한다고 보았다.[141] 이들은 대안적이며 모더니스트적인 영화, 즉 작동기제를 드러내 보이고 관객을 그들의 퇴행적인 꿈에서 깨우며 환영의 마력을 끊어 버

---

138 Ibid., p. 46.

139 Raymond Bellour, "Le blocage symbolique," *Communications*, 23 (1975), pp. 348-349.

140 Althusser, "Ideology and Ideological State Apparatuses (Notes towards an Investigation)" in *Lenin and Philosophy and Other Essays*, trans. Ben Brewster (New York, 1971). 이 중에서, 알튀세르는 영화가 속해 있을 것으로 짐작되는 카테고리, 즉 "문화적 ISA(cultural ISA: 문학, 미술 스포츠 등)"를 포함시켰다(p. 143). 알튀세르는 공적인 장치뿐 아니라 사적인 장치까지 포함하기 위해 국가라는 개념을 확장시켰다는 점에서 그람시를 따르고 있다. 그러나 그를 추종하는 영화비평가는 그들의 이데올로기 분석에 있어서 국가를 강조하지는 않았다.

141 예를 들어 벨루는 19세기의 사실주의 소설과 할리우드의 클래식 영화 사이에는, 둘 다 『S/Z』에서 바르트가 설명한 리얼리티 효과를 이용한다는 점에서 밀접한 관계가 있다고 주장하였다. 다음 책을 참조. Bergstrom, "Alternation, Segmentation, Hypnosis: Interview with Raymond Bellour," p. 89.

릴 영화에 대한 실낱같은 희망을 가졌다. 이들은 만약 영화의 이데올로 기적 "작용"이 도전을 받는다면, 알튀세르가 파괴적인 "지식 효과"라고 명명한 것이 뒤따를 것이라고 주장했다. 심지어 로베르 브레송(Robert Bresson)같이 봉합된 주체의 가닥을 풀어헤칠 수 있는 영화감독들도 있 었다.

그러나 브레히트에게서 영향받은 이러한 희망은 어떤 시스템이든 간 에 이데올로기가 영속적이라는 알튀세르의 비관론과는 잘 들어맞지 않 았다. 이러한 희망은 대안적 영화에 대한 희망 또한 진실/허구의 이분 법의 해체라는 데리다의 영향을 받은 비평가들에게는 손쉬운 비판의 대상이 되었다.[142] 사실, 나르보니와 코몰리는 이른바 영화가 탈신화하 는 잠재성을 이끌어 낼 수도 있다는 점에 훨씬 더 회의적이었다. 그리 고 그들 스스로 적어도 한 문제에 대해서는 보드리의 입장과 명백하게 거리를 두었다.[143] 이들은 관람자가 완전히 수동적이지는 않을 수 있으 며, 관객이 한 일이 "해독, 읽기, 기호의 해석만이 아니었다"고 주장했 다. 관객의 일은 "무엇보다도 게임을 하는 것이며, 스스로를 쾌락에 내 버려 두는 것, 즉 스스로 바보가 아니라는 점을 강조할 지식에도 불구 하고 이를 내버려 두는 것이라고 주장했다. 말하자면, 관객의 역할은 스펙터클이 있다면 이를 가능하게 유지하는 최고의 강도에서 부인(dis-

[142] 로도윅은 『정치적 모더니즘의 위기 The Crisis of Political Modernism』(pp. 96ff)에서 그러한 비판을 전개시킨다. 그는 "서양의 시각적 중심화에 반하게 동양의 시 각을, 그리고 연속성에 반하여 차이를, 또한 전지전능한 초월적 주체의 환영적 판타지 에 반하여 지식-효과를 움직이는 것은 사실 바로 보드리가 비판한 시각적 은유이다. 심 지어 정치적 모더니즘의 담론에서, 시각성의 은유는 지각장에서 통일된 주체에 대한 측 정으로서 그 힘을 보유하고 있는데, 이로 인해 자기 동일적인 존재를 지식의 핵심이자 사고의 대상인 세계에 대한 통제의 핵으로 드러낸다"고 결론짓는다(p. 103).
[143] Narboni and Comolli, "Cinema/Ideology/Criticism (2)," Screen Reader I, p. 41. 그러나 로도윅은 이들 역시도 환영과 진실, 이데올로기와 과학 간의 차이를 문제시 할 정도로 더 나아가지는 않았다고 주장한다.

avowal)의 기제를 유지하는 것이었다."[144]

　보드리의 다음 저작, 즉 1975년 『코뮈니카시옹』 특별호 "정신분석학과 영화" 판에 실린 「장치」라고 간단히 불리는 글에서, 보드리는 비이데올로기적 시네마에 대해 거의 자신감을 나타내지 못하고 있었다. 결과적으로, "장치 이론"은 알려진 대로 통제라는 완전히 빈틈없는 메커니즘을 단정한다며, 어느 비평가는 "병적인 완벽의 망상"이라고까지 비난했다.[145] 보드리는 이 두 번째 글에서 영화의 주목할 만한 힘에 대한 설명으로서 「기본 영화 장치의 이데올로기적 효과」에서 했던 것보다 더 상세하게 플라톤의 동굴의 알레고리에 대해 분석했다. 즉, 이 동굴우화에서 죄수들은 자신들 앞의 벽에 비친 그림자를 보고 실제 사물이라고 착각한다. 실재와 시뮬라크르 사이의 혼동이 일어나는 이 동굴의 우화는[146] 오래된 채울 수 없는 욕망을 표현한 것으로 이해된다. 또한 이러한 욕망은 2천 년 이상이 지난 후 일종의 사악한 목적론을 통해 영화의 발명을 촉발시킨 것으로 볼 수 있다.[147] 보드리는 그러한 욕망이 세계와 일치된 가장 초기의 정신적 상태로의 퇴행 즉, 일종의 태곳적 나르시시즘

---

144 Comolli, "Machines of the Visible," p. 140.

145 다음 참조. Joan Copjec, "The Delirium of Clinical Perfection," *The Oxford Literary Review*, 8, 1-2 (1986). 또한 Mary Ann Doane, "Remembering Women: Psychical and Historical Constructions in Film Theory," in *Psychoanalysis and Cinema*, ed. E. Ann Kaplan (New York, 1990), p. 52. 이들은 또한 좀 더 이른 시기의 글들에 초점을 맞추었던 로도윅이 제기한 바로 그 반대의 이유로 보드리를 공격했다.

146 보드리가 플라톤 신화를 이용한 데 대한 설득력 있는 비판, 장치에 관한 주장에 대한 그 외의 사항에 대해서는 다음을 참조. Carroll, *Mystifying Movies*, p. 19.

147 바쟁은 흥미롭게도 "총체 영화라는 신화"에 대하여 영화의 실제 발명보다 앞서는 것으로 쓰고 있는데, 그는 "인간이 이에 대해 가졌던 개념은 그리 오래도록 마음에 존재해서 마치 천상에서 그랬던 것처럼, 말하자면 마음에서 완전히 갖춰졌다"고 주장한다(*What Is Cinema?*, p. 17). 보드리와 다른 점은 바쟁은 관찰을 비난으로 바꾸는 것을 거부한다는 점에 있다.

내에서 주체와 대상이 극복되는 상태로의 퇴행을 위한 것이었다고 주장했다.

이 시점에서 [정신]분석가 버트럼 르윈(Bertram Lewin)이 시각과 구강기 사이를 연결했던 것처럼 자궁과 동굴의 명백한 유사성은 중요하다.[148] 보드리는 그러한 태곳적(archaic) 만족이라는 유토피아는 자아의 형성 단계에 앞서며, 또한 거울단계보다 앞서는 것이고, 그러므로 내부와 외부의 통합, 즉 침투성을 기반으로 한다고 추측했다.[149] 그 결과로서, "장치(apparatus)가 이미 뒷받침하고 있는 동일시의 일반적 형태는 더 태곳적 동일시의 방식에 의해 재강화될 것이다. 이 태곳적 동일시는 즉, 유아와 젖가슴과의 관계에서 같은 꿈 화면(dream-scene) 모델로, 주체와 그를 둘러싼 환경 간의 차이에 대한 결여와 관계된다."[150] 그러므로 영화는 지각과 표상이 혼란스럽게 얽혀 있는 인위적인 환각적 정신 이상으로 불릴 수 있었다. 그는 은연중에 인정하기를, 이제 영화를 자유롭게 하려는 그 어떤 시도도 그러한 장치를 해체할 수 없다고 인정했다.

로도윅(D. N. Rodowick)이 적절하게 표현한 것처럼, "이 시기 보드리의 영향력은 어떠한 말로도 부족할 것이다."[151] 이러한 영향은 메츠가 『영화 언어 Film Language』와 『언어 그리고 영화 Language and Cinema』를 쓴 차갑고 분석적인 영화 기호학자에서 1977년에 출간된 그의

148 Bertram Lewin, "Sleep, the Mouth and the Dream Screen," *Psychoanalytic Quarterly*, 15 (1946), 그리고 "Inferences from the Dream Screen," *International Journal of Psychoanalysis*, 29 (1948). 르윈은 시각적 '꿈의 스크린'은 엄마의 가슴을 환영적으로 표상하는 것이고 젖먹음 이후의 만족감의 완벽한 상태에 대한 대리물이라고 주장했다.

149 Baudry, "The Apparatus," *Camera Obscura*, 1 (Fall, 1976), p. 117.
150 Ibid., p. 120.
151 Rodowick, *The Crisis of Political Modernism*, p. 89.

주요 저서 『상상적 기표 The Imaginary Signifer』에서 보인 공격적인 영화혐오자(혹은 적어도 탈 영화애호가라고 할 만한)로 변모한 점에서 분명히 드러났다.[152] 『상상적 기표』의 네 개의 섹션 중 두 섹션은 보드리의 글 「장치」와 함께 1975년 『코뮈니카시옹』 특별호에 실렸다. 세 번째 섹션은 명백하게 "보드리의 주목할 만한 분석"에 대해 쓴 것이다.[153]

메츠 주장의 대부분은 사실 『시네티크』와 『카이에 뒤 시네마』의 정신분석학/마르크스주의 비평가들 즉, 보드리, 코몰리, 나르보니와 다른 여러 이론가들의 비평의 주요점을 단지 반복한 것이다. 메츠는 후에 자신은 정통 라캉주의자가 절대 아니었다고 항의했지만[154] 그의 저서는 다음과 같은 주장으로 시작한다. "가장 근본적인 과정으로 축소시켜, 영화에 대한 모든 정신분석학적 담론은 (대상으로서의) 영화를 상상계로부터 분리시켜 상징계로 귀속시키려는 시도, 즉 새로운 범주에 의해 상징계를 확장시키려는 시도로서의 라캉적인 용어로 정의될 수 있을 것이다."[155] 멜라니 클라인(Melanie Klein)의 용어에 따르면, 영화라는 대상(cinema-object)은 대다수의 논평가들에 의해 무비판적으로 숭배되었던 "나쁜" 대상이라기보다 "좋은" 대상이 되어 왔다. 오히려 그들은 자신들의 시각적 애정을 영화적 장치의 이데올로기적 작업을 노출시키는 엄격한 인식론적-애호로 승화시켜야 한다. 메츠는 성상파괴를 자랑

---

152 메츠는 "영화의 이론가가 되기 위해서는 이상적으로는 더 이상 영화를 사랑하지 않으면서도 사랑해야 한다. 영화를 많이 사랑했고, 그러면서 다른 편에서 다시 영화를 받아들임으로써 자신으로부터 영화에 거리를 둘 뿐이다. 또한 영화를 사랑하도록 한 바로 그 시각적 충동을 위한 쉬운 대상으로서 영화를 받아들여야 한다"라고 서술했다. (The Imaginary Signifier, p. 15).

153 Ibid., p. 5.

154 Metz, "The Cinematic Apparatus as Social Institution—An Interview with Christian Metz," p. 8.

155 Metz, The Imaginary Signifier, p. 3.

스럽게 여겼던 금욕주의를 언급하면서, 노골적인 시각적 쾌락은 경계되어야 한다고 암시했다.

"영화의 시각적 영역"이라 불렸던 것에 의문을 제기하기 위해 메츠는 그의 동료들이 했던 많은 주장을 반복했다. 관객의 최초의 동일시는 전지적인 카메라 눈으로부터 오고, 스크린은 반사적 동일시를 강화하는 거울과 같은 것이며(비록 정확하게 등가물이 아니더라도), 연극의 사실주의와 비교되는 영화의 사실주의는 극사실적이다. 1400년대 이탈리아 관점은 여전히 대부분의 영화의 공간 방식을 정의했고, 현상학적 사실주의 이론은 이상주의(idealism)의 형태였으며, 거의 움직일 수 없는 관객의 신체는 퇴행적인 꿈같은 상태를 일으키는 것이다. 따라서 "영화라는 제도"에 대해 그는 다음과 같이 결론 내렸다.

> [영화라는 제도는] 침묵하며 움직이지 않는 관람자를 필요로 한다. 이는 끊임없이 덜 동적(sub-motor)이고 과도한 지각적(hyper-perceptive) 상태의 "비어 있는" 관람자이며, 또한 소외되면서도 행복한 관람자, 혹은 곡예사처럼 보이지 않는 시각의 끝에 스스로를 얽매어 놓은, 가장 마지막 순간에야 역설적으로 그 스스로와의 동일시를 통해, 그리고 그 자신이란 것도 순수 시각으로 여과시킨 그러한 자아와의 동일시에 의해 겨우 그 스스로를 따라잡게 되는 그러한 관람자이다. [⋯] 남은 것은 결국 보기라는 거친 사실, 그 어떤 에고와도 관련되지 않은 이드(Id)라는 금지로서의 보기, 혹은 전지적 작가나 전지적 관람자 같은 대리자만큼이나 어떠한 특징도 어떠한 입장도 가지지 않는 보기만이 남게 된다.[156]

메츠는 이러한 의견에 더 추가하여 앞선 동료들의 발언들을 상당히 중

---

156 Ibid., pp. 96-97.

요하게 수정했다. 메츠는 보드리가 영화적 경험과 거울단계가 "과다 지
각(over-perception)과 저동적(under-motricity) 상태"에 있다는 점에
서 동일한 것으로 보는 것은 맞지만, 보드리가 영화 관람이란 것은 스크
린에 비친 관람자 자신의 신체 이미지 없이 발생한다는 점에서 거울단계
와는 다르다는 중요한 점을 간과한다고 비판했다.[157] 메츠는 또한 암묵적
으로 보드리가 소론 「장치」에서 했던 태곳적 나르시시즘에 관한 논의,
즉 보고자 하는 전(前)영화단계의 욕망의 근원으로서의, 분화되지 않은
통일적 자아에 대한 향수에 대한 논의에 의문을 제기했다. 대신에, 메츠
는 라캉이 시각 충동(scopic drive)이라 불렀던 것을 근거로, 욕망하는
주체와 대상 사이의 이을 수 없는 거리를 설명하기 위해 절시증(scopo-
chilia) 혹은 관음증에 대한 개념을 도입했다. 이러한 욕망 주체와 대상
간의 거리는 관객 참여를 요구하지 않는 영화적 경험에서 전형적으로
드러난다.[158] 관람자는 관음증자와 같은데, 왜냐하면 관람자는 관중 사
이에서 고립되고 누군가가 그를 되돌아볼 수 없는 장면을 바라보기 때
문이다. (이 점에서 메츠는 바르트처럼[159] 영화 관객성(spectatorship)이

---

157 Metz, "The Cinematic Apparatus as Social Institution—An Interview with
Christian Metz," p. 20. 그러나 라캉에게 거울단계의 인과관계에 있어서 증상전가
(transitivism)의 중요성을 상기시킴으로써 대응할지도 모르겠다. 말하자면 타자의 신
체와의 동일시는 주체형성 과정의 한 부분이라는 것이다. 이러한 문제에 대해서는 다음
책을 참조할 수 있다. Jacqueline Rose, "The Imaginary," in *Sexuality and the Field
of Vision* (London, 1986), p. 196.
158 영화를 관음증에 연결시키는 것은 매우 오래된 논의임에 주목해야 하는데, 이러
한 논의는 적어도 월터 세르네(Walter Serner)의 1913년 글까지 거슬러 올라간다.
"Kino und Schaulust," in *Kino-Debatte: Texte zum Verhaltnis von Literatur und
Film 1909-1929*, ed. Anton Kaes (Tübingen, 1978). (1978년 재발간)
159 이르게는 1963년의 인터뷰, 「영화에 대해서(On Cinema)」에서, 바르트는 다음
과 같이 인정했다. "나는 물론 영화관에서 혼자 보기를 선호한다. 왜냐하면 나에게 영
화는 완전히 투사의 행위이기 때문이다." (p. 11).

근본적으로 반사회적이라고 주장했다.) 관객의 관음증에는 그는 보여질 필요가 전혀 없고, 알아야 할 대상이 될 필요도 없으며, 오히려 무언가를 알고 싶어하는 대상, 즉 부분충동(component drive)의 행위를 공유하는 대상-주체가 있다.[160]

메츠의 이러한 주장은, 영화가 주체와 대상이 분화되지 않은 전체로 퇴행하려는 소망을 기반으로 한다는 보드리의 주장을 은연중에 반박하고 있지만, 메츠의 의견은 그럼에도 불구하고, 영화의 영향에 대한 부정적 평가를 공유했다. 메츠는 영화보기에 있어서 다음의 두 가지 병적인 측면의 중요성을 강조했는데, 이는 부인(disavowal)과 페티시즘이다. 부인은 프로이트의 용어로는 "Verleugnung"으로 때론 폄하(denigration)로도 번역될 수 있는데 믿음과 믿지 않음이라는 복잡적인 상호작용을 의미한다. 특히 여자아이의 거세 같은 현상에 대한 정신분석학적 반응을 특징적으로 나타낸다. 즉, 어린 남자아이는 여자아이가 페니스를 잃었다고 생각하면서도 바로 그 믿음을 부인한다. 영화의 경우에, 메츠는 현전과 부재가 혼합되어 있는 그 같은 메커니즘이 스크린 위의 실재가 시뮬라크럼이라는 것을 알고 있는 동시에, 그것을 관객들이 실재로 믿도록 작동한다고 주장했다. 또한 영화적 최면 혹은 환영보다 더 미묘한 개념으로서 부인을 이용함으로써, 메츠는 영화를 밤에 일어나는 꿈이라기보다는 백일몽이라는 측면에서 영화 관람의 꿈꾸기 같은 상태에 대해 설명할 수 있었다. 밤에 일어나는 꿈은 총체적으로 통제를

---

160 Ibid., p. 96. 카벨은 또한 영화적 보기의 관음증은 인정하지만, 영화 관람을 다소 덜 악의적인 방향으로 돌린다. "어떻게 영화가 세계를 마술처럼 복사해 내는가? 세계를 있는 그대로 보여 줌으로써가 아니라, 우리로 하여금 영화를 보여지지 않은 채 보도록 함으로써 복제해 낸다. 이는 (피그말리온이 그랬던 것처럼) 창조에 대한 힘을 원하는 것이 아니라. 힘이 필요 하지 않도록, 부담을 지지 않게 하도록 원하는 것이다. […] 영화를 보는 데 있어서 비시각성의 감각은 근대적 사생활이나 익명성의 표현이다." (The World Viewed, p.40).

할 수 없는 반면, 백일몽을 꾸는 사람은 영화 관람객들이 영화관에서
하는 실제 행위와 유사한 방식으로 자신의 환상에 들어갔다가 빠져나
왔다가를 할 수 있다.

부인은 또한 바라보는 사람과 보여지는 사람 간의 상호성을 부정함
으로써 관음증을 강화한다고 메츠는 생각했다. "영화는 과시적이지 않
다. 나는 그것을 보지만, 영화는 내가 영화를 본다는 것을 보지 않는다.
그럼에도 불구하고, 영화는 내가 그것을 본다는 것을 안다. 그러나 영
화는 이를 알고 싶어하지 않는다. 이러한 근원적인 부인은 바로 고전적
영화 전체가 끊임없이 담화적(discursive) 기반을 없애고 이를 아름다
운 닫힌 대상으로 만들어, '이야기'라는 페이소스로 이끌어 간 것이
다."[161] 여기서 메츠는 언어학자 에밀 벵베니스트(Émile Benveniste)가
구분한 "이야기"(가끔은 "역사")와 "담화(discourse)" 간의 잘 알려진
차이를 도입했다. 이야기가 내레이터가 없는 스토리 진행이라면 담화
는 내레이터의 목소리를 전면으로 내세우는 것이다. 영화는 적어도 고
전적 형태에서 그것의 담화적 토대를 거부하고, 그 자체로 실제 이야기
인 듯 관음증적 관객에게 드러내 보인다. 그러나 영화에서 눈앞에 보이
는 것은 응시의 대상이 과시적으로 그 스스로를 드러내는 그러한 상호
작용이 일어나는 관음증이 아니라, 오히려 우리의 인식을 부인하는 대
상에 대한 관음증이다(이러한 점은 배우가 카메라를 직접적으로 보지
말아야 한다는 일반적인 터부에 의해 촉진되는 효과이다).

부인의 도입은 영화가 그 작업 과정을 은폐한다는, 즉 일반적으로 트
릭 사진에만 사용되는 용어 '트뤼카주(trucage)'를 암시하는 마스킹
(masking)이 영화 그 자체의 본질과 가깝다는 것을 의미한다.[162] 역설적

---

161 Ibid., p. 94.
162 메츠는 이에 대한 논의를 다음에서 설명한다. *"Trucage and the Film."*

으로 삶을 복제하는 영화의 명백한 능력 때문에, 스틸 사진보다 더 높은 현실성(reality quota)을 보장받지만, 영화는 사실 속임수에 더 기반을 두고 있었다. 코몰리가 지적한 것처럼, "아무리 세련되게 표현되더라도 영화에서의 유비는 속임수, 거짓, 허구이며 이는 기꺼이 믿을 준비가 되어있는 관객의 의지, 그리고 속고 싶어하고 속기를 기대하는 관객, 그 스스로 첫 번째로 속아 넘어가게 되는 관객의 존재에 의해 뒷받침되는 것이다(부인, 알면서도 알고 싶어하지 않는 부인에 기반한)."[163]

정신분석학에 따르면 부인은 직접적으로 페티시즘과 연관된다. 개략적으로 말하자면, 페티시는 거세 불안에 대한 방어로서 성(sex) 차이에 대한 주체의 부인이다. 이 거세 불안은 그 자체로 젖을 떼는 것을 통해 어머니의 젖가슴에 대한 더 원초적인 상실을 반복한다. 두 개로 분리되면서, 에고는 페니스의 현전과 부재 간의 성차를 인식함과 동시에 상실된 여성의 페니스를 페티시적으로 이상화된 그 외 다른 것으로 대체함으로써 이를 부정한다. 잃어버린 남근은 상상적 대리물을 찾는데, 이 대리물은 은유적 또는 환유적으로 남근을 대체함과 동시에 부인된 결핍을 인정한다. 봉합과 같이, 그것(부재된 페니스)은 여전히 결여되었다는 사실을 알면서도, 좋은 대상을 회복시킴으로써 이데올로기적으로 상처를 꿰맨다.

메츠는 영화의 경우에[164] 잃어버린 대상은 지시체, 즉 전(前)영화적

---

163 Comolli, "Machines of the Visible," p. 139.
164 후에 메츠는 그는 영화를 모든 측면에서 페티시즘과 동일시한 것이 아니라 단지 두 가지 측면에서만 비교했다고 주장한 바 있다. 즉 부인과 영화 장치를 페니스에 대한 대체물로 받아들일 경우만이다. 이러한 부인에 대해서는 다음 글을 참조할 수 있다. "The Cinema Apparatus as Social Institution—An Interview with Christian Metz," p. 11. 메츠의 페티시즘 사용에 대한 매우 상반되는 두 비판으로는 다음 글을 참조. Carroll, *Mystifying Movies*, pp. 42ff., 그리고 Kaja Silverman, *The Acoustic Mirror: The Female Voice in Psychoanalysis and Cinema* (Bloomington, 1988), pp. 2ff.

디에게시스적 행위라는 지시체라고 주장했다. 그 행위는 부재하지만, 바로 영화의 기술 자체에 대한 열망이라고 그가 불렀던 것에 의해 보상된다. 의미화작용의 장치에 이상화하며 고착되는 것은 부재된 대상의 대리물이 되는 특정 기의에 대한 이차적 페티시(예를 들어, 영화배우) 보다 먼저 일어나는 것이다. 메츠는 "영화의 페티시주의자는 그 기계장치의 기능, 즉 **은막의 장** 그 자체에 매료된 사람이다. […] 페티시는 **물리적** 상태의 영화 그 자체다"라고 설명했다.[165] 극단적인 경우, 이는 매체 자체에 대한 영화광적 애정으로 이어지게 되며, 영화 장치의 이데올로기적 효과가 극복되어야 할 것이라면, 이 영화광적 애정은 파괴되어야만 한다.

심지어 최대한의 선의를 가진 아방가르드 영화 제작자들마저도, 특히 영화 장치의 이데올로기적 함의를 공격하고자 했던 영화제작자들조차도, 아무리 기술 활용에 비판적이었더라도 영화의 기술적 능력을 숭배할 위험성이 있었다.[166] 메츠가 후기 저술에서 주목한 대로, 장치를 드러내고자 하는 반성적 영화들은 여전히 그 영화들이 붕괴시키려는 장치의 포로였다. "누군가가 영화의 목적을 한 단계 높이려고 할 때 상상계 자체도 같은 정도로 높아지게 되는데 이는 두 번째 단계의 사물을 촬영해야 하기 때문이며, 이 두 번째 단계의 상상계는 세 번째 단계의 상상계 시점에서만 촬영할 수 있기 때문이다."[167]

이와 같은 주장으로 인해서, 메츠의 저서에 대해 1980년 출간된 어느 미국학계의 논문이 당혹스러운 분노로 "영화에 대한 큰 애정의 반복적

---

165 Ibid., p. 74.
166 프랑스 영화 이론에 기반한 이러한 측면의 전개에 대해서는 다음 책을 참조할 수 있다. Constance Penley, *The Future of an Illusion: Film, Feminism and Psychoanalysis* (Minneapolis, 1989), 1장과 2장.
167 Metz, "Third Degree Cinema," *Wide Angle*, 7, 112 (1985), p. 32.

공헌에도 불구하고, 메츠는 이 제7의 예술, 즉 가장 생생한 예술에 대한 진정한 존중과 호의를 갖고 있지 않을지도 모른다"고 결론지은 것은 당연하다.[168] 실제로 정신분석학적이고 마르크스주의적이며 기호학적 접근법 전체가 자의식적으로 영화광적 본능을 억압하고 벨루가 "매혹의 해체라고 했던 것을 만들어 냈는데, 이는 매혹의 근거를 재구성함으로써만이 그 효과가 나타나는 것이었다."[169] 이와 같이, 이 시기는 바로 시각중심주의에 대한 프랑스 비평이 절정에 달하는 순간이었으며, 동시에 "시각에 대한 광란의 상태"[170]가 그 자체의 공포스러운 혼란 상태를 야기하는 것 같은 순간이었다.

⊙

그러나 『상상적 기표』는 메츠가 영화와 페티시즘이라는 주제에 대해 마지막으로 고심했던 책은 아니었다. 1984년에 쓴 에세이 「사진과 페티시」[171]에서 메츠는 이 주제로 돌아갔으나, 이번에는 바르트가 사진과 죽음의 관계에 대해서 『카메라 루시다』에서 펼친 주장을 특별히 염두에 두고 쓴 것이었다.[172] 메츠는 "영화는 이미 죽은 것들에 대하여 생명과

---

168 George Agis Cozyris, *Christian Metz and the Reality of Film* (New York, 1980), pp. 167-168.

169 Bergstrom, "Alternation, Segmentation, Hypnosis: Interview with Raymond Bellour," p. 97.

170 Comolli, "Machines of the Visible," p. 122.

171 Metz, "Photography and Fetish," *October*, 34 (Fall, 1985). 이 글은 1984년의 강연으로 처음 발표되었다.

172 메츠는 또한 필립 뒤부아(Philippe Dubois)의 좀 더 근래의 작품 『사진적 행위 *L'acte photographique*』에 대해서 언급하는데, 이 글은 사진을 "타나토그래피(thanatography)"와 연결시킨다.[d] 바르트의 페티시즘에 대한 그만의 복합적인 태도에 대해서는 다음 글을 참조할 수 있다. Ulmer, "Fetishism in Roland Barthes's Nietzschean

유사한 것, 연약한 유사성을 불어넣지만, 곧 보는 이가 바라는 바에 따라 이 유사성은 강화된다. 이와는 대조적으로, 사진은 기표(정적임 stillness)의 객관적이라는 특성에 의해 죽은 자에 대한 기억을 **죽어 있는 것**(as being dead)[173]으로 유지시킨다"고 논했다. 어떤 관점에서 볼 때, 이것은 사진이 영화보다 애도하는 과정에 더 적절하다는 것을 의미하며, 이 애도의 과정은 프로이트가 상실된 대상에 대한 리비도를 건전한 방식으로 제거하는 것으로 여겼던 것이었다. 그러나 또 다른 측면에서 이는 사진이 영화보다 더 페티시화가 될 수 있다는 것을 의미했다.

이러한 사진에 대한 언급은 메츠가 자신도 모르는 사이 자신의 초기 분석에서 벗어나고 있음을 나타낸다. 이제 메츠는 보상적 페티시를 초래하는 부재된 대상이 전(前)영화적 현실 그 자체는 아니며, 그러나 그것이 무엇이든 간에 틀 외부에 위치하는 것, 즉 바르트의 푼크툼을 만들어 냈던 감정적인 트라우마와 같이 사진의 프레임 밖에 위치하는 것이라고 주장했다. 메츠는 "사진에서의 프레임 바깥(off-frame)의 효과는 단일하고 결정적인 자르기에서 비롯되는 것으로, 이 자르기는 거세를 구성하고 자르기의 찰칵 하는 셔터 소리에 의해 대상이 구성되는 것이다. 이러한 프레임은 되돌릴 수 없는 부재의 장소를 의미하며, 이는 시선이 영원히 회피된 장소였다."[174]라고 주장했다. 영화에서도 영화 속 인물들이 여전히 관객들에게 들릴 수 있는 목소리와 함께 프레임의 안과 밖으로 걸러지듯이, 영화 바깥의 공간 또한 존재한다.

그러나 영화는 "페티시로 특징짓기가 더 어렵다. 영화는 너무 크고, 너무나 오래 지속되며, 결핍되는 부분대상(part-object)[175]의 믿을 만한

Phase."

173 Metz, "Photography and Fetishism," p. 84.

174 Ibid., p. 87.

175 Ibid.

무의식적 등가물을 제공하기에는 너무나 많은 감각적 채널들을 동시에 다룬다"라고 그는 인정했다. 영화가 그러한 다양한 대상을 환기함으로써 끝없이 페티시즘을 작동시킬지라도, 영화는 그 자체 그대로 그리고 그 자체로서 페티시가 될 수 없다. 흥미롭게도, 왜냐하면 사진은 스스로의 시각적 기능을 넘어서서 하나의 물리적 대상이 되어 페티시가 될 가능성이 크기 때문이었다. "대부분의 영화는 만지거나 가지고 다닐 수 없다. 비록 실제 필름의 릴은 그렇게 할 수 있을지는 모르지만, 화면에 투사된 영화는 불가능하다. [⋯] 영화는 페티시즘을 작동시킬 수 있지만, 사진은 그 스스로가 페티시가 될 수 있다."[176]

『상상적 기표』에 이어 사실상 침묵의 기간 동안 그가 출간했던 소수의 저서들에서 페티시즘과 영화 문제에 관한 메츠의 변화된 의견은 1968년 혁명 이후의 프랑스 담론을 지배해 왔던 라캉주의적 알튀세르의 장치 이론 모델로부터 좀 더 후퇴한 것들이었다. 아이러니하게도, [메츠의 저서가] 큰 성공과 함께 확산되었을 때―1987년에 메츠의 작업은 "수많은 영국과 미국 대학의 영화 연구 프로그램 내에서 정통"[177]에 가까운 것으로 언급되었고 프랑스에서는 시들해지기 시작했다. 하나의 분명한 이유는 정치적 분위기의 변화였다. 그 변화로 인해 1970년

---

176 Ibid., pp. 88-90.

177 Gabbard and Gabbard, *Psychiatry and the Cinema*, p. 179. 예를 들면 다음 글을 참조할 수 있다. Dana B. Polan, "'Above All Else to Make You See': Cinema and the Ideology of Spectacle," *Boundary* 2, 11, 1 과 2 (Fall, Winter, 1982). 확실히 예외도 있는데, 스탠리 카벨, 뒤들리 앤드류, 노엘 캐롤, 그리고 윌리엄 로스먼 같이 프랑스 영화 이론을 강력히 저지한 이들도 존재한다. 1980년 후반까지 거장으로서의 메츠의 존재는 영어권에서는 저물고 있었다. 많은 이들에게 새로운 패러다임은 데이비드 보드웰(David Bordwell)과 여러 학자들이 발전시킨 비정신분석학적인 인지 이론이었다. 이는 프랑스에서도 호응을 얻기 시작했다. "영화와 인지 심리학(Cinema and Cognitive Psychology)"이라는 주제에 할애한 프랑스 저널 『이리스 *Iris*』, 9 (Spring, 1989)의 특별호 참조.

대 초반의 공격적인 마르크스주의 타입의 『카이에 뒤 시네마』는 한물간 것처럼 보였다. 영화애호라는 것이 더 이상 이전과 같이 영원히 부르주아적인 것으로만 보이지 않았고, 저널에 대한 오랜 애정이 다시 존중받게 되었다.[178]

그러나 더 중요한 점은 이 모델 자체의 수많은 문제들이 점차 전면으로 드러났다는 것이다. 이미 주목했던 대로 장치 이론은 가장 호전적인 시기에 어쩔 수 없이 비(非)역사적인 것처럼 보였다. 바로 이러한 점은 영화를 플라톤의 우화만큼 오래되고 자궁으로의 회귀에 대한 갈망만큼이나 본질론적인, 목적론적 프로젝트로 만들었다. 그리고 메츠는 가족 구조에 있어서 장기간의 변화가 영화 저변의 심리적 구조를 변화시킬 수 있다는데 동의하게 되었다.[179] 장 루이 셰페르(Jean Louis Schefer) 같은 비평가는 그러한 역사적 변화를 부인한다면 영화 이론이 오로지 추상적이고, 본질화된 과도하게 동질적인 주체만을 만들어 낼 뿐이라고 주장했다.[180]

마찬가지로 장치 이론의 또 다른 문제점은 이 이론이 영화 경험에서의 비시각적 차원, 즉 특히 청각에 대해 실질상 무관심하다는 점이었다. 그러나 파스칼 보니체와 미셸 시옹(Michel Chion)과 같은 『카이에 뒤 시네마』 이론가들은 점차 영화사(史)안에서 사운드의 역할로 관심을 돌렸다.[181] 스크린 외부에서 나오는 소리에 대한 보니체의 강조는 사실

---

178 Lellis, *Bertolt Brecht, Cahiers du Cinema and Contemporary Film Theory*, p. 163.

179 Metz, "The Cinematic Apparatus as Social Institution—An Interview with Christian Metz," p. 8.

180 Jean Louis Schefer, *L'homme ordinaire du cinema* (Paris, 1980).

181 Pascal Bonitzer, *Le regard et la voix* (Paris, 1976)과 *Le champ aveugle: Essais sur Ie cinema* (Paris, 1982); and Marcel Chion, *La voix au cinema* (Paris, 1982). 영미학계에서는 이 주제에 관한 가장 중요한 논의가 실버만의 글에서 등장한다. Silver-

메츠에게 하나의 자극이 되어, 페티시즘에 대한 그의 이론을 암묵적으로 변경하게 된 계기가 되기도 했다. 비록 음성을 라캉의 상상계와 유사하게 보고, 봉합된 주체를 만들어 내는 응시와 유사한 기능을 하는 것으로 볼 수도 있지만,[182] 최소한 그렇게 하는 것은 장치 이론 자체의 "시각에 대한 이데올로기"를 약화시킨다. 그리고 결과적으로 이러한 시도는 영화경험의 측면들 사이의 어떠한 긴장을 볼 수 있는 가능성을 열어 놓는데, 이러한 긴장이 영화를 이데올로기적으로 닫힌 것으로 보는 시각에 반하는 효과를 낼 수도 있다.

이론상의 또 다른 어려움들이 장치 이론의 힘을 훨씬 더 약화시켰다. 철학, 심리학, 테크놀로지, 그리고 정치학 분야가 본질적으로 유사한 어긋남(slippage)들이기에 1968년 이후 너무나 쉽게 구성되어 보다 철저한 검열을 견뎌내기에는 은유적이고 경험적으로 덜 준비가 되었던 것 같다. 질 들뢰즈는 언어적인 접근은 "재앙적"[183]이고 상상계의 개념은 혼란스럽다고 주장하면서, 베르그송에서 이미 예견됐다고 하는 움직이는 이미지의 논리로 돌아섰다. 메츠는 "영화적 상황의 특정한 요소들이 거울단계, 상상계, 상징계와 관련이 있음을 알 수 있을 뿐이다. 그러나 이 각 단계들과 모두 동일시할 수는 없음"을 어쩔 수 없이 인정해야만 했다.[184] 때로는 브레히트적인 모더니스트의 장치 벗기기이기도 하

man, The Acoustic Mirror, and the "Cinema/Sound" issue of Yale French Studies, 60 (1981). 또한 다음 글 참조. Roy Armes, "Entendre, C'est Comprendre: In Defense of Sound Reproduction," Screen, 29, 2 (Spring, 1988). 이 글은 특히 프랑스 영화 이론가 등의 시각에의 집착에 관한 문제를 다루고 있다.

182 다음 책의 '논의(Discussion)' 부분 중에서 피터 월런의 언급 참조. "Discussion," in The Cinematic Apparatus, ed. de Lauretis and Heath, p. 60.

183 Gilles Deleuze, Pourparlers (Paris, 1990), p. 76. 원래는 1983년의 인터뷰에서 언급한 것이다.

184 "The Cinematic Apparatus as Social Institution—An Interview with Christian Metz," p. 20.

면서, 때로는 영화 장치 전체에 대한 분노이기도 한, 장치 이론에 함축된 정치적 전략은 모순적이고 불확실하게 여겨졌다. 주요 내러티브를 파괴하고자 했던 아방가르드 영화의 시도에 대한 이 이론의 태도 또한 마찬가지여서, 때로는 아방가르드 영화를 찬양했고, 때로는 비난을 했다. 심지어 사회학적 용어보다 심리학적 용어로 설명됐던 영화의 관객성이 본질적으로 고립적이라는 이 이론의 가정 자체에 의문이 제기되었다.

뿐만 아니라, 영화 이론가들이 그리도 열렬히 받아들였던 정신분석학 이론의 모든 함의를 이해했는지도 분명하지 않다. 시각에 대한 라캉의 사상은 그의 초기 거울단계에 대한 주장에서부터 『정신분석학의 네 가지 근본 개념』 안에서 눈과 응시의 더 복잡한 변증법으로 발전되었다. 거울단계가 통합이라는 오인된 이미지의 거울적 정체성의 개념을 지지하는 것으로 이해될 수 있다면, 후자의 단계는 두 시각적 영역이 지양 없이 키아즘적으로 얽히거나 또는 심지어 언어와 시각의 교차를 의미한다. 그러한 얽힘 안에서, 다양한 욕망은 충족되지 않은 채 남아 있고, 주체는 분리되며 봉합되지 않는다.

예를 들어, 보드리의 장치에 관한 첫 소론 「기본 영화 장치의 이데올로기적 효과」 또는 우다르의 봉합 연구와 같은 영화 이론의 대부분에서, 다음의 첫 번째 논의만이 진지하게 받아들여졌다. 스크린은 거울이고, 그 안에서 이데올로기적 주체는 구성된다. 거울단계보다 더 이른 시기로의 퇴행이 영화의 목적으로 이해됐던 보드리의 두 번째 주요 저작(「장치」)에서와 같이 대안적 모델이 상정되었을 때, 첫 번째 글 사이에 함축된 긴장은 전면적 주제로 내세워지지 않았다.[185] 따라서 전형적

---

185 어떤 측면에서 분명히 보드리의 두 번째 모델은 첫 번째 모델과 상통한다. 말하자면 첫 번째와 두 번째 모델 모두, 거울단계나 전 오이디푸스 단계에서나 간에 모체와의 통합이라는 나르시시즘적인 정체성을 장치의 목표로 삼았다. 이와는 반대로, 라캉의

으로, 메츠는 관음증을 일방적인 과정으로서 언급하면서 스크린은 관객을 되돌아보지 않는다고 주장했다. 그에 반해 라캉은 수면 위에 떠다니는 깡통도 어떤 의미에서는 자신을 "되돌아본다"고 하면서, "응시"라는 시각장 내에서 그를 포착하는 것으로 주장했다.

이 문제에 대한 신랄한 논의 안에서, 조안 콥젝은 그러므로 프랑스 영화 이론이 라캉 이론을 올바르게 이해했다기보다 무의식적으로 푸코의 파놉티콘이라는 총체적 개념에 빚을 지고 있다고 주장했다.[186] 플레네, 보드리 그리고 코몰리의 주장과 대조적으로, 그는 르네상스적 시각에서부터 영화로 직접적으로 계승되었음을 주장하기 위해 라캉의 세미나를 적용시킬 수는 없다고 지적한다. 왜냐하면 라캉의 세미나가 왜상과 바타유의 비정형 같은 다른 시각적 양상을 도입하여 화면을 복잡하게 만들기 때문이다. 그는 다음과 같이 주장한다. "영화 이론에서 주체는 이미지의 기의로서 응시와 동일시하고 가능성의 실현으로 존재하게 된다. 라캉의 이론에서 주체는 이미지를 약화시키는 결핍의 기표로서 응시와 동일시한다. 그리고 주체는 법의 실현이 아니라 효과라고 간주되는 욕망을 통해서 존재하게 된다. […] 라캉의 죄의식 있는(culpable) 주체라는 갈등적 본성은 영화 이론에서의 안정된 주체와는 완전히 상이한 것이다."[187]

눈/응시의 변증법은 좀 더 갈등을 기반으로 하고 시각적 (그리고 심리적) 경험에서 타자가 동일자로 감축될 수 없음을 기반으로 한다.

186 다음을 참조할 수 있다. Joan Copjec, "The Orthopsychic Subject: Film Theory and the Reception of Lacan," *October*, 49 (Summer, 1989). 그리고 Rose, "The Imaginary," 아울러 Craig Saper, "A Nervous Theory: The Troubling Gaze of Psychoanalysis in Media Studies," *Diacritics*, 21, 4 (Winter, 1991).

187 Ibid., pp. 70–71. 상상계의 개념에 대해 좀 더 충돌하는 주장을 펼친 메츠에 대한 또 다른 반박으로는 다음 글을 참조할 수 있다. Thomas M. Kavanagh, "Film Theory and the Two Imaginaries," in *The Limits of Theory*, ed. Kavanagh (Stanford, Calif, 1989).

이데올로기적 주체에 대한 장치 이론의 설명 중 가장 실질적인 도전
은 1970년대와 80년대에 점차 표면화된 젠더라는 주제에 있어서의 장
치 이론의 맹점에 주목했던 이론가들에 의해 비롯됐다.[188] 젠더에 대한
라캉 이론 자체의 문제는 또한 이 시기 동안에 특히 면밀히 조사되어,
그러한 비판 중 일부가 영화에서의 논쟁으로 번졌다. 흥미롭게도, 페미
니스트 영화 비평이 가장 격렬히 발전되었던 것은 영어권 학계에서였
는데, 이러한 페미니스트적 시각은 특히 로라 멀비의 1975년의 글 「시
각적 쾌락과 내러티브 시네마(Visual Pleasure and Narrative Cinema)」
에서의 '남성의 응시'에 대한 선구적인 비판 이후에 전개됐다.[189] 이 글
은 매우 풍부하고 생산적이며 여전히 활발한 논쟁을 일으켰고, 관련된
사람 중에는 매리 앤 도언, 피터 월런, 재클린 로즈, 클레어 존스톤
(Claire Johnston), 스티븐 히스, E. 앤 캐플런(E. Ann Kaplan), 엘리자
베스 라이언(Elisabeth Lyon), 팸 쿡(Pam Cook), 모린 튜림, 아네트 쿤
(Annette Kuhn), 카자 실버만, 테레사 데 로레티스(Teresa de Laure-
tis), 미리엄 한센(Miriam Hansen), 콘스탄스 펜리(Constance Pen-
ley), 주디스 메인(Judith Mayne), 자넷 버그스트롬(Janet Bergstrom),
패트리샤 멜렌캠프(Patricia Mellencamp), 타니아 모들레스키(Tania
Modleski), 패트리샤 페트로(Petricia Petro), 린다 윌리엄스, 샌디 플리
터맨루이스(Sandy Fliterman-Lewis), 그리고 D. N. 로도윅 등이 있다.
이로써 수십 년간 영미학계로 흘러들어 왔던 프랑스 사상가들의 시각

---

188 곧 응시에 대한 순전히 젠더와 관련된 분석들에 대해 의문이 제기되었는데 이는
인종이나 성적 편향을 마찬가지로 중시하고 강조하던 이들에 의해서였다. 이에 대해서
는 다음 글을 참조할 수 있다. Jane Gaines, "White Privilege and Looking Relations:
Race and Gender in Feminist Film Theory," *Screen*, 29, 4 (Autumn, 1988).

189 Mulvey, "Visual Pleasure and Narrative Cinema," *Screen*, 16, 3 (Autumn,
1975).

에 대한 논의에 수많은 의문이 긴급하게 제기되었다.

프랑스에서의 페미니즘과 영화 이론의 상호작용은 영미 담론으로부터 프랑스로 결국 되돌아왔음에도 불구하고 아이러니하게도 훨씬 강렬하지 못했다.[190] 제르멘 뒬락(Germaine Dulac), 마리 엡스탱(Marie Epstein), 아녜스 바르다(Agnès Varda)와 같은 여성 영화 제작자들의 주류 영화에 대한 특별한 도전은 매우 드물게 일어났으며, 설령 있었다 하더라도 지속적으로 분석되지는 못했다.[191] 메츠는 많은 자신의 동료이론가들에게 1979년에 방어적으로 다음과 같이 주장했다. "이는 여성운동에 달렸다고 나는 생각한다. […] 나는 한 남성이 매우 공개적이며 공식적으로, 그리고 과도하게 페미니스트적인 입장을 취한다면 이는 어떤 점에서는 […] 내가 어떤 식으로 말한다 하더라도 […] 불공정하고 부정직한 것이라고 생각한다. 왜냐하면 남성들은 그들 대신에, 여성들을 위해 말할 권리가 없기 때문이다."[192] 명확하지 않은 이유로 불어권 여성운동가들은 이 도전을 적어도 영미권 운동가들에 비해서는 그다지

190 예를 들어 버그스트롬에 대한 벨루의 반응 참조. "Alternation, Segmentation, Hypnosis: An Interview with Raymond Bellour," pp. 87ff.『르 웨스턴 Le western』지의 통합호에 1966년 기고한 글에서 벨루는 여성의 표상 문제를 다룬 바 있다. 그러나 정신분석학적인 접근법 없이, 그가 이제 동의하는 것은 카메라의 응시를 구조화하는 데 있어서 남성 욕망의 중요성을 이해하는 것이 필수적이라는 점이었다. 영화는 남성 응시만으로 이루어질 수 있다는 벨루의 주장에 대한 페미니스트들의 비판에 대해서는 다음 글을 참조. Janet Bergstrom, "Enunciation and Sexual Difference," *Camera Obscura*, 3/4 (1979); Silverman, *The Acoustic Mirror*, pp. 204ff, 그리고 Sandy Flitterman-Lewis, *To Desire Differently: Feminism and the French Cinema* (Urbana, 1990), pp. 15ff.
191 이들 저작에 대한 페미니스트적인 분석으로는 다음 책을 참조할 수 있다. Flitterman-Lewis, *To Desire Differently*.
192 Metz, "The Cinematic Apparatus as Social Institution—An Interview with Christian Metz," p. 10.

적극적으로 받아들이지는 않았다.[193]

영화 주체의 성차별화에 대한 논쟁의 주요 수단 중 하나인 차이의 담론이 구축되는 곳은 여전히 프랑스로 이 차이의 담론은 해체라고 알려지게 된 사상에서 가장 활발하게 추구되었다. 시각적 이슈에 관한 자크 데리다 자신의 사고는 특히나 눈에 대한 가치부여 또는 비난으로 단순히 축소시켜 말하는 것이 불가능하지만, 그의 사상은 명백하게 특권화하는 시각의 함의를 이론화하였던 페미니스트 이론가들에게 자극을 주었다. 여기서 엘렌 식수(Hélène Cixous), 쥘리아 크리스테바, 카트린 클레망(Catherine Clément), 미셸 르 되프(Michèle Le Doeuff) 그리고 가장 주목할 만한 뤼스 이리가레와 같은 사상가들은 시각중심주의 비평에 새롭고 강력한 논쟁을 더했다. 페미니스트 이론을 절대적으로 남성에 대한 한탄의 일종으로 축소시켜 말하지 않기를 바라며, 다음 장에서는 성차의 담론 안에서, 추정되는 시각의 고귀함을 거부해야만 하는 새로운 근거들이 여전히 존재함을 보이고자 한다.

〔번역: 강인혜〕

---

193 근래 프랑스 페미니즘 연구를 일견해 보면, 영화 이론에 대한 그 어떠한 참조점도 찾을 수 없음을 알 수 있는데, 예를 들자면 다음의 책들이다. Claire Duchen, *Feminism in France from May' 68 to Mitterand* (London, 1986); Elaine Marks and Isabelle de Courtivron, eds., *New French Feminisms: An Anthology* (New York, 1981); Jeffner Allen and Iris Marion Young, eds., *The Thinking Muse: Feminism and Modern French Philosophy* (Bloomington, Ind., 1989); 그리고, Elisabeth Grosz, *Sexual Subversions: Three French Feminists* (Sydney, 1989). 이러한 예를 입증해 줄 두 개의 예외로는 다음 글을 참조할 수 있다. Kristeva, "Ellipse sur la frayeur et la séduction spéculaire" 그리고 Catherine Clement, "Les charlatans et les hystériques," 두 글 다 다음 잡지에 수록되었다. *Communications*, 23 (1975).

a 여성의 신체를 변형시켜 알파벳 모양으로 만든 에르테의 디자인을 '에로토그래픽'
   이라고 칭하고 있다.
b 에케 호모는 니체의 책 제목이기도 하다. Friedrich Nietzsche, *Ecce Homo: How
   One Becomes What One Is*, trans. Duncan Large (Oxford University Press,
   Reissue edition, 2009) 참조. 프리드리히 니체, 『도덕의 계보/이 사람을 보라』(청
   하, 1999)
c 표류하는 네덜란드 유령선은 항구에 정박하지 못하고 대양을 영원히 항해해야 하
   는 저주에 걸린 유령선 전설에서 나온 것으로, 그의 『사랑의 단상』, 『롤랑 바르트』
   등의 책에서 언급되었다.
d 죽음을 기록한다는 의미이다.

9장
"남근로고스시각중심주의":
데리다와 이리가레

요약

9장은 시각을 자크 데리다의 해체주의와 뤼스 이리가레의 페미니즘 사이의 관계를 통해 접근한다. 본 장은 '남근중심주의(phallocentrism)'와 '로고스중심주의(logocentrism)'의 합성어인 데리다가 고안한 신조어 '남근로고스중심주의(phallogocentrism)'에 다시 '시각중심주의(ocularcentrism)'를 합성한 "남근로고스시각중심주의(phallogocular-centrism)"라는 용어를 제시하면서, 전체화에 저항하고 동일성에 대한 차이를 강조하는 해체주의적 접근을 고찰한다. 이는 남근, 로고스, 음성, 시각의 중심주의와 결정론에 반대하는 것으로, 형이상학적이고 기독교적이며 주체중심적인 입장을 해체하려는 움직임이다. 나아가 이러한 접근에 대한 프랑스 페미니즘의 수용과 비판을 이리가레를 중심으로 살펴본다.

먼저 데리다의 시각에 대한 해체주의적 입장은 그가 받은 철학적 전통과 유대적 전통의 영향 관계에 주목하는 데서 출발하여, 현상학과 구조주의에서 주장하는 현전의 형이상학과 음성중심적 특권, 기원에 대한 향수를 비판한다. 데리다는 차연(différance)을 통해 문자 언어에 대한 말하기 언어의 잠정적 우위에 대한 저항을 위해 문자론적이고 수행적인 실행과 이중 독해(double reading)를 통해 시각과 청각, 촉각을 포함한 다른 감각들, 정신과 물질, 지각과 언어, 말하기와 쓰기의 이분법적 관계의 단순한 대체와 전복이 아닌 이 관계의 겹침과 균열에 주목한다. 시각은 로고스, 빛, 태양, 이성, 백인, 서구문화와 철학과 같은 맥락의 은유이며, 이것은 그 반대편 대조의 항을 거울처럼 반사하는 단순한 재현이 될 수 없다. 또한 회화에서 틀짓기와 관련된 에르곤(ergon)과 파레르곤(parergon)은 서로가 서로를 오염시키면서 뒤얽혀 있음을 말하고, 사진에서도 이미지와 이야기의 관계에서 단성적 독해가 아닌 이중적 독해가 이루어짐을 제시한다.

이러한 시각과 반시각의 논의는 남성적인 것과 여성적인 것이라는 타자의 권력의 문제로 연결된다. 기존의 전통적 페미니즘, 자유주의 페미니즘은 단순히 남성의 자리에 여성을 대체하고 전복시켜 위치시키고자 했다. 여성들은 계몽주의에 입각하여 어둠과 억압에서 남성들의 빛과 자유를 추구하며 평등을 향해 나아갔고, 이들은 수동적 응시의 대상이 아닌 초월적 응시자가 되고자 했다. 그러나 여성이 가진 고유성이나 차별성은 보편성과 동일함으로 대체되면서 철학적 고려 대상이 되지 않았다. 하지만 68혁명 이후 프랑스 페미니즘은 정신분석과 마르크스주의, 구조주의와 후기구조주의의 영향을 받았고, 이들 중 이리가레는 남근중심주의와 시각중심주의를 연결하는 논의를 전개했으며, 라캉의 정신분석과 데리다의 후기구조주의를 수용하면서 또 비판한다. 이리가레는 시각중심주의적 담론에서 여성, 여성적인 것은 읽기와 쓰기의 은유였고, 상공에서 조망하는 신의 관점, 철학적 메타담론에 반대되는 것이었다고 말한다. 그러나 여성을 표상하던 결핍, 부재, 구멍, 맹점의 은유는 오히려 여성의 복수성과 복합성, 자가촉발과 자가표상성, 비정형과 역동성, 불투명성 등을 통해 남근로고스중심주의를 벗어날 수 있는 새로운 모색을 가능하게 했다.

〔김정아 요약〕

9

"남근로고스시각중심주의": 데리다와 이리가레

보르헤스(Borges)는 옳았다: "어쩌면 보편 역사는 단지 몇 개의 은유가 있는 역사일지 모른다." 빛은 단지 이러한 '몇 개의' 근본적인 '은유'의 한 예일 뿐이다. 그러나 얼마나 중요한 예인가! 빛이 처음 발언되지 않는다면 대체 누가 이것을 지배할 것이며, 누가 그 의미를 표명할 것인가? 어떤 언어가 이 빛을 피할 것인가?
—자크 데리다[1]

나는 항상 눈보다 귀에 특권을 부여한다. 나는 항상 눈을 감은 채 글을 쓰려고 한다.
—엘렌 식수[2]

보는 것에 대한 투자는 남성들만큼 여성들에게 혜택이 되지 않는다. 다른 어떤 감각보다 시각은 대상을 대상화하고 지배한다. 눈은 거리를 설정하고 유지한다. 우리 문화에서 후각, 미각, 촉각, 청각보다 시각에 우세를 두는 것은 신체적 관계의 악화를 초래했다.
—뤼스 이리가레[3]

해체(deconstruction)는 페미니스트 사고에서 때로는 부정적으로, 그러나 대부분은 긍정적으로 강한 자극을 주었다고 자주 언급된다.[4] 이번

---

1 Jacques Derrida, "Violence and Metaphysics," *Writing and Difference*, trans. Alan Bass (Chicago, 1978), p 92.

2 Hélène Cixous, "Appendix: An Exchange with Hélène Cixous," in Verena Andermatt Conley, *Hélène Cixous: Writing the Feminine* (Lincoln, Nebr., 1984), p 146.

3 Luce Irigaray, interview in *Les femmes, la pornographie et l'erotisme*, ed. Marie- Françoise Hans and Gilles Lapouge (Paris, 1978), p 50.

4 예를 들어 다음을 참조. Alice A. Jardine, *Gynesis: Configurations of Woman and Modernity* (Ithaca, 1985). "데리다는 라캉 이후 프랑스에서 페미니즘과 반(反)페미니즘 사고 양자에 모두 깊은 영향을 주었다. 그 규모는 반페미니즘의 경우 데리다주의에 좀 더 정통한 방식으로 기우는 정도였다. 예를 들어 엘렌 식수나 사라 코프만의 경우,

장에서 설명하고자 하는 이 자극은 서양의 가부장적 문화에서 시각의 역
할에 대한 탐구와 밀접히 연관된다. 시각중심주의와 남근중심주의 상
호간의 함의에 대한 프랑스 페미니스트적 비판에 대해, 가장 두드러지
게는 뤼스 이리가레의 비판을 충분히 이해한다는 것은 이들이 라캉주의
정신분석학으로부터 받은 복합적인 영향을 넘어, 로고스중심주의에 대
해 데리다가 했던 비판의 '중요한(seminal)'[a] 역할 이상을 인정하는 것
을 의미한다. 또한 데리다식 용어인 해체적 사고의 "산종(dissemina-
tion)"을 사용한다는 것은 이것이 시각적으로 야기되는 "동일성"에 대
한 비판의 주요 원천 중 하나임이 설명되어야 한다. 이 비판은 많은 부
분 "차이"에 대한 프랑스 페미니스트들의 옹호였다. 그들이 말하는 이
옹호는 해체주의자들이 "남근로고스시각중심주의(phallogocular-
centrism)"[b]라는 용어를 새롭게 고안하면서까지 일컫고자 했던, 전체
화의 효과를 저지하기 위한 것이었다.

그러나 그러한 분석은 몇 가지 분명한 반대를 야기했다. 그 첫 번째
는 알리스 자딘(Alice Jardine)이 "가이네시스(gynesis), 즉 프랑스에서

페미니즘과 관련해서 가장 회의적이었다. 반면에 뤼스 이리가레 같은 저자는 가장 비정
통적인 방식의 페미니스트이자 데리다주의자로 남았다."(p. 181) 또한 다음을 참조.
Elizabeth Grosz, *Sexual Subversions: Three French Feminists* (Sydney, 1989), pp.
26-38; Linda Kintz, "In-different Criticism: The Deconstructive 'Parole'," in *The
Thinking Muse: Feminism and Modern French Philosophy*, ed. Jeffner Allen and Iris
Marion Young (Bloomington, Ind., 1989); Gayatri Chakravorty Spivak, "French
Feminism in an International Frame," in *In Other Worlds: Essays in Cultural
Politics* (New York, 1988); "Displacement and the Discourse of Women," in
Displacement: Derrida and After, ed., Mark Krupnick (Bloomington, Ind., 1983);
and "Feminism and Deconstruction, Again: Negotiating with Unacknowledged
Masculinism," in *Between Feminism and Psychoanalysis* ed. Teresa Brennan
(London, 1989); and Naomi Schor, "This Essentialism Which Is Not One:
Coming to Grips with Irigaray," Diana Fuss, "Reading Like a Feminist," and
Robert Scholes, "Éperon Strings," all in *Differences*, 1, 2 (Summer, 1989).

모더니티의 상황에 내재한 것으로 진단된 **과정**(process)으로서의 '여성'에 대한 담론"[5 c)]이라고 불렀던 것의 발생(genesis)을 설명하기 위해 남성사정(male semination), 즉 수정(insemination) 또는 파종(dissemination)의 은유를 부적절하게 사용하는 데서 시작되었다. 결국 이 것은 다음의 질문들을 낳았다. 이리가레와 그녀의 동료들을 데리다의 제자들로 무분별하게 둔갑시키고, 데리다의 생각을 젠더 문제에 단순히 "적용한" 순종적인 딸들로 간주할 수 있겠는가? 데리다가 "여성처럼 (like a woman)" 말하거나 글쓰는 것을 고무시켰을지 모르겠지만, 이 것은 "여성으로서(as a woman)" 말하거나 쓰는 것과 동일한 것인가?[6] 더욱이 시각적 주제에 대한 페미니스트적 사고를, 다양한 범주의 남성 사상가들에 의해 반복적으로 전개된 어떤 주제에 대한 또 하나의 변형 으로 축소시키는 것은 문제가 아니겠는가? 요약하면 "남성 응시"의 해악들을 환기시키기 위해 이리가레와 같은 여성이 데리다와 같은 남성 들의 이론을 필요로 했다고 어떻게 상정할 것인가?[7]

---

5 Jardine, *Gynesis*, p. 25.

6 이러한 구분은 프랑스어 표현인 "parler-femme"에 내포된 것으로, 최근의 페미니 스트 비평에서 핵심적이 되었다. 이를 넘어선 이 구분의 함의에 대한 유용한 논의는 다음을 참조. Fuss, "Reading Like a Feminist". 여성**처럼**(*like* a woman) 말하고 글쓰기 는 누구에게나 가능한 언어적 양식을 의미하는 반면, 만약 "그" 혹은 "그녀"가 이것을 사용하기로 선택한다면, 여성**으로서**(*as* a woman) 말하고 글쓰기는 선택에 있어 훨씬 덜 개방적인 성별 주체(gendered subject)를 만들어 내는 뿌리 깊은 사회적, 역사적, 그리고 논란이 될 수 있는 생물학적 요소들에 의거한다.

7 그러한 질문은 프랑스 비평가들보다는 미국의 비평가들에게 좀 더 문제가 될 수 있 다. 토릴 모이(Toril Moi)가 언급했듯이, "프랑스 페미니스트들은 전반적으로 페미니 즘의 목표를 위해 시대의 지배적인 지적 경향, 예를 들어 자크 데리다나 자크 라캉과 같은 지적인 흐름을 전유하기를 열망해 왔다. 비록 완전히 없다고 할 수 없지만, ('남성 적인' 생각을 하지 않고 행하려는 욕구, 혹은 가부장적 문화에서 여성적으로만 이루어 진 공간의 추구와 같은) 지적 분리주의는 다른 나라들에서보다는 프랑스에서 페미니스 트들의 사고에 덜 영향을 주었다."(Introduction to *French Feminist Thought: A*

데리다는 라캉에게서 감지했던 것을 포함하여 "남근로고스중심주의"에 대한 적대감에도 불구하고 대체로 주류 페미니스트 운동과는 의식적으로 거리를 두었던 것 같다. 데리다는 공개적으로 니체를 지지하면서 다음과 같이 말했다. "페미니즘은 실제로 모든 남성정력에 대한 환영과 이와 더불어 거세효과는 모두 진리, 과학, 객관성을 주장하는 철학적 독단론자인 남성을 닮아 가고자 하는 여성에 의해 작동한다. 페미니즘은 거세를 원하고 심지어 여성의 거세 또한 원한다. 페미니즘은 자체의 스타일을 상실하기를 원한다."[8] 데리다의 동료인 사라 코프만은 페미니즘에 대해 좀 더 노골적으로 적대적이었는데, 코프만은 페미니즘은 페미니즘 옹호자들의 젠더와 상관없이 내재적으로 남근중심적이라고 비난했다.[9]

또한 시각성에 대한 해체주의적 검토가 갖는 성격과 관련해 제기될 수 있는 반대 의견도 있다. 데리다의 "반(反)시각적이고 반(反)공간적인 입장이 너무나 뿌리 깊기 때문에 다른 모든 입장들이 그것이 가시적

Reader, ed. Toril Moi [New York, 1987], p. 1). 이리가레의 방법론에 대해 마거릿 위트포드(Margaret Whitford)가 이해한 바로는, 이리가레가 라캉과 데리다 같은 저자들의 용어들을 주로 가져와 재작업했다는 점에서 이들의 관계는 "일종의 기생관계를 의미한다." (Luce Irigaray: Philosophy in the Feminine [London, 1991], p. 3).

8 Derrida, "The Question of Style," in The New Nietzsche: Contemporary Styles of Interpretation, ed. David B. Allison (New York, 1977), p. 182. 이와는 미묘한 차이가 있는 번역이 있는데 다음을 참조. Derrida, Spurs: Nietzsche's Style, trans. Barbara Harlow (Chicago, 1979), p. 65. 데리다는 다른 곳에서 조심스럽게 다음과 같이 주장한다. "나는 페미니즘에 반대하지 않는다. 그러나 나는 단순히 페미니즘 편에 있는 것도 아니다." ("On Colleges and Philosophy: Jacques Derrida and Geoff Bennington," ICA Documents, 5 (London, 1986), p. 71). 또한 다음을 참조. "Women in the Beehive: A Seminar with Jacques Derrida," in Men in Feminism, ed. Alice Jardine and Paul Smith (New York, 1987).

9 Sarah Kofman, "Ça cloche," in Les fins de l'homme, ed. Philippe Lacoue-Labarthe and Jean-Luc Nancy (Paris, 1981).

이 되는 순간 이내 사라지는 것처럼 보인다" 같은 주장을 누군가 할지라도,[10] 데리다가 취하는 서구 문화에서의 시각의 우위에 대한 회의적인 입장을 단순히 시각중심주의에 대한 '비판'이라고 간주하는 것은 부적절하다. 비록 이 말[시각중심주의에 대한 비판]이 같은 세기의 다른 프랑스 사상가들에게 잘 적용되는 말이고 이에 부응해서 이 분야의 연구에서 사용되었다 하더라도, 데리다의 경우에는 부적합하다. 왜냐하면 그는 이데올로기적 신비화로 인해 은폐되어 있던 진실을 드러내고, 그렇게 함으로써 이러한 신비화의 전복을 가능케 하는 수단으로서 비판을 사용하는 것에 대해 대체로 반대했기 때문이다.[11] 대신 데리다는 '독해(reading)'의 개념, 특히 이중 독해(double reading)의 개념을 선호했는데, 이는 입체경(stereoscope)이 하나의 단일한 삼차원적인 이미지로 분석되는 것을 거부하는 것이었다.[12] 텍스트의 '내부'와 '외부'를 검

---

10   Allan Megill, *Prophets of Extremity: Nietzsche, Heidegger, Foucault, Derrida* (Berkeley, 1985), p. 260. 시각에 대한 데리다의 모호한 입장을 대신 강조하는 설명은 다음을 참조. John McCumber, "Derrida and the Closure of Vision," in *Modernity and the Hegemony of Vision*, ed. David Michael Levin (Berkeley, 1993).

11   예를 들어 1983년 7월 10일에 있었던 데리다의 언급을 참조. Derrida, "Letter to a Japanese Friend," in *Derrida and Différance*, ed. Robert Wood and Robert Bernasconi (Evanston, 1988), p. 3. 그러나 때때로 그는 자기 자신이 했던 경고를 잊고, 비평의 언어를 취한다. 예를 들어 마르크스주의자들과의 다음의 논의를 참조. Jean-Louis Houdebine and Guy Scarpetta in *Positions*, trans. Alan Bass (Chicago, 1981). 여기에서 그는 저항하기를, "내가 처음 출판했던 첫 번째 텍스트를 기억해야 한다면, 나는 정확하게는, **초월적인 기의**(transcendental signified)로서 혹은 **텔로스**(telos)로서, 다른 말로 의미의 역사로서, 마지막 분석에서 결정되는 역사로서의 의미의 권위에 반대하는 해체주의적 비평을 체계화하고자 했다."(p. 49). 데리다에게서 나타난 비평에 대한 저항과 비평의 잔여물을 논의하는 분석은 다음을 참조. Kevin Hart, *The Trespass of the Sign* (Cambridge, 1989).

12   데리다는 『조종』과 「팀팬(Tympan)」과 같은 텍스트에서 "이중 글쓰기(double writing)"를 실험한다. 이러한 글쓰기에서 저자의 단일한 목소리는 두 갈래로 나뉜다. 이중 독해에 관해서는 다음을 참조. Naomi Schor, "Reading Double: Sand's Differ-

토하고, 텍스트의 내용과 수사(rhetoric)를 말소함과 동시에 이들을 새
로운 목록에 재기입하는, 그와 같은 독해는 해체주의자들에게 있어 가
장 중요한 결정불가능성(undecidability)의 가치를 보여 준다. 텍스트를
'동요시키거나'[13 d] 흔드는 과정 속에 들어가게 하는 것은 데리다에게
는 문제가 되는 가정들을 수정 가능한 환영으로 드러내는 것을 의미하
는 것이 아니라, 오히려 끝없이 계속해서 묶였다가 풀리는 매듭으로 간
주하는 것을 의미하기 때문이다.

　무엇보다 데리다는 "나는 지각이 무엇인지 모르며, 지각과 같은 것이
존재한다는 것을 믿지 않는다"라고 주장했듯이,[14] '시각(vision)'의 이
름 하에서 이루어지는 모든 것을 지각의 경험이라기보다는 텍스트적
구축으로서 이해했다. 그런 면에서 시각 그 자체로 지시되는 것의 비대
함(hypertrophy)은 설령 해체가 시각을 텍스트적 구축으로 보는 관점을
취하더라도 비판의 대상이 될 수는 없었다. 이중 독해에 의해 드러나는
맹점, 즉 해체주의의 특화된 용어인 "푼크툼 시쿰(punctum caecum)"
은 그 어떤 드러냄도 밝히 드러날 수 없다는 뜻의, 알 수 없는 것에 대
한 은유인 것이다. 그러나 해체의 어조가 얼마나 "종말론적"이건 간에,
이 푼크툼 시쿰은 "시각 없는, 진실 없는, 계시 없는 종말"이었다.[15] 가
부장적 억압의 효과들을 무효화하는 것에 관심이 있는 그 어떤 페미니

ence," in *The Poetics of Gender*, ed. Nancy K. Miller (New York, 1986).

13　데리다에 의하면 "solliciter"는 고대 라틴어에서 '전체'를 의미하는 "sollus"와 '움직이게 한다'를 의미하는 "citare"의 합성어이다("Force and Signification," in *Writing and Difference*, p. 6).

14　Derrida, "Discussion," in *The Structuralist Controversy: The Languages of Criticism and the Sciences of Man*, ed. Richard Macksey and Eugenio Donato (Baltimore, 1972), p. 272.

15　Derrida, "Of an Apocalyptic Tone Recently Adopted in Philosophy," *Semeia*, 23 (1982), p. 94.

즘도, 시시포스적인 시나리오°)에 의해 영감을 받았을 것이라고는 생각
되지 않는다. 구원적이고 유토피아적인 충동을 결여한 그 어떤 이론도
근본적 변화를 추구하는 페미니즘의 요구에 불을 지필 수는 없었다.[16]

모든 타당한 반론에도 불구하고, 시각중심주의의 지속적 위기에 대한
해체론자들의 분명한 기여가 인정되어야만, 눈의 고귀함에 반대하여 또
하나의 일격을 가한 프랑스의 이단적 페미니즘(heterodox feminism)의
부상을 이해할 수 있다.[17] 또는 데리다가 그의 페미니스트 동료들로부터
한두 가지를 배웠음을 부인할 수는 없기 때문에, 이들 사이의 단순한 일
방적 인과관계라는 인상을 피하기 위해서 해체주의와 프랑스 페미니즘
사이의 시너지 관계가 반시각주의의 불을 지핀 것이 언급될 수 있다. 그
러나 이 주제에 대한 데리다의 몇몇 저작이 이리가레의 저작보다 시기
가 앞선다는 점에서, 시각성에 대해 다양한 외피를 하고 있는 데리다의
복잡하고 애매모호한 숙고에 대한 면밀한 검토가 먼저 이루어진 후에,

---

16 그러한 데리다에 대한 공개적인 비난은 위트포드(Whitford)에 의해 이루어졌다.
(*Luce Irigaray*, pp. 123ff.) 이리가레는 데리다를 라캉과 비교하면서 적어도 "희망의
공급자"라고 불렀다. 페미니즘에서 해체의 함의를 긍정적으로 독해한 것으로는 다음을
참조. Andrea Nye, *Feminist Theory and the Philosophies of Man* (London, 1988),
pp. 186ff.

17 시각중심주의의 위기에 대한 데리다의 공헌이 암시하는 또 다른 의미는 이전 장의
영화에 대한 논의에서 그의 작업이 흡수되는 방식에서 포착될 수 있다. 예를 들어 장루
이 코몰리에 의해 인용된 세르주 다네(Serge Daney)의 언급을 참조. Jean-Louis
Comolli, "Machines of the Visible," in *The Cinematic Apparatus*, ed. Teresa de
Lauretis and Stephen Heath (New York, 1985), p. 126. 프랑스 영화 연구에서 가
장 두드러지게 사용된 해체주의에 대해서는 다음을 참조. Marie-Claire Ropars-
Wuilleumier, *Le Texte divisé* (Paris, 1981). 비슷한 영향은 문학에서의 다음의 작업에
서 찾을 수 있다. 여기서 저자들은 낭만주의자들의 "형상미학(eidesthetics)"을 해체한
다. Philippe Lacoue-Labarthe and Jean-Luc Nancy, *The Literary Absolute: The
Theory of Literature in German Romanticism*, trans. Phillip Barnard and Cheryl
Lester (Albany, N.Y., 1988).

이리가레가 그러한 것들을 이용한 것과 이러한 논쟁에 대한 그녀 자신이 기여한 고유한 공헌을 연구하는 것이 타당하다. 결론적으로 이 장은 프랑스 페미니스트들, 혹은 전반적으로 하나의 공통분모로 환원되는 것에 저항하는 운동을 하는 몇몇 주창자들이 해체 내 반시각적 요소들을 급진적으로 만든 것을 보여 주고자 한다. 데리다 특유의 양가성(ambivalence)을 넘어, 이리가레는 특히 시각적인 것의 비대에 의해 만들어지는 유해한 효과를 이중 독해하는 것을 데리다만큼 주장하지는 않았다.

⊙

해체는 지적인 영향들을 추적하는 전통적인 게임을 받아들이지 못하는 것으로 악명이 높았으나, 이 책의 앞선 장들에서 이미 다룬 많은 논의들의 반향을 데리다의 작업에서 찾는 것은 어렵지 않다. 시간의 공간화에 대한 베르그송의 저항, 아폴론적인 예술에 대한 니체의 비판, 형상에 대한 태양중심적 개념에 반대한 바타유의 맹비난, 루소의 투명성과 장애물의 변증법에 대한 스타로뱅스키의 폭로, 세계상의 시대 속 틀지우기에 대한 하이데거의 공격, 가시적인 것과 비가시적인 것의 키아즘에 대한 메를로퐁티의 관심, 언어적 명료함의 전통적인 프랑스식 물신화에 대한 바르트의 거부, 이 모든 것은 해체라고 부를 수 있는 상호텍스트적 연결망의 실마리를 제공했다. 또한 에마뉘엘 레비나스가 행한 우상숭배적인 헬레니즘 존재론에 대한 우상파괴적인 헤브라이즘 윤리학 개념의 격상, 에드몽 자베스(Edmond Jabès)가 주장한 이미지보다 말의 강조는 다음 장에서 논의될 것이다. 여기서는 데리다의 유대인적 배경이 야기한 영향을 이해해야 한다.[18] 마지막으로 하이데거부터 보드리

---

18 데리다는 1983년에 잡지 *Le Nouvel Observateur*와 했던 인터뷰에서 자신이 알제

야르에 이르는 사상가들에게 중요했던 커뮤니케이션 매체에 나타난 20세기 혁명의 영향을 데리다의 작업에서도 찾아볼 수 있다.[19]

시각적 주제에 대한 데리다의 지속적인 관심의 시작은 1960년대 그가 현상학 이론과 구조주의 이론을 처음 대면했던 시기로 거슬러 올라간다. 앞서 언급한 대로 1962년에 나온 후설에 대한 데리다의 첫 작업인 후설의 『기하학의 기원 *Origin of Geometry*』을 소개하는 책과, 1967년에 나온 데리다 자신의 책 『목소리와 현상 *Speech and Phenomena*』에서[20 f)] 데리다는 시각과, 후설이 비교적 관심을 덜 가졌던 시간성(temporality) 개념 사이의 중요한 연관성에 집중했다. 데리다에 따르면 지각의 우위에 의존하는 현상학은 즉각성(immediacy)의 가능성을 상정하는데, 이는 다른 시간적 양상보다는 현전에 우월한 지위를 부여하는 것을 뜻한다. 형상(eidos)이라고 하는 시각적 개념에서 비롯된 후설의 형상적 직관은 후설이 "눈 깜박할 사이에(im selben Augenblick)"

리계 유대인이라는 출신의 개인적 영향에 대해서 논했다. Wood and Bernasconi, eds., *Derrida and Différance* (재출간). 시각의 문제를 강조하는 지적인 중요성에 대한 설명은 다음을 참조. Susan A. Handelman, *The Slayers of Moses: The Emergence of Rabbinic Interpretation in Modern Literary Theory* (Albany, N.Y., 1982), 7장; Megill, *Prophets of Extremity*, 8장. 데리다/레비나스 사이의 복잡한 관계에 대한 좀 더 광범위한 설명은 다음을 참조. Robert Bernasconi, "The Trace of Levinas in Derrida," in *Derrida and Différance*, ed. Wood and Bernasconi; "Levinas and Derrida: The Question of the Closure of Metaphysics," in *Face to Face with Levinas*, ed. Richard A. Cohen (Albany, N.Y., 1986); Robert Bernasconi and Simon Critchley, eds., *Re-reading Levinas* (Bloomington, Ind., 1991).

19 이러한 효과에 대한 논의는 다음을 참조. Gregory L. Ulmer, *Applied Grammatology: Post(e)-Pedagogy from Jacques Derrida to Joseph Beuys* (Baltimore, 1985); and Mark Poster, *The Mode of Information: Poststructuralism and Social Context* (Chicago, 1990).

20 Derrida, *Edmund Husserl's Origin of Geometry: An Introduction*, trans. John P. Leavy (Stony Brook, N.Y., 1978); Derrida, *Speech and Phenomena and Other Essays on Husserl's Theory of Signs*, trans. David B. Allison (Evanston, Ill., 1973).

라는 은유에서 말하는 "현동적 자기동일적 동일시(self-same identity of the actual now)"를 전제한다.[21 g] 그러나 이 이론이 놓친 것은 지각의 불순함이었고, 또 지각이 언어와 불가피하게 뒤얽힌다는 점이며, 이는 좀 더 복잡한 시간적 지평을 열었다.

> 우리가 지금(the now)과 지금 아님(the not-now)의 연속성, 지각과 비(非)지각의 연속성을 시원적 인상(primordial impression)과 시원적 파지(primordial retention)에 공통되는 시원성(primordiality)의 영역에서 인정하는 순간, 우리는 눈 깜박임의 자기동일성으로 타자를 받아들인다. 즉 비(非)현전(nonpresence)과 비(非)명증(nonevidence)이 '순간의 눈 깜박임(the blink of the instant)' 속으로 들어가게 된다. 눈 깜박임에는 지속이 있고, 이것은 [그러한 지속은] 눈을 감게 한다.[22]

데리다는 시각중심주의에 대해 과거 바타유와 여타 비평가들이 했던 것과 동일한 은유를 사용하면서 다음과 같이 결론짓는다. 언어, 특히 음소(phoneme)는 "미로 현상(phenomenon of the labyrinth)이다. […] 현전의 태양을 향하여 떠오르는 것, 그것은 이카로스의 방식이다. […] 후설이 우리를 좀 더 나아가게 한다는 확신과는 반대로, '보는 것(the look)'은 '머무를(abide)' 수 없다."[23] 이것이 가능하다고 믿는 것은 단

---

21 Derrida, *Speech and Phenomena*, p. 62.

22 Ibid., p. 65.

23 Ibid., p. 104. 데리다는 미로를 비롯해서 지하 무덤(crypts)과 같이 보이는 것으로부터 가려진 여타 공간에 매료되었는데, 이는 들뢰즈와 가타리가 리좀(rhizome)이나 뿌리체계(root-system)와 같은 형상에 매료된 것과 비교될 수 있다. 이에 대해서는 다음을 참조. Deleuze and Guattari, *A Thousand Plateaus: Capitalism and Schizophrenia*, trans. Brian Massumi (Minneapolis, 1987). 이러한 모든 은유는 심층 구조이지만, 구조주의 이론에서 추정하는 이해 가능한 규칙성이 없다.

순히 후설식의 현상학의 오류만이 아니라, 데리다가 제안하듯 "현전의 형이상학"을 비롯한 서구 철학 전반의 오류였다. 플라톤의 형상(form)에 대한 강조 이래로, 데리다는 후설에 관한 후기 저작에서 시각적으로 치우친 시간적 편향이 서구의 사고를 지배해 왔음을 덧붙였다. "**형상**(eidos)이나 **형태**(morphe)로 번역되고 결정될 수 있었던 모든 개념들은 일반적으로 **현전 일반**(presence in general)의 주제로 다시 언급된다. 형상(form)은 현전 자체다. 형상성(formality)은 사물 일반이 현전하게 되고, 가시적이 되고, 인식 가능하게 되는 것이다. […] 형상 개념에 대한 형이상학적 지배는 확실히 보는 것에의 종속을 유발하지 않을 수 없다."[24] 게다가 이러한 종속 관계는 실질적으로 서구 철학이 시작된 때부터 서구 철학에 녹아 있는 젠더의 측면을 나타낸다. "예를 들어 아리스토텔레스의 형상에 대한 생각은 남성적인 것과 주로 연결된다."[25]

심지어 후설보다 시각적 우위에 대해 훨씬 더 강한 적대감을 가졌던 하이데거조차 데리다의 비판을 피할 수 없었다.[26] 하이데거가 행한 시간에 대한 강조와, 시각에 입각한 '테오리아(theoria, 관조)'에 대한 비판에도 불구하고,[27] 망각된 아르키아(archia, 기원)에 대한 존재론적 탐

---

24 Derrida, "Form and Meaning," in *Speech and Phenomena*, p. 108.

25 Derrida, interview in Raoul Mortley, *French Philosophers in Conversation* (London, 1991), p. 104.

26 Derrida, "*Ousia and Gramme*: Note on a Note from Being and Time," in *Margins of Philosophy*, trans. Alan Bass (Chicago, 1982). 이들의 생각을 비교하기 위해서는 다음을 참조. Herman Rapaport, *Heidegger and Derrida: Reflections on Time and Language* (Lincoln, Nebr., 1989); and "Time's Cinders," in *Modernity and the Hegemony of Vision*, ed. David Michael Levin (Berkeley, 1993).

27 시각에 기초한 테오리아에 대한 해체주의자들의 태도는 하이데거의 입장에 가까운데 이는 미국에서 "테오리아(theory, 이론)"라는 용어를 해체 그 자체에 적용하기 위해서 전유함으로써 야기된 혼란에도 불구하고 그렇다(예를 들어 Paul de Man, *The Resistance to Theory* [Minneapolis, 1986]). 그러나 데리다는 다음의 문헌에서 이 용

색 때문에 그는 현전의 형이상학과 여전히 연관되어 있다. 하이데거는 일찍이 파르메니데스처럼 현전의 개념에 명백히 특권을 부여했기 때문에, 그가 상정했던 존재(Being)와 존재자들(beings) 사이의 차이는 저절로 잊혀졌다. "가까이에서 이용 가능하게, 지속되고 유지되는 것이라는 범주의 현재는 시각에 노출되거나, 손에 주어지는 것이다."[28]

형이상학적 전통에 현상학이 끼친 강력한 영향력은 시각적 현전에 대한 의존 외에 이와 비슷한 또 다른 오류인, 쓰기보다는 목소리에 우위를 두는 믿음에 대한 오류에 의해서도 강화되었다. 에크리튀르(écriture)[h])에 대한 데리다의 복잡다단한 옹호는 그가 시각적 즉각성에 대해 많은 부분 만족하지 않았다 하더라도, 시각만큼 다른 감각들에 의해 만들어지는 비슷한 효과에 대해서도 역시 비판적이었음을 보여 준다. 현전이 자기 자신의 목소리를 듣는 발화자에 의해 제시되는 한, 청각성(aurality)은 시각만큼이나 기만적인 원천일 수 있다. 즉 "활성화 작용의 투명한 정신성 속에서 행위를 활성화하는 자기 현전성과, 삶이 자기 자신에게 향한 내적 성찰성은 항상 우리로 하여금 말{speech (parole, 파롤)}이 살아 있다는 것을 말하게 하고, 그리하여 말하는 주체는 현재에 자기 자신을 듣는다는 것(s'entend)을 전제로 한다."[29] 확실히 타자의 목소리를 들음으로써 생성되는 또 다른 함의가 있으며, 이는 곧 검토될 함의이지만 현전의 효과를 생성하는 한, 그 어떤 다른 감각이라도 해체될 필요가 있다.

어를 인용 부호를 써 가며 의식적으로 사용했고, 형태보다는 힘을 지칭하기 위해서 "이론적 방파제(theoretical jetties)"라는 표현을 사용했다. "Some Statements and Truisms about Neologisms, Newisms, Postisms, Parasitisms, and Other Small Seismisms," in The States of "Theory": History, Art and Critical Discourse, ed. David Carroll (New York, 1990).

28 Derrida, "Ousia and Gramme," p. 32.

29 Derrida, Speech and Phenomena, p. 78.

이러한 과정이 언어의 중요성, 특히 쓰기의 중요성에 대해 좀 더 인식하도록 이끌었다면, 소쉬르적 언어학에 영향을 받은 구조주의가 데리다의 판단에 어떠한 기여를 했을까? 여러 편의 글과 1967년에 출간된 책 『그라마톨로지에 대하여 *Of Grammatology*』에서 데리다는 모든 명백한 대립에도 불구하고 현상학과 구조주의는 문제가 되는 몇 가지 가정을 공유했음을 증명하고자 했다.[30] 소쉬르와 그를 계승한 레비스트로스 같은 추종자들은 쓰기보다 목소리에 음성중심적인 특권을 부여했고, 하이데거만큼이나 강렬하게 기원에 대한 향수를 나타냈고, 현전의 형이상학의 매력에 사로잡혔을 뿐 아니라, 이들은 감정에 좌우되지 않는 과학자의 차가운 응시에 의해서나 보일 수 있는, 시각적으로 결정되는 형상에 대한 인식을 신봉했다. 에밀 리트레(Émile Littré)가 발명한, 실제의 시각적 깊이 속에 있는 평평한 표면 위 대상들을 보여 주는 19세기의 "파노라마그램(panoramagram)"[i]은 데리다의 주장대로 "구조주의자들의 도구의 이미지 그 자체"였다.[31]

데리다는 그러한 아폴론적 구조들을 작동하게 하고 그러한 구조로 돌아가게 하는 것은 니체의 디오니소스적 힘 개념에 대한 이해를 필요로 한다고 주장했다. 데리다는 단순히 형상을 힘으로 대체하는 것, 즉 구조주의의 이항대립 논리 자체를 반복하는 것에 대해 조심스럽게 경고하면서, 이러한 두 대립항 사이의 끝없는 상호작용을 논했다. "순수한 힘처럼 디오니소스는 차이에 의해 작동한다. 그는 보고 또 자신을 보이게 한다. 그리고 (그의) 눈을 뽑아낸다. 항상 그래왔듯이 그는 마치 자신의 죽음과 관련을 맺듯이 그의 외부, 가시적 형상, 구조와 관련을

---

30 후설 자신의 구조주의적 측면은 다음에 잘 나타나 있다. Derrida, "'Genesis and Structure' and Phenomenology," in *Writing and Difference*.

31 Derrida, "Force and Signification," in *Writing and Difference*, p. 5.

맺는다. 이것이 그가 (자기 자신에게) 나타나는 방식이다."[32] 그래서 디오니소스의 눈멂과 시각 사이의 모순적 관계는 힘과 형상을 겨루게 하는 영원한 차이이다. 이와 비슷하게 중심에 대한 공간적 인식은 질서에 대한 구조주의적 인식만큼 중요한 것으로, 이 두 가지는 보존되면서 동시에 말소되어야 한다.[33] 비록 데리다가 어떤 면에서 "중심, 즉 놀이의 부재, 혹은 차이의 부재는 죽음의 다른 이름이 아닌가?"라고 물을지라도,[34] 또 다른 면에서 데리다는 이것을 "절대적으로 필수불가결한" 기능이라고 부른다. 이는 힘의 장(force field) 안에 위치해야 하지만 결코 멈추지 않아야 한다.[35] 이러한 논의는 해체가 도전하려는 여러 가지 "-중심주의들(-centrisms)"뿐만 아니라 "-시각주의(ocular-)"가 완전히 제거될 수 없음을 의미한다.[36]

그러나 데리다는 한 논평가가 지각 체계의 현기증적 과부하라는 면에서 옵아트(Op Art)에 비교했던, 글쓰기에서의 효과를 만들어 내기 위해서 이러한 것들[시각중심주의와 여타 중심주의들]은 강하게 의문시되어야 한다고 주장했다.[37] 쓰기가 어떻게 시각적 경험과 관련되는가

---

32 Ibid., p. 29.

33 Derrida, "Structure, Sign and Play in the Discourse of the Human Sciences," in *Writing and Difference*. 이 글은 이후의 논쟁을 녹취한 것을 포함하여 다음의 책에도 나온다. (*The Structuralist Controversy*).

34 Derrida, "Ellipsis," in *Writing and Difference*, p. 297.

35 Derrida, "Discussion" after "Structure, Sign and Play in the Discourse of the Human Sciences," in *The Structuralist Controversy*, p. 271.

36 비슷한 결론이 데리다의 다음의 글에 이어진다. Derrida, "Violence and Metaphysics: An Essay on the Thought of Emmanuel Levinas," in *Writing and Difference*. 유대적 윤리의 이름으로 그리스적 존재론화를 비판한 레비나스의 비평에 대한 데리다의 이해에도 불구하고, 데리다는 제임스 조이스가 했던 키아즘적 표현인 "유대그리스적인 것은 그리스유대적이다. 극단적인 것은 서로 만난다(JewGreek is greekjew. Extremes meet)"를 인용하면서, 대조를 절대화하는 것에 반대했다(p. 53).

37 Gregory Ulmer, "Op Writing: Derrida's Solicitation of *Theoria*," in *Displace-*

라는 질문이 제기되어야 한다. 페이지 위의 표시들은 그림, 사진, 또는 "실제 대상들"의 시각적 복사물만큼이나 눈에 자명하지 않은가? 제프리 하트만(Geoffrey Hartman)이 언급한 대로 비록 데리다의 입장이 "그리스인들보다는 유대인들의 입장일 수 있고, 그래픽적이라기보다는 우상숭배에 반대하는 입장"이라 하더라도,[38] 문자소(grapheme) 자체가 불가피하게 시각적인 것은 아닌가?

여기서 데리다의 답은 역시 이중 독해였다. 전통적 철학과 언어학이 기호의 물질성을 억압하는 경향이 있는 한, 그리고 이 기호의 물질성을 순수하게 정신적이고 상징적인 담론의 세계에 나 있는 투명한 창문으로 보는 경향이 있는 한, 담론의 모든 매개들이 지닌 감각적 본성을 망각했던 오류가 지적되어야 한다. 시각적 시(visible poetry)를 부활시켰던 말라르메 같은 시인들과, 중국의 표의문자(ideograms)에 대한 어니스트 페놀로사(Ernest Fenollosa)의 작품에서 영향을 받은 파운드(Pound)는 시각적 기표가 갖는 환원 불가능한 물질성을 표현할 필요성을 알고 있었다. 꿈작업을 순수한 음성적 글쓰기보다 상형문자적(hieroglyphic) 글쓰기에 비유했던 프로이트 역시도 그랬다. 이와는 대조적으로 기호의 순수한 자의성 개념을 옹호하며 언어의 그림문자적(pictographic) 기원을 거부했던 소쉬르와 같은 언어학자는 글쓰기의 비음성적이고 가시적인 차원을 깨닫는 데 실패했다.[39]

이는 데리다가 1968년에 쓴, 당시 파급력이 컸던 글의 제목이자 신조

ment.

38 Geoffrey H. Hartman, *Saving the Text: Literature, Derrida, Philosophy* (Baltimore, 1981), p. 17.

39 Derrida, *Of Grammatology*, pp. 32ff. 철자 바꾸기(anagrams)에 관한 논의에서 소쉬르는 문자소 혹은 자소(graphemes)가 음소(phonemes)보다 선행한다는 통찰에 근접해 갔다. 그러나 데리다는 소쉬르가 이와 관련된 완전한 결론을 이끌어 내기를 주저했다고 주장한다(p. 245).

어인 "차연(différance)"을 (새로이) 도입했다는 주장을 정확하게 뒷받
침한다.[40] 이 용어는 "문자 그대로 말도 아니고 개념도 아니며,"[41] 청각
적 수단보다는 시각적 수단을 통해서 복합적인 일반 의미들(accepta-
tions) 중 적어도 하나의 의미를 획득한다. 다시 말해 이 단어 속 "a"는
들리지는 않지만 구별되는 개별 스펠링으로서 시각적으로 보인다. 이
처럼 "차연"은 문자 언어에 대한 말하기 언어의 잠정적 우위에 대한 데
리다의 "문자론적(grammatological)" 저항을 수행적으로 실행한다.

다시 말해 데리다에게 영향을 받은 로돌프 가셰가 강조했듯, 정체성
에 대한 거울적 혹은 반영적 담론은 그 안에서 말이 그 어떤 잔여도 남
기지 않고 생각을 거울처럼 비춘다고 추정되는데, 이는 은유적으로 모
든 거울 이미지 이면에 있는 은판과 주석판을 망각하는 것이다.[42] 말하
자면 주석판이 가시적이 되었을 때, 거울은 반사 능력을 잃는다. 즉 언
어의 물질성이 전면에 드러날 때, 기표들은 그것이 의미하는 것의 단순
한 이중성(doubles), 즉 단지 투명한 의미화 작용의 전달체로 간주될
수 없다.

그러나 언어가 그 자체로 데리다가 "원(原)에크리튀르(arché-écri-
ture, 원문자)"라고 부른 것에 의존한다고 이해되는 한, 언어의 구조기
반적 작동은 결코 완전히 눈에 뚜렷이 나타날 수 없다. 혹은 파롤(pa-
role, 언어 · 언어사용)의 표면 아래 음성구별적 랑그(langue, 말 · 언어
체계)를 드러내고자 하는, 구조주의의 관통하는 응시는 불가능하다. 데
리다는 쓰기의 구상적이고 표의적인 차원은 망각되어서는 안 되지만,
이러한 쓰기의 차원 역시 본질이 되어서는 안 된다고 주장했다. 그는

40 Derrida, "Différance," in *Margins of Philosophy*.

41 Ibid., p. 3.

42 Rodolphe Gasché, *The Tain of the Mirror: Derrida and the Philosophy of Reflection* (Cambridge, Mass., 1986).

1971년 인터뷰에서 다음과 같이 말했다. "나는 종종 그러한 '쓰기' 또는 '텍스트'가 그래픽적인 것이나 '문자적인 것'의 지각 가능한 현전 **혹은** 가시적인 현전으로 환원될 수 없다고 주장했다."[43] 이들의 숨겨진 작동은 일종의 비가시적 물질성의 측면에서 이해되어야 한다는 것이다.

데리다는 순수한 시각적 표상의 수준에서조차 완벽한 반사성이 문제가 된다고 주장했다. 표면적으로 동일한 이미지들의 반영적 상호작용은 이미 최초의 이미지를 규정했던 불가피한 분열에 근거하고 있다. "왜냐하면 반영되는 것은 그 이미지 자체에 더해진 것일 뿐 아니라 이미지 **자체로** 분열되기 때문이다. 그 반영, 이미지, 중첩은 그것이 이중화하는 것을 분열시킨다. 사변(speculation)의 근원은 차이가 된다. 스스로를 볼 수 있는 것은 하나이다. 그리고 근원이 그것의 표상에 더해지고 사물이 그 이미지에 더해지는 부가의 법칙은 1 더하기 1이 적어도 3이 된다는 것이다."[44] 비록 두 개의 이미지가 표면상 동일할 수 있지만, 여기에는 필연적으로 이 두 이미지들의 거울적 통일성을 방해하는 잉여, 즉 비가시적 타자성이 항상 있다. 의태(mimicry)는 시각적이건 언어적이건 결코 완벽하지 않다. 왜냐하면 자기충족적인, 이음새 없이 재생산될 수 있는 반사적 과정에 앞서는, 완전히 통합된 원래의 지시체가 없기 때문이다.[45] 모방(mimesis)은 데리다가 "미메톨로지즘(mimetologism)"이라고 부른, 로고스중심주의의 시각적 버전이 되어서는 안

---

43 Derrida, *Positiom*, p. 65.

44 Derrida, *Of Grammatology*, p. 36. 데리다는 다음의 글에서 반영에 대한 은유로 돌아갔다. "The Laws of Reflection: Nelson Mandela, in Admiration," in *For Nelson Mandela*, ed. Jacques Derrida and Mutapha Tlili (New York, 1987). 여기서 반사적 역설은 만델라가 데리다에게서 영감을 받은 법과 존경을 연결시킨 것과 긍정적으로 관련된다.

45 말라르메(Mallarme)의 「무언극(Mimique)」에 대한 분석은 다음을 참조. "The Double Session," in *Dissemination*, trans. Barbara Johnson (Chicago, 1982).

된다. 이는 연극성과 이론의 밀접한 연관성 속에서 분명하다.[46] 데리다
가 말했듯이 거울단계에 대한 라캉의 개념조차도 이것의 원만한 작동
을 저지하는 균열에 대한 인식 없이 적용된다면(몇몇 프랑스 영화 이론
가들의 경우가 그랬던 것처럼), 거울 반사적 정체성에 의해 완전히 정
복될 수 없는 타자성을 억압하게 된다.[47]

언어적 혹은 시각적으로 동일하게 보이는 반영을 분열시키는, 차이
를 표현하는 또 다른 방법은 데리다가 "흔적(the trace)"이라고 부른 문
제를 통해서다. 데리다는 시각적 현전에 의구심을 갖는 레비나스의 존
재론에 대한 비판에 자신이 빚졌다는 사실을 인정하면서, 흔적은 이것
이 현재 생성하는 것의 외부에서 항상 포착하기 어렵게 남아 있으면서
계속해서 멀어지는 기원에 대한 기억이라고 특징지었다. 흔적의 시간
적 간격내기(temporal spacing)는 공간적 동시성과 완전한 가시성으로
결코 이어지지 않고 오히려 끝없는 지연, 즉 집행 연기로서의 '차연'

---

46 전통적인 모방의 극장에 대해 해체주의가 가지는 일반적인 의문은 특히 다음에서
분명하다. Philippe Lacoue-Labarthe, "La cesure du spéculatif," *L'imitation des
modernes* (Paris, 1976). 여기서 그는 사변적 관념론을 그리스 비극과 연결 짓고, 이것
을 휠덜린(Friedrich Hölderlin)에 의해 암묵적으로 복구된 독일 비애극(Trauerspiel)
과 대조시켰다.
47 에드거 앨런 포의 「도둑맞은 편지(The Purloined Letter)」에 관한 라캉의 세미나
에 대해서 가했던 데리다의 유명한 비판은 「진실의 공급자(Purveyor of Truth)」에 들
어 있다. Derrida, "The Purveyor of Truth," *Yale French Studies*, 52 (1975). 여기서
데리다는, 포의 이야기가 정신분석학의 진실의 알레고리로서 이해될 수 있다는 주장 속
에서 라캉의 이론 전체가 거울단계를 자기복제한다고 사실상 주장했다. 데리다는 대조
적으로 「도둑맞은 편지」가 이러한 반사적 해석을 초과하는 방식을 강조한다. 심화된 논
의에서 데리다 자신은 무언의 진실이 그와 똑같은 반대의견에도 열려 있다고 주장한다.
다음을 참조. Barbara Johnson, "The Frame of Reference: Poe, Lacan, Derrida," in
The Critical Difference: Essays in the Contemporary Rhetoric of Reading (Baltimore,
1980). 라캉의 영화 비평에 대한 데리다적 비평은 다음을 참조. Peter Brunette and
David Wills, *Screen/Play: Derrida and Film Theory* (Princeton, 1989).

(*différance* as deferral)으로 이어진다. **"(순수한) 흔적은 차연이다**(*The [pure] trace is différance*)"라고 데리다는 주장했다.ⁱ⁾ "이 흔적은 가청적이든 가시적이든, 혹은 음성적이든 그래픽적이든, 그 어떤 감각적 풍부함에 의존하지 않는다. 오히려 이것은 그러한 풍부함의 조건이다. 비록 그것이 '**존재하지 않고**', 비록 모든 풍부함 외부에 '**현전하는 존재**'가 아니어도, 그 가능성은 기호(기의/기표, 내용/표현 등), 개념이나 작동, 또는 운동기관이나 감각기관이라고 부를 수 있는 모든 것에 원칙적으로 앞선다. 따라서 차연은 이해 가능한 것만큼만 감각적이다."⁴⁸

데리다는 예를 들어 감각적인 것에 대비되는 이해가능한 것이라는 식의 이항대립에서 어느 한쪽의 가치를 인위적으로 고정하는 것에 대해 경계하며 거부했고, 이는 그가 시각적 경험이 진실에 대한 깨달음을 비출 수 있다고 믿는 이론가들에게 비판적이었던 것만큼이나 시각의 환영을 없앨 수 있다는 가능성을 믿는 이론가들에게도 비판적이었다는 것을 의미했다. 따라서 『그라마톨로지에 대하여』는 연극성과 "스펙터클(spectacle)"을, 멀리 떨어져 있는 대상들을 관음증적으로 훔쳐보는 주체의 거리를 둔 응시인 '축제(festival)'로 완전히 교체하려 한다든지, "모든 구성원들이 가청거리 내에 있는 참여적인 언어 공동체"로 교체하려는 유토피아적 욕망을 강력하게 비판한다.⁴⁹ 비록 데리다가 다른 곳에서도 아르토에 대해 비슷한 논리를 전개시켰지만, 여기서는 루소와 레비스트로스가 주된 공격 목표였다.⁵⁰

데리다는 스타로뱅스키의 분석에 의거해 수정같이 맑은 투명성을 바

---

48 Derrida, *Of Grammatology*, p. 62.

49 Ibid., p. 136.

50 Derrida, "The Theater of Cruelty and the Closure of Representation," *Writing and Difference*, p. 244. 이와 같은 비판에 대한 또 다른 확실한 비판 대상은 드보르와 그의 작업이었는데, 데리다는 이것을 무시했다.

라는 루소의 갈망이 그의 계획을 헛되게 만든 표상적 대리보충성(sup-plementarity)의 연결 고리를 보지 못하게 만들었다고 주장했다. "대리 보충(supplement)의 개념은 루소의 텍스트 안에서 일종의 맹점이며, 가시성을 열면서 또 제한하는 보이지 않는 것이다."[51] 대리보충의 불가 피성을 인식하는 데 실패하는 것은 표상에 대한 눈멂에 필적할 만하다는 것을 의미했다. "루소가 마지막 분석에서 비판한 것은 그 **'역시도'** 이것이 재-현(re-presentation) 그 자체라는 것을 비판하는 것이라 할 지라도 스펙터클의 내용, 즉 그것에 의해 **'표상되는**(represented)' 감각이 아니었다."[52] 데리다에게 모든 면에서, 즉 정치적으로, 연극적으로, 또 상상적으로 표상을 제거하기를 바라는 열망은 현전의 형이상학의 또 다른 형태로 드러났다.

하이데거의 '세계상의 시대'에 대한 분석이 사고에 대한 표상적인 방식에 대해 강하게 비판했지만, 그조차 표상을 완전히 피할 수는 없었 다. "그 질문을 피하기는 어려울 것이다"라면서 데리다는 「발송: 표상에 대하여(Sending: On Representation)」라는 제목의 자신의 후기 글에서 다음과 같이 쓰고 있다. "표상의 시대와 위대한 그리스 시대의 관계가 하이데거에 의해 표상적 방식으로 해석되지 않았는지의 여부를 묻는 질문은 현전성과 표상성(Anwesenheit/repraesentatio) 양자의 묶음이 그 자체의 해석의 법칙을 좌우한다 할지라도, 이는 그것이 해독하려고 주장하는 역사적 텍스트 안에서 *스스로* 재이중화하고(redouble), 재인하는(recognize) 것에 지나지 않는다."[53] 데리다가 논하기를 표상은 "송부(sendings, envois)"이고, 이것은 최종 목적지에 도달하지 않거

51 Derrida, *Of Grammatology*, p. 163.
52 Ibid., p. 304.
53 Derrida, "Sending: On Representation," *Social Research*, 49, 2 (Summer, 1982), p.322.

나, 그것이 표상하는 대상이나 생각과 재결합하지 못한다.[54] 이러한 불
가피한 "도착방황성(도착란到着亂, destinerrance)", 즉 (유대인들의 방
황과 같은) 끊임없는 방황 때문에 표상은 그것이 재-현(re-present)하
는 것의 순수한 현전으로 결코 대체될 수 없다. 그러나 표상과 이들이
표상하는 "사물"과의 차이는 참조물의 흔적 없이 완전히 순수한 시뮬라
크르라는 영역으로 (보드리야르 같은 이론가들이 논의했던) 완벽하게
지워질 수는 없다.[55]

　이와 비슷한 이중 독해가 데리다의 가장 영향력 있는 글 중 하나로
알려진 「백색 신화: 철학 텍스트 속 은유(White Mythology: Metaphor
in the Text of Philosophy)」(1971)에 소개되었다. 여기서 그는 철학에
서 표현의 형이상학적, 수사학적 매개를 제거하는 불가능한 꿈에 대해
논의한다. 심지어 명료해지고자 하는 이상조차도 결국 시각적 경험을
불러일으키는 빛과 관련된[광학적] 은유에 기반한다.[56] 문자적 개념의

---

54 이와 비교될 수 있는 분석은 다음을 참조. *The Post Card: From Socrates to Freud and Beyond*, trans. Alan Bass (Chicago, 1987). 엽서는 일반적으로 한 면은 그림이라는 점이 지적되어야 하겠다. 엽서는 에크리튀르의 순수한 사례라기보다는 시각적인 것과 그래픽적인 것의 중첩된 실체화(instantiations)이다.

55 확실히 데리다가 보드리야르의 입장에 접근하는 것처럼 보이는 작업들이 발견된다. 예를 들어 『산종 *Dissemination*』의 말라르메를 논의한 부분에서 데리다는 쓰기를, "이제 우리는 아무것도 아닌 것을 모방하는 의태(mimicry)와 대면한다. 소위 단순하지 않게 이중화하는 더블과 대면한다. […] 이 검시경(檢視鏡, speculum)은 그 어떤 실재도 반영하지 않는다. 그것은 단순히 '실재-효과'를 생산한다. […] 이러한 실재가 없는 검시경에서 이러한 거울의 거울에서, 무언의 마임이나 유령이 있기 때문에, 차이 혹은 이수(二數, dyad)는 존재하지 않는다. 그러나 이것은 지시물(reference) 없는 차이 혹은 오히려 지시체(referent) 없는 지시물이다." (p. 206.)

56 「힘과 의미화 과정(Force and Signification)」에서 데리다는 빛과 어두움이 "형이상학으로서 서구 철학의 근본적인 은유였고, 이 근본적인 은유는 이것이 빛과 관련되기 때문일 뿐 아니라(그리고 이런 면에서 우리 철학의 전체 역사는, 그 명칭이 빛의 역사 혹은 빛에 관한 논문이라는 뜻에서 비롯된 빛의 학문(photology)이고), 이것이 하나의 은유이기 때문이기도 하다. 은유는 일반적으로 실존하는 것(the existent)으로부터 또

그 어떤 메타언어도 은유에 의해 오염된 생각을 정화할 수 없으며, 어떠한 초감각적 영역도 감각적인 것과의 뒤얽힘으로부터 스스로를 해방할 수 없다. 그러나 감각 경험에 기반한 은유는 해체적 독해에 개방되어 있어, 그 은유들을 완전히 와해시킬 수는 없다 하더라도 동요시킬 수는 있다.

그 어떤 은유보다 흑색보다는 백색에, 어둠보다 빛에 특권을 부여하는 서구 형이상학의 근본적인 비유를 뒤흔들 필요가 있었다. "서구 문화를 닮은 백색 신화, 즉 백인은 자신의 신화인 인도유럽인의 신화와, 자신의 어법의 '미토스(mythos)'인 '로고스(logos)'를 그가 '이성'이라고 계속 부르던 보편 양식으로 간주한다."[57] 이 은유는 다른 인종에 대한 한 인종의 지배를 표현할 뿐만 아니라, 오래전부터 의미화 과정의 지배적 중심지(locus)로서 태양에 특권을 부여하던 것에서 비롯된다. "가치, 금, 눈, 태양 등은 오랫동안 알려져 있듯이 동일한 비유 작용(tropic movement)에 의해 움직였다. 이들 간의 교환은 수사학, 그리고 철학의 양대 장(field)을 지배한다."[58]

플라톤에서 데카르트, 그리고 그 이후까지 형이상학을 규정해 온 지배적인 양식 속에서 태양은 자연광(lumne naturale)의 증여자였고, 이는 "나타남과 사라짐의 대조, 그리고 파이네스타이(phainesthai, 현현)와 알레테이아(aletheia, 탈은폐), 낮과 밤, 가시적인 것과 비가시적인 것, 존재와 부재 등 이러한 어휘들 전체의 원천이었으며, 이 모든 것은

다른 실존하는 것으로의 과정이자, 존재(the Being)가 실존하는 것으로 최초로 개진됨으로써 권위를 부여받는 것이며, 존재의 유비적 이동이라 할 수 있는데, 이것이 형이상학에서 담론을 출범시키는 근본적인 중요성을 갖는다." (p. 27).

57 Derrida, "The White Mythology: Metaphor in the Text of Philosophy," *Margins of Philosophy*, p. 213.

58 Ibid., p. 218.

단지 태양 아래에서만 가능했다. 이것이 철학의 은유적 공간을 구성하는 한, 태양은 철학 언어에서 자연적인 것을 표상한다."⁵⁹ 매일 지구를 한 바퀴 도는 여정 후에 돌아오는 것처럼 보이는 태양은 서구인에게 거울적 동일성과 순환적 통일성의 상징이었다. 서구인은 하늘을 가로질러 매일 전진하는 것과 동일시되었다. "동쪽에서 뜨는, 감각과 연관된 태양은 이 여정에서 저녁에 이르러 서구인의 눈과 마음에 내면화된다. 서구인은 '진정한 빛에 의해 비춰짐으로써' 인간의 본질을 요약하고 추측하며 획득한다."⁶⁰ 은유적 교환의 작동 자체가, 산종하는 대리보충성보다는 유비적 등가(이를테면 차이가 동일성으로 환원되는 것)나 상기(想起)의 내면화(이를테면 소외된 타자성의 기억을 통해 수합하는 것)를 통해 이해되는 한,ᵏ⁾ 이 작동은 '차연'의 무한한 지연보다는 탈시간화하는 동일성의 논리를 폭로하는 것이다. 지배적 은유의 행로는 존재신학의 주요 기의인 태양중심적 비유의 순환으로 항상 회귀하게 될 것이다.⁶¹ 대조적으로 하트만이 언급한 것처럼 "잉크나 인쇄물의 검은색은 에크리튀르가 밤의 정신에 대한 찬송임을 나타낸다."⁶²

결과적으로 에크리튀르의 중요성을 인정한 철학은 완수된 "계몽"이라는 순진한 프로젝트에 도전하는 것처럼 보일 수밖에 없을 것이다.⁶³ 비록 데리다는 그보다 앞선 푸코처럼 전체화의 방식으로 인해 단순히 반(反)계몽주의를 주장한다는 혐의를 받지 않으려 했지만,⁶⁴ 데리다가

59 Ibid., p. 251.
60 Ibid., p. 268.
61 Ibid., p. 266.
62 Hartman, *Saving the Text*, p. xix.
63 따라서 해체는 "반계몽주의"의 함의를 갖는 것으로 종종 일컬어진다. 예를 들어 다음을 참조. Jürgen Habermas in *The Philosophical Discourse of Modernity: Twelve Lectures*, trans. Frederick Lawrence (Cambridge, Mass., 1987).
64 「대학과 철학에 대하여(On Colleges and Philosophy)」(p. 69)에서 데리다는 항

시각에 의문을 제기함으로써 축적된 효과는 적어도 그를 비판하는 비평가들에게 페터 슬로터다이크가 후기구조주의적 사유에서 비판적이기보다 냉소적이라고 불렀던 주장을 강화하는 것이었다.

태양 은유에 대한 데리다의 이중 독해는 사실 이 은유의 계몽주의와의 연관성이 전체적이지 않음을 보여 준다. 이 은유에는 반사하거나 빛을 비추는 함의가 없는 비유의 다른 측면이 있기 때문이다. 밤에만 나타나며 낮에는 보이지 않는 다른 행성들처럼 결국 태양은 하나의 별이기도 하다. 그렇기 때문에 태양은 때에 따라 눈에는 보이지 않는 진리 혹은 옳음의 근원을 시사한다. 훨씬 더 강력하게 시각을 파괴하는 것은 응시의 대상으로서의 태양이었다. 왜냐하면 태양 빛은 비추기도 하지만 눈을 멀게 하거나 현혹시킬 수도 있기 때문이다. 특히 바타유가 초월을 향한 이카로스적인 열망의 좌절을 찬양했던 바로 그 타오르는 태양은,[65] 차가운 이성의 플라톤적 태양에 대한 강력한 대체물로 제시된다. 따라서 태양중심적 은유는 빛을 비추기도 하고 눈을 멀게도 하는

변하기를, "물론 어떤 상황에서는 나는 전적으로 계몽주의의 편이다. 이것은 그 상황의 분석에 달려 있다. 즉 이는 합리성, 비판, 반계몽주의에 대한 절대적 회의로서의 계몽주의의의 차원에서 우리가 싸워야 하는 그 힘에 관한 것이다. 그러나 한편으로 우리는 공통된 특징들로 감축된 계몽주의 철학이 내가 볼 때 우리가 의심하고 해체해야 하는 많은 것들을 의미한다는 것을 안다. […] 나는 우리가 너무 단순하지 않은 계몽주의의 편에 있어야 하며, 어떤 경우에는 그 철학을 의문시할 수 있어야 한다고 생각한다." 이와 비슷한 푸코의 반발에 대해서는 다음을 참조. "What Is Enlightenment?" in *The Foucault Reader*, ed. Paul Rabinow (New York, 1984), p. 45.

65 「백색 신화」의 끝에서 두 번째 주석은 바타유의 시각적 주제와 관련된 모든 텍스트를 인용한다. 바타유에 대한 데리다의 주된 사유는 『글쓰기와 차이 Writing and Difference』에 수록된 「제한경제로부터 일반경제로: 무조건적 헤겔주의(From Restricted to General Economy: A Hegelianism Without Reserve)」로, 그는 여기서 헤겔과 바타유에게서 발견되는 시각적 이미지를 대조하는 것으로 끝맺는다. 데리다는 『조종』에서 바타유의 『눈 이야기』 속 상호텍스트성을 추적한다. 이에 대해서는 다음을 참조. John P. Leavy, Jr., *GLASary* (Lincoln, Nebr., 1986), pp. 76ff.

원천이고, 태양을 향하기도 하고 태양으로부터 멀어지기도 하는 두 가지 면을 모두 의미하기에 항상 불완전하다.

하지만 언어가 그 자체의 은유성으로부터 벗어날 수 없고, 단성적 반복어구로 감축될 수 없는 복수의 은유성에서 벗어날 수 없는 한, 언어에서 (나아가 철학에서) 감각적, 특히 시각적 뒤얽힘을 제거할 방법은 없다. 이런 의미에서 데리다가 단순히 반계몽주의 사상가로 불리기를 거부한 데에는 타당성이 있다. 역설적으로 (반계몽적 주장이라고 해석될 수 있는) 언어의 수사적인 면을 주장함으로써, 데리다는 빛의 비춤과 투명성에 대한 은유적인 편향이 완전히 실패한 것도 아니라는 것을 인정했다.

데리다가 시각중심주의에 대한 근본적인 거부에 저항하고 반시각적 순수주의에 대한 지지에 주저하는 것이, 전통적으로 시각에 특권이 부여되는 것에 대해 그가 적대감을 완화한 것은 아님을 의미했다. 대신 그는 니체와 마찬가지로 감각들 간의 상호의존성을 모색하면서 감각들 사이의 위계화에 반대하여 투쟁했다.[66] 그가 시각 이외 감각들의 복잡한 역할에 매료되었음은 광범위하게 언급되었다. 심지어 후각과 (항상 좋은 것만은 아닌) 미각, 즉 시각의 거리두기 기능을 역전시키는 이러한 "화학적 감각"도 그의 관심을 벗어나지 않았다. (그는 한때 빈정대며 "어떻게 존재론이 방귀를 파악할 수 있겠는가?"라고 묻기도 했다.)[67]

하지만 데리다가 가장 주목했던 것으로 보이는 감각은 촉각과 청각이었다. 데리다가 경첩, 구멍, 틈이 갖는 촉각적(tactile) 질감으로서의

---

66 니체에 대한 전형적인 해체주의적 전유는 다음을 참조. Sarah Kofman, *Nietzsche et la metaphore* (Paris, 1972), p. 154. 여기서 코프만은 니체와 바타유를 눈의 고귀함을 비판한 인물들로 보고 비교했다.

67 Derrida, *Glas*, trans. John P. Leavy (Lincoln, 1986) p. 69. 데리다의 미각과 후각에 대한 논의는 다음을 참조. Ulmer, *Applied Grammatology*, pp. 53ff.

텍스트를 강조하고, 청각에 치우쳤던 하이데거조차도 관심을 보인 손의 중요성에 주목하였던 것을 두고[68] 한 논평가는 다음과 같이 주장했다. "해체주의 실행자, 관객, 그리고 독자에게 특별히 촉지적(haptic) 자질이 요구된다. 텍스트나 그림 속 '생각의 선'을 시각적으로 따라가 단지 그 표상이 적절한지 그 표면을 보는 것이 아니라, 그림의 회화적인 질감을 눈으로 탐색하고 심지어 그 질감 속으로 들어가 그러한 질감 밑을 탐색하는 것이다."[69] 이러한 눈으로 하는 "만짐(touching)"은 견고한 근거가 있는 촉각적 경험을 보장하지 않는다. 왜냐하면 모든 근거나 기반은 어떻게 이해되든 의심의 여지가 있기 때문이다. 니체가 알고 있었듯이 우리는 메마른 대지 위에 서 있기보다는 끝없는 바다 속을 헤엄치고 있다. 어둠 속에서 맹인처럼 손으로 더듬으며 흔적을 "만지는" 것은, 그것의 잔여물을 보는 것 이상의 확실성을 보장하지 않는다.

들는 것에 대한 데리다의 태도도 이와 비슷하게 양가적이었다. 비록 사라 코프만이 해체는 보통 철학이 들을 수 없었던 것을 포착하기 위해서 "제3의 귀(third ear)"를 필요로 할지 모른다고 했지만, 들는 경험이 모두 동등하게 가치 있는 것은 아니다.[70] 이미 언급했듯이 데리다는 어떤 사람이 자신의 목소리를 들는 효과를 가리켜 글쓰기에 대한 말하기의 우위라고 정당화하는 것을 비판했다. 들기가 시각보다 훨씬 더 이상적이고 변증법적으로 더 효과적이라는 헤겔의 주장은 이러한 경험에

---

68 Derrida, *"Geschlecht* II: Heidegger's Hand," in *Deconstruction and Philosophy*, ed. John Sallis (Chicago, 1987).

69 Claude Gandelman, *Reading Pictures, Viewing Texts* (Bloomington, Ind., 1991), p. 140. 그러나 그러한 표면/깊이(surface/depth)의 은유는 일반적으로 해체주의와는 거리가 멀다. Gregory L. Ulmer, "The Object of Post-Criticism," in *The AntiAesthetic: Essays on Postmodem Culture*, ed. Hal Foster (Port Townsend, Wash., 1983), p.93.

70 Sarah Kofman, *Lectures de Derrida* (Paris, 1984), p. 30.

기반한다. 시각은 항상 본다는 사건 전과 후에 대상의 존재를 인식하는 반면, 듣기는 소리가 완전히 들린 후에 전체적으로 그것을 확인하기 때문이다. 따라서 이는 대상성과 내면성 양자를 보유하면서 완벽한 지양 (sublation)의 모델로서의 역할을 할 수 있었다.[71]

그러나 듣기에 대한 이와 같은 설명은 데리다에게 당연히 문제시되었고, 다른 설명들은 그보다는 덜 문제시되었다. 그는 몇 군데에서 레비나스적 "타자의 귀"를 현전의 형이상학에 대한 윤리적인 해결책으로 거론한다.[72] 그러나 이렇게 함으로써 데리다는 소통하는 신체기관으로서 귀를 특권화했던, 예컨대 해석학과 같은 이론적 전통과의 경쟁에는 조심스레 거리를 두었다.[73] 데리다는 심지어 청각 은유에 대한 하이데거의 의존도 하이데거가 로고스중심주의를 최후의 보루로 여전히 남겨두었다고 비판했다. 비록 가다머가 하이데거의 듣기의 버전이 데리다의 버전보다 더 복잡하다고 응수했지만, 데리다는 이에 개의치 않았

---

71 Derrida, "The Pit and the Pyramid: Introduction to Hegel's Semiology," in *Margins of Philosophy*, p. 92.

72 Derrida, *The Ear of the Other: Otobiography, Transference, Translation*, ed. Christie McDonald, trans. Peggy Kamuf and Avital Ronell (Lincoln, Nebr., 1982). 그의 입장의 윤리적 함의에 관한 분석은 다음을 참조. Diane Michelfelder, "Derrida and the Ethics of the Ear," in *The Question of the Other: Essays in Contemporary Continental Philosophy*, ed. Arleen B. Dalleryand Charles E. Scott (Albany, N.Y., 1989).

73 가다머에 따르면, "듣기의 우위는 아리스토텔레스가 보았듯이 해석학적 현상의 기반이 된다."(*Truth and Method* [New York, 1975], p. 420). 데이비드 커즌즈 호이 (David Couzens Hoy)는 데리다와 가다머 양자의 공통점을 듣기에 대한 태도에서 찾는다. "데리다는 문자 텍스트로 작성된 대화라는 생각에 제기된 이의를 극복한다. 듣기와 읽기는 더 이상 이질적인 것이 아니다. 왜냐하면 듣기 역시 일종의 읽기로서, 상황의 구체성이라는 면에서 진술의 보편성에 대한 **해석**이기 때문이다."(*The Critical Circle: Literature and History in Contemporary Hermeneutics* [Berkeley, 1978], p. 82). 호이가 과소평가한 것은 데리다의 "해석"에 대한 적대감이었고 상호 이해의 행위로서의 듣기에 대한 저항이었다.

다.[74] 데리다에게 귀는 참을성 있게 들음으로써 합의에 이르게 되는 수단이거나 말을 수용하는 중심지이기보다는, 공통의 이해를 방해하는 것이었다. 귀가 "근접성의 효과, 절대적 개별성의 효과를 만들어 내는, 즉 차이의 조직화를 말소하는 것을 이상화하는 독특하고 차별화되고 분절된 신체기관"으로 정의되는 한,[75] 데리다는 이러한 주장을 받아들일 수 없었다. 하지만 귀를 타자의 귀로 이해하면, 귀는 현전을 방해하는 기능을 하고, "서명을 해 주는 것은 타자의 귀"이기 때문에 본인 여부를 확인해 주는 서명을 통해 화자나 저자의 권위를 약화시키는 기능을 한다.[76]

귀의 신체적 형태도 데리다에게 중요했다. 니체와 바타유가 말한 잘 알려진 용어에 따르면 귀는 미로(내이內耳의 나선형 관)와 진동하는 막(고막 또는 중이)으로 이해될 수 있는데,[77] 이는 지연과 거리두기를 초래한다. 세상에 열려 있는 다른 신체기관들처럼(항문과 질이 가장 명백하게 그렇다고 알려져 있는데),[78] 1) 귀는 언캐니한 감각을 만들어 내며

---

74 Gadamer, "Letter to Dallmayr," in *Dialogue and Deconstruction: The Gadamer Derrida Encounter*, ed. Diane P. Michel Felder and Richard E. Palmer (Albany, N.Y., 1989), p. 95. 이 컬렉션은 사실을 진술하는 방식뿐 아니라 수행적인 방식에서의 해석학에 대한 해체주의의 적대감을 보여 준다. 데리다와 그의 지지자들 모두는 가다머와 그의 옹호자들과의 건설적인 대화를 완강히 거부했다.

75 Derrida, "Tympan," *Margins of Philosophy*, p. xvii. 해체주의자들이 선호하는 주된 공격 목표인, "절대적 적절함(absolute properness)"이라는 구절은 프랑스어인 'propre'의 복합적인 의미인 깨끗함(cleanliness), 소유(possession), 심지어 재산(property)의 의미를 갖고 있다.

76 Derrida, *The Ear of the Other*, p. 51.

77 비슷한 기능을 가진 세포막은 처녀막이다. 데리다는 심지어 눈도 세포막으로 이해되어야 한다고 주장한다. *Dissemination*, pp. 284-285.

78 데리다의 함입(invagination)이라는 개념이 긍정적인 의미에서 빈번하게 사용된 것은, 예를 들어 다음을 참조. Derrida, "Living On: Border Lines," in *Deconstruction and Criticism*, ed. Harold Bloom (New York, 1979). 이것은 데리다 작업의 페

내부와 외부 사이의 구별을 문제시한다. 데리다는 심지어 귀의 다양한 크기도 동일성에 대한 저항, 혹은 한 논평가가 "귀를 분열시키는(ear-splitting 고막을 찢는)" 것을 의미할 수 있다고 했다.[79] "조종(glas)"이나 종소리를 듣는 것은 "거울면(glace)"을 들여다보는 것만큼이나 중요했다.[80]

데리다는 감각에 대한 그의 모든 고찰에서 동일성을 향한 경향과 차이를 향한 반대 경향을 구별하면서, 여러 감각의 다양한 함의를 알아내고자 했다. 이에 대한 예로 데리다는 서구의 이성적 교육 전통에서의 빛과 시각의 은유들을 다룬 자신의 1983년 글인 「이성의 원칙: 학생들의 눈에 비친 대학(The Principle of Reason: The University in the Eyes of Its Pupils)」에서 다음과 같이 주장했다.

> 중요한 것은 시각과 비시각을 구분하는 것이 아니라 시각과 빛을 사고하는 두 가지 방식을 구분하는 것이며, 듣는 것과 목소리의 두 가지 개념을 구분하는 것이다. 하지만 하이데거적 의미에서 표상적 인간의 캐리커쳐는, 그가 자연을 자기 앞에 데려다 놓거나 맹금류처럼 갑자기 덮치면서, 그것을 지배하고 또 필요하다면 강간하는, 자연 앞에 영원히 열려 있는 딱딱한 눈을 가진 인간의 모습이다.[81]

미니스트적 전유에서 유용했다.

79 Herman Rapaport, "All Ears: Derrida's Response to Gadamer," in Michelfelder and Palmer, eds., *Dialogue and Deconstruction*, p. 200. 라파포트(Rapaport)는 데리다가 같은 크기의 귀들에 관한 가다머의 논의에 귀기울이려 하지 않았다고 지적한다.

80 이들은 『조종』에서 제기된 다양한 의미들 중 단 두 가지일 뿐이다.

81 Derrida, "The Principle of Reason: The University in the Eyes of Its Pupils," *Diacritics*, 13, 3 (Fall, 1983), p. 10.

그러나 ("딱딱하고 건조한 눈"을 가진 동물들과 눈꺼풀을 가진 동물들을 구별 짓는 아리스토텔레스의 구분에서 가져온) 이러한 캐리커처들은 미래의 대학의 기초 역할을 할 수 있는 시각적 경험의 유일한 버전은 아니다.

[비기술적으로(nontechnologically) 지배되는 대학이라는] 이러한 사건의 가능성은 눈을 깜박이는 순간(Augenblick), "윙크(wink)" 혹은 "눈 깜박거림(blink)"의 순간의 가능성이며, 이는 "눈 깜짝할 사이(in the twinkling of an eye)" 혹은 내가 "눈의 황혼(in the twilight of an eye)"이라 부르려는 것 속에서 발생한다. 왜냐하면 이러한 사유의 "깜박임"이 갖는 가능성이 증대되는, 서구의 대학이 가장 서쪽으로 향하는(서구적인), 가장 어스름한 해질녘 가운데에 있는 상황이기 때문이다.[82]

언제 깜박이고 언제 감을지를 아는 눈은, 내리쬐는 이성의 빛 속에서 눈꺼풀 없이 응시하는 눈보다 더 선호할 만하다. 그러나 눈꺼풀 없는 눈 역시도 때에 따라 언제 봐야 하는지를 알고 있다. 이처럼 한 감각을 위해 다른 감각을 선택하지 않으려는 것은 닫기에 있어서 비(非)결정성을 선호하는 해체주의적 경향과 부합하며, 또한 이는 지각과 언어 사이의 관계에 대해 중요한 질문을 하는 데리다의 태도에서도 감지될 수 있다. 때때로 데리다는 그 어떤 순수한 지각도 없고, 정신과 세계 사이에 그 어떤 것도 매개되지 않은 "자연적인" 접속이 없는 한, "독해"되는 텍스트, 혹은 좀 더 정확하게 말해 이중적으로 독해되는 텍스트로 세계를 이해할 필요가 있다고 주장하는 것 같다. 시각적인 것의 경우 이러한 명령은 『그라마톨로지에 대하여』에서 자주 언급된 "텍스트의

---

82 Ibid., p. 20.

외부에는 아무것도 없다(il n'y a pas de hors-texte)"[83]라는 문장을 따르면서, 해체론이 단순히 지각보다 언어에 우위를 둔다는 기존의 인상을 따르게 했다. 그러므로 한 논평가는 주장하기를, "'이미지란 무엇인가?'라는 질문에 대한 데리다의 대답은 의심의 여지 없이 '이것은 단지 또 다른 종류의 글쓰기로서, 다시 말해 이것이 표상하는 것의 직접적 사본, 혹은 사물이 보이는 방식이나 사물들이 본질적으로 존재하는 것의 직접적 사본으로서 자신을 가장하는 일종의 그래픽 기호일 것이다'"[84]라는 것이다.

그러나 만약 우리가 데리다가 감각 차원의 언어를 정화하는 데 대해 거부한 것과, "텍스트성"을 문자 담론의 일반적인 사고로 감축하는 데 대해 반복적으로 맹비난한 것을 진지하게 받아들인다면,[85] 혹은 우리가 울머(Ulmer)가 [데리다의] 말의 회화화(pictorialization of the word)나 이미지의 문법화(grammatization of the image)라고 했던 것을 상기해 본다면, 데리다의 입장에 대해 좀 더 복합적인 이해를 할 수 있을 것이다. 데리다가 이런 식으로 시각 재료들, 여기서 재료란 제프리 하트만에게는 미안하지만, 즉 강하게는 그래픽적이면서 약하게는 도상적인 재료들을 그의 텍스트에 갖고 들어오는 것을 이해할 수 있다.

1978년에 출간된 『회화에서의 진리 The Truth in Painting』는 미학에 대한 전통적인 사유, 특히 칸트의 세 번째 비판서인 판단력 비판에 대

---

83 Derrida, *Of Grammatology*, p. 158. 스피박(Gayatri Chakravorty Spivak)은 데리다의 이 구절에 대해 "텍스트의 외부에는 아무것도 없다(there is nothing outside of the text)"와 "외부-텍스트는 없다(there is no outside-text)", 두 가지로 해석하였다.
84 W. J. T. Mitchell, *Iconology: Image, Text, Ideology* (Chicago, 1986), p. 30.
85 다음의 사례를 참조. Derrida, "Some Statements and Truisms about Neologisms, Newisms, Postisms, Parasitisms, and Other Small Seismisms." 여기서 데리다는 "해체는 언어의 감옥에 한정되지만은 않는다. 이는 로고스중심주의(logocentrism)와 씨름하며 **시작하기** 때문이다"라고 주장한다(p. 91).

한 데리다의 해체로 잘 알려져 있다.[86] 그는 예술작품의 완결성을 의미하는 에르곤(the ergon)에 대해 반박하며, 예술작품이 항상 틀짓기(framing) 맥락의 파레르곤(the parergon)으로 인해 오염되어 있음을 보여 준다. 따라서 그는 어떠한 순수한 미학적 담론도 이것이 배제하려고 하는 윤리적, 인지적, 혹은 그 밖의 것들과 혼합되는 것을 피할 수 없음을 보여 준다. 또한 그 어떤 예술 작품도 그 자체로 그 어떤 것도 문제시하지 않으면서 진리를 표상한다고 주장할 수 없으며, 실재계(real realm), 혹은 형상계(ideal realm)의 미메시스를 통해서 말한다고 주장할 수 없다. 왜냐하면 작품들은 항상 그들의 무사심하고 자율적인 지위를 떼어 내려고 하는 다른 충동에 의해 상호텍스트적으로 침투되기 때문이다. "나는 회화에서의 진리를 당신에게 빚지고 있다. 그리고 나는 그것을 당신에게 말할 것이다"라는 세잔의 약속은[87] 그렇기 때문에 배반될 운명에 있다고 데리다는 주장한다. 왜냐하면 무엇이 그림의 내부에 있고 외부에 있는지 정할 수 없으며, 어떤 기발함도 침투 불가능한 완벽한 프레임을 만들지는 못하기 때문이다. 반 고흐의 작품, 〈끈이 달린 낡은 신발(Old Shoes with Laces)〉에서 지시체에 관한 하이데거와 미술사학자 샤피로의 논쟁에 대해 데리다는 상당히 길게 논의했는데, 그 논의가 얼마나 학술적이든 간에 이것은 결코 해결되지 않을 것이며, 명백하게 드러나는 진리는 없다고 했다.

이러한 주장은 한편으로 시각중심주의에 대한 비판과 완전히 합치하는 것으로 이해된다. 비록 메를로퐁티가 언급되지는 않았지만, 데리다의 세잔에 대한 주석은 화가가 주체와 대상이 분리되기 이전의 원초적 실재를 접한다는 「세잔의 회의」의 주장에 대한 암묵적 거부로 보일 수

---

86 Derrida, *The Truth in Painting*, trans. Geoff Bennington and Ian McLeod (Chicago, 1987).

87 Ibid., p. 2.

있다. 그리고 데리다가 행한 서구의 전통적인 이젤 회화의 액자와 같이 창문을 포함한 틀짓기의 미학적 담론의 해체는,[88] 거리를 두고 보이는 상으로 세계를 전환시킨 액자 끼우기(Gestell, enframing)에 대한 하이데거의 비판에 빚을 지고 있기도 하다. 따라서 원래 『거울의 이면 *Behind the Mirror*』이라고 불리는 시리즈로 출판되었던 책의 한 장이었던 화가 아다미(Valerio Adami)의 작품에 대한 데리다의 분석은 글쓰기의 불가피성을 강조하는 것으로서 이해될 수 있다.[89] 예컨대 심지어 캔버스의 시각적 공간 속에서조차 아다미의 서명과 데리다의 『조종』에 나오는 텍스트의 일부분이 있다는 것이다.

데리다는 『회화에서의 진리』에서 아름다운 이미지들을 둘러싸는 파레르곤의 강력한 틀지우기 기능을 타파하는 개념으로서 숭고(sublime)의 개념을 상기시킨다. 리오타르가 그랬듯이 데리다도 칸트와 헤겔 모두 숭고를 표상에 대한 유대적 금기와 연결 지었음을 주지하면서,[90] "숭고는 어떠한 감각적 형상 속에 거할 수 없다"는 익숙한 주장을 인용했다.[91][m] 그는 숭고에 대한 이러한 금기의 절대성을 약화시키듯 고야의

---

88 분열(écart, split)로 프레임(cadre, frame)을 대체한 데리다의 분석은 다음을 참조. Tom Conley, "A Trace of Style," in Krupnick, ed., *Displacement and After*. 데리다가 매료되었던 장식과 가장자리에 대한 논의는 다음을 참조. Ulmer, "Op Writing: Derrida's Solicitation of Theory," in idem.

89 이 장은 "+R(Into the Bargain)"이라고 불리고 아래의 자료에 처음 등장한다. *Derrière le Miroir*, 214 (May, 1975). 회화적인 것(the pictorial) 속에서 작가 아다미(Valerio Adami)의 서명(그래픽적인 것)을 찾는 가운데 "+R"은 'tr'로 읽혀질 수 있다. 또한 『회화에서의 진리』는 시각성에 대해 모더니스트라기보다는 포스트모더니스트에 가까운 이해를 하고 있는 작가 티튀스카르멜(Gérard Titus-Carmel)의 소용돌이 장식(cartouches)에 관한 에세이를 포함한다. 다음을 참조. Allan Megill notes in *Prophets of Extremity*, p. 282.

90 Ibid., p. 134.

91 Ibid., p. 131.

거인 그림 몇 점을 포함시켰는데 이 거인은 너무나 거대해서 한눈에 포착될 수 없었다.

데리다는 책 전반에 걸쳐 빈번히 여러 시각 자료를 소개하면서 유대적 금기는 절대적이지 않음을 주장했다. 그 중 반 고흐의 회화에서 지시체를 규정하려 했던 하이데거와 샤피로의 시도를 조롱하며 발과 신발을 양가적으로 다루었던 마그리트의 작품들을 몇 점 소개했다. 그러나 여타 초현실주의 작가들의 모든 시각적 언어유희처럼 이 작품들은 시각을 불러일으키기도, 또 사라지게도 한다. 따라서 회화의 진실 추구에 대한 데리다의 해체는 단성적 의미를 향한 주장이 틀렸음을 끊임없이 밝혔음에도 불구하고 시각적인 것의 미미한 잔여물을 남긴다. 프레임은 더 이상 세상에 나 있는 창문의 틀을 구성하지는 않지만 내부와 외부, 도상적인 것과 그래픽적인 것의 키아즘적 얽힘의 역동적인 장소, 완전한 눈멂을 막아 내는 장소로 남는다. 해체론과 암묵적으로 비교되곤 했던 뒤샹의 "회화적 유명론(pictorial nominalism)"처럼 해체는 쓰여진 것을 위해 보이는 것과 완전히 단절하기를 거부한다.[92]

1985년에 나온 마리프랑수아즈 플리사르(Marie-Francoise Plissart)의 『시선의 권리 Rights of Inspection』라는 사진집에 실린 데리다의 글에서도 이와 유사한 함의를 찾을 수 있다.[93 n)] 때로 에로틱하고, 때로 폭력적인 이미지들이 상호연결된 것처럼 보이는 시리즈의 포트폴리오는 마치 사진소설(photo-novel)처럼 내러티브적 해석을 요한다. 하지만

---

92 Carol P. James, "Reading Art Through Duchamp's *Glass* and Derrida's *Glas*," *Substance*, 31 (1981).

93 Marie-Françise Plissart and Jacques Derrida, "Right of Inspection," trans. David Wills, *Art and Text*, 32, (Autumn, 1989). 원래의 제목인 『볼 권리 *Droit de regard*』는 "바라볼 권리(the right to look)", "바라봄의 법(the law(s) of looking)", "감독할 권리(right to oversee)"를 제시한다.

데리다는 무질서한 몽타주를 사진으로 기록된 하나의 "이야기"로 전환
시키는 메타담론적 글을 거부하며, 권위적인 해설자의 역할에 의도적
으로 저항한다.[94] 대신 그는 자신의 두서없는 논평을 두 개의 목소리로
나누어 제시하는데, 이것은 이미지의 합법적 지위, 사진의 지시적 측면
에서부터, 응시의 성적인 역학, 감시의 힘에 이르는 것들에 대한 논의
를 펼친다. 그의 파레르곤적 논평은 사진 안에 있는 것과 밖에 있는 것
사이에 견고한 장벽을 세우기보다, 사진 속으로 파고 들어가 사진들이
뒤섞이게 한다.

　데리다는 포토그래피(photography, 빛 글쓰기)는 글쓰기로서 이해되
어야 한다고, 즉 그렇게 보여야 할 뿐 아니라 그렇게 읽혀야 한다고 강
조한다. 그의 여러 목소리 중 하나의 목소리가 혼잣말하는 이 사진들은
"프랑스어로" 말하는 것일 수 있다. 나아가 좀 더 앞선 시기의 다른 사
진들이 플리사르의 이미지들 속에 포함되는 것은 무고한 눈을 방해하
는 '미장아빔(mise-en-abyme)'[*)]을 만들어 낸다. "이처럼 사진 속에
사진을 심연처럼 계속해서 끌어당겨 포함시키는 것은 보기로부터 무엇
인가를 분리시키고 담론을 불러일으키며 독해를 요구한다. 이러한 타
블로(tableaux), 장면(scenes), 또는 스틸사진(stills)은 단순한 지각을
넘어서는 해독을 시도하도록 자극한다. 이러한 것들은 독자들에게 볼거
리 대신 양성의 젠더를, 관음증 대신 주해를 도입하게 한다."[95] 사진적

94　데리다 작업의 일반적 원리로서 몽타주와 콜라주의 분석은 다음을 참조. Ulmer,
"The Object of Post-Criticism."
95　Plissart and Derrida, "Right of Inspection," p. 27. 데리다에게 있어서 미장아빔
(mise-en-abyme)의 형상의 중요성은 시인 프란시스 퐁주(Francis Ponge)에 대한 데
리다의 작업에서 찾아볼 수 있다. Francis Ponge, *Signsponge*, trans. Richard Rand
(New York, 1984). 의미심장하게도 퐁주의 시 중에는 "심연의 태양(Le soleil placé en
abime)"이라는 제목의 시가 있다. 이러한 작업에서의 시각적인 차원에 대한 분석은 다
음을 참조. Allan Stoekl, "Ponge's Photographic Rhetoric," in *Politics, Writing,*

응시가 비(非)시간적 즉시성(atemporal instantaneity)을 제시하는 한, 이 응시는 플리사르의 사진들 속 접촉하는 에로틱한 이미지들에 의해 제시된 이미지를 "리터치하는 작업[retouching 사진의 수정작업이자 재접촉의 이중적 의미]"의 촉지적인 개입으로 인해 확실히 방해받는다.

데리다는 이미지에 대한 그 어떤 단성적 독해(univocal reading)에도 저항했는데, 이는 "시선의 권리"를 "미로의 실(thread of the laby-rinth)"로 너무나 단단히 붙잡을 수 있는 자격으로 간주하는 것이다.[96] 따라서 그는 의미를 고정시키려는 사진작가의 최초의 권력 역시도 뒤흔들고자 한다. "시점의 전유는 사진이 도구에 의존함에도 불구하고 여전히 폭력을 촉발한다. 엑스터시로 이어지는 소유를 의미하는 사진의 소유는 시선의 권리를 통해서 타협된다. 그 권리는 카메라를 소유하는 그 누구에게든 귀속되는 권리이며, 누군가의 손에 들려진 장치에 귀속되는 권리이다."[97] 그러나 이러한 폭력의 반대편에 있는 것은 전체화하는 시점(totalizing point of view), 즉 파놉티콘과 같은 시점일 수 없고, 오히려 전체에 대한 그 어떤 시점도 부정하는 파편들일 수 있다. "단일한 파노라마가 아니라, 단지 신체의 일부분, 잘려지고 틀 지어진 조각, 심연의 제유, 떠도는 미세한 세부사항, 엑스레이가, 때로는 초점이 맞고 때로는 초점이 맞지 않으면서 그렇게 희미해진 것이다."[98] 실제로 데리다는 "파편"이라는 말을 사용하는 것조차 문제시된다고 경고하는데, 이는 전체성의 상실이나 아직 도래하지 않은 전체성을 제시하기 때문이다. 반면에 "사진적 응시와 그것의 장치에 관해서는 그러한 것은 없

Mutilation: The Cases of Bataille, Blanchot, Roussel, Leiris and Ponge (Minneapolis, 1985). 96.; Plissart and Derrida, "Right of Inspection," p. 35.

96 Plissart and Derrida, "Right of Inspection," p. 35.

97 Ibid., p. 51.

98 Ibid., p. 74.

다. 적용할 것이 전혀 없다"고 언급했다.[99]

데리다는 플리사르의 이미지 중에서 액자에 넣은 사진을 가격하는 소녀를 보여 주는 이미지를 우상파괴에 대한 알레고리로 전환시켰다.

> [사진 속] 그녀가 십계명[p)]을 들고 있는 모세와 닮아 보이는 그 순간, 그녀는 그 응시의 법(laws of the gaze, le droit de regard)을 바닥으로 내동댕이치기 전 이것을 자신의 머리 위로 들어 보여 준다. 그 유리는 십계명이 쓰여진 돌이 깨지듯이 산산이 부서진다. 그러나 사진이 보여 주는 것은 (마치 우상에 대한 유대적 금기를 위반하는 것처럼) 일반적으로 대상을 표상하는 메커니즘에서는 설명할 수 없는 그 어떤 것이다.[100]

그러나 데리다는 설명할 수 없는 것을 보여 주는 이미지의 역설에 주목하는데, 이는 데리다 자신의 태도가 모세의 전통에 분명히 영향을 받았음에도 불구하고, 모세만큼 우상파괴적이지 않음을 의미한다.[101] 『회화에서의 진리』도 시각적인 것의 잔여의 흔적이 남아 있는데, 이는 그의 글에서 미묘하게 나타나 있다. 과거에 데리다는 보는 것은 단순한 지각과는 아무 상관이 없지만, "법과 권리에 연관되어 있기에 '상징계'에만 속한다고 말할 수는 없다"고 하면서, 포의 「도둑맞은 편지」에 관련된 라캉과의 초기의 논쟁을 에둘러 거론한다.[102] 그림은 "독해"되어야 하지만, 그 "언어"는 상징계의 언어뿐 아니라 상상계의 이미지를 함께 포함한다.

여기서 데리다는 자신의 초기 작업에서 찬사를 보낸 바 있었던 사진

---

99   Ibid.
100   Ibid., p. 85.
101   다음 장에서 논의할 이러한 전통은 심지어 명백히 반시각적이지도 않다.
102   Ibid., p. 53.

에서의 지시적 순간에 대한 바르트의 논의를 가져온다.[103] 데리다는 주장하기를, "모든 예술 중에서 사진은 나에게 가시적 지시체에 확실히 의존하는 유일한 예술처럼 보인다. 그러나 최종적인 분석에서 [사진의] 몽타주가 왜곡되든 혹은 본래적이든 간에, 사진은 그것의 지시체를 만들거나 길들일 수 없다. 지시체는 주어진 것이며 장치에 의해 포획된 포로라고 추정할 수 있다."[104] 그리하여 사진은 항상 한 때 거기에 있었던 어떤 대상의 자취를 포함한다. 결과적으로 "이것은 떠나갔던 것의 귀환에 관한 것이다. […] 유령은 사진의 본질이다."[105]

사진은 미학의 파레르곤 담론과 연관될 때에만 그 지시적 기능으로부터 일정 거리를 둘 수 있다. "지시체 자체가 사진적 프레임 속에 틀 지어지는 지점에서 온전히 타자의 지표는 흔적을 남길 것이며, 그럼에도 불구하고 그것은 지시물이 끊임없이 지시하게끔 만든다. 키메라(chimera)의 개념은 이제 인정될 수 있다. 사진 안에 예술이 존재한다면 […] 그것은 여기다. 즉 그것은 지시물을 중지하는 것이 아니라, **지각될 수 있는** 지시체의, 특정한 실재의 특정한 유형을 무기한 연기하는 것이다."[106] 사진이 예술이라고 다시 설명될 때조차, 아무리 이들이 단순히 지각으로서의 "보기"보다는 독해를 요구한다고 해도, 한때 거기에 있었던 것의 가시적 잔여물 중 최소화된 흔적이 사진에 남아 있다.

시각과 눈멂, 보이는 것과 말해지는 것, 도상적인 것과 그래픽적인 것의 뒤얽힘에 대한 데리다의 숙고는 그가 1989년 루브르 박물관의 한 드로잉 전시의 큐레이터로 초청되었을 때 마침 잘 드러날 수 있는 기회

---

103 Derrida, "The Deaths of Roland Barthes," in Hugh J. Silverman, *Philosophy and Non-Philosophy Since Merleau-Ponty* (New York, 1988).

104 Ibid., p. 90.

105 Ibid., p. 34.

106 Ibid., p. 91.

를 얻게 되었다.[107] 믿기 어려울 정도로 거의 개연성이 없는 언캐니한 우연의 일치로서, 데리다는 전시와 관련된 첫 번째 회의에서 갑자기 자신의 왼쪽 눈이 감기지 않는 안면 마비로 인해 뮤지엄 관계자들과 만날수 없었던 일화를 전시 카탈로그에 썼다. 데리다가 회복되고 2주 후 회의는 재개되었고 모임 후 그가 집으로 돌아가는 길에 갑자기 그에게 전시의 주제가 떠올랐다. 루브르의 이름을 유희적으로 사용하는 가운데 그는 "사람이 볼 수 없는 곳에서의 [틈의] 열림(l'ouvre où on ne pas voir, the opening where one can't see)"이라는 문장을 적어 두었다. 이로부터 얼마 지나지 않아 밤에 그는 맹인과 싸우는 꿈을 꾸다가 깨어났다. 데리다는 이 꿈을 그가 어렸을 때 자신의 형제와 그림 실력을 두고 경쟁하던 기억과 연관 지었다. 형보다 그림 실력이 좋지 않았던 그는 이에 대한 보상으로 글쓰기에 집중했다. 이 꿈은 데리다에게 말과 이미지 사이의 경합에서의 강한 경쟁심을 상기시켜 주었을 뿐 아니라, 자신이 하고 있는 행동을 볼 수 없는 어둠 속에서 꿈을 글로 써 내려가는 행동 자체가 그에게 중요하게 와 닿았다.

이에 대한 결과물은 데리다가 《맹인의 기억 Memories of the Blind》이라고 제목을 붙인, 눈멂과 자화상, 폐허라는 주제와 관련된 작품들의 전시가 되었다. 대부분은 자화상, 몇 개는 눈멂에 대한 이미지, 그리고 (전시 전체의 환유로서 작용했던) 폐허에 대한 한 개의 이미지를 포함하여 총 43여 점의 드로잉으로 이루어진 이 전시는 드로잉과 눈멂 사이의 관계의 망을 보여 주고자 했다. 데리다에게 드로잉이라는 행위 자체는 예술가가 지나간 시각의 폐허를 묘사하는 가운데 비시각(non-see-

107 Derrida, "Memoires d'aveugle: L'autoportrait et autres ruines," catalogue of exhibition at the Louvre's Napoleon Hall, October, 26, 1990-January 21, 1991 (Paris, 1991): 논의를 위해서 다음을 참조. Meyer Raphael Rubinstein, "Sight Unseen," Art in America (April, 1991).

ing)의 순간을 필요로 하는 것이었다. 오히려 이미 폐허가 아닌 최초의 시각은 없다. (이는 표상에 앞서는 원래의 말이나 사물은 없다는 데리다의 잘 알려진 주장에 대한 시각적인 비유이다.) 이전의 흔적에 대한 기억으로 인하여 만들어진 시간의 지연과 한정은 특히 화가가 자신을 그릴 때의 거울적 정체성이 없음을 뜻하기도 한다. 대신 캔버스 앞 화가의 자리를 관람자로 대체함으로 더욱 복잡한 키아즘적 교환이 일어난다.

나아가 자화상은 글쓰기의 개입을 필연적으로 수반하기 때문에 더욱 흥미로운데 이는 시각적 이미지만으로는 초상화가 화가 자신의 것이라는 정보를 전할 수 없기 때문이다. 이미지와 글쓰기가 항상 뒤얽혀 있다는 교훈을 일반화하기 위해 데리다의 전시 카탈로그는, E. T. A. 호프만의 「모래인간(The Sandman)」이나, 보들레르의 시 「맹인들(Les Aveugles)」, 메를로퐁티의 『보이는 것과 보이지 않는 것』, 바타유의 『눈 이야기』와 폴 드 만이 데리다의 루소에 대한 언급을 다룬 글인 「눈멂의 수사(The Rhetoric of Blindness)」와 같은 기타 작품들 속 내러티브에서 이미 접했던 많은 텍스트들을 가져온다. 『시선의 권리』에 수록된 데리다의 텍스트가 기여한 것은 눈멂과 통찰이라는 주제에 대한 주해서라기보다는 언어학적이고 성상적인 고찰의 상호교류를 원활하게 해 주는 하나의 상호텍스트적 교차로라고 할 수 있다.

의미심장하게도 이 책은 삼손과 사도 바울의 눈멂을 그린 그림에 대한 숙고로 끝나는데, 이는 젠더와 폭력에 대한 질문을 제기한다. 거세와 눈멂을 연결 짓는 프로이트의 통찰을 따르면서 데리다는 서구 전통에서 가장 영웅적인 맹인들은 사실상 모두 남성이었다는 점을 지적한다. 여성의 눈멂은 가장 빈번하게는 우는 행동을 통해 묘사되는데, 이는 성 아우구스티누스나 니체와 같은 인물들과 동일시되는 행위였다. 데리다가 주장하기를 눈물은 가장 찬미되는 눈멂의 종류이다. "만약 모든 동물의 눈이 보는 것에 운명 지어져 있고, 만약 이것이 거기로부터 이성적 동물(animale rationale)이라는 시각적 지식에까지 이어진다면, 인간만이 울 줄 알기 때문에 아는 것과 보는 것을 넘어서는 방법을 안다. […] 인간만이 눈물이 눈의 본질이지 시각이 눈의 본질이 아니라는 것을 알기 때문이다. […] 눈의 진실을 드러내는 계시적 눈멂, 종말론적 눈멂은 눈물로 인하여 가려진 응시가 될 것이다."[108]

그러나 데리다에게 이러한 파국은, 온전히 밝혀진 진실을 드러내기 위해 베일이 결코 제거될 수 없는 곳에서 소환되는 어떤 것이다. 눈물 흘리는 눈은 보는 것보다는 간청하는 눈이다. 또한 '눈의 고통은 어디에서 연유하는가?' 와 같은 타자로부터의 질문을 야기하는 눈이다. 데리다가 제시하고 있는 것처럼 눈물의 베일이 갖는 가치를 아는 그런 페미니즘만이 이 눈멂에 의해 제공되는 통찰을 가질 수 있다. 남성의 지배적인 시각적 체계를 흉내 내는 것에 저항하는 여성만이 그것이 지탱하고 있는 위계를 단순히 뒤집는 것을 피할 수 있다.

⊙

데리다가 자신보다 앞선 니체처럼 전통적 페미니즘에 공감하지 않았던 것은 정확히 전통적 페미니즘이 이러한 흉내 내기를 피하지 못했기 때문이다. 또한 간혹 "자유주의 페미니즘(liberal feminism)"이라고 불리는 주의는 일반적으로 남성들이 누리던 모든 권리와 특권을 여성에게도 확장하도록 요구했다.[109] 결과적으로 이것의 이상은 여성을 부르주아 남성의 계몽주의 모델에 입각한 이성적 개인으로 전환시켰으며, 이 모

---

108 Derrida, *Mémoires d'aveugle*, p. 128.

109 자유주의 페미니스트 전통에 대한 비판적 논의는 다음을 참조. Zillah R. Eisenstein, *The Radical Future of Liberal Feminism* (New York, 1981).

델의 가치는 의문시되지 않았다. 프랑스 혁명 시기에 『여성과 여성 시민의 권리 선언 Declaration of the Rights of Women and the Citizen』[9] 을 쓴 용기 있는 저자인 올랭프 드 구주(Olympe de Gouges)에게 목표는 평등이었지 차이가 아니었다.

시각에 대한 은유와 관련해 이것은 시각중심주의의 지배적인 전통을 수용하고 여성들이 이제 어둠에서 벗어나 빛으로 향하는 길을 찾는 것이 용인될 것이라는 희망을 의미했다. 이에 따라 일례로 메리 울스턴크래프트(Mary Wollstonecraft)는 『여성의 권리 옹호 A Vindication of the Rights of Women』에서 캐서린 맥컬리(Catharine Macauley) 같은 여성의 글쓰기 스타일에 대해 칭송했다. 맥컬리의 글은 "어떠한 성(性)도, 이것이 전달하는 감각과 같기 때문에 그렇게 강하고 분명하게 드러나지 않는다"라고 말했고, 스스로 신의 시각을 취한다. "이제 세계가 모든 그릇된 환영적 유혹으로부터 벗어났다는, 고지(高地)의 조망으로부터 시작한다. 이렇게 일신된 분위기는 내 마음이 평온하다면 나로 하여금 각각의 대상을 진실한 시점으로 볼 수 있게 해 준다."[110] 루소에 대한 적대감에도 불구하고 울스턴크래프트는 구체제(ancien régime)의 살롱 문화 속 귀족 여성의 화려한 피상성에 대한 루소의 비판에 동의했지만, 대신 여성을 순수하고 투명한 존재로 만들려고 했다.[111]

현대 페미니즘 이론이 1949년 프랑스에서 시몬 드 보부아르의 『제2

110 Mary Wollstonecraft, A Vindication of the Rights of Women, ed. Carol H. Poston (New York, 1975), pp. 105, 110.
111 이러한 울스턴크래프트의 생각에 대한 논의는 다음을 참조. Joan B. Landes, Women and the Public Sphere in the Age of the French Revolution (Ithaca, 1988), p. 129. 저자는 울스턴크래프트가 부르주아의 공적 영역에 대한 루소의 편견을 공유했다고 보았다. 이것은 도상적(iconic)이기보다는 언어적(verbal)이고, 여성적이기보다는 남성적이라는 편견이다. 이러한 주장에 대한 나의 수정사항은 언어가 투명하고 명료하다고 할 수 있는 공적 영역에서의 시각적인 측면에 대한 강조가 될 것이다.

의 성 *The Second Sex*의 출판과 함께 대두되었을 때,[112] 사람들이 추종하던 이 모델은 상당히 많이 수정되었다. 즉 이 모델은 부르주아 계몽주의의 이성적 동물보다는 사르트르의 존재론적이며 사회주의적 영웅으로 변화했다. 그러나 이러한 두 개의 가정은 근본적으로는 동일했다. 자유롭게 되는 것은 여성이 남성처럼 되어야 함을 의미했고, 자유는 수동적 응시의 대상이 아닌 능동적이고 초월적인 응시자가 되는 것을 의미했다.[113] 생물학주의를 거부하고자 했던 보부아르는 모성의 기능과 같은 여성의 신체에 대한 그 어떤 긍정적 고려도 일축했다. 대신 보부아르는 신체의 초월성과 물질성 자체의 초월성만이 물신화로부터 벗어나게 해 준다는 사르트르의 개념을 받아들였다. 내재성의 어둠을 벗어나 "초월성의 빛"으로 들어가는 것만이 여성을 해방시키는 방법이었다.[114]

보부아르는 신체적 아름다움에 대한 남성들의 관념을 그녀 스스로 명백하게 내면화한 것에 대해 의문을 품지 않았다.[115] 특히 여성의 억압에 대한 그녀의 분석은 『존재와 무』의 개인주의적 전제로부터 불가피하게 떨어져 나와 암묵적으로는 메를로퐁티에 더 가까웠지만,[116] 보부아르

---

112 Simone de Beauvoir, *The Second Sex*, trans. H. M. Parshley (Harmondsworth, 1972). 이 책의 의의에 대한 최근의 논의로는 다음을 참조. Mary Evans, *Simone de Beauvoir: A Feminist Mandarin* (London, 1985), and Judith Okely, *Simone de Beauvoir* (London, 1986).

113 보부아르는 1943년 자신의 소설 『초대받은 여자 She Came to Stay』에서 사르트르의 열쇠구멍의 변증법을 도입한다. De Beauvoir, *She Came to Stay* (Cleveland, 1954), pp. 306ff.

114 De Beauvoir, *The Second Sex*, p. 675.

115 오켈리(Okely)는 남성적인 관념이 말년의 보부아르의 자기 인식을 계속적으로 지배했다고 지적한다. 이것은 보부아르의 자서전 속 구절들을 보면 알 수 있다(p. 123).

116 『제2의 성』에 있는 이러한 전제들에 대한 미묘한 전복에 대한 분석은 다음을 참조. Sonia Kruks, "Simone de Beauvoir and the Limits to Freedom," *Social Text*, 17 (Fall, 1987).

는 응시에 의해 생성된 타자성의 상태가 항상 열등성의 조건이라는 사르트르의 전제에는 결코 드러내 놓고 도전하지 않았다.

1968년 혁명 이후 이를 둘러싼 지적인 혼란으로 인해 프랑스 페미니즘은 이러한 대부분의 가정들을 근본적으로 거부했다.[117] 다양한 범주의 여성들은 당시의 여타 담론들 중에서 매우 강력했던 정신분석과 마르크스주의의 많은 전제들을 공유하면서, 이들은 이러한 담론 중 언어에 강조점을 두었던 구조주의와 후기 구조주의에 영향을 받았고, 교환과 가부장제에 대한 인류학적 분석에 개방적이었고, 여성 신체의 특수성과 그 성적 주이상스(jouissance)의 가능성을 증명하는 데에 거리낌이 없었다. 따라서 이 여성들은 니체와 데리다가 그들 이전의 전통적인 선임자들을 거부하도록 만들었던 한계들을 다양한 방식으로 피해 간 새로운 페미니즘(가끔은 반페미니즘)을 발생시켰다. 그렇게 함으로써 여성들은 지금까지 부족했던 성에 대한 민감성을 가지고 시각에 대한 의문을 품으며 탐구했다.

1968년 이후 프랑스 페미니스트의 논쟁에 실질적으로 기여한 주요 학자들로는 가장 대표적으로 쥘리아 크리스테바, 엘렌 식수, 모니크 위티그(Monique Wittig), 미셸 몽트를레(Michèle Montrelay), 카트린 클레망(Catherine Clément), 마르그리트 뒤라스(Marguerite Duras), 미셸 르 되프가 있는데, 이들은 시각중심주의와 남근중심주의의 연결에 대해 주목할 만한 것들을 말했고, 이것은 이내 국제적 담론에서 친숙한 주제가 되었다.[118] 그러나 누구도 이리가레만큼 이러한 주제에 비중을

117 역사에 대해서는 다음을 참조. Claire Duchen, *Feminism in France: From May '68 to Mitterand* (London, 1986). 관련된 작업의 참고문헌은 다음을 참조. Elissa D. Gelfand and Virginia Thorndike Huies, eds., *French Feminist Criticism: Women, Language and Literature: An Annotated Bibliography* (New York, 1985).
118 앞서 언급했듯이 영미권에서 이러한 페미니스트 영화 이론은 특히 강력하다. 그

두지는 않았다. 이리가레 작업의 다양한 측면은 프로이트에 관한 그녀
의 독해에 의문을 제기했거나 마르크스에 대한 그녀의 무관심을 한탄
했던 다른 프랑스 페미니스트들에 의해 강한 도전을 받았지만,[119] 이리
가레가 가부장적 지배 내 시각의 역할에 관해 강조한 부분에 대해서는
내가 아는 한 거의 논란이 없었다. 실제로 이는 급속히 프랑스 밖의 페
미니스트 비평의 주된 요소가 되었다.[120]

남근중심주의와 시각중심주의를 연결하는 이리가레의 분석에서 중
요한 부분으로는 데리다와 에릭 블롱델(Éric Blondel)과 같은 이들이
발전시킨 '생동적 여성(femina vita)'이라는 이름의 자유주의 페미니즘
에 대한 니체적 비평의 전유가 있다.[121] 이리가레는 여성들이 남성들의
조건을 열망하거나, 이론적, 사변적, 자명한 진리나 형상적 본질에 대
한 남성들의 탐구를 모방하기보다는,[122] 진실을 "가리는" 은폐의 장막과

러나 이것은 시각예술의 모든 면을 두루 고려하는 것 같다. 관련 사례는 다음을 참조.
Rosemary Betterton, ed., *Looking On: Images of Femininity in the Visual Arts and
Media* (London, 1987); Griselda Pollock, *Vision and Difference: Femininity, Femi-
nism and the Histories of Art* (London, 1988).

119 가장 두드러진 비평 중에서는 다음을 참조. Monique Plaza, "'Phallomorphic
Power' and the Psychology of 'Woman'," in *Ideology and Consciousness*, 4
(Autumn, 1978) and Sarah Kofman, *The Enigma of Woman*, trans. Catherine Por-
ter (Ithaca, 1985).

120 개괄적인 관점에 대한 최근의 논의는 다음을 참조. Nancy S. Love, "Politics and
Voice(s): An Empowerment/Knowledge Regime," *Differences*, 3, 1 (1991).

121 블롱델은 1971년 글, 「니체: 은유로서의 삶(Nietzsche: Life as Metaphor)」에서
말하기를, 니체에 의하면 **테오리아적(theoretical) 인간**, 즉 관음증적 인간(여기서 테오
리아(theoria)는 시각이나 비전을 의미한다)과 대면했을 때, 이런 사람은 관조, 명료성,
'성스러운 통찰', 직관 등의 관음증적 이론이 아니라면 시각적인 것에 호소한다. 생동
적 여성(vita femina)은 그녀의 옷, 외모의 피상성을 피하기 위해서 자신의 눈을 스스
로 감는 것을 배운다." (Allison, ed., *The New Nietzsche*, p. 159).

122 '단수형 여성(woman)'보다 '복수형 여성(women)'을 쓰는 것은 데리다의 니체
독해로부터 현저하게 벗어나는 것이다. 그러한 방식에서 스피박이 부르듯이 '단수형

같은 문제에 대해 의문을 품지 못하게 하는 것에 대해 여성들 자신이 기꺼이 인지해야 한다고 보았다. 적어도 플라톤 이래로 지배적인 철학적 전통은, 여성들은 진리 밖에 있고 이상적 형상보다는 미결의 문제에 더 가깝다는 이유로 여성들을 저평가해 왔던 반면, 니체와 데리다는 자신들이 여성들의 본질에 대한 결여 그리고 하나의 통합된 방식에 대한 저항으로 간주했던 것의 진가를 인정했고, 여성들이 고집스럽게 지속해 온 불가사의한 접근 불가능성이 남근이성중심주의 문화의 거울적 구조(specular economy)로 완전히 통합되지 않고 여성들을 구제했다고 보았다. 여성들은 견고한 기반, 즉 가시적 기초 위에 세워진 철학을 추구하는 대신에 니체를 경악시키고 매혹시켰던 유동적 매체인 움직이는 바다에서 유영했다.[123]

여성'은 '진리의 비(非)진리를 위한 이름(name for the non-truth of truth)'이 된다. ("Feminism and Deconstruction, Again: Negotiating with Unacknowledged Masculinism," in Brennan, ed., *Between Psychoanalysis and Feminism*, p. 212). 복수형 여성은 차연의 플레이스홀더(placeholder, 비어 있는 다른 어떤 것을 대신하는 기호나 텍스트의 일부)보다는 세계 속 실제 행위자를 의미한다. 나는 이것이 데리다 논의를 이리가레가 사용하는 것과 더 잘 들어맞는다고 생각한다. 예를 들어 다음을 참조하면, 1982년 인터뷰에서 이리가레는 주장하기를, "나는 **페미니즘**이라는 용어에 별 신경을 쓰지 않는다. 이 용어에 의해서 사회체계가 여성의 투쟁을 지정한다. [...] 나는 여성의 투쟁이라는 말을 선호한다. 이것은 복수의, 다형적 성격을 드러내 보여 준다." (Interview with Lucienne Serrano and Elaine Hoffman Baruch, in *Women Writers Talking*, ed. Janet Todd [New York, 1983], p. 233).

123 『바다의 연인 *Amante Marine*』(Paris, 1981)에서 이리가레는 다음과 같이 말한다. "물의 차원에서 니체를 검증하려고 했다. 왜냐하면 그것이 가장 강력한 질문의 장소이기 때문이고, 니체가 가장 두려워했던 요소들이기 때문이다. 『차라투스트라 *Zarathustra*』에서 우리는 그의 폭우에 대한 두려움을 듣는다. 물은 얼어 있는 형태와 거울 양자의 경직성을 막는 것이다. 이것은 내가 태양과의 관계에서 반대가 아니라 다르다고 부르고 싶은 자리이다."(p. 43) 그러나 이것을 니체의 『즐거운 학문』에서 말하는 다음의 떨리는 기쁨과 비교해 보자. "마침내 수평선은 설령 환하지 않을지라도 우리에게 다시 자유롭게 보인다. 마침내 우리의 배가 다시 모험을 한다. 위험에 직면해서

『박차 *Spurs*』에서 데리다는 에크리튀르를 문체와 겨루게 했다. 그는 "만일 문체가 남성이라면(프로이트의 주장에 따르면 페니스는 '일반적인 페티시의 원형'이긴 하지만), 글쓰기는 여성이 될 것이다"라고 말했다.[124] 크리스테바와 식수 같은 다른 프랑스 이론가들뿐 아니라 이리가레에게 여성과 글쓰기(또는 일반적으로 언어)의 관계는 중심주제였다.[125] 이리가레는 그녀의 저서 중 하나인『말하기는 결코 중성적이지 않다 *Parler n'est jamais neutre*』라는 제목을 통해 이를 주장했다.[126]

여기서 여성의 특별한 언어, 즉 여성적 글쓰기(écriture féminine) 혹은 여성적 말하기(parler femme)가 어머니의 음성(voix maternelle)과 일정 부분 연관되어 있다는 복잡한 논의의 타당성을 다루려는 것은 아니다.[127] 또한 크리스테바의 다음과 같은 주장으로 인해 야기된 열띤 논쟁에 참여할 필요는 없다. 그녀는 여성뿐 아니라 남성들, 특별히 아방가르드 작가들도 이성적 의미화 작용의 "상징적" 언어에 앞서는 욕동(drives)의 "기호학적인" 어머니의 언어를 표현할 수 있다고 주장한다. 우리의 목적은 신체의 시간적 리듬을 눈의 공간화의 억제와 대립시키

모험한다. 지식을 사랑하는 자의 모든 대담함이 다시 허용된다. 바다, 우리의 바다는 다시 열려 있다. 아마도 '열린 바다'라는 그런 것은 없었는지 모른다."(*The Portable Nietzsche*, ed. Walter Kaufmann [New York, 1971], p. 448).

124 Derrida, *Spurs*, p. 57.

125 이에 관한 유용한 개관으로는 다음을 참조. Toril Moi, *Sexual/Textual Politics: Feminist Literary Theory* (London, 1985); Nye, *Feminist Theory and the Philosophies of Man*, 6장.

126 Irigaray, *Parler n'est jamais neutre* (Paris, 1985). 이리가레의 언어적 주제에 관한 일반적 접근법에 대한 설명은 그녀의 박사학위 논문에서 시작되었다. *Le langage des déments* (Paris, 1973); Whitford, *Luce Irigaray: Philosophy in the Feminine*, 2장.

127 모든 프랑스 페미니스트들이 여성의 언어라는 생각을 받아들인 것은 아니라는 점이 지적되어야 하겠다. 이에 대한 예는 다음을 참조. "Variations on Common Themes," from *Questions féministes*, 1 (November, 1977); reprinted in Elaine Marks and Isabelle de Courtivron, eds., *New French Feminisms* (New York, 1981), p. 219.

면서, 언어와 여성의 특별한 관계에 대한 다양한 주장들이 주로 반시각적 용어로 쓰였다는 사실에 주목하는 것으로 충분하다. 알리스 자딘이 언급한 대로 프랑스에서 "여성" 또는 "여성적인 것"은 일종의 읽기와 쓰기와 같은 은유였을 뿐 아니라 "더 일반적으로는 20세기 성상파괴적 상상 속 이미지에 관한 전쟁을 선언하기 위한 도구"였던 것이다.[128]

  사실 대부분의 주요 프랑스 페미니스트들은 아폴론적 명확성, 정확한 정의, 투명한 표상, 그리고 바르트와 데리다가 전개한 좋은 형식에 대한 비판을 전유했다.[129] 이들은 자신들의 원칙에 입각하여 철학적 메타언어를 거부했다. 이리가레는 "'여성으로서 말하는 것/여성을 말하는 것 speaking (as) woman'에 대한 설명을 당신에게 해 줄 수 있는 간단한 방법은 없다. 이것은 말해지지만 메타언어로 말해지는 것이 아니다"[130]라고 주장했다. 이들의 철학적 메타언어에 대한 거부는 반시각중심적 담론에서 만연한, 상공에서 조망하는 사고(high altitude thinking)나 신의 관점에 대한 비판과 같은 맥락에 있다. 따라서 그들이 주장하는 거리두기의 언어보다 근접성의 언어는 시각보다 촉각과 미각에 더 가까운 언어였다. 이리가레에 따르면 "이러한 여성의 '양식' 혹은

---

128 Jardine, *Gynesis*, p. 34.

129 예를 들어 식수의 산문은. "남성이 '거울단계'의 산물로 알려진, 반사적이거나 오이디푸스적인 제약들을 단순히 낭비하는 그런 기호학적인 에너지의 방출"을 촉진하는 것에 대해 높이 평가했다. "[…] 식수의 글은 항상 서구적 전통 밖에서 쓰여진 소설과 닮아 있었다. 글의 리듬은 (사실 스타일이 결여된) 문법적인 비일관성, 문장의 파편화, 이미지 기호, 혼성어(portmanteau words, 두 단어를 합친 단어), 장황한 제문(litanic inscription), 무한 후퇴의 글자들의 분출 등의 결함의 순간과 보조를 맞춘다. 이런 방식으로 소설은 자주 악몽처럼 보인다." (Conley, *Hélène Cixous: Writing the Feminine*, p. 86).

130 Irigaray, *This Sex Which Is Not One*, trans. Catherine Porter and Carolyn Burke (Ithaca, N.Y., 1985), p. 144.

'글쓰기' 는 물신적 단어, 엄밀한 용어, 잘 구축된 형식에 불을 지피는 경향이 있다. 여기서 '양식' 은 시각을 특권화하지 않는다. 대신 양식은 각각의 형상을 그 원천으로 돌아가게 하며, **촉각적**인 여타의 것들 사이에 있다."[131]

프랑스 페미니즘에서 언어라는 주제는 정신의 문제, 즉 문법적, 심리학적 주체와 복잡하게 얽혀 있고, 이들 페미니즘 지지자들은 이것을 구분하는 것은 불가능하다고 보았다. 이리가레는 라캉 밑에서 훈련받은 분석가이자, 노인성 치매의 언어에 대한 논문의 저자로서, 언어적/심리적 주체 구성에서 시각적인 것의 역할, 혹은 남성 주체와 여성 주체의 구성에서 상이한 역할은 그녀에게 특별히 더 중요했다. 이미 1966년에 이리가레는 "언어의 왜곡은 거울 반사적 경험의 왜곡과 관련될 수 있다"고 썼다.[132]

이러한 경험의 젠더 영역을 탐구하고자 하는 노력 속에서 이리가레는 거울단계에 대한 라캉의 영향력 있는 논쟁의 함의에 직면해야 했다. 여기서 그녀는 가장 순종적이지 않은 딸임을 증명했다.[133] 1974년에 이리가레는 자신의 가장 중요한 저서인 『여성 타자의 검시경 *Speculum of the Other Woman*』을 출판했는데, 이는 명백히 프로이트와, 암묵적으로는 프로이트에 대한 라캉의 해석에 반대하는 것이었다.[134] 이

---

131 Irigaray, "The Power of Discourse," in *This Sex Which Is Not One*, p. 79.

132 Irigaray, "Communications linguistique et spéculaire," *Cahiers pour l'analyse*, 3 (May-June, 1966), p. 55.

133 Jane Gallop, *The Daughter's Seduction: Feminism and Psychoanalysis* (Ithaca, 1982) 이 책은 한편으로는 이리가레가 아버지의 법에 머물러 있으며, 아버지와의 근친상간적 사랑에 저항한다고 논했다(pp. 78ff). 이리가레보다는 크리스테바가 좀 더 순종적이라는 논쟁에 대해서는 다음을 참조. Elizabeth Grosz, *Jacques Lacan: A Feminist Introduction* (London, 1990), p. 150.

134 Irigaray, *Speculum of the Other Woman*, trans. Gillian G. Gill (Ithaca, 1985). 의미심장하게도 이리가레는 비록 주석에서는 거론하지만, 본문에서는 아버지, 라캉을

러한 반대 때문에 이리가레는 파리 제8대학 뱅센(Vincennes)의 정신분석학과에서 해임되었고 라캉의 세미나에서도 추방되었다.

라캉이 취했던 여성에 대한 복잡하고 문제적인 태도와 그의 여성적 주체의 구성에 대한 이리가레의 비판은 양극단의 격렬한 논쟁을 불러 일으켰다.[135] 시각이라는 주제와 관련해서, 『앙코르, 세미나 20 Encore, Séminaire XX』의 책 표지에 있던 베르니니(Bernini)가 제작한 황홀경의 성 테레사 조각상을 택한 라캉의 선택이 의미하는 바를 비롯해서(라캉은 단지 그것을 바라봄으로써 여성의 주이상스를 알게 된다고 주장), 그가 개인적으로 소장했던, 여성 생식기를 그린 쿠르베의 회화 〈세상의 기원〉에 이르기까지 많은 것이 논쟁에 휘말렸다.[136] 눈과 응시의 키아즘적 결합에 관한 라캉의 미묘한 공감은 그가 전통적인 데카르트 사상가들의 원근법주의적 시각적 질서에 도전하도록 이끌었지만, 그의 비평가들은 라캉이 서양 문화 내 "남성적 응시"의 전통적인 특권화에서 벗

이름으로 거론하기를 거부했다. 이리가레는 1977년에 처음 출판된 책인 『하나가 아닌 성 This Sex Which Is Not One』에 실린 글에서 좀 더 확실하게 여성에 대한 라캉의 글을 비판했고 가장 두드러지게는 『앙코르, 세미나 20 Encore, Séminaire XX』을 비판했다.

135 라캉의 주체에 대한 저작들은 다음을 참조. Feminine Sexuality: Jacques Lacan and the école freudienne, ed. Juliet Mitchell and Jacqueline Rose, trans. Jacqueline Rose (New York, 1982). 라캉의 입장을 옹호하는 저작들은 다음을 참조. the editors' introductions, Eugénie Lemoine-Luccioni's review of Speculum in Esprit, 43, 3 (1975); Ellen Ragland-Sullivan, Jacques Lacan and the Philosophy of Psychoanalysis (Urbana, Ill., 1987). 좀 더 전형적인 비판은 다음을 참조. Catherine Clement, The Lives and Legends of Jacques Lacan, trans. Arthur Goldhammer (New York, 1983); David Macey, Lacan in Contexts (London, 1988). 좀 더 균형 있는 논의는 다음을 참조. Gallop, The Daughter's Seduction; Grosz, Jacques Lacan.

136 Rainer Mack, "Reading the Archaeology of the Female Body," Qui Parle, 4, 1 (Fall, 1990), p. 79. 여기서 저자는 라캉이 숨겨진 방아쇠가 있는 슬라이딩 나무판을 그림 위쪽에 두었고, 따라서 이것은 라캉으로 하여금 여성의 성을 향한 응시를 통제할 수 있게 했다고 지적한다.

어나지 않았다고 평가했다.

『여성 타자의 검시경』은 라캉의 거울단계 논의에 대해 특히 집중했는데, 이는 아동 발달에 대한 프로이트 이론과 이데아에 대한 플라톤의 이론이라는 두 개의 유사한 논의의 맥락 안에 위치한다.[137] 어떤 면에서 이리가레는 데리다가 소위 여성을 동일성(sameness)의 압제에서 벗어나는 존재로 규정한 것뿐만 아니라, 그러한 동일성의 압제에 반대하는 차연을 옹호한 것에 암묵적으로 의존했다. 이리가레는 프로이트와 라캉 모두 양성 간의 "대칭을 향한 오랜 꿈의 맹점"을 인식하지 못했다고 주장했다.[138] 이 맹점은 라캉의 상징계에서의 남근적 기표에 특권을 부여한 것에서뿐 아니라, 거울단계 내 에고의 시각적 구축에 라캉의 묘사한 것에서도 분명히 나타난다. 크리스테바처럼 이리가레는 상상계가 반드시 시각적 경험에만 기초해야 한다는 생각에 도전했다.[139] 식수와 클레멘트처럼 이리가레는 프로이트의 이론은 관음증자의 이론이었다

---

137 모이(Toril Moi)가 지적했듯이, 『여성 타자의 검시경』은 첫 번째 섹션에서는 프로이트를, 마지막 섹션에서는 플라톤을 마치 검시경 거울처럼 각각 조명하며 조직되어 있다. 중간 섹션에는 "검시경"이라는 제목하에 좀 더 파편적이고 이질적인 장들로 그룹지어 구성되었다. 이것은 마치 굴절된 유리에 반사되는 여성의 질의 구멍 같았다. Moi, *Sexual/Textual Politics*, pp. 130ff.

138 이것이 『검시경』 책의 첫 번째 섹션의 제목이며 프로이트에 대해 다룬다.

139 크리스테바가 1984년 인터뷰에서 말했듯이, 그녀는 "거울단계에 선행하는 태고의 단계(archaic stage)를 좀 더 자세히 만들고자 했다. 왜냐하면 내가 볼 때 아이가 이미지를 포착하는 것은 전체적인 과정의 결과이기 때문이다. 또한 이 과정을 **상상적**(imaginary)이라고 부를 수 있지만, 이것은 언어에 대한 반사적 감각에 있지 않다. 왜냐하면 이것은 목소리, 미각, 피부촉각 등을 통과하여 지나가기 때문이며, 모든 감각은 아직 시각을 동원할 필요가 없기 때문이다." ("Julia Kristeva in Conversation with Rosalind Coward," in *Desire*, *ICA Documents* [London, 1984], p. 22). 그러나 크리스테바는 남녀 성의 아이들 모두에게 관심을 갖고 있었고, 이러한 상상적인 것의 유용성을 강조했다. 이것은 크리스테바가 기호학적인 것을 남성 아방가르드 예술가들과 동일시했기 때문이다. 이리가레는 이미 젠더화된 전-오이디푸스적 상황을 믿었다.

고 주장했다.[140]

　정신분석학이 광학적 은유("여성성의 검은 대륙")에 일반적으로 의존하고, 형상과 진실을 동일시하는 이상주의적 전통과 공모하는 것에 주목하면서, 이리가레는 프로이트가 현전의 구조라는 덫에 여전히 갇혀 있다고 주장했다. 이 현전의 구조 안에서 여성은 단지 결여, 부재, 결핍으로서만 생각될 수 있었다. 이러한 편견에 대한 비판적 표현은 시각적 경험에 대한 해석에 기반을 둔 거세 불안과 남근 선망의 정신분석학적 묘사로 나타났다. 프로이트에 따르면 어린 소녀에게 혹은 엄마에게 "부재한" 생식기, 표상할 수 없는 "구멍"을 본 소년의 놀라는 시각도 이러한 감정을 불러일으키는 기제였다.

> 어린 소녀, 여성에게서 당신이 볼 수 있는 것은 **아무 것도 없는** 것 같다. 그녀는 볼 수 있는 **그 어떤** 가능성도 노출하거나 드러내지 않는다. 혹은 적어도 그녀는 남성 성기의 대체물이나 그 성기를 닮은 어떤 것도 보여 주지 않는다. 이것은 눈이 볼 수 있는 한 매우 이상한, 언캐니한 것이다. 이것은 영원히 공포 속에 머무르는 그 어떤 것도 아니며, 이는 눈에 대한, 응시의 전유에 대한, **남근형상적** 성적 은유에 대한 과잉집중(overcathexis)이며, 불안감을 없애주는 공범들이다.[141]

또한 "눈의 과잉집중"은 자아가 거울의 반영에 의해 형성된다는 정신분석학적 주장(여기서 프로이트보다는 라캉을 주로 말하는데)에서 분명히 드러난다. "만일 이 자아가 가치 있는 것이라면, 어떤 '거울'은 자아를 안심시키고 그 가치를 다시 보증하기 위해 필요하다. 여성은 남성을

---

140 Hélène Cixous and Catherine Clément, *The Newly Born Woman*, trans. Betsy Wing (Minneapolis, 1986), p. 82.

141 Irigaray, *Speculum of the Other Woman*, p. 47.

'그의' 이미지로 돌려주고 이것을 '동일한 것'으로 반복하는, 반사적 복제를 위한 기초가 될 것이다"라고 이리가레는 언급한다.[142] 그러나 거울은 평평하므로 마치 자아의 정확한 복제물인 마냥 그 이미지를 복제한다. 여성들은 그러한 평평한 거울에 의해 창조된 나르시시즘적 주체와 자신을 동일시한 결과, 남성적 반사 구조 속에 갇히게 된다. 그 구조에서 여성들은 항상 남성 주체의 열등한 버전으로 저평가되고, (남성homme만이 유일한 가치의 기준인) 동일성의 "(남성)동성애적 hom(m)osexual" 순환 속에서 단순한 교환의 대상이자 죽은 상품으로 저평가된다. 여기서 특히 억압되는 것이 "**검은 대륙**의 **검은 대륙**(the dark continent of the dark continent)"이라 할 수 있는 모녀관계라고 할 때, 훨씬 더 극단적인 오인(méconnaissance)이 라캉이 일반적으로 거울단계로 특징지었던 것에 추가된다.[143]

---

142 Ibid., p. 54. 이리가레에게 힘입은 문학에서의 여성과 거울에 대한 설명은 다음을 참조. Jenijoy La Belle, *Herself Beheld: The Literature of the Looking Glass* (Ithaca, 1988). 이리가레를 반박하는 라캉에 대한 옹호는 다음을 참조. Ragland-Sullivan, p. 275. 여기서 래글랜드설리번은 말하기를, "이리가레의 거울 단계에 대한 이해는 문자적이고 시각적인 측면에 한정된 것 같은데, 이는 그녀가 이러한 측면을 유전적이고 생물학적인 것으로 축소시키는 것이다. 물론 거울 단계는 거울이 있건 없건 간(間)사회적 관계에서 일어나는 모방 과정에 대한 은유이다. […] 자아가 타자들과의 동일시를 통해서 외부 세계로부터 자신을 처음 형성하는 소외에 대한 은유이다." 만약 그렇다면, 왜 라캉이 거울 앞에서의 실제 행동에 관한 왈롱(Wallon)과 다른 이들의 역할에 관심이 있었는지 물어야 할 것이다. 이것은 래글랜드설리번이 라캉의 생각이 경험적인 바탕에 있다는 것을 증거로서 제시하기 위함이었다(p. 17). 또한 그 결과가 '단순한' 은유였다고 하더라도, 이리가레는 확실히 그 함의에 대해 질문했을 것이다. 이에 대한 래글랜드설리번의 좀 더 자세한 설명은 다음과 같다. "이리가레는 거울 단계 **이후에** 일어나는 성 정체성의 남근적 고착과 거울 단계 동안의 종(種)특정적 게슈탈트의 고착을 혼동했다"(p. 277). 그러나 래글랜드설리번은 라캉이 부재, 구멍으로서의 여성 생식기에 대한 상징적 묘사로 결코 돌아가지 않으리라는 것을 알았다.

143 Irigaray, *Le corps-à-corps avec la mère* (Paris, 1981), p. 61. 이리가레와 여타 프랑스 페미니스트들의 어머니에 대한 비판적 분석에 대한 논의는 다음을 참조. Domna

하나의 해결책은 뤼스(a Luce)[*] 이리가레가 쉽게 동일시할 수 있는 이상한 나라의 앨리스(Alice in Wonderland)처럼 "유리를 통해 봄으로써 (through the looking glass, 속편 『거울 나라의 앨리스』의 영문 제목)" 유리를 산산조각 내는 것이다.[144] 거울의 다른 면, 즉 남성적 표상의 스크린 뒤에는 검시자의 범주화하는 응시에 가려진 지하 세계가 존재한다. 그 세계는 여성이 태양의 환한 빛 밖에서 빙빙 돌면서 춤을 추는 곳이다. 여기에는 "무한한 반영에 저항하는 것, 즉 미스테리(mystery, 혹은 hysteria?)가 항상 '모든 거울 뒤에' 여전히 남아 있다. 그리고 그 미스테리는 그것을 보고자 하고 알고자 하는 욕망을 촉발할 것이다."[145] 여기에는 이리가레가 "신비로움(la mystérique)"이라고 부르는 것이 미스테리, 히스테리아, ("영혼의 어두운 밤"으로서의) 신비주의와 혼합되어 있으며, 여성적인 것은 그것의 본향을 찾는다.

또 다른 대안은 다른 종류의, 좀 더 유순한 유형의 거울이다. "만약 어떤 '다른' 이미지, '다른' 거울이 개입되기에, 이것은 불가피하게 치명적 위기라는 위험을 불러올 수도 있고"[146] 혹은 적어도 남성 주체의 보편성을 위해 그럴 수 있다. 그 다른 거울은 여성의 생식기를 검진하기 위하여 산부인과 의사들이 사용했던 오목 검시경이다. 19세기 중반 프랑스 의사 조제프 레카미에(Joseph Récamier)가 발명한 이 장치는 여성의 신체에 대한 남성의 탐험이자 정복의 차원에서 하나의 기술적

C. Stanton, "Difference on Trial: A Critique of the Maternal Metaphor in Cixous, Irigaray, and Kristeva," in *The Thinking Muse*. 좀 더 공감하는 반응에 대해서는 다음을 참조. Madelon Sprengnether, *Spectral Mother: Freud, Feminism, and Psycho-analysis* (Ithaca, 1990).

144 Irigaray, "The Looking Glass, from the Other Side," in *This Sex Which Is Not One*.

145 Irigaray, *Speculum of the Other Woman*, p. 103.

146 Ibid.

진보로서 음울하게 해석될 수 있다.[147] 이리가레는 검시경이 여성의 외음순을 벌려 남성의 눈이 "특별히 무엇인가를 가늠해 보려는 사변적인 의도로 관통하여 보는 것"을 가능케 하는 도구로서 기능한다고 인식했다.[148] 하지만 그녀는 검시경이 남성의 "자궁경(hysteroscopic)"적 욕망의 도구 이상이 되는 검시경의 두 가지 긍정적인 영향들을 부각하고자 했다. 첫 번째로 검시경은 여성의 생식기가 단순히 하나의 구멍 혹은 부재 그 이상이라는 것을 보여 준다. 두 번째로 검시경은 굴곡진 표면을 통해 만들어지는 반사적 미메시스, 형상적 통합성, 자기표상에 분열을 보여 준다. "(그/한) 여성은 언제나 이미 형상이 흐릿해지는 왜상의 상태에 있다."[149] 불행히도 이리가레가 논의하지 않았던 라캉의 텍스트, 『정신분석학의 네 가지 근본 개념』과 같이, 적어도 거울이 굴곡지고, 혹은 "**자기 자신에게 다시 접힌다**"고 어느 땐가 말했을 때, 그녀는 시각적 경험의 가능성은 반사적이기보다는 키아즘적임을 암시했다.[150]

그러나 이러한 검시경 역시도 시각적인 것에 지나치게 의존한 나머지 여성의 신체, 특별히 여성의 섹슈얼리티를 제대로 보여 주지 못한다. 비록 눈이 여성의 생식기 안으로 들어갈 수 있어도(이리가레가 주목한 이 특성은 바타유의 『눈 이야기』에서 문자 그대로 묘사되었다), "여성의 성기 일부는 '외부'에 남기 때문에, 성기 전체를 **한눈**에 보지는 못한다."[151] 어떤 의미에서 여성의 신체는 거울 뒷면의 은판과 같이 반사적 표상의 외부와 같다. 비록 어떤 면에서는 재료가 그러한 표상을

---

147 예를 들어 다음을 참조. Elaine Showalter, *Sexual Anarchy: Gender and Culture at the Fin de Siècle* (New York, 1990), p. 124.

148 Irigaray, *Speculum of the Other Woman*, p. 144.

149 Ibid., p. 230.

150 Irigaray, "Questions," in *This Sex Which Is Not One*, p. 155.

151 Ibid., p. 89.

지탱할지라도 말이다. 따라서 여성의 성은 비시각적 방식으로 가장 잘 이해된다. 이리가레가 「하나가 아닌 성(This Sex Which is Not One)」 이라는 제목의 글에서 언급했듯이,

> 이러한 논리(서구의 사고) 안에서 시각적인 것의 우위, 형태에 대한 편애와 형태의 개별화에 대한 우위는 특히 여성적 에로티시즘과는 거리가 있다. 여성은 보는 것보다는 만지는 것에 더 기쁨을 느끼고, 여성들이 지배적인 시각 체제로 진입하는 것은 다시금 그녀를 수동성에 처하게 하는 것을 의미한다. 다시 말해 여성은 사색을 위한 아름다운 대상이 되는 것이다. 따라서 그녀의 몸이 에로틱하게 되는 가운데 "주체"의 욕동을 자극하기 위하여 보임과 순결함으로의 복귀라는 이중적 움직임이 요구되는 반면, 그녀의 성적인 기관은 **볼 수 있는 것이 없다는 공포**를 표상하게 된다.[152]

시각체제에서 여성의 생식기는 부재로 보일지도 모른지만, 촉지적 구조에서는 남성의 생식기보다 훨씬 더 풍부하다. 남근은 만족감을 공급하기 위해 몸 밖에 있어야 하는 단일한 기관이지만, 여성의 생식기는 음핵, 음순, 음문 등으로 복합적이며 "하나가 아닌 성"이라는 말처럼 자기접촉(self-touching)이 가능하다. 이리가레는 자가표상(autorepresentation)이 아닌 자가촉발(autoaffection)이 여성의 섹슈얼리티의 표식이라고 논한다. 이리가레는 다른 곳에서 논하기를,[153] 숨겨진 여성의 음순은 반시각주의 담론에서 강력한 이미지라 할 수 있는 단어인 "미로"와 동일한 어원을 가지고 있다고 보았다.

여성의 성기는 복수적이고, 여성의 섹슈얼리티는 시각보다는 촉각에

---

152 Irigaray, *This Sex Which Is Not One*, p. 26.
153 Irigaray, "The Gesture in Psychoanalysis," in Brennan, ed., *Between Feminism and Psychoanalysis*, p. 135.

좀 더 기반할 뿐만 아니라, 여성의 신체는 남성의 신체보다 외부와 내
부가 덜 명확하게 구분된다. 그 형태는 덜 통일되어 있고 덜 딱딱하며,
생리혈, 모유, 눈물 등으로 표현되는 액체성에 더욱 가깝다.[154] 비정형
(informe)과 신체의 오물에 대한 바타유의 옹호와 공명하면서, 이리가
레는 고체성이 아닌 액체성의 "역학"만이 여성적 다양함이 남성적 단일
함으로 감축되는 것을 막아 준다고 강조했다.[155] "따라서 우리는 지배적
시각적 체제에서 벗어나야 한다." 이리가레는 "우리는 더욱 더 **흐름**의
체제에 있어야 한다"고 주장했다.[156]

  이리가레가 내놓은 대안은 시각 체제의 심리적 기반에 대해 반문할
뿐 아니라 이와 연관된 철학적 상관관계에도(이후 이리가레의 글에서
서구 과학에 대해서도 언급) 도전한다.[157] 데리다와 같이 이리가레는 눈
에 특권을 부여하는 "눈의 사변/거울화specula(riza)tion" 전통을 플라
톤 이후 서구의 헤게모니적 사고의 전통과 연결시키고자 했다. 바타유
와 같이 그녀는 서구 전통에서 이질적 낭비로 거부되던 전통인, 시각적
인 것의 이미지로 감축될 수 없는 억압된 물질성을 내세웠다. 하이데거
와 같이 이리가레는 조작하는 주체를 위해 세계가 준비되는 것으로 축
소되는 것에 대해 한탄했다. 보드리와 같이 그녀는 시각중심주의 담론
의 결정적 출발점이 플라톤의 동굴의 신화에서 분명하게 드러난 완벽

---

154 이리가레는 남성의 정자나 침, 땀을 발생시키는 공통된 능력을 무시하지는 않았
지만, 남성이 "이러한 것들을 자아가(자아와 동일한 것이) 되게 하는 욕망으로 바꾸는
데 집중할 수 있다."고 주장했다. "모든 물은 거울이 되고, 모든 바다는 얼음이 된
다."(ibid., p. 237) 이리가레는 왜 라캉이 항상 유동적인 액체 대상보다 견고한 고체로
서 대상 a를 개념화했는지 의문시했다.

155 Irigaray, "The 'Mechanics' of Fluids," in *This Sex Which Is Not One*. 식수 역
시도 물이 본질적인 여성성의 요소라고 주장했다. 이에 관해서는 다음을 참조. "The
Laugh of the Medusa," in *New French Feminism*, p. 260.

156 Irigaray, "Questions," in *This Sex Which Is Not One*, p. 148.

157 Irigaray, "Is the Subject of Science Sexed?" *Cultural Critique*, 1 (Fall, 1985).

한 표상의 꿈에 있다고 보았다. 하지만 이들 모두보다 이리가레는 여성을 태양중심적이고 관념론적인 합리성의 "타자"와 동일시했다. 여기서 여성은 "감각될 수 있는 질료의 미분화된 불투명성에 지나지 않으며, 자신의 지양(부정)을 위한 실체로서의 축적, 혹은 지금 여기 있는, (혹은 있었던) 그대로의 존재일 뿐이라는 것이다."[158]

플라톤에 대한 놀라운 재해석인『여성 타자의 검시경』에서 이리가레는 동굴의 신화를 자궁 혹은 히스테라(hystera, 자궁의 라틴어)를 벗어나려는 은유로 읽어낸다. 자궁 또는 히스테라에서 "눈과 거울의 속성, 즉 간격내기의, 시공간의, 혹은 시간의 진정한 속성이 자리를 이탈하고 이음새가 벌어지고 탈구되어 나중에는 원근법에서 자유로운 사고인 이데아의 진리로 회귀하는 것이다."[159] 동굴/자궁에 대한 플라톤의 대안은, 무엇이 되어가는 중인/생성 중인 유동의 세계 넘어 불변하는 형상의 영역이며, 이 형상 영역의 최고의 현현이자, 그가 태양과 동일시한 선의 이데아이다.[160]

따라서 동굴의 신화는 환영적인 태고의 장면으로 읽힐 수 있다. 이곳에서 이데아의 태양적 기원이자 동일성의 반사적 원천인 아버지를 위해서 문화를 낳는(engendering, 성을 유발하는) 어머니의 역할은 지워진다. 여기서 남성의 무성생식(autogenesis, 자연발생) 신화를 위해서

---

158 Irigaray, *Speculum of the Other Woman*, p. 224. 플라톤의 동굴의 비유와 관련된 이리가레의 논의에 도움이 될 읽을거리는 다음을 참조. Andrea Nye, "Assisting at the Birth and Death of Vision," in *Modernity and the Hegemony of Vision*, ed. David Michael Levin (Berkeley, 1993).

159 Ibid., p. 253.

160 서구 전통에서 젠더화된 굴광성(屈光性, 식물체가 빛에 반응하여 움직이는 성질)은 식수의 연구주제였다. 다음을 참조. Cixous, *Portrait du Soleil* (Paris, 1973). 시각중심주의에 대해 그녀가 행한 자세한 비판에 대한 설명은 다음을 참조. Conley, *Hélène Cixous*.

여성의 고통스런 출산 과정은 망각되고 억압된다. 즉 "**태양, 접합자接合子로부터 벗어난 탈자脫子**(Sun, ex-stasy of the copula)이다. 모든 것의 원인은 바로 이것이다. 이제 단순히 눈을 현혹하는 것일 뿐인 주이상스의 초점, 빛나는 용기(容器, receptacle). 이미지를 재생산하는 모체(matrix)이다."[161] 이러한 이미지들은 점점 더 가시계(the sensible)보다는 가지계(the intelligible)의 일부가 되는데, 왜냐하면 가시계는 여성성과 동일시되는 물질성을 강하게 상기시키기 때문이다.

이리가레에 따르면 이데아적 직관은 (여기서 그녀는 후설에 대한 데리다의 비평을 플라톤에 접목했는데) "그 어떤 통로나 경로의 개입, 중재, 매개를 받지 않고, 그 어떤 **막**(diaphragm)의 개방도 필요로 하지 않으며, 그 어떤 **측막**(paraphragm)에 의한 분절도 거부한다."[162] 이렇게 시각에 근거한 철학은 안구(동굴이나 자궁)의 물질성을 잊고, 대신 동공, 즉 시각이 발생하는 구멍이자, 궁극적 현현이 신성한 시각, 완벽한 비물질성이 되는, 최초의 시각에 특권을 부여한다. 이러한 기준은 그 자체로 맹점을 만들어 낸다. "의심할 바 없는 신뢰성(créance sans doute), 무조건적인 확실성, 이성에 대한 열정으로 인해 진리의 광학은 사라질 운명의 응시를 가리거나 파괴한다. 그 결과 이것은 아버지의 법으로 전환되기 이전에 있었던 그 어떤 것도 더 이상 볼 수 없게 된다."[163]

이러한 치명적인 남근중심주의의 체제를 피할 수 있는 유일한 시각은 "꽃을 보는 석가모니의 응시"인데, 이것은 "산만하거나 포획하는 시선이 아닌, 사변적인 것을 신체 속으로 일탈시키지 않고, 이미 승화

---

161 Irigaray, *Speculum of the Other Woman*, p.303.
162 Ibid., p. 320. 나는 "측막"이라는 단어를 측면에서 나란히 나뉘는 것을 지칭하기 위해 사용했다.
163 Ibid., p. 362 (번역이 수정됨).

된 에너지를 사고에 제공하는 물질적이며 정신적인 숙고이다"라고 이리가레는 인정한다.[164] 그러나 이와 같은 세계와의 이타적이며 배려하는 관계는 부재한 가운데 응시는 사르트르가 『존재와 무』에서 비관적으로 기술했던 것들을 상기시키는 불길한 함의를 지닌 인간 상호작용을 조성하게 된다.

실제로 이리가레의 여러 작업들에서 시각적 경험은 불가피하게 여성이 항상 희생자라는 지배의 변증법에 포획됨을 알 수 있다. 그 결과 이리가레는 성차가 영속적인 것으로 주어진, 심지어 생물학적으로 주어진 인간 조건의 측면이라는 본질주의 담론에 머무른다는 비판을 자주 받아 왔다. 일부 비평가들이 비판하듯 여성에 대한 남성들의 전통적인 사고를 모방하는, 다시 말해 지배자의 담론을 앵무새처럼 역설적으로 흉내 내는 그녀의 미묘한 기법은 효과적인 전복보다는 온건한 대체물로 여겨졌다. 여성 생식기의 특이한 성질에 대한 이리가레의 강조는 남성들이 자신의 생식기에서 "부재"하는 것에 대한 그들의 전통적인 공포를 역전시켰다고 하더라도 남성과 여성 사이에 일종의 차이가 있다는 생각을 강화시켰다. 다른 비평가들은 그녀가 전(前)오이디푸스적 어머니에 부여한 특권이 상상계의 나르시시즘적 정치학으로 이어질 수 있다고 우려했다. 심지어 액체에 고체와 같은 동일한 지위를 부여해야 한다는 이리가레의 주장은, 확실성을 가치화하는 지배담론의 특징을 단순히 모방하는 방식으로 하나의 확실한 용어를 만들어 내려 한다는 혐의를 드러낸다.

이리가레에 대한 이러한 논의와 그 외의 비판들을 단 하나의 공통분모로 축소하는 것은 공정하지 않을지라도, 많은 경우 그러한 비평들이

---

164 Irigaray, "Love Between Us," in *Who Comes After the Subject?*, ed. Eduardo Cadava, Peter Conner, and Jean-Lue Nancy (New York, 1991), p. 171.

제기하는 더 큰 문제는 보편적인 차이와 성적 차이의 관계이다. 데리다
는 이러한 차이를 소위 눈에 가시적인 이분법적 구조 속 대립적인 용어
들로 전환시키는 데에 반대했다. 따라서 "여성"은 확실한 개념이 아니
라, 차연을 위한 플레이스홀더(자리를 지키는 자)이고, 해체되어야 할
남성/여성의 이분법이다.[165] 그런데 이리가레가 데리다를 전유함에 있
어서 비록 다른 가치의 용어들을 사용했다 하더라도, 그녀는 마치 이분
법을 재구축한 것처럼 보인다. 데리다가 젠더와 상관없이 주체의 지위
를 기꺼이 약화시킨 반면, 이리가레는 가부장적 지배의 희생자들에게
권한을 부여하는 새로운 여성 주체성을 주장해야 한다고 보았다.[166] 이
리가레가 남성의 몸과 여성의 몸의 변경 불가능한 구분을 빈번히 주장
했기 때문에, 그녀의 가장 충실한 옹호자들조차 이러한 구분에 따른 희
생자들이 단지 문화적, 사회적 측면에서만 담론적으로 구성되지 않는
다는 것을 받아들여야 했다.[167]

---

165 그러나 데리다는 이 점에 있어서 항상 일관되지는 않았다. 레비나스에 관한 최근
의 논평에서 데리다는 다음과 같이 비판했다. "E. L.의 작업은 성적인 차이로서의 부차
적이고, 파생적이며, 종속적인 이타성을 성적으로는 특징지어지지 않는 전적인 타자성
이 되게 만들었다. 그가 부차적, 파생적, 종속적이라고 한 것은 여성 혹은 여성적인 것
이 아니라, 성적인 차이인 것이다. 일단 성적인 차이가 종속되면, **아직 특징이 나타나지
않은** 전적인 타자는 이미 남성성이 특징지어져 나타난다." "바로 이 순간, 이러한 작업
속, 여기에 내가 있다." *Re-reading Levinas*, ed. Robert Bernasconi and Simon
Critchley (Bloomington, Ind., 1991), p. 40. 이 함의는 성적인 차이가 단순히 하나의
차이(difference *tout court*)의 버전이 되어서는 안 된다는 것이다.

166 예를 들어 이리가레는 피오렌자의 글(Elizabeth Schüssler Florenza, *In Memory
of Her: A Feminist Theological Reconstruction of Christian Origins*)을 리뷰하며, "평
등에 대한 주장은, 신성한 정체성에 대한 권리를 포함한 양성의 주체적 권리에 대한 근
본적인 존중 없이 받아들여질 수 있는가?"에 대해 질문했다. (Irigaray, "Equal to
Whom?" *Differences*, 1, 2 [Summer, 1989], p. 73).

167 이리가레에 암묵적으로 도전하는 섹슈얼리티의 문화적, 역사적인 구성에 대한 최
근의 연구로는 다음을 참조. Thomas Laqueur, *Making Sex: Body and Gender from
the Greeks to Freud* (Cambridge, Mass., 1990).

이리가레의 이른바 본질주의에 대한 논의, 즉 페미니즘 일반을 향해 "존재론적" 본질주의의 난처한 역할을 부여하려는 논의는 격론이 벌어지는 복잡한 수준에까지 이르게 되는데, 우리는 여기서 그러한 논의를 진행할 필요는 없다.[168] 그보다 더 주목할 중요한 사안은, 시각중심주의에 대한 비평에 페미니즘이 기여한 공헌에 이리가레의 작업이 어떤 방식으로 강력하게 영향을 주었는지이다. 비록 부처의 응시에 관한 그녀의 최근의 언급이 젠더와 시각 사이의 연계를 때때로 느슨하게 본다고 하더라도, 그러한 연계에 관한 그녀의 언급의 대부분은 근본적이거나 심지어는 "본질적"이었다. 시각에 관한 데리다의 "이중 독해"는 그녀의 작업과 많은 프랑스 페미니스트 작업에서 더 단일하고 단성적인 독해가 되었다. 그러한 분석이 앞에서 검토했던, 예를 들어 영화 이론처럼 다른 영역에서도 응시에 대한 고집스러운 폄하와 결합되었을 때, 이러한 분석의 영향력은 훨씬 더 강력해진다.[169]

---

168 다음을 참조. Plaza, "'Phallomorphic Power' and the Psychology of 'Woman'; Rosi Braidotti, "The Politics of Ontological Difference," in Brennan, ed., *Between Feminism and Psychoanalysis*; Whitford, *Luce Irigaray*, 6장; Schor, "This Essentialism Which Is Not One: Coming to Grips with Irigaray"; Fuss, "Reading Like a Feminist"; Scholes, "Éperon Strings"; Kate Mehuron, "An Ironic Mimesis," in *The Question of the Other: Essays in Contemporary Continental Philosophy*, ed. Arleen B. Dallery and Charles E. Scott (Albany, N.Y., 1989); Judith P. Butler, *Gender Trouble: Feminism and the Subversion of Identity* (New York, 1990); Tania Modleski, *Feminism Without Women: Culture and Criticism in a "Postfeminist" Age* (New York, 1991); Nancy Fraser and Sandra Lee Bartky, eds., *Revaluing French Feminism: Critical Essays on Difference, Agency and Culture* (Bloomington, Ind., 1992). "문화 본질주의"처럼 급진적 반(反)생물학주의를 공격할 수 있게 되었다. 다음을 참조. Toril Moi, "Patriarchal Thought and the Drive for Knowledge," in Brennan, ed., *Between Feminism and Psychoanalysis*, p. 193.

169 브루네트와 윌스(Brunette and Wills)는 『스크린/플레이 *Screen/Play*』에서 "이리가레는 아마도 데리다적 실천의 페미니스트적 사용 내지 적용의 가장 놀라운 사례일 것이다. [...] 프랑스 페미니스트 이론가들이 흥미를 보인 데리다의 작업을 볼 때, 그의

프랑스 밖의 페미니스트들이 응시에 대한 비판에서 미묘한 차이를 찾고자 했을 때, 불가피하게도 모종의 반발이 일어났다. 일부 논평가들은 관음증을 서양 철학과 과학 전체에 의한 것으로 (책임을) 전가하는 것이 탈성애화된(de-eroticized) 시각적 경험을 시각의 수준으로 승격시키지는 않았는지, 그래서 욕망에 의한 시각에서 비대상화하는 집단적인 잠재성을 놓쳐 버린 것은 아닌지 반문했다.[170] 그러한 시각은 이리가레가 단지 촉각과 후각의 속성으로 돌려 버린 근접한 관능성(proximate sensuality)에 더 가깝다. 다른 논평가들은 시각적 쾌락이 성추행과 동의어라기보다는 남성뿐만 아니라 여성이 합법적으로 경험할 수 있는 것이고, 사실 여성의 몸조차 레즈비언의 응시에 의해 시각적으로 전유되는 양성적 대상이 될 수 있는 것이라고 주장했다.[171] 게다가 영화관에서 여성 관객성(female spectatorship)이라는 공적인 경험은, 사적인 영역으로부터 여성을 해방하도록 돕는 것일 수 있다.[172] 그러나 일부 논평가들은, 이리가레가 계급, 인종처럼 젠더와 관계없는 다른 결정인자들에 의해 만들어지는 시각적 경험의 차이에 주목하지 않으면서, 남

이름이 페미니스트 영화 이론에서 그렇게 자주 나오지 않는 것은 놀랍다."(p. 20) 이에 대한 설명은 이리가레 같은 페미니스트들이 시각적인 것에 대한 데리다의 이중 독해를 단일한 독해로 감축시켰을 때에, 이것은 장치 이론과 젠더를 융합시킴으로써 '남성적 응시(male gaze)'를 악마시키는 일종의 마니교적(이중적 윤리의) 페미니스트 영화 이론에 의해 사용될 수 있었다는 것이다.

170 Evelyn Fox Keller and Christine R. Grontkowski, "The Mind's Eye," in *Discovering Reality: Feminist Perspectives on Epistemology, Metaphysics, Methodology, and Philosophy of Science*, ed. Sandra Harding and Merrill B. Hintikka (Dordrecht, Holland, 1983), p. 220.

171 다음의 사례를 참조. Teresa de Lauretis, *Alice Doesn't: Feminism, Semiotics, Cinema* (Bloomington, Ind., 1984).

172 다음을 참조. Giuliana Bruno, "Streetwalking Around Plato's Cave," *October*, 60 (Spring, 1992).

근이성중심주의적 지배 구조 속에서 그녀가 그렇게 혐오했던 것과 똑같은 동질화의 논리의 포로가 되었다고 주장했다.[173]

그러나 아무리 이러한 비판들을 언급한다 해도, 이들 비판은 시각의 헤게모니에 반대하는 데리다주의 및 기타 주장에 대한 페미니스트들의 전유가 만들어 낸 반시각중심주의적 효과에 적극 대응한 것은 아니었다. 1980년대에 이르러 현대적 삶의 스펙터클 속에서의 여성의 시각적 표상에 대한 깊은 의심은 다양한 문화 비평의 하나의 기정사실이 되었다. 이러한 가정이 포스트모더니즘 담론에서만큼 유행한 곳은 없었는데, 이 담론의 발생은 시각에 대한 페미니즘적 비판을 인정하지 않고서는 완전히 이해될 수 없는 것이다.[174] 이 담론은 부족하나마 본 책이 시

---

173 이 비판은 마르크스주의에 경도된 페미니즘 중에서 주된 것이다. 예를 들어 다음을 참조. Spivak, "French Feminism in an International Frame"; Patrice Petro, "Modernity and Mass Culture in Weimar: Contours of a Discourse on Sexuality in Early Theories of Perception and Representation," *New German Critique*, 40 (Winter, 1987); and Carole-Anne Tyler, "The Feminine Look," in *Theory Between the Disciplines: Authority, Vision, Politics*, ed. Martin Kreiswirth and Mark A. Cheetham (Ann Arbor, Mich., 1990).

174 이 연관성에 대한 논의는 다음을 참조. Craig Owens, "The Discourse of Others: Feminism and Postmodernism," in *The Anti-Aesthetic*. 포스트모더니즘을 주장하는 프랑스의 주요 인물로서 리오타르는 이리가레의 작업을 확실히 인지하고 있었고, 심지어 가끔 사용하기도 했다. 『담론, 형상 *Discours, Figure*』(Paris, 1971)에서 리오타르는 언어학적 주제에 대한 초기 글을 참조했는데, 그는 이것을 지나치게 현상학적이라고 보았다(p. 348). 리오타르는 1976년 「여성의 고군분투가 문제가 되는 것 중 하나 (One of the Things at Stake in Women's Struggles)」에서 메타언어의 페미니스트적 비평을 논의하는 맥락에서 검시경을 인용했다. 그는 이리가레가 주로 라캉주의자들에 의해 비난받는 것에 대해 그녀가 하나의 상징 현상으로서의 남근(phallus)을 경험적인 페니스(penis)(실제로 볼 수 있는 것)와 혼동하였다는 내용으로 옹호했다. 리오타르에게 상징적인 것은 그 지시체의 더블(referential double)과는 명백히 구별될 수 있는 메타언어라는 믿음은 정확하게는 페미니즘이 유용하게 약화시켰던 것이었다(*The Lyotard Reader*, ed. Andrew Benjamin [Oxford, 1989], p. 119).

도한 20세기 프랑스 사상에서의 시각에 대한 탐문의 개괄적 메타서사
의 마지막 장이자, 이카로스적 개관의 종결점이 될 것이다.

〔번역: 김정아〕

a '중요하다, 파급력이 크다'의 뜻과 함께 데리다식의 산종(dissemination)의 의미
   가 더해져 이중적으로 해석될 수 있다.

b 남근로고스시각중심주의(phallogocularcentrism)라는 용어는 남근로고스중심주의
   (phallogocentrism)와 시각중심주의(ocularcentrism)가 합쳐진 표현이다. 남근로
   고스중심주의는 남성중심적인 관점을 설명하기 위해 데리다에 의해 처음 고안되었
   고, 이후 이 용어는 1980년대 프랑스를 비롯한 후기구조주의 페미니즘에서 대부분
   의 문화 속 여성과 여성적인 것에 대한 주변화된 관점을 설명하기 위해 사용되었
   다. 이 책에서는 남근로고스중심주의에 시각중심주의를 더하여 남근로고스시각중
   심주의라는 말을 고안하여 시각에 대한 논의를 전개한다.

c 가이네시스라는 용어는 자딘이 그의 책에서 고안한 용어로 어원적으로는 '여성-
   과정(woman-process)'을 의미하며, '여성을 담론화하다'의 뜻을 갖고 있다.

d "solliciter"는 모든 것에 관계되는 진동을 의미하는 '흔들다(soucier)'와 '동요시키
   다(solliciter)'의 뜻을 가지고 있다.

e "Sisyphean"은 제우스를 속인 죄로 벌을 받아 지옥에 떨어져 돌을 산에 올리면 굴
   러 떨어지는 일을 끊임없이 반복해야 하는 시시포스의 헛수고를 의미한다.

f 이 책의 한국어 번역본은 다음을 참조. 자크 데리다 저, 김상록 역, 『목소리와 현
   상』(인간사랑, 2006).

g 현동적(現動的)이라는 말은 현재이면서 동작하고 있음을 나타낸다.

h 에크리튀르(écriture)는 프랑스어로 문자, 글쓰기, 표기법, 문체 등의 다양한 의미
   를 갖는 단어다. 데리다가 『그라마톨로지에 대하여』에서 사용하는 에크리튀르는
   그의 해체적 독법의 핵심 전략과 주제로서 특별한 의미를 갖고 있다. 따라서 한국
   어 번역어는 데리다가 음성 언어와 문자 언어 구분 이전에, 그리고 그러한 구분을
   가능케 하는 조건으로서의 문자를 뜻할 때는 '에크리튀르'를 그대로 사용하되, 문
   맥에 따라 문자 일반을 지칭할 때는 '문자', 음성 언어와 대립되는 개념일 때는 '문
   자 언어', 책읽기 또는 독법을 의미하는 맥락에서는 '글쓰기'를 사용한다. 한국어
   번역본은 자크 데리다 저, 김성도 역, 『그라마톨로지』(민음사, 2010) 참조.

i 구조주의 도구의 상징 자체인 전망도는 『리트레 사전』에 의하면, 1824년에 지평선
을 둘러싸고 있는 물체들의 전체 광경을 평면상에서 원근법적으로 전개시키도록
고안된 것이다. 파노라마그램(panoramagram)은 1824년에 발명된 도구로서, 왼쪽
눈으로 보는 상과 오른쪽 눈으로 보는 상이 좁게 병치되는 선들로 나눠지고 중첩된
선들이나 렌티큘라 스크린으로 보이는, 입체경 방식을 말한다. 이것은 관찰자의 양
쪽 눈 각각이 올바른 상을 본다는 점에 착안한 것이다. 또한 지평선 위에 놓여 있거
나 평평한 표면 위에 반사되는 한 개 이상의 대상의 깊이에 대한 환영을 얻는 데 사
용된다.

j 데리다는 지연(delay)을 '집행 연기로서의 차연(différance as deferral)'으로, "(순
수한) 흔적은 차연이다(the [pure] trace is différance)"라고 했다.

k 부연 설명하면, 태양은 서구 철학의 형이상학에서 반사적 동일성(specular same-
ness)과 순환적 통일성(circular unity)을 상징했고, 태양에 대한 은유는 유비적 등
가(analogical equivalence)나 상승의 내면화(interioizing anamnesis) 등으로 이
해되었다.

l 'invagination'은 함입이라고 번역되지만, 발달생물학에서 난세포의 낭배 형성, 장
배 형성과 관련된 메커니즘을 의미하기도 한다. 또한 'in'과 'vagination'이 합쳐
져 '질의 막을 뚫거나 찢는'의 뜻도 있다고 보인다.

m 인용문의 원문은 다음을 참조. "the sublime cannot inhabit any sensible form."

n 한국어 번역본은 다음을 참조. 자크 데리다 글, 마리프랑수아즈 플리사르 사진, 신
방흔 역, 『시선의 권리』, 아트북스, 2004.

o 심연으로 밀어 넣기의 뜻으로 이미지 속에 이미지를 계속 넣는 기법, 장면 속 장면
을 의미한다.

p 원문에 나오는 'the Tablets of the Law'는 구약성경 『출애굽기』 31장 18절, 32장
15-16절에 근거한, 하나님이 판을 만드시고 글을 새겨 모세에게 주신 언약인 십계
명이 기록된 두 개의 돌판 중 하나를 의미한다.

q 프랑스혁명 당시 "권리 선언"에 대한 패러디이다.

r 괄호 안 "아 뤼스(a Luce)"라는 표현은 "앨리스(Alice)"와 발음이 비슷하게 나도록
뤼스 이리가레의 이름을 바꾼 것으로 보인다.

10장
눈멂의 윤리학과 포스트모던 숭고:
레비나스와 리오타르

요약

10장은 에마뉘엘 레비나스의 윤리학과 장프랑수아 리오타르의 포스트
모더니즘 논의를 통해 시각을 논한다. 근대의 지배적인 감각이었던 시
각에 대한 비판은 모더니티에 대한 재고와 포스트모더니즘 논의로 이어
졌다. 포스트모더니즘은 실재를 이미지로 변환하고 의미화 작용의 담론
체계와는 구별되는 형상적인 것, 시뮬라크르와 과잉가시성을 전제로 한
다. 또한 세계에 대한 총체화된 하나의 관점, 거대 서사에 대해 의구심
이 제기되면서 시각적인 것의 비대이자 그것의 한 양태로서 시각의 폄
하가 이루어졌다. 이러한 맥락에서 리오타르는 하나의 총체화된 거대
서사와, 단안의 초월적 응시를 의심하는 시각에 대한 논의를 펼친다.

레비나스는 지배적 서구 전통의 존재론에서 간과되었던 윤리학을 옹
호한다. 그는 이미지를 금기시하는 유대적인 반시각적 태도와 그것의
윤리적 함의를 보여 준다. 레비나스가 말한 바 대타자를 배려하고 대타
자의 요청에 귀 기울인다는 것은 대타자를 시각적 지식이나 미적 대상
으로 전환하지 않는 것이며, 형식적 상호성이나 차이를 동일성으로 감
축하는 데에 저항하는 것을 의미한다. 또한 자아와 타자의 근접성을 회
복하고 타자를 이웃으로 이해하며 단순한 감각이 아닌 접촉으로서의
만짐과 어루만짐을 주장하는 타자의 윤리학을 말한다.

리오타르는 우선 라캉의 상징계 인식에 반대하여 담론과 형상이라는 용어가 서로 유지되고 해체되면서 느슨하게 결합되어 있음을 주장한다. 그는 담론적인 것과 형상적인 것이 서로 공유되지만 상응할 수 없고 지양될 수 없음을 주장한다. 그에게 눈은 균열적 에너지의 근원이며, 세계의 살과 조화되고 회복되는 것을 방해하는 힘이라는 점에서 변호된다. 그는 가시적인 것과 비가시적인 것 사이의 화해가 아닌 불화를 말한다.

리오타르는 또한 리비도적 욕망과 유대적 윤리를 중첩시킨다. 그는 유대교에서는 '아버지-신'에 선행하는 '어머니-여신'의 존재에 대한 기억상실과 더불어 아버지에 대한 과대평가와 어머니에 대한 억압이 일어난다고 본다. 한편 목소리로 존재하는 비가시적 아버지의 지배와 이미지로 존재하는 가시적인 어머니의 상실이 초래한 모순으로 인해 집단적 정신병리적 현상이 폐제되었다고 보았다. 리오타르는 이러한 정신병이 서양의 역사성을 출범시켰지만 변증법적 화해의 이해 가능한 메타서사가 아닌, 영원히 회귀하지 않는 사건들의 연속이라고 말한다. 이러한 정신질환은 화해와 결합의 헛된 희망으로부터 우리를 자유롭게 하고, 방황하는 유대인의 은유처럼 이질성은 역사를 가능하게 한다. 리오타르는 숭고는 보이지 않고 현시되지 못하고 말로 표현되지 못하는 무엇인가를 암시하는 경험으로 본다. 그는 시각성과 합리성의 모더니스트적 믿음을 폐기하면서, 상실된 환영을 향한 애도와 우울만이 남은 우리에게 주어진 것은, 표상 불가능성의 고통과 더불어 살면서 화합할 수 없는 것들 사이에서 방황하는 것이라고 말한다.

〔김정아 요약〕

10

눈멂의 윤리학과 포스트모던 숭고: 레비나스와 리오타르

왜 **눈멂**인가? 결코 규범
(prescription)을 기술
(description)로부터 추론할
수 없기 때문이다.
—장프랑수아 리오타르[1]

그는 나를 응시하지 않을 때조
차 나를 응시한다.
—에마뉘엘 레비나스[2]

시각은, 여러 번 언급된 대로 데카르트적 원근법주의의 전성기, 세계상
의 시대, 스펙터클 사회 혹은 감시 사회 등으로 다양하게 묘사되는 근
대의 지배적인 감각으로 대체로 이해된다. 따라서 모더니티에 대한 비
판이 이번 연구에서 추적해 온 시각의 헤게모니에 반대하는 논의들과
많은 부분 일맥상통한다는 것은 전혀 놀랄 일이 아니다. 프랑스뿐 아니
라 많은 지역에서 이러한 비판은, 여전히 그 특성과 함의에 대한 논쟁
이 활발히 진행 중인 소위 포스트모던 시대의 도래와 더불어 폭넓은 논
의를 낳았다.

　어떤 관점에서 보면 포스트모더니즘은 시각적인 것의 극치, 재현이
라 칭하는 것에 대한 시뮬라크르의 승리, 판타스마고리아적 스펙터클
에 대한 전복이라기보다는 진정한 굴복처럼 보였다. 이미지는 이제 자

1　Jean-François Lyotard, *The Differend: Phrases in Dispute*, trans. Georges Van
Den Abbeele (Minneapolis, 1988), p. 108.

2　Emmanuel Levinas, "Ethics and Politics," *The Levinas Reader*, ed. Seán Hand
(Oxford, 1989), p. 290.

신의 지시체로부터 완전히 분리되어 표류하고 있으며, 그 잠정적 실재
가 더 이상 진실 혹은 환영의 기준을 제시하지 않는다고 주장된다. 장
보드리야르가 시뮬라시옹의 "하이퍼리얼(hyperreal)" 세계라 칭한 것
은 우리가 기호 그 자체일 뿐인 이미지에 현혹돼 왔음을 의미한다.[3] 이
제 그러한 이미지는 보드리야르가 "시뮬라크르의 세차(the precession
of simulacra)"[4 a)]라고 부른 것처럼 지시체에 선행하기 때문에, 권력의
유지나 자본주의의 영속화와 같은 다른 목적을 위해 시각적 수단을 사
용하려는 사전 의도성(a prior intentionality)을 의미하는 개념으로서
의 파놉티콘이나 스펙터클로는 더 이상 이해되지 않는다. 우리는 더 이
상 거울 앞에 있지 않고, 오히려 그 외부에서 어떤 것도 반영하지 않는
스크린에 매료되어 응시할 뿐이다.

　근래에 한 논평가가 언급했듯이 포스트모더니즘은 "실재를 이미지로
변환하는 것"으로 이해해야 한다. 반면 다른 논평가는 "의미화 작용
(signification)의 담론체계와는 구별되는 형상적인 것"으로 이해하는

3　광범위하게 논의된 보드리야르의 작업을 연대순으로 보면, 이미지에 관한 일련의
단계들은 다음과 같다. "이것은 기본적 실재의 반영이다. 즉 이것은 기본적 실재를 감
추고 왜곡한다. 이것은 기본적 실재의 **부재**를 감춘다. 즉 이것은 그 어떤 실재와도 관
련이 없다. 이것은 그 자신의 순수한 시뮬라크르다." ("The Precession of Simulacra,"
in *Art After Modernism: Rethinking Representation*, ed. Brian Wallis [New York,
1984], p. 256). 이 주제에 관한 보드리야르의 저작 중 예시에 대해서는 다음을 참조.
Mark Poster, ed., *Selected Writings* (Stanford, 1988). 보드리야르의 작업에 대한 평
가는 다음을 참조. Andre Frankovits, ed., *Seduced and Abandoned: The Baudrillard
Scene* (New York, 1984) 그의 작업에 대한 비평에 대해서는 다음을 참조. Douglas
Kellner, *Jean Baudrillard: From Marxism to Postmodernism and Beyond* (Oxford,
1989).
4　Baudrillard, "The Precession of Simulacra" "시뮬라크르"라는 용어는 바타유와
클로소브스키에 의해 기호의 비(非)소통적 측면을 지시하기 위해서 이미 사용되었다는
점이 강조되어야 하겠다. Pierre Klossowski, "À propos du simulacre dans la com-
munication de Georges Bataille," *Critique*, 195-196 (1963).

것이 최선이라고 덧붙였다.[5] 또 다른 논평가는 "과잉가시성(hypervisi-bility), 즉 모든 것이 너무나 가시적인 공포, 탐욕, 총체적 난잡함, 응시의 순수한 색욕"의 외설적인 세계에 우리는 살고 있다고 말한다.[6] 이는 크리스틴 뷔시글뤽스만이, 바로크 시대에 가장 생생하게 표현되었던 현란하고 왜상적인 '시각의 광기'라고 칭송했던 것을 부활시킨다.[7]

　이와 같은 관점에서 시각적인 것에 대한 포스트모던 히스테리를 지지한 주인공은, 보드리야르라는 인물에 대한 일시적 유행을 넘어선 장프랑수아 리오타르이다.[8] 리오타르는 자신의 책 『담론, 형상 Discours, Figure』(1971)을 "시각에 대한 변호"이자 "담론의 충족성"에 대한 공격이라고 불렀던 이가 아닌가?[9] 꿈-작업에서 시각적 "사물-이미지"의 힘

5　Fredric Jameson, "Postmodernism and Consumer Society," in *The Anti-Aesthetic: Essays on Postmodern Culture*, ed. Hal Foster (Port Townsend, Wash., 1983), p. 125; Scott Lash, *Sociology of Postmodernism* (London, 1990), p. 194. "모더니즘에 대한 지배적인 사진적 상상"에 의문을 제기하면서(p. 145), 그 대신 미로와 같이 복잡한 귀의 청각성에 우위를 두는 포스트모더니즘의 이질적인 목소리에 대해서는 다음을 참조. Thomas Docherty, *After Theory: Postmodernism/Postmarxism* (London, 1990).

6　Meaghen Morris, "Room 101 or A Few Worst Things in the World," in Frankovits, ed., *Seduced and Abandoned*, p. 97.

7　Christine Buci-Glucksmann, *La folie du voir: De l'esthétique baroque* (Paris, 1986). 또한 저자의 다른 저작을 참조. Christine Buci-Glucksmann, *La raison baroque: De Baudelaire à Benjamin* (Paris, 1984), Christine Buci-Glucksmann, *Tragique de l'ombre: Shakespeare et le manierisme* (Paris, 1990). 저자는 바로크의 시각체계를 모더니티의 일부로 규정하였고, 이는 발터 벤야민이 연구한 파리에서 분명하게 드러나지만 그 특징에 대한 뷔시글뤽스만의 분석은 포스트모더니티에 더욱 적합하다.

8　두 사람의 비교에 대해서는 다음을 참조. Julian Pefanis, *Heterology and the Postmodern: Bataille, Baudrillard and Lyotard* (Durham, 1991). 저자는 보드리야르의 급진적 반(反)생산주의와 리오타르의 "생산체계에 대한 비(非)실증적 확인"을 비교했다(p. 86).

9　Jean-Franrçois Lyotard, *Discours, figure* (Paris, 1985), p. 11.

을 인정하기보다는, 상상계보다 상징계에 특권을 부여하고 무의식을
언어로 감축시킨 라캉을 비판한 이가 리오타르 아닌가?[10] 데리다의 "흔
적(trace)"과 "원문자(arche-writing)"의 개념이 담론에서의 '타자'의
긍정적 실존을 고려하지 않았다고 비판한 이 역시 리오타르 아닌가?[11 b)]
그림은 일차과정(primary process)[이]이 가시화되는 리비도적 기계(li-
bidinal machine)로 이해해야 한다고 주장한 이 또한 리오타르 아닌
가?[12]

한편 포스트모더니즘으로부터 배울 점이 있다면, 그것은 통합된 하
나의 관점으로 감축되기에는 너무나 복잡한, 세계에 대한 총체화된 설
명을 제공하는 거대서사(grand narratives)와 같은 여러 단일한 관점에
대한 의구심이라 할 수 있다. 포스트모더니즘과 시각의 문제에서 이를
공식화하는 데 있어서 리오타르의 결정적인 역할은 단안의 초월적인
응시는 작동하지 않을 것이라고 주장하는 데에 있다. 사실 다른 관점에
서 보면 이러한 연구에서 채택된 포스트모더니즘은 (적출된) 눈 이야기
가 가장 핵심적인 부분으로 이해될 수 있다. 아니면 역설적이게도 포스
트모더니즘은 적어도 시각의 한 양태로서 시각적인 것의 비대인 **동시에**
시각의 폄하이기도 하다.[13]

---

10 Ibid., p. 260.
11 Lyotard, "Sur la théorie," in *Dérive à partir de Marx et Freud* (Paris, 1970),
pp. 228-229.
12 Lyotard, "La peinture comme dispositif libidinal," *Des dispositifs pulsionnels*
(Paris, 1980).
13 이 부분은 국제 사회에서의 포스트모더니스트 예술가들의 다양한 시각적 실천을
증명하기 위한 곳은 아니지만, 이들 중 많은 수의 작가가 반시각중심주의 담론에 강하
게 영향받았는데, 여기에는 신디 셔먼(Cindy Sherman), 빅터 버긴(Victor Burgin),
메리 켈리(Mary Kelly) 같은 사진작가들과, 피터 아이젠만(Peter Eisenman)과 같은
건축가, 비디오/퍼포먼스 예술가 댄 그레이엄(Dan Graham)이 있다. 다음을 참조.
Stephan W. Melville, "Critiques of Vision and the Shape of Postmodernity"

이에 대한 논의는 포스트모던 사고의 대두가, 가장 전근대적인 문화 현상들 중 하나에 대한 프랑스 내의 관심의 부활과 연관되어 있다는 역설과 혼재되어 있다. 왜냐하면 이 이야기의 가장 핵심적인 부분이 뜻밖에도 1970-1980년대에 프랑스의 많은 지성인들을 사로잡았던 유대교의 강력한 매력에 있기 때문이다. 이러한 전개 과정에서 영향력이 있던 주요 인물들의 작업에 초점을 맞춰 볼 때, 에마뉘엘 레비나스는 시각적 표상에 대한 유대교의 전통적인 성상파괴 태도와 포스트모더니즘의 강력한 반시각적 충동 사이의 예기치 못한 연관성을 드러내는 데 도움을 준다. 그 이유는 리오타르가 1986년에 레비나스의 저작들이 "지난 20년 동안의 자신의 동반자"였다고 인정하면서 그의 생각이 자신만의 독자적인 것이 아니었음을 언급했기 때문이다.[14]

⊙

볼테르 시대부터 비시정부 시기를 거쳐 그 이후까지 프랑스 지성사회에서 반유대주의의 영향은 자주 거론되었지만,[15] 반대로 친(親)유대주의의 중요성은 덜 언급되었다.[16] 그러나 68혁명의 실망스러운 여파 속

(unpublished paper). 이와 비슷한 많은 충동의 조직화를 보여 주는 1960년대와 70년대의 개념미술에 대한 논의는 다음을 참조. John C. Welchman, *Word, Image and Modernism: An Analysis of the Orders of Relations between Visuality and Textuality in the Modern Period*, Ph.D. diss., Courtauld Institute of Art (London, 1991), 4장.

14 Jean-François Lyotard, *Peregrinations: Law, Form, Event* (New York, 1988), p. 38. 이 글은 다음의 1986년 강의에서 비롯됨. Wellek Library Lectures at the University of California, Irvine.

15 예를 들면 다음을 참조. Arthur Hertzberg, *The French Enlightenment and the Jews: The Origins of Modern Anti-Semitism* (New York, 1968); Jeffrey Mehlman, *Legacies of Anti-Semitism in France* (Minneapolis, 1983).

16 확실히 친유대주의는 때때로 유대인들에 대해 과장된 애정을 표현한다든지, 그 자

에 프랑스에서 가장 눈길을 끄는 새로운 국면 중 하나는 유대교 유산에 대한 새로운 인식이었다.[17] 두 명 모두 이집트 출신인, 시인 에드몽 자베스와 정신분석학자 앙드레 그린 같은 프랑스 내 북아프리카 출신 유대인들의 공헌이 점차 인정되었다. 데리다가 알제리계 유대인이라는 점도 1964년 자베스와 레비나스에 대해 연구한 그의 텍스트가 널리 알려지면서 그 중요성이 부각되었다. 데리다는 『조종』(1974)에서 유대인에 대한 헤겔의 태도를 비판했고, "랍비 데리사(Reb Derissa)"라는 말을 가지고 자신의 정체성을 말장난하기도 했다.[18] 1970년대와 1980년대 당시 환멸을 느끼던 과거 좌파주의자들 사이에서 『리베라시옹 *Libération*』 같은 신문이 익살맞게 언급한 "마오에서 모세로의(Mao to Moses)"[19] 이행은 대중의 관심을 끌기에 충분한 행보였다. 노년이 된 사르트르의 열렬한 팬이자 조수였던 피에르 빅토르(Pierre Victor)는 베니 레비(Benny Lévy)라는 자신의 유대계 원래 이름을 주변의 축하를

체가 갖는 위험성이 있을 수 있다. 이는 유대인들을 그들의 반대편으로 가정되는 사람들만큼이나 전체화하고 동질화한다. 우상숭배에 대한 유대인들의 혐오를 프랑스 식으로 전용하는 위험성에 대해서는 리오타르의 글인 「폐제된 형상(Figure Foreclosed)」에 가장 잘 나타나 있고, 이에 대해서는 이후에 논의될 것이다.

17 많은 프랑스 유대인 지식인들이 자신들의 유산의 가치를 재발견했다. Judith Friedlander, *Vilna on the Seine: Jewish Intellectuals in France Since 1968* (New Haven, 1990).

18 Jacques Derrida, "Edmond Jabès and the Question of the Book," and "Violence and Metaphysics: An Essay on the Thought of Emmanuel Levinas," in *Writing and Difference*, trans. Alan Bass (Chicago, 1978). 이 선집의 마지막 에세이 "생략(Ellipsis)"은 "랍비 데리사(Reb Derissa)"라는 인용으로 끝난다. 유대인에 대한 헤겔의 태도를 비판하는 데리다의 비평은 『조종』(Paris, 1974), p 64 에 있다. 유대 랍비의 해석학에 대한 이단적인 유대 전통으로부터 데리다가 받은 영향에 대한 분석은 다음을 참조. Susan A. Handelman, *The Slayers of Moses: The Emergence of Rabbinic Interpretation in Modern Literary Theory* (Albany, N.Y., 1982), 7장.

19 "Un Génération de Mao à Moïse," *Libération* (Paris, December 21, 1984), p. 36.

받으며 되찾았고, 기꺼이 탈무드적 학풍으로 들어갔다. 그 외에 알랭 핀켈크라우트(Alain Finkielkraut) 같은 이는 유대인 문제에 대한 공적인 대변인이 되기도 했다. 앞서 언급했듯이 이전에 금기시되던 정신분석의 유대적 기원과 같은 주제들은 이제 관심의 대상이 되는 것은 물론이고 심지어 자부심의 원천이 되었다.

이처럼 유대적 주제가 새롭게 관심을 끌게 된 두드러진 이유는 우상이미지에 대한 성서적 금기의 중요성 때문이었다. 흥미롭게도 모리스 바르데슈(Maurice Bardèche)나 로베르 브라지야크(Robert Brasillach) 같은 초기 반유대주의 프랑스 지식인들이 제기한 반유대적 적대감을 정당화하는 이유 중 하나가 정확히는 이미지에 대한 금기가 갖고 있는 개별화의 효과였는데, 이것은 이들의 주장에 따르면 대중 공동체를 만들기 위한 영화 속 이미지들의 유익한 힘을 약화시키기 때문이라는 것이다.[20] 이제 그 반대 함의는 유대인과 비유대인 가릴 것 없이 많은 학자들이 그 지혜를 숙고함으로써 도출되었다.[21] 장조제프 구 같은 문학비평가는 현대 추상예술에서부터 금본위제의 몰락, 나치의 유대 박해와 마르크스주의 이론의 상품의 물신숭배에 이르는 모든 성상파괴주의의 함의를 탐구했다.[22] 자크 엘륄 같은 개신교 신학자는 기독교를 제대로 이해한다면 기독교도 유대교 못지않게 시각의 우위에 대해 적대적이라는 것을 주장했고, 스펙터클 사회에서 오늘날의 "말의 굴욕"[23]을 거세게

---

20 유성영화보다 무성영화에 대한 선호를 다룬 논의는 다음을 참조. Alice Yaeger Kaplan, *Reproductions of Banality: Fascism, Literature, and French Intellectual Life* (Minneapolis, 1986), p. 182.

21 예를 들어 다음을 참조. Adélie and Jean-Jacques Rassial, eds., *L'interdit de la représentation* (Paris, 1984).

22 Jean-Joseph Goux, *Les iconoclastes* (Paris, 1978).

23 Jacques Ellul, *The Humiliation of the Word*, trans. Joyce Main Hanks (Grand Rapids, Mich., 1985). 엘륄은 부분적으로 유대계로 알려져 있는데, 이는 그가 개신교

비난했다. 루이 마랭과 클로드 강델만(Claude Gandelman)과 같은 세
속적 문화비평가들은 유대교와 그리스도교의 사상 속 이미지의 역할을
비교하는 치열한 대화를 펼치기도 했다.[24] 장자크 라시알(Jean-Jacques
Rassial) 등은 금기의 윤리적 함의를 의도적으로 위반했던, 시각을 가지
고 유대인을 식별하는 나치의 강박을 숙고했다.[25] 심지어 "유랑하는 유
대인(wandering Jew)"[d]이라는 주제조차 미로라는 완전히 반(反)시각
적 이미지와 동일시되었는데, 여기서 무한한 시간적 지연은 비시간적
공간성과 비매개된 현전 모두를 대체하는 것이었다.[26]

　의구심이 더해지면서 유대 전통은 일견 보았을 때보다 훨씬 더 복잡
해졌다. 롤랑 괴첼(Roland Goetschel)은 유대교 신학에서 가시적인 케

내, 특히 키르케고르나 바르트(Karl Barth)처럼 우상파괴 전통에 깊이 매료된 것을 설
명해 준다. 엘륄은 키르케고르가 시각의 우위에 대한 공격을 한 최초의 철학자라는 내
용의 책인 *Kierkegaard et la parole de Dieu* (Paris, 1977)의 저자인 넬리 비알라넥스
(Nelly Viallaneix)를 추종했다. 이에 관한 논의는 다음을 참조. *The Humiliation of the
Word*, p. 37. 이미지에 대한 엘륄의 적대감에 대한 분석은 다음의 나의 글 참조. "The
Rise of Hermeneutics and the Crisis of Occularcentrism," in *The Rhetoric of Inter-
pretation and the Interpretation of Rhetoric*, ed. Paul Hernadi (Durham, N.C.,
1989). 이미지에 대한 초기 종교의 중요성과 가톨릭의 관점에서 쓰어진 근대 세계에 대
한 프랑스의 논의에 대해서는 다음을 참조. Amédée Ayfre, *Conversions aux images?:
Les images et dieu; Les images et l' homme* (Paris, 1964).
24　Claude Gandelman and Louis Marin, "Dialogue," *Peinture: Cahiers théo-
riques*, 14/15 (May, 1979).
25　Jean-Jacques Rassial, "Comme le nez au milieu de la figure," *L' interdit de la
représentation*.
26　데리다는 이 연관성에 대해 자베스에 관한 자신의 에세이에서 설명했다(p. 69).
또 한 명의 해체주의자인 폴 드 만(Paul de Man)은 다음의 책에서 방황하는 유대인이
라는 주제로 돌아가려고 했다. Paul de Man, "Conclusions: Walter Benjamin's 'The
Task of the Translator'," in *The Resistance to Theory* (Minneapolis, 1986), p. 92.
글쓰기에 있어서 미로의 이미지와 시간적 지연 사이의 관계에 대한 분석은 다음을 참
조. Werner Senn, "The Labyrinth Image in Verbal Art: Sign, Symbol, Icon?"
Word and Image, 2, 3 (1986).

루빔(cherubim)^{e)}의 역할을 지적했고, 피에르 프리장(Pierre Prigent)
은 2세기와 6세기 사이의 장례 회화와 회당 장식의 중요성을 강조했으
며, 강델만은 고(古) 카발라(late Kabbalah)의 텍스트성에 나타난 성상
적 표상의 중요성을 강조했다.[27] **우상** 이미지에 대한 경고는 보통의 모
든 이미지에 대한 적대를 의미할 필요는 없었다. 그러나 대체로 유대적
금기에 대한 프랑스적 수용은 자베스가 1985년에 나온 주간지『르 누벨
옵세르바퇴르 *Le Nouvel Observateur*』의 "자기중심적 박물관(Egoist
Museum)"이라는 페이지에서 "나는 이미지를 거의 선호하지 않는다"
라고 고백했을 때 나타난 그의 태도와 같은 맥락에 있다.[28]

금기에 대한 충분한 이해는 1906년 리투아니아에서 태어나 1923년

---

27 Roland Goetschel, "Les métamorphoses du Chérubin dans la pensée juive," in
L'interdit de la représentation; Pierre Prigent, Le judaïsme et l'image (Tubingen,
1990); Claude Gandelman, "Judaism as Conflict between Iconic and Anti-iconic
Tendencies: The Scripture as Body," in *Die Handbuch der Semiotik, ed. Posner and
Sebeok* (Berlin, 1990). 프랑스 밖에서 다른 학자들은 유대적 금지에 대한 일반적인 평
가의 미묘한 의미차를 연구했다. 예를 들면 다음의 연구가 있다. Irving Massey, *Find
You the Virtue: Ethics, Image, and Desire in Literature* (Fairfax, Va., 1987), and
Daniel Boyarin, "The Eye in rhe Torah: Ocular Desire in Midrashic Hermeneu-
tic," *Critical Inquiry*, 16, 3 (Spring, 1990). 보야린(Boyarin)은 신은 보이지 않고, 만
일 신이 보인다면 그 신을 쳐다보지 말라는 규범적 명령과, 그를 그리지 말라는 금기에
관련된 신지학적(신학적이고 철학적인) 교리들을 구분해야 한다고 주장했다. 그는 보
이는 신에 대한 성서적이고 랍비적 전통이, 그리스적 영향력의 위협에 따른 유대교의
보다 강력한 반시각적 전통으로 이어지면서 불안을 조성했던 중세 시기 동안 잊혀졌다
고 보았다. 그러나 여기에는 신의 가시성의 회복이 열정적으로 추구되었다는 미드라시
(구약 성서에 대한 고대 유대인의 주석) 해석학의 전통도 역시 있었다. 이러한 유대 신
비학에서의 이와 비슷한 추구에 대해서는 다음을 참조. Gershom Scholem, "Shi ur
Komah: The Mystical Shape of the Godhead," in *On the Mystical Shape of the
Godhead: Basic Concepts in the Kabbalah*, trans. Joachim Neugroschel (New York,
1991).

28 Edmond Jabès, "J'ai peu de goût pour les images," *Le Nouvel Observateur*
(February 22, 1985), p. 78.

프랑스로 건너 온 레비나스의 주목할 만한 작업에서 확실히 찾을 수 있다. 레비나스는 1930년 저작 『후설 현상학에서의 직관 이론 *La théorie de l'intuition dans la phénoménologie de Husserl*』을 통해 독일 현상학을 프랑스에 처음 전파한 해석자로서, 폴 리쾨르(Paul Ricoeur)에 따르면 [그는] "프랑스에서의 후설 연구를 상당히 평이하게 확립시켰다."[29] 레비나스는 하이데거의 『존재와 시간』의 열혈 독자였고, 1929년 스위스 다보스에서 하이데거와 신칸트학파의 에른스트 카시러(Ernst Cassirer) 사이의 유명한 논쟁도 지켜보았다.[30] 하지만 레비나스는 현상학을 연구하기에 앞서, 시각중심주의에 대한 비판에 중요한 공헌을 했던, [이 책에서] 이미 자세히 설명한 베르그송에게 큰 영향을 받았다.[31] 베르그송이 시간성을 강조한 것은 레비나스가 후설의 형상적 직관주의에서 현전에 시각적으로 치우치지 않도록 도움을 주었다.

그러나 레비나스가 시각적 문제에 특히 심취하게 된 것은 그가 받은 종교적 훈련 때문이었다.[32] 그는 자신의 유년 시절 리투아니아적 유대

---

29 Paul Ricoeur, "L'originaire et la question-en-retour dans le *Krisis* de Husserl," in *Textes pour Emmanuel Levinas*, ed. François Laruelle (Paris, 1980), p. 167.; Richard A. Cohen, "Absolute Positivity and Ultrapositivity: Husserl and Levinas," in *The Question of the Other: Essays in Contemporary Continental Philosophy*, ed. Arleen B. Dalleryand Charles E. Scott (Albany, N.Y., 1989).

30 하이데거의 나치즘 문제가 1980년대 후반 프랑스에서 활발하게 논의된 이후에도, 레비나스는 여전히 『존재와 시간』을 "철학사에서 가장 아름다운 책 중 하나"라고 일컬었다. "Admiration and Disappointment: A Conversation with Philippe Nemo," in *Martin Heidegger and National Socialism*, ed. Gunter Neske and Emil Kettering, trans. Lisa Harries (New York, 1990), p. 149.

31 레비나스는 자주 베르그송에게서 받은 영향을 언급했다. 이에 관해서는 다음을 참조. "Dialogue with Emmanuel Levinas," conducted by Richard Kearny in *Face to Face with Levinas*, ed. Richard A. Cohen (Albany, N.Y., 1986), p. 13.

32 레비나스는 자신의 "출발점은 절대적으로 비(非)신학적"이라고 주장했다. "Transcendence et Hauteur," *Bulletin de la Société Française de la Philosophie*, 56

교가 "대중적 수준에서 일종의 술 취한 정신상태"에 저항하듯 또렷이 깨어 있는 느낌이었다고 회고했다.[33] 리투아니아적 유대교는 세계를 관찰하기보다 법을 준수하기를 주장하는 탈무드를 강조했다. 레비나스는 하시디즘과 카발라에 대한 칭송을 거부했지만, 당시 프랑크푸르트에서 전개된 마르틴 부버와 프란츠 로젠츠바이크의 대화의 신학(dialogical theology)에 관심을 갖게 되었다. 부버가 시각적으로 구성되는 주체와 객체인 "나-그것(I-It)"의 관계보다 언어로 매개되는 상호주관적인 "나와 너(I-Thou)"를 강조한 점은, 레비나스가 근본적으로는 대칭적 상호성에 거부감을 갖고 있었음에도 불구하고 그에게 각인되었다.[34] 로젠츠바이크가 『구원의 별 The Star of Redemption』에서 논한 헤겔식의 전체성에 대한 비판도 레비나스의 무한성에 대한 선호에 강한 영감을 주었는데, 이는 전체를 바라보는 신의 전지적 시점에서 교묘하게 벗어나는 것이었다.[35]

레비나스는 또한 동시대 프랑스 현대문학, 특히 발레리와 프루스트

[1962], p. 110. 그러나 그의 가장 철학적인 작업에서조차 종교적 관심사를 무시하기는 불가능하다. 레비나스에게서 발견되는 종교와 철학 사이의 복잡한 관계에 대한 논의에 도움을 주는 자료는 다음을 참조. Susan A. Handelman, *Fragments of Redemption: Jewish Thought and Literary Theory in Benjamin, Scholem and Levinas* (Bloomington, Ind., 1991).

33 Levinas, "Entretien avec Emmanuel Levinas," in Salomon Malka, *Lire Levinas* (Paris, 1984), p. 103.

34 레비나스와 부버 사이의 친소관계는 그의 1958년 에세이에서 발견된다. "Martin Buber and the Theory of Knowledge," in *The Levinas Reader*. 레비나스가 부버에게 동의하는 것, "그것은 불가능하다." "너(Thou)의 관람자로 남는 것, 너의 바로 그 존재를 위해서는 그것이 나를 불러주는 그 '말'에 의존한다(p. 66)."

35 Emmanuel Levinas, *Totality and Infinity*, trans. Alphonso Lingis (The Hague, 1969). 레비나스는 로젠츠바이크의 영향을 인정했다("Entretien avec Emmanuel Levinas," p. 105). 그 밖의 이들의 입장들 간의 유사성은 다음을 참조 (Handelman, *Fragments of Redemption*).

의 열혈 독자였다. 그는 1920년대 스트라스부르에서 학우이자 평생의
친구가 된 모리스 블랑쇼를 통해 그들을 소개받기도 했다.[36] 비록 블랑
쇼는 당시 정치적으로 보수적이었고 심지어 『전투 Combat』와 같은 반
유대 저널의 기고자이기도 했지만, 그는 훗날 레비나스를 자신의 "은밀
한 동반자"로 여겼다.[37] 블랑쇼의 훌륭한 작품은 시각적인 주제에 집중
했는데, 블랑쇼가 레비나스에게 혹은 레비나스가 블랑쇼에게 서로 얼
마나 큰 영향을 끼쳤는지 가늠하기는 어렵다.[38] 블랑쇼는 확실히 이 책
에서 논의된 바타유, 푸코, 데리다 같은 사상가들을 이론화하는 데에도
중요한 인물이다. 그런 점에서 블랑쇼는 레비나스의 사상이 이후에 수
용되기 위한 토대가 마련되는 데에 중요한 역할을 했다고 할 수 있다.

일찍이 1932년에 블랑쇼는 산문에서 명료성을 추구하는 소위 프랑스
적 열정을, 눈을 부시게 하고 심지어 눈을 멀게 하는 "생생한 불꽃"과
대비시키면서, 이것이 외부로부터의 영향이라며 비난한 바 있다.[39] 블

---

36 이들 사이의 관계에 관해서는 다음을 참조. Joseph Ubertson, *Proximity, Levinas, Blanchot, Bataille and Communication* (The Hague, 1982).

37 Maurice Blanchot, "Our Clandestine Companion," in *Face to Face with Levinas*. 전쟁 중에 블랑쇼의 정치학은 변화했다. 그는 레비나스의 부인이 나치를 피해 탈출하도록 도왔다. 그의 연구에서 반유대주의 측면에 대한 탐구는 다음을 참조. Mehlman, *Legacies of Anti-Semitism in France*.; Allan Stoekl, *Politics, Writing, Mutilation: The Cases of Bataille, Blanchot, Roussel, Leiris, and Ponge* (Minneapolis, 1985).

38 예를 들어 블랑쇼의 책 *L'espace littéraire*에 대한 레비나스의 리뷰를 참조. "Maurice Blanchot et le regard du poète," in *Monde Nouveau*, 98 (March, 1956). 여기서 이들에게 공유된 입장은 매우 분명하다. 블랑쇼의 미묘한 하이데거 수용은 *Totality and Infinity*와 같은 레비나스의 후기 작업에 영향을 준다. 이에 관한 짧은 논의는 다음을 참조. Herman Rappaport, *Heidegger and Derrida: Reflections on Time and Language* (Lincoln, Nebr., 1989), p. 121.

39 Blanchot, "La culture français vue par un Allemand," *La Revue Française* (March 27, 1932).

랑쇼는 1941년에 출판된 소설, 즉 그가 이야기(récit)라 부르고자 했던, 『토마 알 수 없는 자 *Thomas the Obscure*』[40]에서 밤과 낮, 눈멂과 혜안, 눈과 시각장 사이의 역설적 관계에 대해 탐구했다. 블랑쇼는 자신의 작품 곳곳에서 언어, 특히 문학 언어와 시각 사이의 복잡한 긴장감을 탐구했다.[41] 예를 들어 블랑쇼는 「말하기, 그것은 보기가 아니다(Parler, ce n'est pas voir)」라는 글에서 다음과 같이 썼다. "말하는 것은 보는 것이 아니다. 말하기는 서구 전통에서 수천 년 동안 우리가 사물에 접근하는 방식을 지배했던, 또한 빛이 담보되는 상황에서나 빛이 부재하는 위협적 상황에서 우리를 사유하도록 이끌었던, 그러한 시각적 요구로부터 사고를 자유롭게 한다."[42] 블랑쇼는 유대적 금기의 중요성을 암묵적으로 인정하면서 "신을 본 자, 누구든지 죽는다"라고 말했다.[43]

블랑쇼에게 오르페우스의 응시는 글쓰기의 근원적 행위였는데,[f] 이

---

40 Blanchot, *Thomas the Obscure, new version*, trans. Robert Lamberton (New York, 1973). 레비나스는 1946년 다음과 같은 에세이에서 논했다. "There Is: Existence without Existents," in *The Levinas Reader*. 소설과 이야기(récit)의 차이에 관해서는 다음을 참조. Blanchot, "The Song of the Sirens: Encountering the Imaginary," in *The Gaze of Orpheus*, ed. P. Adams Sitney, trans. Lydia Davis (Barrytown, N.Y., 1981).

41 블랑쇼의 시각적 관심에 대한 일반적 설명은 다음을 참조. P. Adams Sitney's Afterword to *The Gaze of Orpheus*, and Steven Shaviro, *Passion and Excess: Blanchot, Bataille, and Literary Theory* (Tallahassee, Fla., 1990), pp. 5ff. 폴 드 만이 기록하기를, 그의 글들은 언어의 어두운 빈 곳에 빛을 비추기를 거부했다. "이들이 텍스트에 비추는 빛은 매우 다른 자연의 빛이다. 사실 그 어떤 것도 이러한 빛이라는 자연보다 더 모호할 수는 없다." 다음을 참조. "Impersonality in Blanchot," *Blindness and Insight* (Minneapolis, 1983), pp. 62-63.

42 Maurice Blanchot, "Parler, ce n'est pas voir," *L'entretien infini* (Paris, 1969), p. 38.

43 Maurice Blanchot, "Literature and the Right to Death," in *The Gaze of Orpheus*, p. 46. 신을 바라보는 유대인의 두려움에 관한 이러한 논의에 대한 비평은 다음을 참조. Boyarin, "The Eye in the Torah".

는 그 시선이 죽음의 경계를 넘어 돌이킬 수 없는 시각적 현전의 즉각
성으로 헛되이 돌아가려고 하기 때문이다.[44] 에우리디케의 사라짐은 시
각의 무익함을 표상함과 동시에, 라캉이 상상계라기보다 상징계라고
불렀을 영역(혹은 아마도 비상징화된 실재의 영역)에서 기능하는 문학
적 대리물(오르페우스의 노래)의 보상적 기능을 표상한다.[45] 따라서 블
랑쇼에 관한 푸코의 에세이 제목의 일부인 「바깥으로부터의 사유(The
Thought from Outside)」를 빌려 오면, 문학은 저자의 현전과 풍부한
의미에 대한 열망을 끊임없이 무력화하는 언어를 기반으로 한다.[46] 실
제로 블랑쇼에게 존재 그 자체, 즉 '-이 있음(il y a)'[8]의 신비는 인간
의 응시에 온전히 드러나지 않는다. 앤 스모크(Ann Smock)가 지적했
듯이, 레비나스와 블랑쇼는 "존재의 소멸 그 자체에 대한 우려, 정확하
게는 그것이 자신을 드러내지 **않을까 하는** 우려, 혹은 [존재와] 분리될
수 없는 그 불확정성, 그 은둔성, 그 **이질성**을 박탈당하지는 않을까 하
는 우려를 공유했다. 블랑쇼와 레비나스는 『존재와 시간』에서 진정성을

44 Blanchot, "The Gaze of Orpheus," *The Gaze of Orpheus and Other Literary
Essays*. 젠더의 문제적 측면을 강조하는 이 작품에 대한 흥미로운 분석으로는 다음을
참조. Karen Jacob, "Two Mirrors Facing: Freud, Blanchot, and the Logic of Invisi-
bility," *Qui Parle*, 4, 1 (Fall, 1990). 카렌 제이콥은 에우리디케가 항상 오르페우스의
응시의 대상이며, 그 어떤 상호성도 결여되어 있다는 점을 지적한다. 제이콥은 또한 블
랑쇼가 『존재와 무』에서 사르트르가 상정한 여성 주체성의 시각적 물화의 역동성을 반
복한다고 주장한다.
45 블랑쇼의 상징계에 반대되는 실재계에 대한 논의에 대해서는 다음을 참조. Shavi-
ro, *Passion and Excess*, p. 27.
46 Michel Foucault, *Maurice Blanchot: The Thought from Outside*, trans. Brian
Massumi, with Maurice Blanchot, *Michel Foucault as I Imagine Him*, trans. Jeffrey
Mehlman (New York, 1987), 여기서 그는 블랑쇼에 관해서 다음과 같이 쓴다. "픽션
은 비가시적인 것을 보여 주는 데 있지 않고, 보이는 것의 비가시성이 비가시적이라는
정도를 보여 주는 것이다. [⋯] 모든 언어의 밖에 있는 언어의 정도, 말의 비가시적인
측면에 대한 발화의 정도를 보여 주는 것이다."(pp. 24-25).

의문시하는 용어들을 반대로 뒤바꿨다."[47] 그들은 "시각이라는 영원히 현존하는 질서"에 기반한 존재론을 향한 전통적인 철학적 집착을 포기했다.[48] 그것은 블랑쇼가 『헛발 *Faux pas*』과 『낮의 광기 *La folie du jour*』 같은 작품에서 제안했듯이, 가시성이 극대화되는 시간인 정오는 태양을 바라볼 때 눈을 멀게 하는 가장 위험한 시간이기 때문이다.[49] 그렇지만 밤 또한 명료한 시각을 보장하는 것이 아니었다. 블랑쇼가 "재난의 글쓰기"라고 부른 것은 의미의 기반으로서 가시적 하늘에서 그 어떤 항성(恒星)도 포기하는 것, 문자 그대로 별(aster)과 멀어지는(dis) '탈천체(dis-aster)'를 의미했다. 그럼으로써 블랑쇼는 한스 블루멘베르크가 보여 준 별이 빛나는 하늘에 대한 관조적 사색이 서구 형이상학의 기본 전제라는 것을 전복시켰다.[50]

블랑쇼는 인간관계에서 시각적 상호작용으로는 구축될 수 없는 공동체를 요청했다. 블랑쇼는 마르그리트 뒤라스의 소설 『죽음에 이르는 병 *The Malady of Death*』에 나오는 "연인들의 공동체(the community of lovers)"에 대해 쓰면서 여주인공에 대해 다음과 같이 주장했다. 그녀는 "반(反)베아트리체이며, 다른 사람들이 그녀를 보는 시각 안에서 온전하게 존재하는 베아트리체이다. 이 시각은 가시계의 전체 범주를 전제하는 시각으로서, 번개 치는 것처럼 다가온 물리적 시각에서부터, 절대

---

47 Ann Smock, Translator's Introduction to Blanchot, *The Space of Literature* (Lincoln, Nebr., 1982), p. 8.

48 Levinas, "The Servant and Her Master," *The Levinas Reader*, p. 157.

49 Blanchot, *Faux pas* (Paris, 1943); *La folie du jour* (Paris, 1973). 후자에 대한 레비나스의 이해는 다음을 참조. "Exercises sur La folie du jour," in *Sur Maurice Blanchot* (Montpellier, 1975).

50 Maurice Blanchot, *The Writing of the Disaster*, trans. Ann Smock (Lincoln, Nebr., 1986); Hans Blumenberg, *The Genesis of the Copernican World*, trans. Robert M. Wallace (Cambridge, Mass., 1987).

적인 것 그 자체, 즉 신, 테오스(theos), 이론, 보이는 궁극의 것과 그녀
가 더 이상 구별되지 않는 절대적 가시성에 이르기까지의 가시계의 전
체 범주를 전제로 한다."[51] 단테가 시각적 현전과 정신의 거울 반사적
융합에 특권을 부여하는 것에 반대하면서, 블랑쇼는 상호 인식의 중요
성을 부정하는 윤리적 대안을 제시했다. "윤리란 (항상 대타자를 동일
자로 환원시키는) 존재론을 부차적인 위치에 두면서, 선행하는 관계가
그 자체를 확인할 수 있을 때에만 가능하다. 이 관계는 자아가 대타자
를 인정하거나 그 대타자 속에서 자신을 인정하는 것에 만족하는 것이
아니라, 자아 스스로 한계를 지을 수 없는, 그리고 자신을 소진하지 않
으면서도 스스로를 초과하는 그러한 책임감을 통해서만 대타자에게 응
답할 수 있는 지점에서 대타자가 자아에게 항상 의문을 제기한다고 느
끼는 것이다."[52]

1983년에 블랑쇼가 했던 이러한 언급은 그의 친구 레비나스가 오랫
동안 발전시켜 온 입장을 명쾌하게 해석한 것이다. 사실 레비나스의 전
체 프로젝트는 거칠게 말해(grosso modo) "비존재론적(meontologi-
cal)"인 것에 대한 옹호이자, 지배적인 서구 전통의 존재론적 선점 아래
묻힌 윤리적 충동에 대한 옹호로 특징지어진다. 여기서 비존재적이라
는 말은 비존재(meon, nonbeing)에서 온 표현이다. 레비나스는 "절대
선은 존재에 앞서 있다(The Good is before being)"라고 주장했다.[53] 그
는 시각적 표상에 대한 히브리적 금기를 윤리학과 확실히 결부시켰고,
이 윤리학을 계속해서 시각과 이해 가능한 형상, 그리고 광휘에 대한
그리스적 숭배와 대조했다. 레비나스는 "이미지의 금지는 진실로 유일

51 Maurice Blanchot, *The Unavowable Community*, trans. Pierre Joris (Barry-
town, N.Y., 1988), p. 52.
52 Ibid., p. 43.
53 Levinas, "Substitution," *The Levinas Reader*, p. 112.

신교의 최고 명령"이라고 주장했다.[54] 모세가 시내산에서 신을 만나는 장면을 묘사하는 성경 말씀이 가시적인 "얼굴 대 얼굴"의 만남을 보여 준다 할지라도, 성경이 진정 의미한 바는 신성한 언어적 명령이었다. 『출애굽기』 33장의 유명한 구절에 따르면[h] 신이 보여 준 것은 오직 그의 등이었기 때문이다.[55]

따라서 기독교적 전통에서 말씀이 육신이 된다는 것은 목소리와 귀를 강조하는 유대교의 강조와는 동떨어진 것이다. "소리에서 혹은 듣는다는 의식에서 시각과 예술의 자기완결적 세계는 사실상 단절된다. 소리는 그 전체성 속에서 소리 나고 울리는 추문이다. 시각에서 형태는 그것의 요구를 채워 주는 방식으로 내용에 결합되는 반면, 소리에서 지각 가능한 성질이 넘쳐 나기에 형태는 더 이상 내용을 담지 못한다. 실재 영역은 세계 속에서 만들어지고, 이를 통해 **여기에** 있는 이 세계는 시각으로 전환될 수 없는 차원으로 연장된다."[56] 이런 식의 전환은 세계에 대한 윤리적 입장보다는 미학적 입장에서, 즉 모세의 입장보다는 아론의 입장에서 더 전형적인데, 이는 부재한 대화 상대의 실질적 명령보다 형식적 현전에 특권이 좀 더 부여되기 때문이다.

그러므로 레비나스에게 "응시(regard)"의 두 가지 의미는 엄밀하게 구분돼야 한다. 왜냐하면 대타자를 배려한다는 것은 그 또는 그녀를 시각적 지식이나 미적 사색의 대상으로 전환하기를 거부하는 것을 뜻하기 때문이다. 스펙터클 사회에 대한 드보르의 역사적 분석을 넘어서, 레비나스는 시각 자체가 문제의 근원이라고 주장했다. "내가 눈을 뜨자마자 상황이 구성되는 '전환'이 이루어진다. 나는 단지 내 눈을 뜰 뿐이

---

54 Levinas, "Reality and Its Shadow," *The Levinas Reader*, p. 141.

55 Levinas, "Revelation in the Jewish Tradition," *The Levinas Reader*, p. 204.

56 Levinas, "The Transcendence of Words," *The Levinas Reader*, p. 147.

지만 이미 스펙터클을 즐기는 것이다."[57] 그러므로 배려한다는 의미에서의 응시(regard)는 눈을 감는 것이고, 관대하기 위해서 폭력적인 "응시의 욕망(avidity of the gaze)"을 좌절시키는 것을 의미한다.[58] 그것은 또한 부버의 '나-너' 원칙도 굴복했던 형식적 상호성의 유혹에 저항하는 것을 의미하는데, 이는 그러한 원리가 차이를 동일성으로 반사적으로 환원할 위험이 있기 때문이다. 비록 레비나스가 "얼굴 대 얼굴" 만남에 대해 종종 언급한 바 있지만, 이는 문제가 되는 그 또는 그녀의 얼굴을 바라봄이 아닌 대타자의 요청에 귀 기울이라는 요구였다.[59] "얼굴은 내(내 얼굴 *en face de moi*) 앞에 있는 것이 아니라 나의 위에 있다. 그 얼굴은 죽음을 꿰뚫어 보고 노출시키는 죽음 앞의 타자이다. 두 번째로 얼굴은 내게 그를 홀로 죽게 내버려 두지 말라고 요구하는 타자이다. 마치 그렇게 하는 것이 그의 죽음에 가담한 공모자가 되는 것처럼"이라고 레비나스는 주장했다.[60] 레비나스의 "대신함(substitution)"의 개념에 따라 윤리적 자아는 타자의 볼모로서, 항상 자아에 대해 비대칭적이고 위계적인 관계를 맺는다. 진정한 윤리적 책임은 사르트르 식의 물화시키는 시선으로 유발된 부끄러움이라기보다는,[61] 분명히 비시각적 근

---

57 Levinas, *Totality and Infinity*, p. 130.

58 Ibid., p. 50.

59 Levinas, "Ethics as First Philosophy," *The Levinas Reader*, p. 83. 핸들먼 (Handelman)에 따르면 "말의 의미함축에도 불구하고 그는 원래 '얼굴'이 그 어떤 시각적 지각에서 발견되지 않는다고 주장했다."(*Fragments of Redemption*, p. 209). 또한 이 주제에 관해서는 다음을 참조. Jill Robbins, "Visage, Figure: Reading Levinas's Totality and Infinity," Yale French Studies, 79 (1991).

60 Levinas and Richard Kearny, "Dialogue with Emmanuel Levinas," pp. 23-24.

61 레비나스는 또한 사르트르가 타자성을 무(無)로 감축시키는 것에 대해 논쟁했고, 또한 자아를 전체화시키는 프로젝트에 대한 사르트르의 믿음에 대해서도 논했다. 레비나스가 생각한 상호주체성은 사르트르의 『존재와 무』에서 논의되는 것보다 훨씬 더 낙관적이다.

원에서 기인했다.

경청에 대한 명령과 더불어 윤리적 상호작용은 기본적으로는 본질상 시간성을 기반으로 한 만짐(touch, 접촉)에서 잘 드러난다.[62] 레비나스가 대략적으로 언급한 하이데거의 '객체존재성(Vorhandenheit)'과 '도구용재성(Zuhandenheit)'의 개념 차이와 더불어 "대상을 인지한다는 것은 그 사용법을 아는 것"이라는 베르그송의 명언처럼[63] 타자와의 시각적 관계는 도구적 조작을 조장하는 반면, 만짐은 좀 더 완화된 상호작용을 허용한다. 주체와 대상 사이에 시각적으로 상통하는 거리 대신 만짐은 자아와 타자의 가까운 친근성을 회복시켜 이후에는 타자를 이웃으로 이해되게 한다. 그것은 또한 세계와의 보다 친밀한 관계를 수반한다. 레비나스는 "특히 메를로퐁티가 보여 주었듯이, 세계를 구성하는 나는, 바로 그 살(flesh)이 연루된 영역과 직면한다. 즉 그렇지 않다면 이것[살]이 구성했을 어떤 것에 연루되는 것이며, 그래서 세계에 연루되는 것이다"라고 했다.[64]

더욱이 만짐은 특히 세계에 대한 자아의 취약함을 드러내는 행위로, 숙고보다 행위에 우위가 있음과 연관된다. 이디스 위쇼그로드(Edith Wyschogrod)가 제안했듯이 레비나스에게 "만짐은 결코 감각이 아니다. 그것은 사실 전체로서의 주체성에 대한 세계의 맞닿음(impingement)을 의미하는 은유이다. […] 만진다는 것은 주어진 것에 반대하여 행동하는 것이 아니라, 그것에 근접하여 행동하는 것"이

62 이 주제에 관해 도움이 되는 설명은 다음을 참조. Edith Wyschograd, "Doing Before Hearing: On the Primacy of Touch," in Textes pour Emmanuel Levinas, and her Emmanuel Levinas: The Problem of Ethical Metaphysics (The Hague, 1974), pp. 137.

63 Levinas, "Interdit de la répresentation et 'droits de l'homme,'" in Rassial, ed., L'interdit de la représentation, pp. 112-113.

64 Levinas, "Ethics as First Philosophy," The Levinas Reader, p. 79.

다.[65] 따라서 레비나스는 만짐은 실제 세계에서의 도구적 목적이나 유용성과 관계없이 종교 의식의 현상학적 기반으로 이해될 수 있다고 주장했다. 이런 식의 행동은 윤리적 명령을 듣는 것보다 훨씬 더 근본적일지 모른다. 이것은 눈을 통해 대상의 세계를 이론적으로 사유하는 것보다 훨씬 더 근원적이다.

가장 부드러운 만짐의 양식은 대개 접촉을 넘어서는 것으로 이해되는 어루만짐(caress, 애무)이다. 그것은 잡고 있는 것을 소유물로 취급하는 움켜쥠(grasp)과 반대된다.[66] 이것은 대타자의 타자성을 압도하는 융합으로 이끌지 않는다. 레비나스는 "어루만짐"에 관해 논했다.

[어루만짐은] 주체의 존재양식으로서, 다른 이와 접촉하는(contact) 주체가 이러한 접촉을 넘어서는 양식이다. 감각으로서의 접촉은 빛의 세계의 일부이다. 하지만 정확히 말해서 어루만짐은 만짐이 아니다. 타자가 구하는 것은 접촉하는 손의 부드러움이나 따스함이 아니다. 어루만짐의 추구는 어루만짐이 구하는 것을 모른다는 사실을 본질로 한다. 이러한 "알지 못함", 이 근원

---

65 Wyschogrod, "Doing Before Hearing: On the Primacy of Touch," p. 199.
66 움켜쥠, 파악(grasping)이라는 측면에서 후설의 인식론을 논한 것으로는 다음을 참조. Levinas, "Beyond Intentionality," in *Philosophy in France Today*, ed. Alan Montefiore (Cambridge, 1983), p. 103. 그의 1967년 에세이 "Language and proximity," in *Collected Philosophical Papers* (Dordrecht, Holland, 1987)에서 레비나스는 "가시적인 것은 눈을 애무한다. 누군가 만지는 것처럼 누군가 보고 듣는다"(p. 118)라고 말한다. 여기서 그는 감각들 간의 차별화 이전에 이들이 동시에 존재하는 동근원성(equiprimordiality, 하이데거의 gleichursprünglich에서 온 용어)을 자아내는 메를로퐁티의 노력을 상기시키는 방식으로 감각들을 혼합시키는데, 그는 대체로 감각들 간의 차이를 선호한다. 이 에세이를 읽으면 레비나스가 결코 완전히 시각중심주의와 단절하지 않았음을 받아들이게 된다. 이에 관해서는 다음을 참조. Paul Davies, "The Face and the Caress: Levinas's Ethical Alterations of Sensibility," in David Michael Levin, ed., *Modernity and the Hegemony of Vision* (Berkeley, 1993).

적 혼란이 바로 핵심적인 것이다.[67]

레비나스의 애무에 대한 설명에서 문제시될 수 있는 젠더의 함의는 시몬 드 보부아르 같은 페미니스트들의 분노를 일으켰다. 보부아르는 레비나스가 여성을 남성의 성적 즐거움의 수동적 대상으로 삼았다고 비난했다.[68] 하지만 1980년대까지 자아와 타자의 통상적 위계를 뒤집는 레비나스의 전복적 인식과 그의 논리에 대한 세심한 이해는 카트린 샬리에(Catherine Chalier)와 뤼스 이리가레 같은 페미니스트들의 관심을 끌기 시작했다.[69] 그들에게 가장 매력적인 레비나스의 사유 중 하나는 여성주의 윤리학을 위한 유용성이었다. 레비나스는 타자의 요구에 대한 이타적인 종속의 이상적 모델로서 모성의 상황을 제안했을 뿐만 아니라 남성적 응시의 반사적 체계 밖에 있는 여성적인 것에 명시적으로 특권을 부여했다. 레비나스에게 여성적인 것은 "빛으로부터 미끄러져 구성된 하나의 존재양식이다. 여성적인 것이 존재함은 빛을 향한 공간적 초월성이나 표현과는 다른 사건이다. 이것은 빛 앞의 비행이다. 숨김(hiding)은 여성적인 것의 존재 방식이며 숨김의 사실은 바로 겸손이다. 그

---

67 Levinas, "Time and the Other," *The Levinas Reader*, p. 51.

68 Simone de Beauvoir, *The Second Sex*, trans. H. M. Parshley (New York, 1970), p. xvi, n. 3.

69 Catherine Chalier, *Figures du féminin. Lecture d'Emmanuel Levinas* (Paris, 1982); Luce Irigaray, "The Fecundity of the Caress: A Reading of Levinas's *Totality and Infinity*, Section IV, B, 'The Phenomenology of Eros'," in Richard A. Cohen, ed., *Face to Face with Levinas*. 이리가레가 받은 레비나스의 영향은 다음을 참조. Elisabeth Grosz, *Sexual Subversions: Three French Feminists* (Sydney, 1989), p. 141. 이후의 에세이는 다음을 참조. "Questions to Emmanuel Levinas: On the Divinity of Love," in *Re-Reading Levinas*, ed. Robert Bernasconi and Simon Critchley (Bloomington, Ind., 1991). 이리가레는 레비나스의 작업에서 성차별주의적 선입견에 대해 좀 더 비판적이었고, 신비주의에 대해서는 레비나스보다 좀 더 개방적이었다.

래서 이러한 여성적 이타성은 대상의 단순한 외부성에 있지 않다."[70]

성경 속에서, 드러나지 않는 관찰자로서의 여성의 역할이 중요하다고 레비나스는 주장한다. 왜냐하면 성경이 묘사하는 세계는 "이러한 어머니, 아내, 딸들의 비가시성과 대면한 비밀스러운 현전이 없었다면, 혹은 실재의 깊이와 불투명성 속 침묵의 발자취가 없었다면, 그 자체의 내부성의 차원들을 묘사하고 또 그 세계를 거주 가능하게 하면서, 과거의 모습처럼 구축되지 못했을 것이고, 현재에도 그렇고 앞으로도 계속 그렇게 구축되지 못할 것"이기 때문이다.[71] 하이데거의 '고향(Heimat)'[i] 은 공적인 영역을 향해 노려보면서 눈부신 명성을 갈망하는 남성들에게는 부족한, 친밀함의 차원을 활짝 여는 여성들의 비가시적 돌봄에 의해서만 비로소 진정한 가정(home)이 된다.

⊙

여성적인 정숙함과 가정성(domesticity), 부재하는 신의 윤리적인 명령, 실천 행위의 모델로서의 종교적 의례와 같은 레비나스의 세계관은 프랑스의 가장 선도적인 동시대인들에게 영웅이 될 만한 '진보적인' 사상가의 세계관은 결코 아니었다. 실제로 시오니즘의 종교적 분파에 근거한 그의 정치적 입장은, 보편주의적 가치에 대해서는 문제가 될 정도로 둔감했다.[72] 그러나 앞서 언급했듯이 장프랑수아 리오타르는 근

---

70 Levinas, "Time and the Other," *The Levinas Reader*, p. 49.

71 Levinas, "Judaism and the Feminine Element," *Judaism*, 18, 1 (Winter, 1969), p. 32.

72 예를 들어 그의 1982년 인터뷰에서 팔레스타인에게 "타자"의 지위를 부여하는 것을 거부한 사례를 참조. Interview "Ethics and Politics," in *The Levinas Reader*, 1982 p. 289.

본적으로 새로운 것을 추구했던 권위자인 레비나스에게 강한 영감을 받았다.

이에 대해 설명하는 것은 어렵지 않다. 종종 논의됐듯이 모더니스트 프로젝트에 대한 포스트모더니즘 비판의 대부분이 계몽주의에 대한 거부라고 한다면, 레비나스의 당당한 반(反)계몽주의 철학은 이에 확실히 부합하는 독해가 될 것이다. 그리고 한층 더 확실한 이유로, "계몽주의의 시대(siècle des lumières)" 시각중심주의의 전제들에 대한 레비나스의 강력한 비판은 그 진가를 알아보는 한 명의 안목 있는 청중과 만나게 된다. 따라서 1984년까지 프랑스의 대중 언론은 레비나스가 '유행(à la mode)'하고 있었고,[73] 리오타르는 이것을 지지하는 주요 인물 중 하나라고 당연히 주장할 수 있었다.

리오타르의 뿌리는 마르크스주의와 현상학이라는 다소 '이교도적' 철학에 근거했다. 따라서 리오타르가 그의 경력 초기에 레비나스에 매료되었다는 것은 쉽게 예상할 수 없었다. 그는 알제리의 독립을 위한 투쟁 시기에는 정치적인 면으로 적극 활동했고, 1954년 30세 되던 때에는 코르넬리우스 카스토리아디스(Cornelius Castoriadis)와 클로드 르포르(Claude Lefort)가 주도한 "사회주의냐 야만이냐(Socialisme ou Barbarie)"라는 극좌파 집단에 가담했다.[74] 그의 철학서 중 첫 번째인 현상학에 대한 짧은 입문서가 같은 해에 출간되었는데, 여기에는 이 주제에 대한 레비나스의 작업이 형식적으로 인용되었을 뿐 오히려 메를로퐁티의 영향이 분명 더 컸다.[75] 비록 리오타르가 1964년에 "사회주의

---

73 "La mode Levinas," *Le Monde* (November 23, 1984), p. 21.

74 이 일화에 대한 이후의 설명은 다음을 참조. Lyotard, "A Memorial for Marxism: For Pierre Souyri," in *Peregrinations: Law, Form, Event*. 리오타르의 첫 번째 직업은 1950년에 시작한 알제리의 도시, 콩스탕틴(Constantine)의 고등학교 철학 교사였다.

75 Lyotard, *La phénoménologie* (Paris, 1954).

냐 야만이냐"와의 관계를 끊고, 2년 후에는 그 분파인 "노동자 권력 (Pouvoir Ouvier)"에도 더 이상 관여하지 않았으며, 여기서 살펴보게 될 방식으로 메를로퐁티를 점점 더 많이 비판했지만, 1970년대에는 「이 교도의 교훈(lessons in paganism)」[76]과 같은 글을 계속해서 내놓았다. 당시의 많은 프랑스 지식인들처럼 리오타르는 니체에 점점 더 관심을 갖게 되었다.[77] 그가 공언한 신조는 유대교 전통인 유일한 진정한 하나 님과는 다른 다신교였고, 이것은 그 유명한 『포스트모던의 조건 *The Postmodern Condition*』(1984)에서 그가 단일한 주인의 역사 서술방식 을 배격한 데서 강조되었다.[78] 레비나스에게 있던 평화적인 본성이 부 족했던 리오타르는 합의보다는 의견 불일치를, 차이에 대한 평화적인 판결보다는 적대적인 갈등에 우위를 두게 된다.

게다가 리오타르는 레비나스와는 달리 실험적 시네마와 사진뿐 아니 라, 세잔이나 뒤샹, 바넷 뉴먼(Barnett Newman), 루스 프랑켄(Ruth Francken), 다니엘 뷔랑(Daniel Buren)과 같은 예술가들을 날카롭게 분석하는, 시각적인 주제와 관련된 글을 즐겨 썼다. 리오타르는 유대인 사상가들이 미학적인 범주에 대해 일반적으로 무시하는 경향을 공유하 지는 않았는데, 사실 그는 현대 철학자들 중에서 이것을 열등한 지위에 서 구하고자 한 철학자였다.[79] 따라서 리오타르는 아도르노의 이론적 전체화(theoretical totalizations)와 부정 변증법(negative dialectics)에

---

76 Lyotard, "Lessons in Paganism," in *The Lyotard Reader*, ed. Andrew Benjamin (London, 1989). 원본은 1977년에 출판됐다.
77 예를 들어 다음의 그의 글을 참조. "Notes on the Return and Capital," in *Semiotext(e)*, 3, 1 (1978).
78 Lyotard, *The Postmodern Condition: A Report on Knowledge*, trans. Geoff Bennington and Brian Massumi (Minneapolis, 1984).
79 미학에 대한 리오타르의 복합적인 태도에 대한 설명은 다음을 참조. David Carroll, *Paraesthetics: Foucault, Lyotard, Derrida* (New York, 1987), 2장.

대한 비판을 높이 평가하면서 아도르노의 『미학이론 *Aesthetic Theory*』에 매료되었다.[80]

　이들 사이의 모든 차이점에도 불구하고 레비나스는 리오타르가 좌파 현상학자에서 포스트모더니즘의 주요한 프랑스 대변인으로 변신하는 데에 확실히 결정적인 영감을 제공했다. 그러나 이러한 레비나스의 영향을 이해하기 위해서는 우선 리오타르의 연구 경력 초기에 시각적인 것에 대한 그의 복잡한 태도를 명확하게 해 둘 필요가 있다. 리오타르는 레비나스의 눈에 대한 비판을 충분히 가늠하여 흡수하기 전에도, 20세기 프랑스 사상에서 만연했던 보는 것의 고결함에 대한 의구심을 이미 어느 정도는 이들과 비슷하게 품고 있었다.

　리오타르는 "사회주의냐 야만이냐"의 구성원들과 공유했던 비주류 마르크스주의를 기웃거리다가 결국 떠났으며, 동시에 정신분석을 수용하며 타협점을 찾고 있었다.[81] 1960년대 중반에 그는 파리의 라캉 세미나에 참석하여, 주체와 대상의 분열 이전의 시각의 시원적 존재론을 현상학적으로 추구한 메를로퐁티에 대해 라캉이 한 비판에 흥미를 느꼈

---

80 Lyotard, "Adorno as the Devil," *Telos*, 19 (Spring, 1974). 그럼에도 불구하고 리오타르는 아도르노가 불가능한 전체성에 대한 향수를 포기하는 데에까지 이르지 못한 것을 비난했다. 사변철학을 향한 아도르노의 미시적 도전을 검토하는 리오타르의 연구에 대해서는 다음을 참조. "Presentations," Philosophy in *France Today*, ed. Alan Montefiore (Cambridge, 1983).; "Discussions, or Phrasing 'after Auschwitz'," in *The Lyotard Reader*. 여기서 다루지는 못하지만, 아도르노와 레비나스 사이에는 중요한 유사점들이 있다. 이러한 논의에 관해서는 다음을 참조. Hent De Vries, *Theologie im Pianissimo & Zwischen Rationalität und Dekonstruktion: Die Aktualität der Denkfiguren Adornos und Levinas'* (Kampen, 1989).

81 여기서 '떠내려가다'의 의미로 사용된 "drift away"는, 리오타르 자신이 선택한 'drift', 프랑스어로 'dérive'인데, 이것은 아마도 리오타르가 선택한 의도적인 아이러니로서, 상황주의자들에 의해 도입된 것으로 우리가 알고 있는 똑같은 용어가 다음의 책에서 리오타르의 각성을 묘사한다. *Dérive à partir de Marx et Freud*.

을 뿐만 아니라, 구조주의 언어학을 사용함으로써 자아 심리학으로부터 프로이트를 구하고자 했던 라캉의 시도에도 흥미를 가졌다. 그러나 라캉의 입장 중 한 측면은 그를 설득시키지 못했다. 그는 이후에 언급하기를,

> 나 자신은 라캉의 가르침에 다소 저항적이 됨을 느꼈다. 이러한 나의 저항을 이해하는 데에는 거의 20년 이상이 걸렸다. 이것은 개념 "A"(concept "A"), 즉 라캉의 논의 구조에서 '대문자 A(big A)'의 개념과는 전혀 상관이 없다. 반면 이 개념은 욕망과 요구 사이 분열의 기초를 제공하는 것으로 보인다. 다시 말해 욕망의 질서 또는 "이드(Id)"와 연관되는 라캉이 실재계라고 불렀던 것과, 자아(Ego)의 요구의 경제학에 속한 상상계 사이의 분열의 기초인 것이다. 내가 라캉의 프로이트 독해에 반대하며 느낀 분노는 이 세 번째 용어인 언어와 지식의 전 영역이 속하는 상징계와 관련된다.[82]

라캉의 상징계 인식에 대한 리오타르의 거부는 다른 내용들과 함께 1971년의 그의 박사학위 논문에서 배태된『담론, 형상』에서 분명히 나타났다.[83 i)] 방대하면서 야심차고, 주제 면에서 장황한 이 작업은 다음의 내러티브하에서 만나게 되는 여러 주제와 형상을 다룬다. 이는 콰트로

82 Lyotard, *Peregrinatiom*, p. 10.
83 Lyotard, *Discours, figure* (Paris, 1971). 다음의 인용은 4번째 판본(1985)에 의거한다. 영어본의 해석 중 가장 통찰력 있는 것 중 하나는 다음의 판본이다. Bill Readings, *Introducing Lyotard: Art and Politics* (London, 1991), sect. 1; David Carroll, *Paraesthetics*, 2장; Geoff Bennington, "Lyotard: From Discourse and Figure to Experimentation and Event," *Paragraph*, 6 (October, 1985); Maureen Turim, "Desire in Art and Politics: The Theories of Jean-François Lyotard," *Camera Obscura*, 12 (Summer, 1984); and Peter Dews, "The Letter and the Line: Discourse and Its Other in Lyotard," *Diacritics*, 14, 3 (Fall, 1984).

첸토(Quattrocento) 원근법에서부터 왜상적 왜곡까지, 데카르트의 『굴절광학』에서부터 메를로퐁티의 『보이는 것과 보이지 않는 것』까지, 말라르메의 「주사위 던지기」와 같은 시각적인 시에서부터 프로이트의 폐제(廢除, foreclosure) 개념까지, 마지막으로 브르통의 환각에 대한 방어에서부터 후설의 눈을 깜박하는 순간(Augenblick)에 대한 데리다의 비판에 이르기까지 다양한 문헌들에서 만나게 된다. 그 결과는 그 어떤 이론적 체계로의 손쉬운 환언(paraphrase)이나 감축(reduction)에 반대하는 것이다. 따라서 실제로 리오타르의 작업 중 많은 부분이 의도적으로 포착하기 어렵게 교묘하게 빠져나간다.[84] 그러나 확신을 가지고 말할 수 있는 것은 이 책의 분석이 책 제목인 담론과 형상이라는 두 개의 용어가 서로 유지되고 해체되면서, 동시에 이들은 대조에 의해 느슨하게 결합되어 있다는 것이다.

이러한 기표들 중 첫 번째를 둘러싼 의미군은 두 번째를 둘러싼 의미군보다 구체적으로 명시하는 것이 좀 더 쉽다. 리오타르에게 담론은 지각보다 텍스트성의 우세, 전(前)반성적 현시보다 개념적 표상의 우세, 이성의 "타자"보다 합리적 일관성의 우세를 의미한다. 이것은 논리, 개념, 형식, 사변적 상호성, 상징계의 영역이다. 그래서 담론은 기표들의 물질성이 망각된 곳에서, 의사소통과 의미화 작용을 위해 규범적으로 지나가는 것들의 발생장소(locus)로서 사용된다. 변증법적 지양이나 변

---

84 환언하기(paraphrase)에 저항감이 있던 리오타르의 원칙을 저버리지 않으려 했던 논평가들은 리오타르 자신의 실행적인 이상에 상응하는 현시의 양식을 발견하고자 노력했다. 이에 관해서는 예를 들어 다음을 참조. Geoff Bennington, *Lyotard: Writing the Event* (Manchester, 1988); and Readings, *Introducing Lyotard*. 내가 다른 곳에서 상세히 논했던 이유에 대해서는 다음을 참조. "Two Cheers for Paraphrase: The Confessions of a Synoptic Intellectual Historian," in *Fin-de-siècle Socialism and Other Essays* [New York, 1988]. 나는 환언의 대가에 대해서는 별 관심을 갖지 않는다. 따라서 리오타르에 대한 리오타르 추종자들의 독해를 시도하지는 않는다.

별적 동시성으로 가장하건 간에, 담론은 투명성(transparency)과 명료성(lucidity)에 대한 신뢰를 수반한다.

반대로 형상성(figurality)은 불투명성(opacity)을 담론의 영역으로 주입하는 것이다. 이것은 동화될 수 없는 이질성을 동질적이라고 추정되는 담론 속으로 집어넣는, 언어적 의미의 자기충족성에 반대하여 작동하는 것이다. 형상성은 바타유의 과잉(excess)개념과 매우 비슷하게, 최소한의 공통성도 없는 불가공약성(incommensurable)[k]을 하나의 체계 질서 속에 밀어 넣어 다시 만회할 수 없게 하면서, 알 수 있는 것, 의사소통할 수 있는 것의 경계를 넘는다.[85] 형상적인 것은 담론적인 것에 대한 단순한 반대이거나 의미의 대안적 질서라기보다는, 어떠한 질서도 완전한 일관성 속에 공고화되지 못하게 하는 균열의 원리(the principle of disruption)이다. 이후에 리오타르는 "나는 『담론, 형상』에서 언어와 이미지에 반대하려고 하지 않았다. 나는 독해 가능성의 (담론적) 원리와 독해 불가능성의 (형상적) 원리가 한쪽이 다른 한쪽 속에서 공유됨을 주장했다"고 언급했다.[86]

리오타르에게 형상적인 것은 엄청난 양의 다양한 의미들을 아우른다. 이것은 전통 철학이 헛되이 제거하려고 했던 "발화의 형상들"인 문자적 의미화 작용에 저항하는 수사적 비유를 포함한다. 또한 형상적인 것은 배열, 형태, 이미지에 대한 개념을 의미하는데, 비록 전통적으로는 이러한 용어들에 수반되는 명확성과 명료성에 대한 편견을 배제한다. 이것은 또한 하나의 폐쇄적인 자기지시적 담론 체계 밖에서 어떤 것을 지칭하고 참조하는 것의 불가피성을 말한다. 형상성은 거대 서사의 잘 짜여진 일관성뿐만 아니라, 리오타르가 "사건"이라고 부른, 예를

---

85 리오타르가 바타유로부터 받은 암묵적 영향에 관한 논의에 대해서는 다음을 참조. Pefanis, *Heterology and the Postmodern*, p. 86.

86 Lyotard, "Interview," *Diacritics*, 14, 3 (Fall, 1984), p. 17.

들어 구조주의 언어학의 발음 구분의 대비처럼 공시적 체계의 정체 상태(stasis)를 손상시키는 예상치 못한 해프닝이라고 하는 고유한 시간성과 연관된다.

좀 더 정확하게 리오타르는 다음을 구분하는데, 대상의 윤곽에 대한 지각적 인지를 교란하는 "형상-이미지(figure-images)"는 예컨대 큐비스트 예술과 연관되고, 다음으로 윤곽들이 나타날 수 있는 가시성의 공간 자체를 문제시하는 "형상-형식(figure-forms)"은 예컨대 잭슨 폴록(Jackson Pollock)의 추상표현주의와 연관되며, 마지막으로 순수한 차이의 원리로서 가시적 영역으로 쇄도해 오더라도 기본적으로는 비가시적인 영역에 있는 "형상-모체(figure-matrices)"가 있다. 이러한 개념들과 무의식적인 것의 관계는 여기서 곧 검토될 것이다.

리오타르의 책 『담론, 형상』이 그 자신이 "이 책은 눈에 대한 변호다"라고 명시적으로 주장했던 "형상에 대한 선입견(le parti pris du figural)"으로 불리는 부분에서 시작한다는 점을 보더라도,[87] 그는 시각중심주의에 대한 전반적인 비판을 완전히 받아들이지는 않은 것처럼 보인다. 실제로 그의 복잡한 논의는 그렇게 단순한 하나의 공식으로 감축될수 없다. 리오타르는 진리의 적으로서 감각 경험을 무화시키는 철학적 전통은 물론 귀에 직접적으로 주어진 신의 말씀만을 믿는 종교적 전통과도 확실히 거리를 두었다. 대신 그는 "시각은 야만의 상태에 존재한다"는 브르통의 명언과, 가시적인 것과 비가시적인 것의 키아즘적 상호얽힘을 탐구하고자 했던 메를로퐁티의 시도를 언급한다.[88]

그러나 분명해진 것은 리오타르가 공언한 시각적인 것에 대한 변호

---

87 Lyotard, *Discours, figure*, p. 11.

88 Ibid., p. 11. 메를로퐁티로부터 받은 영향과 차이점에 대해서는 다음을 참조. Jean-Loup Thébaud, "La chair et l'infini: J. F. Lyotard et Merleau-Ponty," *Esprit*, 6 (June, 1982).

가 사변적 반사, 경험적 관찰, 시각적 계시, 형상적 직관에 대한 신뢰에 의해 만들어진 것과는 비교 가능하지 않다는 것이다. 리오타르가 "눈, 그것은 힘이다(l'oeil, c'est la force)"라고 했듯이 눈은 균열적 에너지의 근원으로서 이해되어야 한다.[89] 눈은 세계의 살과 다시 조화롭게 얽혀 회복되는 것을 방해하는 힘이다. 여기에는 담론적인 것과 형상적인 것이 고양된 제3의 영역에서의 헤겔적인 지양은 없다. 담론은 관습적 의미가 지배하는, 리오타르가 '문자(the letter)'라고 일컬었던 것의 그래픽적 논리를 따르는 반면, 형상은 불투명성, 강도, 인식 가능하지 않은 것들이 지배하는 "행(the line)"의 시각적 공간에 영향을 받는다.[90] 이 두 가지를 완전히 상응하게 하는 그 어떤 방법도 없다.

따라서 리오타르는 데카르트적 원근법주의에 대한 현상학적 비판에 분명히 영향을 받았음에도 불구하고, 메를로퐁티가 세잔의 회화를 주체와 대상의 분리 이전의 근원적 상태로 성공적으로 회복한 하나의 상징으로 간주하고자 했던 시도를 거부한다. 리오타르는 라캉처럼 키아즘에 앞서는 어떠한 보기(voyure)에 대한 향수를 피해 간다. 그는 화해(reconciliation)가 아닌 "불화(deconciliation)"를 요구한다. 여기서 형상적인 것은 "가시적인 것, 언어에서의 나-당신(I-You of language)이나 지각의 유일자(the One of perception)에 속한 것이 아니라, 욕망의 이드(the Id of desire)에 속한 것"이며, 욕망의 즉각적인 형상이 아닌 그것의 작동에 속한 것이다.[91]

이 책의 마지막 부분에서 욕망하는 이드(the desiring Id)는 사실상

---

89 Ibid., p. 14.
90 Ibid., pp. 211ff. *In Économie libidinale*, 똑같은 기능이 그가 "긴장근(緊張筋, tensor)"이라고 부른 것에 의해 충족될 수 있다. *The Lyotard Reader*에 같은 제목으로 수록된 글을 참조.
91 Ibid., p. 23.

담론과 형상성의 지양할 수 없는 변증법과 함께 논의되기 시작한다. 지각과 신체에 대한 현상학적 이해, 특히 이러한 메를로퐁티의 생각은 이제 리비도적 욕망을 숨긴다는 이유로 명시적으로 비난 받는다. 이러한 변화는 말라르메가 시각 자료의 반(反)의미화를 도입함으로써 전통시를 급진적으로 전복한 것에 대해 리오타르가 논의한 이후에 나타난다. 이에 대해 데이비드 캐롤(David Carroll)이 언급한 것을 보면,

> 『담론, 형상』에서 분류는 교착상태에 빠지게 된다. 왜냐하면 전반적으로 시각적인 용어로 정의되는 담론적인 것과 형상적인 것 사이의 대안이 말라르메의 시에서 극복될 때, 그 대안뿐 아니라 그러한 형상의 정의를 지지하는 예술의 개념도 이제는 부족하게 보일 수 있기 때문이다. 이것은 마치 형상적인 것이 너무나 안정적이고, 너무나 가시적이고, 너무나 쉽게 특정한 시적 실천에 위치하기에, 그것이 얼마나 급진적으로 주장되든, 비판적인 기능을 계속해서 제공하지 못하는 것과 같다.[92]

리오타르가 그 자리에 대신 둔 것은 리비도적 욕망으로, 이것은 힘이나 에너지로 이해되는데, 의미화 작용이라기보다는 방출(discharge)과 강도(intensity)의 명령을 따른다. 우리의 연구 목적에서 가장 흥미로운 것은 '형상-모체(figure-matrix)'로서, 이것은 욕망의 토대에 대한 리오타르의 용어로서 비가시적이다. 적어도 이 용어는 이차 과정들 속에 일차 과정이 도치된 흔적으로 나타난다. 그는 "이것은 보이지 않을 뿐 아니라, 보이지 않는 만큼 읽을 수도 없다"라고 쓰고 있다. '형상-모체'는 조형적인 공간에 속한 것도 아니고, 텍스트적인 공간에 속한 것도 아니다. '형상-모체'는 차이 그 자체이며, 그런 만큼 이것이 발화된

---

92 Carroll, *Paraesthetics*, p. 37.

표현이 되었을 때는 **대립**(opposition)의 형식으로 설정되지 않는다. 혹은 '형상-모체'가 조형적 표현이 되었을 때는 이미지나 형태의 형식으로 설정되지도 않는다. 담론, 이미지, 형태는 모두 이것을 간과하는데, 이 "형상-모체"는 세 가지 공간에 모두 존재하기 때문이다.[93]

여기에서 리오타르가 라캉과 상징계의 개념을 놓고 논쟁한 것이 분명해진다. 리오타르는 「꿈-작업은 사고하지 않는다(The Dream-work Does Not Think)」[94]라는 제목의 글에서 무의식적인 것은 언어처럼 구조화된다는 라캉의 주장에 도전한다(이에 대한 불만은 빈스방어에 대한 푸코의 초기 작업에서 이미 다루어졌는데 리오타르는 이를 무시했다).[95] 만약 그렇다면 의식과 무의식적인 것 사이에는 어떠한 유의미한 차이도 없을 것이기 때문이다. 리오타르는 압축을 은유의 언어적 작동과 동일시하거나, 전치를 환유로 동일시하는 것을 거부하면서, "언어가 적어도 그 시적인 사용에 있어서 형상에 의해 소유되고 사로잡혀 있다는 것이 확실할 때에는, 모든 것을 기호학의 모델이 되는 분절된 언어로 되돌리려는 시도는 아무 소용이 없다"고 주장한다.[96] 또한 꿈은 언어로만 환원되는 것에 반대되는 글자조합 수수께끼(rebus) 같은 형상들을 이용한다. 예를 들어 이 형상들은 마그리트의 회화같이 "많은 부분 단어를 이용하는 것이 아니라, 전설을 형성하는 단어들에 대한 형상을 이용해 행해지는 게임이다."[97]

리오타르에 따르면 라캉은 기표들의 조형적 구체화가 그 의미에 영

93 Lyotard, *Discours, figure*, p. 278.
94 이 글은 뒤에 나오는 인용의 출전인 *The Lyotard Reader*에 번역되어 있다.
95 Foucault, Introduction to Ludwig Binswanger, *Le rêve et l'existence*, trans. Jacqueline Verdeaux (Paris, 1954), p. 27.
96 Lyotard, "The Dream-Work Does Not Think," p. 30.
97 Ibid., p. 28.

향을 준다는 것을 인식하지 못했다. 그는 "두 가지 기능의 조형성을 인정하기"를 거부한다. "즉 하나의 기능은 글쓰기의 체계 **안에서** 작동하는 것으로 글자를 가지고 형상을 창조하면서, 상형문자의 방향뿐 아니라 글자조합 수수께끼의 방향으로 향하는 것이다. 그러나 다른 하나의 기능은 라캉에 따르면 말은 언어의 지시하는 힘을 이용하는 것이 아니고, 기의가 그것이 지시하는 것으로 […] 단순히 대체되거나, 개념이 대상 중 하나로 대체되는, 그러한 말이 아니다."[98] 다시 말해 라캉은 형상적인 것을 파열의 내적 원리로서 이해하는 데에 실패했는데, 이는 기표의 물질성이 기표가 의미화하려는 것과 대립하기 때문이다. 그리고 라캉은 언어의 지시적 기능의 중요성을 간과하였는데, 순수하게 언어적 개념들로 포섭될 수 없는 세계 속 가시적인 대상들을 지시하는 형상의 힘을 간과하였다. 따라서 형상성 속에 표현되는 욕망은 꿈의 분명한 내용 이면에 숨어 있는 잠재적 이해 가능성의 해독 가능한 원천으로서 이해되어서는 안 된다. 이것은 오히려 언어의 규칙들을 깨면서 이해 가능한 것에 균열을 내는 원초적 판타즘(primal phantasm)이고, 담론이면서 동시에 형상이며, 이는 "환영적인 원근도법(hallucinatory scenography)이라는 첫 번째 폭력에서 잃어버렸던" 언어이다.[99]

안타깝게도 리오타르는 그의 분석을 라캉의 『에크리』에 나오는 텍스트에 한정했다. 그는 라캉의 『정신분석학의 네 가지 근본 개념』에 수록된 세미나에 나오는 눈과 응시에 대한 좀 더 복잡한 분석에 대해서는 소홀히 했다. 그 이유는 아마도 1964년에 이 세미나들이 행해진 이후 거의 십여 년이 지날 때까지 세미나 내용이 출판되지 않았기 때문일 것이다. 시각적이면서 언어적인 것의 비지양적 중첩(nonsublatable imbri-

---

98 Ibid., p. 39.
99 Ibid., p. 51.

cation)에 대한 라캉의 이해는 이러한 후기 작업에서 좀 더 분명하게 나타난다. 따라서 리오타르가 『담론, 형상』에서 비판했던 라캉의 상상계와 상징계의 엄격한 분리는 그다지 철저하게 이루어지지 않은 셈이다.

그럼에도 불구하고 리오타르가 의미화 체계의 이해 가능성에 균열을 내는 판타즘적 "형상-모체"를 옹호한 점은 구조주의와 라캉에게 남아 있는 구조주의의 명백한 잔재들을 거부했던 질 들뢰즈와 펠릭스 가타리의 찬사로 이어졌다.[100] 들뢰즈와 가타리는 1972년 『앙티오이디푸스 *Anti-Oedipus*』에서 리오타르의 "순수 지시이론(the theory of pure designation)"[101]의 복원이 텍스트적인 것의 지배에 대해 저항한다는 점에서 찬사를 보냈다. 들뢰즈와 가타리는 "리오타르의 근작은 기표에 대한 최초의 일반화된 비판이라는 점에서 극히 중요하다"고 봤다. "[…] 리오타르는 기표가 그것을 구성하는 순수한 형상들에 의해 내부를 향

---

100 가타리는 라캉에 의해 분석되었다. 라캉의 입장에 대한 옹호는 다음을 참조. Ellie Ragland-Sullivan, *Jacques Lacan and the Philosophy of Psychoanalysis* (Urbana, Ill., 1987), pp. 87ff. 흥미롭게도 리오타르의 논의는 해체주의자들에게는 그다지 우호적으로 수용되지는 않았다. 이들은 무엇인가를 긍정적으로 만들고 형상적인 욕망을 해방하려는 리오타르의 시도를 거부했다. 이에 관해서는 예를 들어 다음을 참조. Bennington, "Lyotard: From Discourse and Figure to Experimentation and Event". 여기서 저자는 "왜 우리는 형상의 문제에서 본질적으로 정신적인 근원을 가정하는가? 여기에는 너무나 존재론적이고 심지어 육체적인 어떤 것이 있는 것은 아닌가? 어떤 것이 리오타르의 작업에서 그의 『리비도 경제 *Économie libidinal*』의 '리비도적 연계(libidinal band)'를 곧 만들어 낼 것인가? 그리고 이에 수반하여 **위반**(transgression)에 대한 강조는 너무 단순하고 긍정적인 것은 아닌지, 겉으로 볼 때 그 위반은 그 위반이 어기는 법을 확인해 준다는 인식이 부족한 것은 아닌지? 그리고 사실 이것은 이 책 전반에 걸친 해체의 흐름에는 반대되는 것은 아닌지? […] 차이와 대조의 구분을 차이보다는 대조로서 재해석함으로써 결국엔 담론에 대한 초기 인식을 그것을 전복하는 것으로 인정하는 것은 아닌지?" 질문한다(p. 23).

101 Gilles Deleuze and Félix Guattari, *Anti-Oedipus: Capitalism and Schizophrenia*, trans. Robert Hurley, Mark Seem, and Helen R. Lewis (Minneapolis, 1983), p. 204.

해서 압도되는 것처럼, 좀 더 정확하게는 기표의 부호화된 간격들의 간격을 없애고 합치는 '형상적인 것'에 의해 압도되는 것처럼, 외부를 향해서 기표가 형상적 이미지에 의해 압도되는 것을 보여 준다"라고 논한다.[102]

들뢰즈와 가타리가 주장하기를, 리오타르의 작업이 앞서의 이유보다 더 중요한 것은 리오타르가 오이디푸스 콤플렉스에 대해 전통적 정신분석학이 강조한 것에 도전한 것인데, 이 점은 라캉과도 비슷하다. 『담론, 형상』에 나오는 형상-모체에 대한 분석은 어떠한 무의식적인 개념도 오이디푸스 삼각형에서 작동하는 것과 같은 극화된 표상의 한 장소로서 약화된다. 따라서 이것은 들뢰즈와 가타리가 분열분석(schizo-analysis)[1]이라고 불렀던 것의 전조가 된다.[103] 이것은 무의식적인 것을 하나의 욕망하는 기계로 보면서, 표상될 수 없고 부호화될 수 없고 영역화될 수 없는 리비도적 에너지의 흐름을 수력학적으로 해석하는 것이다. 들뢰즈와 가타리는 "표상의 극장(the theater of representation)을 욕망-생산의 질서(the order of desire-production)로 전복하는 것, 이것이 분열분석 과제의 전부다"라고 주장했다. 들뢰즈와 가타리는 전적으로 긍정적으로 이해되어야 한다고 그들이 주장했던 욕망 개념에서 리오타르가 일종의 결여 개념을 재도입한 것에 대해서 그를 비난했음에도 불구하고, 리오타르가 자신들과 비슷한 계열에 있다고 인정했다.

리오타르 역시 다양한 점에서 이들과의 유사성을 확실히 표명했는데, 그는 1972년 『앙티오이디푸스』에 대한 긴 감상문인 「자본주의 광신자(Capitalisme énergumène)」라는 제목의 글에서 들뢰즈와 가타리의 논의의 반(反)마르크스주의적 함의를 강조했다.[104] 1970년대 초반의

---

102 Ibid., p. 242.
103 Ibid., p. 271.
104 Lyotard, "Capitalisme énergumène," *Des dispositifs pulsionnels* (Paris, 1979).

『담론, 형상』에 뒤이은 작업에서 가장 두드러진 것은『충동의 장치 *Des dispositifs pulsionnels*』(1973)와『리비도 경제 *Économie libidinale*』(1974)의 모음으로,[105] 리오타르는 대안적 리비도 정치학(alternative libidinal politics)을 상세히 설명했는데, 이는 그가 르포르와 카스토리아디스와 함께 했던 시절 이후로 이들과 얼마나 멀어졌는지 보여 준다. 리오타르는 또한 자본주의는 경제적 교환을 규제하는 그 모든 강제적인 시도에도 불구하고 그 억제를 좌절시키는 리비도의 강도(libidinal intensities)를 해방시킨다고 논했다. 그는 이러한 리비도적 강도가 지배될 수 있고 또 지배되어야 하는 그 어떤 유토피아적 질서가 자본주의에는 없다고 논했다. 또한 소비(expenditure)의 일반경제와 교환의 제한경제를 대비시키는 것은 별 소용이 없다고 했다.["""] 즉 소비의 일반경제가 교환의 제한경제 안에 이미 항상 포함되어 있기 때문이다. 어떤 의미에서 자본주의는 사회주의보다 더 급진적이다. 왜냐하면 자본주의는 모든 구조와 신비화를 냉소적으로 정리해서 그 자리에 새로운 것을 대체하기를 거부하기 때문이다.

그러나 사람들은 리오타르의 리비도 정치학을 비판하고 리오타르 자신도 그 타당성에 대해 의심하게 되었는데,[106] 같은 시기 그의 작업에서

"energumen"(프랑스어 énergumène)은 악령에 사로잡힌 사람, 광신자를 의미한다.

105 Lyotard, *Des dispositifs pulsionnels* (Paris, 1973) and *Économie libidinale* (Paris, 1974). 두 번째 책에 관해 줄리안 페파니스(Julian Pefanis)는 다음과 같이 썼다. "뭐랄까, 이것은 시적인 방식으로 정신분열적이면서 타협할 수 없다는 점에서 들뢰즈의 텍스트이다. 다시 말해 독자는 그 흐름의 방향을 제외하고는 움직일 수 있는 여지가 거의 없다. 그 표현의 강도, 그 억누를 수 없는 적대감과 고뇌의 강도에 의해 대체되는 결과의 명료성에서 결핍된 것은 무엇인가?"(*Heterology and the Postmodern*, p. 91).

106 예를 들어 리오타르가 장루 테보(Jean-Loup Thébaud)와의 대화에서 했던 언급을 참조하면 다음과 같다. *Just Gaming*, trans. Wlad Godzich (Minneapolis, 1985), p. 90. "누군가 미학적 정치학을 할 수 있다는 것은 사실이 아니다. 이러한 강렬함의 추

시각적 현상들에 관한 비슷한 논의가 있었음에 주목하는 것이 더 중요
하다. 다시 말해 그는 종종 시각 경험에 대한 전통적인 인식을 깨부수
는 균열적이고, 비표상적이며, 비가시적인 충동들을 찬양하였다. 1971
년과 1972년에 리오타르는 「세잔에 의거한 프로이트(Freud According
to Cézanne)」와 「정신분석과 회화(Psychoanalysis and Painting)」라는
글을 출판했는데, 여기에서 예술작품의 조형적인 수단보다는 작품의
상징적 내용을 우선시하는 프로이트의 미학이론을 공격했다. 이 글들
은 항상 이해 가능한 의미화로의 환원에 저항했다.[107] 리오타르는 1972
년에 나온 「리비도적 장치로서의 회화(Painting as Libidinal Appara-
tus)」라는 글에서 세잔, 들로네(Delauney), 클레(Klee)와 같은 작가들
의 작품들을 분석했고, 이듬해에는 하이퍼리얼리스트 예술에 대해 분
석했다.[108] 이러한 모든 작업에서 리오타르는 감정에 좌우되지 않는 응
시의 명징함을 형상적 욕망의 작동에 종속시켰는데, 이는 관람자의 무
의식 속으로 깊이 침투하기 위해 캔버스의 부드러운 표면을 파열시키
는 것이다.

구나 이러한 종류의 사물이 정치의 기반이 될 수 있다는 것은 사실이 아니다. 왜냐하면
여기에는 정의의 문제가 있기 때문이다." 또한 그가 "나의 사악한 책"이라고 부른 『리
비도 경제』에서 그는 "아무런 매개 없이 직접적으로 자신의 글에 그 강렬함을 담은 구
절을 기입하기 위한 목표를 가지고, 그 어떤 연극적 표상에 대한 현시를 파괴하거나 해
체하기를" 임의대로 시도했다(*Peregrinations*, p. 13). 이 책 이후의 인터뷰에서 그가
했던 "절망(desperation)"의 부정적인 평가에 대해서는 다음을 참조. interview with
Willem van Reijen and Dick Veerman in *Theory, Culture and Society*, 5 (1988), p.
300.

107 Lyotard, "Freud selon Cézanne," in *Des dispositifs pulsionnels*, and "Psycho-
analyse et peinture," Encyclopaedia Universalis, 13 (Paris, 1972).

108 Lyotard, "La peinture comme dispositifs libidinal," and "Esquisse d'une
économique de l'hyperréalisme," in *Des dispositifs pulsionnels*. 그는 이후 자크 모노
리의 글 속 하이퍼리얼리즘의 문제로 돌아가려고 했다. Jacques Monory, *L'assassinat
de l'expérience par la peinture* (Paris, 1984).

자연스럽게 리오타르는 뒤샹의 명백한 "반망막적" 예술과 뭔가 통하는 것을 발견했다. 1977년 『뒤샹의 트랜스포머들 *Les transformateurs Duchamp*』[n])에서 그는 뒤샹을 지지하며 논의했다.

> 시각적 조화의 해체는 기존의 지시체가 없는 세계를 열면서, 데카르트적 신체에 앞서는 신체 혹은 자아의 재발견, 즉 메를로퐁티가 언급하는 "살"의 재발견을 그 목표로 하지 않는다. [⋯] 시각장(visual field)의 범위 속에 떠도는 형태의 왜곡(deformities)을 **복구하려는**(heal) 어떠한 야심도 없고, 이러한 것들을 규율하는 키아즘적 확장으로 추정되는 장소인 곡선적인 공간을 회복하려고도 하지 않는다. 무엇인가를 믿는 눈을 가릴 필요가 있다. 눈멂의 그림을 그릴 필요가 있다. 이것은 눈의 자기 충족성을 혼란에 빠지게 한다.[109]

뒤샹이 〈거울적(Miroirique)〉[o])이라고 불렀던 작품은 반사성의 왜상적 왜곡을 만들어 내는데, 그 안에 불가공약성, 즉 "역설적 경첩"이 시각적인 경험 속에서 나타나고 혹은 담론과 형상성 사이에서 화해되지 못한 채로 남아 있다.[110]

1973년 「반(反)영화(Acinema)」라는 제목의 글에서 리오타르는 그의 리비도적 경제의 분석을 시네마로 확장시키는데, 이것은 베르그송부터 드보르와 메츠에 이르는 여타 해설자들에 의해 자세히 설명된 전통적 영화에 대한 많은 비슷한 비판을 반복한 것이다.[111] 리오타르는 정체 상

---

109 Lyotard, *Les transformateurs Duchamp* (Paris, 1977), p. 68.

110 리오타르는 반(反)반사적 거울화와 같은 개념을 루스 프랑켄에 대한 논의에서 소개하고자 했다. 여기서 그는 또한 미로와 비슷한 이미지를 제기했다. Lyotard, "The Story of Ruth," *The Lyotard Reader*, p. 264.

111 메츠는 실제로 조심스럽게 다음의 책에 의존했다. *Discours, figure in The Imagi-*

태보다는 흐름과 움직임을 우선시할 것을 주장하면서, 시각적 경험을
안정화시키고 형식적 종결을 제공하는 방법들을 찾는다는 점에서 시네
마를 신랄하게 비난했다. 리오타르는 "소위 모든 좋은 형식은 동일성으
로의 회귀를 의미하는데, 이것은 다양성을 하나의 동일한 통일체로 되
돌리는 것을 의미한다"고 공격한다.[112] 전통적인 해결의 줄거리 구성,
동일시의 메커니즘, 소리와 이미지의 동시화와 편집으로 만들어지는
현실효과를 통해 영화는 의미 있는 통일체의 이데올로기적 시뮬라크르
를 제공한다. 따라서 영화는 "'오브제 a(objet a)'라는 상상의 주체를
구성하는 것으로서, 1949년 라캉에 의해 분석된 기형교정적 거울(the
orthopedic mirror)"로서 작용한다.[113]

　　대조적으로 "반영화"는 합치와 일관성의 환상을 파괴할 것이다. 이
는 데투르느망(détournement, 전용)이라 할 수 있는데, 리오타르가 상
황주의자들의 용어를 도입했지만 이 용어는 온전히 피에르 클로소브스
키(Pierre Klossowski)에 의거한 것으로, 마치 바타유가 말한 기호의 포
틀라치와 비슷하다. "에로틱한 힘 전체가, 시뮬라크르가 촉진되고 고취
되고 보여지고 헛되이 소진되는 곳에 투자되는 것은 중요하다. 그래서
아도르노가 말했듯이 유일한 위대한 예술은 바로 불꽃놀이를 하는 것
이다. 불꽃놀이기술(pyrotechnics)은 주이상스적으로 에너지의 실제소
비가 일어나지 않게 완벽하게 가상으로 실험하는 것이다."[114] 반영화는

---

nary Signifier: Psychoanalysis and Cinema, trans. Celia Britton, Annwyl Williams,
Ben Brewster, and Alfred Guzzetti (Bloomington, Ind., 1982), e.g., pp. 229–230,
287. 무의식적인 것을 언어로 간주했던 라캉의 믿음에 대한 리오타르의 비판은 리오타
르로 하여금 메츠를 좀 더 엄밀하게 자신의 초기 작업에서의 구조주의적 믿음에서 제외
시킨 것으로 보인다.

112　Lyotard, "Acinema," The Lyotard Reader, p. 172.

113　Ibid., p. 176.

114　Ibid., p. 171.

타블로 비방(tableau vivants) 같은 영화를 제작하는 극단적인 비운동성에 의하거나, "서정추상(lyric abstractions)"을 만들어 내는 극단적인 운동성에 의하여 이러한 목표를 달성한다.[115] 두 가지 경우 모두에서 전통적인 내러티브 시네마의 "기형교정적" 주체는 해체된다. 시각은 다시 한번 그러한 시각의 비가시적인 형상-모체들이 무의식적인 것을 통해 맥박 뛰듯이 규칙적으로 드러나면서 역설적으로 허용된다.[116]

⊙

1968년 이후 리오타르는 절제되지 못한 욕망에 대한 그의 리비도적인 몰두와 찬사 때문에 윤리적 엄격함, 여성적 겸손, 의례적 준수에 대한 레비나스의 엄격한 옹호를 지지하던 독자의 입장으로부터는 멀어진 것으로 보인다. 그리고 사실 『담론, 형상』과 이후의 리오타르의 글은 레비나스의 작업에 관해서는 간단하게 언급하고 넘어갔으며, 그에 대해 전적으로 동의하지 않았다.[117] 그러나 리오타르는 1969년과 1970년에 집

---

115 Ibid., p. 177.

116 모린 투림(Maureen Turim)은 영화의 재현적 기능에 대한 리오타르의 극단적인 적대감을 비난했다. 투림은 "순수하게 리오타르적 분석의 위험은 리비도적 연루의 장치의 서술에 집중하는 데에 있다. 이것은 예술적 대상에 남아 있는 재현을 무시하는 경향이 있다. 일단 이러한 상상계의 배출이 재현적 요소를 동반할 때, 어떻게 건축, 풍경, 몸, 폭력, 호기심, 기억과 같은 개념들이 제시되는지를 고려하는 것이 중요하게 된다." "The Place of Visual Illusions," in The Cinematic Apparatus, ed. Teresa de Lauretis and Stephen Heath (New York, 1985), pp. 146-147. 리오타르의 논의에서 검증되지 않은 젠더 추정을 다루는 비판적인 연구에 대해서는 다음을 참조. Jacqueline Rose, "The Cinematic Apparatus: Problems in Current Theory," de Lauretis and Heath, pp. 179.

117 예를 들어 리오타르의 책 『담론, 형상』에서 그는 윤리적 처방이 듣는 것만을 포함한다는 레비나스의 논리와 자신의 눈에 대한 옹호와 대비시켰다(p. 12). 또한 리오타르는 레비나스의 논의를 눈과 귀를 화해시키는 일종의 헤겔적 방식으로 독해하려는 데리

필한 두 편의 에세이에서 우상에 대한 유대인의 금기를 다룬 레비나스의 숭고가 자신의 사유에서 얼마나 중요한지를 보여 주었다. 이 두 편 가운데 두 번째 에세이에서 복잡하게 논의된 「유대인 오이디푸스」는 프로이트에 대한 프랑스의 친유대주의적 수용이라는 맥락에서 이미 언급된 바 있다. 이 글에서 리오타르는 소포클레스의 『오이디푸스 Oedipus』로 예시되는 그리스 비극과, 그가 셰익스피어의 『햄릿』에서 명백히 드러난다고 주장하는 유대적인 윤리 사이의 대립을 설정한다. 이 둘 사이의 차이는 『오이디푸스』에서 나타나는 근친상간의 욕망을 실현시키려는 주인공의 능력에서 시작되고, 그 결말은 연극 무대 위에서 재현 가능하다. 그러나 『햄릿』에서 주인공은 금지된 목표를 이루는 데에 실패하며, 언제나 대타자가 금지하는 말(아버지의 금지 the Father's no)의 도움을 받는다. 리오타르는 "오이디푸스는 자신의 욕망의 운명을 실현시킨다. 햄릿의 운명은 욕망의 불(不)실현이다. 이 키아즘은 그리스적인 것과 유대적인 것 사이, 그리고 비극적인 것과 윤리적인 것 사이로 확장된 뒤얽힘이다"라고 쓴다.[118]

유대적인 시나리오에서 금지된 또 하나는 아들과 어머니 사이, 혹은 아들과 아버지 사이의 화해의 사변적인 변증법이다.[119] 여기에는 자아 속에서 그 어떤 일말의 화해도 없으며, 이 화해는 대타자의 명령에 의해 영구적으로 "빼앗긴" 상태가 된다. 따라서 여기에는 플라톤 철학이 상정한 것과 같은 어떠한 상기적(anamnestic)[p] 총체화도 불가능하다. 당연히 우상에 대한 금기가 이 불가능성의 근저에 자리한다. "히브리

다의 시도를 비판했다(p. 48).

118 Lyotard, "Jewish Oedipus," *Driftworks*, ed. Roger McKeon (New York, 1984), p. 42.

119 딸의 역할은 이러한 분석에서 결코 실제로 논의되지 않았다. 딸과 엄마와의 잠재적인 화해는 이리가레 같은 페미니스트들에게는 매우 중요했지만 연구되지는 않았다.

윤리에서 표상은 금지되고, 눈은 감겨 있고, 귀는 아버지의 말을 듣기 위해 열려 있다. 이미지 형상은 그것이 욕망과 망상을 실현시키기에 기각된다. 이미지 형상의 진리 기능은 부인된다. […] 레비나스가 말했듯이 그러므로 그 누구도 **사변하지** 않는다. 그 누구도 존재론화하지 않는다."[120]

유대적 금기의 또 다른 피해는 지식에 관한 그리스적인 탐구로서, 이는 진리가 언어로 표상 가능하다는 생각에 기반을 둔 것이었다. 대신 유대적 진리는 말하기보다는 오히려 "작동한다(work)". 정신분석학적으로 말하자면, 그것은 재현보다는 꿈-작업 혹은 행동화(acting out, 실연)[9]와 유사하다. 리오타르가 주장하기를 "윤리적 배제는 그리스도가 행하는 것과 같은 존재론적인 실현에 영향을 미칠 뿐만 아니라 인식, 즉 지식의 오디세이아(Odyssey)의 실현에 영향을 끼친다."[121] 리오타르는 『햄릿』속 삼각관계에 관한 복합적인 독해를 통해서 햄릿이 폴로니어스를 살해한 일이 그 진정한 동기를 모르는 (가해자에게 재현될 수 없는) 무엇인가를 실연하는 것임을 보여 주려고 했다. 그런 뒤에 그는 프로이트의 『모세와 일신교』속 모세에 관한 논란의 여지가 있는 해석을 설명하기 위해서 이 분석을 추론한다.

햄릿이 반대편 무대에서 폴로니어스를 살해함으로써 자신의 존속살해의 욕망을 깨닫지 못하고, 목소리에 의해 암시되는 주어진 임무에 사로잡히게 되는 것처럼, 같은 방식으로 히브리 민족은 모세를 살해하는 것을 **행동화함으로써**(acting-out) 스스로를 아버지 살해자로 인식하지 못하고, 보고자 하는 욕망으로 추구된 화해의 길을 차단한다. 기독교의 길은 그 길의 끝에서 아버

---

120 Lyotard, "Jewish Oedipus," p. 42.
121 Ibid., p. 44.

지의 시각을 공표한다.[122]

리오타르는 정신분석학이 그 자체로 거울적 반사성, 상기적 총체화, 연극성, 시각적 현전에 맞서는 유대교의 금기와 함께한다고 결론을 내린다. 하지만 정신분석학과 프로이트의 무신론에 의해 뒷받침되는 정신분석학의 종교적 아바타 사이에는 분명한 차이가 있다. 그것은 포기된 보고자 하는 욕망이 알고자 하는 욕망으로 변형될 수 있다는 점인데, 이는 과학을 자처하는 정신분석이론의 면모를 설명해 준다. 그러나 리오타르는 프로이트의 지식의 언어에는 항상 완전한 인식의 기획을 방해하는 욕망의 진리 작업이 있다고 주장했고, 이는 아름다운 형상과 시각적인 현전이라는 그리스적인 꿈을 허무는데, 이는 그 꿈이 근대 과학의 외양을 취할 때조차 마찬가지이다.

그렇다면 금지된 이미지는 유대교 내에서 어디로 가게 될까? 리오타르의 주목할 만한, 심지어 충격적이기까지 한 답변은 그가 1968년 말에 작성했지만 16년이 지나고 나서야 출간한 글 「폐제된 형상(Figure Fore-closed)」에서 볼 수 있다.[123] 원래 프로이트 그리고 형상에 관한 질문이라는 주제로 열린 학회에서의 발표를 위해 쓴 이 글은 저자가 인정하듯 "잔혹한" 그리고 "사악한 텍스트"였다.[124] 글의 발표가 미뤄진 이유는 잠재적으로 오독될 수 있는 이 글의 내용에 관해 리오타르가 망설였기 때문인지 모른다. 사실 결과적으로 이 글이 실리게 된 학술지가 의뢰한 7명의 응답자 중에 한 명은, 에두아르 드뤼몽(Edouard Drumont) 같은 반유

---

122 Ibid., p. 52.
123 이 글은 *L'Écrit du Temps*, 5 (Winter, 1984)에 처음 실렸다. 여기서 [논문 발표가] 지연된 것에 대한 리오타르의 설명이 먼저 나오고, 최소 7개의 반응이 뒤따랐다. 영어판은 *The Lyotard Reader*에 수록되어 이후의 인용들은 그곳에서 발췌했다.
124 Lyotard, "Contre-temps," *L'Écrit du Temps*, 5, (Winter, 1984), p. 64.

대주의자들에게서 발견되는 언급과 비슷한 불편한 반응을 나타냈다.[125]

리오타르의 도발적인 전제는 유대교가 정신병리의 한 형식으로 이해되어야 한다는 것이었다. 그렇지만 「폐제된 형상」은 반유대주의의 난해한 습작으로 이해되어서는 안 된다. 리오타르가 심리적인 "건강"과 관련된 통념을 불신했다는 맥락에서, 즉 이 태도는 리오타르와 들뢰즈와 가타리 사이의 상호 존경에서 분명히 나타나는데, 정신병리의 속성은 다소 반어적 의미에서 이해되어야 한다. 또한 이 글에서 유대교는 가부장적으로 묘사됐는데, 이러한 혐의는 이미지에 대한 유대교의 적개심과 관련이 있다. 하지만 여기에도 오해의 소지는 다분했다. 그럼에도 리오타르의 입장은 불평등에 대한 전통적인 페미니즘의 비판으로 단순하게 환원될 수 없는데, 이는 그가 당시 읽고 있었던 레비나스로부터 받은 영향을 떠올린다면 더욱 그렇다.[126]

「폐제된 형상」은 프로이트로부터 인용한, '아버지-신들'에 선행하여 '어머니-여신들'이 있었을 거라는 실존과 관련된 두 개의 제사(epi-graphs)로 시작된다. 리오타르는 프로이트 자신이 그러한 여신들에 대한 유대인의 기억상실, 즉 일종의 정신질환의 증거로서 이해되어야 하는 어떤 상실을 공유했다고 추측한다. 리오타르는 "프로이트가 정초한 과학이 종교적인 질환에서 완전히 회복된 것은 아니다. 그리고 [정신분석학은] […] 그 질병에서 프로이트가 주요 증후로 보았던 아버지에 대한 과대평가를 유산으로 물려받았다"고 쓴다.[127] 어머니에 대한 억압과

---

125 Léon Poliakov, "Une Lettre," *L'Écrit du Temps*, 5 (Winter, 1984), p. 117.

126 리오타르는 다음의 책에서 자신이 시도했던 레비나스에 대한 동시적인 독해를 언급한다("Contre-temps," p. 63). 이와 비슷하게 유대적 금기와 어머니에 대한 거부의 관계를 다룬 분석에 대해서는 1978년의 저작을 참조. Goux, "Moïse, Freud: La prescription iconoclaste," in *Les iconoclastes*.

127 Lyotard, "Figure Foreclosed," p. 70.

더불어 이미지에 대한 일종의 적개심이 따르는데, 이는 유대교와 정신
분석학 모두에서 명백히 나타난다.[128] 리오타르에 따르면 "어머니는 눈
에 보이고, 아버지는 그렇지 않다. [⋯] 아버지는 목소리이지 형상이 아
니다. 아버지는 애초부터 가시적인 세상에 있지 않다"고 말했다.[129]

그렇다면 가시적인 어머니의 상실과 비가시적인 아버지의 목소리
의 지배를 초래한 정신병리의 성질은 무엇인가? 프로이트 자신은 유
대교를 포함하여 종교를 일종의 집단적인 강박신경증으로 간주했
다.[130] 하지만 리오타르는 좀 더 급진적인 설명을 도입했다. 리오타르는
억압(repression, 프로이트 용어로 Verdrängung)에 반대되는 라캉의
개념인 **페제**(foreclosure 혹은 foreclusion, 프로이트의 용어로 Verwer-
fung)[r]라는 개념을 공개적으로 차용함으로써,[131] 이미지에 대한 유대적

---

128 그러나 그는 『모세와 유일신교』에서 형상적인 것에 대한 어떤 보복이 이것을 제
거하고자 했던 프로이트의 노력에도 불구하고 포착된다고 지적한다. 이 논의는 정신분
석학에서의 지식에 대한 모호성과 관련하여 앞서 인용된 것과 비슷하다.

129 Lyotard, "Figure Foreclosed," p. 85. 혹자는 어머니가 누구에게 가시적인가 질
문할 수 있다. 확실히 신생아는 자신이 비롯되어 나온 [어머니의] 신체에 대한 가시적
인 기억을 가질 수 없다. 그 연결은 그 출생을 지켜본 증인과 이후 누가 그 신생아의 어
머니인지를 말해 줄 수 있는 사람에 의해 이루어져야 한다. 어머니의 가시적 실존으로
서 어머니의 목소리가 결정적 역할을 하는지 역시 논쟁거리이다. 이러한 문제에 대한
논의는 다음을 참조. Kaja Silverman, *The Acoustic Mirror: The Female Voice in Psy-
choanalysis and Cinema* (Bloomington, Ind., 1988).

130 Freud, "Obsessive Actions and Religious Practices," *Standard Edition*, ed.
James Strachey, vol. 9 (London, 1959). 1907년에 발표된 이 논문은 종교에 대한 프
로이트의 후기 연구의 핵심을 제공했다. 이것의 개관을 위해서는 다음을 참조. Paul
W. Pruyser, "Sigmund Freud and His Legacy: Psychoanalytic Psychology of Reli-
gion," in *Beyond the Classics? Essays in the Scientific Study of Religion*, ed. Charles
Y. Glock and Phillip E. Hammond (New York, 1973).

131 리오타르의 작업에 대응한 사람들 중 하나는 이시 벨러(Isi Beller)가 있는데, 사
실상 그는 리오타르가 라캉이 의미했던 바에 대해 부적절한 이해를 보여 준다고 이의를
제기했다. "Le Juif pervers," *L'Écrit du Temps*, 5 (Winter, 1984), pp. 138ff. 그러나

인 적개심이 일종의 정신병을 표출한다고 논했다. 억압은 문제적인 것
이 무의식적인 것 속에 머물도록 하고, 그 문제적인 것이 전치되고,
압축되고, 그리하여 신경증적 징후 속에서 전이적인 투사로 처리될
수 있고, 결국엔 훈습(working-through)[9])되는 반면에 폐제는 그렇지
않다. 다시 말해 억압은 마치 꿈-작업에서의 시각적인 재현처럼, 정신
속에 단지 "언어-표상(word-representation)"뿐만 아니라 "사물-제시
(thing-presentation)"도 포함한다. 이에 반해 폐제는 그러한 문제적인
자료의 수용하지 않음(intolerance)을 의미하며, 문제적인 것을 정신
밖으로 내쫓는다(상기하자면 폐제는 문자 그대로 "내던져짐"을 의미
한다).

이 [폐제] 과정의 결과는 꿈이나 전이신경증이라기보다는 일종의 정
신분열증에 가까운 환각적인 정신병이었다.[132] 지나치게 폭력적인 거부
에 대한 동기는 극도의 거세 불안이었다. 가시적 어머니와의 결합이 근
친상간에 대한 금기와 거세 위협으로 인해 금지되면서, 여신-어머니를
향한 모든 향수는 집단적인 수준에서 포기되어야 했다. 남겨진 것이라
고는 라캉이 "오브제 a"라고 불렀던 것을 통해서 이뤄지는 대리 만족을
향한 약화된 갈망이었다. 리오타르는 다음과 같이 말한다. "이것이 곧
내재적인 초월성을 지닌 감각 실재(sense reality)이자, 메를로퐁티가
지각의 저변에서 언어로 명료화하고자 했던 모성적 실재(maternal re-
ality)이자, 레비나스가 거짓 초월성(false transcendence)이라며 거부

폐제에 대한 라캉의 이해가 그의 초기 개념인 암점화(scotomization)에 기초했다는 점
을 떠올린다면, 시각적 측면에 대한 리오타르의 강조는 부자연스러워 보인다.

132 Ibid., p. 82. 리오타르에 반응하여 응답한 이들 중 유진 엔리케즈(Eugène
Enriquez)는 정신분열증보다 편집증이 유대인들의 집단적 병리학을 가장 잘 특징짓는
다고 주장했다. 왜냐하면 실제로 폐제된 것이 아버지의 살해자이기 때문이다. 이에 관
해서는 다음을 참조. "Un peuple immortel?" *L'Écrit du Temps*, 5 (Winter, 1984),
pp. 131ff.

했던 것이다."[133] 다시 말해 현상학은 그리스적인 것과 기독교적인 것이 승화를 통한 어머니와의 화해를 위해 시각적인 충만함을 헛되이 추구했던 것을 따랐던 반면, 우상 이미지에 대한 유대적 금기는 비가시적 아버지, 즉 말하는 자의 편에 전적으로 남아 있었다.

정신분석학은 유대교를 만든 정신병에 대한 단지 불완전한 징후에 불과하다. 왜냐하면 어떤 면에서 프로이트는 아버지의 말을 듣기보다는 실제로 (자기가 만든 새로운 과학의) 아버지가 **되고자** 했기 때문이다. 그럼에도 불구하고 정신분석학의 위대함은 (말을 바라본다는 의미에서) 세상을 관찰하기보다는, (말에 순종한다는 의미에서) 법을 준수하기를 일반적으로 선호하는 데에 있다. 리오타르가 암시하는바 특정 종교의 전통이나 특정 정신분석이론의 성패 이상으로 유대적인 "정신병"이 중요한 점은 다름 아닌 서양의 역사성을 출범시켰다는 점에서 드러난다. 이는 리오타르가 [서양의 역사성을] 변증법적 화해의 이해 가능한 메타서사와 동일시한 것이 아니라, 오히려 그것을 영원히 회귀하지 않는 사건들의 연속과 동일시한 것이다. 그가 쓴 대로 "거세가 폐제될 때, 죄의식은 공동–피조물이자 [거세라는] 시련(ordeal)을 겪은 증인으로 상정된 실제와 더불어, 또 실제에 의한 모든 화해와 모든 매개를 피해 간다. 이것이 역사가 시작되면 치러져야 할 대가이다. [⋯] 역사성은 폐제를 전제하며, 타협, 신화, 형상에 대한 포기와 함께, 얼굴 없는 타자와의 면대면 만남이라는 여성적인 매개 혹은 부모자식 간의 매개의 배제를 전제한다."[134]

리오타르는 폐제된 이미지를 인류의 집단정신 속에 재흡수시키고 역사를 구원의 이야기로 전환시킴으로써, 이러한 정신병을 "치료"하려는

---

133 Ibid., p. 86.
134 Ibid., pp. 95-96. 의미심장하게도 그는 이러한 주장을 뒷받침하기 위해서 레비나스의 다음 책을 인용한다. Levinas, *Quatre lectures talmudiques* (Paris, 1976).

시도를 변증법적인 신비화로 간주하고 이에 대해 명시적으로 거부했
다. "변증법은 타협형성(compromise formation)으로 알려진 신경증
증상의 확장된 형식이다. 이것이 사유와 실천의 변증법적인 형식인 한,
기독교, 헤겔주의, '마르크스주의'는 타협에 이르기 위한 많은 시도들
중 하나로, 또한 서양을 정신병에서 신경증으로 회복시키려던 그 (헛
된) 시도들 중 하나로 간주되어야 한다."[135] 그러므로 유대교를 어머니
에 대한 정신병적인 거부로 특징짓는 일이 그 유산에 대한 경멸로 보인
다 할지라도, 리오타르는 사실 그 정반대의 얘기를 했는데, 그 "질환"이
우리를 화해와 결합에 대한 헛된 희망으로부터 자유롭게 하는 한, "치
료"보다 더 해방적이라고 말한다. 방랑하는 유대인은 역사를 가능케 하
는 근본적인 이질성의 상징(emblem)이다.[136]

리오타르의 리비도 경제 시기 이후에 나온 저작들은 이교도적 다신
교에 대한 지속적인 항변에도 불구하고,[137] 레비나스가 부여했던 그리스

---

135 Ibid.

136 역사에 대한 리오타르의 일반적 견해에 대해서는 다음을 참조. "The Sign of
History," in *Post-Structuralism and the Question of History*, ed. Derek Attridge,
Geoff Bennington, and Robert Young (Cambridge, 1987).

137 확실히 이러한 주장들이 의미가 없는 것은 아니다. 이 주장들은 레비나스가 견지
했던 근본적인 종교적 전제들을 포용하기를 거부하는 리오타르의 입장을 반영한다. 장
루 테보와의 대화에서 리오타르는 자신의 이교도주의(paganism)에 대해 설명했다.
"이교도주의는 각 [언어] 게임이 다른 모든 게임들의 게임으로, 혹은 유일하게 진실한
게임으로 주어지지 않으면서 진행된다는 사실로 구성된다. 이것이 왜 예전에 내가 레비
나스를 배반하고 있다고 말했는지에 대한 이유이다. 왜냐하면 내가 그의 원칙과 이론
혹은 그의 규범적인 것에 대한 기술을 넘겨받은 바로 그 방법이 레비나스의 것과는 다
르고 이질적이었던 것이 분명했기 때문이다. 그의 견해로는 규범적인 관계에서, 규범의
화용론에서, 다시 말해 의무의 (거의) 실제 경험에서 타자의 성격은 초월적이며, 이것
은 진실 그 자체이다. 이러한 '진실'은 존재론적 진실이 아니며, 이것은 윤리적이다. 그
러나 이것은 레비나스 자신의 용어로는 진실이다. 반면에 나에게 이것은 진실일 수 없
다."(*Just Gaming*, trans. Wlad Godzich [Minneapolis, 1985], p. 60).

적인 태도에 대한 유대적인 태도의 특권화를 이전보다 더 분명한 증거로 보여 준다. 리오타르는 당장은 위반하려는 욕망의 난해성의 근거를 더 이상 찾을 필요가 없었다. 그는 대신에 언어게임의 불가공약성에서 그 근거를 찾을 수 있었다. 특히 그는 윤리적 언어게임, 즉 타자의 명령에 의거한 규범(prescription)의 윤리적인 언어게임이 그것의 존재론적 실재의 가시적 현전에 의거한 기술(description, 묘사)의 언어게임과 결코 화해될 수 없다고 주장했다. 리오타르는 언어의 지배에 대한 해독제로서, 무의식 속 형상-모체를 더 이상 요청하지 않으면서, 1960년대와 1970년대 초반에 자신이 쓴 반구조주의적 저작들을 추동했던 복잡한 "눈에 대한 옹호"를 암묵적으로 중단했다.[138]

1979년에 장루 테보와 정의에 관해서 나눈 대화록인 『정당한 게임 *Just Gaming*』에서 리오타르는 존재론과 윤리에 대한 레비나스의 범주적 구분, 이해의 언어게임과 의무의 언어게임의 구분에 기꺼이 의지했다.[139] 리오타르의 1983년 작 『쟁론 *The Differend*』에서는 "문장체제(regimes of phrases)"가 언어게임에 대한 지나친 인본주의적인 개념들을 대체하고, 레비나스에 관한 긴 일화적 설명은 의무에 관한 장의 근

---

138 『여행 *Peregrinations*』에서 리오타르는 만약 『담론, 형상』이 "프로이트로부터 직접적으로 온 무의식적인 것이라는 개념에 지나치게 가까이 다가간 것으로 남는다면" 자신은 놀랄 것이며, 또한 리오타르는 "강력한 형식들의 전체 범주를 탐구하고 사용하는 다신교적 이교도주의가, 폭력이나 테러를 포함한 합법적인 자유방임으로 쉽게 일소될 수 있다는 것"을 망각한 것에 대해 자신을 자책했다(pp. 11, 15).

139 Lyotard and Thébaud, *Just Gaming*; 특히 다음을 참조. pp. 22, 25, 35, 37, 41, 45, 60, 64, 69, 71. 필립 라쿠라바르트(Philippe Lacoue-Labarthe)가 리오타르에게 다음과 같이 말한 것은 옳았다. "당신은 '존재 외에는(the otherwise of being)'과, 존재론에 대한 유대적 거부의 모티브뿐만 아니라 그 '수동성'(능동성과 수동성의 차이, 자율성과 타율성의 차이 이전에 수용자에게 절대적인 특권을 주는)의 모티브에 스스로를 너무 치우치게 할 정도로 과도하게 나아갔다."("Talks," *Diacritics*, 14, 3 [Fall, 1984], p. 30).

간을 이룬다. 여기서 '나'의 눈멂, '나'의 나르시시즘적인 이미지의 포기는 규범적인 문장체제가 기술적인 문장체제에서 파생하지 않도록 막는 것을 높이 평가한다.[140 †] 심지어 리오타르가 새로이 발견한 칸트에 대한 칭송도 규범적인 명령 속 메타언어적인 "이미지"에 대해 레비나스가 강하게 거부했다는 것을 리오타르가 깨닫고는 약화되었다.[141] 1980년대 후반에 하이데거의 정치학에 관해 프랑스에서 행해진 열띤 토론에 리오타르가 부득불 참여하게 됐을 때, 그는 자유가 윤리적 법에 대한 복종이라기보다는 존재의 기능이라는 하이데거의 잘못된 믿음을 비판하는 레비나스의 분석에 명백하게 의존했다.[142]

그러나 리오타르에게 시각중심주의에 대한 레비나스식의 비판이 완전히 자신의 것으로 소화된 것은 포스트모더니즘에 관한 논의에서였다. 그러나 이 장은 지난 20년 동안 축적된 포스트모더니즘에 관한 다양한 의미들을 정리하기 위해 적절한 자리는 아니다.[143] 더구나 포스트모더니즘의 함의에 관한 (점점 더 소모적인) 논쟁에 또 하나의 로켓포를 발사할 때는 더더욱 아니다. 여기서는 1979년에 리오타르가 퀘벡주 정부의 대학협의회(Conseil des Universités)에 제출했던 보고자료인

---

140 Lyotard, *The Differend*, pp. 166ff.

141 특히 다음을 참조. Lyotard, "Levinas' Logic," in Cohen, *Face to Face with Levinas*, pp. 130ff.

142 Lyotard, Heidegger and "the jews," trans. Andreas Michel and Mark S. Roberts (Minneapolis, 1990), pp. 81, 84, and 89. 리오타르는 반유대주의 전통 전체를, 서구 문화가 어떤 민족, 즉 리오타르가 소문자 "유대인(the jews)"이라고 부르면서 경험적인 범주 이상을 제시하는(존재 이상의 윤리적 "타자성(otherness)"을 표상하는) 민족을 받아들일 수 없다는 차원에서 설명한다. 그는 또한 유대인들의 유랑의 반(反)변증법적, 반(反)유화적 성격에 대한 자신의 초기 분석에 의존하는데, 이는 그가 부분적으로는 정신분석학적 차원에서 해석하고 있음을 보여 준다.

143 도움이 될 만한 조사로는 다음을 참조. Allan Megill, "What Does the Term 'Postmodernism' Mean?" *Annals of Scholarship*, 6 (1989), pp. 129-151.

『포스트모던의 조건: 지식에 대한 보고서 *The Postmodern Condition: A Report on Knowledge*』와 함께 그의 1982년 에세이인 「질문에 대한 답변: 포스트모더니즘이란 무엇인가?(Answering the Question: What Is Postmodernism?)」가 특히 1980년에 하버마스가 했던 유명한 언명, 「모더니티―미완의 기획(Modernity—An Incomplete Project)」과 서로 대립하였을 때 이러한 논쟁을 위한 국제적인 집결지를 제공했다는 사실을 언급하는 것으로도 충분하다.[144]

비록 리오타르가 포스트모더니즘을 해방적 메타서사에 대한 불신과, 정당화를 추구하는 합리적 메타담론에 대한 거부로 규정한 것에 많은 사람들의 관심이 집중되었지만, 그가 다른 작업에서도 시각적 주제에 대해서 중요한 주장을 하고 있음이 간과되어서는 안된다. 이 주장은 리오타르가 커뮤니케이션 상의 투명성이라는 하버마스식의 목표를 공격했을 때 간접적으로 나타났다. 이 공격은 루소에 반대하는 푸코를 비롯한 여러 사상가들에 대한 논의를 되풀이한 것이었다. 마찬가지로 역사에 대한 단일한 서사를 비판하는 리오타르의 비평은 이미 바타유, 메를로퐁티, 드 세르토 등이 멀리서 바라보는 총체화하는 응시에 대해 비판했던, "이카로스적인 높은 고도(高度)의 사유"의 폐기를 주장하던 것을 연상시켰다. 리오타르는 "사유(thinking)가 하나의 지점에서 다른 지점으로 이동하고 각 지점에서 생산되는 관점들이 축적되면서 이루어진

---

144 리오타르의 두 가지 작업 모두 영어판으로 번역되어 있다. *The Postmodern Condition: A Report on Knowledge*, trans. Geoff Bennington and Brian Massumi (Minneapolis, 1984). 하버마스의 글은 다음에서 찾을 수 있다. Foster, ed., *The Anti-Aesthetic*. 그 논쟁에 대해 논평하고자 시도한 주요 사례들에 대해서는 다음을 참조. Richard Rorty, "Habermas and Lyotard on Postmodernity," in *Habermas and Modernism*, ed. Richard J. Bernstein (Cambridge, Mass., 1985). 이 논쟁에서의 문제들에 관한 나의 생각은 다음을 참조. "Habermas and Modernism," and "Habermas and Postmodernism," in *Fin-de-siècle Socialism and Other Essays* (New York, 1988).

사고(thought)의 구름들에 관한 총체적 지식 체계를 구축할 수 있다는 생각(idea), 이러한 생각은 특히 원죄, 마음의 교만을 구성한다"고 경고했다.[145]

리오타르가 반시각중심주의 담론에 진 빚은 그가 모더니즘과 포스트모더니즘을 구분하기 위해 가져온 가장 기본적인 기준에서 보다 직접적으로 드러났다. 즉 이것은 3세기에 그리스의 롱기누스(Longinus)가 처음으로 발전시켜, 17세기에 부알로(Boileau)와, 18세기에 버크와 칸트가 부활시킨 숭고(sublime)의 미학에 대한 이들 각각의 태도였다. 리오타르가 세심하게 지적한 숭고는, 이것을 온전히 깨닫지 못한 하버마스처럼[146] 승화(sublimation)라는 프로이트적인 개념과 혼동되어서는 안 된다. 내가 이미 주장했듯이 리오타르는 승화를 화해 내지는 충만한 시각적 현전을 위한 탐색으로 규정했다. 반대로 숭고는 "보일 수 없거나 현시될 수 없는(칸트의 말로 dargestellt) 어떤 것을 암시하는" 경험이다.[147] 그것은 오로지 "상상력이 원칙적으로는 개념에 대응될 수 있는 대상을 현시하는 데에 실패했을 때"에만 일어난다.[148] 어떤 의미에서 보면 숭고는 화해를 연극적으로 재현하는 그리스 비극과 정반대에 있다. 버크가 지적했듯이, "숭고는 더 이상 (아리스토텔레스가 비극을 정의했던 범주인) 고양(elevation)의 문제가 아니라, 강화(intensification)'''의 문제이다."[149]

모더니즘 그리고 포스트모더니즘 예술 모두 숭고의 미학을 예를 들어 설명하지만, 여기에는 매우 중요한 차이가 있다. 왜냐하면 모더니즘

145 Lyotard, *Peregrinations*, pp. 6-7.
146 Lyotard, *The Postmodern Condition*, p. 79.
147 Lyotard, "The Sublime and the Avant-Garde," *The Lyotard Reader*, p. 197.
148 Lyotard, *The Postmodern Condition*, p. 78.
149 Lyotard, "The Sublime and the Avant-Garde," p. 205.

은 잃어버린 무엇인가를 향한 향수를 여전히 간직하고 있기 때문이다.

> 이것[모더니즘]은 현시될 수 없는 것이 오로지 잃어버린 내용으로서만 제시
> 되도록 허용한다. 하지만 형상(form, 형식)은 그 인식 가능한 일관성으로 인
> 해 독자 혹은 관객에게 위안과 쾌락을 위한 질료(matter, 내용)를 계속해서
> 준다. 그러나 이 감정은, 쾌락과 고통의 내재적 조합인 참된 숭고의 감정
> 을 구성하지 못한다. 이때의 쾌락은 이성이 모든 현시를 초과해야만 하는
> 쾌락이며, 고통은 상상력이나 감수성의 개념과 동등해서는 안 되는 고통이
> 다.[150]

추상에서 총체적인 시각적 순수성의 한 버전을 탐색하는 코제브의 바
실리 칸딘스키(Wassily Kandinsky)에 대한 [해석처럼] 모던 아트에 관
한 오도된 해석들은 상실된 전체성을 애도한다는 점에서 은근히 헤겔
적이다.[151] 이에 반해서 포스트모더니즘은 재현불가능성의 고통과 더불
어 살고자 한다. 리오타르가 암시한 바, 그것은 이미지에 대한 유대적
금기라는 정신병리를 열렬히 포용하며, 어머니와의 재통합을 향한 향
수를 일절 거부한다.

　포스트모던 숭고에 대한 리오타르의 논의가 금기에 대한 레비나스적
인 독해와 긴밀히 연결되었다는 사실은, 칸트가 이미지를 금지하는 『출
애굽기』의 핵심 구절을 숭고의 전범으로 참조하여 환기시킨다는 점을
리오타르가 여러 차례 언급한 데서 아주 분명히 나타난다. 이 인용구는
『포스트모던의 조건』의 중요한 지점에 등장할 뿐만 아니라 그의 작업의

---

150 Lyotard, *The Postmodern Condition*, p. 81.
151 Lyotard, "Philosophy and Painting in the Age of Their Experimentation:
Contribution to an Idea of Postmodernity," *The Lyotard Reader*, p. 187.

다른 곳에서 적어도 세 번이나 수면 위로 등장한다.[152] 리오타르는 레비
나스가 그랬던 것처럼, 전체성과 무한성을 부당하게 대조했으며, 아울
러 "시각적 쾌락이 무(無)에 가깝도록 감축됐을 때 무한에 대한 무한한
사색을 촉진한다"는 칸트의 주장도 받아들였다.[153] 또한 그는 바타유의
비정형(informe)에 대한 찬사와 레비나스의 헬레니즘 비판 모두를 예
견했던, "비정형성(formlessness), 즉 형태의 부재"가 "현시불가능한 것
에 대한 하나의 가능한 지표"라는 칸트의 신념을 지지했다.[154]

　1985년 봄 리오타르가 조르주 퐁피두 센터(Centre Georges Pompi-
dou)에서 《비(非)물질 Les Immatériaux》이라는 제목의 포스트모던 "명
시"(manifestation) 혹은 "비(非)전시(nonexhibition)"의 전시기획에
도움을 주었을 때, 그는 비디오, 홀로그램, 인공위성, 컴퓨터 같은 신기
술과 자신의 생각과의 연관성을 보여 주려는 시도를 했다.[155] 과학적 응

---

152 Lyotard, *The Postmodern Condition*, p. 78; "Newman: The Instant," *The Lyotard Reader*, p. 246; "The Sublime and the Avant-Garde," p. 204; "The Sign of History," p. 172. 다시 한번 비슷한 논의가 나타나는데, 여기서 프로이트가 아름다움이라기보다는 숭고로서 미켈란젤로의 모세 동상에 감탄한 것은 재현불가능성(unrepresentability)의 개념과 명시적으로 연결되어 있다(p. 18). Goux "Moïse, Freud: La prescription iconoclaste". 흥미롭게도 리오타르나 구 모두 유대주의를 "숭고함의 종교(religion of sublimity)"라고 규정한, 이와 유사한 헤겔의 주장을 논의하지는 않았다.

153 Lyotard, "The Sublime and the Avant-garde," p. 204.

154 Lyotard, *The Postmodern Condition*, p. 78. 리오타르는 이후의 작업에서도(예를 들어 『하이데거와 "유대인" *Heidegger and "the jews"*』) 유대인은 서구의 이론적 담론에서 동화할 수 없는 타자라는 개념에 계속해서 의존했다.

155 《비물질》전시의 일반 카탈로그는 없었다. 대신 이 전시를 위한 스케치와 작업 기록이 전송된 팩스가 보여 주는, 여러 저자들이 컴퓨터와 노트로 상호작용하면서 생겨난 몇 개의 텍스트가 있었다. 그 외에 두 개의 보조 서적이 출판되었다. Élie Théofilakis, *Modernes et après? "Les Immatériaux"* (Paris, 1985) and *"1984" et les présents de l'univers informationnel* (Paris, 1985). 리오타르의 작업을 컴퓨터와 연결 지으려는 시도에 대해서는 다음을 참조. Mark Poster, *The Mode of Information: Poststructuralism*

시에서 보이는 물질적인 세계의 사라짐을 일깨우기 위해, 이 전시는 관람객들로 하여금 워드프로세스 장치 및 데이터 저장 장치로 가득한 공간에서 절정을 이룬, 61개의 서로 다른 "구역"들의 미로를 지도 없이 방황하도록 이끌었고 또 그렇게 하도록 허용했다. 전시가 "언어의 미궁"으로 불렸던 것은 당연하다. 존 라이크만이 지적한 것처럼 "'비물질'의 세계 속에서 만물은 몸에서 시작해 언어로 끝난다. […] [그것은] 현상학자의 악몽이었다. 어딜 가든지 '살아 있는 몸'의 물질적인 활동이 인위적인 활동, 혹은 형식적이거나 비물질적인 언어로 대체되는 것이 보였다. 사람들은 신체의 시뮬레이션 세계 속으로 진입했다."[156]

관람객들은 이리저리 거닐면서 자신들이 있는 위치에 따라 바뀌는, 그들의 귀에 퍼붓는 텍스트들의 혼합을 이어폰으로 듣고 있었다. 어떠한 논리정연한 서사도 미로를 지나는 이 여정을 의미 있게 만들지 않았다. 다만 시간성에 관한 어떤 감각, 종종 흥분된 감각이 일어났다. 리오타르와 그의 동료들의 설명에 따르면, "포스트모더니티의 우세한 차원 중 하나는 시간이다. 시간의 정복은 가장 최근의 도전 가운데 하나다. 이러한 표명은 시각적 커뮤니케이션에 비해 (시간의 흐름과 연결되어 있는) 음향 커뮤니케이션에 특권을 부여하는 이러한 매개변수를 처음으로 도입하는 것으로 이어졌다."[157]

비록 활발한 커뮤니케이션으로 이어지지는 않았지만, 시각적 자극은 남았다. 사실 《비물질》전은 "현실"이 하이퍼리얼리티(hyperreality)의

---

and Social Context (Chicago, 1990), 5장. 이 전시의 중요성에 대한 훌륭한 설명에 대해서는 다음을 참조. John Rajchman, "The Postmodern Museum," *Art in America*, 73, 10 (October, 1985).

156　Rajchman, "The Postmodern Museum," pp. 114, 116.

157　"Les Immatériaux," Centre National d'Art et de Culture Georges-Pompidou, brochure, p. 2.

시뮬라크르로 변형되고 혼성화되는 많은 시뮬레이션 이미지 사례들을 제공했다.[158] 이에 부합하여 이어폰에서 나오는 목소리 가운데 하나는 시뮬라크르 시대의 도래를 예언하는 보드리야르의 목소리였다. 그 결과 전시는 리오타르 자신이 결코 명백히 표명하지 않았던 다음의 중요한 질문에 암묵적인 대답을 했다. 정신으로부터 내던져진 폐제된 시각 자료에는 무슨 일이 일어나는가? 만일 정신분석학이 억압된 것의 회귀를 이야기할 수 있다면, 폐제된 것의 회귀는 어떻게 되는가? 이에 대한 답은 정확히, 지시체가 없는 이미지들의 판타스마고리아의 영역, 즉 보드리야르가 현재의 문화적인 질서와 동일시했던 "시뮬라크르의 세차"일지도 모른다. 그리스인들에 반대하는 레비나스의 주장을 이교적으로 전유한 리오타르에 의해 역설적으로 동력을 얻은 시각적인 것에 대한 포스트모던적 의심은, 이에 따라 하이퍼리얼 시뮬라크르의 예찬의 단순한 부정(negation)이라기보다는 그 예찬의 이면(裏面)으로 가장 잘 이해될 수 있다. 리오타르의 경우(와 레비나스가 제시한 유대적 전통의 경우) 형상이 폐제된 반면에, 보드리야르의 "과잉시각성(hypervisuality)"의 경우는 현실이 폐제되었다고 말할 수 있다. 두 경우 모두 상실된 것은 의미의 명석함과 이해의 투명성을 향한 희망이었다. 양자 모두는 시각성과 합리성이 화해될 수 있다는 모더니스트의 믿음을 결정적으로 폐기했다. 오감에 의해 지각되는 것, 그리고 이치에 맞는(makes sense, 감각을 만드는) 것은 산산이 분열됐다. 리오타르가 《비물질》 전시를 논하면서 솔직하게 시인했던 바, 의심의 여지 없이 이러한 결과가 불러일으킨 지배적인 정서는 모더니즘의 상실된 환영들을 향한 애도와 우울

---

158 『모던 그 이후 Modernes et après』는 이러한 함의들을 다루는 몇 개의 텍스트를 포함한다. 예를 들면 다음과 같다. Edmond Couchot, "Hybridations," and Jean-Louis Weissberg, "Simuler—interagir—s' hybrider = Le Sujet rentrer sur scène."

이었다.[159] 그가 저항적으로 결론짓기를, 남은 것이라고는 "불투명함에 맞춰 반추하는 일"뿐이었다.[160] 포스트모더니즘 시대를 사는 우리 모두가 할 수 있는 것이라고는 고작 퐁피두 센터의 방들을 지나는 것처럼 서로 화합할 수 없는 우리의 생각과 같은 변화무쌍한 구름들 사이로 목적 없이 헤매는 일뿐이다. "하나의 구름은 다른 구름에게 제 그림자를 드리우고, 여러 구름의 모양은 다가가는 방향의 각도에 따라 달라진다."[161] 하지만 태양은 우리의 길을 밝히기 위해 그 구름들 사이로 빛을 결코 비출 수 없다.

〔번역: 김정아〕

---

159 Lyotard, "A Conversation with Jean-Fransçois Lyotard," *Flash Art* (March, 1985), p. 33.
160 Lyotard, "Philosophy and Painting in the Age of Their Experimentation," p. 193.
161 Lyotard, *Peregrinations*, p. 5.

a 이 구절은 "시뮬라크르의 세차(the precession of simulacra)"로 번역했는데, 우선
   시뮬라크르(simulacre)는 시뮬라크럼(simulacrum)과 이것의 복수형인 시뮬라크
   라(simulacra)를 통칭하는 번역어로 간주한다. 세차(歲差)의 경우 보드리야르가
   오늘날의 사회가 시뮬라크르로 포화상태가 되고 삶이 사회적 구성물들로 넘쳐남에
   따라 모든 의미가 무한히 변이함으로써 결국 무의미해지고 있는 현상을 가리켜
   "시뮬라크르의 세차"라 불렀던 것에 의거해 사용한다. 한편 'précession'은 '자전
   (自轉)'으로도 번역되는데, 여기에는 천체 작용에 따라 지구 자전축의 방향이 조금
   씩 변하는 현상을 가리키는 '세차'가 더 적합한 것으로 보인다.
b "arche-writing"은 원-문자, 원-글쓰기, 원형기술이라고 문맥에 따라 번역될 수
   있다.
c 일차과정(primary process)은 프로이트에 따르면 논리나 현실에 지배되지 않는 무
   의식의 기능방식이며, 꿈, 말실수, 등을 통해 확인되는 정신기능이다. 또한 정신작
   용의 가장 원시적인 형태로서, 쾌락원리에 따라 욕구를 충족시켜 주는 대상에 리비
   도 에너지를 집중시킴으로써 즉각적, 완전한 방출을 추구한다. 이에 반해 이차과정
   (secondary process)은 현실 원리와 논리적 사고를 따르고, 욕구의 억제와 언어적
   상징에 기초하며, 자아의 발달과 연합되어 있는 사고의 형태다. 이차과정의 자아는
   사실과 허구를 구별하고 긴장을 참을 수 있으며, 새로운 경험에 따른 변화가 가능
   하다. 발달적 차원에서 본능적 충동에 대한 통제력이 확립됨에 따라 일차과정은 이
   차과정으로 이행하고 일차과정은 이차과정에 의해 억압된다.
d 중세 유럽의 전설에 등장하는 영원히 저주받은 방랑자, 십자가를 지고 형장을 향하
   는 그리스도는 고향을 잃고 심판의 날까지 지상을 방황하는 운명을 지게 되었다고
   한다. 이러한 전설은 유대인의 역사에서는 이산체험의 소재가 되기도 하지만, 다른
   한편으로는 유럽의 뿌리 깊은 반유대인 의식의 전설화라고도 할 수 있다.
e 케루빔(cherubim)은 구약성경에 나오는 사람의 얼굴 또는 짐승의 얼굴에 날개를
   가진 초인적 존재를 뜻한다.
f 블랑쇼는 한 권의 책은 그것을 이끌어 당기는 하나의 중심을 가지고 있고 그것은

'오르페우스의 시선'이라는 페이지를 향해 간다고 보았다. 이 힘은 진실로서의, 즐거움으로서의 낮의 에우리디케가 아닌, 닫힌 육체와 봉해진 얼굴의, 밤의 어둠으로서의 에우리디케를 원한다. 또한 이것은 보이지 않는 에우리디케를 보고 싶어 하며, 살아 있는 에우리디케 속 죽음의 충만을 추구한다. 모리스 블랑쇼, 이달승 역, 『문학의 공간』(그린비, 2010) 참조.

g   "il y a"는 "-이 있음"을 뜻하는 프랑스어로, 어떠한 존재자도 존재하지 않지만 순수한 무(無)도 아닌 것과 같은 배제된 제3항으로서의 '존재 일반', '실존자 없는 실존'의 비인칭적 양상을 나타내며, 레비나스가 처음 사용했다.

h   이와 관련된 구약성경 구절은 다음과 같다. "또 이르시되 네가 내 얼굴을 보지 못하리니 나를 보고 살 자가 없음이니라"(『출애굽기』 33장 20절) "손을 거두리니 네가 내 등을 볼 것이요 얼굴은 보지 못하리라"(『출애굽기』 33장 23절)

i   독일어로 'Heimat'는 고향으로 번역되는데, 하이데거에 따르면 이것은 인간 현존재의 본질이 거주하는 곳, 인간이 그 안에서 편안할 수 있는 곳으로, 존재의 진리라고도 할 수 있다.

j   본 장에서 리오타르 Discours, figure (Paris, 1971)의 프랑스어 원본의 영문 번역본으로는 다음이 언급된다. Jean-François Lyotard, Discourse, Figure, trans. Antony Hudek and Mary Lydon (University of Minnesota Press, 2011).

k   "incommensurability"는 '불가공약성', '통약불가능성', '비교불가능성' 등으로 번역될 수 있겠는데, 더 이상 같은 표준으로 잴 수 없음, 약분할 수 없음, 비교할 수 없음의 뜻을 갖는다. 여기서 리오타르의 용어에 대한 번역으로는 '불가공약성'을 사용한다.

l   "schizoanalysis"는 분열분석(학), 분열증(정신)분석 정도로 해석될 수 있는데, 이것은 들뢰즈와 가타리가 『앙티오이디푸스』(1972)에서 처음 소개하고, 『천 개의 고원 A Thousand Plateaus』(1980)에서 발전시킨 개념이다. 분파, 분열을 뜻하는 'schizo'와 정신분석을 의미하는 'analysis'를 결합한 용어로, 분열분석은 라캉의 프로이트 해석과 프로이트 자체에 대한 비판과 언어학과 기호학적 해석에 대한 비판을 통해 논의가 발전되었다. 분열분석은 복잡한 것을 단순화시키는 환원론적 변형의 방향이 아닌, 복잡화(complexification), 과정적 풍부함의 방향과 분기와 분화의 존재론적 이질성의 방향으로 작동한다.

m   소비에 근거한 '일반경제'와 교환에 근거한 '제한경제'는 바타유가 제안한 개념으로, 이는 과잉 에너지의 소비와 관련된 문제이다. 바타유에 따르면 과잉의 기원은 태양 에너지에 있고, 개별 경제, 가계 경제에서는 에너지의 부족, 즉 빈곤이 발생할 수 있지만, 전체 경제, 세계 경제에서는 언제나 에너지의 과잉, 즉 잉여가 발생한다고 보았다. 이 잉여를 적절히 해소하지 못하면 전쟁이 발생하는데, 고대 사회에서는 전쟁을 예방하기 위해 '증여-선물교환'이라는 소비방식을 갖고 있었지만, '매매-상품교환'에 기반을 둔 현대 사회는 이를 외면하고 부의 축적에 몰두하게 되었

고, 결국 세계대전을 겪게 되었다는 것이다. 유기환, 『조르주 바타이유』, (살림, 2006), pp. 41-42 참조.

n   *Les transformateurs Duchamp*(1977)의 영문판은 *Duchamp's Trans/formers* (1990)라는 제목으로 번역됐다.

o   뒤샹의 작품 〈거울적 회귀(Mirrorical Return, Renvoi Mirorique)〉(1964)는 뒤샹의 작품 〈샘(Fountain)〉을 찍은 스티글리츠(Stiegliz)의 사진의 잉크 복사본이다. 이것은 그가 《Marcel Duchamp Ready-mades, etc., 1913-1964》라는 도록의 표지로 디자인한 것이다. 작품과 그것을 찍은 사진 이미지는 서로 시각적으로는 비슷하지만, 매체 측면에서 이동이 있으며, 이미지 자체에 내적으로는 거울적 회귀가 있다는 것이다.

p   상기적(想起的)은 플라톤의 용어로 인간의 혼이 참된 지식인 이데아를 얻는 과정, 인간의 혼은 태어나기 전에 본 이데아를 되돌아봄으로써 참된 인식에 도달한다고 하는 의미를 갖는다.

q   행동화(acting-out)는 정신분석에서 혹은 말로 표현하는 치료형태에서 한 개인이 자신의 기억이나 태도, 또는 갈등을 말보다는 행동을 통해 표현하는 것을 의미한다. 좁은 의미에서 행동화는 정신분석 장면에서 일어나거나 그에 대한 반응으로 일어나며, 이때 피분석가는 자기가 무엇인가를 회피하고 있다는 사실을 알지 못한다. 그는 어떤 것을 기억하거나 언어로 표현하기보다는 행동으로 표현하며, 행동화할 때 그 의미를 알지 못한 채 행동을 반복한다. 넓은 의미에서 행동화는 치료과정에 대한 반응이라기보다는 상담실 밖에서 하는 행동화를 포함하여 종종 충동적, 징후적, 일탈적인 행동처럼 병리적 파생물을 의미하기도 한다.

r   폐제(foreclosure, foreclusion)는 배척이나 배제를 뜻하는 프로이트 정신분석학 용어 'Verwerfung'을 라캉이 프랑스어로 번역한 것이다. 프로이트, 라캉의 정신분석에서 주체의 병리적 구조인 정신병리는 정신병, 도착증, 신경증으로 구분된다. 라캉에 따르면 정신병의 메커니즘은 주체가 아버지의 이름을 폐제하는 것, 즉 상징계를 거부하는 것이며, 신경증은 아버지 이름을 받아들이지만 여전히 욕망의 결여를 '억압(répression, Verdräangung)'하고 이자관계(relation dyadique)에 머무르고자 하는 것이며, 도착증은 남근을 가진 어머니에 대한 환상을 가지는 것이다. 라캉에 따르면 정신병, 도착증, 신경증의 구분은 결여에 대한 거부의 정도에 따라 결정된다. 정신병자는 결여를 완전히 '폐제'하고 완전한 이자관계에 머무르려고 하며, 신경증자는 3자 관계로 들어갔지만 이를 어느 정도 억압하며, 도착증자는 신경증자와 정신병자의 중간에 처하는 것이다. 라캉은 폐제의 대상이 기표인 '아버지의 이름'이며, 이것이 폐제되는 대상이 되기 때문에 상징계에는 결코 채울 수 없는 구멍이 생긴다고 했다. '아버지의 이름'의 폐제는 실재계에 다시 등장하고, 이때 주체는 그것을 통합할 수 없어 정신병의 증상인 환각이나 망상을 보이게 된다.

s   훈습(working-through)은 억압된 갈등에 대한 초기 해석이 제공된 후에 지속되는

저항을 극복하기 위해 분석 작업을 계속하는 것을 말한다. 프로이트는 분석가는 환자에게 이제껏 친숙했던 것을 바꾸는 데에 있어서 환자 자신의 저항과 친숙해지고 그것으로부터 벗어나고 극복할 수 있도록 시간을 주어야 하며, 그러한 저항에 맞서 분석의 기본 규칙에 따라 분석 작업을 계속 진행해야 한다고 했다. 훈습은 피분석자의 무의식적 갈등이 어떠한 방식으로 현실생활에서 나타나며, 이를 어떻게 적응적인 행동으로 실행할 수 있는지 검토하는 변화의 과정으로서 반복적이고 점진적이라 할 수 있다.

t 1983년에 출판된 리오타르의 원작은 다음과 같다. Jean-François Lyotard, *Le Dif-férend*. (Edition de Minuit, 1983). 여기서 참고한 책은 1988년에 번역된 영문판이다.

u 주체의 정신에 고통/불쾌를 초래하는 비결정성의 지속이 쾌를 낳는 방식에 대해 리오타르는 스피노자의 용어인 '강화(intensification)'의 개념으로 설명한다. 이것은 버크의 유산이지만, 버크가 생리학적인 기제를 통해 정신 강화를 설명한 것과는 달리 리오타르는 사유에 의한 정신의 강화를 논한다.

이제 고공비행하는 열기구에서 내려와 시각과 시각성에 대한 최근 프랑스 철학적 사유의 지형 위를 날아다닌 그 파란만장한 여정에서 얻은 바가 무엇인지를 생각해 볼 시간이다. 그 여행의 출발은 시각적 은유가 이미 완전하게 우리의 언어에 침투해 왔다는 점, 예컨대 제임스 조이스 (James Joyce)의 유명한 문구를 빌리자면, 시각성의 양상은 지각적 경험일 뿐 아니라 문화적 수사일 수밖에 없다는 사실을 인정하는 데서 시작했다. 이는 신체적 감각의 실천에서 실제로 일어난 변형을 기록하기 보다 시각성에 대한 자유로운 담론을 펼치는 게 가치 있어 보이게 한다.

그것이 보는 역량의 기술적 개선에 기반하든, 그 개선된 결과의 정치적/사회적 동원에 기반하든, 그러한 감각의 실천과 담론 자체와의 상호 작용은 불가피하게 인정되어야 했다. 그리고 시각예술에서의 발전과 이를 둘러싼 이론적 논의 사이의 중요한 교류 또한 고려해야 했다. 왜 냐하면 지각적 경험, 사회적 관행, 그리고 담론적 구성물이라는 시각의 해석학적 범주 외에 특권화된 시점은 존재하지 않기 때문이다.

그러나 나는 우리의 논의가 시각적 실행 자체보다 시각에 관한 프랑스의 지적 담론에 관심의 초점을 맞췄기에 유익했으리라 믿는다. 첫째, 다수의 사상가들이 가진 가정, 논의, 그리고 태도에서 서로 공유하는 바가 전례 없이 명백히 드러났다. 이 여정에서 마주했던 20세기 프랑스 지식인들 거의 모두가 시각의 중요성에 각별히 집중했고, 동시에 그 함의에 대해 못지않은 의구심을 가졌다. 비록 시각성의 규명이란 게 사상가마다 다양하지만 시각중심주의는 광범위하게 불신을 일으켰고, 지금도 여전히 다양한 방면에서 불신을 유발하는 것이 확실하다. 시간의 공간화에 대한 베르그송의 비판, 실명을 초래하는 태양과 머리 없는 신체에 대한 바타유의 찬양, 야만적 눈에 대한 브르통의 궁극적 환멸, "보기"의 사도미조히즘에 대한 사르트르의 묘사, 시각의 새로운 존재론에서의 메를로퐁티의 저하된 믿음, 거울단계에 의해 제시된 자아에 대한 라캉의 폄하, 마르크스 이데올로기 이론을 위해 라캉을 활용한 알튀세르, 의학적 응시와 파놉틱한 감시에 대항하는 푸코의 강력한 비난, 스펙터클 사회에 대한 드보르의 비판, 바르트의 사진과 죽음의 연계, 영화의 시각체계에 대한 메츠의 격렬한 비난, 철학의 반영적(specular) 전통과 백인 신화에 대한 데리다의 이중 독해, 가부장제 사회에서 시각의 특권화에 대한 이리가레의 격분, 시각 기반의 존재론에 의해 윤리가 좌절된다는 레비나스의 주장, 그리고 포스트모더니즘을 시각의 숭고한 폐제(sublime foreclosure)로 규정한 리오타르 등, 이 모두는 이제까지 시각을 "감각들 중 가장 고귀한 것"으로 믿은 확신의 상실을 분명하게 보여 준다.

여러 경우에 반시각중심주의는 그 어떤 형태로든 시각에 대한 적대감으로 변했다. 시각성의 역사적 명시에 대한 비판은 시각 자체를 점차 불신하도록 만들었는데, 그 명백한 효과는 비단 프랑스에서만이 아니었다. 1970년대 초 프랑스 사상이 영미권으로 수용되었을 때, 동일한 이론적 불만이 대거 조성되었고 빠른 반향을 일으켰다. "지식의 관람자 이론"에 대한 존 듀이(John Dewey)의 초기 비판을 반복하는 리처드 로티와 같은 실용주의 철학자, 마셜 매클루언과 월터 옹의 미디어비평에 기반한 스티븐 타일러와 데이비드 호(David Howe) 같은 인류학자, 남성 응시에의 장치 이론과 페미니스트 회의를 엮어 낸 로라 멀비와 매리 앤 도언 등의 영화비평가, 전통적 모더니스트 이론에서 시각성의 페티시에 저항하는 로절린드 크라우스와 할 포스터 같은 미술사가, 미학적 가치에 대한 사진의 형식주의 방어를 거부하는 애비게일 솔로몬고도와 존 택과 같은 사진계의 연구자들 등 모두 이런 저런 방식으로 프랑스 반시각중심주의 담론에서 영감을 받은 것이다. 1990년 프레드릭 제임 슨은 그의 『시각의 서명 *Signatures of the Visible*』의 도입부에서 자신의 글에 대해 충분한 권위를 갖고 자연스레 다음과 같이 피력할 수 있었다. "시각은 근본적으로 포르노그래픽해서 종국에는 넋이 빠지고 생각 없는 매료의 상태에 다다르는 것이다. 시각의 대상을 아예 배반하지 않을 것이라면, 그 시각적 속성이 대상에 속한다고 여긴다."[1] 이제 그 "배반"은 명백하게 유익한데, 이것은 많은 프랑스 이론가들과 그들에게서 영감받은 이들에게 거의 두 번째 특성이 되었다.

두 번째, 시각중심주의에 대한 비판은 광범위하게 계몽주의의 모던 기획이라 불리는 것에서 프랑스 지성들이 지녀왔던 신념의 약화를 불러왔다. 모더니티의 시각체계는 데카르트식의 원근법주의와 단순히 동일시될 수 없으나 그 전제는 이 책에서 검토한 사상가들이 모더니티에 대해 가진 강력한 비판에 기반을 제공한 게 사실이다. 만약 눈에 대한 심문 혹은 탐문조사를 합리적 투명성에 대한 반계몽주의의 단순한 은유로 만들어버린다면 이는 잘못일 것이다. 그럼에도 불구하고 시각과 정신이 서로 얽혀 왔다는 주장은 명백한 진실이다. 왜냐하면 시각이 이성적 정신에서 추방될 때, 그것은 "의미"로서의 감각과 "시각"이라는 감각 사이의 연계를 조롱하는 환각적인 시뮬라크르의 형태로 돌아올

---

1 Fredric Jameson, *Signatures of the Visible* (London, 1990), p. 1.

수 있기 때문이다.

그러나 세 번째, 그 모든 과장된 수사와 악마화시키는 경향에도 불구하고 반시각적 담론은 서구의 주도적인 문화 전통에서 시각성의 지위에 대해 상당히 중요하고 도전적인 질문을 성공적으로 제기해 왔다. 그리하여 생각(사고)이 감각적 매개에서 완전히 분리될 수 있다는 주장이나, 언어에서 그 감각적 은유성을 완전히 벗겨낼 수 있다는 믿음을 불식시켜 온 것이다. 즉, 눈이 지식의 특권화된 매개나 인간적 교류에서의 순진한 도구라는 추정에의 대가를 보여 줬다. 또한 반시각적 담론에서는 이러한 추정에 따라 시각을 보장했을 때, 그것에 수반되는 다른 감각들의 폄하가 문화적 상실을 가져오는 방식에 대해 강조했다. 그리고 마지막으로, 반시각적 담론은 "우리가 갖는 세상과의 감각적 교류가 급직전 변화에 얼마나 열려 있는가"라는 중요한 질문을 던졌다. 비록 다른 감각들을 특권화하는 대가에 대한 무자비한 비난이 결국 마찬가지로 적잖은 문제를 초래할지라도, 시각과 시각성에 대한 프랑스인들의 집착이 상당히 생산적이었다는 점에는 의심의 여지가 없다.

반시각중심주의 담론을 무비판적으로 수용하는 것을 경계하는 분위기는 확실히 보장돼 있다고 할 수 있다. 이를 자세히 설명하는 데 기여했던 인물들은 현대의 대중문화에 의해 제공된 시각적 쾌락을 불신하는 관료 지식층으로 묵살될지 모른다. 그들은 일자무식하고 단순한 쾌락을 추구하는 일반 대중을 무시하는 특권적 지식층의 전통 있는 역할을 수행한다는 혐의에 무방비 상태로 보일 것이다. 단지 말의 힘을 소유하고 있는 사람들만이, 즉 오로지 눈의 유혹을 넘어 자기 자신을 생각할 수 있는 사람들만이 스펙터클의 즐거움에 저항한다고 주장할지 모른다. 왜냐하면 종종 성적(性的) 편견을 설명하면서 응시의 쾌락을 부인하는 것에 은밀한 금욕주의가 있지 않은가?

그러나 반대로, 우리는 그러한 비난이 반시각적 담론의 복잡성을 정당하게 평가하지 못한다고 논할 수 있어야 한다. 그 담론이 가진 시각적 경험에 대한 매료는 그것의 쾌락적 측면에 대한 열정적 끌림을 종종 저버린다. 브르통, 바타유, 메를로퐁티, 푸코, 바르트, 그리고 리오타르 등 모든 사상가들은 결국, 눈의 욕정에 대한 개인적인 열정을 인정했다. 메츠도 영화에 매혹된 채 끊임없는 유혹에 저항해야 했다. 그리고 그들 다수가 눈을 비판한 이유는 거기에 가정된 비(非)육화된 차가움 때문이었는데, 이는 다른 감각기관들이 제공하는 더 근접한 쾌감과 대비되었다. 그들의 비판에서 제시된 엘리트주의를 파고들자면, 지각에 대한 언어의 특권화와 문화위계의 유지 사이에는 필연적인 연계가 없다. 사실상, 이미지의 생산과 산포를 통제하는 사람들은 그러한 이미지가 대중을 향해 행사하는 권력에 대항하는 사람들만큼이나 엘리트적 성향을 갖고 있다. 다시 말해, 반시각중심적 담론을 문화자본을 두고 투쟁하는 데쓰는 하나의 무기 정도일 뿐이라고 일축해 버릴 수는 없다.

　반시각중심주의적 담론은 혹 그것이 인정하지 않는 시각성의 규범적 개념을 제시한다고 해서 무효화될 수도 없다. 어찌되었건, 이 책의 연구는 그러한 거점을 추정하는 것이 불가능하다는 것을 보여 준다. 서론에서는 눈의 기능과 한계에 대한 최근의 과학적 글을 인용하면서, 시각에 대한 완전히 구성주의적인 개념에 대해 저항한 바 있다. 그럼에도 불구하고, 시각에 대한 과학적 논쟁이 그 자체로 확정적 결론에 도달했다고 가정하는 것은 문제가 있다. 조나단 크레리의 최근 작업이 상당히 설득력 있게 보여 주듯,[2] 시각 경험에 대한 과학적 확신이 다른 것을 쫓아 번복된 것은 오래 전 일이 아니다. 그리고 이 다른 것이란 언젠가 또그 후속을 갖게 될 것이다. 비록 시각(sight)의 역학과 생리학 실험에서

2　Jonathan Crary, *Techniques of the Observer: On Vision and Modernity in the Nineteenth Century* (Cambridge, Mass., 1990).

배울 게 많더라도, 시각성(visuality)이라 불리는 자연적이고 문화적인 현상의 복잡한 혼합은 과학 자료에만 기반한 규범적 모델로 감축될 수 없다.

실제로 반시각중심주의적 담론이 불신하는 시각성의 모델에 대한 분노에도 불구하고 이 담론은 암묵적으로 그 모델의 급증을 부추긴다. 시각의 상실, 즉 맹목보다 차라리 "시각적 기벽(ocular-eccentricity)"이 시각 질서나 시각체계의 특권화에 대한 해독제이다. 그리고 "시각의 변증법"[3]이라 불리는 것은 시각체계를 인준할 수 없도록 막는다. "눈"의 궤도이탈이나 핵의 제거를 요구하기보다 수천 개의 눈으로 증식시키도록 부추기는 게 나은 것이다. 이는 니체의 수천 개의 태양들처럼 인간 가능성의 개방을 제시한다. 다수의 페미니스트 영화비평가들이 인식했듯, 관음증적인 "남성의 응시"조차 한 번의 일별보다 훨씬 더 분산돼 있고 복수적이다. "여성적 영화"는 시각성을 악마화하여 영화의 "장치(apparatus)"가 가부장 제도와 필연적으로 연루되는 것 이상의 뭔가를 해야 한다고 제시했다. 즉, 여성적 관람이 훨씬 특정하게 배양되어야 한다고 주장한 것이다.[4] 눈의 이야기가 다성적이거나 다시각의 이야기로 이해될 때 사악한 응시의 제국 안에 놓인 덫에 덜 사로잡힐 수 있다 (우리는 심리 발전 상 거울단계에 고정되거나, 타인에 대한 존재론적

---

3 수전 벅모스(Susan Buck-Morss)는 이 문구를 벤야민의 부르주아 문화의 잔해 속 "이미지의 변증법(dialectical image)" 연구를 독해한 자신의 책 제목으로 사용한다. *The Dialectics of Seeing: Walter Benjamin and the Arcades Project* (Cambridge, Mass., 1989).

4 예를 들어, 테레사 드 로레티스(Teresa de Lauretis)는 "그러므로 여성의 영화 프로젝트는 더 이상 남성 중심적 시각의 맹점, 차이 혹은 억압된 점을 표현하며 이 시각을 파괴하거나 방해하지 않는다. 지금의 노력과 도전은 주체(subject)와 대상(object)의 시각을 구성하기 위해 그리고 다른 사회적 주체에 대한 책임감을 만들어 내기 위해 또 다른 시각을 만드는 것이다"라고 서술했다. ("Aesthetic and Feminist Theory: Rethinking Women's Cinema," *New German Critique*, 34 [Winter, 1985], p. 163).

시각이나 메두사의 응시로 동결된 상태에서 응시의 덫에 걸리는 것이다). 영속적으로 "내리뜬 눈(downcast eyes)"은 시각 경험에서 이런 저런 위험들에 대한 해결일 수 없다.

시각적으로 스며든 실행들 중 마땅히 다시 봐야 하는 것은 계몽주의 자체의 실천이다. 각성의 프로젝트와 함께 탈환영은 이제 상당히 퍼져 있는데, 이는 새로운 전통적 지혜로 자리 잡았다. 페터 슬로터다이크는 "비판이성"에 대한 "냉소이성"의 승리에 대해 "간단히 말해, 계몽주의의 위기보다 혹은 계몽주의자들의 위기보다, 계몽의 실천에 또한 계몽의 헌신에 위기가 있다"고 권위 있게 조망했다.[5] 계몽주의 프로젝트의 충실한 방어자인 위르겐 하버마스조차 현재의 세기를 마지못해 "새로운 조사불가능성"[6]의 시기라 부를 수밖에 없었다. 이러한 다층의 위기는 많은 근거를 갖고 있는데, 시각중심주의에 대한 폄하는 그 중 하나가 확실하다. 비록 이 연구가 재건한 역사에서 모든 주인공들이 해방적 비평이 갖는 효험에 대한 신뢰를 결코 상실하지 않았더라도, 많은 사람들은 계몽주의의 변증법이 갖는 부정적 측면에 끈질기게 주목함에 따라 그 전제를 약화시켰다.

그러나 만약 희미하게나마 시각의 긍정적 측면이 망각되지 않았다면 그 잔재로부터 무언가를 구해 내는 게 가능할 것이다. 이러한 목적을 위해 이 책은 다가오는 태양의 위험을 잘 아는 담론 위 상공으로 이카로스 비행이 가진 위험을 감수했다. 그럼에도 불구하고 저자인 나는

---

5 Peter Sloterdijk, *Critique of Cynical Reason*, trans. Michael Eldred (Minneapolis, 1987), p. 88.

6 Jürgen Habermas, *Die neue Unübersichtlichkeit* (Frankfurt, 1985). 다음의 저서에 실린 이 논문의 영문판에서는 "새로운 어둠(the new obscurity)"을 신의 시각을 잃었다는 감각을 더 잘 드러내기 위해 "조사불가능성(unsurveyability)"으로 번역했다. *The New Conservatism: Cultural Criticism and the Historians' Debate*, trans. Sherry Weber Nicholsen (Cambridge, Mass., 1989).

대지 위의 인물들이 가진 시각이 아니라, 해수면에서 제대로 보이지 않은 채 남아 있는 담론적 연계에 대한 유용한 이해를 제공했을 것을 희망한다.

포스트모던 문화는 그러한 노력의 계몽적 세력에 대한 나이브한 믿음이 유지되는 지점을 넘어섰다. 아마도 우리는 더 이상 눈이 가진 선량하거나 혹은 사악한 효과조차 걱정할 필요가 없을 것이다. 미셸 세레 (Michel Serres)는 코드와 컴퓨터에 기반한 소통의 현대적 방식이란 "한 눈에 보는 전체적 이론(panoptic theory)"의 통치를 끝내 버린 것이라고 주장했다. 정보의 세계가 관찰된 세계를 대치한다고 서술하면서 그는 다음과 같이 말했다. "보여지기 때문에 알려졌던 것은 코드의 교환에 그 자리를 양도한다. 모든 것은 변한다. 모든 것은 '감시(surveil-lance)'를 압도하는 '조화(harmony)의 승리'로부터 유동한다. [⋯] 판 (Pan)은 파놉테(Panoptes)를 죽인다. 즉, 메시지의 세기가 이론의 세기를 죽이는 것이다."[7] 세레는 결론짓기를, 모든 것을 보는 신의 눈은 공작의 깃털로 변형되었고, 거기서 "시각(sight)은 정보가 이미 날아간 세계 위에서 공허하게 내려다본다. 공작은 단지 장식적이며 사라져 가는 종(種)으로, 구경꾼들이 모이는 공원과 정원에서 우리로 하여금 과거의 표상 이론을 흠모하도록 만들 뿐이다."[8]

그러나 세레의 동료들이 어디에나 편재하는 시각계의 권력에 경각심을 표현한 것에서 판단하건대, 그토록 획기적인 전환에 대한 그의 확신은 미성숙해 보인다. 표상과 이론은 그 전통적인 가장(겉모습)으로 인해 공격을 받고 감시와 스펙터클은 광범위하게 비난받을 수 있으나, 시각성의 권력은 확실히 그 공격에서 살아남아 있다. 파놉테는 그가 전적

7 Michel Serres, "Panoptic Theory," in Thomas M. Kavanagh, ed., *The Limits of Theory* (Stanford, Calif., 1989), pp. 45-46.

8 Ibid., p. 47.

으로 공작 꼬리의 보지 못하는 "눈들"로 변형되는 것을 가까스로 막아
낸 것이다(마치 시각계를 의미 없는 시뮬라크르의 영역으로 넘겨 버린
포스트모던 '폐제'가 완전하지 못한 것처럼 말이다). 세레가 주장했듯,
현재로서는 에르메스의 아들인 판의 비가시적이고 해석학적 조화가
"메시지의 세기"를 지배하기에는 여전히 갈 길이 멀다. 그리고 어쩌면
이 상태가 행복하다고 덧붙이고 싶은데, 왜냐하면 시각과 시각성은 그
모든 풍부하고 대립적 다양성으로 언젠가 죽을 우리에게 여전히 영감
과 시각, 사색과 관찰, 그리고 계몽과 각성을 제공할 수 있기 때문이다.
이는 신조차 부러워할 일이다.

〔번역: 전영백〕

| 찾아보기 |

| 옮긴이에 대하여 |

전영백은 연세대학교 사회학과를 졸업하고, 홍익대 미술사학과 석사, 영국 리즈대학교(Univ. of Leeds) 미술사학과 석사 및 박사 학위를 받았다. 미술사학연구회 회장을 역임했고, 홍익대 박물관장 및 현대미술관장을 지낸 바 있으며, 동 대학에서 20년째 교편을 잡고 있다. 대표 저서로『현대미술의 결정적 순간들: 전시가 이즘을 만들다』(한길사, 2019),『코끼리의 방: 현대미술 거장들의 공간』(두성북스, 2016), 그리고『세잔의 사과: 현대 사상가들의 세잔 읽기』(한길아트, 2008) 등이 있다.

이승현은 서울대학교 국제경제학과를 졸업하고, 홍익대 미술사학과에서 석사 및 박사 학위를 받았다. 홍익대에서 모더니즘론과 근·현대 미술사를 강의했다. 국제미술사학위원회(CIHA, 2016)를 비롯한 국내·외 학회에서 다수의 논문을 발표했으며, C. H. 더글러스의『사회신용』(역사비평사, 2015)을 번역했고,《필의산수(筆意山水), 근대를 만나다》(2019) 외 다수의 전시를 기획한 바 있다. 한국 미술의 세계화를 위한 연구 및 기획에 주력하고 있다.

안선미는 서울대학교 서양사학과를 졸업하고, 홍익대 미술사학과에서 석사 학위를 받고 박사 과정을 수료했다. 홍익대학교에서 서양미술사와 철학을 토대로 미술의 이해와 포스트모더니즘론을 강의했다. 미디어 아트와 인식론적 측면에서의 시각예술을 연구하고 있다. 대표 연구로는 「빌 비올라의 비디오 작품에 대한 현상학적 고찰」, 「한국 단색화 비평 연구: 용어의 모호성과 '한국적'의 재고」 등이 있다.

최정은은 홍익대학교 회화과를 졸업하고, 홍익대 미술사학과에서 석사 및 박사 학위를 받았다. 한국외국어대학교에서 철학, 시각예술, 영화이론, 정신분석학을 토대로 한국의 미와 디지털화를 강의하였다. 저서로는『보이지 않는 것과 말할 수 없는 것: 바로크 시대의 네덜란드 정물화』(한길아트, 1999),『트릭스터, 영원한 방랑자』(휴머니스트, 2005),『동물·괴물지·엠블럼』(휴머니스트, 2005),『사랑의 그림』(세미콜론, 2013) 등이 있다.

강인혜는 홍익대학교 미술사학과에서 석사학위를 받고 캐나다 맥길대학교(McGill University)에서 박사 학위를 받았다. 원광대학교 초빙교수로 재직하고 있으며, 대표 논문으로는「파노라마 시각과 현대미술」,「인종을 표본화하기: 일본 근대 인류학에서의 합성사진 실험과 표본 이미지 탄생」,「호리노 마사오(堀野正雄)의 신흥사진(新興写真)과 조선」등이 있다.

김정아는 서울대학교, 옥스퍼드대학교에서 인류학을, 소더비 인스티튜트 오브 아트 런던, 홍익대학교에서 미술사·미술비평을 전공했으며, 홍익대, 명지대 등에서 강의했다. 로버트 S. 넬슨, 리처드 시프의『꼭 읽어야 할 예술비평 용어 31선』(미진사, 2015), W. J. T. 미첼. 마크 B. N. 핸슨의『미디어 비평용어 21』(미진사, 2015), 글렌 아담슨의『공예의 발명』(미진사, 2017)을 공역했다.

황기엽은 한국예술종합학교 미술이론과 예술사 과정을 졸업하고, 홍익대학교 미술사학과 석사 과정을 수료했다. 영어와 불어에 능통한 편이며 시각문화 이론에 대해 연구 중이다.